Die Bonus-Seite

Ihr Vorteil als Käufer dieses Buches

Auf der Bonus-Webseite zu diesem Buch finden Sie zusätzliche Informationen und Services. Dazu gehört auch ein kostenloser **Testzugang** zur Online-Fassung Ihres Buches. Und der besondere Vorteil: Wenn Sie Ihr **Online-Buch** auch weiterhin nutzen wollen, erhalten Sie den vollen Zugang zum **Vorzugspreis**.

So nutzen Sie Ihren Vorteil

Halten Sie den unten abgedruckten Zugangscode bereit und gehen Sie auf **www.galileocomputing.de**. Dort finden Sie den Kasten **Die Bonus-Seite für Buchkäufer**. Klicken Sie auf **Zur Bonus-Seite / Buch registrieren**, und geben Sie Ihren **Zugangscode** ein. Schon stehen Ihnen die Bonus-Angebote zur Verfügung.

Ihr persönlicher **Zugangscode** yb75-nsjm-iatr-c3p2

Matthias Geirhos

Professionell entwickeln mit Visual C# 2012

Das Praxisbuch

Galileo Press

Liebe Leserin, lieber Leser,

dieses Phänomen ist Ihnen sicher bekannt: nur ein Bruchteil der entwickelten Software erscheint zum geplanten Zeitpunkt, zu den geplanten Kosten und mit den geplanten Features und lässt sich anschließend auch noch problemlos pflegen und erweitern. Der Grund dafür ist ebenso bekannt: angesichts der Vielzahl an Prozessen, Technologien und nicht zuletzt an beteiligten Personen kann bei der Entwicklung eines Software-Projekts eine Menge schiefgehen.

Damit Sie bei Ihrem Projekt von Anfang an auf der sicheren Seite sind, hat unser Autor Matthias Geirhos in akribischer Kleinarbeit unzählige Empfehlungen und Best Practices für jede Projekt-Phase zusammengetragen, die sich in seiner langjährigen Tätigkeit als Entwicklungsleiter bewährt haben. Angefangen bei Architektur und Design über wichtige Fragen der Programmierung und des Datenzugriffs bis hin zum Testen und zur Softwarepflege erhalten Sie hier praktische Hilfestellung für Ihren Arbeitsalltag. Matthias Geirhos zeigt Ihnen an echten Fällen aus seiner Berufspraxis Fehlerquellen auf, damit Sie ein Gespür für potenzielle Probleme entwickeln.

Doch das alleine reicht nicht – um wirklich effizient arbeiten zu können, muss man als Entwickler natürlich auch die neuesten Technologien kennen. Matthias Geirhos gibt Ihnen daher zahlreiche Hinweise zu nützlichen Neuerungen in .NET 4.5 und Visual Studio 2012 und führt Sie in zwei umfangreichen Tutorials in die Windows Communication Foundation und die Workflow Foundation ein. Die neuen Möglichkeiten zur Entwicklung mit WinRT werden ebenfalls vorgestellt.

Zwar kann ein Buch nie der goldene Weg sein, auf dem Sie Ihre Projekte garantiert zum Erfolg führen, dieses Buch kann Ihnen dabei aber als guter Wegweiser dienen. Es wurde mit großer Sorgfalt geschrieben, geprüft und produziert. Sollte dennoch einmal etwas nicht so funktionieren, wie Sie es erwarten, freue ich mich, wenn Sie sich mit mir in Verbindung setzen. Ihre Fragen und Anregungen, aber natürlich auch Ihre Kritik sind uns jederzeit herzlich willkommen!

Viel Freude beim Lesen und viel Erfolg bei Ihren Projekten wünscht Ihnen nun

Ihre Judith Stevens-Lemoine
Lektorat Galileo Computing

judith.stevens@galileo-press.de
www.galileocomputing.de
Galileo Press • Rheinwerkallee 4 • 53227 Bonn

Auf einen Blick

Wir hoffen sehr, dass Ihnen dieses Buch gefallen hat. Bitte teilen Sie uns doch Ihre Meinung mit. Eine E-Mail mit Ihrem Lob oder Tadel senden Sie direkt an die Lektorin des Buches: *judith.stevens@galileo-press.de*. Im Falle einer Reklamation steht Ihnen gerne unser Leserservice zur Verfügung: *service@galileo-press.de*. Informationen über Rezensions- und Schulungsexemplare erhalten Sie von: *britta.behrens@galileo-press.de*.

Informationen zum Verlag und weitere Kontaktmöglichkeiten finden Sie auf unserer Verlags-website *www.galileo-press.de*. Dort können Sie sich auch umfassend und aus erster Hand über unser aktuelles Verlagsprogramm informieren und alle unsere Bücher versandkostenfrei bestellen. An diesem Buch haben viele mitgewirkt, insbesondere:

Lektorat Judith Stevens-Lemoine, Anne Scheibe
Korrektorat Lisa Duhme, Bonn
Einbandgestaltung Barbara Thoben, Köln
Coverbilder Pflanzendetail: 22658708 © Ramona Heim – Fotolia.com
Mann: p3283972f © Plainpicture
Typografie und Layout Vera Brauner
Herstellung Lissy Hamann
Satz SatzPro, Krefeld
Druck und Bindung Beltz Druckpartner, Hemsbach

Dieses Buch wurde gesetzt aus der TheAntiquaB (9,35/13,7 pt) in FrameMaker.

Der Name Galileo Press geht auf den italienischen Mathematiker und Philosophen Galileo Galilei (1564–1642) zurück. Er gilt als Gründungsfigur der neuzeitlichen Wissenschaft und wurde berühmt als Verfechter des modernen, heliozentrischen Weltbilds. Legendär ist sein Ausspruch *Eppur si muove* (Und sie bewegt sich doch). Das Emblem von Galileo Press ist der Jupiter, umkreist von den vier Galileischen Monden. Galilei entdeckte die nach ihm benannten Monde 1610.

Bibliografische Information der Deutschen Nationalbibliothek:
Die Deutsche Nationalbibliothek verzeichnet diese Publikation in der Deutschen National-bibliografie; detaillierte bibliografische Daten sind im Internet über *http://dnb.d-nb.de* abrufbar.

ISBN 978-3-8362-1954-9
2., aktualisierte und erweiterte Auflage 2013

Inhalt

6 Windows Communication Foundation 433

Vorwort zur zweiten Auflage

Nun kenne ich ja Microsoft schon seit einigen Jahren, um nicht zu sagen: Jahrzehnten, aber ich kann mich nicht an eine solche Innovationsfülle erinnern, wie wir Entwickler sie derzeit rund um .NET 4.5 und C# 5.0 bestaunen (und erlernen) dürfen.

Da wäre zum einen Windows 8, das als »Hybrid-Betriebssystem« die klassische Desktopwelt mit dem Zukunftsmarkt Tablets verschmelzen soll und uns eine völlig neue API beschert, von Microsoft etwas lieblos Windows Runtime (WinRT) genannt. Aber nicht nur die API ist neu, sondern auch die Art der Entwicklung, vom GUI, mit den Kacheln im schicken »Metro-Style«, bis hin zu den Backend-Technologien, wie die ASP.NET Web API. Vielleicht noch wichtiger aber ist ein völlig anderer Umgang mit paralleler Verarbeitung, damit das schöne GUI sich auch immer flüssig anfühlt, ganz so wie bei einem Wettbewerber aus Cupertino, dessen Geräte sich »wie geschnitten Brot« verkaufen – und der diese Innovationswelle maßgeblich ins Rollen gebracht hat.

Etwas verborgener, aber nicht minder mächtig, ist die nächste Version des Windows Servers, nun als »Windows Server 2012« bezeichnet, ebenfalls eines der größten Updates aller Zeiten und Heimat für viele Technologien, die Sie in diesem Buch kennenlernen werden, zum Beispiel IIS oder das immer wichtiger werdende Message Queuing (MSMQ). Nebenbei hat Microsoft auch noch den SQL Server überarbeitet (SQL Server 2012), dem wir einen eigenen Abschnitt widmen.

Etwas (aber nur ein klein wenig) gemächlicher geht es da schon im Framework selbst zu, aber auch hier gibt es Bemerkenswertes zu vermelden: Zum Beispiel das neue »Async-Feature« von C# und VB, das die Geschmeidigkeit in die oben erwähnte Metro-Oberfläche bringen soll, oder die nächste Version des Entity Frameworks, das weiterhin Fahrt aufnimmt und jetzt abermals reifer und funktionaler wirkt. Und, natürlich, auch die neuen Versionen der Windows Communication Foundation (WCF) und der Workflow Foundation (WF), die hier ebenfalls nicht zu kurz kommen sollen.

Nun aber zur größten Überraschung, weniger für meinen Verlag, aber doch für mich: Sie, liebe Leser, die Sie dieses Buch zu einem echten Erfolg gemacht haben! Die zahlreichen Rückmeldungen, per E-Mail oder persönlich auf Konferenzen, haben uns gezeigt, dass wir mit unseren Annahmen richtig lagen, was Sie von einem Fachbuch erwarten: Bunte Praxis statt grauer Theorie, die Anwendung einer Technologie statt der bloßen Beschreibung deren Möglichkeiten, und all die Dinge, die aus einem Programmierer eben einen Entwickler machen. Danke dafür!

Und nun lade ich Sie ein: Lassen wir uns von Microsoft aus unserer Komfortzone schubsen und beginnen wir das neue Abenteuer, .NET 4.5, C# 5.0 & Windows 8.

Matthias Geirhos im September 2012

Vorwort zur ersten Auflage

Unschuldig sah sie aus, die Schildkröte. Jenes Sinnbild, das mir vor 26 Jahren einen leichten Einstieg in die Programmierung des ultimativen Homecomputers versprach, des Schneider CPC 464. Doch die Schildkröte sollte es mir nicht so einfach machen. Und so saß ich dann wenig später gebannt vor dem Grünmonitor und versuchte zu verstehen, wie die Textverarbeitung die Zeilenlänge berechnete, nachdem die Software zuvor minutenlang von der Datasette geladen worden war. Schon bald war klar: Der wichtigste Befehl des Locomotive Basic 1.0 war der `goto`-Befehl, der mir damals ganz und gar unverzichtbar erschien.

Doch schon das folgende Turbo Pascal änderte alles, die Programmiersprache mit der eingebauten Struktur eröffnete ganz neue Möglichkeiten, und mit dem Aufkommen des ersten PC betraten erst C, dann C++, Java und schließlich .NET die Entwicklerbühne. Shareware war damals in, und so entwickelte auch ich einige Programme. Das Exotischste war vermutlich ein Latein-Trainer unter OS/2, entwickelt mit dem IBM-Compiler C Set und ausgeliefert auf einer 3,5"-Diskette.

Und wieder änderte sich alles, vor allem die Anforderungen an einen Softwareentwickler. Denn der virtuose Umgang mit einer Programmiersprache samt einigen Betriebssystemkenntnissen genügt nicht mehr. Der Entwickler von heute soll sich in den Tausenden von .NET-Klassen zurechtfinden, SQL sprechen, Dutzende Technologien beherrschen und noch mehr Tools kennen. Und vor allem: Er soll all das so zusammenbringen, dass daraus eine Anwendung entsteht, aus all ihren Phasen heraus, vom ersten Scribble hin zur Inbetriebnahme und Wartung. Von der Architektur über das Design bis zu den Softwaretests.

Bücher zu Programmiersprachen gibt es viele – dieses Buch ist anders. Es ist ein Buch für all diejenigen, die sich vom Programmierer zum Entwickler weiterentwickeln möchten. Es behandelt diese wichtigen Phasen der Softwareentwicklung, von der Architektur bis zur Softwarepflege, und versucht dabei, Zusammenhänge darzustellen. Es ist aber vor allem zugleich ein Praxisbuch. Sie finden darin konkrete Anleitungen und Empfehlungen, und ich teile mit Ihnen einige Lektionen, die ich auf meinem Weg gelernt habe, die kleinen wie die großen. Sie finden jede Menge Code darin, Tutorials, Praxisberichte und auch ein wenig Theorie, wenn es für die Sache notwendig ist.

Sie können es zur Orientierung verwenden, sich einen Überblick verschaffen, um sich dann in mehrere Regalmeter weiterführende Literatur zu vertiefen. Oder Sie verwenden es als Lesebuch und picken sich die Themen heraus, die Sie besonders interessieren. Einige Themen werden Sie an verschiedenen Stellen im Buch finden, jeweils aus einer anderen Perspektive betrachtet. Die Fehlerbehandlung ist so ein

Beispiel, das von der Architektur über das Design bis zur konkreten Implementierung reicht.

Natürlich ist dieses Buch, bei aller Fülle, nicht vollständig, ja, das kann und will es auch gar nicht sein. Vielleicht vermissen Sie Themen, oder Sie hätten das eine oder andere gerne ausführlicher behandelt? Dann schreiben Sie mir (*matthias@geirhos.net*), ich bin für Ihre Anregungen, Lob und Kritik sehr dankbar. Nur für Sie habe ich schließlich dieses Buch geschrieben!

Ich gebe es ja zu, als Leser mag ich auch keine Vorworte und springe lieber gleich in den Text. Und Dankeshymnen mag ich schon gar nicht, denn ich kenne die genannten Personen ja nicht einmal. Doch da ich in diesem Fall der Autor bin, möchte ich nach einer so langen Zeit intensiver Arbeit an diesem Projekt einfach einigen Menschen danken:

Zum Beispiel Christine Siedle, meiner Lektorin, und ihrem Verlag Galileo Press – für den Mut, mit diesem Buch einen anderen Weg zu gehen, und für die hervorragende und überaus effiziente Zusammenarbeit. Und ich weiß, wovon ich rede, ich arbeite schließlich selbst in einer Verlagsgruppe, der FORUM Media Group. Diesem Unternehmen verdanke ich viele Einsichten, ebenso meinen Mitarbeitern in der Softwareentwicklung, dem Qualitätsmanagement und der Systemadministration. Und natürlich all den .NET-Foren rund um den Erdball sowie den IT-Fachverlagen, denen ich als Kunde traumhafte Umsätze beschere.

Mein größter Dank richtet sich aber an meine Frau, Heike Geirhos, und an meine kleine Tochter. Meiner Frau für ihre Liebe und Geduld, ihr Verständnis und die bedingungslose Unterstützung. Und meiner Tochter für das notwendige Maß an Ablenkung und ein Übermaß an Freude und Heiterkeit in unserem Leben.

Ach ja, und Ihnen dafür, dass diese Arbeit nicht umsonst war. Danke!

Matthias Geirhos

Kapitel 1
Einführung

Wo die Praxis des Lebens fehlt, ist das Studium immer nur eine halbtätige Arbeit. (August Graf von Platen Hallermund)

In diesem ersten Kapitel erfahren Sie etwas zur Motivation für dieses Buch, über das verwendete Fallbeispiel, und ich stelle Ihnen die einzelnen Kapitel vor.

1.1 Lehre und Praxis – der Unterschied

Erinnern Sie sich noch an die erste Generation der sogenannten *RAD-Tools*? Programme sollten zusammengeklickt statt programmiert werden. Für alle vorgefertigten Probleme wären fertige Bausteine in der Toolbox, und an die Stelle von individuellem Code sollten gut lesbare, hübsche Diagramme treten. Mit einem Satz an Regeln sollten sich alle denkbaren Probleme lösen lassen, schnell, fehlerfrei und ohne großen Einarbeitungsaufwand, sogar durch die Fachabteilung selbst.

Was theoretisch gut klang, scheiterte an der Praxis, an dem Variantenreichtum der Aufgabenstellungen, der Vielzahl an Produkten auf dem Markt und, nicht zuletzt, an der Phantasie der Produktmanager. Softwareentwicklung ist eben nicht mit anderen Ingenieurdisziplinen vergleichbar, in denen es feste Regeln und Normen gibt, die oft über lange Zeiträume entwickelt wurden. Die Herangehensweisen an ein Problem sind höchst unterschiedlich, und der daraus resultierende Code ist bei keinen zwei Entwicklern identisch.

Softwareentwicklung ist jedoch kein wissenschaftsfreies Gebiet – im Gegenteil, die Kenntnis der theoretischen Zusammenhänge erleichtert die Entwicklung ungemein. Aber alle Theorie muss sich in den Kontext der realen Aufgabenstellung einfügen. Was die Statik in der Architektur der Gebäude verbietet, muss die Softwarearchitektur trotzdem möglich machen. Der Markt bestimmt Aussehen und Funktionalität einer Software, und er nimmt wenig Rücksicht auf die Sachzwänge der eingesetzten Technologien.

Anstelle fester Lösungswege gibt es Best Practices und Patterns, Handlungsempfehlungen und Lösungsskizzen, die sich wie Bausteine in eigenen Projekten verwenden lassen, aber bei Bedarf noch zurechtgeklopft werden müssen.

Inzwischen gibt es ein neues RAD-Tool von Microsoft, Visual Studio LightSwitch, das sowohl als eigenständiges Werkzeug zu erwerben als auch in höheren Versionen von Visual Studio enthalten ist. Interessant an diesem Produkt ist dessen modularer Charakter, und es ist zu erwarten, dass es für immer mehr praktische Aufgabenstellungen fertige Module geben wird. Und die nahtlose Integration von eigenem Code in eigene LightSwitch-Projekte, die genau das akzeptiert, was unvermeidbar ist: Je komplexer die Anforderungen werden, desto komplexer werden auch die Konfigurationen solcher RAD-Tools – bis zu einem Punkt, an dem es einfacher ist, eigenen Code zu erstellen, als sich durch Dutzende von Dialogen mit unzähligen Optionen zu klicken.

1.1.1 Gute Software, schlechte Software

Vor gut zehn Jahren hatte ich den ersten Kontakt mit einem damals neuartigen Online-CMS (Content Management System). Es war kurz vorher bei einem Unternehmen eingeführt worden, in dem ich als Leiter der Online-Entwicklung eingestellt wurde. Es stammte von einem renommierten Unternehmen, hatte einen klangvollen Namen, und die Verkäufer konnten mit einer langen Referenzliste aufwarten. Es war gruppenweit für einen stattlichen sechsstelligen Betrag erworben worden. Meine Aufgabe sollte es sein, auf Basis dieses Systems zahlreiche neue Online-Auftritte zu entwickeln, gemeinsam mit eigenen und freiberuflichen Mitarbeitern.

Für den Einkäufer dieses CMS war das eine sichere Sache, sollte man meinen. Im praktischen Einsatz wurden sehr bald die Mängel deutlich, und die waren gravierend: Das System lahmte selbst auf den schnellsten Servern, es war instabil, ganz und gar kontra-intuitiv zu bedienen, schwer zu administrieren und mit allerlei eigenen, proprietären Lösungen für ganz alltägliche Probleme ausgestattet.

Hotline, Entwicklung und Geschäftsleitung des Softwareherstellers hatten das Problem längst ausgemacht: Der Kunde sei das Problem, das System liefe schließlich in großen Installationen zuverlässig und, soweit man wisse, problemlos. Das wollte ich nicht recht glauben, und so begann ich, mit diesen Referenzkunden zu telefonieren und sie zu besuchen. Und wie es zu erwarten war, glichen sich die Probleme. Viele Unternehmen berichteten über genau die Schwierigkeiten, die auch wir hatten.

Und so war das Ende unausweichlich: Nach einigen erfolglosen Releases tauschten wir das System gegen ein CMS aus, das auf offenen Standards wie PHP und MySQL aufbaute, kaum ein Zwanzigstel so teuer und wenigstens zehnmal so schnell war. Dieses System läuft auch heute noch.

Seitdem habe ich mich in zahlreichen Projekten immer wieder gefragt: Was macht gute Software aus, und was unterscheidet sie von schlechter Software? Warum lässt sich die eine Software elegant und preiswert erweitern, während sich andere Programme vehement gegen jede Form der Anpassung sträuben? Warum gibt es Lösungen, mit denen sich flüssig arbeiten lässt, während bei anderen jeder Klick zum Geduldsspiel wird, und warum gibt es so viele gute Benutzeroberflächen, aber warum auch so viele schlechte? Wieso kann der Aufwand für das Customizing einen Bruchteil des Kaufpreises ausmachen, aber auch leicht ein Mehrfaches, und warum müssen manche Softwareprodukte bei jedem neuen Release in großen Teilen neu geschrieben werden, während andere über viele Jahre hinweg scheinbar mühelos erweitert werden können?

1.1.2 Wege zur Lösung

Ich behaupte nicht, die Antwort auf all diese Fragen zu kennen. Aber ich habe über die Jahre zahlreiche Muster entdeckt, Fallstricke, wenn Sie es so nennen möchten, aus den eigenen Projekten heraus, aber vor allem in der Zusammenarbeit mit meinen Mitarbeitern, externen Programmierern, Auszubildenden und Consultants. Aus meinen und ihren Erfahrungen ist dieses Buch entstanden. Es verfolgt drei Ziele:

Wissen erweitern

Gerade in kleineren Unternehmen müssen Entwickler oft wahre Allrounder sein. Denn neben fundierten Fertigkeiten in verschiedenen Programmiersprachen benötigen Sie noch viele weitere Kenntnisse, beispielsweise in Fragen der Softwarearchitektur, im Softwaredesign, in ihrer Entwicklungsumgebung, in den verschiedensten eingesetzten Technologien, in Softwaretests, Projektmanagement und Datenbankentwurf.

Nicht jeder Entwickler hat die Zeit, Lust oder Gelegenheit, sich durch viele Regalmeter Fachliteratur zu arbeiten. Dieses Buch macht den durchaus gewagten Versuch, die wichtigsten Bereiche der Softwareentwicklung in einem einzigen Werk zu behandeln, von der richtigen Architektur über die Umsetzung bis hin zur Softwarepflege nach deren Einführung. Damit ist es ein Buch für »Aufsteiger«, also Entwickler, die dazulernen möchten und die über Bekanntes aus einem anderen Blickwinkel neu nachdenken wollen.

Probleme vermeiden helfen

In diesem Buch finden Sie immer wieder Kästen mit dem Titel »Aus der Praxis«. In diesen Kästen finden Sie das eine oder andere Problem, das ich in der Vergangenheit selbst erlebt habe, und meist einen Lösungsansatz dazu. Vielleicht erkennen Sie bisweilen Ihr eigenes Projekt darin wieder, dann betrachte ich Sie als Leidensgenossen, wenn Sie erlauben. Ansonsten täten Sie mir einen großen Gefallen, wenn Sie diese Probleme vermeiden würden.

Ich habe beim Schreiben bisweilen selbst gestaunt, wie viele Fehler mir während der Jahre unterlaufen sind. Viele wären leicht zu vermeiden gewesen, bei anderen lagen ihre Ursachen etwas tiefer.

Best Practices vermitteln

Der Begriff *Best Practices* stammt eigentlich aus der Betriebswirtschaft und bezeichnet bewährte Verfahren, die sich für gleiche oder ähnliche Aufgabenstellungen eignen. *Entwurfsmuster* oder *Design Patterns* sind fertige Lösungen oder Lösungsschablonen für häufig wiederkehrende Probleme in der Softwareentwicklung. Sie können damit ebenfalls im weiteren Sinne den Best Practices zugerechnet werden.

Myriaden von Problemen entstehen durch die falsche oder unzureichende Implementierung häufig wiederkehrender Aufgabenstellungen. Nicht selten hat jeder Entwickler seine eigene Lösung entwickelt. Dabei sind viele dieser Aufgabenstellungen im Detail komplex, die Lösungen aber meist zu einfach, wie das folgende Beispiel zeigt.

Aus der Praxis

Um mit Services zu kommunizieren, die mit *WCF (Windows Communication Foundation)* entwickelt wurden, benötigt man einen Proxy, ein Objekt also, das die Kommunikation mit dem Service kapselt. In vielen Lehrbüchern findet man dazu Beispiele wie:

```
MyServiceClient client = new MyServiceClient();
client.Open();
try
{
   client.DoSomething();
}
catch(Exception ex)
{
   MessageBox(...);
}
client.Close();
```

Dieses Beispiel funktioniert und ist daher in vielen Programmen verwirklicht. Es ist aber wenig praxistauglich, denn Verbindungsabbrüche, Timeouts, Sicherheitsprobleme und einige andere auftretende Ausnahmen verlangen nach jeweils speziellen Behandlungen. Das ist unverzichtbar für ein robustes und fehlertolerantes Programm.

Im Grunde genommen müsste sich nun jeder Entwickler in die Tiefen der WCF-Kommunikation begeben, um selbst eine adäquate Lösung zu entwickeln, oder er greift auf das Client-Pattern in Kapitel 6, »Windows Communication Foundation«, zurück.

Leider kommen Best Practices in Studium und Ausbildung meist viel zu kurz. Im Studium mag der mangelnde wissenschaftliche Bezug der Grund dafür sein, in der Ausbildung fehlt oft schlicht die Zeit. Und so weiß ich, da ich seit vielen Jahren ausbilde, dass viele Auszubildende nach ihrer Ausbildung oft das Gefühl haben, erst am Anfang ihrer Entwicklung zu stehen.

1.2 Das Fallbeispiel

An der einen oder anderen Stelle verwende ich ein Fallbeispiel, gewissermaßen als Kontrastprogramm zu den allerorts beliebten »Hallo Welt!«-Beispielen. Herzlich willkommen also in der Welt der *Kalimba Sunfood GmbH*, dem Premium-Importeur für sonnenverwöhnte Früchte aus aller Welt mit Sitz in Hamburg.

Abbildung 1.1 Firmenlogo

Unsere Firma importiert Waren aus aller Welt und benötigt hierfür eine *Enterprise-Resource-Planning-*(*ERP*)-Software zur Steuerung aller betrieblichen Funktionen, also

- Warenwirtschaft,
- Kundenverwaltung,
- Finanz- und Rechnungswesen,
- Verkauf und Marketing,
- Controlling und
- Personalwirtschaft.

Es werden etwa 800 Mitarbeiter beschäftigt, die Hälfte am Stammsitz in Hamburg, die andere Hälfte verteilt auf mehrere Standorte weltweit. Kalimba Sunfood kauft die Früchte vor Ort ein, beispielsweise Orangen aus Brasilien oder Mangos aus Indien, exportiert sie nach Deutschland und vertreibt sie dort an Großhändler und die Getränkeindustrie. Darüber hinaus betreibt die Gesellschaft einen Onlineshop für Cocktail-Fruchtsäfte, in dem Privatkunden direkt bestellen können.

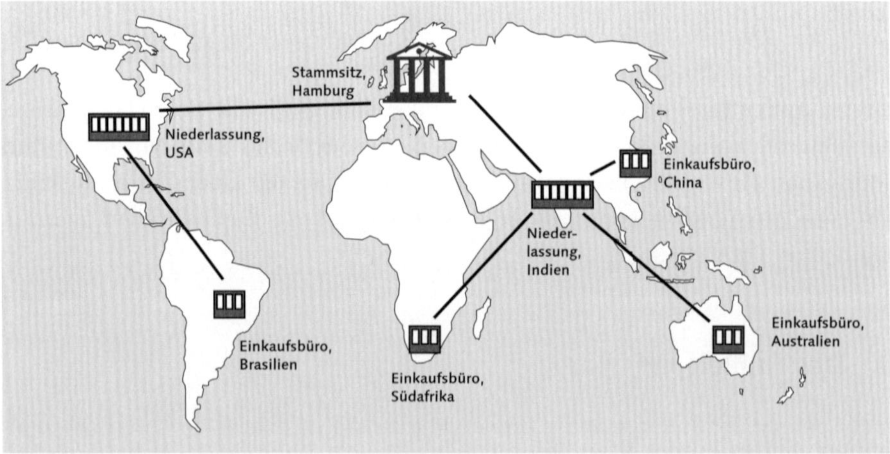

Abbildung 1.2 Standorte (Quelle: CIA Factbook)

Die beiden Niederlassungen in den USA und Indien sind breitbandig an die Zentrale angeschlossen, ihre Mitarbeiter nutzen Rich-Client-Anwendungen. Die Büros der Einkäufer sind schmalbandig angeschlossen, daher greifen die dortigen Mitarbeiter über das Internet auf Webanwendungen zu. Natürlich setzt die hausinterne Entwicklungsabteilung auf .NET (natürlich in der aktuellen Version 4.5) als Kerntechnologie und dazu noch auf

- WinForms für die Rich-Client-Anwendungen,
- ASP.NET für die Webanwendungen,
- WCF für die serviceorientierte Mittelschicht,
- WF für die Verarbeitung der Bestellungs-Workflows,
- Windows Server 2012 als Server-Betriebssystem,
- Visual Studio 2012 als Entwicklungsumgebung und auf
- SQL Server 2012 als Datenbanksystem.

Das zu entwickelnde ERP-System nennt unsere Firma das *Kalimba.ERP*.

1.3 Die einzelnen Kapitel

Das Buch orientiert sich an den Entwicklungsphasen eines Projekts. Da immer mehr Unternehmen agile Prozesse in der Softwareentwicklung einsetzen, beispielsweise Scrum, sind diese Phasen nicht mehr so starr getrennt wie früher. Sie gehen ineinander über und wiederholen sich häufiger in den Teilschritten eines Projekts. Dennoch erfordern alle Phasen spezielles Wissen und ihre jeweils eigenen Fertigkeiten, in größeren Projekten werden sie oft von verschiedenen Personen oder Abteilungen geleitet. Was erwartet Sie auf den folgenden Seiten?

Kapitel 2, »Softwarearchitektur«

Um die *Architekturfindung* geht es im zweiten Kapitel. Architekturthemen sind immer besonders wichtige Themen, da die dort getroffenen Entscheidungen meist weittragend und nur mit hohem Aufwand während oder nach der Implementierung zu ändern sind, wenn das überhaupt möglich ist.

In der Softwarearchitektur geht es darum, die Einheiten oder Komponenten einer Software zu identifizieren und sie zueinander in Bezug zu setzen. Dazu muss das Problem geistig zerlegt, die Strukturen müssen erkannt und Hierarchien gebildet werden. Die *UML* kann hierbei gute Dienste leisten, weswegen wir sie uns aus praktischer Sicht näher ansehen.

Architektur findet auf verschiedenen Ebenen statt. Auf einer unteren Ebene geht es um Komponenten und deren Wiederverwendbarkeit, auf einer höheren Ebene um die innere Struktur des Codes, beispielsweise die Bildung von Layer und Tier. Auf einer der oberen Ebenen schließlich betrachten wir grundlegende Architekturparadigmen, beispielsweise die heute so beliebten serviceorientierten Architekturen.

Gerade beim Thema Softwarearchitektur ist es von großer Bedeutung, von der Theorie zur Praxis zu gelangen. Sie wollen schließlich keine Schaubilder entwickeln, sondern konkrete Software. Die einzelnen Ebenen sollen ineinander übergreifen und eine jede Schicht einen Beitrag zum Ganzen leisten. Mein Fallbeispiel soll dies illustrieren, im Kleinen wie im Großen. Dabei geht es mir weniger um die Darstellung möglichst vieler Technologien als darum, Ihnen die verschiedenen Perspektiven näherzubringen. Und das so, dass Sie die richtigen Fragen stellen können. Deshalb gehe ich zunächst auf Anforderungen ein und weswegen sie bereits in dieser Phase eines Softwareprojekts unverzichtbar sind.

Kapitel 3, »Softwaredesign«

Das dritte Kapitel beschäftigt sich mit wichtigen Designfragen. Es führt das Thema Architektur weiter aus, jedoch auf den unteren Ebenen, den Ebenen der Klassen, Dateien, Assemblys und Projekte. Auch hier gibt es wieder wichtige Ziele, die den Kontext des folgenden Kapitels bilden sollen. Danach geht es um die objektorientierte Analyse und um objektorientiertes Design (OOA/OOD), mit deren Hilfe Klassen gebildet und zueinander in Beziehung gesetzt werden.

Kaum eine Software kommt ohne Schnittstellen aus. Doch gerade hier lauern besonders viele Fallstricke, gilt es doch, meist zwei oder mehrere an sich inkompatible

Systeme miteinander zu verbinden. Leider wird dieser Bereich in der Praxis häufig vollkommen unterschätzt. Dabei ist er doch für so viele Fehlschläge von Softwareprojekten verantwortlich.

Danach geht es um die Benutzeroberfläche. Keine Angst, es erwartet Sie kein Designkurs, und Sie müssen auch nicht zu Papier und Bleistift greifen. Von den vielen Facetten konzentrieren wir uns hier auf diejenigen, die Entwicklern erfahrungsgemäß am meisten Probleme bereiten. Ein häufig unterschätztes Thema ist beispielsweise der Umgang mit der Zeit, also mit Aktionen, die nicht innerhalb der Wahrnehmungsspanne abgeschlossen werden können, sondern ein wenig länger dauern, wie beispielsweise eine Kopieraktion. Hier gilt, wie überhaupt beim GUI-Design, dass ein guter Entwurf kaum mehr Arbeit macht als ein schlechter Entwurf, er erfordert lediglich Wissen und die Bereitschaft, sich darauf einzulassen.

Die Frage nach dem richtigen Speicherort und der richtigen Behandlung von Konfigurationsdaten ist ebenfalls eine ganz praktische und verdient einen eigenen Abschnitt. Zum Schluss zeige ich Ihnen anhand der *Enterprise Library* (*EL*), wie gut gemachte Bibliotheken und Tools gerade diese Phase vereinfachen können.

Kapitel 4, ».NET für Fortgeschrittene«

Ich gehe in diesem Buch davon aus, dass Sie bereits über C#-Kenntnisse verfügen. Dennoch begegne ich oft Entwicklern, denen einige der neueren Sprachkonstrukte und Technologien noch nicht geläufig sind, beispielsweise *LINQ* oder parallele Verarbeitung (*Multithreading*).

Einige der hier behandelten Technologien sind wahre Beschleuniger, beispielsweise reguläre Ausdrücke. Andere wiederum machen erst richtig Spaß, wenn man sie einmal etwas gründlicher betrachtet. Transaktionen sind ein gutes Beispiel dafür. Wiederum andere Technologien sind notwendig (oder sinnvoll) wenn Sie spezielle Arten von Anwendungen entwickeln wollen, zum Beispiel Metro-Apps.

Zu zahlreichen Themen gibt es eigene, manchmal sehr umfangreiche Bücher. Mein Anspruch ist es also nicht, diese Themen umfassend zu behandeln; aber vielleicht ist das gerade der Grund dafür, warum Sie sich bisher nicht damit beschäftigen konnten, und meine Praxis-Einführungen regen Ihr Interesse an. Dann freue ich mich mit Ihnen.

Themenauswahl und Tiefe der behandelten Themen sind mir hier besonders schwergefallen, und von mir aus hätte dieses Kapitel auch noch ein-, zweihundert Seiten mehr haben können. Aber das Konzept des Buches ist ja gerade nicht absolute Vollständigkeit, sondern das Setzen thematischer Schwerpunkte. Daher tröste ich mich also mit dem Gedanken, dass ich die Seitenzahl ohnehin bereits überschritten habe, und hoffe, dass Sie auf der Suche nach C#-Neuigkeiten fündig werden.

Kapitel 5, »Professionell codieren«

Studenten, Schüler und Auszubildende erfahren oft mehr über die *syntaktisch richtige* Benennung von Variablen, als sie behalten können, aber oft wenig bis gar nichts über deren *sinnvolle* Benennung. Sie kennen die Möglichkeiten, Kommentare als solche auszuzeichnen, niemand erklärt ihnen jedoch, wann Kommentare notwendig sind und wie diese aussehen sollten. Auch zur Formatierung des Quellcodes liest und hört man erstaunlich wenig. Das kommt wie gerufen für ein Praxisbuch, und deswegen habe ich in diesem Kapitel viele Tipps und Empfehlungen dazu für Sie gesammelt.

Einen weiteren Schwerpunkt bilden verschiedene Konstrukte der Sprache C#. Erfahren Sie hier beispielsweise, wann Sie statt auf Schnittstellen lieber auf eine Klassenhierarchie setzen sollten oder was es bei Aufzählungen zu berücksichtigen gilt. Das Kapitel liegt mir besonders am Herzen, weil sich schnell Gewohnheiten einschleichen, die nicht immer dem Ziel dienlich sind, qualitativ hochwertigen Code zu erzeugen.

Der wachsenden Bedeutung von *Refactoring* widmet sich ein eigener Abschnitt, denn auf Anhieb »richtig machen« ist nahezu ein Ding der Unmöglichkeit, das Lernen entlang des Weges ein Teil der praktischen Entwicklung. Zum Schluss stelle ich Ihnen mit *FxCop* ein nettes Werkzeug vor, das über die Einhaltung konfigurierbarer Regeln wacht und eigentlich unentbehrlich ist, wenn Ihr Code sauber und wartbar sein soll.

Kapitel 6, »Windows Communication Foundation«

Die Antwort auf die Webservices der Java-Welt nennt Microsoft *Windows Communication Foundation* oder kurz *WCF*. Wer in der .NET-Welt serviceorientiert entwickeln möchte, kommt daran nicht vorbei und muss es auch nicht: WCF bietet eine Menge und lässt sich gut programmieren, erfordert jedoch auch eine andere Herangehensweise von Entwickler und Architekt.

Wenn Sie bisher ausschließlich zweischichtig entwickelt haben, darunter verstehe ich die Anwendung und eine Datenbank (z. B. SQL Server), dann helfen Ihnen vielleicht meine Ratschläge für Neueinsteiger, die ich aus der Lernpraxis meines eigenen Teams gewonnen habe. Dennoch ist Kapitel 6 nicht nur für Einsteiger interessant, sondern behandelt auch fortgeschrittene Themen wie das Hosting über WAS oder die Verwendung von Message Queuing in eigenen WCF-Anwendungen.

Kapitel 7, »Datenbank und Datenzugriff«

In Kapitel 7 geht es um einige fortschrittliche Technologien, die überaus nützlich sind, aber noch relativ selten in realen Projekten eingesetzt werden, wie zum Beispiel die Möglichkeit, .NET-Assemblys in den SQL Server zu laden und dort auszuführen.

Das ist eine praktikable Methode, den Wirkungsbereich von .NET auf das Datenbank-Backend-System auszudehnen. Diese sogenannte CLR-Integration eröffnet ganz neue Möglichkeiten, um beispielsweise bestehenden T-SQL-Code zu migrieren oder datenbanknahe Schnittstellen damit umzusetzen.

Gleiches gilt für XML-Daten, also vorstrukturierte Daten innerhalb der Datenbank, wofür der SQL Server geeignete Werkzeuge zur Abfrage und zur Manipulation bietet. Das ist besonders für Integrationen nützlich. Um XML geht es auch bei LINQ to XML, einer eleganten Möglichkeit, XML-Daten zu schreiben und abzufragen, ohne dass dafür viel Code notwendig wäre.

Weitere Abschnitte beschäftigen sich mit (relativ) neuen Technologien bzw. mit Technologien, die gerade erst erwachsen geworden sind, z. B. das Entity Framework und WCF Data Services. Aber auch die neuen Datenbank-Tools in Visual Studio 2012 sind nicht nur hübsch, sondern auch praktisch. Schon länger gibt es hingegen die Volltextsuche im SQL Server, eine Technologie, die ihre Zeit dennoch noch vor sich hat. Ein Blick darauf lohnt sich auf alle Fälle; sie ist sowohl vielseitig als auch leistungsfähig.

Den Schluss bilden einige ganz praktische Empfehlungen, die dem Umstand geschuldet sind, dass sie (zu) häufig nicht beachtet werden; der richtige Umgang mit Indizes zum Beispiel oder die Bedeutung guter Testdaten.

Kapitel 8, »Workflow Foundation«

Der wesentliche Unterschied zwischen manuellen Prozessen und solchen, die in Software abgebildet sind, liegt in der Synchronisierung. Prozesse in Software sind meist synchron. Eine Aktion wird ausgelöst, und die Verarbeitung wird so lange unterbrochen, bis das Ergebnis vorliegt (*Request/Reply-Pattern*). Manuelle Prozesse hingegen sind oft asynchron, ein Prozess wird gestartet, aber in diesem Moment nicht abgeschlossen, beispielsweise die Genehmigung eines Einkaufs oder der Eingang einer Bestellung (*Fire-and-Forget-Pattern*).

Seit der Version 3.0 gibt es dafür eine Unterstützung in .NET, *Workflow Foundation* genannt. Damit lassen sich solche langlaufenden Workflows abbilden. Ein Workflow kann jederzeit persistiert und später wieder abgerufen und fortgeführt werden.

Workflows in WF lassen sich programmieren oder, praktischer, in XAML beschreiben. Dies hat den Vorteil, den Workflow später verändern zu können, ohne die Anwendung verändern zu müssen. In .NET 4.0 hat diese Technologie ein gründliches Redesign erfahren oder sagen wir lieber, es wurde von Grund auf neu programmiert. Damit hat Microsoft allerdings viele Entwickler verprellt, weil der bislang erstellte Code aufs Abstellgleis manövriert wurde. Mit .NET 4.5 wurden wir wieder ein wenig versöhnt und die Features der Workflow Foundation sind wieder nahezu komplett.

Mit WF 4.5 lernen Sie eine völlig neue Art der Programmierung kennen: elegant, effizient, visuell und erweiterbar. Wenn das keine guten Gründe sind, um WF zu erlernen?

Kapitel 9, »Windows 8 und Windows RT«

Die Kachel-Oberfläche ist völlig neu in Windows 8 und .NET 4.5 und Gegenstand von Kapitel 9. Sie werden sehen, es macht Spaß, damit zu arbeiten; erst recht, wenn Sie sich den Luxus eines eigenen Windows-Tablets gönnen und sich nach Herzenslust durch Ihre neu entwickelten Anwendungen scrollen – intuitiv, bunt und butterweich.

Doch vor den Erfolg hat Microsoft die Lernkurve gesetzt, oder genauer: zwei Lernkurven. Zum einen gibt es eine neue API, Windows Runtime (WinRT) genannt, eine API, die direkt auf dem Windows-Kernel aufbaut und die neue Namensräume, Methoden und Möglichkeiten mitbringt. Zum anderen sind Windows-Apps aber auch viel standardisierter als herkömmliche Anwendungen, sollen sie doch auch jenseits von Intel auf ARM-Geräten laufen und sich einfach und schnell über den Microsoft Store installieren lassen.

Der vielleicht beste Weg, das alles zu lernen, führt über ein Fallbeispiel, das daher ein wenig umfangreicher ausgefallen ist. Aber, keine Angst, die einzelnen Abschnitte bauen aufeinander auf, wie immer.

Kapitel 10, »Softwaretests«

Das Testen von Software ist oft eine ungeliebte Aufgabe, dabei ist gerade dieser Teil der Softwareentwicklung für das Endresultat besonders wichtig und oft genauso erfolgskritisch. Im Kern geht es darum, Softwaretests als Teil der Entwicklung zu verstehen und zu integrieren und sie nicht alleine an deren Ende zu stellen. Dabei kann das Testen von Software auch eine sehr interessante Tätigkeit sein, mit den richtigen Werkzeugen und jeder Menge Know-how.

Zum Glück hat sich in .NET 4.5 und Visual Studio 2012 eine Menge getan, zum Beispiel hat sich das Produkt für andere Unit-Test-Werkzeuge geöffnet und die Integration in den (ebenfalls neuen) Team Foundation Server (TFS) wurde weiter verbessert. Softwaretests sind vor allem aber auch praktisch durchzuführen, also gerade recht für ein Praxisbuch der Softwareentwicklung. Und so erfahren Sie in diesem Kapitel nicht nur etwas über die Grundlagen, sondern auch, wie Sie am besten vorgehen und wie Sie Ihre Tests praktisch gestalten können.

Kapitel 11, »Softwarepflege«

Ein Kapitel über Softwarepflege in einem Buch über Softwareentwicklung? Passt das zusammen? Und ob, Programme sind schließlich keine Eintagsfliegen, und nach dem Produktiveinsatz wartet der größere Teil der Arbeit, jedenfalls über die Zeit gesehen.

Spätestens jetzt ist es höchste Zeit, sich über Release-Zyklen, Versionsplanung und den Umgang mit laufenden Anforderungen Gedanken zu machen. Nicht minder wichtig und interessant sind die verschiedenen Möglichkeiten, Aufwände zu schätzen, gerade dann, wenn Sie agile Methoden einsetzen, womit Kapitel und Buch schließen.

Kapitel 2
Softwarearchitektur

Wer hohe Türme bauen will, muss lange beim Fundament verweilen.
(Anton Bruckner)

Ein Kapitel über Softwarearchitektur in einem Praxisbuch, passt das zusammen? Ja, wenn wir Softwarearchitektur als das verstehen, was sie ist – als notwendige Grundlage für den Bau erfolgreicher Software.

Architektur ist kein Selbstzweck, und Architekturdiagramme sind nur selten etwas, für das der Auftraggeber bezahlen möchte. Der allseits bemühte Vergleich mit den Architekten im Bauwesen stellt klar: ohne Architekt kein Gebäude, ohne Softwarearchitekt kein Softwareprodukt. Ich meide solche Vergleiche jedoch, denn Bau- und Softwarearchitekten haben nur wenig gemeinsam. Während es im Baugewerbe unzählige Regeln und Normen gibt, treffen wir in der Softwareentwicklung, wenn überhaupt, auf Best Practices. Und wo sich die Bauvorhaben großteils ähneln, ist jede Software eine Einzelanfertigung. Mehr noch: Im Gegensatz zum Bauarchitekten gibt es für Softwarearchitekten keine allgemein anerkannte und weitverbreitete Ausbildung, ja noch nicht einmal über deren Aufgaben besteht Einigkeit. Und einer jahrhundertelangen (manche würden sagen: jahrtausendelange) Erfahrung der Bauarchitekten kann die Softwareentwicklung nur wenige Jahrzehnte entgegenstellen, wenn man die Erfahrungen aus den frühen Anfängen der Softwareentwicklung überhaupt mitzählen möchte.

Softwarearchitekten stehen nicht im Ruf, Pragmatiker zu sein, und meist leisten sich nur große Projekte einen eigenen Architekten. Dabei kann auf eine gute Softwarearchitektur als Grundlage für moderne Software nicht verzichtet werden. Architektur findet immer statt. Die Frage ist nur: Ist sie das Ergebnis planvollen Handelns vor der Implementierung, oder entsteht sie aus der Erfahrung einzelner Entwickler heraus während der Entwicklung?

Ich möchte Ihnen in diesem Kapitel die Softwarearchitektur näherbringen, als eigenen Teilschritt innerhalb des Entwicklungsprozesses. Sie werden sehen: Softwarearchitektur kann viel praktischer sein, als Sie vielleicht denken, und viele Fragestellungen wirken direkt auf die spätere Implementierung.

Dieses Kapitel handelt zwar von der Softwarearchitektur, dennoch ist die Grenzlinie zum Softwaredesign nicht scharf zu ziehen. Dieses Kapitel verschmilzt daher sozusagen mit dem nächsten Kapitel zu einer Einheit. Mein wichtigstes Ziel ist, das Feld zu bestellen, auf dem Architektur stattfindet, und die richtigen Fragen zu formulieren, die dann zu den richtigen Antworten für Ihr Projekt führen.

2.1 Einführung

In diesem Abschnitt werden wir Softwarearchitektur dingfest machen. Sie werden sehen, warum es sich lohnt, Zeit darauf zu verwenden, und Sie werden die Grundzüge guter Architektur kennenlernen.

2.1.1 Das Problem

Die Kalimba Sunfood GmbH möchte ihr Angebot um eine Online-Bestellmöglichkeit für Einzelhändler erweitern. Alice, die Programmmanagerin, und Bob, der Entwicklungsleiter, treffen sich zu einer Besprechung:

Alice: Hi Bob, es geht um das Konzept, das ich dir letzte Woche gemailt habe. Wie du weißt, findet in zwei Monaten die Food-Pro (Messe) in Barcelona statt, und wir möchten unser neues Vertriebskonzept für Einzelhändler vorstellen. Dafür benötigen wir einen Online-Shop, der in unsere Warenwirtschaftssoftware integrierbar ist und den wir dort präsentieren können.

Bob: Ok, dein Grobkonzept lässt aber viele Fragen offen. Wie identifizieren wir beispielsweise unsere Kunden im Web, wie kommen die individuellen Verkaufskonditionen auf die Internetseite, und wie läuft dann die Bestellabwicklung ab?

Alice: Aber das sind doch alles technische Details, dafür seid ihr ja in der Entwicklung zuständig. Für mich sind die fachlichen Aspekte wichtig, die ich im Konzept ja ausführlich beschrieben habe.

Bob: Nichts für ungut, aber für eine Umsetzung sind sieben Seiten nicht gerade ausreichend. Es geht auch darum, wie wir diese neue Software in die bestehende Softwarelandschaft einbinden können. Der neue Vertriebsweg ist ja nicht eigenständig, viele Prozesse laufen auch außerhalb der Website, beispielsweise im Kalimba.ERP, und die Daten sollen doch zentral gespeichert werden, oder?

Alice: Von Datenbanken verstehe ich nichts, aber wenn wir die Software nicht zur Food-Pro vorstellen können, dann verlieren wir Marktanteile – unsere Wettbewerber bieten solche Lösungen schon seit Jahren. Hier geht es um time-to-market, die Lösung muss unbedingt fertig werden, in Schönheit sterben können wir später auch noch.

Bob: Wenn wir dir jetzt eine vermeintlich einfache Lösung bauen, dann wird uns die Pflege ein Vielfaches kosten, die Werbeabteilung hat keinen einheitlichen Blick mehr auf den Kunden, und viele Prozesse werden manuell ablaufen müssen.

Alice: Wenn wir keine einfache Lösung zur Messe haben, dann werden die Kosten viel höher sein. Kannst du nicht einfach einen Prototyp bauen? Wir wissen ja noch gar nicht, wie das neue Vertriebsmodell ankommt, und deswegen steht auch kaum Budget bereit. Wenn es funktioniert, dann bringen wir einfach eine Version 2 mit all den tollen Features, die ihr Programmierer euch wünscht!

Es kommt wie es kommen muss: Zur Messe steht eine »Version 1« zur Verfügung, ein Provisorium, für dessen grundlegende Überarbeitung dann später Zeit und Geld fehlen. Aber: Was ist daran auszusetzen?

2.1.2 Gute Softwarearchitektur, schlechte Softwarearchitektur

Softwarearchitektur ist schwer zu greifen, weil ihre Aufgaben so vielschichtig sind. Dennoch gelingt es uns leicht, die Auswirkungen schlechter Architekturentscheidungen zu erkennen:

Merkmal	Auswirkung
Komplexität	Lösungen erscheinen uns unbeherrschbar komplex, das Gesamtbild ist nicht erkennbar, vor allem die ersten Schritte zur Umsetzung sind unklar.
Kosten-/Termintreue	Die Projektkosten laufen aus dem Ruder, der Zeitplan gerät ins Wanken. Die Lösung muss immer wieder umgebaut werden, da neu entwickelte Teile nicht zu den bereits vorhandenen Teilen passen.
Redundanz	Dieselben Aufgabenstellungen werden mehrfach gelöst, in unterschiedlichem Kontext und unterschiedlichen Modulen. Dennoch lassen sich diese Module aber nicht mehr in anderen Anwendungen wiederverwenden.
Performance	Das System ist zu langsam, die einzelnen Komponenten arbeiten nur unzureichend zusammen.
Integration	Die einzelnen Module passen nicht so recht zusammen, sie enthalten oft Hilfskonstruktionen, damit sie überhaupt kompatibel sind und verlieren damit an Unabhängigkeit. Es gibt viele Schnittstellen, die alle recht unterschiedlich implementiert sind.

Tabelle 2.1 Symptome unzureichender Softwarearchitektur

Merkmal	Auswirkung
Wartbarkeit	Neue Anforderungen lassen sich nur umsetzen, wenn immer wieder große Teile der Software umgebaut werden. Nur wenige Mitarbeiter beherrschen daher die Implementierung neuer Funktionen.
Konfiguration	Anforderungen müssen programmiert werden, auch wenn eine Konfigurationsänderung eigentlich genügt hätte.
Dokumentation	Die Dokumentation ist schwer zu lesen, beschreibt viele Ausnahmen und lässt den inneren Zusammenhalt vermissen.
Pflegephase	Die Umsetzung neuer Anforderungen dauert lange, kostet viel und birgt ein hohes Risiko für neu auftretende Fehler.
Qualität	Anwender, Entwickler und Tester bemängeln die Qualität der Software. Sie benimmt sich zunehmend unberechenbar, und der Aufwand für die Fehlersuche und Fehlerbehebung nimmt überproportional zu.

Tabelle 2.1 Symptome unzureichender Softwarearchitektur (Forts.)

Natürlich liegen die Gründe für die obengenannten Probleme nicht ausschließlich in einer mangelhaften Architektur. Manchmal ist auch einfach nur die Umsetzung fehlerhaft, oder die Tests wurden nicht gewissenhaft genug durchgeführt; dennoch sind die Symptome typisch, und einige davon finden sich sicher in einer Software wieder, wenn der Architektur nicht der nötige Stellenwert zukommt.

2.1.3 Aufgaben

Literatur und Wissenschaft bieten uns viele Definitionen des Begriffs Softwarearchitektur, aber alle Kenntnisse der altgriechischen Sprache führen zu keiner eindeutigen und, wie ich meine, brauchbaren Definition. Vielversprechender scheint mir die Frage zu sein: Womit beschäftigt sich Softwarearchitektur? Wir könnten nun einfach sagen: Sie beschäftigt sich damit, die oben dargestellten Probleme zu vermeiden! Das wäre nicht verkehrt, aber es geht auch ein wenig genauer:

In der Softwarearchitektur geht es darum,

- die Komponenten eines Softwaresystems zu identifizieren,
- diese in Beziehung zueinander zu bringen und die Art dieser Beziehungen zu erkennen und zu beschreiben,
- die Konfiguration und deren Eigenschaften zu bestimmen,

- die Infrastruktur um diese Komponenten herum richtig auszuwählen und richtig anzuwenden, und
- die einzelnen Softwaresysteme so miteinander zu verbinden, dass ein funktionierendes Ganzes entsteht.

Oder anders ausgedrückt: Architektur macht Komplexität erst beherrschbar. Wichtigstes Hilfsmittel ist also die Analyse. Eine Aufgabe wird zerlegt und die Komponenten den Zielen entsprechend angeordnet.

Kommunikation ist eine weitere wichtige Aufgabe heutiger Architekten, denn Architektur betrifft unmittelbar die Interessen aller Beteiligten, die man heute gerne als *Stakeholder* bezeichnet. Lösungen müssen gesucht, Kompromisse ausgehandelt, Budgets eingefordert werden. Gelegentlich überschneiden sich die Aufgaben hier mit denen des Projektmanagers.

2.1.4 Anwendungstypen

In der praktischen Architektur ist es nicht ausreichend, Komponenten, Beziehungen und Schichten ausfindig zu machen bzw. zu entwerfen, sondern es müssen Grundlagenentscheidungen getroffen werden. Hier verschwimmt die Grenze zum Softwaredesign. Betrachten wir eine Anwendung, wie das Gespann *Outlook/Exchange*. Mit dieser können Daten auch lokal, ohne Zugriff auf einen Server, bearbeitet werden. Eine solche Software benötigt ein anderes Design, aber auch eine andere Architektur als eine reine Client-Server-Lösung, in der ein Server immer zur Verfügung steht.

Es ist daher sinnvoll, einige Anwendungstypen zu definieren, wobei auch hier die Trennlinie nicht messerscharf zu ziehen ist.

Mobile Anwendung

Eine Anwendung dieser Kategorie läuft auf einem mobilen Gerät, also einem Gerät, das nicht für die ständige Verfügbarkeit einer Netzwerkverbindung bürgen kann, die überdies von schlechter Qualität sein kann. Ist das Gerät beispielsweise ein Mobiltelefon, dann gelten auch noch Hard- und Softwareeinschränkungen. Oft synchronisieren solche Anwendungen ihre lokalen Inhalte mit einem Server.

Embedded Systeme

Hier geht es um Funktionen, die in einem technischen Umfeld bereitgestellt werden, beispielsweise in einem Fahrzeug oder in einer Industrieanlage. Oft stehen Steuerungs- und Regelfunktionen im Vordergrund. Die darauf laufenden Anwendungen müssen oft besonders robust sein und bisweilen ist das Timing entscheidend, wenn es um Echtzeitanwendungen geht. Diese Systeme sind technisch oft über einheitliche Standards und Schnittstellen angebunden, wie einen CAN-Bus, der häufig in Fahrzeugen anzutreffen ist.

Services

Ein Service ist eine Komponente, die eigenständig lauffähig ist und einem Client Dienstleistungen anbietet, die dieser nutzen kann. Die Kommunikation läuft dabei über Nachrichten ab, die vom Client zum Service und zurück gesendet werden.

Webanwendungen

Solche Anwendungen sind meistens plattformunabhängig, jedenfalls vonseiten des Clients. Sie verwenden standardisierte Technologien wie http und HTML und einen Browser für die Anzeige der Bedienoberfläche.

Rich Client Application

Anwendungen dieses Typs werden lokal ausgeführt (oder auf einem Terminal Server) und stellen dem Anwender meist eine reiche Benutzeroberfläche zur Verfügung, zum Beispiel aufwendige Controls oder Grafiken. WinForms ist dafür eine typische Technologie.

Rich Internet Application (RIA)

Wo HTML & Co. nicht ausreichen, können Technologien wie Silverlight (und neuerdings auch HTML 5) das *Look and Feel* einer Rich-Client-Anwendung in eine Webumgebung bringen. Das geschieht freilich nicht, ohne dabei einige Eigenschaften der Webanwendung aufzugeben oder einzuschränken, wie die Plattformunabhängigkeit.

Spiele

Ja, ich weiß, in diesem Buch geht es manchmal ein wenig »geschäftig« zu, wie wir in Bayern zu sagen pflegen. Natürlich gibt es aber auch die Fun-Industrie, deren zunehmendes Interesse es ist, Spiele nicht nur auf einer Plattform anbieten zu können, sondern – möglichst zeitgleich – auf vielen verschiedenen.

Betriebssysteme und Serversysteme

Greifen wir aus dieser großen Gruppe, stellvertretend, ein Beispiel heraus: Datenbanksysteme. Diese müssen, vor allem zahlreiche Standards unterstützen, performant, robust und flexibel sein und eine reiche Toolunterstützung mitbringen. Die Architekturentscheidungen wirken oft weitreichend und unmittelbar, nicht nur auf den Datenbankserver an sich, sondern auf alle damit verbundenen Anwendungen.

2.1.5 Der Architekt

In größeren Unternehmen sind Softwarearchitekten meist die erfahrensten Mitarbeiter im Unternehmen. In kleineren Unternehmen übernehmen oft Entwickler diese Aufgabe als Querschnittsfunktion. Wie auch immer, es gibt einige Merkmale, die gute Architekten auszeichnen. Sie

- denken analytisch, können auch komplexe Probleme sinnvoll zerteilen und die Komponenten auf immer neue Weise anordnen,
- kennen die eingesetzten Technologien, deren Stärken und Limitationen,
- haben selbst schon viel programmiert und besitzen dementsprechend viel Erfahrung in der Softwareentwicklung,
- verstehen den Anwender und entwerfen die Architektur so, dass die entstehende Software für und nicht gegen ihn arbeitet,
- können sich auf verschiedenen Ebenen bewegen und betrachten ein Problem immer wieder von diesen verschiedenen Ebenen aus,
- besitzen ein hohes Abstraktionsvermögen, das sie aber zugunsten leichterer Verständlichkeit auch einmal vor dem Gesprächspartner »verstecken« können,
- passen die Architektur an die Aufgabenstellung an und verstehen, dass Architektur kein Selbstzweck ist,
- kennen die gängigen Architekturstile und können diese situationsgerecht anwenden,
- beziehen alle beteiligten Personen in den Prozess mit ein: egal ob Anwender, Entwickler, Tester oder Systemintegratoren.

Gerade in größeren Projekten gibt es auch unter den Architekten noch eine Spezialisierung:

- Der *Lead Architect* trägt die Gesamtverantwortung.
- Der *Data Architect* konzentriert sich auf die Themenfelder Datenbanken, Persistenz, Content Management Systeme etc. und alle sich daraus angrenzenden Fragestellungen wie Performance, Integration und Verfügbarkeit.
- Der *Infrastructure Architect* erstellt eine Software- und Hardwareinfrastruktur als Grundlage für die Anwendung selbst.
- Der *Integration Architect* wiederum bringt die Dinge zusammen, bindet Fremdsysteme an und vereinheitlicht Schnittstellen.
- Der *Application Architect* ist der Architekt im engeren Wortsinne, der Struktur und Beziehungen der Anwendung entwirft.

Die Rolle des Architekten ist dabei nicht immer so klar definiert, wie man sich das wünschen würde. Es gibt Architekten, deren Aufgaben auch in die Implementierung und in das Produktdesign reichen. Es ist aber nicht verkehrt anzunehmen, dass

Architekten häufig in der Mitte des Prozesses zu finden sind. Sie halten Kontakt zum Auftraggeber, Geschäftsführer, Entwickler, zu den Administratoren und Systemingenieuren und zum Produktmanager. Der Architekt benötigt selbst Informationen von diesen Personen, und diese Personen benötigen Informationen von ihm. Das macht klar, dass Kommunikationsstärke eine wichtige Voraussetzung ist.

Und dann gibt es noch den wohl häufigsten Fall: Den Architekten in Personalunion, der diese Aufgabe nur in Teilzeit ausführt und nebenbei noch entwickelt oder das Design der Software entwirft.

Nun wäre das Feld bestellt, jetzt wird es aber höchste Zeit für mehr Praxis – und was könnte da praktischer sein als der Ursprung vielen Handelns, die Anforderung?

2.2 Anforderungen

Anforderungen stehen am Anfang einer jeden Softwarearchitektur. Obgleich einleuchtend, sind die Anforderungen in der Praxis oft das schwächste Glied in der Kette. Warum?

- Oft werden die Anforderungen erst in einer viel späteren Phase des Projekts beschrieben.
- Dies liegt häufig daran, dass das Schreiben von Anforderungen von vielen Entscheidungsträgern mehr als Verwaltung, denn als Grundlage empfunden wird. Klar, man braucht sie, das leuchtet meist schon ein, aber besser nicht zu viel Zeit darauf verwenden!
- Eine Anforderung ist dann fertig, wenn die dafür vorgesehene Zeit aufgebraucht ist, denn Papier ist bekanntermaßen ein sehr geduldiges und verzeihendes Medium.
- Es ist nicht klar, welche Anforderungen Auswirkungen auf die Architektur haben.
- Daraus folgt: Anforderungen sind qualitativ und/oder quantitativ sehr häufig einfach nicht ausreichend.

Ich habe es schon mehrfach angesprochen: ohne Spezifikation kein Projekt. Ohne Anforderungen keine Softwarearchitektur. Worauf sollte die denn sonst auch aufbauen? Anforderungen können von allen Projektbeteiligten stammen. Wichtig ist nicht so sehr, wer die Anforderung stellt, sondern ob es sich wirklich um eine Anforderung handelt.

Definition

Eine Anforderung ist die zwischen Auftragnehmer und Auftraggeber vereinbarte Eigenschaft eines Systems oder eine Funktion, die diese Software erfüllen soll.

Ein Wunsch wird also erst dann zur Anforderung geadelt, wenn er Teil einer Vereinbarung ist. Das zieht die Notwendigkeit nach sich, diese schriftlich zu erfassen. Über Anforderungen ist in diesem Buch an verschiedenen Stellen zu lesen, daher soll es hier nur um Anforderungen zum Zwecke der Architekturfindung gehen.

2.2.1 Arten von Anforderungen

Zunächst unterscheiden wir zwischen

- funktionalen Anforderungen (*functional requirements*), also Anforderungen, die mit den Funktionen einer Software zu tun haben, wie beispielsweise Berechnungen, Abläufe oder die verwendeten Daten. Kurzum: Es geht darum, *was* eine Software tun soll.
- nicht-funktionalen Anforderungen (*non-functional requirements*) – darunter fallen Anforderungen, die das System als solches qualitativ näher beschreiben. Sicherheit, Performance, Benutzerfreundlichkeit, Skalierbarkeit und Wartbarkeit fallen in diese Kategorie. Hier geht es also darum, *wie* eine Software beschaffen sein soll.

In Projekten fehlen oft die nicht-funktionalen Anforderungen, und so entstehen manchmal Architekturen, die am Kern einer Sache vorbeigehen. Scheinbar kleine Anmerkungen können die Welt verändern, wie z. B.:

- Die Anbindung soll auch funktionieren, wenn das Zielsystem zeitweise nicht zur Verfügung steht. Achtung! Lokale Datenhaltung und Replikation der Daten mit dem Server. Alle wichtigen Funktionen müssen ebenfalls lokal ausgeführt werden.
- Die Daten sollen auch auf einem Notebook »mitgenommen« werden können. Achtung! Sicherheit könnte ein wichtiges Thema werden, Authentifizierung und Autorisierung sowieso.
- Wir wollen die Software später beim Kunden erweitern können, beispielsweise durch separat lizenzierte Plugins. Achtung! Nur lose Kopplung vorsehen, viel mit Schnittstellen und AddIn-Strukturen arbeiten.

Die Schwierigkeit liegt oftmals darin, dass Anwender (oder Produktmanager) diese Anforderungen nicht explizit definieren. Meist wissen Sie gar nicht, welche Auswirkungen solche Anforderungen auf die Softwarearchitektur haben. Es wird also umso mehr Ihre Aufgabe sein, diese Anforderungen zu hinterfragen.

Oft geschieht das nicht, aus der Befürchtung heraus, Begehrlichkeiten zu wecken. Denn wer würde auf die Frage »Wie hoch soll denn die Verfügbarkeit sein?« nicht spontan antworten »So hoch wie möglich, am besten 100 %!«? Bieten Sie doch verschiedene Optionen an, aus denen der Auftraggeber wählen kann, und versehen Sie jede Option mit einem Preisschild.

Denken Sie einfach immer daran: Auch wenn eine Software alle funktionalen Anforderungen erfüllt, kann sie dennoch in der Praxis unbrauchbar sein. Was nützt schon eine korrekt funktionierende Auftragserfassung, die nicht bedienbar ist, oder eine Software für die Terminbörse, die nicht mit der anfallenden Last zurechtkommt?

Nicht alle dieser nicht-funktionalen Anforderungen sind für jedes Projekt gleichermaßen wichtig. Sie können sich jedoch daran orientieren, wenn Sie möchten.

Anforderung	Beschreibung
Performance	Beschreibt möglichst harte Kennzahlen, beispielsweise: »Das System soll in der Lage sein, in Spitzenzeiten bis zu 1.000 Bestellungen in der Minute zu verarbeiten«.
Skalierbarkeit	Im obigen Beispiel war schon von Spitzenzeiten die Rede, ein Hinweis auf Skalierbarkeit. Ein weiteres Beispiel: »Die Software soll so erweiterbar sein, dass wir damit künftig unsere Wachstumsziele abbilden können« (die dann natürlich quantitativ erfasst sein müssen).
Sicherheit	Definiert sicherheitsrelevante Anforderungen, zum Beispiel: »Die Komponente zur Verbindung mit unseren Zulieferern soll in einem abgesicherten Bereich ausgeführt werden mit speziellen Zugriffsrechten und ohne die Möglichkeit, auf andere Bereiche der Software zuzugreifen«.
Benutzerfreundlichkeit	Hier es ist mitunter schwierig, dieses Merkmal messbar zu machen. Helfen können Usability-Tests. Eine mögliche Anforderung wäre dann: »Die Software soll eine durchschnittliche Benotung von 2.2 oder besser erreichen«.
Erweiterbarkeit	Eine allgemeine Aussage genügt hier nicht, denn von jeder Software kann erwartet werden, dass sie erweiterbar ist. Es geht mehr um spezielle Anforderungen wie: »Es ist geplant, bis zum Jahresende unseren Kunden drei neue Module zu verkaufen, die diese dann separat lizenzieren und installieren können«.
Kompatibilität	Ist dann wichtig, wenn die Software kompatibel mit einem System sein muss oder gar ein Testat benötigt wird. Beispiele: »Unsere Software muss der GDPdU-entsprechen« und »Der Export muss Open XML-kompatible Dateien erstellen«.

Tabelle 2.2 Nicht-funktionale Anforderungen

Anforderung	Beschreibung
	Auch Anforderungen zur Interoperabilität können in diese Kategorie fallen. Oder aber es werden gesetzliche Anforderungen gestellt, beispielsweise wenn die Medizingeräteverordnung zur Anwendung kommt.
Robustheit/ Ausfallsicherheit	Dieser Aspekt wird oft in prozentualer Verfügbarkeit angegeben: »Es wird eine Verfügbarkeit von 99.3 % zugesichert«. Oft sind an solche Aussagen *Support Level Agreements (SLA)* gebunden und/oder es wird eine bestimmte Wiederherstellungszeit gefordert (Desaster Recovery). 99,3 % müssen Sie, nebenbei bemerkt, nicht sonderlich beunruhigen, entspricht dies doch einem Ausfall von bis zu 61 Stunden im Jahr.
Supportbarkeit	Solche Anforderungen sollten meist konkreter gefasst werden, denn der Begriff an sich ist nicht sehr ergiebig. Beispiel: »Unser Support soll, auf Wunsch des Kunden, Zugriff auf alle Fehlermeldungen erhalten«. In diese Kategorie fallen auch Anforderungen zu Logging und Tracing.
Dokumentation	Besonders dann, wenn eine Software im Kundenauftrag erstellt wird, kann es für Art und Umfang der Dokumentation gewisse Anforderungen geben. Beispiel: »Der Auftragnehmer erstellt für die fünf wichtigsten Prozesse (...) Tutorials, mit einem Umfang zwischen 5-10 Seiten pro Tutorial«.

Tabelle 2.2 Nicht-funktionale Anforderungen (Forts.)

Diese Aufstellung ist zwar nicht vollständig, aber vermutlich werden Sie damit gut zurechtkommen; dennoch, vielleicht gibt es ja gerade für Ihr Projekt zusätzliche nicht-funktionale Anforderungen? Manchmal zählt man auch die Ressourcen zu den nicht-funktionalen Anforderungen. Ich sehe das nicht so, denn letztlich steht das gesamte Projekt unter den Einschränkungen der verfügbaren Zeit und der vereinbarten Kosten. Wichtig ist jedoch, dass der gesamte Prozess der Gewinnung von Anforderungen dem Rechnung trägt. Oder anders ausgedrückt: Wünsche sind unbegrenzt, Anforderungen sind es nicht.

Aber auch wenn Sie kleinere Brötchen backen, alleine das Bewusstsein für die nicht-funktionalen Aspekte von Softwaresystemen ist der vielleicht schon wichtigste Schritt. Sie können für jeden Aspekt zudem entscheiden, ihn nicht (oder nicht sehr weitgehend) zu berücksichtigen, was als explizite Entscheidung zu verstehen ist.

Beispiel:

Die Software *Kalimba.Vertriebsinfo* wird ausschließlich im Intranet von der Vertriebsleitung verwendet. Die Anforderungen an die Sicherheit beschränken sich auf eine Authentifizierung und eine grobe Autorisierung nach den folgenden sieben Funktionsbereichen ...

Überlassen Sie das Ergebnis nicht dem Zufall, oder: besser entschieden als ignoriert!

2.2.2 Anatomie einer Anforderung

Die meisten Anforderungen, die mir im Laufe der Zeit begegnet sind, waren wenig bis gar nicht strukturiert. Für einen Softwarearchitekten (und auch für die meisten Entwickler) gibt es nichts Schlimmeres, als sich durch Dutzende Seiten kafkaesken Prosatext zu quälen, der noch dazu unpräzise, widersprüchlich und lückenhaft ist. Wenn möglich, geben Sie doch einfach den Aufbau vor. Eine Anforderung sollte enthalten:

- die Bezeichnung und eine eindeutige Referenznummer
- das Ziel bzw. den Zweck dieser Anforderung (eventuell noch ergänzt um den quantitativen Nutzen, der aus der Erfüllung der Anforderung entsteht)
- die beteiligten Systeme und Menschen, die daran mitwirken
- die Eingabedaten
- die Schritte der Verarbeitung
- die Ausgabedaten
- die Priorität (z. B. von 1 = wichtig bis 5 = nice to have)
- die Relevanz für die Softwarearchitektur (Diesen Abschnitt ergänzen Sie.)

Beispiel

No. FR6934:
Die Artikelstammdaten sollen in XML exportiert werden können.

Ziel, Zweck:
Artikel können so zwischen Standorten und Mandanten ausgetauscht werden, und unsere Kunden können die Daten selbst weiterverarbeiten.

Beteiligte:
Der Export wird manuell gestartet.

Eingabedaten:
Alle Artikeldaten von allen Produkten, die nicht bereits stillgelegt wurden.

Schritte:

- Auswahl der Programmfunktion
- Auswahl eines Verzeichnisses und Dateinamen
- Export
- Vermerken des Vorgangs im Systemprotokoll

Ausgabedaten:
XML-Datei mit allen Artikeln und deren Daten

Priorität:
2 (4, wenn die Multi-Mandantenfähigkeit umgesetzt wird)

Architekturrelevanz:
Da die Daten auch für Kunden interessant sein könnten, sollte das Exportformat variabel sein. Auswirkung: Funktion als Plugin implementieren, im eigenen Layer.

Wenn Sie jetzt noch ein einheitliches Werkzeug zur Erfassung und Dokumentation solcher Anforderungen einsetzen, dann haben Sie sich die Sache ein wesentliches Stück einfacher gemacht.

Fassen wir noch einige qualitative Merkmale zusammen, die eine gute Anforderung ausmachen:

- Sie ist knapp, präzise, möglichst vollständig und konkret.
- Sie ist frei von (oder sagen wir besser: arm an) Widersprüchen.
- Sie ist fachlich formuliert, denn diejenigen, die Anforderungen stellen, kommen nur selten mit technischen Begriffen klar.
- Sie stammt von den richtigen Mitarbeitern, also den Mitarbeitern, die ein Interesse an der jeweiligen Anforderung haben.
- Sie lässt sich abschätzen bzw. messen und vermeidet allgemeine Formulierungen.
- Sie berücksichtigt, dass man nicht alles haben kann. Eine Möglichkeit, dies zu zeigen, sind Prioritäten.
- Idealerweise steht sie nicht alleine, sondern befindet sich in einem Kontext, beispielsweise ist sie Teil eines Use Cases.
- Noch idealer ist es, wenn man sie gerne lesen mag, weil sie auch sprachliche Qualität besitzt.

2.2.3 Das richtige Maß

Wenn hier von Anforderungen die Rede ist, dann immer in dem Maß, wie sie für die Softwarearchitektur notwendig sind. Die beiden wichtigsten Aufgaben des Softwarearchitekten sind also

1. sicherstellen, dass die Anforderungen (besonders auch die nicht-funktionalen) so vollständig wie möglich vorliegen und
2. diejenigen Anforderungen auswählen, die einen maßgeblichen Einfluss auf die Architektur der Software haben.

Die Relevanz einer Anforderung für die Architektur ist nicht immer leicht zu erkennen. Vielleicht helfen Ihnen dabei einige Kriterien, die solche Anforderungen erfüllen können:

- Sie beschreibt eine Verbindung nach außen, beispielsweise durch eine Schnittstelle.

  Beispiel: Eine Anwendung integriert sich in Social-Media-Plattformen.
- Sie veranschaulicht einen erfolgskritischen Bereich der Software.

  Beispiel: Bei einer Software für den automatischen Versand von Newslettern wäre die Versende-Engine selbst so ein Modul.
- Sie ist schwer zu erfüllen.

  Beispiel: Wegeoptimierung in einer Software für die Lagerverwaltung.
- Sie birgt ein gewisses Risiko.

  Beispiel: Das Data Warehouse in einem Unternehmen mit seinen wichtigen Berichten und Analysen.
- Sie beeinflusst maßgeblich die Datenhaltung.

  Beispiel: Der Einsatz eines verteilten Caches zur Verbesserung der Performance.

Vermutlich werden die Anforderungen den Rahmen sprengen. Das ist nicht grundsätzlich schlecht, denn es zeigt, dass die Beteiligten auch Anforderungen haben. Und es eröffnet die Möglichkeit, auszuwählen, also die Aspekte umzusetzen, die den besten Kosten-/Nutzenfaktor versprechen. Zu guter Letzt nimmt es einen Teil des Produkt-Lebenszyklus vorweg, denn nicht umgesetzte Anforderungen können ja immer noch in einer Folgeversion umgesetzt werden.

Der gesamte Prozess zur Gewinnung solcher Anforderungen wird gerne als *Requirements Management* bezeichnet und kann in der Praxis beliebig komplex werden. Das richtige Maß bedeutet also auch, rechtzeitig aufzuhören. Wenn Sie die Anforderungen definieren, hinterfragen, auf ihre Bedeutsamkeit hinsichtlich der Architektur untersuchen, dokumentieren und, idealerweise, noch priorisieren, dann sind Sie vermutlich auf der sicheren Seite und können sich dem nächsten Schritt zuwenden, der Identifizierung der beteiligten Komponenten.

Das richtige Maß gilt freilich auch für die andere Seite: Fehlen Anforderungen oder sind die vorhandenen Anforderungen lückenhaft, widersprüchlich oder sonst von minderer Qualität, wird Ihre Architektur zwangsläufig auf Annahmen gründen müssen, um diese Lücken zu füllen.

2.3 Komponenten

Der Begriff *Komponente* ist ganz allgemein zu verstehen, nämlich als eine nahezu beliebige Einheit eines Softwaresystems. Damit ist es eine der wichtigsten Aufgaben, solche Komponenten erst einmal zu identifizieren.

2.3.1 Komponenten identifizieren

Dies kann beispielsweise geschehen aufgrund

- funktionaler Zusammengehörigkeit – eine Komponente umfasst also Funktionen, die ähnliche Aufgaben erfüllen.

  Beispiel: Die Komponente *Login-Verwaltung* beinhaltet alle Funktionen zum Anmelden neuer Benutzer, zum Login bestehender Anwender und für die Verwaltung, beispielsweise dem Zusenden vergessener Passwörter.
- fachlicher Zusammengehörigkeit – eine Komponente bedient also denselben fachlichen Kontext.

  Beispiel: Die Komponente *Werbung* beinhaltet alle werblichen Aspekte, beispielsweise den Newsletter-Versand oder die Anreicherung der Anwenderdaten mit Daten, die aus dem Anwenderverhalten gewonnen werden.
- ähnlicher Daten – Komponenten nutzen also dieselben Tabellen und andere Datenbankobjekte.

  Beispiel: Die Komponente *Kunde* greift auf Objekte des gleichlautenden Datenbankschemas zu, beispielsweise die Kundenstammtabelle oder die Adresshistorie.

Neben diesen Ordnungskriterien gibt es noch viele weitere. In diesem Kapitel verwende ich den Begriff *Komponente* für jegliche Detailtiefe, was die Sache einfacher macht. In der Literatur sind noch die Begriffe *System* und *Subsystem* anzutreffen, die dann häufiger auf den oberen Ebenen der Architektur angewendet werden, aber dasselbe meinen. Mein Tipp: Trennen Sie nicht, was nicht zu trennen ist und sprechen Sie in dieser Phase der Architekturfindung lieber von Komponenten.

Arten von Komponenten

Grundlagen für die Komponenten sind:

- funktionale und nicht-funktionale Anforderungen
- ein umgebendes System, also die IT-Landschaft, in der die neue Applikation eingebunden werden soll
- Geschäftsobjekte und Funktionsbereiche der Software

Daraus ergeben sich verschiedene Arten von Komponenten:

- fachliche Fremdsysteme, z. B. eine bereits vorhandene Buchhaltungs-Software
- technische Fremdsysteme, z. B. der eingesetzte SQL Server
- Schnittstellen und andere Formen der Verbindung, z. B. die Anbindung an eine CRM-Software, an die Kundenstammdaten übergeben werden
- explizite Grenzen, z. B. Sicherheitsgrenzen einer DMZ, in der Komponenten ausgeführt werden
- Komponenten, die Funktionen ausführen, z. B. eine Komponente für die Verwaltung des Lagers
- Daten, z. B. der Speicherort für gemeinsam genutzte Daten
- technische Komponenten, z. B. die Leistungsüberwachung von Windows, an die andere Komponenten ihre Laufzeitdaten übermitteln
- Infrastruktur-Komponenten, z. B. ein Enterprise Service Bus

Der Prozess

Die meisten Architekten folgen einem Top-down-Ansatz. Zuerst identifizieren sie also die obersten Komponenten und verfeinern dann jede Komponente, bis sie den gewünschten Grad an Detailreichtum erreicht haben.

Das klingt gut, ist in der Praxis aber häufig nicht zu realisieren. Denn eine solche Vorgehensweise verlangt, dass die Komponenten der Ebene nach benannt werden können. Viel häufiger ist daher ein iterativer Ansatz anzutreffen, in der (zunächst im Top-down-Ansatz) Komponenten identifiziert und in Beziehung zueinander gebracht werden. Im Laufe des Prozesses werden immer mehr Anforderungen in die Architektur eingebracht, und die vorhandenen Komponenten werden einem *Refactoring* unterzogen: Komponenten werden entfernt, zusammengefasst, aufgeteilt, in der Hierarchie nach oben oder nach unten versetzt oder neu angeordnet.

Um Komponenten zu identifizieren, können Sie die folgenden Fragen stellen:

- Ist die Komponente wirklich für eine eigenständige Funktion zuständig, und ist sie lose an andere Komponenten gekoppelt?
- Ist sie auch wirklich *nur* für einen Funktionsbereich zuständig?
- Kann sie wiederverwendet werden, stellt sie also eigenständige Dienstleistungen zur Verfügung?
- Gibt es Einschränkungen, die die Bildung einer eigenen Komponente erforderlich machen, zum Beispiel, weil die Komponente eine Sicherheitsgrenze darstellt?
- Ist die Komponente Teil einer größeren Komponente, oder ist sie unabhängig?

- Ergibt sich die Komponente aus dem technischen Umfeld oder aus den fachlichen Anforderungen?

Ebenfalls häufig trifft man auf das umgekehrte Modell, also einen Bottom-up-Ansatz: Die Komponenten werden erst einmal aus den Anforderungen destilliert und gesammelt. Erst im zweiten Schritt wird dann eine Struktur daraus gebildet und jede Komponente enthält ihren Platz. Einen pauschalen Ratschlag für Ihre Situation kann ich Ihnen nicht geben, so gerne ich das auch täte, aber einige Empfehlungen:

- Vielleicht gibt es bereits Komponenten anderer Systeme, dann bilden diese einen ersten Ordnungsrahmen.
- Gleiches gilt auch für technische Komponenten, beispielsweise einen bereits vorhandenen Anwendungsserver.
- Wenig Mühe bereitet meist die Bildung von Komponenten mit einigem Umfang, zum Beispiel »Werbung«, »Auslieferung« oder »Kundenverwaltung«. Diese Komponenten können Sie dann zuerst niederschreiben und im Folgenden aufteilen, anordnen und verfeinern.
- Es lohnt sich eigentlich immer, Schnittstellen als eigene Komponenten darzustellen.
- Nicht selten sind wichtige Komponenten aus den Anforderungen schwer oder gar nicht herauszulesen. Der Katalog der nicht-funktionalen Anforderungen kann Ihnen dann weiterhelfen, wenn Sie beispielsweise fragen: »Wird eine Benutzer- und Rechteverwaltung benötigt?« Daraus ergeben sich dann meist weitere Komponenten, im genannten Beispiel könnte dies die Anbindung an ein vorhandenes *Active Directory* sein.

Am Ende steht ein erster Entwurf, eine Komponentensammlung. Das ist, grob gesagt, eine Liste mit zugehörigen Beschreibungen. Mehr ist jetzt noch nicht nötig, denn die Komponenten werden sich vermutlich gleich noch einmal ändern, wenn es um die Beziehungen untereinander geht.

2.3.2 Beziehungen

Die Frage, wie Komponenten zusammenwirken und in welcher Beziehung sie zueinander stehen, bestimmt oft maßgeblich die Auswahl und Abgrenzung der Komponenten selbst. Dabei können Komponenten auf verschiedene Weise voneinander abhängig sein:

- Hierarchisch: Komponenten haben übergeordnete, allgemeinere Komponenten.
- Enge Kopplung: Einzelne Komponenten sind eng aneinander gebunden, lassen sich also nicht ohne diese anderen Komponenten verwenden.

- Lose Kopplung: Die Komponenten sind nur lose gekoppelt, ihre Implementierung lässt sich also leichter ändern, ohne das Gesamtsystem zu gefährden, und sie lassen sich für andere Aufgaben einfacher wiederverwenden.
- Dependency Injection: Die Objektnetze lassen sich zur Laufzeit knüpfen, vorwiegend durch flexible Konfiguration statt fester Programmierung.

Diese Abhängigkeiten sind nicht nur technisch zu sehen, sondern auch fachlich (mit Ausnahme der Dependency Injection, die ein technisches Entwurfsmuster beschreibt). Die technische Abhängigkeit sollte der fachlichen Abhängigkeit entsprechen, wenn möglich.

Neben der Abhängigkeit gibt es noch weitere, konkretere Möglichkeiten, Beziehungen zu bestimmen. Dabei geht es um die Frage, warum zwei Komponenten überhaupt in Beziehung zueinander stehen. Das kann sein, weil

- eine Komponente Funktionen einer anderen Komponente verwendet. Beispiel: Der Service zur Verarbeitung von Bestellungen verwendet den Lager-Service, indem er dort Abbuchungen vornimmt.
- eine Komponente Daten an eine andere Komponente sendet. Beispiel: Ein E-Mail-Marketingwerkzeug sendet der Komponente zur Verwaltung der Werbeaktionen Informationen darüber, welche Kunden welche Werbung erhalten haben.
- eine Komponente beim Eintreten eines Ereignisses informiert werden möchte. Beispiel: Die Komponente zur Berechnung des Data Warehouse möchte informiert werden, sobald alle Buchungen des Tages verarbeitet werden, damit sie die Berechnung der Cubes daraufhin starten kann.

Beziehungen können unidirektional oder bidirektional sein.

Bei der Bestimmung der Beziehungen werden sich vermutlich die Komponenten noch einmal ändern, das ist normal und kein Anzeichen für eine unzureichende Vorbereitung. Dazu ein Beispiel:

Beispiel

Eine Software für die Verwaltung eingehender Warenmuster soll verschiedenen Benutzergruppen verschiedene Funktionen anbieten – dem Wareneingangslager beispielsweise Funktionen für die Zu-Buchung und Bestandskorrektur, dem Labor Funktionen für die qualitative und quantitative Bewertung der Muster. Das war bereits aus den Anforderungen klar, Sie haben daher ein Modul für Authentifizierung und Autorisierung vorgesehen.

Während der Modellierung der Beziehungen hat sich ergeben, dass dieses Modul selbst wiederum von dem Modul für die Kommunikation mit den Lieferanten abhängt, weil in diesem Modul Warenlieferungen elektronisch angekündigt werden und Prüfergebnisse in vereinfachter Form zurückgeliefert werden. Dabei überlegen Sie, dass dies Fremdsysteme sind, die über eigene Authentifizierungs- und Autorisierungssysteme verfügen. Eine mögliche Lösung wäre nun, das Modul aufzubrechen in ein generisches Modul und in implementierungsspezifische Module, zum Beispiel in ein Modul für lokale Rechteverwaltung – das mit dem Active Directory verbunden ist – und in ein Modul, das mit Claims arbeitet – also Securitytokens über das Netzwerk.

2.4 Prozesse

Komponenten und ihre Beziehungen sind kein Selbstzweck, ihr Zweck ist es vielmehr, an Prozessen teilzunehmen und diese dadurch erst zu ermöglichen. Die Verbindungen sind:

- Anforderungen beschreiben Prozesse, oder Teile von Prozessen
- Prozesse bedienen sich Komponenten für die Ausführung
- Komponenten können aber auch nicht-fachliche Prozesse bedienen

Der Begriff *Prozess* hat viele Bedeutungen. Gemeint ist hier der *Geschäftsprozess* als Grundlage für die meisten heutigen Geschäftsanwendungen.

2.4.1 Was ist ein Prozess?

Prozesse bringen die Komponenten in einen zeitlichen Kontext. Aus der Ausführung einzelner Aktivitäten entsteht ein Prozess, wenn das Ergebnis einer Aktivität wiederum mit einer anderen Aktivität verbunden ist. Prozesse sind charakterisiert durch

- einen Anfang,
- ein Ende,
- Aktivitäten, den Bausteinen von Prozessen,
- Verbindungen zwischen den Aktivitäten, die diese entweder schrittweise oder fallbezogen miteinander verknüpfen, und durch
- ein Ziel, dem der Prozess dient.

Ein Prozess befindet sich zu einem bestimmten Zeitpunkt in einem gewissen Status. Das Unterbrechen eines Prozesses, das Speichern von dessen Status und dessen spätere Wiederaufnahme und Fortführung sind wichtige Funktionen der meisten Anwendungen und damit auch Gegenstand der Softwarearchitektur. Dies gilt umso mehr, weil die meisten Unternehmen über ausgeprägte Ablauforganisationen verfügen, die eine Vielzahl höchst individueller Prozesse hervorbringen und viele Anwendungen überhaupt erst nötig sind, weil diese Prozesse optimiert werden sollen.

Prozesse können ineinander verschachtelt sein. Ein Prozess ist dann Teil eines größeren Prozesses, zum Beispiel ist die Ist-Aufnahme Teil der jährlich stattfindenden Inventur. Meist finden sich solche Modelle im Lastenheft eines Projekts. Das ist auch gut so; allerdings können Geschäftsprozesse auch auf die Architektur einer Anwendung erheblichen Einfluss nehmen, zum Beispiel dann, wenn

- die einzelnen Komponenten über Prozesse miteinander verbunden sind und daher so verteilt werden sollen, dass die Performance nicht darunter leidet,
- Drittsysteme in einen Prozess eingebunden werden sollen, zum Beispiel über *Enterprise Application Integration* (*EAI*)-Software,
- der Prozess von außen ereignisgesteuert abläuft und daher Kommunikationssysteme entworfen werden müssen, die auf diese Ereignisse reagieren.

Man könnte auch sagen: Prozesse bringen Komponenten in einen gemeinsamen fachlichen Kontext. Wie immer, wenn Dinge miteinander vernetzt werden – hier die einzelnen Aktivitäten untereinander –, entsteht oft mehr, als es die Summe seiner Teile vermuten lässt. Dieses Mehr ist oft architekturrelevant, während es die einzelnen Aktivitäten häufig nicht sind.

2.4.2 Geschäftsprozessmodellierung

Für gewöhnlich werden Prozesse mithilfe von Modellierungssprachen modelliert, beispielsweise mit der *Business Process Modeling Language* (*BPML*). Ich vertrete allerdings die Ansicht, dass es ziemlich unwichtig ist, ob Sie BPML, ereignisgesteuerte Prozessketten (EPK) oder einfache Flussdiagramme dafür verwenden, vorausgesetzt natürlich, der Prozess lässt sich mit dem jeweiligen Werkzeug abbilden.

Wichtig erscheinen mir hingegen einige Merkmale guter Prozesse, auf die Sie unbedingt achten sollten, bevor Sie eine Architektur entwerfen:

- Ein Prozess trägt immer ein Datum und/oder eine Versionsnummer.
- Prozesse müssen widerspruchs- und überschneidungsfrei entworfen werden. Das bedeutet aber nicht, dass sie nicht Teil eines anderen Prozesses sein dürfen, sondern dass Teile eines Prozesses sich nicht plötzlich in anderen Prozessen wiederfinden (Redundanz).
- Prozesse haben immer einen Anfang und ein Ende, wobei den Anfang ein vorgelagerter Prozess und das Ende ein nachgelagerter Prozess ausmachen kann.

- Präzision ist eine wichtige Eigenschaft guter Prozesse, ebenfalls Vollständigkeit und Verständlichkeit.
- Sie sollten, wenn möglich, ein Verfahren zur Beschreibung von Prozessen verwenden und, auch das hat sich als hilfreich erwiesen, eine Software.
- Zu einem Prozess gehören einerseits das Diagramm und andererseits die Beschreibung. Nicht alle Eigenschaften, Bedingungen und Besonderheiten eines Prozesses lassen sich in ein Diagramm quetschen.
- Bei DIN A3 ist Schluss; Ausnahmen bestätigen die Regel.
- Vermeiden Sie die allseits beliebten Blöcke mit der Aufschrift »Hier geschieht ein Wunder«. Das könnten Aktivitäten sein wie »Lageroptimierung« oder »Versandsteuerung«.
- Eine Aktivität enthält eine Verrichtung, die Beschreibung dazu, die beteiligten Systeme und Abteilungen.
- Es gibt keine unverknüpfte Aktivität; die Verknüpfungen sind eindeutig, redundanz- und widerspruchsfrei.

So viel zur Theorie. Wie so häufig gilt auch hier: Die Unterschiede zwischen Theorie und Praxis sind in der Praxis einfach größer als in der Theorie. Soll heißen: Prozesse werden oft von den Fachabteilungen selbst modelliert und die Fachleute sind nur selten Spezialisten für die saubere Modellierung von Prozessen und noch viel weniger für eine gewisse Notation, die der BPMN. Da hilft alles nichts: Sie müssen die Qualität beurteilen und gegebenenfalls um Nachbesserung bitten. Und, auch das möchte ich nicht verschweigen, auch das ein oder andere Mal selbst Hand anlegen. In manchen Unternehmen oder Abteilungen müssen Sie vielleicht schon froh sein wenn Sie nicht bloß mit Textwüsten epischen Ausmaßes zugeschüttet werden. Verstehen Sie einfach jedes Prozessdiagramm, erst recht wenn es gut gemacht ist, als schützenswertes Kleinod.

Vor allem aber gilt: Entwickeln Sie ein Verständnis für den gesamten Prozess und lesen Sie, vor allem, zwischen den Zeilen und Symbolen.

2.4.3 Auswirkungen auf die Architektur

Wenn Sie einen Prozess vor sich haben, müssen Sie noch entscheiden, ob er Auswirkungen auf die Architektur hat oder lediglich für die Implementierung bzw. das Softwaredesign wichtig ist. Einige Indizien für mögliche Auswirkungen auf die Softwarearchitektur sind:

- Prozesse betreffen wichtige nicht-funktionale Aspekte. Beispiel: Die Ansteuerung einer Werkzeugmaschine muss in Echtzeit erfolgen.

- Es werden Schnittstellen beschrieben. Beispiel: Die Nachbestellung eines Artikels, bei dem der Meldebestand unterschritten wurde, erfolgt automatisch und direkt an das Bestellsystem eines Zulieferers.
- Es werden komplexe Aktivitäten beschrieben, die eine eigene Infrastruktur erfordern. Beispiel: In einer Berechnungssoftware kann ein Anwender komplexe Formeln eingeben, die eine eigene Komponente erforderlich machen.

Beispiel

In einer Anforderung zur Verarbeitung von Eingangsrechnungen findet sich dieses einfache Prozessdiagramm:

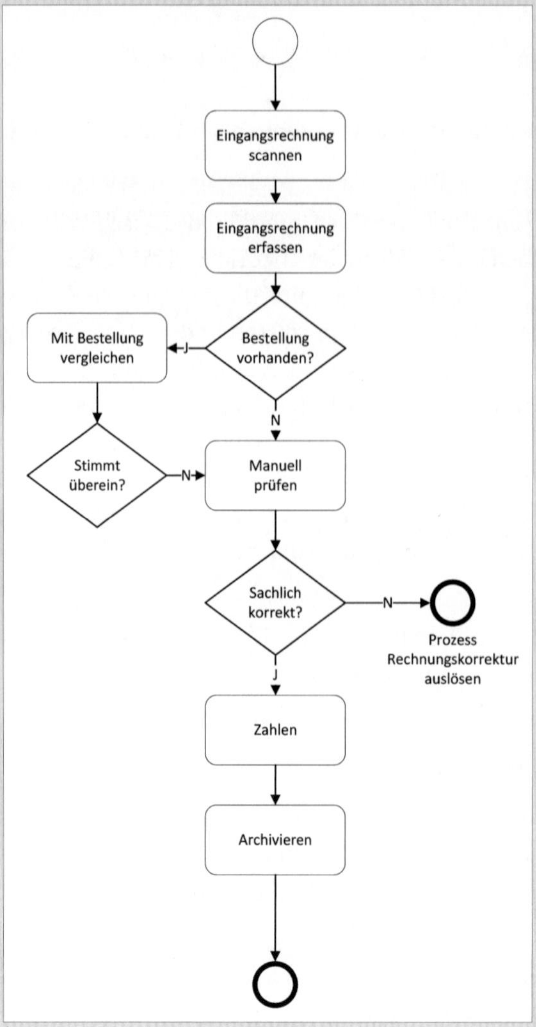

Abbildung 2.1 Verarbeitung eingehender Rechnungen

Was sind mögliche Auswirkungen auf die Architektur und welche Fragen ergeben sich?

- Wie wird die Eingangsrechnung erfasst? Manuell, oder über eine Software zur automatischen Erkennung solcher Belege?
- Bei den Aktivitäten zur Auffindung korrespondierender Bestellungen sind Komponenten anderer Softwaresysteme betroffen, in denen solche Bestellungen erfasst und ausgelöst werden.
- Manuell prüfen bedeutet (übersetzt in die Architektursprache) einen asynchronen Vorgang, eventuell sind seitens der Architektur Vorkehrungen zu treffen, dass sich Rechnungen für immer in dieser Aktivität verfangen, beispielsweise eine »Watchdog-Komponente«, die eine Timeout-Automatik implementiert.
- Die Aktivitäten Zahlen und Archivieren haben Schnittstellen zur Folge, zum Beispiel zur Banksoftware für die Erfassung von Auszahlungen und zu dem vorhandenen Archivsystem.

Von hier aus kann es nun wieder weitergehen. Wurde zum Beispiel die Anbindung an das hauseigene Archivsystem als Schnittstellenkomponente identifiziert, lässt sich die Beziehung dorthin modellieren, was vielleicht weitere Veränderungen nach sich zieht. Sie sehen: Eine Architektur aufzustellen ist eben ein iterativer Vorgang.

Damit sollte nun das erste Modell stehen – Sie werden es vermutlich noch weiter verfeinern und im Detail revidieren, aber nicht mehr grundlegend ändern. Warum auch? Wir sind aus den Anforderungen gekommen, haben daraus Komponenten identifiziert, zueinander in Beziehung gesetzt – das alles auch aus der Sicht der Prozesse, in denen sie beteiligt sind. Ihre Komponenten bilden nun die funktionalen und nicht-funktionalen Anforderungen ab. Jetzt geht es um die nächste, feinere Ebene, die Schichten einer Anwendung. Wir bewegen uns damit schon ein Stück auf die spätere Implementierung zu bzw. das, was landläufig als »Design« bezeichnet wird.

2.5 Layer (Schichten)

Ein Layer umfasst Komponenten, die zusammengehören. Es ist damit ein wichtiges Strukturierungsmittel innerhalb der Softwarearchitektur. Ein Layer strukturiert ein Softwaresystem logisch.

2.5.1 Grundlagen

In Abbildung 2.2 werden drei Dinge deutlich:

- Die einzelnen Layer erfüllen jeweils ganz eigene Aufgaben.
- Die einzelnen Layer sind zwar voneinander abhängig, aber nicht so sehr wie die einzelnen Komponenten innerhalb eines Layers, zum Beispiel Klassen.
- Layer bilden oftmals eine Hierarchie, die durchlaufen werden muss, um eine Aufgabe zu erfüllen.

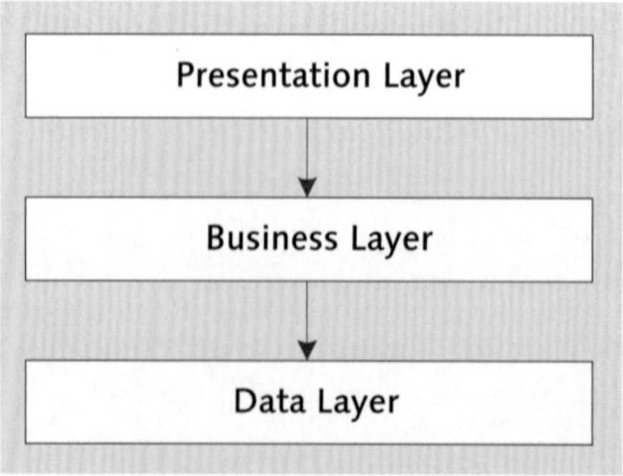

Abbildung 2.2 Drei Layer in einer Anwendung

Die Kommunikation findet in genau festgelegter Form statt, idealerweise nur von oben nach unten. Der Data Layer muss sich also um die Implementierung des Business Layers keine Gedanken machen, und dieser wiederum kennt den Presentation Layer nicht. Aber auch wenn die Zugriffsrichtung in der Praxis nicht immer einseitig ist, eine Regel sollten Sie in jedem Fall beherzigen: keine Zugriffe über einen Layer hinweg. Im oberen Fall würde das bedeuten, dass der Presentation Layer direkt auf den Data Layer zugreifen würde.

Der Begriff *Layer* ist sehr allgemein und nicht geschützt. In .NET begegnen Ihnen Layer häufig in Form von Projekten, dann wird jeder Layer durch ein eigenes Projekt abgebildet, oft in Form einer Klassenbibliothek (bzw. Assembly/DLL). Manchmal werden auch Klassen als Layer bezeichnet. Nicht selten begegnen mir Anwendungen, die von sich behaupten, vier, fünf oder gar sechs Schichten, also Layer aufzuweisen – aber nur aus einer EXE bestehen. Gewöhnen Sie sich am besten an, Layer auch in Visual Studio als eigene Projekte anzulegen und als eigenständige Dateien auszuliefern.

Wozu das Ganze?

- Die Komplexität wird verringert. Das scheint zwar vordergründig nicht der Fall zu sein – schließlich bedeuten Layer zunächst einmal zusätzlichen Aufwand – aber die Trennung der Aufgaben in Layer fördert einen klaren und nachvollziehbaren Programmierstil. Schlecht gemacht, trifft das Gegenteil zu: Zu viele Layer erhöhen die Komplexität. Ich führe das später noch aus.

- Die Sicherheit lässt sich leichter gewährleisten, denn jeder Layer stellt auch eine Schnittstelle dar, in der sich die Berechtigungen prüfen und einschränken lassen.
- Einzelne Layer lassen sich leichter austauschen, beispielsweise könnte der Data Layer durch eine Version ausgetauscht werden, die statt des SQL Servers von Microsoft MySQL unterstützt.
- Layer fördern eine klare Zuständigkeit; sie können weitgehend separat entwickelt und gewartet werden. Programmierer, die von anderen Layern abhängig sind, können gegen standardisierte Schnittstellen programmieren, ohne die Implementierung im Detail zu kennen.

Ich möchte Ihnen aber auch die andere Seite nicht verschweigen:

- Layer kosten zusätzlichen Programmieraufwand.
- Jede Zeile Code birgt das Risiko für zusätzliche Fehler, auch wenn der Einsatz von Layern insgesamt der Softwarequalität zuträglich ist.
- Das Deployment und die Versionierung werden aufwendiger. Einerseits müssen mehr Dateien ausgeliefert werden, andererseits ist die Version jedes Layers für die Funktion entscheidend. Das wird klar, wenn wir in einer Benutzeroberfläche ein Control hinzufügen. Dieses zusätzliche Feld muss durch alle Layer hindurch bis zur Datenbank geführt werden. Es bestehen also Abhängigkeiten zwischen den Layern.
- Das Durchreichen von Informationen von Layer zu Layer macht Ihre Anwendung nicht schneller. Eine Software für das Number Crunching ist sicherlich flacher strukturiert als eine Software für die Warenwirtschaft.
- Manche Aufgaben fallen dadurch mehrfach an, beispielsweise die Validierung von Eingabewerten.

Daraus folgt wie so häufig in der Softwarearchitektur: Zu viel ist nichts, zu wenig ist aber auch nichts. Manchmal ist die Sache klar. Wenn Sie keine Benutzeroberfläche benötigen, beispielsweise weil Sie Software schreiben, die Ihre Arbeit auf einem Server, im Hintergrund, verrichtet, dann benötigen Sie auch keinen Presentation Layer. Oft ist es aber schwieriger. Dann helfen Ihnen die folgenden Fragen, die Sie sich stellen können:

- Bringen die Layer wirklich einen Mehrwert, oder werden nur Daten von Layer zu Layer weitertransportiert, ohne dass dazwischen eine echte Verarbeitung stattfände?
- Gibt es bereits Layer, die weiterverwendet werden sollen?
- Wird das Projekt später so ausgebaut werden, dass Layer dann sinnvoll sind? Layer sollten von vornherein berücksichtigt werden; den Code später entsprechend umzustrukturieren kann über die Maßen aufwendig werden.

- Möchte ich mehrere Implementierungen vorsehen?
- Gibt es andere Gründe, die sich aus den obigen Vorteilen ableiten, beispielsweise Sicherheitsgründe?

Wenn Sie sich nun noch unsicher sind: Entscheiden Sie sich zugunsten eines Layers. Die Erfahrung zeigt, dass die meisten Projekte doch komplexer werden als zunächst angenommen. Jedes Werkzeug zur Strukturierung ist dann willkommen.

Lassen Sie mich mit einigen Gedanken diesen Abschnitt schließen, die schon fast philosophisch anmuten. Neben all den recht konkreten Vorschlägen dieses Abschnitts ist es jetzt an der Zeit, noch einmal innezuhalten und sich folgende Fragen zu stellen:

- Verstehe ich das Konzept noch und wird das auch noch in einem Jahr so sein?
- Kann ich es anderen Fachleuten begreiflich machen, ohne dafür einen Tag opfern zu müssen?
- Ist das Konzept nicht nur schön, sondern auch praktisch?
- Hat alles seinen Grund?
- Ist die Vorwegnahme der Zukunft, ohne die eine gute Architektur nicht auskommt, vernünftig oder war zu viel Glaskugel im Spiel?
- Lässt sich das alles auch noch realisieren und bezahlen unter den Rahmenbedingungen, die vorliegen, oder die sich für dieses Projekt realistisch schaffen lassen?

Bei allem Trend des Virtualisierens und der damit verbundenen Explosion neuer Layer muss Ihnen eines klar sein: Mit jedem neuen Layer erhöhen Sie Aufwand und Komplexität und senken die Effizienz. Besonders schön lässt sich das bei der Virtualisierung von Betriebssystemen beobachten. Auf einem Rechner mit 20 virtuellen Maschinen 20mal dieselben Dateien zu speichern, 20mal dieselben Prozesse (durch den einen Prozessor) auszuführen, 20mal dieselben Verwaltungsaufgaben durchzuführen und (eigentlich immer) knappe physikalische Ressourcen auf 20 Instanzen aufzuteilen, macht erst einmal nichts effizienter, sondern verringert die Effizienz zunächst einmal deutlich. Es braucht die zweite Seite der Waagschale, auf der im Beispiel solche Dinge liegen wie: schnelleres und besseres Backup, Unabhängigkeit von Hardware, kontrollierte Beschränkung von Ressourcen und leichtere Realisierung von Hochverfügbarkeit. Unsere Aufgabe als Architekten ist es, die Waage im Blick zu behalten und nur dann Komplexität, zum Beispiel in Form zusätzlicher Layer, einzuführen, wenn die positive Seite überwiegt.

Ein alter Grundsatz besagt, dass alte Layer die Eigenschaft haben, neue Layer nach sich zu ziehen. Nehmen wir wieder das Beispiel der Virtualisierung. Durch weitere Virtualisierungen, wie die Storagevirtualisierung, die Anwendungsvirtualisierung und neuerdings sogar die Virtualisierung des Netzwerks (nebst IP-Adressen) auf Serverebene lassen sich wiederum Probleme des ersten Ansatzes lösen, zum Beispiel die Mehrfachspeicherung von Betriebssystemen durch Deduplizierung. Mit jeder neuen Schicht steigt die Anzahl der möglichen Varianten sprunghaft an und damit zwangsläufig die Komplexität; denn natürlich gibt es vielfältige Einschränkungen, Ausnahmen, Inkompatibilitäten und noch mehr Protokolle und Standards, die teilweise die Probleme erst verursachen und teilweise die Lösung der Probleme sind.

Wenn Sie nun ihren philosophischen Exkurs überstanden haben und mit sich im Reinen sind, dann ist es Zeit, über Verteilung nachzudenken. Doch zuvor möchte ich die Frage klären: Was genau ist eigentlich ein Tier? – und einige weitere Layer erläutern.

2.5.2 Layer vs. Tier

Ein Tier (gemeint ist nicht Ihre Hauskatze) ist ein Layer, der auf einer separaten Maschine laufen kann. Ein Layer strukturiert Komponenten logisch, ein Tier hingegen physikalisch. Wenn Sie so wollen, dann ist jeder Tier auch zugleich ein Layer, aber nicht jeder Layer ein Tier. Layer sind also viel allgemeiner als Tier. Tier werden in Abschnitt 2.6, »Tier und verteilte Software«, ausführlich behandelt.

Dem Layering sind kaum praktische Grenzen gesetzt. In der Praxis trifft man allerdings sehr häufig auf einige Layer mit ganz bestimmten Aufgaben. Teilweise sind sie bestimmten Technologien geschuldet, die ihr Vorhandensein voraussetzen, teilweise sind sie einfach historisch bedingt.

2.5.3 Die Fassade

Eine *Fassade (facade)* ist eigentlich ein Entwurfsmuster in der Softwareentwicklung, das recht häufig in einem eigenen Layer umgesetzt wird.

Eine Fassade stellt die Funktionen eines oder mehrerer anderer Subsysteme zur Verfügung. Warum dann nicht gleich diese Subsysteme direkt verwenden, anstelle eine solche Zwischenschicht einzuziehen?

Zum Beispiel, wenn die Subsysteme

- in einer anderen Technologie implementiert wurden. Die Fassade stellt die Schnittstellen dann so zur Verfügung, wie sie der Aufrufer benötigt, ohne dass dieser Klimmzüge machen muss.
- nicht direkt erreichbar sind. Das wird häufig für die WCF angewendet. Die Fassade stellt die Funktionalität lokaler Klassen dann serviceorientiert (und damit auch über Rechnergrenzen hinweg) zur Verfügung. Ein Client kommuniziert dann mit der Fassade, die sich ihrerseits dann lokaler Klassen bedient, dort Methoden aufruft und das Ergebnis dem Aufrufer wieder zurückgibt.

- unnötig komplex sind, dann stellt die Fassade nur die Funktionen zur Verfügung, die ein Aufrufer auch wirklich benötigt. Und das vielleicht eher fachlich, während die Subsysteme vielleicht eher technisch implementiert sind. Das ist häufig bei der Integration von Fremdprodukten der Fall, für die man häufig ganz bestimmte Datenstrukturen implementieren muss, bevor man deren Funktionen aufrufen kann. Eine Fassade kann da einen viel einfacheren und .NET-konsistenteren Zugang zur den Funktionen ermöglichen.
- sich mit der Zeit ändern können. Die Fassade kann in einem solchen Fall vielleicht fast unverändert bestehen bleiben, während der Unterbau ausgetauscht wird.
- zu zahlreich sind, um sie direkt verwenden zu können. Die Fassade kann dann mehrere oder alle Subsysteme in einer einzigen Fassade bündeln.

Praktisch kann so eine Fassade also schon sein und den Aufwand für ihre Erstellung schnell wieder einspielen, zumal die Fassade an sich nur wenig Geschäftslogik implementieren wird. Sie entkoppelt damit die komplexen Subsysteme von dem Client, was schon allein von großem Wert ist.

2.5.4 Presentation Layer

Ein Presentation Layer stellt die Benutzeroberfläche einer Anwendung dar. Er wird gelegentlich auch als *UI-Layer* bezeichnet.

In vielen Anwendungen ist er noch weiter unterteilt:

- Controls, beispielsweise die programmspezifischen User Controls, also die UI-Elemente einer Anwendung
- Steuerungsteil, der beispielsweise die Navigation übernimmt. Dieser Typ ist häufig in Webanwendungen zu finden.

Beim Entwurf eines Presentation Layer treten recht schnell einige Fragen auf, beispielsweise wo Eingaben validiert werden sollen oder wie sich die Steuerung von der Darstellung trennen lässt. Es gibt gerade für die Benutzeroberfläche einige Entwurfsmuster, die sich in der Praxis bewährt haben. Davon möchte ich Ihnen eines näher vorstellen, das in der Praxis besonders häufig verwendet wird.

Model View Controller (MVC)

Dieses Entwurfsmuster besteht, der Name sagt es schon, aus drei Komponenten:

- *Model:* Diese Komponente beinhaltet das Datenmodell der Anwendung, also beispielsweise eine darzustellende Adresse und die zugehörige Geschäftslogik. Wenn sich Daten ändern, dann benachrichtigt sie den View, der daraufhin die Daten neu darstellt. Ein Model weiß nichts über die Views, von denen es auch mehrere geben kann.

- *View:* Der View ist die eigentliche Präsentationsschicht und stellt die Benutzeroberfläche dar. Er zeigt in unserem Beispiel die Adresse beispielsweise in Textbox-Controls an. Dafür beobachtet er die Daten des Models, er implementiert also das *Observable*-Muster. Dies ist notwendig, da es für ein Model mehrere Views geben kann, die dann alle aktualisiert werden müssen und ein Model die Views zunächst nicht kennt. Erst wenn sich ein View beim Model zur Beobachtung anmeldet (Observer), kann er das Model aktualisieren. Stellen Sie sich einen Observer am besten wie einen Abonnenten vor, im Falle von MVC abonniert er einfach Änderungen am Modell.
- *Controller:* Der Controller steuert die Präsentationsschicht und nimmt von ihr Aktionen entgegen. Sie kommt beispielsweise ins Spiel, wenn ein Anwender den SPEICHERN-Button in einem View drückt. Damit reagiert der Controller häufig auf Ereignisse aus einer Benutzeroberfläche heraus. Jeder View benötigt einen Controller.

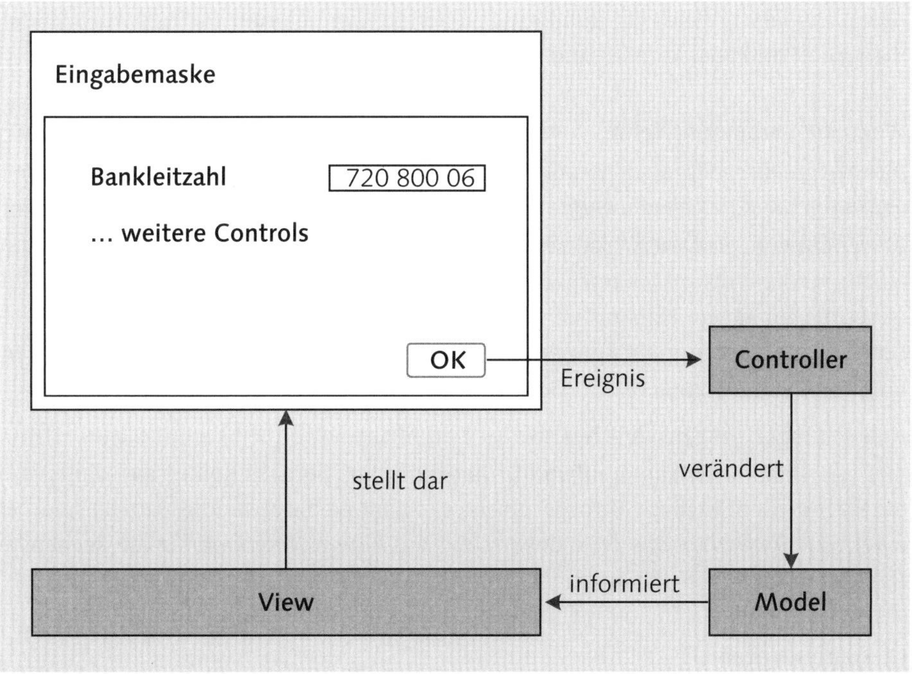

Abbildung 2.3 MVC, Beispiel

MVC trennt die Präsentation von den Daten und der Interaktion. Viele Frameworks verwenden diese Technik, und auch Microsoft bietet mit ASP.NET MVC ein solches an, inzwischen auch recht erfolgreich. Der ursprüngliche Erfolg stammt allerdings aus einem anderen Lager: aus dem Lager der Java-Entwickler, die diese Technik schon viel länger kennen.

Die Vorteile von MVC:

- Die Programmlogik wird vom GUI entkoppelt. Ein Model kann auch mehrere Views bedienen. Damit ist es unter anderem möglich, mehrere GUIs darzustellen, beispielsweise eine WinForms-Oberfläche und eine ASP.NET-Oberfläche.
- Es findet eine Arbeitsteilung statt, die sich meist auch in den Entwicklerabteilungen niederschlägt, indem verschiedene Entwickler für verschiedene Aspekte einer Anwendung zuständig sind. Das ist häufig auch deshalb möglich, weil für die Views oft eigene Templatesprachen verwendet werden, in MVC beispielsweise *Razor*.
- Die Programmlogik (Model) ist austauschbar. Sie könnte beispielsweise auch durch einen Workflow abgebildet werden – eine elegante Lösung für viele Aufgabenstellungen.

Setzen Sie auf MVC, wenn Sie von den Vorteilen profitieren können und Sie den Mehraufwand nicht scheuen, der gerade für kleinere Anwendungen manchmal des Guten zu viel ist. Wenn wir nun Bezug zu den Layern nehmen, dann ist klar: Model, View und Controller können und sollten als eigene Layer abgebildet werden.

Wenn die Verbindung fehlt

Ihre Architektur sollte auch berücksichtigen, ob eine Anwendung ständig mit dem Server verbunden ist (Webanwendungen) oder nur zeitweise (mobile Anwendungen). Anwendungen, die Daten lokal verändern können und diese Änderungen später mit einem Server synchronisieren, werden manchmal als Smart-Clients bezeichnet. .NET bietet hierfür einige Hilfsmittel: das Sync-Framework, lokale DataSets, die in XML-Dateien persistiert werden können, oder Kommunikationstechnologien, die mit Verbindungsausfällen zurechtkommen – um nur drei zu nennen.

Anwendungen mit (zusätzlicher) lokaler Datenhaltung können komplex werden und den Test- und Programmieraufwand erheblich vergrößern. Sie sollten sich daher also die Frage stellen: Ist diese Anforderung nice to have oder notwendig, zum Beispiel bei einem Archivsystem, das Teile des Archivs auf einem Notebook für die Recherche replizieren kann.

UI-Komponenten

Beim Entwurf von UI-Komponenten gibt es Empfehlungen, deren Einhaltung Ihnen später einiges Kopfzerbrechen ersparen kann:

- Vermeiden Sie es, Komponenten auf der grünen Wiese zu entwickeln, wenn es nicht unbedingt notwendig ist. Ableiten geht vor Neuschreiben.
- Kaufen geht (meist) vor selbst entwickeln. Werfen Sie einmal einen Blick auf die Release Notes der großen Komponentenhersteller und Ihnen wird spontan klar, warum.

- Verwenden Sie die .NET-Standardhilfsmittel wie das Data Binding.
- Sehen Sie Designer- und Debugger-Support vor, wenn dies für die Entwickler von Vorteil ist und den Aufwand rechtfertigt.
- Machen Sie sich vorab darüber Gedanken, wie Sie den Status einer Komponente speichern wollen.
- Fassen Sie Ihre eigenen Controls in eigenen Layern zusammen.

Das sind nun größtenteils eher Designempfehlungen. Aus Sicht des Architekten ist eher die übergeordnete Technologie von Interesse, also ob eine Anwendung lokal mit WPF umgesetzt wird, oder mittels MVC, im IIS gehostet.

2.5.5 Business Layer

Ein Business Layer stellt die Geschäftslogik zur Verfügung, also alle Funktionen, die mit dem eigentlichen Zweck der Anwendung zu tun haben. Einen Business Layer gibt es fast immer. Nicht alle Anwendungen haben eine Oberfläche oder wollen Daten in einer Datenbank verwalten, aber jede Anwendung hat einen Zweck, eine Aufgabe, die sie erfüllen soll – und damit einen Business Layer. Man kann grob unterscheiden zwischen

- *Business Components*, also Komponenten, die Geschäftslogik abbilden. Ein Beispiel hierfür wäre eine Komponente zum Erstellen eines Angebotes.
- *Business Entities*, also die Geschäftsdaten, die zwischen Business Components ausgetauscht werden, wie beispielsweise Kunden oder Produkte.
- *Workflows*, also die eigentlichen Geschäftsprozesse. Ein Workflow könnte die Genehmigung eines Angebotes sein oder der Vorgang zum Zubuchen eines Produktes auf ein Lager.

Die Unterscheidung zwischen Business Components und Workflows verdient ein wenig Erklärung. Praktisch gesehen gibt es die Geschäftslogik in zwei Ausprägungen. Zum einen gibt es die einfachen Geschäftsregeln. Ein einfaches Beispiel dafür ist eine Regel, ab wann ein Angebot eine Genehmigung vom Vertriebsleiter benötigt. Zum anderen gibt es Genehmigungsverfahren, die komplexer sind und somit einen Workflow darstellen (der selbst aber auch wieder aus Geschäftsregeln und Abläufen besteht). Dazwischen gibt es viele Grenzfälle, denn auch eine Geschäftsregel kommt nur selten im einfachen Gewand daher.

Praktisch gesehen ist diese Entscheidung relevant, wenn Sie für Workflows eine eigene Technologie einsetzen möchten, zum Beispiel die in Kapitel 8, »Workflow Foundation«, beschriebene Workflow Foundation. Auch für die Abbildung von Regeln gibt es diverse Technologien und Produkte, die solche Regeln dann konfigurierbar halten. Diese Trennung könnten Sie dazu verwenden, um zwei eigene Layer daraus zu bilden. Der Business Layer sollte eigentlich immer ein eigener Layer sein, schon allein deshalb, weil sich das Verhalten einer Anwendung über die Zeit häufig und nennenswert ändern wird.

Orchestration Layer

Unter Umständen werden Sie den Business Layer selbst wiederum aufteilen. Und zwar immer dann, wenn Sie die Anforderungen auch fachlich bestimmten Ebenen zuteilen können, beispielsweise in elementare Geschäftslogik und übergeordnete Geschäftslogik.

Aus der Praxis

Eine Inventur besteht aus einigen elementaren Modulen, zum Beispiel:

- Bestandsaufnahme
- Festlegung der Stückkosten
- Lagerbestandskorrekturen
- Bestimmung der Lagerbestandsabweichung

Diese Module haben jeweils ganz eigene Geschäftslogik, aber eben auf einer recht elementaren Ebene. Man kann sie daher gut in einem Layer zusammenfassen.

Dann gibt es aber noch die Inventurlogik, die alle diese elementaren Module miteinander verbindet. Es sind Geschäftsregeln wie:

- Vor der Bestandsaufnahme müssen erst einmal Inventurteams gebildet und die Lagerliste ausgedruckt werden.
- Die Korrektur des Lagers kann erst nach der Aufnahme des Bestands erfolgen.
- Nach der Inventur muss diese abgeschlossen werden, so dass spätere Änderungen unmöglich sind.

Das sind nun Regeln auf einer höheren Ebene, in der die Module der elementaren Ebene gesteuert werden.

Solche Funktionen kann und sollte man in einem eigenen Layer zusammenfassen, den man dann häufig als *Orchestration Layer* bezeichnet. Sie sollten einen solchen vorsehen, wenn

- es übergeordnete und untergeordnete Funktionen bzw. Module gibt,
- der Orchestration Layer einen klaren Mehrwert bietet, also eigene Geschäftslogik abbildet,
- Funktionen automatisiert gesteuert werden sollen, auch ohne manuelle Interaktion,
- Workflows im Spiel sind. Die Workflow Engine und der Workflow zusammen sind dann ein Kandidat für einen solchen Layer.

Orchestration Layer sind ein probates Mittel, um die Komplexität beherrschbar zu machen, weil sie die Details einer Implementierung verbergen und nach außen hin eine gröbere, höherwertige Schnittstelle bereitstellen und sich selbst um die ja dennoch notwendigen Details kümmern. Das gilt aber nur für den »echten« Orchestration Layer, also nicht für die lediglich willkürliche Trennung von Geschäftslogik.

Gestaltung von Business Components

Zunächst ist die Kenntnis der Geschäftsregeln und der Abläufe notwendig, das ist klar. Eine *Business Component* widmet sich meist einer speziellen Aufgabe, beispielsweise der Kommissionierung eines Auftrags. Geschäftslogik schleicht sich sehr leicht in Bereiche ein, in der sie nichts zu suchen hat.

Aus der Praxis

In der bereits früher erwähnten ERP-Software ist es möglich, Gutschriften, Ratenzahlungsrechnungen und andere Belege über eine Auftragserfassungsmaske anzulegen. Dafür gibt es eigene Business Components, in unserem Fall in Form von Services.

Das Konzept schien stimmig, bis die Anwendung um eine neue Funktion ergänzt werden sollte: die Fähigkeit, Aufträge bis zur späteren Abrechnung noch ändern zu können. Es stellte sich schnell heraus, dass im Client immer noch viel Geschäftslogik versteckt war.

Das kann eine kleine Regel sein (ein Auftrag darf nur dann geändert werden, wenn er noch nicht gedruckt wurde). Häufig werden aber auch Selektionen im Client vorgenommen, die eigentlich Geschäftslogik sind, da die Kriterien für die Selektion eben Geschäftslogik sind. In diesem Fall musste (und muss noch) der Client um die Geschäftslogik erleichtert werden, um redundanten Code zu vermeiden.

Das sollten Sie dabei auch noch beachten:

- Trennen Sie die Daten (Business Entities) vom Code (Business Components). Die Entities können Sie in verschiedenen Zusammenhängen verwenden, denn ein Kunde bleibt ein Kunde – ganz egal, ob Sie ihm ein Angebot machen oder ihm eine Mahnung schicken möchten.
- Achten Sie darauf, die Verantwortlichkeiten nicht zu vermischen und nicht beispielsweise Aufgaben des Presentation oder Data Layers zu übernehmen, wie im Beispiel erläutert.
- Die Vorteile einer Workflow-Technologie, wie die bereits angesprochene Workflow Foundation, sind dann von Interesse, wenn die Geschäftsprozesse komplex sind, es mehrere Versionen davon gibt oder sie sich häufiger ändern.

- Transaktionen sind hier natürlich ganz besonders wichtig.
- Es sollte immer festgelegt werden, wie der gleichzeitige Zugriff behandelt werden soll. Instanzmanagement könnte dann wichtig sein, wenn beispielsweise ein Vorgang zu einer Zeit nur von einer Person ausgeführt werden darf, beispielsweise bei der Vergabe von Belegnummern.
- In diesen Komponenten steckt oft die meiste Rechenzeit, weswegen die Performance immer ein Thema ist. Caching könnte ein Weg sein, die Geschwindigkeit zu erhöhen.
- Trennen Sie die Business Components sorgfältig, und vermeiden Sie es, mehrere Aufgaben mit einer einzigen erledigen zu wollen.
- Wenn möglich, sollten implizite Abhängigkeiten vermieden werden. Das wäre dann gegeben, wenn eine solche Komponente Methoden aufwiese, die in einer ganz bestimmten Reihenfolge ausgeführt werden müssen.
- Da sich Regeln und Workflows überhaupt häufig ändern, sollte auf die Versionierung geachtet werden.
- Die meisten Funktionen werden gegen unberechtigten Zugriff geschützt werden müssen.
- Lokalisierung und Übersetzung sind bei Geschäftskomponenten meist wichtiger als bei anderen Komponenten.

Gestaltung von Business Entities

Business Entities sind üblicherweise Data Transfer Objects (DTO), dienen also zum Transport von Daten zwischen einzelnen Business Components.

- Viele Anwendungen verwenden einfach die Datenbankentitäten von OR-Mappern als Business-Entitiäten. Das ist nicht immer sinnvoll, denn eine Klasse ist viel flexibler als eine Datenbanktabelle. Andererseits stellen heutige OR-Mapper ein breites Repertoire an Möglichkeiten zur Verfügung, Einfluss auf die generierten Klassen zu nehmen.
- Die verwendeten Datentypen sollten mit der Datenbank kompatibel sein.
- Die Benennung der einzelnen Attribute sollte sich an die Benennung der Datenbankfelder anlehnen, ohne sie stur zu übernehmen.
- Außer in einfachen Projekten ist es nicht empfehlenswert, die Logik für den Datenbankzugriff in diese Objekte zu stecken. Business Entities sollten nur die Daten enthalten, die sie transportieren sollen.
- In einigen Fällen müssen diese Klassen serialisierbar sein, beispielsweise dann, wenn Rechnergrenzen verlassen werden (wie bei WCF).

Das geht schon wieder ein gutes Stück in Richtung Design und Implementierung. Die Frage, die für die Architektur vielleicht am wichtigsten ist, ist die nach der Wiederverwendbarkeit von Layern, also zum Beispiel: Gibt es nur einen einzigen Layer, der alle Business Entities enthält, oder unterhält jeder Layer seine eigenen Klassen?

2.5.6 Data Layer

Für die Entwicklung der Datenzugriffsschicht hält .NET eine erstaunliche Vielzahl an Technologien bereit, aus denen ich einige herausgreifen möchte:

ADO.NET

Auch wenn der erste Teil der Bezeichnung gleich ist, mit *ADO* (*ActiveX Data Objects*) hat *ADO.NET* eigentlich nichts mehr zu tun. Der vielleicht wichtigste Unterschied besteht darin, dass ADO.NET die Daten lokal hält und die Daten folglich auch lokal bearbeitet werden. Man nennt dies daher auch *Disconnected Data*.

Ich kann mich noch gut an den Aufschrei in der Enwicklergemeinde erinnern, als Microsoft verkündigte, mit ADO.NET sei nun Schluss mit der direkten Arbeit auf der Datenbank, was zuvor mittels Datenbankcursorn gang und gäbe war. Implementierungstechnisch gesehen ist eine solche Datenhaltung ein großer Aufwand, denn Tabellen und deren Beziehungen untereinander müssen im Arbeitsspeicher abgebildet werden. Weiterer Code wird benötigt, um Daten zu lesen und in die relationale Datenquelle zurückzuschreiben. Die wesentlichen Vorteile sind:

- volle Integration in das .NET Framework, insbesondere was die Datentypen anbelangt
- die Möglichkeit, beliebig in den Daten zu navigieren
- die lokale Datenhaltung mittels DataSet muss nicht 1:1 der relationalen Struktur entsprechen
- Unterstützung von XML
- Vermeidung vieler Probleme im Zusammenhang mit *Concurrency*, also gleichzeitigem Zugriff auf dieselben Daten.

Dennoch: Um auf diese Art mit Daten umzugehen, muss die Frage der gleichzeitigen Bearbeitung geklärt werden (siehe Abschnitt 2.7.10, »Transaktionen und Gleichzeitigkeit«). ADO.NET ist hinter den Kulissen die Basistechnologie für weitere Technologien, die auf einer höheren Ebene angesiedelt sind, beispielsweise für viele OR-Mapper. Sie könnten auf ADO.NET setzen, wenn

- immer nur mit einer Datenbank kommuniziert werden soll, die Datenbanktechnologie zur Laufzeit also nicht verändert werden muss,

- nur wenig Kommunikation mit einer Datenbank anfällt und Sie den Aufwand nicht scheuen, die Abfragen zu schreiben und das Ergebnis von Hand in Business-Objekte zu verpacken,
- Sie den SQL-Code lieber von Hand schreiben möchten, beispielsweise weil Sie ihn optimieren möchten,
- Sie sich um das Mapping zwischen DataSet und der relationalen Datenbankstruktur selbst kümmern möchten, oder wenn
- Sie Anwendungen bauen, in denen DataSets die Hauptrolle spielen, beispielsweise dann, wenn Sie die Daten auch ohne Datenverbindung bearbeiten möchten (also im Offline-Modus).

ADO.NET Entity Framework

Das ADO.NET Entity Framework verwendet in seinem Inneren ADO.NET. Es bietet aber einen höheren und komfortableren Zugang zu den Daten, indem es dem Entwickler weitgehend die Mühe abnimmt, SQL-Code von Hand schreiben zu müssen. Stattdessen kann er auf Objekte und deren Eigenschaften zugreifen, und das Entity Framework kümmert sich um das Laden von und Speichern in einer relationalen Datenbank.

Das Entity Framework gehört in die große Kategorie der *objektrelationalen Mapper* (*ORM*). Auch wenn sich relationale Datenbanken durchgesetzt haben – das dahinter steckende Konzept ist 40 Jahre alt und passt eigentlich überhaupt nicht in die heutige Zeit. In Abbildung 2.4 ist beispielsweise eine Bestellung in der relationalen Welt dargestellt.

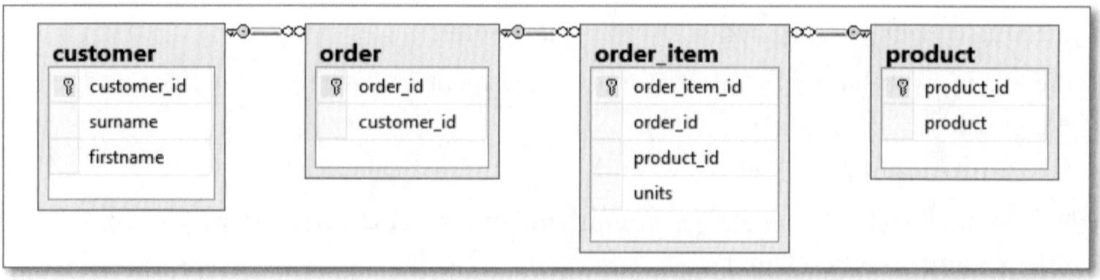

Abbildung 2.4 Eine Bestellung in einer relationalen Datenbank

Wenn wir aus diesem Datenmodell jetzt ein EF-Modell generieren lassen, dann sieht es (zunächst) recht ähnlich aus, siehe Abbildung 2.5.

Wichtig sind in diesem Beispiel die Navigationseigenschaften, denn wir können vom Objekt (`order`) direkt auf den Kunden (`customer`) zugreifen, indem wir die Eigenschaft `customer` ansprechen. Das Objekt `order` enthält aber auch eine Collection `order_item`, durch die wir iterieren können, um so auf alle zugehörigen Bestellpositionen zugreifen zu können.

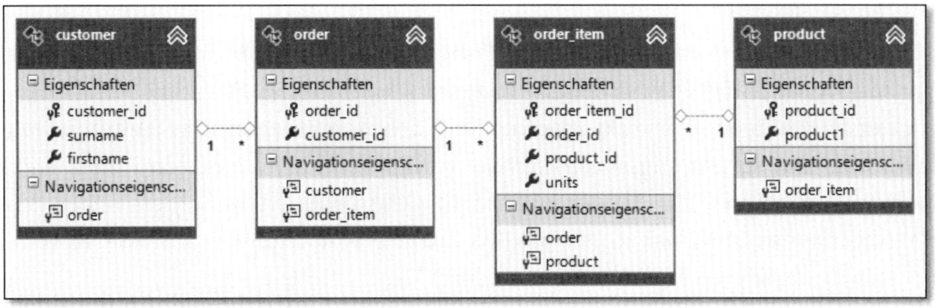

Abbildung 2.5 Das Beispiel als EF-Modell

Die Verbindung der beiden Welten stellt das Mapping dar, das Visual Studio aufgrund der Fremdschlüsselbeziehungen direkt aus dem Datenbankmodell erzeugt hat. Dies sehen Sie in Abbildung 2.6.

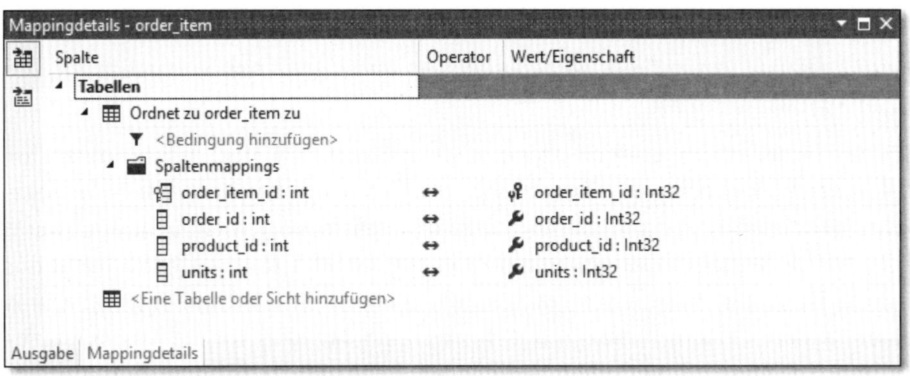

Abbildung 2.6 Mapping der Eigenschaft »order_item«

Verwenden Sie das Entity Framework, wenn Sie

- die relationale Struktur von der logischen Darstellung der Daten in Ihrer Anwendung entkoppeln wollen,
- sich nicht auf eine Datenbank festlegen wollen,
- Zeit sparen möchten, denn das Schreiben von eigenem SQL-Code ist viel aufwendiger als der Zugriff auf Eigenschaften eines Objekts,
- den Designer von Visual Studio für die (logische) Datenmodellierung verwenden möchten oder
- gerne LINQ verwenden, um auf Daten zuzugreifen.

Weitere OR-Mapper

Microsoft war mit der Einführung des Entity Frameworks spät dran, und die erste Version wurde in der Entwicklergemeinde stark kritisiert. Allerdings haben die Entwickler stark aufgeholt. Die aktuelle Version 5 des Entity Frameworks ist nun soweit ausgereift und so leistungsstark, dass Sie vermutlich nur in wenigen Fällen überhaupt einen anderen OR-Mapper in Betracht ziehen müssen. Außerdem hat es den Charme, dass es in Visual Studio nahtlos integriert ist und eine ordentliche Toolunterstützung seitens Microsoft (und anderer Unternehmen) erfährt.

Dennoch gibt es eine Vielzahl an Produkten, viele davon schon deutlich älter als das Entity Framework, kostenlose, wie kommerzielle. Zwei Beispiele:

- *nHibernate*, das kostenlos ist, seine Wurzeln in der Java-Gemeinschaft hat und für das es viele Plugins und Tools gibt. (*http://Nhforge.org*)
- *LLBLGen*, ein weitverbreiteter ORM-Generator, der besonders durch seinen Leistungsumfang besticht. (*www.llblgen.com*)

Beide Produkte werden rege weiterentwickelt und eignen sich vorzüglich für den rauen Produktionsalltag.

Wichtig für Ihre Eigenschaft als Architekt ist es darauf zu achten, dass Sie möglichst bei nur einer Technologie bleiben. In manchen Teams gibt es eine nahezu uneingeschränkte »Das beste Tool für die jeweilige Aufgabenstellung«-Mentalität, auch wenn der jeweilige Vorteil des ausgewählten Tools gegenüber dem Standard vielleicht nur hauchdünn ist. Architekten betrachten die Auswahl von Technologien aber aus einem anderen, übergeordneten Blickwinkel. Und da gelten für die Auswahl eines OR-Mappers dieselben kritischen Fragen wie für alle anderen Technologien:

- Ist die Technologie kompatibel mit anderen eingesetzten Technologien?
- Wer kennt sich damit aus, besitzt mein Team das erforderliche Skillset (ein schönes Wort, finden Sie nicht)?
- Daraus abgeleitet: Kennen wir die Technologie so gut, dass wir auch deren spezifische Einschränkungen und Besonderheiten genau kennen?
- Wird die Technologie weiterentwickelt und das über Jahre hinweg, also auch noch in der vielleicht 4. Produktiteration ab Auslieferung?
- Gibt es eine »kritische Masse« an Anwendern im Feld?
- Wie jung oder alt ist diese Technologie überhaupt?
- Lohnt sich der Aufwand?

Der ständige Wechsel der verwendeten Technologien ist ein veritabler Garant für das Scheitern eines Projekts. Behalten Sie bitte im Auge, dass ein Stück Software niemals fertig ist, sondern – oft über viele Jahre hinweg – weiterentwickelt wird. Die richtige Mischung macht's!

Aus der Praxis

Gerade erst letzte Woche war ich auf einem Kongress, aus dem ein Kenner und jahrelanger Befürworter der Windows Communication Foundation (WCF) über eine neue Technologie, die Web-API gesprochen hat. Die neue Technologie sei das neue »Dream Team«, WCF hingegen ineffizient und viel zu kompliziert. Security? Nein, das gäbe es da noch nicht, aber es gäbe schon freien Code zum Nachrüsten dieser Funktion.

Im schönen Bayern sagen wir: Da wird eine neue Sau durchs Dorf getrieben. Mein Tipp: Stellen Sie sich an den Wegesrand und schauen Sie der Sau ein wenig zu, bevor Sie sich auf sie stürzen. Und denken Sie immer daran: Die Nachteile einer Technologie lehrt die Praxis (was Zeit braucht), die Vorteile hingegen lehrt uns das Marketing.

Merkmale guter Data Layer

Gute Data Layer zeichnen sich durch einige gemeinsame Merkmale aus. Dennoch: Nicht jedes Merkmal ist für jede Anwendung gleich wichtig, und einige Merkmale widersprechen sich auch. Sie sollten also abwägen:

- *Flexibilität*: Eine Änderung am zugrundeliegenden Datenmodell sollte keine oder nur eine geringe Auswirkung auf das logische Datenmodell in der Anwendung haben. Das lässt sich am leichtesten durch ORM erreichen, bedingt also ein Mapping zwischen relationaler und objektorientierter Welt. Natürlich gilt auch: Wenn Sie neue Funktionen einbauen, dann müssen sich diese Änderungen durch die gesamte Anwendung ziehen, unabhängig von der verwendeten Technologie.
- *Datenbankunabhängigkeit*: Soll eine Anwendung mit verschiedenen Datenbankmanagementsystemen (DBMS) zurechtkommen, schränkt dies auf Seiten der Datenbank ein, da der kleinste gemeinsame Nenner berücksichtigt werden muss. Zudem schränkt es die Fähigkeit ein, Datenbankabfragen zu optimieren.
- *Geschwindigkeit*: Dieses Merkmal hat viele Väter. Eine Rolle spielen das relationale Datenmodell (und die eventuell darin enthaltene Redundanz zur Steigerung der Abfrageleistung), das DBMS, die verwendete Hardware, die verwendete Technologie und der Einsatz von Mapping und zusätzlichen Layern. Meist geht eine hohe Geschwindigkeit aber auf Kosten der Flexibilität und Reinheit des Datenmodells.
- *Layer-Einheit*: Es ist nicht immer ganz einfach, Geschäftslogik aus der Datenzugriffsschicht fernzuhalten, aber es ist notwendig. Oft hat dies seinen Grund darin, dass es durchaus Meinungsverschiedenheiten gibt, was Datenzugriffslogik ist und was wiederum Geschäftslogik.

Die hier angesprochenen Technologien können durchaus kombiniert werden. Während für die Stammdatenverwaltung ORM ein probates Mittel sein kann, sollte für die massenhafte Bearbeitung von Datensätzen vielleicht der konventionelle `SqlDataReader` in ADO.NET Framework zum Einsatz kommen.

2.6 Tier und verteilte Software

Die IT-Welt ist beträchtlich einfacher, wenn die beteiligten Komponenten auf nur einem Rechner laufen, und es ist noch einmal einfacher, wenn sie innerhalb desselben Prozesses existieren. Ist dies nicht der Fall, werden also Komponenten auf mehrere Prozesse oder gar Rechner verteilt, wird aus

- einem Layer ein Tier,
- einer lokalen Architektur eine räumlich verteilte Architektur,
- der logischen Architektur die physische Architektur.

Die Entscheidung pro oder contra Verteilung sollte in einer sehr frühen Phase der Softwarearchitektur getroffen werden, denn im Gegensatz zur häufig publizierten Meinung hat sie erheblichen Einfluss auf die Gestaltung der Komponenten und der verwendeten Technologie. Oder anders gesagt: Aus einem Layer wird kein Tier, indem man die Dateien auf eine zweite Maschine kopiert.

2.6.1 Gründe für oder gegen Verteilung

Gegen eine Verteilung von Softwarekomponenten spricht:

- Die Komplexität steigt sprunghaft an, wie wir später noch sehen werden, und damit leider auch die Lernkurve der Entwickler sowie die zu erwartenden Kosten.
- Die Performance ist ein potenzielles Problem, da die Kommunikation über Rechnergrenzen hinweg viel langsamer ist als über Prozessgrenzen auf einer Maschine oder gar innerhalb eines einzigen Prozesses. Dem kann man begegnen; ein Weg besteht darin, weniger und dafür höherwertige Aufrufe zu tätigen, dies muss jedoch in der Architektur einer Anwendung berücksichtigt werden.
- Einige Grundkonzepte in der IT sind in verteilten Umgebungen deutlich schwergewichtiger zu realisieren. Transaktionen sind da ein gutes Beispiel, weil sie häufig einen eigenen Server, den *Distributed Transaction Coordinator (DTC)* erforderlich machen, wenn sie verteilt ausgeführt werden. Den gibt es nicht umsonst, er verlangt nach Performance.
- Sicherheit wird zu einem besonderen Thema.
- Es müssen erst einmal Server vorhanden sein, auf die verteilt werden kann.

- Verteilung geht häufig mit Duplizierung einher, wenn beispielsweise die fachspezifischen Klassen auf allen verteilten Instanzen eines Systems vorhanden sein müssen.
- Die verwendete Technologie spielt eine tragende Rolle, das eröffnet neben den fachlichen Anforderungen eine weitere Bühne.

Inzwischen haben Sie sich bestimmt schon daran gewöhnt, dass es in Fragen der Softwarearchitektur immer ein Für und Wider gibt, so auch in diesem Fall. Für eine Verteilung von Softwarekomponenten spricht:

- Die einzelnen Tier können auf verschiedenen Systemen laufen, zum Beispiel auch als Webservices und Java unter Linux. Daraus folgt implizit: Sie können bereits existierende Services in anderen Betriebsumgebungen wiederverwenden, statt sie neu entwickeln zu müssen.
- Verteilte Systeme können nicht nur dezentral betrieben, sondern auch dezentral administriert werden.
- Verteilung eröffnet die Möglichkeit zur Skalierung, also das Mitwachsen des IT-Systems mit steigenden Zugriffszahlen. Und zwar auf mindestens dreierlei Arten: Einerseits durch ein Upgrade der Hardware, durch Hinzufügen weiterer Instanzen der verteilten Komponente und durch die Einführung nebenläufiger Entwicklung, die mit verteilten Systemen praktisch immer einhergeht.
- Die einzelnen Tier können (weitgehend) unabhängig voneinander ausgerollt, entwickelt und gewartet werden.
- Jeder Tier kann eine Sicherheitsgrenze darstellen, die Sicherheitsanforderungen lassen sich damit flexibler abbilden. Andererseits entstehen viele Sicherheitsanforderungen aber auch erst durch Verteilung. Besonders deutlich wird diese Trennung, wenn einzelne Komponenten in potenziell unsicheren Gefilden agieren, zum Beispiel im Web oder in der Zwischenwelt einer demilitarisierten Zone (DMZ).
- Einzelne verteilte Komponenten können sich gegenseitig überwachen und vertreten, was grundsätzlich redundante, fehlertolerante Systeme ermöglicht. Das Internet selbst ist da der Prototyp schlechthin. Allerdings haben auch viele Probleme ihre Ursache wieder in der Verteilung selbst, denken Sie nur an Leitungsausfälle oder unzureichende Performance durch überlastete Strecken.
- Funktionalitäten, die in Tier bereitgestellt werden, können zentral verwaltet und genutzt werden, der Grad der Wiederverwendbarkeit steigt also.
- Eine Middleware-Umgebung kann Dienstleistungen bereitstellen, ohne dass hierfür ein Client laufen müsste. Wenn Services mit Services sprechen, lassen sich viele komplexe Szenarien überhaupt erst befriedigend umsetzen. Zentral bereitgestellte Dienstleistungen sind erst einmal vorhanden, verhindern also die wiederholte Entwicklung.

Wenn Sie Ihre Architektur so entwerfen, dass ihre einzelnen Komponenten verteilt werden können, dann können Sie später immer noch entscheiden, sie auf demselben Rechner laufen zu lassen – in vielen Fällen jedenfalls. Umgekehrt funktioniert dies normalerweise nicht, vor allem dann nicht, wenn die verwendete Kommunikationstechnologie den physikalischen Rechner nicht verlassen kann.

Die wichtigste Frage ist also die: Überwiegen die Vorteile, nicht nur heute, sondern auf mittlere Sicht?

Manche Systeme tragen die Entscheidung schon in sich, nämlich dann, wenn bereits verteilte Fremdsysteme vorhanden sind. Aber auch hier zwingt Sie niemand, alle Komponenten zu verteilen.

2.6.2 Designmerkmale verteilter Architekturen

Die folgenden Empfehlungen haben sich ganz allgemein als hilfreich erwiesen, wenn verteilte Architekturen entworfen werden:

- Verteilen Sie Ihre Komponenten nur, wenn nötig.
- Lassen Sie Komponenten, die viel miteinander kommunizieren, auf demselben Rechner laufen, sofern die Last dann nicht zu groß wird.
- Es macht einen Unterschied, ob Sie synchron oder asynchron kommunizieren. Synchrone Kommunikation ist auf eine kurze Latenzzeit angewiesen, während bei asynchroner Kommunikation der Aufrufer nicht warten muss. Solche Komponenten können entsprechend weiter entfernt platziert werden.
- Verwenden Sie ein Kommunikationsprotokoll, das einerseits die Anforderungen an Sicherheit gewährleistet und andererseits die Ansprüche an Interoperabilität und Performance erfüllt. Es macht einen Unterschied, ob eine Anwendung im Intranet läuft oder im Internet.
- Berücksichtigen Sie die Empfehlungen aus Abschnitt 2.8.4, »Serviceorientierte Architekturen (SOA)«, und hier insbesondere den Hinweis: Services sind keine Objekte.
- Vielleicht ist Clustering ein Thema für Sie; auf jeden Fall sollten Ihre Anforderungen an die Ausfallsicherheit der Lösung präzisiert werden.
- Verwenden Sie, wo es sinnvoll ist, unterstützende Technologie wie Message Queuing oder ESB.
- Überschlagen Sie grob das Mengengerüst Ihrer Anwendung, und schätzen Sie die Entwicklung über die Zeit ab, um so einen Maßstab für die Skalierbarkeit zu erhalten.
- Behalten Sie die Leistungsfähigkeit der Kommunikationsstrecken zwischen den Komponenten im Auge.

- Beachten Sie ebenso die Leistungsfähigkeit (und den Wissensstand) der Entwickler, die Ihre Software umsetzen sollen.
- Denken Sie auch an die Leistungsfähigkeit Ihrer Hardware. Implementieren Sie Puffer, wenn die Anforderungen stark schwanken und die Hardware Lastspitzen nicht zuverlässig verkraften kann.

Verteilung bedeutet aber auch, dass die Komponenten einen Host benötigen, eine Ausführungsumgebung, die sie instanziiert, den Aufruf tätigt und die Kommunikation abwickelt, um nur die wichtigsten Aufgaben zu nennen. Die Möglichkeiten des Hostings ergeben sich unmittelbar aus der Technologie und sind daher an der jeweiligen Stelle beschrieben. Die wichtigsten Hosts im Überblick:

- Internet Information Server IIS, für Webanwendungen und WCF-Services
- IIF & WAS für WCF-Services, die nicht über http angesprochen werden sollen
- Windows NT-Services, neuerdings *Windows Managed Services* genannt
- ausführbare Anwendungen, mit oder ohne GUI
- dedizierte Anwendungsserver, beispielsweise WebSphere oder JBoss (unter Java)

2.6.3 Ebenen für die Verteilung

Streng genommen sind die meisten Geschäftsanwendungen heutzutage verteilt, und zwar immer dann, wenn eine SQL-Datenbank verwendet wird. Diese erfüllt alle Merkmale einer verteilten Architektur: Sie stellt Dienste auf einem eigenen Server bereit, bietet dafür geeignete Kommunikationsmerkmale, ist skalierbar und implementiert Sicherheitsprotokolle. Dass die meisten Entwickler dabei dennoch nicht an eine verteilte Architektur denken, liegt wohl daran, dass wir uns schon weitgehend daran gewöhnt haben.

Neben der Datenbank gibt es aber noch weitere Ebenen, in denen Komponenten laufen können:

- der Client an sich, meist auf einem lokalen Rechner oder auf einem Webserver, alternativ immer häufiger auch im Terminalserver-Betrieb
- die Geschäftslogik und der Data Access Layer, oft auf einem Rechner zusammengefasst
- weitere Ebenen, die sich meist aus der physikalischen Anordnung der Systeme ergeben, zum Beispiel Dienste, die in einer DMZ bereitgestellt werden

Natürlich ist diese Aufteilung nicht fix. Wenn Sie davon abweichen, sollten Sie allerdings einen guten Grund haben. Trennen Sie beispielsweise den Data Access Layer von der Geschäftslogik, so müssen zwei Rechnergrenzen überwunden werden: von der Datenbank zum Data Access Layer und vom Data Access Layer zum Business

Layer. Ein Aufwand, der gegen den möglichen Nutzen einer solchen Lösung abgewogen werden muss.

Auch Virtualisierung löst das Problem der ineffizienten Kommunikation über Rechnergrenzen nicht. Zwar ist die Datenverbindung schneller, aber der Aufbau und die Sicherung der Verbindung kosten dennoch Zeit sowie etwaige dritte Beteiligte, beispielsweise Transaktionssysteme.

2.6.4 Die wichtigsten Fragen für Architekten

Bei allem Gesagten fehlt in ein wenig die Klammer, die das alles zusammenhält? Kein Problem, hier noch einmal die wichtigsten Eigenschaften, die Sie als Architektur für Ihre Anwendung berücksichtigen sollten (und Fragen, die sich daraus ergeben), wenn Verteilung im Spiel ist, sozusagen im Schnelldurchlauf:

- *Räumliche Verteilung:* Überlegen Sie, welche Komponenten auf welchen Rechnern laufen sollen, wo diese stehen und wie diese untereinander angebunden sind.
- *Benennung:* Achten Sie von vornherein auf eine einheitliche Bezeichnung von Rechner und darauf laufenden Komponenten, vor allem, da sie diese in zahlreichen Konfigurationen untereinander benötigen.
- *Konfiguration:* Wie gerade angedeutet: Verteilung bedeutet viel Konfigurationsarbeit.
- *Autonomie:* Die einzelnen Komponenten sollten so autonom wie möglich sein, das heißt, nur lose aneinander gekoppelt sein.
- *Performance:* Performance ist kein Feature, sondern in verteilten Umgebungen eine Rahmenbedingung die auf die Architektur selbst zurückwirkt, zum Beispiel wenn Sie sich dafür entscheiden, Komponenten mit hoher Kommunikationsrate nicht allzu weit auseinanderzustellen.
- *Nebenläufigkeit:* Asynchronität ist Trumpf. Es erhöht den Durchsatz und verringert die für einen Client wahrgenommenen Latenzzeiten.
- *Skalierbarkeit:* Damit zusammen hängt die Skalierbarkeit, die auch vom zugrundeliegenden Host abhängt, also des Prozesses, der Ihre Komponenten letztendlich beheimatet.
- *Granularität:* Wie fein sollen die Komponenten ausdifferenziert werden? Das hängt auch mit der Frage zusammen: Wie häufig müssen die verteilten Komponenten miteinander kommunizieren und dies wiederum mit der Performance?
- *Kompatibilität:* Die einzelnen verteilten Komponenten sollten nicht nur technisch miteinander kommunizieren können, sondern auch hinsichtlich anderer

wichtiger Eigenschaften kompatibel sein. Transaktionen, Authentifizierung, Autorisierung, Aufrufmuster (*request/reply* vs. *Fire and forget*) und andere Dinge sollten zusammenpassen.

- *Evolvierbarkeit:* Die Schnittstellen unter den verteilten Komponenten sollten so gestaltet werden, dass Erweiterbarkeit eingebaut ist. Eine Möglichkeit, dies zu erreichen, besteht darin, für die Übergabeparameter eigene DTOs zu verwenden, die erweiterbar sind und versioniert werden können.
- *Offene Standards:* Überlegen Sie gut, ob Sie auf proprietäre Protokolle oder offene Standards setzen, eine Entscheidung, die Sie erst treffen können, wenn Sie das gesamte System betrachten.
- *Administrierbarkeit:* Da kann Ihre Software noch so toll sein, wenn der Plattenplatz der Maschine vollläuft, auf dem sie läuft ist, schnell Schluss. Im Zusammenhang mit der Architektur ist zu klären: Wer administriert welches System und welche Komponenten laufen jeweils darauf? Zusammenarbeit bedeutet auch Kommunikation. Wenn Sie nicht wollen, dass die Administratoren sich die Schuld gegenseitig zuschieben, wenn etwas nicht laufen sollte, sorgen Sie besser für eine gemeinsame Kommunikationsbühne.
- *Transparent:* Logging und Monitoring sollten in eine verteilte Anwendungslandschaft quasi eingebaut werden. Die meisten vorhandenen Technologien bringen aber schon das Wichtigste mit.
- *Komplexität:* Ist die gesamte Landschaft noch programmierbar, administrierbar und kann sie am Laufen gehalten werden?

2.7 Designmerkmale

In diesem Abschnitt geht es weniger um das große Bild, sondern mehr um einzelne Aspekte, die für Software – gerade Software der Enterprise-Klasse – besonders wichtig sind. Es sind allesamt keine Dinge, die sich später schon aus dem Code heraus ergeben, sondern sie erfordern Berücksichtigung und sorgfältige Planung während der Architekturphase.

Das Wort *Enterprise-Klasse* sagt es schon: Nicht jedes Thema ist für jede Software gleich wichtig, aber ich halte es doch für unabdingbar, zu jedem Thema eine bewusste Entscheidung zu treffen. Ziel ist es daher nicht, jedes dieser Themen in großer Breite zu erörtern, sondern Ihnen Entscheidungshilfen an die Hand zu geben.

Einige der Punkte sind Ihnen schon im vorherigen Abschnitt zur Verteilung begegnet, weil sie dort eine besondere Rolle spielen, aber eben nicht nur dort.

2.7.1 Kopplung

Eine Kopplung ist eine Verknüpfung von Komponenten oder Systemen. Wichtig hierbei ist der Grad der Abhängigkeit. Lose Kopplung bedeutet beispielsweise, dass zwei Layer relativ austauschbar sind und nur über wenige, genau definierte Schnittstellen miteinander kommunizieren. Enge Kopplung bedeutet hingegen, dass beispielsweise zwei Komponenten so viel übereinander wissen müssen, dass sie sich nur mit größerem Aufwand trennen oder austauschen lassen. Daneben geht es noch um die Kopplung verschiedener Anwendungen und Systeme, die Gegenstand von Abschnitt 2.7.8, »Interoperabilität und Integration«, ist.

In vielen Fällen wird eine lose Kopplung gewünscht sein, denn die Fähigkeit, Komponenten unabhängig voneinander entwickeln, warten und austauschen zu können, ist ein wertvolles Gut zur Reduzierung der überbordenden Komplexität. Das ist einer der wichtigsten Gründe für die Einführung von Paradigmen wie die Serviceorientierung (SOA).

Andererseits ist enge Kopplung allerorten vonnöten, denn ein Programm soll Arbeit verrichten, und dafür sind viele Abhängigkeiten notwendig: Die Abhängigkeit einer Programmroutine von seinen Daten, die Abhängigkeit zweier Klassen voneinander oder Abhängigkeiten in einer Datenbank. Wie passt das also zusammen?

Eine der wesentlichen Aufgaben der Softwarearchitektur ist die Bildung von Einheiten, die miteinander lose gekoppelt und innerhalb eng gekoppelt sind. Diese Aufteilung ist Handwerk, Wissenschaft und Kunst zugleich. Und gleichzeitig der wichtigste Grund, warum wir Softwarearchitektur überhaupt benötigen.

Beispiele:

- Ein Layer fasst Komponenten zusammen, die für dieselbe Funktion zuständig und eng voneinander abhängig sind. Der Layer selbst ist nur lose an die Layer ober- oder unterhalb gekoppelt.
- Ein Service fasst die Methoden und Daten zusammen. Die innere Arbeitsweise bleibt einem Aufrufer verborgen (enge Kopplung), mit ihm kommuniziert der Service über Verträge, sogenannte *Contracts* (lose Kopplung).

Lose Kopplung bedeutet aber nicht »unabhängig«. Ohne den Data Layer könnte der Business Layer weder Daten lesen noch schreiben, und ein Service mag für die Erfüllung seiner Aufgabe die Dienste anderer Services benötigen. Ein Architekt sollte aber solche Systeme identifizieren und entwerfen können, also die Komponenten so entwerfen, dass sie in ihrem Innenleben eng gekoppelt untereinander, aber nur lose gekoppelt sind, und das so, dass sowohl der Teil als auch das Ganze den Anforderungen entspricht.

Mehr zu diesem wichtigen Punkt finden Sie im Abschnitt 2.5, »Layer (Schichten)«, im nachfolgenden Kapitel und in den fachspezifischen Kapiteln, beispielsweise zur WCF, zur WF und im Kapitel zu C#. Warum, wird deutlich, wenn wir uns vergegenwärtigen, dass lose Kopplung eine grundsätzliche Eigenschaft von IT-Systemen ist, die auf verschiedenen Ebenen berücksichtigt werden möchte. Einige Beispiele:

Ebene	Bedeutung
Komponenten	Die Komponenten sollen so gebildet werden, dass sie innerhalb eng, untereinander aber nur lose gekoppelt werden. Diese Ebene ist für den Architekten die am relevantesten.
Layer/Tier	Hier gilt Gleiches, aber bezogen auf die tiefere Ebene der Layer bzw. Tier.
Technologie	Die verwendete Technologie, WCF zum Beispiel, unterstützt lose Kopplung durch die Protokolle, den Konfigurationsmechanismus und die Umsetzung von SOA.
Klassen	Auf Ebene der Klassen kann lose Kopplung z. B. dadurch erreicht werden, dass statt fester Objektreferenzen Schnittstellen zum Einsatz kommen.
Tools	Auch Tools können dazu beitragen, zum Beispiel DI-Container wie *Unity* oder *NInject*.

Tabelle 2.3 Lose Kopplung als Querschnittsaufgabe durch alle Ebenen hindurch

2.7.2 Ausfallsicherheit

Vielleicht werden Sie darüber gar nicht nachdenken, weil Sie zum Beispiel eine Desktopanwendung entwerfen, die im Fehlerfall einfach neu gestartet werden kann. Vielleicht aber auch schon. Als ich unlängst bei der Entbindung meiner Tochter im OP anwesend war, habe ich mir jedenfalls auch einige Gedanken dazu gemacht. Das ist manchmal das Los, wenn man selbst Software entwickelt.

Hier geht es aber nicht um Ausfallsicherheit durch Hardware oder in der Implementierung der Software (wie wir später sehen werden) als vielmehr um Ausfallsicherheit aufgrund der Architektur und der eingesetzten Technologien. Die erste Frage lautet daher immer:

Welches Maß an Ausfällen ist hinnehmbar?

Die zweite Frage folgt nicht viel später:

Was sind wir bereit, dafür auszugeben, in Zeit, Geld und Komplexität?

Im Grunde genommen täuscht das Wort Ausfallsicherheit etwas vor, das es nicht halten kann. Gemeint ist vielmehr: Ausfallunwahrscheinlichkeit. Wie sehr unwahrscheinlich, das bestimmen die eingesetzten Technologien, das Know-how und die Sorgfalt in der Implementierung bzw. Konfiguration sowie der Geldbeutel. Und, geben wir es ruhig zu, ein wenig auch das Glück.

Arten von Ausfallsicherheit

Ausfallsicherheit kann eine intrinsische Eigenschaft eines Systems sein oder aufgrund von Verteilung erreicht werden.

Intrinsisch bedeutet, dass eine Software in sich fehlertolerant und ausfallsicher implementiert wurde. Der SQL Server bietet dafür viele Techniken (Transaktionsprotokolle zum Beispiel); ein Grund, warum wir ihm unsere Daten gerne anvertrauen.

Das ist schön, aber noch kein Grund zum Jubeln, denn zum einen kann auch ein SQL Server einmal in Schwierigkeiten geraten und zum anderen könnte die Hardware (oder das Betriebssystem) Fehlfunktionen aufweisen.

Ausfallsicherheit durch Verteilung bedeutet, dass Funktionen (auch redundant) auf verschiedenen, physikalisch getrennten Knoten ausgeführt werden.

Verteilung an sich ist erst einmal keine Hilfe. Denn Verteilung im engeren Sinne heißt lediglich, dass Funktionen nicht nur in einem Prozess, auf einer Maschine laufen, sondern dass eine Anwendung im Verbund von Funktionen entsteht, die eben in verschiedenen Prozessen, auf verschiedenen Rechnern laufen. Damit erhöht sich zunächst einmal die Ausfallwahrscheinlichkeit, denn die Wahrscheinlichkeit beispielsweise eines Hardwareausfalls ist bei mehreren Rechnern natürlich höher als nur bei einem Rechner. Verteilung und Redundanz gehören also immer zusammen, wenn wir ein ausfallsicheres System errichten wollen.

Aus der Praxis

AppFabric beinhaltet *Velocity*, einen verteilten Cache. Ein verteilter Cache speichert Schlüssel- und Wertepaare ab, ganz so wie ein gewöhnlicher Cache. Ein verteilter Cache kann diese Informationen aber auf verschiedene Rechnerknoten verteilen.

Getreu dem erwähnten Motto *Ausfallsicherheit = Verteilung + Redundanz* lässt sich Velocity so konfigurieren, dass jeder Rechner nur seine eigenen Informationen speichert, oder eben ausfallsicher, indem die Schlüssel-/Wertepaare auf beliebige Knoten repliziert werden.

Ausfallsicherheit als Architekturprinzip

Ausfallsicherheit ist ein Designmerkmal, das in der Softwarearchitektur seine Entsprechung finden muss. Denn diese Aufgabe den Administratoren und damit der

Technik aufzuerlegen, greift zu kurz. Eine Technologie, zum Beispiel der Aufbau eines Load Balancers und mehrerer Server, die Anfragen bedienen, berücksichtigt per se nicht die gesamte Kette. Dies ist Aufgabe des Architekten, oder einfacher gesagt:

Ein Architekt sollte dafür Sorge tragen, dass nicht nur einzelne Komponenten eines Systems ausfallsicher sind, sondern das ganze System selbst. Nochmals anders ausgedrückt: Was nützt eine ausfallsichere Middleware, wenn es nur einen Datenbankserver gibt? Das bedeutet nicht, dass der Architekt alleine dafür verantwortlich wäre.

- Ein *Architekt* entwirft das ganze System so, dass einzelne Komponenten ausfallen dürfen.
- Der *Softwaredesigner* gibt die Richtlinien vor, beispielsweise die verwendeten Produkte und deren Konfiguration, aber auch zentrale Richtlinien zur Implementierung.
- Die *Entwickler* setzen das um, indem sie beispielsweise Produkte wie das erwähnte Velocity richtig in ihre Anwendungen einbauen.
- Die *Administratoren* konfigurieren die Hardware, das Betriebssystem und dessen Rollen und Features so, dass dadurch die Voraussetzung für einen ausfallsicheren Betrieb geschaffen wird, zum Beispiel durch Installation eines Standby Clusters.

Sie sehen also: Ausfallsichere Systeme sind das Ergebnis von Teamwork.

Auswirkungen eines Ausfalls

Als Architekt tragen Sie für das Ganze Sorge und passen die Teile so ein, dass in Summe ein ausfallsicheres System entsteht. Sie sollten dennoch darüber nachdenken, was ein Ausfall für Ihr System bedeutet. Wenn Sie jetzt die Stirn runzeln: Ausfallsicher bedeutet nicht automatisch »ohne Auswirkung«. Lassen Sie uns dazu einige Beispiel anschauen:

- Wenn ein Velocity-Knoten ausfällt, dann könnte das bedeuten, dass ein anderer Knoten vielleicht etwas ältere Daten gespeichert hat, weil der Knoten ausgefallen ist, noch bevor die Kopien aktualisiert werden konnten. Oder aber die Performance nimmt ab, weil nun Kommunikation übers Netzwerk nötig ist, wo der Cache vorher lokal vorhanden war.
- Wenn zwei Systeme über Message Queues miteinander verbunden sind, dann kann ein System ausfallen, ohne ein anderes System in seiner Funktion zu beeinträchtigen. In einem solchen Fall ist es dennoch möglich, dass beide Systeme ausfallen.
- Wenn ein RAID-Array ausfällt, dann werden die Daten der ausgefallenen Platte auf einer sogenannten Hot-Spare-Platte wiederhergestellt. Während dieser Zeit ist der Betrieb zwar gegeben, aber eingeschränkt, weil langsamer.

- Wenn ein System aus zwei redundanten Knoten ausfällt, dann ist dieses System bis zur Wiederherstellung der Redundanz anfällig, ein weiterer Ausfall könnte nicht mehr kompensiert werden.
- Manche Konfigurationen benötigen eine Weile, bis Anfragen angenommen werden, zum Beispiel manche Standby Cluster. Anfragen gehen zwar dann nicht verloren, werden aber erst nach einiger Verzögerung beantwortet, was zu Timeout-Problemen führen kann.

Entscheidungen

Zum Schluss wieder einige Anregungen in Form von Fragen:

- Welche Ausfallzeit ist tolerierbar?
- Welche Systemwiederherstellungszeit ist tolerierbar?
- Welche Technologien sind für die Anwendung sinnvoll einsetzbar?
- Welche Voraussetzungen seitens der Administration müssen geschaffen werden?
- Welche Auswirkungen hat der Ausfall eines oder mehrerer Systeme, und wie kann dem begegnet werden?
- Wie können Sie die Ausfallsicherheit später testen?
- Muss das gesamte System ausfallsicher sein oder nur einzelne Teile daraus?
- Gibt es »Plan-B-Lösungen«, zum Beispiel indem eingehende Bestellungen zwischengespeichert werden, wenn die Auftragserfassung gerade nicht funktioniert?
- Wie lässt sich ein optimales Erkennungs- und Benachrichtigungssystem aufbauen?

Ausfallsichere und/oder verteilte Systeme sind im Aufwind. Dies liegt sicher auch darin begründet, dass .NET und Windows es zunehmend leichter machen, solche Lösungen zu entwerfen, ohne gleich ein Vielfaches dafür ausgeben zu müssen. Hüten Sie sich aber bitte vor falschen Versprechungen. Wie immer in der Architektur geht es ums Ganze und um seine Teile gleichermaßen. Erst wenn beides aufeinander abgestimmt ist, entsteht ein ausfallsicheres System.

2.7.3 Performance

Die Anforderung an eine hohe Performance ist der natürliche Gegenspieler mancher Softwarearchitektur. Denn während die Softwarearchitektur die Bestandteile eines Systems trennt und lieber miteinander kommunizieren lässt, bedeutet für die Performance eine jede Schnittstelle, ein jeder Layer und ein jeder verteilter Service erst einmal Performanceeinbußen.

Natürlich ist die Performance einer Anwendung eine Eigenschaft, die auf verschiedenen Ebenen unterstützt oder behindert werden kann; Softwarearchitektur ist nur eine, aber wichtige davon. Eine einzige, ungeschickte SQL-Abfrage an der falschen Stelle platziert kann eine Anwendung aber genauso oder mehr beeinträchtigen, als eine Architektur, bei der dieser Aspekt außer Acht gelassen wurde.

Unter Performance verstehen wir hier die Zeit, die ein System braucht, um auf eine Anforderung eine Antwort zu geben, also die Reaktionszeit. Wenn die Anforderungen massenhaft eintreffen, dann ist der Durchsatz ein besserer Begriff, also die zu bewältigende Menge an Anforderungen in einer Zeiteinheit. Vielleicht kennen Sie das aus der Praxis: Wenn eine Software nicht so zügig arbeitet, wie das erwartet wird, dann ist immer eine andere Seite verantwortlich.

Aus der Praxis

Eine Software für das Betrachten und Bearbeiten von eingehenden Dokumenten hat einmal die Erwartungen hinsichtlich der Reaktionszeit nicht erfüllt. Manchmal dauerte es bis zu einer halben Minute, bis beispielsweise ein Dokument weitergeleitet wurde. Die Schuldigen waren schnell ausgemacht:

Der *Consultant* gab der Version die Schuld und empfahl, natürlich kostenpflichtig, ein Update auf die nächste Version, in der solche Probleme kein Thema mehr wären. Das brachte, wie zu erwarten war, keine Besserung.

Der *Hersteller* hatte die Hardware als Verursacher ausgemacht und empfahl, doch eine neue Hardware zu beschaffen und die Software darauf zu installieren. Die eingesetzte Hardware jedoch war State of the Art und eigentlich schon überdimensioniert.

Der *Arbeitgeber des Consultants* war der Ansicht, die Administratoren hätten die zugrundeliegenden Datenbanken nicht optimal konfiguriert. Das würden meine Administratoren vehement und zu Recht von sich weisen!

Nachdem alle Empfehlungen also umgesetzt wurden, war die Software immer noch deutlich zu langsam, wie sich später herausstellte, auch in anderen Unternehmen – ein guter Hinweis darauf, dass Performance während der Architekturphase nicht die erste Geige gespielt hat.

Und darauf sollten Sie achten:

- Identifizieren Sie vorab die performancekritischen Bereiche des gesamten Systems. Oft sind es nur einige wenige Funktionen, auf die besondere Sorgfalt gelegt werden muss.
- Definieren Sie Ihre Erwartungen an die Performance, machen Sie die Erwartungen also messbar. Ein Beispiel: Das System soll 250 Bestellungen in einer Minute verarbeiten können. Idealerweise geben Sie zudem die genauen Bedingungen an, also beispielsweise welche Bestellungen auf welcher Hardware verarbeitet werden sollen.

- Beurteilen Sie, ob die Struktur Ihrer Architektur die Performance zu stark behindert, und erarbeiten Sie gegebenenfalls einen Kompromiss für die performancesensiblen Bereiche.
- Gerade in verteilten Anwendungen steigt die benötigte Zeit für die Kommunikation sprunghaft an, sobald ein Aufruf die Prozess- und Maschinengrenze verlässt. Ordnen Sie solche Komponenten nahe zueinander an.
- Setzen Sie lieber wenige Aufrufe mit vielen Daten an die Stelle von vielen Aufrufen mit wenigen Daten. Dadurch reduzieren Sie den Kommunikations-Overhead.
- Interoperabilität kostet oft Zeit, weil die Kommunikation über den kleinsten gemeinsamen Nenner stattfindet und oft schnellere, proprietäre Protokolle nicht genutzt werden können. Überlegen Sie also, welche Komponenten wie miteinander kommunizieren sollen, und lassen Sie die Performance dabei nicht außer Acht.
- Ressourcen- und Instanzmanagement ist ebenfalls ein wichtiges Thema. Von einem Singleton kann es nur eine einzige Instanz geben, die dann die gesamte Arbeit verrichten muss. Meist gibt es gute Gründe für eine solche Wahl, oft aber auch bessere Alternativen.
- Message Queuing kann eine Alternative sein, wenn die Last zu Spitzenzeiten zu groß wird, um sie zu bewältigen. Die Queue dient dann als Puffer.
- Achten Sie bitte auch auf Transaktionen und dadurch verursachte Sperren.
- Besinnen Sie sich darauf, dass moderne Computer heute mehrere Kerne haben. Beziehen Sie daher die parallele Verarbeitung in Ihre Überlegungen mit ein. Dies kann explizit geschehen, in der späteren Umsetzung muss dies extra programmiert werden, oder implizit, durch die verwendete Technologie (z. B. WCF-Services). Asynchrone Verarbeitung ist dabei eine Spielart von Threading, die ebenfalls Berücksichtigung finden sollte.
- Beherzigen Sie einige Vorschläge aus dem nächsten Kapitel zum Thema »Vom Umgang mit der Zeit«, die aber eher die Umsetzung als die Architektur betreffen.
- Caching kann eine Alternative sein; davon handelt der folgende Abschnitt.

Caching

Caches sind gut, um auf häufig benötigte Daten schneller zugreifen zu können, weil die Daten auf einem schnelleren Medium liegen (üblicherweise auf dem Hauptspeicher) als die originären Daten (beispielsweise auf der Festplatte). Damit ist der Vorteil klar: Es geht schneller, jedenfalls für die Daten, die im Cache liegen. Wann macht ein Cache also für Ihre Softwarearchitektur Sinn?

- Wenn häufig auf dieselben Daten zugegriffen werden muss, zum Beispiel auf die Rabattstaffel für ein oft bestelltes Produkt.

- Wenn der Zugriff auf die Originaldaten verhältnismäßig lange dauern würde.
- Wenn immer wieder auf vorberechnete Werte zugegriffen werden muss, deren Berechnung im Verhältnis aufwendig ist.
- Wenn Sie mit den Nachteilen leben können bzw. mögliche Schwierigkeiten von vornherein berücksichtigen.

Caches werden für hochfrequentierte Webseiten häufig eingesetzt.

Aus der Praxis

Es gibt Versandhändler, die wichtige Daten aus einem Cache laden, anstatt sie jeweils aktuell aus einer Datenbank abzurufen. Wenn Sie dann dort einen vermeintlich lieferbaren Artikel bestellen, könnte es geschehen, dass dieser Artikel bereits vergriffen ist, da die Daten im Cache veraltet waren.

Solche Unternehmen nehmen es lieber in Kauf, sich bei dem Besteller zu entschuldigen, als eine schlechtere Performance (oder höhere Kosten) zu akzeptieren. Solange dieser Fall nicht häufig auftritt, ist an der Softwarearchitektur aus Sicht des Unternehmens nichts auszusetzen.

Die (übrigens sehr interessanten) Grundlagen von Caching kann ich hier leider nicht erläutern, ich möchte aber darauf hinweisen, was Sie bedenken sollten, wenn Sie sich auf Caches einlassen. Denn ein Cache enthält duplizierte Daten. Es gibt gute Gründe dafür, warum wir das in IT-Systemen üblicherweise vermeiden.

- Es ist normalerweise nicht sinnvoll, Bewegungsdaten im Cache zu halten. Gut eignen sich Stammdaten oder vorberechnete Werte.
- Wie alt dürfen die Daten im Cache sein? Das maximal zulässige Alter ergibt sich aus dem Geschäftsprozess.
- Was soll geschehen, wenn angeforderte Daten nicht im Cache sind? Meist werden sie dann aus der Datenbank gelesen und im Cache abgelegt – das muss aber nicht so sein, vor allem dann, wenn die Menge der häufig benötigten Daten klar bestimmbar ist und alle nicht enthaltenen Daten daher nicht gecacht werden sollen.
- Benötigen Sie einen Cache für das Lesen, für das Schreiben oder für beides?
- Wenn Sie Ihren Cache nicht selbst entwickeln, sondern auf vorgefertigte Produkte zurückgreifen, dann können Sie fast immer die Cachestrategie konfigurieren. Das betrifft sowohl die Schreibstrategie (Wann soll der Cacheinhalt auf das zugrundeliegende Medium geschrieben werden?) als auch Verdrängungsstrategien (Welche Einträge werden unter welchen Bedingungen von neueren Daten verdrängt, also aus dem Cache entfernt?).

- Soll der Cache hochverfügbar sein? Das könnte dann der Fall sein, wenn dort Sitzungsinformationen gespeichert sind und der Webserver selbst ebenfalls redundant ausgelegt ist.
- Caches kosten Ressourcen, Platz im Arbeitsspeicher und Netzwerkressourcen durch den Abgleich. Die müssen einerseits vorhanden sind, und andererseits muss es sich natürlich lohnen, diese bereitzustellen.

Der Markt bietet einige Alternativen an, sowohl kostenfreie als auch kommerzielle. Es lohnt sich, das Leistungsangebot der einzelnen Produkte miteinander zu vergleichen.

Skalierbarkeit

Ein weiterer Aspekt dieses Themenkomplexes ist Skalierbarkeit, also die Fähigkeit eines Systems, mit steigenden Anforderungen Schritt zu halten. Systeme, die gut skalieren, gehören zu den Gewinnern in der Zukunft, denn diese Eigenschaft wird immer wichtiger. Wir sprechen hier im Wesentlichen von *horizontaler Skalierung*, denn einen schnelleren Prozessor in einen Server einzubauen (ein Beispiel für *vertikale Skalierung*) ist nicht wirklich ein Thema für die Softwarearchitektur.

Wie immer zählt die gesamte Kette, und die Performance bestimmt das schwächste Glied in der Kette. Häufig ist das übrigens der Datenbankserver. Und das, obwohl er in aller Regel die am besten optimierte Komponente im System ist. Aber das hilft alles wenig, wenn in einer serviceorientierten Architektur die Services auf beliebig viele Server verteilt werden können, alle Services aber auf einen Datenbankserver zugreifen. Und mit Flaschenhälsen verhält es sich so: Sobald man an der einen Stelle einen Flaschenhals beseitigt hat, zum Beispiel durch Hinzufügen eines neuen Servers, tut sich an anderer Stelle ein neuer Flaschenhals auf, beispielsweise indem nun die Netzwerkverbindung zu langsam ist. Hier einige Tipps, damit Ihre Software skalierbar wird:

- Arbeiten Sie, wo immer möglich, mit statuslosen Komponenten. Solche Komponenten können Sie später auf sehr einfache Weise vermehren und auf weiteren Servern verteilen. Sobald Sitzungen im Spiel sind, wird die Aufgabe ungleich komplexer.
- Lose gekoppelte Layer und Komponenten lassen sich häufig leichter und besser skalieren.
- Verwenden Sie Grundtechnologien, die bereits Skalierbarkeit unterstützen, zum Beispiel Workflow Foundation oder Velocity, den neuen, verteilten Cache von Microsoft. Cluster-Optionen gängiger SQL Server gehören ebenfalls in diese Kategorie.
- Auch ohne Cluster können Sie eine Menge dafür tun, Last zu verteilen, beispielsweise indem Sie Ihre Daten auf mehrere Datenbankserver verteilen.

- Betrachten Sie immer die gesamte Kette, und messen Sie, wo ein Flaschenhals bei wachsender Last entsteht.
- Eventuell lohnt sich für Sie der Einsatz eines Bladesystems, dem neue Server einfach hinzugefügt werden können.
- Investieren Sie in schnelle Verbindungen zwischen verteilten Systemen, oder installieren Sie Ihre Layer auf nur wenigen physikalischen Servern.
- Verwenden Sie Message Queuing, wenn die Last ungleichmäßig groß ist, um Spitzenlasten zu puffern.
- Berücksichtigen Sie auch die speziellen Möglichkeiten der verwendeten Software, zum Beispiel die Fähigkeit des SQL Servers zur Partitionierung der Daten.
- Unterstützen Sie die Skalierbarkeit auch in Ihren Anwendungen, beispielsweise indem Sie einer Anwendung mehrere Server anbieten, auf die sie zugreifen kann.
- Eine der größten Vorteile von *Cloud Computing* ist die dynamische Bereitstellung von Ressourcen. Skalierbare Anwendungen sind damit von Haus aus möglich.

Die Schwierigkeit liegt darin, dass man die Fähigkeit Skalierbarkeit nur schwer nachrüsten kann. Man muss sie vorher berücksichtigen, wenn die Architektur für eine Anwendung entworfen wird.

Lassen Sie mich diesen Abschnitt mit einigen ganz subjektiven Erfahrungen abschließen. Vielleicht kennen Sie das: Sie telefonieren mit einer Hotline, egal welche: Ob das eine Servicehotline oder eine Bestellhotline ist, macht da wenig Unterschied. Der mit Abstand am häufigsten gehörte Satz, der mir begegnet, lautet (sinngemäß): »Einen Augenblick bitte, es dauert noch ein wenig, das System ist heute wieder besonders langsam«. Wie wahr dies doch für viele Anwendungen ist! Sorgen Sie bitte dafür, dass wenigstens ein Teil der Verdoppelung der Verarbeitungsgeschwindigkeit alle 18 Monate auch in Ihren Anwendungen ankommt.

2.7.4 Sicherheit

In Fragen zur Sicherheit gilt das Prinzip des schwächsten Gliedes in der Kette. Ein wesentlicher Teil findet also im Design und später in der Implementierung und im Test statt. Der richtige Einsatz der vorhandenen Technologien ist also der Schlüssel für sichere Systeme. Die wichtigsten Aufgaben und Ziele sind:

- *Verschlüsselung* – Die Daten sollen nicht abgehört oder unbemerkt verändert werden können.
- *Authentifizierung* – Die Identität des Kommunikationspartners soll zweifelsfrei feststehen.
- *Autorisierung* – Jedes zugreifende System darf nur in dem Rahmen agieren, der ihm vorher zugewiesen wurde.

- *Denial of Service* (*DoS*) – Ein System soll nicht durch Angriffe lahmgelegt werden können, beispielsweise durch Überlastung.

Viele Details werden erst später, während des Designs und der Implementierung, festgelegt. Sie finden dieses Thema daher an verschiedenen Stellen dieses Buches wieder. In der Softwarearchitektur können dafür die Grundsteine gelegt werden, beispielsweise können Sicherheitsgrenzen gezogen werden.

Grenzen

Eine Sicherheitsgrenze bezeichnet eine Grenze, die eine erneute Authentifizierung und Autorisierung notwendig macht. Eine Kommunikation innerhalb einer solchen Grenze nach außen, und von außen kommend in eine solche Grenze hinein, betrachten wir grundsätzlich als unsicher. Sie stellt eine Barriere dar, die ein Angreifer überwinden muss und zwar auch dann, wenn er die Systeme außerhalb der Grenze bereits kompromittiert hat.

Oft ergeben sich Sicherheitsgrenzen aufgrund der Kommunikationswege und unterschiedlicher Zuständigkeiten für verschiedene Systeme.

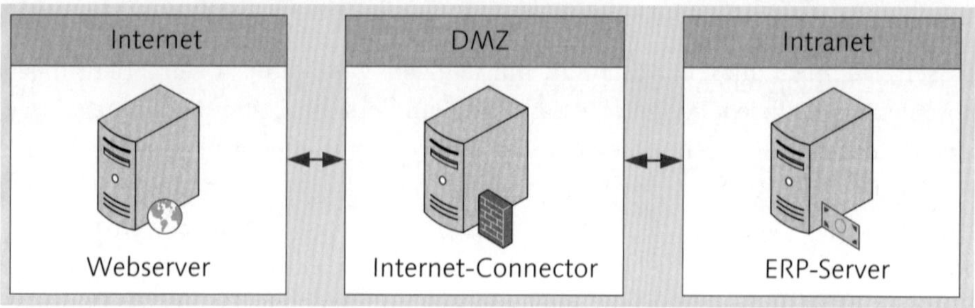

Abbildung 2.7 Sicherheitsgrenzen

Im Beispiel in Abbildung 2.7 gibt es drei Bereiche, die durch Sicherheitsgrenzen voneinander entkoppelt sind. Ein Kunde könnte über einen Webserver eine Bestellung auslösen. Es wird nun die erste Grenze passiert, zur internen DMZ (Demilitarisierte Zone). In dieser Zone läuft nun nicht die Auftrags- und Kundenverwaltung, sondern lediglich ein Connector, der beide Welten zusammenbringt. Ein Angreifer könnte so nur auf wenige Funktionen zugreifen und weit weniger Schaden anrichten, als wenn er direkten Zugriff auf das ERP-System hätte. Das ERP-System wiederum ist in einer eigenen Sicherheitszone untergebracht, es befindet sich im lokalen Intranet.

Die Sicherheitsmerkmale einer jeden Zone können nun ganz unterschiedlich sein. Das betrifft das Betriebssystem, auf dem der jeweilige Service läuft, die installierten Anwendungen und deren Konfigurationen und noch viele weitere Details der Implementierung. Als Softwarearchitekt sollten Sie diese Grenzen ziehen, es ist aber immer sinnvoll, die Mitarbeiter der Systemadministration und der Netzwerkinfrastruktur rechtzeitig mit ins Boot zu holen.

Authentifizierung

Das Verfahren zur Authentifizierung kann für jede Sicherheitsgrenze separat festgelegt werden, und auch innerhalb einer Sicherheitsgrenze kann es zur Anwendung kommen. Schließlich müssen sich auch Anwender an einem System authentifizieren, um die ihnen zugewiesenen Rechte wahrnehmen zu können. Einige wichtige Fragen hierzu:

- Welche Authentifizierungsmethoden werden von den beteiligten Systemen überhaupt unterstützt?
- Gibt es Interoperabilitätseinschränkungen?
- Werden die Informationen selbst verschlüsselt übertragen, entweder durch das Verfahren selbst (beispielsweise Kerberos) oder durch Sicherung des Transportwegs (Benutzername/Passwort über https)?
- Gegen was werden die Benutzerdaten abgeglichen (Active Directory, Passworttabelle in einer Datenbank etc.)?
- Können die beteiligten Systeme überhaupt alle auf ein solches zentrales Benutzerverzeichnis zugreifen? Wenn nein: Wie werden die Benutzerdaten dann jeweils verwaltet?
- Wird eine eigene Software für das Identitätsmanagement benötigt, beispielsweise *Forefront Identity Manager* und/oder ein token-basiertes Sicherheitssystem wie *Windows Identity Foundation*?
- Wer hat Zugriff auf die Benutzerdaten, wer pflegt sie?

Nicht immer ist Authentifizierung ein kompliziertes Thema. In einer reinen Windows-Welt ist die Standard-Windows-Authentifizierung (entweder NTLM in einer Arbeitsgruppe oder Kerberos in einer Domäne) naheliegend. Aber bereits wenn die Kommunikation über das Internet ins Spiel kommt, können verschiedene Subsysteme verschiedene Authentifizierungsmethoden erforderlich machen.

Aus Anwendersicht ist *Single Sign On* (*SSO*) ein wichtiges Komfortmerkmal einer Software (übrigens auch für Angreifer, weil es die Reichweite eines Angriffs erhöht). Aus Sicht von Design und Implementierung geht es dabei darum, die digitale Identität von System zu System zu übertragen.

Autorisierung

Das System zur Benutzerrechteverwaltung und zur Durchsetzung dieser Rechte wird in den meisten Fällen bereits vorgegeben sein oder im Zusammenhang mit der Authentifizierung festgelegt werden.

Für Systemarchitekten ist es interessant, solche Systeme zu kennen. Erschreckend viele Anwendungen speichern ihre Benutzer- und Rechtedaten in proprietären Tabellen. Nicht selten werden dabei die Passwörter unverschlüsselt gespeichert, und die Rechte lassen sich auf einfache Weise manipulieren. Dann ist der Architekt gefragt, indem er bewertet, ob ein solches Szenario innerhalb der jeweiligen Sicherheitsgrenze akzeptabel ist oder eben nicht.

Das Ganze

Diese kurzen Ausführungen werden dem Thema natürlich nicht gerecht. Aber Sicherheit ist nun einmal eine Querschnittsaufgabe durch alle Bereiche der IT hindurch. Budget, Produkte, Architektur, Design, Entwicklung, Tests, Administration: Alle haben Einfluss darauf. Und es gibt mindestens ebenso viele Lösungsansätze: Ob, Firewalls, Sandboxes, die Modellierung von Bedrohungen (*Thread modelling*), Schulung und Coaching von Entwicklern, Protokollfunktionen oder Audits: Alle Lösungen sind wertlos, wenn dieses Thema nicht einheitlich betrachtet und aufgegriffen wird.

Die vielleicht wichtigste Aufgabe des Architekten ist es daher, das Thema transparent zu machen und zwar vor allem die Erwartungen schriftlich zu formulieren. Wenn Sie darüber hinaus noch die Sicherheitsgrenzen ziehen und die Auswirkung von Angriffen so begrenzen, haben Sie das Wichtigste schon getan.

2.7.5 Validierung

Häufig trifft man auf Software, bei der die Validierung ausschließlich auf Clientseite stattfindet. Eine der Konsequenzen, wenn man seine Software in Schichten aufbaut, ist, dass diese Schichten so unabhängig voneinander sein sollten wie möglich. Ein Entwickler könnte beispielsweise einen Business Layer in eine andere Anwendung einbinden, eine Validierung ausschließlich im Presentation Layer ist daher in den meisten Fällen nicht ausreichend. Ein Beispiel:

Aus der Praxis

In einer Software gibt es für jede Adresse drei Eigenschaften, nämlich `Name1`, `Name2` und `Name3`, für die drei Anschriftenzeilen, die in das Fenster eines Kuverts passen. Da das Fenster aber auch in der Breite begrenzt ist, kann jeder String nur 37 Zeichen aufnehmen, das Datenbankfeld ist also als `nvarchar(37)` definiert. Es kann also ganz einfach nicht mehr Zeichen speichern. Welche Möglichkeiten gäbe es nun, mit Eingaben zu verfahren, die länger als 37 Zeichen sind?

- *Möglichkeit 1:* Im Presentation Layer wird die `MaxLength`-Eigenschaft des Textbox-Controls auf 37 Zeichen gesetzt. Ein Anwender kann dann nicht mehr Zeichen eingeben.

- *Möglichkeit 2:* Der Business Layer nimmt jeden Wert entgegen und schneidet die Zeichen ab Position 37 ab. Der Anwender erhält also keinen Fehler, muss aber eventuell mit einem unerwünschten Ergebnis leben.
- *Möglichkeit 3:* Der Business Layer nimmt jeden Wert entgegen und löst eine `ArgumentException` aus, wenn der übergebene String mehr als 37 Zeichen aufweist. Der Anwender wird in seiner Arbeit unterbrochen, kann aber manuell entscheiden, wie er weiter vorgehen möchte.
- *Möglichkeit 4:* Weder der Presentation Layer noch der Business Layer überprüfen die Länge, sondern übergeben jeden Wert an die Datenbank, die dann entweder abschneidet oder einen Fehler meldet, je nach System.
- *Möglichkeit 5:* Beide Layer überprüfen die Länge. Damit ist der Komfort für den Anwender gewahrt, ohne dass der Business Layer seine Robustheit aufgibt. Allein, es entsteht der doppelte Aufwand.

Für welche Möglichkeit Sie sich entscheiden, hängt von Ihrer Anwendung ab. Einige Hinweise und Tipps zur Entscheidungsfindung:

- In einer Webanwendung bedeutet eine Validierung im Business Layer oft, dass ein RoundTrip zum Server notwendig ist, der Anwender muss also warten. Eine Validierung im Client, beispielsweise durch JavaScript, ist da deutlich komfortabler, durchbricht aber das Prinzip der servergesteuerten Verarbeitung.
- Vielleicht haben Sie selbst schon des Öfteren eine Anwendung bedient, in der Sie viel Zeit in die Eingabe gesteckt haben, nur um beim Drücken des OK-Buttons alle Eingaben mit einer Fehlermeldung zu verlieren. Sie geben die Daten erneut ein, erhalten wiederum eine Fehlermeldung, diesmal eine andere, und müssen zum dritten Mal beginnen. Es liegt auf der Hand, dass Anwender Ihnen das schnell übel nehmen werden. Wenn eine Eingabekombination nicht möglich ist, dann können Sie den Anwender auch gleich davon abhalten, einen ganzen Dialog umsonst auszufüllen.
- Validierung im Presentation Layer bedeutet Komfort, Validierung im Business Layer Robustheit. Beides zusammen bedeutet Aufwand.
- Für komplexe Programme könnten Sie die Validierung durchaus in einen eigenen Layer auslagern. Das bietet sich auch dann an, wenn Sie für die Validierung ein konfigurables Framework einsetzen.
- Wenn möglich, setzen Sie auf Standardtechnologien, beispielsweise Ajax oder die `ErrorProvider`-Komponente.
- Nicht immer müssen alle Validierungen in allen Layern umgesetzt werden. Sie könnten sich eventuell den Luxus gönnen, nur einen Teil der Fehler im Presentation Layer abzufangen.

- Das setzt natürlich voraus, dass Sie *alle* Validierungen im Business Layer vornehmen.
- Wenn Ihnen die Zeit fehlt, um die Validierung durchgängig einzubauen, dann entscheiden Sie sich bitte immer für den Business Layer, denn: Validierungen sind Teil der Geschäftslogik.
- Verlassen Sie sich niemals auf die Datenbank alleine. Zum einen kann sie nur einen Teil der Validierungen übernehmen (beispielsweise die Feldlänge), zum anderen reagieren verschiedene Datenbanksysteme unterschiedlich auf auftretende Fehler. Verwenden Sie die Datenbank lieber als das, was sie ist: eine Software zum Speichern und Abrufen von Daten.

Aber was sollten bzw. können Sie überhaupt validieren?

- die Länge von Werten, wie im Beispiel gezeigt
- den Typ der übergebenen Werte, wenn die Typsicherheit von .NET alleine nicht genügt, beispielsweise weil eine Methode nur eine Basisklasse erwartet, aber nicht alle abgeleiteten Klassen übergeben werden dürfen
- Pflichtfelder, beispielsweise ob ein Parameter `null` oder ein String leer ist
- Kombinationen verschiedener Werte, die keinen Sinn machen und daher ungültig sind
- Wertebereiche, beispielsweise ob ein Rabatt zwischen 0 und 100 % liegt, das schließt auch negative Werte mit ein oder Werte mit Nachkommastellen
- Gültigkeit von Werten, zum Beispiel ob ein übergebener Ländercode in der Tabelle aller Länder enthalten ist

Auch wenn Sie sonst ein optimistischer Mensch sind, bei der Validierung ist eine gewisse Negativ-Denkweise schon sinnvoll. Gehen Sie einfach von zwei Voraussetzungen aus, und lösen Sie eine Exception aus, wenn Sie in den übergebenen Daten einen nicht behebbaren Fehler finden.

- Sie kennen den Anwender Ihres Layers nicht, schon morgen könnte er in einer völlig neuen Anwendung auftauchen und in einem anderen Zusammenhang verwendet werden.
- Alle übergebenen Daten sind invalide.

Zugegeben: Einige der angesprochenen Themen betreffen eher das Design oder die spätere Implementierung. Aus Sicht der Architektur ist vor allem die Organisation der Validierung interessant, also wo findet die Validierung statt und welcher Einfluss auf die Struktur der Anwendung ergibt sich daraus.

2.7.6 Lokalisierung

Unter Lokalisierung versteht man die Anpassung einer Software an ein anderes Land. Die Übersetzung der Bildschirmmasken, Reports, Fehlermeldungen und der Dokumentation ist dabei nur ein Aspekt. Genauso wichtig, oder oft sogar wichtiger, ist die Anpassung der Software an die jeweiligen Gegebenheiten. Denn auch wenn eine Auftragsverwaltung nur in englischer Sprache zur Verfügung steht, die daraus generierten Rechnungen müssen den Gesetzen im jeweiligen Land auf jeden Fall entsprechen.

Wird Lokalisierung hingegen nur mit Übersetzung gleichgesetzt, dann ist seitens der Softwarearchitektur nicht viel zu tun. Das Speichern von Zeichenketten in Ressourcen oder die Verwendung eines Werkzeugs zur Übersetzung ist Thema der späteren Umsetzung. Sollen sich hingegen Funktionen von Land zu Land unterscheiden, dann sieht die Sache anders aus. Denn in einem solchen Fall können einige Dinge sehr wichtig und relevant werden:

- Vielleicht ist die Software deutlich generischer zu entwickeln, weil die einzelnen Funktionen parametrisierbar sein müssen.
- Oder es ist ein Plugin-Konzept zu verwirklichen, das eine Standardfunktionalität beinhaltet und, je nach Land, verschiedene Plugins.
- Schnittstellen werden häufig verwendet, um die konkrete Implementierung später offenzuhalten.
- Oder aber es wird *Dependency Injection (DI)* angewendet, um die zu verwendenden Implementierungsklassen in der Konfiguration zu bestimmen.
- In den meisten Fällen wird es sich auf die Bildung von Layern auswirken.

Zusammengefasst lässt sich also sagen, dass die Softwarearchitektur Lokalisierung ermöglichen muss. Das betrifft die Funktionsweise und den Funktionsumfang einer Software sowie Darstellung, Verarbeitung und Speichern von Daten innerhalb der Anwendung und in allen angrenzenden Systemen. Solche Systeme zeichnen sich dadurch aus, dass die Software so aussieht und sich so bedienen lässt, als wäre sie für den Zielmarkt geschrieben worden.

Zum Abschluss noch ein wenig Schlaumeierei für den Smalltalk zwischendurch:

- *Lokalisierung* schreibt man auch häufig als *L10n* (weil 10 Buchstaben zwischen L und n liegen).
- Unter *Internationalisierung* (ja, I18n geschrieben, englisch natürlich) versteht man im weiteren Sinne dass eine Software so entwickelt wird, dass sie leicht lokalisiert werden kann.

I10n, L18n: Egal, die Architektur muss auf jeden Fall auch die Verwendung der Software in anderen Ländern und Kulturkreisen berücksichtigen, falls dies die Anforderung ist.

2.7.7 Statusinformationen

Eine weitere Entscheidung im Graubereich zwischen Architektur und Design ist die Entscheidung, wo Statusinformationen, beispielsweise die Sitzungsinformationen gerade aktiver Sitzungen, abgelegt werden. Die Frage wird immer dann zu einem Architekturthema, wenn die Bausteine der Softwarelandschaft sich dadurch verändern, beispielsweise weil ein verteilter Cache dafür eingesetzt werden soll. Einige Möglichkeiten im Überblick:

- Der Status könnte im Arbeitsspeicher gehalten werden.
- Vor allem in Systemen mit besonderen Anforderungen an die Ausfallsicherheit werden für das Speichern von Sitzungen oft eigene Sitzungsserver verwendet, die darüber hinaus noch redundant ausgelegt sein können.
- Oft werden Statusinformationen in gewöhnlichen Tabellen gespeichert, also relational.
- Oder aber es wird das Dateisystem verwendet, beispielsweise im Benutzerprofil abgelegte XML-Dateien.
- Gelegentlich trifft man auf eigene Komponenten zur Statusverwaltung, zum Beispiel auf dedizierte Webservices.

Sie sollten die Vor- und Nachteile der einzelnen Verfahren abwägen und im Laufe der Architekturfindung eine Entscheidung treffen, wenn diese die Architektur des Systems beeinflusst.

Manchmal ist dieses Thema auch gar kein Thema, wenn die verwendete Basistechnologie sich schon vollständig darum kümmert. Je zustandsloser Ihre Landschaft ist (Bei Einsatz von http zum Beispiel), je heterogener die eingesetzten Komponenten sind (IIS und Apache, zum Beispiel) und je verteilter und ausfallsicherer die Anwendung betrieben werden soll (load balancing), desto wichtiger wird dieses Thema. Entscheiden Sie also selbst.

2.7.8 Interoperabilität und Integration

Unter Interoperabilität in der Softwarearchitektur verstehen wir, dass verschiedene heterogene Systeme so zusammenarbeiten, dass ein kompatibles Ganzes entsteht.

Szenarien

Hier geht es zunächst darum, Komponenten zu identifizieren, den Grad der Abhängigkeit und die Art und Weise der Integration zu bestimmen sowie um mögliche Technologien. Dafür können die folgenden Fragen hilfreich sein:

- Welche Fremdsysteme sind vorhanden?
- Welche davon müssen in der Architektur der Anwendung berücksichtigt werden?
- Welche Schnittstellen bieten diese Systeme an?
- Welche Protokolle unterstützen sie?
- Gibt es inkompatible Darstellungsformen, beispielsweise Unicode auf der einen und ASCII (ANSI) auf der anderen Seite? Wie kann eine Transformation stattfinden und wer übernimmt sie?
- Wie soll das Produkt angebunden werden, beispielsweise durch Technologien wie COM, durch Dateischnittstellen, durch Datenbankschnittstellen oder über Webservices?
- Soll ein Integrationswerkzeug wie *Microsoft BizTalk* angewendet werden?

In Ihre Architekturüberlegungen sollte auch einfließen, welche Nachteile dadurch entstehen und wie mit diesen umgegangen werden kann. Vielleicht unterstützt das Fremdsystem keine verteilten Transaktionen, oder vielleicht sind dessen Daten nicht immer aktuell? Die Kunst in einem solchen Fall ist es, das Fremdsystem so nahtlos wie möglich einzubinden und das Gesamtsystem konsistent zu halten. Genauer genommen müssten wir eigentlich unterscheiden zwischen

- *Kopplung* – zwei Systeme werden über Schnittstellen angebunden, und
- *Integration* – zwei Systeme werden enger miteinander verzahnt, jedoch ohne dass sie ihre Eigenständigkeit verlieren.

Die genaue Unterscheidung ist schwierig. Eine Finanzbuchhaltung, die eine Importdatei eines ERP-Systems einliest, ist an dieses System gekoppelt. Eine Warenwirtschaft, die ihre Funktionen über Webservices bereitstellt, und ein ERP-System, das diese Services nutzt, fallen eher in die Kategorie Integration. Wie auch immer, Integration kann auf mehreren Ebenen stattfinden. Es können

- Funktionen integriert werden, wie im Beispiel der Warenwirtschaft,
- Daten integriert werden, zum Beispiel könnten ein CRM-System und ein ERP-System auf denselben Kundenstamm zugreifen, oder
- Geschäftsprozesse integriert werden. Dabei übernehmen unterschiedliche Systeme unterschiedliche Aufgaben eines Geschäftsprozesses. Ein Beispiel hierfür ist der Prozess Bestellung in der Automobilindustrie, in dem Systeme des Lieferanten (Zulieferer) und des Bestellers (Automobilhersteller) im selben Prozess zusammenwirken.

Viele Projekte scheitern in der Praxis daran, dass das Maß der Integration oder Anbindung nicht ausreichend genau spezifiziert wurde. So entstehen schnell Erwartungen, die nicht erfüllt werden können. Das ist aber auch verständlich, leben doch viele Anbieter von Software davon, Fremdsysteme anzubinden, denn das verspricht neben dem Lizenzgeschäft auch Einnahmen aus Consulting.

Aus der Praxis

Im Verkauf von Werbeanzeigen ist der persönliche Kontakt vom Anzeigenverkäufer zum Anzeigenkunden sehr wichtig. Dazu habe ich einmal eine Software für den Anzeigenverkauf eingeführt. Diese Software erstellt unter anderem Rechnungen für diese Anzeigen und übergibt sie an die Finanzbuchhaltung, wo sie einerseits verbucht, andererseits aber auch angemahnt werden, wenn diese als offene Posten stehen bleiben. Gerade diese Zahlungsinformation ist für den Anzeigenverkäufer wichtig, denn er muss ja entscheiden, ob und wie er den säumigen Anzeigenkunden ansprechen möchte und ob er diesem weitere Anzeigen verkaufen kann.

Der Hersteller bot hierfür ein Modul an, zu einem erklecklichen Preis. Dieser »Rückkanal«, wie er im Angebot hieß, war nicht näher spezifiziert und löste damit freudige Erwartungen aus, um nur zwei zu benennen:

- Die Buchhaltung war der Meinung, dass die noch nicht bezahlten Mahngebühren übergeben werden müssten, denn der Kunde sollte sie bei der nächsten Rechnung begleichen.
- Der Anzeigenverkäufer interpretierte sie so, dass sämtliche Informationen zum Zahlungsvorgang an die Software transferiert werden sollten.

Sie ahnen es bestimmt schon: Beide Erwartungen wurden nicht erfüllt und das Modul daher nicht bestellt. Rechnungswesen und Anzeigenverkauf zeigten sich sehr erstaunt darüber, dass ihre »selbstverständlichen« Anforderungen nicht durch diese Schnittstelle abgedeckt waren.

Technologien

Microsoft *BizTalk* gehört in die Kategorie der *Enterprise Application Integration* (*EAI*)-Software. Es handelt sich dabei um eine sehr umfangreiche Lösung, die auch Systeme anderer Anbieter integrieren kann, beispielsweise von SAP. Dies geschieht mithilfe mitgelieferter oder zugekaufter Adapter. Der Grundgedanke dieser Software ist es, den Geschäftsprozess über die verwendeten Technologien zu stellen und die beteiligten Systeme jeweils so zu steuern, dass sie ihren Teil daraus erfüllen. Dafür unterstützt BizTalk viele verschiedene Ansätze und Protokolle, wie SOA, EDI oder ESB. Es eignet sich damit vor allem, wenn Sie

- Systeme zusammenbringen möchten, für die Adapter am Markt erhältlich sind (oder mitgeliefert werden),
- weder die Kosten noch die Komplexität scheuen,
- verschiedene Technologien integrieren müssen,
- systemübergreifende Geschäftsprozesse umsetzen möchten und dafür einzelne Komponenten orchestriert werden sollen,
- bestimmte Systemstandards unterstützen müssen, zum Beispiel SWIFT oder EDIFACT, und wenn Sie
- hohe Ansprüche an Konfigurierbarkeit, Monitoring, Administrierbarkeit und Toolunterstützung haben.

MSMQ (*Microsoft Message Queuing*) ist eine weitere Microsoft-Technologie, mit der Sie zwei Systeme zusammenbringen, wobei der Ansatz ein anderer ist. Mittels MSMQ können diese Systeme Nachrichten in einem definierten Format austauschen, auch wenn sie in verschiedenen Netzwerken beheimatet sind und in verschiedenen Programmiersprachen auf unterschiedlichen Betriebssystemen implementiert wurden. MSMQ sorgt dann für die verlässliche Zustellung dieser Nachrichten, auch über dazwischenliegende Knoten hinweg (Routing). Damit verbunden ist ein weiterer Aspekt: Die beiden Systeme werden entkoppelt. MSMQ ist dann der Zwischenspeicher, der die Nachrichten puffert, bis sie zugestellt werden können. MSMQ ist die richtige Wahl, wenn

- diese Entkopplung gewünscht wird, beispielsweise wenn die beteiligten Systeme in unterschiedlicher Verantwortung liegen und daher nicht sichergestellt werden kann, dass sie immer laufen oder zeitweise gemeinsam deaktiviert werden können,
- die Zustellung von Nachrichten das Hauptanliegen ist,
- Nachrichten auch über http (SRMP) zugestellt werden sollen oder wenn
- die beteiligten Systeme mittels WCF kommunizieren, denn hierfür bringt WCF kompatible Bindings mit.

Ein *Enterprise Service Bus* (*ESB*) ist eine Technologie, die vor allem im Zusammenhang mit SOA genannt wird, aber nicht darauf beschränkt ist. Im Grunde geht es dabei darum, dass Komponenten Nachrichten generieren, die sie nicht direkt an einen Kommunikationspartner zustellen, sondern die sie an eben diesen ESB übermitteln. Eine andere Komponente (zum Beispiel ein WCF-Service) kann nun über einen Adapter Nachrichten abonnieren und auch das Abonnement später wieder jederzeit beenden, ohne die sendende Komponente zu beeinflussen. Wenn Sie so wollen, können Sie also die Haltestellen des Busses selbst beeinflussen, indem Sie sich einfach an den Wegesrand stellen und »hier« rufen.

Das klingt einfacher als es ist, denn eine solche Software muss einiges an Infrastruktur bereitstellen, besonders dann, wenn die Kommunikation nicht auf eine Art von Clients beschränkt sein soll. Der ESB ist sozusagen das Rückgrat der Kommunikation und verbindet die Komponenten unter- und miteinander.

Einen solchen ESB könnten Sie mit BizTalk realisieren, aber auch mit anderen Werkzeugen, zum Beispiel *nServiceBus*, für das es auch eine kostenfreie Variante gibt. ESB ist dann eine Lösung, wenn

- die Kommunikationspartner nicht im Vorfeld bekannt sind oder wenn ständig neue Abonnenten hinzukommen,
- die Anzahl der Schnittstellen bei Punkt-zu-Punkt-Verbindungen zu groß wäre, um sie noch vernünftig bedienen und administrieren zu können, und wenn
- Routing wichtig ist und die Routen selbst sich auch verändern können.

Anforderungen

Ich habe es schon angesprochen, möchte es aber aufgrund der Wichtigkeit noch einmal wiederholen: Es ist absolut notwendig, sich über die Breite und Tiefe der Integration im Klaren zu sein. Gerade Laien haben damit manchmal so ihre Probleme und wundern sich hinterher, dass zwei Systeme nicht vollständig integriert wurden. Dem beugen Sie vor, indem Sie sowohl die Systeme als auch deren Technologien, Protokolle, Daten und Funktionen beschreiben und für jeden Aspekt das Maß an Zusammenarbeit festlegen. Erst danach kann eine Architektur entworfen werden, die den Anforderungen Rechnung trägt.

2.7.9 Die Admin-Sichtweise

Manche Themen dieser Sichtweise fallen eher in den Bereich der Implementierung als in den der Architektur. Es kann jedoch nicht schaden, sich darüber frühzeitig Gedanken zu machen.

Überhaupt wird die Sichtweise der Administratoren zu häufig vernachlässigt. Das ändert sich allerdings, denn immer mehr Architekten und Unternehmen erkennen, dass heutige Softwaresysteme viel zu sehr miteinander verwoben sind, um mögliche Probleme nur auf einer Seite suchen zu können. Im Umkehrschluss bedeutet das: Entwickler und Administratoren sind für den Erfolg eines Projekts gemeinsam verantwortlich. Und wie immer in der IT, wenn eine neue (alte) Erkenntnis die Runde macht, wird flugs ein neuer Begriff erfunden: *DevOps* heißt dieser Schulterschluss zwischen Entwicklung und Administration.

Deployment

Mit *Deployment* ist hier die Verteilung, Installation und Konfiguration von Software gemeint, sowohl erstmalig als auch bei Updates. Relevant für die Softwarearchitektur kann sein, wenn Sie ein Fremdprodukt für das Deployment einsetzen wollen und dafür Schnittstellen bereitgestellt werden müssen. Aber auch die Form des Setup und Fragen zum Speicherort der Konfigurationen gehören in diesen Themenkomplex. Sie sollten sich umso mehr Gedanken über dieses Thema machen,

- je mehr Module verteilt werden müssen, die ihrerseits wiederum aus verschiedenen Dateien, Projekten etc. bestehen,
- je größer die Abhängigkeiten sind, die zwischen diesen Modulen bestehen,
- je heterogener die Zielsysteme sind,
- je mehr Zielsysteme es gibt,
- je aufwendiger die Konfiguration ist,
- je komplexer Ihre Anwendung ist und
- je schwieriger der Updateprozess ist, beispielsweise wenn Altdaten konvertiert werden müssen.

Monitoring/Instrumentation

Meist wird der Begriff *Instrumentation* synonym mit *Monitoring* gebraucht. Es geht also darum, die Arbeitsweise einer Anwendung während der Ausführung sichtbar zu machen, beispielsweise durch Grafiken oder durch Kennzahlen. Genauso wenig, wie die anderen Aspekte, ist Monitoring eine Funktion, die automatisch und umsonst zu haben ist. Sie sollten sich daher zuerst überlegen, welchen Grad an Monitoring Sie benötigen. Drei Beispiele:

- WCF bietet umfangreiche Unterstützung gängiger Standards, beispielsweise der Windows-Leistungsüberwachung, sodass fast alle Anforderungen fallbezogen abgedeckt werden.
- Eine ACD-Software (ein Programm für die Verteilung eingehender Anrufe) bietet ein Dashboard an, eine Übersicht über wichtige Kennzahlen und deren Verlauf.
- Eine Software zur Steuerung einer Produktionsmaschine ermöglicht die Definition von Schwellwerten, anhand derer Ereignisse ausgelöst werden.

Die drei Beispiele unterscheiden sich hinsichtlich ihrer Anforderungen in Sachen Monitoring erheblich. Wichtige Fragen sind daher:

- Wird überhaupt ein Monitoring benötigt?
- Wenn ja, an welcher Stelle?
- In welcher Form und wie ausführlich wird es gebraucht?
- Immer oder nur bei Bedarf, also für alte oder zukünftige Daten?

- Sollen die Daten nur aktuell sein, oder wird eine Historie benötigt?
- Wird eine spezielle Monitoringsoftware verwendet, zum Beispiel HP OpenView oder die Windows Leistungsüberwachung?
- Sollen daher Standardtechnologien bedient werden, wie SNMP oder WMI?
- Geht es darum, Daten bei Bedarf sichtbar zu machen (zum Beispiel Dashboards), Ereignisse in gewissen Situationen auszulösen (zum Beispiel SNMP-Traps) oder beides, wenn ja: in welcher Ausprägung?
- Soll es konfiguriert werden können, beispielsweise indem ein Level auf Warning oder Verbose gestellt wird?
- Welche Leistungseinbußen sind hinnehmbar?
- Sollen die Daten protokolliert werden?

Manchmal ist das Monitoring selbst ein Teil der Anwendung, manchmal aber auch nur ein Werkzeug für die Fehlersuche. Es ist also wichtig, die Anforderung vorab zu kennen und daraus zu entscheiden, welchen Aufwand Architektur, Design und Implementierung dafür treiben sollen.

Logging

Dem Thema Logging widmet sich ein Tutorial in Kapitel 3, »Softwaredesign«. Für die Softwarearchitektur sind aber einige grundlegende Entscheidungen zu treffen:

- Wird ein Logging benötigt?
- Wenn ja: Was soll wo, in welcher Form und unter welchen Umständen protokolliert werden?
- Soll es konfiguriert werden können?
- Kommt ein Standardprodukt zum Einsatz, beispielsweise Log4Net oder die Enterprise Library?
- Gibt es einheitliche Konventionen?
- Was ist das Zielsystem für die Log-Events, beispielsweise eine Datei oder das Ereignisprotokoll; vielleicht unterscheiden sich die Systeme je nachdem, wo protokolliert wird?
- Welche Leistungseinbußen sind hinnehmbar?
- Sollen die Log-Dateien überschrieben werden, zum Beispiel in einem *Rolling Flat File* (also einer Datei mit einer maximalen Größe, die immer wieder von vorne beginnend überschrieben wird)?
- Wird ein spezielles Werkzeug zum Betrachten der Log-Einträge benötigt?
- Und die vielleicht wichtigste Frage: Wird die protokollierten Datensätze überhaupt jemals jemand zu Gesicht bekommen?

Die zu protokollierenden Detailinformationen sind in dieser Phase sicherlich noch nicht zu definieren, welche Module betroffen sind und in welcher Form die Protokollierung erfolgt, hingegen schon. Manchmal ist dieses Thema gar (über-) lebensnotwendig:

Aus der Praxis

In der stationären Altenpflege gibt es einige medizinisch wichtige Aufgaben, beispielsweise die regelmäßige Umlagerung von Bewohnern oder die Versorgung mit Medikamenten. Vor etwa 14 Jahren hatte meine damalige Firma das damals marktführende Produkt zur Pflegeplanung und -dokumentation in seinen wesentlichen Teilen entwickelt.

Eines Tages erhielt ich Besuch von der Kriminalpolizei, die in einem Todesfall ermittelte. Die Angehörigen der verstorbenen Heimbewohnerin hatten gegen das Seniorenheim geklagt, weil sie eine Unterversorgung vermuteten (genauer gesagt eine Dehydration, also Flüssigkeitsmangel). Ich war damals der Hauptentwickler der Software und wirklich froh, alle Informationen ausführlich protokolliert zu haben, sodass der Fall aufgeklärt werden konnte: Das Seniorenheim traf keine Schuld.

Konfiguration

Details zur Konfiguration erfahren Sie wiederum in Kapitel 3, »Softwaredesign«. Konfigurationen sind heute umso wichtiger, weil Anwendungen immer flexibler werden. Die Fragen hierzu:

- Wo sollen Konfigurationen abgelegt werden, beispielsweise in der Datenbank oder in XML-Dateien?
- Wie kann sichergestellt werden, dass die Konfigurationen valide sind, beispielsweise durch XML-Schemas?
- Wer darf welche Aspekte konfigurieren?
- Wie ist bei einem Softwareupdate zu verfahren, welche Teile sollen aktualisiert werden, welche Teile sollen verschont bleiben, zum Beispiel weil sie Konfigurationsdaten des Anwenders enthalten?
- Kommt ein Standardprodukt zum Einsatz?
- Gibt es bereits Daten oder Systeme, die berücksichtigt werden müssen?
- Wie soll mit sensiblen Daten umgegangen werden, beispielsweise Passwörter für den Zugang zu Fremdsystemen?

Die Trennung zwischen Architektur und Design ist wieder fließend. Ob eine Konfiguration in einer Datenbank gespeichert werden soll, halte ich (eher) für eine Frage der Architektur, den Aufbau dieser Datenbank hingegen klar für eine Frage des Softwaredesigns und gar der Implementierung.

2.7.10 Transaktionen und Gleichzeitigkeit (Concurrency)

Transaktionen und Concurrency haben natürlich viele Gesichter. Am Anfang steht dennoch in vielen Programmen eine wesentliche Frage: Wie soll mit gleichzeitiger Bearbeitung umgegangen werden?

Die Gretchenfrage: Gleichzeitige Bearbeitung

Diese Frage gehört zu der Kategorie Fragen, die Entscheidungsträger nervös machen, wenn man sie ihnen stellt. Sie wundern sich dann, dass eine solche Fragestellung im 21. Jahrhundert überhaupt ein Problem aufwirft und machen sich instinktiv Sorgen darüber, dass die Daten des Unternehmens aktuell sind. Aber sorry, es ist leider ein Problem, wie die folgenden Möglichkeiten beweisen. Betrachten wir dazu einen Produktstamm, an dem zwei Mitarbeiter gleichzeitig Änderungen vornehmen:

Möglichkeit 1: Der Letzte gewinnt

Der Mitarbeiter, der zuletzt den SPEICHERN-Button drückt, hat gewonnen. Die Daten des ersten Mitarbeiters werden stillschweigend überschrieben und gehen dadurch verloren.

Was zuerst wie ein schlechter Scherz klingt, ist Standardverhalten vieler Anwendungen. Im Grunde genommen wurde das Thema der gleichzeitigen Bearbeitung einfach ausgeblendet. Dass dieses Verfahren häufig dennoch gut funktioniert, liegt daran, dass die meisten Daten zu einer Zeit nur von einer Person geändert werden, und dass die Änderungen selbst meist recht gering sind. Zudem sind viele Änderungen dergestalt, dass neue Datensätze angelegt werden, beispielsweise in einer Preishistorie, was das Problem nicht völlig ausblendet, aber doch abmildert.

Der Vorteil ist offensichtlich: Sie müssen keinen Pfifferling in die Entwicklung dieser Lösung stecken. Der Nachteil ebenfalls: Aufgebrachte Anwender könnten Ihr Büro stürmen, sobald sie dahinter kommen.

Variation von Möglichkeit 1: Fein granulares Speichern

Manche Anwendungen ermitteln die tatsächlichen Änderungen und übertragen also nur die wirklich geänderten Felder. Mehrere Personen könnten daher denselben Datensatz ändern, wenn sie nur andere Felder ändern (beispielsweise Anwender A den Preis und Anwender B die Produktbeschreibung).

Diese Variante verringert das Problem (oder sagen wir besser: macht es unwahrscheinlicher), erfordert aber zusätzlichen Aufwand. Gerade ADO.NET mit seinen *Disconnected DataSets* lädt dazu ein, immer alle Daten zu schreiben. Im Grundsatz löst dieses Verfahren das Problem zwar nicht, kann es aber immerhin bis zur Akzeptanzgrenze abmildern.

Möglichkeit 2: Sperren

Der zu bearbeitende Datensatz wird gesperrt. Beim Verlassen der Maske oder bei einem anderen Ereignis wird der Datensatz wieder freigegeben. Ein zweiter Bearbeiter erhält also eine Fehlermeldung bei dem Versuch, die Daten zu ändern.

Dieses Verhalten war früher häufiger anzutreffen als heute. Eine Schwierigkeit dieses Ansatzes liegt darin, den Zeitpunkt für eine Sperre zu bestimmen. Ein Anwender könnte dafür einen Button BEARBEITEN anklicken oder die Sperre könnte in Kraft treten, sobald ein Control seinen Wert verändert.

Als ADO.NET noch nicht erfunden war und ein Anwender auf die Datenbank einen direkten Cursor realisieren und damit navigieren konnte, waren diese Sperren einfacher zu setzen als heute, wo Daten abgeholt, lokal bearbeitet und in einem Rutsch wieder zurückgeschrieben werden.

Heute trifft man häufiger auf *logische Sperren*, also beispielsweise Datenbankfelder mit dem Namen des bearbeitenden Anwenders oder interne Speicherstrukturen, in denen die Sperren abgebildet werden. Eine solche logische Sperre hat zunächst aber keine Unterstützung des Betriebssystems oder der Datenbank – der Programmierer muss dafür Sorge tragen, dass er bei einem Absturz einer Arbeitsstation die Sperre nach einem Timeout wieder freigibt. Und natürlich könnte eine andere Anwendung die Daten in der Zwischenzeit verändern, wenn sie nicht dasselbe Konzept umsetzt.

Eine Datensatzsperre, üblicherweise durch das Öffnen einer Transaktion gesetzt, führt das Konzept aber ad absurdum, denn der Anwender könnte ja in aller Ruhe die Maske stundenlang geöffnet halten. Solche langlaufenden Transaktionen sollten Sie unbedingt vermeiden, denn sie hindern nicht nur einen Anwender daran, denselben Datensatz zu verändern, sondern auch andere Teile der Anwendung an der Ausführung, beispielsweise beim Lesen des Datensatzes – je nach verwendetem Isolation Level.

Möglichkeit 3: Versionierung

Eine weitere Möglichkeit besteht darin, beim Abholen eines Datensatzes dessen Version zu lesen. Der SQL Server bietet dafür den Datentyp `rowversion` an. Beim Speichern oder nach einer Änderung könnte die Anwendung dann prüfen, ob sich die Version in der Zwischenzeit geändert hat – ein sicheres Indiz, dass ein anderer Anwender mit der Bearbeitung schneller war.

Der Nachteil dieses Verfahrens ist, dass die Prüfung erst beim Speichern sinnvoll erfolgen kann, die vorgenommenen Änderungen sind also hinfällig. Jedoch können Sie den Anwender davon in Kenntnis setzen, und er könnte seine Änderungen dann erneut an der aktuellen Version vornehmen. Und immerhin kann er dann selbst feststellen, wie der aktuelle Datensatz aussieht – und ob überhaupt noch Anlass für eine Änderung besteht.

Möglichkeit 4: Change Tracking

Eine eher exotische, aber auch elegante Möglichkeit ist das Change Tracking, also das Mitprotokollieren von Änderungen (was Löschungen mit einschließt. Sie könnten auf diese Weise beim Speichern eines Datensatzes prüfen, ob (und vor allem: welche) Änderungen zwischenzeitlich vorgenommen wurden und dem Anwender die Wahl lassen.

Change Tracking lässt sich manuell implementieren (zum Beispiel über Trigger auf der Datenbank selbst), oder aber Sie bemühen konkrete Produkte dafür. Beim SQL Server gibt es dafür eine eingebaute Funktion, die zum größten Bedauern vieler Kunden aber erst in der Enterprise-Variante des SQL Servers verfügbar ist.

Für welche Möglichkeit oder für welche Kombination der Möglichkeiten Sie sich auch entscheiden, Sie sollten diese Entscheidung unbedingt festlegen und als Richtlinie für die Umsetzung vorgeben. Wundern Sie sich ansonsten nicht, wenn Sie Möglichkeit 1 erhalten.

Gelegentlich liest man, die Änderungen sollten doch einfach serialisiert werden, also zuerst sollte die Änderung des Anwenders A und danach die des Anwenders B ausgeführt werden. Obwohl technisch möglich, wäre das sowohl aufwendig als auch sinnlos, ja regelrecht gefährlich. Denn Anwender B trifft seine Entscheidung über die zu ändernden Daten zu einem Zeitpunkt, da ihm die Änderungen von Anwender A noch gar nicht bekannt sind. Vielleicht möchte er den Preis ja gar nicht mehr erhöhen, wenn er erfährt, dass Anwender A bereits zuvor den Rabatt für das Produkt gekürzt hat.

Transaktionen

Transaktionen! Der vielleicht am häufigsten missverstandene Aspekt in der Entwicklung von Enterprise-Anwendungen und sicher einer der am häufigsten falsch umgesetzte. Grund genug, das Thema an verschiedenen Stellen in diesem Buch auszuführen, theoretisch wie praktisch.

Im Zuge Ihrer Architekturüberlegungen sollten Sie sich die folgenden Fragen stellen:

- Welche Teile der Anwendung benötigen überhaupt Transaktionen, und wenn sie benötigt werden: Wie groß ist die Transaktionsklammer?
- Ist eine Transaktion dann zwingend vorgeschrieben, oder ist es eine Option?
- Gibt es verteilte Transaktionen, also Transaktionen in verteilten Systemen?
- Wenn ja: Wo und wie werden die Transaktionen von einem zum anderen System übertragen?
- Wie lässt sich das ACID-Prinzip umsetzen, und gibt es Bereiche, in denen das Prinzip bewusst durchbrochen werden soll?
- Wie sieht dann die Lösung aus?
- Werden Singletons benötigt, also Komponenten, von denen es zu einer Zeit nur eine einzige Instanz gibt?
- Welche transaktionalen Ressourcen sind an der Anwendung beteiligt, zum Beispiel Datenbanken, Message Queues oder das Dateisystem?
- Wie werden diese Ressourcen in die Transaktionen eingebunden?

Daneben stellt sich die vielleicht wichtigste Frage: Wie sind die Anforderungen Ihrer Anwendung? Diese Anforderungen unterscheiden sich meist von Modul zu Modul. Bei einer Kontobewegung ist die Anforderung eindeutig: Lieber einen Fehler riskieren als falsche Daten. Beim Schreiben von Log-Einträgen ebenfalls: Immer schreiben und möglichst Fehler vermeiden. Dazwischen gibt es die weite Welt, die nicht mehr so eindeutig ist und für die Sie das Verhalten vorab definieren sollten.

Manche Transaktionen sind von Haus aus langlaufend, beispielsweise dann, wenn menschliche Interaktion notwendig ist oder wenn Systemgrenzen überschritten werden. Dann sind vielleicht Kompensationen sinnvoll, also Code, der ausgeführt wird, um eine Transaktion entweder zu bestätigen (commit) oder rückgängig zu machen (abort).

Kompensationen bringen aber wiederum selbst ein ganz neues Level der Komplexität hinein, weil sie zeit- und ereignisgesteuert zuverlässig funktionieren müssen – sie sollen ja Probleme beseitigen und nicht selbst neue schaffen. Das sind Anforderungen, die nicht in jedem Fall einfach zu erfüllen sind.

Isolation Level

Im Zusammenhang mit Transaktionen steht auch die Auswahl der richtigen Isolation Level, ebenfalls wieder situationsgebunden. Die verschiedenen Technologien unterscheiden sich in der Zahl und Komplexität der angebotenen Isolation Level, aber auch in ihrem Standardwert – falls keiner angegeben wurde. Das ist ein zweites Beispiel dafür, wie die Denkweise von Laien sich von der technischen Realität unterscheidet. Kein Laie würde jemals vermuten, dass eine angezeigte Summe falsch sein könnte – trotz richtiger Programmierung.

Kurz vorweg: Ein Isolation Level bestimmt, wie zwei parallel laufende Transaktionen sich gegenseitig verhalten, wenn sie auf die Daten der jeweils anderen zugreifen.

Eine vollständige Darstellung würde an dieser Stelle zu weit gehen. Ich möchte aber die Grundlagen dennoch ansprechen, da ich – wie gesagt – finde, dass dieser Problematik in der Praxis zu wenig Aufmerksamkeit gewidmet wird. Mein erster Tipp lautet daher: Legen Sie einen Isolation Level fest. Die vier Isolation Level, die in den meisten Produkten vorhanden sind, lauten: *Serializable*, *Repeatable Read*, *Read Committed* und *Read Uncommitted*. Es sollen diese vier Probleme vermieden werden:

Problem	Beschreibung
Lost Updates	Zwei Transaktionen modifizieren dieselbe Datenmenge, aber nur eine Transaktion ist beim Schreiben erfolgreich. Dieses Problem ist offensichtlich immer zu lösen. Die weiteren Probleme betreffen ausschließlich das Lesen von Informationen, während eine oder mehrere Transaktionen stattfinden.
Dirty Read	Eine Transaktion ändert Daten. Solange diese Transaktion noch läuft, sind diese Daten eigentlich »schwebend unwirksam«, die Transaktion könnte ja jederzeit abgebrochen werden. Sind die veränderten Daten aber dennoch zu lesen, also noch bevor commit ausgeführt wird, spricht man von einem *Dirty Read*, also dem Lesen von »schmutzigen Daten«.
Non-Repeatable Read	Wenn innerhalb einer Transaktion dieselben Daten mehrfach gelesen werden und dabei unterschiedliche Ergebnisse auftreten, dann sind diese nichtwiederholbar, also non-repeatable.
Phantom Read	Dieses Problem ist besonders tückisch. Es tritt häufig dann auf, wenn Aggregation im Spiel ist, also wenn zum Beispiel eine Summe berechnet wird, während eine andere Transaktion einen neuen Datensatz hinzufügt. Obwohl dann die richtige Datensatzzahl zurückgegeben wird, ist die Summe dennoch zu niedrig. So gebildete Durchschnitte sind also falsch.

Tabelle 2.4 Mögliche Probleme beim gleichzeitigen Zugriff auf Daten

Und so rücken die vier Isolation Level diesen Problemen zu Leibe:

Isolation Level	Lost Updates	Dirty Read	Non-Repeatable Read	Phantom Read
Serializable	nein	nein	nein	nein
Repeatable Read	nein	nein	nein	möglich
Read Committed	nein	nein	möglich	möglich
Read Uncommitted	nein	möglich	möglich	möglich

Tabelle 2.5 Auswirkungen der Isolation Level auf die Probleme des gleichzeitigen Zugriffs

Sie müssen also abwägen:

- Welcher Grad an Konsistenz ist notwendig?
- Welche Nachteile sind Sie bereit, dafür in Kauf zu nehmen (zum Beispiel Datenbanksperren)?

Das Dumme daran ist: Je restriktiver der Isolation Level ist, desto restriktiver sind auch die Sperren! Es gibt auch hier nichts geschenkt. Die jeweiligen Datenbanksysteme setzen das unterschiedlich um. Beim SQL Server wird beim Lesen von Daten überhaupt kein Locking angefordert, sofern Read Uncommitted zum Einsatz kommt, nur der aktuelle Datensatz gesperrt (bei Read Committed) und so weiter.

Die offensichtlich beste Wahl, *Serializable*, scheidet daher in der Praxis oft aus, denn die Datenbank würde in einem solchen Fall viel zu häufig und viel zu grob sperren, als dass die Anwendung noch bedienbar wäre. Häufige Wartezeiten, Timeouts oder Deadlock-Situationen wären die Folge. Nur gut, dass Sie diese Eigenschaft für jede Transaktion separat festlegen können. Und auch hier gilt das erste Gebot von Transaktionen: Transaktionen müssen kurz sein! Je kürzer eine Transaktion ist, desto geringer ist die Wahrscheinlichkeit, auf obige Probleme zu stoßen.

Aus der Praxis

Um dieses Problem zu umgehen, verwenden wir häufig Datenbankreplikation. Besonders Reports sind naturgemäß stark abfragelastig, und da häufig viele Daten gelesen werden, besonders anfällig für Sperren. In einer replizierten Datenbank sind keine Datenbanksperren zu erwarten, weil dort keine Transaktionen ausgeführt werden. Die Eingabedatenbank hingegen profitiert ebenfalls. Einerseits muss sie nicht die Last der Reportabfragen verkraften, andererseits ist das Sperrverhalten besser, da die Anzahl der Abfragen dadurch stark reduziert wird.

2.7.11 Fehlerbehandlung

Die Diskussion über die richtige Behandlung von Fehlern in Anwendungen wird bisweilen recht verbittert geführt. Hier soll es aber nicht darum gehen, wie Exceptions ausgelöst und behandelt werden. Das ist eine (wenngleich wichtige) Frage der Implementierung, die in späteren Kapiteln noch vertieft wird. Doch bereits zuvor, in der Phase der Architektur, werden die Weichen für eine robuste Software gestellt. Aber am besten sehen wir uns das wieder an einem Beispiel an:

Diese Anwendung ist eine 3-Tier-Anwendung, an der ein Arbeitsplatz-PC, ein Middleware-Server und ein Datenbank-Server beteiligt sind. Ein Anwender tippt eine Bankleitzahl ein, die anschließend gegen eine BLZ-Tabelle validiert werden soll. Dabei tritt nun ein Fehler auf, beispielsweise weil die Datenbank ausgelastet ist und nicht innerhalb einer Timeout-Zeitspanne antwortet. Sehen wir uns an, wie die einzelnen Layer auf den Fehler reagieren könnten:

- Der *Data Layer* wird über ADO.NET auf die Datenbank zugreifen und, nach beispielsweise einer Wartezeit von 60 Sekunden, eine Timeout-Exception auslösen. Diese Exception reicht sie an den Aufrufer weiter, den
- *Validation Layer*, der versucht hat, die Bankleitzahl zu validieren und dafür die Dienste des *Data Layer* in Anspruch nehmen wollte. Er könnte nun entscheiden, dass die Validierung nicht erfolgreich war und diese Antwort die Aufrufkette zurück bis zum Client durchreichen, vielleicht sogar mit dem Text der Exception als Validierungsergebnis. Das sollten Sie vermeiden, denn eine Validierung hat nicht stattgefunden. Sie sollten niemals Exceptions abfangen und als gewolltes Ereignis weiterleiten und Exceptions auch nicht dafür verwenden, um die Software zu steuern. Ein anderer Client könnte beispielsweise aufgrund des Validierungsfehlers Aktionen auslösen, die im Falle einer Exception keinen Sinn machen würden. Leiten Sie stattdessen die Exception weiter, und zwar an den
- *Business Layer*, der beispielsweise eine Zahlung auslösen wollte und zu diesem Zweck eigentlich die Bankleitzahl validieren wollte. Auch er leitet die Exception weiter, an den
- *Service*, der vom Client aus aufgerufen wurde. Der Service kann – und sollte – die Exception nun loggen und gegebenenfalls die Administratoren informieren. Danach aber geht sie zum Client, genauer zum
- *Presentation Layer*, der sie nun dem Client als Fehlermeldung anzeigt, wenn auch vielleicht in veränderter, meist abgespeckter Version.

Soweit ist sich die Lehre noch relativ einig. Uneinigkeit besteht hingegen in der Frage, was der Client mit der Exception anfangen soll. Ich kann Ihnen hier nur eine Meinung anbieten: Fangen Sie die Exception auf oberster Ebene ab, und zeigen Sie dem Anwender eine freundliche Nachricht an, vielleicht noch mit dem Hinweis, dass die

Softwareentwickler oder Administratoren bereits über den Fehler informiert wurden. Verzichten Sie darauf, dem Anwender die Details der Exception (also `Exception.Message`) zu präsentieren, er kann vermutlich nichts damit anfangen. Schreiben Sie lieber: »Ihre Zahlung konnte nicht verarbeitet werden. Bei dem Versuch die Bankleitzahl zu überprüfen ist ein unerwarteter Fehler aufgetreten. Der Fehler wurde protokolliert und weitergeleitet.« Besonders freundlich ist es, wenn Sie verschiedene Fehlertexte anbieten, je nach aufgetretenem Fehler. Passiert es häufiger, dass die BLZ nicht validiert werden kann, z. B. weil das System zwischendurch häufig ausgelastet ist – und Sie das nicht ändern können? Dann hilft ein kurzer Hinweis sicher weiter: »... bitte versuchen Sie es in wenigen Sekunden noch einmal«.

Fassen wir zusammen:

- Verwenden Sie Exceptions immer als das, was sie sind: als unerwartete Ausnahmen, die einen weiteren Ablauf der Funktion unmöglich machen.

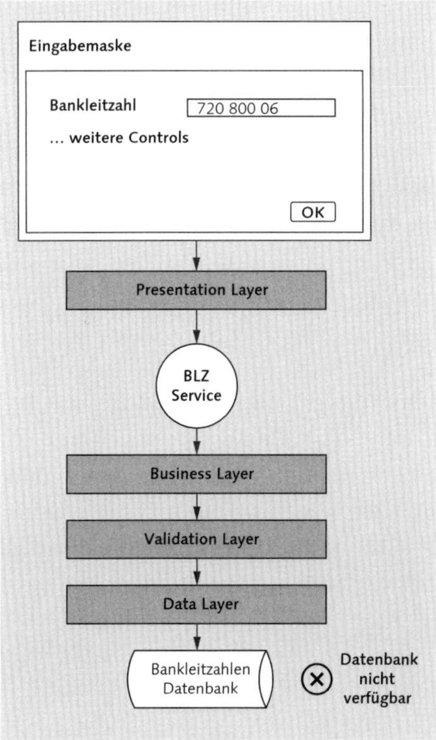

Abbildung 2.8 Exception-Handling in einer mehrschichtigen Anwendung

- Fangen Sie Exceptions immer dort ab, wo Sie sie auch endgültig behandeln können. Wenn Sie eine Exception an einer Stelle nicht behandeln können, dann lassen Sie sie nach oben durchreichen.
- Verwenden Sie eigene Exception-Klassen, wenn es das Projekt hergibt.

- Vermeiden Sie es, Exceptions zur Steuerung von Programmfunktionen zu verwenden.
- Vermeiden Sie es auch, bei jedem Fehler die Anwendung zu beenden. Kontrollieren Sie Exceptions im Client.
- Zeigen Sie dem Anwender eine Fehlermeldung an, mit der er auch etwas anfangen kann. Lassen Sie technische Details weg, und bieten Sie ihm Hilfe an.
- Protokollieren Sie Exceptions, wo immer es sinnvoll oder notwendig ist. Seien Sie ruhig großzügig mit den Informationen, die Sie dem Protokolleintrag hinzufügen.
- Das Wichtigste: Beziehen Sie die Thematik in Ihre Architekturüberlegungen ein.

In Kapitel 4, ».NET für Fortgeschrittene«, finden Sie weitere Informationen zu Syntax und Semantik; in den jeweiligen Fachkapiteln, beispielsweise zu WCF, finden Sie Informationen zur Behandlung von Fehlern in diesen Technologien.

2.8 Architekturmodelle

Ein Softwarearchitekt muss das Rad nicht neu erfinden, er kann auf einige Architekturmodelle zurückgreifen, die sich über die Jahre bewährt haben. Sie verstehen sich aber nicht als fertige Lösungen, je nach Anforderungen können Mischmodelle gewählt werden, oder die Modelle können in einer Enterprise-Anwendung kombiniert werden.

2.8.1 Monolithische Anwendungen

Eine monolithische Anwendung besteht aus einer Einheit, die nur als Ganzes nutzbar ist. Früher, als es noch keine SQL Server gab, waren fast alle Anwendungen monolithisch und bestanden zumeist nur aus einer ausführbaren Datei. Solche Anwendungen sind leicht auszutauschen und verlangen nach keinen weiteren Systemvoraussetzungen außer denen, die die Anwendung selbst vorgibt. Sie hat aber auch einige Nachteile:

- Funktionalität wird oft mehrfach abgebildet, da es keine Ebene der Wiederverwendbarkeit gibt.
- Die Anwendungen sind schwer zu warten.
- Sie müssen jeweils neu kompiliert und verteilt werden, auch bei kleinen Änderungen.
- Die Performance ist oft nicht optimal, vor allem dann, wenn Netzwerkressourcen verwendet werden sollen. Wenn Sie beispielsweise auf eine Filesystem-Datenbank zugreifen wollen, dann muss eine Anwendung den gesamten Datenverkehr über

die Leitung schicken, während eine SQL-Datenbank nur die Anfrage entgegennimmt und das Ergebnis über das Netzwerk versendet.

- Der Komplexität ist nur unzureichend beizukommen.

Bedeutet das, monolithische Programme wären völlig unbrauchbar? Nein, für kleine und einfache Aufgaben eignen sie sich weiterhin, denken Sie nur an den gerade neu aufflammenden Markt der Apps.

2.8.2 Client-Server-Architektur

Eine Client-Server-Architektur ist, wie der Name schon sagt, gekennzeichnet durch einen Client und einen Server. Ein Klassiker ist der Datenbankserver, den ein Client ansprechen kann. Es sind also wenigstens zwei Schichten vorhanden und meist auch zwei Tier.

Ressourcen können auf diese Weise besser ausgenutzt werden, denn ein Client muss nicht die gesamte Rechenarbeit übernehmen, der Server kann ihm einen Teil abnehmen. Auch in Sachen Sicherheit, Wiederverwendbarkeit und Mehrbenutzerzugriff hat das Konzept deutliche Vorteile. Redundanzen werden vermieden, und die Effizienz wird gesteigert.

Viele Client-Server-Systeme sind jedoch recht starr, während die Anforderungen immer mehr flexible Systeme verlangen, die sich dynamisch zusammenbauen lassen. Die Server selbst sind meist unterschiedlich implementiert und nur schwer miteinander vereinbar. Daher werden sie fast immer über Schnittstellen verbunden. Dennoch stellen sie heute einen großen Anteil der verfügbaren Unternehmenssoftware.

2.8.3 Mehrschichtige Anwendungen

Neben den beiden extremeren Formen Monolith und SOA, die in Abschnitt 2.8.4, »Serviceorientierte Architekturen«, behandelt wird, gibt es nun noch jede beliebige Aufteilung von Funktionen in Schichten. Das können logische Schichten sein (n-Layer) oder physische Schichten (n-Tier). Näheres hierzu finden Sie in den Abschnitten 2.5, »Layer (Schichten)«, und 2.6, »Tier und verteilte Software«.

2.8.4 Serviceorientierte Architekturen (SOA)

Es gab mal eine Zeit, in der waren Services das Hauptthema in fast jeder IT-Zeitschrift, und sie wurden als Wunderwaffe für viele Probleme angepriesen. Inzwischen hat sich der Hype ein wenig beruhigt, und wir können einen unverstellten Blick auf Services werfen.

Was sind Services?

Mehr Details zu Services finden Sie in Kapitel 6 zur Windows Communication Foundation, einer Technologie zum Umsetzen solcher Services in .NET. Hier geht es vor allem darum, welche Architekturentscheidungen zu treffen sind und wie eine serviceorientierte Architektur (SOA) in eine moderne IT-Landschaft hineinpasst.

SOA lässt sich am besten mit der heutigen Dienstleistungsgesellschaft vergleichen. Dort gibt es Dienstleister, die einen gewissen Leistungsumfang anbieten. Um beispielsweise einen Schuster zu nutzen, müssen Sie nicht wissen, wie dieser seine Dienstleistungen erbringt. Es genügt, wenn Sie über das Leistungsangebot Bescheid wissen und auch wissen, welche Bedingungen dafür gelten.

Die verschiedenen Dienstleister sind weitgehend unabhängig voneinander, aber nicht vollständig. Ein Grafikdesigner und ein Werbeplaner werden gerne zusammenarbeiten, und dennoch können beide auch Leistungen unabhängig voneinander erbringen.

Es gibt auch komplexere Dienstleistungen, die ein einzelner Dienstleister alleine nicht erbringen kann. Wenn Sie beispielsweise ein Haus bauen, dann können Sie damit einen Architekten beauftragen, der den gesamten Prozess koordiniert und steuert. Dieser wiederum arbeitet mit weiteren Dienstleistern zusammen, beispielsweise mit Maurern oder mit Dachdeckern. Wenn Sie nun Dienstleister durch Service ersetzen, dann haben Sie bereits eine recht gute Vorstellung von einer SOA. Etwas konkreter:

- Ein Service ist ein Stück Software, das auf einem Rechner läuft und Dienstleistungen erfüllt.
- Eine Dienstleistung besteht aus einem Serviceaufruf und Daten, die übergeben und zurückgegeben werden. Das nennt man *Contracts*.
- Ein Client kann einen Service verwenden, wenn er weiß, welche Dienstleistungen dieser bereitstellt (Contract), welche Sprache er spricht (Binding bzw. Kommunikationsparameter und Protokoll) und wo er ihn erreichen kann (Adresse).
- Contracts werden mithilfe der *Web Services Description Language* (*WSDL*) beschrieben.
- Verschiedene Services können verteilt sein, also sich auf unterschiedlichen Systemen innerhalb und außerhalb des Intranets befinden.
- Ein Client kann eine gewöhnliche Anwendung sein oder auch ein anderer Service.
- Wenn ein Service dafür gedacht ist, komplexere Aufgaben zu übernehmen, indem er andere Services steuert, dann sprechen wir von einem *Orchestration Service* (analog zu 2.5.5).
- Die Kommunikation mit einem Service geschieht standardisiert, über Nachrichten.

Warum Services?

Services sind miteinander nur lose gekoppelt. Dadurch lassen sich einzelne Teile einer Anwendung weitgehend unabhängig voneinander entwickeln und warten. Sofern die Contracts kompatibel sind, kann ein Client mit einem Service sprechen, ohne dessen Details zu kennen. Services können untereinander beliebig vernetzt werden. Dadurch entstehen komplexe Servicenetzwerke, die dennoch (relativ) leicht zu beherrschen sind und die nahezu jeden beliebigen Grad an Komplexität abbilden können.

Durch die Verteilung der Services und der Standardisierung von Leistungsangebot und Kommunikation können die Services sehr flexibel platziert werden, beispielsweise lokal, im Intranet, im Internet oder in allen Welten. Darüber hinaus können die Dienstleistungen eines solchen Services zentral bereitgestellt werden. Schnittstellen werden dadurch überflüssig, und derselbe Service kann im Kontext unterschiedlicher Anwendungen verwendet werden, ohne dass die Geschäftslogik mehrfach vorhanden sein müsste.

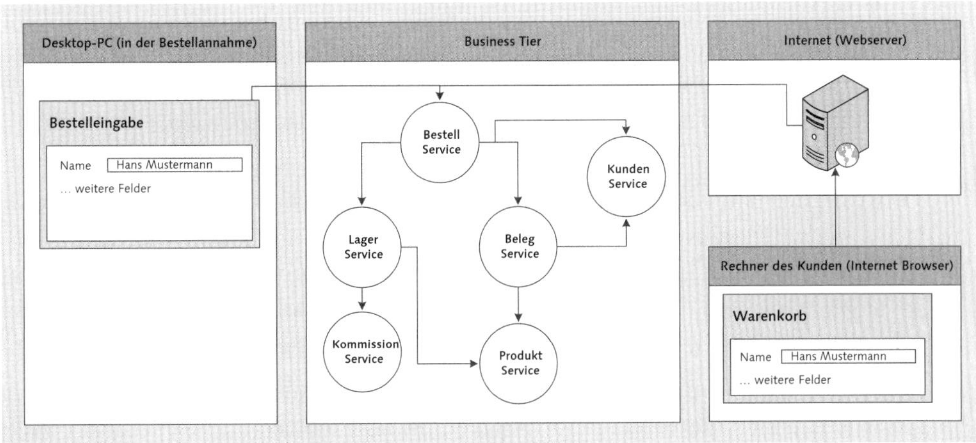

Abbildung 2.9 Serviceorientierte Architektur (SOA)

Im Beispiel in Abbildung 2.9 wird der Bestellservice einmal in der Bestellannahme im Callcenter eines Unternehmens verwendet und ein zweites Mal vom Webserver, wenn ein Kunde über die Homepage eine Bestellung auslöst. Die implementierte Geschäftslogik ist somit in beiden Fällen identisch.

Designentscheidungen

Wenn Sie eine SOA aufbauen möchten, dann kann dies auf zwei Arten geschehen: Sie könnten eine Anwendung in Services zerlegen, diese Services dann entwickeln und vom Client aus anwenden. Mit der Zeit werden sich dann weitere Services um die vorhandenen Services gruppieren, und Ihre SOA wird organisch wachsen.

Ein anderer Ansatz besteht darin, bestehende IT-Systeme durch SOA abzulösen, also die Geschäftsprozesse zu analysieren, die Services zu entwickeln und die bestehenden Anwendungen zu migrieren. Migration bedeutet hierbei nichts anderes, als dass die Geschäftslogik aus diesen Anwendungen entfernt und durch Zugriffe auf Services ersetzt wird.

In beiden Fällen gibt es einige Empfehlungen:

- Services sind keine Objekte. Objekte sind lokal, eng aneinander gekoppelt und entsprechend fein in ihrer Ausgestaltung (viele Methoden und Attribute). Services sind entfernt, nur lose gekoppelt und müssen entsprechend grob in ihrer Schnittstelle (*Contract*) entwickelt werden. Bei Objekten gibt es viele, bei Services wenige Zugriffe (relativ zueinander gesehen). Die Kommunikation über das Netzwerk kostet schließlich viel Zeit, im Vergleich zu lokalen Aufrufen sogar ungeheuerlich viel Zeit. Wenn Sie beispielsweise 100 Kunden zeitgleich von einem Service abrufen wollen, dann ist es besser, wenn Sie einen Aufruf tätigen und 100 Kunden zurückbekommen als 100 Aufrufe mit jeweils einem Kunden. Man spricht dann von der Granularität der Contracts.
- Ein Service ist ein unabhängiger Dienstleister. Im Eingangsbeispiel weiß der Schuster nie, wer sein nächster Kunde ist. Auf einen Service übertragen heißt das: Er sollte niemals Annahmen über mögliche Clients machen und, als Konsequenz, beispielsweise Eingaben immer validieren.
- Entwerfen Sie Ihre Services so, dass es ein natürliches Leistungsangebot gibt. Wenn zwei Services sehr eng miteinander verbunden sind, können Sie daraus vielleicht einen Service machen. Wenn ein Service zwei unterschiedliche Dinge erledigt, dann sind zwei getrennte Services besser. Das Grundprinzip lautet: so unabhängig wie möglich, aber mit fest definierten Grenzen.
- Überlegen Sie sich genau, wie die Services miteinander kommunizieren sollen. Dies betrifft Aspekte wie Zuverlässigkeit (*Reliable Messaging*), Sicherheit, Performance und Interoperabilität. Verschiedene Services können auch mit verschiedenen Kommunikationsprotokollen kommunizieren, im Intranet beispielsweise binär, im Internet hingegen über Standard-XML-SOAP-Nachrichten.
- Vermeiden Sie komplexe .NET-Typen in den Contracts von Services. So vermeiden Sie, dass Nicht-.NET-Anwendungen die Besonderheiten von .NET kennen müssen, um den Service nutzen zu können.
- Denken Sie daran, dass Contracts erweiterbar sein sollten, damit Sie später einem Service zusätzliche Werte übergeben können, ohne dadurch alle Clients aktualisieren zu müssen.

- Natürlich sind auch hier Authentifizierung und Autorisierung notwendig, und sie müssen daher beim Entwurf der Anwendung berücksichtigt werden.
- Beachten Sie bitte auch die Details der Implementierung, wie sie in Kapitel 6, »Windows Communication Foundation«, ausführlich beschrieben werden.

Ich persönlich mag Services und halte SOA für eines der besten Architekturparadigmen der heutigen Zeit.

Aus der Praxis

In meinem Unternehmen ersetzen wir alle Anwendungen durch ein Netzwerk von Services, das wir unser *Business Framework* nennen. Neue Anforderungen fügen sich in die Teile, die bereits umgesetzt wurden, viel einfacher und nahtloser ein, als in die noch bestehenden Altanwendungen.

Und mit dem Grad der Ablösung steigen auch die Wünsche, weil die immer neue Kopplung der Services einfach viel mehr Flexibilität ermöglicht als die Entwicklung immer neuer Schnittstellen (von den anderen Vorteilen mal ganz abgesehen).

SOA eignet sich daher vor allem für die Unternehmens-IT, also die Abbildung aller Geschäftsprozesse in einem Unternehmen und ist eine langfristige Entscheidung. Für Einzelplatzanwendungen und andere Typen von Anwendungen ist das Prinzip vielleicht aber nicht einsetzbar, oder es kann seine Stärken dort nicht ausspielen.

2.9 Vorgehensweise

Zum Schluss möchte ich noch einen möglichen Weg skizzieren, wie Sie vorgehen könnten, um zu einer Softwarearchitektur zu gelangen. Dies ist stets ein iterativer Prozess. Ein Architekt nimmt die Anforderungen auf und entwirft ein Bild der gesamten Anwendung, indem er diese in Komponenten abbildet, die Beziehungen zwischen den Komponenten entwirft, Layer und Tier bildet und auf ein Architekturmodell anwendet. Das alles geschieht unter Berücksichtigung der Designmerkmale, jedenfalls im Groben an dieser Stelle.

An irgendeiner Stelle stellt sich heraus, dass eine Anforderung nicht mehr mit der entworfenen Architektur abgebildet werden kann oder sollte. Dann wird das Bild verändert, die Softwarearchitektur passt sich den neuen Gegebenheiten an. Zunächst geschieht das recht häufig. Mit zunehmender Reife des Modells passen neue oder veränderte Anforderungen immer besser in die bestehende Struktur, und es müssen noch kleine Änderungen vorgenommen werden.

Jetzt kann der Architekt sich im Detail um die Designmerkmale kümmern und die Softwarearchitektur finalisieren und dokumentieren. Es findet nun der (oft fließende) Übergang zum Softwaredesign statt. Aus den Komponenten werden UML-Klassen, aus den Layern meist Projekte, und die allgemeinen Konzepte müssen in .NET-Technologien abgebildet werden. So könnte eine SOA mit der WCF umgesetzt werden, aber auch mit gewöhnlichen ASMX-Webservices. Der Grad der Abstraktion nimmt ab, der Grad der konkreten Umsetzung nimmt zu.

2.9.1 Schritt 1: Architekturziele definieren

Zunächst sind die Ziele zu bestimmen, die eine Architektur erfüllen soll. Ein Grund dafür ist das »Right-sizing«, mit anderen Worten: Die Lösung muss zum Problem passen, sie soll weder zu klein noch zu groß sein. Daneben gibt es noch viele weitere Ziele, von denen sich die meisten bereits aus dem Inhalt dieses Kapitels ergeben, beispielsweise Anforderungen an die Sicherheit der zu schaffenden Lösung. Daneben sind weitere Ziele:

- Einhalten des Zeit- und Kostenrahmens
- Erweiterbarkeit
- Verwaltbarkeit
- Integration bestehender Systeme
- Wünsche der Anwender, der Geschäftsleitung, des Kunden
- Umsetzbarkeit mit den gegebenen Mitteln, beispielsweise dem Know-how der Mitarbeiter oder der Verfügbarkeit von Dienstleistern

2.9.2 Schritt 2: Umfeld analysieren

Eine Softwarearchitektur ist fast nie isoliert, sie ist vielmehr in ein bestehendes Netzwerk an Anwendungen und Technologien eingebunden. Es gilt also das Umfeld zu analysieren:

- Welche Anwendungen gibt es bereits, und sollen diese Anwendungen migriert, angebunden oder integriert werden?
- Welche Systemumgebung herrscht vor, sowohl soft- als auch hardwareseitig?
- Gibt es Einschränkungen hinsichtlich der vorhandenen Lizenzen?
- Herrscht bereits ein Architekturmodell vor, beispielsweise SOA?
- Wohin geht die Reise, wie soll sich die Architektur in den nächsten Jahren weiterentwickeln?
- Gibt es Systeme außerhalb des eigenen Umfelds, mit denen kommuniziert werden soll?

2.9.3 Schritt 3: Entwurf, Review und Iteration

Nun beginnt die Phase, in der die bestehenden Anforderungen in ein erstes Modell einer Softwarearchitektur gebracht werden. Während dieser Zeit empfiehlt es sich, zunächst die Schlüsselszenarien zu berücksichtigen, also die Use Cases, die den größten Anteil ausmachen und/oder den größten Nutzen versprechen.

Wie bereits gesagt, ist diese Phase geprägt von ständiger Veränderung. Kompromissbereitschaft ist notwendig, sollte aber den Vorgang nicht prägen. Wenn ein Teil nicht passt, dann ist es besser, das Puzzle neu zu legen, als den Vorschlaghammer zu bemühen.

2.9.4 Schritt 4: Technologieentscheidung

Der Rahmen steht fest, jedenfalls insoweit, als dass das Architekturmodell und die dahinter stehende Technologie finalisiert werden können. Üblicherweise ist das auch der späteste mögliche Zeitpunkt, um es dem Auftraggeber zu präsentieren und entsprechendes Feedback einzuholen.

Diese Phase endet mit dem »Point of no return«, also der Entscheidung, die keinen Rückschritt mehr erlaubt, weil bereits das Softwaredesign angestoßen wird und entsprechende Dienstleister ausgesucht und gebrieft werden.

2.9.5 Schritt 5: Dokumentation

Die Dokumentation beendet den Prozess. Ihr ist der nächste Abschnitt gewidmet.

2.10 Dokumentation

Die Dokumentation ist aus einer Reihe von Gründen wichtig:

- Eine fertige Dokumentation lässt sich abnehmen, ein wichtiger Punkt in der Beziehung zwischen Auftragnehmer und Auftraggeber.
- Das Softwaredesign benötigt die dokumentierte Softwarearchitektur als Grundlage für die Umsetzung.
- Die Dokumentation schafft Klarheit und fördert eventuell noch Lücken zutage.
- Sie dient als Mittel zur Kommunikation, man kann sie vorstellen, durchlesen und darüber diskutieren.
- Sie macht die Komplexität (oder Einfachheit) der Aufgabenstellung klar und hilft, den Aufwand für die Realisierung besser abzuschätzen.

Gleichwohl wird sie in der Praxis meist recht stiefmütterlich behandelt. Kein Wunder, denn wenn die Architektur erst einmal steht, scheint die Arbeit erledigt zu sein, und mal ehrlich: Neue Aufgaben sind einfach spannender als jede Dokumentation. Gefragt ist also das Mindestmaß an sinnvoller Dokumentation, das bedeutet, so wenig wie möglich, aber so viel wie nötig.

2.10.1 Was eine gute Dokumentation auszeichnet

Bevor Sie den sprichwörtlichen Griffel oder ein Softwarewerkzeug Ihrer Wahl zur Hand nehmen, sollten Sie einige Ratschläge beherzigen:

- Machen Sie sich den Werbeslogan eines bekannten Magazins zu eigen: Immer an die Leser denken. Typische Leser sind: der Auftraggeber, der Geschäftsführer, der Produktmanager, der Entwickler, der Softwaredesigner und Sie selbst, jedenfalls zu einem späteren Zeitpunkt.
- Die Dokumentation ist knapp, präzise, auf den Punkt kommend.
- Diagramme sind nur dann eine Hilfe, wenn sie die wesentlichen Sachverhalte überschaubar darstellen. Bei einer Fülle an Fakten ist die geschriebene Dokumentation meist überlegen.
- Achten Sie auch auf Formalien wie Inhaltsverzeichnis, Seitennummerierung, den Ersteller oder die bereits angesprochene Version, und nehmen Sie Bezug auf die Quelldokumente, wo vorhanden.
- Verwenden Sie Dateiformate, die ihre Leser auch öffnen können, oder konvertieren Sie Ihre Formate vorher, zum Beispiel nach PDF.
- Vermischen Sie nicht die verschiedenen Perspektiven oder Modelle, wie im nachfolgenden Abschnitt näher erläutert wird. Jedes Dokument dient nur einem Zweck.
- Erstellen Sie Teile der Dokumentation schon während der Architekturfindung und die noch fehlenden Teile gleich nach Verabschiedung. Unterschätzen Sie nicht die Löchrigkeit des menschlichen Gedächtnisses.
- Erläutern Sie an zentralen Stellen auch, wie Sie zu Entscheidungen gelangt sind.
- Verwenden Sie Templates mit einheitlicher Gestaltung, Gliederung und Formatierung. Das sieht nicht nur professioneller aus, es spart auch Zeit und erleichtert es dem Leser, sich zurechtzufinden.

Und wenn sich Ihre Dokumentation dazu noch flüssig liest, dann haben Sie die Leser auf Ihrer Seite. Denken Sie am besten daran: Die meisten Leser waren vermutlich bei Weitem nicht so sehr an dem Prozess beteiligt wie Sie selbst.

2.10.2 Modelle

Ein Modell ist eine Darstellung eines Sachverhalts auf vereinfachte Weise, also ohne die Details, die vom eigentlichen Sachverhalt ablenken würden. Das ist genau das, was die Softwarearchitektur macht: eine komplexe Aufgabenstellung zu zerlegen, sie von (jetzt) unwichtigen Details zu befreien und die Komponenten so zu entwerfen und zueinander in Beziehung zu setzen, dass das Ziel erreicht wird.

Daher steht am Ende meist eine Ansammlung von Modellen, die sich aus den Abschnitten des Kapitels ergeben und die in einer Dokumentation berücksichtigt werden wollen. Sie stellen jeweils einen eigenen Aspekt, eine eigene Sichtweise auf die Lösung dar, beispielsweise die Sicherheit, die funktionalen Abhängigkeiten oder das Verteilungsszenario.

Ein Modell muss dabei nicht immer ein Diagramm sein oder beinhalten oder sich umgekehrt auf nur ein Diagramm oder nur ein Dokument beschränken. Die Gesamtheit aller Dokumente, die eine Sichtweise darstellen, bezeichnet man als Modell.

Funktionales Modell

Das funktionale Modell bildet die funktionalen Aspekte einer Architektur ab, ganz wie der Name sagt. In ihm sind die fachlichen Komponenten verzeichnet und ihre Abhängigkeiten untereinander, beispielsweise der E-Mail-Service, der Dienstleistungen für den CRM-Service erbringt. Es entspricht damit am ehesten dem, was die meisten Entwickler sich unter einer Anwendungsarchitektur vorstellen.

Häufig werden UML-Diagramme eingesetzt, wobei sich nicht jedes Diagramm gleich gut eignet. Einige Diagramme sind zu detailliert, beispielsweise das Klassendiagramm. Und wiederum andere Diagramme sind zu grob, das trifft häufig auf die Use-Case-Diagramme zu. Neben den beiden erwähnten eignen sich die folgenden Diagrammtypen fallweise zur Darstellung des Modells:

- *Kompositionsstrukturdiagramm* – dient der Modellierung der Strukturen von Komponenten und deren Interaktion mit ihrer Umgebung.
- *Komponentendiagramm* – eignet sich besonders für Softwaresysteme und dient zur Darstellung von Komponenten und deren Schnittstellen.
- *Paketdiagramm* – der Hauptschwerpunkt dieses Diagrammtyps liegt in der Darstellung von Modulen, auf einer höheren Ebene.

Die obigen Diagramme stellen die *Struktur* einer Anwendung dar. Daneben gibt es in der UML noch *Verhaltensdiagramme*, also Diagramme, die die *Dynamik* eines Systems darstellen. Dazu gehört das schon erwähnte Use-Case-Diagramm (Anwendungsfalldiagramm), das Akteure in Wechselwirkung mit einzelnen Komponenten zeigt, und daneben noch die folgenden beiden Diagramme:

- *Aktivitätsdiagramm* – solche Diagramme können recht komplex werden und eignen sich zur Darstellung des Kontroll- und Datenflusses in Systemen, mitunter also auch für Geschäftsprozesse.
- *Zustandsdiagramm* – besonders geeignet, um Zustände eines Systems darzustellen und die Übergänge zu anderen Zuständen.

Schließlich gibt es noch *Interaktionsdiagramme*, die besonders geeignet sind, um Wechselwirkungen von Komponenten darzustellen.

- *Sequenzdiagramm* – diese Diagrammart ist für die Architektur meist zu detailliert, kann aber beispielsweise eingesetzt werden, um die Kommunikationsmuster zwischen Services zu beschreiben.
- *Kommunikationsdiagramm* – stellt den Nachrichtenfluss dar.

Empfehlenswert sind auch Layer-Diagramme, wie sie seit Visual Studio 2010 gezeichnet werden können. Sie bilden die logische Architektur des Systems und die erlaubten Kommunikationsbeziehungen zwischen einzelnen Layern ab. Die richtige Version von Visual Studio vorausgesetzt (nämlich *Ultimate*), lassen sich diese Beziehungen deklarativ festlegen und die Einhaltung erzwingen.

Verteilungsmodell

Das Ergebnis aus Abschnitt 2.6, »Tier und verteilte Software«, findet sich im Verteilungsmodell wieder, für das die UML ebenfalls einen eigenen Diagrammtyp kennt. Es stellt die physikalischen Knoten eines Systems dar, die Verteilung der Komponenten darauf und die Beziehungen dazwischen. Unter einem physikalischen Knoten kann jede physische Trennung gemeint sein, vom Rechner im selben Rechenzentrum bis hin zum Webserver auf einem anderen Kontinent.

Das Verteilungsmodell gehört eindeutig in jede Dokumentation einer Softwarearchitektur und ist vom Typus her statisch.

Sicherheitsmodell

Dieses Modell lehnt sich meistens am Verteilungsmodell an, ist aber nicht darauf beschränkt, denn mit seiner Hilfe lassen sich die Sicherheitsgrenzen (Trust Boundaries) und die erlaubten Kommunikationsbeziehungen zwischen ihnen darstellen. Es enthält überdies Angaben zur Authentifizierung und Autorisierung und, wo eingesetzt, auch den Token-Fluss zwischen den Sicherheitsgrenzen.

Datenmodell

Wir bewegen uns wieder ein Stück in Richtung Implementierung, denn das Datenmodell wird für beide Phasen verwendet: für Architektur *und* Design, bzw. Implementierung. Eine natürliche Trennung ergibt sich jedoch dadurch, dass in der

Softwarearchitektur *semantische Datenmodelle* entworfen werden, wobei die spätere Implementierung daraus ein konkretes *Schema* erstellt.

Unter Ersterem verstehen wir eine abstrakte Beschreibung, zum Beispiel in Form eines *Entity-Relationship*(*ER*)-Diagramms, unter Letzterem hingegen die auf ein bestimmtes Produkt gemünzte technische Darstellung der Daten. Oder anders ausgedrückt: Geht es bei ER-Diagrammen um Entitäten und deren Beziehung zueinander, besteht ein Schema für den SQL Server aus Tabellen, Spalten, Datentypen und anderen Datenbankobjekten, ist also viel konkreter.

Ein Datenmodell auf ein ER-Diagramm zu reduzieren wäre aber zu wenig, denn Daten können auch noch auf höheren Ebenen abstrahiert werden, beispielsweise

- können Daten ebenfalls verteilt werden, entweder auf mehrere unabhängige Server oder durch Bildung eines Clusters,
- gibt es vielleicht gewollte Redundanz, zum Beispiel durch Einsatz eines lokalen oder verteilten Caches,
- sind eventuell bereits Stammdaten in Drittsystemen vorhanden, die gemeinsam verwendet werden sollen,
- sind Analysis Services, Integration Services oder Reporting Services Teil der Datenhaltung und Datenverarbeitung vorhanden.

Die Modellierung der Daten und der Datenhaltung ist deshalb so wichtig, weil die meisten Daten ihre Programme überleben, oder »Data is stable – functions are not«, wie jeder bestätigen kann, der eine gewachsene IT-Landschaft betreut.

Weitere Modelle

Daneben kann eine Softwarearchitektur noch zahlreiche weitere Modelle beinhalten, wobei einige dieser Modelle lediglich Spezialisierungen der oben genannten Grundtypen sind. Einige Beispiele:

- Modelle, die sich um Verfügbarkeit und Ausfallsicherheit drehen und meist aus dem Verteilungsmodell abgeleitet sind
- Modelle, die den Fokus auf die Performance legen, besonders dann, wenn eine Software gewisse Kennzahlen zusichert
- Modelle, die die Infrastruktur darstellen
- Modelle, die das Roll-out neuer Versionen zum Thema haben
- Modelle, die sich um administrative Aspekte kümmern, wie Monitoring

Und nun?

Welche Modelle Ihre Softwarearchitektur abbildet und welche Modelle daher dokumentiert werden sollen, kann ich natürlich nicht voraussehen. Aber ich kann Ihnen erzählen, was mir besonders häufig in der Praxis begegnet, und das bei Projekten jeglicher Größenordnung.

Und das sind:

- Textwüsten, die einfach noch einmal wiederholen, was bereits im Pflichtenheft steht
- gar keine Dokumentation
- übersimplifizierende Diagramme ohne Informationsgehalt
- ein einziges Diagramm, das auch in DIN A2 schwer zu entziffern ist und das versucht, die gesamte Architektur zwischen die Papierränder zu quetschen
- Dokumente, bei denen der Bezug zueinander nicht zu erkennen ist und die daher an eine Schnitzeljagd erinnern

Ich glaube, wenn Sie sich auf die Ziele der Dokumentation konzentrieren und auf Übersichtlichkeit und Knappheit achten, dann werden Sie den für Sie richtigen Mix finden.

2.10.3 Inhalt

Nach den nun eher allgemeinen Ausführungen zur Dokumentation hier ein konkreter Vorschlag, wie die Dokumentation aussehen sollte, immer im Spiegel des bisher Gesagten. Sie können die Abschnitte als Gliederung verwenden oder nur die Rosinen herauspicken, die für Ihr Projekt besonders wichtig sind. Hauptsache, Sie halten sich an den Grundsatz: Besser als keine Dokumentation ist eine kleine Dokumentation.

Formales

Hier bringen Sie die Formalien unter, wie den Architekten (also Sie), den Projekttitel, die Gliederung (die Ihnen Word so schon automatisch erstellt) und die aktuell gültige Version des Dokuments.

Inhalte und Ziele

Es folgen die wichtigsten Vorüberlegungen und die Ziele, die Sie mit der Architektur verfolgt haben. Dazu war ja schon ausführlich die Rede. Es geht hier aber um die Ziele auf oberer Ebene, an die Qualität und, vor allem, an die nicht-funktionalen Aspekte der Software. Wichtig ist es hier, nicht zu sehr ins Detail abzudriften, denn Sie wollen ja nicht die Dokumentation an dieser Stelle schon vorwegnehmen. Sagen Sie einfach, um welche Art von Software es sich handelt und was die Leitmotive für Ihre Entscheidungen waren.

Es mag auch Rahmenbedingungen geben, zum Beispiel die zur Verfügung stehende Zeit, Vorsysteme oder das Budget, dann gehören diese ebenfalls in diesen Abschnitt.

Umfeldbeschreibung

Im Anschluss beschreiben Sie das Umfeld, in dem ihr System steht. Das können andere Softwaresysteme sein, beispielsweise vorhandene Services, Fremdsysteme oder Altanwendungen. Außerdem sollte der Leser hier das technische Umfeld in groben Zügen präsentiert bekommen: Welche Landschaft haben Sie, welche Betriebssysteme und welche Server? Alles was grundlegend und wichtig, und nicht unmittelbar Bestandteil Ihrer Architektur ist, gehört hierher.

Unter Umständen wollen Sie auch noch einige Worte darüber verlieren, was außerhalb der Architektur liegt, also zum Beispiel Systeme, die zwar vorhanden, aber nicht relevant sind. Dann sollte aber wenigstens die Information, dass diese Systeme nicht relevant sind, wiederum relevant sein. Beispiel: Es gibt in Ihrem Unternehmen einen Authentifizierungsserver, der aber nur für Altanwendungen genutzt wird. Neue Anwendungen, wie die Ihre, verwenden aber das neue System X. Diese Information ist sicherlich interessant, erklärt sie im Laufe der Dokumentation doch die eine oder andere Entscheidung.

Architekturübersicht

Es folgt die schematische und am besten grafische Übersicht der gesamten Architektur und zwar aus funktionaler Sicht. Sie können auch schon andere Sichtweisen einbringen und zum Beispiel Sicherheitsgrenzen einzeichnen, laufen aber Gefahr, dass die Darstellung zu komplex wird. Die funktionale Sicht steht am Anfang, weil daraus die anderen Sichtweisen eher verständlich werden.

Ob Sie dabei ein UML-Diagramm verwenden, wie vorher gezeigt, oder ein einfaches Blockdiagramm zeichnen, halte ich für die am wenigsten wichtige Frage überhaupt. Hauptsache, es ist übersichtlich.

Ich empfehle Ihnen, die einzelnen Komponenten bereits in der Abbildung zu nummerieren, damit Sie im Folgenden leichter Bezug darauf nehmen können.

Beschreibung der Komponenten

Die einzelnen Komponenten aus der Übersicht sollten nun kurz beschrieben werden. Wofür sind sie da, was leisten sie (grob gesagt) und wie stehen sie innerhalb der Architektur zu den anderen Komponenten in Beziehung?

Übrigens können Sie auch die Beziehungen zwischen den Komponenten selbst wiederum beschreiben, vergeben Sie dann einfach eine Nummer für die Beziehung selbst.

Beispiel

Komponente: Anbindung Lagerbestand ↔ Bestellabwicklung

Die Verbindung zwischen der Komponente zur Lagerbestandsführung und der Komponente für die Bestellabwicklung soll redundant ausgelegt werden, damit die Verarbeitung des Warenkorbes auch dann noch abgeschlossen werden kann, wenn eine Verbindung unterbrochen wird. Oberste Priorität hat die vollständige Abwicklung des Kaufes durch unseren Online-Kunden.

Wichtig ist hier weniger die vollumfängliche Beschreibung der Funktionalität, sondern vielmehr die Darstellung der Beweggründe für einzelne Entscheidungen, vor allem im Hinblick auf die nicht-funktionalen Anforderungen. Sie müssen nicht den gesamten Denkprozess hier darstellen, aber die wesentlichen Entscheidungsgründe sollten schon ersichtlich werden.

Vergessen Sie auch nicht, eventuelle Schwachstellen zu beleuchten, die Ihnen bekannt sind, die aber aus den hier dargelegten Gründen akzeptiert werden. Architektur bedeutet eben auch, Kompromisse einzugehen, und die Dokumentation sollte verständlich machen, wie diese Kompromisse aussehen und wie Sie dorthin gelangt sind.

Verteilungssicht

Nun sollte schon klar geworden sein, was das Anwendungssystem leistet und warum bestimmte Entscheidungen so getroffen wurden und nicht anders.

Es folgt die Darstellung der physischen Komponenten, also die Verteilung. Dazu habe ich zuvor schon das Verteilungsmodell beschrieben, das Ihnen hier gute Dienste leisten kann. Wenn die Hardware für die Architektur wichtig ist, dann sollten Sie diese ebenfalls beschreiben, zum Beispiel bestimmte Router, oder die notwendige Ausstattung des Datenbankservers.

Die Verteilungssicht wäre nun ein guter Zeitpunkt, die Sicherheitsgrenzen einzuziehen, weil Sicherheit einfach viel mit Verteilung zu tun hat und zentrale Authentifizierungs- und Autorisierungsstellen ganz automatisch in diesem Modell zu finden sind.

Entweder Sie bringen den Aspekt hier unter, oder Sie entscheiden sich für einen eigenen Abschnitt:

Sicherheitssicht

Hier geht es um die Fragen der Authentifizierung, der Autorisierung und der Sicherung der Informationswege. Zertifizierungsstellen gehören hier hinein, ebenso die Darstellung gesicherter Verbindungen, wie https – sofern Sie sich nicht für eine Darstellung in der Verteilungssicht entschieden haben.

Technologiesicht

Unter Umständen wollen Sie die verwendeten Technologien und die Beweggründe, die für ihren Einsatz sprechen, in einem eigenen Abschnitt würdigen. Warum haben Sie sich für MSMQ als Messaging Middleware entschieden, was war der Grund dafür, für eine Portalseite Joomla zu bevorzugen?

Praktischer wäre es freilich, Sie würden solche Informationen bei der Beschreibung der jeweiligen Komponente unterbringen. Für einen eigenen Abschnitt spricht, wenn der Umfang zu groß wäre. Aber auch wenn nicht, können Sie ihn nutzen, um die verwendeten Technologien hier noch einmal aufzulisten.

Abläufe und Prozesse

Hier geht es keinesfalls um die Wiederholung der Anforderungen oder gar des Lasten- oder Pflichtenhefts. Übrigens auch dann nicht, falls ein solches überhaupt (noch) nicht existiert.

In diesem Abschnitt geht es um Schlüsselabläufe und Schlüsselprozesse, die für Ihre Architektur wichtig sind und die daher Ihre Entscheidungen maßgeblich geprägt haben. Diese Abläufe können Sie, im Einzelfall, mittels eines Sequenzdiagramms darstellen, oder auch in Textform.

Beispiele sind der schon erwähnte Warenkorb oder der Ablauf bei der Registrierung von Kunden.

Formales II

Am Ende könnte ein kurzes Stichwortverzeichnis stehen, das Word Ihnen ebenfalls gerne erstellt – vorherige Auszeichnung der Begriffe vorausgesetzt. Wichtiger ist aber ein Glossar, denn Ihre Dokumentation möchte ja gelesen werden.

Außerdem könnte es noch Dinge geben, die Sie zwar mitteilen möchten, die aber an keiner anderen Stelle Platz gefunden haben. Beispielsweise Ihren Dank für die Mitarbeit Ihrer Teamkollegen.

Am Ende könnten Sie die nächsten Schritte skizzieren, sofern bekannt, oder aber Tipps und Hinweise für zukünftige Versionen geben.

2.11 Was noch zu sagen wäre

Es war mein Ziel, in diesem Kapitel das Feld zu bestellen, auf dem die Softwarearchitektur ihre Früchte erntet. Für die Umsetzung selbst sind natürlich noch Kenntnisse in den verschiedensten Disziplinen der Softwareentwicklung notwendig. Nur wer zum Beispiel die Technologien kennt, kann sie zielgerichtet und richtig einsetzen.

Eine ganze Reihe solcher Technologien beschreibe ich in diesem Buch. Ansonsten empfehle ich vor allem das Studium bestehender Systeme.

Dieses Kapitel geht von drei Grundannahmen aus:

1. Softwarearchitektur ist nicht Ihre einzige Aufgabe.
2. Sie wollen dennoch professionell an die Sache herangehen.
3. Softwarearchitektur ist Mittel zum Zweck und kein Selbstzweck.

Das bringt es natürlich mit sich, dass Sie anderer Meinung sind, und das ist gut so. Je konkreter die Empfehlungen sind, desto leichter kann man ihnen auch widersprechen. Und darum geht es ja gerade: Ein Thema von verschiedenen Seiten zu betrachten, ganz konkret, und zu Entscheidungen über die Architektur zu kommen in einem breiten Feld möglicher Themen. Und zwar zu Entscheidungen, die später auch so umgesetzt werden und die nicht in Visio-Dateien und PDF-Dokumenten steckenbleiben.

Wenn Sie das Thema interessiert, dann empfehle ich dennoch weiterführende Lektüre, wenn auch bei dem einen oder anderen Werk ein doppelter Espresso vorab nicht schaden kann.

Stattdessen habe ich in diesem Kapitel ungewöhnlich viele Fragen gestellt, und ich halte es in der Tat für das Wichtigste, solche Fragen zu kennen und sich diese in den Projekten unterschiedlichster Größen auch tatsächlich zu stellen. Architektur schwebt nicht in den Wolken (übrigens auch nicht im Cloud Computing), oder anders gesagt: Ein Rennwagen fährt nur dann schnell, wenn er seine Kraft auch auf die Straße bringt. Sorgen Sie also am besten für eine ordentliche Bereifung **und** für ordentlich PS unter der Haube. Und für zuverlässige Technik, was uns zu unserem nächsten Kapitel bringt.

Kapitel 3
Softwaredesign

Im Entwurf, da zeigt sich das Talent, in der Ausführung die Kunst.
(Marie Freifrau von Ebner-Eschenbach)

Softwaredesign beginnt dort, wo die Architektur endet, in der Theorie. Praktisch gesehen sind die beiden Themenkomplexe selten scharf zu trennen; viele Architekturentscheidungen haben Auswirkungen auf Fragen des Designs, beispielsweise indem sie dessen Auswahlmöglichkeiten einschränken. Wiederum praktisch gesehen macht das keinen großen Unterschied, denn Architektur und Design sind beide gleich wichtig.

Erfahrungsgemäß haben viele Entwickler Schwierigkeiten anzufangen, also die ersten Schritte zu finden und zu gehen. Anhand eines Fallbeispiels erarbeiten wir in diesem Kapitel daher zunächst einmal ein Klassenmodell, das oft als Ausgangspunkt für die Codierung dient. Im Anschluss wenden wir uns Designentscheidungen zu. Das sind wichtige Themen, die vor der Umsetzung eines Projekts zu klären sind.

Daneben stellen sich für nahezu jedes Projekt immer wieder dieselben Fragen: Wo und wie speichere ich meine Konfigurationsdaten, oder wie kopple ich meine Anwendung mit bestehenden Systemen? Diesen Fragen sind jeweils eigene Abschnitte gewidmet.

Bestimmt kennen auch Sie Anwendungen, die kaum zu bedienen sind, weil sie vom Anwender viel implizites Wissen verlangen (das er nicht besitzt), zum Beispiel weil jede Maske anders aussieht und anders bedient werden muss. Die Anwendung gängiger Windows-Styleguides genügt aber nicht, denn noch wichtiger als die Anordnung von Bedienelementen ist es, dem Anwender zu jeder Zeit ein logisches und in sich schlüssiges Bedienkonzept zu präsentieren. In Abschnitt 3.6, »Konfiguration«, gehe ich näher darauf ein.

Der nächste Abschnitt beschäftigt sich mit der Zeit, oder genauer mit der Wartezeit des Anwenders, einem oft vernachlässigten Thema – wobei dieses Thema gerade rasant an Fahrt gewinnt, weil es für die Erstellung von Windows-8-Anwendungen, die auf einem Tablet laufen können, nun einmal von zentraler Bedeutung ist.

Zur professionellen Entwicklung gehört auch untrennbar die Verwendung entsprechender Werkzeuge und Bibliotheken. Die Enterprise Library ist so eine (freie) Bibliothek, die Ihnen vieles leichter machen kann. Den Schluss dieses Kapitels bildet daher eine Einführung in die Enterprise Library mit zwei Tutorials.

Dieses Kapitel präsentiert sich Ihnen als ein Lesekapitel, aus dem Sie nach Lust und Laune einzelne Abschnitte herauspicken können. Ich hoffe, Sie sind mit meiner Auswahl der Themen zufrieden. Und nun viel Freude damit.

3.1 Grundlegende Designziele

Bevor wir uns der praktischen Seite zuwenden und mit Hilfe der objektorientierten Analyse und des objektorientierten Designs ein Klassenmodell entwerfen, möchte ich auf einige allgemeingültige Designziele eingehen, die Richtschnur für jede Designentscheidung sein sollten. Einige dieser Ziele wiederholen sich in Abschnitt 3.3.1, »Gutes Design, schlechtes Design«, dann mit konkreten Empfehlungen für die Modellierung.

3.1.1 Erfüllung der Funktion

Die Software soll das machen, was spezifiziert war – aus Sicht des Unternehmers wirklich nur das, aus Sicht des Anwenders auch gerne mehr, aus Sicht des Entwicklers manchmal lieber etwas anderes.

Dass Software die an sie gestellten Grundanforderungen nicht erfüllt, kommt gar nicht so selten vor, wie man zuerst denken möchte. Ich kann mich beispielsweise an eine Standardsoftware erinnern, bei der in einer Stammdatenmaske nicht gespeichert werden konnte, weil der SPEICHERN-Button vergessen wurde. Und ich erinnere mich an eine Archivlösung, bei der Dokumente zwar als archiviert gekennzeichnet, aber eben nicht archiviert wurden; ein vergessener Parameter war die Ursache. Ich habe auch schon Adresseingabemasken gesehen, in denen das Feld »Postleitzahl« vergessen wurde. Andererseits: Wie schön, dass bei aller Automatisierung noch Menschen am Werk sind. Verlieren Sie also nicht die Grundfunktionen aus dem Blick, denn es gilt: Erst die Pflicht, dann die Kür.

Anwender haben ihr eigenes Qualitätsempfinden, für sie liegt das Problem immer hinter dem Bildschirm. Sie erwarten nicht nur, dass die Funktion erfüllt wird, sondern auch

- dass die Arbeitsschritte so angeordnet und bedienbar sind, wie es ihrer eigenen Denkweise entspricht. Das nennen sie dann benutzerfreundlich.
- geringe oder gar keine Wartezeiten (Wartezeiten sind für Anwender auch dann nicht akzeptabel, wenn sie lange genug für eine Kaffeepause wären).

- Sicherheit, beispielsweise den Schutz persönlicher Daten oder das Vorhandensein einer Benutzerverwaltung.
- Außerdem wollen sie, wenn schon nicht unterhalten, dann aber auch nicht gelangweilt werden, ein gefälliges Erscheinungsbild nehmen sie dankbar an.

3.1.2 Zuverlässigkeit und Robustheit

Software soll zuverlässig sein. Darunter versteht natürlich jeder etwas anderes. Für unsere Zwecke meinen wir damit, dass ein Anwender einer Software darauf vertrauen kann,

- dass sie jeden Tag auf dieselbe Art und Weise funktioniert,
- sie keine Daten verliert und
- das Ergebnis einer Funktion korrekt ist.

Anwender unterscheiden nicht immer (also selten) zwischen Abstürzen aufgrund mangelnder Zuverlässigkeit und aufgrund fehlerhafter Eingaben. Sie erwarten Zuverlässigkeit auch dann, wenn ihre Eingaben falsch oder unvollständig waren. Wir nennen das *Fehlertoleranz*, also die Unempfindlichkeit des Programms gegenüber fehlerhafter Bedienung.

Zuverlässigkeit beinhaltet auch *Robustheit*. Robust ist eine Software, wenn sie einerseits fehlertolerant ist, andererseits aber auch mit großen Datenmengen dauerhaft zuverlässig umgehen kann. Das ist etwas ganz anderes und in der Praxis verläuft das Verhältnis meist umgekehrt proportional: Je größer die Datenmengen, desto mehr Sand verirrt sich ins Getriebe.

3.1.3 Wartbarkeit

Wartbarkeit ist die Grundlage für *Erweiterbarkeit* und selbst wiederum ein facettenreicher Begriff. Wartbar ist eine Software, wenn

- sie verständlich und vollständig dokumentiert ist,
- sie vom inneren und äußeren Aufbau her gut gegliedert ist,
- es auch Entwickler gibt, die die Software noch verstehen,
- sie nicht bereits über viele Softwaregenerationen gealtert ist,
- die verwendete Technologie selbst Wartbarkeit unterstützt,
- allgemein anerkannte Patterns verwendet werden, die von den beteiligten Entwicklern wiedererkannt werden,
- der Quellcode überhaupt noch kompilierbar vorhanden ist,
- was auch für den Quellcode (oder Binaries) von verwendeten Komponenten gilt,

- Code, Dateien und Projektumfeld ordentlich strukturiert und aufgeräumt sind,
- Redundanz vermieden wurde und stattdessen Code und Komponenten wiederverwendbar gestaltet sind und wenn
- kein `goto` verwendet wird. (Ok, das war nicht ernst gemeint.)

Wartbarkeit ist aber kein binärer Zustand, sondern oft eine Frage von Zeit und Geld. Es ist aber auf jeden Fall sinnvoll, diesen Aspekt bereits beim Design einer Software zu berücksichtigen.

In den letzten Jahren ist ein Trend zu beobachten, der Sorge bereitet: Die allzu sorglose und vorschnelle Verwendung von freien Bibliotheken und sogar Sprachen in Projekten. Als Unternehmer kann Ihnen das einen Wettbewerbsvorteil bieten, verhindert es doch, dass versierte Kunden und deren Dienstleister Hand anlegen. Vor allem, wenn exotische Script-Engines verwendet werden, ist auch für das gewöhnliche Customizing schnell Expertenwissen vonnöten.

Viele dieser Projekte werden nicht mehr weiterentwickelt und lassen sich dann in Folgeversionen von Visual Studio und C# nicht mehr fehlerfrei einsetzen. Und fehlerarm sind sie ohnehin nur selten.

Beispiel

F# ist eine tolle Sprache, weil sie allzwecktauglich ist und dennoch durch ihren funktionalen Ansatz für eine Vielzahl an Problemen einfache und elegante Lösungen erlaubt. Kurz: Ich mag sie.

Ein Blick auf den aktuellen TIOBE-Index, ein Index für die Beliebtheit von Programmiersprachen, verrät, dass F# aktuell auf Platz 66 verweilt, zwischen Emacs Lisp und Factor. Und das, obwohl F# schon in der Version 3 verfügbar ist und eine breite Unterstützung seitens Microsoft erfährt.

Das Rating, ein Grad für die Verfügbarkeit an qualifizierten Fachkräften, Kursen, Toolanbietern etc., weist für den 50. Platz (als letzten Platz in der Liste) einen Wert von 0,143 % aus, gegenüber 6,53 % von C#, das schon einige Zeit auf Platz 5 liegt.

Ob man den TIOBE-Index nun als tauglich ansieht oder nicht: Fakt bleibt, dass, relativ zu C#, C++ oder Java gesehen, nur wenige Entwickler F# beherrschen. So leid es mir für diese Sprache tut, in meinen Programmen, für die ich wenigstens eine Laufzeit von 10 Jahren annehme, kann ich sie guten Gewissens noch nicht einsetzen.

3.1.4 Erweiterbarkeit

Auch unter diesem Begriff, manchmal auch mit dem Begriff *Evolvierbarkeit* synonym, verbergen sich mehrere Bedeutungen. Einerseits geht es um *Änderbarkeit*, beispielsweise wenn zur Identifizierung von Büchern statt der alten ISBN 10 die neuere

ISBN 13 verwendet werden soll. Solche Änderungen können tiefgreifend sein, wenn z.B. das Datenmodell betroffen ist und die Änderung durch alle Schichten einer Anwendung umgesetzt werden muss. Andererseits geht es um *Ergänzbarkeit*, also das Umsetzen neuer Anforderungen, beispielsweise durch Ergänzung neuer Module, durch Hinzufügen neuer GUI-Elemente oder neuer Stammdaten.

Wenn Sie selbst Software einkaufen, dann ärgern Sie sich vielleicht über die teilweise unverschämt hohen Preise für kundenspezifische Anpassungen, meist *Customizing* genannt. Einige Unternehmen leben von diesen Einnahmen, und das gar nicht schlecht. Andere Unternehmen haben aber gar keine Wahl, sie müssen viel verlangen, weil ihre Software sich gegen jede Form von Erweiterung sträubt.

Aus der Praxis

Vor einigen Jahren habe ich eine Faxsoftware gekauft und eingeführt. Diese Faxsoftware ermöglicht den Empfang von Faxen über den Exchange Server und das Versenden von Faxen, unter anderem auch über eine Dateischnittstelle.

Um Mahnungen zu faxen, ist es aber nicht nur wichtig, den Versand zu starten, man muss auch überprüfen können, ob das Fax ankam. Wenn der Versand fehlschlägt, soll die dahinter liegende Software die Mahnung ausdrucken, damit sie anschließend mit der Briefpost versendet werden kann.

Die neue Faxsoftware unterstützte diese Anforderung entgegen der ursprünglichen Zusage nicht, und so musste die Funktion nachträglich eingebaut werden. Der Hersteller der Software verwendete dafür eine Skriptsprache, die nur wenige Menschen dieser Erde beherrschen, sodass ein Spezialist nötig war. Die Kosten für die Anpassung beliefen sich schließlich auf 2.500 EUR. Die Anzahl der Codezeilen: weniger als 30.

Ich kenne allerdings auch die andere Seite, nämlich die des Softwareanbieters, der sich über Einnahmen durch Customizing freut. Je nachdem, auf welcher Seite Sie stehen: Halten Sie Ihre Software erweiterbar. Und wenn als Konsequenz die Entwicklung neuer Anforderungen nicht viel Zeit kostet, dann verkaufen Sie doch einige Tage Beratung, Planung und Projektmanagement.

Soviel zu den Grundlagen, nun aber zum eigentlichen Design.

3.2 Objektorientierte Analyse und Design

Das Konzept der Software ist fertig, das Entwicklerteam steht, und die Vorstellungen über den Fertigstellungstermin sind konkreter, als es einem lieb ist. Kurzum: Es beginnt die heiße Phase der Umsetzung. In Kapitel 2, »Softwarearchitektur«, haben wir über die Komponenten gesprochen und deren Beziehungen zueinander sowie über Architekturstile. Nun geht es darum, die Abstraktionsleiter weiter hinabzusteigen und konkreter zu werden.

Erfahrungsgemäß fällt dies nicht immer leicht. Gerade die Frage: »Womit fange ich an?« wird häufig gestellt. Das Erkennen von Objekten und ihren Beziehungen zueinander ist ein guter Start, denn aus dem Ergebnis leiten sich Code und Datenbank sowie Klassen und Entitäten gleichermaßen ab. Die folgenden Abschnitte beschäftigen sich daher damit, die Architektur »auf den Boden zu bringen«, also von den Diagrammen und Vorüberlegungen zu realem Code zu gelangen.

3.2.1 Gründe und Aufgaben der OOA/OOD

Die eigentliche Aufgabe der Phase von OOA und OOD ist es, die oft enorme Komplexität von Softwareprojekten beherrschbar zu machen. *Divide et impera*, also »Teile und herrsche«, ist ihr Motto.

Das wird an einem Beispiel deutlich: Hatte Windows NT noch 6 Millionen Codezeilen, an denen rund 200 Entwickler arbeiteten, so bringt es Windows XP schon auf mehr als 10-mal so viele Codezeilen. Und einige Unix-Derivate beinhalten schon annähernd 300 Millionen Codezeilen. Hinzu kommen eine höhere Komplexität durch mehr Möglichkeiten und neue Technologien, gesteigerte Anforderungen und weit stärker vernetzte Systemlandschaften.

Definition

In der *objektorientierten Analyse (OOA)* geht es darum, ein System von Objekten zu bilden und diese Objekte so miteinander zu verbinden, dass die Aufgabenstellung des Fachkonzepts dadurch abgebildet wird. Wird das so gebildete Modell umgesetzt, so sprechen wir von *objektorientiertem Design (OOD)*. Die Umsetzung erfolgt dann mithilfe der *objektorientierten Programmierung (OOP)*.

Für unsere Zwecke werden wir OOA/OOD zusammenfassen, denn es geht uns ja gerade darum, die Objekte so zu definieren, dass wir sie mittels .NET und C# umsetzen können. Dennoch ist es nicht dasselbe, denn im Design schränkt die verwendete Technologie die Möglichkeiten ein. Beispielsweise unterstützt C# keine Mehrfachvererbung, C++ hingegen schon.

Zentrales Werkzeug ist die *Dekomposition*, die Zerlegung einer Aufgabenstellung in kleinere, beherrschbare Einheiten, eben »Teile und herrsche«. In der Literatur gibt es noch viele ähnliche, aber im Detail doch abweichende Definitionen. Manchmal wird der Objektbegriff viel weiter gefasst und umfasst dann z. B. auch die Benutzeroberfläche. In diesem Buch fassen wir den Objektbegriff enger und meinen damit .NET-

Klassen. Die abstrakteren Ebenen wurden ja teilweise schon in Kapitel 2, »Softwarearchitektur«, behandelt.

Noch ein Hinweis zum Schluss: Es gibt Zeiten, in denen OOA/OOD nicht das Mittel der Wahl ist. Nicht jede Aufgabenstellung muss, soll oder kann gar mittels Objekten gelöst werden. Immer wieder sieht man Programme, in denen der inflationäre Einsatz von Objekten der Performance und dem Speicherverbrauch abträglich sind. Ein Beispiel hierfür sind Massendatenoperationen. Hier können manchmal ein `SqlDataReader` und eine einfache prozedurale Vorgehensweise das Problem schneller und effizienter lösen. Dennoch: Für die meisten Anwendungen ist OOA/OOD ein guter Weg.

Was OOA/OOD zu leisten vermag, bemerkt man so richtig erst dann, wenn diese Organisationsprinzipien einmal fehlen. JavaScript ist das vielleicht wichtigste Beispiel. Viele Entwickler klagen, dass sich damit kaum größere Anwendungen entwickeln lassen. Und daher gibt es dort Precompiler, die diese Features »nachrüsten«, mit *TypeScript* von Microsoft sogar einen recht populären. Das brauchen wir für C# zum Glück nicht, weil es nahezu alles mitbringt, was man sich nur wünschen kann.

3.2.2 Das Fallbeispiel

Beginnen wir mit der Anforderung an eine neu zu erstellende Software, oft ein guter Ausgangspunkt für OOA/OOD, egal, ob Sie aus dem daraus entstehenden Lastenheft direkt in die Entwicklung einsteigen oder vorab ein Pflichtenheft erstellen wollen: Eine Klassenhierarchie ist in beiden Fällen notwendig.

Anforderungen Projekt »CRM«

Die Vertriebsmannschaft der Kalimba Sunfood setzt noch auf Outlook, um mit den Kunden zu kommunizieren. Dadurch haben die Kollegen keinen Zugriff auf die Kontakthistorie und andere wichtige Kontaktdaten des Vertriebs. Das soll sich nun ändern, und zwar mithilfe einer *CRM-Software* (CRM: *Customer Relationship Management*). Alle Anrufe, E-Mails und Briefe sollen darin erfasst und gespeichert werden, auch solche, die im Rahmen einer Vertriebsaktion einem Kunden zugesendet werden.

Ein Wiedervorlagesystem erlaubt es, Termine festzulegen, an denen ein Kunde wieder kontaktiert werden soll. Darüber hinaus gibt es noch Ereignisse, die bei einem Kunden gespeichert werden können, zum Beispiel Geburtstage oder Jubiläen, jeweils mit eigenen Feldern. Diese Ereignisse lösen Benachrichtigungen aus, und zwar automatisch, ohne dass sich der Vertriebsbeauftragte darum kümmern müsste.

3.2.3 Abstraktion und Hierarchie

Um der Komplexität Herr zu werden, gibt es in der objektorientierten Analyse zwei wesentliche Konzepte, die Abstraktion und die Hierarchie. Wir werden sie beide immer wieder anwenden, zum Beispiel, wenn wir die Objekte suchen, die einer Anwendung zugrunde liegen.

Abstraktion

In der Naturwissenschaft ist die Abstraktion oft die einzige Möglichkeit, der Fülle von Informationen und Daten überhaupt einen Sinn zu entlocken.

Definition

Unter Abstraktion (lat. entfernen, trennen) verstehen wir das Weglassen von Details, und zwar dergestalt, dass die wesentlichen Eigenschaften eines Systems immer noch beibehalten werden.

Es geht also darum, den Wesenskern zu entdecken und damit sowohl Anzahl als auch Komplexität von Objekten zu reduzieren. Wir Menschen tun dies automatisch, es ist sozusagen in uns einprogrammiert. Wenn wir eine Metallkonstruktion auf vier Rädern erkennen, die sich mithilfe eines Motors auf einer Straße fortbewegt, so reihen wir dieses Objekt in die bekannte Klasse `Auto` ein. Damit liegen wir nicht immer richtig, aber doch so häufig, dass wir in der Praxis einen Nutzen daraus ziehen können. Wir wenden die Attribute und Methoden der Klasse `Auto` dann auf das beobachtete Objekt an: Wir sollten besser aus dem Weg gehen, denn das Objekt ist schwer, und es ist in der Lage, seine Richtung zu ändern, denn es besitzt eine Lenkung und so weiter.

Das Wetter ist ein höchst komplexes Phänomen, viel zu komplex, um es auch nur annähernd mithilfe heutiger und vermutlich auch kommender Technologie exakt berechnen zu können. Die Wetterforscher überziehen daher den Planeten mit einem dreidimensionalen Gitter. Für jede dieser Gitterzellen ermitteln sie zu einem Startzeitpunkt einige Parameter wie Luftdruck, Windstärke oder Temperatur. Die Abstraktion besteht nun darin, dass sie eine Gitterzelle als eine Einheit betrachten. Überall in dieser Zelle herrschen also, im Denkmodell der Meteorologen, dieselben Bedingungen. Mithilfe dieser Vereinfachungen wird das Wetter berechenbar, jedenfalls für einige Zeit im Voraus. Dieses Gitter und die Verfahren zur Berechnung nennen sie dann ein *Modell*, eine Nachbildung der Wirklichkeit – dieses Modell ist aber nicht die Wirklichkeit selbst, aber so gut, dass sich damit arbeiten lässt.

In der Softwareentwicklung ergeht es uns nicht viel anders. Aus der abstrahierten Welt der Anforderungen entsteht ebenfalls ein Modell, oft dargestellt mittels UML.

Dennoch besteht ein Unterschied: Unser Modell ist die Grundlage für die detailgetreue Umsetzung in der Programmierung, wir können Details nicht einfach »wegabstrahieren«. Unser Modell ist die Basis für die Umsetzung, nicht die Umsetzung selbst. Die eigentliche Abstraktion findet in der Softwareentwicklung zudem auf zwei Ebenen statt: Neben der Ebene der OOA ist bereits die Spezifikation, also z. B. das Erstellen des Lastenhefts, ein Prozess, in dem Abstraktion eine wichtige Rolle spielt. Wir wollen eben nicht alle Details eines Kunden speichern und verarbeiten, sondern nur diejenigen, die für unser Geschäft von Interesse sind. Während jeder Kunde biologisch unterschiedlich ist, fassen wir alle Kunden zusammen und bilden allenfalls noch Kategorien, um sie zu unterscheiden.

Auch auf der Ebene der Programmierung bedienen wir uns der Abstraktion, wenn auch etwas anders. Wenn wir beispielsweise LINQ verwenden, so beschreiben wir das zu erwartende Ergebnis, ebenso in SQL. Wir könnten stattdessen auch durch eine Liste iterieren und die benötigten Einträge manuell selektieren. Wir abstrahieren also die Details der Umsetzung, das Programm wird kürzer und eleganter. Dennoch gilt auch hier: Die Umsetzung selbst ist vollständig, nur das Programmiermodell erlaubt uns einen höheren Zugang zum Problem.

Ein höherer Zugang bedeutet allerdings auch in den allermeisten Fällen den Verlust von Kontrolle. Während wir ein SQL-Statement von Hand zu wahrer Größe verhelfen können, übernimmt in LINQ to Entities dies eine Engine.

Für die OOA ist die Abstraktion die wichtigste Grundlage, denn wir müssen Objekte suchen und finden, diese Objekte mithilfe von Attributen beschreiben, sie mittels Methoden zugänglich machen und die Beziehungen untereinander definieren. Wir destillieren diese Informationen aus den Spezifikationen, die aber auch oft redundant sind und viele Informationen enthalten, die für die OOA nicht von unmittelbarem Interesse sind.

Hierarchie

Ein zweites Hilfsmittel ist die Hierarchie. Sie begegnet uns in vielen verschiedenen Formen. Vererbung ist eine davon. Wenn wir beispielsweise erkennen, dass eine E-Mail eine spezialisierte Form einer Nachricht ist wie auch der Brief oder das Fax, so haben wir einerseits abstrahiert (Nachricht), andererseits Nachricht, E-Mail, Brief und Fax in eine besondere Hierarchie, in eine Vererbungshierarchie, eingereiht.

Auch Eigenschaften können eine Hierarchie aufweisen. In unserem Beispiel könnten das die Branchen sein. Man spricht dann oft von einem Baum, in unserem Beispiel vom Branchenbaum. Es gibt bereits viele vordefinierte Hierarchien, für die Branchen beispielsweise den NACE-Code, die hierarchische Klassifikation der Branchen, die weltweit Anwendung findet. Und natürlich beinhaltet das .NET Framework selbst schon unzählige Klassen in ebenso unzähligen Vererbungshierarchien.

Für Anfänger oft schwierig ist die Unterscheidung beider Kategorien, denn niemand hindert einen daran, eine Klasse `Bau` zu definieren und eine Ableitung davon, beispielsweise `Architekturbüro`. Näheres hierzu erfahren Sie im folgenden Abschnitt.

3.2.4 Objekte und Klassen

Vielleicht habe ich Sie bisher schon ein wenig mit der Verwendung dieser Begriffe verwirrt, das möchte ich nun auflösen. Zur Wiederholung: Von Objekten sprechen wir in zweierlei Hinsicht. Einerseits sind Objekte einfach »Dinge« aus der realen Welt oder aus der Welt der Spezifikation, zum Beispiel *Kunde* oder *Nachricht*. Andererseits gibt es Objekte aber auch in der Programmierung; dort handelt es sich um Instanzen von Klassen, sie benötigen also Arbeitsspeicher und existieren zu einer bestimmten Zeit im Laufzeitsystem von .NET.

Klassen wiederum sind Blaupausen, also Baupläne für Objekte. Nach ihnen können beliebig viele Objekte desselben Typs erzeugt werden. Aber Klassen und Objekte in .NET kennen Sie natürlich bereits, konzentrieren wir uns also darauf, wie Sie sie identifizieren können.

Objekte suchen und finden

Um Objekte zu identifizieren, ist es erst einmal hilfreich, die wesentlichen Hauptwörter aus dem Text der Spezifikation herauszusuchen und in der Einzahl niederzuschreiben. In unserem Fall sind dies:

- Vertriebsmannschaft
- Outlook
- Kollege
- Kontakthistorie
- CRM
- E-Mail
- Wiedervorlagesystem
- Ereignis
- Jubiläum
- Benachrichtigung
- Vertrieb
- Vertriebsaktion
- Kalimba Sunfood
- Kunde
- Zugriff
- Kontaktdaten
- Anruf
- Brief
- Termin
- Geburtstag
- Vertriebsbeauftragter
- Mitarbeiter
- Feld

Wir können nun schon einige Objekte identifizieren, die wir ganz offensichtlich nicht für das Programm benötigen. *Outlook* beispielsweise, denn es dient im Text ja nur dazu, das bisherige Verfahren zu beschreiben. Offensichtlich keine Objekte sind ebenfalls:

- *Kalimba Sunfood* (beschreibt den Auftraggeber)
- *CRM* (beschreibt das ganze System)

Für die Identifizierung der restlichen Nicht-Objekte müssen wir uns anschauen, welche Anforderungen an ein Objekt zu stellen sind. Die Kunst besteht darin, die Objekte weder zu grob noch zu fein zu fassen und sie so zu entwerfen, dass alle Anforderungen abgedeckt werden. Aber auch die zukünftigen Anforderungen, sofern absehbar, sollten bereits berücksichtigt werden. Konkreter gesagt: Objekte sollten

- einen Bezug zur Praxis haben, für die Aufgabenstellung also relevant sein. Was relevant ist, hängt vom Kontext ab. Für einen Ersatzteilkatalog wäre eine Schraube nicht als Objekt von Interesse, sie wäre dann im Objekt *Ersatzteil* enthalten und eher ein Fall für die Datenbank als für das Objektmodell. Für ein CAD-Programm ist hingegen eine Schraube sehr wohl ein Objekt, vor allem dann, wenn die Schraube für das CAD-Modell wichtig ist, weil beispielsweise Spannungen im Werkstück berechnet werden sollen.
- durch Attribute näher beschrieben werden, also einen Zustand besitzen. Ob und, wenn ja, welche Attribute es gibt, sollte im Pflichtenheft stehen. Wie immer gilt auch hier das Prinzip des Minimalismus: Sie sollten nichts modellieren, was Sie nicht sicher benötigen. Das dahinterstehende Prinzip, YAGNI (You ain't gonna need it) wird Ihnen in diesem Buch immer wieder begegnen.
- eine Schnittstelle nach außen anbieten, also Methoden und eventuell weitere Member besitzen.
- eindeutig unterscheidbar sein. Es gibt auch Fälle, in denen es später nur eine Instanz des Objekts geben wird. Dann ist diese Unterscheidung natürlich unwichtig. Factories, Engines und allgemein statische Objekte fallen oft in diese Kategorie.
- möglichst eine Implementierung besitzen. Manchmal kommen im Laufe der Analyse noch Objekte hinzu, die Oberklassen sind und in C# dann manchmal als abstrakte Klassen umgesetzt werden; diese Objekte finden Sie aber meist nicht im Pflichtenheft. Wir kommen später darauf zurück.
- redundanzfrei sein, denn häufig finden wir in Spezifikationen verschiedene Begriffe für ein und dieselbe Sache.
- weder zu grob noch zu fein sein. Zu grob wäre ein Objekt dann, wenn es mehrere Anforderungen im Pflichtenheft gäbe, die mithilfe dieses einen Objekts abgedeckt würden. Zu fein hingegen wäre ein Objekt, wenn man nichts Konkretes damit anfangen könnte und der Bezug zu den Anforderungen unklar wäre. Solche Objekte können später immer noch dem Modell hinzugefügt werden, wenn dies nötig werden sollte. Lassen Sie sie also im Zweifel weg.

Betrachten wir nun abermals unsere Objektliste, und untersuchen wir unsere Kandidaten anhand dieser Forderungen. Wir können dann folgende Kandidaten streichen:

- *Vertriebsmannschaft* – in der Anforderung findet sich kein Hinweis, dass die gesamte Mannschaft für eine Aktion benötigt wird.
- *Kollege, Mitarbeiter* – sind redundant, weil bereits der *Vertriebsbeauftragte* in der Liste steht.
- *Zugriff* – ist nicht konkret implementierbar, wir können das Objekt hinsichtlich seiner Attribute und Methoden nicht spezifizieren.
- *Vertrieb* – ist zu allgemein und zu abstrakt, um einen Platz im Modell zu finden.
- *Feld* – wäre zu fein und zu wenig bestimmt.
- *Marketingaktion* – es gibt bereits den Kandidaten *Vertriebsaktion*, die beiden Begriffe sind synonym.

Es bleiben also die folgenden Kandidaten übrig, die wir nun als Objekte identifiziert haben:

- Kunde
- Kontaktdaten
- E-Mail
- Wiedervorlagesystem
- Ereignis
- Jubiläum
- Benachrichtigung
- Vertriebsaktion
- Kontakthistorie
- Anruf
- Brief
- Termin
- Geburtstag
- Vertriebsbeauftragter
- Mitarbeiter

Das bedeutet nun aber nicht, dass unser Modell schon fertig wäre. Wir müssen unsere Objekte später noch weiteren Tests unterziehen. So wissen wir zum Beispiel noch nicht, ob wir das Objekt *Vertriebsbeauftragter* benötigen.

Kommen wir nun von der *objektorientierten Analyse* zum *objektorientierten Design*, indem wir aus den identifizierten Objekten Klassen entwerfen. Ich habe bereits erwähnt, dass ich OOA/OOD als Werkzeug der Umsetzung betrachte und nicht als Werkzeug des Systementwurfs, auch nicht als zwei getrennte Phasen, jedenfalls nicht in der Praxis. Denn es geht uns ja darum, zu einer fertigen Anwendung zu gelangen und nicht lediglich darum, Diagramme zu zeichnen. Hinzu kommt, dass sich in der Praxis oft der Entwickler einer Anwendung selbst diese Gedanken macht. Das unterscheidet diese Phase von der Architekturfindung, denn dort trifft man in der Praxis häufiger auf Spezialisten, die sich hauptberuflich mit diesem Thema beschäftigen.

Bevor wir nun weitermachen können, muss ich ein wenig auf UML eingehen, genauer genommen auf die Klassendiagramme.

Klassendiagramme

Das Klassendiagramm ist die vielleicht wichtigste Diagrammart in UML, denn sie beschreibt Klassen, ihre Attribute, Operationen (Methoden) sowie ihre Beziehungen untereinander. Es ist daher zustandsbehaftet und lässt die Dynamik außer Acht, dafür gibt es andere Diagramme in UML, zum Beispiel das Sequenzdiagramm.

Seit Visual Studio 2010 können nun endlich einige UML-Diagramme erzeugt werden, unter anderem auch Klassendiagramme. Leider sind diese Möglichkeiten in ihrer Gänze nur in der teuren Ultimate Edition enthalten. Am Markt befinden sich aber viele kommerzielle (und einige freie) AddOns, die im Wesentlichen dasselbe leisten. Abbildung 3.1 zeigt eine in Visual Studio erzeugte Klasse.

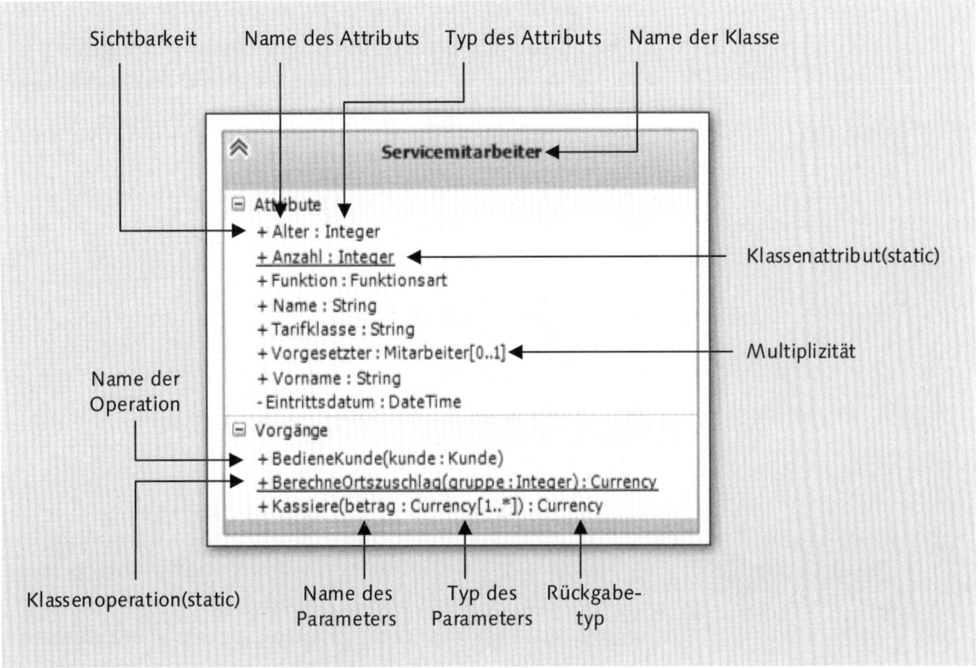

Abbildung 3.1 Klasse in Visual Studio

Im oberen Teil des Fensters in Abbildung 3.1 sind die Attribute abgebildet, im unteren Teil die Operationen, von Visual Studio etwas unglücklich, wie ich finde, »Vorgänge« genannt. Die folgende Tabelle zeigt die Elemente der UML-Klasse im Detail.

Bezeichnung	Beschreibung
Name des Attributs	Der Name des Attributs wird in den meisten Fällen den späteren Variablen bzw. Eigenschaftsnamen entsprechen.
Typ des Attributs	Als mögliche Typen kommen alle Typen von .NET infrage, sowohl Verweis- als auch Referenztypen. Wenn Sie die Diagramme unabhängig von der Implementierung entwerfen möchten, dann sollten Sie aber auf spezielle .NET-Typen verzichten.
Sichtbarkeit	Auch die Sichtbarkeitsebene kann und sollte angegeben werden. Zur Wahl stehen: ▸ + (`public`) ▸ # (`protected`) ▸ - (`private`) ▸ ~ (`paket`) Diesen Typ benötigen Sie dann, wenn Sie Diagramme in Paketen ablegen möchten. Pakete können Sie ebenfalls in Visual Studio 2012 erzeugen, wie im folgenden Beispiel zu sehen ist. 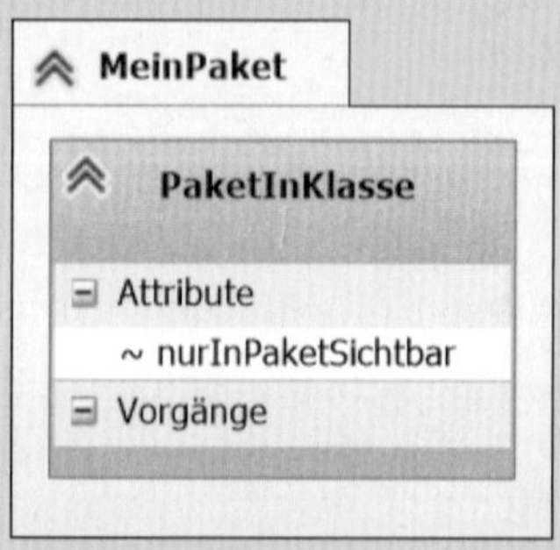 **Abbildung 3.2** Eine Klasse innerhalb eines Pakets
Klassenattribut	Standardmäßig sind alle Attribute Instanzattribute, jedes instanziierte Objekt besitzt also eine eigene Kopie des Attributs. Klassenattribute hingegen existieren für alle Objekte nur ein einziges Mal und werden in UML unterstrichen dargestellt.
Vorgabewert	Ein Attribut kann auch einen Vorgabewert nach der Instanziierung haben, der standardmäßig im Diagramm von Visual Studio aber nicht angezeigt wird.

Tabelle 3.1 Eine Klasse in UML

Bezeichnung	Beschreibung
Multiplizität	Die Multiplizität wird in eckige Klammern gesetzt. Gemeint ist damit, wie viele Ausprägungen es für das Attribut geben soll. Die Werte können als Menge angegeben werden (z. B. [1..3]) oder als eine genau festgelegte Anzahl (z. B. [1]). Einige Beispiele, die auch in Visual Studio standardmäßig zur Auswahl geboten werden: ▸ [0..1]: Entweder ist es nicht vorhanden oder genau einmal. ▸ [1]: Es ist genau einmal vorhanden; dies ist der Standardwert und muss daher nicht eigens angegeben werden. ▸ *: Das Attribut darf beliebig oft vorkommen, also auch gar nicht. ▸ [1..*]: Das Attribut darf beliebig oft vorkommen, jedoch mindestens einmal. Wenn Sie Multiplizitäten verwenden möchten, dann sollten Sie vorher überlegen, ob Sie nicht vielleicht eine eigene Klasse entwerfen wollen, gerade dann, wenn das Attribut einen Referenztyp haben soll.
Name der Operation	Der Name der Operation entspricht dem Methodennamen Ihrer Klasse, jedenfalls in den meisten Fällen.
Name des Parameters	Bitte beachten Sie die Regeln für die Vergabe von Parameternamen in C# oder der Sprache Ihrer Wahl.
Typ des Parameters	Auch hier gilt wieder: Sie können jeden Typ verwenden, sowohl Wert- als auch Referenztypen.
Klassenoperation	Per Standard sind alle Operationen Instanzoperationen, lassen sich also nur für ein instanziiertes Objekt ausführen. Sie können aber auch Klassenoperationen definieren, die in C# dann mit dem Schlüsselwort `static` definiert werden.
Eigenschaft	Sie können beliebige Eigenschaften selbst definieren, wenn Sie ein Attribut oder eine Methode näher bestimmen möchten. Ein Beispiel hierfür wäre `readonly`.
Rückgabetyp	Der Typ des Rückgabewertes, sofern vorhanden, wird bestimmt.

Tabelle 3.1 Eine Klasse in UML (Forts.)

Und so sieht die Klasse in Visio aus, das allerdings kaum Funktionen für UML-Diagramme enthält (siehe Abbildung 3.3). Ich will da gar nichts beschönigen: Mit Visual Studio 2012 können Sie zwar UML-Diagramme erstellen, genauer die folgenden Typen:

- Klassendiagramme
- Sequenzdiagramme
- Anwendungsfalldiagramme (Use Case)
- Aktivitätsdiagramme
- Komponentendiagramme

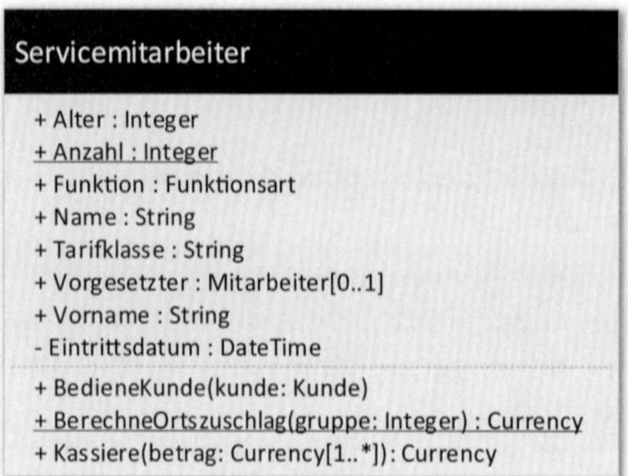

Abbildung 3.3 Die Klasse Servicemitarbeiter in Visio

Darüber hinaus gibt es noch weitere Diagrammtypen, beispielsweise die recht praktischen Ebenendiagramme. Alle hier dargestellten Diagramme sind auf diese Weise entstanden. Bin ich damit glücklich? Nein, nicht wirklich, dafür sind mir die Möglichkeiten insgesamt doch zu rudimentär.

Wenn Sie die englischsprachige Wikipedia konsultieren, dann finden Sie dort eine ganze Reihe von UML-Tools, auch bewertet nach ihren Funktionen, kommerzielle wie auch freie.

Wenn Sie Klassendiagramme einsetzen möchten, dann werden Sie sich immer wieder fragen, inwieweit Besonderheiten der Sprache darin umgesetzt sein können und sollen. Seit C# 4.0 gibt es beispielsweise den Datentyp `Tupel`, Sie könnten ihn als Rückgabewert also verwenden. Damit opfern Sie allerdings die Unabhängigkeit Ihres Diagramms gegenüber der späteren Implementierung. Ich persönlich halte die Diagramme immer dann unabhängig, wenn ich noch nicht weiß, ob und wie ein Projekt umgesetzt werden soll, also zum Beispiel dann, wenn auch PHP zum Einsatz kommen könnte. Je konkreter die Planung der Umsetzung bekannt ist, desto eher verwende ich die Spezialitäten der jeweiligen Sprache, dann aber auch konsequent.

In Visual Studio 2012 ist es nun auch möglich, den Code für die Klasse zu generieren, einfach durch Auswahl von CODE GENERIEREN im Kontextmenü des Diagramms (bzw. der Klasse). Ein richtig komfortables Two-way-Tool, das Änderungen in beiden Systemen intelligent und automatisch generiert, ist das aber nicht.

Leider unterstützt Visual Studio keine automatische Codegenerierung aus dem Modell. Das ist wirklich schade. Wünschenswert wäre ein Two-way-Werkzeug, das aus einem Modell den Code erzeugen, aber auch aus dem Code das Modell rekonstruieren kann. Wie auch immer: In der letzten Auflage zu Visual Studio 2010 hatte ich noch moniert, dass überhaupt kein Code generiert werden kann.

Der generierte Code ist übrigens durchaus durchdacht:

```
...
private DateTime Eintrittsdatum
{
  get;
  set;
}
public virtual void BedieneKunde(Kunde kunde)
{
  throw new System.NotImplementedException();
}

public static Currency BerechneOrtszuschlag(int gruppe)
{
  throw new System.NotImplementedException();
}

public virtual Currency Kassiere(IEnumerable<Currency> betrag)
{
  throw new System.NotImplementedException();
}
```

Listing 3.1 Der vom Codegenerator aus dem Klassendiagramm generierte Code

Visual Studio hat hier die Multiplizität des Parameters `betrag` [1..*] mit Hilfe einer generischen List umgesetzt. Praktisch, wenn auch nicht perfekt, denn natürlich könnte die Liste auch leer sein, entgegen der Vorgabe, die mindestens ein Element darin verlangt. Das ist jedoch nicht weiter schlimm, denn Sie können die Templates auch selbst anpassen und zwar mit Hilfe der T4-Sprache. Unter EINSTELLUNGEN • STANDARDEINSTELLUNG FÜR DIE CODEGENERIERUNG KONFIGURIEREN erhalten Sie für jedes hinterlegte UML-Konstrukt den Verweis auf ein T4-Template (siehe Abbildung 3.4).

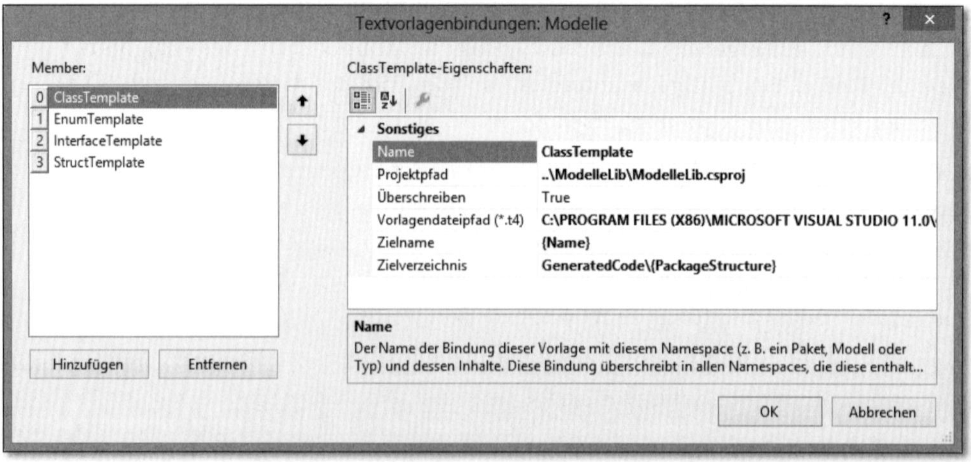

Abbildung 3.4 Die Codegenerierung aus dem Diagramm konfigurieren

Zum Schluss möchte ich noch kurz auf Schnittstellen und Enumerations eingehen, die beide im Visual-Studio-Designer entworfen werden können.

Sie können den Typ der Enumeration natürlich auch als Typ eines Attributs verwenden. Sprachbedingt gibt es für Schnittstellen in C# einige Einschränkungen, die jedoch in Visual Studio nicht logisch umgesetzt sind, zum Beispiel bei der Sichtbarkeit der Operationen, die im obigen Beispiel mit `public` angegeben wurde, in der Implementierung aber eben gerade nicht `public` sein darf. UML ist eben nicht C#. Aber natürlich wird der richtige Code daraus generiert.

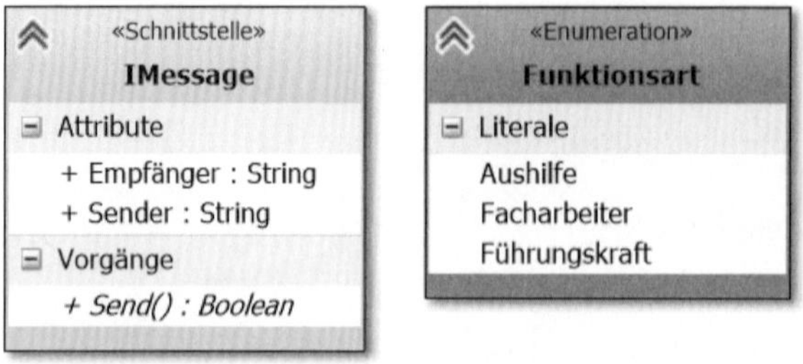

Abbildung 3.5 Schnittstelle und Enumerations

Attribute

Nun können wir die Klassen in UML modellieren und die Attribute identifizieren und hinzufügen. Sie brauchen zum jetzigen Zeitpunkt noch nicht alle Attribute angeben. Während der späteren Umsetzung werden bestimmt noch zahlreiche Attribute ergänzt oder der Typ bestehender Attribute geändert. Das ist normal und Ausdruck der Dynamik in der Entwicklung und in aller Regel kein Mangel in der Planung. Wichtig ist es vor allem, dass Sie hier die expliziten Attribute angeben, also Attribute, die ein Objekt näher beschreiben. Daneben gibt es noch die impliziten Attribute, die sich aus der Umsetzung ergeben und nur dafür gebraucht werden.

Es liegt nahe, dass Sie den Typ `object` oder den impliziten Typ `var` vermeiden sollten. Die Klasse `EMail` aus unserem Beispiel könnte wie in Abbildung 3.6 dargestellt aussehen, nachdem wir ihr die Attribute hinzugefügt haben.

Das Hinzufügen von Attributen führt oft zum Hinzufügen weiterer Klassen. In unserem Beispiel haben wir die Klasse `EMail` definiert. In der Auflistung der bisherigen Klassen gibt es jedoch bislang keine Klasse, die diese E-Mail versenden könnte. Eine Möglichkeit wäre es nun, der Klasse `EMail` eine statische Methode hinzuzufügen, `sendEmail (emailToSend EMail)`. Oder aber wir erzeugen eine neue Klasse, die dann auch die zu versendenden E-Mails abrufen und verarbeiten könnte.

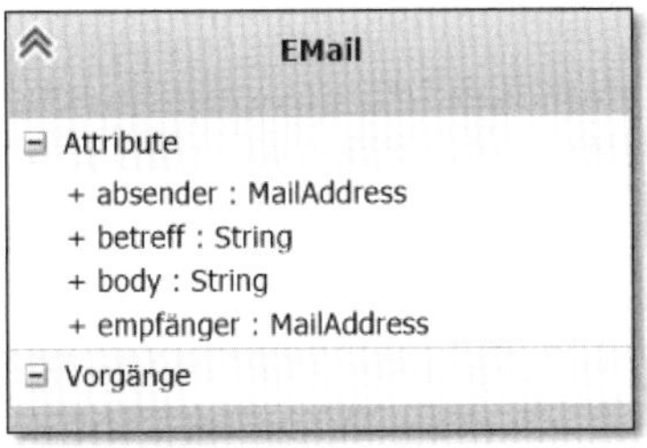

Abbildung 3.6 Die Klasse »EMail«

Sie sollten auch darüber nachdenken, ob sich bereits jetzt Vererbung anbietet. Wenn Sie beispielsweise die E-Mails an einen Kunden beim Kunden speichern möchten, dann gibt es dafür zwei Möglichkeiten, wie Abbildung 3.7 zeigt.

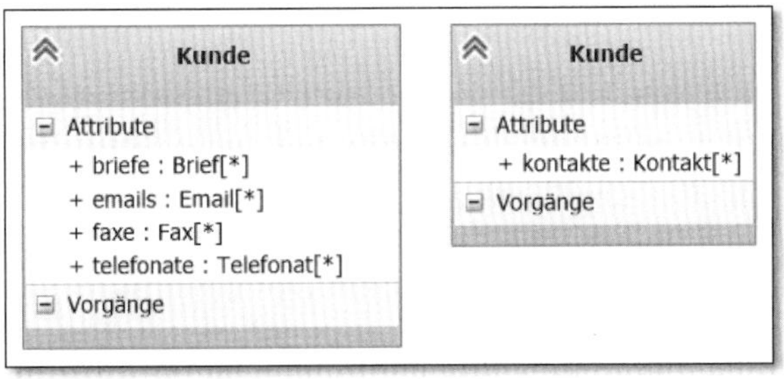

Abbildung 3.7 Klasse »Kunde«

Das rechte Beispiel macht sich Vererbung zunutze, die Typen der linken Klasse können, müssen aber nicht, von einem gemeinsamen Vorfahren erben. Die Attribute ergeben sich direkt aus der Spezifikation. Bei der rechten Definition benötigen wir eine weitere Klasse, `Kontakt`, die so, wie bereits gesagt, nicht in der Spezifikation zu finden ist.

Operationen

Als Nächstes fügen wir die Operationen hinzu, die später in C# zu Methoden werden. Wenn Sie bereits über Erfahrung im Design eines Objektmodells verfügen, dann werden Sie vermutlich nicht strikt nach diesen Phasen vorgehen. Vielmehr werden Sie die Attribute, die Operationen und die Beziehungen der Klassen parallel entwickeln. Wenn Sie unsicher sind, dann empfehle ich Ihnen aber, zunächst mit der hier vorgestellten Vorgehensweise zu beginnen. Sie werden dann von ganz alleine die für Sie richtige Reihenfolge finden.

Um die Operationen für Ihre Klassen zu bestimmen, können Sie sich an dieser Liste möglicher Operationsarten orientieren (jeweils mit Beispiel). Eine Operation kann

- den Zustand eines Objekts verändern, indem sie Attributwerte verändert,
  `void SetCustomerInactive()`
- den Zustand eines Objekts abrufen, ohne ihn zu verändern,
  `bool IsCustomerActive()`
- einen Iterator bzw. einen Indexer implementieren,
  `public Customer this[int customerNo]`
- ein Konstruktor oder
  `public Customer(string name, ...)`
- ein Destruktor sein (bzw. ein Finalizer in C#).
  `~Customer() { Dispose (false); }`

Die schwierigste Aufgabe ist es, die Zuständigkeiten zu definieren, also festzulegen, welches Objekt welche Operationen durchführen soll. Auch in dieser Phase kann es zur Bildung neuer Klassen kommen, die sich nur indirekt aus der Spezifikation ergeben.

Auch hier stellt sich wiederum die Frage nach der Vererbung und damit die Frage nach Generalisierung und Spezialisierung. Das Vorhandensein von Operationen gleichen Namens deutet oft darauf hin, dass eine Basisklasse gebildet werden kann. Das Vorhandensein von Operationen ähnlichen Namens kann ein Indiz für Polymorphie sein.

Am Ende dieser Phase haben Sie also die ersten Klassen modelliert, mit ihren jeweiligen Attributen und Operationen, soweit dies jetzt schon möglich ist. Sie werden vermutlich weder völlig danebenliegen noch wird das Klassenmodell dem endgültigen Ergebnis bereits entsprechen. Bereits der nächste Schritt wird es sehr wahrscheinlich an der einen oder anderen Stelle ergänzen oder modifizieren. Lassen Sie mich das bitte noch einmal wiederholen: Das ist normal, für Anfänger genauso wie für hauptberufliche Klassendesigner.

3.2.5 Beziehungen

Widmen wir uns nun dem Kitt unserer Klassen zu, den Beziehungen. Erst mit ihren Beziehungen wird das Modell zu mehr als der bloßen Summe aller Klassen. Um die richtige Art der Beziehung zu finden, hilft die Sprache. Im Folgenden stelle ich Ihnen einige Sprachmuster vor, die wir in den Detailabschnitten dann jeweils anhand eines konkreten sprachlichen Beispiels und mithilfe von UML abbilden.

- Muster A: Ein Objekt ist eine Spezialform eines anderen Objekts, aber beide Objekte sind direkt verwendbar.
- Muster B: Zwei oder mehr Objekte ordnen sich begrifflich einem übergeordneten Objekt unter, dieses übergeordnete Objekt ist jedoch abstrakt. Erst die abgeleiteten Objekte können konkret implementiert werden.
- Muster C: Objekte stehen in Beziehung zueinander, sind jedoch auch offen für andere Beziehungen oder aber auch eigenständig verwendbar.
- Muster D: Ein Objekt nimmt Bezug auf sich selbst.
- Muster E: Ein Objekt ist Teil eines anderen Objekts, ohne dass es seine Selbständigkeit dadurch verliert.
- Muster F: Ein Objekt ist untrennbar Teil eines anderen Objekts; es kann ohne das Ganze nicht überleben und auch nicht Teil eines zweiten Objekts sein.

Generalisierung/Spezialisierung und abstrakte Klassen

Beispiel A: »Vertriebsbeauftragte sind spezielle Mitarbeiter, es gibt aber auch Mitarbeiter ohne spezielle Eigenschaften«.

Beispiel B: »Anruf, E-Mail, Brief und Fax sind Kontakte, der Begriff *Kontakt* ist aber abstrakt. Wenn wir jemanden kontaktieren möchten, dann immer über die oben genannten Wege«.

Es gibt also immer eine allgemeine Oberklasse und eine spezifische Unterklasse. Als alter Programmierhase erkennen Sie darin natürlich eines der Grundprinzipien der Objektorientierung, die Vererbung. In UML nennen wir dies *Generalisierung/Spezialisierung* und meinen dasselbe. Die Unterklasse erbt alle Eigenschaften und Methoden ihrer Oberklasse und kann durch weitere Eigenschaften und Methoden erweitert werden. Methoden in der Unterklasse können Methoden der Oberklasse gleichen Namens überschreiben; welche Operation ausgeführt wird, hängt vom konkreten Typ der Variable ab. In der OO-Welt spricht man dann von *Polymorphie* und C# kennt dafür die Schlüsselwörter `virtual` und `override`.

Der Unterschied zwischen Muster A und Muster B liegt darin, dass im ersten Fall die Oberklasse konkret ist, also selbst instanziiert und verwendet werden kann, während sie im zweiten Fall abstrakt ist. Davon lassen sich also keine Objekte instanziieren. Abstrakte Klassen sind aus drei Gründen wichtig:

- Sie begründen eine Vererbungshierarchie, stehen damit an oberster Stelle.
- Variablen können dann vom Typ der abstrakten Oberklasse sein. Es wird immer die Methode des konkreten Objekttyps verwendet.
- Manchmal ist es einfach nicht möglich, in der Oberklasse etwas zu implementieren, das in einer Unterklasse verwendet werden kann, sondern die Methoden müssen immer wieder neu überschrieben werden. Dennoch ist die abstrakte Oberklasse der gemeinsame Vorfahr aller Unterklassen. Man spricht daher auch häufig von einer *Ist-eine-* oder *Is-a-*Beziehung.

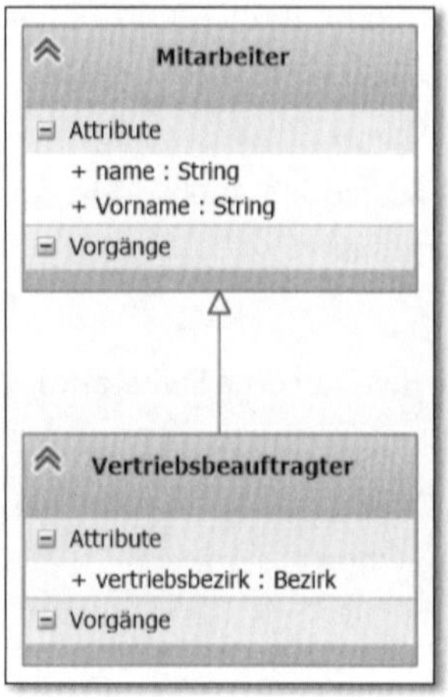

Abbildung 3.8 Beispiel A in UML

Nicht nur Klassen, sondern auch Schnittstellen und andere UML-Elemente können diese Art der Beziehung haben. In C# setzen wir das Beispiel aus Abbildung 3.8 wie folgt um:

```
class Mitarbeiter
{
  public string Name;
  public string Vorname;
}
class Vertriebsbeauftragter : Mitarbeiter
{
  public Bezirk Vertriebsbezirk;
}
```

Listing 3.2 Beispiel A in C#

Sie können, wenn Sie möchten, wieder die Codegenerierung anwerfen. Auch hier ist wieder nicht alles so, wie Sie das vermutlich gerne hätten, weil Visual Studio 2012 alle Eigenschaften beider Klassen als virtuell deklariert. Übrigens: Einmal generiert markiert Visual Studio die Klassen mit dem UML-Stereotyp *C#-Klasse*. Stereotypen in UML erweitern vorhandene Modelle, vor allem – wie im Beispiel –, um die Verwendung näher zu spezifizieren. Zurück zum Beispiel:

In Beispiel B ist die Oberklasse abstrakt, die Unterklassen müssen also alle in der Oberklasse spezifizierten Methoden erst implementieren.

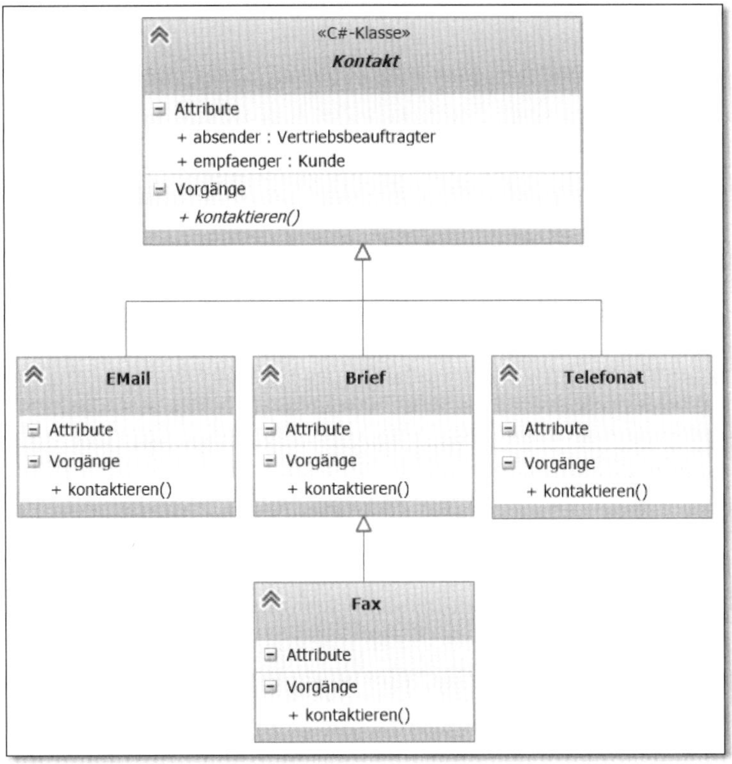

Abbildung 3.9 Beispiel B in UML

Wie Sie in Abbildung 3.9 sehen, sind abstrakte Klassen und abstrakte Methoden kursiv dargestellt. Die Umsetzung in C# könnte so aussehen:

```
abstract class Kontakt
{
  protected Kunde empfaenger;
  protected Vertriebsbeauftragter absender;
  public Kontakt(Kunde kunde, Vertriebsbeauftragter
                 vertriebsbeauftragter)
  {
    empfaenger = kunde;
    absender = vertriebsbeauftragter;
  }
```

```
  public abstract void Kontaktieren();
}

class Telefonat : Kontakt
{
  public string Telefonnummer;
  public Telefonat(Kunde kunde, Vertriebsbeauftragter
                   vertriebsbeauftragter)
                 : base(kunde, vertriebsbeauftragter)
  {
  }

  public override void Kontaktieren()
  {
    //Telefonverbindung aufbauen
  }
}
```

Listing 3.3 Muster B in C#

Assoziation

Beispiel C: »Ein Kunde nimmt an einer Vertriebsaktion teil«.

Wenn eine Klasse mit einer anderen Klasse assoziiert ist, so bedeutet dies, dass die beiden Klassen einerseits unabhängig sind, andererseits dennoch miteinander »zu tun haben«. Im Beispiel in Abbildung 3.10 sind Kunde und Vertriebsaktion dergestalt verbunden, dass ein Kunde Werbung erhält und eine Vertriebsaktion Werbung an einen Kunden aussendet. Dennoch können beide Klassen noch an vielen weiteren Verbindungen teilnehmen; die Verbindung Kunde zu Vertriebsaktion ist gewissermaßen zweckgebunden.

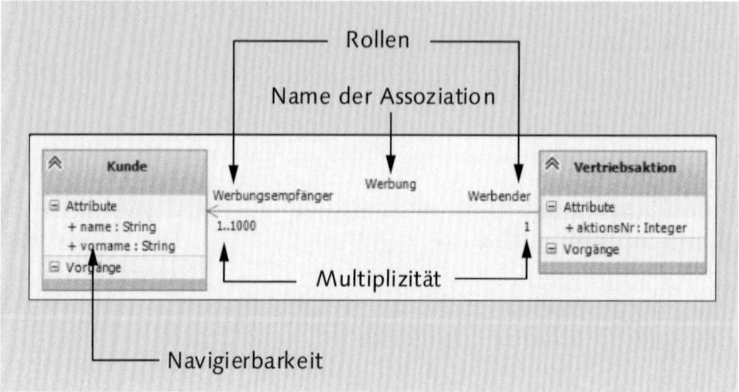

Abbildung 3.10 Muster C in UML, binäre Assoziation

Weil zwei Klassen daran beteiligt sind, heißt diese Assoziation *binär*. Es gibt einige Merkmale einer solchen Assoziation.

Bezeichnung	Beschreibung
Name der Assoziation	Der Name gibt umgangssprachlich an, welcher Tatbestand beide Klassen verbindet. In unserem Fall ist das die Werbung, die ein Kunde erhält und die aufgrund einer Vertriebsaktion versendet wird.
Rollen	In einer Assoziation können alle beteiligten Klassen unterschiedliche Rollen ausüben.
Multiplizität	In unserem Fall ist jeder Kunde (zu einer Zeit) nur an einer Vertriebsaktion beteiligt, während jede Vertriebsaktion mindestens einen und höchstens 1.000 Kunden bewirbt.
Navigierbarkeit	Wenn angegeben wird, ob und, wenn ja, wie navigiert werden kann, dann spricht man von einer *gerichteten Assoziation*. Im Beispiel gelangt man von der Vertriebsaktion zum Kunden, es ist also bekannt, welcher Kunde beworben wurde. Aus der Sicht des Kunden ist jedoch nicht klar, ob er weiß, aufgrund welcher Aktion er Werbung erhält. Es gibt drei Möglichkeiten: ▸ erlaubte Navigation (Kunde) ▸ nicht erlaubte Navigation (nicht im Beispiel enthalten, durch ein X gekennzeichnet) ▸ keine Aussage möglich (Vertriebsaktion)

Tabelle 3.2 Merkmale der Assoziation

Sehen wir uns nun die Klasse `Vertriebsaktion` im Code an.

```
class Vertriebsaktion
{
  public List<Kunde> Kunden;

  public Vertriebsaktion(List<Kunde> kunden)
  {
    Kunden = new List<Kunde>();
    if (kunden.Count == 0 || kunden.Count > 1000)
            throw new ArgumentException("Die Anzahl muss
              zwischen 1 und 1000 liegen");
    Kunden.AddRange(kunden);
  }
}
```

Ein Sonderfall ist die *reflexive Assoziation*, also die Assoziation einer Klasse mit sich selbst.

Beispiel D: »Mitarbeiter können sowohl Vorgesetzte sein als auch Untergebene«.

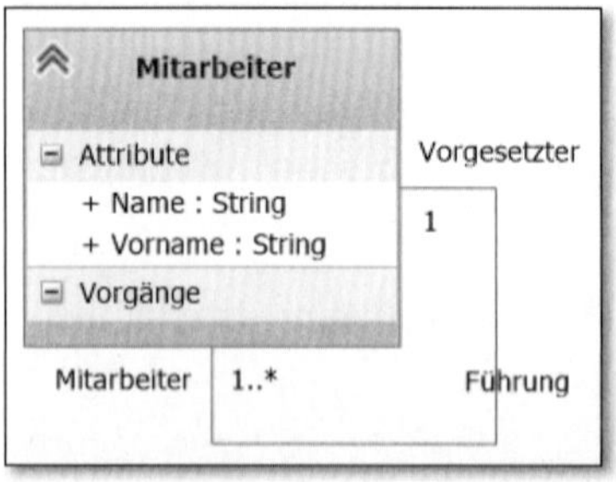

Abbildung 3.11 Muster D in UML, reflexive Assoziation

Die Umsetzung in C# birgt keine Überraschungen:

```
class Mitarbeiter
{
  public string Name;
  public string Vorname;
  public Mitarbeiter Vorgesetzter;
  public List<Mitarbeiter> Untergebene;

  public Mitarbeiter()
  {
    Untergebene = new List<Mitarbeiter>();
  }
}
```

Die praktische Umsetzung ist wieder eine Frage der Navigierbarkeit. Wenn lediglich vom Mitarbeiter zum Vorgesetzten navigiert werden können soll, dann braucht es die Liste der einer Führungskraft zugeordneten Mitarbeiter nicht. Unser Beispiel sieht jedoch eine ungerichtete Assoziation vor, die also in beide Richtungen funktioniert. Visual Studio berücksichtigt die Navigierbarkeit bei der Generierung von Code übrigens.

UML kennt darüber hinaus auch noch Assoziationen, an denen mehr als zwei Klassen direkt beteiligt sind, sowie Assoziationsklassen. Beide Konstruktionen sind in C# so nicht direkt umzusetzen und lassen sich zudem auf die hier besprochenen Assoziationen zurückführen, weswegen ich ihre Beschreibung auslasse.

Aggregation

Beispiel E: »Ein Kontakt ist Teil einer Vertriebsaktion, kann jedoch unabhängig davon auch beim Kunden gespeichert sein«.

Die Aggregation beschreibt eine etwas engere Assoziation. Im obigen Beispiel ist eine Vertriebsaktion denkbar, die (noch) keine Kontakte aufweist. Andererseits bleibt ein Kontakt auch dann bestehen, wenn er aus einer Vertriebsaktion entfernt wird. Das Objekt könnte dann zum Beispiel in eine andere Vertriebsaktion aufgenommen werden. In UML spricht man auch von einer *Teile-Ganzes-Beziehung* und meint damit immer genau zwei Klassen, die wie folgt miteinander in Verbindung stehen.

Worin liegt nun der eigentliche Unterschied zu einer bloßen Assoziation? Die UML gibt uns darauf keine wirklich befriedigende Antwort, und die Umsetzung in C# ist ähnlich bis gleich. Einige Modellierwerkzeuge unterscheiden bei ihrer Code- oder Modellgenerierung gar nicht mehr zwischen diesen beiden Typen.

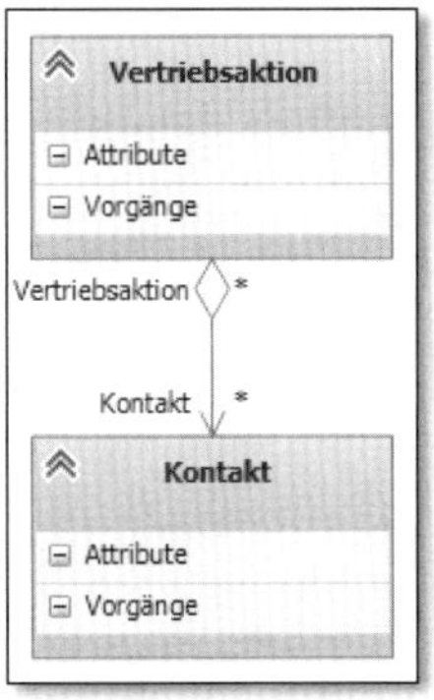

Abbildung 3.12 Beispiel E in UML, Aggregation

Die Aggregationsbeziehung ist etwas stärker als die Assoziation. »Ein Kunde nimmt an einer Vertriebsaktion teil« war unser Beispiel für eine Assoziation. Beide Klassen sind hier gleichwertig. Wenn eine Kunde zum Beispiel aus einer Vertriebsaktion entfernt wird, so ist das ohne Probleme möglich. Beide Objekte werden davon nicht besonders stark berührt.

Wenn wir hingegen einen Kontakt, zum Beispiel einen versendeten Brief, aus einer Vertriebsaktion entfernen möchten, so müssen wir im Code vielleicht entscheiden, was mit dem Objekt Kontakt geschehen soll, denn der Brief wurde ja schon an den Kunden versendet. Das ist ein Indiz für eine Aggregationsbeziehung, denn die Vertriebsaktion ist unabhängiger als die Klasse `Kontakt`.

Komposition

Beispiel F: »Ein Ereignis, zum Beispiel ein Jubiläum, ist untrennbar mit einem Kunden verbunden, ohne den Kunden ist es nicht mehr zu gebrauchen«.

Die *Komposition* ist also noch stärker als die Aggregation und ebenfalls eine Teile-Ganzes-Beziehung. Wird das Ganze gelöscht, so werden auch die Teile gelöscht. Ein Teil kann immer nur Bestandteil eines einzigen Ganzen sein, im Gegensatz zur Aggregation. Die Multiplizität auf Seiten des Kunden ist immer 1, denn ein Ereignis muss ja immer genau einem Kunden zugeordnet sein, obgleich der Designer im Visual Studio auch anderes zulässt. Im obigen Beispiel ist das Ereignis selbst zudem noch die Oberklasse für die Klasse `Jubiläum`.

Die Komposition hat zur Folge, dass Objekte automatisch gelöscht werden müssen, wenn das Ganze gelöscht wird. In C# ist das einfach zu lösen, beispielsweise durch eine Liste innerhalb der Klasse `Ereignis`. Der *Garbage Collector* sorgt dann schon dafür, dass auch Objekte des Typs `Ereignis` zerstört werden. Auf Seiten der Datenbank kann die Löschregel *OnDeleteCascade* angegeben werden, um auch die Datensätze der abhängigen Tabelle zu löschen.

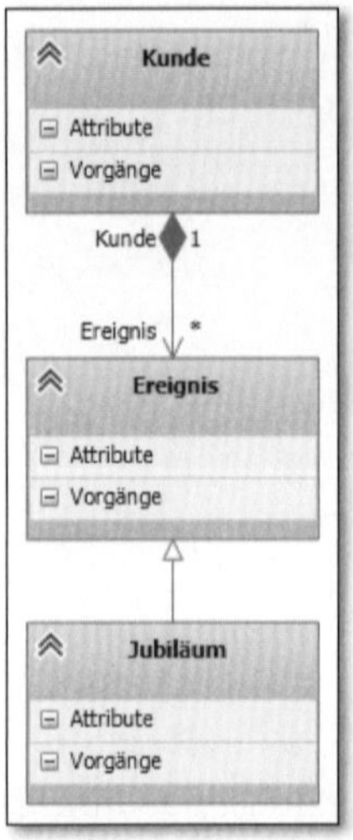

Abbildung 3.13 Beispiel F in UML, Komposition

Schnittstellen

Natürlich lassen sich auch Schnittstellen in UML abbilden, auch mithilfe von Visual Studio 2012. In unserem Fall wäre es z. B. möglich, die Kontaktarten nicht über eine abstrakte Klasse miteinander zu verbinden, sondern mithilfe einer Schnittstelle.

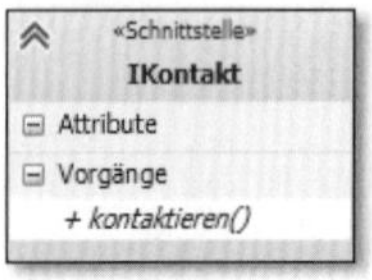

Abbildung 3.14 Schnittstelle in UML

3.2.6 War es das?

Was haben wir bisher erreicht? Wir haben aus dem echten Leben bzw. unserer Spezifikation ein Modell abstrahiert. Dazu haben wir die Objekte identifiziert, modelliert und zueinander in Beziehung gesetzt. Das Klassengeflecht spiegelt somit die Wirklichkeit wider. Unser Modell ist aber noch unvollständig, denn wir haben das Wiedervorlagesystem noch nicht modelliert. Doch das sollte Ihnen nun leichtfallen.

Für ein vollständiges Modell ist unser »Lastenheft« doch ein wenig zu dünn, aber im Grunde ändert sich auch bei umfangreichen Spezifikationen wenig bis gar nichts an dieser Vorgehensweise. Außer vielleicht:

- Sie werden vielleicht mehrere Diagramme anlegen, die jeweils einen anderen Teilaspekt der Software abdecken.
- Mit Paketen ist ein weiteres Ordnungsprinzip innerhalb von UML-Diagrammen machbar, das die Übersichtlichkeit weiter erhöht und das Modell ein weiteres Stück näher an die Wirklichkeit befördert. Pakete werden vom VS-Designer übrigens als Ordner innerhalb des Projekts angelegt, nebst passender Namespaces.
- Sie können in praktisch allen UML-Designern einzelne Klassen, Schnittstellen oder Packages auch einklappen. Außerdem stehen meist viel mehr Komfortfunktionen zur Verfügung, die Sie in größeren Projekten nutzen werden.

Das war die ganz praktische Seite von UML, die Einführung deckt aber nicht alle Funktionen ab. Allerdings bringt mich das zu einigen Tipps und Warnungen im Umgang mit der UML.

- UML ist Mittel zum Zweck, wie alles andere auch. Welch höchst liebevoll gestaltete Grafiken habe ich schon gesehen, deren Erstellung einen Gutteil der gesamten Entwicklungszeit gekostet haben muss.
- Hüten Sie sich auch vor dem Gegenteil: Diagramme auf Kindergarten-Niveau. Wenn ein einziger Satz genügt, um einen Use Case zu beschreiben, dann sollten Sie das tun und dafür kein Use-Case-Diagramm anfertigen.
- Sie sollten in die UML nichts hineininterpretieren, was nicht da ist. UML bietet für viele praktische Probleme in der Entwicklung, erst recht, wenn es um .NET und C#-Spezifika geht, keine (brauchbare) Antwort. Muss sie aber auch nicht, sie soll ja generisch sein.
- Verwenden Sie einige Zeit in die Suche nach einem geeigneten Tool.
- Wenn dieses Tool keinen vernünftigen Code erzeugt und handgemachte Änderungen am Code überschreibt oder nicht in das Modell übernehmen kann, dann verzichten Sie besser gleich auf die Codegenerierung. Daran scheitern leider die meisten Tools, sofern sie überhaupt Code erzeugen können.

So viel zu OOA, OOD und UML. Für eine gute Software war dies ein erster, wichtiger Schritt, aber nicht das Ende. Der folgende Abschnitt beschäftigt sich daher mit einigen wichtigen Designentscheidungen, die bereits vor der Codierung getroffen sein sollten.

3.3 Designentscheidungen

Wir Autoren wählen unsere Fallbeispiele oft so, dass sie möglichst eindeutig sind und wenig Fragen offenlassen. Ich habe mich bemüht, in diesem Buch möglichst realistische Beispiele zu verwenden, aber auch ich musste die Beispiele klein genug halten, damit sie in den Rahmen eines Buchs passen.

Vermutlich werden Ihre Produktmanager und andere Ideengeber nicht so nett sein, sie werden Sie mit all den komplexen, widersprüchlichen und bisweilen unrealistischen Anforderungen konfrontieren, die nun einmal Ihr Geschäft ausmachen. Eine Schnellstraße gibt es nicht – Software zu entwickeln ist und bleibt eine anspruchsvolle Aufgabe; Wissen und Erfahrung sind Ihre wichtigsten Werkzeuge.

Zwar müssen wir heute weniger über Implementierungsdetails nachdenken, und die umfangreiche .NET-Klassenbibliothek und viele, viele Frameworks nehmen uns einiges an Arbeit ab. Dafür sind aber die Anforderungen gestiegen, und die Entwicklung hat sich ganz allgemein auf eine höhere Ebene verlagert, sie ist abstrakter geworden. Schon 1991 hatte ein Compiler-Hersteller für das brandneue Betriebssystem OS/2 2.0 versprochen, Entwicklung wäre demnächst ganz einfach: Man müsse sich nur eine Anwendung im Designer zusammenklicken, den Rest erledige der Compiler. Ich warte immer noch darauf, wenn auch die Hersteller in der Zwischenzeit nichts unversucht gelassen haben und mit *LightSwitch* gerade ein neuer Stern am RAD(Rapid Application Development)-Himmel aufgezogen ist. Aber während ich noch weiter warte, sehen wir uns doch einige Erleichterungen in Form von Designempfehlungen an.

3.3.1 Gutes Design, schlechtes Design

Ich habe schon an verschiedenen Stellen über die Merkmale guter Softwaresysteme gesprochen. In diesem Abschnitt gehe ich auf, wie ich meine, besonders wichtige Designgrundsätze ein und zwar im Hinblick auf die Umsetzung und die dafür nötigen Designentscheidungen, also weniger auf die Grundsätze. Einige davon widersprechen sich allerdings, so dass ein guter Kompromiss gefragt ist.

Zukunftsorientiert

Software wirkt auch immer in die Zukunft, denn sie bleibt meist nicht lange so, wie sie ist. Sie entwickelt sich weiter, wird gelegentlich einem Redesign unterzogen und letztendlich durch eine andere Software ersetzt. Eine gute Spezifikation enthält daher nicht nur die heutigen Anforderungen, sondern blickt auch in die Zukunft:

- Welche Anforderungen werden nicht umgesetzt, weil Zeit und Budget nicht ausreichen?
- Welche Änderungen am Markt werden vermutlich eintreten, und welche Auswirkungen werden sie haben?
- Wie entwickelt sich der gesamte Bereich weiter?
- Welche geplanten organisatorischen Änderungen gibt es?
- Welche Verbindungen mit anderer Software wären wünschenswert, beispielsweise in Form von Schnittstellen?

Sie sollten diese Fragen in Ihre Spezifikation mit aufnehmen, beispielsweise in einem Kapitel, das Sie »Ausblick« nennen. Natürlich müssen derartige Anforderungen nicht sofort umgesetzt werden, aber die Designentscheidungen sollten diese Dinge bereits jetzt berücksichtigen, wo immer möglich.

Immer wieder treffe ich auf die beiden Extreme, die selbstredend zu vermeiden sind:

1. Stures Festhalten an der Spezifikation, auch wenn dort erkennbar Lücken vorhanden sind. Weite Teile sind fest codiert.
2. Der Versuch, das System so zukunftssicher zu machen, dass die Software entweder nicht mehr zu bedienen ist, weil viel zu generisch, und darüber hinaus nie fertig wird.

Als Designer und Entwickler sind wir natürlich keine Fachanwender. Allerdings besitzen wir eine Fähigkeit, die für die Fachanforderungen unerlässlich ist: zu erkennen, wann eine Anforderung unzureichend, lückenhaft, nicht umsetzbar, zu allgemein oder zu spezifisch ist – und Präzision. Diese Fähigkeit zu nutzen, bedeutet während der Designphase, die Anforderungen zu hinterfragen und entstehende Fragen mit den Fachanwendern zu diskutieren.

Nicht mehr und nicht weniger als das Geforderte

Gerade eben ging es eher um die Anforderungen, hier nun um die Umsetzung im Design. Gute Software erledigt genau das, was von ihr gefordert wird. Nicht weniger, aber auch nicht mehr, wobei ich davon ausgehe, dass Sie die erste Runde schon hinter sich haben – aus den Anforderungen ein fachlich vollständiges Lastenheft zu erstellen. Beim Anfertigen eines Modells besteht auch immer die Gefahr, dass es unnötig umfangreich wird. Sie können dies vermeiden, indem Sie

- nur die Klassen modellieren, die sich aus der Anforderung ergeben,
- nur dann weitere Klassen abstrahieren, wenn sich dafür ein konkreter Nutzen für die Implementierung ergibt, der schon heute zum Tragen kommt oder der bereits absehbar ist,
- Basisklassen nur dann bilden, wenn die Umsetzung dadurch erleichtert wird, und
- nur Beziehungen modellieren, die in der Spezifikation gefordert sind.

Sollten Sie davon abweichen, dann hat das gute Gründe. Allerdings ist es dann unbedingt erforderlich, die Anforderungen ebenfalls zu erweitern, so dass Anforderungen und Software einander entsprechen. Es gibt nichts Unbrauchbareres als ein Lastenheft, das bereits nach der Einführung einer Software obsolet geworden ist – pure Zeitverschwendung!

Wartbarkeit

Gute Software ist wartbar. In Bezug auf die Modellierung der Objekte bedeutet dies:

- Die Benennung der Objekte ist eindeutig und selbsterklärend.
- Die Objekte sind klar voneinander getrennt, ein Objekt dient nur einer Aufgabe.
- Es gibt keine redundanten Elemente im Modell.
- Das gesamte Modell ist wohl dokumentiert.
- Attribute und Methodennamen sind ebenfalls eindeutig und selbsterklärend.
- Die Sichtbarkeit wurde gut durchdacht, es gibt nur wenige Elemente, die `public` sind.
- Die Objekte sind weder zu umfangreich noch zu klein, das Modell zersplittert nicht in viele Klassen und ist auch nicht trivial, mit nur sehr wenigen Klassen (es sei denn natürlich, die Anforderungen ließen dies zu).
- Es gibt ein eindeutiges und nachvollziehbares Konzept, wie die Objekte später persistiert werden, beispielsweise in einer Datenbank.
- Das Modell ist nicht zu umfangreich ausgestaltet, nicht alle Details müssen in einem Modell enthalten sein. Denken Sie daran: Ein Klassendiagramm ist eine Vereinfachung der Wirklichkeit, ein Modell eben.
- Das Modell ist jederzeit aktuell, ebenso die Anforderungen (s. o.).
- Nutzen Sie die Möglichkeit von Paketen, um komplexe UML-Diagramme logisch zu unterteilen, und die Möglichkeiten von .NET und C#, um den Code zu strukturieren.

Effizienz

Eines der größten Probleme eines strikten Top-down-Ansatzes ist, dass er zu Anwendungen mit schlechter Performance führen kann. Nicht selten werden Modelle entwickelt, die hunderte von Klassen enthalten und eher akademischen als praktischen Wert haben.

Ihren Anwendern ist es egal, wie viele Objekte Sie im Laufe der Programmbenutzung instanziieren und verwalten müssen, schlechte Performance oder Abbrüche wegen Speichermangel werden sie nicht akzeptieren. Vor der Erstellung eines Modells sollten Sie daher einige Grundsätze beherzigen:

- Hören Sie rechtzeitig auf, und widerstehen Sie der Versuchung, alle Details mit Hilfe von Objekten zu modellieren. Manche Dinge lassen sich leichter, schneller und performanter mithilfe einfacher Prozeduren lösen. Auch Stored Procedures oder SQL-Statements haben weiterhin ihre Berechtigung in der Entwicklung von Software.
- Dazu sollte vorab klar sein, welche Teile besonders speicher- oder performancesensitiv sind. Es sind dies oft die Teile, die besonders häufig aufgerufen werden und/oder viele Daten benötigen. Auch der Remote-Zugriff auf Services und Datenbanken zählt dazu. Optimieren Sie diese Stellen von Hand, das beste Modell kann Ihnen dabei nicht helfen.
- Bedenken Sie, dass Objekte Speicher auf dem Heap kosten. Dieser Speicher muss nicht nur allokiert, sondern auch beizeiten wieder freigegeben werden. Der Garbage Collector wurde in der Version 4.0 des .NET Frameworks zwar deutlich verbessert (und in der aktuellen Version abermals), nachdem er sich seit Version 1 nur wenig verändert hatte, aber es geschieht immer wieder, dass die Performance durch extensives Freiräumen von Ressourcen erheblich leidet.
- Wenn Sie objektrelationales Mapping einsetzen, dann sind Ihre Objekte vielleicht doppelt vorhanden: zum einen als *POCO* (*Plain Old CRL Object*), zum anderen als OR-Entities. Das erhöht den Speicherverbrauch und verlangsamt die Geschwindigkeit.
- Massendatenoperationen sollten nur dann mithilfe von Klassen realisiert werden, wenn die Auswirkungen absehbar und der Nutzen quantifizierbar sind. Ich habe schon erlebt, dass im Rahmen der Euro-Umstellung für Millionen von Datensätzen Objekte erzeugt wurden, nur um den Wert weniger Spalten umzurechnen.

Obwohl wenig davon zu lesen ist, halte ich dies für eines der größten Probleme in der IT. Durch die zunehmende Virtualisierung und durch immer mehr Zwischenschichten in der Softwareentwicklung wird jede noch so kleine Aufgabe zu einer Herkulesaufgabe für Laufzeitsystem und Betriebssystem.

Aus der Praxis

Noch vor wenigen Jahren konnte ich machen, was ich wollte: Die Datenbankserver waren eigentlich immer zu klein, die IO-Last zu groß, der Speicher zu klein und die Prozessoren chronisch überlastet. Aber immerhin konnte man durch weiteres Aufrüsten und Austauschen von Hardware die Grenzen beständig weiter verschieben.

Das hat sich verändert. Einer meiner aktuellen Datenbankserver hat 4 Prozessoren mit insgesamt 64 Kernen, 192 GB Arbeitsspeicher, und auch die IO-Bandbreite ist gestiegen, wenn auch weniger langsam als der Rest. Die CPUs sind nur selten mehr als zu 20 % ausgelastet. Und dennoch: Die Anwendungen sind nicht viel schneller geworden. Ein typisches Szenario, aber warum?

- Zusätzliche Schichten (s. o.) kosten zusätzliche Performance.
- Handoptimierter Code weicht generiertem Code, zum Beispiel auf den Server angepasste SQL-Statements werden durch OR-Mapper-generierte SQL-Statements ersetzt – und überdies oft die Grundregeln von Indizes verletzt.
- Immer mehr Verbindungen zwischen den Systemen erhöhen die Latenzzeiten, was sich in Wartezeiten bemerkbar macht.
- Aktuelle Software ist oft nicht in der Lage, viele verschiedene Kerne effizient auszulasten, vor allem wenn 64 physische Kerne im Spiel sind.
- Netzwerke und andere Technologien haben nicht in demselben Maß Schritt gehalten.

Kurz: Moderne Systeme sind heute häufig ineffizienter als alte Systeme und oft über deutlich mehr CPU-Zyklen mit Warten beschäftigt. Warten auf Sperren, Warten auf eingehenden Netzwerkverkehr oder Warten auf die Bestätigung anderer Prozesse.

Leistungsfähige Systeme auszulasten ist also eine Herausforderung. Ich empfehle Ihnen daher, immer diejenigen Prozesse und Module ausfindig zu machen, die effizient ablaufen müssen, und dort die gängigen Prinzipien der Softwareentwicklung auch einmal über Bord zu werfen, wenn es sich lohnt.

Hilft alles nichts, dann lässt sich manchmal viel dadurch gewinnen, indem man dem Anwender nur die Illusion von Geschwindigkeit gibt, durch asynchrone Aufrufe oder Berücksichtigung von Abschnitt 3.7, »Vom Umgang mit der Zeit in Anwendungen«.

Dokumentation

Das Problem fehlender Dokumentation ist meistens, dass nachfolgende Entwickler die Gedankengänge des Vorgängers nicht kennen und daher oft Lösungen verwerfen, die sie nicht verstehen. Eine Dokumentation kann dem vorbeugen.

Wir haben uns hier bislang auf die Möglichkeiten von Visual Studio konzentriert. Es gibt aber viele freie und kommerzielle Werkzeuge auf dem Markt. Diese Werkzeuge helfen dann auch bei der Dokumentation, die besseren erlauben sogar mehrere Revisionen von Modellen und Kommentaren.

Dokumentation gibt es während der drei Phasen in der Entwicklung:

1. im Vorhinein, durch gute Lasten- und Pflichtenhefte
2. während der Entwicklung, im Code oder bei der zeitnahen Anfertigung von technischen Dokumenten
3. im Nachhinein, zum Beispiel die nachträgliche Dokumentation eines Klassenmodells

Über die ersten beiden habe ich schon ausführlicher berichtet oder werde dies an verschiedenen Stellen noch tun.

Zu 3 möchte ich die stark verbesserten Fähigkeiten von Visual Studio 2012 nicht unerwähnt lassen, bestehende Klassenstrukturen transparent zu machen; wie ich finde, ein Meilenstein. Abhängigkeitsdiagramme nennt dies das deutschsprachige Visual Studio und, ich traue es mich fast nicht zu schreiben, es ist ein Feature der Ultimate-Version. Daher, und auch weil es das Thema sprengen würde, ein Screenshot als Appetizer, hier von der Enterprise Library:

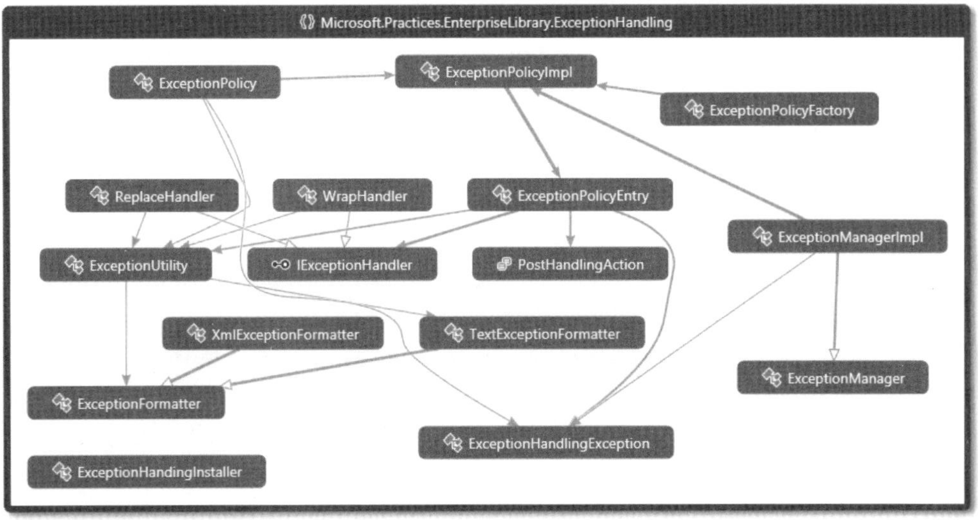

Abbildung 3.15 Abhängigkeitsdiagramm, Auszug aus der Enterprise Library

Meine Tipps dazu:

- Arbeiten Sie mit einem festen Set an Dokumentationstemplates, den Sie gut kennen und der Ihnen so lästige Dinge wie die Gliederungsnummerierung abnimmt.

- Sie haben kein Visual Studio Ultimate? Ebenfalls mehr als brauchbar ist NDepend (*www.ndepend.com*). Zwar auch nicht umsonst, aber nicht sehr teuer und sein Geld wirklich wert, zumal die Möglichkeiten zur Analyse bestehender Anwendungen äußerst umfangreich sind.
- Erstellen Sie in größeren Projekten ein Metadokument, in dem Sie auf die vielen anderen Dokumente, die im Laufe der Entwicklung entstehen werden, verlinken können.
- Wikis sind ebenfalls eine gute Sache, vor allem, wenn sie eine Volltextsuche mitbringen.
- Vergessen Sie bitte niemals wichtige Formalien, wie die Versionsnummer des aktuell gültigen Dokuments.

Erweiterbar

Ein gutes Design ist erweiterbar und damit auch die Programme, die daraus entstehen. Das ist nun so eine Sache, denn Prognosen sind schwierig, vor allem, wenn sie die Zukunft betreffen, das ist bekannt.

Unter dem Merkmal »zukunftsorientiert« habe ich bereits ausgeführt, dass eine gute Spezifikation die Zukunft schon ein wenig vorwegnehmen kann. Aus Sicht des Modells gibt es einige Empfehlungen, um Software und Modell erweiterbar zu halten:

- Suchen Sie nach gemeinsamen Vorfahren und nutzen Sie Generalisierung/Spezialisierung. Referenzieren Sie immer die oberste Klasse in einer Vererbungshierarchie, die Ihre Anforderungen gerade eben noch erfüllt.
- Schnittstellen sind eine Möglichkeit, einen Hauch von Mehrfachvererbung in C#-Programme zu bringen und Funktionalitäten zu implementieren, ohne bestehenden Code verändern zu müssen.
- Eventuell sind *Inversion of Control* (*IoC*) bzw. *Dependency Injection* (*DI*) Alternativen für Sie. Dabei wird zum Beispiel per Konfiguration festgelegt, welche Klasse zur Laufzeit verwendet wird. *Unity* ist ein leichtgewichtiger Vertreter eines IoC-Containers.
- Verwenden Sie eine Architektur, die dem Rechnung trägt.
- Vermeiden Sie allzu enge Kopplung, vor allen dann, wenn Klassen sehr spezielle Aufgaben erfüllen.
- Klassen, deren Vererbung mit dem Schlüsselwort `sealed` unterbunden wird, verhindern Erweiterbarkeit, ebenso wie Methoden, die nicht virtuell sind. Setzen Sie beides mit Bedacht ein.
- Events und Callbacks sind typische »Extension Points«, nicht nur für den GUI-Entwickler.

3.3.2 Exception-Handling

Wenn Ihnen auch die Zeit für alles andere fehlen sollte, unter allen Umständen sollten Sie eine gute und strukturierte Fehlerbehandlung einbauen. Ich gehe in Kapitel 4, ».NET für Fortgeschrittene«, näher darauf ein, daher behandle ich das Thema abermals nur aus der Blickrichtung des Anwendungsdesigners. Exceptions werden üblicherweise nicht modelliert, sie gehören zu den vielen Aspekten der Umsetzung, die oft nicht oder nicht klar geregelt sind. Ich empfehle Ihnen, die Verfahren zur Fehlerbehandlung vorab zu regeln. Vielleicht kennen Sie Software, die Sie dutzende Male starten mussten, nur um eine Aufgabe zu erledigen, weil sie immer wieder abstürzt. Das ist lästig oder gar gefährlich, genauso wie

- Fehler, die niemand mitbekommt, weil sie irgendwo geschluckt werden,
- lange, komplizierte Fehlermeldungen, die ein Anwender nicht versteht,
- läppische Fehlermeldungen, wie »Fehler aufgetreten«,
- Fehler, die in der Fehlerbehandlung auftreten,
- Fehler, die in Schleifen mitgeteilt werden, in denen der Anwender dann dutzende Male ein Popup-Fenster wegklicken muss.
- Weitere Beispiele finden Sie in Kapitel 4, ».NET für Fortgeschrittene«.

Exception-Hierarchie

Exception-Klassen, die von `Exception` oder einer anderen Basisklasse abgeleitet werden, lassen sich in UML natürlich genauso modellieren wie fachliche Klassen. Beim Entwurf eigener Exception-Klassen sollten Sie sich die Fehlerkategorien erarbeiten, die in Ihren Programmen vorkommen, zum Beispiel Fehler in der Kommunikation mit Ihrer Middleware, im Datenzugriff oder in der Validierung von Benutzereingaben.

Wenn Sie eigene Exception-Klassen entwerfen, so sollten Sie die ursprüngliche .NET-Exception nicht verwerfen. Anstatt also zu schreiben

```
try
{
   ValidateInput();
}
catch(Exception ex)
{
   throw new KalimbaValidationException(ex.Message);
}
```

sollten Sie lieber die `InnerException`-Eigenschaft verwenden und die Original-Exception dort zuweisen:

```
try
{
  int i = 5 / 0; //Unerwarteter Fehler
}
catch(Exception ex)
{
  throw new KalimbaValidationException ("Es ist ein Fehler beim
     Validieren Ihrer Eingaben aufgetreten", ex);
}
```

In Abschnitt 3.8.2, »Der Exception Handling Application Block«, finden Sie ein Tutorial zum Einsatz der Enterprise Library für das Behandeln von Exceptions in Anwendungen.

Logging

Definieren Sie, ob und wenn ja, welche Exceptions geloggt werden sollen. Dies ist aus mehreren Gründen wichtig: Einerseits dient es der Nachverfolgung von Fehlern, beispielsweise für das Debugging. Andererseits hilft es der Objektivierung einer Aussage, denn nicht selten übertreiben Anwender in der Schilderung der Fehler maßlos. Außerdem kann es hilfreich sein, im Fehlerfall die Stelle zu kennen, an der eine Operation wieder aufgesetzt werden soll.

Meldung

Welche Fehler soll der Anwender zu Gesicht bekommen, welche Fehler sollen ihm verborgen bleiben? Wie soll er die Fehler sehen, in einem eigenen Dialog oder über `MessageBox.Show()`? Möchten Sie, dass er die Original-Fehlermeldung sieht oder stattdessen eine selbst getextete Fehlermeldung?

In vielen Büchern werden Sie lesen, dass die `Exception`-Basisklasse niemals selbst behandelt werden sollte. Ich möchte Kapitel 4, ».NET für Fortgeschrittene«, nicht vorgreifen, aber ich halte das für falsch. Sie sollten Ihre Anwendung immer so entwerfen, dass das Programm niemals beendet wird, wenn es nicht absolut notwendig ist. Die meisten Fehlermeldungen, die in der Praxis auftreten, machen ein Weiterarbeiten absolut möglich. Was soll Ihr Anwender mit einer .NET-Fehlermeldung anfangen, gar noch mit einem StackTrace versehen, nach deren Anzeige sich das Programm beendet?

Ressourcen

Beachten Sie auch den Umgang mit zentralen Ressourcen. Oft wird der `finally`-Teil eines `try`-Blocks vergessen, und so bleiben zum Beispiel Scanner geblockt, obwohl es nicht nötig wäre, wenn in der TWAIN-Schnittstelle ein `finally`-Block dies regeln würde.

3.3.3 Logging

Auch beim Logging sollten Sie einige Designentscheidungen treffen. Am Ende des Kapitels gibt es hierzu ein Tutorial, sodass ich hier nicht näher darauf eingehe und mich mit der Feststellung begnüge, dass eine gute Anwendung umso mehr loggt, je umfangreicher sie ist.

3.3.4 Datenmodell

Das Erstellen des Datenmodells gehört zum Design einer Anwendung natürlich dazu. Näheres zu Datenbanken finden Sie in Kapitel 7, »Datenbank und Datenzugriff«.

3.4 Schnittstellen und Integration

Unternehmensanwendungen sind selten isolierte Systeme, sie sind meistens in eine IT-Landschaft eingebunden, in der es viele zugekaufte oder selbst entwickelte Programme gibt. Abbildung 3.16 zeigt ein Beispiel. In der Praxis sind Anzahl und Vernetzungsgrad der Systeme noch komplexer. Darüber hinaus sind die Technologien häufig unterschiedlich; so mögen sowohl .NET als auch native Anwendungen darunter sein, Windows- als auch Unix-Lösungen, Rich Clients als auch Thin Clients, Tablet- und Webanwendungen.

Die Welt wäre viel einfacher, wären wenigstens die Datenbanken kompatibel, aber das sind sie selten. Feldbezeichnungen, Feldlängen, Tabellenbeziehungen und oft genug sogar Feldtypen unterscheiden sich von Datenbank zu Datenbank meist deutlich. Informationen sind zudem häufig mehrfach vorhanden, Kundendatensätze beispielsweise im ERP-System, im CRM-System oder in den Datenbanken des Adressmanagements und vielleicht noch in einigen Auswertungsdatenbanken, von den vielen Exportdateien, die ihr Dasein in Dateiverzeichnissen fristen, ganz zu schweigen. Und für die Business Intelligence Software sollen alle Informationen zentral bereitstehen, für den einheitlichen Blick auf den Kunden und die Prozesse.

Von alledem sollen die Kunden nichts mitbekommen. Für sie soll der Vorgang, von der Anfrage bis zur Bestellabwicklung, harmonisch ablaufen. Doch wer einmal bei einem bekannten Telefonanbieter ein Problem mit seinem DSL-Anschluss hatte, der weiß, das ist nicht immer so. Die Illusion des einheitlichen Systems bricht dort zusammen, wo Schnittstellen nicht das leisten, was sie sollen, oder wo sie sogar fehlen. Grund genug, den Schnittstellen einen eigenen Abschnitt zu widmen.

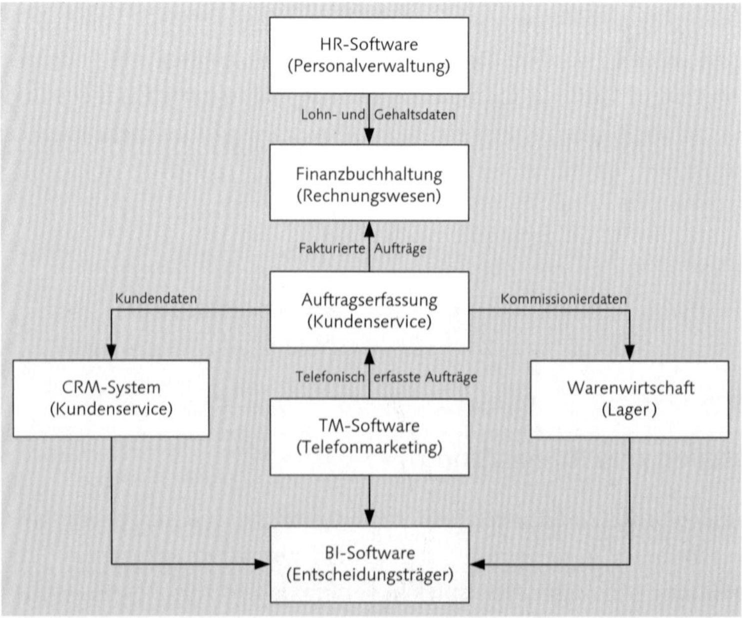

Abbildung 3.16 Softwaresysteme in Unternehmen und ihre Vernetzung

Definition

Unter Schnittstellen verstehen wir eine *logische Kopplung* zweier oder mehrerer Systeme mit dem Ziel, Daten und/oder Kommandos zwischen diesen Systemen auszutauschen. In der Praxis besonders bedeutsam sind die *Datenschnittstellen*. Daneben gibt es *Kommunikationsschnittstellen* wie *DCOM*, *RPC*, *CORBA*, *ODBC* oder *.NET Remoting*, die hier aber nicht gemeint sind.

Gerade bei Schnittstellen können viele Fehler gemacht werden, wie das folgende Beispiel zeigen soll:

Aus der Praxis

Wer Belege an Kunden versendet, der muss diese nach handelsrechtlichen Vorschriften aufbewahren. Und wer dies in elektronischer Form tun möchte, der muss einige zusätzliche Vorgaben erfüllen, beispielsweise müssen die Belege revisionssicher abgelegt werden.

In einem Projekt führten wir in ein solches System ein. Die ausgehenden Belege sollten hierfür automatisch archiviert werden. Der Consultant des Archivanbieters stellte dafür ein vermeintlich cleveres System bereit, das aus vielen Schnittstellen bestand.

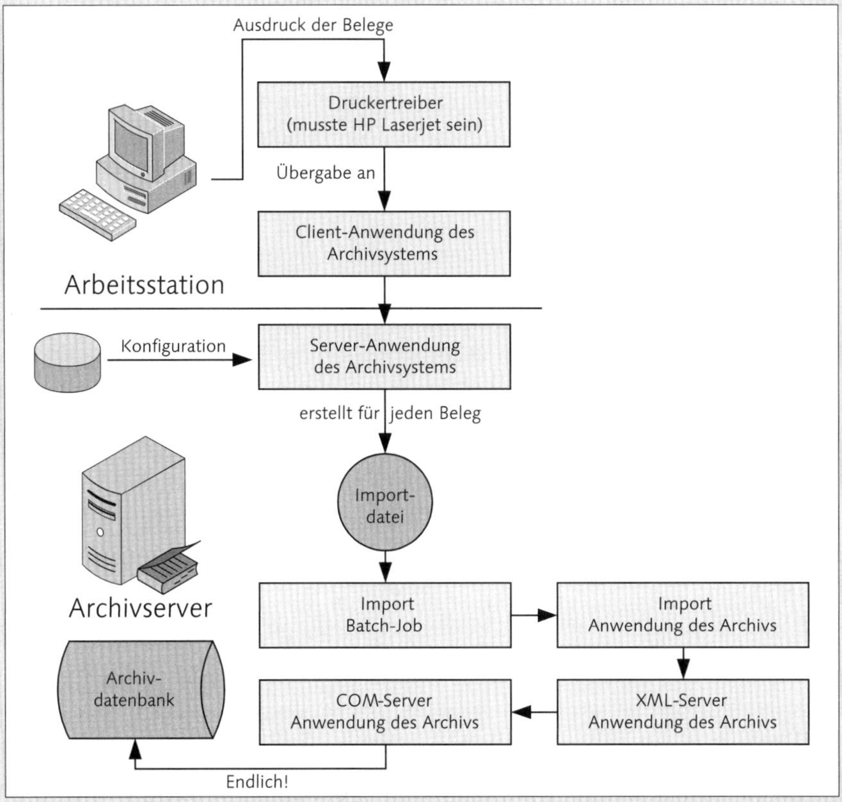

Abbildung 3.17 Beispiel für einen Prozess, der vollständig auf Schnittstellen aufbaut

Schon während des Testbetriebs stellte sich heraus, dass diese Lösung zwar in der Theorie, jedoch nicht in der Praxis funktionierte. Um nur einige Beispiele zu nennen:

- Bei jedem Fehler wurde der Druckertreiber angehalten und musste dann manuell neu gestartet werden.
- Die Client-Anwendung verlor die Verbindung zum Druckertreiber.
- Die Server-Anwendung verlor die Verbindung zur Client-Anwendung.
- Die Import-Dateien wurden unter gewissen Umständen überschrieben, wenn sie nicht rechtzeitig verarbeitet wurden.
- Der Import-Batch-Job wurde nicht automatisch gestartet, sondern musste bei jedem Server-Neustart von Hand gestartet werden.
- Der XML-Server brach mit einer Fehlermeldung –1 ab, wenn die Daten nicht valide waren, und nahm keine weiteren Daten mehr entgegen.

Der gesamte Prozess war so fehleranfällig, dass er unter Echtbedingungen nicht anwendbar war. Wir mussten eine andere Lösung finden.

Daraus folgt eine wichtige Erkenntnis: Schnittstellen müssen robust sein. Es muss jederzeit gewährleistet sein, dass übergebene Daten auch verarbeitet werden. Es genügt nicht, hierfür einen Job im Betriebssystem einzurichten, der gesamte Prozess muss auch überwacht werden. Im Folgenden sehen wir uns an, wie Schnittstellen implementiert werden können und welche Vor- und Nachteile die einzelnen Verfahren mit sich bringen.

3.4.1 Integration

Für nahezu jeden Anwendungsfall gibt es in der IT einen netten Begriff. Schnittstellen gehören ganz allgemein zur Kategorie der *EAI* (*Enterprise Application Integration*), also der Unternehmensanwendungsintegration. Doch was kann man eigentlich »integrieren«?

- *Funktionen*: Hierbei soll verhindert werden, dass dieselben Funktionen in mehreren Anwendungen bereitgestellt werden müssen. Beispiel: Zentral verwendete Funktionen werden in zentral genutzte DLLs ausgelagert oder in Services implementiert.
- *Daten*: Durch das Erstellen eines einheitlichen, unternehmensweiten Datenmodells und Zusammenlegen von Datenbanken wird der Zugriff auf Daten erleichtert.
- *Geschäftsprozesse:* Sie lassen sich unter Verwendung spezieller Standardprodukte, BizTalk beispielsweise, oder das Aufsetzen eines *Orchestration Layers* integrieren. Es wird also Software bestehender Funktionen verwendet, um damit Geschäftsprozesse abzubilden.

Wenn immer es Ihnen möglich ist: Integrieren Sie bestehende Systeme. Stellen Sie Funktionen in zentral verwendeten Repositories oder Services bereit, halten Sie die Anzahl der Datenbanken gering, und vermeiden Sie es, dieselben Entitäten in mehreren Datenbanken vorrätig zu halten. Unterscheiden Sie zwischen Basisfunktionen und Prozessen, und setzen Sie die Prozesse auf die Basisfunktionen auf, idealerweise mithilfe von Workflows oder EAI-Produkten. Achten Sie unbedingt beim Kauf von Software darauf, dass sich diese leicht integrieren lässt. Oft spricht der Verkäufer dann nur von umfangreichen Schnittstellen und meint damit einfache und oft unzureichende Dateischnittstellen. Wenn Sie selbst Software kaufen, dann lassen Sie sich die Integration in ihre bestehende Software genau erklären, und verlangen Sie Beispiele für die konkrete Umsetzung.

Integration findet vor allem entlang der *Wertschöpfungskette* statt. Ein vorgelagertes System integriert sich in ein nachgelagertes System, die Software zur Angebotserstellung beispielsweise in die Software zur Auftragserfassung und diese wiederum in die Software zur Disposition und Produktion.

Hier geht es um die Integration mittels Schnittstellen und dort vorrangig um Datenschnittstellen. Diese Integration ist immer dann notwendig, wenn die beteiligten Systeme sich nicht nativ integrieren. Natürlich gibt es auch Systeme, die von Haus aus integriert sind. Wenn Sie sich heute z. B. für *Microsoft Navision* entscheiden, so können Sie von der Finanzbuchhaltung bis zur Warenwirtschaft, von der Auftragserfassung bis zur Produktionsplanung alle Daten und Prozesse in einem System abbilden. Schnittstellen erübrigen sich dann oder sind bereits Bestandteil der Software. Hier geht es aber um Systeme, die keine oder nur einfache Schnittstellen mitbringen. Das ist mithin der größte Teil der in Unternehmen installierten Software.

3.4.2 Unterscheidungsmöglichkeiten

Unterscheidung nach Richtung

Wir unterscheiden zwischen unidirektionalen und bidirektionalen Schnittstellen:

- *Unidirektionale Schnittstellen* nehmen keine Rückmeldung entgegen. Beispiel: Ein Anwender exportiert Adressen, um sie später in Word zu einem Serienbrief zu verarbeiten.
- *Bidirektionale Schnittstellen* erwarten eine Rückmeldung vom verarbeitenden System. Beispiel: Eine Schnittstelle, die säumige Schuldner an ein Inkassobüro übermittelt, liest die Aktenzeichen dieses Büros ein und ordnet sie dem Vorgang zu.

Synchron/asynchron

Diese Unterscheidung ist ganz besonders wichtig. Wenn Menschen zusammenarbeiten, dann sind dies meist asynchrone Vorgänge. Sie legen Ihrem Kollegen eine Mitteilung in sein Fach, ohne dass Sie in diesem Augenblick eine Antwort erwarten. Natürlich gibt es auch hier synchrone Vorgänge, wenn Sie zum Beispiel eine sofortige Antwort auf Ihren Urlaubsantrag benötigen, aber dies ist eher die Ausnahme.

Computersysteme arbeiten hingegen meist synchron. Das ist einerseits einfach, denn synchrone Schnittstellen sind viel leichter zu implementieren, andererseits gibt es Prozesse, die eben nicht sofort abgeschlossen werden können und asynchron ausgeführt werden müssen. Sehen wir uns zwei Beispiele an.

Ein Agent im Telefonmarketing erfasst einen Auftrag. Dieser Auftrag wird noch während des Telefonats an die Software zur Auftragserfassung übergeben, also *synchron*, dort verarbeitet und sofort bestätigt. Die Vorteile sind:

- Der Agent erhält eine sofortige Rückmeldung, insbesondere darüber, ob die Bestellung auch wirklich geklappt hat, und kann diese Rückmeldung an seinen Kunden geben.

- Der Vorgang ist in diesem Moment abgeschlossen, er verlangt keinen nachgelagerten Prozess, beispielsweise die Überprüfung, ob die Bestellung erfolgreich war.
- Es gelten die Bedingungen während der Bestellerfassung, zum Beispiel der aktuelle Lagerbestand.

Die Nachteile sind:

- Der Agent muss warten, bis der Auftrag abgeschlossen ist. Wenn es etwas länger dauert, muss er auch mit dem nächsten Telefonat warten.
- Während der Verarbeitung kann ein Fehler auftreten. Der Agent muss dann geeignete Maßnahmen ergreifen, obwohl das nicht seine Aufgabe wäre.

Ein Kunde bestellt eine Ware über einen Webshop. Unmittelbar nach dem Abschluss der Bestellung wird diese in eine Warteschlange eingereiht und vom Auftragssystem der Reihe nach abgearbeitet, also *asynchron*. Die Vorteile sind:

- Der Kunde kann davon ausgehen, dass die Bestellung erfolgreich war, er muss sich nicht mehr darum kümmern. Man nennt diesen Typus daher auch gerne *Fire and Forget*.
- Das Auftragssystem kann sich Zeit lassen, ja es muss nicht einmal während des Vorgangs der Bestellung verfügbar sein.
- Beide Systeme müssen nur lose gekoppelt sein; die Sicherheit lässt sich leichter gewährleisten.

Die Nachteile sind:

- Es fehlt eine qualifizierte Rückmeldung des führenden Systems, also der Auftragsverwaltung.
- Wenn eine Bestellung nicht funktioniert, beispielsweise weil der Kunde noch offene Rechnungen hat, so muss eine Kompensation stattfinden. Diese Kompensationen können recht komplex werden. In unserem Fall muss diese Information im Webshop ebenfalls gespeichert werden für den Fall, dass der Kunde seine Bestellung online verfolgen möchte. Zusätzlich ist der Kunde zu informieren.
- Die Verwaltung der Ressourcen ist weitaus schwieriger, beispielsweise die Auskunft, ob das Produkt überhaupt auf Lager ist.
- Der Vorgang muss überwacht werden, denn die Bestellungen könnten auch für lange Zeit in der Warteschlange verbleiben.

Fassen wir zusammen: Synchrone Schnittstellen sind wesentlich einfacher und lassen sich leichter zuverlässig implementieren. Asynchrone Schnittstellen sind flexibler und bilden das Geschäft meist besser ab.

Kommunikationsweg

Grundsätzlich kommen alle Wege der Kommunikation in Betracht, die es sonst auch in der EDV gibt – hier eine Auswahl:

- *Per E-Mail*: Eine Website informiert den Kundenservice über einen Angebotswunsch per E-Mail, oder der Wunsch, von einem Newsletter abgemeldet zu werden, erreicht den Mailer Daemon über ein POP3-Postfach.
- *Proprietär*: Objektorientierte Middleware-Systeme, beispielsweise CORBA, bringen eigene Wege zur Kommunikation mit, an die sich ein Client halten muss.
- *Standardprotokolle*: Viele XML-Schnittstellen sind so implementiert, dass ein XML-Server eine wohlgeformte und der Spezifikation entsprechende XML-Nachricht über http oder https empfängt und über denselben Kanal eine Rückmeldung gibt.
- *Binär*: DCOM und RPC nutzen primär binäre Kommunikation über TCP/IP.
- *Dateisystem*: Dieser Weg wird oft von Austauschdateien beschritten, beispielsweise einer Excel-Datei, die Grundlage für eine Serien-E-Mail ist.

Arten und Technologien

Egal wie eine Software ihre Schnittstellen nennt, ob Adapter, Extension Points, Connection Points oder User Exits, es handelt sich dabei meistens um einen der nun folgenden Grundtypen.

- *Dateien*: Wohl am häufigsten erfolgt der Datenaustausch über Dateien. Seltener, aber auch gebräuchlich, ist der Austausch von Funktionen, beispielsweise indem eine Software Kommandos erzeugt, die von einem zweiten System dann interpretiert und ausgeführt werden. Beispiel: Aus einem ERP-System wird eine Buchungsdatei generiert, die anschließend von der Finanzbuchhaltung eingelesen wird. Das Format ist oft XML oder *Comma Separated Values* (*CSV*), es kann aber auch binär und proprietär sein. Dateischnittstellen sind fast immer asynchron und unidirektional.
- *API*: Eine Sonderstellung nehmen APIs ein, da mit ihnen nicht nur Daten transportiert, sondern auch Funktionen ausgelöst werden. Fortgeführtes Beispiel von oben: Eine Fibu-Software stellt eine COM-Schnittstelle und einige .NET-Klassen zur Verfügung, mit deren Hilfe Buchungen an das Fibu-System implementiert werden. API-Aufrufe sind meist synchron und bidirektional.
- *XML-Server*: Diesen Typus habe ich bereits weiter oben beschrieben. Beispiel: Eine Warenwirtschaft gibt mittels XML Auskunft über die aktuelle Belegung des Lagers. XML-Server ermöglichen meist eine synchrone und bidirektionale Kommunikation, oft über http als Protokoll.

- *Services*: Gemeint sind hier Webservices oder WCF-Services. Darunter verstehen wir eine Software-Anwendung, die unter einer definierten Adresse erreichbar ist und mittels standardisierter Kommunikation, meist XML, angesprochen wird. Sie stellt einen Leistungsumfang zur Verfügung, den sie einem Client mitteilen kann, und arbeitet weitgehend autonom. Beispiel: Die Kommunikation mit dem *Team Foundation Server* (*TFS*) läuft über solche Services ab.
- *Datenbank*: Häufig (zu häufig) findet man Datenbankschnittstellen. Beispiel: Eine Anwendung erzeugt Buchungen in der Finanzbuchhaltung, indem sie direkt in deren Tabellen schreibt. Solche Schnittstellen sind meist von Übel, weil Daten unter Umgehung der Geschäftslogik geschrieben werden und die Zuständigkeit von Programm und Daten aufgehoben wird.

Diese Möglichkeiten zu kennen, ist bereits hilfreich für eine Entscheidung, aber es gibt auch Mindeststandards, die für alle Schnittstellen gleichermaßen gelten.

3.4.3 Mindeststandards

Wenn Sie selbst eigene Schnittstellen entwerfen und implementieren möchten, dann haben Sie jetzt vielleicht schon eine Vorstellung gewonnen, für welchen Typus Sie sich entscheiden werden. Für die Implementierung sollten Sie aber einige Dinge beachten.

Verhalten im Fehlerfall

Die wichtigste Voraussetzung für Schnittstellen ist, dass sie funktionieren. Das klingt banal, ist es aber nicht, wie folgendes Beispiel zeigt:

Aus der Praxis

Unsere Telefonagenten erfragen bei ihren Telefonaten einige zusätzliche Daten: Stimmt die Adresse noch, wie groß ist das Unternehmen, in dem Sie arbeiten, oder für welche Branchen ist es tätig?

Diese Daten sind für die Werbung von großer Bedeutung und müssen sowohl in die Adressdatenbank als auch in die Kundendatenbank einfließen. Dafür wurde eine Schnittstelle auf Dateibasis entwickelt, die auch über längere Zeit tadellos funktionierte.

Eines Tages änderte sich das Datenformat. Die Dateien wurden daher nicht mehr verarbeitet. Da aber eine Rückmeldung fehlte, liefen die Änderungen in ein Verzeichnis, in dem sie für lange Zeit blieben, so lange, bis es jemandem auffiel. Zum Glück waren die Daten noch vorhanden, sie hätten aber auch überschrieben sein können.

Sie müssen also dafür sorgen, dass Sie davon erfahren, wenn eine Schnittstelle ihren Dienst einstellt. Die Gründe hierfür sind vielfältig:

- Ein Cronjob läuft nicht mehr, der eine Datei über FTP auf einen Zielserver kopieren sollte, der sie dann verarbeitet.
- Jemand hat eine Bedingung für das korrekte Funktionieren verändert, beispielsweise durch Setzen von Berechtigungen, Austausch von Hardware oder Ändern des Datenmodells.
- Das Zielsystem steht, beispielsweise aufgrund von Wartungsarbeiten, gar nicht mehr zur Verfügung.
- Die Mitarbeiterin im Rechnungswesen vergisst, die Buchungsdatei einzulesen.

Zum Glück gibt es einige einfache Mittel, um so etwas zu vermeiden. Aber glauben Sie mir: Auch in teuren und ausgereiften Systemen kommen sie selten zum Einsatz. Oft genug ist das Quellsystem dafür verantwortlich, die Schnittstelle zu bedienen. Das Zielsystem hingegen dient dazu, die Schnittstelle zu lesen. Aber es gibt niemanden, der die Verantwortung für den Kommunikationsweg trägt oder dafür, dass beide miteinander verbunden werden.

- Überschreiben Sie niemals eine Datei! Benennen Sie Ihre Datei sinnvoll, beispielsweise *fibu_uebergabe10102012#01.csv*. Es ist wichtig, dass Sie im Fehlerfall erkennen, welche Datei erneut einzulesen ist. Nummerieren Sie also Dateien, und versehen Sie sie mit einem Zeitstempel.
- Für besonders wichtige Schnittstellen sollten Sie Kontrollen einrichten. Beispielsweise Reports, mit deren Hilfe Sie den Stand zweier Systeme abgleichen können, oder Prüfsummen. Manchmal bezeichnet man solche Systeme zur Kontrolle als Abstimmbrücke.
- Wenn eine Eingabe nicht verarbeitet werden kann: Loggen Sie den Vorgang, und benachrichtigen Sie Fachverantwortliche und Administratoren.
- Wenn immer möglich: Richten Sie auch Positivmeldungen ein, lassen Sie sich also vom System auch dann informieren, wenn die Schnittstelle korrekt arbeitet. Bleibt die Nachricht aus, dann können Sie unverzüglich eingreifen.
- Ist dies nicht möglich, weil die Schnittstelle häufig verwendet wird, dann implementieren Sie doch Tagesmeldungen, beispielsweise eine E-Mail, in der alle Vorgänge des Tages zusammengefasst dargestellt werden.
- Seien Sie wachsam, und kontrollieren Sie Ihr System von Zeit zu Zeit, auch wenn die Schnittstelle selbst funktioniert – die Ergebnisse müssen deswegen noch lange nicht stimmen. Vielleicht fehlen Angaben im Zielsystem, oder sie sind nicht ganz richtig?

- Erstellen Sie eine Dokumentation über die Schnittstellen und die Beziehungen der Systeme untereinander. Denken Sie daran: Übersicht ist der erste Schritt für Beherrschbarkeit und dies wiederum für Zuverlässigkeit.

Nachvollziehbarkeit

Es sollte Ihnen ein Leichtes sein, die Arbeit von Schnittstellen später zu kontrollieren. Sie erreichen dies, indem Sie

- Übergaben nummerieren, sodass Sie später Bezug darauf nehmen können,
- ein Protokoll über alle Vorgänge schreiben,
- Dateien wie gesagt niemals überschreiben und sinnvoll nummerieren,
- Dateien immer aufbewahren, auch nach erfolgter Übergabe, und,
- wo immer möglich, einen Rückkanal implementieren, sodass Ihr Quellsystem über den Erfolg einer Übergabe informiert wird.

Wiederholbarkeit

Ein häufiges Problem besteht darin, im Fehlerfall an der exakten Stelle wieder aufzusetzen, an der der Fehler stattgefunden hat. Dies ist vor allem ein Problem bei Massenaktionen. Sie sollten dies bereits im Design Ihrer Schnittstelle berücksichtigen. Auch hierfür gibt es mehrere Möglichkeiten, die jedoch von der Art der Schnittstelle abhängen.

- Bei synchronen Schnittstellen können Sie die sofortige Rückmeldung nutzen und im Quellsystem den Status speichern.
- Bei asynchronen Schnittstellen sollten Sie im Quellsystem speichern, dass die Übergabe initiiert wurde. Später können Sie den Vorgang abschließen und den Erfolg quittieren. Wenn Sie jetzt noch eine Referenznummer speichern, beispielsweise den Dateinamen der Übergabedatei, dann können Sie später jederzeit den Zusammenhang herstellen.
- Natürlich sollte jeder Vorgang eine eindeutige Nummer besitzen, idealerweise eine ID aus dem Quellsystem, notfalls eine GUID.
- Schreiben Sie immer ein Fehlerprotokoll. Manchmal ist es auch sinnvoll, in Dateischnittstellen diese fehlerhaften Datensätze in eine Datei gleichen Aufbaus zu schreiben. Damit fällt es Ihnen später leichter, den Vorgang zu wiederholen – und das nur mit den ursprünglich nicht verarbeiten Datensätzen.
- Wie bereits gesagt: Ein Rückkanal kann eine hilfreiche Einrichtung sein.

Wie immer hängt der Aufwand von der Bedeutung der Schnittstelle und von der Häufigkeit der Verwendung ab.

Anpassbarkeit/Change-Request-Verarbeitung

Ein ganz wesentlicher Vorgang ist die Überprüfung aller infrage kommenden Schnittstellen bei vorgenommenen Änderungen. Dafür benötigen Sie eine gute Dokumentation. Selbstredend müssen die Schnittstellen angepasst werden, noch bevor eine Anwendung ausgerollt wird. Planen Sie auch genügend Zeit für Tests ein. Gerade Tests von Schnittstellen können mitunter zeitintensiv sein.

Sie sollten besonders dann an Ihre Schnittstellen denken, wenn Sie Änderungen in einem der folgenden Bereiche vorgenommen haben:

- Daten wurden hinzugefügt, gelöscht oder verändert, beispielsweise wenn es statt einem nun zwei Postleitzahl-Felder gibt, eines für die Straßenadresse und eines für die Postfachadresse.
- Es gibt neue Pflichtfelder.
- Die Geschäftslogik hat sich verändert. Beispiel: Die Auftragserfassung prüft die Adresse nun auf postalische Richtigkeit und weist falsche Adressen ab.
- Die Systemadministration hat etwas im Umfeld der Schnittstellen verändert, beispielsweise Firewall-Systeme eingerichtet, Server ausgetauscht oder das Sicherheitsumfeld geändert.

Legen Sie also bitte großen Wert auf Schnittstellen. Sie sind meistens ein unverzichtbarer Teil des Prozesses, erfahren aber oft nicht die nötige Beachtung.

Sicherheit

Daten in Schnittstellen müssen natürlich genauso sicher behandelt werden wie die Daten in den Anwendungen selbst. Das klingt so klar wie Kloßbrühe, die Ausnahmen und Fehler, die dabei gemacht werden, füllen jedoch Bände. Oftmals geben Anwendungen die Daten und damit ihre Sicherheit in die Hände der Anwender, die z. B. Exportdateien erzeugen.

Und so findet man auf den Dateilaufwerken dieser Welt wohl häufiger unverschlüsselte Personaldaten, Benutzernamen und Passwörter sowie hochsensible Informationen, wie Informationen von Patienten. Wenn Sie solche Daten schon nicht verschlüsseln können, z. B. weil sie unverschlüsselt in anderen Anwendungen weiterverarbeitet werden sollen, dann sollten wenigstens die Austauschlaufwerke und -verzeichnisse zuverlässig geschützt werden.

Zusammenfassung

Reduzieren Sie Schnittstellen so weit wie möglich, und sehen Sie in ihnen nicht ein Allheilmittel. Integrieren Sie lieber, fassen Sie Funktionen, die von mehreren Systemen benötigt werden, lieber in Services zusammen. Vermeiden Sie Datenredundanz und zu viele unterschiedliche Technologien, und setzen Sie nicht mehrere Produkte für dieselbe Aufgabe ein.

Dennoch bleiben wahrscheinlich mehr als genug Schnittstellen übrig und damit mehr als genug Bedarf für robuste Implementierungen.

3.5 Benutzeroberflächen

Während der Erstauflage dieses Buchs habe ich die größten Buchhandlungen der Gegend nach Literatur zur Gestaltung und Implementierung von Benutzeroberflächen durchsucht – und nicht ein einziges Buch gefunden. Das habe ich nun wiederholt und wenigstens eines gefunden. Das war Anlass genug für mich, dieses Thema aufzugreifen. Wie immer soll es hier eher um die praktischen Aspekte gehen, wie es dem Thema des Buches und dem begrenzten Platzangebot geschuldet ist. Zur Programmierung an sich finden Sie viele hervorragende Bücher.

Benutzeroberflächen haben eine lange Tradition, die auf den Xerox Alto zurückgeht, den ersten Computer mit einer eingebauten grafischen Benutzeroberfläche 1973. Seitdem haben viele Produkte und Konzepte die Bühne betreten und wieder verlassen, beispielsweise *Graphical Environment Manager* (*GEM*) in der ATARI-Welt (später auch auf dem PC) oder *GEOS* auf dem Commodore 64. Übriggeblieben sind im Wesentlichen drei Produkte:

- *Windows* hat seine weite Verbreitung seit der Version 3.0 erlangt, und seine Bedienung hat sich mit Windows 95 erstmals und mit Windows Vista/Windows 7 erneut weiterentwickelt. Wesentliche Merkmale der Windows-Welt sind die *Taskbar*, der *Startbutton* und die *Toolbars*. Oder besser: waren, denn mit Windows 8 ist dieses Betriebssystem nicht nur um seinen Startbutton ärmer, sondern auch um die Möglichkeit der Bedienung mit den Fingern reicher geworden.
- *Apple Macintosh* ist der Vorreiter der grafischen Benutzeroberflächen. Er ist 1984 in der ersten Version erschienen und wurde mit Max OS X gründlich renoviert. Macintosh-Anwender kennen vor allem das *Dock* und den *Finder*, die zentralen Elemente in der Benutzerführung.
- *Unix*, speziell *Linux*: Für Linux-Anwender ist die Benutzeroberfläche nur eine weitere Art der Bedienung und daher auf den Kern aufgesetzt, für den Betrieb also nicht notwendig. Darin unterscheidet sich Linux beispielsweise von Windows, das selbst in der Core-Variante nicht ohne GUI auskommt. Schon einige Zeit kämpfen dort *GNOME* und *KDE* um die Vorherrschaft. Linux-Anwender setzen schon lange auf mehrere Desktops innerhalb ihres Fenster-Managers der Wahl.

Mit dem Aufkommen der Benutzeroberflächen in Haushaltsgeräten, Autos, Unterhaltungselektronik, Smartphones und Tablets ist dieser Kreis gerade dabei, sich zu erweitern. Teilweise setzen diese Produkte auf den PC-Betriebssystemen auf, beispielsweise Windows Embedded, teilweise gibt es aber auch Betriebssysteme und GUIs speziell für solche Gerätearten. *Symbian OS* ist hierfür ein Beispiel. Dann gibt es noch die mehr oder weniger hybriden Systeme, iOS oder das schon erwähnte Windows 8.

Für die Gestaltung von Websites gibt es inzwischen den eigenen Berufsstand der Webdesigner, für die Gestaltung von Benutzeroberflächen ist diese Differenzierung noch unüblich, aber im Kommen. Und so werden diese nicht selten vom Entwickler gestaltet, bestenfalls nach Maßgaben zentraler Guidelines oder nach groben Entwürfen des Produktmanagements.

Mit *Windows Presentation Foundation* (*WPF*) hat Microsoft erstmals die Programmierung von der Darstellung der Benutzeroberfläche konsequent getrennt und für dessen Design mit *Expression Blend* ein eigenes Werkzeug geschaffen, das sich hinsichtlich Bedienung und Workflow eher an den Designer als an den Entwickler richtet. Dennoch setzt sich WPF relativ langsam durch, was auch daran liegt, dass Microsoft für viel Variantenreichtum und damit Verwirrung sorgt – mit WPF, Silverlight und neuerdings WinRT. Viele Entwickler sehen es für größere Projekte zudem immer noch nicht als geeignete Alternative zu *WinForms* an; eine Einschätzung, die aber meist fachlich nicht ganz richtig ist. Und auch wenn die Benutzeroberfläche seit Visual Studio 2010 zu WPF migriert wurde, bleibt in weiten Teilen doch auch hier alles beim Alten. Selbst Microsoft realisiert noch beinahe alle neuen Releases seiner eigenen Produkte mit anderen Technologien.

Mit HTML5 ist ein neuer Spieler auf der Bühne erschienen, dessen größter Vorteil die Unabhängigkeit vom Betriebssystem und der Laufzeitumgebung ist – im Zeitalter der Apps eigentlich eine famose Sache – wäre da nicht JavaScript, das einem bisweilen deutlich vor Augen führt, was man an C# hat.

Gute Benutzeroberflächen entstehen nur selten ad hoc, sondern erfordern einiges an Vorüberlegung und Planung. In größeren Projekten entsteht häufig ein Regelwerk, an das sich alle Entwickler halten sollen. Dennoch sieht man in fast jedem Projekt die individuelle Handschrift der einzelnen Entwickler. Es stellt sich daher die Frage, welches Maß an Individualität erlaubt, vielleicht sogar erwünscht ist und wie eine Software zu ihrer einheitlichen, intuitiven und leicht bedienbaren Oberfläche kommt. Dies ist eine Frage, die ich in diesem Abschnitt beantworten möchte.

Ich setze voraus, dass Sie bereits Benutzeroberflächen entwerfen und implementieren können. Dabei spielt es keine Rolle, ob Sie dies mit WinForms oder WPF tun. Die Grundsätze gelten für Webanwendungen ebenfalls, auch wenn ich mich vorrangig auf die klassische, grafische Benutzeroberfläche beschränke.

3.5.1 Die richtige Technologie

Am Anfang vieler Überlegungen steht die Frage nach der richtigen Technologie. Unter .NET stehen grundsätzlich die beiden Oberflächentechnologien WinForms und WPF sowie eine Oberfläche auf Basis von HTML5 und JavaScript zur Auswahl. Daneben gibt es freilich noch weitere Ansätze: Gestengesteuerte Multi-Touch-Oberflächen, 3D-GUIs oder die *Microsoft-Surface*-Technologie, die aber hier nicht behandelt werden. Betrachten wir die einzelnen Technologien genauer, insbesondere unter dem Blickwinkel: Welche ist die richtige für mein Projekt?

WinForms

WinForms ist heute immer noch die meisteingesetzte Oberflächentechnologie, wenn Anwendungen lokal (oder im Terminal-Server-Betrieb) ausgeführt werden. Sie sollten sich dafür entscheiden, wenn Sie

- bereits eine umfangreiche Komponentensammlung besitzen, die Sie weiterverwenden möchten oder müssen,
- auf Nummer sicher gehen möchten und den Aufwand für die Einarbeitung in WPF scheuen,
- die maximale Performance benötigen, ohne dabei allzu viel Aufwand betreiben zu müssen,
- besonderen Wert auf den Leistungsumfang der Controls legen, vor allem, wenn Sie die in Visual Studio 2012 standardmäßig integrierten Controls verwenden möchten, oder wenn
- Codierer und Oberflächendesigner überwiegend aus demselben Personenkreis bestehen.

WPF

Auch für WPF sprechen einige Argumente. Eines der besten Argumente ist Visual Studio 2012 selbst, da es seit der letzten Version einen ernstzunehmenden WPF-Editor mitbringt, der immer weniger Wünsche offenlässt, aber bereits im professionellen Umfeld eingesetzt werden kann. Mit Blend gibt es zudem eine Alternative für Grafiker, für die bereits der bloße Anblick von Visual Studio das blanke Entsetzen auslösen würde. Setzen Sie auf WPF, wenn Sie

- unterschiedliche Personen für Design und Codierung einsetzen, vor allem, wenn Ihre Designer ausschließlich Benutzeroberflächen entwerfen,
- eine strenge Trennung von Code und Design verlangen,
- die Vorteile von XAML nutzen und beispielsweise unterschiedliche Layouts zur Laufzeit laden möchten oder auf flexibles Rendering Wert legen,

- bereits andere XAML-basierte Techniken einsetzen, Workflow Foundation zum Beispiel,
- Silverlight einsetzen,
- mit WinRT Apps für Windows 8 entwickeln wollen, oder wenn Sie
- grafisch besonders anspruchsvolle Oberflächen entwerfen möchten, die zudem noch weitgehend auflösungsunabhängig sind und Animationen »out of the box« unterstützen.

Web

Noch vor wenigen Jahren war die Trennung zwischen klassischen Oberflächen und Weboberflächen klar. Aufgrund neuer Werkzeuge und Technologien, Ajax an vorderster Front, ist diese Trennung heute schwieriger geworden. Nehmen Sie nur die neuen Online-Office-Werkzeuge, und Sie stellen schnell fest: Nahezu jede Anforderung lässt sich heute auch mit einer Weboberfläche erfüllen. Webtechnologien sind das Richtige für Sie, wenn Sie

- serverbasierte Anwendungen erstellen,
- cloud-basierte Anwendungen erstellen,
- Oberflächen für andere Betriebssysteme oder Thin Clients entwickeln, eventuell auch für andere Gerätearten wie mobile Geräte, also vornehmlich Smartphones und Tablets,
- das Deployment des GUI für Sie ein wichtiges Thema ist,
- bereit sind, sich in Technologien außerhalb von .NET einzuarbeiten, zum Beispiel JavaScript,
- akzeptieren können, dass einige Anforderungen nur mit hohem Aufwand zu erfüllen sind, beispielsweise die Interaktion mit lokaler Hardware wie Scanner,
- hohe Anforderungen an die Gestaltung haben und Ihre Anwendung vielleicht in bestehende Websites integrieren möchten.

3.5.2 Anforderungen an eine gute grafische Benutzeroberfläche

Die hier beschriebenen Anforderungen haben sich seit den Anfängen grafischer Benutzeroberflächen nicht wesentlich verändert. Kein Wunder, denn die Menschen haben sich ja nicht verändert, sondern nur die Möglichkeiten der Technik. Dieser Abschnitt besteht vor allem aus Empfehlungen und Checklisten. In den folgenden Abschnitten werden wir einige ausgewählte Themen anhand von Beispielen erarbeiten.

Einheitlich

Der wohl wichtigste Punkt in dieser Aufzählung ist die Einheitlichkeit. Wenn eine Benutzeroberfläche auch noch so kontraintuitiv ist: Wenigstens sollte sie einheitlich sein.

> **Aus der Praxis**
>
> In einer zugekauften Software gibt es zwei Verfahren zum Speichern von Grid-Daten: Einerseits werden die Daten nach Drücken der [↵]-Taste sofort gespeichert, andererseits werden sie nur zum Speichern vorgemerkt. Das Speichern erfolgt dann mittels [Strg]+[S] oder mithilfe des SPEICHERN-Buttons.
>
> Die Anwender verwirrt das – und auch mich selbst, wenn ich die Konfigurationsdialoge gelegentlich öffne. Ein einheitlicher Speichern-Mechanismus würde die Bedienung vereinfachen und verlorene Eingaben vermeiden.

Checkliste für Einheitlichkeit:

- Wird implizit oder explizit gespeichert, überall?
- Sind die Tastenkombinationen durchgängig dieselben?
- Lassen sich alle Funktionen auf dieselbe Art und Weise bedienen, beispielsweise über Tastaturkürzel oder über das Menü aufrufen?
- Sind die Begrifflichkeiten überall gleich?
- Stehen in allen Masken dieselben Standardfunktionen zur Verfügung, beispielsweise eine Online-Hilfe?
- Wurden dieselben Styleguides in allen Masken angewendet?
- Ist die Navigation überall gleich?
- Sind die Dialoge einheitlich?
- Ist das Verhalten beim Verlassen von Masken immer gleich, zum Beispiel die Frage, ob Änderungen nun gespeichert werden sollen?
- Sind ähnliche Funktionen ähnlich implementiert, zum Beispiel langlaufende Funktionen mithilfe von nebenläufiger Programmierung im Hintergrund?
- Sind Assistenten immer gleich aufgebaut, beispielsweise mit Start- und Fertigstellen-Seite?
- Sind alle Masken durchgängig auf dieselbe Bildschirmauflösung hin optimiert, oder sind sie alle skalierbar?
- Werden die verschiedenen Fensterstile (Sizeable, Fixed etc.) immer gleich eingesetzt?

- Ist das grundlegende Prinzip der Fensteranordnung einheitlich, zum Beispiel die Verwendung eines MDI-Containers?
- Sind die Menü- oder Ribbon-Strukturen kompatibel?
- Werden Kontextmenüs eingesetzt, wenn ja: stets einheitlich?
- Ist die (Farb-)Gestaltung durchgängig, zum Beispiel die Auszeichnung von Gruppierungselementen?
- Werden überall dieselben Schriftarten eingesetzt, in immer derselben Schriftgröße?
- Ist das Gestaltungsraster überall gleich, haben die Controls immer denselben Abstand zum Seitenrand?

Ausnahmen bestätigen zwar die Regel, aber ich empfehle, es hier wie mit der Kunst zu halten: Künstler können jede gestalterische Regel brechen, was ihren Kunstwerken oft erst den Reiz gibt. Alle anderen halten sich besser daran.

Angemessen

Darunter verstehe ich, dass sich die Umsetzung der Benutzeroberfläche an *Umfang*, *Komplexität* und zu *erwartendem Einsatzszenario* orientiert. Eine Oberfläche für eine Software zur Wettersimulation, die von Ingenieuren bedient wird, wird anders aussehen als ein Texteditor für unerfahrene Anwender. Sie sollten Erfahrung, Vorkenntnis und Alter Ihrer Anwender kennen, bevor Sie eine Benutzeroberfläche entwerfen. Für manche Anwendungen lohnt es sich, mehrere Zugänge anzubieten, beispielsweise einen Einsteiger- und einen Expertenmodus. Ob sich der dafür nötige Aufwand rechnet, ist nicht immer von vornherein klar; das Anfertigen von Prototypen kann ein Mittel sein, das herauszufinden.

Gleiches gilt für die *Häufigkeit der Anwendung*: In Funktionen, die ständig verwendet werden, kann mehr Zeit für die Optimierung investiert werden als in selten angewendete Optionsdialoge. Ein Beispiel ist die Maske für das Verbuchen in einer Finanzbuchhaltung, die eigentlich unablässig verwendet wird. Das bedeutet jedoch nicht, dass Letztere unbedienbar sein sollten, wie es so häufig anzutreffen ist; aber Usability-Tests oder Optimierung der Performance sind beim ersten Grundtypus einfach lohnender.

Letztlich bedeutet »angemessen« aber auch, dass Sie Zeit in das Design der Benutzeroberfläche investieren sollten und Ihr GUI nicht bloß nebenbei entwickeln. Wie viel, das hängt ganz von der Art der Oberfläche ab. Wenn Sie Reports entwickeln, dann kann die benötigte Zeit für das Reportdesign schnell größer werden als die Zeit für das Entwickeln der Abfragen. Für gängige Benutzeroberflächen sollten Sie 15–40 % der Gesamtentwicklungszeit einplanen; 15 % eher für Einstelldialoge, 40 % für zentrale Module.

Erwartungskonform und styleguide-konform

Das ist leichter gesagt als getan, denn wer kennt schon die Erwartungen seiner Anwender genau? Was das konkret bedeutet, hängt vom Kontext ab, einige Beispiele:

- Ein Dialog enthält oft die Buttons OK und ABBRECHEN. Wenn Sie den ABBRECHEN-Button stattdessen mit VERWERFEN benennen, dann wird ein Teil Ihrer Anwender den Dialog nicht mehr dem gängigen Grundtypus zuordnen können.
- Einige Tastaturkürzel haben für den Anwender festgelegte Bedeutungen: [Strg] +[S] speichert Eingaben, oder [F1] öffnet die Programmhilfe. Keinesfalls sollten Sie diese Kürzel umdefinieren.
- Ihr Anwender erwartet, dass er Windows Forms auch durch einen Klick auf das X beenden kann, ohne dass er deshalb nicht gespeicherte Daten verliert.

Soweit werden Sie mir sicherlich zustimmen, und vermutlich hätten Sie daran ohnehin gedacht. Erwartungen können aber noch weitergehen:

- Anwender werden Ihre Anwendung vielleicht mit einer anderen Standardanwendung vergleichen. Sie werden Ihre Grids so bedienen möchten, wie sie Excel bedienen würden. Für eine Buchhalterin bedeutet [↵] das Vorrücken des Cursors auf das nächste Textfeld. Es ist selten verkehrt, sich am jeweiligen Marktführer zu orientieren und solche Gewohnheiten auch in der eigenen Anwendung zu pflegen.
- Qualität und Umfang der angebotenen Online-Hilfe steht ebenfalls unter dem Erwartungsdruck der Anwender, und natürlich erwarten Anwender Antworten zu all ihren Fragen.
- Dem Antwortverhalten und der Kommunikation der zu erwartenden Laufzeit einer Funktion widmet sich Abschnitt 3.7, »Vom Umgang mit der Zeit in Anwendungen«, daher soll an dieser Stelle der Verweis genügen.
- Anwender erwarten auch, dass ihre individuellen Vorlieben zur Programmbedienung erfüllt werden, beispielsweise, dass sich eine Software auch gut über die Tastatur bedienen lässt.

Anwenderorientiert

Sie sollten Ihre Anwender also unbedingt kennen, bevor Sie sich an das Design einer Anwendung begeben, sonst könnte es Ihnen so gehen wie mir bei dem folgenden Projekt:

Aus der Praxis

Vor einigen Jahren entwickelte ich eine Software zur workflow-gesteuerten Verarbeitung eingehender Rechnungen.

Die Software lief zwar über viele Jahre problemlos, sparte viel Arbeitszeit ein und enthielt eine Unmenge an Funktionen; bei der Bedienung verlor ich aber den wichtigsten Anwenderkreis aus den Augen: die Geschäftsführer.

Einige dieser Anwender waren technisch wenig versiert und über Jahrzehnte hinweg Papierrechnungen gewöhnt. Sie hatten daher Probleme, die Anwendung mit ihren zahlreichen Funktionen zu bedienen, misstrauten der Sicherheit und wünschten sich bald Rechnungen auf Papier zurück.

Und auch wenn die Software heute noch läuft, wären doch wenige Maßnahmen ausreichend gewesen, um auch diese Anwendergruppe glücklich zu machen:

- Geschäftsführer benötigen nur wenige Funktionen. Diese Funktionen hätten übersichtlicher präsentiert und die restlichen Funktionen ausgeblendet werden sollen.
- Das Layout und das Look & Feel hätten sich am Papier orientieren können, um den Übergang einfacher zu gestalten.
- Freigaben könnten auf dem virtuellen Papier als Stempel mit Kurzzeichen angezeigt werden, um das Vertrauen in die Software zu erhöhen.

Wenn ich mir manche marktführenden Produkte ansehe, dann haben einige genau diesen Weg der Bedienung gewählt.

Woran das liegt? Verzeihen Sie bitte, aber Sie (vermute ich mal) und ich (ganz sicher) sind nun einmal nicht wie unsere Anwender, und das ist auch ein gewichtiges Problem: Entwickler, oder IT-Pros, sollen so denken wie teilweise unbedarfte Anwender, was sie selten können und noch seltener tun. Wo für Entwickler ein Powershell-Script akzeptabel ist, braucht ein Anwender intensive Unterstützung in Form von Assistenten und Online-Hilfen; wo manche mit technischen Begriffen klarkommen, wollen Anwender mit ihren Fachbegriffen verwöhnt werden; wo IT-Pros schon Hunderte verschiedener Oberflächen bedient haben, kennen manche Anwender nur ganz wenige Programme, es fehlt ihnen daher an Transferleistung.

Diese Fragen können Ihnen helfen, Ihre Anwender besser einzuschätzen:

- Haben die Anwender bereits mit einer anderen Software gearbeitet (wenn ja: welcher), oder gilt es, einen manuellen Prozess auf EDV umzustellen?
- Welche technischen Fertigkeiten sind vorhanden, welche Ausbildung besitzen die Anwender in der Regel?
- Sind die Anwender »IT-affin«?
- Wie ist die Altersstruktur?
- Arbeiten Ihre Anwender mit anderer Software von Ihnen, deren Bedienung sie vielleicht inzwischen verinnerlicht haben?

- Wie hoch ist die zu erwartende Fluktuationsquote, müssen immer neue Anwender eingelernt werden?
- Welchen Anteil ihrer Arbeitszeit verwenden die Anwender auf die Bedienung Ihrer Software?

Es ist mir natürlich klar, dass sich diese Fragen nicht für jede Anwendung beantworten lassen, und einige Anwendungen werden auch von sehr unterschiedlichen Anwendern bedient. Das bedeutet im Umkehrschluss dann aber, dass Sie über mehrere Zugänge nachdenken sollten.

Technisch korrekt

Technische Korrektheit von Software ist eigentlich selbstverständlich, sollte man meinen. Es gibt aber auch in weitverbreiteten Anwendungen häufig einfache, grundlegende Fehler. In der Praxis sind mir besonders häufig aufgefallen:

- fehlende oder falsche Tab-Reihenfolge
- nicht oder falsch umgesetzte Tastaturkürzel
- Controls, die niemals einen Tastaturfokus erhalten
- Controls, die ausgegraut sind, obwohl sie eine Eingabe verlangen
- Pflichtfelder, deren Wert niemals geprüft wird, oder Felder, die Pflichtfelder sind, aber nicht als solche gekennzeichnet wurden
- numerische Eingabefelder, die auch Texteingaben akzeptieren, oder Mask-Edit-Felder mit fehlerhafter Eingabemaske
- schlecht lesbare Steuerelemente, häufig (aber beileibe nicht ausschließlich) auf Internetseiten
- nicht oder falsch übersetzte Labels oder Meldungen
- abgeschnittene Labels, häufig, wenn der Inhalt aus einer Übersetzungstabelle stammt
- Flattersatz, also nicht bündig ausgerichtete Controls
- unterschiedliche Abstände zwischen einzelnen Controls
- Controls, die in einer gewissen, nicht ersichtlichen Reihenfolge bedient werden müssen oder den Inhalt anderer Controls unkontrolliert überschreiben
- fehlende oder fehlerhafte Datenbindung, zum Beispiel verworfene Werte (fehlende Datenbindung) oder zwei Controls zeigen auf dasselbe Datenfeld (fehlerhafte Datenbindung)
- inkompatible Datenbindung, beispielsweise wenn ein Eingabefeld mehr Zeichen als die Datenquelle oder alphanumerische Eingaben zulässt, die Datenquelle aber als `Numeric (8,2)` definiert wurde

- nicht vorhandenes oder falsch gesetztes Active-Control, also das Control, das beim Aufrufen einer Windows-Form den Eingabefokus erhält
- unvorteilhafte Spaltengrößen bei Grids, oder fehlerhaft funktionierende Sortiermöglichkeiten
- nicht vorhandene oder fehlerhafte Tool-Tipps
- nicht oder falsch verlinkte Online-Hilfe
- fehlerhaft umgesetztes Drag & Drop, beispielsweise Drag & Drop von Controls, die dies nicht unterstützen (sollten)
- schlecht implementiertes Exception-Handling, zum Beispiel eine nicht abgefangene Exception bei der Eingabe eines fehlerhaften Wertes
- nicht oder falsch vorbefüllte Auswahl-Controls, beispielsweise Dropdown-Listen, oder es wurde vergessen, das Control erneut mit Werten zu füllen, nachdem eine Eingabe in den Stammdaten hinzugefügt wurde
- vergessene oder fehlerhaft umgesetzte Mehrfachauswahl
- das Verwenden von Drittthersteller-Komponenten in veralteten Versionen, die bereits bei Auslieferung oft zwanzig oder dreißig Versionen hinter dem damals aktuellen Stand hinterherhinken
- inkorrekt hinterlegte Lizenzinformationen
- nicht verlinkte Controls, zum Beispiel das Fehlen eines Event Handlers für einen Button
- Controls mit variabler Größe, aber ohne Scrollmöglichkeiten
- Controls, bei denen die `Anchor`-Eigenschaft falsch gesetzt wurde, die also nicht mit der Bildschirmmaske skalieren oder andere Controls dann überdecken
- Forms, die nur mit der Standardeinstellung von Windows funktionieren, also beispielsweise mit einem kleinen Bildschirmfont (wobei das durchaus eine Designentscheidung sein kann, aber dann eine bewusste)

Wenngleich umfangreich, ist diese Liste weit davon entfernt, vollständig zu sein. Sie umgehen diese Fehler am einfachsten, indem Sie standardisierte Testcases erstellen und sich bei der Entwicklung an Checklisten und Styleguides halten. Die Arbeit ist meist gut investiert, und nachfolgende Projekte profitieren davon. Seien Sie aber konkret, und geben Sie Beispiele, wenn Ihre Checkliste für alle Entwickler von Nutzen sein soll. Weitere Informationen zum Test von Benutzeroberflächen erhalten Sie in Kapitel 10, »Softwaretests«.

Explizit und informativ

Vermeiden Sie möglichst implizite Funktionen. Implizites Verhalten ist für den Anwender nur schwer zu durchschauen. Wenn Sie beispielsweise ein Kundennummer-Eingabefeld mittels `OnLeave`-Ereignis abrufen, dann geben Sie Ihrem Anwender diese Information, beispielsweise durch die Meldung »Einen Augenblick bitte, die Kundendaten werden abgerufen«. Im Fehlerfall weiß er dann zumindest, wo etwas schief gegangen ist.

Überhaupt ist es guter Stil, den Anwender immer ausführlich und verständlich zu informieren, freilich ohne ihn allzu sehr zu belästigen.

Elegant und effizient

Die Kunst besteht darin, ein GUI zu entwerfen, die einerseits intuitiv zu bedienen ist und einem andererseits die Durchführung einer Aufgabe einfach macht, indem sie die Aufgabe in wenigen Schritten erledigt. Einige Fragen, die Ihnen helfen können:

- Sind wirklich nur diejenigen Schritte notwendig, die der Anwender intuitiv erwarten würde?
- Bietet eine Maske die nötigen Links zu anderen Programmfunktionen, um das Navigieren auf ein Minimum zu beschränken?
- Ist meine Maske eher funktions- oder prozessorientiert aufgebaut?
- Sind sinnvolle Konfigurations- und Customizing-Möglichkeiten vorhanden, um die Funktion an die Anwenderbedürfnisse anzupassen?
- Kann ich etwas weglassen?

Im Grunde ist das Wichtigste aber schnell erzählt: Geben Sie sich einfach nicht mit dem ersten Entwurf zufrieden, der Ihnen in den Sinn kommt. Es ist leider eine Tatsache, die mir in vielen Jahren unzählige Male bestätigt wurde: Nur wenige Entwickler sind willens, sich in die Anwender ihrer Software hineinzuversetzen. Und das, obwohl ebenfalls viele Entwickler die Oberfläche ihrer Anwendungen selbst designen.

Anwender wollen das vielleicht, können es aber nur in seltenen Fällen wirklich gut. Fragt man einen Anwender, wie eine Funktion bedient werden soll, kommt meist keine vollständig und konsistent bedienbare Software dabei heraus. Anwender können an Beispielen erklären, was ihnen gefällt, oder nicht.

Daher entsteht ein Vakuum, das es zu füllen gilt: Oft durch Produktmanager oder gar eigene Designer, wie immer man sie auch nennen mag. Für die Fälle, in denen Sie Entwickler und Gestalter in Personalunion sind, heißt also die wichtigste Regel: Geben Sie sich Mühe und wechseln Sie die Perspektive.

Performant

Niemand mag sie gerne benutzen: Benutzeroberflächen, die sich träge anfühlen und bei jedem Tastenklick eine Gedenksekunde einlegen. Eine Maske sollte sich unterhalb einer Sekunde öffnen lassen, eine Programmfunktion in schneller als 0,3 Sekunden ausgeführt werden, jedenfalls in der Mehrheit aller Fälle. Auch hier gibt es wieder einige Dinge, die Sie beachten sollten:

- Nutzen Sie Lazy Loading, wenn möglich und sinnvoll, vor allem, wenn Sie Tabcontrols mit vielen Tabs einsetzen. Vermutlich wird ein Anwender ohnehin nicht alle Seiten eines Tabcontrols durchblättern wollen – ein guter Grund also, das nicht schon vorher zu tun.
- Vermeiden Sie große Informationsmengen, die Sie bereits im `OnLoad`-Event laden. Nur selten wird ein Anwender ein Grid mit 500 oder mehr Datensätzen wirklich sehen wollen. Bieten Sie lieber ausgefeilte Filterwerkzeuge an.
- Achten Sie auf Ihre SQL-Abfragen. Vermeiden Sie Abfragen, die zur Umgehung von Indizes führen, zum Beispiel gewisse Statements mit `like`.
- Nutzen Sie Caching, aber achten Sie auf dessen Nachteile: Synchronisationsprobleme, hoher Speicherbedarf und die Gefahr veralteter Daten.
- Beschränken Sie die Anzahl der Controls auf einer Form auf das Notwendige.
- Nutzen Sie das in C# 5.0 neu eingeführt `async` und `await` (siehe Abschnitt 4.1.9) oder laden Sie Informationen auf andere Weise im Hintergrund.

Besonders wichtig ist nicht, dass eine Benutzeroberfläche objektiv besonders schnell reagiert, sondern dass es sich für den Anwender so anfühlt – ein kleiner aber wichtiger Unterschied. Bei Windows-8-Anwendungen, vor allem wenn sie auf einem Tablet ausgeführt werden, ist das natürlich überlebenswichtig. Eine Verzögerung nach Klick auf eine Schaltfläche ist etwas, das man erwartet, wenn die Oberfläche nach einem Wisch mit dem Finger ins Stocken gerät, ist das nicht hinnehmbar. Das ist der wichtigste Grund, warum es für viele Aufgaben in WinRT überhaupt nur noch asynchrone Methoden gibt.

Zum Schluss lege ich Ihnen noch einmal Abschnitt 3.7, »Vom Umgang mit der Zeit in Anwendungen«, ans Herz, das diese Thematik noch einmal vertieft.

Fehlertolerant

Bestimmt kennen Sie die Klassiker: Anwender verwechseln den Dezimalpunkt mit dem Komma, den Buchstaben O mit der Zahl 0 und versuchen einen Zeilenwechsel in einzeiligen Eingabefeldern. Auch wenn die Fälle seltener geworden sind: Ihre Benutzeroberfläche sollte damit umgehen können. Dafür ist ein vernünftiger Test notwendig. Aber auch im Vorfeld können Sie sich einiges überlegen:

- Setzen Sie spezialisierte Controls ein, beispielsweise ein numerisches Eingabefeld oder ein `MaskEdit`-Control. Der Markt für Dritthersteller-Komponenten bietet Ihnen eine reiche Auswahl.
- Konfigurieren Sie *stets* Datentyp und maximale Eingabelänge.

- Treffen Sie keine Annahmen über Ihre Anwender, gehen Sie einfach vom Schlimmsten aus (und wundern Sie sich nicht, wenn Ihre Erwartungen noch übertroffen werden).
- Setzen Sie strukturiertes Exception-Handling ein.
- Zeigen Sie vernünftige Fehlermeldungen an. Vermeiden Sie Standard-Fehlermeldungen, die Sie für alle Controls gleichermaßen anwenden (»Ihre Eingaben sind fehlerhaft, bitte überprüfen«). Probieren Sie doch einmal positive Formulierungen aus (»Bitte geben Sie einen Grund für das Löschen dieser Bestellung an«, statt »Sie haben vergessen, einen Grund anzugeben«). Gerade während ich dies schreibe, befinde ich mich auf Geschäftsreise in Slowenien. Eine Webanwendung für den Vertrieb muss überarbeitet werden, da die Meldungen für den Anwender nicht verständlich genug sind.

Ein kleiner Kniff: Wechseln Sie auch hier die Perspektive und betrachten Sie eine Fehlermeldung aus Sicht des Kunden. Was ihn wirklich interessiert, ist nicht so sehr, was er falsch gemacht hat (nein, er doch nicht!), sondern wie er ein Problem lösen kann. Wenn Sie sich Visual Studio ein wenig näher ansehen (aber auch Teile des .NET Frameworks) dann werden Sie feststellen, dass Microsoft selbst erhebliche Anstrengungen unternommen hat, genau diesen Blickwinkel einzunehmen. Bravo!

3.5.3 Fallstudie: Entwicklung des Kalimba.KeyAccount Systems

Alice, Produktmanagerin bei Kalimba Sunfood, soll ein System entwerfen, mit dem die Key Account Manager ihre Kunden besser betreuen können, kurz *Kalimba.KeyAccount* genannt. In dieser Software soll jeder Key Account Manager einen Vorschlag erhalten, wann er zu welchem Zweck seine Kunden anrufen sollte, um mit ihnen im Kontakt zu bleiben oder um ihnen neue Angebote zu unterbreiten.

Der Leiter des Key Account Managements kann hierfür Regeln definieren, zum Beispiel, wenn eine neue Aktion anläuft oder wenn er möchte, dass Kunden für bevorstehende Messen oder andere Aktionen kontaktiert werden sollen. Das Lastenheft ist bereits fertig. Alice möchte nun im Rahmen des Pflichtenhefts die Benutzeroberfläche entwerfen.

Schritt 1: Kennenlernen der Anwender

Der erste Schritt sollte immer das Kennenlernen der Zielgruppe sein. In unserem Fall ist sie direkt zugänglich, in Form einer anderen Abteilung des Unternehmens. Ist dies nicht der Fall, könnte Alice einige Schlüsselkunden einladen.

Die Software sollte anwenderorientiert sein, wie es in Abschnitt 3.5.2, »Anforderungen an eine gute grafische Benutzeroberfläche«, beschrieben worden ist. Die dortigen Fragen möchte Alice daher in einem Kickoff-Meeting klären. Dort erfährt sie, dass die Anwender

- grundlegende IT-Kenntnisse besitzen, aber vor allem Verkäufer sind,
- bereits mit einer Software zur Vertriebssteuerung arbeiten,
- wenig Zeit zur Bedienung haben, da sie überwiegend telefonieren und die Software während des Telefonats bedienen sollen,
- einen Vorgesetzten haben, der die gesamte Administration übernehmen soll und dafür alle Daten »an einem Fleck« sehen möchte,
- eigentlich nach einem Workflow arbeiten, der von der jeweiligen Aktion abhängt,
- gerne Details über den anzurufenden Kunden vorab erhalten möchten, um sich darauf einzustellen.

Daraus folgert Alice, dass die Software aus zwei unterschiedlich zu bedienenden Teilen bestehen muss: einerseits der Definition der Aktionen und des zugehörigen Workflows, bei der es auf Flexibilität und zentrale Steuerung ankommt, und andererseits das Telefonmodul, das den Anwender durch das Telefonat führen soll.

Schritt 2: Analyse der Funktionen und Prozesse

Aus dem Lastenheft entnimmt Alice, dass die folgenden Funktionen gewünscht sind:

- eine Übersicht der anzurufenden Kunden mit Detailinformationen zum bevorstehenden Telefonat, zum Beispiel der Umsatz des Kunden in den letzten sechs Monaten
- eine Telefonmaske mit einer Wiedervorlage, einem Gesprächsleitfaden und der Möglichkeit, das Gesprächsergebnis festzuhalten
- eine Administrationskonsole für die Definition der Aktionen und des jeweiligen Workflows für den Leiter des Key Account Managers
- ein Dashboard für den Leiter, in dem er auf einen Blick den Zustand der Aktion sieht, zum Beispiel die noch offenen Telefonate und den Erfolg der Aktion

Schritt 3: Erstellung eines GUI-Konzepts

Alice kann nun das Konzept erstellen, und beispielsweise die Abläufe wie in Abbildung 3.18 dargestellt visualisieren.

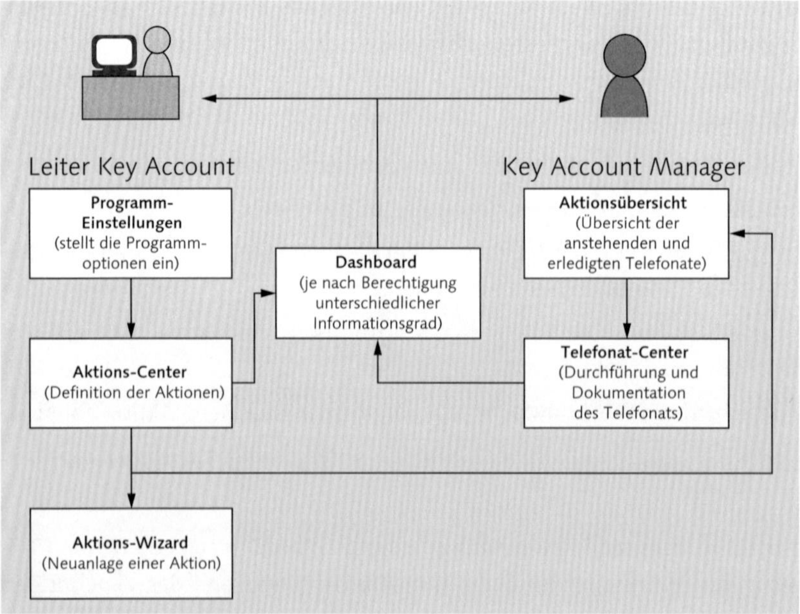

Abbildung 3.18 Module der Anwendung

Es sind also sechs Bildschirmmasken notwendig. Alice kann damit die wichtigsten Entscheidungen treffen:

- Die Anwendung soll eine SDI-Anwendung werden, denn es soll prozessbedingt immer nur eine Maske angezeigt werden, weil der Telefonagent entweder telefoniert oder sich auf das nächste Telefonat vorbereitet.
- Die Anwendung soll prozessorientiert sein, den Anwender also durch einen Vorgang leiten. Das Anlegen einer Aktion kommt nur ein- bis zweimal im Monat vor, daher soll das Aktions-Center gesplittet werden: in eine Übersicht der Aktionen und in einen Assistenten zur Neuanlage einer Aktion.
- Als Technologie soll WinForms eingesetzt werden, da die Anwendung lokal laufen soll und die Anwender schon WinForms-Anwendungen nutzen.
- Der Zugang soll über Menüs und über eine Toolbar erfolgen, Kontextmenüs sollen nicht verwendet werden.
- Aus dem Telefonat können sich verschiedene Aktionen ergeben, oder der Key Account Manager benötigt weitere Informationen. Diese Wahlmöglichkeiten sollen in einem Aufgaben-Center bereitgestellt werden, die Möglichkeiten selbst ergeben sich aus dem Lastenheft.
- Auf Popup-Fenster soll so weit wie möglich verzichtet werden, um den Arbeitsfluss möglichst wenig zu unterbrechen.

- Die Übersichten sollen in Grids angezeigt werden, und für die Dashboards sollen größenveränderbare Widgets zum Einsatz kommen.
- Die Aktionsübersicht soll im Outlook-Stil erfolgen, sodass alle Informationen auf kurzem Weg erreichbar sind.

Schritt 4: Fertigung eines Prototypen

Ein Konzept ist die eine Sache, die Praxis die andere. Wie schon erwähnt: Anwender können oft nicht genau sagen, was sie wünschen. Viel eher liegt es ihnen, ihre Kritik am konkreten Objekt zu äußern. Alice erstellt daher für jede Maske einen Prototyp. Dieser Prototyp ist bedienbar, zeigt aber immer denselben Datensatz an und enthält noch keine Geschäftslogik. Außerdem ist er noch nicht ausgereift, er verfügt noch nicht über alle Standardfunktionen. Exemplarisch habe ich in Abbildung 3.19 die Maske »Aktionsübersicht« aufgeführt.

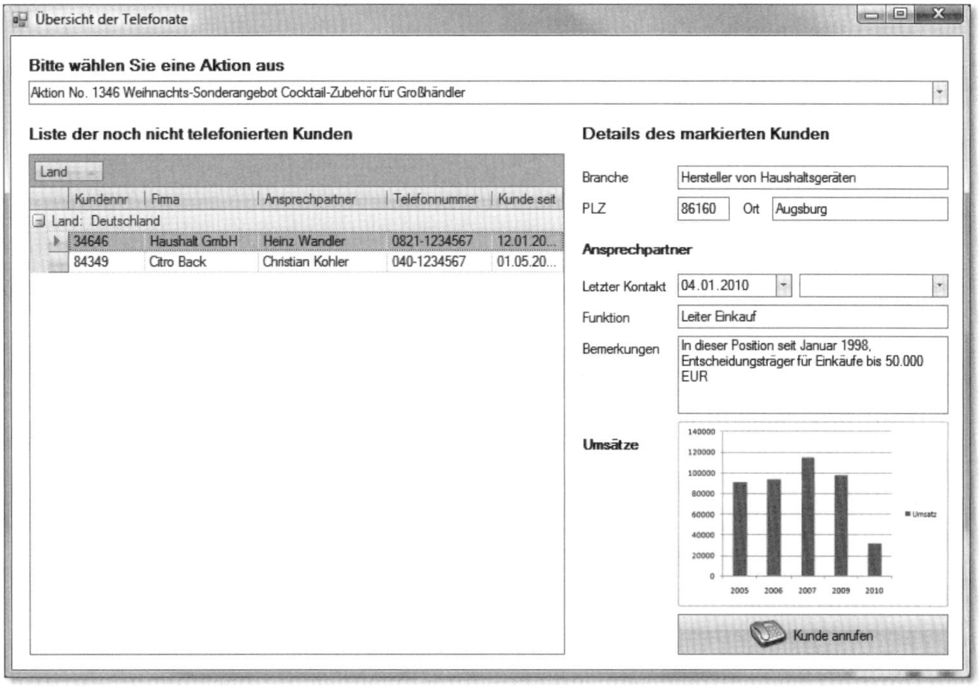

Abbildung 3.19 Übersicht der zu führenden Telefonate

Schritt 5: Usability testen

Nach der Fertigstellung des Prototypen stellt Alice ihn einer Auswahl von Anwendern und dem Leiter des Key Account Managements vor.

Für gewöhnlich ergeben sich bereits Änderungen nach der ersten Präsentation, noch bevor die Anwender selbst den Prototyp getestet haben. Sicherlich aber danach. So könnte für das Tätigen des Anrufs beispielsweise ein Hotkey gewünscht werden, oder die Oberfläche soll sich wie im Beispiel stärker an gängige Guidelines anlehnen. Es lohnt sich in jedem Fall, den Anwendern ihre Benutzeroberfläche vorab zu zeigen und sie zum Dialog aufzufordern, schon allein aus den folgenden Gründen:

- Die Anwender identifizieren sich viel stärker mit »ihrer« Software.
- Der Aufwand für Änderungen in dieser Phase ist viel geringer als nach erfolgter Programmierung.
- Schwachstellen im Lastenheft werden oft schon jetzt sichtbar.
- Wünsche und Verbesserungen können in das fertige Produkt noch einfließen.
- Entwickler und Produktmanager kennen so die Erwartungshaltung der Anwender.

Schritt 6: Konzept vervollständigen

Aufgrund der gewonnenen Erfahrungen kann Alice das Konzept vervollständigen und gegebenenfalls eine zweiten Usability-Test durchführen. Die Masken können in vielen Fällen bereits in die Entwicklung einfließen und werden Bestandteil des Pflichtenhefts.

Wenn Sie so vorgehen, minimieren Sie das Risiko für eine Fehlentwicklung deutlich, ohne den Aufwand dafür allzu sehr in die Höhe zu treiben. Ob eine Anwendung später am Markt bestehen kann, ist natürlich eine andere Frage. Aber wenn eine repräsentativ ausgewählte Personengruppe mit der Anwendung zurechtkommt, ist das wenigstens ein Indiz dafür.

3.5.4 Der »Rest«

Klar, dieses Kapitel hat seine Grenzen und kann das Thema Benutzeroberfläche nur anreißen. Mir ging es eher um Dinge aus meiner (freilich ganz subjektiven) Praxis.

Wenn Sie das Thema ernst nehmen möchten, kommen Sie vermutlich um eine vertiefte Betrachtung nicht herum. Sehen Sie sich nur den Erfolg von Tablets und Smartphones an, und dort vor allem die Produkte von Apple, und Ihnen wird schnell klar: Eine Benutzeroberfläche kann auch ein ganz eigenes Identifikationsmerkmal für ein Produkt sein und, wenn gut gemacht, sogar ein Alleinstellungsmerkmal. Bei Softwareprodukten ist es nicht anders als im Leben auch sonst, Anwender beurteilen ein Stück Software erst einmal danach; wie es aussieht, und danach, wie es sich anfühlt. Die Funktionalität und andere Aspekte kommen erst mit der Zeit ins Spiel, jedenfalls häufig erst, nachdem ein Anwender sich für ein Produkt entschieden hat.

Anwender haben ein untrügliches Gefühl dafür, ob etwas aus einem Guss ist, oder eben nicht. Das hat oft mit Kleinigkeiten zu tun: Einheitliche Begriffe, eine einheitliche Anordnung der Controls, eine konsistente Farbgestaltung und, vor allem, das subjektive Gefühl der Übersichtlichkeit (oder der Überforderung durch Überladen von Bildschirmmasken). Sie wollen gerne alle Informationen auf einmal und andererseits nur diejenigen Informationen, die sie gerade interessieren. Sie wollen ein Produkt einfach, aber auch leistungsfähig, professionell, aber auch in gefälligem Design. Vor allem aber verzeihen sie kaum Nachlässigkeiten und einfach zu vermeidende Fehler. Denken Sie bitte immer daran: Vielleicht arbeitet gerade in diesem Moment jemand mit Ihrer Software, und das vielleicht schon über viele Stunden hinweg. Gönnen Sie ihm eine professionelle Benutzeroberfläche.

3.6 Konfiguration

Sicherlich benötigen Sie auch für Ihre eigenen Projekte Konfigurationsdateien, und sei es nur um die Datenbankverbindung zu konfigurieren. Es gibt viele Möglichkeiten, Konfigurationen zu speichern, unter anderem:

- die Standard-.NET-Konfigurationsdateien (*exe.config*)
- die *web.config*-Datei für ASP.NET-Anwendungen
- eigene XML-Dateien mit oder ohne DTD oder Schema-Dateien
- das Speichern der Konfiguration in einer eigenen Datenbank oder in Tabellen einer schon vorhandenen Datenbank
- Dritthersteller-Technologien und -Bibliotheken, beispielsweise der *Configuration Application Block* der Enterprise Library, die entweder eigene Ablageorte installieren oder selbst XML nutzen
- die Verwendung der betagten Registry oder einfacher INI-Files
- das Ablegen von Dateien in Benutzerprofilen

Oft nutzt ein Entwickler die Technologie, die er am besten kennt. Oder aber die Applikation ist in ein größeres System eingebettet und nutzt daher einen zentralen Konfigurationsmechanismus. Wie auch immer: Es lohnt sich, ein wenig Zeit in die Überlegung zu investieren, wo und wie Konfigurationen gespeichert werden sollen, denn

- vielleicht sollen die Anwender selbst Konfigurationsänderungen vornehmen können und benötigen daher eine komfortable Anwendung,
- Administratoren erledigen diese Aufgabe und hätten gerne alle relevanten Informationen an zentraler Stelle,
- Programmfehler durch Konfigurationsfehler sollen vermieden werden, mithin ein häufiger Grund für auftretende Supportanfragen,
- die einzelnen Technologien sind unterschiedlich komfortabel und leistungsfähig,

- vielleicht sollen Konfigurationen nur zentral vorhanden sein, vielleicht abhängig vom ausgewählten Mandanten, vielleicht aber auch beides, und
- Anwender sollen eventuell Konfigurationen nur über eine Programmoberfläche vornehmen können und nicht durch das Editieren von Dateien, um Fehleingaben zu verhindern.

Mit diesem Kapitel möchte ich Ihnen Entscheidungshilfen geben und das Konfigurationssystem von .NET ein wenig näher vorstellen.

3.6.1 Grundlegendes zu Konfigurationen

Bevor ich auf die einzelnen Möglichkeiten zur Speicherung und zum Abruf von Konfigurationsdateien eingehe, möchte ich einige grundlegende Aspekte besprechen, die das Leben einfacher machen – und das nicht nur für Programmierer.

Versionierung

Gerne vergessen, aber enorm wichtig ist es, Konfigurationsdateien und -datenbanken in das Versionskontrollsystem mit einzubeziehen. Meist ist nicht jeder Anwendungsversionsstand mit jedem Konfigurationsversionsstand kompatibel, zum Beispiel wenn eine neue Funktion hinzugekommen ist, die eine Konfiguration erwartet.

In das Versionskontrollsystem gehören wenigstens:

- beschreibende DTDs oder Schema-Dateien
- eine Beispieldatei mit Kommentaren
- wenn möglich: eine »leere« Konfigurationsdatei

Backup

Es ist immer eine gute Idee, die letzte Konfiguration mit Datum und Uhrzeit versehen in einem Backup-Ordner abzulegen. Ihr Softwaresupport wird es Ihnen sicherlich danken und Sie fortan freundlicher grüßen.

Dokumentation

Egal, ob als XML-Kommentare, im Word-Format oder in strukturierter Form: Ihre Dokumentation sollte wenigstens diese Informationen enthalten:

- Welche Konfigurationsdateien und -datenbanken gibt es?
- Welche Einträge sind Pflicht, welche sind optional, und was sind die Standardwerte, falls kein Wert konfiguriert ist?

- Welche Konfigurationsoptionen stehen für einen Parameter zur Verfügung, und wie wirkt er sich aus?
- Gibt es Beispiele?
- Gibt es Installationen mit abweichender Konfiguration?

Machen wir uns nichts vor: Von dem häufig gehörten Aufruf nach zahlreichen und guten Dokumentationen bleibt im rauen Produktionsalltag oft nicht mehr viel übrig. Es warten einfach schon andere Projekte auf freie Kapazitäten, die mit der Priorität für die Dokumentation bestehender Anwendungen konkurrieren. Im Falle von Konfigurationen muss die Dokumentation aber während der Entwicklung erfolgen, und zwar ausnahmslos.

Administratoren und Supportmitarbeiter

Bitte denken Sie an Ihre Kollegen aus Systemadministration und Benutzersupport, und gestalten Sie Ihre Konfigurationsdateien so einfach wie möglich. Beschränken Sie die Anzahl der Konfigurationsorte.

Das ist natürlich einfacher gesagt als getan, denn nicht selten gibt es in größeren Anwendungen Hunderte, wenn nicht Tausende von Konfigurationsoptionen, die sich auf viele verschiedene Module und Ebenen auswirken. In solchen Fällen lohnt sich die Entwicklung eines eigenen Konfigurationsmoduls, das den Konfigurationsanwendern wenigstens die Illusion eines einheitlichen, zentralen Konfigurationswerkzeuges gibt, weil es alle Konfigurationen in einem Programm vereint. Das ist eine prima Sache und überdies häufig auch nicht allzu aufwendig.

Codierung

Für Konfigurationsdateien sollten Sie immer angeben, welche Codierung erwünscht ist, ob ASCII, ANSI oder Unicode, und wenn Unicode: in UTF-8 oder einer anderen Codierung? Das ist vor allem dann wichtig, wenn Sie Ihre Software mehrsprachig anbieten und die Konfigurationsdateien von Hand angepasst werden müssen.

Robustheit

Die Unix-Welt, in der Konfigurationsdateien seit jeher einen hohen Stellenwert besitzen, macht es vor: Anwendungen müssen auch mit fehlerhaften Konfigurationen funktionieren oder den Anwender so informieren, dass er das Problem auch wirklich lösen kann.

Anstelle eines Objekt-Instanzfehlers könnten Sie also schreiben: »In der Konfiguration gibt es keinen Eintrag für den derzeit gültigen Mehrwertsteuersatz. Informationen hierzu finden im Benutzerhandbuch in Abschnitt 3.4. Das Programm wird jetzt beendet«.

Aus der Praxis

Einer meiner Entwickler fügte der Konfiguration einen Parameter für die Anzahl der Elemente in einer Liste hinzu, ohne das Vorhandensein und den Inhalt richtig zu überprüfen.

An verschiedenen Stellen tauchten nun ganz unterschiedliche Fehlermeldungen auf, die nicht auf die Ursache schließen ließen. Und so musste ein eigens aus Polen angereister Mitarbeiter unverrichteter Dinge wieder nach Hause fahren, weil die Software in der Kürze der Zeit nicht in einen funktionsfähigen Zustand versetzt werden konnte. Erst mithilfe eines SQL-Tracings konnte das Problem letztlich identifiziert und gelöst werden.

Manchmal sind verschiedene Konfigurationsparameter gar nicht miteinander kompatibel. In solchen Fällen lohnt sich ein Startup-Modul, das gelegentlich auch als *Bootstrapper* bezeichnet wird. Es überprüft die vollständige Konfiguration unmittelbar nach dem Start der Anwendung. So ist schon nach dem Start der Anwendung klar, ob die einzelnen Optionen miteinander zurechtkommen.

Aus der Praxis

Gelegentlich besteht eine Software zu einem großen Teil aus Definitionsdateien, mit denen sie arbeitet. Der SQL Server, genau die Analysis Services, arbeiten auf diese Weise.

Wenn sich, wie kürzlich geschehen, ein Fehler dort einschleicht – im Beispiel war dies eine korrupte Konfigurationsdatei – verweigert die Anwendung praktisch alle Operationen, sogar das Zurückspielen einer Sicherung. Das ist schlecht. Noch schlechter ist, dass solche Operationen selbst wiederum mit einem Fehler in einer C++-Datei (*.cpp*) der Analysis Services quittiert wurden, das heißt die Analyse eines Fehlers verursacht selbst wiederum einen Fehler. Sie verstehen, was ich unter einem robusten Konfigurationssystem verstehe.

Sicherheit

Gelegentlich finden sich Passwörter in Konfigurationsdateien, zum Beispiel dann, wenn Sie statt der Windows-Authentifizierung die SQL-Server-Authentifizierung verwenden. Überhaupt nicht selten sind diese im Klartext hinterlegt. Achten Sie bitte darauf, die Angaben zu verschlüsseln oder, noch besser, nur Hash-Werte zu hinterlegen.

Redundanzfrei und Erwartungskonform

Jede Option sollte nur an einer einzigen Stelle zu finden sein und dort, wo es zumindest ein Großteil der Anwender vermuten würden.

> **Beispiel**
>
> Sie wollen in Word 2013 (Preview) die Dokumentvorlage ändern? Kein Problem: Klicken auf FILE • OPTIONS, wählen Sie ADDINS, klicken auf GO und in der Combobox am Ende des Dialogs TEMPLATES aus. Danach wählen Sie eine neue Dokumentvorlage aus (mit ATTACH). Logisch? Bestimmt, aber nicht für mich – und wenn ich die Suchergebnisse von Google richtig einschätze bin ich da nicht alleine.

Ein Quantum Komfort

Ich musste schon mit Konfigurationseditoren arbeiten, bei denen der Begriff »puristisch« purer Euphemismus gewesen wäre: Einträge, die in einer ganz bestimmten Reihenfolge durchgeführt werden müssen, Einträge, die eine ganz bestimmte Formatierung verlangen, oder Abstürze während des Speicherns. Und das bei marktführenden Produkten. Egal, ob Sie solche Editoren nur für den internen oder auch für den externen Gebrauch entwickeln: Gönnen Sie Ihren Anwendern ein wenig Komfort.

3.6.2 .NET-Konfigurationsdateien

Mittels Visual Studio und der Settings-Klasse

Im `System.Configuration`-Namespace stellt .NET bereits einige Möglichkeiten bereit, um Konfigurationsdateien zu lesen und zu schreiben.

Die einfachste Möglichkeit besteht darin, einer Anwendung eine Konfigurationsdatei hinzuzufügen. Klicken Sie hierzu in den Projekteigenschaften im Tabulator EINSTELLUNGEN auf den angezeigten Link. Visual Studio fügt Ihrem Projekt eine *app.config*-Datei hinzu. Falls diese bereits vorhanden ist, was wahrscheinlich der Fall ist – da sie mit einem neuen Projekt erzeugt wird – werden in ihr neue Sections angelegt. *App.config* wird beim Kompilieren automatisch in das Ausgabeverzeichnis kopiert. Der Dateiname lautet wie die erstellte Ausgabedatei zuzüglich der Endung *.config*, also beispielsweise *Calculator.exe.config*.

Gleichzeitig öffnet sich der in Abbildung 3.20 dargestellte Settings-Editor, in dem Sie die Konfigurationswerte definieren können.

Sie können auch die entsprechenden Eigenschaftseditoren verwenden, weil Sie unter TYP beliebige .NET-Typen auswählen können.

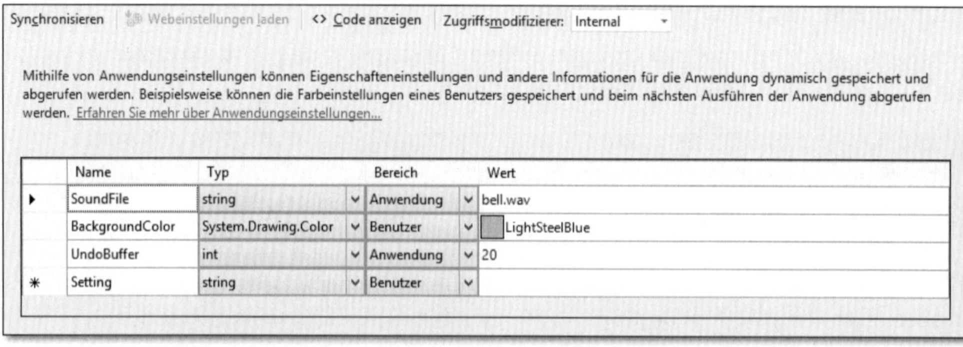

Abbildung 3.20 Einstellungsdialog in Visual Studio 2012

Komfortablerweise erstellt Visual Studio daraus eine statische `Settings`-Klasse und implementiert dort das *Singleton*-Muster. Das bedeutet, über die ebenfalls statische Default-Eigenschaft der Klasse bekommen Sie das einzige Objekt dieser Klasse.

In dieser Klasse gibt es nun für jede Einstellung eine Eigenschaft. Anwendungseinstellungen können Sie nur lesen, Einstellungen des Benutzers hingegen lesen und schreiben.

```
...
internal sealed partial class Settings :
  global::System.Configuration.ApplicationSettingsBase
{
      private static Settings defaultInstance =
        ((Settings)(global::System.Configuration.
        ApplicationSettingsBase.Synchronized(new Settings())));
//Anwendungseinstellung, nur lesend
...
public string SoundFile {
    get {
        return ((string)(this["SoundFile"]));
    }
}
//Benutzereinstellung, lesend und schreibend
...
public global::System.Drawing.Color BackgroundColor {
    get {
        return ((global::System.Drawing.Color)(this["BackgroundColor"]));
    }
    set {
        this["BackgroundColor"] = value;
```

```
    }
}
}
```

Listing 3.4 Die Klasse Settings

Die *app.config*-Datei muss standardmäßig immer dort liegen, wo auch die ausführbare Datei liegt. Ihre Anwendung sucht dort sowohl nach anwendungs- als auch nach benutzerspezifischen Konfigurationseinstellungen, es sei denn, es gibt eine *user.config*-Datei im Benutzerprofil des Anwenders.

Wie gesagt: Nur Einstellungen eines Benutzers lassen sich auch verändern. Rufen Sie anschließend die `Save()`-Methode des `Settings`-Objekts auf.

```
//Liest die Einstellung aus der app.config
string waveFile = Settings.Default.SoundFile;

//Liest die Einstellung aus der user.config oder app.config,
//wenn nicht vorhanden
Color backgroundColor = Settings.Default.BackgroundColor;

//Ist erlaubt, da die Einstellung benutzerspezifisch ist
Settings.Default.BackgroundColor = Color.Yellow;
//Ist nicht erlaubt, da die Einstellung applikationsspezifisch ist
Settings.Default.SoundFile = "ring.wav";

//Speichert die geänderten Einstellungen
Settings.Default.Save();
```

Listing 3.5 Lesen und Schreiben von Einstellungen

Wenn Sie nun die Änderungen suchen, im Ausführungsverzeichnis der Anwendung, werden Sie feststellen: Dort steht nach wie vor `LightSteelBlue`. Da die Einstellung `BackgroundColor` benutzerspezifisch ist, werden die Änderungen gegenüber dem »Standard« auch im Benutzerprofil gespeichert, also unter *C:\users\AngemeldeterBenutzer\AppData\Local\Projektname\AutomatischGenerierterName\Version\user.config*.

```
<?xml version="1.0" encoding="utf-8"?>
<configuration>
    <userSettings>
        <tempProj.Properties.Settings>
            <setting name="BackgroundColor" serializeAs="String">
                <value>Yellow</value>
            </setting>
```

```
        </tempProj.Properties.Settings>
    </userSettings>
</configuration>
```

Listing 3.6 Die veränderte BackgroundColor-Eigenschaft

Über `Settings` können Sie auch sämtliche Einstellungen in einer Collection abrufen, die Einstellungen neu laden oder auf ihre Standardwerte zurücksetzen.

Settings bieten sich an, wenn

- es schnell gehen muss,
- nur wenige Einstellungen vorhanden sind,
- die Einstellungen selbst nicht komplex sind und keine Hierarchie aufweisen,
- Sie mit den Einschränkungen leben können, zum Beispiel (ohne Weiteres jedenfalls) keine Anwendungseigenschaften ändern zu können,
- akzeptiert werden kann, dass die benutzerspezifischen Dateien in den Profilen der Anwender liegen, in einem nicht sehr schön anzuschauenden Verzeichnis,
- Ihnen die Visual-Studio-Toolunterstützung wichtig ist,
- IntelliSense-Unterstützung und Typsicherheit gefragt sind.

ConfigurationManager

Einen etwas anderen, flexibleren Ansatz verfolgt der *ConfigurationManager*. Wenn Sie ihn verwenden möchten, so fügen Sie eine Referenz auf die *System.Configuration.dll*-Assembly hinzu und importieren den Namespace `System.Configuration`. Die (statische) Klasse `ConfigurationManager` kennt die beiden Collections `AppSettings` und `ConnectionStrings`. Die zugehörige Konfiguration sieht wie folgt aus:

```
<?xml version="1.0" encoding="utf-8" ?>
<configuration>
  <appSettings>
    <add key="SoundFile" value="ring.wav"/>
  </appSettings>
  <connectionStrings>
    <add name="sqlProduction" providerName="System.Data.SqlClient"
      connectionString="Integrated Security=SSPI;Persist Security
      Info=False;Initial Catalog=crm;Data Source=sqlsrv01"/>
  </connectionStrings>
</configuration>
```

Listing 3.7 Konfigurationsdatei mit den beiden Abschnitten »AppSettings« und »ConnectionStrings«

Um darauf zuzugreifen, stehen Ihnen zwei Möglichkeiten offen: Auf die Standard-Konfiguration greifen Sie zu, indem Sie die Properties der statischen Klasse abrufen:

```
string conn =
ConfigurationManager.ConnectionStrings["sqlProduction"].
   ConnectionString;
string wav = ConfigurationManager.AppSettings["SoundFile"];
```

Wenn Sie hingegen die Konfiguration auch verändern möchten, so benötigen Sie eine `Configuration`-Instanz, die Ihnen der `ConfigurationManager` mit den folgenden Methoden aushändigt:

- `OpenExeConfiguration` öffnet die angegebene Client-Konfigurationsdatei (*app.config*).
- `OpenMachineConfiguration` öffnet die Computer-Konfigurationsdatei (*machine.config*).

Uns interessiert vor allem die Client-Konfigurationsdatei, die Sie auf die angegebene Weise auch von einem anderen Verzeichnis laden können, das sich beispielsweise auf einem Netzlaufwerk befindet. Der Zugriff unterscheidet sich dann geringfügig:

```
Configuration conf =
 ConfigurationManager.OpenExeConfiguration(ConfigurationUserLevel.None);
string sql = conf.ConnectionStrings.ConnectionStrings["sqlProduction"].
  ConnectionString;
string wav = conf.AppSettings.Settings["SoundFile"].Value;
conf.AppSettings.Settings["SoundFile"].Value = "beep.wav";
//Zum Ausprobieren am besten den Visual Studio
//Hostprozess deaktivieren
conf.Save();
```

Listing 3.8 Laden, verändern und Speichern von Einstellungen

Natürlich stehen Ihnen auch hier alle Möglichkeiten offen, um Einstellungen als Schlüssel-/Wert-Paare abzurufen oder mittels `IEnumerable` zu durchlaufen.

Konfigurationsdateien können auch weitere `Sections` enthalten, die Sie beispielsweise so definieren können:

```
<configuration>
  <configSections>
    <section name="myOwnSection"
     type="System.Configuration.AppSettingsSection,
     System.Configuration, Version=4.0.0.0, Culture=neutral,
     PublicKeyToken=b03f5f7f11d50a3a"/>
  </configSections>
```

```
  <myOwnSection>
    <add key="myKey" value="myValue"></add>
  </myOwnSection>
...
```

Listing 3.9 Erzeugung einer neuen Section und Speichern eines neuen Schlüssel-/Wert-Paares

Auf die so erzeugte `Section` greifen Sie zu, indem Sie auf die `Section`-Collection des `configuration`-Objekts zugreifen.

```
AppSettingsSection ass = conf.Sections["myOwnSection"] as AppSettingsSection;
string s = ass.Settings["myKey"].Value;
```

Soweit, so gut. Damit haben wir aber erst an der Oberfläche gekratzt, denn die eigentliche Flexibilität liegt darin, eigene `Sections` zu definieren und mit der Konfiguration zu verknüpfen. Alles, was wir dafür brauchen, ist eine neue Klasse:

```
public class MyOwnAppSection: ConfigurationSection
{
    [ConfigurationProperty("backgroundColor")]
    public Color BackgroundColor
    {
        get
        {
            return (Color)this["backgroundColor"];
        }

        set
        {
            this["backgroundColor"] = value;
        }
    }

    [ConfigurationProperty("soundFile", DefaultValue = "ring.wav")]
    public string SoundFile
    {
        get
        {
            return (string)this["soundFile"];
        }

        set
        {
```

```
            this["soundFile"] = value;
        }
    }
}
```

Listing 3.10 Die Klasse MyOwnAppSection

Sie ist von `ConfigurationSection` abgeleitet und enthält die zwei schon bekannten Einstellungen, diesmal als Eigenschaften. Die `ConfigurationProperty`-Attribute stellen die Verbindung zu den Konfigurationseinstellungen in der *app.config* dar, die wie folgt aussieht:

```
<?xml version="1.0" encoding="utf-8" ?>
<configuration>
  <configSections>
    <sectionGroup name="myOwnSectionGroup">
        <section
          name="myOwnAppSection"
          type="MyProject.MyOwnAppSection, MyProject"
          allowLocation="true"
          allowDefinition="Everywhere" />
    </sectionGroup>
  </configSections>

  <myOwnSectionGroup>
    <myOwnAppSection backgroundColor="Yellow" soundFile="beep.wav" />
  </myOwnSectionGroup>
</configuration>
```

Listing 3.11 App.config mit eigener Section

Im Beispiel wurde ein weiteres Strukturierungshilfsmittel verwendet, Gruppe von Sections. Im obigen Teil ist wieder die Definition der Gruppe und der Section enthalten (mit Typ und der Assembly, die diesen Typ enthält), im unteren Teil die Einstellungen selbst.

Der Zugriff ist nun nicht weiter schwierig:

```
MyOwnAppSection section = (MyOwnAppSection)
  ConfigurationManager.GetSection("myOwnSectionGroup/myOwnAppSection");
Color backgroundColor = section.BackgroundColor;
string soundFile = section.SoundFile
```

Da Sie auf Ihre eigene Klasse, `MyOwnAppSection`, zugreifen, sind die Zugriffe selbst typsicher. .NET kümmert sich um das Lesen und Speichern von und in die Konfigurationsdateien. Komfortabler geht es kaum. Obwohl, zwei Features hätte ich da noch im Angebot.

Nehmen wir einmal an, wir wollten in den Konfigurationseinstellungen Oberflächeneinstellungen für dargestellte Fenster speichern, und zwar die Hintergrundfarbe und ob die Fenster maximiert dargestellt werden. Dafür benötigen wir wieder eine Klasse, die von `ConfigurationSection` ableitet. Dort sind aber nicht mehr elementare Eigenschaften enthalten, wie `Color` im obigen Beispiel, sondern Eigenschaften, deren Typen von `ConfigurationElement` abgeleitet wurden:

```
public class MyOwnAppSection: ConfigurationSection
{
    [ConfigurationProperty("windowSettings")]
    public WindowElement WindowSettings
    {
        get
        {
            return (WindowElement)this["windowSettings"];
        }

        set
        {
            this["windowSettings"] = value;
        }
    }
}

public class WindowElement : ConfigurationElement
{
    [ConfigurationProperty("backgroundColor")]
    public Color BackgroundColor
    {
        get
        {
            return (Color)this["backgroundColor"];
        }

        set
        {
            this["backgroundColor"] = value;
        }
    }
```

```
    [ConfigurationProperty("windowState")]
    public FormWindowState WindowsState
    {
        get
        {
            return (FormWindowState)this["windowState"];
        }

        set
        {
            this["windowState"] = value;
        }
    }
}
```

Listing 3.12 Eigene Konfigurationselemente

Es entsteht nun eine Hierarchie in der Konfiguration. Die Eigenschaft `WindowSettings` enthält wiederum zwei Eigenschaften, `BackgroundColor` und `WindowState`. In der Konfiguration sieht das nun recht elegant aus:

```
<myOwnSectionGroup>
  <myOwnAppSection>
    <windowSettings backgroundColor="LightSteelBlue" windowState="Maximized" />
  </myOwnAppSection>
</myOwnSectionGroup>
```

Und der Zugriff auf die Eigenschaft:

```
section.WindowSettings.BackgroundColor;
```

Bei so viel Flexibilität ist es eigentlich nicht verwunderlich, dass eine ganze Reihe von .NET-Technologien, von Microsoft und von Drittanbietern, dieses Konfigurationssystem verwendet. Das kann mitunter recht unübersichtlich werden, wenn beispielsweise der WCF-Dienstkonfigurationseditor oder die Enterprise Library im Spiel ist. Auch dagegen ist ein Kraut gewachsen, `Sections` können nämlich auch in ganz eigenen Dateien liegen. Dafür genügt die Angabe eines `configSource`-Tags, das auf eine andere Konfigurationsdatei verweist:

```
<myOwnSectionGroup>
  <myOwnAppSection configSource="myOwnAppSection.config" />
</myOwnSectionGroup>
```

Die Datei kann sich im selben Verzeichnis befinden wie die Anwendungskonfigurationsdatei, wie im Beispiel, oder Sie können relative Pfadangaben verwenden. Deren Aufbau ist recht »straightforward«, wie man heute sagen würde:

```
<?xml version="1.0" encoding="utf-8" ?>
<myOwnAppSection>
  <windowSettings backgroundColor="LightSteelBlue" windowState="Maximized" />
</myOwnAppSection>
```

Listing 3.13 myOwnAppSection.config

Die Verwendung des `ConfigurationManager` kann also recht einfach sein, aber auch beliebig komplex werden – je nach Anforderungen – und eignet sich dann, wenn

- Sie Konfigurationsdateien an anderen Ablageorten benötigen als dem Verzeichnis, aus dem heraus Sie Ihre Anwendung gestartet haben,
- Ihnen ein zentraler Ablageort wichtig ist,
- Ihr System sich in andere Konfigurationswerkzeuge integrieren soll,
- Sie die Flexibilität mehrerer Ablageorte mit dedizierten Zuständigkeiten cool finden,
- Sie die vollen Möglichkeiten des .NET-Konfigurationsapparates nutzen möchten, vor allem dessen Typsicherheit, und wenn
- zentrale Computereinstellungen in der *machine.config* gespeichert sind.

3.6.3 Datenbankkonfiguration

Ein weiterer möglicher Ablageort für Konfigurationsinformationen ist die relationale Datenbank, wie *Team Foundation Server* oder *Sharepoint Services* sie nutzen. Datenbanken haben einige nicht zu unterschätzende Vorteile gegenüber Konfigurationsdateien:

- Ein Endanwender kann Werte für gewöhnlich nicht ohne ein Werkzeug verändern, gefährliche manuelle Korrekturen sind also nahezu ausgeschlossen.
- Datenbanken eignen sich auch für umfangreiche Konfigurationen.
- Es lassen sich auch Daten speichern, die miteinander verknüpft sind.
- Eine Datenbank ist ein zentraler Ort.
- Je nach Bedarf können Tabellen diese Aufgaben übernehmen, oder es lässt sich eine eigene Konfigurationsdatenbank erstellen.
- Es können Einstellungen von Benutzerberechtigungen abhängig gemacht werden.

- Sie müssen Sie nicht immer überlegen, was nun Stammdaten und was Konfigurationseinstellungen sind.

Andererseits

- eignen sich Tabellen nicht sehr gut für hoch komplexe, hierarchisch organisierte Daten, weil sich das zugrundeliegende relationale Datenmodell dafür nicht so gut eignet,
- können auch Administratoren den Inhalt nicht ohne zusätzliche Werkzeuge verändern,
- lassen sich Konfigurationen nicht mal eben schnell wegkopieren oder wiederherstellen,
- sind große Objekte, wie umfangreiche Dokumente oder Bilder, kein idealer Inhalt für eine Datenbank,
- wird ein Zugriff über das Netzwerk für jede Abfrage einer Konfiguration benötigt, wenn die Datenbank nicht gerade lokal installiert ist,
- brauchen Sie erst einmal eine Datenbank in Ihrem Projekt, und
- ist die Struktur einer Datenbank starr, sobald sie erstellt worden ist.

Eine Empfehlung für den Aufbau einer eigenen Datenbank kann ich Ihnen leider nicht geben, da die Struktur jeweils sehr vom Anwendungsfall abhängt.

Aus der Praxis

In unseren eigenen Projekten haben wir die Konfigurationsproblematik zu einem großen Teil mithilfe von Datenbanken gelöst. Da wir unsere Software international betreiben, gibt es derer gleich drei:

Die *Global-Datenbank* enthält Konfigurationen, die für alle Länder gleichermaßen gelten. Die *Site-Datenbank* umfasst Konfigurationen für einen ganzen Standort, also ein Land. In der *Client-Datenbank* sind alle Konfigurationsinformationen enthalten, die nur einen einzigen Mandanten betreffen.

Aber auch hier gibt es noch eine kleine Anzahl an Konfigurationsdateien, beispielsweise für Services, die keinen Bezug zu einer Datenbank haben. Als Beispiel kann der Archiv-Service dienen, der Dokumente in einem Dateiarchiv eines Drittherstellers ablegt.

Neben dieser Konfiguration setzen wir noch auf *SharedFolder*, also Ordner, die auf einem Netzlaufwerk liegen, um darin Mustertexte von Anwendern oder Grafikdateien zu speichern.

In Kapitel 7, »Datenbank und Datenzugriff«, beschreibe ich, wie XML-Daten im SQL Server gespeichert werden können. Damit lassen sich flexibel strukturierte Daten in starren Tabellen speichern, für Konfigurationen manchmal eine veritable Option.

3.7 Vom Umgang mit der Zeit in Anwendungen

Vielleicht haben Sie sich über den Titel dieses Abschnittes gewundert? Keine Sorge, es geht hier nicht um philosophische Betrachtungen, sondern um handfeste Fragen zur Bedienung von Software, er ergänzt also Abschnitt 3.5, »Benutzeroberflächen«. Bestimmt haben Sie das auch schon öfters erlebt:

- Sie drücken eine Schaltfläche, wissen aber nicht, ob die Aktion auch wirklich ausgeführt wurde.
- Sie drücken wiederum auf eine Schaltfläche, aber diesmal arbeitet das Programm in Hintergrund weiter. Erst durch einen weiteren Klick färbt sich die Windows-Form grau, es erscheint eine Sanduhr, und der Task Manager verrät Ihnen, dass Ihr Programm nicht mehr antwortet, bis der Vorgang abgeschlossen ist oder Sie die Geduld verlieren und das Programm gewaltsam beenden.
- Die letzten 5 % des Fortschrittsbalkens dauern genauso lange wie die ersten 95 %.
- Sie möchten eine langlaufende Aktion abbrechen, können dies aber nicht, weil es keine ABBRECHEN-Schaltfläche gibt, und Sie beenden das Programm daher über den Task Manager.
- Ein Hinweisdialog enthält nur die Aufforderung »Bitte warten ...«, Sie wissen jedoch nicht, wie lange und ob das Programm überhaupt noch arbeitet.

Wenn es um die Dauer einer Aktion geht, dann wird Ihr Anwender seine Einschätzung immer subjektiv treffen. Ob Ihre Software schnell oder für den Anwender inakzeptabel langsam arbeitet, hängt unter anderem von diesen Faktoren ab:

Faktor	Erklärung
Geduld	Es gibt Anwender, die mit einer bewundernswerten Geduld gesegnet sind und auch mehrere Minuten auf die Erledigung eines Vorgangs warten, während andere Anwender schon nach fünf Sekunden nervös werden.
Häufigkeit	Wer eine Funktion mehrere hunderte Male am Tag ausführt, beispielsweise eine Buchhalterin das Anlegen einer neuen Buchung, wird eine höhere Anforderung an die Geschwindigkeit stellen als jemand, der eine Funktion nur selten ausführt, z. B. die jährliche Inventur.

Tabelle 3.3 Faktoren für die (subjektive) Zeitwahrnehmung

Faktor	Erklärung
Vorhersagbarkeit	Ungewissheit wird als quälender empfunden als die Wartezeit an sich, entweder weil Angaben zur geschätzten Dauer fehlen oder weil der Vorgang bei jeder Durchführung unterschiedlich lange dauert.
Arbeitsunterbrechung	Ein Vorgang, der im Hintergrund ausgeführt wird, ist weniger störend als die Blockade des Programms für die Dauer der Ausführung.
Fortschritt	Wenn Sie im Amt schon einmal eine Nummer ziehen mussten, dann wissen Sie: Das Tröstlichste daran ist, wenn sich die Nummer auf dem Display langsam, aber stetig Ihrer Nummer nähert.
Information	Wenn ein Anwender weiß, warum er auf einen Vorgang so lange warten muss, ist er eher geneigt, dies zu akzeptieren.
Linearität	Dieser Faktor hängt eng mit der Vorhersagbarkeit zusammen und bedeutet, dass die Restwartezeit zuverlässig aus dem Stand des Fortschrittsbalkens abgeleitet werden kann.
Funktion	Manche Funktionen lassen sich nebenher ausführen. Der Anwender wartet also nicht auf das Ergebnis, da er zwischendurch anderen Aufgaben nachgehen kann. Eine Telefonistin, die den Stand einer Bestellung dem wartenden Kunden erklären muss, kann indes während der Wartezeit nur Smalltalk betreiben.

Tabelle 3.3 Faktoren für die (subjektive) Zeitwahrnehmung (Forts.)

Wie wichtig solche Faktoren sein können, zeigt dieses Beispiel:

Aus der Praxis

Vor einigen Jahren führten wir ein workflowgesteuertes System zur Bearbeitung der eingehenden Kundenpost ein, das webbasiert arbeitete. Für die Anwender, die nie zuvor mit Websoftware gearbeitet hatten, wurde jeder Klick zur Qual, da ein *Roundtrip* zum Webserver nötig war, und das für jeden Vorgang gleich mehrfach. Daneben gab das System über den Stand der Bearbeitung keinerlei Auskünfte, und die Wartezeiten waren ungleichmäßig lang.

Nach mehreren Nachbesserungsversuchen musste die Software schließlich ausgetauscht werden, weil sie vom Anwender nicht akzeptiert wurde. Objektiv gesehen waren die Wartezeiten nicht übermäßig hoch, und die Zeitersparnis gegenüber der bisherigen manuellen Verarbeitung war dennoch groß. Aber letztlich waren nicht die objektiven Gründe, sondern die subjektive Wahrnehmung Anlass für diese Entscheidung.

Daraus ergibt sich eine wichtige Erkenntnis: Wenn es um Fragen der Bedienung geht, dann sind Ihre Anwender gleichermaßen Richter wie Henker. Die gute Nachricht ist jedoch, dass Sie mit geringem Aufwand viel tun können, um die tatsächliche und die *gefühlte Geschwindigkeit* deutlich zu erhöhen. Neben der Verringerung der Wartezeiten durch (programmier-)technische Maßnahmen geht es also vor allem darum,

- die Wartezeiten subjektiv kürzer erscheinen zu lassen und die
- die Akzeptanz für Wartezeiten zu erhöhen.

3.7.1 Dauer und Wahrnehmung

Für die praktische Betrachtung ist es sinnvoll, die Wartezeiten in Kategorien einzuteilen und für jede Kategorie getrennt zu betrachten, welche Maßnahmen sinnvoll sind.

Als Wartezeit betrachten wir die Zeit von der Auslösung eines Vorgangs durch den Anwender bis zur endgültigen Rückmeldung durch die Software. Vorgänge können explizit ausgelöst werden, beispielsweise durch Klick auf einen Button. Sie können auch implizit ausgelöst werden, indem z. B. eine Berechnung gestartet wird, nachdem ein Anwender in ein Feld einen Wert eingegeben hat. Solche impliziten Vorgänge sind besonders kritisch, da der Anwender nicht mit einer Verzögerung seiner Arbeit rechnet. Entsprechend gering ist die Bereitschaft zu warten, und entsprechend kurz sollte hier die Antwortzeit sein.

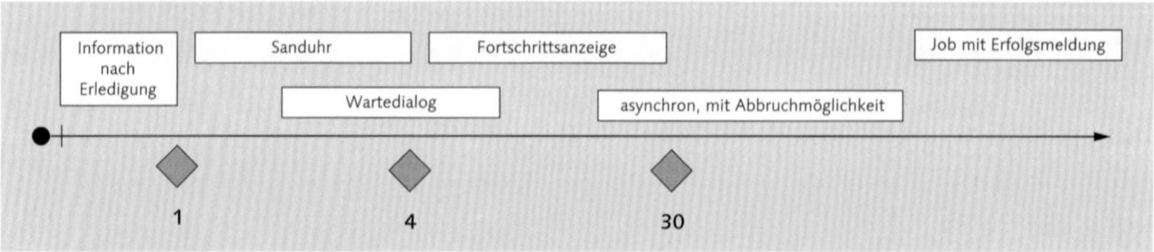

Abbildung 3.21 Wartezeiten und Möglichkeiten des Dialogs (in Sekunden)

Sehr kurze Wartezeiten oder nicht wahrnehmbare Wartezeiten

Bei sehr kurzen Wartezeiten bis 0,2 Sekunden besteht die Gefahr, dass der Anwender die Funktion mehrfach auslöst, wenn nicht unmittelbar nach dem Vorgang das Ergebnis sichtbar wird. Achten Sie also darauf, dem Anwender eine Rückmeldung zu geben. Das sollten Sie jedoch nicht modal tun, da ein unmittelbar auf eine Aktion erscheinender Dialog als lästig empfunden wird, es sei denn, der Vorgang ist fehlgeschlagen.

Verzichten Sie auch auf »Busy«-Meldungen, beispielsweise auf die Sanduhr, da sie zu kurz sichtbar ist, um vom Anwender wahrgenommen zu werden. Beispiele für Rückmeldungen:

- Ein Element der Benutzeroberfläche ändert seine Farbe; die Schaltfläche färbt sich z. B. bei einer erfolgreichen Kreditprüfung durch den Sachbearbeiter grün.
- Eine Liste oder ein Feld füllt sich mit Werten. Berücksichtigen Sie auch den Fall, dass keine Werte angezeigt werden können. Ein Anwender könnte sonst nicht entscheiden, ob die Funktion noch nicht abgeschlossen ist oder tatsächlich keine Daten vorhanden sind.
- Ein nicht-modaler Hinweis erscheint, z. B. in der *Tray Notification Area* von Windows. Solche Meldungen werden jedoch häufig nicht beachtet. Gehen Sie also sparsam damit um, und achten Sie auf den Kontext.
- Ein weiteres Formular öffnet sich.

Einfacher Dialog

Setzen Sie in dieser Phase entweder die allseits beliebte Sanduhr ein oder aber einen einfachen Dialog. Beachten Sie jedoch, dass der Dialog so lange sichtbar sein sollte, dass ihn der Anwender auch lesen kann. Bei kurzen Wartezeiten ist die Sanduhr also das bessere Mittel.

Vergessen Sie nicht, den Cursor im `finally`-Block wieder auf den Default-Cursor zu setzen. Manche Anwender warten im Fehlerfall stundenlang, auch wenn Sie eigentlich schon längst wieder weiterarbeiten könnten.

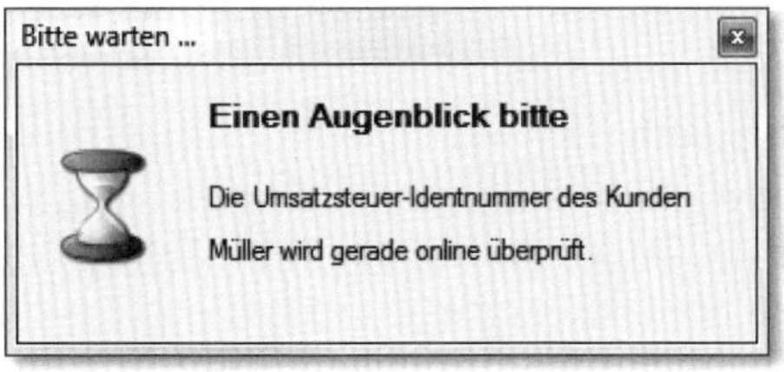

Abbildung 3.22 Beispiel für einen einfachen Wartedialog

Fortschrittsanzeige

Kommen wir nun zu einem häufigen Missverständnis: der Zweckentfremdung des Fortschrittsbalkens, um damit Phasen eines Vorgangs darzustellen. Ein Fortschrittsbalken sollte nur für einen Zweck eingesetzt werden, nämlich die *zeitlich lineare* Darstellung des Fortschritts, denn so nehmen ihn Ihre Kunden wahr. Nur wenn Sie sicherstellen können, dass die letzten 50 % genauso lange dauern wie die ersten 50 %, sollten Sie ihn verwenden. Das ist zum Beispiel in einer Schleife der Fall, in der jeder Schleifendurchgang in etwa dieselbe Zeit in Anspruch nimmt.

Wenn Sie sich für einen Fortschrittsbalken entscheiden, dann sollten Sie darauf achten, ihn auch nur wirklich höchstens 100-mal zu aktualisieren. Gerade in Schleifen mit sehr vielen Durchläufen könnte sonst die Routine zur Aktualisierung der

Anzeige mehr Zeit in Anspruch nehmen als die zu erledigende Arbeit, ein Fehler, der mir häufig begegnet. Ansonsten bietet sich ein Dialog wie der in Abbildung 3.23 dargestellte an, im Beispiel kombiniert mit einer Fortschrittsanzeige.

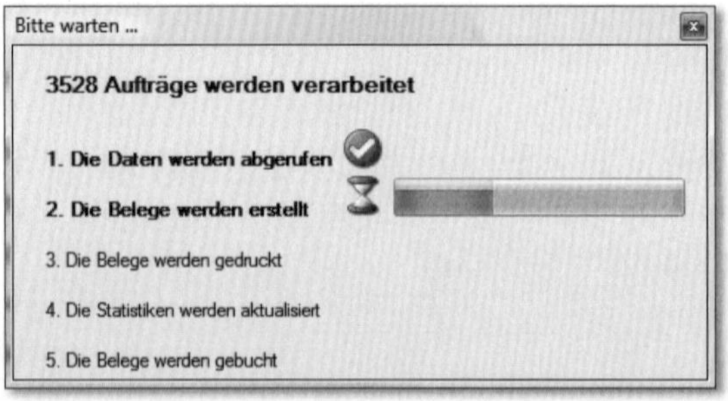

Abbildung 3.23 Fortschrittsanzeige nach Phasen

Für länger laufende Aktionen bietet es sich an, die Operation durch den Anwender abbrechen zu lassen. Ich empfehle Ihnen, in diesem Fall dem Anwender mitzuteilen, was nach dem Abbruch geschieht. Im obigen Beispiel könnte es sein, dass von 3.528 Belegen 1.210 erzeugt wurden, oder auch, dass die gesamte Phase der Belegerstellung abgebrochen wurde.

Wenig sinnvoll sind Fortschrittsbalken im sogenannten *Marquee*-Mode, also mit hin- und herlaufendem Balken, vermutlich eine späte Reminiszenz an die 80-er Jahre, als Knight Rider und KITT noch aktuell waren. Sie sollen suggerieren, dass der Computer Arbeit verrichtet, laufen aber auch dann noch weiter, wenn eine Funktion gar keinen Fortschritt mehr erzielt. Weitere Informationen zur Gestaltung Ihrer Anzeige finden Sie in Abschnitt 3.7.2, »Anwenderfreundliche Informationsdialoge«.

Asynchrone Ausführung in Desktop-Systemen

Wenn der Vorgang noch länger benötigt, beispielsweise mehr als 30 Sekunden, sollten Sie in Betracht ziehen, ihn im Hintergrund auszuführen, also asynchron. Das bedeutet für den Anwender, dass er weiterarbeiten kann, für den Entwickler ergeben sich aber auch leider einige Herausforderungen:

- Der Anwender könnte das Programm beenden, da er nicht mehr an den Vorgang im Hintergrund denkt.
- Das Programm könnte einen Fehler produzieren, beispielsweise wenn ein Anwender einen Datensatz bearbeitet, der gerade im Hintergrund verarbeitet wird.
- Die Benachrichtigung wird schwieriger, da inzwischen eine andere Maske geöffnet sein kann.
- Auftretende Fehler wird ein Anwender nicht ohne Weiteres dem Hintergrund-Task zuordnen, sondern der Aufgabe, die er gerade im Vordergrund ausführt.

Einen Königsweg kann ich Ihnen nicht präsentieren, in unseren Projekten hat sich jedoch die folgende Vorgehensweise bewährt:

- Sowohl beim Schließen des Fensters als auch beim Schließen der Anwendung fragen wir den Anwender, ob er den Vorgang im Hintergrund beenden möchte.
- Auftretende Fehler zeigen wir in einem Jobprotokoll an, entweder sofort oder am Ende als Zusammenfassung.
- Meldungen über den Status oder auftretende Fehler zeigen wir ebenfalls in der Tray Notification Area an.
- Harte Fehler, die den gesamten Vorgang sofort abbrechen lassen, zeigen wir modal an, dann aber ohne Shortcuts, damit der Anwender nicht versehentlich während des Tippens die Shortcut-Taste betätigt.

Und auch so etwas gibt es: Ein kleines Spiel, während die Festplatte im Hintergrund defragmentiert wird. So nett das ist, besser ist es, den Anwender während der Aktion weiterarbeiten zu lassen, wie dies heutige Defragmentierer tun.

Asynchrone Ausführung in WinRT & Windows 8

Ganz anders sieht die Sache aus, wenn Windows 8 und die zugehörigen WinRT-Bibliotheken im Spiel sind, denn dann müssen Sie Ihre Anwendungen so gestalten, dass sie auch mit dem Finger bedienbar sind. Das wiederum bedeutet, dass die Oberfläche eigentlich zu jeder Zeit reagieren muss, weil bei einer Fingergeste jeder noch so kleine Ruckler unangenehm auffällt.

Microsoft hat dies diesmal beinahe vorbildlich gelöst, indem es alle Operationen überhaupt nur als asynchrone Versionen gibt, die länger als 50 ms brauchen. Mittels `async` und `await` (siehe Abschnitt 4.1.9) ist das auch nicht länger schwierig umzusetzen. Die Empfehlung lautet daher auch für Sie: Wenn eine Operation länger als 50 ms dauern kann (nicht muss), sollten Sie sie parallelisieren, also nebenläufig ausführen.

Die Grenzen der Asynchronität

Nun könnte man argumentieren, es wäre eine gute Idee, doch alles im Hintergrund, asynchron abzuarbeiten; Datenbankaufrufe, OnClick-Event Handler und vieles mehr, auch in gewöhnlichen Desktop-Anwendungen.

Dem allgemeinen Trend entgegen rate ich Ihnen, das nicht zu tun. Unterscheiden wir zwischen:

1. Aktionen, die ein Benutzer bewusst ausführt und bei denen er wissen möchte, ob die Aktion erfolgreich war. Beispiele: Export von Adressen in eine Datei, Versenden einer E-Mail aus einer Anwendung heraus oder das Löschen großer Mengen von Daten.

2. Aktionen, die ein Benutzer bewusst ausführt, bei denen er aber stillschweigend davon ausgeht, dass sie erfolgreich sind, eine Rückmeldung also nicht zwingend erwartet. Beispiele: Zwischenspeichern eines Dokuments, Löschen eines einzelnen Datensatzes.
3. Aktionen, die eine Anwendung ausführt, die ein Anwender aber nicht als solche bewusst wahrnimmt. Beispiele: Speichern im Hintergrund, Nachladen von Daten größerer Tabellen, Aktualisieren von Statusinformationen.

Die Grenzen sind nicht absolut. Bei besonders wichtigen Stammdaten möchten Anwender vielleicht ganz explizit informiert werden, ob die Löschung erfolgreich war, selbst wenn nur ein einzelner Datensatz betroffen ist.

Das ist aber nicht entscheidend, sondern die Tatsache, dass wir Menschen nicht besonders gut darin sind, mehre Dinge parallel zu erledigen bzw. zu verfolgen, ohne entsprechende Hilfsmittel. Oder etwas anders formuliert: Es ist eine durchaus brauchbare Arbeitshypothese, davon auszugehen, dass ein Anwender schon kurz nach dem Auslösen einer Aktion sich nicht mehr bewusst daran erinnert. Die Frage lautet also: Wie stellen wir für einen Anwender die Einheit zwischen dem Auslösen einer Aktion und dem Ergebnis her? Das ist immer dann ganz besonders wichtig, wenn eine Aktion fehlschlägt, denn dann muss unser Anwender eine Fehlermeldung zum Zeitpunkt B in Bezug zu einer Aktion bringen, die er zum Zeitpunkt A ausgelöst hat, während er vielleicht bereits einer völlig anderen Tätigkeit nachgeht.

Ein Vorschlag:

	Kurz laufend	**Lang laufend**
Typ 1	Async nicht zu empfehlen.	Async möglich, jedoch ▸ evtl. Anwender fragen, ob er warten möchte. ▸ den Anwender an prominenter Stelle über den Fortgang der Aktion informieren.
Typ 2	Async möglich, empfehlenswert, wenn häufig ausgeführt.	Async empfehlenswert, Rückmeldung bei auftretenden Fehlern evtl. ausreichend.
Typ 3	Async empfehlenswert, wenn der Nutzen daraus besonders hoch ist, also bei häufigen Aufrufen.	Async auf jeden Fall zu empfehlen.

Tabelle 3.4 Async-Szenarien und mögliche Lösungen dafür

Fassen wir die Kehrseite asynchroner Ausführung zusammen, auch deshalb weil man so selten darüber liest:

- Es gibt meist einen Overhead, der bei besonders vielen, besonders kurzen Operationen den Vorteil schnell ins Gegenteil verkehrt, gerade auch bei Verwendung von `async` und `await`.
- Die Komplexität wird höher, vor allem wenn verschiedene Threads synchronisiert werden müssen.
- Wenn man nicht aufpasst, ist das Verhalten einer asynchronen Anwendung eben doch nicht in allen Fällen so wie das der synchronen Variante, was (je nach Anwendungsfall) negative Folgen hat.
- Asynchronität ist für uns Menschen eine noch größere Herausforderung als für die Entwicklung, wenn wir ein später eintreffendes Ergebnis sinnvoll mit einer vorher ausgelösten Aktion verknüpfen müssen, während wir vielleicht schon wieder etwas völlig anders tun.
- Eine ganze Menge von Operationen hängen voneinander ab und lassen sich nicht, oder nur mit Einschränkungen parallelisieren bzw. nebenläufig ausführen.
- Die Fehlerbehandlung wird komplexer.

Job-Ausführung

Server-basierte Systeme bieten oft die Möglichkeit an, Aufgaben als Jobs laufen zu lassen. Im Gegensatz zu lokal asynchronen Aufgaben werden sie auch noch dann ausgeführt, wenn die Anwendung geschlossen wurde.

3.7.2 Anwenderfreundliche Informationsdialoge

Dieser Abschnitt enthält einige Tipps, wie Sie Informationen in Dialogen für den Anwender angenehmer gestalten können, in Bezug auf die Zeit. Sie kosten nichts, meist nicht einmal Zeit, bewirken aber mitunter einiges.

Formulierung

Seien Sie positiv, und erschrecken Sie den Anwender nicht. Gelegentlich ist es nicht möglich, eine Aktion zeitlich einzuschätzen, beispielsweise bei Reorganisationsvorgängen oder wenn entfernte Systeme im Spiel sind, die schlecht angebunden sind. Auch wenn Sie Routinen anderer Systeme aufrufen müssen, kennen Sie deren interne Implementierung nicht und können vielleicht nicht zuverlässig angeben, wie lange der Anwender warten muss.

Windows Server 2003 ist hier ein gutes Beispiel: Nicht selten ist davon die Rede, dass ein Vorgang Stunden benötigen kann, obwohl für die große Zahl der Fälle nur ein Bruchteil dieser Zeit nötig ist, zum Beispiel, weil nicht jeder Kunde ein Active Directory mit zehntausenden von Anwendern einsetzt. In aller Regel freut sich Ihr Kunde über jedwede Information bezüglich der zu erwartenden Dauer, auch wenn Sie unter Vorbehalt steht oder ungenau ist.

Abbildung 3.24 Negative vs. positive Meldung

Früher waren Anwender oft enttäuscht, wenn Sie statt der alten DOS-Anwendung plötzlich eine Windows-Anwendung bedienen sollten. Die alte DOS-Anwendung war pfeilschnell gewesen und reagierte praktisch sofort auf jeden Tastendruck, während die Windows-Anwendung bei jeder Aktion eine Verzögerung mit sich brachte.

Dafür mussten die Anwender jedoch oft viele Schritte erledigen, die in der Windows-Anwendung zusammengefasst wurden. Wenn Ihre Anwendung also viele Dinge in einem Vorgang erledigt: Informieren Sie den Anwender ruhig darüber, dann weiß er wenigstens, warum er wartet.

Restlaufzeit statt Wartezeit

Oft liest man in Dialogen, wie lange ein Vorgang nun schon dauert. Aber glauben Sie mir: Das ist das Letzte, was Ihr Anwender wissen möchte! Zeigen Sie ihm stattdessen an, wie lange ein Vorgang noch dauern wird. Ihr Anwender wird auch eine Schätzung gerne annehmen, wenn sie nicht gerade völlig danebenliegt.

Aus der Praxis

In einem unserer Reportingsysteme speichern wir die Zeit ab, die ein Report für die Ausführung benötigt. Den Durchschnittswert zeigen wir dem Anwender daraufhin an. Auch wenn dieser Wert empirisch ermittelt ist, hilft er doch, den Anwender bei der Entscheidung zu unterstützen, ob er in diesem Moment auf den Report warten kann oder möchte, oder auch nur, ob sich der Weg in die Teeküche noch lohnt.

Die Anzeige der Restlaufzeit (siehe Abbildung 3.25) ist vor allem dann sinnvoll, wenn der Anwender den Vorgang vorzeitig beenden kann, und stellt dann eine sinnvolle Entscheidungsgrundlage für ihn dar.

Gelegentlich dauert das Ermitteln der Restlaufzeit selbst eine erhebliche Zeit, beispielsweise dann, wenn Sie Dateien verarbeiten und zuerst ermitteln müssen, wie viele Dateien sich auf einem Laufwerk befinden. Dann könnte es sich lohnen, diese

Informationen in einem eigenen Thread zu sammeln und später anzuzeigen. In diesem Fall sollten Sie es dem Anwender aber ermöglichen, den Vorgang abzubrechen, spätestens, wenn die Restlaufzeit bekannt wird.

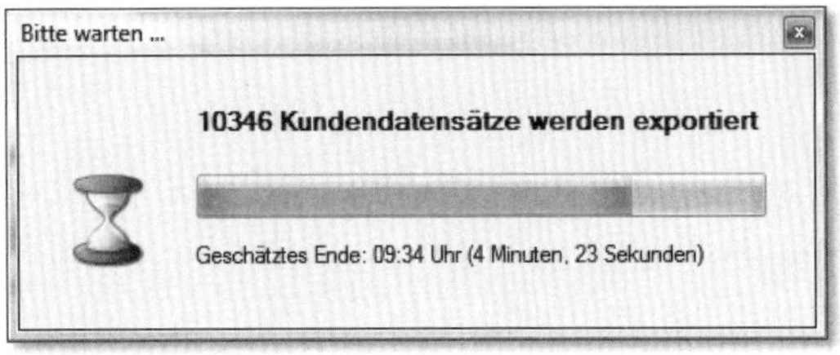

Abbildung 3.25 Dialog mit Angabe der Restlaufzeit

Der Anwender entscheidet

Guter Stil ist, den Anwender vor der Ausführung einer Operation entscheiden zu lassen, ob er so lange warten möchte oder nicht. Dies ist gerade dann sinnvoll, wenn ein Vorgang länger dauert als üblich, beispielsweise, weil sehr viele Datensätze zu verarbeiten oder weitere Schritte nötig sind.

3.7.3 Sonstige Tipps und Tricks

Über Performance und die Verringerung von Wartezeiten ist an ganz verschiedenen Stellen in diesem Buch die Rede. Dieser Abschnitt soll einige Denkanregungen liefern. Die meisten der hier vorgestellten Ideen eignen sich nur für gewisse Szenarien, aber es kann ja nicht schaden, sie zu kennen und im richtigen Moment aus der Gedankenschublade zu holen.

Vorauseilender Gehorsam: Laden auf Verdacht

Manche Browser laden Websites im Voraus, folgen also auf Verdacht den Links in der angezeigten Website. Das ist beispielsweise bei einer Suchanfrage nützlich, denn es besteht schon eine gewisse Wahrscheinlichkeit, vom Suchergebnis einen der ersten Suchtreffer anzusteuern. Ähnlich verhalten sich Datenbankserver, die oft schon Pages in den Arbeitsspeicher laden, von denen anzunehmen ist, dass eine Client-Anwendung sie später abrufen wird.

Trifft die Annahme zu, dann wird ein Anwender mit extrem guter Performance belohnt, weil die Ergebnisse ja schon vorliegen. Allerdings:

- Die Effizienz leidet, im Fall des Browsers wird Bandbreite für all diejenigen Seiten verschwendet, die ein Anwender gar nicht aufrufen wollte, in Datenbanken kosten die gelesenen Pages wertvollen Arbeitsspeicher. Die Auswirkungen müssen also begrenzt werden.

- Ein Anwender wird sich ziemlich sicher darüber wundern, dass eine Aktion einmal rasant schnell ausgeführt wird und ein anderes Mal nicht, und er wird vermutlich erwarten, dass sie immer so schnell wie im ersten Beispiel abläuft. Man muss dieses Feature also dem Anwender vermitteln.

Selbstlernende Optimierung

Manche Anwendungen pflegen heuristische Daten. Häufig bedeutet das, dass sie das, was die Anwender tun, beobachten, statistisch erfassen und aus diesen Daten Optimierungen vornehmen.

Besonders komplex ist dieses Verhalten wieder in Datenbanken, aber in der Praxis kann es auch von Vorteil sein, kleinere Brötchen zu backen.

Beispiele:

- Eine Reportinganwendung könnte sich merken, welche Reports (mit welchen Parametern) besonders häufig aufgerufen werden, und diese bereits fertig gerendert auf der Festplatte ablegen.
- Eine Datenbankanwendung könnte die besonders häufig benötigten Stammdaten ermitteln und diese in einem Cache zwischenspeichern.
- Eine Anwendung zur Lagerhaltung und Lageroptimierung könnte den Lagerbestand besonders häufig abgefragter Produkte selbsttätig in kurzen Zeitabständen ermitteln und vorrätig halten.

Das sind nur wenige Beispiele, die es aber in sich haben können. Letztendlich müssen sie abwägen, ob der Entwicklungsaufwand und die erhöhte Komplexität durch den zu erwartenden Vorteil aufgewogen werden.

Aber auch ohne direkte Auswirkung in einer Anwendung kann sich das Sammeln von Daten zum Nutzungsverhalten einer Anwendung lohnen; Microsoft sammelt diese Daten in großer Zahl und nutzt sie zur Optimierung ihrer Anwendungen, recht erfolgreich übrigens.

Zweistufiges Abrufen

Viele Anwendungen sind recht einfach gestrickt, wenn es um das Abrufen von Daten geht, sie liefern an den Client einfach alle verfügbaren Informationen zurück; egal, ob diese wirklich benötigt werden, oder – oft – nicht.

Unter Umständen lohnt es sich, im ersten Schritt nur eine Übersicht der Daten anzuzeigen, und die Daten, in einem zweiten Schritt, nachzuladen – entweder auf Anfrage des Anwenders oder im Hintergrund. Wenn der Anwender die Daten dann benötigt, dann sind sie entweder bereits nachgeladen oder er muss einen kleinen Augenblick warten. Dafür wird er aber durch ein wesentlich schnelleres Öffnen der Maske entschädigt.

Auch hier ist das voraussichtliche Nutzungsszenario wieder das ausschlaggebende Kriterium.

Top n

Es ist schon fast eine Philosophiefrage: Wie viele Datensätze zeigt man einem Anwender an, der keinen oder nur einen sehr groben Suchfilter angibt?

Die Alternativen:

- Alle; wenn es zu lange dauert, kann ein Anwender die Applikation ja über den Task Manager beenden. Schlechte Idee.
- Einen Dialog: Es sind x Datensätze vorhanden. Wollen Sie wirklich so viele Datensätze anzeigen (kann eine Weile dauern)? Auch nicht gut, außer dass der Anwender diesmal den schwarzen Peter hat.
- Eine Fehlermeldung: Ihre Suche ergab mehr als x Treffer, bitte schränken Sie die Suche ein. Ebenfalls wenig befriedigend, vor allem, wenn ein Anwender diese Fehlermeldung schon mehrfach erhalten hat, die Trefferanzahl aber immer noch zu groß ist.
- So viele Datensätze, wie auf eine Seite passen.
- Top n Datensätze.

Dieser Abschnitt handelt vom Umgang mit der Zeit, warum also nicht einmal folgende Variante ausprobieren?

- So viele Datensätze, wie in n Sekunden abgerufen werden können. Danach kann der Anwender entscheiden: Die nächsten x Datensätze abrufen, oder die Suche verfeinern. Der Vorteil liegt darin, dass die Wartezeit im Voraus bekannt und immer gleich ist. Der Nachteil ist die etwas höhere Komplexität in der Implementierung.

Reports statt Masken

Oft gibt es in Anwendungen bloße Übersichtsseiten, aus denen dann Aktionen ausgeführt werden. Produktübersichten, Suchergebnisse oder die Liste der säumigen Kunden sind solche Beispiele.

In solchen Fällen kann man darüber nachdenken, anstelle klassischer Controls, wie Grids, auch einmal eingebettete Reports anzuzeigen, die oft viel schneller geladen werden können und, ganz nebenbei, auch noch Paging (also seitenweises Blättern) beherrschen.

3.8 Tutorial: Die Enterprise Library

An verschiedenen Stellen weise ich immer wieder auf die Enterprise Library hin. Es handelt sich dabei um einen Satz wiederverwendbarer Softwarekomponenten, die dort *Application Blocks* genannt werden. Entwickelt wurden sie ursprünglich von der Microsoft Pattern & Practices Group. Sie können Sie in Ihren eigenen Projekten unentgeltlich nutzen.

Die Enterprise Library ist für das Softwaredesign hilfreich, weil sie fertige Lösungen für häufige Designfragen wie Logging oder Fehlerbehandlung anbietet. Natürlich muss auch ihr Einsatz geplant und durchdacht werden, aber mit ihren Möglichkeiten gibt sie einen Rahmen vor, den Sie in Ihren eigenen Projekten füllen können.

Eine der besten Eigenschaften ist sicherlich die weitgehende Konfigurierbarkeit. Im Gegensatz zu vielen anderen Bibliotheken ist auch eine komfortable Konfigurationssoftware enthalten, sodass die XML-Config-Dateien nicht mehr von Hand bearbeitet werden müssen. Das erleichtert die Einarbeitung ungemein und vermeidet Fehler, da diese Software die Eingaben auch validieren kann.

Aber wofür können Sie die Enterprise Library nun einsetzen? Für immer wiederkehrende Aufgaben in der Entwicklung professioneller Software, vor allem im Enterprise-Umfeld. Die Version 5.0 umfasst die folgenden Application Blocks, die »Bausteine« der Library:

Application Block	Beschreibung
Caching	Damit können lokale Caches in Anwendungen implementiert werden. Der Cache-Inhalt kann dabei auch persistiert werden.
Cryptography	Mit diesem Application Block lassen sich Daten ver- und entschlüsseln, besonders praktisch ist das beispielsweise für das Speichern von Zugangspasswörtern.
Data Access	Dieser Application Block baut auf ADO.NET auf und bietet eine vereinfachte Schnittstelle zum Abrufen und Speichern von Daten.
Exception Handling	Erlaubt den flexiblen Umgang mit Exceptions, zum Beispiel deren Logging, der Benachrichtigung von Anwendern und dem Ersetzen von Exceptions.
Logging	Bietet Standardfunktionalität zum Loggen an.

Tabelle 3.5 Die Application Blocks der Enterprise Library

Application Block	Beschreibung
Policy Injection	Damit können Policys automatisch den Objektinstanzen zugewiesen werden, die sich dann um Querschnittsaufgaben kümmern, zum Beispiel der Validierung übergebener Parameter.
Security	Bietet Standardfunktionalität zum Implementieren eigener Sicherheitsrichtlinien in Anwendungen.
Unity	Mithilfe dieses Application Blocks steht ein IoC (Inversion of Control)-Container bereit, der Constructor-, Property- und Method-Injection beherrscht.
Validation	Damit können Sie Validierungsregeln definieren, gegen die Geschäftsobjekte geprüft werden.

Tabelle 3.5 Die Application Blocks der Enterprise Library (Forts.)

In diesem Tutorial betrachten wir die Application Blocks *Logging* und *Exception Handling*. Damit wir beginnen können, laden Sie sich bitte unter *entlib.codeplex.com* die Version 5 der Enterprise Library herunter, und installieren Sie diese.

Die Enterprise Library umfasst auch den Source Code, den Sie während der Installation auf die Festplatte kopieren und anschließend kompilieren können.

3.8.1 Der Logging Application Block

Es ist schon praktisch, wenn die Administratoren selbst entscheiden können, in welcher Form Informationen geloggt werden sollen. Zur Auswahl stehen:

- eine einfache Textdatei
- eine Datenbank (das entsprechende Schema liegt der Installation bei)
- E-Mail
- das Eventlog
- eine Message Queue in Microsofts MSMQ
- WMI
- ein eigener Ablageort, denn die Enterprise Library ist erweiterbar

Die Anwendung vorbereiten

Sie benötigen zunächst Verweise auf die Bibliothek:

- *Microsoft.Practices.EnterpriseLibrary.Logging.dll*

Darüber hinaus benötigt Ihre Anwendung eine Anwendungskonfigurationsdatei, kurz *app.config*. Im Web und für die Entwicklung von WCF-Services unter IIS enthält die Datei *web.config* die Konfigurationselemente der Enterprise Library. Die DLLs der Enterprise Library werden automatisch in das Ausgabeverzeichnis kopiert, Sie können sie dann mit der Anwendung ausliefern. Oder aber Sie verwenden die Assemblys im GAC.

Ein Ereignis loggen

Das Loggen selbst ist eine sehr einfache Angelegenheit. Importieren Sie zunächst den Logging-Namespace:

```
using Microsoft.Practices.EnterpriseLibrary.Logging;
```

Der Logging Application Block stellt Ihnen die statische Klasse `Logger` bereit, die 19-fach überladen ist, je nach zu übergebenden Parametern.

Im einfachsten Fall rufen Sie die `Write`-Methode einfach mit der zu loggenden Nachricht auf:

```
Logger.Write("Der zu loggende Text");
```

Für unser Beispiel fügen wir noch eine Kategorie hinzu:

```
Logger.Write("Der zu loggende Text", "MyCategory");
```

Die Parameter im Detail:

Parameter	Beschreibung
`object message`	Das ist die zu loggende Nachricht. Es wird hierfür die `ToString`-Methode aufgerufen, die Sie in eigenen Klassen überschreiben können.
`string category` `ICollection<string> categories`	Wird keine Kategorie angegeben, verwendet der Application Block die Default-Kategorie. Ein Log-Eintrag kann auch mehrere Kategorien beinhalten, dann verwenden Sie bitte den Parameter `categories`. Kategorien sind der Verteilmechanismus, anhand dessen entschieden wird, in welchem Format und wo die Nachricht geloggt wird. Lassen Sie diesen Parameter nur für sehr einfache Logging-Aufgaben weg.

Tabelle 3.6 Die Parameter von Logger.Write

Parameter	Beschreibung
`IDictionary<string, object> properties`	Enthält beliebig viele Key/Value-Paare, die im Log-Eintrag erscheinen sollen. Sie können diesen Parameter verwenden, um beispielsweise historische Daten zu speichern oder die näheren Umstände eines Log-Eintrags.
`int priority`	Für Einträge im Eventlog ist die Priorität ohnehin wichtig. Die Konfiguration bietet darüber hinaus die Möglichkeit, Log-Einträge unterhalb einer eingestellten Priorität zu unterdrücken.
`int eventId`	Diese Ereignis-Id ermöglicht beispielsweise im Eventlog die Filterung nach Ereignissen. Sie können die `eventId` verwenden, wenn Sie beispielsweise verschiedene Komponenten innerhalb einer Anwendung haben, die Log-Einträge schreiben.
`TraceEventType severity`	Verwendet die Enumeration aus dem `System.Diagnostic`-Namespace, um den Schweregrad eines Log-Eintrags zu bestimmen. Auch diesen Wert können Sie dafür nutzen, um Log-Einträge unterhalb eines eingestellten Werts zu ignorieren. Das ist besonders praktisch, da Sie so zu Diagnosezwecken auch *Verbose*- oder *Information*-Einträge erzeugen können, die im Standardbetrieb aber das Logging-System nicht belasten, weil die Schwelle dort auf *Warning* eingestellt wird.
`string title`	Ergänzt den Log-Eintrag um eine zusätzliche Bezeichnung.

Tabelle 3.6 Die Parameter von Logger.Write (Forts.)

Alternativ nimmt die `Logger.Write`-Methode auch ein Objekt vom Typ `LogEntry` entgegen, das im Wesentlichen dieselben Eigenschaften besitzt wie oben beschrieben.

Die Konfiguration erstellen

Bisher hätten Sie auch jede andere Logging-Bibliothek verwenden können, doch jetzt wird es interessant. Den besonderen Reiz der Enterprise Library machen ihre Konfigurationsmöglichkeiten aus. Dafür wurden während der Installation (unter ENTER-

PRISE LIBRARY CONFIGURATION) mehrere Konfigurationstools installiert, für .NET 3.5 und .NET 4 (und höher), jeweils in einer Ausfertigung für 32- und 64-bit-Systeme).

Starten Sie nun das Konfigurationswerkzeug in der für Sie passenden Variante und wählen Sie FILE • OPEN APPLICATION. Öffnen Sie die Anwendungskonfigurationsdatei im Projektordner, nicht im Ausgabeverzeichnis Ihrer Anwendung.

Die Enterprise Library fügt automatisch zwei Elemente hinzu, DATABASE SETTINGS und APPLICATION SETTINGS. Ersteres können wir später gebrauchen, wenn wir Logeinträge in eine Datenbank schreiben wollen, weil dort der Datenbankzugriff konfiguriert wird. Im Beispiel können wir beide in der Konfiguration belassen.

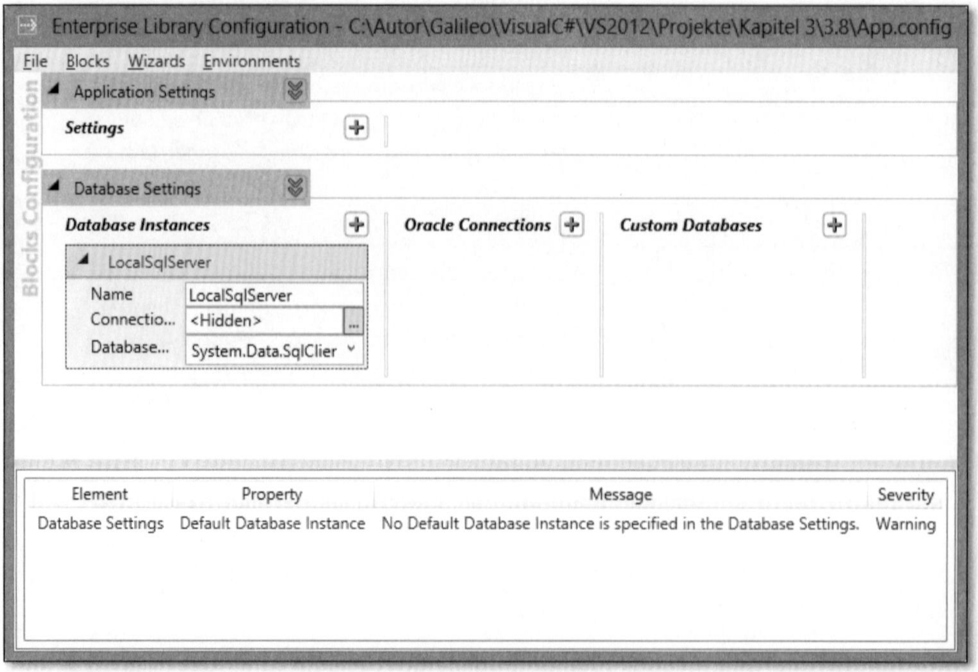

Abbildung 3.26 Enterprise Library Startbildschirm

Übrigens, die Benutzeroberfläche wurde mit der aktuellen Version 5 erheblich verändert, dennoch können Sie alle Beispiele auch auf die Vorversion übertragen.

Öffnen Sie nun das Kontextmenü des Knotens mit der *App.config*-Datei, und wählen Sie NEW. Es erscheint eine Liste der Application Blocks, die Sie der Konfiguration hinzufügen können. Wählen Sie bitte im Menü BLOCKS den Eintrag ADD LOGGING SETTINGS aus, was den Logging Application Block der Konfiguration hinzufügt, wie in Abbildung 3.27 zu sehen ist.

Mithilfe der Knoten unterhalb des Application Blocks fügen Sie nun Ihre Konfiguration hinzu. Die Bedeutung im Einzelnen finden Sie in Tabelle 3.7.

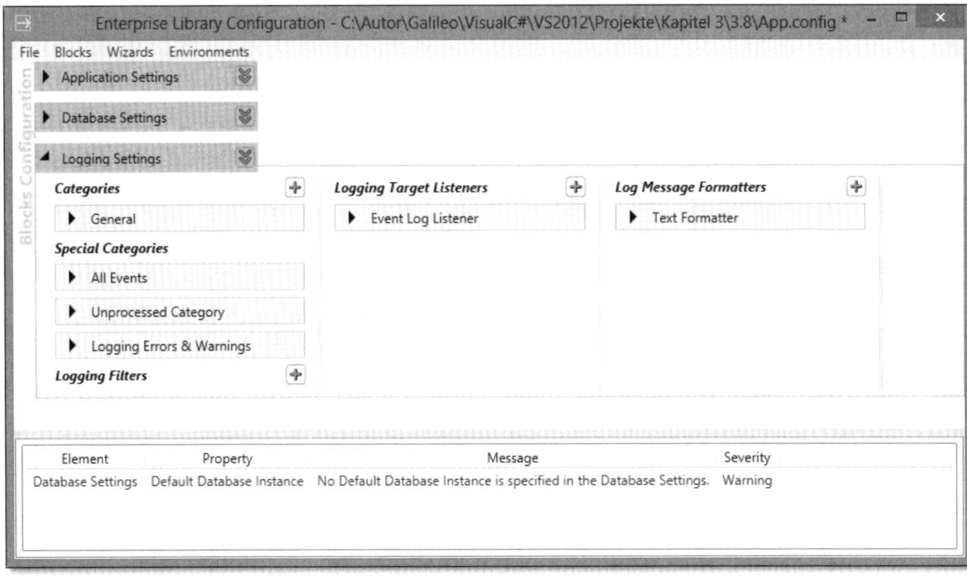

Abbildung 3.27 Konfiguration nach dem Hinzufügen des Logging Application Blocks

Eintrag	Bedeutung
Logging Filters	Hier können Sie Filter definieren, die sich auf den gesamten Logging Application Block auswirken, beispielsweise das gesamte Logging ein- oder ausschalten.
Categories	Hier geben Sie die Kategorien an, so wie im Code. Sie können jede Kategorie eigens behandeln, also anders konfigurieren.
Special Categories	Auch beim Loggen selbst können Fehler auftreten. Solche werden hier behandelt. Aber auch Kategorien, die nicht unter Categories eine Entsprechung finden, werden unterhalb dieses Knotens verarbeitet (Unter UNPROCESSED CATEGORY).
Logging Target Listener	Es können beliebige Loggingziele definiert und flexibel mit den Kategorien verbunden werden.
Log Message Formatters	Das Format des Log-Eintrags kann in Grenzen selbst festgelegt werden. Das können Sie mithilfe des Text Formatters in lesbarer Form erledigen oder mithilfe des Binary Formatters in binärem Format.

Tabelle 3.7 Der Konfigurationsknoten »Logging Settings«

Fügen wir der Konfiguration nun eine neue Kategorie hinzu, was am einfachsten über die Schaltfläche + geht, woraufhin der Menüeintrag ADD CATEGORY erscheint. Nennen wir sie *MyCategory*, so wie Sie die Kategorie bei der Erzeugung des Log-Eintrags im Code angegeben haben. Mit diesem Eintrag verarbeiten wir alle Logeinträge der Kategorie *MyCategory*, sie benötigen daher für jede Kategorie einen eigenen Knoten, es sei denn, Sie nutzen den Knoten UNPROCESSED CATEGORY unter SPECIAL CATEGORIES, was ich jedoch nicht empfehle, weil das explizite Angeben von Kategorien eben auch erlaubt, jede Kategorie für sich zu betrachten und zu konfigurieren.

Belassen Sie die Option AUTOFLUSH auf *True*. Sie können hier nun für die neu erschaffene Kategorie angeben, ab welchem Schweregrad Log-Einträge verarbeitet werden. Standardmäßig sind dies alle Einträge; die zugehörige Option MINIMUM SEVERITY zeigt daher *All* an.

Sie müssen nun angeben, was mit den Log-Einträgen geschehen soll. Hierfür benötigen Sie einen *Logging Target Listener*. Wählen Sie daher, abermals aus dem Kontextmenü der zugehörigen +-Schaltfläche, die Option ADD LOGGING TARGET LISTENER AUS. Die folgenden Auswahlmöglichkeiten stehen zur Verfügung:

Trace Listener	Beschreibung
Custom	Sie können hier eine Klasse angeben, die Sie zuvor von `CustomTraceListener` abgeleitet haben. Angesichts der Vielfalt der zur Verfügung stehenden Trace Listener werden Sie diese Option vermutlich nie benötigen.
Database	Bevor Sie diesen Trace Listener nutzen können, müssen Sie zuvor das Script zur Erzeugung des Datenbankschemas ausführen. Die zugehörigen Kommandodateien finden Sie im *EntLibSrc*-Ordner der Enterprise Library. Außerdem wird noch ein *Data Access Application Block* benötigt, in dem die Zugangsdaten zur Datenbank konfiguriert werden.
Email	Damit werden E-Mails über SMTP versendet.
Flat File	Wie der Name schon sagt, werden hier Log-Informationen in eine einfache Textdatei geschrieben.
Eventlog	Nutzt das Windows-Eventlog, um Log-Einträge zu speichern. Diese Möglichkeit ist oft des Administrators Liebling, weil er so nur in einer Quelle nachschauen muss, um Betriebssystem und Anwendungen gleichermaßen zu warten.
Message Queuing	Damit werden die Einträge in eine Warteschlange des MSMQ-Dienstes geschrieben.

Tabelle 3.8 Die verschiedenen Logging Target Listeners

Trace Listener	Beschreibung
Rolling Flat File	Hiermit werden alte Einträge überschrieben, abhängig von den getroffenen Einstellungen. Die Logdatei kann also niemals zu groß werden.
System Diagnostics	Verwendet die .NET Trace Listeners, zum Beispiel den `Console Trace Listener`.
WMI	Es wird ein WMI-Ereignis generiert, sobald ein Log-Eintrag erzeugt wird.
XML	Nützlich, wenn XML-Daten benötigt werden, zum Beispiel im Zusammenspiel mit der WCF.

Tabelle 3.8 Die verschiedenen Logging Target Listeners (Forts.)

Für unser Beispiel wählen wir einen E-Mail-Trace-Listener aus. Konfigurieren Sie nun die folgenden Werte:

- Die Eigenschaft SEVERITY FILTER filtert, wie zuvor, die Log-Einträge nach Schweregrad (*severity*) und ist auch hier standardmäßig auf *All* eingestellt.
- Konfigurieren Sie eine Absenderadresse (FROMADDRESS), zum Beispiel *EL@company.com*.
- Geben Sie einen SMTP-Server an (SMTPSERVER), der Relaying für die angegebene Absender- und Zieladresse zulässt.
- Nun benötigen Sie noch einen Empfänger, den Sie unter TOADDRESS angeben können, zum Beispiel *support@company.com*.
- Optional geben Sie bitte die Eigenschaften SUBJECT LINE PREFIX und SUBJECT LINE SUFFIX an, um die Betreffzeile der E-Mail entsprechend zu formatieren. Das ist wichtig, damit die eingehenden E-Mails auch optisch sofort der Enterprise Library zugeordnet werden können.

Obwohl es optisch so aussieht, ist die Kategorie noch nicht dem Logging Target Listener zugewiesen. Das erledigen Sie in der Kategorie, durch Klick auf die Schaltfläche + unter Listeners. Wählen Sie hier einfach den zuvor erstellten Logging Target Listener aus.

Zum Schluss müssen wir noch die Kategorie mit dem Trace Listener verbinden. Dazu wählen Sie im Kontextmenü des Knotens MYCATEGORY die Option NEW • TRACE LISTENER REFERENCE und wählen den soeben konfigurierten Trace Listener aus der Liste aus. Das können auch mehrere sein, wenn Sie die Meldung nicht nur per E-Mail verschicken, sondern zum Beispiel auch in einer Datei verewigen möchten.

Damit sind Konfiguration und Programmierung abgeschlossen. Ab sofort erhalten Sie eine E-Mail, sobald ein Log-Eintrag der Kategorie *MyCategory* erzeugt wird. Ihre Konfiguration sollte nun wie in Abbildung 3.28 dargestellt aussehen.

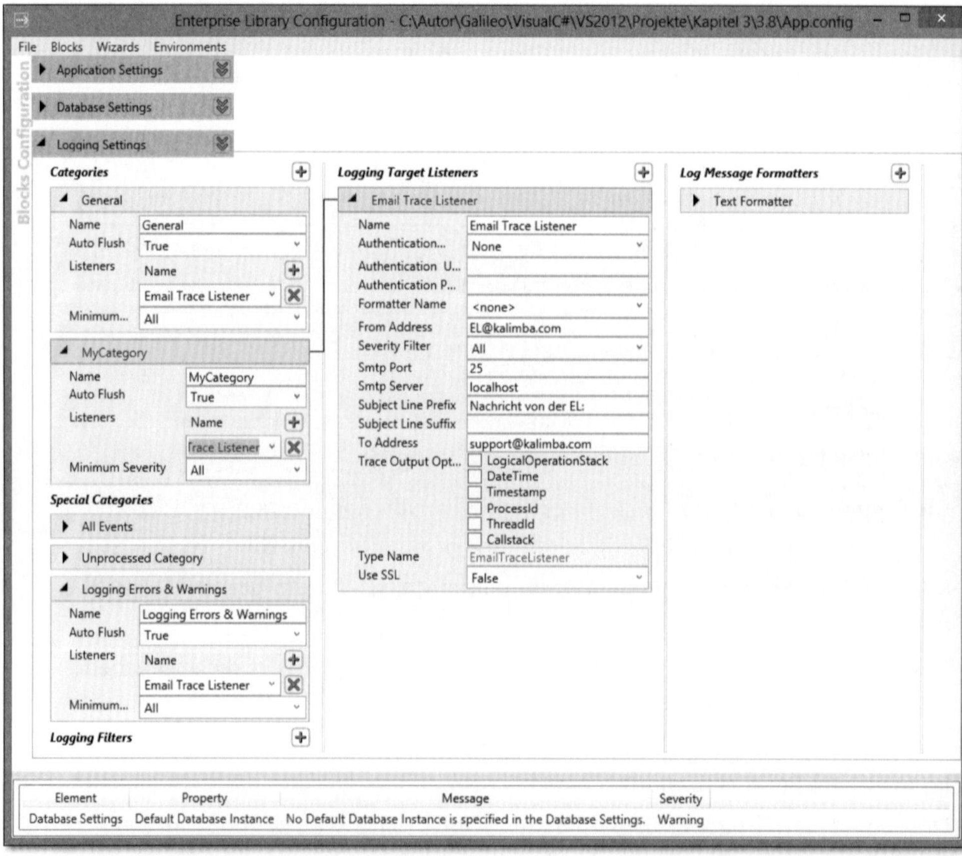

Abbildung 3.28 Die fertige Konfiguration

Zum Abschluss noch einige Hinweise und Empfehlungen, die sich in der Praxis bewährt haben:

- Loggen Sie reichlich!
- Verwenden Sie zumindest die Parameter *Category* und *Severity* und natürlich die Nachricht selbst.
- Loggen Sie an kritischen Stellen auch Nachrichten mit *TraceEventType* (*Severity*) *Verbose* und *Information*, und unterscheiden Sie wenigstens immer zwischen *Warning*, *Error* und *Critical*. Nur so kann ein Szenario aufgebaut werden, in dem verschiedene Arten von Fehlern zu verschiedenen Benachrichtigungen führen.

- Setzen Sie den Standardfilter auf *Warning*.
- Überlassen Sie die Benachrichtigung möglichst den Kollegen von Administration und Support, sofern vorhanden.
- Verwenden Sie für alle Anwendungen dasselbe Benachrichtigungsschema.
- Richten Sie für E-Mail-Benachrichtigungen ein eigenes Postfach ein oder in Exchange einen öffentlichen Ordner. Wenn einmal ein Fehler in einer Schleife in großer Anzahl produziert wird, so können Sie es leicht wieder leeren.
- Geben Sie *ExtendedProperties* an, um den Kontext einer Nachricht deutlich zu machen. Darin könnten Sie beispielsweise die Daten des aktuell verarbeiteten Kunden speichern.
- Nutzen Sie das Logging niemals innerhalb eines `catch`-Blocks. Dafür gibt es einen eigenen Application Block, der nun Gegenstand des zweiten Tutorials ist.

Aus der Praxis

Ich nutze die Enterprise Library wirklich intensiv in eigenen Projekten. Unter anderem nutze ich auch die Anbindung an MSMQ, und zwar als zweiten Logging Target Listener nach der Benachrichtigung der Administratoren bzw. dem Speichern der zu protokollierenden Nachricht in anderen Quellen.

So werden alle Nachrichten in eine Message Queue eingestellt. Dort wartet ein kleiner Service, der Abonnements von Clients entgegen nimmt. Jede neu eintreffende Lognachricht wird dann an alle aktuellen Abonnenten verteilt, die dann in einer kleinen Silverlight-Anwendung angezeigt wird.

Während der Laufzeit kommen so ständig neue Abonnenten hinzu und andere beenden die Clientanwendung wieder. Jeder Abonnent kann zudem entscheiden, welche Kategorien und welche Schweregrade er sehen möchte.

Mit diesem System kann man einer Anwendung quasi »live« bei der Arbeit zuschauen, was für Administratoren und Anwender (vor allem Power-User) gleichermaßen interessant ist. Während die Administratoren sich für auftretende Fehler, Verbindungsabbrüche zum Beispiel interessieren, schauen sich die Anwender an, wie weit ihre Aufträge schon abgearbeitet wurden.

3.8.2 Der Exception Handling Application Block

Der zweite Application Block in diesem Tutorial beschäftigt sich mit Exceptions. Mit seiner Hilfe können Sie konfigurationsgesteuert auf Exceptions reagieren. Er ist aber kein Ersatz für eine durchdachte und strukturierte Behandlung von Exceptions, sondern eine Ergänzung.

Der Exception Handling Application Block bietet Ihnen diese Möglichkeiten:

- Sie können eine Exception gegen eine andere Exception austauschen. Dies kann nützlich sein, um den Text einer Exception zu verändern oder um Implementationsdetails zu verbergen, die Exceptions immer auch verraten, zum Beispiel durch den StackTrace.
- Exceptions können in andere Exceptions eingewickelt werden. Damit erreichen Sie prinzipiell dasselbe wie beim Austausch einer Exception, behalten aber die ursprüngliche Exception in der InnerException-Eigenschaft bei.
- Sie können Exceptions loggen. Dazu bedient sich der Exception Handling Application Block des Logging Application Blocks (siehe Abschnitt 3.8.1, »Der Logging Application Block«) und all dessen Möglichkeiten.
- WCF-Exceptions können in *FaultContracts* verpackt werden. Das ist die in WCF bevorzugte Möglichkeit, Exceptions vom Server zum Client zu transportieren.
- Außerdem können Sie einen eigenen Exception Handler schreiben.

Da Sie den Umgang mit dem Konfigurationswerkzeug bereits kennengelernt haben, kann ich mich nun etwas kürzer fassen.

Die Anwendung vorbereiten

Fügen Sie die folgenden Verweise Ihrem Projekt hinzu:

- *Microsoft.Practices.EnterpriseLibrary.ExceptionHandling.dll*
- *Microsoft.Practices.EnterpriseLibrary.ExceptionHandling.Logging.dll*

Eine Exception im Code behandeln

Importieren Sie zunächst den entsprechenden Namespace:

```
using Microsoft.Practices.EnterpriseLibrary.ExceptionHandling;
```

Für unser Beispiel produzieren wir eine `DivideByZeroException`, also eine Division durch Null, und geben diese Exception an die Enterprise Library weiter.

```
try
{
  int x = 0;
  int y = 0;
  int z = x / y; //Division durch Null
}
catch (Exception ex)
{
  bool rethrow = ExceptionPolicy.HandleException(ex, "Unhandled");
```

```
  if (rethrow)
    throw;
}
```


Listing 3.14 DivideByZeroException an Enterprise Library weitergeben

Zunächst führen wir einen Code aus, der zu einer Exception führt. Zu welcher Exception, ist an dieser Stelle noch nicht wichtig. Wir werden darauf in der Konfiguration zurückkommen.

Anschließend rufen Sie die Methode `HandleException` der statischen Klasse `ExceptionPolicy` auf und übergeben ihr

- die zu behandelnde Exception selbst, und
- den Namen der Exception Policy. Diese Policys lassen sich dann in der Enterprise Library Configuration anlegen und konfigurieren. Es sind einfache Strings, sozusagen eine Art von Fehlerkategorie.

Als Rückgabewert erhalten Sie die Information, ob die ursprüngliche Exception im Code (erneut) ausgelöst werden soll oder nicht. Ist dies der Fall, dann lösen Sie sie mittels `throw` erneut aus.

Der Versuch, die Exception mithilfe des Exception Handling Application Blocks zu behandeln, kann selbst natürlich auch fehlschlagen, beispielsweise wenn dafür keine geeignete Konfiguration in der *App.config* vorhanden ist. Wir können in diesem Beispiel nicht einfach einen weiteren `try-catch`-Block um die Methode `HandleException` aufbauen, da die Exception ja auch erneut ausgelöst werden kann, wenn die Variable `rethrow` den Wert `true` annimmt. Es ist daher wichtig, dass Sie den Einsatz der Enterprise Library testen, zum Beispiel mit Hilfe von Unit-Tests.

Eine Exception protokollieren

Öffnen Sie nun die *App.config* mit dem Enterprise-Library-Configuration-Tool. Wählen Sie nun aus dem Menü BLOCKS die Option ADD EXCEPTION HANDLING SETTINGS aus. Fügen Sie dem gerade erstellten Application Block eine neue *Policy* hinzu, und benennen Sie diese `Unhandled`, so wie wir sie im Code zuvor benannt haben.

Wir sind nun bereit, auf die verschiedenen Exception-Typen zu reagieren und wählen eine DIVIDEBYZEROEXCEPTION aus, im Kontextmenü der gerade erstellten Policy (ADD EXCEPTION TYPE). Sie können hier so konkret oder allgemein sein wie Sie möchten, im Beispiel reagieren wir genau auf den Typ von Exceptions, den wir zuvor absichtlich ausgelöst haben. Sie können jetzt mithilfe der Eigenschaft `PostHandlingAction` bestimmen, was mit der Exception geschehen soll.

Einstellung	Beschreibung
None	Die HandleException-Methode gibt false zurück, damit wird die Exception in unserem Code geschluckt.
NotifyRethrow	Die HandleException-Methode gibt true zurück, damit wird die Exception erneut ausgelöst. Das ist der Defaultwert.
ThrowNewException	Löst eine neue Exception aus. Dafür müssen Sie diese aber zuvor konfiguriert haben, indem Sie der *DivideByZero*-Exception einen Replace-Handler hinzufügen. Damit können Sie z. B. aus einer konkreten Exception eine allgemeine machen und damit die Details der Implementierung vor dem Client verstecken.

Tabelle 3.9 Möglichkeiten, auf die auftretende Exception zu reagieren

Wählen Sie NotifyRethrow aus, denn wir wollen die Exception loggen, nicht schlucken. Wählen Sie bitte den LoggingHandler aus dem Kontextmenü der *DivideByZero-Exception* (ADDHANDLERS • ADD LOGGING EXCEPTION HANDLER). Wenn Sie nicht bereits einen Logging Application Block in Ihrer Konfiguration haben, dann fügt der Konfigurationseditor diesen nun hinzu. Soweit sollte Ihre Konfiguration wie in Abbildung 3.29 aussehen.

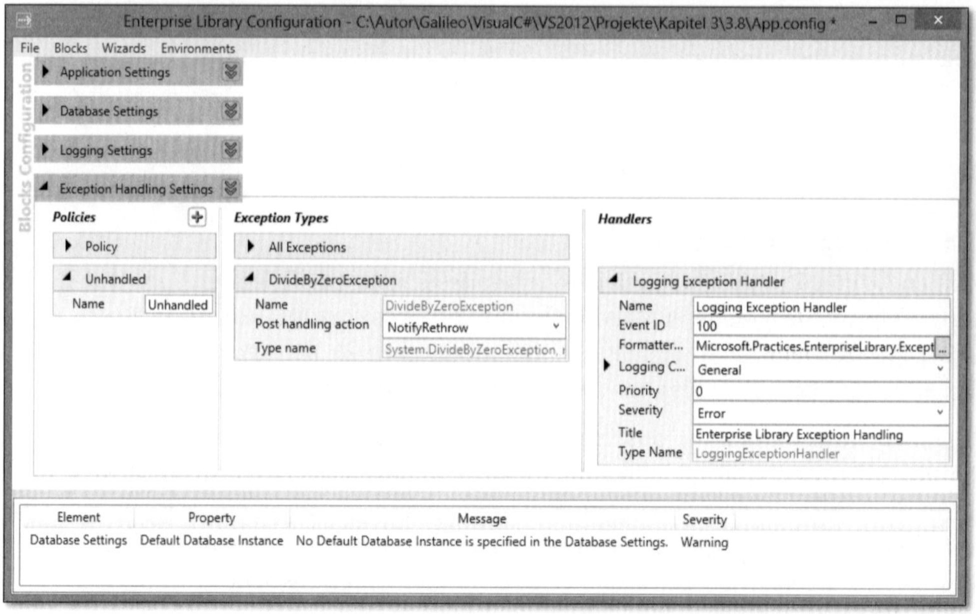

Abbildung 3.29 Exception Handling Application Block

Die Konfiguration ist noch nicht vollständig. Entscheidend ist nun die Logging Category, die das Verbindungselement zum vorher erstellten Logging Application Block darstellt. Und auch der FORMATTER TYPE, der standardmäßig auftretende Exceptions in Textform protokolliert; möglich wäre auch noch XML.

Als *LogCategory* können Sie eine freie Kategorie vergeben, die die Verbindung mit dem Logging Application Block darstellt, zum Beispiel *MyCategory*. Die Einstellungen im Überblick:

Einstellung	Beschreibung
Name	Ein frei wählbarer Name.
EventId	Die Ereignis-Id der zu loggenden Exception.
FormatterType	Gibt an, wie der Log-Eintrag formatiert werden soll, zur Auswahl stehen *TextExceptionFormatter* und *XmlExceptionFormatter*.
LogCategory	Die Kategorie des Log-Eintrags, für den im Logging Application Block unter *Category Sources* ein entsprechender Eintrag vorhanden sein muss.
Priority	Die Priorität des Log-Eintrags.
Severity	Der Schweregrad des zu protokollierenden Eintrags, bei Fehlern wird das häufig der Standardwert *Error* sein.
Title	Der Titel des Eintrags, entspricht der zu loggenden Nachricht.
Type Name	Der Typ des Eintrags, readonly, hier: `LoggingExceptionHandler`.

Tabelle 3.10 Die Einstellungen des zu erstellenden Log-Eintrags

Abbildung 3.30 zeigt die endgültige Konfiguration.

Wenn wir die Anwendung nun ausführen und den Fehler damit produzieren, dann wird dieser Fehler per E-Mail verschickt. Abbildung 3.31 zeigt dieselbe Exception, aber diesmal im Eventlog von Windows.

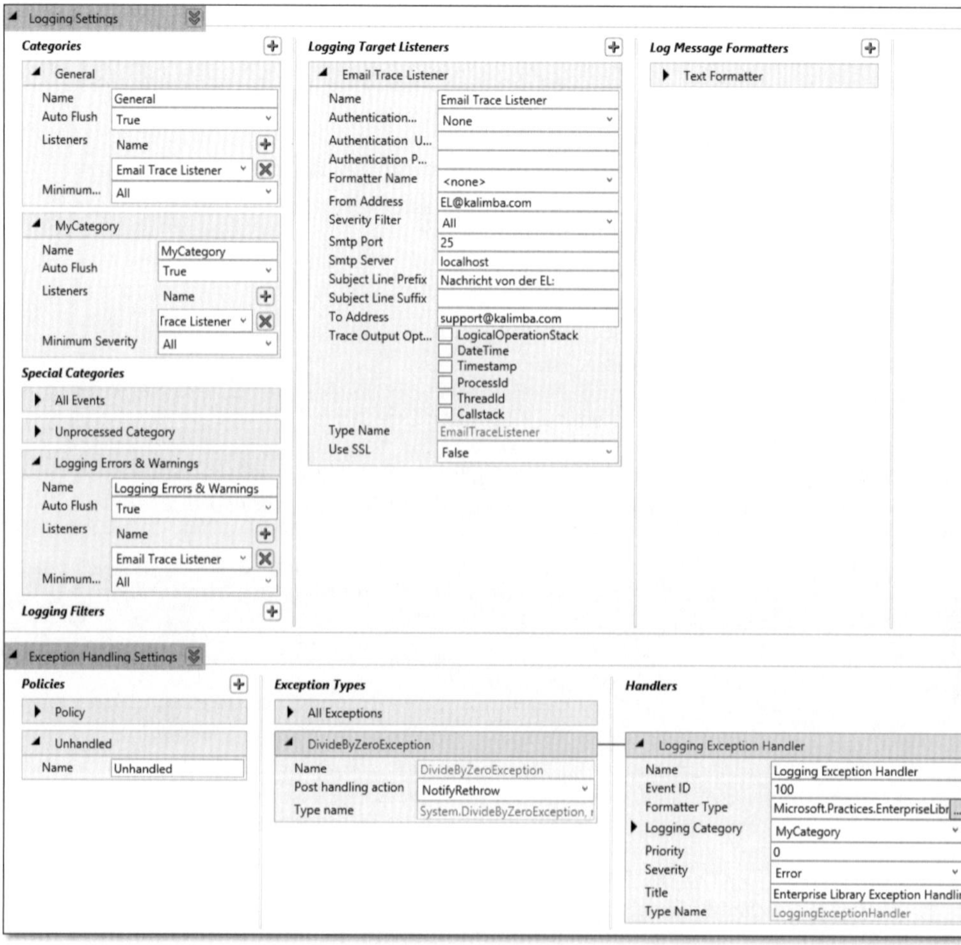

Abbildung 3.30 Konfigurierte Exceptions mit Protokollierung

Wenn Sie den Exception Handling Application Block einsetzen möchten, dann beachten Sie bitte:

- Das Unterdrücken von Exceptions ist meist keine gute Idee. Setzen Sie es daher, wenn überhaupt, nur übergangsweise ein.
- Für das Logging von Exceptions sollten Sie ein Konzept erstellen. Es stellt sich insbesondere die Frage, welche Personen bei welcher Art von Exceptions in welcher Form benachrichtigt werden sollen.

- Sie sollten den `try-catch`-Block möglichst allgemein halten, damit Sie später bei Änderungen an der Konfiguration nicht Ihren Code ändern müssen.
- Auch beim Verarbeiten von Exceptions durch die Enterprise Library können Fehler passieren. Je komplexer die Konfiguration ist und je mehr Application Blocks beteiligt sind, desto eher.

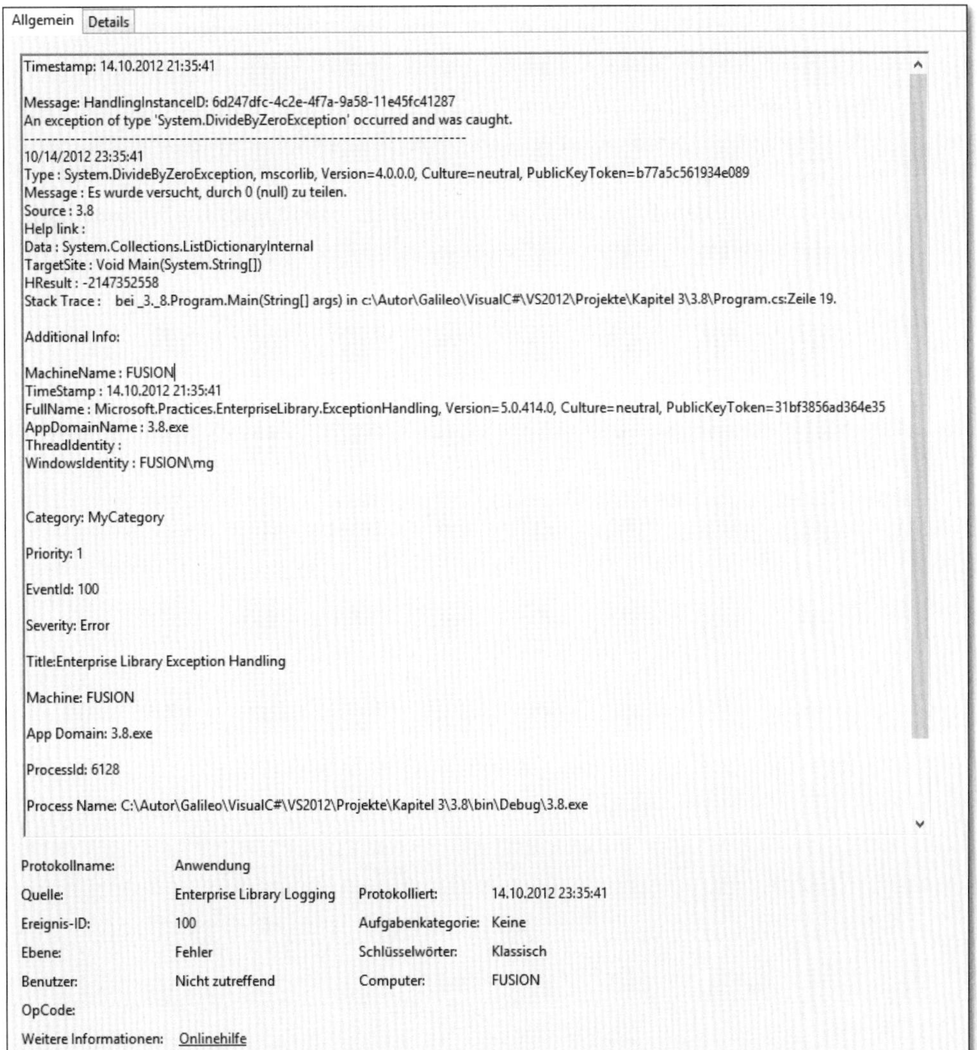

Abbildung 3.31 Der protokollierte Fehler in der Ereignisanzeige von Windows

Aus der Praxis

In unseren Anwendungen setzen wir den Exception Handling Application Block für alle Services ein. Wir benennen die Exception Policys dabei wie die Methode, in der der Fehler auftritt, zum Beispiel »GetCustomer«.

Wenn wir Fehler loggen, dann benennen wir die *LogCategory* wie den Service und hängen ein *_Exception* an. Damit ist klar, woher ein Log-Eintrag kommt, und solche Log-Einträge können anders behandelt werden als gewöhnliche Log-Einträge.

Den Logfilter setzen wir auf *Warning*, während Fehlereinträge immer mit dem Schweregrad *Error* protokolliert werden. Damit werden automatisch alle auftretenden Fehler protokolliert. Die Benachrichtigung orientiert sich am Modul, das einen Fehler wirft, und dem Exception-Typ. Den Basistyp `System.Exception` behandeln wir immer am Schluss, damit uns kein Fehler entgeht.

In den `try-catch`-Blöcken nutzen wir nach wie vor die Möglichkeit, mehrere Exception-Typen anzugeben und im Programm unterschiedlich zu behandeln.

Zum Schluss des Kapitels möchte ich Sie noch ermuntern, auch einen Blick auf die restlichen Application Blocks zu werfen. Es lohnt sich, die Enterprise Library bietet wirklich viele nützliche Funktionen an und eignet sich, trotz ihres Namens, keineswegs nur für Enterprise-Anwendungen.

Kapitel 4
.NET für Fortgeschrittene

Die Güte des Werkes ist nicht abhängig vom Werkzeug, sondern von demjenigen, der das Werkzeug bedient. (Plutarch)

C# ist eine großartige Programmiersprache und das .NET Framework eine hervorragende Entwicklerplattform. Beides ist sicherlich nicht schwerer zu erlernen als beispielsweise Java. Und dennoch: Die Schere zwischen Leistungsumfang und Leistungsverwendung klafft immer weiter auseinander. In Redmond arbeiten viele intelligente Entwickler, Produktmanager, Architekten und Designer daran, C# und das .NET Framework weiterzuentwickeln, mit stetig steigender Geschwindigkeit. Zu schnell für viele Entwickler und erst recht zu schnell für viele Arbeitgeber, die lieber den Codebestand wachsen sehen als die Fähigkeiten ihrer Angestellten. Aber ich will mich nicht beschweren, sondern meinen Teil zur Lösung dieses Dilemmas beitragen.

In diesem Kapitel geht es daher um C#, genauer genommen um C# und .NET, denn ein großer Teil betrifft die Klassenbibliothek an sich und gilt daher auch für andere Sprachen aus dem .NET-Universum.

Ich gehe davon aus, dass Sie bereits über eine gewisse Arbeitsgrundlage verfügen. Es erwarten Sie einige fortgeschrittene Themen, wie Multithreading, aber auch Basis-Themen, bei deren Anwendung es in der Praxis häufig zu Missverständnissen und Fehlern kommt. Es ist eine subjektive Auswahl, entstanden aus Codereviews und Beobachtungen und nicht zuletzt auch aus der Zusammenarbeit mit meinen Entwicklern und Auszubildenden.

Mehr noch als in den anderen Kapiteln verfolgt mich die Seitenzahl unerbittlich, und so muss ich mich einerseits kurz fassen, andererseits doch so lang erklären, dass Sie die Beispiele nachvollziehen können. Steigen Sie nun ein in die (wunderbare) Welt der parallelen Verarbeitung...

4.1 Parallele Verarbeitung

Mit Visual Studio 2010 und .NET 4 hat das .NET Framework in Sachen Multithreading und paralleler Verarbeitung mächtig aufgeholt und einige substanzielle Verbesserungen eingeführt, allen voran die *Task Parallel Library (TPL)*. Mit Visual Studio 2012 und .NET 4.5 ist das wohl coolste Feature seit LINQ dazugekommen, das async/await-Muster. Von beidem ist in diesem Kapitel die Rede und davon, was bei der Entwicklung nebenläufiger Anwendung alles zu beachten ist, neben der richtigen Anwendung der Sprache und der Klassenbibliothek.

Warum Sie das tun sollten? Nun, darüber muss man nicht viele Worte verlieren. Chip-Strukturen lassen sich leichter verkleinern, als dass sich die Taktfrequenz steigern lässt, und daher gewinnen die CPUs an Kernen, sowohl physische als auch logische. Wesentliche Performancegewinne werden künftig also nur zu erreichen sein, wenn Sie die Arbeit Ihrer Anwendungen auf mehrere Threads verteilen. Dieser Trend gewinnt mit den angekündigten Many-Core-Prozessoren noch rasant an Fahrt. Kurz: Es ist die richtige Zeit, sich mit der Entwicklung parallel arbeitender Anwendungen zu beschäftigen,

Zu den Begriffen: *Asynchrone Verarbeitung*, *Nebenläufigkeit*, *Multithreading* und *parallele Verarbeitung* bezeichnen im Kontext dieses Buches immer dasselbe: die parallele Ausführung von C#-Code in Anwendungen. Das heißt aber nicht, dass Anwendungen auch tatsächlich immer auf mehreren Threads oder gar auf mehreren Kernen/Prozessoren ausgeführt werden müssen. Es gibt sogar Fälle, in denen das überhaupt nicht wünschenswert ist. Wenn keine echte CPU-Arbeit zu verrichten ist, zum Beispiel weil die Anwendung gerade auf Daten aus dem Internet wartet, dann bedeutet Parallelität eben, dass während dieser Wartezeit die Anwendung bedienbar bleibt und ein Anwender etwas anderes tun kann. Eine Anwendung, die nicht parallel arbeitet, blockiert in diesem Fall den Thread der Benutzeroberfläche, was nichts anderes bedeutet, als dass ein Anwender die Sanduhr zu Gesicht bekommt, bis die Daten aus dem Internet eingetroffen sind.

Das Schöne am .NET Framework ist, dass beides unterstützt wird: echte parallele Verarbeitung auf mehreren logischen oder physikalischen Kernen und das Warten auf IO-Operationen, ohne die Anwendung zu blockieren, und manches davon sogar automatisch. Aber erwarten Sie bitte keine Wunder; es ist genauso einfach, eine Anwendung zu verschlimmbessern. Um eine Beschäftigung mit dem Thema und den zugehörigen Tools und Klassen kommen wir also nicht herum.

4.1.1 Wann lohnt sich parallele Verarbeitung überhaupt?

Ich möchte Ihnen nichts vormachen: Parallelität bringt einen neuen Level an Komplexität in Anwendungen. Threading-Fehler gehören zu den schwierigsten zu debuggenden Fehlern, und oft zeigen sie sich erst viel später, auf einer anderen Maschine oder einem Rechner mit mehr Kernen. Und zudem müssen Sie in zwei Dimensionen denken – in der ersten Dimension der auszuführenden Aufgabe und in der zweiten Dimension der Zeit und der damit eng verbundenen Frage: Wie stelle ich sicher, dass sich mehrere gleichzeitig laufende Threads nicht ins Gehege kommen?

Aus der Praxis

In einer Anwendung, die auf einem Server lief, sollte der ausgewählte Mandant übergeben werden. Das funktionierte soweit gut, nur wurde vergessen, die entsprechende statische Variable als `[ThreadStatic]` zu deklarieren. Solange dieselbe Funktion also nur von einer Person ausgeführt wurde, fanden alle Operationen auf dem richtigen Mandanten, also auch auf der richtigen Datenbank, statt.

Sobald aber zwei Personen dieselbe Funktion verwendeten und dabei unterschiedliche Mandanten ansprachen, wurde diese immer auf dem ausgewählten Mandanten des ersten Anwenders ausgeführt. So konnten also Daten versehentlich verändert oder gelöscht werden.

Das Tückische an Threading-Fehlern wie diesem liegt darin begründet, dass sie sich schlecht oder gar nicht reproduzieren lassen. Der Fehler in diesem Beispiel trat ja nur auf, wenn zwei oder mehr Personen zur selben Zeit auf verschiedene Mandanten vorwiegend schreibend zugreifen wollten.

Glücklicherweise wurde das Problem noch vor Auslieferung erkannt. Ich mag gar nicht daran denken, was passiert wäre, wenn das nicht aufgefallen wäre.

Bevor Sie nun aber den Rest des Kapitels überspringen, hier die Top-Gründe, wann Sie Ihre Anwendungen dennoch »multithreaded« entwickeln sollten:

- Wenn die Verarbeitung in einem eigenen Thread abläuft, dann bleibt die Benutzeroberfläche ansprechbar, sie blockiert nicht. Die Operation kann so beispielsweise abgebrochen werden. Erinnern Sie sich noch an die Zeit, als Sie darauf warten mussten, bis Ihr Dokument gedruckt war?
- Bei Tablet-Anwendungen, also vor allem Anwendungen, die auf Windows 8 und WinRT laufen, ist dieses Verhalten sogar unabdingbar, denn diese Systeme leben davon, dass sie sich zu jeder Zeit flüssig bedienen lassen, Wischgesten inklusive.
- Wenn Sie mehrere Clients gleichzeitig bedienen müssen, dann ist Multithreading quasi ebenfalls Pflicht, beispielsweise bei vielen Serveranwendungen.
- Sie könnten freie Rechenzeit für sinnvolle Aufgaben verwenden, beispielsweise für die Suche nach intelligentem Leben im All (*Seti@Home*) oder, wenn Sie nicht an Außerirdische glauben, auch für eine Rechtschreibprüfung oder einen Datenabgleich im Hintergrund.
- Durch Parallelisierung können gewisse Aufgaben schneller ausgeführt werden, sofern der Anteil an Verarbeitung hoch ist und die Aufgabe sich gut parallelisieren lässt.

- Wenn eine Anwendung mit Warten beschäftigt ist, könnten Sie sich um andere Dinge kümmern und die ursprüngliche Aufgabe im Hintergrund weiterarbeiten lassen.

Beispiele gefällig?

- Sie sprechen mit einem Webservice und möchten nicht wartend vor dem Rechner sitzen, bis das Ergebnis eintrifft.
- In Ihrer Anwendung gibt es Hintergrundarbeiten zu erledigen, beispielsweise Aufräumarbeiten oder Berechnungen.
- Sie möchten an einen Server mehrere Anfragen parallel richten, zum Beispiel mehrere SQL-Abfragen.
- Eine Anwendung wartet auf von außen eintretende Ereignisse.
- In einer Anwendung sitzt eine langlaufende Schleife. Mit Parallelisierung können Sie die CPU-Ressourcen ausnutzen und dafür sorgen, dass ein Anwender den Vorgang abbrechen kann.

4.1.2 Parallelität in der Praxis

Aus der Praxis

In einem Verlag werden oft Massenfakturen durchgeführt, also die Erstellung vieler Rechnungen auf einen Schlag, wenn beispielsweise ein Produkt ausgeliefert werden kann. Die Erstellung solcher Rechnungen dauert eine Weile, lässt sich aber durch Parallelisierung deutlich beschleunigen:

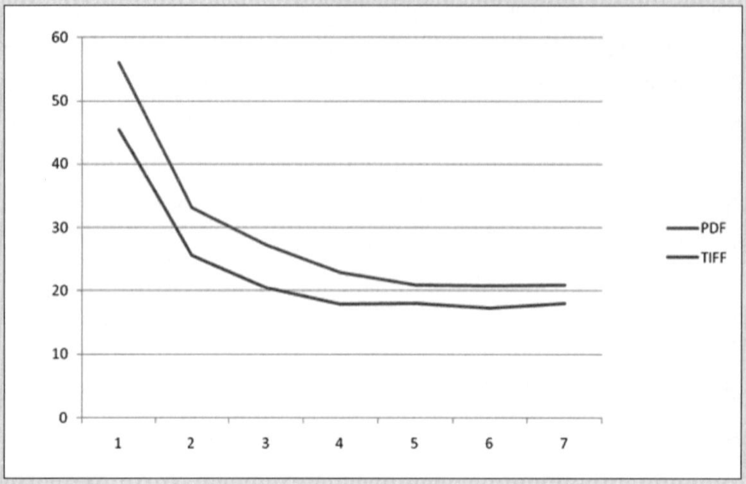

Abbildung 4.1 Performancegewinn durch Parallelisierung

Die Grafik zeigt die benötigte Zeit (y-Achse) und die Anzahl der parallel laufenden Threads (x-Achse). Man sieht, dass ab vier Threads kein Zugewinn an Geschwindigkeit mehr möglich ist, vorher jedoch schon – und zwar deutlich.

In der Praxis werden Sie häufig solche Experimente durchführen müssen, vor allem in komplexeren Umgebungen. Die Formel mehr *Threads = mehr Geschwindigkeit* können Sie nämlich nicht oder nicht uneingeschränkt anwenden, wie das Beispiel zeigt. Aber warum?

Sie müssen die gesamte Verarbeitungskette betrachten. Die einzelnen Komponenten skalieren unterschiedlich gut, manche überhaupt nicht. Anders ausgedrückt: Parallelisierung funktioniert nur auf einer gut ausgebauten Autobahn. Wenn die Fahrbahn einspurig wird, dann nutzen auch die drei Spuren bis zur Baustelle nichts. Die Baustelle ist dann der begrenzende Faktor, der Flaschenhals. Und einen Flaschenhals gibt es immer, die Frage ist nur: Wo sitzt er, unter welchen Bedingungen kommt er zum Tragen und wie eng ist er? Mögliche Flaschenhälse, die einem immer wieder begegnen:

- Die CPU an sich, bei 100 % ist Schluss.
- Komponenten in der Aufrufkette, die nicht so leistungsfähig sind, oder zu viele Anfragen parallel – vielleicht auch von anderen Clients – erhalten, ein SQL Server zum Beispiel.
- IO-Geräte, beispielsweise die Festplatte. In Datenbankservern ist das IO-System häufig der begrenzende Faktor. Dann wartet die CPU, während der Server Datenblöcke von der Festplatte anfordert.
- Transaktionen können serialisierend wirken. Wenn zwei Transaktionen auf dieselben Daten zugreifen, dann hängt es unter anderem vom eingestellten Isolation Level und dem Vorgang selbst ab, ob die Anfragen parallel oder in Reihe verarbeitet werden.
- Throttling, also das bewusste Begrenzen der gleichzeitigen Anfragen von allen oder nur von einem Anwender. Es wird einerseits häufig eingesetzt, um Denial-of-Service (DoS)-Attacken zu verhindern, wie in WCF, aber auch, um die Last einzelner Komponenten bewusst zu begrenzen, um so die gesamte Rechenzeit gerechter zu verteilen.
- Besonders häufig ist es aber die Natur der zu erledigen Aufgabe, die eine Serialisierung an irgendeiner Stelle in der Verarbeitung erforderlich macht. Nämlich immer dann, wenn eine Aufgabe auf das Ergebnis einer vorherigen Aufgabe warten muss.

Praktisch gesehen ist es nahezu unmöglich, all diese Faktoren vorauszusehen oder gar zu berechnen.

Es kann auch das Gegenteil eintreten: Die parallele Version einer Anwendung arbeitet sogar langsamer als die sequenzielle Variante, wenn der Aufwand für die Verwaltung der Threads zu hoch ist, oder die einzelnen Threads sich zu häufig und zu lange gegenseitig probieren.

Das ist natürlich ein Henne-Ei-Problem, denn ohne eine parallele Variante können Sie häufig nicht zuverlässig einschätzen, ob sich Parallelität günstig auswirkt, und ohne dieses Wissen auch nicht wirklich abschätzen, ob sich der Aufwand lohnt. Allerdings, häufig sind es eng umgrenzte Bereiche einer Anwendung, für die Parallelisierung in Frage kommt und ein kontrolliertes Experiment ist auch häufig möglich.

Hier sind einige der wichtigsten Kriterien, die Sie auf Ihre Anwendungen anwenden können, um das Potenzial abschätzen zu können.

Warten auf IO-Geräte

Vor allem dann, wenn das IO-Gerät relativ langsam und die Wartezeit relativ hoch ist, oder wenn besonders häufig Daten angefordert werden, lohnt sich Multithreading.

Dies trifft vor allem auf Serveranwendungen zu, die hierfür besonders gut geeignet sind, weil sie in der Zwischenzeit besonders viele andere Clients bedienen können, schließlich ist die CPU während der Wartezeit nicht übermäßig belastet und es werden häufig nicht einmal eigene Threads benötigt. Ohne Multithreading sind Serveranwendungen eigentlich überhaupt nicht brauchbar, jedenfalls sofern sie eine große Menge an Clients bedienen sollen.

Allerdings haben IO-Anfragen häufig auch die Charakteristik, dass man die Daten benötigt, bevor man weiterarbeiten kann, es gibt also nicht immer sinnvolle Arbeit zu tun während der Wartezeit. Ein häufiger Anwendungsfall ist es daher, die Benutzeroberfläche bedienbar zu halten, während die Anwendung auf ein IO-Gerät wartet.

Berechnungen

CPU-intensive Berechnungen, vor allem über einen längeren Zeitraum hinweg, kommen seltener vor, als man gemeinhin annimmt, programmiert man nicht gerade eine Software zur Strömungssimulation oder ein Mehrkörperproblem in der Physik.

Die besten Aufgabenstellungen, wenn sie gut programmiert sind, skalieren nahezu mit der Anzahl an physischen Kernen. Die Skalierung ist umso besser, je

- weniger die einzelnen Daten voneinander abhängen, wie das beispielsweise bei Algorithmen zur Bildverarbeitung häufig der Fall ist, in denen ein Bild in Quadranten aufgeteilt und parallel bearbeitet werden kann.
- länger die einzelnen Berechnungsschritte andauern, so dass der Verwaltungsanteil im Verhältnis zur Ausführungszeit für den eigentlichen Algorithmus gering ist.

- länger die gesamte Berechnung dauert, so dass der Geschwindigkeitsgewinn auch tatsächlich spürbar wird und nicht nur messbar ist.
- weniger Daten aus oder in einen Thread transportiert werden müssen.
- autonomer der Algorithmus ist und zum Beispiel keine, oder nur wenige IO-Operationen auslöst.

Jetzt wissen Sie, warum solche Aufgabenstellungen in Reinform so selten sind.

Big Data

Das Verarbeiten großer, oder gar riesiger Datenmengen, womöglich im Petabyte-Bereich, ist ein Anwendungsfall, der gerade im Trend ist. Hierfür gibt es fertige Algorithmen und Implementierungen, zum Beispiel Googles *MapReduce*, dies liegt aber jenseits dieses Kapitels.

Mischformen

Am häufigsten sind natürlich die Mischformen anzutreffen.

Aus der Praxis

Da habe ich gerade die neueste Maschine angeschafft, eine Vier-Prozessor-Maschine mit 64 physischen Kernen und RAM bis zum Abwinken. Sie soll unser Data Warehouse berechnen, also im Wesentlichen Daten zusammenzählen, in vielmillionenfacher Ausfertigung.

Dennoch, auch in Spitzenzeiten kommt sie selten auf eine CPU-Auslastung von über 20 %. Das ist typisch, denn neben der reinen Berechnung müssen die Daten von der Festplatte gelesen werden und auch hier hängen einzelne Daten voneinander ab. Es gibt eben immer einen Flaschenhals.

4.1.3 Was sind Threads?

Ein Thread ist eine Ausführungseinheit in einem Prozess, eine Sequenz von auszuführenden Befehlen. Ein Prozess kann mehrere Threads besitzen. Word 2013, auf dem ich gerade schreibe, hat z. B. gerade 24 Threads in Verwendung (in Word 2010 auf meinem Vorgängerrechner waren es noch 11), Outlook 2013 hingegen führt 38 Threads aus (25 in Outlook 2010). Threads werden parallel ausgeführt: echt parallel, wenn die CPU über mehrere Kerne verfügt (bevorzugt physikalische Kerne) und quasi-parallel auf Single-Core-CPUs.

Threads und Prozesse sind Konstrukte des Betriebssystems und werden von ihm verwaltet. Allerdings bringt .NET hier einen echten Mehrwert mit, indem es das Konzept der Managed Threads einführt, die nicht immer 1:1 auf Betriebssystem-Threads abgebildet werden, wie wir später noch sehen werden.

Ein Thread läuft eine gewisse Zeit, sagen wir 20 oder 30 ms, bevor das Betriebssystem ihm die Rechenzeit entzieht und einem anderen Thread zuteilt, der schon darauf wartet. Diesen Vorgang nennt man *Kontextwechsel* und er wird vom *Scheduler* übernommen. Wenn ein Thread keine CPU-Ressourcen benötigt, beispielsweise weil er auf IO-Eingaben wartet (wie mein Word, das gerade auf Tastatureingaben von mir wartet, so schnell ich auch tippe), dann wird er auch nicht zugeteilt. Das ist der Grund, warum sich die meisten heutigen CPUs so oft langweilen.

Kontextwechsel sind aufwendig, denn die CPU-Register müssen in einer Datenstruktur des Threads gespeichert werden, und diese müssen dann wiederum mit den Daten des neuen Threads geladen werden, um nur zwei Aufgaben zu nennen. Aus diesem Grund gibt es einige Speicherstrukturen, Threads kosten durch den Kontextwechsel also sowohl Arbeitsspeicher (in .NET etwa 1 MB pro Thread) als auch CPU-Ressourcen. Wenn der als Nächstes auszuführende Thread zudem einem anderen Prozess angehört als der aktuell ausgeführte, dann muss gar ein Prozess-Kontextwechsel durchgeführt werden. Dieser ist schon deshalb aufwendiger, weil jeder Prozess seinen eigenen virtuellen Adressraum besitzt. Immer wieder liest man daher, dass Threads so etwas wie leichtgewichtige Prozesse wären. Das ist aber nicht der Fall. Prozesse sind Prozesse, Threads sind Threads.

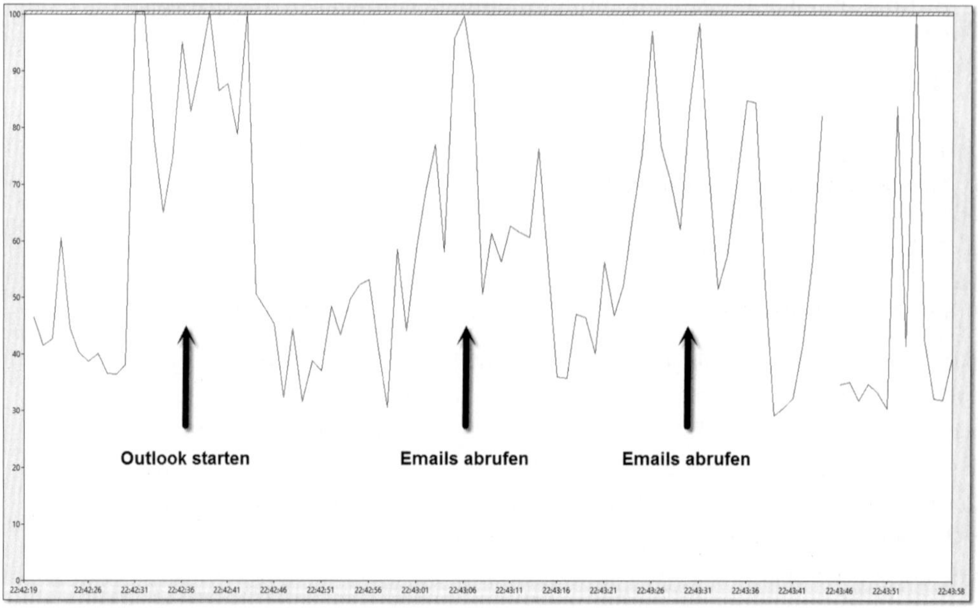

Abbildung 4.2 Kontextwechsel in der Leistungsüberwachung

Übrigens: Sie können diese Kontextwechsel mithilfe der Windows-Leistungsüberwachung auch messen (siehe Abbildung 4.2). Je mehr Kontextwechsel stattfinden, desto weniger Zeit bleibt für die Erfüllung der eigentlichen Aufgaben, und je mehr Threads gleichzeitig laufen, desto höher ist der Arbeitsspeicherbedarf und desto häufiger muss Windows einen Kontextwechsel durchführen. Das ist also die Abwägung, die Sie vornehmen sollten: Performancegewinn durch parallele Verarbeitung oder Verringerung der Gesamtperformance durch zu viele Threads (häufig als *Oversubscription* bezeichnet).

Eine Faustregel besagt: so viele Threads wie Kerne vorhanden sind. Jedenfalls dann, wenn Sie die Kerne auslasten können. Wenn die einzelnen Threads hingegen auf Operationen warten, zum Beispiel auf das Ergebnis von Serviceaufrufen, dann können Sie unter Umständen auch mehr Threads gewinnbringend einsetzen.

4.1.4 Multithreading in .NET

Ein Thread in .NET ist erst einmal ein Objekt vom Typ `Thread`, zu finden unter `System.Threading`. Den aktuell ausgeführten Thread ermitteln Sie mittels:

```
System.Threading.Thread.CurrentThread
```

Und dessen Id, wichtig um einen Thread wiederzuerkennen:

```
System.Threading.Thread.CurrentThread.ManagedThreadId
```

Den »klassischen« Betriebssystem-Thread gibt es ebenfalls, und zwar die Klasse `ProcessThread` im `System.Diagnostics` Namespace. So liefert

```
Process.GetCurrentProcess().Threads
```

eine Collection aller im Prozess ausgeführten Threads zurück, und zwar vom Typ `ProcessThread`. Wenn Sie aber nicht gerade von außen auf einen Prozess schauen wollen, dann werden Sie `ProcessThread` vermutlich selten bis gar nicht benötigen.

Ein Thread in der CLR entspricht für gewöhnlich einem Thread unter Windows, obwohl sich das jederzeit in einer künftigen Version des .NET Frameworks ändern kann. Letztlich bietet uns .NET einen einfachen Zugang zu den Möglichkeiten des Betriebssystems. Genauer genommen gibt es gleich mehrere Zugänge:

- klassische Threads (siehe Abschnitt 4.1.5)
- Thread Pools (siehe Abschnitt 4.1.6)
- Timer (siehe Abschnitt 4.1.7)
- die neu in .NET 4 eingeführte *Task Parallel Library* (*TPL*) (siehe Abschnitt 4.1.8)
- asynchrone Methodenaufrufe in althergebrachter Manier (`begin` und `end`-Methoden)
- asynchrone Methodenaufrufe mittels `async` und `await`, neu in .NET 4.5

Für die meisten Aufgaben eignet sich die TPL gut, da sie einen einfachen Zugang zum Thema ermöglicht, ohne die Leistungsfähigkeit zu opfern. Volle Kontrolle geben Ihnen die klassischen Threads, allerdings um den Preis, dass Sie Ihre Anwendungen um die Threads herumbauen müssen. Thread Pools sind nützlich, wenn Sie viele kleinere Arbeitspakete verteilen möchten, bieten aber praktisch nichts, was nicht durch die TPL einfacher möglich wäre. Asynchrone Methodenaufrufe sind eine einfache Möglichkeit, vor allem IO-lastige Anwendungen aufzuwerten, ohne dass dafür allzu viel Aufwand nötig ist.

4.1.5 Klassische Threads

Gewöhnliche Threads geben Ihnen die volle Kontrolle und eignen sich daher vor allem, wenn Sie

- Threads eine andere Priorität geben möchten,
- nur wenige Threads oder einen Thread benötigen, der eine lang laufende Aufgabe ausführt,
- die volle Kontrolle über den Thread brauchen,
- kein Problem damit haben, den Code gegebenenfalls so umzustrukturieren, dass er in die klassischen Threads passt.

Threads starten

Die wichtigsten Threading-Klassen sind im Namespace `System.Threading` untergebracht, den Sie daher importieren müssen.

```
class Program
{
   static void Main(string[] args)
   {
      Console.WriteLine("Main thread:
        {0}",Thread.CurrentThread.ManagedThreadId);
      Thread workerThread = new Thread(doWork);
      workerThread.Start("Übergabedaten");
      workerThread.Join();
      Console.ReadLine();
   }

   private static void doWork(object inputData)
   {
      Console.WriteLine("New thread. Input: {0}, Id:
```

```
        {1}",inputData,Thread.CurrentThread.ManagedThreadId);
    }
}
```

Listing 4.1 Thread starten

Dem Konstruktor der Klasse `Thread` können Sie einen Delegaten vom Typ `ThreadStart` übergeben:

```
public delegate void ThreadStart()
```

Oder, für den wahrscheinlicheren Fall, dass Sie dem Thread Daten übergeben möchten, einen Delegaten vom Typ `ParameterizedThreadStart`:

```
public delegate void ParameterizedThreadStart(object obj)
```

Die Methode `Start` führt den Thread aus und übergibt ihm die Daten, die er bearbeiten soll im Falle von `ParameterizedThreadStart`. Mit `Join` weisen Sie den aufrufenden Thread an, so lange zu blockieren, bis der aufgerufene Thread seine Arbeit verrichtet hat, was natürlich die Nebenläufigkeit an dieser Stelle beendet und die beiden Threads (aufrufender und aufgerufener Thread) miteinander synchronisiert.

Um zu sehen, ob .NET auch wirklich einen neuen Thread gestartet hat, können Sie die Eigenschaft `ManagedThreadId` der statischen Klasse `Thread.CurrentThread` abfragen. Und so lautet das Ergebnis unseres Programms:

```
Main thread: 9
New thread: Übergabedaten 10
```

Thread-Status

Mit einem Thread können Sie noch mehr machen, als ihn lediglich zu starten. Die Eigenschaft `ThreadState` kennt 10 `enum`-Werte.

ThreadState	Bedeutung
`Unstarted`	Der Thread wurde erzeugt, aber noch nicht gestartet.
`Running`	Der Thread läuft gerade, ist nicht blockiert und ist auch nicht im Begriff, abzubrechen.
`Stopped`	Der Thread wurde beendet, er hat seine Aufgabe also erfüllt.
`AbortRequested`	Die `Abort`-Methode des Threads wurde aufgerufen. Der zu beendende Thread erhält daraufhin eine `ThreadAbortException`. Bis dahin bleibt der Thread in diesem Status.

Tabelle 4.1 enum-Werte der Eigenschaft »ThreadState«

ThreadState	Bedeutung
`Aborted`	Der Thread ist nun abgebrochen, aber noch nicht gestoppt.
`Background`	Der Thread ist ein Hintergrund-Thread.
`StopRequested`	Der Thread soll beendet werden (interner Wert).
`SuspendRequested`	Der Thread soll unterbrochen werden.
`Suspended`	Der Thread wurde unterbrochen.
`WaitSleepJoin`	Der Thread arbeitet derzeit nicht, weil er blockiert ist, zum Beispiel dann, wenn er auf die Beendigung eines anderen Threads wartet (Join).

Tabelle 4.1 enum-Werte der Eigenschaft »ThreadState« (Forts.)

Threads abbrechen

Es kommt eigentlich recht häufig vor, dass ein Thread abgebrochen werden soll. Ein Fall könnte sein, dass der Anwender nicht länger warten möchte und daher die Operation in der Benutzeroberfläche abbricht. Das Abbrechen eines Threads ist recht einfach:

```
workerThread.Abort();
```

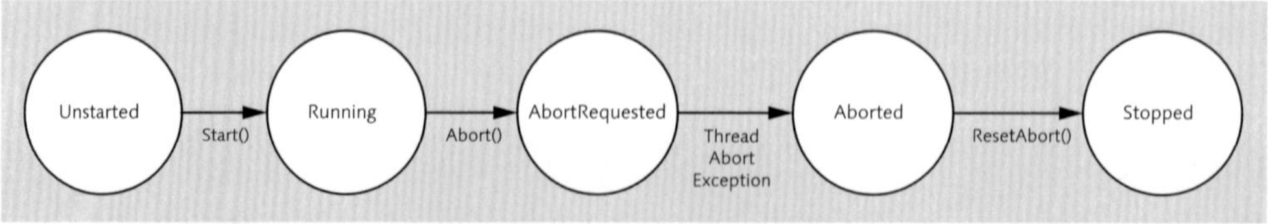

Abbildung 4.3 Zustandswechsel beim Abbruch eines Threads

Der abzubrechende Thread wechselt nun in den Status `AbortRequested` und erhält daraufhin eine Exception vom Typ `ThreadAbortException`. Diese kann im Code abgefangen werden, um so auf die Situation reagieren zu können.

```
private static void doWork(object inputData)
{
   try
   {
      //Hier findet die Arbeit statt.
   }
   catch (ThreadAbortException ex)
   {
```

```
        Thread.ResetAbort();
    }
}
```

Listing 4.2 Exception »ThreadAbortException« abfangen

Der Thread wechselt jetzt in den Status `Aborted`. Die `ThreadAbortException` ist eine eigenartige Exception, denn man kann sie nicht auf gewöhnliche Weise abfangen. Sie wird automatisch wieder am Ende des `catch`-Blocks ausgelöst. Mit `ResetAbort` wird dies verhindert, und der Thread wechselt in den Status `Stopped`, in dem er dann auch bleibt, jedenfalls dann, wenn er nach `ResetAbort` keine weitere Arbeit mehr verrichtet.

Threads unterbrechen

Ein Thread kann in seiner Verarbeitung auch unterbrochen werden. Ein Beispiel hierfür wären die Windows-Dienste, die man anhalten kann. In einem solchen Fall könnten Sie die Threads, die im Windows-Dienst Aufgaben ausführen, ebenfalls anhalten. Klickt der Anwender dann auf FORTSETZEN, könnten Sie Ihre Threads wieder zum Leben erwecken.

```
workerThread.Suspend();
```

unterbricht den Thread bei nächster Gelegenheit, sobald die Runtime entschieden hat, dass dies sicher möglich ist. Mit

```
workerThread.Resume();
```

kann der Thread dann wieder weiter ausgeführt werden.

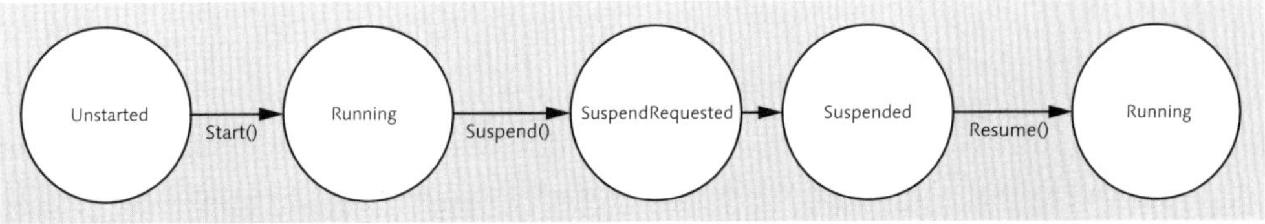

Abbildung 4.4 Zustandswechsel beim Unterbrechen und Fortführen eines Threads

Alternativ kann ein Thread auch für eine gewisse Zeit schlafen gelegt werden mittels:

```
workerThread.Sleep(1000); //1 Sekunde, Angabe also in Millisekunden
```

Daraufhin tritt er in den Status `WaitSleepJoin` ein, den er nach Abschluss der Wartezeit wieder verlässt.

Auf Threads warten

Auf einen Thread zu warten scheint erst einmal kontraproduktiv, denn ist es nicht die Aufgabe eines Threads, den aufrufenden Thread eben gerade nicht zu blockieren? Ja, normalerweise schon. Aber stellen Sie sich vor, Sie bearbeiten ein Bild, sagen wir, Sie konvertieren es von Farbe in schwarzweiß. Dazu teilen Sie das Bild auf, zum Beispiel indem Sie ein Gitter von 3x3, also neun Zellen errichten. Sie erzeugen also neun Threads und führen jeweils `Thread.Start()` aus. Wenn Sie nun für alle Threads `Join()` aufrufen, dann blockieren Sie zwar den Thread der Benutzeroberfläche und damit die Benutzeroberfläche selbst, haben aber dennoch die Vorteile paralleler Verarbeitung ausgenutzt, erst recht, da die CPU-Zeit aufgrund der in etwa gleichen Arbeitslast pro Thread gerecht verteilt wäre. Join ist hier eine recht annehmbare Lösung, denn was sollte der Anwender einer Bildverarbeitung mit dem Bild schon machen wollen, während es in schwarzweiß konvertiert wird?

Häufiger wird `Join` allerdings eingesetzt, wenn ein Thread für seine weitere Verarbeitung Daten eines anderen Threads benötigt. Das kommt recht häufig vor, denn nur selten sind die Aufgabenpakete völlig unabhängig voneinander.

```
List<Thread> threads = new List<Thread>();
for (int i = 0; i < 100; i++)
{
   Thread thread = new Thread(doWork);
   threads.Add(thread);
   thread.Start(i);
}
foreach (Thread thread in threads)
   thread.Join();
```

Listing 4.3 Einsatz von »Join«

Nach Aufruf von `Thread.Join()` blockiert der aufrufende Thread solange, bis der Thread beendet wurde, gleich ob regulär oder durch Abbruch. Um nicht auf ewig zu warten, nimmt die Methode optional einen Timeout entgegen und liefert einen `bool`-Wert zurück. Dieser gibt an, ob der Thread beendet (`true`) oder der Timeout-Wert erreicht wurde (`false`). Geschickter ist es freilich, wenn das Abbrechen in jedem Fall zügig möglich ist, so dass ein Timeout unnötig ist.

Vordergrund- und Hintergrund-Threads

Ein neu erzeugter Thread ist standardmäßig ein Vordergrund-Thread, was nichts anderes bedeutet, als dass der Prozess, in dem der Thread läuft, so lange weiterläuft, wie der Thread aktiv ist. Wenn Sie sich also wundern, warum Ihre Anwendung nicht beendet wird: Das könnte der Grund sein. Ein Hintergrund-Thread weist diese Eigenschaft nicht auf. Sie definieren ihn mittels:

```
workerThread.IsBackground=true;
```

Sie sollten dann aber vorher die noch laufenden Threads abbrechen, um ihnen so das Ende der Anwendung zu signalisieren und um ihnen Gelegenheit zum Aufräumen zu geben. Ein Vordergrund-Thread hält also den Prozess am Laufen, in dem er sich befindet, und zwar so lange, bis der Thread abgebrochen wird oder seine Arbeit erledigt hat. `Join` hingegen blockiert den aufrufenden Thread und wartet auf dessen Beendigung.

Prioritäten

Der Scheduler entscheidet auch aufgrund der Priorität, welchem Thread er als Nächstes den Vorzug geben möchte. Das Zuweisen einer Priorität erfolgt durch Setzen der `Priority`-Eigenschaft, die fünf Stufen kennt:

- `Highest` (höchste)
- `AboveNormal`
- `Normal` (Standardwert)
- `BelowNormal`
- `Lowest` (niedrigste)

Die effektive Priorität ergibt sich aus der Kombination des hier gesetzten Wertes und der Priorität des Prozesses, der den Thread beheimatet. Für unsere Zwecke genügen allerdings diese relativen Werte, zumal Sie diese einfach verändern können. Sie sollten die Werte nur verändern, wenn Sie dafür einen guten Grund haben und eher die Priorität der Threads verringern, die weniger häufig ausgeführt werden sollen, als die Priorität der anderen Threads zu erhöhen.

Bitte denken Sie daran: Die maximale Rechenkapazität des Rechners ist begrenzt, durch Setzen einer höheren Priorität ändert sich das relative Gewicht des Threads, nicht aber der limitierende Faktor CPU.

Beispiel

Zum Abschluss noch ein kleines Beispiel:

```
static void Main(string[] args)
{
   //Die Thread-ID des aufrufenden Threads (Main Thread)
   Console.WriteLine("Main thread ID: {0}",
     Thread.CurrentThread.ManagedThreadId);
   //Einen neuen Thread anlegen
   Thread workerThread = new Thread(zaehleBisEineMillion);
```

```
        //Und starten
        workerThread.Start("Übergabedaten");
        //Die Thread-ID des Worker Thread
        Console.WriteLine("Worker thread ID: {0}",
          workerThread.ManagedThreadId);
        //Geben wir ihm etwas Zeit (10 ms), damit er Arbeit verrichten kann
        Thread.Sleep(10);
        //Versuch, den Worker Thread abzubrechen
        //Löst dort eine ThreadAbortException aus
        workerThread.Abort();
        //Auf die Beendigung des Worker Threads warten
        workerThread.Join();
        //Auf Eingabe warten, damit wir die Ausgaben lesen können
        Console.ReadLine();
    }

    private static void zaehleBisEineMillion(object inputData)
    {
        for (int i = 0; i < 1000000; i++)
        {
            try
            {
                Console.Write(i + ".");
            }
            catch (ThreadAbortException ex)
            {
                //Aha, es soll versucht werden, diesen Thread abzubrechen
                Console.WriteLine("Der Thread soll abgebrochen werden");
                //Der Worker-Thread befindet sich im Status AbortRequested
                Console.WriteLine("Worker thread state: {0}",
                  Thread.CurrentThread.ThreadState);
                //Mal zwei Sekunden überlegen
                Thread.Sleep(2000);
                //Nein, das wollen wir jetzt nicht
                Thread.ResetAbort(); //Das lassen wir aber nicht zu!
                //Der Worker-Thread befindet sich wieder im Status Running
                Console.WriteLine("Worker thread state: {0}",
                  Thread.CurrentThread.ThreadState);
            }
        }
    }
```

Listing 4.4 Program.cs

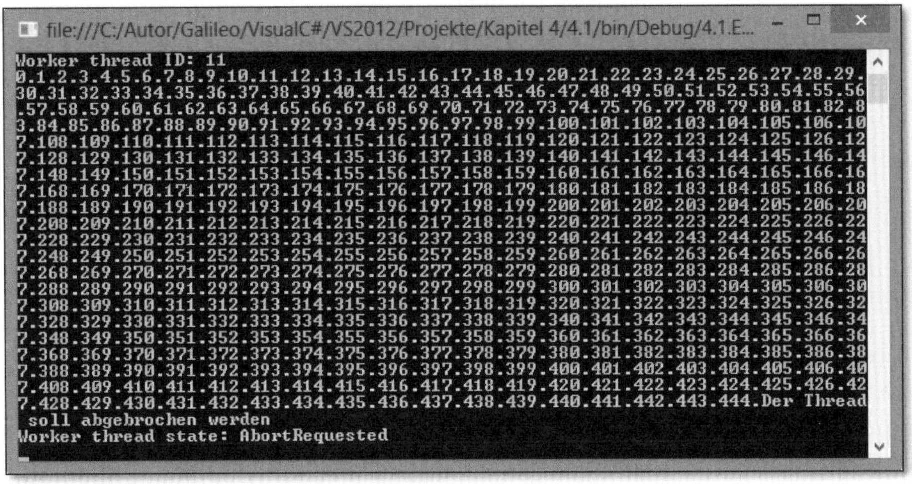

Abbildung 4.5 Im Beispiel schafft es mein Rechner, bis 444 zu zählen, bevor der Thread abgebrochen wird, zählt aber danach weiter.

4.1.6 Thread Pools

Auch wenn ein Thread viel leichtgewichtiger ist als ein Prozess – billig ist die Erstellung deswegen noch lange nicht. Für sehr kurze Schleifen, auch wenn viele Durchläufe zu absolvieren sind, können Threads schon einmal 20-mal langsamer sein als die sequenzielle Variante. Und jeder Thread benötigt um die 1 MB Speicher in .NET.

Das Framework hält daher einen Thread Pool bereit, den Sie in Ihren eigenen Anwendungen nutzen können und den sich alle Anwendungen in der Runtime teilen. Die konkrete Implementierung ändert sich meist von Version zu Version.

Die `ThreadPool`-Klasse stellt damit die leichtgewichtigste Möglichkeit dar, Threads in eigenen Anwendungen zu verwenden. Daher findet sie auch im Framework selbst zahlreich Verwendung. Der große Vorteil dabei ist, dass der Pool automatisch verwaltet wird. Die Threads stehen Ihnen einfach zur Verfügung, wenn Sie sie brauchen. Dabei werden so viele Threads bereitgestellt, wie tatsächlich benötigt werden. Der `ThreadPool` arbeitet intern mit einer Warteschlange und weiß, wann zur Abarbeitung weitere Threads eingesetzt werden sollten.

Er benötigt für seine Ausführung einen Delegaten vom Typ `WaitCallback`. Der Name ergibt sich dadurch, weil Sie den Thread Pool ja nicht selbst verwalten, sondern ihn darum bitten, Arbeit entgegenzunehmen. Dieser nimmt den Auftrag entgegen, reiht ihn in seine Warteschlange ein und ruft, sobald ein Thread frei ist, die übergebene Methode auf. Und so reihen Sie eine Aufgabe ein:

```
ThreadPool.QueueUserWorkItem( doQueuedWork, 5);
```

WaitCallback, hier im Beispiel durch die Methode doQueuedWork implementiert, sieht so aus:

```
delegate void WaitCallback(Object state);
```

Sie können den Eingabeparameter auch weglassen, dann wird der Methode null übergeben. QueueUserWorkItem liefert true zurück, wenn die Aufgabe erfolgreich in die Warteschlange eingereiht wurde und wird eine NotSupportedException auslösen, wenn das nicht möglich ist. ThreadPool hat jedoch einen gravierenden Nachteil: Sie erfahren nicht, wann eine Aufgabe beendet wurde.

Thread Pools bieten noch einige weitere Möglichkeiten, auf die ich allerdings nicht eingehe, denn .NET 4 führte mit der Task Parallel Library ein flexibleres Konzept ein. Dazu gleich mehr, vorher führen wir noch ein wenig Parallelität durch die Hintertür ein – mit Hilfe von Timern.

4.1.7 Timer

Vorweg: Microsoft Windows ist kein Echtzeitbetriebssystem, wie es beispielsweise in der Automobilbranche eingesetzt wird. Das bedeutet, es kann nicht garantieren, dass ein Timer-Ereignis auch wirklich in der angegebenen Zeit ausgelöst und behandelt wird. Der Scheduler hält alle Fäden in der Hand und wird auch versuchen, die angegebene Zeitspanne möglichst genau einzuhalten. Aber er ist eben nicht präzise.

Es gibt gleich mehrere Timer im .NET Framework. Wir betrachten den Timer im System.Threading-Namespace. Die Toolbox des Formulardesigners bietet noch eine Komponente, die mittels Ereignissen gesteuert wird.

Auch ein Timer verlangt wieder nach einer Methode mit einem Objekt als Eingabeparameter, die diesmal als TimerCallback-Delegat daherkommt. Ein Timer ist schnell erzeugt:

```
Timer timer = new Timer(doTimerWork, 5, 0, 1000);
```

Im Beispiel wird die Methode doTimerWork jede Sekunde (1.000 ms) einmal aufgerufen und erhält den Wert 5 als Parameter übergeben. Der Timer wird sofort gestartet (0), alternativ kann als dueTime-Parameter auch eine andere Zeitspanne angegeben werden. Wenn Sie hier Timeout.Infinite angeben, wird der Timer nicht gestartet. Sie könnten ihn dann später über die Methode Change starten, die ebenfalls eine Zeitspanne für den ersten Start (dueTime) und das Intervall (period) entgegennimmt.

Mit diesem Methodenduo können Sie auch vermeiden, dass eine Methode mehrfach gleichzeitig ausgeführt wird, weil der Methodenrumpf länger braucht als die angegebene Periode. Dazu erstellen Sie einen Timer, der sofort startet und keine Periode

(`Timeout.Infinite`) besitzt. Im Timer-Callback rufen Sie die `Change`-Methode als letzten Aufruf in der Methode auf:

```
timer.Change(1000, Timeout.Infinite);
```

Auch hier wird wieder keine Periode angegeben, aber stattdessen eine `dueTime`. Im Beispiel wird der Callback das nächste Mal also nach einer Sekunde aufgerufen.

4.1.8 Task Parallel Library

Die *Task Parallel Library* (*TPL*) war die vielleicht interessanteste Neuigkeit in .NET 4.0 und der erste Schritt dahin, parallele Verarbeitung in C# salonfähig zu machen. Auf jeden Fall ist sie ein deutlicher Fortschritt, vor allem in Sachen Komfort und Flexibilität.

Tasks erzeugen und starten

Ein Task ist einfach eine Aufgabe, die parallel zum aufrufenden Thread verrichtet werden soll. Tasks sind das Mittel der Wahl für viele Aufgaben, denn es sprechen einige gewichtige Gründe für ihren Einsatz:

- Die CLR übernimmt die Verwaltung der dahinter stehenden Threads.
- Sie achtet dabei insbesondere auf Geschwindigkeit und Ressourcenverbrauch, die daher (meist) geringer ausfallen, als wenn Sie selbst für jede Aufgabe Threads erzeugen würden.
- Insbesondere können Threads wiederverwendet werden, weil im Hintergrund der Threadpool im Spiel ist.
- Sie sind komfortabel zu programmieren.
- Im Zusammenhang mit async und await lassen sich damit reaktive Benutzeroberflächen entwickeln.

Technisch gesprochen ist ein Task zunächst einmal eine Klasse, von der Sie Instanzen erzeugen können, wenn Sie vorher den Namespace `System.Threading.Tasks` importiert haben:

```
Task task = new Task(doWork);
task.Start();
task.Wait();
```

Zuerst erzeugen wir einen Task, dem wir einen Delegaten vom Typ `Action` übergeben, also einfach eine Methode ohne Eingabe- und Rückgabeparameter, wie beispielsweise:

```
private void doWork()
{...
//hier wird gearbeitet
...}
```

Mit `Start` beginnt der Task mit der Ausführung. Im Gegensatz zu klassischen Threads wird automatisch ein Hintergrund-Task erzeugt. Eine Konsolenanwendung würde sich also sofort beenden, wenn nach dem Aufruf kein weiterer Code mehr ausgeführt würde. Daher wird die Methode `Wait` verwendet, die den aufrufenden Thread so lange blockiert, bis der Task seine Arbeit verrichtet hat (analog zu `Join`).

Anstatt `Action` kann auch ein Objekt vom Typ `Action<object>` übergeben werden. Der zu übergebende Parameter (vom Typ `object`) wird dann dem Konstruktor mit übergeben:

```
Task task = new Task(doWork, 42);
```

Und die zugehörige Methode:

```
private static void doWork(object inputData)
{...
//hier wird gearbeitet
...}
```

Und, natürlich, tut es auch eine anonyme Funktion, bzw. ein Lambda-Ausdruck:

```
Task task = new Task(()=>
{
   Console.WriteLine("Task started, Thread Id:
 {0}",  Thread.CurrentThread.ManagedThreadId);
});
```

Als weiterer Parameter können einige Flags angegeben werden, die `TaskCreationOptions`. Sie beeinflussen die Erzeugung und das Verhalten des Tasks, es wird aber nur `AttachedToParent` häufiger benötigt. Dieser Wert gibt an, dass eine Task-Hierarchie gebildet werden soll; der neue Task ist also ein Kind-Task eines bestehenden Tasks. Das wird später noch wichtig beim Abbrechen von Threads.

Task-Factory

Komfortabel und leistungsfähig geht das Erzeugen eines Tasks mit der `Task.Factory`:

```
Task task = Task.Factory.StartNew(eingabe =>
{
   for (int i = 0; i < 3000; i++) //Auszuführende Arbeit
      Console.WriteLine(eingabe);
}, "EINGABE");
```

Der Eingabewert (abermals ein `object`) wird dem Lambda-Ausdruck übergeben. Da `StartNew` ein Objekt vom Typ `Task` zurückliefert, können wir später bequem damit weiterarbeiten. Außerdem startet die Methode den Task gleich.

Die Task-Factory ist sehr leistungsfähig und stellt einige Überladungen zur Verfügung, die im folgenden Text noch von Nutzen sein werden, allerdings nur um den Preis einer etwas höheren Komplexität. Manchmal möchte man allerdings einfach nur einen Task dem Taskpool überantworten. Dafür gibt es seit .NET 4.5 eine Abkürzung für die Task-Factory, `Task.Run`.

Task.Run

Die folgende Zeile:

```
Task t = Task.Run(doWork);
```

ist eine Abkürzung für den längeren Ausdruck:

```
Task.Factory.StartNew(doWork, CancellationToken.None,
  TaskCreationOptions.DenyChildAttach, TaskScheduler.Default);
```

Damit wird also die Arbeit dem Threadpool übergeben (`TaskScheduler.Default`), Kind-Threads werden verhindert (`TaskCreationOptions.DenyChildAttach`) und es wird ein leerer Cancellation-Token übergeben (`CancellationToken.None`), dazu später mehr.

Auch diese statische Methode hat wieder einige Überladungen, vor allem um Rückgabewerte zu bedienen und ein Cancellation-Token für den Abbruch des Tasks zu übergeben.

Es gibt also keinen Grund, `Task.Run` nicht aufgrund seiner Kürze zum Standardweg zu küren, um Tasks zu erstellen und auszuführen, es sei denn, Sie benötigen mehr Flexibilität, wofür Ihnen die Langfassung, die Task-Factory zur Verfügung steht. Außerdem wird uns `Task.Run` beim Duo `async` und `await` wieder begegnen.

Rückgabewerte

Auch Rückgabewerte des Tasks sind natürlich möglich. Ein Task soll Arbeit ja nicht nur verrichten, sondern das Ergebnis auch mitteilen können. Ich habe sie bisher noch nicht erwähnt, weil sie bei allen Verfahren identisch ist:

Für `Task.Factory`:

```
int result = Task.Factory.StartNew<int>(eingabe =>
  quadrat((int)eingabe), 4).Result;
```

Und für »gewöhnliche« Tasks:

```
Task<int> t = new Task<int>(eingabe => quadrat((int) eingabe), 4);
t.Start();
//Sonstige Arbeit verrichten
int result = t.Result;
```

Allerdings, wenn das Ergebnis eines Tasks abgerufen wird, mittels `Result`, dann ist es mit der Nebenläufigkeit wieder vorbei, ganz so wie bei `Join` vorhin – der aufrufende Thread wird also blockiert. Was ganz natürlich ist, denn damit das Ergebnis dem Aufrufer zurückgegeben werden kann, muss der Thread es erst einmal ermitteln, seine Arbeit also zuerst beenden. Bis dahin lässt sich aber parallel weitere Arbeit verrichten, im Beispiel angedeutet durch den Kommentar `//Sonstige Arbeit verrichten`.

Bei `Task.Run` ist die Berechnung in eine Methode verpackt, aber sonst gleich:

```
private static int Quadriere(int eingabe)
{
    return Task.Run(() =>
                    {
                        return eingabe*eingabe;
                    }).Result;
}
```

Kurzum: Der Typ der generischen Klasse `Task` bzw. der generischen Methoden steht für den Typ des Rückgabewerts (hier: `int`), mit `Result` wird das Ergebnis zurückgeliefert.

Etwas einfacher wird die Erstellung von vielen gleichartigen Threads, wenn Sie eine `TaskFactory` (die ausführlichere Form der schon besprochenen Abkürzung `Task.Factory`) verwenden. Mit dieser `TaskFactory` erzeugen Sie beispielsweise Tasks, die alle einen Integer-Wert zurückgeben:

```
TaskFactory<int> tf = new TaskFactory<int>();
```

Das Erzeugen der Tasks selbst übernimmt dann die `StartNew`-Methode:

```
Task<int> task = tf.StartNew(eingabe => quadrat((int)eingabe), 6);
```

Tasks abbrechen

Das .NET Framework bietet einen einfachen Mechanismus, um Tasks abzubrechen. Diesen sollten Sie vor allem dann immer implementieren, wenn Ihr Task länger läuft. Zunächst benötigen wir eine Quelle für ein `CancellationToken`:

```
CancellationTokenSource cts = new CancellationTokenSource();
```

Den erzeugen wir dann aus dieser Quelle:

```
CancellationToken ct = cts.Token;
```

Wir übergeben ihn an die Methode, die unsere Arbeit verrichtet:

```
Task<int> t = new Task<int>(eingabe => doWork(ct, "EINGABE"), "EINGABE", ct);
```


Anschließend können wir den Task starten, beispielsweise ein wenig warten (500 ms) und ihn anschließend abbrechen:

```
t.Start();
Thread.Sleep(500);
cts.Cancel();
```

In der Arbeitermethode müssen wir überprüfen, ob der Task abgebrochen werden soll. Dafür gibt es zwei Möglichkeiten:

1. Wir könnten die Eigenschaft `IsCancellationRequested` abfragen, die `true` liefert, sobald der Abbruch signalisiert wurde. Diese Möglichkeit ist interessant, wenn in der Taskdurchführung eine Schleife häufig durchlaufen wird. Wir können diese Bedingung dann im Schleifenkopf prüfen.

   ```
   If ((!ct.IsCancellationRequested)&&(Andere Bedingung))
   {
      //Verrichte Arbeit
   }
   ```

2. Oder aber wir können die Methode `ThrowIfCancellationRequested` aufrufen, die eine `OperationCanceledException` auslöst, falls der Task abgebrochen werden soll.

   ```
   ct.ThrowIfCancellationRequested();
   ```

   Das könnten wir natürlich auch selber:

   ```
   If (ct.IsCancellationRequested)
      throw new OperationCanceledException(ct)
   ```

   Aber so ist es natürlich praktischer.

Diese Exception können wir in der Arbeitermethode behandeln oder im aufrufenden Thread:

```
try
{
   int i = t.Result;
}
catch (AggregateException ex)
{
   ex.Handle(exInner => exInner is OperationCanceledException);
}
```

Die Cancel-Methode wird auf einem Objekt vom Typ CancellationTokenSource aufgerufen, nicht auf einem einzelnen CancellationToken. Praktisch bedeutet das, dass es also viele Tokens und ebenso viele Threads geben kann, die alle von dem Abbruch betroffen sind und die dann alle eine OperationCanceledException auslösen, wenn sie zum Zeitpunkt des Abbruchs noch laufen. Es braucht also einen Mechanismus, um Exceptions, die in den Worker-Threads ausgelöst werden, zu sammeln und gemeinsam zu behandeln. Einen solchen gibt es, denn .NET sammelt diese in einer AggregateException.

Ein Beispiel:

```
CancellationTokenSource cts = new CancellationTokenSource();

//Task wird erzeugt und auch gleich gestartet, genauer:
//Dem Threadpool zur Ausführung übergeben
Task[] tasks = new Task[5];
for (int i = 0; i < 5; i++)
{
    CancellationToken ct = cts.Token;
    tasks[i] = Task.Factory.StartNew(() => doLongrunningTask(ct));
}
try
{
    cts.Cancel();
    Thread.Sleep(1000);
    Task.WaitAll(tasks);
}
catch(AggregateException exceptions)
{
    foreach (var ie in exceptions.InnerExceptions)
        Console.WriteLine(ie.Message);
}
```

Listing 4.5 Task Cancellation

Im Beispiel werden fünf Threads erzeugt und in einem Array gespeichert. Jeder Thread erhält ein neues CancellationToken. Alle Threads führen dieselbe Methode aus (doLongrunningTask) und werden sofort gestartet, oder – genauer gesagt – dem Threadpool übergeben, der sie dann sobald als möglich ausführt. Im try-Block laufen also bereits alle Threads und führen schon alle die langlaufende Methode aus. Was die tut, ist egal, auch ob sie einen Rückgabewert liefert oder nicht (wie im Beispiel).

Anschließend werden alle Tasks abgebrochen (`cts.Cancel()`), jeder `CancellationToken` dieser `CancellationTokenSource` ist davon betroffen, also alle gestarteten Threads.

In der Worker-Methode `doLongrunningTask` wird eine Exception ausgelöst, sobald ein Abbruch erkannt wurde, verantwortlich ist die schon bekannte Codezeile:

```
ct.ThrowIfCancellationRequested();
```

Die Verarbeitung der Methode wird abgebrochen, wie bei jeder anderen Exception auch.

In der aufrufenden Methode warten wir nun auf die Beendigung der Threads:

```
Task.WaitAll(tasks);
```

Damit werden die Exceptions aller Threads in einer `AggregateException` gesammelt und können im aufrufenden Code ausgewertet werden. Die Ausgabe bestätigt: Es wurden fünf Exceptions gesammelt, eine `OperationCanceledException` für jeden abgebrochenen Thread.

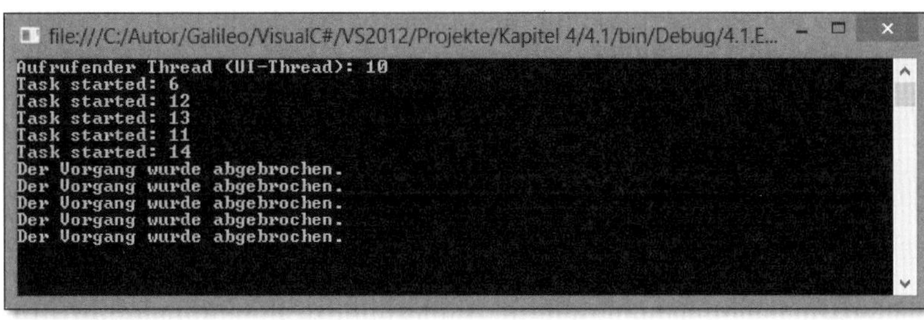

Abbildung 4.6 Kontrollierter Abbruch der Threads

AggregateException

Dieser Exception-Typ fasst mehrere Exceptions in einer Exception zusammen, soviel ist klar. Er war notwendig geworden, weil in einer parallelen Verarbeitung, beispielsweise in einer Schleife, mehrere Exceptions in unterschiedlichen Threads auftreten können, beispielsweise beim Abbruch eines Threads, wie im obigen Beispiel.

Sie können diesen Typ aber auch selbst einsetzen, auch in ganz gewöhnlichem, nichtparallel ablaufendem Code. Er ist ungemein praktisch, wenn Sie beim Auftreten eines Fehlers eine Schleife nicht sofort abbrechen möchten, sondern stattdessen alle Exceptions sammeln und zum Schluss auslösen möchten. Eine `AggregateException` kennt zwei Eigenschaften:

- `InnerException` enthält die aktuelle Exception.
- `InnerExceptions` ist eine Sammlung aller aufgetretenen Exceptions.

In InnerExceptions können selbst wieder AggregateExceptions enthalten sein usw., sodass sich eine Exception-Hierarchie ergeben könnte. Die Methode Flatten zieht diese Hierarchie flach und legt alle Exceptions (egal, in welcher Ebene sie aufgetreten sind) in der InnerExceptions-Eigenschaft ab. Das macht die Sache für Clients einfacher, weil sie Rekursion erspart.

Die einzelnen Exceptions können mit der Methode Handle verarbeitet werden, wie im vorherigen Beispiel gezeigt wurde. Der übergebene Handler wird für jede Exception ausgeführt.

Task-Hierarchien

Wie ich bereits früher erwähnt habe, können Tasks auch von anderen Tasks abhängig sein, also eine Hierarchie bilden. Einen Kind-Task erzeugen Sie, indem Sie einfach während der Ausführung des Tasks weitere Tasks erzeugen:

```
Task parent = Task.Factory.StartNew(() =>
   {
      Task child = Task.Factory.StartNew(() =>
         {
            Console.WriteLine("Kind-Task");
         }, TaskCreationOptions.AttachedToParent);
   });
parent.Wait();
```

Listing 4.6 Kind-Task erzeugen

Sie hätten natürlich den Kind-Task auch erzeugen können, ohne die Option AttachedToParent anzugeben. Dann wären beide Tasks, parent und child jedoch voneinander unabhängig. Die Option begründet hingegen eine echte Eltern-Kind-Beziehung, und der Eltern-Task beendet erst dann seine Ausführung, wenn alle Kind-Tasks (und deren Kind-Tasks usw.) beendet wurden, die Abbruchanforderungen werden also von oben nach unten weitergeleitet. Der aufrufende Thread muss so nicht auf beide Threads warten, sondern lediglich auf den Eltern-Thread, wenn er dessen Ergebnis für seine weitere Verarbeitung benötigt.

Exceptions werden die Hierarchie hinauf weitergeleitet und können daher auf oberster Stelle behandelt werden. Sie ersparen sich also das Behandeln von Exceptions in Kind-Tasks.

ContinueWith

Panta rhei, alles fließt, wussten schon die alten Griechen. In der Softwareentwicklung nennt man dieses Prinzip gerne Fluent Interfaces oder Fluent API. Gemeint sind damit zumeist Methoden, die man bandwurmartig aneinander ketten kann und die dadurch gut lesbar und einfach zu schreiben sind. Ein Beispiel dafür ist LINQ, ein anderes `ContinueWith`.

Diese Methode ist ein gutes Beispiel für die liebevolle Umsetzung im Detail. Mit ihr können Sie nach Beendigung eines Tasks einen weiteren Task starten. Sie müssen also im aufrufenden Thread nicht warten, bis ein Task seine Arbeit erledigt hat, und auch keinen Callback implementieren. Stattdessen können Sie einfach schreiben:

```
Task.Factory.StartNew<int>(n => quadrat((int)n), 5).
  ContinueWith(vorgaengerTask => Console.WriteLine("Ergebnis: {0}",
  vorgaengerTask.Result));
```

Dieser Aufruf als solcher blockiert nicht, und dennoch wird der zweite Task (mit der Ausgabe des Ergebnisses) erst gestartet, nachdem (im Beispiel) die Zahl quadriert wurde. Sie könnten `ContinueWith` auch mehrfach aufrufen.

Im obigen Beispiel wird der zweite Task auf jeden Fall gestartet, das können Sie jedoch beeinflussen. `TaskContinuationOptions` bietet dafür eine Reihe von Flags. Die Flags, die mit »Not« beginnen, schränken die Ausführung ein.

- `NotOnFaulted`: Der Folge-Task soll nur ausgeführt werden, wenn der vorherige Task keine unbehandelte Exception ausgelöst hat.
- `NotOnRunToCompletion`: Die Anwendung erfolgt wie oben, aber nur, wenn der vorherige Task nicht ordnungsgemäß beendet wurde.
- `NotOnCanceled`: Die Anwendung erfolgt wie oben, aber nur, wenn der vorherige Task nicht abgebrochen wurde.

Daneben gibt es noch positiv formulierte Flags, die bereits Kombinationen aus den Not-Flags sind und die Sie vermutlich bevorzugen werden: `OnlyOnCanceled`, `OnlyOnFaulted`, sowie `OnlyOnRanToCompletion`. Beispiel:

```
Task t = new Task(doWork);
t.ContinueWith(task => Console.WriteLine("Bei Abbruch"),
  TaskContinuationOptions.OnlyOnCanceled);
t.ContinueWith(task => Console.WriteLine("Bei Exception"),
  TaskContinuationOptions.OnlyOnFaulted);
//Besonders nützlich:
t.ContinueWith(task => Console.WriteLine("Bei Erfolg"),
  TaskContinuationOptions.OnlyOnRanToCompletion);
t.Start();
```

Listing 4.7 Beispiel für positiv formulierte Flags

Aus der Praxis

Eine häufige Anwendung in meiner Praxis ist die Verlagerung von Such- oder Berechnungsvorgängen auf Tasks. Wenn ein Mitarbeiter des Kundenservice eine Bestellung erfasst, dann wird zunächst die Adresse eingegeben. Ein Task überprüft danach, ob diese Adresse bereits existiert, ohne den Anwender davon abzuhalten, bereits die weiteren Daten einzugeben, während die Adressprüfung noch läuft.

Der `ContinueWith`-Task verändert dann ein Control in Windows Forms und informiert den Anwender so über das Ergebnis der Suche. Controls dürfen aber nicht von beliebigen Threads verändert werden, und der Task-Scheduler der TPL arbeitet mit Threads aus dem `ThreadPool`. Es ist also erst einmal nicht möglich, von einem solchen Task (= Thread) auf Elemente des UI-Threads zuzugreifen. Wir könnten (für Windows Forms) die `Invoke`-Methode des Controls aufrufen, um dies dennoch zu erreichen. Die TPL bietet dafür aber einen eleganteren Weg, nämlich einen eigenen Task-Scheduler, der uns dieses Problem sowohl für Windows Forms als auch für WPF löst.

Die Anwendung ist denkbar einfach und für unsere Zwecke schnell erklärt. Wir holen uns einen geeigneten Scheduler und übergeben ihn der `ContinueWith`-Methode.

```
TaskScheduler scheduler =
  TaskScheduler.FromCurrentSynchronizationContext();
Task.Factory.StartNew<bool>(a => isDuplicate((Address)a), address).
ContinueWith(task => displaySearchResult(task.Result), scheduler);
```

Wichtig ist allerdings, dass Sie den im Hintergrund laufenden Thread nicht vergessen. Die Adressprüfung könnte ja einmal länger dauern, weil der dahinter arbeitende Webservice länger benötigt. Dann könnte ein Anwender den Dialog schließen und damit vielleicht nicht valide Daten speichern. Sie sollten einen solchen Fall also im Code behandeln, zum Beispiel indem Sie den Anwender fragen, ob er die Eingabe des Kunden abbrechen möchte, wenn er den Dialog zu schließen versucht.

Nun gibt es eine Einschränkung, die bisweilen lästig sein kann: Der letzte Task muss dem Typ entsprechen, der zu Beginn deklariert wurde.

Ein Beispiel:

```
Task<int> task = new Task<int>(() =>
{
    return 2*2;
}).ContinueWith<string>(taskInfo =>
{
    return "Wert von Task1 "+taskInfo.Result.ToString();
}).ContinueWith(taskInfo =>
```

```
{
    Console.WriteLine(taskInfo.Result);
});
```

Dieser Code kompiliert nicht, weil der letzte Task kein Ergebnis zurückliefert (sondern nur etwas auf der Konsole ausgibt), der erste Task aber vom Typ `Task<int>` ist.

Derselbe Code funktioniert, wenn die Task-Factory verwendet wird:

```
Task<int>.Factory.StartNew(() =>
...
```

Man könnte sagen, im zweiten Beispiel fließt die Codeausführung erst zur Laufzeit von einem Task zum nächsten, während im ersten Beispiel die gesamte Aufrufkette zur Compilezeit geprüft wird.

Parallele Schleifen

Allen bisherigen Verfahren zur parallelen Verarbeitung ist gemeinsam, dass Sie Ihre Anwendung praktisch um die Threads bzw. Tasks herumbauen müssen. Tasks und Threads sind eben Klassen und keine klassischen Programmanweisungen. Andere Programmiersprachen ermöglichen Parallelität bereits in der Sprache selbst, durch entsprechende Programmkonstrukte und Schlüsselwörter. C# hingegen ermöglicht Parallelität durch Verwendung einer Klassenbibliothek wie der Task Parallel Library.

Mit den parallelen Schleifen `Parallel.For` und `Parallel.ForEach` ändert sich das nicht. Allerdings braucht es nur einen geringen Aufwand, um beispielsweise aus einer herkömmlichen `for`-Schleife eine parallel arbeitende `Parallel.For`-Schleife zu machen. Und die Lesbarkeit bleibt dabei auch noch weitgehend erhalten. So wird aus ...

```
for (int i = 0; i < 10; i++)
{
   Console.Write(i);
}
Ergebnis: 0123456789
```

... die parallele Version:

```
Parallel.For(0,10,i=>
{
   Console.Write(i);
});
Ergebnis (z.B.) 0123465798
```

Und diese `foreach`-Schleife ...

```
foreach (string s in text.Split(' '))
{
   Console.Write(s);
}
Console.WriteLine();
```

... lässt sich ebenfalls parallelisieren:

```
Parallel.ForEach<string>(text.Split(' '), s =>
    {
        Console.Write(s);
    });
```

In der Praxis machen Schleifen häufig einen Großteil der eigentlichen Last einer Anwendung aus, und das macht diese Art der Parallelisierung so interessant. Intern verwendet `Parallel` übrigens Tasks, und die wiederum verwenden den `TaskPool`. Und am Ende verwenden alle Systeme die Threads des Betriebssystems.

Die Herausforderung für das Framework ist die Partitionierung der Schleifen, also die Aufteilung der Schleifendurchgänge auf Threads. Auch hier gilt das bisher Gesagte: `Parallel` macht die Dinge nicht unbedingt schneller. Wenn der Schleifenkörper nur kurz ist und schnell durchlaufen werden kann, kann die Anwendung dadurch sogar langsamer werden – Threads kosten eben zusätzlichen Speicher und CPU-Zeit. Im obigen Beispiel, bei 100 Durchläufen, braucht die parallele Variante auf meinem System etwa die doppelte Zeit, bei 100 Durchläufen dreht sich das Verhältnis zu Gunsten der parallelen Version um.

Und wenn die einzelnen Schleifendurchgänge voneinander abhängig sind oder das korrekte Ergebnis eine sequenzielle Abarbeitung verlangt (wie im vorherigen Beispiel), sollten bzw. müssen Sie ebenfalls darauf verzichten.

Die Schleifen lösen eine `AggregateException` im Fehlerfall aus, deren `InnerExceptions`-Eigenschaft die in den einzelnen Schleifendurchgängen aufgetretenen Fehler enthält. Als Ergebnis liefern beide ein Objekt vom Typ `ParallelLookResult` zurück, das zwei Eigenschaften besitzt:

- `IsCompleted`: `true` bedeutet, die Schleife wurde vollständig abgearbeitet.
- `LowestBreakIteration`: Diese Eigenschaft gibt den niedrigsten Index des Elements an, das garantiert verarbeitet wurde.

»Garantiert verarbeitet« heißt hier wirklich: Alle Schleifendurchgänge bis zu diesem Element wurden verarbeitet. Zusätzlich könnten bereits weitere Durchgänge verarbeitet worden sein, aber dann eventuell mit Lücken, denn die Ausführungsreihenfolge können wir bei einer parallelen Ausführung natürlich nicht beeinflussen – sonst wäre die Ausführung nicht mehr parallel, sondern sequenziell.

In den Schleifenkörper kann, neben der Schleifenvariablen, ein zweites Objekt vom Typ `ParallelLoopState` übergeben werden:

```
Parallel.For(0, 100, (i, state) => {...});
```


Jeder Task, der an der Schleife arbeitet, erhält sein eigenes Objekt. Sie können damit mit den anderen Tasks kommunizieren.

- Mit `Stop` beenden Sie die Ausführung der Schleife. Die Eigenschaft `IsStopped` nimmt dann den Wert `true` an. Das ist wiederum praktisch, wenn in einer Schleife eine weitere Schleife verarbeitet wird, die dann den Wert dieser Eigenschaft in ihrer Bedingung mit einschließen kann.
- `Break` beendet weitere Schleifendurchgänge. Hier gilt das bereits Gesagte: Da die einzelnen Tasks unabhängig voneinander sind, können diese bereits einige der nächsten Durchgänge verarbeitet haben. `Break` garantiert also nur, dass *wenigstens* die vorherigen Durchgänge und der aktuelle Durchgang verarbeitet wurden und setzt daher die Eigenschaft `LowestBreakIteration` auf den Wert, bei dem `Break` aufgerufen wurde.
- Soll eine Schleife beendet werden, weil `Stop` oder `Break` aufgerufen wurden, oder mittels eines `CancellationToken`-Abbruchs, dann liefert eine Abfrage von `ShouldExitCurrentIteration` den Wert `true` zurück. Diesen Wert abzufragen lohnt sich vor allem bei Schleifenkörpern, die länger laufen.
- `IsExceptional` gibt an, ob es während eines Schleifendurchgangs zu einer Ausnahme gekommen ist, die nicht behandelt wurde.

Beide Schleifentypen nehmen zudem ein Objekt vom Typ `ParallelOptions` mit den folgenden Eigenschaften entgegen:

- `CancellationToken`: Diese Eigenschaft erlaubt es, die Operation abzubrechen und ist bereits weiter oben beschrieben.
- `MaxDegreeOfParallelism`: Wenn nichts angegeben wird, dann ermittelt .NET die Anzahl an zu verwendenden CPU-Kernen. Wenn Sie hier einen Wert angeben, dann wird die Anzahl der eingesetzten Tasks auf diesen Wert begrenzt.
- `TaskScheduler`: Hier wird der zu verwendende Task-Scheduler angegeben. Das ist entweder `TaskScheduler.Default` (der Standardwert) oder `TaskScheduler .FromCurrentSynchronizationContext`, wie im Beispiel weiter oben gezeigt.

Inzwischen ahnen Sie es bestimmt schon: Das einfache Ersetzen einer `foreach`-Schleife mit `Parallel.ForEach` (gleiches gilt natürlich auch für die `for`-Schleife) führt längst nicht immer zum gewünschten Ergebnis, nämlich einer Verkürzung der Ausführungsdauer sondern kann auch schon einmal das Gegenteil bewirken. Auch hier gilt: Erst durch Ausprobieren lassen sich die Auswirkungen sicher beurteilen. Dabei gehen die zugrundeliegenden Algorithmen keineswegs wahllos zu Werke, sondern versuchen so wenige Tasks wie möglich zu verwenden. Sind die Schleifendurchläufe kurz, können zudem Tasks aus dem Taskpool häufiger wiederverwendet werden. Die Details der Implementierung sind kompliziert und können sich in jeder neuen Version des Frameworks verändern. Daher lieber die wichtigsten Empfehlungen in einem Block:

- Probieren geht übers Studieren: Messen Sie stets nach.
- Sind die Schleifendurchgänge sehr klein, die Anzahl der Durchläufe ebenfalls und/oder hängen die einzelnen Durchläufe stark voneinander ab, dann lohnt sich Parallelisierung tendenziell eher nicht.
- Sind die Schleifendurchläufe in ihrer Dauer stark unterschiedlich, ist eine Optimierung gleichfalls schwieriger, da der Algorithmus die einzelnen Durchläufe ja möglichst clever auf Tasks verteilen muss.
- Verzichten Sie auf die Angabe von `MaxDegreeOfParallelism`, wenn es nicht wirklich gute Gründe gibt, zum Beispiel weil ihr eigener Algorithmus ab einer gewissen Anzahl von gleichzeitig laufenden Tasks nicht mehr gut skaliert.
- Überlegen Sie unbedingt, was bei einem Fehler passieren soll. Müssen Sie dann gegebenenfalls auf dem letzten Stand wieder aufsetzen, weil Sie beispielsweise E-Mails in einer Schleife versenden und nun nicht möchten, dass eine Person eine E-Mail zweimal erhält?

Parallel.Invoke

Sie wünschen sich bei all den Möglichkeiten der TPL einfach einmal eine simple Methode zu starten, multithreaded, ohne Firlefanz und ohne viele Optionen? Ihnen kann geholfen werden. Die `Parallel.Invoke`-Methode ist für Sie. Wohltuend: Es gibt nur zwei Überladungen. Beide nehmen ein `params`-Array an Action-Delegaten entgegen und zusätzlich ein Objekt vom schon bekannten Typ `ParallelOptions`. Der Aufruf ist also denkbar einfach:

```
Parallel.Invoke(doSimpleWork);
```

Oder, dank des Schlüsselworts `params`, auch mit mehreren Parametern:

```
Parallel.Invoke(doWork, doAnotherWork);
```

4.1.9 Async und Await

Es gibt sie noch, selten zwar, aber immerhin: Die Momente, in denen man den Entwicklern aus Redmond um den Hals fallen möchte, um sie im nächsten Moment anzubrüllen: Warum habt ihr das nicht früher eingebaut?

Die Einführung des Async/Await-Duos, die vielleicht coolste Neuerung in .NET 4.5, ist zweifelsfrei ein solches Ereignis.

Wozu?

Wir haben bisher, eher stillschweigend, die folgende Formel angewendet:

Parallele Ausführung = eigener Task = neuer Thread

Es gibt Ausnahmen, zum Beispiel die automatische Verwaltung des Threadpools, aber in grober Näherung gilt das Prinzip, ein Task, ein Managed Thread, ein Betriebssystemthread.

Das setzt voraus dass ein echter Thread auch wirklich einen Nutzen bringt, und das ist vor allem dann gegeben, wenn die CPU auch wirklich parallel Arbeit verrichten kann. Dann nämlich kann der Scheduler des Betriebssystems diese Threads echten CPU-Kernen zur Ausführung zuteilen und es laufen tatsächlich mehrere Threads parallel, im Extremfall so viele Threads wie Kerne zur Verfügung stehen. Sind die einzelnen Threads voneinander unabhängig, dann skaliert die Anwendung gut und es gilt in grober Näherung: Ausführungszeit bei paralleler Ausführung = Ausführungszeit bei einem Kern/Anzahl Threads, sofern die Anzahl der Threads der Anzahl der physischen CPU-Kerne entspricht.

Hyperthreading macht die Sache etwas komplizierter, weil die dort eingeführten logischen Kerne an bestimmte Bedingungen gebunden sind, aber der Grundsatz hat dennoch Bestand.

Nun gilt aber für die meisten Anwendungen, dass die CPU schon lange nicht (mehr) das schwächste Glied in der Kette ist. Es sind die Verbindungen nach außen, zum Beispiel der Anwender, der nicht schnell genug tippt, um Microsoft Word in Bedrängnis zu bringen, die Festplatte, die (SSDs hin oder her) ihre Daten nicht schnell genug liefern kann, oder das chronisch langsame Internet. Eine Anwendung muss also vor allem eines: warten. Nicht die CPU ist der begrenzende Faktor, sondern die IO-Subsysteme.

Während dieser Zeit ist die Anwendung aber häufig blockiert, vor allem der Thread, in dem die Benutzeroberfläche läuft. Wir haben uns schon so daran gewöhnt, dass bei einem Tastendruck die Sanduhr aufblitzt, dass wir uns nun wieder völlig umstellen müssen, denn wenn eine Anwendung mit den Fingern bedient wird, sind solche Wartezeiten nicht mehr hinnehmbar. Wir erwarten bei Tablet-Anwendungen (wie sie seit Windows 8 und WinRT möglich sind), dass sie zu jeder Zeit flüssig zu bedienen sind, dass sie also jederzeit auf Eingaben, wie Wischgesten, reagieren. Technisch bedeutet es, dass der GUI-Thread nie so lange blockiert wird, dass es zu Rucklern in der Bedienung kommt. Aus Kapitel 3, »Softwaredesign«, (Abschnitt 3.7, »Vom Umgang mit der Zeit in Anwendungen«) wissen Sie, dass die Schwelle in klassischen Desktopanwendungen bei etwa 200 ms liegt. Das gilt für Mausklicks; für Anwendungen auf Tablets, die mit den Fingern bedient werden, ist das noch zu lange, hier gelten üblicherweise 50 ms als Schwellenwert. Jeder Methodenaufruf der länger dauert (oder dauern kann), sollte die

Kontrolle also sofort wieder an den GUI-Thread zurückgeben, also asynchron ausgeführt werden.

Kein Problem, werden Sie vielleicht sagen, schnell ein `Task<T>.Factory.StartNew` geschrieben und die Kontrolle ist wieder zurück. Das ist richtig, allerdings benötigen Sie ja auch die Daten des Tasks, meist an Ort und Stelle innerhalb einer Methode, und nach einem `task.Result` blockiert das GUI doch wieder so lange, bis der Task seine Aufgabe erfüllt hat. Außerdem wollen Sie für das Warten vielleicht überhaupt keine Threads ver(sch)wenden. Denken Sie nur an einen Webserver, der vielleicht Tausende an Clients bedient und die meiste Zeit auf dessen Eingaben wartet.

Kurz, was wir wollen, ist so etwas wie das Folgende, in Pseudocode

```
TueIrgendetwasWasLangDauert();
Gibt das GUI wieder frei
Ist die Aufgabe erledigt, mache hier wieder weiter
```

Und genau das ist möglich, mittels der neuen Schlüsselwörter `async` und `await`.

Um das auf die althergebrachte Weise zu erreichen, gab (und gibt) es die klassischen asynchronen Muster (Patterns) in .NET. Dafür gibt es zuhauf Methoden, die mit `Begin` und `End` anfangen. Allerdings ist die Entwicklung ziemlich komplex und fehleranfällig, gerade bei komplexeren Aufrufketten (Methode ruft Methode ruft Methode usw.). Außerdem, und das ist das größere Problem, wird der Code völlig zerfleddert, vor allem wenn Callbacks im Spiel sind. Dann wird das Debugging zum Geduldspiel, und man springt ständig wie wild im Code hin und her, um den Ablauf zu verstehen. Das steht in natürlichem Gegensatz zum Wunsch Microsofts, es mögen doch viele Entwickler den heimischen Windows8-Appstore mit Anwendungen bevölkern. Kurz, es musste eine einfachere Alternative her.

Funktionsweise

In .NET gibt es viele Abkürzungen, also einfachere Schreibweisen, die komplexere ersetzen. In Abschnitt 4.1.10, »Thread-Synchronisierung«, wird vom `lock`-Befehl die Rede sein. Wenn wir schreiben:

```
lock(someObject)
{
   //Weiterer Code
}
```

macht der Compiler daraus:

```
try
{
```

```
    Monitor.Enter(someObject);
}
finally
{
    Monitor.Exit(someObject);
}
```

Die erste Variante ist kürzer, bequemer, verbreiteter, aber auch weniger leistungsfähig. Man nennt solche Vereinfachungen treffenderweise *Syntactic Sugar*. Nichts anderes machen async und await.

Betrachten wir nun den folgenden Code:

```
private void irgendein GUI Event Handler()
{
    AsyncAwaitMethode();
    Console.WriteLine("Mache jetzt weiter, solange bis Google antwortet");
}

private async void AsyncAwaitMethode()
{
    string frage = "Ist Javascript eine gute Sprache?";
    Console.WriteLine("Stelle Frage: {0}", frage);
    string antwort = await AntwortAufAlleFragen(frage);
    Console.WriteLine("Ich kenne die Antwort, sie ist so lang: {0}",
      antwort.Length);
}

private async Task<string> AntwortAufAlleFragen(string frage)
{
    Console.WriteLine("Muss Google fragen, auf Thread: {0}",
      Thread.CurrentThread.ManagedThreadId);
    HttpClient client = new HttpClient();
    HttpResponseMessage response = await client.GetAsync(
      "http://www.google.com/search?q=" + frage);
    return await response.Content.ReadAsStringAsync();
}
```

Listing 4.8 Async und Await in Aktion

Die erste Methode ist ein gewöhnlicher Event Handler, beispielsweise ein On-Button-Click-Event Handler. Er ruft die AsyncAwaitMethode auf. Diese Methode ist mit dem Schlüsselwort async ausgezeichnet.

> **Die einfache Regel lautet:**
>
> Wenn in einer Methode `await` verwendet wird, muss die Methode mit `async` ausgezeichnet werden.

Die Methode stellt eine Frage, deren Beantwortung schon einmal ein wenig dauern kann, und ruft zu diesem Zweck eine weitere Methode auf: `AntwortAufAlleFragen`. Ignorieren wir sie für den Moment und nehmen einfach an, dass sie uns die Antwort auf irgendeine Art und Weise besorgt.

Wir rufen die Methode aber nicht einfach so auf, sondern setzen ein `await` voran.

> **Wiederum gibt es eine einfache Regel:**
>
> `await` darf nur vor Methoden gesetzt werden, die `Task` oder `Task<T>` zurückgeben, so wie die Methode `AntwortAufAlleFragen`.

`Await` bewirkt nun etwas sehr Interessantes:

Der Compiler (!) nimmt den Rest der Methode (alles, was nach `await` kommt) und packt sie ein eine neue Methode, die mittels Task Continuation (wie weiter oben ausgeführt) aufgerufen wird, sobald die Methode `AntwortAufAlleFragen` eine Antwort geliefert hat. Diese Methode sehen wir nicht, weil sie nicht im C#-Code enthalten ist, sondern lediglich im kompilierten IL-Code. Aus unserer Sicht sieht es so aus, als würde die Ausführung beim `await` gestoppt und die Kontrolle an den aufrufenden Thread zurückgegeben werden. Denn die Ausgabe ist wie folgt:

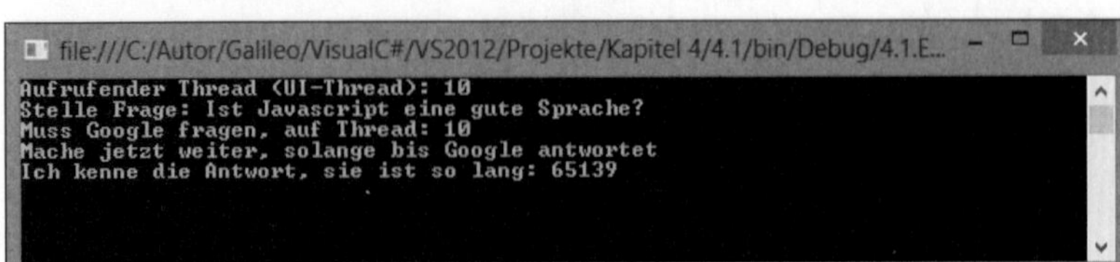

Abbildung 4.7 Das Ergebnis der asynchronen Ausführung

Die Ausgabe offenbart:

- Die Methode `AntwortAufAlleFragen` läuft auf demselben Thread wie das GUI (im Beispiel der Thread mit der `ManagedThreadId` 10).
- Die Ausführung unterbricht beim `await` und gibt die Kontrolle an `irgendeinGUI-EventHandler` zurück, denn unmittelbar danach wird schon die nächste Anweisung ausgeführt:

  ```
  Console.WriteLine("Mache jetzt weiter, solange bis Google antwortet");
  ```

- Zu einem späteren Zeitpunkt liefert die Methode `AntwortAufAlleFragen` das Ergebnis (das es von *google.com* abgerufen hat), und die Ausführung fährt bei der nächsten Anweisung nach `await` fort, indem das Suchergebnis präsentiert wird:

```
Console.WriteLine("Ich kenne die Antwort, sie ist so lang: {0}",
  antwort.Length);
```

Das ist bemerkenswert, der ultimative Syntactic Sugar sozusagen. In seiner einfachsten Form ist die Anwendung von `async/await` also recht einfach. Das Rezept lautet:

- Finde heraus, ob eine Methode »awaitable« ist, also `Task` oder `Task<T>` zurückgibt.
- Setzte vor den Methodenaufruf ein `await`.
- Markiere die aktuelle Methode mit `async`.

Nun zur Methode `AntwortAufAlleFragen`. Zunächst fällt auf, dass zwar als Rückgabetyp `Task<string>` angegeben wurde, im Code selbst aber nirgendwo ein Task erzeugt oder gestartet wird. Das macht das Schlüsselwort `async` für uns hinter den Kulissen.

Warum ist das aber so, warum steht dort als Rückgabetyp nicht einfach ein `string`? Gute Frage, deren Beantwortung noch etwas Zeit braucht. Vorweg aber eines: Die Methode liefert nicht direkt einen Wert, sondern lediglich einen laufenden Vorgang, eben einen Task. Erst wenn wir mittels `await` auf das Ergebnis warten, erhalten wir den Rückgabewert. Genauso übrigens wie wenn wir `task.Result` aufrufen würden, nur eben ohne dass wir dadurch den aufrufenden Thread blockieren.

Der Code selbst ist nicht allzu kompliziert. Es wird die neue `HttpClient`-Klasse aus dem `System.Net.Http`-Namespace verwendet, um die Suchanfrage an Google zu stellen und das Ergebnis wieder zu empfangen. Die Klasse ist ein Paradebeispiel für die neue `async`-Denkweise, denn Sie werden dort keine `Get`-Methode finden, die ein `HttpResponseMessage`-Objekt liefern würde, sondern lediglich eine `GetAsync`-Methode mit dem Rückgabetyp `Task<HttpResponseMessage>`. Mit anderen Worten: Die Klasse ist darauf aufgelegt, asynchron verwendet zu werden. Warum? Nun, weil eine http-Kommunikation eben länger dauert, typischerweise länger als 50 ms. Das geht sogar so weit, dass die Umwandlungsmethode, `ReadAsStringAsync` ebenfalls nur in der asynchronen Version verfügbar ist.

Damit ergibt sich ein ganzer Rattenschwanz an Continuation-Methoden, denn, zur Erinnerung: Bei jedem `await` muss der Compiler den Rest der Methode in eine Continuation-Methode packen und diese nach Beendigung der Methode aufrufen, auf deren Beendigung gewartet wurde. Allerdings sehen wir nichts davon, weil all das nur im IL-Code passiert. Im C#-Code sieht das alles sehr einfach und elegant aus und lässt sich ebenso debuggen.

Ein weiteres Stückchen syntaktischen Zucker bekommen wir von `await` geliefert, denn der Aufruf

```
string antwort = await AntwortAufAlleFragen(frage);
```

liefert einen string zurück und keinen Task<string>, so wie die Methode eigentlich deklariert wurde. Wenn wir die Methode ohne await aufrufen, dann erhalten wir Task<string> als Rückgabetyp. await sorgt also für diese Umwandlung.

Async/Await und Threads

Es mag schon ein wenig verwirrend sein: Da haben wir eine Methode AntwortAufAlleFragen, die eindeutig asynchron arbeitet. Während die Antwort von Google eintrifft, werden bereits die nächsten Anweisungen der aufrufenden Methode ausgeführt. Aber dennoch läuft sie auf demselben Thread wie die aufrufende Methode. Wie kann das sein?

Ändern wir die Methode AntwortAufAlleFragen ein wenig:

```
private static async Task<string> AntwortAufAlleFragen(string frage)
{
    Console.WriteLine("Muss Google fragen, auf Thread: {0}",
      Thread.CurrentThread.ManagedThreadId);
    HttpClient client = new HttpClient();
    //HttpResponseMessage response = await client.GetAsync(
      "http://www.google.com/search?q=" + frage);
    //return await response.Content.ReadAsStringAsync();
    HttpResponseMessage response = client.GetAsync(
      "http://www.google.com/search?q=" + frage).Result;
    return response.Content.ReadAsStringAsync().Result;
    //return await response.Content.ReadAsStringAsync();
}
```

Listing 4.9 Die synchrone Variante von AntwortAufAlleFragen

Die Implementierung hat sich nun geringfügig geändert. In der Methode verwenden wir nun kein await mehr für das Abrufen und Umwandeln der Daten, sondern greifen auf die Result-Eigenschaft der Tasks zu. Damit, so wissen wir, wird der Aufrufer (die Methode AntwortAufAlleFragen) blockiert anstelle, wie bei await, die Kontrolle sofort an dessen Aufrufer (AsyncAwaitMethode) zurückzugeben.

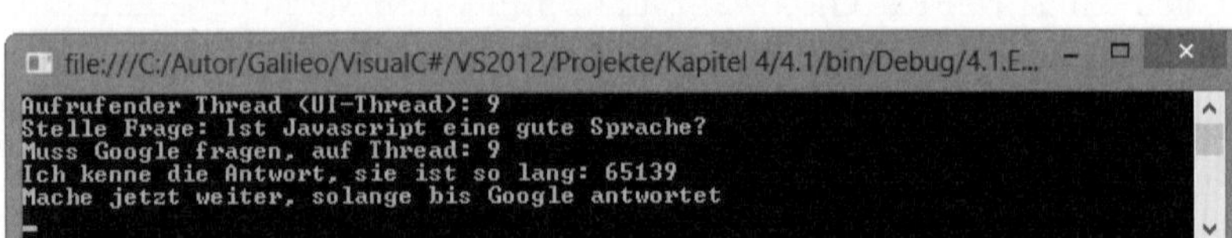

Abbildung 4.8 Schluss mit asynchroner Ausführung

Die »Mache jetzt weiter...«-Meldung erscheint jetzt erst am Ende, die gesamte Ausführung ist synchron, trotz Auszeichnung der Methoden mit async und obwohl immer noch steht:

```
string antwort = await AntwortAufAlleFragen(frage);
```

Das erscheint widersinnig, ist aber dennoch logisch. Wenn wir eine Methode mit async auszeichnen, dann packt der Compiler den Inhalt der Methode in einen Task. Dafür verwendet er aber den Synchronisationskontext des Aufrufers, der Task läuft also auf demselben Thread wie der Aufrufer, so wie wir das in unserem Beispiel auch nachvollziehen konnten. Damit ist eine echte parallele Ausführung nicht mehr möglich, weil der Thread die ganze Zeit über beschäftigt ist. Wir haben unser IO-Async-Problem in ein CPU-Async-Problem gewandelt, das wir nur mittels eines eigenen Threads lösen könnten. Nur wenn die gesamte Aufrufkette, bis hin zum http-Client, asynchron ist, kann das System funktionieren.

Wenn wir einen eigenen Thread verwenden für den Abruf der Google-Suchergebnisse (also die Methode AntwortAufAlleFragen), dann kann der aufrufende Thread weiterarbeiten, auch wenn der arbeitende Thread synchron weiterarbeitet, denn schließlich sind somit zwei Threads am Werke, die beide von der CPU gleichzeitig ausgeführt werden können. Dazu brauchen wir das Beispiel nur ein wenig zu ändern:

```
private static Task<string> AntwortAufAlleFragen(string frage)
{
    Task<string> task = Task.Run<string>(() =>
    {
        Console.WriteLine("Muss Google fragen, auf Thread: {0}",
          Thread.CurrentThread.ManagedThreadId);
        HttpClient client = new HttpClient();
        HttpResponseMessage response = client.GetAsync(
          "http://www.google.com/search?q=" + frage). Result;
        return response.Content.ReadAsStringAsync().Result;
    });

    return task;
}
```

Listing 4.10 Ausführung der Suchabfrage in einem eigenen Thread

Wir übernehmen nun das Erstellen des Tasks selber, der somit auch einen eigenen Thread erhält. Damit brauchen wir auch das Schlüsselwort async nicht mehr, denn der Code enthält kein await mehr (arbeitet also vollständig synchron), und wir brauchen den Compiler ja auch nicht mehr dazu, den Task für uns zu erstellen.

Das Ergebnis:

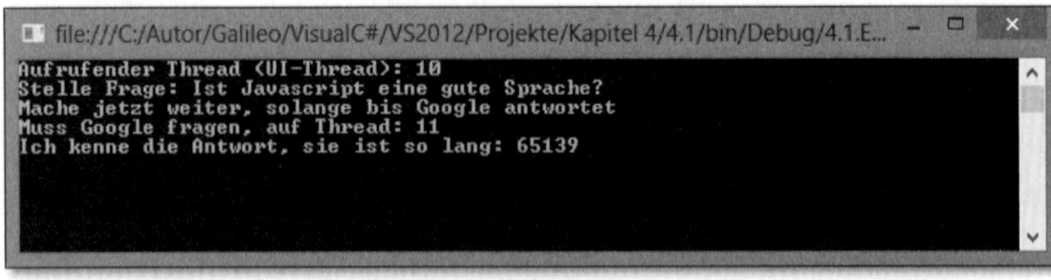

Abbildung 4.9 Die Methode AntwortAufAlleFragen mit einem eigenen Thread

Es fallen zwei Dinge auf:

- Die Kontrolle wird jetzt wieder sofort zurück an den Aufrufer übergeben (Mache jetzt weiter ...), die Methode arbeitet also wieder asynchron.
- Die Methode mit der Google-Suche arbeitet jetzt in einem eigenen Thread.

Wichtig

- `async` und `await` genügen nicht immer, um eine asynchrone Ausführung einer Methode zu gewährleisten, es hängt auch davon ab, wie die Methode geschrieben wurde.
- Methoden, die andere (asynchrone) Methoden aufrufen, sollten besonders kurz sein, weil sie noch synchron ausgeführt werden, eventuell im Thread der Benutzeroberfläche. Optimalerweise sollte die Ausführung weniger als 50 ms dauern und die Dauer konstant sein.
- Die gesamte Aufrufkette muss asynchron sein, soll nur ein Thread verwendet werden. Die Reduzierung der Thread-Anzahl ist besonders für Serveranwendungen sinnvoll, die viele gleichzeitige Anfragen bedienen müssen; dann verbessert sich die Skalierbarkeit der Anwendung.

Dass eine Methode, die wir mittels `await` erwarten wollen, `Task` oder `Task<T>` zurückgeben muss, können wir uns zunutze machen, denn wir können die Methode früh im Code aufrufen und erst später auf die Beendigung warten:

```
Task<HttpResponseMessage> httpTask = client.GetAsync(
  "http://www.google.com/search?q=" + frage);
//Weitere Arbeit verrichten
HttpResponseMessage response = await httpTask;
```

In diesem Beispiel können wir die »Wartezeit« nutzen, um weitere Anweisungen in der aktuellen Methode, bis zum `await`, auszuführen. Vielleicht ist das Ergebnis sogar schon da, noch bevor `await` aufgerufen wird.

4.1.10 Thread-Synchronisierung

Kommen wir nun zum schwierigsten Aspekt der Entwicklung paralleler Anwendungen: der Synchronisierung. Synchronisierung wird notwendig, wenn mehr als ein Thread auf gemeinsam genutzte Ressourcen zugreift. Daraus ergibt sich auch: Verwenden Ihre Threads keine gemeinsamen Ressourcen, so benötigen sie auch keine Mechanismen zur Synchronisierung – eher eine Ausnahme, aber es gibt solche Threads durchaus in der Praxis.

Stellen Sie sich bitte ein Array von Messwerten vor, die ein Thread von Fahrenheit in Grad Celsius umrechnet. Das tut dieser Thread in einer Schleife. Dem Betriebssystem ist das egal, es unterbricht den Thread zu einem beliebigen Zeitpunkt (weil nun ein anderer Thread an der Reihe ist) und führt ihn zu einem späteren Zeitpunkt weiter aus, höchstwahrscheinlich mitten in der Schleife. Das Array ist also in einem ungültigen Zustand, es enthält teilweise Werte der einen, teilweise der anderen Einheit. Während dieses Zeitraums könnte ein zweiter Thread auf dasselbe Array zugreifen und Werte daraus lesen. Er könnte so glauben, das Array wäre noch in Fahrenheit, während einige Werte, die er liest, bereits umgerechnet wurden. Kurz: Während der Thread ein Objekt (hier das Array) verändert, befindet es sich in einem nicht-validen Zustand.

Die Lösung dieses Dilemmas ist Synchronisierung. Mehrere Threads müssen sich darauf einigen, wer zu welchem Zeitpunkt welches Objekt verändern darf. Dafür bieten das Betriebssystem und das .NET Framework einige Möglichkeiten, die wir uns der Reihe nach ansehen werden. Im Grunde genommen geht es dabei um *Locking*, also das Sperren von Ressourcen für den gleichzeitigen Zugriff und damit um Synchronisierung.

Synchron ist natürlich das Gegenteil von asynchron. Zwei zu einem Zeitpunkt synchronisierte Threads laufen nicht mehr parallel ab, ein Thread wartet stattdessen auf einen anderen Thread, bis er die Erlaubnis erhält, mit einem Objekt zu arbeiten. Damit ist Synchronisierung der natürliche Feind der Parallelisierung. Code, der in dem Kontext einer Synchronisierung ausgeführt wird, sollte also ganz besonders kurz sein und (wenn es sich machen lässt) selten ausgeführt werden.

Auch unter den Synchronisierungsverfahren gibt es Schwergewichte und Leichtgewichte, und Ziel ist es, die jeweils passende Methode zu finden, ohne dabei mit Kanonen auf Spatzen zu schießen (die Tierschützer unter Ihnen mögen mir diesen Vergleich bitte verzeihen). Locking kostet in der Praxis Performance. Wie viel, das hängt neben der Methode vor allem von dem Design der Anwendung ab, wie viele Stellen Synchronisierung benötigen und wie oft diese Stellen (von unterschiedlichen Threads) durchlaufen werden. Und damit natürlich auch davon, wie viele Threads auf den Code losgelassen werden. Paradoxerweise kann der Umstand, dass ein Thread auf eine Sperre wartet, bereits dazu führen, dass mehr Threads erzeugt werden, beispielsweise weil die Implementierung des `ThreadPool` dies vorsieht.

In Rahmen dieses Kapitels kann ich nur auf wenige Möglichkeiten eingehen, die komplette Behandlung des Themas muss ich entsprechenden Kompendien überlassen. Bevor ich auf diese eingehe, erläutere ich zuerst einige Probleme, die in parallelen Anwendungen auftreten können.

Häufige Probleme paralleler Verarbeitung

Unter einer *Race Condition* verstehen wir ein besonders tückisches Problem, bei dem zwei Threads gleichzeitig Daten verändern. Nehmen wir einmal an, die Kalimba Sunfood GmbH hat 2.000 € Guthaben auf ihrem Konto, und es stehen noch zwei Transaktionen aus: Einerseits muss sie noch 4.000 € an einen Dienstleister zahlen, und andererseits erhält sie 15.000 € für gelieferte Ware. Das sollte einen Kontostand von 2.000 – 4.000 + 15.000 = 13.000 € ergeben. Wenn nun zwei Bankangestellte den Vorgang bearbeiten, kann (ohne Synchronisierung) Folgendes geschehen: Angestellter A verbucht die 15.000 €, die GmbH hat also einen Zwischen-Kontostand von 17.000 €. Noch bevor A die Daten speichert, bucht Angestellter B die ausstehende Zahlung in Höhe von 4.000 €, es ergibt sich also ein Zwischen-Minus von –2.000 €. A speichert nun, und B speichert ein klein wenig später ebenfalls. Der Finanzvorstand wird sich nun über sein Konto im Soll wundern, denn die Änderungen des Kollegen würden überschrieben werden.

Auch nicht viel angenehmer ist ein *Deadlock*, bei dem zwei Threads auf die Ressourcen des jeweils anderen warten, es klemmt also. Ein solcher Deadlock könnte für alle Zeit die Systeme blockieren.

Sehen wir uns wieder ein Beispiel an: An einer Kreuzung warten vier Autos, es gilt jeweils rechts vor links, es gibt keine Ampel und keine Verkehrsschilder. Da jeder Fahrer ein Auto zu seiner Rechten hat, könnte niemand fahren. Nur gut, dass hier Menschen am Werk sind, die mit solchen Situationen klarkommen, auch ohne dass sie die StVO zu Rate ziehen müssen.

Daneben sind noch weitere Probleme bekannt, auf die ich hier jedoch nicht eingehen kann. Wenn es Sie interessiert, dann recherchieren Sie doch mal die Begriffe *priority inversion*, *lock convoys* oder *two-step dances*.

Zum Schluss noch eine Anmerkung: In C# kommen uns Änderungen oft atomar vor, weil sie einfach so aussehen, beispielsweise die Anweisung `zaehler++;`. Ein Computer führt allerdings keinen IL-Code aus, sondern Maschinencode, für ihn ist eine solche Operation also keinesfalls atomar. Er muss den Wert von der Instanzvariablen in ein CPU-Register einlesen, den Wert verändern und den veränderten Wert dann wieder in die Instanzvariable übertragen. Daher sind auch vermeintlich simple Operationen gegen gleichzeitigen Zugriff zu schützen, wenn mehr als ein Thread betroffen ist.

Probleme vermeiden

Vielleicht ist Ihnen beim Lesen die Frage gekommen: Kann man dieses Thema nicht komplett vermeiden? Man kann, für manche Anwendungen ganz und für andere wenigstens soweit wie möglich. Wenn – ja, wenn – Sie die folgenden Ratschläge beherzigen. Sie müssen lediglich verhindern, dass mehrere Threads auf dieselben Ressourcen zugreifen.

- Vermeiden Sie statische Variablen.
- Verwenden Sie *Immutable Objects*, also Objekte, die ihren Wert nicht verändern können. Ein Beispiel dafür ist `string`. Solche Objekte können von allen Threads ausgelesen werden, ohne dass Konflikte zu befürchten sind.
- Wenn Sie Daten zwischen den Threads austauschen, dann sind Werttypen ideal, denn sie werden bei der Übergabe kopiert. Jeder Thread erhält dann seine eigene Kopie (denn jeder Thread hat seinen eigenen Stack). Referenztypen zeigen auf Objekte auf dem Heap. Der Zugriff darauf aus mehreren Threads heraus muss daher synchronisiert werden.
- Achten Sie darauf, Synchronisationsprobleme nicht durch die Hintertür einziehen zu lassen. Manche Technologien, beispielsweise WCF, verwenden Threads extensiv. Wenn Sie dort den Wert für das Attribut `ConcurrencyMode` falsch angeben, dann müssen Sie sich auf einmal selbst um die Synchronisierung kümmern – ohne dass Sie das vielleicht wollen.
- Lesen Sie die Dokumentation der .NET-Klassenbibliothek. Manche Klassen und Methoden in .NET sind threadsicher, andere nicht. Zugriffe auf statische Klassen beispielsweise sind threadsicher. Sie können also `Console.WriteLine` auch aus mehreren Threads gleichzeitig aufrufen. Von einigen Klassen gibt es threadsichere Varianten, einige Klassen (wie `Hashtable`) haben ihre ganz eigenen Einschränkungen.
- Bilden Sie, wo immer möglich, Inseln. Nehmen wir das Beispiel mit der Umrechnung: Die parallele Schleife ist threadsicher, da der aufrufende Code so lange blockiert, bis die Schleife abgearbeitet ist und jeder Schleifendurchgang dazu einen anderen Wert im Array bearbeitet. Sie müssen dann nur noch sicherstellen, dass während der Ausführung der Schleife kein anderer Thread auf das Array zugreifen möchte.

User-Mode- und Kernel-Mode-Varianten

Ich habe bereits erwähnt, dass manche Locking-Mechanismen mehr Zeit benötigen als andere. Wir unterscheiden zwischen *User-Mode*-Objekten und *Kernel-Mode*-Objekten für die Synchronisierung. Erstere funktionieren ohne Beteiligung des Betriebssystems. Sie sind deutlich schneller, da der Thread nicht zwischen User Mode und Kernel Mode hin- und herwandern muss, und sind den Kernel-Mode-Varianten im Allgemeinen vorzuziehen. Allerdings kann der Scheduler des Betriebssystems deshalb auch nicht wissen, dass ein Thread auf einen Lock wartet, und er wird daher diesem Thread immer wieder umsonst Rechenzeit zuteilen.

Diesen Vorgang nennt man *Spinning*, und er tritt immer dann ein, wenn in einer Schleife versucht wird, auf eine Ressource zuzugreifen, die gerade belegt ist. Bei einem Kernel-Mode-Lock passiert das nicht, da das Betriebssystem weiß, welcher Thread gerade blockiert. Je länger die Wartezeiten auf die Ressource sind, desto eher lohnt es sich, Kernel-Mode-Locks einzusetzen, um die durch Spinning verschwendete Rechenzeit für sinnvollere Aufgaben einsetzen zu können.

Für prozessübergreifende Sperren kommen nur Kernel-Mode-Locks infrage, aber die meisten Synchronisationen finden ohnehin innerhalb eines Prozesses statt. .NET kennt Konstrukte, die beide Welten miteinander verbinden. Aber dazu später mehr.

Interlocked

Die Klasse `Interlocked` stellt einen einfachen User-Mode-Mechanismus zur Verfügung, um Variablen zu verändern, die zwischen mehreren Threads geteilt werden. Denn während des Updates könnte der Scheduler dem Thread ja die CPU entziehen, und ein anderer Thread könnte die Kontrolle übernehmen. Bei echter Gleichzeitigkeit – wenn Ihre CPU mehrere Kerne hat – könnten aber auch zwei Threads zeitgleich eine Änderung vornehmen. Beispiel:

Sie setzen für eine Aufgabe mehrere Threads ein. In einer statischen Variablen speichern Sie ab, welche Threads ihre Aufgabe bereits erfüllt haben, beispielsweise, um das Ergebnis in einer Progress Bar anzuzeigen.

```
private static int noOfCompletedThreads = 0;
```

Der Wert ist zu Beginn natürlich `0`, denn noch wurden ja keine Threads gestartet. Diese starten wir nun:

```
for (int i = 0; i < 10; i++)
    new Thread(doWork).Start(i);
```

In der Methode `doWork` wird die Arbeit verrichtet. Die letzte Anweisung soll nun die Variable erhöhen. Wie wir gesehen haben, wäre eine Anweisung wie

```
noOfCompletedThreads++; //Nicht so!
```

ein potenzielles Problem. Die Klasse `Interlocked` bietet eine Methode `Increment`, die eine Variable um eins erhöht, und zwar atomar:

```
Interlocked.Increment(ref noOfCompletedThreads);
```

Die wichtigsten Methoden im Überblick:

- `Increment` erhöht den Wert einer Variablen um 1.
- `Decrement` verringert den Wert einer Variablen um 1.
- `Add` addiert zwei Zahlen und speichert das Ergebnis im ersten Parameter.
- `CompareExchange` ersetzt den ersten Parameter durch den zweiten Parameter, wenn der erste Parameter und der dritte Parameter denselben Wert haben. Der Rückgabewert ist dabei der ursprüngliche Wert von Parameter 1. Damit dient diese Methode auch dem Zweck, das Ergebnis auf synchronisierte Art und Weise zu lesen. Sie können diese Methode beispielsweise verwenden, um auf das erste eingetretene Ereignis zu reagieren.
- `Exchange` ersetzt Parameter 1 durch Parameter 2 und gibt den ursprünglichen Wert von Parameter 1 zurück.
- `Read` gibt einen 64-Bit-Integer zurück, der atomar gelesen wird. Das ist auf 32-Bit-Systemen notwendig, da solche Systeme 64-Bit-Werte naturgemäß nicht in einem Schritt lesen können.

`Interlocked` stellt eine komfortable und schnelle Möglichkeit dar, elementare Daten zu lesen und zu schreiben. Nicht in allen Fällen wäre das notwendig, abhängig vom Datentyp und von der CPU-Architektur. Wenn Sie sich damit nicht beschäftigen wollen – wer möchte schon die Funktionsfähigkeit seiner Anwendung von solchen Details abhängig machen? –, dann sollten Sie `Interlocked` immer verwenden, falls mehrere Threads dieselben Daten elementar lesen oder ändern. Für verschiedene Datentypen gibt es diverse Überladungen.

SpinLock

Wenn die Wartezeiten nur sehr kurz sind und nur wenige Threads um eine Ressource konkurrieren, dann ist Spinning die performantere Alternative, wie wir gesehen haben. Das bedeutet im Umkehrschluss auch, dass Ihr Code einen Lock auch nur sehr kurz halten sollte. Irgendwann kommt der Zeitpunkt, an dem ein herkömmlicher Lock effizienter ist als `SpinLock`. Sie müssen also abwägen, wenn Ihnen Geschwindigkeit besonders wichtig ist. Und so funktioniert `SpinLock`:

```
private static SpinLock _spinLock = new SpinLock();

private static void doSpinLockWork()
{
   bool lockTaken = false;
   try
   {
      //Hier wird, falls nötig, gespinnt.
      _spinLock.Enter(ref lockTaken);
```

```
        //... hier wird gearbeitet ...
    }
    finally
    {
        if (lockTaken)
            _spinLock.Exit(false);
    }
}
```

Listing 4.11 Einsatz von SpinLock

Zuerst wird ein SpinLock erzeugt, bei dem es sich übrigens um einen gewöhnlichen struct handelt. Anschließend wird eine Variable mit false initialisiert und der Methode Enter übergeben. Wenn kein anderer Thread eine Sperre hält, dann enthält die Variable lockTaken den Wert true, und der Thread fährt mit der nächsten Anweisung fort. Falls schon, wird Enter versuchen, fortwährend die Sperre zu ergattern und dazu »spinnen«. Anschließend wird die Sperre wieder aufgehoben, falls der Vorgang vorher erfolgreich war. SpinLock kennt noch weitere Methoden und Eigenschaften:

- IsHeld prüft, ob die Sperre derzeit von einem Thread gehalten wird.
- IsHeldByCurrentThread prüft, ob die Sperre vom gerade aktuellen Thread gehalten wird.
- TryEnter versucht, über einen angegebenen Zeitraum eine Sperre zu erhalten. Falls dies gelingt, enthält lockTaken den Wert true, ansonsten false.

Monitor

Die am häufigsten eingesetzte Methode ist Monitor, auch wenn viele Entwickler sie vermutlich gar nicht kennen. Das liegt daran, dass C# sie im Schlüsselwort lock verbirgt. Sie kann für alle Referenztypen verwendet werden, also für alle Objekte. Das macht die Syntax denkbar einfach:

```
public class SomeClass
{
    public void DoSomeWork()
    {
        lock (this)
        {
            //... hier wird gearbeitet ...
        }
    }
}
```

Listing 4.12 Methode »Monitor«

Der Code im lock-Block der Klasse erhält exklusiven Zugriff. Sie könnten stattdessen auch, SpinLock nicht ganz unähnlich, schreiben:

```
public void DoSomeWork()
{
   bool lockTaken = false;
   try
   {
      Monitor.Enter(this, ref lockTaken);
      //... hier wird gearbeitet ...
   }
   finally
   {
      if (lockTaken)
         Monitor.Exit(this);
   }
}
```

Listing 4.13 Alternative Schreibweise

This sollten Sie eigentlich niemals verwenden, denn die aktuelle Instanz ist viel zu unspezifisch, um später vernünftig debuggen zu können. Sie sollten entweder ein eigenes Sperrobjekt erzeugen ...

```
private readonly Object _lock = new (Object);
...
lock(_lock)
{...}
```

... oder das Objekt angeben, auf das sich die Sperre bezieht, beispielsweise ein Dictionary-Objekt, wenn mehrere Threads darauf zugreifen können. Hinter den Kulissen verwendet die CLR eigens dafür vorgesehene Datenstrukturen, um die Informationen über aktuelle Sperren zu speichern. Der zu schützende Block wird häufig auch als *kritischer Abschnitt* (*critical section*) bezeichnet.

Monitor ist eine statische Klasse, Sie können also kein Objekt davon erzeugen. Alle anstehenden Threads, also Threads, die eine Sperre auf dasselbe Objekt erhalten wollen, werden in einer Queue verwaltet. Die Methoden Enter und Exit wurden bereits besprochen, Monitor bietet aber noch mehr:

- TryEnter versucht, eine Sperre über die angegebene Zeitdauer zu erlangen, und gibt true zurück, falls dies erfolgreich war, sowie false, falls nicht.
- Wait gibt die Sperre frei und blockiert so lange, bis die Sperre erneut dem Thread zugeteilt wird.

- Pulse/PulseAll sendet an einen (Pulse) oder alle (PulseAll) wartenden Threads ein Signal, dass der Status des gesperrten Objekts sich verändert hat. Der nächste Thread erhält daraufhin die Sperre und kann so prüfen, ob der Status des Objekts dem gewünschten Status entspricht.

Soll sich die Sperre über die gesamte Methode erstrecken, so kann auch das Attribut MethodImpl verwendet werden, das sich im Namespace System.Runtime.CompilerServices befindet.

```
[MethodImpl(MethodImplOptions.Synchronized)]
```

Hier gilt das schon Gesagte: Vermeiden Sie zu allgemeine Sperren, denn dieses Attribut verwendet this als Objekt für die Sperre. Es verleitet zudem dazu, immer die ganze Methode in einen Synchronisationskontext zu stellen, wo vielleicht der kritische Abschnitt wesentlich kürzer wäre.

Threadsichere Collections

Vor .NET 4 war einer der Hauptgründe für Sperren der Zugriff auf Datenstrukturen aus mehreren Threads heraus. Das hat auch Microsoft erkannt und deswegen einige threadsichere Klassen entwickelt. Diese Typen vermeiden Sperren, wo immer möglich, und wo dies nicht möglich ist, werden die zu sperrenden Codeblöcke so kurz wie möglich gehalten.

Der System.Collections.Concurrent-Namespace enthält einige threadsichere Collections:

- ConcurrentBag<T>
- ConcurrentQueue
- ConcurrentStack
- ConcurrentDictionary

Die ersten drei implementieren die Schnittstelle IProducerConsumerCollection(T) mit diesen Methoden:

- TryAdd(T item);
- TryTake (out T item);
- T[] ToArray();
- void CopyTo(T[] array, Int32 index);

Klassen, die diese Schnittstelle implementieren, können auch dem Konstruktor der Klasse BlockingCollection(T) übergeben werden:

```
var bc = new BlockingCollection<int>(new ConcurrentStack<int>(),1000);
```

Dadurch werden aus diesen Collections, die eigentlich nicht-blockierend sind, blockierende Varianten. Das bedeutet Folgendes:

- Versucht ein Thread, Elemente hinzuzufügen, wenn dieser bereits voll ist, blockiert der Aufruf. Die Größe der Collection kann dem Konstruktor von `BlockingCollection` mitgegeben werden.
- Versucht ein Thread, Elemente zu entfernen, wenn kein Element vorhanden ist, blockiert der Aufruf ebenfalls.

Sie können aber auch die `CompleteAdding`-Methode ausführen, um anderen Threads zu signalisieren, dass keine weiteren Elemente mehr hinzugefügt werden. Die Klasse findet ihre Verwendung vor allem dort, wo Threads einerseits Elemente in die Collection schreiben (Producer) und Threads andererseits Elemente aus der Collection abrufen (Consumer) wie in diesem Beispiel:

```
static void Main(string[] args)
{
   var bc = new BlockingCollection<int>(new ConcurrentQueue<int>());
   Task.Factory.StartNew(DoConsume, bc);
   Task.Factory.StartNew(DoProduce, bc);
   Console.ReadLine();
}

static void DoProduce(Object o)
{
   var bc = o as BlockingCollection<int>;
   for (int i = 0; i < 100; i++)
   {
      Console.WriteLine("Erzeuge Element: " + i);
      bc.Add(i);
   }
   bc.CompleteAdding();
}

static void DoConsume(Object o)
{
   var bc = o as BlockingCollection<int>;
   foreach (var item in bc.GetConsumingEnumerable())
   {
      Console.WriteLine("Hole Element ab: " + item);
   }
   Console.WriteLine("Fertig");
}
```

Listing 4.14 Einsatz von »CompleteAdding«

Besonders praktisch ist hier `GetConsumingEnumerable`. Diese Methode ermöglicht die Verarbeitung in einer `foreach`-Schleife, und zwar auch dann, wenn sich die Anzahl der Elemente verändert, was ja gerade der Sinn dieses Beispiels ist. `CompleteAdding` ist hier wichtig, da ansonsten `foreach` so lange blockieren würde, bis der Queue weitere Elemente hinzugefügt werden.

Wenn Sie das Beispiel nun ausführen wie in Abbildung 4.10, so sehen Sie, dass beide Threads wirklich parallel arbeiten und in munterer Folge Elemente hineinschreiben und auslesen. Beachten Sie bitte, dass wir keinerlei Code für die Synchronisierung hinzugefügt haben.

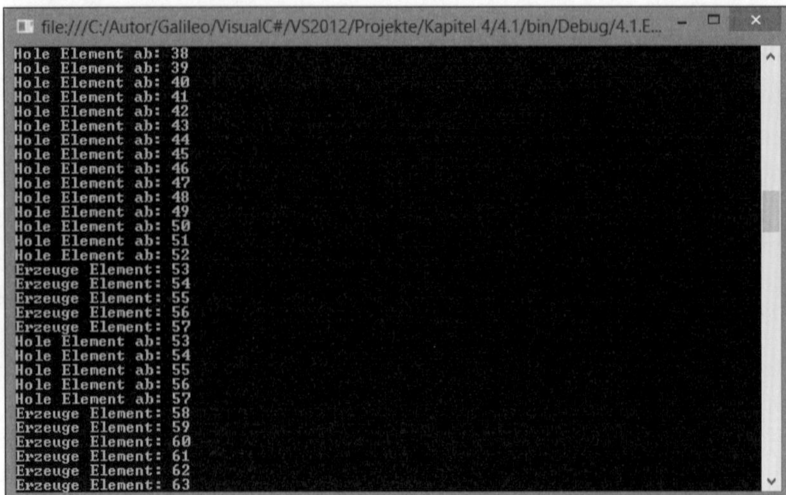

Abbildung 4.10 Das Zusammenspiel von Producer und Consumer

Die nicht-blockierenden Varianten verhalten sich im Großen und Ganzen so, wie man es erwartet, auch wenn die Methoden ein wenig anders sind. `ConcurrentDictionary` beispielsweise bietet für das Hinzufügen zwei Methoden:

- `TryAdd` fügt den Eintrag nur hinzu, wenn der Schlüssel noch nicht existiert.
- `AddOrUpdate` fügt den Eintrag hinzu oder ändert ihn, falls er bereits existiert und unterstützt die Verwendung eines Delegaten zu diesem Zweck.

Zu Threads, Locks & Co. gäbe es noch viel zu erzählen. Alleine die verschiedenen Locking-Mechanismen und die Arten ihrer Anwendung würden mühelos den Rahmen dieses Kapitels sprengen. Andererseits stelle ich immer wieder fest, dass viele Entwickler um das Thema Parallelität einen weiten Bogen machen. Vielleicht ja gerade deswegen? Auf jeden Fall wird sich dieser Bereich des Frameworks in den nächsten Jahren noch deutlich weiterentwickeln, da bin ich mir sicher. Stabilität und Zuverlässigkeit einer Anwendung können nicht in so großem Maße vom Detailwissen eines Entwicklers abhängen, wenn parallele Anwendungen nicht nur eine Modeerscheinung bleiben sollen.

Andererseits können Sie das Thema auch simpel halten. Einerseits indem Sie die obigen Ratschläge beherzigen, andererseits indem Sie die neuen Sprachelemente von C# verwenden, insbesondere die TPL, die neuen Collection-Typen und vor allem `async` und `await`. Und wenn Sie nicht gerade Software für die Netzwerkkommunikation schreiben, sondern z. B. Geschäftsanwendungen, so wird Ihnen die durch `Monitor` an der einen oder anderen Stelle verschenkte Performance vermutlich gar nicht auffallen.

4.2 Fehlerbehandlung

Die Behandlung von Fehlern hat zwei Seiten: eine syntaktisch-semantische und eine praktische. Zur Syntax und Semantik setze ich voraus, dass Sie `try`, `catch` und `finally` kennen und anwenden können. Sie wissen, dass Sie mit `throw` eine Exception erneut auslösen können und auch, dass sich eine Exception ihren Weg durch den Aufrufstack nach oben bahnt, wird sie nicht vorher abgefangen.

So weit, so gut. Die praktische Seite ist hingegen nicht so klar, und so begegnen uns im ausgelieferten Code immer wieder die verschiedensten Fehlerbehandlungsmodelle, von denen ich einige kurz vorstellen möchte:

- Das »Fehlerbehandlung? – Wozu?«-Modell. Kennzeichnend dafür ist die Abwesenheit jeglicher Fehlerbehandlung und die Grundeinstellung: Wenn ein Fehler auftritt, dann soll das Programm beendet werden. Besser ein abstürzendes Programm als ungültige Daten.
- Das »Lieber zu viel als zu wenig«-Modell. Anhänger dieses Modells setzen um jede Anweisung einen `try`-block, sodass nichts schiefgehen kann. Ihre Grundeinstellung lautet: Lieber eine schöne Fehlermeldung als ein hässlicher Absturz.
- Das »Exceptions für alles«-Modell. Das Credo von dessen Befürwortern ist: Exceptions sind die eleganteste Möglichkeit zur Programmsteuerung.
- Das »Zufalls-Modell«. Exceptions werden verwendet, wenn Zeit vorhanden ist und die Codezeile irgendwie verdächtig aussieht.

Was hier ein wenig augenzwinkernd beschrieben ist, stellt in der Praxis ein ernstzunehmendes Problem dar. Das richtige Maß an Fehlerbehandlung setzt auch hier ein wenig Planung voraus – eben eine geeignete Strategie.

Ich gehe hier auf C# und das .NET Framework ein und verweise Sie auf einige andere Stellen, an denen Exceptions aus Anwender- oder Architektensicht besprochen werden. Doch nun in medias res.

4.2.1 Was ist eine Exception?

Man könnte darauf antworten: Eine Exception ist ein Objekt der Klasse `Exception` oder einer davon abgeleiteten Klasse, die mit `throw` ausgelöst wurde. Damit läge man zumindest in C# nicht verkehrt. Ebenso wichtig, wenn nicht wichtiger, ist der fachliche Aspekt dieser Frage.

> **Definition**
>
> Eine Exception tritt auf, wenn eine Methode ihre Arbeit nicht verrichten kann, die sie in ihrem Methodennamen verspricht.

Gemeint ist hier die Sichtweise des Aufrufers einer Methode und nicht die des Designers. Ein Aufrufer der Methode `SaveConfigurationToFile` beispielsweise erwartet, dass die Methode die Konfiguration in einer Datei speichert. Tut sie das nicht, erwartet der Aufrufer eine Exception, beispielsweise dann, wenn die Datei aufgrund fehlender Zugriffsrechte nicht gespeichert werden konnte.

Eine Methode kann ihre Arbeit aus zweierlei Gründen nicht verrichten:

- weil ein wirklich unerwarteter Fehler aufgetreten ist, beispielsweise weil kein Speicher mehr reserviert werden kann, oder
- weil ein Anwender ungültige Daten eingegeben hat, die dieser Methode dann übergeben werden, zum Beispiel einen negativen Prozentsatz, obwohl nur positive erlaubt sind.

Bleiben wir beim Beispiel mit dem Speichern der Konfiguration. Es gibt grob drei Möglichkeiten für Fehler, zwei davon münden in eine Exception:

- Die Methode kommt damit zurecht, beispielsweise indem sie die Datei stattdessen im lokalen Profil des Anwenders speichert und damit den Fehler kompensiert.
- Die Methode versucht dennoch, die Datei zu speichern und erntet eine Exception des .NET Frameworks.
- Die Methode überprüft die Eingabedaten und meldet in der `ArgumentException` das Problem.

Wie auch immer: Die Methode hat ihre Aufgabe nicht erfüllt (jedenfalls in den beiden letzten Fällen). Eine Exception ist daher die Folge, und das aus gutem Grund. Erinnern wir uns an die Definition zu Beginn: Die Methode hat versprochen, eine Aufgabe zu erledigen, konnte das aber nicht tun. Wenn Sie jede Methode diesem Check unterziehen und Exceptions für keine anderen Zwecke einsetzen, dann ist die erste Hälfte schon geschafft.

4.2.2 Der Status

Wofür ist Fehlerbehandlung eigentlich gut? Ich glaube, die beste Antwort auf diese Frage ist: Mit einer Fehlerbehandlung gefährdet man den Status einer Anwendung nicht, vermeidet also einen invaliden Status. Mit dem Status einer Anwendung sind alle Variablen gemeint, die zu einem gewissen Zeitpunkt einen gewissen Wert beinhalten, zuzüglich weiterer Speicher wie SQL Server oder das Dateisystem.

Anwendungen verändern diesen Status unentwegt. Gelegentlich geschieht das durch elementare Operationen, beispielsweise durch Erhöhen eines Wertes. Meist verändern sie sich aber durch komplexere Operationen, zum Beispiel durch das Speichern von Daten aus dem Kundenstamm heraus.

Exception-Handling hat dann die Aufgabe, im Falle eines Fehlers den Status einer Anwendung, der bis zum Auftreten des Fehlers vielleicht schon zur Hälfte verändert wurde, zu retten. Das kann durch Transaktionen geschehen, wo eine unbehandelte Ausnahme einen Rollback auslöst. Oder durch manuelle Aktionen, zum Beispiel, indem der Fehler umgangen wird.

Im Beispiel von oben bedeutet das für den folgenden Quelltext ...

```
public void SaveConfiguration()
{
    string configDirectory = GetConfigurationDirectory();
    saveConfigurationFileToDisk (configDirectory);
    isConfigModified = false;
}
```

... dass die Variable `isConfigModified` nur dann `false` sein soll, wenn das Speichern der Konfiguration in eine Datei zuvor funktioniert hat. Wäre der Wert `false`, obwohl die Datei nicht gespeichert wurde, wäre der innere Status der Klasse nicht mehr valide – und Datenverlust die mögliche Folge.

4.2.3 Try

Kurz zur Definition:

Der try-Block

In einem `try`-Block sollten alle Anweisungen zusammengefasst werden, die den Status einer Anwendung gemeinsam verändern. Dies kann nur eine Anweisung sein, wenn im zugehörigen `catch`-Block der Status nur für diesen einen Aufruf behandelt werden muss – oder aber mehrere, wenn diese Anweisungen den Status gemeinsam verändern.

Wichtig dabei ist, dass für alle Anweisungen derselbe Exception-Typ auf dieselbe Art und Weise behandelt werden kann. Ist das nicht möglich, verwenden Sie lieber mehrere `try`-Blöcke. Beispiel:

```
try
{
   MyConfiguration configuration = LoadConfiguration();
   ToDoList myToDoList = LoadEntitiesFromDatabase();
}
catch (FileNotFoundException ex)
{
   //Fehlerbehandlung
}
```

Listing 4.15 Einsatz von try

Wenn die Entitäten aus der Datenbank nicht geladen werden können, dann schlägt die Operation fehl – klar, denn der Methode fehlt dann die Grundlage für ihre Arbeit. Beim Laden der Konfiguration muss das nicht so sein. Ist sie nicht vorhanden, könnten Sie eine Standardkonfiguration verwenden. In einem solchen Fall wären also zwei `try`-Blöcke sinnvoll.

Und natürlich gilt: Wo keine Fehlerbehandlung möglich ist, hat ein `try`-Block nichts verloren und natürlich auch dort nicht, wo es keinen `catch`-Block gibt, wie ich im nächsten Abschnitt erläutern werde.

4.2.4 Catch

Exceptions fangen

> **Catch-Blöcke richtig platzieren**
>
> Ein `catch`-Block sollte überall dort stehen, wo eine Anwendung einen Fehler *sinnvoll* behandeln kann, und zwar dergestalt, dass der Status der Anwendung danach immer noch valide ist.

Wenn Sie eine Exception in einem `catch`-Block fangen, dann unterbrechen Sie die Kette, die letztendlich zur Beendigung der Anwendung führt. Dieser harte Abbruch hätte aber einen großen Vorteil: Alle Werte im Speicher hätten nach einem Neustart wieder valide Werte. Genau denselben Anspruch sollten Sie auch an Ihre `catch`-Blöcke stellen. Danach sollte der Status der Anwendung ebenfalls valide sein. Ist das nicht möglich (und solche Fälle gibt es durchaus), dann beenden Sie die Anwendung lieber. Dazu ein Beispiel, das in ähnlicher Form Schwierigkeiten in einer Anwendung bereitete:

```
foreach (MergeSet mergeSet in mergeSets)
{
   MergeCustomers(mergeSet.Customers);
}
```

Listing 4.16 Ausgangsbeispiel

Verarbeitet werden Dubletten, also doppelt im System angelegte Kunden. Solche Dubletten werden von Zeit zu Zeit mit speziellen Tools identifiziert, und die doppelten Kunden werden dann zusammengelegt. Das ist deswegen notwendig, weil es meist Bestellungen für beide Kunden gibt. In Auswertungen erscheinen dann zwei Kunden, obwohl es in Wirklichkeit nur einen Kunden gibt.

Jedes `MergeSet`-Objekt enthält zwei oder mehr Kunden (`mergeSet.Customers`), von denen der erste Kunde beibehalten werden soll (Kopfdublette) und die weiteren Kunden auf diesen Kunden abgebildet werden. Dazu gehört beispielsweise, dass die Bestellungen der anderen Kunden in den ersten Kunden kopiert werden sollen. Ein weiteres Beispiel ist das Update der Statistiken. Zum Schluss werden die doppelten Kunden stillgelegt, sie bleiben also noch im System erhalten.

Was ist hier nun ein gültiger Status, wenn wir davon ausgehen, dass in der Praxis an jeder möglichen Stelle innerhalb von `MergeCustomers` ein Fehler auftreten kann? Betrachten wir Fall A:

```
try
{
   foreach (MergeSet mergeSet in mergeSets)
   {
      MergeCustomers(mergeSet.Customers);
   }
}
catch
{
   //Fehlerbehandlung
}
```

Listing 4.17 Einsatz von »catch« – Fall A

Fall A bricht also die Verarbeitung beim ersten auftretenden Fehler ab. Die angedeutete Fehlerbehandlung müsste nun das Folgende tun, damit der Status valide wäre:

- Es muss sichergestellt werden, dass in der Dublettendatei diejenigen `MergeSets` als verarbeitet gekennzeichnet werden, die vollständig verarbeitet wurden, das `MergeSet` mit dem Fehler hingegen muss als fehlerhaft gekennzeichnet werden.

- Das Wiederaufsetzen müsste ab der abgebrochenen Position möglich sein.
- Es muss gewährleistet sein, dass alle Operationen bei dem Zusammenlegen des fehlerhaften Kunden wieder rückgängig gemacht werden. Dies betrifft die Datenbank (mit Transaktionen leicht möglich), aber auch die `Customer`-Objekte in `mergeSet.Customers`.
- Sämtliche Zähler und Statistiken müssten berücksichtigen, dass nur ein Teil der Kunden verarbeitet wurde.

Daneben sind noch weitere Operationen denkbar, je nach Umfeld, in das die `foreach`-Schleife eingebettet ist. Ein Teil des Status ist also im Speicher: Zähler, Statistiken oder die `Customer`-Objekte. Ein anderer Teil befindet sich auf der Festplatte (Dublettendatei) und wiederum ein anderer Teil in einer Datenbank. Der Status eines Systems umfasst alle diese Speicherorte. Nun zu Fall B:

```
foreach (MergeSet mergeSet in mergeSets)
{
   try
   {
      MergeCustomers(mergeSet.Customers);
   }
   catch
   {
      //Fehlerbehandlung
   }
}
```

Listing 4.18 Einsatz von »catch« – Fall B

Jetzt findet die Fehlerbehandlung für jeden Merge-Vorgang statt. Der Vorteil liegt darin, dass einzelne fehlerhafte Vorgänge nicht die Verarbeitung aller Vorgänge abbrechen. Die Herausforderungen sind hier:

- Es gibt keinen Wiederaufsetzungspunkt mehr, wie im letzten Beispiel. Stattdessen kann jeder Merge-Vorgang fehlerhaft sein, oder zwischen zwei fehlerhaften Vorgängen können viele fehlerfreie Vorgänge ausgeführt worden sein.
- Da die Verarbeitung fortgesetzt wird, ist der Status besonders wichtig, denn die folgenden Vorgänge würden sonst beispielsweise auf falschen Zähler- oder Statistikdaten aufbauen.

Und Fall C: Die Fehlerbehandlung findet nicht im aufrundenden Block statt, sondern beispielsweise in einer Methode `ShutdownCustomer`, die in `MergeCustomer` aufgerufen wird.

```
private void ShutdownCustomer(Customer customer)
{
   try
   {
      //Stillegen des Kunden, besteht
      //selbst aus mehreren Schritten
   }
   catch
   {
      //Fehlerbehandlung
   }
}
```

Listing 4.19 Einsatz von »catch« – Fall C

Diese Methode wird mehrfach innerhalb von `MergeCustomer` aufgerufen, da ein `MergeSet` ja mehrere Dubletten beinhalten kann. Hier wird die Wahrung des Status schon schwieriger.

- Vielleicht tritt von drei stillzulegenden Kunden in einem `MergeSet` nur bei einem Kunden ein Fehler auf?
- Reports können den nicht stillgelegten Kunden immer noch anzeigen, die Reportdaten und Statistiken wären dann falsch.
- Die Methode müsste dann speichern, welcher Kunde nicht stillgelegt werden konnte, da der Vorgang später untersucht und erneut ausgeführt werden müsste.
- Der Aufrufer würde nichts von dem Fehler erfahren und würde daher so tun, als ob kein Fehler aufgetreten wäre.

Sie sehen also: Ein `catch`-Block an der falschen Stelle tut absolut nichts Gutes, im Gegenteil. Wenn Sie einen `catch`-Block verwenden, dann teilen Sie der Anwendung mit, dass Sie mit dem Fehler umgehen können, und das eben so, dass der Status danach wieder valide ist. Können Sie dieses Versprechen nicht einlösen, dann sollten Sie auch keinen `catch`-Block verwenden. Und noch eine zweite Erkenntnis lässt sich daraus ableiten: Oft ist die Fehlerbehandlung auf einer höheren Ebene leichter möglich als weiter unten.

Besonders problematisch wird dieses Versprechen, wenn Sie `System.Exception` selbst abfangen, denn das würde bedeuten, dass Sie mit jedem Fehler umgehen können. Andererseits macht es auch keinen Sinn, wenn Sie vielleicht Dutzende von Fehlern einzeln abfangen, von denen Sie vielleicht gar nicht wissen, dass sie das .NET Framework auslöst. Augenmaß ist also gefragt.

Über dieses richtige Augenmaß herrscht freilich auch Uneinigkeit zwischen den Designern des Frameworks und der Sprache selbst. Wenn man die Interviews verfolgt und die Artikel liest, so zeigen sich doch immer wieder sehr unterschiedliche Auffassungen über die Fehlerbehandlung, was uns zur nächsten Empfehlung bringt: Setzen Sie die Fehlerbehandlung konsistent um. Ein Beispiel:

Aus der Praxis

Ein Beispiel zu finden, fällt mir nicht schwer, hat mich doch erst heute (1. Auflage) eine E-Mail mit folgendem Inhalt erreicht:

Timestamp: 15.09.2010 09:08:58

Message: HandlingInstanceID: c23f57c6-2454-4930-bbe7-0bbd0a534af4

An exception of type 'System.Exception' occurred and was caught.

--

09/13/2010 17:08:58

Type : System.Exception, mscorlib, Version=4.0.0.0, Culture=neutral, PublicKeyToken=b77a5c561934e089 Message : You must provide a payment target for this type of document.

Source : documentservice.corebusinesslogic Help link :

...

Hier lag ein einfacher Bedienfehler vor: Ein Anwender hatte vergessen, ein Zahlungsziel anzugeben. Der zuständige Entwickler hat in der Validierung der Benutzereingaben eine Exception vom Typ `Exception` ausgelöst, was viel zu allgemein ist und in unseren Anwendungen den wirklich unerwarteten Fehlern vorbehalten ist. Pflichtbewusst hat mich das Logging- und Exception-Handling-System unserer Anwendung dann über diesen Vorgang informiert – und meine Administratoren, unnötigerweise.

Natürlich macht es einen Unterschied, ob Sie ein GUI entwickeln oder eine Klassenbibliothek. Im letzten Fall sollten Sie viel restriktiver sein und `Exception` selbst wirklich niemals abfangen. Sie könnten sich ja darauf verlassen, dass der Anwender Ihrer Klassenbibliothek seinerseits eine Fehlerbehandlung einbaut.

In der GUI-Anwendung hingegen kann es durchaus legitim sein, beispielsweise bei einem Event Handler für ein Button-Click-Event alle Exceptions abzufangen und dem Anwender eine freundliche Meldung zu präsentieren – wenn der Status der Anwendung dadurch nicht verletzt wird.

Und alle Fehler abzufangen, wenn Sie sie später (richtig) erneut auslösen, ist ebenfalls in Ordnung.

Exception-Hierarchie

Recht oft liest man den Hinweis »Niemals `Exception` selbst, immer die konkrete Exception fangen«.

> **Exception-Hierarchie**
>
> Gefangen wird immer das, was auch im `catch`-Block sinnvoll behandelt werden kann. Je konkreter desto besser, aber nur dann, wenn für die konkrete Exception auch wirklich eigener Fehlerbehandlungscode zum Einsatz kommt.

Was sinnvoll ist, hängt natürlich vom Kontext ab. Betrachten wir drei Beispiele:

- Tritt beim Versuch, Daten aus einem Cache abzurufen, ein Fehler auf (sagen wir weil der Cache-Prozess gerade nicht läuft), dann könnte eine Anwendung die Daten aus dem dahinterliegenden Speicher laden, zum Beispiel einer Datenbank. Der Fehler wäre behandelt, der Anwender bekäme von alldem nichts mit; allenfalls im Protokoll könnte ein Eintrag stehen oder die Administratoren könnte man unter Umständen noch benachrichtigen.
- Beim Laden einer Konfiguration beispielsweise könnte es egal sein, welcher Fehler auftritt. Bei einem Fehler wird immer eine Standardkonfiguration verwendet, und der Anwender wird darauf hingewiesen. Dann spricht nichts gegen `Exception`. Aber auch eine andere Behandlung wäre möglich. `FileNotFoundException` und `Exception` wären beispielsweise unterschiedlich zu behandeln, wenn die Datei am Ursprungsordner nicht vorhanden ist und von einem anderen Ordner geladen werden soll.
- Beim Versuch, eine Datei innerhalb einer Transaktion zu speichern, tritt eine ganz spezifische Exception auf, weil der verwendete Server kein transaktionales Dateisystem besitzt (z. B. beim Windows Server 2003). Eine Anwendung könnte genau diese Exception fangen und so behandeln, dass der Vorgang erneut versucht wird, diesmal ohne eine Transaktion. Der Anwender wird vermutlich gar nicht informiert, der Fehler lässt sich an Ort und Stelle sinnvoll behandeln.

Nur zur Erinnerung: Die Reihenfolge ist immer vom konkreten zum allgemeinen Exception-Typ, aber der Compiler würde Sie darauf hinweisen, wenn es anders wäre. Wenn der Compiler keinen passenden `catch`-Block findet, dann gilt die Ausnahme als unbehandelt.

Natürlich sind auch in einem `catch`-Block wieder Fehler möglich, nämlich immer dann, wenn die Fehlerbehandlung selbst nicht mehr möglich ist. Meine Empfehlung: Geben Sie irgendwann auf, und versuchen Sie nicht, in einer Fehlerbehandlung selbst wieder Fehler behandeln zu wollen, jedenfalls ohne triftigen Grund. Sobald der Status einer Anwendung nicht mehr sicher zu retten ist, überlassen Sie den Fehler der Laufzeitumgebung von .NET. Bedenken Sie auch, dass bei einer auftretenden Exception in einem catch-Block die ursprüngliche Exception verlorengeht – keine schöne Situation für die spätere Fehlersuche. Die CLR wird den Prozess bei einem unbehandelten Fehler beenden.

Exceptions erneut auslösen

Immer wieder liest man in bestehendem Code Anweisungen wie die folgende:

```
catch (Exception ex)
{
   //Fehlerbehandlungs-Code
   throw ex;
}
```

Diese Methode hat den Nachteil, dass .NET die Exception wie eine neue Exception behandelt. Das hat Auswirkungen auf den *StackTrace*, der nun die Stelle enthält, an der throw ex steht, aber nicht die Stelle, an der die Exception ursprünglich aufgetreten ist. Richtig ist daher:

```
catch (Exception ex)
{
   //Fehlerbehandlungs-Code
   throw;
}
```

Leider hilft das auch nichts, wenn Sie die Exception nicht behandeln. Der Debugger von Visual Studio zeigt Ihnen dann nur die Stelle an, an der die Exception zuletzt (wieder) ausgelöst wurde und nicht die ursprüngliche Stelle, wenn Ihnen nicht gerade *IntelliTrace* zur Verfügung steht, also der »historische Debugger«. Das ist schade, wie ich meine.

Anstatt dieselbe Exception erneut auszulösen, könnten Sie natürlich auch eine neue Exception auslösen und die ursprüngliche Exception als InnerException hinzufügen, wie ich es in Abschnitt 4.2.7, »Eigene Exception-Klassen«, beschreiben werde. Aber auch das Auslösen einer neuen Exception, ohne auf die alte Bezug zu nehmen, kann Sinn machen, wenn Sie beispielsweise sicherheitskritische Details vor einer Anwendung verbergen wollen – besonders, wenn die Exception über ein Netzwerk übertragen wird. Dann sollten Sie natürlich die originale Exception an Ort und Stelle protokollieren, bevor sie für immer verloren ist.

Zu guter Letzt möchte ich auf die Enterprise Library hinweisen, in der Sie eine Exception konfigurationsgesteuert abfangen, erneut auslösen oder durch eine andere Exception ersetzen können. Dazu finden Sie in Kapitel 3, »Softwaredesign«, ein Tutorial.

Unbehandelte Exceptions

.NET gibt sich viel Mühe, indem es rekursiv den Aufruf-Stack von unten nach oben nach einem passenden `catch`-Block durchsucht. Findet es keinen solchen, dann hält es die Exception für eine unbehandelte Ausnahme. Der Prozess und damit auch die Anwendung werden beendet. Vorab informiert es den Anwender, wie in Abbildung 4.11 dargestellt ist.

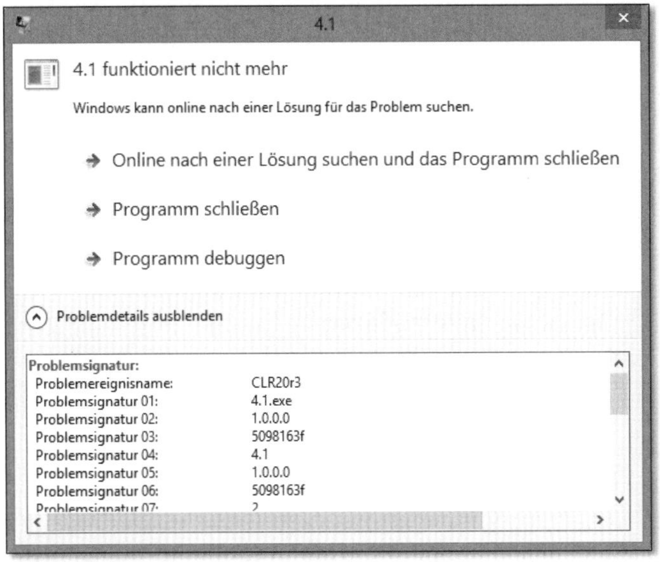

Abbildung 4.11 Eine unbehandelte Ausnahme

Gleichzeitig werden, jedenfalls standardmäßig, Einträge im Ereignisprotokoll von Windows erzeugt (siehe Abbildung 4.12).

Das ist schon nicht ganz unpraktisch, und zumindest kann das Auftreten von Fehlern damit nachvollzogen werden. Wenn Ihnen das nicht ausreicht, dann können Sie auch das `UnhandledException`-Ereignis der Klasse `AppDomain` abonnieren:

```
AppDomain.CurrentDomain.UnhandledException += (sender, eventArgs) =>
{
    Console.WriteLine(
      "Exception: {0}, IsTerminating: {1}",
      (eventArgs.ExceptionObject as Exception).Message,
      eventArgs.IsTerminating);
};
```

Listing 4.20 Abonnieren des UnhandledException-Ereignisses

Dieses Ereignis wird aufgerufen, bevor der Anwender informiert und die Anwendung beendet wird und eignet sich damit zu Protokollierungszwecken.

Abbildung 4.12 Ereignisprotokollierung einer unbehandelten Ausnahme

4.2.5 Finally

Ein `finally`-Block führt Aufräumarbeiten aus. Ziemlich häufig werden hier Ressourcen geschlossen, z. B. Datenbanken oder Streams. Unterbleibt dies, bleiben Ressourcen so lange geöffnet, bis der Garbage Collector sie beizeiten aus dem Weg räumt und dabei schließt.

Der `finally`-Block wird immer ausgeführt, also sowohl im Fehlerfall als auch im Erfolgsfall. Der Code darin sollte kurz sein und nicht selbst wieder Fehler verursachen. Manchmal lässt sich das nicht vermeiden. Wenn sich eine Ressource z. B. in einem ungültigen Zustand befindet, lässt sie sich vielleicht nicht mehr schließen.

Vermeiden Sie es dann, aus Ihren `finally`-Blöcken wahre Festungen zu machen und dort selbst wieder unzählige `try`-Blöcke zu platzieren. Denken Sie dabei immer an den Status Ihrer Anwendung. Ab einem gewissen Punkt ist es besser, die Anwendung beenden zu lassen, als zu versuchen, einen Fehler zu behandeln. .NET verwendet übrigens intern in einigen Situationen `finally`-Blöcke. Wenn Sie beispielsweise schreiben ...

```
lock(anObject)
{
   //Zugriff
}
```

... entspricht der generierte IL-Code in etwa diesen Anweisungen:

```
Monitor.Enter(tmpObject);
try
{
   //Zugriff
}
finally
{
   Monitor.Exit(tmpObject);
}
```

Relevant ist noch die `using`-Anweisung, die `Dispose` im `finally`-Block aufruft, den Sie selbst nicht zu schreiben brauchen, zum Beispiel hier:

```
using (TransactionScope scope = new TransactionScope())
{
   //Arbeit verrichten
    scope.Complete();
}
//Finally mit Dispose wird dem Code automatisch hinzugefügt (IL-Code)
```

4.2.6 System.Exception

Die Klasse `Exception` kennt die Eigenschaft `Message`, die den Text der Nachricht enthält, sowie `StackTrace`, in der alle Methodenaufrufe aufgelistet sind, die zu diesem Fehler geführt haben. Seltener trifft man auf diese Eigenschaften, die jedoch ebenfalls von Wert sein können:

- `Data` enthält Schlüssel-/Wert-Paare, die vor dem Auslösen einer Exception gesetzt werden können. Üblicherweise werden darin Kontextinformationen hinzugefügt.

  ```
  ArgumentException ex =
   new ArgumentException("Die Kundennummer existiert nicht");
  ex.Data.Add("customer no",customer.CustomerNo);
  throw ex;
  ```

- `HelpLink` enthält eine URL, zum Beispiel auf eine Hilfedatei oder eine Website, deren Informationen dem Anwender dann (hoffentlich) weiterhelfen.
- `Source` ist der Name der Assembly, die den Fehler verursacht hat.

- `TargetSite` ist eine Eigenschaft vom Typ `MethodBase`. Sie enthält die Methode, die den Fehler verursacht hat. Das ist auch für das Debugging praktisch, um nicht den StackTrace durchsuchen zu müssen.
- `InnerException` ist eine Exception, die in eine andere Exception eingebettet wird, in diese wiederum eine andere Exception usw. `GetBaseException` liefert dann die ursprüngliche Exception. Für Inner Exceptions kann es gute Gründe geben.

Beispiel: Nehmen wir einmal an, Sie verarbeiten eine CSV-Datei und jede Zeile enthält eine zu verarbeitende Adresse. Wenn nun beim Lesen der Datei ein Fehler auftritt, zum Beispiel weil das Netzlaufwerk mitten in der Verarbeitung nicht mehr zur Verfügung steht, dann meldet Ihnen eine Klasse aus `System.IO` eine entsprechende Fehlermeldung. Diese Exception können Sie nun in eine eigene Exception (sagen wir `AddressProcessException`) als `InnerException` einbinden. Damit geht sie ihnen nicht verloren, und Sie können dennoch eine eigene Exception verwenden, in der Sie dann weitere Informationen speichern können – zum Beispiel die Adressnummer, bei der der Fehler aufgetreten ist.

Daneben gibt es noch die schon zuvor behandelte `AggregateException`, die vor allem im Zusammenhang mit der parallelen Verarbeitung verwendet wird, aber nicht darauf beschränkt ist.

4.2.7 Eigene Exception-Klassen

Mit der `Data`-Eigenschaft von `System.Exception` besteht die Möglichkeit, kontextabhängige Daten an eine `Exception` zu binden. Noch flexibler sind Sie allerdings mit eigenen Exceptions, die Sie direkt von `System.Exception` oder von einer abgeleiteten Version davon ableiten können. Ursprünglich hat Microsoft übrigens die `ApplicationException` vorgesehen, das Konzept selbst aber nicht durchgängig eingehalten. Für eigene Exception-Klassen sprechen also folgende Gründe:

- Vielleicht existiert keine Klasse in .NET, die spezifisch genug wäre für einen Fehler.
- Sie können, wie gesagt, eigene Daten an Exception anhängen.
- Sie können eigene Exception-Hierarchien aufbauen und in Ihren `catch`-Blöcken sehr spezifisch behandeln.

Wenn Sie in einer Anwendung Artikel verwalten, dann könnte Ihre Exception-Hierarchie so aussehen wie in Abbildung 4.13.

In einer Methode zur Bereinigung von Artikeln könnte dann der `catch`-Block wie folgt aussehen:

```
catch(ProductDeleteException ex)
{
}
```

```
catch(ProductProcessingException ex)
{
}
catch(ProductException ex)
{
}
```


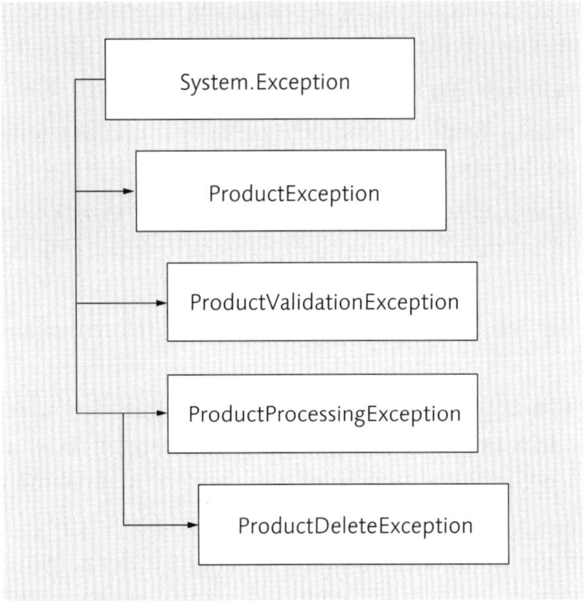

Abbildung 4.13 Exception-Hierarchie

Eigene Exceptions sollten immer serialisierbar sein. Einige Technologien erfordern dies, beispielsweise wenn Exceptions über AppDomain-Grenzen hinweg weitergereicht werden müssen oder auch innerhalb der Windows Communication Foundation. Und natürlich kann man auch den Gebrauch dieses Werkzeugs übertreiben. Als Maßstab gilt auch hier wieder: Wenn keine eigene Fehlerbehandlung für die eigene Exception-Klasse möglich ist, dann ist sie vermutlich entbehrlich.

4.2.8 Zum Schluss

Zum Schluss möchte ich gerne die wichtigsten Empfehlungen zusammenfassen, auch aus anderen Kapiteln:

- Am wichtigsten ist, dass Sie das Thema ernst nehmen und umsetzen.
- Exceptions sind die Ausnahme, nicht die Regel. Sie sollten nur dann auftreten, wenn eine Methode die Aufgabe, die sie zu erledigen verspricht, nicht erfüllen kann.

- Exceptions sind kein Werkzeug, um die Programmsteuerung zu übernehmen, so bequem das im Einzelfall auch sein mag.
- Fangen Sie Exceptions nur ab, wenn Sie den Fehler erwarten und ihn an Ort und Stelle sinnvoll behandeln können.
- Behandeln Sie die spezifischeren Fehler zuerst und auch nur dann separat, wenn Sie eigene Fehlerbehandlungen dafür in petto haben. Vermeiden Sie es, `System.Exception` selbst zu behandeln, wenn Sie nicht vorhaben, die Exception erneut auszulösen – jedenfalls, wenn es sich vermeiden lässt.
- Nach einer Fehlerbehandlung sollten Ihre Klassen in einem gültigen Status sein.
- Ist das nicht möglich, dann sollten Sie den Fehler nicht behandeln und akzeptieren, dass Ihre Anwendung beendet wird.
- Gelegentlich ist es von Vorteil, wenn Sie komplexere Operationen auf einer Kopie eines Objekts vornehmen und erst zum Schluss, als letzte Operation im `try`-Block, das Objekt austauschen.
- Verwenden Sie `throw`, wenn Sie den Aufrufer über den Fehler informieren möchten.
- Denken Sie überhaupt immer aus der Perspektive des Aufrufers Ihrer Methode. Wenn Sie einen Fehler behandeln, kann der Aufrufer dann so fortfahren, als wäre nichts gewesen, oder müssen Sie ihn informieren bzw. andere Maßnahmen ergreifen?
- Vermeiden Sie es, einem Aufrufer leere Daten zu übergeben, wenn in der aufgerufenen Methode ein Fehler auftritt. Ein Aufrufer könnte dies missverstehen und glauben, es wären wirklich keine Daten vorhanden.
- Verwenden Sie eigene Exceptions, wenn Sie auf spezifische Fehler in Ihrem Code spezifisch reagieren möchten.
- Protokollieren Sie auftretende Fehler rigoros. Vor allem auf unbehandelte Fehler sollten Sie ein Auge werfen.
- Halten Sie Ihre `finally`-Blöcke kurz, und verwenden Sie sie möglichst nur, um dort aufzuräumen, also beispielsweise Ressourcen freizugeben.
- Ein Anwender kann mit einer Exception naturgemäß nichts anfangen und noch weniger mit einem StackTrace. Präsentieren Sie ihm Fehlermeldungen, mit denen er umgehen kann – idealerweise gleich mit einem Lösungshinweis versehen. Entschuldigen Sie sich nicht im Text, sondern stellen Sie das Problem rein sachlich dar. Anwender freuen sich darüber hinaus über eine korrekte Rechtschreibung und einen lesbaren Satzbau Ihrer Fehlermeldung.
- Vermeiden Sie eine `catch`-Paranoia. Sie müssen immer Annahmen über Ihren Code treffen. Ins Extreme gedacht müssten Sie sonst um jede `new`-Anweisung einen `try`-Block setzen, denn es könnte ja eine `OutOfMemoryException` auftreten.

Wenn Sie hingegen große Arrays initialisieren und befüllen, dann könnte eine solche Vorgehensweise dennoch angebracht sein.

- Ausnahmen bestätigen die Regel.

4.3 Reguläre Ausdrücke

Ein regulärer Ausdruck ist ein äußerst hilfreiches Werkzeug, um Texte zu suchen und zu ersetzen. Und das geschieht in der Entwicklung eigentlich ständig. Sie können reguläre Ausdrücke u. a. einsetzen, um

- Werte in Konfigurationsdateien auszutauschen,
- Benutzereingaben zu validieren (einige Controls erlauben es außerdem, Eingabemasken mit regulären Ausdrücken zu erstellen),
- strukturierte Daten aus wenig strukturiertem Ausgangsmaterial zu erhalten, beispielsweise alle Links einer HTML-Datei, und
- Code einem Refactoring zu unterziehen.

Viele Werkzeuge arbeiten mit regulären Ausdrücken, so auch die Suchen- und Ersetzen-Funktion in Visual Studio und unzählige andere Programme. Darüber hinaus bietet Ihnen das .NET Framework im Namespace `System.Text.RegularExpressions` alles Nötige, um reguläre Ausdrücke in eigene Anwendungen zu integrieren.

Ein regulärer Ausdruck ist ein Suchmuster für einen zu durchsuchenden Text. Dass dem wirklich so ist, zeigt dieses Beispiel:

```
Match m = Regex.Match("Fünf Worte in diesem Satz", "Worte");
```

Das Ergebnis erhalten wir in der Klasse `Match`, die für diesen Zweck einige Eigenschaften und Methoden anbietet:

- `Success` gibt an, ob das Suchmuster gefunden wurde (= `true`)
- `Index` ist die Position des (ersten) Suchtreffers (= *5*)
- `Length` ist die Länge des (ersten) Suchtreffers (= *5*)
- `Value` ist das Suchergebnis, das aber auch zurückgeliefert wird, wenn wir die `ToString`-Methode in der `Match`-Klasse verwenden (= *Worte*)

Zur Vervollständigung: Der erste Parameter der Methode `Match` enthält den zu durchsuchenden Text und der zweite Parameter den regulären Ausdruck. Das hätten wir freilich auch durch die `IndexOf`-Methode der `String`-Klasse erreicht. Bevor wir uns den eigentlichen Ausdrücken zuwenden, zuvor noch einige Informationen zur Anwendung in .NET und C#.

4.3.1 Reguläre Ausdrücke in .NET

Suchen

`Regex` sucht von links nach rechts. Wenn ein Text mehrere Suchtreffer aufweist, dann wird auf die beschriebene Weise nur der erste Treffer angezeigt. Das lässt sich ändern, denn `Regex` kennt auch die Methode `Matches`, die eine `MatchCollection` zurückliefert, was uns in einer `foreach`-Schleife zugutekommt:

```
foreach(Match m in Regex.Matches(suchstring,ausdruck)
  Console.WriteLine(m);
```

Ersetzen

`String.Replace` kennt einige Überladungen, die wichtigste nimmt einen Eingabestring entgegen, einen regulären Ausdruck und einen String mit der Ersetzung. Beispiel:

```
string ergebnis = Regex.Replace("+44 (89) 123 +1 (907) 346", @"\+\d+", "+49");
```

Mit diesem Befehl ersetzen wir die beiden Landesvorwahlen durch die Vorwahl für Deutschland. Aber auch für Wortersetzungen sind reguläre Ausdrücke praktisch, denn mit `\bWort\b` können Sie angeben, dass auch wirklich nur ganze Worte ersetzt werden sollen und keine Zeichenketten innerhalb von Wörtern.

Der Ersetzungsstring kann auch auf das Suchergebnis zurückgreifen, wenn es beispielsweise darum geht, einen Text nicht zu ersetzen, sondern ihn zu erweitern.

```
\+\d+", "($0)
```

In diesem Beispiel werden die Ländervorwahlen nicht ersetzt, sondern in Klammern gesetzt. Das Ergebnis sieht so aus:

(+44) (89) 123, (+1) (907) 346

Aufteilen

Analog zu `String.Split` teilt `Regex.Split` eine Zeichenkette in Fragmente auf und liefert diese in einem `String`-Array zurück.

```
Regex.Split(@"eins\tzwei drei", @"\s");
```

Hier machen wir uns den Umstand zunutze, dass `\s` nicht nur Leerzeichen berücksichtigt, sondern auch Tabulatoren. Der String wird korrekt in seine drei Elemente zerteilt. Doch nun zu den regulären Ausdrücken selbst.

Timeouts

Auch wenn die meisten regulären Ausdrücke in der Praxis flott ausgewertet sind, gibt es sie, die Ausnahmen. Diesen, zum Beispiel, der aus der MSDN-Dokumentation stammt:

```
Regex.IsMatch("aaaaaaaaaaaaaaaaaaaaaaaa>", "(a+)+$"
```

Die Laufzeit ist quadratisch mit der Anzahl der »a's« im Suchstring:

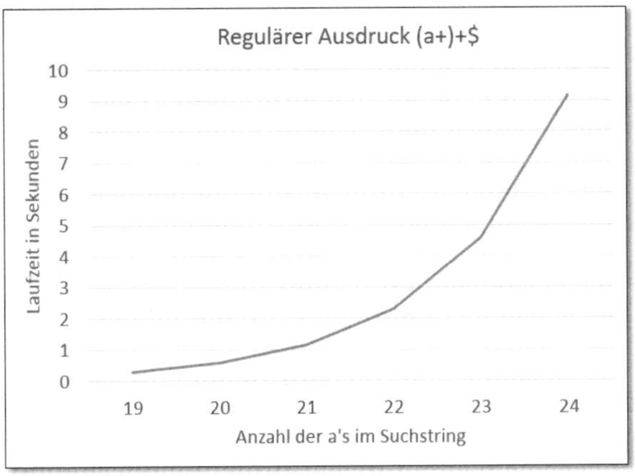

Abbildung 4.14 Laufzeit des Ausdrucks in Abhängigkeit von der Länge des Suchstrings

Das Beispiel gehört in eine lange Reihe von Beispielen, in denen die Laufzeit durch Backtracking exponentiell wächst, in unserem Beispiel quadratisch.

Es leuchtet also ein, dass ein Timeout eine prima Sache wäre, und mit .NET 4.5 auch endlich verfügbar. Das Beispiel mit Timeouts sähe so aus:

```
TimeSpan ts = TimeSpan.FromSeconds(1);
try
{
    Stopwatch sw = Stopwatch.StartNew();
    bool isMatch = Regex.IsMatch("aaaaaaaaaaaaaaaaaaaaaaaa!", "(a+)+$",
      RegexOptions.IgnoreCase, ts);
    Console.WriteLine(sw.ElapsedMilliseconds);


}
catch (RegexMatchTimeoutException ex)
{
    Console.WriteLine("Regex {0} dauerte länger als: {1}",
      ex.Pattern, ex.MatchTimeout);
}
```

Listing 4.21 Regex mit Timeout

Im Beispiel wird eine RegexMatchTimeoutException ausgelöst, wenn der reguläre Ausdruck nicht innerhalb einer Sekunde ausgewertet werden konnte und der Vorgang kann damit sauber abgebrochen werden.

4.3.2 Alternative und Gruppierung

```
Match m = Regex.Match("Fuenf Worte in diesem Satz", "F(ü|ue)nf");
```

Alternative und Gruppierung

Mit der *Alternative* (|) lassen sich mehrere mögliche Zeichen oder Zeichenketten angeben, nach denen gesucht werden kann. (F(ü|ue)nf) findet *Fünf* und *Fuenf*, aber nicht *FÜnf*, da das große *Ü* in der Liste der Alternativen fehlt. F(ü|ue|Ü)nf würde dagegen auch *FÜnf* finden.

Mit (und) lassen sich Ausdrücke zusammenfassen und gruppieren, in unserem Beispiel die Alternativen.

4.3.3 Nach reservierten Zeichen suchen

Unsere regulären Ausdrücke haben bisher drei Zeichen verwendet, die eine besondere Bedeutung hatten: (,) und |. Es gibt noch weitere. Wenn Sie nach einem solchen Zeichen suchen wollen, dann müssen Sie diesem Zeichen ein Backslash voranstellen, sonst würde Regex das Zeichen als Sonderzeichen interpretieren.

Sonderzeichen

( ) | \ * + ? { } [ ] ^ $. # sind Sonderzeichen und müssen maskiert werden. Beispiel:

```
Match m = Regex.Match("Ein Text mit (Klammern)", @"\)");
```

findet die schließenden Klammern. Lassen Sie den Backslash hingegen weg, erhalten Sie eine Fehlermeldung.

Eine Ausnahme stellt die Verwendung eines Sonderzeichens in einer Zeichenauswahl dar (Beispiel: [*+?] sucht nach einem der drei Zeichen). Regex enthält zwei Methoden, um diesen Vorgang zu automatisieren:

- Escape wandelt eine Zeichenkette mit Sonderzeichen in eine Version mit vorangestellten \ um.
- Unescape macht diesen Vorgang wieder rückgängig.

4.3.4 Zeichenauswahl

Sie kennen die Wildcard, einen Platzhalter für bestimmte Zeichen. Reguläre Ausdrücke unterstützen eine Reihe von solchen Platzhaltern, dort Zeichenauswahl oder *set* genannt:

Ausdruck	Bedeutung
`[Ff]`	eines der Zeichen
`[0-9]`	eine Zahl zwischen 0 und 9, beide inklusive
`^`	negiert die Aussage
`\d`	eine Kurzform für [0–9], also eine Ziffer
`\D`	keine Ziffer, entspricht `[^\d]`
`[f-h]`	ein Buchstabe zwischen f und h
`\w`	ein Zeichen in einem Wort, also Buchstaben, Zahlen und der Unterstrich _
`\W`	das Gegenteil von `\w`, also `[^\w]`
`\s`	ein Whitespace (Leerzeichen, Tabulator etc.)
`\S`	ein Zeichen, das kein Whitespace ist, entspricht `[^\s]`
`.`	ein beliebiges Zeichen, außer `\n`

Tabelle 4.2 Zeichenauswahl

Und hier die Platzhalter in Aktion:

- `[Ff]ünf` findet sowohl *Fünf* als auch *fünf*.
- `Herr der Ringe [1-2]` findet *Herr der Ringe 1, Herr der Ringe 2* aber nicht *Herr der Ringe 3*.
- `Herr der Ringe \d` findet alle Teile.
- `H[a-e]llo` findet sowohl *Hallo* als auch *Hello*.
- `H.llo` findet ebenfalls *Hallo* und *Hello*.
- `H[^e]llo` findet nur *Hallo*, nicht aber *Hello*.
- `\s` findet das Leerzeichen in *Zwei Worte*.

Die Ausdrücke, und darin liegt ja die Stärke regulärer Ausdrücke, können kombiniert werden. `AZ\d\d\d\d-[A-F]\d\d` könnte ein Beispiel für ein Aktenzeichen sein, das mit *AZ* beginnt, dann folgen vier Ziffern, der Bindestrich, ein Großbuchstabe zwischen *A* und *F*, sowie zwei weitere Ziffern. *AZ2010-B43* würde dem Muster dann entsprechen. Eleganter lässt sich dieser Ausdruck aber mit Quantifizierern gestalten, die wir uns jetzt anschauen.

4.3.5 Quantifizierer

Ging es gerade um die Zeichen selbst, so geht es jetzt um die Menge. Gemeint ist die Menge des vorherigen Ausdrucks. Wiederum gibt es einige Alternativen:

Ausdruck	Bedeutung
`?`	Kommt null oder einmal vor, ist also optional.
`*`	Darf gar nicht oder beliebig oft vorkommen.
`+`	Kommt einmal oder beliebig oft vor.
`{n}`	Muss genau `n` mal vorkommen.
`{n,}`	Muss wenigstens `n` mal vorkommen.
`{n,m}`	Muss zwischen `n` und `m` mal vorkommen.

Tabelle 4.3 Quantifizierer

Damit können wir jetzt schon einiges anfangen:

- `[0-9]{5}` stellt eine Postleitzahl als fünf Ziffern hintereinander dar.
- `M[ae][iy]e?r` findet alle Varianten von *Mayr* bis *Meier*.
- `To+r!` findet sowohl *Tor!* als auch *Toor!*, *Tooor!* usw.
- `Schif{2,3}ahrt` findet die *Schifffahrt*, gleich nach welcher Rechtschreibung, mit zwei oder drei f.

Für Validierungen kann es hilfreich sein, den Beginn und das Ende der Zeichenkette anzugeben. Nehmen wir das Beispiel mit der Postleitzahl, also `[0-9]{5}`, das auch dann einen Treffer liefern würde, wenn wir *894363* untersuchen wollten, also eine sechsstellige Postleitzahl. Der Treffer würde zwar nur die ersten fünf Ziffern umfassen, aber dennoch einen Erfolg zurückmelden.

Ausdruck	Bedeutung
`^`	Anfang einer Zeichenkette
`$`	Ende einer Zeichenkette

Tabelle 4.4 Anfang und Ende einer Zeichenkette

Wir können das Beispiel also so anpassen: `^[0-9]{5}$`. Jetzt würde unsere sechsstellige Suchanfrage keinen Treffer liefern. Auf den ersten Blick legen Quantifizierer ein etwas merkwürdiges Verhalten an den Tag. Betrachten wir die Zeichenkette:

Die Worte <Eins> und <Zwei> sollen gesucht werden

Der reguläre Ausdruck dazu lautet: `<.*>`. Vielleicht erwarten Sie nun, dass Ihnen die Methode `Matches` zwei Suchtreffer liefert:

<Eins>

<Zwei>

Dem ist aber nicht so, stattdessen erhalten Sie einen Suchtreffer:

<Eins> und <Zwei>

Ein Quantifizierer sucht standardmäßig nach der größtmöglichen Übereinstimmung, man nennt ihn daher gierig (*greedy*). Wenn Sie ihm ein Fragezeichen hintanstellen, dann wird er genügsam (*non-greedy, lazy*) und liefert die gewünschten zwei Suchtreffer: `<.*?>`

Ob es wirklich klug war, dafür ebenfalls das Fragezeichen zu verwenden, genauso wie das Zeichen `^` sowohl für den Anfang einer Zeichenkette verwendet wird als auch als Negierung einer Zeichenauswahl, sei dahingestellt. Und damit ist das Fragezeichen noch nicht am Ende seiner Möglichkeiten angelangt, wie der nächste Abschnitt beweist.

4.3.6 Kontextsensitive Bedingungen

Bisher galt die Devise: Ein Treffer ist ein Treffer, er wurde unabhängig vom Text davor oder danach ermittelt. Hier soll es nun um Ausdrücke gehen, die den Kontext eines Suchtreffers in die Suche einbeziehen, wobei nur wichtig ist, ob der Suchtreffer die Bedingung erfüllt. Er selbst verändert sich dadurch nicht.

Ausdruck	Bedeutung
`(?=Ausdruck)`	Der Ausdruck muss auf den vorherigen Ausdruck folgen.
`(?!Ausdruck)`	Der Ausdruck darf nicht auf den vorherigen Ausdruck folgen.
`(?<=Ausdruck)`	Der Ausdruck muss dem nachfolgenden Ausdruck vorausgehen.
`(?<!Ausdruck>)`	Der Ausdruck darf nachfolgendem Ausdruck nicht vorausgehen.

Tabelle 4.5 Lookahead und Lookbehind

Das klingt nun komplizierter, als es ist, wie an den Beispielen zu sehen ist:

- `\d*\s(?=EUR)` liefert einen Suchtreffer für *1.000 EUR*, aber nicht für *1.000 Dollar*. Der Suchtreffer schließt die Währung aber nicht mit ein. `EUR` war lediglich eine Bedingung, damit der Suchtreffer überhaupt gewertet wird, sie verändert ihn aber nicht. Die Ausgabe lautet also *1000*.
- `\d*\s(?=EUR).*` hingegen gibt die gesamte Zeichenkette zurück beginnend mit der vierstelligen Zahl (*1.000 EUR*), da wir an den Ausdruck `.*` angehängt haben, also eine beliebige Anzahl beliebiger Zeichen.
- `(?=.*2\d{3}).*` stellt die Bedingung an den Anfang. In diesem Beispiel wird die gesamte Zeichenkette zurückgegeben (`.*` am Ende des Ausdrucks), sofern irgendwo in der Zeichenkette (`.*`) eine vierstellige (oder längere) Zahl vorkommt, die mit *2* beginnt (`2\d{3}`). Die Zeichenkette *2010 ist eine Jahreszahl in diesem Jahrtausend* würde also einen Suchtreffer ergeben, *345 ist eine Jahreszahl in diesem Jahrtausend* dagegen nicht.
- `\d{4}\s(?!(EUR|Dollar))` Dieser Ausdruck verlangt nach einer vierstelligen Zahl, der ein Whitespace (z. B. Leerzeichen) folgt, und er gibt diese zurück (z. B. *3.000*). Dies tut er aber nur unter der Bedingung, dass danach nicht EUR oder Dollar steht. *1.000 EUR* liefert also kein Resultat, *1.000 SFR* schon.
- `(?<=sehr\s)gut` sucht nach *gut* und liefert es auch als Suchtreffer zurück, allerdings nur, wenn zuvor das Wort *sehr* zu finden ist. Die Bezeichnung *ganz gut* bringt also kein Ergebnis.
- `(?<!sehr\s) gut` spricht auf *ganz gut* an, aber nicht auf *sehr gut*.

Häufig spielen auch Wortgrenzen eine Rolle:

Ausdruck	Bedeutung
`\b`	eine leere Zeichenkette am Wortanfang oder Wortende
`\B`	eine leere Zeichenkette, die nicht den Anfang oder das Ende eines Wortes bildet

Tabelle 4.6 Wortgrenze

- `\b\w+\b` sucht nach Buchstaben, Ziffern etc. (`\w`), die zwischen zwei Wortgrenzen stehen. Der Text *Genau drei Wörter* würde also drei Suchtreffer ergeben. Wenn Sie übrigens `\b\w*\b` angeben würden, dann erhielten Sie sechs Treffer: die drei Wörter und drei Leerstellen.
- `\bist\b` findet das Wort *ist* in *Das ist toll*, aber nicht die Zeichenkette *ist* in *Liste*.

4.3.7 Suchoptionen

Bei einigen vorherigen Beispielen haben wir mit `\s` ein Whitespace angeben müssen, damit ein Suchtreffer gewertet wurde. Mit Suchoptionen lassen sich diese Voreinstellungen verändern.

Ausdruck	Bedeutung
`(?i)`	Groß- und Kleinschreibung wird ignoriert.
`(?-i)`	Groß- und Kleinschreibung wird berücksichtigt.
`(?m)`	Die Begrenzer ^ und $ wirken in diesem Modus nicht mehr auf den gesamten Text, sondern auf eine Zeile.
`(?x)`	Der reguläre Ausdruck wird kompiliert.
`(?m)`	Multiline: Berücksichtigt mehrzeilige Texte.
`(?s)`	Singleline: Der Punkt (.) entspricht damit jedem Zeichen und nicht mehr jedem Zeichen außer `\n`.

Tabelle 4.7 Suchoptionen

Alternativ nehmen `Match` und `Matches` in jeweils einer Überladung auch ein Set von `RegexOptions`-Werten entgegen, die diesen Angaben weitgehend entsprechen.

```
Match m = Regex.Match("Zu durchsuchen","D", RegexOptions.IgnoreCase);
```

Zur Kompilierung regulärer Ausdrücke: Anstatt die statischen Methoden von `Regex` zu verwenden, können Sie auch eine Instanz von `Regex` erzeugen und damit den Ausdruck zur Laufzeit kompilieren. Das beschleunigt das Suchen, allerdings kostet die Kompilierung ein wenig Zeit. Einige Messungen ergaben einen Geschwindigkeitszuwachs von bis zu Faktor 9 im Vergleich zu den statischen Methoden.

```
Regex regex = new Regex(pattern);
regex.Match(...);
```

4.3.8 Gruppen

In der Praxis sind Zeichen oft in Gruppen angeordnet. Ein Beispiel wäre eine Telefonnummer wie *+49 (89) 123456-34*. Diese Nummer ist im sogenannten kanonischen Format notiert und besteht aus der Ländervorwahl, der Ortsvorwahl, der Teilnehmernummer und der Durchwahl. Es ist nicht weiter schwierig, einen regulären Ausdruck dafür zu erstellen, jedenfalls nicht, wenn wir die Kirche im Dorf lassen und nicht alle Sonderformen berücksichtigen wollen.

```
^\+[^0]\d+\s\([^0]\d+\)\s\d+(-\d+)?$
```

Zur Wiederholung hier kurz der Aufbau:

- ^ : Markiert den Anfang der Zeichenkette.
- \+: Die Zeichenkette muss mit einen + beginnen (\ wurde angegeben, weil + ein Sonderzeichen ist und daher maskiert werden muss).
- `[^0]`: Die Ländervorwahl muss ohne führende 0 geschrieben werden.
- `\d+`: Danach muss sie aus mindestens einer Zahl (+49 oder +1) bestehen.
- `\s`: Im Anschluss kommt ein Leerzeichen.
- `\(` : Darauf folgt eine öffnende Klammer (wieder maskiert).
- `[^0]\d+`: Dann folgt abermals wenigstens eine Ziffer, jedoch nicht mit einer 0 beginnend.
- `\)`: Dann kommt die schließende Klammer.
- `\s`: Dann wieder ein Leerzeichen.
- `\d+`: Danach die Teilnehmernummer, die aus mindestens einer Ziffer bestehen muss.
- `(-\d+)?`: Die Nebenstelle ist optional (?). Wenn sie vorhanden ist, beginnt sie mit einem Bindestrich (-) und enthält wenigstens eine Ziffer (`\d+`).
- `$` : Markiert das Ende der Zeichenkette.

Die oben angegebene Telefonnummer erfüllt diese Bedingungen und liefert daher einen Suchtreffer. Es wäre nun praktisch, wenn wir nicht nur den Suchtreffer erhielten (in diesem Fall die gesamte Telefonnummer), sondern, gewissermaßen frei Haus, auch gleich die einzelnen Gruppen. Dazu müssen wir in unserem Ausdruck nur Gruppen bilden:

```
^(\+[^0]\d+)\s(\([^0]\d+\))\s(\d+)(-\d+)?$
```

Der besseren Übersichtlichkeit wegen habe ich Leerzeichen in den Ausdruck eingefügt und die Gruppenklammern fett markiert. Die letzte Gruppe (für die Nebenstelle) war bereits vorhanden. Wir haben sie gebraucht, weil die ganze Gruppe optional sein soll. Die Klasse `Match` enthält eine Auflistung aller Gruppen, sodass Sie in C# bequem darauf zugreifen können. Die folgende Liste zeigt die Ergebnisse:

```
Match m = Regex.Match("+49 (89) 123456-333", regex);
```

- `m.Groups[0]`: *+49 (89) 123456-333*
- `m.Groups[1]`: *+49*
- `m.Groups[2]`: *(89)*
- `m.Groups[3]`: *123456*
- `m.Groups[4]`: *–333*

Die erste Gruppe enthält immer den gesamten Suchtreffer, interessant wird es ab der zweiten Gruppe. Gruppen können auch Namen tragen:

```
^(?'land'\+[^0]\d+)\s(?'ort'\([^0]\d+\))\s(?'teilnehmer'\d+)
(?'nebenstelle'-\d+)?$
```


Sie benennen eine Gruppe also auf diese Weise:

```
(?'Name der Gruppe' Ausdruck)
```

Auf eine solchermaßen benannte Gruppe können Sie dann im selben regulären Ausdruck zugreifen:

```
\k'Name der Gruppe'
```

4.4 Lambda-Ausdrücke

Lambda-Ausdrücke wurden mit C# 3.0 eingeführt. Auch wenn man sich an sie gewöhnt hat, stellt sich vielleicht doch dem Einen oder Anderen die Frage: Warum gibt es sie, und wofür kann man sie einsetzen? Diesen Fragen wollen wir hier nachgehen.

Daneben geht es um die babylonische Sprachverwirrung, die im Zusammenhang mit Lambda-Ausdrücken immer wieder auftritt. *Delegat, Funktionsobjekt, anonyme Methode, Predicate, Closure, Lambda-Ausdruck* und *Expression Tree* sind die häufigsten Begriffe, die einem hier begegnen. Aber sehen Sie selbst.

4.4.1 Delegaten

Ein Delegat ist zunächst ein Typ wie jeder andere, mit dem Unterschied, dass er nicht auf ein »gewöhnliches« Objekt zeigt, sondern auf eine Methode verweist. Wie auch sonst in C# sind die Deklaration und das Zuweisen zwei Schritte:

```
delegate int Berechne(int operandA, int operandB);
```

Hier wird zunächst der Typ erzeugt. Die Deklaration enthält das Schlüsselwort `delegate`, einen Bezeichner (`Berechne`) sowie eine Methodensignatur.

Wenn Sie C oder C++ kennen, dann könnten Sie den Bezug zu den dort vorhandenen Funktionszeigern herstellen wollen. Das wäre aber falsch, denn ein Delegat ist ein objektorientiertes und typsicheres Konstrukt, ein Funktionszeiger nicht. Nun müssen wir die Methode noch implementieren, auf die unser Delegat später zeigen soll. Das können wir im Code tun:

```
public int Multipliziere(int multiplikator, int multiplikand)
{
   return multiplikator * multiplikand;
}
```

Bringen wir nun Delegat und Methode zusammen:

```
Berechne berechne = Multipliziere;
```

Der Vorteil: Wir können die Methode zur Laufzeit zuweisen und die Variable fortan so verwenden wie die Methode:

```
int i = berechne(5, 3);
```

Damit kann flexiblere Software entwickelt werden, denn ein solcher Delegat ist ein Objekt und kann daher auch einer anderen Methode als Parameter übergeben werden. Häufig eingesetzt wird diese Technik daher für Callback-Methoden, beispielsweise in der asynchronen Verarbeitung, häufiger noch vor `async` und `await` (siehe Abschnitt 4.1.9). Der Typ `Berechne` erbt von `MulticastDelegate` und dieser wiederum von `Delegate` – Sie sehen, da ist keine Magie im Spiel.

Wichtig ist: Wir haben den Delegaten einer Methode einen Namen (`Berechne`) zugewiesen, es ist also eine *benannte Methode*. Dabei spielt es übrigens keine Rolle, ob eine Instanz- oder Klassenmethode zugewiesen wird – beides funktioniert. Das ist aber kein Muss. Wir könnten die Methode auch an Ort und Stelle entwerfen, ganz ohne Namen:

```
Berechne berechne = delegate(int a, int b) { return a * b; };
```

Damit ersparen wir uns das Erstellen einer eigenen Methode. Da die Methode jetzt keinen Namen mehr hat, bezeichnet man sie als *anonyme Methode*. `Delegate` übergeben wir dabei an eine Parameterliste, die aber auch leer sein kann. Wenn eine Methode einen Delegaten als Parameter erwartet, dann kann also eine benannte Methode oder eine anonyme Methode übergeben werden wie im folgenden Fall:

```
Thread t = new Thread(delegate() {...
//hier wird gearbeitet
...});
```

Und damit ist der Hauptanwendungszweck auch schon beschrieben: kürzeren Code zu erzeugen und Methoden zu vermeiden, die vielleicht nur an einer Stelle benötigt werden.

4.4.2 Lambda-Ausdrücke

Wir könnten nun das letzte Beispiel mit der anonymen Methode ein wenig anders schreiben:

```
Berechne berechne = (a, b) => a * b;
```

Dieser Lambda-Ausdruck ist kürzer und eleganter als die anonyme Methode, aber in diesem Fall letztendlich damit identisch. Auch hier erzeugt der Compiler ein Objekt, das von `MulticastDelegate` abgeleitet ist. Ein Lambda-Ausdruck besteht aus drei Teilen:

- einer *Parameterliste*, die mit () eingeschlossen wird. Sollen keine Parameter übergeben werden, so müssen leere Klammern angegeben werden (Beispiel 1, siehe unten). Wenn nur ein Parameter übergeben wird, können die Klammern auch weggelassen werden (Beispiel 2). Die Parameter sind impliziert typisiert, in unserem Beispiel weiß der Compiler ja, was der Delegat für Typen erwartet. Aber das muss nicht immer so sein, man könnte die Typen auch angeben. Sie müssen dann die Klammern aber in jedem Fall verwenden (Beispiel 3).
- `=>`, im Englischen mit »goes to« übersetzt.
- einem Funktionsblock {}. Wenn nur eine Anweisung angegeben wird, wie dies im Beispiel der Fall ist, dann können die geschweiften Klammern auch weggelassen werden.

Die Beispiele:

1. `() => doSomething();`
2. `x => Math.Sqrt(x);`
3. `(int x) => x*x;`

Ein Lambda-Ausdruck kann auch Bezug auf Variablen nehmen, die außerhalb des Ausdrucks stehen:

```
int multiplikator = 5;
Func<int, int> berechne = multiplikand => multiplikator * multiplikand;
```

Die Lebensdauer der Variable `multiplikator` kann sich übrigens verlängern, sodass der erneute Aufruf, beispielsweise aus einer anderen Methode heraus, dennoch den Wert 5 annimmt.

Sie haben also die Wahl, die folgenden Beispiele, einen Event Handler zuzuweisen, entsprechen einander:

- Mittels eines Lambda-Ausdrucks

  ```
  AppDomain.CurrentDomain.UnhandledException +=
    (sender, args) =>
  ```

```
  Console.WriteLine("Es ist ein Fehler aufgetreten: {0}",
  (args.ExceptionObject as Exception).Message);
```

- Mittels einer benannten Methode

```
...
AppDomain.CurrentDomain.UnhandledException +=
  new UnhandledExceptionEventHandler(MyExceptionHandler);
...
private void MyExceptionHandler(object sender,
  System.UnhandledExceptionEventArgs args)
{
    Console.WriteLine("Es ist ein Fehler aufgetreten: {0}",
      (args.ExceptionObject as Exception).Message);
}
```

- Mittels einer anonymen Methode

```
AppDomain.CurrentDomain.UnhandledException +=
  delegate(object sender, System.UnhandledExceptionEventArgs args)
    {
        Console.WriteLine("Es ist ein Fehler aufgetreten: {0}",
          (args.ExceptionObject as Exception).Message);
    };
```

Wer die Wahl hat, hat die Qual, kann man da nur sagen!

4.4.3 Func- und Action-Delegaten

Wo Lambda-Ausdrucke sind, da sind Delegaten nicht weit. Was aber, wenn wir uns bezüglich der Parameter und des Rückgabewertes nicht einschränken, also gewissermaßen alles akzeptieren wollen? Dafür sind Generics gut und so ist auch ein Delegat wie der Folgende möglich:

```
public delegate TResult MacheIrgendetwas<in T1, in T2, out TResult>(
  T1 arg1, T2 arg2);
```

Dieser Delegat nimmt zwei Werte entgegen und liefert einen Rückgabewert, alle Typen sind generisch. Flexibler geht es nicht, und wie sollten wir einen solchen Delegat auch benennen, der beliebige Eingaben entgegennimmt? Im Framework beginnen sie mit `Action` (ohne Rückgabewert) und `Func` (mit Rückgabewert).

Praktischerweise hat das .NET Framework vorgesorgt und jeweils 17 `Action`- und `Func`-Delegaten für Sie vordefiniert. Die `Action`-Delegaten reichen von ...

```
public delegate void Action()
```

... das keine Parameter entgegennimmt, bis ...

```
public delegate void Action<T1, T2, T3, T4, T5, T6, T7, T8, T9, T10, T11,
  T12, T13, T14, T15, T16>(T1 arg1, T2 arg2, T3 arg3, T4 arg4, T5 arg5,
  T6 arg6, T7 arg7, T8 arg8, T9 arg9, T10 arg10, T11 arg11, T12 arg12,
  T13 arg13, T14 arg14, T15 arg15, T16 arg16)
```


... mit 16 Übergabeparametern. Die Func-Delegaten geben einen Wert zurück, hier die Version mit drei Parametern:

```
public delegate TResult Func<in T1, in T2, in T3, out TResult>(T1 arg1,
  T2 arg2, T3 arg3)
```

Diese Typen sind so flexibel und generisch, dass sich damit praktisch alle Fälle abbilden lassen, ohne eigene Delegaten schreiben zu müssen, es sei denn, Sie bräuchten tatsächlich einmal eine Version mit mehr als 16 Parametern. Damit können wir den Berechnen-Delegaten nun weglassen und stattdessen schreiben:

```
Func<int, int, int> berechne = (a,b) => a*b;
int ergebnis = berechne(3, 5);
```

Kürzer geht es kaum.

4.4.4 Lambda-Ausdrücke vs. anonyme Methoden

Bislang konnte man den Eindruck gewinnen, Lambda-Ausdrücke und anonyme Methoden wären dasselbe. Nun, das ist nicht ganz von der Hand zu weisen, wenn es um das Ergebnis geht. Die beiden Codezeilen ...

```
//Anonyme Methode
Berechne berechne = delegate(int x, int y) { return x * y; };
//Lambda-Ausdruck
Berechne berechne2 = (x, y) => x * y;
```

... behandelt der Compiler weitgehend gleich. Es gibt dennoch Unterschiede:

- Eine anonyme Methode benötigt immer einen Codeblock {}, ein Lambda-Ausdruck kommt mit einem Ausdruck aus, sofern nur ein Statement darin enthalten ist.
- Die Parameter eines Lambda-Ausdrucks sind implizit typisiert, während Sie die Typen der Parameter einer anonymen Methode immer explizit angeben müssen.

Wenn ich schreibe, der Compiler würde die beiden obigen Codezeilen identisch behandeln, dann stimmt das nur bedingt. Gewiss, wenn Sie das Beispiel ausführen, dann erzeugt der Compiler in beiden Fällen einen Multicast-Delegaten. Aber es geht auch anders.

4.4.5 Expression Tree

Modifizieren wir dazu unser Beispiel ein wenig (zuvor müssen wir den Namespace `System.Linq.Expressions` importieren):

```
Expression<Berechne> berechne  = (x, y) => x * y;
```

Der Compiler erzeugt nun ein anderes Konstrukt, einen Expression Tree. Ein Lambda-Ausdruck kann also in einen solchen überführt werden, eine anonyme Methode nicht. Ein Lambda-Ausdruck könnte aber auch aus mehreren Zeilen bestehen, dann ist die Zuordnung zu einem Expression Tree jedoch nicht mehr möglich.

Das Ergebnis ist nun eine völlige andere Sache, denn ein Expression Tree ist kein auszuführender Code, sondern eine Datenstruktur. Abbildung 4.15 zeigt den Lambda-Ausdruck als Expression Tree.

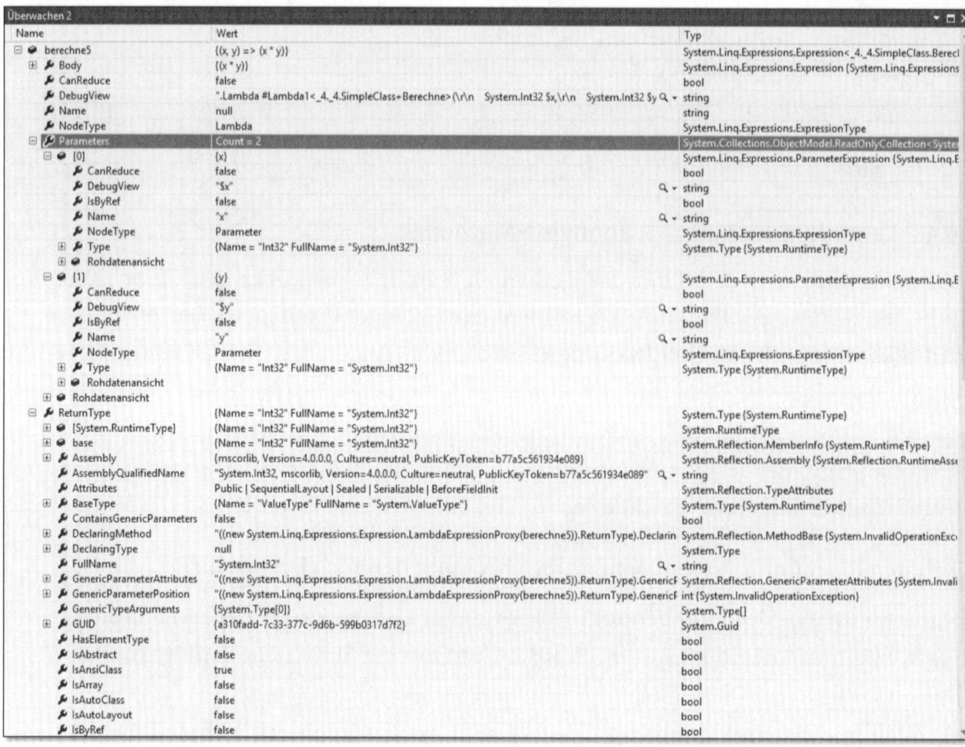

Abbildung 4.15 Expression Tree

Der sonst statische Code wird in eine dynamische Struktur überführt, dort kann er verändert und anschließend wieder zurück in Code übersetzt werden. Ein Expression Tree bricht also einen Code in seine Bestandteile auf und macht ihn der Modifikation zugänglich. Der Tree selbst ist zwar nicht veränderbar, aber er kann kopiert und dabei modifiziert werden. Expression Trees lassen sich aber auch von Hand zusammenbauen:

```
ParameterExpression parX = Expression.Parameter(typeof(int), "x");
ParameterExpression parY = Expression.Parameter(typeof(int), "y");
BinaryExpression exMultipliziere = Expression.Multiply(parX, parY);
Expression<Berechne> multipliziere =
  Expression.Lambda<Berechne>(exMultipliziere, new ParameterExpression[]
  {parX, parY});
int x = multipliziere.Compile()(5, 8);
```

Listing 4.22 Manuell ersteller Expression Tree

Dieser Code entspricht dem Ausdruck:

```
Expression<Berechne> multipliziere  = (x, y) => x * y;
```

Was zunächst unnötig kompliziert aussieht, eröffnet die Möglichkeit, beliebige Ausdrücke im Code zu erzeugen, zu kompilieren und auszuführen. LINQ macht davon reichlich Gebrauch. Microsoft ist in .NET 4 noch einen Schritt weiter gegangen und hat die *Dynamic Language Runtime* (DLR) eingeführt, die eine Unterstützung für dynamische Sprachen bietet.

4.4.6 Babylon revisited

Nun können wir die vielen Begriffe entwirren und definieren, die im Zusammenhang mit Lambda-Ausdrücken verwendet werden:

Delegate

Ein Delegate ist eine Referenz auf eine statische oder nicht-statische Methode.

Anonyme Methode

Eine anonyme Methode wird im Code geschrieben, ohne dass sie vorher mit einem Namen erzeugt worden wäre:

```
delegate(int x, int y) {return x*y;};
```

Anstelle von:

```
private int multipliziere (int x, int y)
{
   return x*y;
}
```

Lambda-Ausdruck

Ein Lambda-Ausdruck im engeren Sinne ist eine anonyme Methode in einer anderen Schreibweise, die einen Wert zurückgibt und nur eine Anweisung enthält:

```
x => x*x;
```

Im Englischen wird dafür oft der Begriff *Lambda Expression* verwendet. Im weiteren Sinne zählen dazu auch diejenigen Ausdrücke, die ganze Codeblöcke beinhalten. Sie werden gelegentlich als *Lambda Statements* bezeichnet. Wie wir bereits gesehen haben, können sie nicht in Expression Trees konvertiert werden.

```
x =>
{
   //... hier wird gearbeitet ...
};
```

Funktionsobjekt

Funktionsobjekt ist wieder so ein Begriff, der aus einer anderen Programmiersprache (C++) übernommen wurde und oft missverständlich angewendet wird. Eigentlich ist eine Funktion eine Prozedur mit einem Rückgabewert.

```
private void doSomething()
```

ist eine *Prozedur*,

```
private int doSomething()
```

hingegen ist eine *Funktion*. Meist nimmt man es nicht so genau und meint immer dasselbe: eine *Methode*.

Ein Funktionsobjekt ist ein Objekt, es muss also instanziiert werden. Dieses Objekt kann dann behandelt werden wie eine Methode (bzw. Funktion).

```
Berechne berechne = (x, y) => (x * y);
```

Im Beispiel ist `berechne` ein Funktionsobjekt, denn wir können so tun, als würde es sich dabei um eine Methode handeln:

```
int ergebnis = berechne(5,9);
```

Expression Tree

Ein Expression Tree ist eine Datenstruktur, die einen Ausdruck beschreibt. Er kann dabei von einem Lambda-Ausdruck oder von Hand erzeugt und wieder in ausführbaren Code verwandelt werden.

Closure

Zu Closures am besten ein kleines Beispiel:

```
public void Start()
{
   int i = 0;
   ausgabe(() => i++);
   Console.WriteLine(i);
}

private void ausgabe(Func<int> zaehler)
{
   Console.WriteLine(zaehler());
   Console.WriteLine(zaehler());
}
```

Listing 4.23 Beispiel für ein Closure

Zunächst wird eine lokale Variable i deklariert, und ihr wird der Wert 0 zugewiesen. Danach wird die Methode ausgabe aufgerufen und einem Func-Delegaten übergeben, den wir mit einem Lambda-Ausdruck erzeugen. Innerhalb des Lambda-Ausdrucks erhöhen wir die Variable bei jedem Aufruf jeweils um eins, was zweimal geschieht (zaehler()) – in der Methode ausgabe. Die Ausgabe lautet:

```
0
1
2
```

Das ist bemerkenswert, denn die Variable i ist eigentlich lokal in der Methode Start deklariert. Dennoch können wir den Wert in dem Lambda-Ausdruck verändern. Das ist das Verhalten eines »Closure«. Wenn ein Lambda-Ausdruck auf eine Variable aus seiner Umgebung zugreift, dann wird diese Variable gewissermaßen im Ausdruck gefangen – ein Closure entsteht.

So elegant Closures auch sind, sie stellen auch eine Gefahr dar, weil man im richtigen Moment an sie denken muss und sich die Implementierung auch in C# 5.0 geändert hat. Gerade in LINQ, wo an allen Ecken und Enden mit Lambdas gearbeitet wird, kann das zu völlig unerwarteten Ergebnissen führen, wie im folgenden Beispiel:

```
var strings = new List<string>() { "eins", "zwei", "drei" };
var funcs = new List<Func<string>>();
foreach (string s in strings)
  funcs.Add(() => s);
foreach (var f in funcs)
  Console.WriteLine(f());
```

Der Code erstellt eine Liste von Delegaten, vom Typ `Func<string>`. Der erste sollte »eins«, der zweite »zwei« und der dritte »drei« als Ergebnis zurückliefern. Die folgende foreach-Schleife gibt die Ergebnisse aus, die – folgerichtig – so aussehen:

```
eins
zwei
drei
```

Wenigstens auf einem System mit C# 5.0, denn unter Visual Studio 2010 sieht das Ergebnis anders aus:

```
drei
drei
drei
```

Um den Code auch unter Vorgängerversionen lauffähig zu bekommen, ist eine kleine, aber wichtige Änderung nötig, nämlich das Kopieren der Schleifenvariable in eine lokale Variable, so dass jede Ausführung ihre eigene Kopie erhält:

```
foreach (string s in strings)
{
    string copy = s;
    funcs.Add(() => copy);
}
```

Predicate

Ein *Predicate* ist eine Funktion, die (häufig nur einen) Eingabeparameter entgegennimmt und `true` oder `false` zurückliefert, indem sie prüft, ob die Eingabeparameter bestimmte Kriterien erfüllen. C# kennt dafür einen Delegaten:

```
public delegate bool Predicate<T>(T obj)
```

Ein solcher Delegat kann einer anderen Methode als Parameter übergeben werden, zusammen mit anderen Eingabedaten. Beispiel:

```
private List<string> filter(List<string> names, Predicate<string> predicate)
{
   List<string> results = new List<string>();
   foreach (string name in names)
      if (predicate(name))
         results.Add(name);
   return results;
}
```

Listing 4.24 Beispiel für den Einsatz von »Predicate«

Diese Methode nimmt eine Liste von Namen und einen Predicate-Delegaten entgegen. Das »Funktionsobjekt« wird für jedes Element aufgerufen, und nur wenn es true zurückliefert, dann wird das Element in die Ergebnisliste aufgenommen. Der Aufrufer kann nun selbst entscheiden, nach welchen Kriterien er die Liste filtern möchte, indem er den Predicate-Delegaten entsprechend formuliert, beispielsweise mithilfe eines Lambda-Ausdrucks:


```
List<string> namesFiltered = filter(names, name=> name.StartsWith("K"));
```

In diesem konkreten Fall müssen die Namen mit »K« beginnen, damit sie in die Ergebnisliste aufgenommen werden.

4.5 Transaktionen

Transaktionen sind aus modernen Anwendungssystemen nicht wegzudenken – und doch fehlen Transaktionen häufig dort, wo sie dringend benötigt werden. Das Tückische an fehlenden Transaktionen ist, dass dies nicht sofort auffällt, die Anwendung scheint erst einmal so zu funktionieren, wie sie gedacht war. Erst wenn während einer Operation ein Fehler auftritt, besteht die Gefahr, dass beispielsweise eine Datenbank sich danach nicht mehr in einem validen Zustand befindet – und auch das fällt möglicherweise erst Monate später auf. Und dann ist es oft kaum mehr möglich, die Daten zu korrigieren, weil die ursprünglichen Geschäftsvorfälle nicht mehr einwandfrei zu rekonstruieren sind.

4.5.1 Wozu Transaktionen?

Das klassische Beispiel geht so: Zwei Personen, wieder einmal Alice und Bob, nehmen an einer Banküberweisung teil. Alice überweist 500 € an Bob, und ihr Konto wird um diesen Betrag erleichtert. Bob hingegen bekommt das Geld gutgeschrieben. Nun sind an diesem Vorgang vielleicht zwei Banken beteiligt und mehrere dazwischenliegende Systeme, aber das ist für unser Beispiel eigentlich nicht von Bedeutung. Wichtig hingegen ist, dass beide Vorgänge unbedingt gemeinsam klappen oder gemeinsam fehlschlagen müssen. Wenn Alice zwar um den Betrag erleichtert wird, aber Bob davon keinen Cent sieht, dann würde Geld vernichtet werden. Umgekehrt würde Geld erzeugt werden – beides sind Fälle, die einem Bundesfinanzminister den Schlaf rauben können.

Zum Glück gibt es Transaktionssysteme, die sich um so etwas kümmern. Und .NET unterstützt Transaktionen seit jeher, im System.Transactions-Namespace.

In diesem Abschnitt geht es um die praktische Seite; weitere Informationen zu Transaktionen finden Sie in den fachspezifischen Kapiteln, zum Beispiel zur WCF oder zur WF und in Abschnitt 2.7, »Designmerkmale«.

4.5.2 Merkmale von Transaktionen

Transaktionen besitzen einige Eigenschaften, die sich leicht durch das Akronym *ACID* merken lassen.

ACID

Transaktionen verbinden mehrere Einzelaktionen in einer einzigen Transaktion und kümmern sich darum, dass alle oder keine dieser Einzelaktionen durchgeführt werden. Einen Zwischenzustand lassen sie nicht zu bzw. nur innerhalb der Transaktion, solange sie nicht abgeschlossen ist. Zusätzlich darf jede Einzelaktion nur genau einmal ausgeführt werden. Man nennt das atomar bzw. *atomic*.

Daraus ergibt sich die zweite Eigenschaft von Transaktionen, die da lautet: Wenn ein Datenzustand vorher in einem konsistenten Zustand war, dann ist er es auch danach, gleich, ob die Transaktion erfolgreich war oder nicht. Der Begriff dafür lautet konsistenzerhaltend bzw. *consistent*.

Eine wichtige Voraussetzung für die Konsistenzerhaltung ist, dass sich mehrere gleichzeitig laufende Transaktionen nicht beeinflussen. Sie sind also voneinander isoliert bzw. *isolated*.

Transaktionen lassen sich auch durch Systemabstürze oder Stromausfälle nicht aus der Ruhe bringen, weil sie dauerhaft bzw. *durable* sind.

Lokale und verteilte Transaktionen

Eine Transaktion kann sich auf eine einzige Ressource beschränken, zum Beispiel auf eine verwendete Datenbank. Wir sprechen dann von einer *lokalen Transaktion*. Solche Transaktionen werden vom *Transaktionsmanager* (*Transaction Manager*) in .NET abgebildet.

Eine *verteilte Transaktion* hingegen fasst mehrere Partner zusammen, die sich auch auf entfernten Systemen befinden können. Das Beispiel mit Alice und Bob fällt in diese Kategorie. Für verteilte Transaktionen gibt es den *Microsoft Distributed Transaction Coordinator* (*MSDTC*), der zu diesem Zweck auf den beteiligten Systemen läuft, jedenfalls in einer Windows-Umgebung.

Der Transaktionsmanager entscheidet, wann welche Form der Transaktion notwendig ist. Das bedeutet, dass das Programmiermodell in beiden Szenarien identisch ist. Es liegt allerdings auf der Hand, dass Komplexität und Zeitbedarf bei verteilten Transaktionen höher sind – deutlich höher.

Das Höherstufen einer Transaktion geschieht immer dann, wenn verschiedene Prozesse oder sogar verschiedene Rechner an einer Transaktion beteiligt sind.

Die Stufen sind:

1. *Leichtgewichtige, lokale Transaktionen* über den .NET Transaktionsmanager
2. *Promotable Single Phase Enlistment* (*PSPE*); wird beispielsweise verwendet, wenn eine (auch entfernte) Verbindung zu einer SQLServer-Datenbank unterhalten wird (ab 2005), und ist immer noch deutlich leichter als die Verwendung des MSDTC.
3. *Microsoft Distributed Transaction Coordinator* (*MSDTC*) als Ultima ratio

Transaktionale Ressourcen

Die meisten Entwickler haben wohl Datenbanksysteme im Kopf, wenn sie an Transaktionen denken. Aber das sind beileibe nicht die einzigen Systeme, die Transaktionen unterstützen:

- Seit Windows Server 2008 ist das Dateisystem selbst transaktional. Damit sind solche Dinge möglich wie: Wenn ein Export aus dem Datenbanksystem fehlschlägt, wird auch keine Exportdatei erzeugt. Exportdateien, die bis zum Fehler mit Daten gefüllt wurden, gehören damit der Vergangenheit an.
- Microsoft Message Queuing, die Messaging-Lösung von Microsoft
- Für die Handhabung von Transaktionen gibt es spezielle Middlewaresysteme, die diese Aufgabe gewissermaßen hauptamtlich übernehmen.
- Viele Softwareanwendungen von Drittherstellern, zum Beispiel Finanzbuchhaltungen, unterstützen Transaktionen.

Wenn Ihnen das nicht genügt, dann können Sie selbst solche Ressourcen schreiben, die an Transaktionen teilnehmen können.

Commit und Rollback

Mit *Commit* wird das Ergebnis einer Transaktion festgeschrieben, es markiert also das Ende einer erfolgreichen Transaktion. Dieses commit kann explizit erfolgen, also durch einen Befehl, oder es erfolgt implizit, beispielsweise am Ende einer Methode. Man spricht dann von *Auto-Commit*. Mit *Rollback* hingegen werden alle bisher durchgeführten Änderungen der Transaktion rückgängig gemacht.

4.5.3 TransactionScope

Der `TransactionScope` stellt alle Aktionen innerhalb eines Codeblocks in den Kontext einer Transaktion, die man als Ambient-Transaktion (*Ambient Transaction*) bezeichnet. Transaktionale Ressourcen, beispielsweise Datenbankverbindungen, erkennen das Vorhandensein einer Ambient-Transaktion und nehmen dann automatisch daran teil (*Enlistment*).

Transaktion erzeugen

Sie benötigen eine Projektreferenz auf *System.Transactions.dll* und eine using-Anweisung für den gleichnamigen Namespace.

```
using (TransactionScope scope = new TransactionScope())
{
   using (SqlConnection conn = new SqlConnection(connectionString))
   {
     conn.Open();
     new SqlCommand("delete * from tabelle", conn).ExecuteNonQuery();
   }
   scope.Complete();
}
```

Listing 4.25 Transaktion erzeugen

Im obigen Beispiel wird ein TransactionScope erzeugt und danach eine Verbindung zu einem SQL Server, die sich automatisch für die Transaktion einträgt. Im Anschluss werden alle Datensätze einer Tabelle gelöscht und die Transaktion durch Aufruf von Complete abgeschlossen. Complete ist hier gleichbedeutend mit Commit. Einen kleinen sprachlichen Unterschied gibt es aber doch, denn Complete signalisiert dem Transaktionsmanager, dass wir ein Commit durchführen wollen. Dem Transaktionsmanager selbst obliegt nun die Aufgabe, das Commit dann tatsächlich durchzuführen. Complete sollte daher immer die letzte Anweisung im Transaktionsblock sein.

Wenn Sie nun folgerichtig auch eine Rollback-Anweisung erwarten, dann muss ich Sie enttäuschen. Ein Rollback findet immer dann statt, wenn Sie kein Complete aufrufen bzw. innerhalb des Transaktionsblocks eine Exception auslösen. Die Methode ist also entbehrlich, wenn sie auch der Klarheit diente, wäre sie vorhanden. Die so erzeugte Ambient-Transaktion können Sie auch innerhalb des TransactionScope-Blocks abrufen:

```
Transaction transaction = Transaction.Current;
```

In den beiden Eigenschaften LocalIdentifier und DistributedIdentifier des Objekts TransactionInformation finden Sie die Transaktions-ID (in Form einer GUID). Sie ist dann besonders wichtig, wenn Sie prüfen wollen, ob Ihr Code auch wirklich in der richtigen Transaktion ausgeführt wird. DistributedIdentifier enthält übrigens immer *{00000000-0000-0000-0000-000000000000}*, falls die Transaktion nicht verteilt ist, also MSTDC nicht an der Transaktion beteiligt ist.

Geschachtelte TransactionScopes

TransactionScope-Blöcke können auch ineinander geschachtelt sein. Es ist aber auch möglich, dass eine Methode, die Sie aus so einem Transaktionsblock aufrufen, selbst wieder einen neuen TransactionScope aufmacht. Das Verhalten einer solchen Hierarchie können Sie beeinflussen, indem Sie dem Konstruktor von TransactionScope einen Wert aus der Aufzählung TransactionScopeOption übergeben:

- TransactionScopeOption.Required wird verwendet, wenn bereits eine Ambient-Transaktion vorhanden ist. Ansonsten wird eine neue Transaktion erzeugt (Standard).
- TransactionScopeOption.RequiresNew zeigt an, dass immer eine neue Transaktion erzeugt wird.
- TransactionScopeOption.Suppress gibt an, dass keine Transaktion verwendet wird; eine eventuell vorhandene Ambient-Transaktion wird unterdrückt. Sie können es einsetzen, wenn Sie einen Codeblock innerhalb eines TransactionScopes von einer Transaktion ausnehmen möchten, beispielsweise zu Logging-Zwecken.

Alle Transaktionsblöcke innerhalb derselben Ambient-Transaktion müssen Complete aufrufen, damit die Transaktion auch wirklich committed wird. Bei RequiresNew gilt das Complete hingegen nur für die dadurch neu erzeugte Transaktion, und bei Suppress wäre eine solche Anweisung sinnlos.

Timeout

Ein TransactionScope nimmt auch in einigen Überladungen einen Timeout-Wert entgegen. Wenn Sie 0 (TimeSpan.Zero) übergeben, dann setzen Sie den Timeout außer Kraft, und das System würde im Falle eines Deadlocks ewig warten, wenn nicht zuvor ein anderes Timeout in einer von Ihnen verwendeten Klasse eine Exception auslöst. Wenn die benötigte Zeit nicht ausreicht, zum Beispiel bei komplexen SQL-Abfragen, sollten Sie diesen Wert mit Bedacht erhöhen.

Wenn mehrere verschachtelte Transaktionsblöcke an derselben Ambient-Transaktion teilnehmen, dann gilt das kleinste gesetzte Timeout.

Isolation Level

Vermutlich um die Anzahl der Konstruktoren überschaubar zu halten, gibt es ein struct vom Typ TransactionOptions, das Sie einigen Überladungen von TransactionScope übergeben können. Sie können darin ebenfalls den Timeout-Wert festsetzen und außerdem einen Isolation Level angeben, der einem Wert der Aufzählung System.Transactions.IsolationLevel entsprechen muss.

```
TransactionOptions to = new TransactionOptions();
to.IsolationLevel = IsolationLevel.ReadCommitted;
using (TransactionScope scope =
  new TransactionScope(TransactionScopeOption.Required, to))
{...}
```

Listing 4.26 Isolation Level angeben

Alle Transaktionen innerhalb einer Verschachtelung müssen denselben Isolation Level angeben, oder .NET quittiert die Abweichung mit einer Exception. Die Isolation Level sind besonders wichtig für das Lesen von Daten, die gerade in einer Transaktion verändert werden.

`Serializable` ist der Standard, aber das ist vielleicht nicht immer das, was Sie brauchen. In Kapitel 2, »Softwarearchitektur«, sind die vier wichtigsten Isolation Level und deren Auswirkungen beschrieben.

4.5.4 Committable Transaction

Vermutlich in den meisten Fällen werden Sie `TransactionScope` der hier beschriebenen Methode vorziehen, schon allein deshalb, weil es komfortabler ist. Der Vorteil in dem hier beschriebenen Verfahren besteht allerdings darin, dass Sie eine solche explizit erstellte Transaktion beispielsweise als Methodenparameter übergeben können. Andererseits müssen Sie sich auch selbst um commit oder rollback kümmern, was aber nicht weiter schwierig ist.

`CommittableTransaction` erbt direkt von `Transaction`. Doch während `Transaction` zwar commit, aber kein rollback zulässt, stehen `CommittableTransaction` beide Möglichkeiten offen. Damit können Sie Methoden ein Objekt vom Typ `Transaction` übergeben, die dann im Fehlerfall die Transaktion zwar abbrechen können (rollback), aber commit ist der aufrufenden Methode vorbehalten. Das ist auch sinnvoll, denn während ein Fehler überall auftreten kann, kann nur die Methode an der obersten Stelle der Aufrufhierarchie entscheiden, wann es Zeit ist, commit aufzurufen. Hier das vorherige Beispiel mit einer expliziten Transaktion:

```
var transaction = new CommittableTransaction();
SqlConnection conn = new SqlConnection(connectionString);
conn.Open();
conn.EnlistTransaction(transaction);
try
{
   new SqlCommand("delete * from tabelle", conn).ExecuteNonQuery();
   doSomeWork(transaction);
   transaction.Commit();
```

```
}
catch (Exception)
{
   transaction.Rollback();
}
finally
{
   conn.Close();
}
```

Listing 4.27 Explizite Transaktionssteuerung

Im Gegensatz zu `TransactionScope` erzeugt `CommittableTransaction` keine Ambient-Transaktion. Transaktionale Ressourcen wissen also nicht, dass sie im Kontext einer Transaktion ausgeführt werden. Sie könnten nun die Ambient-Transaktion von Hand setzen:

```
Transaction.Current = transaction;
```

Sie können die Ressource der Transaktion aber auch manuell zuweisen:

```
conn.EnlistTransaction(transaction);
```

Die Methode `doSomeWork` erhält eine Referenz auf die `CommittableTransaction`, genauer auf die Basisklasse, Transaction – und könnte wie folgt implementiert sein:

```
private void doSomeWork(Transaction transaction)
{
   try
   {
      //... hier wird gearbeitet ...
   }
   catch
   {
      transaction.Rollback();
   }
}
```

Listing 4.28 Die Arbeiterklasse

Aus der Praxis

Damit sind nun recht flexible Szenarien möglich. So bei einem »PersistenceService«, den ich vor einiger Zeit geschrieben habe.

Einige der Methoden können mehrere Dokumente (z. B. Dateien) bearbeiten, beispielsweise diese von einem Dateisystem in eine Filestream-Datenbank verschieben oder löschen.

Alle solche Methoden besitzen einen Parameter `transactional`:

```
public List<StorageResult> DeleteFiles(List<File> files, .... , bool
transactional) ...
```

In der Implementierung lässt sich nun eine `CommittableTransaction` erzeugen, wenn `transactional` den Wert `true` hat. Diese Transaktion wird dann auch den Arbeiterklassen übergeben, also den Klassen, die eine einzelne Datei verarbeiten. Diese Klassen wiederum können sich weiterer Klassen bedienen und spannen so ein ganzes Netzwerk an Operationen, die alle innerhalb einer Transaktion ablaufen.

Ist `transactional` aber `false`, dann erzeugen die Arbeiterklassen ihre eigenen Transaktionen, so dass nur die eine Dateioperation, die sie ausführen, innerhalb einer Transaktion ausgeführt wird.

Trotz, oder vielleicht gerade wegen dieser Flexibilität sind Transaktionen in vielen Projekten eher Ödland, als eine blühende Landschaft, und wirklich korrekt implementierte Transaktionen eher die Ausnahme, denn die Regel. Sie sind halt nicht umsonst zu haben und spannen einen Bogen von der Konzeption bis hin zu Implementierung und Test.

4.5.5 Tracing

Gelegentlich kann es äußerst hilfreich sein, über die Transaktionen einer Anwendung Buch zu führen, beispielsweise über die Transaktions-ID oder den Typ der Transaktion.

Wir haben schon an anderer Stelle das Tracing-Subsystem von .NET verwendet und können es auch hier einsetzen. Sie konfigurieren es, wie immer, in der Anwendungskonfigurationsdatei Ihrer Anwendung:

```
<configuration>
  <system.diagnostics>
    <sources>
      <source name="System.Transactions" switchValue="Information">
        <listeners>
          <add name="transactions"
           type="System.Diagnostics.XmlWriterTraceListener"
           initializeData= "transactions.log" />
        </listeners>
      </source>
```

```
    </sources>
  </system.diagnostics>
</configuration>
```

Listing 4.29 App.config bzw. Web.config

In diesem Beispiel werden alle Informationen (`switchValue="Information"`) in eine Datei namens *transactions.log* geschrieben, und das im XML-Format. Jede Transaktion erzeugt über ihre Lebensdauer eine Reihe an Einträgen, zum Beispiel wenn die Transaktion erzeugt oder wenn sie, wie im folgenden Beispiel, abgebrochen wurde:

```
...
<TraceRecord xmlns="..." Severity="Warning">
  <TraceIdentifier>...</TraceIdentifier>
  <Description>Transaktion abgebrochen</Description>
  <AppDomain>4.1.vshost.exe</AppDomain>
  <ExtendedData xmlns="...">
    <TraceSource>[Lightweight]</TraceSource>
    <TransactionTraceIdentifier>
      <TransactionIdentifier>bb2f724e-9709-48a7-a363-
       051614cc2be3:1</TransactionIdentifier>
    </TransactionTraceIdentifier>
...
```

Listing 4.30 Einträge bei abgebrochener Transaktion

4.6 Erweiterungsmethoden

Erweiterungsmethoden sind ein weiteres Beispiel für die Kategorie »Syntactic Sugar«, also Erweiterungen der Syntax, die die Anwendung einer Programmiersprache einfacher und eleganter machen, obgleich sie nicht zwingend nötig wären, da sie an sich keine neuen Funktionen bieten. Wenn Sie

```
"Ein String".Save("c:\\myFile.txt");
```

schreiben, dann quittiert der Compiler dies mit der folgenden Fehlermeldung:

> *»string« enthält keine Definition für »Save«, und es konnte keine Erweiterungsmethode »Save« gefunden werden, die ein erstes Argument vom Typ »string« akzeptiert.*

Das gibt schon einen Hinweis darauf, was Erweiterungsmethoden tun: Sie erweitern beliebige Typen um Methoden, im Beispiel fügen sie einer `String`-Klasse die Methode `Save` hinzu. Dabei sind Erweiterungsmethoden statische Methoden, die aber wie Instanzmethoden aufgerufen werden, wie wir noch sehen werden.

4.6.1 Erweiterungsmethoden schreiben

Um diese Methode nachzurüsten, braucht es nicht viel:

```
public static class ExtensionMethods
{
   public static void Save(this String aString, string filename)
   {
      File.WriteAllText(filename, aString);
   }
}
```

Natürlich hätten wir auch schreiben können:

```
ExtensionMethods.Save("Ein String", "c:\\myFile.txt");
```

Aber es ist in der Tat eine süße Verführung, die Save-Methode auf einem String-Objekt ausführen zu können, Syntactic Sugar eben. Sie könnten die Klasse auch anders benennen, solange sie statisch ist und das Schlüsselwort `this` vor dem Typ verwendet. Das Objekt, auf dem die Methode ausgeführt wird, ist dabei der erste Parameter. Weitere Parameter können folgen – im Beispiel der Dateiname.

Erweiterungsmethoden unterliegen den ganz normalen Einschränkungen statischer Klassen. Während Sie in abgeleiteten Klassen auf `protected`-Member der Basisklasse zugreifen können, bleibt Ihnen das mit Erweiterungsmethoden verwehrt. Dadurch ergibt sich eine natürliche Trennung.

Wenn Sie eine Klasse um eine Funktion bereichern wollen, kann eine Erweiterungsmethode eingesetzt werden. Soll die Klasse erben, oder möchten Sie polymorphes Verhalten implementieren, dann müssen Sie von der Klasse ableiten. Vielleicht können Sie das aber auch gar nicht, zum Beispiel dann, wenn die Basisklasse mit `sealed` gekennzeichnet ist, wie das bei `String` tatsächlich der Fall ist. Dann sind Erweiterungsmethoden die einzige Möglichkeit, einem alten Fuchs neue Tricks beizubringen.

Die Erweiterungsmethode ist nicht auf eine Klasse beschränkt, sondern lässt sich auch von allen abgeleiteten Klassen aufrufen. Die folgende Erweiterungsmethode erweitert `Object` um die Fähigkeit, den Hashwert in einer Datei zu speichern:

```
public static void SaveHashCode(this Object obj, string filename)
{
   File.WriteAllText(filename, obj.GetHashCode().ToString());
}
```

Damit steht diese Methode auch der Klasse `String` zur Verfügung:

```
"Ein String".SaveHashCode("c:\\hash.txt");
```

Besonders leistungsstark ist die Möglichkeit, Erweiterungsmethoden auf Schnittstellen anzuwenden, und auch Rückgabewerte sind möglich. Die folgende Methode berechnet die Summe einer IEnumerable<int>-Auflistung und gibt diese zurück. Das ist der schon vorhandenen Methode Sum nicht unähnlich.

```
public static int IntSum(this IEnumerable<int> en)
{
   int result = 0;
   foreach (int i in en)
      result = result + i;
   return result;
}
```

Die Methode lässt sich dann zum Beispiel auf eine Liste anwenden:

```
List<int> intList = new List<int>() { 8, 3, 4, 3 };
int sumInt = intList.IntSum();
```

Auch Generics sind möglich:

```
public static void Save<T>(this IEnumerable<T> en, string filename)
{
   StreamWriter writer = File.CreateText(filename);
   foreach (var item in en)
      writer.WriteLine(item);
   writer.Close();
}
```

Wir können Save nun für jede Klasse aufrufen, die IEnumerable<T> implementiert, also auch von einem Array:

```
Environment.GetLogicalDrives().Save("c:\\drives.txt");
```

4.6.2 Der Compiler

Erweiterungsmethoden werden per using eingebunden. Die Suche nach einer Methode ist dabei gar nicht so einfach, denn eine Methode kann in einer Klasse, in einer Basisklasse (rekursiv bis zu object) oder auch in einer Schnittstelle definiert sein. Greift das alles nicht, begibt sich der Compiler auf die Suche nach Erweiterungsmethoden. Findet er keine, gibt er eine Fehlermeldung wie die obige aus.

Der Compiler geht die importierten Namespaces dabei von unten nach oben durch und endet beim globalen Namespace, wenn er nicht zuvor fündig wird. Wenn Ihre Klasse zwei Namespaces definiert, in denen in beiden die Erweiterungsmethode definiert wurde, dann erhalten Sie eine Fehlermeldung. Das ist auch der Fall, wenn Sie beispielsweise eine Eigenschaft so benennen wie die Methode.

Es ist hingegen problemlos möglich, in einer Klasse (oder Schnittstelle) eine Methode mit derselben Signatur zu implementieren wie eine Erweiterungsmethode. Es wird dann die Instanzmethode verwendet, der Compiler muss nicht länger suchen.

4.6.3 Vorteile, Nachteile, Empfehlungen

Wenn Sie Code lesen wie

```
File.WriteAllText(filename, "Ein Text");
```

dann ist alles klar. Es gibt also eine Methode `WriteAllText` in der statischen Klasse `File`. Prima. Bei Erweiterungsmethoden ist die Sache anders. IntelliSense ist hier Segen und Fluch zugleich. Einerseits zeigt es solche Methoden an. Sie erkennen dadurch also, dass `Save` keine `Instanzmethode` von `String` ist.

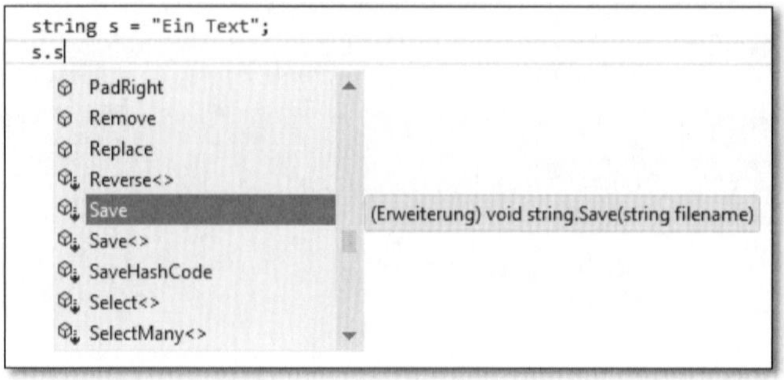

Abbildung 4.16 Erweiterungsmethode in IntelliSense

Andererseits kennen viele Entwickler die Methoden gar nicht mehr, da sie sie lediglich in der IntelliSense-Hilfe wiedererkennen. Ein wenig erinnert mich das an unsere chinesische Tochtergesellschaft, deren Mitarbeiter (wie viele Chinesen) Briefe nur noch am PC schreiben können, da sie die chinesischen Schriftzeichen zwar am Bildschirm aussuchen, aber nicht mehr eigenständig zeichnen können.

Einige Teile des Frameworks machen ausgiebigen Gebrauch von Erweiterungsmethoden. LINQ wird dadurch ausdrucksstark und elegant in der Anwendung. Wollte man hier mit statischen Klassen jonglieren, hätte diese Technologie vermutlich längst nicht so viele Anhänger. Ich rate dennoch zum sparsamen Gebrauch – und zur Berücksichtigung einiger Empfehlungen:

- Seien Sie besonders vorsichtig damit, Erweiterungsmethoden für Klassen zu schreiben, die Sie selbst nicht entwickelt haben.
- Vermeiden Sie es auch, solche Methoden auf oberen Ebenen in der Klassenhierarchie zu definieren. Betrachten Sie das Beispiel zu `Object` am besten als Szenario, wie man es nicht machen sollte.

- Benennen Sie Ihre Methoden einheitlich, und verwenden Sie unbedingt einen anderen Namespace für Ihre Erweiterungsmethoden. Es wäre ärgerlich, wenn ein anderer Entwickler dieselbe Methode bereits implementiert hätte, und würde zu einem Fehler führen, es sei denn, die Namespaces sind getrennt und werden auch nicht beide importiert.
- Vermeiden Sie Doppelungen. Namespaces sollten eindeutig sein, auch dann, wenn die gleiche Methode in zwei Namespaces enthalten sein sollte.
- Sie können auch mehre Erweiterungsmethoden in einer Klasse unterbringen. Dann sollten diese thematisch eng verwandt sein.
- Ihre Erweiterungsmethoden sollten nicht die gleiche Signatur haben wie bestehende Instanzmethoden (oder Schnittstellenmethoden), sonst würden sie nie aufgerufen werden.
- Sie können eine Erweiterungsmethode auch mehrfach definieren, für unterschiedliche Klassen. Ein Beispiel hierfür ist eine Validate-Methode.

Weitere Informationen zum Thema erhalten Sie in Kapitel 5, »Professionell codieren«, Abschnitt 5.7.6, »Erweiterungsmethoden«.

4.7 Serialisierung

An vielen Ecken im .NET Framework begegnet Ihnen Serialisierung. Unter Serialisierung versteht man die Umwandlung eines Objekts in einen Byte-Strom. Ein Objekt kann dabei wiederum andere Objekte beinhalten, man nennt das dann Objektgraphen. Deserialisierung ist das Gegenteil davon: Aus einem Byte-Strom wird das ursprüngliche Objekt (genauer der gesamte Objektgraph) rekonstruiert.

Serialisierung ist enorm hilfreich, denn die Fähigkeit, Objekte über eine Netzwerkleitung zu versenden, in einer beliebigen Datenstruktur abzulegen oder auf Festplatte zu speichern, ermöglicht so unterschiedliche Dinge wie serviceorientierte Architekturen, die Windows-Zwischenablage, das Speichern von .NET-Objekten in einer Datenbank oder das Übertragen von Objekten mittels .NET Remoting über Appdomain-Grenzen hinweg.

Aus der Praxis

Zuletzt habe ich Serialisierung im Rahmen einer Online-Schnittstelle eingesetzt, in der Informationen aus beliebigen Online-Portalen zum ERP-System übertragen werden sollten. Diese Informationen können vielfältig sein, beispielsweise eingehende Bestellungen oder auch Anfragen.

All diese Möglichkeiten ließen sich natürlich auch in einer Datenbank abbilden, man würde dafür jedoch zahlreiche Tabellen und Felder benötigen. Da die Daten nur bis zur Bearbeitung der Transaktion benötigt werden, also zum Beispiel bis zum Abschluss der Bestellung, entschied ich mich für Serialisierung. Eingehende Anfragen lassen sich so bequem speichern, und die Datenbank enthält nur eine Referenz auf die so entstandenen Dateien. Die Vorteile:

- Das System ist erweiterbar, denn die serialisierte Datei enthält alle Informationen, die vom Portal stammen.
- Die Verwendung von Serialisierung ist flexibel, denn so können beliebige Typen von Informationen verarbeitet werden, Bestellungen, Kündigungen, Anfragen usw. Es entsteht dann in jedem Fall einfach eine andere serialisierte Datei, die alle Daten für den Typ beinhaltet.
- Es werden keine unnötigen Datenbankfelder benötigt.
- Das ganze Verfahren funktioniert auch über Webservices, denn Online-Portale sind – na ja – online, also im Internet, während das ERP-System sich innerhalb des Unternehmens befindet. Die Daten müssen daher ohnehin über ein Netzwerk (serialisiert) übertragen werden.

Sie sehen also: Es lohnt doppelt, sich mit Serialisierung zu beschäftigen. Es dient dem besseren Verständnis des .NET Frameworks, und man kann es selbst in eigenen Anwendungen nutzen. Und damit wollen wir nun beginnen.

4.7.1 Ein Beispiel

Eine Messstation speichert jede Sekunde die gemessene Luftfeuchtigkeit und Temperatur. Dafür definieren wir die folgende Klasse:

```
[Serializable]
public class EnvironmentLogEntry
{
    public double Temperature;
    public double Humidity;
    public DateTime DateAndTime;
}
```

Listing 4.31 Klassen definieren

Das `Serializable`-Attribut teilt .NET mit, dass wir diese Klasse serialisieren möchten. Doch zuvor erzeugen wir noch einige Messwerte und speichern diese in einer einfachen Liste:

```
List<EnvironmentLogEntry> values = new List<EnvironmentLogEntry>();
Random random = new Random();
for (int i = 0; i < 100; i++)
{
   EnvironmentLogEntry entry = new EnvironmentLogEntry();
   entry.DateAndTime = DateTime.Now;
   entry.Humidity = random.Next(30, 70);
   entry.Temperature = random.Next(10, 35);
   values.Add(entry);
}
```

Listing 4.32 Messwerte in Liste speichern

Das Serialisieren an sich besteht nur aus wenigen Zeilen Code:

```
BinaryFormatter bf = new BinaryFormatter();
using (FileStream fs = new FileStream("c:\\messwerte.bin", FileMode.Create))
{
   bf.Serialize(fs, values);
}
```

Listing 4.33 Serialisieren

Der `BinaryFormatter` speichert die Daten im binären Format, genauso gut hätten wir auch XML als Speicherformat wählen können. Im Beispiel verwende ich `FileStream`. Ich hätte aber auch einen anderen Stream nehmen können, um ein Objekt in den Arbeitsspeicher zu serialisieren, zum Beispiel `MemoryStream`.

Das .NET Framework bringt eine sehr gute Unterstützung für die Serialisierung mit und verbirgt all die Details vor den Augen der Entwickler, ohne ihm die Möglichkeit zu nehmen, Einfluss auf den Prozess auszuüben. Im Hintergrund muss der Serialisierer alle Objekte im Graphen serialisieren und natürlich auch mit Collections und Vererbung umgehen können. Außerdem muss er Zirkelbezüge auflösen können, denn ein Objekt könnte ja mehrfach referenziert werden bzw. zwei Objekte könnten sich gegenseitig referenzieren. Serialisierung ist also im Detail eine knifflige Angelegenheit und eine, die nach maximaler Performance verlangt, vor allem dann, wenn serialisierte Objekte zwischen Anwendungen hin- und hergereicht werden.

Niemand hindert Sie übrigens daran, `Serialize` mehrfach, für verschiedene Objekte aufzurufen. In einen Stream können also auch thematisch zusammengehörige Objekte gemeinsam gespeichert werden, auch wenn sie nicht in einem einzigen Objektgraphen untergebracht sind, beispielsweise Adressen und die zugehörigen Kontakte.

```
binarySerializer.Serialize(addresses);
binarySerializer.Serialize(contacts);
```

Ganz ähnlich läuft auch die Deserialisierung ab. Wenn mehrere Objekte serialisiert wurden, dann muss in derselben Reihenfolge deserialisiert werden:

```
BinaryFormatter bf = new BinaryFormatter();
using (FileStream fs = new FileStream("c:\\messwerte.bin", FileMode.Open))
   {
   List<EnvironmentLogEntry> values = bf.Deserialize(fs)
      as List<EnvironmentLogEntry>
   }
```

`Deserialize` liefert ein `object` zurück, das dann auf den richtigen Typ gecastet werden muss.

4.7.2 Serialisierer

Das .NET Framework enthält bereits einige Serialisierer:

- `System.Runtime.Serialization.Formatters.Binary.BinaryFormatter`

  `Assembly: mscorlib.dll`
  `using: System.Runtime.Serialization.Formatters.Binary`

  Hier werden Objektgraphen im binären Format gespeichert, was besonders platzsparend ist.

- `System.Runtime.Serialization.Formatters.Soap.SoapFormatter`

  `Assembly: System.Runtime.Serialization.Formatters.Soap.dll`
  `using: System.Runtime.Serialization.Formatters.Soap`

  Es wird SOAP zur Speicherung des Streams verwendet. Dieser Serialisierer unterstützt keine generischen Typen und ist inzwischen obsolet. Es wird daher empfohlen, stattdessen `XmlSerializer` einzusetzen, weswegen er hier nicht besprochen wird.

- `System.Xml.Serialization.XmlSerializer`

  `Assembly: System.Xml.dll`
  `using: System.Xml.Serialization`

  Dieser Serialisierer nutzt klassisches XML, was insbesondere den Vorteil der (menschlichen) Lesbarkeit mit sich bringt. Allerdings werden keine Objekte unterstützt, die `IDictionary` implementieren.

- `System.Runtime.Serialization.DataContractSerializer`

  `Assembly: System.Runtime.Serialization.dll`
  `using: System.Runtime.Serialization`

Das ist die bevorzugte Methode von WCF, um Objekte zu serialisieren. Der Serialisierer verwendet ebenfalls XML, unterscheidet sich aber im Detail – insbesondere durch Verwendung der Attribute `DataContract` und `DataMember`, um serialisierbare Objekte zu kennzeichnen. Diese Klasse wird in Kapitel 6, »Windows Communication Foundation«, näher beleuchtet.

Alle Serialisierer unterscheiden sich also hinsichtlich ihrer Fähigkeiten und auch hinsichtlich ihrer Verwendung, leider.

4.7.3 BinaryFormatter

Im vorherigen Beispiel war die Klasse `EnvironmentLogEntry` mit dem Attribut `Serializable` ausgestattet, welches angibt, dass eine Klasse (oder `struct`) serialisiert werden kann.

Nicht nur die Klasse auf oberster Ebene, sondern alle Klassen im Graphen müssen dieses Attribut tragen, oder .NET meldet eine `SerializationException`. `BinaryFormatter` prüft vorher nicht, ob alle Typen serialisierbar sind, sondern bricht einfach zu dem Zeitpunkt ab, an dem er auf den nicht serialisierbaren Typ trifft. Möglicherweise enthält der Stream dann also korrupte Daten. Etwaige Lösungen sind Transaktionen (im Filesystem, wenn das Betriebssystem solche unterstützt) oder das vorherige Serialisieren im Arbeitsspeicher (`MemoryStream`) mit anschließendem Speichern im Erfolgsfall.

Einzelne Member können aus dem Prozess ausgeschlossen werden:

```
[NonSerialized]
public int NotToBeSerializedMember;
```

Das Laufzeitsystem muss sie beim späteren Deserialisieren also aus Standardwerten konstruieren. Verwenden Sie dieses Attribut immer dann, wenn es keinen Sinn macht, die Daten zu serialisieren, beispielsweise bei Konstanten oder bei flüchtigen Daten wie einer Thread-ID.

Der `BinaryFormatter` serialisiert alle Member, gleich welcher Sichtbarkeit (also auch `private`-Member).

Zusätzlich werden die beiden Schnittstellen `IFormatter` und `IRemotingFormatter` implementiert. `BinaryFormatter` selbst ist übrigens direkt von `Object` abgeleitet. `IFormatter` stellt dabei die beiden wichtigsten Methoden bereit:

- `Serialize (Stream serializationStream, object graph)` serialisiert einen Objektgraphen im angegebenen Stream.
- `Object Deserialize (Stream serializationStream)` rekonstruiert das ursprüngliche Objekt aus dem angegebenen Stream.

Die Verwendung beider Methoden habe ich schon im vorherigen Beispiel demonstriert. Ich möchte jedoch noch einmal darauf hinweisen, dass die von `Deserialize` zurückgelieferten Objekte mittels Cast auf den Zieltyp überführt werden müssen. `IRemotingFormatter` überschreibt diese beiden Methoden, sodass sie innerhalb von .NET Remoting verwendet werden können. Ich gehe hier nicht näher darauf ein.

Ein großer Vorteil dieses Typs ist es, dass im Serialisierungsstrom auch (voll qualifizierte) Informationen über die verwendeten Typen gespeichert werden sowie über das Assembly, in dem sich der Objektgraph befindet. `BinaryFormatter` eignet sich daher besonders gut, um Objekte über Rechnergrenzen in andere .NET-Programme zu übertragen. Das Zielobjekt wird aufgrund der gespeicherten Typinformationen zuverlässig so erstellt, wie es zuvor serialisiert war.

Serialisierungsattribute

Sie können auf den Prozess der Serialisierung Einfluss nehmen, indem Sie einzelnen Methoden Attribute zuweisen, um diese Methoden damit zu einem Teil des Serialisierungsprozesses zu machen. Die vier Attribute sind:

- `[OnDeserialized]`
  Sie können dieses Attribut verwenden, um die Werte nach dem Deserialisieren zu korrigieren, aber noch bevor der Objektgraph der aufrufenden Methode übergeben wird.
- `[OnDeserializing]`
  Verwenden Sie die dadurch ausgezeichneten Methoden, um Feldern Standardwerte zuzuweisen.
- `[OnSerialized]`
  Hiermit können Sie ein Objekt verändern, nachdem es serialisiert wurde.
- `[OnSerializing]`
  Mit einer so ausgezeichneten Methode können Sie Einfluss nehmen, bevor ein Objekt serialisiert wird.

Die dergestalt ausgezeichneten Methoden greifen jedoch nicht in die Serialisierung ein, sondern ermöglichen es, ein Objekt vor- und nach der (De-)Serialisierung zu verändern. Sie können diese Attribute Methoden jeder Vererbungshierarchie zuweisen. Das ist besonders praktisch, denn wenn eine erbende Klasse neue Member hinzufügt, so lassen sich in dieser Klasse auch gleich die nötigen Initialisierungen bzw. Korrekturen vornehmen.

Die Methoden müssen die folgende Signatur aufweisen:

```
internal void MyMethod(StreamingContext context)
{ ... }
```

Versionierung

Nun kann sich ein Objekt zwischen Serialisierung und späterer Deserialisierung natürlich verändern. Es können Felder hinzukommen, Felder verändert oder Felder gelöscht werden. Microsoft nennt den Umgang damit *Version Tolerant Serialization* (*VTS*) und meint damit, dass der Vorgang tolerant gegenüber zusätzlichen und fehlenden Daten ist. Außerdem können fehlende Daten intelligent vorbelegt werden. Gegen veränderte Daten, beispielsweise einen veränderten Datentyp, ist das System hingegen machtlos.

Zusätzliche Felder werden einfach ignoriert, wenn sie im zu deserialisierenden Datenstrom auftauchen. Das passiert immer dann, wenn eine ältere Version eines Programms eine neuere Datei einliest. Fehlende Felder können mit dem Attribut `[OptionalField]` gekennzeichnet werden. Die Angabe, ab welcher Version das Feld eingeführt wurde, ist optional und dient heute nur der Dokumentation.

```
[OptionalField(VersionAdded=2)]
public double WindSpeed;
```

Mittels der in Abschnitt 4.7.3, »BinaryFormatter«, genannten Methoden können solche Methoden dann intelligent vorbelegt werden. Ansonsten werden sie entsprechend ihrem Typ vorbelegt:

```
[OnDeserializing]
private void SetWindSpeedDefault(StreamingContext context)
{
   WindSpeed = -1;
}
```

In diesem Beispiel wird die Windgeschwindigkeit auf –1 (unbekannt) vorbelegt, um sie von 0 (kein Wind) zu unterscheiden. Ich empfehle Ihnen, keine Felder zu löschen und alle neuen Felder entsprechend zu kennzeichnen. Das gilt auch, wenn ein Feld zuvor als `[NonSerialized]` ausgezeichnet war, künftig jedoch mit serialisiert werden soll.

4.7.4 XmlSerializer

Der `XmlSerializer` ist auf Interoperabilität getrimmt. Daher werden auch keine Typinformationen mit übertragen, denn eine Gegenstelle könnte damit vermutlich nichts anfangen. Als Konsequenz daraus kann er nicht garantieren, dass Ihre serialisierten Objekte auch wirklich wieder in die Klassen der richtigen Namespaces deserialisiert werden. XML-Daten können Sie bequem über http übertragen. Außerdem sind vom `XmlSerializer` generierte Daten kompatibel zum XSD 1.0-Standard. Praktisch!

Im Gegensatz zu BinaryFormatter werden nur public-Member serialisiert. Das unterscheidet ihn übrigens vom DataContractSerializer. Außerdem müssen zu serialisierende Klassen über einen Standard-Konstruktor verfügen. Ein Vorteil dieses Serialisierers liegt in dem Maß an Kontrolle. Sie können den XML-Output in weiten Teilen anpassen, beispielsweise einen XML-Namespace angeben oder bestimmen, ob ein Member in Form eines Attributs oder eines Elements gespeichert wird.

Beispiel

Das Beispiel mit den Messwerten würde mit dem XmlSerializer umgesetzt so aussehen:

```
XmlSerializer ser = new XmlSerializer(typeof(List<EnvironmentLogEntry>));
XmlWriter writer = XmlWriter.Create("c:\\messwerte.xml");
ser.Serialize(writer, values);
```

Die Ausgabedatei ist zwar lesbar, enthält aber keine Umbrüche:

```
<?xml version="1.0" encoding="utf-8"?><ArrayOfEnvironmentLogEntry xmlns:xsi=
"http://www.w3.org/2001/XMLSchema-instance" xmlns:xsd="http://www.w3.org/2001/
XMLSchema">
<EnvironmentLogEntry><Humidity>64...
```

Das lässt sich leicht ändern, denn die XmlWriter-Klasse nimmt in einer Überladung ein XmlWriterSettings-Objekt an.

```
XmlWriterSettings settings = new XmlWriterSettings();
settings.Indent = true;
XmlWriter writer = XmlWriter.Create("c:\\messwerte.xml", settings);
```

Die Datei ist nun deutlich lesefreundlicher:

```
...
<EnvironmentLogEntry>
   <Humidity>62</Humidity>
   <DateAndTime>2010-05-19T22:03:36.6674147+02:00</DateAndTime>
</EnvironmentLogEntry>
...
```

Das Deserialisieren kehrt den Vorgang um:

```
XmlSerializer ser = new XmlSerializer(typeof(List<EnvironmentLogEntry>));
using (FileStream fs = new FileStream("c:\\messwerte.xml", FileMode.Open))
{
   values = (List<EnvironmentLogEntry>)ser.Deserialize(fs);
}
```

Auch hier ist wieder ein cast notwendig, denn `Deserialize` kennt ja nicht den Typ des zu erstellenden Objekts, und die Klasse ist auch nicht generisch.

Kontrolle über die erzeugten XML-Daten

Gelegentlich existieren für die erzeugten XML-Dateien bereits Schema- oder DTD-Dateien, die Format und Inhalt vorgeben. `XmlSerializer` lässt sich in einem solchen Fall parametrisieren, um dazu kompatible Dateien zu erstellen.

Dafür gibt es wiederum Attribute, die Sie einem Feld zuweisen können und die im `System.Xml.Serialization`-Namespace beheimatet sind. Diese Attribute besitzen noch Parameter, beispielsweise können Sie den Attribut- oder Elementnamen angeben, wenn Sie nicht möchten, dass Ihr Element bzw. Attribut so heißt wie das Feld, das es repräsentiert.

- `[XmlAttribute]`

  Wie Sie im Beispiel sehen konnten, werden normalerweise XML-Elemente erzeugt und keine XML-Attribute, um Feldwerte zu speichern. Mit diesem Attribut ändern Sie das. Ergebnis für das Feld `Temperature`:

  ```
  <EnvironmentLogEntry Temperature="0">
  ```

- `[XmlElement]`

  Es wird ein XML-Element generiert. Da dies ohnehin geschieht, wenn Sie nichts anderes angeben, ist dieses Attribut vor allem dafür da, den Elementnamen zu ändern. Beispiel:

  ```
  [XmlElement(ElementName="Celsius")]
  public double Temperature;
  ```

- `[XmlIgnore]`

  Das so ausgezeichnete Feld wird nicht serialisiert.

- `[XmlEnum]`

  Angewendet auf einem `Enum`-Wert, ändert es den generierten Elementnamen in der generierten XML-Datei.

- `[XmlRoot]`

  Damit können Sie Einfluss auf das Root-Element nehmen, indem Sie beispielsweise einen Namespace angeben.

Daneben gibt es viele weitere Attribute, um das erzeugte XML noch genauer festzulegen. Wie schön, dass dies ein Praxisbuch ist und ich Sie daher mit einer langen Liste aller möglichen Parameter verschonen kann.

Collections

Bisher haben wir den Serialisierern als Objekt eine Collection übergeben:

```
List<EnvironmentLogEntry> values = new List<EnvironmentLogEntry>();
```

Das war deshalb möglich, weil die Entwickler der .NET-Klassenbibliothek freundlicherweise bereits viele Typen mit `[Serializable]` gekennzeichnet haben. Der `XmlSerializer` wollte von uns wissen, welchen Typ wir zu serialisieren gedenken, der `BinaryFormatter` hingegen nicht.

Leider ist es aber nicht möglich, ein Objekt, das `IDictionary` implementiert, im Objektgraphen zu serialisieren. Einen solchen Versuch würde .NET zur Laufzeit mit einer Exception quittieren.

4.8 Automatische Speicherverwaltung

Ich kann mich noch gut an meine erste Begegnung mit dem automatischen Speichermanagement erinnern, damals in den Anfängen von Java. Ein Objekt zu erzeugen, ohne es anschließend wieder zerstören zu müssen, war damals noch eine abenteuerlich anmutende Idee. Und recht wohl war mir dabei nicht, ehrlich gesagt. Seit dieser Zeit hat sich die Idee der automatischen Speichverwaltung aber auf breiter Front durchgesetzt.

Der dafür zuständige *Garbage Collector* mag wie eine Wunderwaffe aussehen, er ist es aber nicht. Ein paar Kenntnisse über die Mechanismen der Speicherzuteilung und -bereinigung helfen daher, häufige Fehler zu vermeiden. Darum geht es in diesem Abschnitt.

4.8.1 Speicherzuteilung

Neue Objekte werden mit `new` erzeugt – so viel ist klar. Aus

```
SomeClass sc = new SomeClass();
```

macht der Compiler den folgenden IL-Code:

```
IL_0001:  newobj     instance void _4._8.SomeClass::.ctor()
```

Das Objekt wird in einer Speicherstruktur angelegt, die als *Managed Heap* bezeichnet wird. Diese durchgängige Speicherstruktur wird während der Startphase eines Prozesses belegt.

Der Managed Heap enthält auch einen Zeiger, der anzeigt, wo das nächste Objekt abgelegt werden soll. Zu Beginn zeigt er daher auf dessen Basisadresse. Nachdem das erste Objekt erzeugt wurde, zeigt der Zeiger auf den Speicherbereich unmittelbar hinter diesem Objekt usw., jedenfalls solange Speicherplatz vorhanden ist. Sie sehen also: Das Zuteilen von Speicher ist eine einfache (und daher schnelle) Angelegenheit, im Wesentlichen ist es das Erhöhen des Zeigers im Managed Heap.

Außerdem werden Objekte sequenziell abgelegt. Das hat gewisse Vorteile, da in vielen Fällen in C# mehrere Objekte im selben Kontext angelegt werden, beispielsweise wenn auf eine Datenbank zugegriffen oder von einer Datei gelesen werden soll. Aber was wird dort abgelegt? Verweistypen, also Objekte, Schnittstellen, Klassen, Delegate usw.

Etwas genauer genommen gibt es sogar zwei Heaps: einen Heap für kleine Objekte (<85.000 Bytes) und einen für große Objekte. Wundern Sie sich bitte nicht über die Zahl, die – wie viele solcher Zahlen zur Optimierung der Laufzeit – von Microsoft empirisch ermittelt wurde.

```
Object o = new Byte[5]
```

legt also ein Objekt auf dem kleinen Heap an,

```
Object o = new Byte[85000]
```

dagegen auf dem großen Heap. Das klingt zu einfach, um wahr zu sein – und tatsächlich, die gesamte Speicherverwaltung basiert auf einer einfachen, aber folgenreichen Annahme: Der Arbeitsspeicher ist unbegrenzt, es können also jederzeit neue Objekte hinzugefügt werden – hinter den bestehenden Objekten. Und hier kommt der Garbage Collector ins Spiel.

4.8.2 Garbage Collection

Vereinfacht gesprochen löst der *Garbage Collector* (*GC*) drei häufige Probleme früherer Zeiten, als es ihn noch nicht gab:

- Speicherleaks – Sie entstehen dadurch, dass Ressourcen zwar belegt, aber nie wieder freigegeben werden.
- Damit im Zusammenhang stehende Probleme bei der Erstellung neuer Objekte, zum Beispiel ausgehender Arbeitsspeicher.
- Zugriffsverletzungen – Sie treten auf, wenn auf Ressourcen zugegriffen wird, die nicht mehr existieren.

Ich kenne zwar Programmierer, denen es Vergnügen bereitet, ihre Ressourcen selber zu verwalten, aber im Grunde genommen lenkt es nur von der eigenen Aufgabe ab: Problemlösungen in Code zu formulieren. Oder anders ausgedrückt: Manuelle Speicherverwaltung ist fehleranfällig und langweilig, der Garbage Collector räumt unbenutzten Speicher auf dem Heap frei, sodass dieser erneut belegt werden kann.

Aber was bedeutet »unbenutzt«? Das ist die große Frage und zugleich der Kern der Algorithmen solcher Systeme. Und die ändern sich gelegentlich, so auch in der aktuellen Version 4.5 des .NET Frameworks.

Stammelemente

Jede Anwendung besitzt Stammelemente. Jedes davon verweist auf ein Objekt auf dem Managed Heap oder besitzt den Wert `null`. Das können gewöhnliche Objektzeiger sein (globale und statische), aber auch lokale Variablen und andere.

Der GC kennt diese Stammelemente, weil sie von der CLR und dem Just-in-Time-Compiler (JIT) verwaltet werden. Entscheidend ist nun, welche Objekte von den Stammobjekten erreicht werden können, egal auf welcher Ebene. Der GC muss also den Objektgraphen ermitteln.

Dabei kann es vorkommen, dass ein Objekt von keinem Stammelement mehr erreicht werden kann. Es ist dann verwaist und kann vom GC gefahrlos entfernt werden – der belegte Speicherplatz wird wieder frei. Das Objekt ist Abfall, der vom GC eingesammelt wird – daher sein Name.

Bei diesem Vorgang organisiert er den Heap um, sodass er wieder komprimiert ist und der Zeiger hinter das letzte erreichbare Objekt zeigt. Die Objektzeiger werden dabei korrigiert, sodass sie nach dem Verschieben eines Objekts wieder korrekt darauf zeigen. Der GC versucht natürlich, die Komprimierung des Heaps zu vermeiden, denn das kostet Zeit. Objekte im großen Heap (= 85.000 Byte) werden nicht komprimiert, denn das Verschieben großer Objekte wäre zu aufwendig.

Generationen

Sie vermuten bestimmt schon (zu Recht), dass ein vollständiger GC-Zyklus nicht umsonst zu haben ist. Im Gegenteil: Es gibt durchaus Anwendungen, in denen der Performance-Verlust durch Garbage Collection das vielleicht ansonsten gute Laufzeitverhalten derselben zunichtemacht.

Es gibt viele verschiedene Implementierungen eines Garbage Collectors. Der GC in .NET arbeitet mit Generationen, um das Problem in den Griff zu bekommen. Die Implementierung ist größtenteils eine Frage von Mathematik, gepaart mit Erfahrung. Sie wurde für die Version 4, erstmals seit längerem, deutlich verbessert und in der Version 4.5 weiter optimiert. Genau genommen gibt es drei Generationen: 0, 1 und 2.

Die Annahmen, die der Algorithmus dabei trifft, werden Sie vermutlich nicht verwundern:

- Kleinere Speicherbereiche des Heaps lassen sich schneller komprimieren als der gesamte Heap.

- Neu angelegte Objekte haben vermutlich eine kürzere Lebensdauer als solche, die schon eine Weile bestehen.
- Die neueren Objekte sind oft miteinander verbunden, weil sie meist im Code zusammen angelegt werden, um sie im selben Kontext zu benutzen.

Neue Objekte werden der Generation 0 zugeordnet. Wenn Objekte eine Weile (sprich GC-Zyklen) überleben, dann wandern sie weiter zu Generation 1 und 2. Sie sind dann bereits langlebiger. Überleben heißt hier, dass sie vom Programm noch benötigt werden, während ein GC-Zyklus stattfindet, also nicht beseitigt werden können.

Das Ganze macht natürlich nur Sinn, wenn der GC in seiner Sammelleidenschaft die Generationen berücksichtigt und häufiger einen Generation-0-Zyklus auslöst als einen Generation-2-Zyklus. Das macht Sinn, denn die zweite Annahme lautet etwas anders formuliert: Bei einem GC-Zyklus ist es recht wahrscheinlich, dass einige der Generation-0-Objekte nicht mehr benötigt werden – und diese Objekte wurden ja erst vor kurzer Zeit erzeugt. Der Zeitbedarf nimmt für jede Generation sprunghaft zu:

- Generation 0: etwa 1/10 ms
- Generation 1: etwa 1 ms (also 10x so viel wie Generation 0)
- Generation 2: stark abhängig von der Größe, etwa 160 ms für 20 MB Heapgröße

Bleibt noch eine Frage nach dem Zeitpunkt eines Zyklus. Generation-0-Objekte werden bereinigt, wenn kein freier Speicherplatz mehr für solche Objekte vorhanden ist. Wie viel Speicherplatz .NET den Generationen zuweist, entscheidet das Laufzeitsystem durch sein selbstlernendes Verhalten. Idealerweise bemisst er den Platz für Generation 0 so, dass der gesamte Speicher in den Level-2-Cache der CPU passt. Der GC-Zyklus kann dort sehr schnell ausgeführt werden.

Nehmen wir nun an, ein neues Objekt kann nicht mehr erzeugt werden, weil kein Generation-0-Speicherplatz mehr zur Verfügung steht. Der GC verrichtet seine Arbeit und bereinigt alle Generation-0-Objekte, die nicht mehr benötigt werden. Danach komprimiert er die Objekte, die weiterhin im Zugriff sind, und rückt sie eine Generation weiter. Solche Objekte müssen also beim nächsten Generation-0-Zyklus nicht mehr betrachtet werden. Der freigeräumte Generation-0-Platz kann für die Erzeugung neuer Objekte verwendet werden, die dann ebenfalls wieder der Generation 0 zugeordnet werden.

Die Komprimierung vermeidet eine Fragmentierung des Heaps und ermöglicht die (ursprünglich naive) Vorgehensweise bei der Objekterzeugung. Und naiv bedeutet hier: schnell. Eine Phase schneller Objekterzeugung (bis zu einem GC-Zyklus) steht also gegen den Aufwand für den Garbage Collector.

Von Zeit zu Zeit werden natürlich auch Generation-1- und Generation-2-Zyklen absolviert, wieder abhängig vom verwendeten Speicherplatz dieser Generationen. In Abbildung 4.17 ist das nochmals grafisch verdeutlicht.

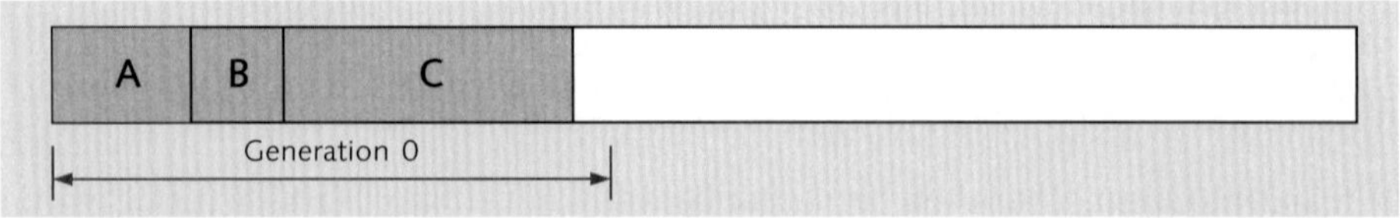

Abbildung 4.17 Kein freier Platz mehr für Objekt D

Zu Beginn einer Anwendung werden die Objekte sequenziell im Arbeitsspeicher abgelegt. So lange jedenfalls, bis der Speicherplatz für Generation-0-Objekte erschöpft ist. Die unterschiedlich großen Blöcke kennzeichnen hier unterschiedlich große Objekte auf dem Heap.

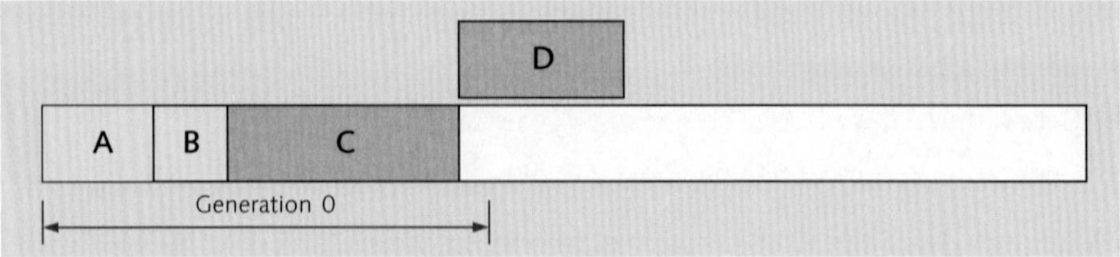

Abbildung 4.18 Versuch, ein neues Objekt (D) zu erzeugen

Jetzt soll Objekt D erzeugt werden. Der freie Speicherplatz für Generation-0-Objekte dafür genügt nicht mehr, wie an der Grafik zu erkennen ist. Das ist das Zeichen für den GC, zu starten. Gleichzeitig sind aber Objekte A und B nicht mehr zugreifbar, das bedeutet, sie können vom GC beseitigt werden.

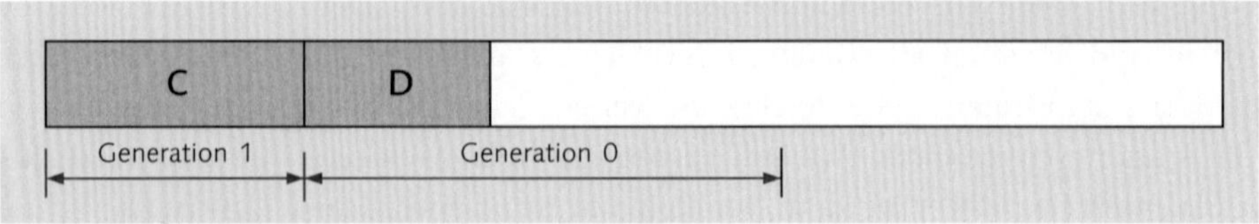

Abbildung 4.19 Der Heap nach einem GC-0-Zyklus

Der GC gibt den Speicherplatz für die Objekte A und B frei und komprimiert den Speicher. Das nach wie vor zugreifbare Objekt C wird nun um eine Generation nach oben verschoben (Generation 1), und das neu zu erzeugende Objekt D ist das erste Objekt, das nun wieder in Generation 0 liegt. Es kann jetzt von Neuem damit begonnen werden, den freien Speicherplatz der Generation 0 zu füllen.

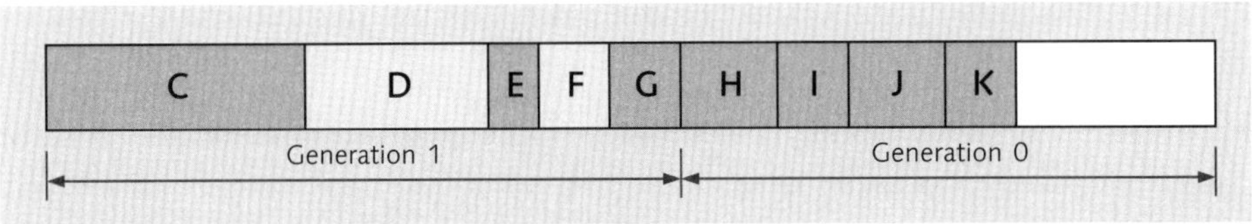

Abbildung 4.20 Der Heap im weiteren Verlauf

Über die Zeit werden auch einige Objekte der Generation 1 nicht mehr benötigt, sodass sich ein GC-1-Zyklus lohnt, an dessen Ende der Heap so aussieht wie in Abbildung 4.21.

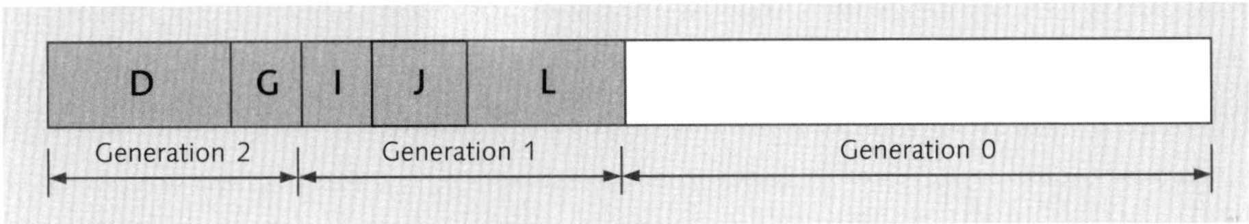

Abbildung 4.21 Der Heap am Ende des GC-1-Zyklus

Sie können erkennen: Am Ende eines GC-Zyklus ist der Speicherplatz für Generation-0-Objekte immer leer. Sie wurden entweder vom GC gelöscht, oder aber sie waren noch im Zugriff und wurden daher der nächsten Generation zugeordnet.

Zum Schluss noch eine Besonderheit: Wir hatten bereits über den »speziellen Speicherbereich« für große Objekte gesprochen. Solche Objekte werden unabhängig von ihrer Lebensdauer der Generation 2 zugeordnet.

Den Garbage Collector programmieren

Die statische Klasse `System.GC` ermöglicht (ein wenig) Kontrolle über den GC-Prozess. Zunächst einmal können Sie einen GC-Zyklus manuell starten:

```
GC.Collect(2);
```

Dieser Befehl ist synonym mit:

```
GC.Collect();
```

Er führt eine Garbage Collection für die Generation 2, 1 und 0 durch. Alternativ können Sie den GC anweisen, nur die Generation 1 und 0 zu bereinigen:

```
GC.Collect(1);
```

Generation 0:

```
GC.Collect(0);
```

Die zweite Überladung von `Collect` nimmt einen Wert aus der Auflistung `GCCollectionMode` entgegen:

- `Default`: Dies ist der Standard, wenn kein Wert angegeben wurde und entspricht derzeit auch der Option `Forced`.
- `Forced`: Der GC-Zyklus wird in jedem Fall ausgelöst.
- `Optimized`: Der GC-Zyklus wird nur ausgelöst, wenn die CLR darin einen Sinn erkennt, durch Freigabe von Speicher und Beseitigung von Speicherfragmentierung.

Neu in .NET 4.5 ist, dass sowohl die Server- als auch die Workstation-Variante standardmäßig im Hintergrund aktiv wird, soweit möglich. Der dritte Parameter, `blocking`, tut dies im Vordergrund, blockiert also den Usercode, wenn er mit `true` angegeben wurde.

Im Wesentlichen erläutere ich Ihnen diese Methode, weil sie meist fälschlicherweise eingesetzt wird. Für gewöhnlich sollten Sie sie nicht verwenden und darauf vertrauen, dass der GC den für Sie optimalen Weg findet.

Eine Ausnahme könnte sein, wenn Sie (beispielsweise in einer Windows-Form) eine viele große Objekte erzeugen, die alle beim Schließen der Form zu Abfall werden. Der GC-Algorithmus kann diesen Zustand erst einmal nicht erkennen und kann daher eine unvorteilhafte Annahme für die Zukunft treffen. Sie können die aktuelle Generation eines Objekts auch ermitteln, indem Sie `GetGeneration` dafür aufrufen:

```
int generation = GC.GetGeneration(someObject);
```

Das Ergebnis wird 0, 1 oder 2 sein – je nach Generation.

```
GC.Collect();
GC.WaitForPendingFinalizer();
```

hält den aufrufenden Thread so lange an, bis die `Finalizer`-Warteschlange abgearbeitet wurde. Danach wurde also die `Finalizer`-Methode für alle Objekte aufgerufen, die durch den GC-Zyklus bereinigt wurden.

GC-Modi

Der Garbage Collector kommt in zwei Modi daher:

- Der *Workstation-Modus* kommt, wie der Name sagt, auf Workstations zum Einsatz, die gewöhnliche Client-Software ausführen. Verzögerungen durch GC-Zyklen zu vermeiden, hat dort eine höhere Priorität als Speicherverbrauch und Effizienz.
- Für den *Server-Modus* hat der Durchsatz hat hier höchste Priorität, um möglichst viele Client-Anfragen bedienen zu können, auch wenn es dadurch zu kleineren Verzögerungen kommen mag. Er skaliert besser, indem er jedem Kern einen eige-

nen Thread zuweist und den Job damit parallelisiert. Die Fragmentierung des Arbeitsspeichers ist hier durch die große Anzahl eingehender Anfragen viel höher.

Die Wahl des Garbage Collectors können Sie in der Konfiguration vorgeben:

```
<configuration>
   <runtime>
      <gcServer enabled="true" />
   </runtime>
</configuration>
```

Damit schalten Sie den Server-Modus für den Garbage Collector ein. Ob die Einstellung funktioniert hat, können Sie zur Laufzeit feststellen (Namespace `System.Runtime`):

```
bool isServerGC = GCSettings.IsServerGC;
```

Seit .NET 4.5 können auch Objekte auf dem Heap abgelegt werden, die größer als 2 GB sein, was in der Praxis meist umfangreiche Arrays sind. Das funktioniert naturgemäß nur auf 64-bit-Systemen und lässt sich ebenfalls in der *App.config* der Anwendung einstellen:

```
<runtime>
  <gcAllowVeryLargeObjects enabled="true" />
</runtime>
```

Anschließend müssen Sie die Anwendung noch für x64-Systeme bauen, weil sie damit ja nicht mehr auf 32-bit-Systemen lauffähig ist, da sonst eine Zeile wie diese eine `OutOfMemoryException` auslösen würde:

```
var largeArray = new Object[1000000000]; //ca. 8 GB großes Objekt
```

4.8.3 Finalisierung

Wenn ein Objekt vom GC beseitigt wird, dann wird vorher die `Finalizer`-Methode aufgerufen, sofern das Objekt eine besitzt.

Finalizer

Finalizer wurden eingeführt, um, gewissermaßen als letzte Aktion eines Objekts, wichtige Aufräumarbeiten zu leisten – und ich meine hier die wirklich *wichtigen* Aufräumarbeiten. Den wichtigsten Grund stellen belegte Ressourcen des Betriebssystems dar, das ja unverwaltet ist. Ein klassisches Beispiel ist hier der Dateizugriff über `FileStream`, der dazu eine unverwaltete Ressource verwendet. Alle CLR-Objekte, die dies tun, implementieren bereits eine `Finalizer`-Methode.

Ein Finalizer ist also nicht für die Zerstörung eines Objekts zuständig, das übernimmt der Garbage Collector, sondern für die kontrollierte Freigabe von Ressourcen. Das ist ein wesentlicher Unterschied zu Destruktoren in C++. Bedauerlicherweise hat sich der Begriff *Destruktor* auch für C# eingebürgert. Ich spreche hingegen lieber von `Finalizer`-Methoden, um solche Verwechslungen mit Programmiersprachen ohne GC zu vermeiden. `Finalizer`-Methoden werden aufgerufen bei:

- GC-Zyklen (meist der Generation 0, die am häufigsten auftreten)
- Beenden des Prozesses oder Entladen einer AppDomain
- explizitem Auslösen einer Garbage Collection durch `GC.Collect`

Bereits `System.Object` enthält eine solche Methode, und hinter den Kulissen wird neben der `Finalizer`-Methode des Objekts auch die der Oberklasse aufgerufen. Die `Finalizer`-Methode wird übrigens intern in einen `try`-Block eingebettet, denn der Finalizer ist der letzte Ort, an dem wir eine Exception gebrauchen können. Eine `Finalizer`-Methode lässt sich so einfach erstellen wie ein Konstruktor:

```
public class SomeClass
{
   ~SomeClass()
   {
      // ... Hier wird aufgeräumt ...//
   }
}
```

Listing 4.34 Finalizer-Methode erstellen

Wenn Sie nur auf verwaltete Ressourcen zugreifen, dann sollten Sie auf `Finalizer`-Methoden verzichten.

Dispose

Die `Finalizer`-Methode eines Objekts kann nicht direkt für das Objekt aufgerufen werden. Nur der Garbage Collector führt sie aus. Nun gibt es aber Fälle, in denen man Ressourcen kontrolliert freigeben möchte und ohne warten zu müssen, bis der GC das Objekt beseitigt und im Zuge dessen die Ressourcen in der `Finalizer`-Methode freigibt.

Das ist beispielsweise nützlich, wenn ein Objekt eine besonders wertvolle Ressource verwendet, die sie sofort nach Gebrauch wieder freigeben möchte. Dafür ist `Dispose` gedacht. Wir sprechen dann davon, das `Dispose`-Pattern zu implementieren. Und so sieht `SomeClass` aus, nachdem das `Dispose`-Pattern korrekt implementiert wurde:

```
public class SomeClass : IDisposable
{
   //Finalizer-Methode
   ~SomeClass()
   {
      Dispose(false);
   }

   //Methode aus IDisposable
   public void Dispose()
   {
      Dispose(true);
      GC.SuppressFinalize(this);
   }

   //Explizit Dispose aufgerufen, kein GC
   protected virtual void Dispose(bool disposing)
   {
      if (disposing)
      {
         //Sicherer Zugriff auf verwaltete Ressourcen
      }
      //Sicherer Zugriff auf unverwaltete Ressourcen
   }
}
```

Listing 4.35 SomeClass mit implementiertem Dispose-Pattern

Das sieht unnötig kompliziert aus. Kompliziert ja, unnötig nein. Sehen wir uns die Funktionsweise im Detail an. Die Schnittstelle `IDisposable` erfordert nur eine Methode mit Namen `Dispose`, die ohne Parameter ist.

```
public interface IDisposable
{
   void Dispose();
}
```

Wird diese Methode explizit aufgerufen, dann erhält die zweite `Dispose`-Methode `true` als Parameter. In dieser zweiten `Dispose`-Methode findet die Aufräumarbeit statt.

Das `if`-Statement prüft, ob dem so ist, denn dann kann innerhalb des `if`-Blocks sicher auf das Objekt zugegriffen werden – es befindet sich ja noch im Speicher. Das Objekt selbst wird vom GC zu einem späteren Zeitpunkt zerstört.

`Dispose` wird aber auch vom Finalizer aufgerufen, dann mit `false` als Übergabeparameter. Das bedeutet nichts anderes, als dass ein GC-Zyklus das Objekt beseitigen möchte und zu diesem Zwecke die Ressourcen freigegeben werden sollen. Das kann beispielsweise dann der Fall sein, wenn der Prozess beendet wird. Nimmt `disposing` also den Wert `false` an, dann sollten Sie darauf verzichten, dort auf (verwaltete) Objekte zuzugreifen – wer weiß, ob für sie nicht bereits die `Finalizer`-Methode aufgerufen wurde.

`GC.SuppressFinalize` verhindert übrigens, dass die Ressourcen zweimal freigegeben werden, denn wenn `Dispose` bereits durch Sie im Code aufgerufen wurde, dann ist es überflüssig, sie ein zweites Mal durch einen `Finalizer` aufzurufen zu lassen. Sie sehen also: Das Dispose-Pattern sollte genau so implementiert werden und für gewöhnlich nicht anders.

Es gibt noch drei Empfehlungen, die Sie ebenfalls berücksichtigen sollten:

- Wenn Ihre Klasse Objekte enthält (in Form von Member-Variablen), die `Dispose` ebenfalls unterstützen, dann sollten Sie bei einem `Dispose` der übergeordneten Klasse die `Dispose`-Methoden dieser Objekte zusätzlich aufrufen.
- Nach einem `Dispose` sollten Sie verhindern, dass auf das Objekt zugegriffen werden kann wie zuvor, denn die Ressourcen stehen ja nicht länger zur Verfügung. Lösen Sie dann beispielsweise eine `ObjectDisposedException` aus.
- Gestatten Sie es, dass `Dispose` mehrfach aufgerufen werden kann, wobei alle Aufrufe nach dem ersten natürlich keine Wirkung mehr haben können, da die Ressourcen bereits freigegeben wurden.

Lassen Sie mich bitte noch einmal darauf hinweisen: `Dispose` gibt lediglich Ressourcen frei, deterministisch, wann Sie es aufrufen. Das Objekt selbst kann nur durch den GC freigegeben werden. Es bleibt also so lange auf dem Heap, bis es durch kein Stammelement mehr aufgefunden werden kann und bis ein GC-Zyklus stattgefunden hat.

Ein Aufruf von `Dispose` gehört übrigens immer in einen `finally`-Block. Oder aber Sie verwenden die `using`-Anweisung, die dasselbe tut – mit weniger Schreibaufwand.

4.8.4 Monitoring

Wozu das Ganze? Nun, einerseits sollen Fehler durch zu späte, zu frühe oder allgemein falsche Freigaben von Ressourcen vermieden werden. Andererseits sollte klar geworden sein, dass der Garbage Collector ein Kompromiss ist, wie jede Technologie. Ein sicherlich guter Kompromiss, der über die Zeit hinweg immer weiter optimiert wurde, aber eben doch ein Kompromiss. Das Identifizieren von nicht-zugreifbaren Objekten, der Aufruf der `Finalizer`-Methoden sowie die Komprimierung des Heaps kosten Zeit.

Aber wie viel Zeit? Um diese Frage näherungsweise zu beantworten, steht die Leistungsüberwachung zur Verfügung, die Sie in der Systemsteuerung (unter VERWALTUNG) finden. Dort stehen Ihnen unter der Kategorie .NET CLR-SPEICHER zahlreiche Leistungsindikatoren zur Verfügung, wie Sie in Abbildung 4.22 sehen.

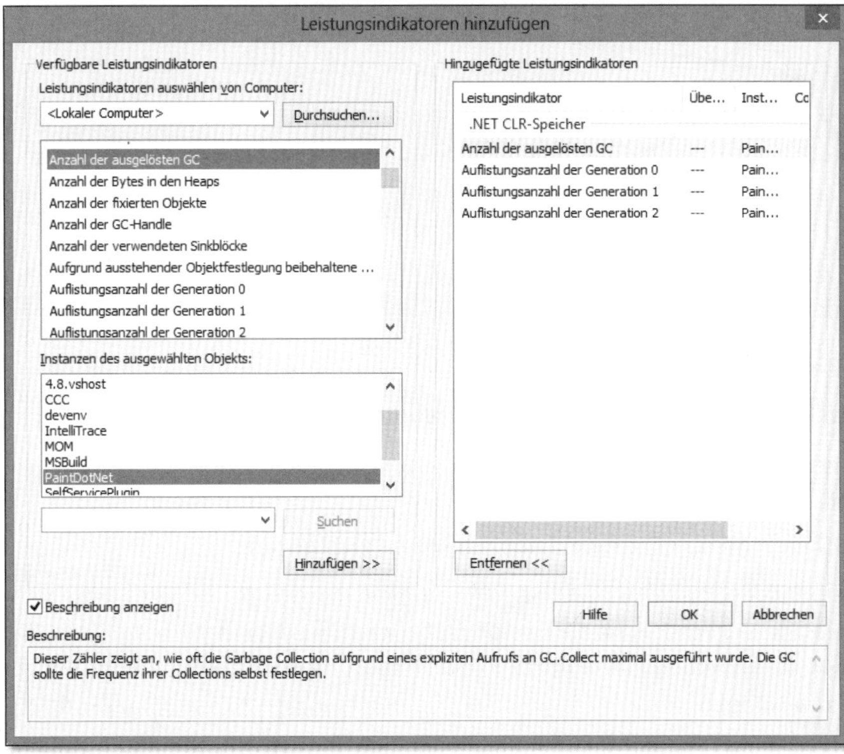

Abbildung 4.22 Leistungsindikatoren

Unter anderem sind dies:

- die Anzahl der durchgeführten GC-Zyklen gesamt und pro Generation
- die Größe der jeweiligen Generation auf dem Heap
- der Anteil des GC an der Gesamtrechenzeit

Nach einer Weile Arbeit mit *Paint.NET*, einem freien und komfortablen Grafikprogramm, zeichnet sich das in Abbildung 4.23 dargestellte Bild ab.

Man sieht sehr deutlich, wie mit der Zeit der Speicherdruck immer zunimmt, sprungartig immer dann, wenn Bilder geladen werden. Wenn Sie sich über das Laufzeitverhalten einer Anwendung unsicher sind, dann empfiehlt sich also ein Blick auf die Leistungsüberwachung. Vielleicht nimmt der GC-Prozess über Gebühr viel Leistung in Anspruch. Das ist dann die Basis für die Entscheidung, ob Sie lieber den Workstation- oder den Server-Garbage-Collector verwenden möchten.

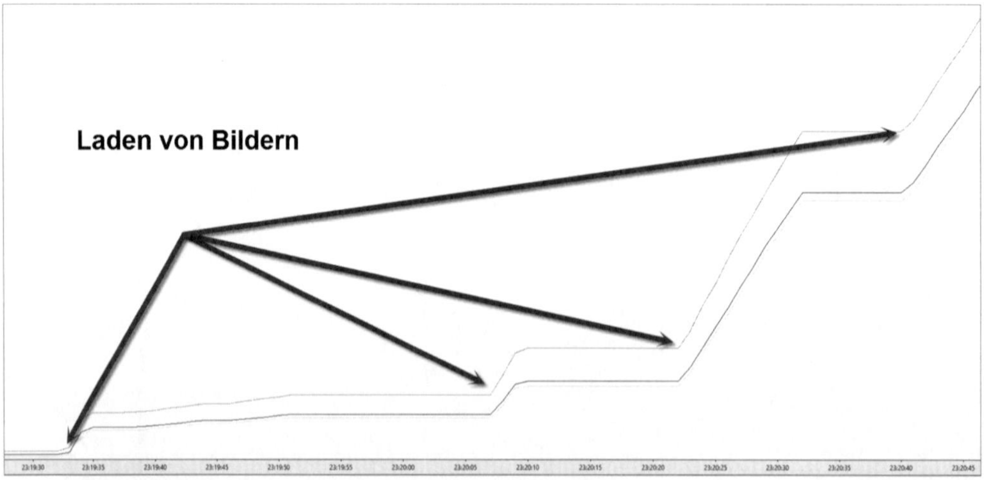

Abbildung 4.23 Leistungsdiagramm Garbage Collection

Zum Schluss noch einige allgemeine Empfehlungen:

- Vermeiden Sie es, allzu viele Objekte zu erzeugen, vor allem dann, wenn Sie sie jeweils nur sehr kurze Zeit benötigen.
- Insbesondere komplexe Objektgraphen kosten viel Leistung.
- Vermeiden Sie nach Möglichkeit große Objekte.
- Wie gesagt: Verwenden Sie die Leistungsüberwachung oder (noch besser) ein Profiling-Tool, um einen Eindruck über den Leistungsverlust durch Garbage Collection zu gewinnen.
- Verwenden Sie das `Dispose`-Pattern, wenn Sie kostbare Ressourcen in Ihren Anwendungen verwalten.
- Halten Sie Ihre `Dispose`- und `Finalizer`-Methode kurz.
- Vertrauen Sie dem GC-Mechanismus, und greifen Sie nur ein, wenn es dafür einen guten Grund gibt.

Kapitel 5
Professionell codieren

Ordnung führt zu allen Tugenden.
Was aber führt zur Ordnung?
(Georg Christoph Lichtenberg)

Was zeichnet einen perfekten Entwickler aus? Er beherrscht sein Handwerkszeug, mehrere Programmiersprachen, diverse Technologien und kann diese aus Erfahrung sicher in Projekten einsetzen. Er ist gründlich und genau, ohne sich zu verzetteln. Er codiert effizient und kennt alle wichtigen Tools, die ihm Zeit sparen helfen und die Codequalität erhöhen. Natürlich ist er auch sonst auf der Höhe der Zeit, bildet sich regelmäßig weiter und ist in Fragen der Softwarearchitektur genauso zuhause wie in den Details der Implementierung. Dokumentation ist für ihn Ehrensache, und er schreibt Tests ebenso gerne wie Code. Er kennt auch die fachliche Seite und kann sich mit seinen Kollegen aus den Fachabteilungen verständlich austauschen, er ist gewissermaßen ein Mittler zwischen den Welten und bringt die fachlichen Anforderungen mit den technischen Erfordernissen zusammen. Und er gibt erst Ruhe, wenn seine Anwender zufrieden mit seiner Arbeit sind. Sollten diese regelrecht begeistert sein, dann zaubert das ein Lächeln auf sein Gesicht.

Das sei ein wenig viel für einen einzelnen Menschen? Da haben Sie vermutlich recht, wenn Sie aber dennoch so jemanden kennen, dann wissen Sie ja, wie Sie mich erreichen.

Diese Beschreibung ergänze ich seit einigen Jahren um einen weiteren Punkt: Er (und natürlich auch sie) kann sauberen, gut strukturierten Codeschreiben. Das klingt zunächst nach einer Selbstverständlichkeit. Aber halt – denken Sie bitte ein wenig darüber nach.

Die meisten Entwickler haben sich über die Jahre einen Programmierstil angeeignet, von dem sie überzeugt sind, es sei der einzig richtige, während andere das natürlich völlig anders sehen. Das fängt an bei der Angewohnheit, jeder privaten Variablen ein `tmp` voranzustellen und hört vielleicht damit auf, Parameter, die `null` annehmen können, an das Ende der Parameterliste zu setzen. Dazwischen gibt es unzählige Entscheidungen für oder gegen eine bestimmte Codierungsrichtlinie. Manchmal werden sie bewusst getroffen, eben aus dem eigenen Stil heraus, manchmal entscheidet aber auch Faktor Zufall, und allzu oft können wir gar nicht genau erklären, warum wir etwas so tun, wie wir es eben tun.

Das nimmt eigentlich nicht Wunder, denn die praktischen Fragen der Codierung bleiben in Forschung und Lehre allzu oft außen vor. Natürlich, jedem angehenden Entwickler wird erzählt, er solle seine Variablen doch selbstsprechend benennen und statt `i` lieber `documentCounter` schreiben. Aber das reicht nicht, um wirklich lesbaren, wartbaren und zwischen Entwicklern austauschbaren Code zu erzeugen. Ein Entwickler könnte ja auch schreiben `dokumentZähler`, oder `dokumentZaehler`, `document_counter` und `m_documentCounter`.

Mit solchen praktischen Fragen beschäftigt sich dieses Kapitel. Es geht daneben noch den Fragen nach, wie der eigene Code gut formatiert werden kann, wie nützliche Kommentare aussehen sollten oder wie die eigene Klassenhierarchie aufgebaut werden kann.

Aus meiner Arbeit mit Auszubildenden kenne ich das: Was am Anfang falsch gemacht wurde, ist später doppelt schwer abzustellen. Und da liegt das Problem: Lernende sind gerade anfangs doch vor allem damit beschäftigt, die Technologien zu erlernen, unzählige APIs warten auf deren Erkundung, und zu jedem Ziel führen 5 Wege, meistens mehr, natürlich alle mit ihren individuellen Vor- und Nachteilen. Da ist es erst einmal zweitrangig, wie eine Variable benannt wird, ob lieber ein Feld oder eine Eigenschaft benutzt wird, wie viele Parameter eine Methode hat oder wann man einer abstrakten Klasse den Vorzug vor Schnittstellen geben soll.

Wie häufig in technischen Bereichen ist es viel wichtiger, etwas einheitlich und durchdacht zu tun, als sich in den Feinheiten des Für und Wider zu verfangen. Anstelle unumstößlicher Regeln finden Sie hier Vorschläge und Anregungen, um Ihre eigene Praxis auf den Prüfstand zu stellen. Und anstelle einer gelehrsamen Dissertation finden Sie zahlreiche Beispiele aus der Praxis.

5.1 Was ist sauber und strukturiert?

Über diese Frage erzürnen sich viele Gemüter. Dabei ist es gar nicht so schwer, sie zu beantworten, jedenfalls wenn wir (vorerst) auf einer abstrakteren Ebene bleiben. Denn die grundlegenden Eigenschaften guten Codes sind leicht zu erklären und auch leicht auszumachen. Doch vorher werfen wir einen Blick auf die grundlegenden Probleme, die guten Code in der Praxis häufig verhindern.

5.1.1 Die grundlegenden Probleme

Wenn man Entwickler auf ihren schlechten Code anspricht, dann ist es keineswegs immer so, dass sie das nicht bereits selbst wüssten. Oft gibt es gute Gründe dafür, dass sie es wider besseres Wissen so tun, wie sie es tun.

Der Termin

Der Termin hängt meist als Damoklesschwert über dem Code. Viele Entwickler fühlen sich permanent gehetzt, von einem zum nächsten Projekt. Die Muster gleichen sich. Erst gestern habe ich einen ehemaligen Auszubildenden getroffen. Auf die Frage nach Dokumentation und sauberem Codieren antwortete er, wie viele andere auch, dafür wäre gar keine Zeit da. Oder in Anlehnung an eine alte Fußballweisheit: Nach dem Projekt ist vor dem Projekt.

Spricht man die Verantwortlichen an, so wird schnell klar: Niemand, wirklich niemand, möchte schlechten Code haben. Dass Manager dennoch oft unrealistisch enge Ziele stecken, liegt aber häufig daran, dass sie einfach nicht verstehen, was den Entwickler bewegt. Denn während der Manager von time-to-market spricht, redet der Entwickler von einer gut durchdachten Klassenstruktur. Und wenn der Manager von Investitionen spricht, so meint er damit Geld, der Entwickler aber häufig Zeit für ein Redesign. Am Anfang steht also erst einmal ein gemeinsames Verständnis für das Problem, und das beginnt häufig mit mehr Zeit. Hier nun meine besten Tipps, wie Sie mehr Zeit für besseren Code heraushandeln:

- Sprechen Sie die Sprache der Entscheider, vermeiden Sie technischen Jargon, verwenden Sie Vergleiche, die Manager aus ihrem Alltag kennen (auch wenn sie nicht perfekt passen, das tun sie nie; es geht darum, Ihr Anliegen begreifbar zu machen).
- Bieten Sie immer eine Alternative, und sorgen Sie dafür, dass diese verlockend ist.
- Erwecken Sie nicht den Eindruck, dass Sie bezahlt werden wollen, ohne konkreten Nutzen zu stiften. Vermeiden Sie Begriffe wie Redesign oder Refactoring. Beschreiben Sie stattdessen lieber, was das Unternehmen dadurch mittel- und langfristig gewinnt und wie sich die Anstrengungen später auszahlen.
- Wenn möglich, präsentieren Sie Zahlen und Grafiken. Vermeiden Sie es, Ihrem Bauchgefühl Ausdruck zu verleihen.
- Machen Sie aber wenigstens klar, was Sie genau fordern, wenn belastbare Zahlen fehlen – zum Beispiel: »Bevor wir die nächste Version in Angriff nehmen können, benötigen wir insgesamt sechs Wochen, um das Schnittstellensystem auf neue Beine zu stellen. Dadurch können wir künftig viel leichter neue Systeme anbinden und so flexibler auf Kundenanforderungen reagieren«.
- Sprechen Sie die Folgekosten an, die ein schlechter Code sicher verursachen wird. (»Wenn wir das jetzt nicht machen, dann investieren wir bei jedem neuen Release ein bis zwei zusätzliche Tage für das Deployment und gehen das Risiko ein, dass wir unseren Kunden ein System ausliefern, das nicht auf Anhieb funktioniert ...«)
- Manchmal hilft es auch, Probleme zu notieren, um sich später auf sie beziehen zu können.
- Seien Sie verbindlich, und halten Sie Zusagen im Anschluss auch ein.

Oft ist zu lesen, dass es keinen zeitlichen Unterschied macht, gut oder schlecht geschriebenen Code auszuliefern. Das halte ich für Humbug, jedenfalls bei den meisten Gründen für schlechten Code. Was zählt, ist häufig der kurzfristige Erfolg, der nächste Termin. Und schlechtem Code haftet häufig ein besonders wichtiges Merkmal an: Er enthält oft viele Abkürzungen, die schneller zum Ziel führen. Richtig ist aber auch: Mittel- und langfristig betrachtet ist das Gegenteil der Fall. Guter Code spart Zeit, erhöht die Kundenzufriedenheit, reduziert die Abhängigkeit des Unternehmers und ermöglicht eine bessere Integration neuer Funktionen. Es kommt also immer auf die (zeitliche) Perspektive an – und natürlich darauf, in beide Richtungen nicht zu übertreiben.

Die Gewohnheit

Ich kann mich noch an einen Entwickler erinnern, der die Datenbankspalten von Tabellen immer in der Reihenfolge des Alphabets anlegte. Die anderen taten das nicht, und so fluchen alle Beteiligten noch heute darüber, wenn sie Tabellenfelder im SQL-Management-Studio suchen müssen.

Dennoch haben viele Gewohnheiten ihren (richtigen) Sinn. Das Problem dabei ist, dass in einem Team von zehn Entwicklern jeder Einzelne seine Gewohnheiten in ein Projekt einbringt. Sie werden dabei selten, oder – häufiger – gar nicht mehr hinterfragt. Was lässt sich dagegen tun?

- Fragen Sie nach, warum ein Kollege die Sache so und nicht anders macht. Vielleicht hat er ja gute Gründe, die Ihnen heute nur noch nicht bekannt sind, vielleicht nicht, dann wäre das eine gute Gelegenheit für eine belebende Diskussion.
- Stellen Sie Ihre eigenen Gewohnheiten immer wieder auf den Prüfstand.
- Akzeptieren Sie, dass ein einheitlicher Programmierstil oft wichtiger ist als das Beibehalten individueller Vorlieben.
- Studieren Sie Quellcode aus anerkannt gut gemachten Open-Source-Produkten.
- Seien Sie nie zufrieden mit Ihrem Programmierstil.
- Verlangen Sie für wichtige Implementierungsentscheidungen schriftlich formulierte Grundsätze.

Die Ausbildung

Ich hatte es schon erwähnt, das Thema Codierung kommt in der Ausbildung einfach viel zu kurz, oder es wird überhaupt nicht angeschnitten. Ich halte das für einen gewaltigen Fehler. Die Syntax und die Verwendung einer Klasse aus dem .NET Framework kann man nachlesen, einen sauberen Programmierstil hingegen nicht, oder jedenfalls viel schwerer. Sobald erst einmal die ersten paar tausend Zeilen Code geschrieben sind, schlägt unbarmherzig die Gewohnheit zu.

Dabei wäre es gerade Aufgabe der Ausbildungsbetriebe, der Fachschulen und Universitäten, nicht nur Wissen, sondern Fertigkeiten zu vermitteln. Erst durch die praktische Anwendung wird aus Wissen schließlich etwas Brauchbares, Anwendbares.

5.1.2 Was zeichnet guten Code aus?

Über Schönheit lässt sich bekanntlich nicht streiten. Recht so, vor allem über schönen Code. Wir erkennen ihn, wenn wir ihn vor uns sehen. Allerdings, auch das ist wahr, erkennen wir schlecht gemachten Code noch viel leichter. Das heißt aber leider nicht, dass dies schon ausreichend wäre, um selbst guten Code zu schreiben. Ein wenig soll ja dieses Kapitel auch dazu beitragen. Hier nun die wesentlichen Merkmale:

Lesbarkeit

Guter Code ist gut lesbar, jedenfalls für denjenigen, der Syntax und Technologie einigermaßen beherrscht. Richtig guter Code macht bereits Freude beim Lesen. Man erkennt die Bauteile des Codes, aber auch das Ganze und kann sich aus den Bezeichnungen schon vieles über die Funktionsweise ableiten.

Man erkennt, dass alles seinen richtigen Platz hat. Das beginnt bei der Struktur der Projektmappe und endet mit den Kommentaren im Code. Eine gute Struktur an sich ist die wohl wichtigste Forderung an einen guten Code.

Eleganz

Guter Code ist elegant und effizient. In der Physik gibt es den dort sehr wichtigen Begriff der Entropie als Maß der Unordnung in einem System. Guter Code hat sozusagen eine besonders niedrige Entropie, versinkt also nicht im Chaos, sondern ist wohlgeordnet. Unelegant sind vermeidbare Klimmzüge, manchmal verursacht durch Unkenntnis der Werkzeuge und der Sprache, manchmal aber auch durch den Unwillen, sich eine elegantere Lösung auszudenken und oft durch fehlende Zeit.

Effizienz ist eine Eigenschaft, die eng mit Eleganz zusammenhängt. LINQ ist so ein Beispiel. Das ist eine Technologie, die den Zugriff auf Daten innerhalb von Anwendungen um Größenordnungen eleganter und effizienter gemacht hat. Zu viel Effizienz kann aber auch Auswirkungen auf die Lesbarkeit haben, alte C-Profis wissen davon ein Lied zu singen.

Wartbarkeit

Was lesbar und elegant ist, ist oft auch gut wartbar. Wartbarkeit umfasst aber noch weitere Dinge, wie eine gute Kommentierung des Codes, eine durchdachte Struktur der Anwendung und die Vorwegnahme von Änderungen bereits beim Design, zum Beispiel durch den Einsatz von Schnittstellen und/oder Basisklassen.

Wartbarkeit hat noch einen zweiten Aspekt: Auch code-fremde Entwickler sollten eine Anwendung warten können. Naturgegeben gibt es hier gelegentlich Interessenskonflikte zwischen dem Unternehmen und dem Autor einer Anwendung.

Manchmal unterscheidet man auch zwischen der Wartbarkeit im engeren Sinne und der *Evolvierbarkeit*, also der Fähigkeit, die Software grundlegend erweitern zu können. Dann gilt das Gesagte selbstredend für beides.

Testbarkeit

Ein Frühindikator für schlechten Code ist oft mangelhafte Testbarkeit. Was nicht gut programmiert ist, lässt sich eben auch schlecht testen. Das ist nicht immer so, aber doch häufig.

Das ist auch bei kommerziellen Produkten so. WCF, zum Beispiel, ist eine tolle Technologie, aber einfach zu testen ist sie nicht. Und so ist eines der Grundprinzipien der Web API, einer alternativen Technologie, genau das zu leisten.

Je code-näher die Tests sind, desto eher rächt sich Chaos im Code. Man könnte es auch anders sehen: Ohne Tests kann ein Code nicht sauber sein. Jedenfalls ist das dann der Fall, wenn die Tests elementar für die Funktionsfähigkeit einer Anwendung sind.

Minimalismus

In gutem Code finden sich wenig bis gar keine Code-Duplikate, er ist also frei von oder arm an Redundanz. In einer größeren Anwendung ist das viel schwieriger zu erreichen als gemeinhin angenommen. Größere Unternehmen unterhalten oft eigene Code Repositories mit spezialisierten Suchwerkzeugen, um doppelten Code zu verhindern, und Visual Studio 2012 besitzt ebenfalls Funktionen dafür.

Über Eleganz und Effizienz war schon zu lesen, daher begnüge ich mich hier mit dem Hinweis, dass eleganter und effizienter Code meist auch kurz ist – minimalistisch eben. Dazu gehört auch, dass nur das codiert wird, was zur Lösung eines Problems beiträgt. Aber auch, dass eine Technologie, ein Framework zum Beispiel, nur dann eingesetzt wird, wenn sich deren Einsatz auch wirklich lohnt und es einen Konsens im Team darüber gibt.

Der »Rest«

Natürlich gibt es noch viele weitere Merkmale, Performance, Sicherheit oder Skalierbarkeit zum Beispiel. Aber es geht hier um sauberen und strukturierten Code im Speziellen und weniger um guten Code im Allgemeinen.

5.2 Code-Styleguides

Bevor wir beginnen, möchte ich Ihnen ein unverzichtbares Werkzeug vorstellen: den *Code-Styleguide*, die schriftliche Zusammenfassung aller Entscheidungen zum Aufbau und zur Gestaltung des Codes. Gelegentlich findet man dafür auch andere Begriffe: *Coding Guide*, *Code Guidelines* oder *Code Programming Guide* – sie meinen in aller Regel dasselbe. Um Ihren eigenen Code-Styleguide aufzubauen, können Sie sich an der Gliederung dieses Kapitels orientieren. Nehmen Sie die Elemente auf, die Sie zentral vorgeben möchten. Das sollten wenigstens die Regeln zur Benennung, zur Formatierung und zur Dokumentation sein.

Der Code-Styleguide ist verbindlich für alle Entwickler und vor allem in verteilten Projekten mit vielen Entwicklern ganz und gar unverzichtbar. Das Wichtigste ist, dass ihn jeder Entwickler kennt – es empfiehlt sich, ihn mit jedem neuen Kollegen persönlich durchzusprechen. Der Code-Styleguide ist zudem keine Verhandlungsbasis, sondern die verbindliche Grundlage der Zusammenarbeit. Verständnis für die dort getroffenen Entscheidungen ist wichtig, noch wichtiger ist es aber, ihn ernst zu nehmen, auch wenn er im Einzelfall dem persönlichen Stil zuwiderlaufen mag. So allerdings sollten Sie es nicht machen:

Aus der Praxis

Bevor ich einem neuen Softwaredienstleister einen ersten Auftrag erteile, führe ich mit dem Unternehmen ein eingehendes Gespräch. Dabei geht es um Fragen der Entwicklungsstrategie, des Testverfahrens, der Quellcodeverwaltung und vieles mehr. Unter anderem auch um die Codierrichtlinien, den Code-Styleguide.

Der Vertriebsmitarbeiter eines Softwareentwicklungsunternehmens für Online-Projekte, ein junger und ausnehmend schlagfertiger Zeitgenosse, machte es besonders lässig. Er zog einen 146-seitigen Code-Styleguide aus der Tasche und übergab ihn mir mit den Worten: Noch Fragen? Die hatte ich. Ja, natürlich würde er eingehalten, das würde sogar regelmäßig von der hausinternen QS geprüft. Und auch das, er würde regelmäßig weiterentwickelt und sei das Ergebnis jahrelang gelebten Entwickelns. (Das Dokument war in 10 Punkt Arial gesetzt – ich habe das mit meinem typografischen Lineal nachgemessen!)

Um es kurz zu machen: Im Verlauf des Gesprächs stellte sich heraus, dass von den beiden Entwicklern, die ebenfalls am Termin teilnahmen, einer von dem Dokument nicht einmal wusste und der zweite den Inhalt nicht kannte. Und der Entwicklungsleiter, mit dem ich wenige Tage später telefonierte, gab unumwunden zu, dass sein Vorgänger den Code-Styleguide verfasst hätte, er aber eine andere Auffassung habe – obwohl, so genau kenne er den Inhalt selbst nicht.

Ich werde leider nie erfahren, wie der Code dieses Unternehmens wirklich aussieht.

Einige Empfehlungen für Ihren Code-Styleguide:

- Erarbeiten Sie ihn zusammen mit allen Entwicklern, oder – wenn es zu viele sind – mit einer repräsentativen Auswahl.
- Im Konfliktfall: Treffen Sie eine Entscheidung, und zwar bevor sich der Prozess totläuft und die Praxis die Fakten schafft.
- Passen Sie den Umfang an Ihre Erfordernisse an. Für kleinere Teams sind vielleicht schon fünf Seiten ausreichend, für größere, internationale Teams wird der Umfang größer sein.
- Bleiben Sie auf dem Boden.
- Nehmen Sie Beispiele mit auf, je mehr, desto besser.
- Gliedern Sie den Code-Styleguide so, dass er auch als Nachschlagewerk zu gebrauchen ist.
- Besprechen Sie das Werk mit jedem Entwickler persönlich, vor allem dann, wenn neue Entwickler in das Unternehmen eintreten.
- Kontrollieren Sie stichpunktartig. Für jeden Verstoß sollte ein Entwickler eine Woche lang die langweiligsten Reports programmieren, bei zwei Verstößen ein Modul in Visual Basic 6.0 entwickeln müssen. (Nein, das ist nicht ernst gemeint, zumal es dieses Buch von mir auch für VB.NET gibt.)
- Besonders wichtig: Stellen Sie auch heraus, wo Freiheiten für den Entwickler bestehen und sorgen Sie dafür, dass es auch wirklich welche gibt.
- Diskutieren sie ihn, wenigstens einmal im Jahr, und ergänzen oder korrigieren sie ihn entsprechend.
- Verkaufen sie ihn, sowohl intern als auch extern. Ein guter und gelebter Code-Styleguide ist etwas, worauf man stolz sein kann.
- Wo immer möglich, setzen Sie auf Toolunterstützung, auf »Gated Check-ins« beispielsweise, also auf einen Prozess, der bei jedem Einchecken in das Versionskontrollsystem den Code auf Verstöße prüft, und gegebenenfalls auch ablehnt.

Nicht alle Themen kann ich hier ansprechen, die wichtigsten Inhalte finden Sie aber in diesem Kapitel.

5.3 Gut benennen

Die vielleicht häufigste Entscheidung, die Sie als Entwickler treffen müssen, ist die für einen Namen. Sei es nun für den Namen einer Variable, einer Eigenschaft, einer Klasse, eines Projektes usw. Ein gewählter Bezeichner muss syntaktisch korrekt sein, sonst lehnt ihn der Compiler ab. Dafür gibt es einige einfache Regeln. Für die (semantische) Benennung an sich gibt es zwar keine Regeln, aber doch einige Empfehlungen.

5.3.1 Deutsch oder Englisch

Die Frage nach der Sprache ist auf den ersten Blick vielleicht verwirrend, aber nicht unwichtig. Soll ein Bezeichner in der Muttersprache verfasst sein oder in englischer Sprache? Und das, obwohl die meisten Codekommentare in viele Projekten doch auch deutschsprachig sind. Ich empfehle Ihnen, englischsprachige Bezeichner zu verwenden, und zwar aus diesen vier Hauptgründen:

- Viele Entwickler (und Administratoren) haben mit Sonderzeichen wie Umlauten so ihre Probleme. Obwohl Sonderzeichen heute kein wirkliches Problem mehr sind, gibt es doch Bereiche, in denen sie stören können, beispielsweise bei der Serialisierung oder beim Austausch von Dateien über Ländergrenzen hinweg.
- Englisch ist oft kürzer und prägnanter als Deutsch.
- Die meisten Methodennamen sind heute Englisch, weil dort so wichtige Verben wie *get*, *put* oder *calculate* verwendet werden.
- Wenn Sie Fremdcode einsetzen, dann sind dessen Methoden und Eigenschaften praktisch immer in englischer Sprache benannt. Für das .NET Framework gilt das ohnehin.

Wenn Sie Englisch verwenden, dann aber auch richtig. Zum Glück haben wir eine Tochtergesellschaft in England. Und so haben wir z. B. aus `pieces` (für die Anzahl) `units` gemacht. Auch amerikanisches und englisches Englisch können unterschiedlich sein, zum Beispiel beim Begriff Kostenstelle (*cost centre* vs. *cost center*). Ein Glossar kann helfen, Fachbegriffe einheitlich zu übersetzen. Wir verwenden dazu ein Wiki-System, das neben der Übersetzung auch noch Erläuterungen zum Begriff enthält.

Aus der Praxis

Gerade arbeite ich an einer BI-(Business Intelligence-)Lösung, die ein Data Warehouse zur Grundlage hat. Dort herrscht ein Sprachgewirr babylonischen Ausmaßes. Für dasselbe Feld ist einmal von Kostenträgern die Rede, dann wieder von Produktarten und ein anderes Mal von Erlöskonten. Und da es alle drei Dinge auch wirklich gibt, werden sie munter als Synonym für ein jeweils anderes verwendet.

In einem solchen Fall erzeuge ich ein Dokument, in dem alle Begriffe eindeutig definiert werden. In meinem Fall umfasst es immerhin 19 Seiten.

5.3.2 Aussagekräftig

Dass Bezeichner aussagekräftig sein sollten, leuchtet wahrscheinlich ein. `maxConn` ist nicht so gut wie `maxConcurrentConnections`. Die Aussagekraft ist umso wichtiger, je weiter der Gültigkeitsbereich eines Bezeichners ist. In einer sehr kurzen Funktion, sagen wir zehn Zeilen, ist die Bedeutung einer Zählervariable `i` sicherlich schnell klar. Die Eigenschaft einer Klasse werden Sie vermutlich nie so benennen. Dazwischen liegt der große graue Bereich. Dem entgehen Sie, wenn Sie immer, wirklich immer, Aussagekraft in Ihre Benennungen packen.

Aussagekräftig ist ein Name immer dann, wenn man schnell erkennen kann, für was das bezeichnete Objekt gut ist, entweder direkt aus dem Namen oder, leicht erkennbar, aus dem Kontext heraus.

Wenig Aussagekraft	Viel Aussagekraft
`accountingList`	`unbalancedAccountList`
`document`	`documentToBeDeleted`
`Rmd2`	`remindersOfStep2`

Tabelle 5.1 Aussagekraft von Bezeichnern im Vergleich

Vermeiden Sie Tautologien, wie den »weißen Schimmel« in z. B. `counterVariable`. Und für Methoden gilt: Ein Verb sollte immer dabei sein, denn es zeigt die Verrichtung an. Also lieber `calculatePostageForOrder(...)` anstelle von `postageForOrder(...)`.

Denken Sie auch daran, dass Visual Studio an sich schon, und erst recht in Kombination mit Tools wie dem *ReSharper*, Ihnen einen großen Teil der Tipparbeit abnimmt, Sie können also ruhig ein wenig geschwätziger codieren.

Präfix und Suffix

Oft trifft man auf das Präfix `get` für Funktionen, im Gegensatz zu Prozeduren, die keinen Rückgabewert haben. Ich persönlich halte das für entbehrlich. Im Gegenzug könnte man aber auch argumentieren: `calculatePostageForOrder` könnte ja auch die Versandkosten für eine Bestellung ebendort speichern, anstatt sie zurückzugeben. Good point, aber müssten dann nicht alle weiteren Methoden mit `set` beginnen?

Daneben gibt es auch feststehende Ergänzungen. An erster Stelle wäre hier *Attribute* zu nennen, das einem ebensolchen Attribut nachgestellt wird, wie in `PrincipalPermissionAttribute`. Oder aber Methoden der Web API, die mit dem Namen des korrespondierenden http-Verbs beginnen, also z. B. `GetEmployeeImage`.

Am besten Sie halten es so: Je öffentlicher eine Methode ist, desto eher greifen Sie zu solchen Prä- oder Suffixen. Bei Methoden eines WCF-Services also viel eher als bei privaten Methoden Ihrer Klassen.

Eine schöne Implementierung finden Sie übrigens bei Powershell, denn dort gibt es ein solches Präfix-System, das nur recht wenige davon kennt, aber diese konsistent verwendet. Sie tragen aber fast ausnahmslos zur leichteren Verwendung bei und sind vor allem dann von Interesse, wenn Ergebnisse über Pipes weitergereicht werden. Denn dann ist es schon wichtig zu wissen, ob ein Befehl etwas zurückgibt, oder ob er eine Arbeit verrichtet. Bei Powershell sind aber nicht nur diese Verben einheitlich, sondern auch die Objekte, auf denen Arbeit verrichtet wird. `Get-Process` ist so ein Beispiel.

Abkürzungen

Etwas schwieriger ist die Sache mit der Aussagekraft, wenn die Länge der Bezeichner begrenzt ist, was in einigen Datenbankszenarien vorkommt. Ich persönlich habe nichts gegen Abkürzungen, sofern sie allgemein verständlich sind; `maxConcurrentConnections` ist sicher besser als `maximumNumberOfConcurrentConnections`.

Abkürzungen können auch aus dem Kontext heraus verständlich und gebräuchlich sein. In einer Buchhaltungssoftware ist `acct` eine intuitiv verständliche Abkürzung für *account*, Konto. Ein Mathematiker wird vermutlich auch `deg` verstehen und darin *degree* (Grad) erkennen. Vollkommen sicher ist das aber nicht, vielleicht ist ja auch *degenerate* (ausgeartet) gemeint, ein Begriff aus der Numerik?

Besonders häufig sind Datenbankobjekte von falsch verstandenem Abkürzungswahn betroffen. Lange suchen musste ich nicht, um einige abschreckende Beispiele zu finden. `BizMkpV1`, `CTRL_AUFM` oder `Corr_tWin` sind nur drei Beispiele für Namensmonster in einer Standardanwendung. Was sind die Gründe hierfür?

- Manchmal sind es historische Gründe, zum Beispiel eine frühere Beschränkung auf acht Zeichen.
- Die Angst besteht davor, immer den gesamten Bezeichner schreiben zu müssen, beispielsweise in SQL-Statements. Obwohl auch hier die SQL-Tools aufgeholt haben und IntelliSense-Unterstützung bieten.
- Manchmal ist es Unbedachtheit.
- Es gibt eine interne Nomenklatur, die vollständig auf Abkürzungen basiert.
- Recht häufig ist es auch die Kompatibilität, die einen auf den kleinsten gemeinsamen Nenner zwingt.

Natürlich können Bezeichner auch zu lang sein, aber lassen Sie es ruhig darauf ankommen. Die bei Weitem meisten Bezeichner sind eher zu kurz, als dass sie zu lang wären. Abkürzungen mit nur zwei Stellen werden üblicherweise groß geschrieben, wie in `System.IO`, weil sie meistens aus den Anfangsbuchstaben zweier Wörter bestehen.

Technische Sprache

Als Entwickler sind Sie Techniker und kein Sachbearbeiter. Sie sollten daher die Sprache verwenden, die Sie sonst auch verwenden, ergänzt um die notwendigen Fachbegriffe, die Ihr Programm ausmachen.

Wir haben schon gesehen: Noch viel wichtiger als der völlig korrekte Begriff ist, dass Sie für ein und dieselbe Sache nicht mehrere Begriffe verwenden. Wenn Sie Produkte verwenden, dann entscheiden Sie sich vorab: Wollen Sie `article` oder `product` für die Benennung nutzen?

Achten Sie dann auch darauf, dass Sie die Benennung durch alle technischen Systeme ziehen, also durch den Code, die Datenbank, Export- und Importdateien, Service-Schnittstellen usw. Das nicht nur schön, sondern erspart auch einiges an Unmut, wenn an einer Stelle eben statt `product` auf einmal `article` verlangt wird.

5.3.3 Einzahl oder Mehrzahl

Hier gibt es viele Facetten, wenngleich wenig allgemein einleuchtende Ratschläge. Nehmen wir einmal Tabellennamen. Man könnte eine Tabelle `customers` nennen, weil sie ja mehr als einen Kunden enthält. Das Statement `select * from customers` wäre auch sprachlich eingängiger als `select * from customer`.

Andererseits ist eine Tabelle ja dafür gemacht, mehr als einen Datensatz zu enthalten, jedenfalls meistens, `customer` wäre also ebenfalls eine einleuchtende Bezeichnung. Einige Technologien, wie das Entity Framework, setzen automatisch Tabellenbezeichnungen in den Plural, sofern sie den Plural selbständig bilden können. Und das ist auch meine Empfehlung für Sie: Benutzen Sie die Einzahl in allen Tabellenobjekten und, wahlweise, die Mehrzahl für daraus generierte Collections in OR-Mappern.

In C#-Code ist es wichtiger, diese Unterscheidung zu treffen. Ein Objekt `customer` verweist auf einen einzelnen Kunden, das Objekt vom Typ `List<customer>` wird sinnigerweise auf `customers` benannt.

Es sei denn, Sie entscheiden sich, die Containerklasse selbst mit anzugeben, also zum Beispiel `customerList`. Dies hat allerdings wiederum den Nachteil, dass Sie das auch in anderen Fällen tun müssten, die vielleicht nicht so eindeutig sind. Ich persönlich lasse daher diese Suffixe weg, denn Bezeichnungen wie `customerConcurrentList` widersprächen dem Prinzip der Redundanzfreiheit in Bezeichnern. Ausnahmen bestätigen die Regeln, zum Beispiel immer dann, wenn diese Information – es handelt sich um eine Collection zum Beispiel – besonders wichtig für den Code oder den Aufrufenden einer Methode ist. Wie Sie sich auch entscheiden: Entscheidend ist, diese einheitlich durchzuziehen und im Code-Styleguide zu dokumentieren.

5.3.4 camelCase

Die camelCase-Schreibweise trennt einzelne Wörter optisch, indem jedes neue Wort mit einem Großbuchstaben anfängt, der Anfangsbuchstabe jedoch kleingeschrieben wird. Dadurch werden Leerzeichen (die ohnehin nicht möglich wären) und andere Trennzeichen unnötig. Ein Beispiel ist `deleteAddressFromCache`.

Ich bin dieser Schreibweise zum ersten Mal in der Programmiersprache Object Pascal (Delphi) begegnet. Dort wird der erste Begriff ebenfalls häufig großgeschrieben; man nennt dies dann *PascalCase*. Je nachdem, wo Sie herkommen, kennen Sie vielleicht eine andere Konvention:

- Trennung durch Unterstrich: `delete_address_from_cache`, häufig in C eingesetzt
- Trennung durch Bindestrich: `delete-address-from-cache`, möglich und gebräuchlich in Cobol

In C# werden Klassen und Enum-Typen – ebenso deren Werte, Ereignisse, Ausnahmen, Schnittstellen, Methoden, Namespaces, Eigenschaften und öffentliche Instanzmember – häufig in *PascalCase* notiert, während private Instanzmember und Parameter üblicherweise in *camelCase*-Schreibweise niedergeschrieben werden. Der Vollständigkeit halber sei noch erwähnt, dass C# natürlich *case-sensitive* ist, was die Unterscheidung umso wichtiger macht.

Gute Tools warnen Sie übrigens davor, indem Sie Begriffe »unterkringeln«, die vermeintlich falsch benannt wurden.

5.3.5 Leerwörter, Weasle-Words und reservierte Wörter

Auf den schönen Namen *Weasle*-Words hören alle die Begriffe, die im besten Fall überflüssig, weil nichtssagend sind, zum Beispiel: System, Provider, Manager, wie in:

- ToolManager
- ControllerSystem
- CoreProvider

Dann gibt es noch die redundanten Bezeichner. Es sind Wörter, die keinen neuen Sachverhalt in eine Bezeichnung einbringen, wie in `counter`Variable, the`Customer`, oder die schon erwähnte `customerList` und daher vermieden werden sollten.

Daneben gibt es natürlich noch viele reservierte Bezeichner, wie `return` oder `catch`, die Sie ebenfalls vermeiden und auch in zusammengesetzten Wörtern nur mit Bedacht einsetzen sollten. Diese kommen übrigens in zwei Ausprägungen daher:

- Übergreifende Schlüsselwörter, wie `catch`, `float`, `switch` oder `virtual`, die immer und überall nur für die entsprechenden C#-Konstrukte verwendet werden können.
- Kontextabhängige Schlüsselwörter, wie `from`, `async` oder `select`, die im verwendeten Kontext eine Bedeutung haben, zum Beispiel `from` in einer LINQ query. Sie dürften Sie außerhalb dieses Kontexts verwenden, sollten dies aber vermeiden.

5.3.6 Feste Namenskonventionen

Die Geschichte hat auch standardisierte Namenskonventionen hervorgebracht, allen voran die ungarische Notation. Man sieht sie auch heute noch häufig, was nicht zuletzt am Gebrauch innerhalb von Windows liegt, wo der Datentyp dem eigentlichen Bezeichner vorangestellt wird. Beispiele: `pMemory` (für einen Zeiger) oder `szDescription` (für einen null-terminierten String). Etwas weiter geht noch die Voranstellung der Sichtbarkeit, zum Beispiel `m_szDescription` für eine Member-Variable.

Es wird heute allgemein empfohlen, diese Schreibweise fallen zu lassen, denn in C# hat sie eigentlich nichts mehr zu suchen. Schon allein deshalb, weil die Sichtbarkeit und der Typ durch IntelliSense & Co. eigentlich überall und leicht zugänglich sind. Es wird aber einigermaßen schwer werden, sie manchen Entwicklern wieder abzugewöhnen.

5.3.7 C#-Konventionen

Die bisher getroffenen Aussagen gelten ganz allgemein. Für einige Konstrukte gibt es aber besondere Empfehlungen. Leider hat es Microsoft versäumt, einheitliche und verbindliche Richtlinien festzulegen. Stattdessen gibt es aber Empfehlungen, die jedoch weder immer einheitlich sind noch an jeder Stelle des Frameworks so umgesetzt wurden.

Namespaces

Der Standard lautet:

```
Firmenname.Technologie.Feature.Design
```

Beispiele:

- `Kalimba.Data.Conversion.Unicode`
- `Kalimba.UI.Controls.EditControls`

Verwenden Sie möglichst die Mehrzahl, es sei denn, Sie arbeiten mit Abkürzungen, die keine solche vertragen, oder es wäre aus anderen Gründen nicht passend (wie im ersten Beispiel). Die Schreibweise ist in PascalCase.

Es gibt erstaunlich viele gute Gründe, warum Sie eine Klasse wirklich niemals wie einen Namespace benennen sollten, was Ihre Auswahl im Einzelfall durchaus signifikant einschränken kann. Oft gehen die Namespaces konform mit den Namen der Assemblys, wie in `System.ServiceModel(.dll)`. Das muss aber nicht sein.

Ganz tabu ist es, Namespaces des Frameworks zu verwenden, was einigen Entwicklern für Erweiterungsmethoden in den Sinn kommen mag. Aber: Standard ist Standard und Ihr Code ist Ihr Code. Wie sollte ein Benutzer Ihrer Klassen sonst wissen, dass er keinen Typ des .NET Frameworks verwendet?

Klassen

Auch Klassen sind PascalCase-notiert. Sonderzeichen (wie den Unterstrich) sollten Sie ganz vermeiden, ebenfalls jede Form eines Präfix, wie dies zum Beispiel in Pascal üblich ist (z. B. `TCustomer`). Für gewöhnlich sind Klassen im Singular gesetzt, da von ihnen ja (meist) beliebig viele Instanzen erzeugt werden können. Die meisten Klassen sind nach Substantiven benannt. Abkürzungen sind in Klassen eigentlich tabu, es sei denn, es gilt die berühmte Ausnahme von der Regel, die Sie gut begründen können.

Allerdings ist es nicht unüblich, die Basisklasse teilweise in die abgeleitete Klasse zu übernehmen, z. B. in `CustomerCollection` oder `KalimbaPrivateIntranetController`. Das kann die Ableitung weiterer Klassen tatsächlich einfacher lesbar machen.

Hüten Sie sich vor Klassen mit einem sehr allgemeinen Namen, der eine besonders große Funktionsvielfalt glauben macht. Wer seine Klasse `HttpClient` (wie in .NET 4.5) nennt, verspricht da schon einiges, die Schöpfer der Klasse `Math` fast noch mehr.

Nicht zu suchen im Klassennamen haben, üblicherweise, Implementierungsdetails wie, ob eine Klasse statisch oder abstrakt ist. Es heißt ja auch nicht `MathStatic.Round` sondern `Math. Round`.

Und vergessen Sie bitte auch nicht den Ratschlag aus dem vorherigen Abschnitt: Nennen Sie Ihre Klasse nie so wie den Namespace, der sie beheimatet. Im Zweifel sollten Sie immer den Namespace umbenennen und Ihrer Klasse den Wunschnamen geben.

Schnittstellen

Auch Schnittstellen folgen der PascalCase-Schreibweise. Sie sind einige der wenigen Objekte, die ein Präfix haben sollten, nämlich das `I`. Als Bezeichner kommen Hauptwörter oder Adjektive infrage, wie in den Beispielen:

```
IDisposable
ICustomerProvider
IDraggable
```

Ansonsten gelten die Empfehlungen der Klassenbenennung.

Der Präfix hat hier übrigens seinen Sinn, denn ob eine Klasse eine Schnittstelle implementiert, oder von einer Basisklasse erbt, wäre dank gleicher Syntax in C# sonst nicht sichtbar – ist aber für die Implementierung und die Verwendung einer Klasse natürlich von großer Wichtigkeit.

Attribute

Wie bereits erwähnt, sollten Attribute immer auf `Attribute` enden.

5.4 Sauber formatieren

Ihr Code sollte sauber formatiert sein, damit er gut zu lesen ist. Formatierung hat nicht nur etwas mit Leerzeichen, Tabulatoren und Einrückungen zu tun, sondern auch mit der Anordnung von Klassen und Strukturen innerhalb von Quelldateien, weswegen ich gleich damit beginnen möchte.

5.4.1 Struktur

C# gibt einem viele Möglichkeiten, seinen Code zu strukturieren: partielle Klassen, mehrere Klassen pro Datei oder nahezu beliebige Stellen, an denen Variablen deklariert werden können. Damit lehnt es sich an andere modernere Sprachen wie Java an und geht sogar noch darüber hinaus, wo das Prinzip gilt: eine Datei, eine Klasse. Das verleitet dazu, alles an »Ort und Stelle« zu erledigen, was Fluch (unübersichtlich große Dateien) und Segen (keine Zersplitterung des Codes) zugleich sein kann.

Dateien

Grundsätzlich sollten Sie dem Prinzip folgen: *eine Datei, eine öffentliche Klasse*. Das ermöglicht auch die überaus praktische Konvention, Dateien wie ihre Klasse zu benennen, die in ihnen enthalten ist.

```
...
public class MyClass
{
}
...
```

Listing 5.1 MyClass.cs

Gelegentlich kann es sinnvoll sein, von diesem Grundsatz abzuweichen,

- wenn eine `public`-Klasse und eine von ihr verwendete Nicht-`public`-Klasse einen engen Bezug zueinander haben,
- immer dann, wenn innerhalb von Klassen weitere Klassen definiert werden und
- wenn sich Typen nur durch ihre generischen Parameter unterscheiden.
- Bei partiellen Klassen (siehe unten).

Aber auch in diesen Fällen gilt (bis auf Fall zwei): Sie müssen das nicht tun, es ist lediglich eine Option.

Partielle Klassen sollten dann verwendet werden, wenn jede Datei einen abgegrenzten Aspekt dieser Klasse implementiert. Dann ist die Zuständigkeit besser aufzuteilen, und versehentliche Codeänderungen werden vermieden. Der Code, der durch den WinForm-Designer in Visual Studio generiert wird, ist aus diesem Grund in einer eigenen Datei untergebracht, ebenso der generierte Code vieler OR-Mapper. Das Prinzip wird aber auch noch an weiteren Stellen in Visual Studio angewendet.

Verzeichnisse

Immer wieder liest man: Die Verzeichnisse sollten so angelegt werden, wie es den Namespaces entspricht. Dateien des Namespaces `Kalimba.UI.Design` befänden sich demnach unter *\Kalimba\UI\Design*. Das ist nicht verkehrt, im Gegenteil. Allerdings ist es auch nicht immer praktisch anzuwenden:

- In umfangreicheren Projekten stoßen Sie schnell an die Grenze von 256 erlaubten Zeichen im Dateinamen, vor allem dann, wenn Sie automatisierte Builds erstellen wollen.
- Es besteht dann immer die Gefahr, Namespaces abkürzen zu wollen, um nicht über dieses Limit zu kommen.
- Das Navigieren durch den Quellcode, vor allem innerhalb von Quellcodeverwaltungssystemen, kann aufwendig werden.

Aus der Praxis

Gerade sitze ich im ICE von Düsseldorf, wo ich eine Konferenz zu Visual Studio besucht habe. Der zuständige Direktor für das .NET-Core-Framework kannte die Frage eines Teilnehmers nach der 256-Zeichen-Beschränkung schon, sie gehört zu den am häufigsten bemängelten Dingen. Allerdings, so der Microsoft-Mann, sei sie einfach eine Beschränkung des Betriebssystems. Sie zählt also zu einer inzwischen großen Sammlung von Relikten aus längst vergangenen Tagen.

Es kann also sinnvoll sein, diese Struktur nicht von der obersten Stelle her zu verfolgen, sondern lediglich innerhalb einzelner Projekte. Ein Beispiel:

```
Kalimba.Enterprise.Services.DomainServices.CustomerServices.
  CustomerCoreService
```

Diese Struktur einer serviceorientierten Anwendung könnte auf oberster Dateiebene durchaus abgebildet werden in:

\Services\CustomerServices

Unterhalb dieses Verzeichnisses sollte die Struktur dann aber der Struktur der im Projekt enthaltenen Namespaces entsprechen. Die Struktur in der Quellcodeverwaltung könnte wiederum eine andere sein, weil dort weitere Organisationsmöglichkeiten bestehen, zum Beispiel die Möglichkeit im TFS, Teamprojekte zu erstellen.

Weichen Sie also von der Namespace-Struktur ab, wenn deren Länge keinen Nutzen mehr verspricht oder von der Organisation selbst wieder innerhalb Ihrer Projektmappe zu sehr abweicht.

Funktionen

Die wohl wichtigste Empfehlung in diesem Bereich lautet: Ordnen Sie die Funktionen entsprechend ihrer Abhängigkeit voneinander an:

```
public void Ebene1(...)
{
   callEbene2(...);
}

public void Ebene2(...)
{
   callEbene3(...);
}

public void Ebene3(...)
{
   ...
}
```

Listing 5.2 Funktionen nach ihrer Abhängigkeit ordnen

Das ermöglicht es einem Leser, die Funktionsweise einer Anwendung nachzuvollziehen, indem er von Funktion zu Funktion springt, entsprechend der Aufrufhierarchie, ohne dass dadurch der Gesamtüberblick durch wildes Scrollen innerhalb einer Datei verloren ginge. In vielen Anwendungen wird dieses Prinzip verletzt, vor allem dann, wenn automatische Code-Generatoren am Werk sind. Beispielsweise wenn in einer GUI-Anwendung eine Ereignisbehandlungsroutine erzeugt wird, indem ein Entwickler im Property-Grid auf das zu behandelnde Ereignis doppelt klickt. Es kostet dann schon ein wenig Überwindung, die Funktionen von Hand sinnvoll anzuordnen, aber es lohnt sich in vielen Fällen.

Natürlich, gerade Visual Studio 2012 erlaubt ein zügiges Navigieren, da hier die Power Tools integriert sind, die es in VS 2010 nur als separat installierbare Anwendung gibt. Aber Nachvollziehbarkeit hat, zum Teil wenigstens, auch mit Erkennen zu tun und das wiederum mit optischer Nähe.

Ein weiteres Organisationsinstrument von Funktionen ist die Verwendung von `#region`-Blöcken, um thematisch eng verwandte Funktionen logisch zu gruppieren. Es ist einfach ein schöner Anblick, wenn beim Öffnen einer Datei zuerst einmal nur zusammengeklappte Funktionsblöcke sichtbar sind. Wie bei jedem Werkzeug kann auch dieses missbraucht werden, nämlich immer dann, wenn eine Pseudostruktur erschaffen wird. Nicht jede Funktion benötigt eine umgebende `#region`-Direktive. Sinnvoll ist diese Gruppierung dann, wenn Schnittstellen implementiert werden oder wenn einige Funktionen thematisch eng miteinander verwandt sind. Und vergessen Sie nicht, dass man jede eingeklappte Region vor dem Anschauen erst einmal aufklappen muss.

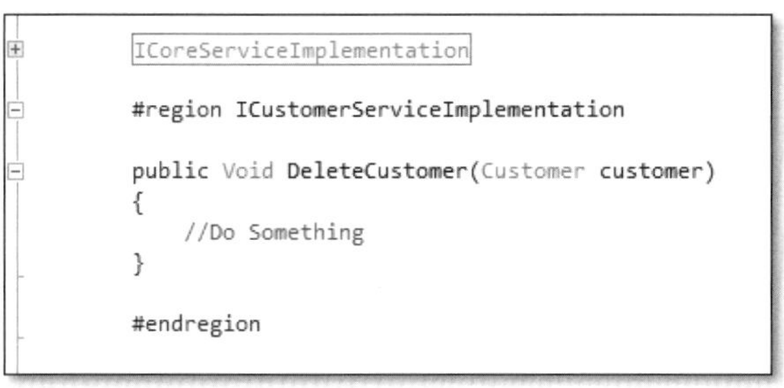

Abbildung 5.1 #region

Variablen

Als ich zum ersten Mal mit Java in Berührung kam (was lange her ist, glauben Sie mir), hat mich die Möglichkeit schon sehr irritiert, Variablen an einer beliebigen Stelle deklarieren zu können. In C++ erfüllen Headerdateien solche Aufgaben und in Delphi (Object Pascal) gibt es dafür einen eigenen Block:

```
var
   Form1: TForm1;
   anInteger: integer;
```

Einige Empfehlungen dazu:

- Lokale Variablen sollten Sie so nahe wie möglich an der Stelle deklarieren, an der sie zum ersten Mal verwendet werden.
- Instanzvariablen sollten an zentraler Stelle zusammengefasst werden, für gewöhnlich am Anfang einer Klasse.
- Sehr viele Instanzvariablen können ebenfalls mit `#region` weiter strukturiert werden, wenngleich die Zusammenfassung aller Deklarationen in einer einzigen `#region` keinen Zugewinn an sinnvoller Struktur bringt und (zu) viele solcher Variablen auf ein nötiges Refactoring hinweisen.

Gelegentlich wird empfohlen, Eigenschaften und Variablen alphabetisch anzuordnen. Ich persönlich halte das für entbehrlich, um nicht zu sagen: unsinnig. Aber zugegeben, in einigen Fällen erleichtert es den Überblick, wenn Sie viele Variablen haben, die alle gleich anfangen.

5.4.2 Formatierung

Der zweite Abschnitt beschäftigt sich nun mit der Formatierung im engeren Sinne, also mit Einrückungen, Leerzeichen etc. Es sind eher optische Elemente, die wiederum zur Lesbarkeit und Orientierung beitragen. Ein wenig ist es zudem wie bei einem Koch: Ein Profikoch schneidet sein Gemüse eben nicht nur, wie der Zufall es will, sondern beispielsweise in der attraktiven Rautenform. Und wie dies den Profikoch erkennen lässt, weist ein sauber formatierter Code auf den Programmierprofi hin.

Eine Zeile, eine Anweisung

In eine Zeile gehört eine einzige Anweisung. Immer wieder liest man Code wie diesen:

```
while(remainingItems>0)
{
   doSomething(); doSomethingElse(); i--;
}
```

Listing 5.3 Unübersichtlichkeit durch zwei Anweisungen in einer Zeile

Die dahintersteckende Idee ist durchaus verständlich. Einerseits soll der Umfang der Datei reduziert werden, und andererseits sollen thematisch verwandte Anweisungen optisch zusammen präsentiert werden. Sie sollten dem unbedingt widerstehen. Denn Übersichtlichkeit kommt vor allem durch kurze Funktionen zustande, die sinnvoll angeordnet, gut benannt und sauber formatiert sind. Wenn eine Methode oder eine Datei zu lang wird, dann kann dies verschiedene Ursachen haben, zum Beispiel eine zu flache Klassenhierarchie, redundanter Code oder ineffiziente Codierung. Die Zusammenfassung mehrerer Anweisungen in eine Zeile löst keines dieser Probleme. Die bessere Schreibweise ist daher:


```
while(remainingItems>0)
{
   doSomething();
   doSomethingElse();
   i--;
}
```

Listing 5.4 Jede Anweisung in einer Zeile

LINQ und SQL

Beide, LINQ und SQL, verlangen nach besonderer Sorgfalt bei der Formatierung. Bei LINQ vor allem dann, wenn *Query Expressions* verwendet werden.

```
var query = from name in names
where name.Contains("smith")
orderby name
select name;
```

liest sich natürlich leichter als

```
var query = from name in names where name.Contains("smith")
 orderby name select name;
```

Nicht anders geht es da in SQL zu. Nicht für jede Query, die ich irgendwo schreibe, gebe ich mir dieselbe Mühe. Allerdings, wenn zu vermuten ist, dass ich den Code später noch einmal benötige, dann baue ich ihn wie folgt auf:

```
SELECT
Spalten
FROM
table a join table2 b
on a.id = b.id
join table3 c
on b.id = c.id
WHERE
Bedingung=wert
ORDER BY
Spalten
```

Ergänzend:

```
GROUP BY
HAVING
...
```

SQL zwingt einen dazu, eine komplexe Logik in einen einzigen Ausdruck zu zwängen, was diesen bisweilen an den Rand des Erträglichen aufbläht (und nicht selten darüber hinaus). Ein ordentlich formatierter Code ist da manchmal der wichtigste Schlüssel zum Verständnis. Und denken Sie bitte auch hier daran: Viele Statements fangen einmal klein an...

Bandwurmcode

Nun gibt es in C#, wenigstens seit wenigen Jahren, einige Konstrukte, die nahezu beliebig lang werden können. LINQ in der Fluent-Syntax, zum Beispiel, oder die `ContinueWith`-Erweiterungsmethode in der Task Parallel Library.

```
var query = names.Where(name => name.Contains("smith")).
Select(name => ame.ToUpper()).Reverse().Skip(3).
Take(10).FirstOrDefault();
```

Auch hier hilft wiederum eine Formatierung über mehrere Codezeilen, oder aber die Verwendung alternativer Ausdrucksweisen, Query Expressions bei LINQ zum Beispiel, oder `async` und `await` anstelle von `ContinueWith`. Und, wenn gar nichts hilft, wenigstens ein Kommentar:

Länge einer Codezeile

Vor sehr vielen Jahren las ich einmal den folgenden Ratschlag in einem Buch zu Turbo Pascal für den Amstrad CPC 464: »Jede Codezeile darf nur so lang sein, dass nicht gescrollt werden muss«. Dieses Prinzip war lange gültig, auch wenn ich heute nicht mehr an einem Grünmonitor programmiere. Bedingt durch Breitbildformate (16:9 und 16:10) und durch Auflösungen bis zu 1.920 x 1.200 (und höher) sowie durch variable Schriftgrößen ist dieser Ratschlag nicht mehr ausreichend. Ich halte es daher mit folgender Empfehlung für die Länge von Codezeilen:

- optimal: < 50 Zeichen
- gut: < 80 Zeichen
- OK: < 100 Zeichen
- Ausnahme: <= 120 Zeichen
- Tabu: > 120 Zeichen

Längere Codezeilen sind häufig bedingt durch lange Zeichenketten, zum Beispiel SQL-Statements, die im Code zusammengesetzt werden. In solchen Fällen ist es ratsam, zu überlegen, ob nicht vielleicht eine Datei (oder eine Ressource innerhalb des Projekts) ein besserer Ablageort dafür wäre. Oder Sie formatieren den Code dann um, wie oben dargestellt.

Einrückungen

Eine Einrückung dient dazu, die hierarchische Struktur eines Quellcodes sichtbar zu machen. Schließlich möchte niemand Code wie den folgenden lesen:


```
public int[] CalculateFibonacci2(int n){
if (n == 1) return new int[] { 1 };
else if (n == 2) return new int[] { 1, 1 };
else{int[] fibonacci = new int[n]; fibonacci[0] = 1; fibonacci[1] = 1;
for (int i = 2; i < n; i++) fibonacci[i] = fibonacci[i - 2] + fibonacci[i - 1];
return fibonacci;}}
```

Listing 5.5 Schlecht lesbarer Code ohne Einrückungen

Schon viel lieber in dieser Formatierung:

```
public int[] CalculateFibonacci(int n)
{
   if (n==1)
   {
      return new int[] {1};
   }
   else if (n==2)
   {
      return new int[] {1, 1};
   }
   else
   {
      int[] fibonacci = new int[n];
      fibonacci[0] = 1;
      fibonacci[1] = 1;
      for (int i = 2; i < n; i++)
      {
         fibonacci[i] = fibonacci[i-2] + fibonacci[i-1];
      }
      return fibonacci;
   }
}
```

Listing 5.6 Derselbe Code mit Einrückungen und Umbrüchen

Besonders wichtig ist die Einrückung, um den Gültigkeitsbereich von Variablen zu erkennen, aber auch um Funktionsbereiche innerhalb von Funktionen zu identifizieren. In vielen Fällen wird die öffnende geschweifte Klammer direkt hinter die Anweisung gesetzt:

```
foreach(Customer customer in customers){
   ...
}
```

Oder aber die öffnende Klammer wird in eine eigene Zeile gesetzt, wie ich es bevorzuge:

```
foreach(Customer customer in customers)
{
   ...
}
```

Wie auch immer Sie Einrückungen und die geschweifte Klammer verwenden, das sollten Sie dabei beachten:

- Die schließende Klammer sollte in jedem Fall in einer eigenen Zeile stehen. Die fußgesteuerte `while` bildet eine Ausnahme:

  ```
  do
  {
     //Work
  } while (condition);
  ```

- Üblicherweise werden Tabulatoren für Einrückungen verwendet. Die Größe der Tabstoppgröße, die Einzugsgröße und ob die Tabulatoren durch Leerzeichen ersetzt werden sollen – diese Eigenschaften sollten Sie unbedingt im gesamten Team abstimmen.
- Einrückungen gelten nicht nur für C#-Code, sondern beispielsweise auch für SQL-Code. Viele Entwickler setzen die wesentlichen Schlüsselwörter dabei an den Anfang einer Zeile, was dann so aussieht:

  ```
  SELECT count(*) as Anzahl, city
  FROM address
  WHERE country_id='DE'
  GROUP BY city
  HAVING count(*) > 1
  ```

  Diese Notation macht es auf jeden Fall sehr leicht, die Essenz der Abfrage zu erkennen, was durch das Großschreiben der Schlüsselwörter noch verstärkt wird. Wie schon erwähnt, schreibe ich bei komplexeren Statements die Schlüsselwörter sogar in eine eigene Zeile.

- Einem inneren Ordnungsdrang folgend, verwenden viele Entwickler Tabstopps auch innerhalb von Codezeilen, beispielsweise, um alle Variablen auf dieselbe Höhe zu bringen, unabhängig von der Länge der Typbezeichner:

  ```
  public int          Age;
  public string       Street;
  public Point        CurrentPosition;
  ```

  Visual Studio korrigiert im Standard diese Einrückungen automatisch, was schon nahelegt, dass dies nicht mehr der Vorstellung von Microsoft entspricht, wie Code zu formatieren ist. Die Ausrichtung untereinander würde einen Sachverhalt betonen, der eigentlich unwichtig ist. Viel wichtiger ist es, Leerzeichen als Möglichkeit zur Betonung zu verwenden, wie im folgenden Abschnitt erläutert wird.

- Eine leere Methode sollten Sie nicht einfach mit einem Semikolon abschließen, sondern als solche kennzeichnen. Also anstatt ...

  ```
  while (reader.Read());
  ```

  ... lieber ...

  ```
  while (reader.Read())
  {
  }
  ```

  Das erste Verfahren wird auch nicht dadurch besser, dass das Semikolon in einer eigenen Zeile und eingerückt dargestellt wird. Ein Kommentar hilft zu erkennen, warum Sie überhaupt einen leeren Methodenrumpf programmiert haben – das hat ja vermutlich außergewöhnliche Gründe.

- In vielen Code-Styleguides wird festgelegt, dass auch bei einzeiligen if-Anweisungen geschweifte Klammern zu verwenden sind, zum Beispiel für ...

  ```
  if (this.Width < 1000)
     this.Width = 1000;
  ```

  ... die Variante ...

  ```
  if (this.Width < 1000)
  {
     this.Width=1000;
  }
  ```

  Eine Besonderheit bilden die else-if-Ketten, die ein wenig an andere Sprachen erinnern:

  ```
  if (name == "smith")
  {

  }
  else if (name == "abercrombie")
  {
  ```

```
}
else if (name == "gardner")
{

}
```

- Es ist ohne Weiteres möglich, eine Anweisung mit umgebenden Klammern in eine Zeile zu schreiben, wie bei einer Eigenschaft:

  ```
  public int LinesOfCode { get; set; }
  ```

  Dann ist es jedoch sinnvoll, die geschweiften Klammern mit Leerzeichen abzusetzen.

Leerzeichen

Ebenso wie Einrückungen dienen Leerzeichen vor allem der Strukturierung von Code. In C# wären sie in vielen Fällen syntaktisch nicht nötig. Zusätzliche Leerzeichen können eingesetzt werden, um optische Akzente zu setzen und einen Befehl oder einen Parameter als eigenständig zu akzentuieren. Einige Beispiele:

- Methodenparameter lassen sich leichter lesen, wenn nach jedem Komma ein Leerzeichen steht.

  ```
  public void DoSomething(int a, string b)
  ```

- Eine Zuweisung wird ebenfalls besser lesbar, wenn der Zuweisungsoperator mit Leerzeichen umgeben ist, vor allem dann, wenn viele Zuweisungen mit unterschiedlichen Operatoren im Code vorhanden sind.

  ```
  int degreeCelsius = 36;
  ```

- Zwischen Methodenname und der geöffneten Klammer für die Parameter setze ich kein Leerzeichen, um deutlich zu machen, dass beides untrennbar zusammengehört.

  ```
  doSomething(a, b ...);
  ```

5.5 Sinnvoll kommentieren

Wer kennt sie nicht, Kommentare wie diese:

```
priceGross = priceNet * VAT; //Bruttopreis berechnen
```

Das liegt oft daran, dass das Hinzufügen eines Kommentars manchmal keine bewusste Aktion ist, sondern (halb)automatisch geschieht, ohne dass der Kommentar kritisch hinterfragt würde.

An anderer Stelle, an denen Kommentare dringend benötigt werden, fehlen sie dann wieder. Meiner Erfahrung nach hat dies vor allem fünf Ursachen.

- Ein Entwickler kann sich einfach nicht vorstellen, dass seine Gedankengänge für einen Kollegen nicht unmittelbar klar und nachvollziehbar sein sollen.
- Die Hauptsache ist, dass die Erfüllung einer Verpflichtung in quantitativer Hinsicht dokumentiert ist, aber nicht in qualitativer Hinsicht.
- Dokumentieren macht einfach viel weniger Spaß als Codieren.
- Man fühlt sich so gehetzt, dass einfach keine Zeit auf das Kommentieren verwendet wird.
- Es fällt einem einfach nichts Sinnvolles ein oder die eigenen Gedanken sind so umfangreich, dass der zugehörige Kommentar zu lang erscheint.

Schlechte Dokumentationen im Allgemeinen und schlechte Kommentare im Speziellen gehören zu den am häufigsten verbreiteten Problemen in der modernen Softwareentwicklung.

Aus der Praxis

Vor einiger Zeit haben wir unsere Reportingsysteme vereinheitlicht und auf eine neue Technologie umgestellt. Da sich auch die Datenbankstruktur geändert hat, war es notwendig, alle Reports neu zu erstellen. Die bestehenden Reports waren uralt, aber es waren Kommentare und eine Dokumentation vorhanden. Man war sogar stolz darauf, eine vollständige Dokumentation zu besitzen.

Eine Analyse ergab rasch: Für rund 3/4 aller Reports gab es zwar eine Dokumentation, die aber nicht viel mehr enthielt als eine bloße Wiederholung der Spaltenbezeichnungen und eine flüchtige Beschreibung des Report-Zwecks. Auf dieser Basis konnten die Reports nicht neu erstellt werden. Die gesamte Geschäftslogik für die Selektionen musste neu erarbeitet werden, was den Zeitplan durcheinander brachte und von allen Beteiligten viel Geduld abverlangte.

Kommentare sind nicht dafür gedacht, die technische Dokumentation zu ersetzen, sondern sie zu ergänzen. Die technische Dokumentation beschreibt ein technisches System von außen, sozusagen mit einer Klammer um all seine Bestandteile. Die Codedokumentation dient dazu, eine Methode oder ein anderes C#-Konstrukt zu verstehen.

Kommentare können auch keinen schlechten Code wettmachen. Wenn Code zu kompliziert, schlecht lesbar und redundant ist, dann sollte die Ursache beseitigt werden. Kommentare können da nur am Symptom ansetzen. Anstelle von ...

```
calculateOrderValue(order, 4) //Type 4 = VAT
```

... sollte besser stehen ...

```
calculateVATforOrder(order);
```

Leitsatz

Der beste Kommentar ist der, den man nicht benötigt.

5.5.1 Selbstverständliches

Alles, was offensichtlich ist, kann (ja muss) weggelassen werden. Ein Kommentar muss neue Informationen bieten, die sich aus dem Code nicht sofort erschließen. Im Umkehrschluss bedeutet dies auch: Alles, was nicht offensichtlich ist, muss kommentiert werden. Sachverstand und (ein wenig) Bemühen können Sie dabei aber voraussetzen.

5.5.2 Kürze und Prägnanz

Ein Kommentar sollte so kurz und prägnant wie möglich sein, mehrzeilige Kommentare sind möglichst sogar ganz zu vermeiden. Eine Ausnahme ist die Dokumentation von Klassen, Methoden und anderen Elementen, die innerhalb von Visual Studio mittels /// eingeleitet wird.

5.5.3 // vs. /* */

Und wenn es doch mehrzeilige Kommentare sein müssen: Diese können einerseits durch /* und */ begrenzt werden wie in:

```
/* Dies ist ein zweizeiliger
Kommentar */
```

Oder aber durch zwei einzeilige Kommentare:

```
//Dies ist ein zweizeiliger
//Kommentar
```

Meist wird die Verwendung mehrerer einzeiliger Kommentare empfohlen und gegen den Kommentar-Container /* */ plädiert. Ich persönlich sehe das nicht so eng, muss aber zugeben, dass die Variante mit // übersichtlicher ist, vor allem bei wenigen Zeilen.

Unübersichtlich und daher nicht zu empfehlen sind mehrzeilige Kommentare, die nur einen Teil der ersten Zeile abdecken:

```
DateTime orderDate = DateTime.Now; /*Dies ist ein zweizeiliger Kommentar
wobei die zweite Zeile nur aus einem Kommentar besteht*/
```

5.5.4 //todo

Wenn Sie an einer beliebigen Stelle einen ToDo-Kommentar einfügen, dann können Sie ihn sich später in der Aufgabenliste anzeigen lassen. Der Kommentar

```
//todo: Die Methode umbenennen, so dass der Zweck ersichtlich wird
```


führt zu einem Eintrag, wie er in Abbildung 5.2 dargestellt ist.

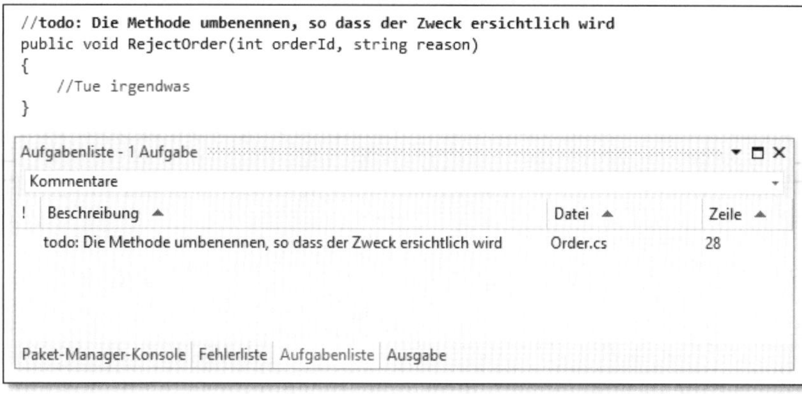

Abbildung 5.2 ToDo-Kommentar

5.5.5 Kommentare in Visual Studio

Visual Studio erzeugt automatisch einen Kommentarrumpf, sobald Sie drei Schrägstriche eingeben, also ///.

```
/// <summary>
/// Berechnet die Mehrwertsteuer für eine
/// Bestellung und verwendet dafür die Regeln
/// des aktuell eingestellten Mandanten
/// </summary>
/// <param name="order">Bestellung, für die die MwST berechnet
/// werden soll</param>
/// <returns>Der Mehrwertsteuer-Betrag</returns>
private double calculateVATforOrder(Order order)
{
}
```

Listing 5.7 Kommentarrumpf

Der Rumpf wird dabei kontextabhängig erstellt und enthält alle Eingabeparameter sowie den Rückgabeparameter, falls es sich um eine Funktion handelt. In den Projekteigenschaften können Sie hinterlegen, dass diese Kommentare in eine XML-Datei geschrieben werden, sobald das Projekt erstellt wird.

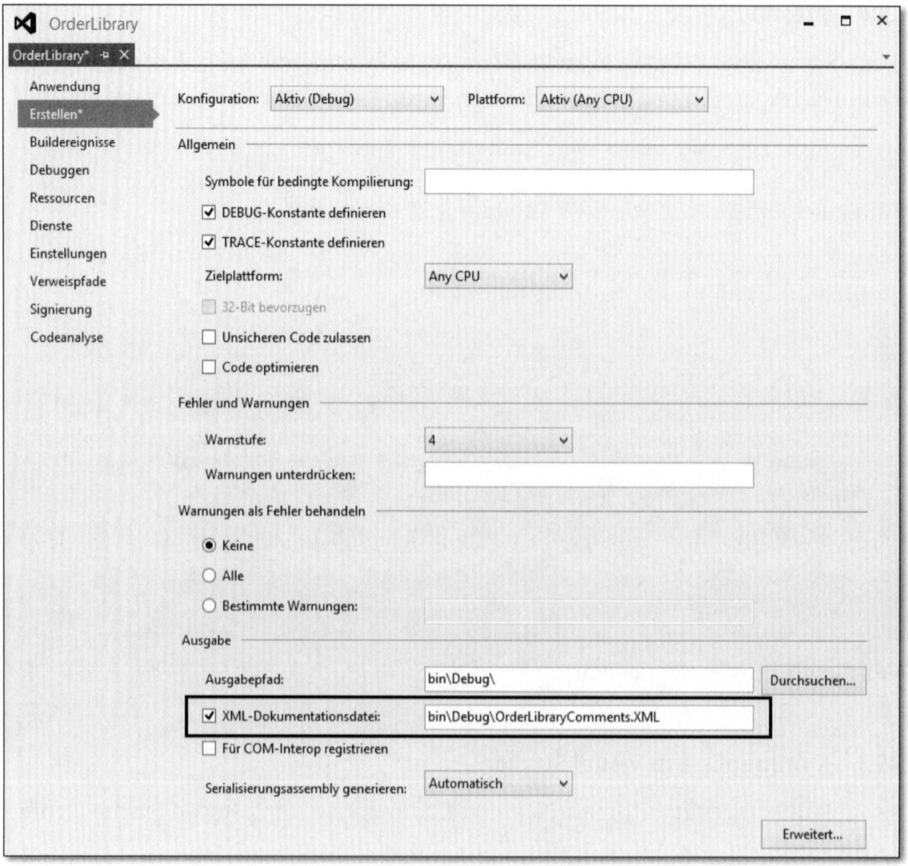

Abbildung 5.3 XML-Kommentare in einer Datei speichern

Der große Vorteil dieses Verfahrens besteht darin, dass ein Anwender der Funktion `calculateVATforOrder` die in Visual Studio eingebaute IntelliSense-Hilfe verwenden kann, und zwar mit den Kommentaren, die Sie zuvor im Quellcode hinterlegt haben.

Die zweite Verwendung ist das automatische Erstellen einer Quellcode-Dokumentation. Leider hat Microsoft hier keine leistungsfähige und leicht zu bedienende Funktion in Visual Studio eingebaut. Mit *SandCastle* (*shfb.codeplex.com*) steht aber ein kostenfreies Werkzeug zur Verfügung, das die Kommentare extrahieren und daraus Hilfedateien erstellen kann.

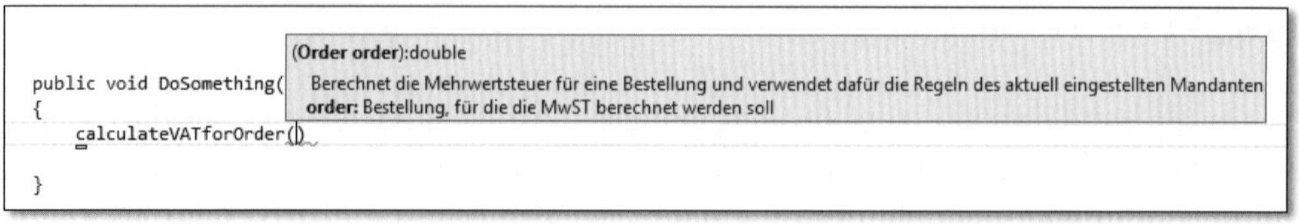

Abbildung 5.4 IntelliSense-Unterstützung für selbst erstellte Kommentare

5.5.6 Ort

Sehr kurze Kommentare können leicht hinter der Anweisung eingefügt werden:

```
int square = length * width; //Unit: meter
```

Längere Kommentare sollten der zu kommentierenden Stelle aber vorangestellt werden:


```
//length und width liegen im eingestellten System vor,
//Metrisches System, falls nichts angegeben
int square = length * width;
```

5.5.7 Die richtige Zeit

Es gibt keine bessere Zeit für einen Kommentar als während der Entwicklung. Im Nachhinein ist die Qualität eines Kommentars oft nicht mehr so hoch wie während der Entwicklung, wenn alle Überlegungen noch frisch sind. Von der Motivation, Kommentare später zu ergänzen, einmal ganz abgesehen ...

5.5.8 Aktualität

Zum Schluss noch eine Selbstverständlichkeit, die vielleicht genau deswegen so häufig übersehen wird: Kommentare müssen aktuell sein, bei der Überarbeitung einer Funktion also mit überarbeitet werden. Das alleine ist ein guter Grund dafür, entbehrliche Kommentare wegzulassen.

5.6 Klassen und Klassenhierarchien

Ab jetzt geht es nicht mehr um Form und Optik, sondern um das Wie. Den Anfang machen die Klassen als grundlegende Bausteine der objektorientierten Entwicklung.

Ziel dieses Kapitels ist es aber nicht, die objektorientierte Analyse und das Design zu vermitteln (dazu finden Sie einige Tipps in Kapitel 3, »Softwaredesign«), sondern praktische Tipps zu Entscheidungen rund um die Codierung zu geben. Die Grenzen sind auch hier fließend, einige Ratschläge gehören eher zum Design einer Anwendung, andere wiederum sind sehr nahe an der Codierung. Beginnen wir mit zwei Entscheidungen die vor dem Entwurf und der Codierung einer Klasse stehen.

5.6.1 Klasse oder Schnittstelle?

Gelegentlich artet die Diskussion bezüglich Schnittstellen zu einer Glaubensfrage aus, und mit ihr die Frage, ob eine Schnittstelle oder eine Klasse die richtige Lösung für eine Aufgabenstellung ist.

Aus der Praxis

Wenn ich einen neuen Entwickler einstelle, dann erhält dieser vorab eine Probearbeit. Nahezu immer handelt es sich dabei um die Erstellung einer kleinen Stellplatzverwaltung in C#. Geschätzte 2/3 aller Bewerber entscheiden sich dabei für eine Klassenhierarchie, etwa 1/3 bevorzugt die Verwendung von Schnittstellen für Stellflächen, Stellgüter, Regale etc.

Darunter befinden sich auch zunehmend viele Lösungen, die in extremer Weise auf Schnittstellen setzen und für jede zu modellierende Eigenschaft des Systems eine oder gar mehrere Schnittstellen definieren. Oft wird als Begründung angegeben, Schnittstellen erhöhten die Flexibilität und Erweiterbarkeit – eine Fehleinschätzung, wie sich gleich noch zeigen wird.

Die Änderung an einer Schnittstelle bricht mit dem gesamten Code, der die Schnittstelle implementiert. Das passiert mit einer gewöhnlichen Klasse nicht, die jederzeit um Methoden ergänzt werden kann. Gelegentlich wird dieses Problem »gelöst«, indem einfach weitere Schnittstellen erzeugt werden, der Änderungsfähigkeit willen. Das ist keine sehr gute Strategie.

Eine Klasse ist dafür gemacht, Funktionen zu vererben. Eine Schnittstelle ist dafür gedacht, Verträge zu vereinbaren und darüber zu wachen, dass diese Verträge auch eingehalten werden. Sie können beides erreichen, indem Sie abstrakte Klassen erzeugen. Dann trennen Sie einerseits den Vertrag von der Implementierung und ermöglichen Änderungen, ohne mit bestehendem Code zu brechen. Andererseits können Sie in abgeleiteten Klassen beliebige Funktionalität bereitstellen.

Fazit: Sie sollten Klassen bevorzugen, wo immer Sie können. Klassen sind flexibler, erweiterbarer und sicherer. Sie werden später vermutlich seltener bereuen, eine Klasse verwendet zu haben, als dies bei einer Schnittstelle der Fall wäre.

Aber auch für Schnittstellen gibt es gute Gründe: Schnittstellen verlangen keine Festlegung auf einen Basistyp. Sie sind daher geeignet, um voneinander völlig unabhängigen Klassen »neue Tricks« beizubringen. `IComparable` ist dafür ein gutes Beispiel, denn das Implementieren dieser Schnittstelle ermöglicht das Sortieren von Objekten, egal welcher konkrete Typ diese Schnittstelle implementiert. Schnittstellen sind also bestens geeignet, eine Reihe von Eigenschaften zu bestimmen, die von einer Klassenhierarchie unabhängig sind (und auch sein sollen) und für die es keine gemeinsame Implementierung geben kann.

Man kann Schnittstellen auch verwenden, um beliebige Objekte anhand ihrer Verträge zusammenzubringen und damit ebenso beliebige Client-Server-Verbindungen entstehen zu lassen. Viele Addin-Systeme verwenden ein solches Konzept. Klassen können zudem mehrere Schnittstellen implementieren. Obwohl dies nichts mit der

Mehrfachvererbung anderer Programmiersprachen zu tun hat sind doch ähnliche Effekte möglich.

In Kürze. Entscheiden Sie sich für eine Klasse, wenn

- Sie nicht nur Methodendefinitionen, sondern konkreten Code bereitstellen wollen,
- es eine natürliche Hierarchie gibt, zum Beispiel ist ein `FileStream` eine natürliche Differenzierung der (abstrakten) Basisklasse `Stream`,
- es nur *eine* mögliche bzw. sinnvolle Hierarchie gibtund
- im Zweifelsfall.

Und entscheiden Sie sich für eine Schnittstelle, wenn

- Sie dem Verwender Ihrer Klasse keine Basisklasse vorgeben können oder wollen,
- Sie eine Klasse als willkürlich empfinden, eine natürliche Hierarchie also nicht erkennbar ist,
- die Wahrscheinlichkeit besteht, dass ein Entwickler mehrere Schnittstellen implementieren möchte, vielleicht sogar welche, die verschiedene Teilaspekte eines Features abdecken.

5.6.2 Klasse oder struct?

Ich gebe zu, auch ich habe eine Weile gebraucht, bis ich in der Version 1 des .NET Frameworks zum ersten Mal ein `struct` verwendet habe. Klassen liegen den meisten Entwicklern einfach näher.

Der wesentliche Unterschied liegt im Speicher. Klassen sind Referenztypen, `structs` hingegen sind Werttypen, oder anders gesagt: Eine Klasse wird auf dem Heap abgelegt, ein `struct` auf dem Stack. Außerdem liegen die Member eines Objekts dort, wo auch das Objekt liegt, also ebenfalls auf dem Heap. Dafür werden aber *Boxing* und *Unboxing* notwendig, sobald ein `struct` auf einen Referenztypen abgebildet wird. Zur Erinnerung: Mittels *Boxing* werden Werttypen wie Verweistypen behandelt. Boxing verpackt einen Werttyp in einen `object`-Verweistyp, `Unboxing` hingegen extrahiert den Werttyp wieder aus dem Verweistyp.

Objekte auf dem Stack lassen sich schneller anlegen, auf meinem PC etwa 3,7-mal so schnell, und der Vorteil wird mit Arrays noch größer. Außerdem bringen Klassen (bzw. die Objekte) auch einen Overhead mit sich, also ein Speicherbereich, der ausschließlich zur Verwaltung des Objekts dient, nicht so bei einem `struct`.

Wenn Sie daraus keinen Vorteil ziehen können, zum Beispiel weil Sie nur wenige Objekte anlegen, dann können Sie sich bereits jetzt für eine Klasse entscheiden, denn sie sind flexibler. Ansonsten bedenken Sie bitte, dass auf dem Stack keine Garbage Collection stattfindet.

`Structs` werden, wie alle anderen Werttypen auch, *by value* übergeben, also kopiert, wenn sie als Methodenparameter verwendet werden, während Objekte standardmäßig *by reference* übergeben werden.

Wenn man die Vor- und Nachteile gegeneinander aufwiegt, dann ergibt sich folgendes Bild: `structs` eignen sich vor allem für kleine Strukturen, die read-only sind und die nicht häufig mittels Boxing auf einen Referenztypen abgebildet werden müssen, Klassen hingegen für die meisten anderen Fälle. Mein Tipp: Sehen Sie sich einmal die `structs` an, die .NET selbst mitbringt, und Sie bekommen ein gutes Gefühl für dessen Einsatz.

5.6.3 Klassengröße

Eine Klasse repräsentiert immer einen gewissen Zustand, der in ihren Variablen gespeichert ist. Je mehr diese Variablen zusammenhängen, desto geschlossener ist die Klasse. Viele Methoden, die jeweils unterschiedliche Variablen verändern, sind ein Indiz dafür, dass Sie über die Klasse noch einmal nachdenken und vielleicht doch weitere Klassen daraus erstellen sollten. Die beiden Extremfälle sind Klassen mit nur einer Instanzvariable, auf die dann alle Methoden zugreifen, und Klassen, bei denen jede Methode eine oder mehrere andere Instanzvariablen verändern. In solchen Extremen gedacht ist die erste Variante besser. Eine allgemeingültige Grenze dafür, wann es Zeit für eine Aufteilung in mehr als eine Klasse ist, kann hingegen nicht gezogen werden. Wichtig ist das Bewusstsein, den inneren Zusammenhang einer Klasse zu berücksichtigen.

So gesehen werden eher mehr als weniger Klassen entstehen, und diese Klassen werden eher weniger als viele Methoden besitzen. Die Streubreite ist jedoch groß, wie Sie leicht durch einen Blick auf das .NET Framework selbst erkennen können.

5.6.4 Zuständigkeit

In engem Zusammenhang mit dem Abschnitt steht die Forderung, eine Klasse möge nicht mehr als eine Zuständigkeit haben. Das ist nicht immer so klar wie im folgenden Beispiel:

```
public class ReadingPoint
{
   public double CurrentTemperature { get; set; }
   public List<ReadingPoint> History { get; set; }
```

```
    public ReadingPoint()
    {
        History = new List<ReadingPoint>();
    }
}
```

Listing 5.8 Klasse mit unklaren Zuständigkeiten

Die oben gezeigte Klasse repräsentiert einen Messpunkt einer Temperaturmessung. Gleichzeitig verwaltet die Klasse die Historie. Besser wäre die Aufteilung in eine Klasse `ReadingPoint` für den Messpunkt, und eine Klasse `MeasureSeries` für die Verwaltung der Messreihe.

Schwieriger wird es beispielsweise, wenn eine Klasse mehrere Schnittstellen implementiert. Dann sollten Sie entscheiden, ob sowohl der innere Zusammenhang als auch eine einheitliche Zuständigkeit noch gegeben sind, oder ob nicht vielleicht die Schnittstellenimplementierungen auf mehrere Klassen verteilt werden sollten.

Die Aufteilung von Softwaresystemen in Zuständigkeiten ist eines der wichtigsten Grundprinzipien in der Softwareentwicklung. Klassen sollten sich in ihrer Funktion auch nicht überschneiden, was, ganz allgemein, als *Separation of Concerns (SoC)* bezeichnet wird.

5.6.5 Erweiterbarkeit

Einer der Vorteile von Klassen gegenüber Schnittstellen ist ihre Erweiterbarkeit, das habe ich bereits angesprochen. C# kennt mehrere Möglichkeiten, um Klassen zu erweitern oder um dies zu verhindern.

Sealed

Die erste Entscheidung betrifft das Schlüsselwort `sealed`, mit dem verhindert wird, dass von einer Klasse geerbt werden kann.

```
public sealed class SealedClass
{
    //Hiervon kann nicht abgeleitet werden
}
```

Im Framework gibt es einige solche Klassen, beispielsweise `HttpListener`. Eine Klasse als `sealed` zu kennzeichnen, ist ein harter Einschnitt und normalerweise nicht erwünscht, weil Entwickler (oder Sie selbst zu einem späteren Zeitpunkt) vermutlich aus den verschiedensten Gründen von ihrer Klasse ableiten wollen. Dennoch gibt es gute Gründe, warum Sie gerade das vielleicht verhindern möchten:

- wenn eine Ableitung ein Sicherheitsrisiko erzeugen würde
- bei statischen Klassen bzw. Klassen mit statischen Membern, zum Beispiel die `Pens`-Klasse, die über statische Eigenschaften `Pen`-Objekte verschiedener Farben zurückgibt, wie bei `Pen.CornflowerBlue`
- wenn es einfach nicht sinnvoll ist, von einer Klasse abzuleiten

Bei solchermaßen versiegelten Klassen verbietet sich die Verwendung von `protected` und `virtual`, weil es keine Ableitungen gibt, die darauf zugreifen bzw. davon Gebrauch machen könnten. Außerdem kann eine solche Klasse natürlich auch nicht abstrakt sein, denn dann könnte sie weder instanziiert noch durch Vererbung erweitert werden – und wäre so nur ein Haufen digitaler Datenmüll.

Anstatt eine gesamte Klasse zu versiegeln, können auch einzelne Member mit `sealed` geschützt werden, was grundsätzlich vorzuziehen ist.

Virtual

Immer wieder findet man Klassen, die auf inflationäre Art und Weise Methoden mit `virtual` auszeichnen. Die Motivation liegt häufig darin, dem späteren Entwickler, der von dieser Klasse ableiten möchte, alle Türen offenzuhalten.

Das hat aber auch seine Nachteile:

- Die Klasse ist schwieriger zu ändern, denn die Kompatibilität mit eventuell vorhandenen Ableitungen muss gewahrt bleiben.
- Es gibt einen (wenn auch moderaten) Geschwindigkeitsnachteil.
- Solche Klassen sind häufiger schwerer zu testen und müssen besonders sorgfältig dokumentiert werden.

Gerade letzter Punkt verdient Aufmerksamkeit, denn häufig verlangt der Entwickler einer Basisklasse von einer abgeleiteten Klasse, dass diese mittels `base` die übergeordnete Methode aufruft, wenn dort Code vorhanden ist, der für die Klassen essenziell ist. So etwas sieht man der Klasse aber nicht an und so haben vermutlich schon viele Entwickler ungezählte Stunden mit der Suche nach solchen Fehlern verbracht.

Sie sollten Ihre Member (Methoden, Eigenschaften, Ereignisse und Indexer) also nur dann als `virtual` definieren, wenn Sie es erwarten, dass diese überschrieben werden und wenn Sie polymorphes Verhalten in Ihren Klassen ermöglichen wollen. In den meisten anderen Fällen sollten Sie darauf verzichten. Denken Sie an den alten IT-Spruch: YAGNI (You ain't gonna need it), was so viel bedeutet: Programmieren Sie nur das, von dem Sie sicher wissen, dass Sie es benötigen.

Zudem zeugt es von gutem Stil, wenn virtuelle Member `protected` sind und nicht `public`.

Callback und Events

Callback und Events haben den Charme, Erweiterbarkeit zur Laufzeit zu ermöglichen. Ein Callback ist ein Delegate, der einer Methode als Parameter übergeben wird:

```
public delegate void CallMeBack(string text);

public void DoSomethingAndCallback(CallMeBack callback)
{
   //Hier wird gearbeitet
   callback("Work done!");
}
```

Listing 5.9 Callback

Alternativ stehen die Standard-Delegates `Func<>` und `Action<>` (in ihren verschiedenen Varianten) zur Verfügung, die Ihnen in den meisten Fällen eigene Delegate-Typen ersparen können.

Events sind eine spezielle Art Callback, sie haben eine eigene Syntax und Designerunterstützung:

```
public delegate void CallMeBack(string text);
public event CallMeBack OnCallMeBack;

public void DoSomethingAndCallback(CallMeBack callback)
{
   this.OnCallMeBack += new CallMeBack(onCallMeBack);
}

void onCallMeBack(string text)
{
   //Callback here
}
```

Listing 5.10 Event

Events sind eine gute Sache, denn Sie erlauben es, zwei Klassen nur lose aneinander zu koppeln; gerade in solchen Einsatzszenarien, wie sie der Name schon vorgibt: bei der Benachrichtigung eines Ereignisses.

Events und Delegates unterscheiden sich in der Art und Weise, wie sie zugewiesen und ausgelöst werden, denn – im Gegensatz zu Delegates – lassen sich Events außerhalb der definierenden Klasse weder zuweisen noch auslösen. Das ist auch nicht nötig, denn die definierende Klasse selbst möchte ja gerade eine zweite Klasse über das Eintreten eines Ereignisses informieren. Events wahren also die Kapselung besser als Delegates.

Und so sollten sie beide auch verwenden. Wollen Sie über ein Ereignis informieren, dann verwenden Sie am besten Events, wenn es nur darum geht, eine Methode erst zur Laufzeit festzulegen, dann sind Delegates das Mittel der Wahl.

5.6.6 Abstrakte Klassen

Den wesentlichen Vorteil von abstrakten Klassen habe ich bereits angesprochen: die Trennung von Vertrag und implementierender Klasse, ohne dadurch auf Schnittstellen angewiesen zu sein. Natürlich ist eine abstrakte Klasse ohne eine Ableitung recht sinnfrei, ebenso öffentliche Konstruktoren.

Abstrakte Klassen eignen sich immer dann, wenn es nicht sinnvoll ist, von einer Basisklasse eine Instanz zu erzeugen. Vor allem dann, wenn die Basisklasse gemeinsam genutzten Code enthält. Ein gutes Beispiel dafür ist `System.IO.Stream`. Da diese Klasse keine spezifische Technologie implementiert (wie ein Stream im Arbeitsspeicher oder ein Stream vom Type `FileStream`), kann diese Basisklasse auch keine Arbeit übernehmen, erst eine davon abgeleitete Klasse kann konkret werden und eine spezifische Technologie implementieren. Dennoch enthält diese Klasse bereits eine Menge Code, zum Beispiel Fehlerbehandlung oder eine Kopierfunktion, die für alle abgeleiteten Streams ebenfalls nützlich ist.

5.6.7 Statische Klassen

Die vielleicht bekannteste statische Klasse ist `System.Math`, die als Container für viele mathematische Funktionen dient. Damit ist bereits ein Einsatzzweck beschrieben. Ein weiterer ist die Umsetzung des Singleton-Patterns, also die Garantie, dass von einem Objekt nur eine Instanz vorhanden ist. Da Singleton selbst wiederum viele Nachteile mit sich bringt, möchte ich hier nicht unerwähnt lassen, dass Sie dieses Pattern wohlüberlegt einsetzen sollten. Viele weitere Gründe gibt es nicht.

Statische Klassen können die Entwicklung also komfortabler machen, weil keine Objekte instanziiert werden müssen, und bringen aus ebendiesem Grund auch einen Geschwindigkeitsvorteil mit sich.

5.7 Funktionen

Vieles, das für Klassen gilt, gilt auch für Funktionen. Daher kann ich Ihnen ein wenig Wiederholung nicht ersparen.

5.7.1 Funktionsgröße

Übersichtlichkeit und leichte Lesbarkeit erfordern eine gewisse Kürze. Je länger eine Funktion ist, desto schwerer ist es, deren Funktionsweise nachzuvollziehen. Natürlich hat alles seine Grenzen. Funktionen in Dutzende weitere Funktionen aufzusplitten ist ebenso wenig sinnvoll, wie eine Funktion zu schreiben, die 1.000 Zeilen lang ist.

Es gibt zahlreiche Metriken und Empfehlungen zur Länge von Funktionen, auf die ich aber nicht weiter eingehen möchte, weil ich sie für weitgehend sinnlos halte. Das Problem bestimmt die Lösung, wichtig sind allein Problembewusstsein und Augenmaß. Der Rest ist Geschmack.

Ganz praktisch betrachtet, kann es nicht schaden, wenn Sie alle Funktionen mit einem Umfang von mehr als 20-30 Zeilen einer Prüfung unterziehen, vor allem darauf, ob diese wirklich nur noch eine Zuständigkeit umfassen.

5.7.2 Zuständigkeit

Analog zu Abschnitt 5.6.4, »Zuständigkeit«, gilt: eine Funktion, eine Zuständigkeit. Wenn eine Funktion für mehr als eine Sache zuständig ist: Machen Sie daraus mehrere Funktionen. Aber auch hier ist die Abgrenzung schwierig. Daher finden Sie im Folgenden einige Fragen, die der Identifizierung dienen können:

- Können Teile einer Funktion vielleicht für sich genommen wiederverwendet werden?
- Gibt es bereits eine Struktur im Code, die auf eine Abgrenzung hindeutet, zum Beispiel mehrere unabhängige if-Anweisungen?
- Enthält die Funktion Variablen, die rein gar nichts miteinander zu tun haben?
- Kann ich die Funktion sinnvoll benennen, oft ein Gradmesser dafür, dass eine Funktion etwas genau Definiertes tut.
- Sind die Funktionen so sehr zersplittert, dass bereits die Navigation aufwendig ist? Dann lohnt sich vielleicht das Zusammenfassen von Funktionen oder das Erweitern der Klassenhierarchie.

Der aber vielleicht wichtigste Ratschlag lautet: Meiden Sie die Extreme.

5.7.3 Konstruktoren

Für einige Fälle werden Standardkonstruktoren benötigt, zum Beispiel wenn eine Komponente auf einer Form abgelegt werden soll. Oder aber Konstruktoren sollen eine Instanz in einen definierten Zustand versetzen, weil damit wichtige Parameter vor der ersten Verwendung gesetzt werden. Daneben gibt es noch statische Konstruktoren, die keine Parameter haben dürfen und die das Framework automatisch aufruft, sobald eine Klasse zum ersten Mal verwendet wird.

Zum Design von Konstruktoren können Sie sich an diese Richtlinien halten:

- Konstruktoren sollten vor allem die Parameter enthalten, ohne die eine Klasse (bzw. eine Instanz) nicht funktionieren kann. Bei einer Datenbankverbindung wäre dies z. B. der Connection String.
- Wenn möglich, sollten Sie einen Standardkonstruktor bauen, sodass die Eigenschaften auch später noch gesetzt werden können. Das macht die Verwendung flexibler. Tun Sie das nicht, fügt C# automatisch einen solchen für Sie ein, aber natürlich einen leeren.
- Verwenden Sie dieselben Namen für Parameter und Eigenschaften (bzw. Instanzvariablen), außer, es findet eine Verarbeitung und nicht nur eine Zuweisung statt. Und natürlich sollte die Groß- und Kleinschreibung beachtet werden.

  ```
  public MyClass(string myParameter)
  {
    this.myParameter = myParameter;
  }
  ```

- Immer problematisch ist das Auslösen von Exceptions innerhalb von Konstruktoren. Für gewöhnlich erwarten Entwickler dieses Verhalten nicht, weswegen Sie das auch vermeiden sollten. Nehmen Sie abermals eine Connection-Klasse. Anstatt eine Exception auszulösen, wenn der übergebene Connection String ungültig ist, sollte eine solche erst dann ausgelöst werden, wenn die `Open`-Methode aufgerufen wird.
- Statische Konstruktoren sollten als `private` gekennzeichnet werden, denn ein Anwender hat über die Ausführung keine Kontrolle.

5.7.4 Eigenschaft oder Funktion?

Vielleicht ist eine Funktion gar nicht die beste Wahl, sondern eine Eigenschaft wäre besser geeignet.

Pro Eigenschaft

Für den Zugriff auf den internen Status einer Klasse (Getter und Setter) sollte keine Methode verwendet werden, wie dies früher noch üblich war. Methoden wie

```
public string GetName();
public void SetName(string value);
```

sollten also besser durch Eigenschaften ersetzt werden:

```
public string Name { get; set; }
```

Weiterhin spricht für Eigenschaften, wenn Methoden sehr viele Parameter haben und folglich oft viele Überladungen. Das Setzen einzelner Parameter ist dann bequemer und einfacher anzuwenden als das korrekte Aufrufen solcher Monstermethoden. Andererseits sind Methoden sicherer anzuwenden, weil Anzahl und Reihenfolge der Parameter vorgegeben sind.

Indexer gestatten einen einfachen Zugriff auf Elemente innerhalb einer Auflistung und sind daher in erster Linie bequem:

```
public T this[int i]
{
   get
   {
      return anArray[i];
   }
}
```

Listing 5.11 Indexer

Die komfortable Syntax in C#, gerade seit der Einführung der automatischen Eigenschaften, macht Eigenschaften häufig zur ersten Wahl. Sehen wir uns nun aber noch einige Gründe für die Verwendung von Methoden an.

Pro Funktion

Funktionen können schneller sein als Eigenschaften. Vergessen Sie nicht, dass Eigenschaften eine Form von »Syntactic Sugar« sind und eine simple Zuweisung suggerieren, die Wirklichkeit aber komplizierter ist. Darüber hinaus liegen die Erwartungen bei Eigenschaften höher als bei Funktionen, da sie den Eindruck erwecken, nur auf ein Feld zuzugreifen. Bei Operationen, die also leicht schiefgehen können, zum Beispiel wenn über einen Dienstverweis auf einen Webservice zugegriffen werden soll, ist eine Methode daher die richtige Wahl.

Methoden sind dann zwingend notwendig, wenn sie mit Attributen ausgezeichnet werden sollen, die nur auf Methoden angewendet werden können. Wenn ein Vorgang angezeigt werden soll (schon durch den Namen einer Methode, wie in `DeleteFileFromStorage`), dann ist eine Funktion die bessere Wahl, ebenso wenn sie für jeden Aufruf einen anderen Wert liefert. `ToString` ist ein Beispiel für die erste, `NewGuid` ein Beispiel für die zweite Kategorie.

Der aber vielleicht wichtigste Grund für die Verwendung von Funktionen ist die Wahrung des inneren Status einer Klasse, mithin ein Hauptgrund dafür, warum es überhaupt Klassen gibt. Der Status einer Klasse ist letztlich nichts anderes als die Werte alle Felder einer Klasse zu einem bestimmten Zeitpunkt.

Hier tun sich etliche Entwickler schwer, weil Sie viel zu viele Felder in eine Klasse packen, die zudem noch wechselseitig voneinander abhängig sind. Oder, schlimmer noch, die sich gegenseitig ausschließen. Das schafft eine Komplexität, die nach außen wirkt, wenn verschiedene Eigenschaften einer Klasse vor dem Aufruf einer Funktion (richtig) gesetzt sein müssen – was man der Klasse von außen natürlich nicht ansieht. Eine Funktion schafft da durch ihre Parameter Klarheit, weil sie die Ausführung vorher an Bedingungen knüpft, eben die richtige Übergabe der Parameter.

5.7.5 Parameter

Die beste Sichtweise auf eine Funktion ist vielleicht die von außen. Eine Funktion stellt eine Dienstleistung zur Verfügung und benötigt dafür gegebenenfalls Eingabewerte, also Parameter.

Solange Sie nicht einhundertprozentig sicherstellen können, dass die Eingabeparameter korrekt sind, sollten Sie sie überprüfen. Konsequent, immer, bereits am Beginn der Funktion. Das trägt weder zur Eleganz noch zur Kürze einer Funktion bei, ist aber unentbehrlich. Prüfen Sie auch die Randbedingungen, also nicht nur das Vorhandensein eines Parameters (NULL-Prüfung). Achten Sie auch darauf, die richtigen Exceptions auszulösen, also beispielsweise eine `ArgumentException` für einen fehlerhaften und eine `ArgumentNullException` für einen fehlenden Wert.

Allerdings, keine Regel ohne Einschränkungen: Für interne Methoden, also Methoden, die üblicherweise als `private` deklariert wurden, sind solche Prüfungen meist nicht sinnvoll. Manchmal finden solche Prüfungen auch bereits in der Basisklasse statt, die dann ebenfalls nicht wiederholt werden müssen.

Weitere Empfehlungen zu Parametern innerhalb von Funktionen:

- Parametertypen sollten so allgemein wie möglich und so spezifisch wie nötig sein. `IEnumberable` ist besser als `IList`, sofern die Funktion auch mit `IEnumerable` zurechtkommt.
- Behalten Sie im Kopf, dass Werttypen by-value und Referenztypen by-reference übergeben werden.
- Ich persönlich vermeide `out`- und `ref`-Parameter, wo dies möglich ist. Es ist schon schlimm genug, wenn sie mir im Zusammenhang mit OLE-Automation aufgezwungen werden. Oft werden sie verwendet, um zahlreiche Werte auf einmal zurückzugeben, wofür sich aber ein eigener Rückgabe-Typ oft besser eignet, oder die Klasse `Tuple`, wenn es nur zwei, drei Werte sind. In wenigen Fällen können sie aber eleganter sein, wie bei den `TryParse`-Methoden der BCL, durch die Prüfung und Zuweisung in einer Zeile erledigt werden können.

- Optionale Parameter können eine elegante Alternative zu überladenen Methoden sein, vor allem wenn Sie merken, dass Sie alle möglichen Parameterkombinationen zur Übergabe vorsehen wollen.

Zur Erinnerung: Optionale Parameter müssen am Ende der Parameterliste stehen:

```
public void CreateCustomer(string lastName, string firstName,
  int creditLimit=3000, bool isPrivate=false) {...};
```

Um nun den Parameter `isPrivate` mit einem Wert zu versehen, nicht aber `creditLimit`, helfen benannte Parameter, weil damit Parameter »übersprungen« werden können:

```
CreateCustomer("Smith", "Adam", isPrivate: true);
```

Die Parametertypen sollten komfortabel zu übergeben sein. Arrays gehören nicht in diese Kategorie, erst recht nicht, wenn sie mehr als eine Dimension haben. Gelegentlich lässt sich das aber nicht vermeiden, zum Beispiel wenn eine variable Anzahl an Parametern übergeben werden soll, wie dies bei der Methode `Split` der Klasse `System.String` der Fall ist.

```
public string[] Split(string[]
  separator, int count, System.StringSplitOptions options)
```

Eine recht komfortable Möglichkeit, eine beliebige Anzahl an Parametern zu übergeben, hingegen ist `params`. Das macht aber nur Sinn, wenn die Anzahl der übergebenen Parameter gering ist und/oder die Anzahl der übergebenen Parameter wirklich sehr variabel ist, bei `String.Format` zum Beispiel.

In jedem Fall gilt aber:

- Parameter sollten besonders sorgfältig benannt werden, damit auch ohne Hilfe klar ist, was erwartet wird – der Konvention nach in der camelCase-Schreibweise.
- Dazu gehört auch, dass keine Werte erwartet werden, die zuvor nachgeschlagen werden müssen. Enums sind festen integer-Werten vorzuziehen, also

  ```
  public void DoSomething(AcctExportFormat exportFormat...)
  ```

  anstelle von

  ```
  public void DoSomething(int exportFormat ...)
  ```

5.7.6 Erweiterungsmethoden

Erweiterungsmethoden gehören zu der Kategorie Features, die einerseits ungemein elegant sind, andererseits auch leicht das Gegenteil bewirken können, wenn sie übertrieben häufig oder falsch eingesetzt werden.

Das größte Problem ist dabei, dass die Einheit von Klassen zerstört (oder sagen wir besser: gestört) wird (aus Anwendersicht) und die API damit in viele einzelne Klassen, Assemblys und Projekte zerfällt. Schlimmer noch, für eine Klasse können Erweiterungsmethoden von vielen verschiedenen Entwicklern in vielen verschiedenen Assemblys bereitgestellt werden. Woher kommt die Methode X der Klasse Y gleich nochmal?

Zudem wird die Abhängigkeit wieder ein Stück vergrößert, da für die Nutzung einer Klasse dann auch noch die Klassen benötigt werden, in denen die Erweiterungsmethoden definiert wurden.

- Der Normalfall sollte sein: Ableitung von einer Klasse vor Erweiterungsmethode.
- Seien Sie besonders vorsichtig mit Klassen, für die Sie keinen Sourcecode haben.
- Nicht alle Sprachen unterstützen dieses Feature.
- Erweiterungsmethoden auf `Object` sollten tabu sein, überhaupt sind Erweiterungsmethoden für eine große Zahl möglicher Klassen problematischer, als wenn diese nur wenige Klassen erweitert, aber gelegentlich eben auch verlockender.
- Erweiterungsmethoden in einen eigenen Namespace zu geben macht deren Verwendung im `using`-Teil einer Datei klarer, wobei Sie diesen Namespace nicht etwa `.Extensions` nennen sollten, sondern – wie alle anderen Namespaces auch – nach Technologie und Funktion. Wer eine solche Methode verwenden möchte, referenziert zuvor den Namespace und erhält auch dann erst die Methode in der IntelliSense-Hilfe.
- Achten Sie besonders auf Namensüberschneidungen.
- Tabu sein sollten Erweiterungsmethoden mit demselben Namen wie bereits vorhandene Instanzmethoden. Zum Glück würde .NET ohnehin die Instanzmethode aufrufen und nicht etwa die Erweiterungsmethode.

5.8 Schnittstellen

In Abschnitt 5.6.1, »Klasse oder Schnittstelle?«, habe ich ausgeführt, wann sich eine Schnittstelle eignet und wann eine Klasse die bessere Alternative ist. Wenn Sie sich für eine Schnittstelle entscheiden, sollten Sie die folgenden Empfehlungen berücksichtigen:

- Eine Schnittstelle gehört zu den wenigen Typen mit einer eigenen Namenskonvention. Lesen Sie hierzu Abschnitt 5.3.7, »C#-Konventionen«.
- Ändern Sie Schnittstellen überhaupt nicht oder jedenfalls nur sehr selten. Bitte bedenken Sie, dass alle Entwickler, die Ihre Schnittstelle implementieren, ihren Code anpassen müssten.

- Vermeiden Sie möglichst mehrere Schnittstellen, die eine Art Versionierung abbilden sollen, die also dieselbe Funktion besitzen, aber eine unterschiedliche Umsetzung, wie in diesem Beispiel:

  ```
  public interface IPrintable
  {
      void Print();
  }

  public interface IPrintable2
  {
      void Print(string printerName);
  }
  ```

- Vermeiden Sie leere Schnittstellen, um eine Klasse zu kennzeichnen, sogenannte Marker-Schnittstellen. Dafür eignet sich ein Attribut besser. Eine Schnittstelle sollte immer wenigstens einen Member besitzen.
- Besonders wichtig ist es, eine Schnittstelle auf nur einen Aspekt zu reduzieren. Auch dafür gibt es wieder einen schönen englischen Begriff: `Single Responsibility Principle`. Einer der Hauptvorteile ist es ja gerade, dass eine Klasse mehrere Schnittstellen implementieren kann, was die Schnittstellen kleinteiliger machen kann (und sollte) als Klassen.

5.9 Enums

Enums sind ein praktischer Ersatz für Konstanten, wenn mehr als ein Wert im Spiel ist. Gemeint sind hier sowohl gewöhnliche Enums, also solche, bei denen nur ein Wert ausgewählt werden kann, und Flag Enums, also Enums, die bitweise *oder* kombiniert eingesetzt werden können:

```
[Flags]
public enum MyFlag
{
   Option1 = 0x0001,
   Option2 = 0x0002,
   Option3 = 0x0004,
   Option4 = 0x0008,
   ...
}
```

Die folgenden Empfehlungen habe ich im Laufe der Zeit schätzen gelernt:

- Flag Enums lassen sich vom Entwickler oft nicht von gewöhnlichen Enums unterscheiden. Sie können das durch die Namensgebung erleichtern – zum Beispiel, indem Sie ein *-Flag* an den Namen anhängen.
- Enums eignen sich für die Auswahl aus einer festen Liste von Werten. Konstanten haben ihre Vorteile dort, wo der Wert selbst von Bedeutung ist, zum Beispiel bei einer Versionsnummer.
- Die Liste der Auswahlmöglichkeiten sollte endlich und überschaubar sein. Enums eignen sich daher nicht, um aus einer Liste von Personen auszuwählen. Natürlich sind sie auch nicht geeignet, um nur aus einer Möglichkeit zu wählen.
- Bei Flag Enums sollten Sie die einzelnen Werte als Potenzen von 2 darstellen, damit sie flexibel miteinander verknüpft werden können.
- Sie können den 0-Wert auch explizit angeben, wie in diesem Beispiel:

  ```
  public enum ContactType
  {
     None = 0,
     Tel,
     Fax
  }
  ```

  Das hat seine Vorteile, wenn Sie beispielsweise Enum-Werte in Datenbanken speichern und so den Normalfall leicht erkennen wollen, wobei das Entity Framework (ab Version 5) die Arbeit mit Enums abnimmt.

5.10 Eigenschaften

In Abschnitt 5.7.3, »Konstruktoren«, war die Rede davon, wann eine Eigenschaft einer Funktion vorgezogen werden sollte. Hier geht es jetzt um die Eigenschaft an sich.

Achten Sie bitte auch auf die Hinweise in Abschnitt 5.6, »Klassen und Klassenhierarchien«. Allzu viele Eigenschaften – und andere Member – können ein Hinweis auf ein zu grobes Klassenmodell sein. Viele Eigenschaften (und Instanzvariablen) machen es zusehends schwieriger, den inneren Status einer Klasse aufrechtzuerhalten, wie in diesem Beispiel:

```
public class MyServerConnection
{
   public string ServerName { get; set; }
   public string UserName { get; set; }
   public string Password { get; set; }
   public string DomainName { get; set; }
```

```
    public ServerProtocol ProtocolUsed { get; set; }
    public bool IsEncrypted { get; set; }
    //...
    public void Open() {...}
}
```

Listing 5.12 Klasse mit vielen Eigenschaften

Hier müssen schon eine Menge an Eigenschaften richtig gesetzt werden, bevor die Open-Methode aufgerufen werden kann. Das macht einerseits die Parameterprüfung aufwendiger, und andererseits ist dem Anwender der Klasse vielleicht nicht immer klar, welche Eigenschaften in welchem Fall wie und wann zu setzen sind. Gerade für komplexere Abhängigkeiten eignen sich Eigenschaften daher nur bedingt. Weitere Empfehlungen:

- Machen Sie regen Gebrauch von read-only-Properties.
- Erzeugen Sie keine Eigenschaften, die nicht gelesen, sondern nur geschrieben werden können – bei denen get also fehlt oder nicht zugreifbar ist.
- Späte Initialisierung, beim ersten Zugriff auf die Eigenschaft, kann dazu führen, dass dieser erste Zugriff länger dauert; ein Verhalten, das ein Entwickler nicht unbedingt erwartet.
- Eigenschaften sollten sinnvolle Standardwerte besitzen, wo immer dies möglich ist.
- Definieren Sie Methoden, die am Ende aufgerufen werden, also wenn ein Entwickler alle Eigenschaften gesetzt hat. Das könnte eine Save-Methode oder eine Commit-Methode sein. Vermeiden Sie es stattdessen, beim Setzen jeder Eigenschaft zu überprüfen, ob schon alle anderen Eigenschaften richtig gesetzt wurden – und dann zum Beispiel eine Verbindung automatisch zu öffnen. Ein solches implizites Verhalten würde in vielen Fällen verwirren.
- Das Setzen von neuen Werten sollte transaktionssicher sein. Wenn es fehlschlägt, dann sollte hernach wieder der alte Wert in der Eigenschaft stehen.
- Denken Sie auch an die Performance, also wie häufig eine Eigenschaft gelesen und gesetzt wird.
- Indizierte Eigenschaften kommen infrage, wenn Sie zum Beispiel damit auf ein Array zugreifen möchten.

5.11 Exceptions

Über Exceptions finden Sie an ganz verschiedenen Stellen in diesem Buch Informationen, daher verweise ich zuerst einmal auf Kapitel 2, »Softwarearchitektur«, sowie auf Kapitel 3, »Softwaredesign«. In diesem Abschnitt beschränke ich mich auf eine Wiederholung der wichtigsten Prinzipien in Kurzform.

5.11.1 Wann?

Ein `try`-Block wird oft später um eine Funktion herumgebaut. Oft ist aber der umgekehrte Weg sinnvoll: Die Fehlerbehandlung sollte vor dem eigentlichen Code geschrieben werden. Denn wenn die Fehlerbedingungen vorab klar sind, dann kann jede Zeile des Codes unter diesem Licht betrachtet werden.

5.11.2 Wo?

Auslösen

Ein Fehler sollte dort ausgelöst werden, wo Sie als Entwickler eine Fehlerbedingung erkannt haben, die Sie dem Benutzer Ihrer Funktion unbedingt mitteilen wollen.

Ich vermeide bewusst den Begriff Ausnahme, da dieser Begriff zu sehr von den Erwartungen des Benutzers abhängt. Wenn ein Anwender einer Funktion einen falschen Parameter übergibt und eine Exception erntet, ist das dann wirklich eine »Ausnahme«, etwas, das sonst nicht geschieht? In gewisser Weise ja (es entspricht nicht der Regel), in gewisser Weise nein (weil der noch schlaftrunkene Anwender stets den falschen Dateipfad angibt). Auf jeden Fall ist es aber ein Fehler, einer, den wir dem Anwender der Funktion mitteilen müssen.

Abfangen

Eine Exception wird immer dort abgefangen, wo sie sinnvoll behandelt werden kann. Tut sie dies abschließend, darf sie nicht erneut ausgelöst werden, tut sie dies nicht abschließend, muss sie erneut ausgelöst werden. Wobei dann natürlich die Frage doppelt wiegt: Was kann in der Fehlerbehandlung Sinnvolles stattfinden, wenn die Exception danach erneut ausgelöst wird?

Sinnvoll bedeutet übrigens, dass der innere Status einer Klasse im Anschluss an die Fehlerbehandlung immer noch gültig ist. Wurde ein falscher `ConnectionString` übergeben, dann sollte eben nicht eine Eigenschaft anzeigen, die Datenbankverbindung wäre jetzt geöffnet.

Der zweite Aspekt betrifft den Layer (bzw. Tier). Hier gilt im Grunde dasselbe, aber auf einer anderen Ebene. Die Frage lautet dann beispielsweise: Bis zu welchem Layer soll ein Datenbankfehler vordringen? Dies ist eine Entscheidung, die nur im Kontext der Anwendung getroffen werden kann.

5.11.3 Wie?

Die Antwort auf die Frage, wie Exceptions behandelt werden sollten, lautet: als Exception, nicht als Fehlercode. Vorbei sind die Zeiten, in denen APIs Fehlercodes als Integer-Wert zurückgaben und damit erst den Wunsch nach strukturiertem Exception Handling ins Leben gerufen haben. Weitere Empfehlungen:

- Verwenden Sie die `InnerException`-Eigenschaft, wenn Sie eine Original-Exception in eine eigene Exception verpacken wollen, zum Beispiel dann, wenn eine Drittthersteller-Komponente die ursprüngliche Exception ausgelöst hat.
- Wenn der Status einer Anwendung nicht durch eine Fehlerbehandlung wiederhergestellt werden kann, dann – aber nur dann – sollten Sie die Anwendung beenden:

  ```
  System.Environment.FailFast(message, exception);
  ```
- Spezifische Exceptions sollten immer vor generischen Exception-Typen bevorzugt, die Basisklasse `Exception` nach Möglichkeit vermieden werden.
- Schon gar nicht sollten Sie Exceptions fangen, ohne sie zu behandeln:

  ```
  try
  {
     //Hier wird gearbeitet
  }
  catch (Exception ex)
  {
     //Fangen, ohne zu behandeln ist tabu
     //(Sehr) wenige Ausnahmen bestätigen diese Regel
  }
  ```
- Wenn Sie eine Funktion beim Auftreten eines Fehlers nicht gleich beenden wollen (oder können, zum Beispiel bei nebenläufiger Programmierung), dann ist `AggregateException` die richtige Wahl, um Exceptions bis zum kontrollierten Abbruch zu sammeln.
- Präsentieren Sie dem Anwender Fehlermeldungen, die er versteht und mit denen er etwas anfangen kann, was bisweilen einer Lebensaufgabe gleichkommt.
- Machen Sie keine Fehler im Fehler, achten Sie also auf die Rechtschreibung, und lokalisieren Sie Fehlermeldungen. Und, natürlich, achten Sie darauf, dass im Exception Handler selbst keine neuen Exceptions auftreten, weil beispielsweise fehlerhafte Datenverbindungen geschlossen werden. Manchmal gilt eben: Wenn etwas schiefgeht, dann richtig. Es schadet nicht, im Exception Handler davon auszugehen.
- Protokollieren Sie auftretende Exceptions, zum Beispiel mit *log4net* oder der Enterprise Library (siehe Kapitel 3, »Softwaredesign«).
- Verwenden Sie Ihre eigenen Exception-Typen, wenn die Fehler für Ihre Anwendung besonders spezifisch sind.

- `finally` ist finally, hier sollten erst recht keine Exceptions mehr auftreten.
- Verwenden Sie `finally`, um Aufräumarbeiten zu leisten, zum Beispiel um offene Datenbankverbindungen zu schließen. Mit der `using`-Anweisung können Sie `Dispose` implementieren.
- Vermeiden Sie die Preisgabe von sicherheitskritischen Informationen in Fehlermeldungen, vor allem, wenn Sie die Anwender Ihrer Funktionen nicht kennen.
- Das erneute Auslösen einer Exception geschieht immer mit `throw`; ohne Parameter, damit der Aufrufstack nicht verloren geht.

Exceptions sind nicht billig, sie kosten Performance. Für Codeblöcke, die niemals oder nur sehr selten fehlschlagen, dafür aber sehr häufig durchlaufen werden, kann der Overhead inakzeptabel werden. In solchen Fällen ist es aber vielleicht auch nicht nötig, das Exception Handling auf dieser fein-granularen Ebene durchzuführen. Vielleicht genügt es, sie in die aufrufenden Methoden einzubauen?

Die Angaben über diesen Overhead schwanken übrigens. Ich habe in einer Versuchsreihe etwa eine Verdoppelung der Laufzeit ermittelt, wobei diese Ergebnisse nicht 1:1 auf andere Fälle übertragbar sind. Wird der Code im `try`-Block sehr schnell ausgeführt, und dazu noch sehr häufig, ist das Verhältnis zwischen dieser »Nutzlast« und dem »Ballast« (Fehlerbehandlung) natürlich besonders ungünstig.

Einige Klassen bringen `Try`-Methoden mit, zum Beispiel enthält die Klasse `Guid` eine `TryParse`-Methode. Das geht meist schneller, löst dafür aber auch nur ein einziges Problem – Fehler, die bei der Umwandlung eines Strings in ein Guid auftreten können.

Häufig, zu häufig finde ich, wird das Exception Handling zweckentfremdet, entweder für die Ablaufsteuerung oder für Zwecke der Benutzeroberfläche, wie im folgenden Beispiel:

Aus der Praxis

Entwickler sind erfinderisch, und so ist mir folgendes Konstrukt begegnet: In einer Datenbankanwendung werden Stammdaten oft in zahlreichen Tabellen verwendet. Soll ein solches Stammdatum gelöscht werden, sagen wir, ein Mehrwertsteuersatz, muss eigentlich geprüft werden, ob dieser nicht bereits verwendet wird. Das ist lästig, und so sah die vermeintlich bessere Lösung aus (schematisch):

```
using (TransactionScope scope = new TransactionScope())
{
    try
    {
```

```
        //Lösche den Master-Datensatz
        scope.Complete(); //Hat funktioniert, prima!
    }
    catch (Exception ex)
    {
        //Oops, hat nicht funktioniert, macht nichts
        throw new Exception("Der Stammdatensatz wird bereits verwendet
        und kann nicht gelöscht werden");
        //Breche Transaktion ab
    }
}
```

Hier wurde also die Fehlerbehandlung verwendet, um fachspezifischen Code zu vermeiden und nicht, um einen unerwarteten Fehler zu behandeln. Nebenbei bemerkt wurde hier auch noch eine Transaktion zweckentfremdet, was die Sache nicht besser macht.

5.12 Refactoring

Unter *Refactoring* versteht man das Umgestalten des Codes, ohne dass dadurch die Funktionalität verändert wird. Meist handelt es sich dabei um Strukturverbesserungen.

5.12.1 Gründe

Und das sind häufige Gründe dafür:

- Redundanz wird vermieden, indem redundanter Code aus zwei oder mehr Stellen in eine eigene Einheit, zum Beispiel eine Klasse, ausgelagert wird.
- Die Software tut, was sie soll, ist aber nicht ausreichend erweiterbar, zum Beispiel weil der Lösungsansatz nicht generisch genug ist. Ein anderes Beispiel ist das Implementieren von *Dependency Injection*, um Abhängigkeiten aufzulösen und neue Module anbinden zu können.
- Der Code ist nicht klar strukturiert und/oder schlecht lesbar. Das kann mit der Benennung von Variablen zu tun haben oder mit Spaghetticode, den es dann aufzudröseln gilt.
- Die Testbarkeit soll erhöht werden, zum Beispiel, indem der Code für Unit-Tests vorbereitet wird.
- Nach der Entwicklung findet sich eine effizientere und elegantere Lösung, die vielleicht auch noch performanter ist. Das kommt häufig vor, denn nach der Entwicklung ist man schließlich Lösungsspezialist für das Problem.

Gerade der letzte Punkt ist besonders wichtig. Nach erfolgter Programmierung ist meist sofort klar, wie man es besser machen kann. Außerdem sind die Eindrücke noch frisch und unverbraucht. Ganze Unternehmen beschäftigen sich daher mit Refactoring.

Code ist außerdem von einem gewissen Zerfall bedroht. Wenn ein Code anfangs auch sauber ist, mit der Zeit schleichen sich Probleme ein, weil bei der Ergänzung oder Änderung von Code meist nur die betroffene Stelle berücksichtigt wird. Die Frage, ob die Änderungen in ihrer Gesamtheit noch ein sauberes System hinterlassen, wird im Produktionsalltag oft verdrängt.

Andererseits ist auch die schiere Menge an Code ein Argument für ein Refactoring, denn mehr Code bedeutet oft auch die Notwendigkeit für mehr Struktur, mehr Dokumentation und die unerwünschte und ungewollte Anhäufung von Redundanz.

Dennoch, die meisten Refactorings sind gar keine Refactorings im engeren Sinne, weil sie – wenigstens zum Teil – Schnittstellen oder andere Eigenschaften des Codes verändern, und damit mehr oder weniger umfangreiche Änderungen des aufrufenden Codes erwarten. Für die Betrachtung in diesem Buch spielt das aber keine große Rolle, wohl aber für die eigene Risikoabschätzung.

Weil: Der natürliche Gegenspieler von Refactoring heißt: »Never change a running system«. Um diese beiden verfeindeten Parteien unter einen Hut zu bekommen, schlage ich Folgendes vor:

- Identifizieren Sie die Codebereiche, die Sie gerne einem Refactoring unterziehen möchten.
- Überlegen Sie sehr genau, welche Bestandteile des Codes von einem Refactoring betroffen sind: Eine Methode, eine Klasse, ein Assembly? Der Server- oder auch der Clientcode? Die Fassade, die Datenbank oder nur die Datenzugriffsschicht?
- Stellen Sie die Abhängigkeiten der Änderungen (idealerweise grafisch) dar. Sie können das Dokument »Impaktanalyse« nennen, wenn Sie der infernalische Klang dieses Worts nicht stört.
- Bilden Sie nun sinnvolle (weil kleinere und zusammengehörige) Einheiten, um das Risiko zu minimieren, aber auch um die Tests besser organisieren zu können.

5.12.2 Code-Smells

Und wie finden Sie solche Stellen im Code? Sie riechen ein wenig und werden daher *Code-Smells* genannt. *Kent Beck*, dem Erfinder von Extreme Programming, wird die Lebensweisheit zugeschrieben: »If it stinks, change it«. Das ist eine Aussage seiner Großmutter über das Wickeln von Kleinkindern. Als Vater einer kleinen Tochter kann ich da mitreden, auch wenn nicht jede Codestelle einen so nett anlächelt wie das eigene Kind. Dennoch bin ich froh darüber, dass meine Tochter seit der Erstauflaufe dieses Buchs sauber geworden ist.

Dafür sind Code-Smells aber auch schwerer ausfindig zu machen. Sie können im Rahmen eines Reviews entdeckt werden oder, bedingt, mit Hilfe von Softwarewerkzeugen. Code-Smells sind keine Programmierfehler im engeren Sinne, sondern unschöne Konstrukte, zum Beispiel wegen der zuvor vorgestellten Gründe. Im Detail könnten das sein:

- eine zu generische Methode, die sehr viele Parameter entgegennimmt, von denen sogar einige NULL sein dürfen
- Klassen, bei denen niemand weiß, wozu sie eigentlich gut sind, oder die so trivial sind, dass der durch sie verursachte Aufwand nicht gerechtfertigt erscheint
- doppelter Code
- Monsterklassen oder Monstermethoden, die sich über viele Bildschirmseiten hinziehen
- der Verstoß gegen eine Benennungsregel
- aufgebrochene Isolation der Klassen, ohne zwingenden Grund
- Code, der bekannte Performanceprobleme aufweist, zum Beispiel weil ein objektorientiertes Kaffeekränzchen veranstaltet wird. Damit meine ich das Anlegen einer großen Anzahl von Objekten, die kurz darauf wieder vernichtet werden – nur um eine einfache Operation auf diesen Objekten auszuführen.

Das sind natürlich nur wenige Beispiele, aber Sie finden in diesem Kapitel noch weitere Beispiele von übelriechendem Code. Gelegentlich wird versucht, solchen Code zu desodorieren, beispielsweise, indem eine ineffiziente Routine asynchron ausgeführt wird. Ihre Erfahrung sagt Ihnen bestimmt: Das geht nicht lange gut.

5.12.3 Der Prozess

Refactoring ist in hohem Maße iterativ; nicht immer, aber doch sehr oft. Zu viele Änderungen zur selben Zeit erschweren das Einhalten der wichtigsten Bedingung für Refactoring: Das Verhalten der Anwendung darf nicht verändert werden. Sie beginnen also in aller Regel mit Umbenennungen, teilen dann vielleicht eine Klasse in zwei Klassen auf, ändern im Anschluss einige Zeilen Code und optimieren zum Schluss noch die verwendeten SQL-Abfragen. Während des gesamten Prozesses sind Tests erforderlich. Wohl dem, der auf automatisierte Tests zurückgreifen kann.

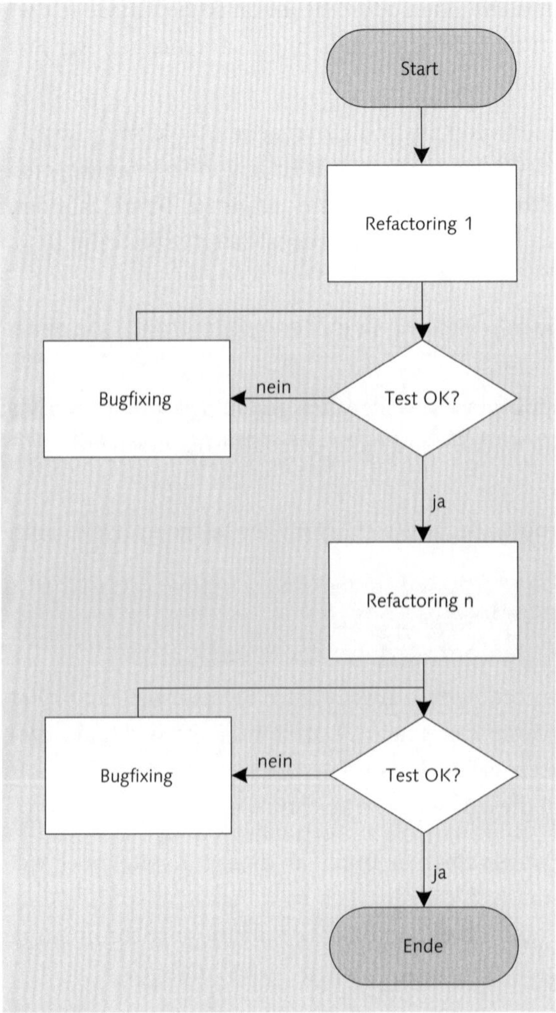

Abbildung 5.5 Der Refactoring-Prozess

5.12.4 Tools

Refactoring gehört im Entwicklungszyklus zu den häufigsten Tätigkeiten, auch wenn die meisten Entwickler dies vermutlich nicht so nennen würden. Entsprechend erstklassig sollte die Toolunterstützung sein. Visual Studio 2012 bleibt da hinter den Erwartungen zurück, jedenfalls hinter den meinen. Wenngleich ich sagen muss, dass es sich über die Jahre hinweg verbessert hat und in der aktuellen Version 2012 auch ein brauchbares Tool für das Aufspüren von doppeltem Code mitbringt, das sich, holprig übersetzt, unter ANALYSIEREN • PROJEKTMAPPE FÜR CODEKLONE ANALYSIEREN verbirgt.

Profis schwören daher schon seit Jahren auf eines der folgenden Werkzeuge:

- *ReSharper* von JetBrains (*www.jetbrains.com/resharper/*)
- *CodeRush* von Developer Express (*www.devexpress.com/coderush*)

Beide Tools sind ausgereift und bieten neben guten Refactoring-Werkzeugen noch deutlich mehr. Es sind eigentlich unverzichtbare Werkzeuge und sie sind jeden Dollar wert.

5.12.5 Refactoring-Muster

Die folgende Auswahl gängiger Refactoring-Muster habe ich als Anregung für Sie aufgenommen. Sie können Ihren Code daraufhin abklopfen und das Muster anwenden, wenn Sie das für nötig erachten.

Algorithmus austauschen

Ein Algorithmus sollte ausgetauscht werden, wenn der momentan verwendete

- zu langsam ist,
- zu schwer zu lesen, zu verstehen oder zu warten ist, und wenn er
- zu lang ist.

Die Anwendung ist einfach. Ersetzen Sie den alten durch den neuen Code, und stellen Sie sicher, dass der neue Algorithmus dasselbe Ergebnis liefert wie der alte.

Klassenhierarchie flacher gestalten

Wenn sich mehrere Klassen nicht sonderlich unterscheiden, dann kann es sinnvoll sein, diese Klassen zu einer oder wenigen Klassen zusammenzufassen. Dieses Refactoring ist aufwendiger, weil alle Namensreferenzen geändert und auch Programmcode angepasst werden muss. Denn vielleicht sind Casts nicht mehr gültig, oder es wird an einer Stelle die Oberklasse als Parameter erwartet, obwohl nur noch die Unterklasse existiert.

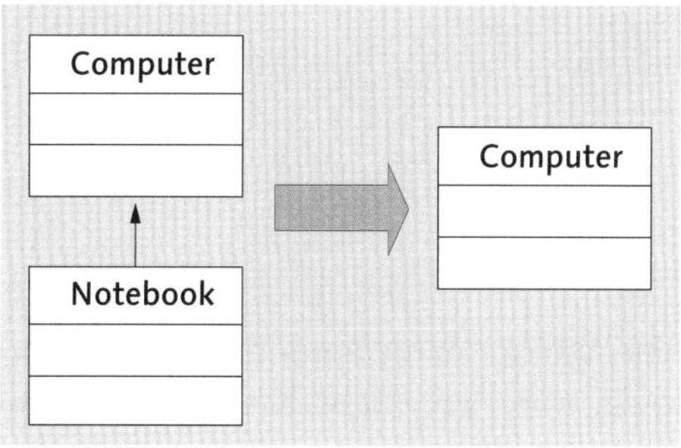

Abbildung 5.6 Aus zwei mach eins

Klassenhierarchie erweitern

Auch das Gegenteil ist natürlich möglich, die Aufteilung einer Klasse in zwei oder mehrere Klassen. Die Hauptgründe für eine Erweiterung der Klassenhierarchie liegen in der höheren Übersichtlichkeit, der besseren Erweiterbarkeit und in der besseren Lesbarkeit des Codes.

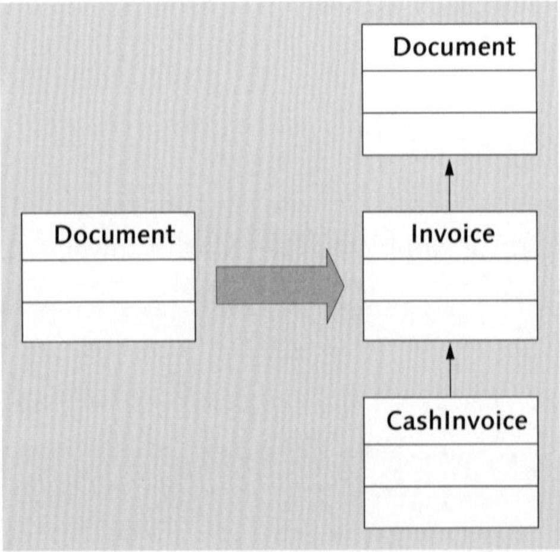

Abbildung 5.7 Aus eins mach drei

Assoziation herauslösen

Dieses Refactoring ergibt sich oft dadurch, dass im Laufe der Entwicklung eine Klasse um Methoden und Attribute erweitert wird, die alle einer Klasse zugeordnet werden könnten. Im Beispiel sind das die Adressdaten eines Kunden, die vorher in der Klasse `Customer` gespeichert waren und danach in einer eigenen Klasse.

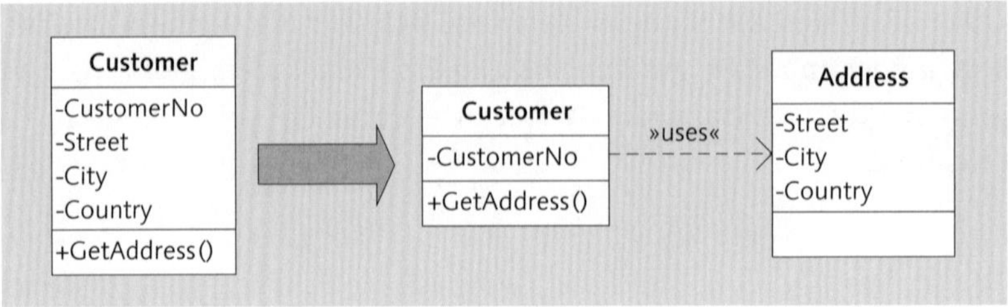

Abbildung 5.8 Eine Klasse herauslösen

Verschieben

Ebenso häufig kommt das Verschieben einer Klasse vor, zum Beispiel in einen anderen Namespace oder auch in ein anderes Projekt. Meist geschieht dies, um die Klasse dort zu platzieren, wo sie am besten hingehört. Das reduziert Abhängigkeiten und fördert die Wiederverwendbarkeit.

Gerade die Wiederverwendbarkeit ist eine Hauptmotivation, denn während oder nach der Entwicklung stellt sich oft heraus, dass eine Klasse in einem anderen Kontext ebenfalls Sinn machen würde. Oft behilft man sich noch beim ersten Mal, bei der zweiten, dritten oder gar vierten Wiederverwendung ist dann die Bereitschaft größer, die Klasse aus dem Projekt (bzw. Namespace) der derzeitigen Verwendung in ein generischeres Projekt zu verschieben. Beispiel:

```
Kalimba.Enterprise.UI.Customer.SearchControl
```

... wird verschoben nach ...

```
Kalimba.Enterprise.UI.Common.SearchControls.Customer.SearchControl
```

Das Verschieben erfordert das Anpassen von Referenzen sowie der Importe. Eventuell müssen dabei Abhängigkeiten aufgelöst werden. Und natürlich müssen auch alle alten Dateien entfernt bzw. aktualisiert werden, und zwar sowohl auf der Festplatte als auch in der Quellcodeverwaltung.

Aber nicht nur Klassen können verschoben werden, sondern auch andere Sprachkonstrukte wie Attribute oder Methoden. Und das geschieht auch innerhalb einer Klassenhierarchie, wenn beispielsweise eine Methode von der Unterklasse in die Oberklasse hin verschoben wird.

Umbenennen

Gute Refactoring-Tools übernehmen diese Aufgabe fast im Alleingang. Dabei ist das Umbenennen oft gar nicht so einfach, sei es bei Methoden, Parameter, Klassen oder einem anderen Sprachkonstrukt. Neben der reinen Umbenennung und dem Umbenennen aller Referenzen sind manchmal auch flankierende Maßnahmen notwendig. Vielleicht ist die umbenannte Methode ja noch in serialisierten Dateien vorhanden, oder ein Service wurde umbenannt, sodass alle Serviceclients neue Referenzen darauf benötigen.

Parameter hinzufügen

Parameter werden im Zuge der Wartung hinzugefügt, um neue Funktionen zu ermöglichen. Das ist aber hier nicht Thema, beim Refactoring wird schließlich nicht die Funktionalität verändert.

Das Hinzufügen der Parameter geschieht oft, um Variablen, Konstanten oder Konfigurationsdaten zu vermeiden. Gerade bei längeren Aufrufhierarchien kann das einen ziemlichen Aufwand verursachen, da die Parameter dann vielleicht mit jedem Methodenaufruf durchgeschleift werden müssen. Beispiel:

```
public void AddCustomerNote(CustomerNote note)
{
   DateTime Dts = DateTime.Now;
}
```

... wird zu ...

```
public void AddCustomerNote(CustomerNote note, DateTime Dts)...
```

Parameter abstrahieren

Auch Parameter können in ein Parameter-Objekt abstrahiert werden, wie im folgenden Beispiel:

```
public Customer CreateCustomer(string name, string firstname,
  string street...)...
```

... wird zu ...

```
public Customer CreateCustomer(CustomerRequest customerRequest)...
```

Dieses Refactoring kann die Aufrufkette vereinfachen, weil einfach weniger Parameter übergeben werden müssen. Außerdem wird der Code leichter verständlich und besser wartbar, da Ergänzungen am `CustomerRequest` sich auf das Objekt beschränken und nicht mehr alle Methoden um die neuen Parameter ergänzt werden müssen.

Parameter entfernen

Parameter zu entfernen bedeutet oft, komplexe Aufrufketten zu vereinfachen. Vielleicht ist es einfacher, einen Wert in eine Instanzvariable abzulegen, als jeder Methode einer Klasse diesen Wert zu übergeben. Beispiel:

```
Public void DeleteCustomer(Customer customer, SqlConnection conn)...
```

... wird zu ...

```
SqlConnection conn;
public void DeleteCustomer(Customer customer)...
```

Methoden abstrahieren

Im Laufe der Zeit entstehen nicht nur redundante Methoden, sondern auch Methoden, die Ähnliches leisten. Solcherlei Methoden lassen sich dann zusammenfassen, wie im folgenden Beispiel:

```
public void LogMessage(string message)...
```

... und ...

```
public void LogException(string message, Exception exception)...
```

... werden zu ...

```
public void LogEntry(LogType logType, string message, Exception exception)...
```

Methoden zusammenlegen

Methoden mit sehr wenigen Anweisungen, die zudem nur einmal aufgerufen werden, können aufgelöst werden. Sie verringern nur die Übersichtlichkeit. Beispiel:

```
{
   SqlConnection conn = new SqlConnection(getConnectionString());
   ...
}
private string getConnectionString()
{
   return ... get from config ...
}
```

... wird zu ...

```
{
   String connectionString = ... get from config ...;
   SqlConnection conn = new SqlConnection(connectionString);
   ...
}
```

Methoden extrahieren

Häufiger ist freilich die umgekehrte Vorgehensweise anzutreffen: Mehrere Codezeilen werden in eine eigene Methode ausgelagert, um die Übersichtlichkeit zu erhöhen und die Wiederverwendbarkeit zu steigern.

Meist ergibt sich das schon während des Schreibens, aber auch später ist ein guter Zeitpunkt dafür, da der Code in seiner Gesamtheit einen unverstellten Blick auf die Länge und Komplexität von Methoden ermöglicht.

Methode <-> Eigenschaft

Über Methoden und Eigenschaften war bereits die Rede, daher fasse ich mich auch an dieser Stelle kurz und verweise darauf: Sie können auch (bedingt) ineinander umgewandelt werden.

Sichtbarkeit verändern

Wenn eine Methode nur von einer Klasse verwendet wird, sollte sie `private` sein. Für gewöhnlich ist es besser, zuerst eine sehr konservative Sichtbarkeitsebene einzustellen und diese erst bei der ersten Verwendung von außerhalb zu vergrößern. Im Nachhinein geschieht das nicht mehr allzu häufig. Gravierende Fehler sind nicht zu befürchten, da der Compiler die Zugreifbarkeit während der Compilezeit überprüft.

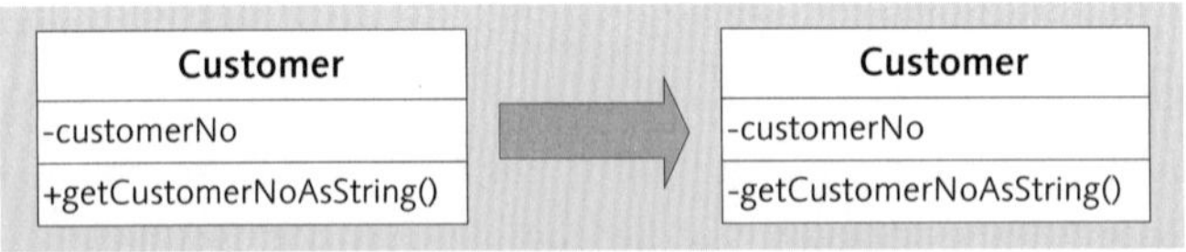

Abbildung 5.9 Die Sichtbarkeitsebene verringern

Schnittstellen abstrahieren

Für das Abstrahieren einer Schnittstelle gibt es mehrere Gründe:

- Eine Dependency Injection soll eingesetzt werden.
- Es soll ein Plugin-Konzept verwirklicht werden.
- Der Code an sich soll allgemeiner formuliert werden, sodass er anstatt mit konkreten Klassen mit allgemeinen Schnittstellen arbeitet.

Mit einer neuen Schnittstelle an sich ist noch wenig gewonnen, begleitet wird dieses Refactoring daher häufig von weiterem Refactoring.

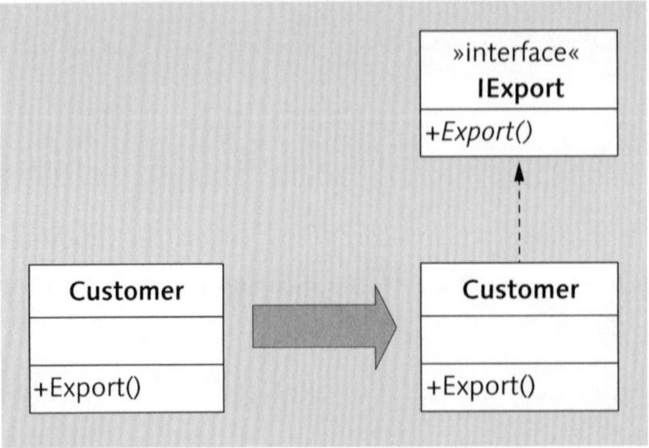

Abbildung 5.10 Eine Schnittstelle abstrahieren und implementieren

5.13 Aus der Praxis: Codeanalyse in Visual Studio 2012

Zum Entwicklerglück bringt Visual Studio auch eine elektronische Spürnase für Code-Smells mit, eine Codeanalyse genannte Funktion, die Sie in den Projekteigenschaften finden (siehe Abbildung 5.11).

Sie können dieses Werkzeug auch im Rahmen eines Build- oder Check-in-Prozesses einsetzen, um so bereits auszuschließen, dass nicht regelkonformer Code gebaut oder eingecheckt werden kann. Der *Team Foundation Server (TFS)* kann dies schon von Haus aus.

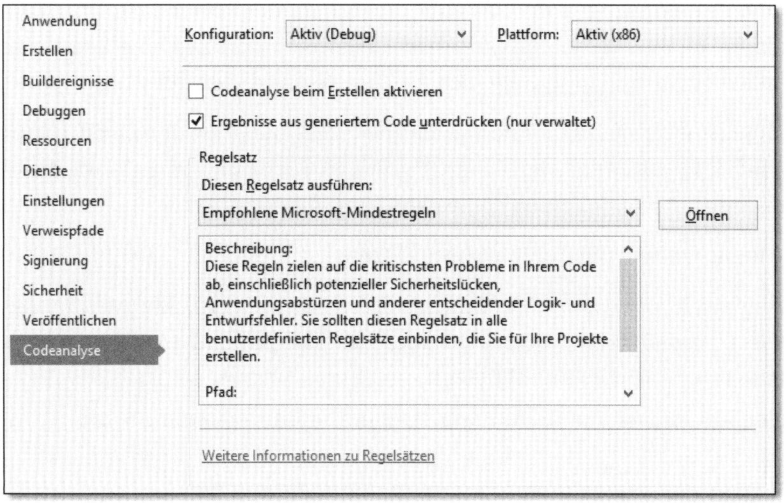

Abbildung 5.11 Codeanalyse in Visual Studio

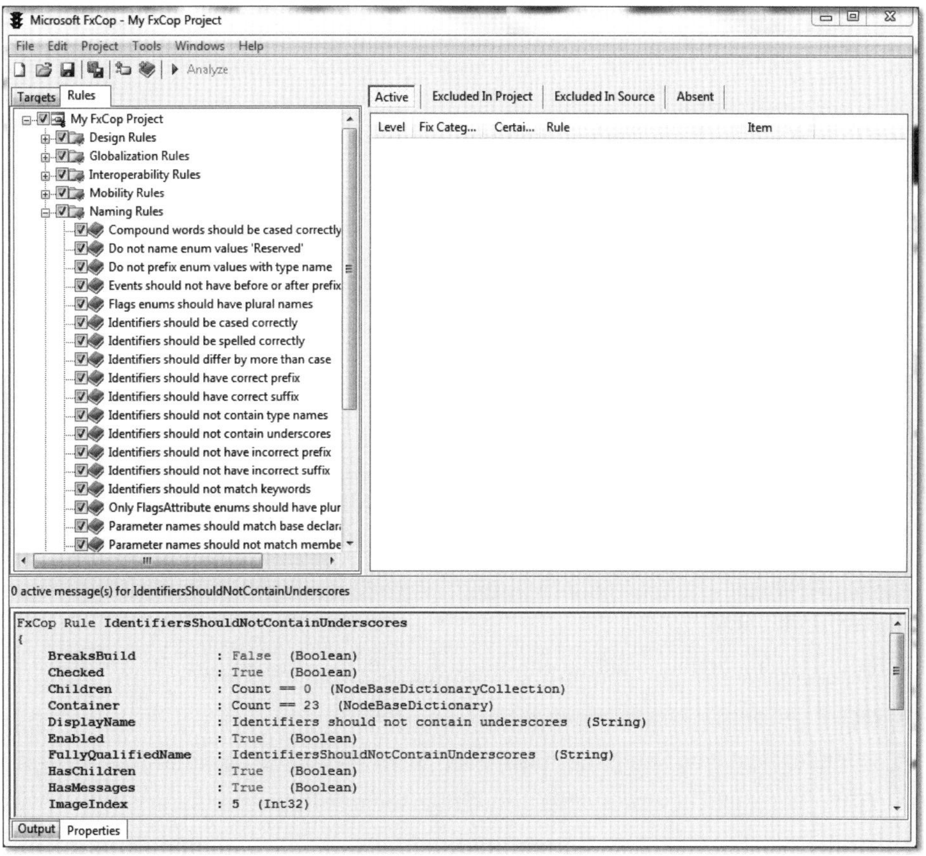

Abbildung 5.12 FxCop (auch für Visual Studio 2010)

Sie können diese Funktion in allen Editionen nutzen, in der kostenfreien Express-Edition aber lediglich in eingeschränkter Form. Sie können dort nur eine Teilmenge der Warnungen nutzen und diese auch nicht an Ihre Bedürfnisse anpassen.

Die Codeanalyse ist eine *statische* Analyse, das bedeutet, sie prüft den Quellcode in seiner während des Zeitpunkts der Prüfung gültigen Form und nicht etwa dynamisch, also während der Ausführung der Anwendung.

Es gibt zwei Möglichkeiten, die Analyse auszuführen:

1. Explizit, über das Kontextmenü der Projektmappe oder des Projekts (Menüpunkt CODEANALYSE AUSFÜHREN), alternativ über das Hauptmenü (ANALYSIEREN • CODANALYSE FÜR <PROJEKT> AUSFÜHREN).
2. Implizit, also automatisch bei jedem Erstellen des Projekts, über die Projekteigenschaften.

Wie auch immer, was Sie dabei finden, hängt davon ab, wie »streng« Visual Studio 2012 bei der Prüfung Ihres Codes vorgehen soll. Und das stellen Sie in den Projekteigenschaften ein (siehe Abbildung 5.13).

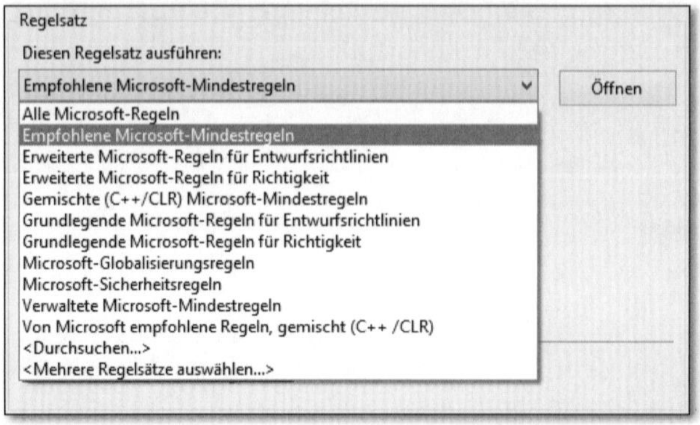

Abbildung 5.13 Die vordefinierten Regelsätze

Voreingestellt sind die »empfohlenen Microsoft-Mindestregeln«. Sie können diese betrachten, indem Sie auf die Schaltfläche ÖFFNEN klicken, nachdem Sie diesen Regelsatz ausgewählt haben (siehe Abbildung 5.14).

Zunächst fällt auf:

- Visual Studio verbietet es, die Standard-Regelsätze zu bearbeiten.
- Jede Regel besitzt eine eindeutige ID (hier: CA1063).
- Jeder Regel ist eine Kategorie zugewiesen (hier: Microsoft. Design).
- Zu der Regel gibt es eine ausführliche Hilfe, sogar in deutscher Sprache.
- Bei der Regel ist hinterlegt, wie die Analyse reagieren soll (unter Aktion): Gar nicht, Warnung oder Fehler ausgeben. Stellen Sie eine Regel auf Fehler ein, dann schlägt

der Build fehl, sollte die Regel verletzt werden. Diese Einstellung kann auch von der übergeordneten Einstellung vererbt werden.

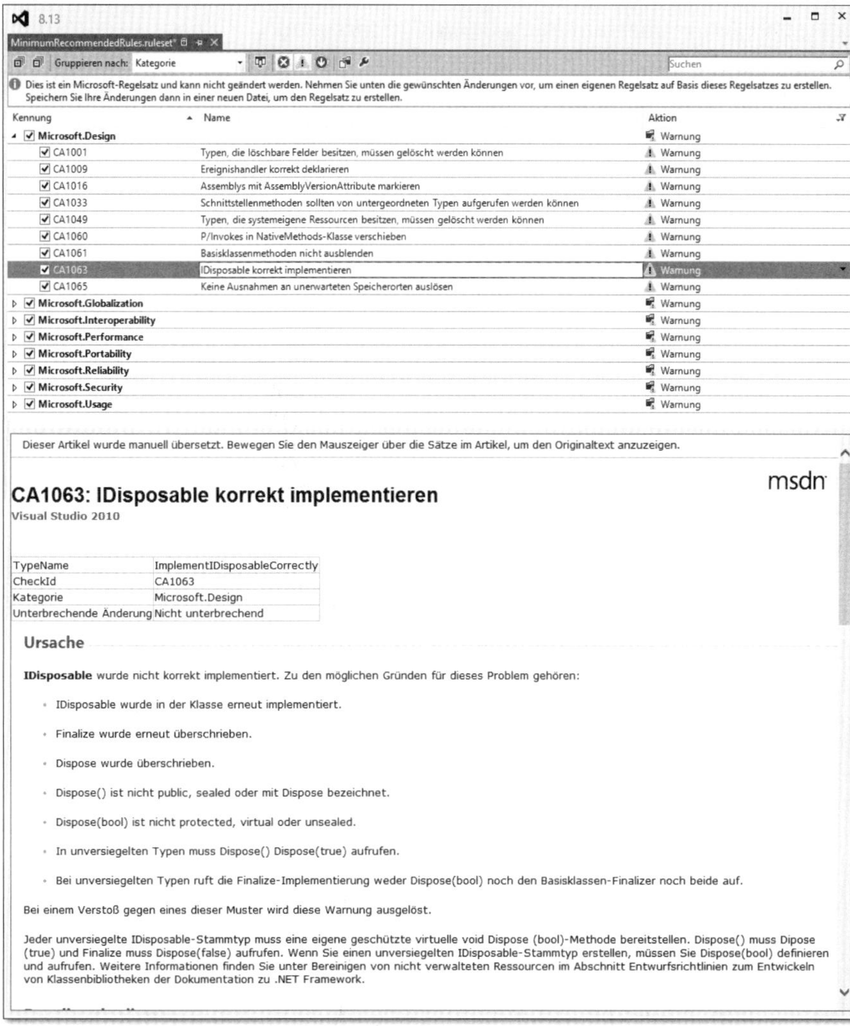

Abbildung 5.14 Der Regelsatz »Minimum Recommended Rules« im Detail

Wenn Sie sich jetzt denken: Nun, so umfangreich ist das nicht, dann beachten Sie: Eingeblendet sind nur die Regeln, die der aktuell ausgewählte Regelsatz umfasst. Und im Beispiel sind das halt nur die Mindestregeln. Klicken Sie also auf:

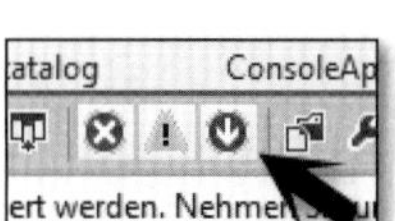

Abbildung 5.15 Einblenden der im aktuellen Regelsatz deaktivierten Regeln

Damit beginnt der Spaß nun, denn Sie werden in der sehr umfangreichen Liste viele Perlen finden. Sie mögen auch keine out-Parameter, so wie ich? Aktivieren Sie einfach Regel CA1021. Sie möchten meiner Empfehlung aus Abschnitt 5.8 folgen und leere Schnittstellen vermeiden? Dann ist CA1040 Ihr Freund.

Haben Sie nun Ihren eigenen Regelsatz erstellt, speichern Sie ihn (`Strg`+`S`) ab und aktivieren Sie ihn in den Projekteigenschaften. Dort können Sie übrigens auch mehrere Regelsätze gleichzeitig aktivieren.

Wenn Sie nun eine leere Schnittstelle erzeugen und die Codeanalyse ausführen, mahnt Visual Studio dies an:

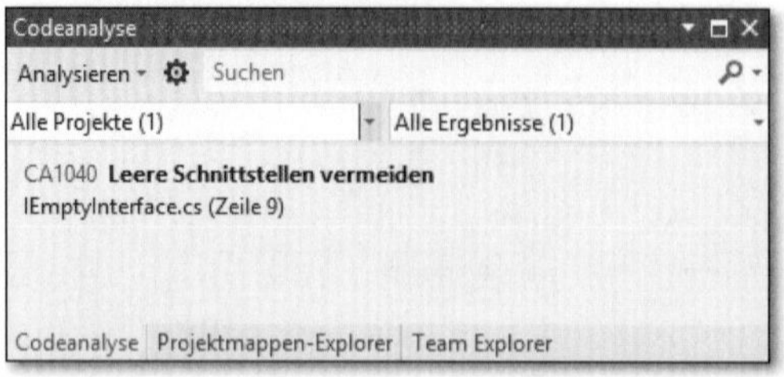

Abbildung 5.16 Das Ergebnis der Prüfung

Ein Klick auf die Warnung bringt Sie an den Ort des Geschehens. Visual Studio markiert die zu monierende Stelle. Ein Klick auf die ID bringt Sie ins Web zur Beschreibung der angewendeten Regel. Praktisch, nicht wahr?

Die leere Schnittstelle hat ihren Sinn und Sie wollen nicht stets aufs Neue daran erinnert werden? Kein Problem – im Menü AKTIONEN des Ausgabefensters CODEANALYSE finden Sie Menüpunkte, um die Nachricht zu unterdrücken.

- MELDUNG UNTERDRÜCKEN • IN QUELLE fügt dem Quelltext ein Attribut hinzu, das die Überprüfung der Regel für den aktuellen Fall unterdrückt:

  ```
  [System.Diagnostics.CodeAnalysis.SuppressMessage("Microsoft.Design",
  "CA1040:AvoidEmptyInterfaces")]
  ```

- MELDUNG UNTERDRÜCKEN • IN UNTERDRÜCKUNGSDATEI fügt Ihrem Projekt eine Datei *GlobalSuppressions.cs* hinzu, die dasselbe für das gesamte Projekt bewerkstelligt.

Zum Abschluss noch einige Tipps:

- Wenn Sie nicht gerade Buße für einen `Goto`-Befehl leisten wollen, verzichten Sie besser auf die Aktivierung der Regel »Alle Microsoft- Regeln«.
- Die »empfohlenen Microsoft-Mindestregeln« können Sie zwar verwenden, sie sind mir aber für die Programmierpraxis zu lasch. Um nur ein Beispiel zu nennen: Regel CA1012 besagt, dass abstrakte Typen keine (öffentlichen) Konstruktoren aufweisen dürfen, wie ich schon weiter oben erwähnt habe. Das kann auf einen Tipp-

fehler hinweisen (schnell mal `public` getippt) oder auf ein Konstruktionsproblem Ihrer Klasse. Kurz: Solche Meldungen gehören angezeigt.

- Daraus folgt: Bauen Sie sich Ihre eigenen Regeln. Das dauert ein, zwei Stunden, aber das Ergebnis dieser Bemühung können Sie über Jahre hinweg zum Wohle Ihres Codes einsetzen.
- Sie können auch mehrere Regelsätze anlegen, zum Beispiel: Einen eigenen Mindest-Regelsatz, bei dessen Regelverstoß dann aber konsequent der Build fehlschlägt (Aktion: Fehler) und einen zweiten Regelsatz mit »Best Practices«, also Warnungen. Den ersten Regelsatz könnten Sie auch in Ihre Build-Kette einbauen und so das Einchecken ohne vorherige Begründung des Regelverstoßes verhindern.
- Ein Regelsatz sollte auch zu der Art des Projektes passen. Bei zentral genutzten Bibliotheken zur Zahlungsabwicklung wird das Thema Sicherheit vermutlich einen höheren Stellenwert haben, also für die interne Toolbibliothek.
- Ruleset-Dateien sind einfache XML-Dateien. Sie können diese manuell editieren und dort auch den Namen Ihres eigenen Regelsatzes angeben sowie eine aussagekräftige Beschreibung hinterlegen.
- Aber der wichtigste Ratschlag lautet: Verwenden Sie diese Funktion.

5.14 Tutorial: Snippet Designer

Vermutlich werden Sie die wichtigsten Snippets mit Namen kennen, die [Tab]-Taste (zweimal drücken) erweitert diese anschließend zu ihrer vollen Größe. Oder aber Sie blättern in den mitgelieferten Snippets, indem Sie im Kontextmenü des Editors AUSSCHNITT EINFÜGEN wählen. Das erste [Tab] vervollständigt übrigens Ihre Eingabe, während das zweite [Tab] nach einem Code-Snippet sucht, daher werden zwei Tabs benötigt.

Interessanter ist schon die Möglichkeit, eigene Snippets zu erstellen. Snippets sind XML-Dateien, die einem gewissen Schema folgen. Betrachten Sie einmal das Property-Snippet (*prop*), das Sie unter *C:\[Programme]\Microsoft Visual Studio 11.0\VC#\Snippets\1031\Visual C#\prop.snippet* finden:

```
<?xml version="1.0" encoding="utf-8"?>
<CodeSnippets xmlns="http://schemas.microsoft.com/VisualStudio/2005/
  CodeSnippet">
    <CodeSnippet Format="1.0.0">
        <Header>
            <Title>prop</Title>
            <Shortcut>prop</Shortcut>
            <Description>Codeausschnitt für eine automatisch implementierte
```

```
Eigenschaft
Sprachversion: C# 3.0 oder höher</Description>
            <Author>Microsoft Corporation</Author>
            <SnippetTypes>
                <SnippetType>Expansion</SnippetType>
            </SnippetTypes>
        </Header>
        <Snippet>
            <Declarations>
                <Literal>
                    <ID>type</ID>
                    <ToolTip>Eigenschaftentyp</ToolTip>
                    <Default>int</Default>
                </Literal>
                <Literal>
                    <ID>property</ID>
                    <ToolTip>Eigenschaftenname</ToolTip>
                    <Default>MyProperty</Default>
                </Literal>
            </Declarations>
            <Code Language="csharp"><![CDATA[
            public $type$ $property$ { get; set; }$end$]]>
            </Code>
        </Snippet>
    </CodeSnippet>
</CodeSnippets>
```

Listing 5.13 Property-Snippet

Am Anfang finden Sie den Shortcut sowie eine Beschreibung der Funktion. Als `SnippetType` kommt für eigene Snippets infrage:

- `SurroundsWith`: Das Snippet umschließt einen zuvor gewählten Codeausschnitt.
- `Expansion`: Das Snippet wird an der Stelle des Cursors erweitert, wenn der Entwickler die [Tab]-Taste drückt.

Einige Snippets unterstützen auch beide Typen, beispielsweise das *try*-Snippet, das entweder einen `try-catch`-Block um eine Auswahl herum erstellt oder aber einen leeren Block einfügt.

```
...
<SnippetTypes>
   <SnippetType>Expansion</SnippetType>
```

```
  <SnippetType>SurroundsWith</SnippetType>
</SnippetTypes>
...
```

Für das Ansehen und Hinzufügen neuer Snippets ist in Visual Studio der Codeausschnitt-Manager zuständig, der unter TOOLS • CODEAUSSCHNITT-MANAGER zu finden ist.

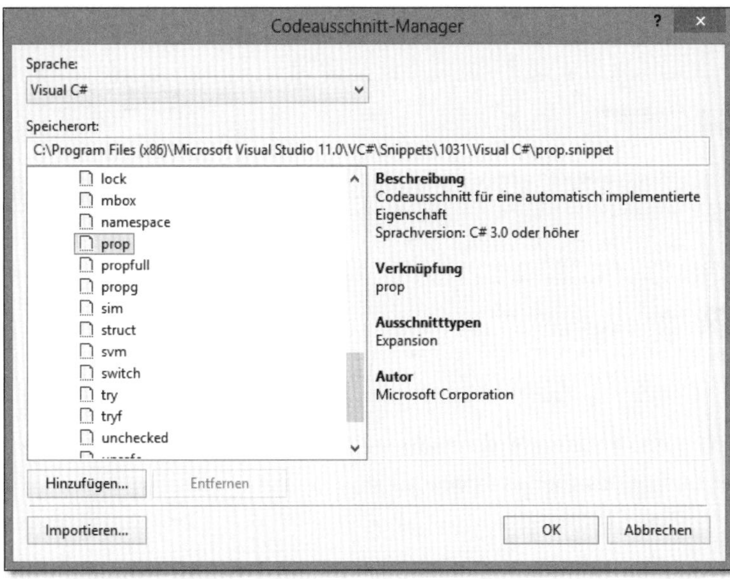

Abbildung 5.17 Der Codeausschnitt-Manager

Wenn man es recht bedenkt, dann ist der Begriff Manager doch ein wenig arg übertrieben, kann man dort doch weder Snippets anschauen, noch komfortabel welche erstellen. Immerhin lässt sich eine vorgefertigte Datei (oder ein Ordner mit Snippets) den bestehenden Snippets hinzufügen.

Für solcherlei Luxus ist die Entwicklergemeinde zuständig, und die war nicht untätig und so lässt sich der Snippet Designer herunterladen, am einfachsten unter TOOLS • ERWEITERUNGEN UND UPDATES. Wenn Sie dort nach *Snippet* suchen, finden Sie auch noch weitere interessante Treffer. Laden Sie nun bitte den Snippet Designer herunter (siehe Abbildung 5.18).

Einen Neustart von Visual Studio später und die IDE ist um einen Edit reicher. Sie können nun zum Beispiel die schon erwähnte Datei *prop.snippet* öffnen und gelangen so in den Designer (siehe Abbildung 5.19).

Das ist nun schon übersichtlicher, fehlt doch der gesamte XML-Code, der lediglich zur Definition des Snippets nötig ist.

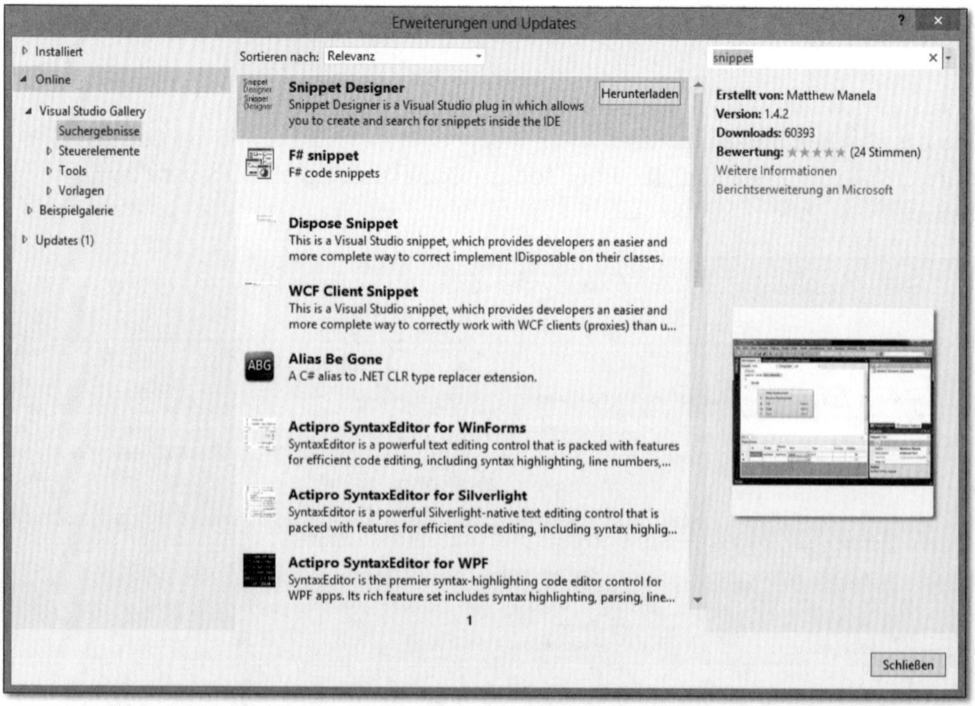

Abbildung 5.18 Der Snippet Designer als Download

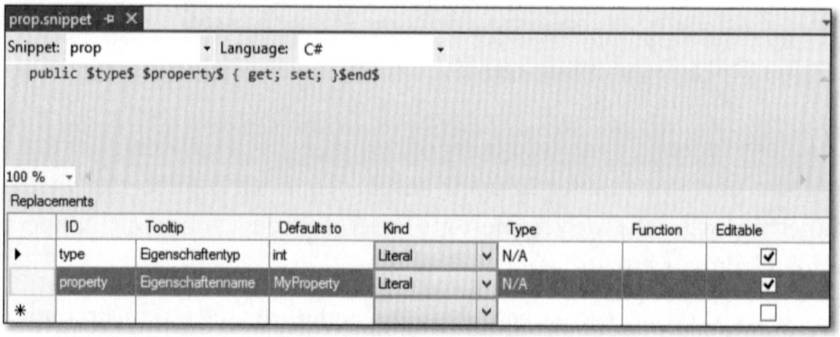

Abbildung 5.19 Das prop-Snippet, diesmal im Editor

Öffnen Sie nun bitte den *Snippet Explorer*, das zweite Feature dieses Visual Studio AddIns. Sie finden es im Menü unter ANSICHT • WEITERE FENSTER • SNIPPET EXPLORER.

Die Bedienung ist weitgehend selbsterklärend. Interessant sind die globale Suche über alle installierten Snippets, die Beschränkung der Suchergebnisse auf die markierten Sprachen und, natürlich, die Anzeige der gefunden Snippets selbst (siehe Abbildung 5.20).

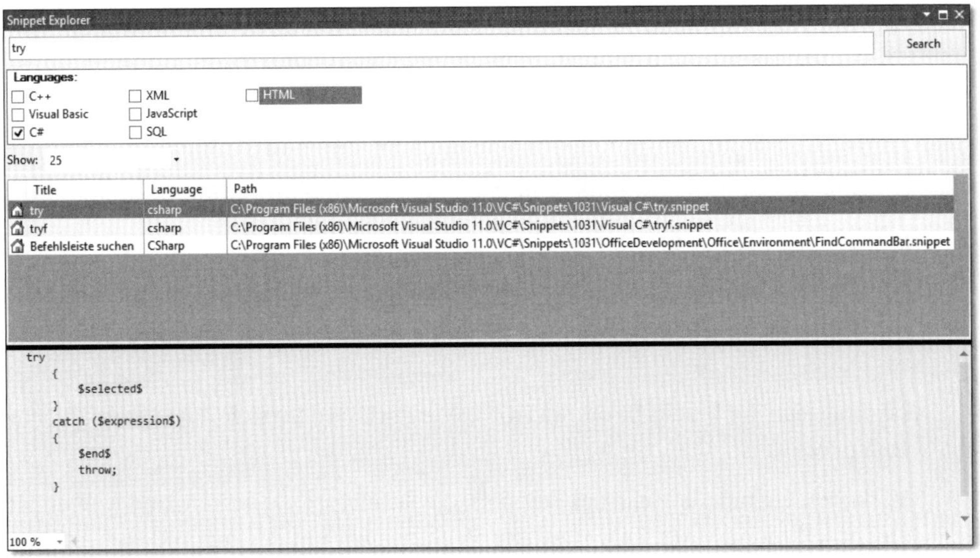

Abbildung 5.20 Der Snippet Explorer

Damit lässt es sich nun komfortabel arbeiten. Erstellen wir damit also nun ein neues Snippet, das eine strukturierte Fehlerbehandlung für WCF-Aufruf dem Code hinzufügt (Expansion) oder um einen bestehenden Code herum ergänzt (SurroundsWith). Denn in einem WCF-Client (siehe Kapitel 6, »Windows Communication Foundation«, behandelt das Thema ausführlich) sieht man häufig Code wie diesen:

```
EinkaufServiceClient proxy = new EinkaufServiceClient();
try
{
   proxy.DoSomething();
}
catch (FaultException<MyCustomFault> ex)
{
}
catch(FaultException ex)
{
   proxy.Abort();
}
catch(CommunicationException ex)
{
}
catch(TimeoutException ex)
{
}
```

```
catch(Exception ex)
{
}
```

Listing 5.14 Code, aus dem ein Snippet erstellt werden soll

Das ist wie gemacht für einen Code-Snippet, schon allein aufgrund der Länge des immer wiederkehrenden Codes.

Kopieren Sie dazu diesen Code in ein Editorfenster. Markieren Sie den Code anschließend und wählen Sie aus dem Kontextmenü des Editors bitte EXPORT AS SNIPPET aus.

Es öffnet sich der bereits bekannte Editor. Vergewissern Sie sich, dass C# als Sprache voreingestellt ist.

Markieren Sie nun die Teile des Snippets, die Sie ersetzen möchten, und wählen Sie im Kontextmenü MAKE REPLACEMENT. Beginnen wir mit der Proxy-Klasse `EinkaufServiceClient`. In der Replacements-Tabelle erscheint nun die soeben erstellte Ersetzung:

	ID	Tooltip	Defaults to	Kind	Type	Function	Editable
	EinkaufServiceClient	Der WCF-Proxy	MyWCFProxy	Literal	N/A		☑
▸*							☐

Abbildung 5.21 Die erste Ersetzung

Bitte passen Sie noch den Tooltip an, so dass die Verwender Ihres Snippets wissen, was hier eigentlich ersetzt wird. Praktischerweise hat der Editor nun bereits beide Zeichenketten durch dieselbe Variable ersetzt (siehe Abbildung 5.22).

```
$EinkaufServiceClient$ proxy = new $EinkaufServiceClient$();
try
{
   proxy.DoSomething();
}
catch (FaultException<MyCustomFault> ex)
{
}
catch(FaultException ex)
{
   proxy.Abort();
}
catch(CommunicationException ex)
{
}
catch(TimeoutException ex)
{
}
catch(Exception ex)
{
}
```

Abbildung 5.22 Das Ergebnis bisher

Bei unserem Snippet soll es sich um ein SurroundsWith-Snippet handeln. Den zuvor markierten Code muss das Snippet also aufnehmen. Setzen Sie dazu bitte einen `$selected$`-Marker, indem Sie `proxy.DoSomething()` aus dem snippet löschen und an dessen Stelle aus dem Kontextmenü INSERT $SELECTED$ MARKER auswählen. Alternativ können Sie den Text `$selected$` auch einfach in den Editor schreiben.

Ein Snippet wird beendet, indem die Return-Taste gedrückt wird. Wo genau der Cursor dann steht, können Sie mit dem `$end$`-Marker angeben, den Sie bitte unterhalb des soeben erstellten Markers angeben – warum diesmal nicht von Hand?

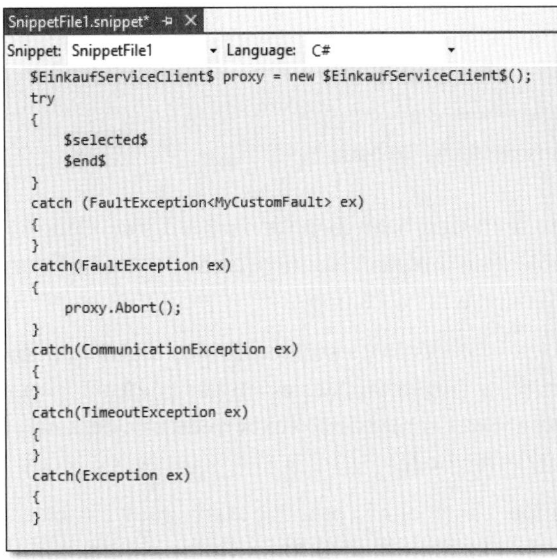

Abbildung 5.23 Das fertige Snippet

Allerdings haben wir bisher noch nirgendwo angegeben, um welche Art Snippet es sich handelt. Das geschieht im Eigenschaftsfenster. Dort können Sie sich auch als Autor eintragen, eine Beschreibung angeben und – vor allem – ein Snippetkürzel hinterlegen (siehe Abbildung 5.24).

Die Eigenschaft `Snippet Kind` kann die folgenden Werte annehmen:

- `MethodBody`: Das Snippet wird innerhalb einer Methode eingefügt (was für unseren Fall zutrifft).
- `MethodDecl`: Das Snippet beschreibt eine Methode und muss daher innerhalb einer Klasse oder eines Moduls eingefügt werden.
- `TypeDecl`: Das Snippet beschreibt einen Typ und muss daher innerhalb einer Klasse, eines Namespaces oder eines Moduls eingefügt werden.

Speichern Sie die Datei nun, was automatisch im richtigen Verzeichnis geschieht, und benennen Sie die Datei *wcfp.snippet*.

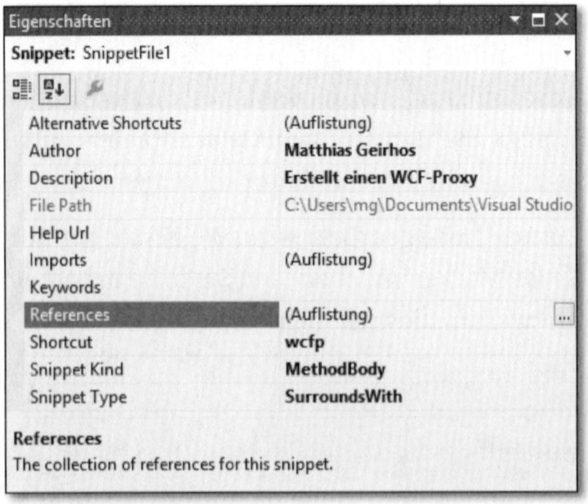

Abbildung 5.24 Die Eigenschaften unseres Proxy-Snippets

Das war's, Sie können Ihr Snippet nun testen. Schreiben Sie dazu ein, zwei Codezeilen, markieren Sie diese und wählen Sie aus dem Kontextmenü des Codeeditors UMSCHLIESSEN MIT ... und anschließend WCFP als Snippet.

Die markierten Zeilen sollten nun im `try`-Block Ihres Snippets stehen und der Proxy-Typ sollte zur Ersetzung markiert sein. Tragen Sie hier einen geeigneten Typ ein. Wenn Sie anschließend ↵ drücken wird der markierte Text ersetzt und der Cursor springt direkt unter den zuvor markierten Code.

Darüber hinaus können Sie das Snippet auch ohne vorherige Markierung einsetzen, wie gewohnt, indem Sie `wcfp` eintippen und zweimal die ⇥-Taste drücken.

Snippets sind ungemein praktisch, sie verlieren aber dort ihren Nutzen, wo es so viele von ihnen gibt, dass man sie nicht mehr anwendet, einfach weil man sie sich nicht merken kann. Mit Hilfe des Snippet Explorers lassen sie sich zwar leichter auffinden, für eine effiziente Nutzung muss man die Kürzel allerdings auswendig lernen. Wenn Sie häufiger denselben Code tippen, dann halten Sie doch einen Moment inne – die Wahrscheinlichkeit ist groß, dass es ein Snippet gibt, das Ihnen (wenigstens zum Teil) Ihre Arbeit abnehmen kann – irgendwo da draußen, im weltweiten Netz oder bereits im Lieferumfang von Visual Studio.

Damit endet unser kleiner Ausflug in die Welt der Codierung, insbesondere der sauberen und strukturierten Codierung. Das Wichtigste ist, dass Sie Ihren eigenen Stil prägen und ihn durchgängig in Ihren Projekten verwirklichen – das kann ich gar nicht oft genug betonen.

Weiter geht es nun mit einem ganz anderen Thema, das aber auch seine Reize hat: der Windows Communication Foundation, Microsofts Antwort auf den Siegeszug der Webservices.

Kapitel 6
Windows Communication Foundation

Fast jede Kommunikation ist eine Kette von Missverständnissen.
(Friedrich Löchner)

In diesem Kapitel ist der Name Programm. Es geht um Kommunikation, genauer gesagt um eine API zur Kommunikation, die *Windows Communication Foundation* (*WCF*).

Die WCF ist beileibe nicht die einzige Technologie, mit der zwei entfernte Gegenstellen miteinander kommunizieren können; DCOM, RPC, CORBA oder .NET-Remoting sind auch heute noch verwendete Ansätze für denselben Einsatzbereich. WCF stellt aber ein umfangreiches und mächtiges Framework bereit, um nahezu alle Kommunikationsanforderungen abzudecken, sodass es einerseits die Vorteile anderer Verfahren in sich vereint und sie andererseits dadurch ersetzt.

Oft fällt im Zusammenhang mit WCF der Begriff *serviceorientierte Architektur* (*SOA*). Und tatsächlich lassen sich damit Services aufbauen und somit eine SOA implementieren. Wo bestehende Funktionen nicht ausreichen, besteht auch hier wieder die Möglichkeit, selbst Hand anzulegen und die WCF um eigene Erweiterungen (Extensions) zu ergänzen.

Solange Sender und Empfänger im gleichen Prozess beheimatet sind, ist eine Kommunikation recht einfach. Verschlüsselung, Authentifizierung, Fehlerkorrektur oder Kommunikation über Proxys sind dann kein Thema. Schwieriger wird es schon, wenn die beiden Parteien beliebig weit auseinanderliegen, über unsichere Medien kommunizieren oder wenn die Kommunikation asynchron verläuft. WCF bietet für diese und andere Probleme Lösungen, die für einfache Probleme einfach und für komplexere Probleme leistungsfähig genug sind.

Dieses Kapitel möchte Ihnen sowohl die Grundkenntnisse vermitteln, um eigene Services zu bauen, als auch praktische Empfehlungen geben, Best Practices sozusagen.

6.1 Services im Überblick

Um zu verstehen, was Services sind und worin ihre Vorteile liegen, hilft uns ein historischer Vergleich der Programmierkonzepte.

Prozedurale Sprachen

Wenn Sie lange genug entwickelt haben, dann kennen Sie noch die rein prozeduralen Sprachen, beispielsweise C (ohne ++). Das Konzept dieser Sprachen sieht vor, ein größeres Problem in Teilprobleme aufzuteilen und diese Teilprobleme dann in den Prozeduren, also Methoden zu lösen. Aus dieser Zeit stammt auch das `goto`, ein Befehl, mit dem Sie innerhalb einer Methode hin- und herspringen. Heute ist die Nutzung dieses Befehls ein Anlass für die lebenslange Ächtung eines Entwicklers, der ihn noch verwendet.

Auch wenn prozedurale Sprachen ein komplexes Problem einfacher machen, führt dieser Ansatz zu schwer wartbarem Code, denn Funktionalität und Daten sind einerseits bunt gemischt, und andererseits lassen sich die Methoden kreuz und quer aufrufen.

Objektorientierte Sprachen und Komponenten

Die Objektorientierung bringt drei wesentliche Merkmale in die Softwareentwicklung:

- Es gibt nun Objekte, die Funktionalität und Daten kapseln und um deren Implementierung der Konsument solcher Objekte sich keine Gedanken machen muss.
- Es besteht ein erweiterter Zugriffsschutz, denn auf private Methoden und Variablen lässt sich von außen nicht zugreifen, weder lesend noch schreibend.
- Objekte können ihre Eigenschaften an Unterklassen vererben; mehrfach, wie in C++, oder einfach, wie in C#. So entstehen Klassenhierarchien und damit ein weiteres Werkzeug, Komplexität beherrschbar zu machen. Auch wenn eine Variable vom Typ einer Oberklasse deklariert ist, so werden dennoch die Methoden der Unterklasse ausgeführt, wenn das instanziierte Objekt zur Laufzeit den Typ der Unterklasse hat. Man nennt dieses Verhalten *Polymorphie*, das wohl wichtigste Merkmal objektorientierter Programmiersprachen.

Komponenten

Eine weitere Ebene der Wiederverwendbarkeit stellen schließlich die Komponenten dar. Komponenten sind Objekte, die gewissen Anforderungen genügen. Welche das sind, bestimmt das jeweilige Komponentenmodell, zum Beispiel grafische Controls oder, im einfachen .NET-Sinne, Objekte, die von `System.ComponentModel.Component` abgeleitet werden, dem Grundtypus wiederverwendbarer Komponenten in .NET. Das klingt gut, hat aber leider auch wiederum Nachteile:

- Wir sind auf eine Laufzeitumgebung festgelegt und, außerhalb von .NET, sogar auf eine Programmiersprache. Wer Java-Klassen in .NET verwenden möchte, ist auf abenteuerliche Konstruktionen angewiesen.
- Objekte sind lokal, sie gehören einem Prozess. Wiederverwendung ist durch das Einbinden einer Klassenbibliothek zwar möglich, aber jeder Prozess hat seine lokalen Objekte, die er nicht mit anderen Prozessen auf anderen Computern teilen kann.

Kurzum: Objektorientierung ist nett, aber lokal. Nun gibt es natürlich Mittel und Wege, dem zu begegnen: DCOM oder .NET-Remoting, die beide den Eindruck erwecken, man würde mit Objekten arbeiten, die aber nur zufällig auf einem anderen Rechner liegen. Doch diese Technologien sind proprietär und im Zeitalter weitverzweigter Systeme über das Internet nicht mehr in jedem Fall brauchbar, schon aufgrund der Bindung an Microsoft-Technologien.

Services allgemein

Auf der Skala der Wiederverwendbarkeit stehen Services weit oben. Services haben einige praktische Eigenschaften:

- Sie können lokal ausgeführt werden, aber auch auf entfernten Systemen.
- Die Art der Kommunikation ist standardisiert, daher können beliebige Clients mit beliebigen Services sprechen, auch die Services untereinander. Die Besonderheiten der jeweiligen Programmierumgebung bleiben im Service selbst verborgen, so können sich Java-Webservices ohne große Schwierigkeiten mit .NET-WCF-Services austauschen, richtige Konfiguration vorausgesetzt, wie wir noch sehen werden.
- Die Kommunikation erfolgt über Nachrichten, die meist dem SOAP-Standard folgen. Diese Nachrichten sind viel flexibler als ein einfacher Methodenaufruf, denn sie können zum Beispiel zwischengespeichert, verschlüsselt, verändert oder geroutet werden.
- Der Zugriffsschutz ist weiter ausgebaut als in der objektorientierten Welt, denn das Konzept der Zugriffsmodifizierer gibt es nicht. Stattdessen bietet ein Service ein festgelegtes Set an Methoden an, die ein Client verwenden kann. Man könnte sagen, ein Service schließt einen Vertrag mit einem Client, und folgerichtig sprechen wir von *Contracts*.
- Services können sich selbst beschreiben, in der SOA-Welt spricht man dann von Metadaten. In WCF können Proxys, also Objekte, die der Kommunikation mit einem Service dienen, direkt aus diesen Metadaten generiert werden.

Services eignen sich daher gut, um mit ihnen die Geschäftslogik abzubilden. Das Beispiel in Abbildung 6.1 zeigt die Architektur vieler Client-/Server-Systeme, die heute in Unternehmen eingesetzt werden. Es zeigt zwei Anwendungen, die auf den Computern im Unternehmen installiert werden, meist durch automatische Softwareverteilung. Die Geschäftslogik befindet sich im *BusinessLayer* (*BL*), die Logik für den Datenzugriff im *DataAccessLayer* (*DAL*).

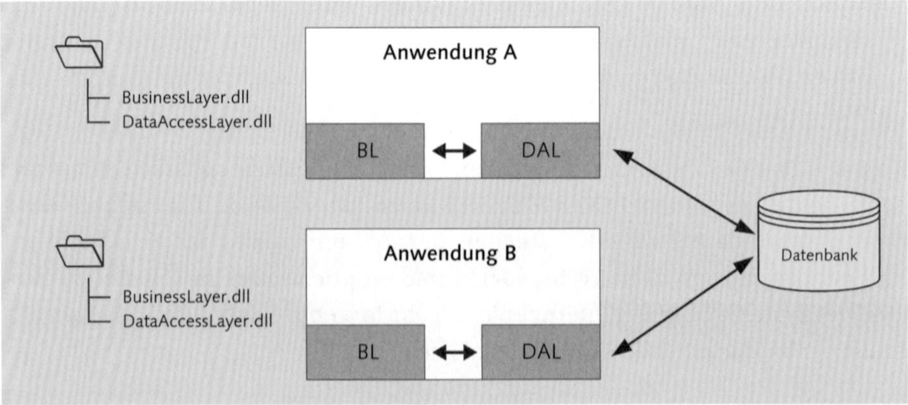

Abbildung 6.1 Klassische Client-/Server-Lösung

Nehmen wir nun einmal an, unser Unternehmen entscheidet sich dazu, die Geschäftslogik anzupassen, die E-Mail-Adresse beispielsweise zu einem Pflichtfeld zu machen. Was ist zu tun?

- Das Feld muss in der Datenbank gegebenenfalls angepasst werden, von `NULL` zu `NOT NULL`.
- Die *BusinessLayer.dll* muss angepasst werden, da sich die Validierungsregeln ändern.
- Die *DataAccessLayer.dll* muss angepasst werden, egal ob ein OR-Mapper eingesetzt wird oder nicht.
- Die Anwendungen müssen neu erstellt werden.
- Beide Anwendungen müssen parallel getestet und auf allen Arbeitsplatzrechnern zeitgleich verteilt werden.

Stellen Sie sich nun bitte vor, es gibt nicht nur zwei Anwendungen, sondern derer viele, einen Internetshop (womöglich mit PHP entwickelt) und diverse Schnittstellen zu Fremdsystemen. Es leuchtet sofort ein, dass in komplexeren IT-Landschaften ein solches Vorgehen praktisch undurchführbar ist. Und in den angebundenen Fremdsystemen, beispielsweise dem PHP-Shop, muss die Geschäftslogik dupliziert und eben in PHP statt in C# geschrieben (und stets aktuell gehalten) werden. Natürlich gibt es unzählige Hilfsmittel, ihnen gemein ist jedoch eines: Sie beseitigen einige Symptome, nicht die Ursache dieser Misere. Und ganz nebenbei: Wenn jede ausgeführte Anwendung eine eigene Verbindung zur Datenbank unterhält, ist dies von Übel. In Abbildung 6.2 sehen Sie nun das gleiche Beispiel in einer serviceorientierten Welt.

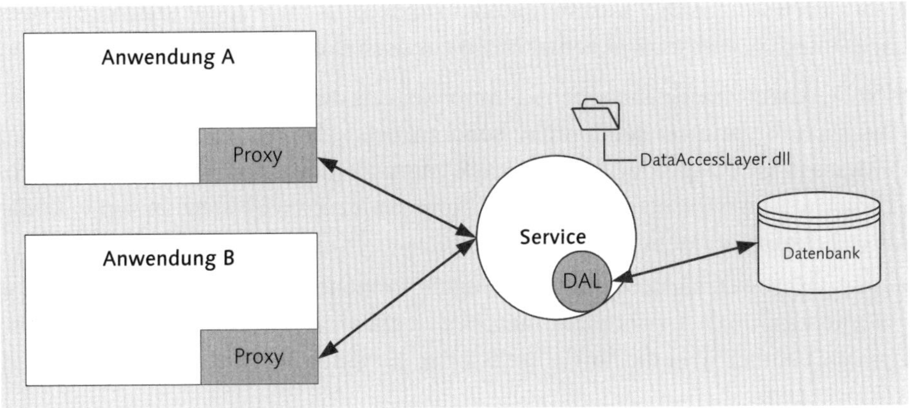

Abbildung 6.2 Serviceorientierte Architektur

Die Vorteile:

- Es werden nur wenige Verbindungen zur Datenbank benötigt, die zudem in einem Pool verwaltet werden können.
- Der Service wird zentral ausgetauscht. Sobald der Service in der neuen Version vorliegt, verwenden ihn alle Clients automatisch. Auch der Layer für den Datenbankzugriff existiert nur einmal. Je nach Konfiguration und Programmierung kann der Austausch sogar erfolgen, während die Clients den Service verwenden.
- Die Anwendungen können so bleiben, wie sie sind. Der Service wird einfach keinen neuen Kunden mehr entgegennehmen, wenn die E-Mail-Adresse fehlt, und dies dem Anwender dann mitteilen.
- Der Internetshop benötigt keine eigene Implementierung der Geschäftslogik, sondern bedient sich desselben Services.

Noch deutlicher wird der Vorteil, wenn es viele Services gibt, die nicht nur mit Anwendungen, sondern auch untereinander kommunizieren. Überhaupt unterscheiden Clients nicht, wer ihre Dienstleistungen in Anspruch nimmt; ihnen ist egal, ob eine GUI ihre Methoden aufruft oder ein anderer Service.

WCF-Services

Schon lange bevor Microsoft die .NET-Klassenbibliothek um WCF ergänzte, gab es Webservices. Es war also notwendig, WCF dazu kompatibel zu gestalten.

Mit .NET können auch Standard-Webservices entwickelt werden, und .NET-Anwendungen wiederum können auf Webservices zugreifen, ganz ohne WCF (ASMX mit WSE). Mit WCF ist es zunächst nicht anders: Webservices können auf WCF-Services zugreifen, und WCF-Services können Dienstleistungen eines gewöhnlichen Webservices in Anspruch nehmen. Wozu also WCF?

Nun, auch wenn Sie WCF so konfigurieren können, dass sich damit erstellte Services nach außen wie Webservices verhalten, gibt es doch einige zusätzliche Möglichkeiten:

- WCF ist sehr flexibel in Sachen Kommunikation, denn Nachrichten können nicht nur per http versendet werden, sondern beispielsweise auch über TCP, über Message Queuing oder Interprozesskommunikation. Ja, es ist sogar möglich, verschiedenen Clients verschiedene Kommunikationswege anzubieten oder die Nachrichten in einem Netzwerk zu routen.
- Für typische Herausforderungen verteilter Programmierung, Transaktionen und Sicherheit, um nur zwei zu nennen, besitzt die WCF eine API-Unterstützung, die meist deutlich über die Möglichkeiten der `ws.*`-Spezifikationen von Webservices hinausgeht.
- WCF kann sich in verschiedene andere (Microsoft)-Produkte integrieren, zum Beispiel lassen sich mithilfe der Workflow Foundation Services entwickeln.
- Außer SOAP werden noch weitere Nachrichtenformate unterstützt.
- WCF lässt sich gut erweitern.
- WCF-Services lassen sich konfigurationsgesteuert verändern, oder die Konfiguration erfolgt im Code.
- Außerdem werden weitere Kommunikationsmodelle unterstützt, zum Beispiel Streaming oder Peer-to-Peer-Kommunikation.

Zu diesen Möglichkeiten gesellen sich inzwischen recht ausgereifte Tools, Debugging- und Monitoring-Werkzeuge und verschiedenste Systeme rund um die WCF.

Services sind keine Objekte!

Gerade Anfänger neigen dazu, Services wie Objekte zu verwenden. **Aber Objekte sind lokal und niemals dafür gedacht gewesen, verteilt zu werden.** Ein Beispiel:

Aus der Praxis

In der Belegverarbeitung wurde einmal ein Service wie ein Objekt verwendet: Jedes Merkmal eines solchen Beleges (zum Beispiel die Belegnummer) wurde eigens abgerufen, anstatt den gesamten Beleg zuerst zusammenzubauen und dann erst zu übertragen.

Der Entwickler bemerkte seinen Fehler erst, als er den Service auf den IIS kopierte, der auf einem eigenen Server installiert war. Bei der Verarbeitung einiger Tausend Rechnungen waren die Laufzeiten so hoch, dass an einen Einsatz nicht zu denken war. Service und Client mussten so umgebaut werden, dass es dem Konzept von SOA entsprach.

Ein Serviceaufruf ist hundert- bis tausendmal langsamer als der Aufruf einer Methode eines lokalen Objekts(!). Im Beispiel ist die schlechte Performance nicht verwunderlich: Schließlich musste der lokale Prozess verlassen werden, eine TCP/IP-Kommunikation mit dem IIS aufgebaut, die Authentifizierung ausgehandelt und der Service aktiviert werden. Erst danach konnten die eigentliche Methode der Servicelogik aufgerufen und das Ergebnis in eine Nachricht verpackt werden, die dann auf dem gleichen Weg zurück zum Client versendet wurde. Sind DTC-Transaktionen im Spiel, oder findet die Kommunikation über das Internet statt, sind die Antwortzeiten noch einmal ungleich länger.

Diese Erkenntnis hat Auswirkungen auf die Granularität: Anstelle vieler elementarer Zugriffe treten wenige, höherwertige Zugriffe. Darin liegt auch eine der Gefahren in der Entwicklung, weil während der Entwicklung (leider zu oft) nicht mit vernünftigen Testdaten gearbeitet wird.

Kommunikation mit Services

Aber etwas genauer: Warum sind die Zugriffszeiten um so vieles länger? Das liegt daran, dass wir mit Services über alle Grenzen hinweg kommunizieren können.

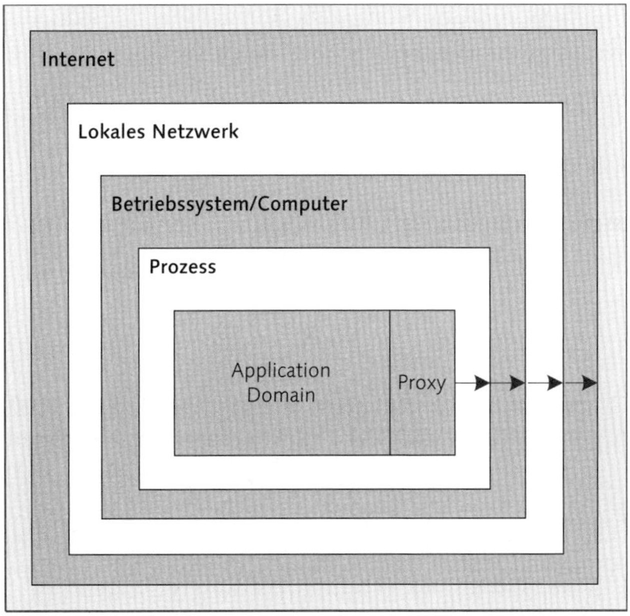

Abbildung 6.3 Kommunikation über Grenzen hinweg

Mit jeder Grenze steigt die Komplexität, da zusätzliche Verwaltungsarbeit geleistet werden muss. Außerdem steigt das Maß an Unsicherheit. Die Kommunikation innerhalb eines Prozesses wird sicher funktionieren. Die Kommunikation im internen Netzwerk hingegen kann fehlschlagen, die Übertragungsqualität ist aber viel höher als bei einer Übertragung über das Internet. Entsprechend flexibel muss die WCF diese verschiedenen Szenarien behandeln.

Die Kommunikation mit einem Service übernimmt ein *Proxy*. Er enthält dieselben Methoden wie der Service, aber das ist nur Komfort. In Wirklichkeit nimmt ein Proxy uns nur Arbeit ab. Wir müssen uns weder um den Aufbau der Kommunikation kümmern noch um das Erstellen der zu versendenden Nachricht oder den Empfang der Rückantwort. Er kapselt den Aufruf einer Servicemethode in einer lokalen Methode.

Proxys werden immer verwendet, egal über welche Grenzen hinweg wir kommunizieren wollen, auch dann, wenn Services untereinander kommunizieren, die im selben Prozess laufen. Sie ermöglichen es, dass wir einen Service jederzeit umziehen können, vom lokalen PC auf den Intranet-Server, vom Intranet-Server ins Internet. Die Methodik des Zugriffs bleibt gleich, wir müssen lediglich die Kommunikationsparameter anpassen.

Mit Visual Studio können Sie Proxys aus den Metadaten von Services automatisch erstellen lassen. Ein häufiges Missverständnis ist es zu glauben, dass die dabei erzeugten Klassen den Klassen im Service 1:1 entsprechen. Die generierten Proxy-Klassen werden aus Metadaten erzeugt. Sie besitzen zwar dieselben Methodensignaturen, sind aber eigenständige Klassen, die nur kompatibel mit dem Service sind, aus dem sie generiert wurden. Wir werden später noch sehen, was das bedeutet.

6.2 Der erste WCF-Service

Bevor wir in die Details einsteigen, erstellen wir zunächst einmal einen ersten WCF-Service.

6.2.1 Das Projekt

Wenn Sie ein neues Projekt anlegen und den Vorlagenordner WCF auswählen (unter Visual C#), dann zeigt Ihnen Visual Studio 2012 vier Projektvorlagen an, aus denen Sie auswählen können:

Vorlage	Beschreibung
WCF-Dienstbibliothek	Erstellt eine Klassenbibliothek (DLL), die den Service enthält. Diese DLL können Sie in Visual Studio direkt ausführen, die Entwicklungsumgebung hostet sie dann im eingebauten Webserver, oder Sie können die darin enthaltenen Services selbst hosten.

Tabelle 6.1 WCF-Projektarten

Vorlage	Beschreibung
WCF-Dienstanwendung	Erstellt ebenfalls eine Klassenbibliothek. Wenn Sie hier F5 drücken, dann startet Visual Studio den WCF-Testclient, eine Anwendung, mit der Sie den Service gleich ausprobieren können.
Dienstanwendung für WCF-Workflows	Diesen Projekttyp verwenden wir in Kapitel 8, »Workflow Foundation«. Damit lassen sich Workflows als WCF-Services bereitstellen.
Syndication-Dienstbibliothek	Damit erstellen Sie einen Service, mit dem Sie einen RSS-Feed implementieren können.

Tabelle 6.1 WCF-Projektarten (Forts.)

Auch hier gilt wieder: Sie sind nicht auf diese Projekttypen beschränkt. Genauso gut könnten Sie eine gewöhnliche Konsolenanwendung oder Klassenbibliothek erstellen und sowohl die Verweise von Hand hinzufügen als auch den Code zum Hosten des Service selbst schreiben, was nicht besonders aufwändig ist. Wenn Sie keine Vorlage verwenden, müssen Sie die folgenden beiden Assemblys Ihrem Projekt hinzufügen:

- `System.ServiceModel`
- `System.Runtime.Serialization`

Die verschiedenen Möglichkeiten zum Hosten von Services sehen wir uns später noch an. Nutzen wir zunächst den neuen Komfort von Visual Studio 2012.

1. Wählen Sie als Projekttyp WCF-DIENSTANWENDUNG, und nennen Sie das Projekt *Einkauf*.
2. Visual Studio legt nun einige Dateien und einen Ordner an:
   - Drei *Web.config*-Dateien: Die ursprüngliche *web.config* enthält die WCF-Konfigurationseinstellungen für den Service. In den beiden anderen Dateien könnten Sie nun die Unterschiede für die Debug-Version und die Release-Version angeben. Das ist nützlich, wenn Sie beispielsweise im endgültigen Release einen anderen Connection String für den Datenbankzugriff verwenden.
   - Die Datei *IService.cs*: Diese Datei enthält zwei Contracts: sowohl den `ServiceContract`, also die Methoden, die der Service anbietet, als auch einen `DataContract`, die Daten, die dabei zwischen Service und Client ausgetauscht werden.
   - Die Datei *Service1.svc*: Sie ist für den Webserver gedacht und teilt diesem mit, dass es sich bei der aufgerufenen Webseite um einen Service handelt und wo der Code dafür zu finden ist.

- Die zur vorherigen Datei zugehörige Datei *Service1.svc.cs*, in der die Implementierung für den Service zu finden ist und die aus diesem Grund die Schnittstelle `IService` implementiert.
- Den leeren Ordner *App_Data*: Diesen benötigen wir vorerst nicht.

Ganz sicher wollen wir unseren Service nicht *Service1* nennen. Wir könnten nun die Refactoring-Werkzeuge in Visual Studio verwenden (aus dem Kontextmenü UMGESTALTEN/UMBENENNEN auswählen), stattdessen löschen Sie aber bitte die Dateien *IService.cs*, *Service1.svc* (und damit auch *Service1.svc.cs*). Überhaupt dienen die durch Visual Studio erstellten Dateien eher dazu, die Verwendung zu demonstrieren. Die Software kann ja überhaupt nicht wissen, was unser Service leisten soll.

Fügen Sie dem Projekt ein neues Element hinzu, einen WCF-Dienst aus dem Ordner *Internet*, den Sie mit *EinkaufService* benennen. Wieder legt Visual Studio die bekannten drei Dateien an, die nun aber so benannt sind, wie wir das wollen.

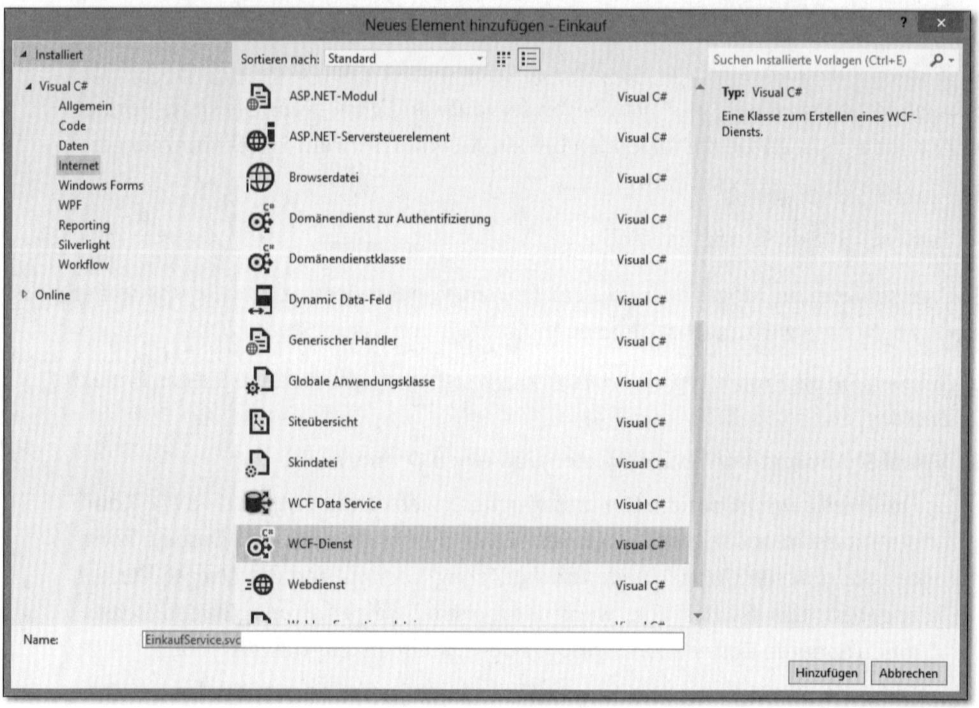

Abbildung 6.4 Dem aktuellen Projekt einen neuen Service hinzufügen

6.2.2 Der Service

Wir können nun unsere erste Service-Methode hinzufügen. Die Schnittstelle `IEinkaufService`.centhält den *Service Contract*, also den Vertrag zwischen dem Service und einem Client. Nur die Methoden, die hier aufgeführt und die darüber hinaus selbst noch mit dem Attribut [OperationContract] ausgezeichnet sind, können von einem Client verwendet werden. Ändern Sie die Datei bitte:

```
...
namespace Einkauf
{
   [ServiceContract]
   public interface IEinkaufService
   {
      [OperationContract]
      List<Bestellung> HoleOffeneBestellungen(int maximaleAnzahl);
      [OperationContract]
      bool OffeneBestellungenVorhanden();
   }
}
```

Listing 6.1 IEinkaufService.cs

Unser Service Contract enthält zwei Methoden: eine Methode zum Abruf der offenen Bestellungen und eine Methode zur Prüfung, ob überhaupt offene Bestellungen vorhanden sind. Bitte beachten Sie auch das Attribut [ServiceContract], das die Schnittstelle erst zu einem Service Contract macht.

Wir hätten übrigens die Schnittstelle auch weglassen können und die beiden Attribute in der Implementierungsklasse selbst angeben können. Das ist jedoch kein guter Stil. Eine Schnittstelle ist auch in C# ein Vertrag. Es liegt daher nahe, auch eine C#-Schnittstelle als Service Contract zu verwenden. Weiterhin sind wir nicht auf eine Schnittstelle festgelegt, wir könnten auch mehrere Schnittstellen in unserem Service verwenden und so verschiedenen Clients verschiedene Verträge anbieten. Gewöhnen Sie sich also immer an, Schnittstellen zu verwenden.

Die zweite Methode enthält nur einen elementaren Datentyp, ein boolean. Wir haben bereits gesehen, dass die Kommunikation zwischen Services und Clients auf Nachrichten aufbaut. In den Nachrichten sind dann die Werte der Parameter enthalten. Sie können nun Einfluss darauf nehmen, wie die Nachricht auszusehen hat. Einfacher ist es, wenn Sie Klassen verwenden, in denen Sie die zu übermittelnden Daten kapseln, sogenannte *Data Contracts*. Fügen Sie dem Projekt daher die neue Klasse Bestellung hinzu, die wir oben bereits referenziert haben.

```
using System;
using System.Collections.Generic;
using System.Linq;
using System.Web;
using System.Runtime.Serialization;
```

```
namespace Einkauf
{
   [DataContract]
   public class Bestellung
   {
      [DataMember]
      public string Bestellkennzeichen;
      [DataMember]
      public int Menge;
      [DataMember]
      public string Produkt;
   }
}
```

Listing 6.2 Bestellung.cs

Ob Sie hier Properties verwenden oder, wie im Beispiel, einfache Variablen, ist eher eine philosophische Frage. Sie könnten die Variablen sogar als `private` deklarieren, und ein Client könnte sie dennoch verwenden. Warum?

Diese Klasse ist nicht die Nachricht selbst, sondern ein Modell, aus der die Nachricht erzeugt wird. Zugriffsmodifizierer wie `private` oder `public` sind C#-Konstrukte, was im lokalen Projekt natürlich wichtig ist. Ein Client hingegen verwendet einen Proxy und eine eigene Klasse `Bestellung`, auch wenn diese automatisch aus dem Service erzeugt wird. Keinesfalls greift ein Client jedoch auf den Code des Service zu, stattdessen schickt er dem Service eine Nachricht und erhält eine Nachricht als Antwort.

Welche Methoden angesprochen werden können und welche Daten dabei versendet werden, richtet sich ausschließlich nach den Attributen `ServiceContract` und `OperationContract` für den Service sowie `DataContract` und `DataMember` für die Nachrichten zwischen Client und Service.

Wir benötigen jetzt noch eine Implementierung des Service. Öffnen Sie daher die Datei *EinkaufService.svc.cs*.

```
using System;
using System.Collections.Generic;
using System.Linq;
using System.Runtime.Serialization;
using System.ServiceModel;
using System.Text;

namespace Einkauf
{
```

```
    public class EinkaufService : IEinkaufService
    {
        public List<Bestellung> HoleOffeneBestellungen(int
          maximaleAnzahl)
        {
            string[] produkte = new string[]{"Kiwi", "Mango",
                "Maracuja", "Ananas", "Guave", "Papaya", "Kokosnuss",
                "Kaktusfeige"};
            List<Bestellung> bestellungen = new List<Bestellung>();
                Random rnd = new Random();
            for (int i = 0; i < maximaleAnzahl; i++)
            {
                Bestellung bestellung = new Bestellung()
                {
                    Bestellkennzeichen = "BKZ"+rnd.Next(1000,9999).ToString(),
                    Menge = rnd.Next(100,1000),
                    Produkt = produkte[rnd.Next(0, produkte.Length-1)]
                };
                bestellungen.Add(bestellung);
            }
            return bestellungen;
        }

        public bool OffeneBestellungenVorhanden()
        {
            return true;
        }
    }
}
```

Listing 6.3 EinkaufService.svc.cs

Anstelle einer Datenbank verwenden wir einen Zufallsgenerator, der uns Daten erzeugt, denn wir wollen uns hier nicht mit unnötigen Details aufhalten. Am Beispiel ändert sich dadurch nichts.

6.2.3 Die Konfigurationsdatei web.config

Unser Service ist jetzt bereits lauffähig, wir könnten ihn ausführen. Bevor wir das tun, werfen wir noch einen Blick auf die *web.config*, in der WCF die Konfigurationseinstellungen erwartet.

Wir werden das Thema *Hosting* noch ausführlicher besprechen. Hier genügt der Hinweis, dass jeder Service einen Prozess benötigt, in dem er ausgeführt wird – den Host-Prozess. Das kann nahezu alles sein, von einer einfachen Konsolenanwendung bis hin zu einem spezialisierten Host unter dem IIS.

Wollten Sie einen Service schreiben, den Sie in einer einfachen Konsolenanwendung hosten anstatt im eingebauten Webserver, dann wären die Einstellungen in der Anwendungskonfigurationsdatei *App.config* enthalten, so hingegen befinden sie sich in der *web.config*-Datei.

Sie sehen nun die vereinfachten Konfigurationsmöglichkeiten in WCF 4.5. Aber wie immer, wenn etwas einfach ist, gilt: Dann ist es eben nicht mehr flexibel, und so werden wir später noch im Detail auf die weiteren Konfigurationsmöglichkeiten eingehen. Nun aber kurz zu den Einträgen der *web.config*:

```
<serviceMetadata httpGetEnabled="true" httpsGetEnabled="true"/>
```

Damit weisen wir WCF an, Metadaten für den Service anzubieten, über http und https gleichermaßen. Anhand dieser Metadaten ist es einem Client möglich, sich über den Service zu informieren und somit auch einen Proxy generieren zu lassen.

```
<serviceDebug includeExceptionDetailInFaults="false"/>
```

Stellen Sie sich vor, eine ASP.NET-Anwendung würde den Service verwenden. Wenn nun ein Fehler auftritt, dann möchten Sie doch bestimmt nicht, dass WCF einem Webanwender die genaue Fehlerursache nennt (womöglich noch mit einem Stack-Trace, der Ihren Servernamen und gleich noch die Datenbank und die Tabelle enthält, in der z. B: ein Fehler aufgetreten ist). Damit würden Sie einem Angreifer viele wichtige Informationen liefern. In dieser Einstellung geben wir daher an, dass auftretende Exceptions nicht an den Client übermittelt werden. Zu Debugging-Zwecken sieht das freilich anders aus, vielleicht auch dann, wenn Sie lediglich im internen Netzwerk verwendete Services entwickeln.

Die beiden weiteren Einstellungen betreffen das Hosting im Webserver und sind an dieser Stelle nicht weiter wichtig.

6.2.4 Der Client

Nun soll es darum gehen, auf die Funktionalität des neuen Service von einem Client aus zuzugreifen, deswegen haben wir ihn ja erstellt. Dafür könnten wir ihn zuerst »hosten«, also eine Laufzeitumgebung für ihn bereitstellen und ihn dann von einem selbst erstellten Client aus testen. Einfacher, zumal in der Entwicklung, geht das aber mit Visual-Studio-Bordmitteln.

WCF-Testclient

Markieren Sie im Projekt die Datei *EinkaufService.svc*, und debuggen Sie Ihre Anwendung mit [F5]. Visual Studio führt daraufhin den *WCF-Testclient* aus, eine kleine Anwendung, die zum Lieferumfang von Visual Studio gehört. Das ist recht komfortabel, denn dieser Client entbindet uns erst einmal von der Notwendigkeit, einen eigenen Client schreiben zu müssen. Stattdessen können wir den Service von dort aus testen.

Achten Sie bitte auf die Adresse, die in der linken Seite angezeigt wird. Auf meinem Rechner ist dies gerade *http://localhost:1592/EinkaufService.svc*. Unter dieser Adresse ist der Service jetzt erreichbar. Das können Sie leicht nachprüfen, indem Sie diese Adresse in einem Browser eingeben.

Abbildung 6.5 Der EinkaufService im Internet Explorer

Verantwortlich hierfür ist der eingebaute Webserver in Visual Studio. Sie könnten in den Projekteinstellungen auch einen anderen Webserver angeben sowie die Einstellungen zum verwendeten Port anpassen. Klicken Sie nun doppelt auf HOLEOFFENEBESTELLUNGEN (IM TESTCLIENT), und geben Sie dem Parameter `maximaleAnzahl` den Wert 3. Danach klicken Sie bitte auf AUFRUFEN (siehe Abbildung 6.6). Bestätigen Sie eine eventuell auftretende Sicherheitswarnung.

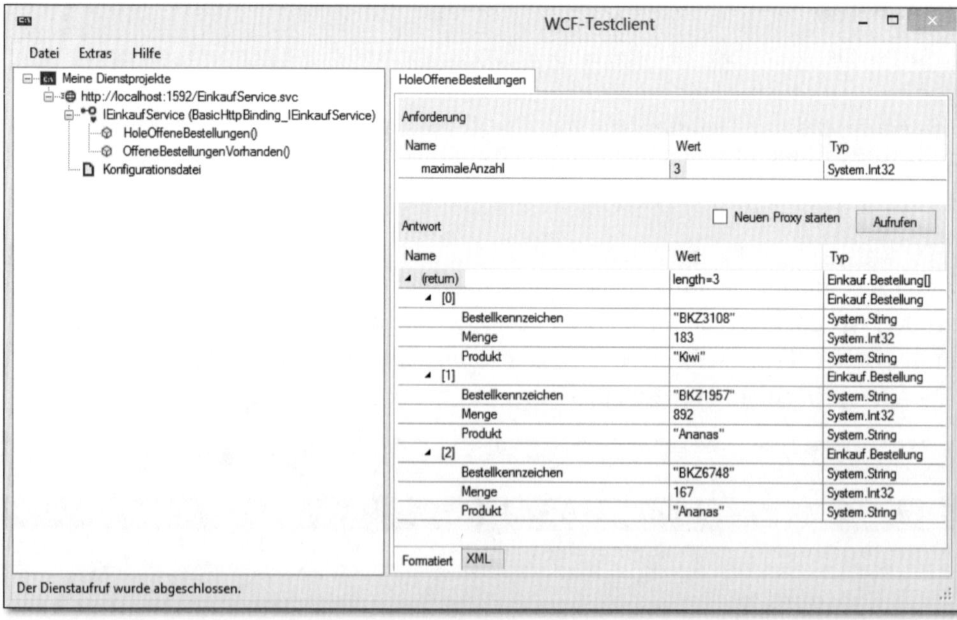

Abbildung 6.6 Der Service im WCF-Testclient

Ein eigener Client

Der WCF-Testclient ist ein praktisches Werkzeug für den Entwickler, aber natürlich wollen wir in der Praxis mit eigenen Clients auf Services zugreifen. Daher wollen wir jetzt einen eigenen Client erstellen.

1. Fügen Sie der Projektmappe eine gewöhnliche Konsolenanwendung mit Namen *EinkaufClient* hinzu.
2. Nehmen Sie die beiden Assemblys `System.ServiceModel.dll` und `System.RuntimeSerialization.dll` als Verweise auf (Verweis bitte, nicht Dienstverweis).
3. Wir haben schon darüber gesprochen: Für den Zugriff auf einen Service benötigen wir einen Proxy. Einen solchen Proxy könnten wir von Hand erstellen. Deutlich einfacher geht das mit Visual Studio. Erinnern Sie sich? Die *web.config* des Service enthält den Eintrag:

   ```
   <serviceMetadata httpGetEnabled="true"/>
   ```

   Daher können wir nun einen Dienstverweis vollautomatisch hinzufügen. Wählen Sie bitte aus dem Kontextmenü des Eintrags VERWEISE den Menüpunkt DIENSTVERWEIS HINZUFÜGEN (siehe Abbildung 6.7).
4. Unter ADRESSE geben Sie bitte die Adresse des Service an, wie Sie zuvor im WCF-Testclient angezeigt wurde. Der Dialog listet nun die Service Contracts auf und zeigt die Servicemethoden an. Die Proxy-Klassen werden im angegebenen Namespace (hier: `refEinkauf`) erzeugt.

Abbildung 6.7 Der Dialog zum Hinzufügen von Dienstverweisen

Damit haben wir den Proxy erzeugt und können ihn nun verwenden. Öffnen Sie bitte die Datei *Program.cs*.

```
using System;
using System.Collections.Generic;
using System.Linq;
using System.Text;
using EinkaufClient.refEinkauf;

namespace EinkaufClient
{
   class Program
   {
      static void Main(string[] args)
      {
         EinkaufServiceClient proxy = new EinkaufServiceClient();
         proxy.Open();
         Bestellung[] bestellungen = proxy.HoleOffeneBestellungen(3);
         for (int i = 0; i < bestellungen.Length; i++)
            Console.WriteLine("BKZ: {0} Menge: {1:D} Produkt:{2}",
              bestellungen[i].Bestellkennzeichen,
              bestellungen[i].Menge, bestellungen[i].Produkt);
         proxy.Close();
         Console.ReadLine();
```

```
        }
    }
}
```

Listing 6.4 Program.cs

1. Zuerst geben wir den Namespace an, in dem sich unser Proxy befindet.
2. Anschließend instanziieren wir die generierte Proxy-Klasse und öffnen den Proxy.
3. Danach können wir die Methoden so aufrufen, als wären sie lokal.
4. Zum Schluss schließen wir den Proxy wieder.

Das Ergebnis sieht so aus wie in Abbildung 6.8 dargestellt.

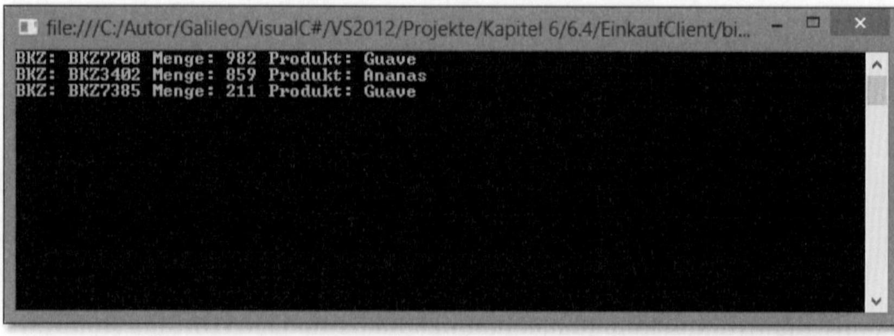

Abbildung 6.8 Die Ausgabe des Clients

Dass es sich bei Service und Proxy um zwei verschiedene Klassen handelt, sehen Sie daran, dass die Methode `HoleOffeneBestellungen` ein Array zurückliefert, während wir im Service `List<Bestellung>` zurückgeben. Bei der Generierung des Proxys können wir u. a. angeben, welcher Typ für Collections erzeugt werden soll, dazu erfahren Sie aber noch mehr in Abschnitt 6.5, »Clients«.

Lassen Sie uns noch kurz betrachten, was wirklich geschehen ist – denn der Aufruf der Methode erfolgte zwar wie eine lokale Methode (`proxy.HoleOffeneBestellungen`), aber in Wirklichkeit

- haben wir eine lokale Methode im Projekt »EinkaufClient« aufgerufen.
- Diese Methode hat bewirkt, dass in unserem lokalen Proxy eine WCF-Nachricht erzeugt wurde, die dann
- zum Service geschickt wurde, der unter der Adresse *http://localhost:1592/EinkaufService.svc* läuft. Unser Service wurde automatisch von Visual Studio gehostet, als wir die [F5]-Taste gedrückt haben.
- Dieser Service hat die Nachricht entgegengenommen, die verlangte Methode aufgerufen und das Ergebnis ermittelt (insgesamt 3 Listenelemente mit Früchten).

- Dieses Ergebnis wurde, wieder vom Laufzeitsystem der WCF, abermals in eine Nachricht verpackt und dem aufrufenden Client zurückübermittelt.
- Der Client erweckt nun den Eindruck, als käme die Antwort auf den Methodenaufruf von einem lokalen Objekt, was die Illusion perfekt macht.

Sie sehen: Jede hinreichend fortgeschrittene Technik ist von Zauberei nicht zu unterscheiden, obwohl wir den Mechanismus natürlich noch durchleuchten und so die WCF ein wenig »entzaubern« werden.

Bewertung

Wir haben nun einen Service erzeugt, der auch einen Data Contract beinhaltet. Wir haben diesen Service ausgeführt, getestet und einen funktionsfähigen Client dafür erstellt. Das ist schon ganz ordentlich, aber erst die Basis. Denn u. a. haben wir noch keine Fehlerbehandlung eingebaut, den Service noch nicht unabhängig von der Entwicklungsumgebung gehostet und ihn auch noch nicht weiter konfiguriert.

Im Laufe des Kapitels werden wir das noch tun und darüber hinaus unseren Service um weitere Methoden ergänzen. Damit werden wir, Schritt für Schritt, die WCF kennenlernen und anwenden. Doch zunächst wollen wir uns einen WCF-Service genauer betrachten, um besser zu verstehen, was wir bisher erreicht haben.

6.3 Anatomie eines WCF-Service

In diesem Abschnitt geht es um den Aufbau von WCF-Services. Um die Beispiele nachvollziehen zu können, laden Sie bitte das Projekt von der CD.

6.3.1 Endpunkte

Ein Service besitzt wenigstens einen Endpunkt (Endpoint). Ein Endpunkt ist die Verbindung eines Service nach außen. Drei Dinge braucht es für einen Endpunkt – sie sind leicht zu merken und könnten geradewegs aus der Marketingabteilung von Microsoft stammen:

- A: eine *Adresse*, unter der wir den Service erreichen können. Sie können diese Adresse fest konfigurieren, mit Basisadressen arbeiten, oder aber Sie verwenden eine Technologie, aus der sich die Adresse automatisch ableitet. Ein im IIS gehosteter Service beispielsweise befindet sich immer an der Adresse der Webseite und des virtuellen Verzeichnisses, in dem sich die **.svc*-Datei befindet.
- B: ein *Binding*, die Konfiguration der Verbindungsparameter. In einem Binding sind, grob gesprochen, alle Kommunikationsmerkmale vereint, also das verwen-

dete Kommunikationsprotokoll und viele weitere Parameter, von denen die meisten optional sind. Dabei bringt WCF Standard-Bindings mit, die sich ohne weitere Konfiguration verwenden lassen. Alternativ können auch eigene Bindings definiert werden, oder die Standard-Bindings können über sogenannte Binding-Konfigurationen weiter parametrisiert werden.

- C: einen *Contract*, die Information, welche Leistungen der Service bereitstellt. Ein Service kann auch mehrere Contracts definieren, die – wie wir bereits gesehen haben – meist mit Schnittstellen (und dem Attribut `[ServiceContract]`) umgesetzt werden. Mehrere Contracts pro Service sind unter anderem dann von Vorteil, wenn es Clients gibt, die nur mit einer Teilmenge der Service-Funktionalität arbeiten sollen. Wenn ein Webshop mit einem Service für die Bestellverarbeitung kommuniziert, dann benötigt er weniger Funktionalitäten als die ERP-Software, die für ihre Aufgaben denselben Service benötigt.

Endpunkte bringen also diese drei Dinge zusammen. Natürlich sind verschiedene Endpunkte möglich, die verschiedene Kombinationen bilden. Ein Beispiel wären zwei Endpunkte, die zwar denselben Contract referenzieren, aber mit unterschiedlichen Kommunikationsprotokollen (Binding und Adresse).

Wenn Sie Standard-Bindings einsetzen, besteht die Konfiguration nur aus wenigen Zeilen, die Sie noch nicht einmal von Hand schreiben müssen, dank des komfortablen *Service Configuration Editors*. Ein weiteres neues Feature seit WCF 4.0 sind Standard-Endpunkte, die Sie von der Arbeit befreien, immer wieder dieselben Endpunkte anlegen zu müssen.

Konfigurationslose Endpunkte

Microsoft hat als Problem in der WCF die komplexe Konfiguration ausfindig gemacht und bietet seit der Version 4.0 einige Features an, um diese zu vereinfachen.

Als WCF-Nutzer der ersten Stunde stehe ich dem skeptisch gegenüber, denn diese Features machen die Konfiguration leichter, als sie ist. Die vielen Möglichkeiten der WCF-API erfordern zwangsläufig auch eine etwas komplexere Konfiguration. Wo die Konfiguration fehlt, wie bei den konfigurationslosen Endpunkten, ist diese dennoch im Hintergrund vorhanden – WCF trifft dann einfach bestimmte Annahmen. Wenn Sie diese nicht kennen, können Sie leicht in diverse Fallen tappen.

So gibt es zum Beispiel den konfigurationslosen Service, der automatisch Endpunkte anlegt, wenn nicht anders konfiguriert ist. Dafür nimmt WCF die Basisadresse des Service, erzeugt für jeden Contract einen Endpunkt und versieht diesen mit einem Standard-Binding, zum Beispiel *basicHttpBinding*, wenn die Basisadresse eine http-Adresse ist.

Das Anlegen der Endpunkte geschieht nach dem Öffnen des Hosts:

```
ServiceHost host = new ServiceHost(typeof(EinkaufService),
  new Uri("http://localhost"));
host.Open();
```

Der *EinkaufService* wäre nun sofort unter der angegebenen Basisadresse erreichbar. WCF erzeugt einen Endpunkt mit eben dieser Adresse, einem *basicHttpBinding* und einem Verweis auf `IEinkaufService`.

Dennoch: Ich empfehle Ihnen, immer mit Konfigurationsdateien zu arbeiten. Sie sind schnell erzeugt und bieten zudem eine komfortable Toolunterstützung. Wenn Sie möchten, müssen Sie diese daher noch nicht einmal von Hand anfassen. Sie können dies aber, und wenn Sie sich dazu entscheiden, Ihre Konfigurationen lieber von Hand anzulegen, verwöhnt Sie der integrierte XML-Editor in Visual Studio geradezu mit automatisch generierten Vorschlägen und Vervollständigungen.

Eigene Endpunkte

Sobald eine Konfiguration angegeben wurde, müssen dort auch Endpunkte vorhanden sein – es sei denn, die Endpunkte würden im Code erzeugt. Unterbleibt das, quittiert dies WCF mit einer Fehlermeldung (siehe Abbildung 6.9). Wie Sie eigene Endpunkte erzeugen, erfahren Sie in Abschnitt 6.3.5, »Konfiguration«.

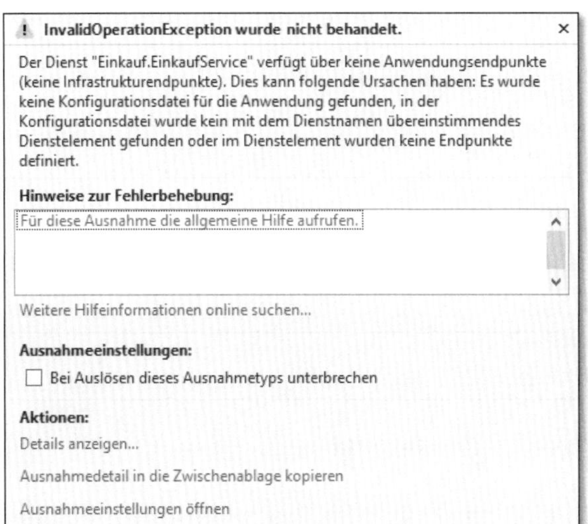

Abbildung 6.9 Service ohne Endpunkte

MEX-Endpunkte

Das Abrufen von Metadateninformationen per `http-get` haben wir bereits konfiguriert. Flexibler sind wir mit Hilfe eines MEX-Endpunktes. MEX steht für *Metadata*

Exchange, einen standardisierten Weg, Metadaten zu übertragen. Denn vielleicht möchten Sie Ihren Service ja gar nicht über *http* kommunizieren lassen, sondern zum Beispiel über *net.tcp*, also auf binärem Weg im Intranet. Mit Hilfe von MEX können Sie auch Metadaten in anderen Protokollen bereitstellen.

Um die Details müssen wir uns nicht kümmern, WCF stellt uns eine `IMetadataExchange`-Schnittstelle zur Verfügung und gleich vier Bindings:

- `mexHttpBinding`
- `mexHttpsBinding`
- `mexTcpBinding`
- `MexNamedPipeBinding`

Dazu müssen wir aber, zum ersten Mal, unsere Service-Konfiguration anpassen. Betrachten wir dies an einem Konfigurationsbeispiel:

```
<system.serviceModel>
   <behaviors>
      <serviceBehaviors>
         <behavior name="MetadataBehavior">
            <serviceMetadata />
         </behavior>
      </serviceBehaviors>
   </behaviors>
   <services>
      <service behaviorConfiguration="MetadataBehavior"
       name="Einkauf.EinkaufService">
        <endpoint binding="basicHttpBinding" bindingConfiguration=""
         name="httpEndpoint"
         contract="Einkauf.IEinkaufService" />
        <endpoint binding="netTcpBinding" bindingConfiguration=""
         name="netTcpEndpoint"
         contract="Einkauf.IEinkaufService" />
        <endpoint address="MEX" binding="mexTcpBinding"
         bindingConfiguration=""
         name="mexEndpoint" contract="IMetadataExchange" />
        <host>
          <baseAddresses>
            <add baseAddress="http://localhost:9400/
             EinkaufService" />
            <add baseAddress="net.tcp://localhost:9500/
             EinkaufService" />
          </baseAddresses>
```

```
      </host>
    </service>
  </services>
</system.serviceModel>
Metadaten-Endpunkt
```

Listing 6.5 Konfigurationsbeispiel

In dieser Service-Konfiguration befinden sich zwei Basisadressen. Wollen Sie Basisadressen verwenden, dann muss es für jedes verwendete Protokoll eine Basisadresse geben, die sich von den anderen unterscheiden muss. Daneben gibt es noch drei Endpunkte:

- einen gewöhnlichen *basicHttp*-Endpunkt für die Kommunikation mittels http
- einen *net.tcp*-Endpunkt für die binäre (Intranet)-Kommunikation
- einen *mex*-Endpunkt für die Abfrage der Metadaten über *net.tcp*

Bitte beachten Sie die Angabe der relativen Adresse (`MEX`) beim MEX-Endpunkt. WCF setzt Basis- und relative Adresse zusammen, so dass die Metadaten nun unter dieser Adresse abgerufen werden können:

net.tcp://localhost:9500/EinkaufService/MEX

Diese Adresse kann direkt im Dialog zum Anlegen neuer Dienstverweise angegeben werden wie in Abbildung 6.10 dargestellt.

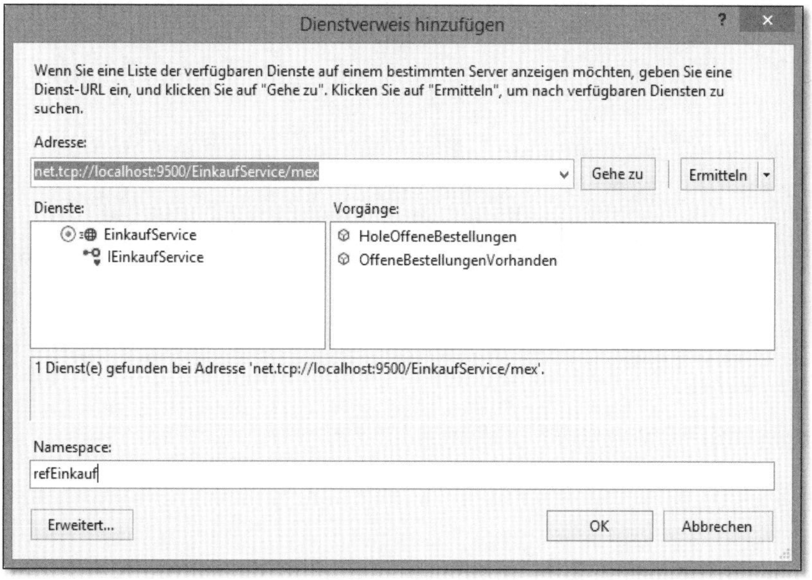

Abbildung 6.10 Metadaten über net.tcp

Wichtig ist die Angabe des `serviceMetadata`-Tags, mit dessen Hilfe die Metadatenabfrage WCF-weit eingeschaltet wird. Optional ist auch die Angabe von `httpGetEnabled` möglich, womit die Metadatenabfrage auch wieder über http möglich wird – wofür wir dann aber keinen MEX-Endpunkt benötigt hätten, denn es geht ja gerade darum, die Metadaten über andere Protokolle, hier über *net.tcp*, zu veröffentlichen.

```
<behaviors>
   <serviceBehaviors>
      <behavior name="MetadataBehavior">
         <serviceMetadata httpGetEnabled="true" />
      </behavior>
   </serviceBehaviors>
</behaviors>
```

Listing 6.6 Metadatenabfrage einschalten

Wenn Sie den Service jetzt starten, dann zeigt ein Blick auf `netstat -a`, dass nun zwei Ports geöffnet sind, 9400 und 9500.

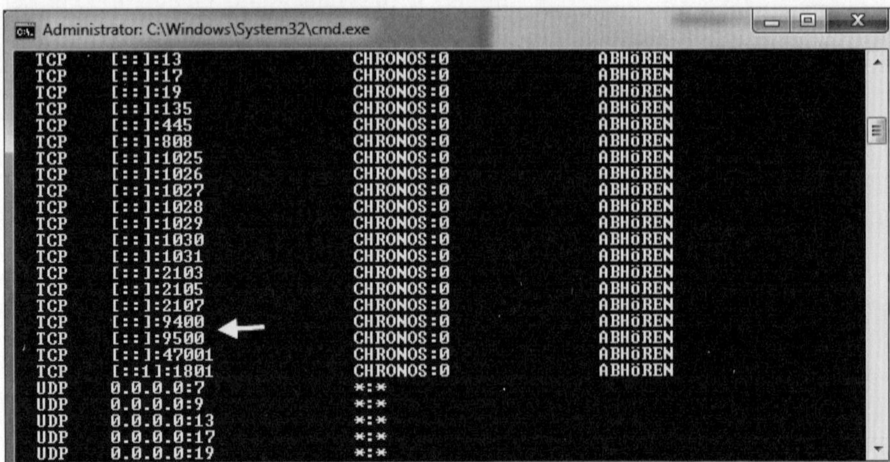

Abbildung 6.11 Der Service hört nun auf zwei Ports

Standard-Endpunkte

Noch einfacher geht es mit den bereits erwähnten Standard-Endpunkten:

```
<endpoint
   kind="mexEndpoint"
   binding="mexTcpBinding"
   address="MEX">
</endpoint>
```

Neben `mexEndpoint` gibt es noch weitere vordefinierte Endpunkt-Typen, die als Extensions in WCF implementiert wurden. Der *Service Configuration Editor*, das GUI-Werkzeug für WCF-Konfigurationen, zeigt sie unter dem Knoten *Erweiterungen des Standardendpunkts* an.

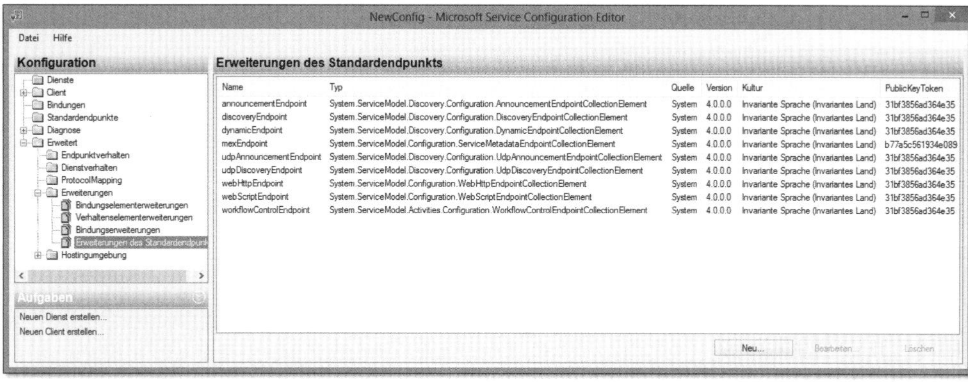

Abbildung 6.12 Standard-Endpunkte

Service Discovery

Noch schöner wäre es freilich, wenn sich ein Client um die Adresse seines Services gar keine Gedanken machen müsste, denn Services können zu jeder Zeit umziehen, und wir müssten dann die Konfiguration aller Clients anpassen, die ihn verwenden. Das ist seit der Version 4.0 möglich und recht komfortabel noch dazu, denn auch hierfür gibt es einen Standard-Endpunkt, den wir einer Service-Konfiguration hinzufügen können:

```
<endpoint name="udpDiscovery" kind="udpDiscoveryEndpoint">
</endpoint>
```

Zudem wird auch hier wieder eine Service-Eigenschaft benötigt, nämlich `serviceDiscovery`. Die Funktion ist ähnlich wie bei `serviceMetadata`, der Eintrag aktiviert diese Funktion für den Service.

```
<serviceBehaviors>
   <behavior name="EinkaufServiceBehavior">
      <serviceMetadata httpGetEnabled="true" />
      <serviceDiscovery />
   </behavior>
</serviceBehaviors>
```

Der Service kann nun wie gewohnt gehostet werden. Die Client-Konfiguration hingegen ist deutlich einfacher geworden:

```
<system.serviceModel>
  <client>
    <endpoint
        binding="netTcpBinding"
        contract="refEinkauf.IEinkaufService"
        name="einkaufServiceEndpoint">
    </endpoint>
    <endpoint name="udpDiscoveryEndpoint"
     kind="udpDiscoveryEndpoint"></endpoint>
  </client>
</system.serviceModel>
```

Listing 6.7 App.config des Clients

Zunächst ist auch hier ein Discovery-Endpunkt vorhanden. Beim Endpunkt für den Zugriff auf den Service hingegen fehlt die Adresse, aber genau die soll ja auch automatisch ermittelt werden, der Client soll nach »seinem« Service suchen.

Das Ermitteln geschieht mit Hilfe der Klasse `DiscoveryClient`. Dafür sind Verweise auf den Namespace `System.ServiceModel.Discovery` und die gleichnamige Assembly nötig. Und ein wenig Code:

```
static void Main(string[] args)
{
   EinkaufServiceClient proxy = new EinkaufServiceClient();

   DiscoveryClient discoveryClient =
      new DiscoveryClient("udpDiscoveryEndpoint");
   FindCriteria findCriteria =
      new FindCriteria(typeof(IEinkaufService));
   FindResponse findResponse = discoveryClient.Find(findCriteria);

   EndpointAddress address = findResponse.Endpoints[0].Address;
   proxy.Endpoint.Address = address;

   proxy.Open();
   Bestellung[] bestellungen = proxy.HoleOffeneBestellungen(3);
   for (int i = 0; i < bestellungen.Length; i++)
      Console.WriteLine("BKZ: {0} Menge: {1:D} Produkt: {2}",
          bestellungen[i].Bestellkennzeichen,
          bestellungen[i].Menge, bestellungen[i].Produkt);
```

```
    proxy.Close();
    Console.ReadLine();
}
```

Listing 6.8 Program.cs mit Service Discovery

- Zunächst benötigen wir ein Objekt vom Typ `DiscoveryClient`, dem wir den zuvor erstellten Discovery-Endpunkt übergeben.
- Im Anschluss müssen wir angeben, wonach wir suchen, nämlich einen Service, der den Contract `IEinkaufService` anbietet.
- Im Anschluss nehmen wir die erste gefundene Adresse und weisen sie dem zuvor instanziierten Proxy zu.
- Nun kennt der Proxy die Adresse und kann wie gewohnt verwendet werden.

In der Praxis sind noch einige Dinge zu berücksichtigen, zum Beispiel die Performance beim Suchen oder die verschiedenen Bindings, die ein Service anbieten kann. Das würde aber den Rahmen dieser Einführung sprengen. Wenn Sie möchten, dann finden Sie auf der beigelegten CD das Beispielprojekt *EinkaufDiscoveryClient* und den *EinkaufHost*, die beide Discovery unterstützt.

So viel zu den Endpunkten, nun gehe ich näher auf deren Bestandteile ein. Den Anfang machen die Adressen.

6.3.2 Adressen

Da ein Service überall auf der Welt laufen kann, braucht er eine Adresse, soviel ist klar. Eine Adresse besteht aus zwei Bestandteilen:

- dem Transportprotokoll
- der Adresse im eigentlichen Sinne

Die Adresse wird als *Uniform Resource Identifier* (*URI*) angegeben. Praktisch interessant sind für uns die folgenden Protokolle:

- HTTP:
  http://production.kalimba.com/Services/EinkaufService.svc
- TCP:
  net.tcp://production.kalimba.com:9100/EinkaufService
- MSMQ (Message Queuing):
  net.msmq://test.kalimba.com/private/EinkaufQueue
- Named Pipes:
  net.pipe://localhost/EinkaufPipe

Eine Adresse hat, wie in den obigen Beispielen zu sehen ist, also immer das folgende Format:

[Protokoll]://[IP-Adresse oder DNS-Name][:Optional: Port]/[Optional: URI]

Die WCF kennt einige Default-Einstellungen, die wir aber nicht verwenden werden. Es ist immer eine gute Sache, wenn man die Parameter explizit angibt, z. B. die Portnummer bei *net.tcp*.

Damit wir diese Adressen ansprechen können, muss der Service an diesen Adressen auch auf Anfragen warten. Wenn wir einen Service selbst hosten, so müssen wir ihn vorher starten. Wenn der IIS als Host für einen Service dient, dann muss der WWW-Service gestartet sein. Auf die Möglichkeiten, Services zu hosten und zu aktivieren, gehe ich in Abschnitt 6.4, »Hosting«, noch genauer ein, denn jeder Host hat seine individuellen Vor- und Nachteile.

6.3.3 Binding

Einführung

Die Angabe des Transportprotokolls in der Adresse reicht bei weitem nicht aus, damit zwei Gegenstellen miteinander kommunizieren können. Es gibt unzählige Details. Um nur einige zu nennen:

- Die Übertragung kann verschlüsselt sein, entweder durch den Transportweg selbst (wie bei https), oder es wird die Nachricht selbst verschlüsselt, ganz oder teilweise.
- Für die Autorisierung eines Clients gibt es viele Möglichkeiten. Einige davon funktionieren nur in einer Windows-Welt, andere wiederum auch mit Nicht-Windows-Gegenstellen.
- Die Kommunikation kann zweiseitig erfolgen (Request/Reply) oder einseitig (Fire and Forget). Und auch hier gibt es einige Varianten, beispielsweise die Übertragung von Nachrichten über Message Queues.
- Der Transportweg sagt noch nichts über die Nachricht aus. Auch über http lassen sich binär codierte Nachrichten versenden, oder Sie können MTOM verwenden, das sich besonders für umfangreiche Nachrichten eignet.
- Je nach Qualität der Verbindung können verschiedene Sicherungsmechanismen aktiviert werden, z. B. die Option *ReliableSession*.
- Wenn Sie kompatibel mit dem *ws**-Standard sein möchten, dann gibt es diverse Einstellmöglichkeiten, mit denen Sie dies erreichen.

Bindings sind der Weg in WCF, all dies zu konfigurieren. Zum Glück gibt es vordefinierte Bindings, beispielsweise das *basicHttpBinding* für die Kompatibilität zu

WS-BasicProfile oder *netTcpBinding* für die Kommunikation über TCP/IP. Diese beiden haben wir bereits im *EinkaufService* verwendet. Daneben gibt es noch *Binding-Configurations*, in denen Sie einzelne Aspekte der Kommunikation für das gewählte Binding konfigurieren können. WCF erlaubt es aber auch, ganz eigene Bindings, sogenannte *CustomBindings*, zusammenzustellen.

Bei jedem Binding müssen sowohl der Service als auch der Client dieselbe Konfiguration verwenden. Von Vorteil ist dabei, dass all diese Informationen in XML deklariert werden können, aber auch im Code, wenn Sie dies wünschen.

Die Schwierigkeiten liegen im Thema selbst begründet, denn es gibt nun einmal sehr viele Optionen, die wir in WCF konfigurieren können. Diese Optionen stehen nicht isoliert da, sondern es gibt Abhängigkeiten. Zunächst einmal muss das Binding zum Transportprotokoll passen. Mit *basicHttpBinding* werden Sie kein Message Queuing hinbekommen, und *netTcpBinding* eignet sich nicht, wenn Sie Ihren Dienst im IIS 6 hosten möchten.

Dann entscheidet das Binding zum Beispiel maßgeblich über die Möglichkeit, ob die Autorisierung des Clients auf Serverseite möglich ist, ob also Anwenderinformationen übertragen werden. Und letztlich schließen sich auch einzelne Optionen gegenseitig aus, oder sie bedingen sich.

Welches Binding Sie verwenden, entscheidet sich danach,

- welche Gegenstelle vorhanden ist, ob ein weiterer .NET-Service oder vielleicht ein Java-Client,
- welche Technologien zum Einsatz gelangen, zum Beispiel das schon erwähnte MSMQ,
- wie wichtig das Thema Sicherheit für Sie ist, und welche Anforderungen sie dabei an einen Client stellen wollen,
- wie zuverlässig die Verbindung zwischen Service und Client ist,
- welche Funktionalität Sie benötigen, z. B. Transaktionen, und
- welche Ansprüche Sie an die Performance stellen und wie das Lastverhalten des Service sein soll.

Diese Möglichkeiten in aller Ausführlichkeit darzulegen, kann dieses Kapitel nicht leisten. Für die meisten Anwendungen ist das aber auch gar nicht nötig. Vielleicht werden Sie niemals ein anderes Binding benötigen als eines der vorkonfigurierten. Wir werfen also am besten gleich einmal einen Blick auf den Lieferumfang.

Vordefinierte Bindings

Bevor ich die wohl gebräuchlichsten Bindings in WCF vorstelle, einige Worte zu dem Begriff *Encoding*. Unter Encoding verstehen wir die Zeichencodierung einer Nachricht. Sie müssen hier zwischen Transportprotokoll und Encoding unterscheiden, denn obwohl beispielsweise http textbasiert kommuniziert, kann die Nachricht, die so übermittelt wird, dennoch binär codiert sein. MTOM ist eine weitere Möglichkeit und verringert die Nachrichtengröße, indem binäre Informationen nicht mehr Base64-codiert übertragen werden müssen, sondern wirklich binär. Angegeben ist immer das Standardverhalten, das Sie in einigen Fällen anpassen können.

- *basicHttpBinding*: Dieses wohl einfachste Binding stellt nicht viele Funktionen bereit, bringt aber dafür auch nicht viel Overhead in die Kommunikation. Dafür verwendet es text/xml als Encoding für die Nachricht, was für größere Nachrichten nicht effizient ist. Wenn Sie es verwenden, dann können alte ASMX-Webservices über das WS-BasicProfile mit dem WCF-Service kommunizieren. Transport: http/https, Encoding: Text oder MTOM.
- *wsHttpBinding*: Auch dieses Binding konfiguriert einen WCF-Service interoperabel, diesmal, indem *ws**-Spezifikationen unterstützt werden, wie Transaktionen oder Sicherheit. Transport: http/https, Encoding: Text oder MTOM.
- *netTcpBinding*: Dieses Binding eignet sich vor allem in Intranet-Anwendungen und ist aufgrund der durch und durch binären Kommunikation recht effizient, vor allem, wenn größere Datenmengen übertragen werden. Damit geben Sie aber die Interoperabilität auf, was bedeutet, dass Client und Service die WCF verwenden müssen. Transport: TCP, Encoding: binär.
- *wsDualHttpBinding*: Auch dieses Binding ist interoperabel und erlaubt Duplex-Services. Das sind Services, die eigentlich einseitig sind (Fire and Forget), in denen der Service aber einen Rückkanal zum Client unterhält, zum Beispiel, um ihn über den aktuellen Bearbeitungsstand zu unterrichten. Wenn Sie so wollen, werden also zwei einzelne *wsHttpBindings* darin vereint. Transport: http/https, Encoding: Text oder MTOM.
- *netMsmqBinding*: Mit diesem Binding transportieren Sie Nachrichten über MSMQ, Microsoft Message Queuing. Damit lassen sich Szenarien realisieren, in denen Client und Server weitgehend voneinander entkoppelt sind. Das ist praktisch, wenn Client oder Server zeitweise nicht erreichbar sind. Transport: MSMQ, Encoding: binär.
- *netNamedPipeBinding*: Damit ist eine besonders effiziente Kommunikation auf einer Maschine möglich zwischen zwei WCF-Gegenstellen. Transport: IPC (Interprozesskommunikation), Encoding: binär.

Sie müssen sich also entscheiden, ob Sie den Vorteil der binären Kommunikation über den Nachteil der dann fehlenden Interoperabilität stellen können. Bei *MSMQ* oder *IPC* stellt sich diese Frage natürlich nicht, dies sind reine WCF-zu-WCF-Bindings, die jeweils spezielle Szenarien bedienen (Message Queuing und Named-Pipe-Kommunikation). Wenn Sie sich nicht festlegen möchten, dann könnten Sie auch über verschiedene Endpunkte mehrere Bindings zur Verfügung stellen und dem Client die Wahl überlassen.

Sie sollten aber die Komplexität nach Möglichkeit nicht unnötig erhöhen und die Anzahl der Bindings und deren Parameter begrenzen.

Custom Bindings

Ich beschränke mich an dieser Stelle auf den Hinweis, dass Sie auch Ihre eigenen Bindings erstellen könnten, doch bei der Vielzahl der vordefinierten Bindings sollte das eigentlich nicht nötig sein. Sie können ja ohnehin jedes Binding mittels `BindingConfigurations` weiter konfigurieren.

6.3.4 Contracts

Contracts sind die Verbindung eines Service nach außen. Sie sind schon alleine deswegen notwendig, weil ein Service plattformunabhängig arbeiten soll. Schließlich soll auch ein Java-Client auf einen WCF-Service zugreifen können. Genauer gibt es derer vier, die ersten beiden haben wir bereits verwendet.

Service Contracts

In *Service Contracts* ist geregelt, welche Methoden ein Service einem Client anbietet. Dafür gibt es die beiden Attribute `ServiceContract` und `OperationContract`, die einen Service bzw. eine Methode als solche kennzeichnen.

Wir könnten mit diesen beiden Attributen direkt die implementierende Klasse auszeichnen. Besser ist es jedoch, sie auf Interfaces anzuwenden und dann in einer eigenen Klasse diese Interfaces zu implementieren. Zum einen entspricht das dem Wesen von Interfaces, die ebenfalls einen Vertrag darstellen. Zum anderen könnten wir so mehrere Interfaces in einer Klasse implementieren. Damit erreichen wir, dass wir verschiedenen Clients unterschiedliche Funktionalitäten bereitstellen.

Beide Attribute stellen einige Eigenschaften zur Verfügung. Auf die meisten dieser Eigenschaften gehen wir später ein, da sie mit speziellen Funktionen in WCF zu tun haben, mit Ausnahme von zwei Eigenschaften:

- *Name*: Damit können Sie den Namen überschreiben, der in den Metadaten und in beiden Attributen enthalten ist. Geben Sie hier nichts an, wird der Name des Contracts verwendet (im Beispiel `IEinkaufService`) bzw. der Name der Methode (beispielsweise `HoleOffeneBestellungen`).

  ```
  [ServiceContract(Name="Einkauf")]
  [OperationContract(Name="Offene Bestellungen")]
  ```

- *Namespace*: Sie können für einen Service Contract einen Namespace angeben, denn .NET-Namespaces sind für Services nicht von Bedeutung – Ihre Services könnte ja auch ein PHP-Client verwenden. Sie sollten diese Möglichkeit daher immer nutzen. Lassen Sie diese Angabe weg, so verwendet WCF `http://tempuri.org` als Namespace.

```
[ServiceContract(Namespace="http://Kalimba.Services.Einkauf"]
```

Näheres zu Service Contracts lesen Sie in Abschnitt 6.6.1, »Service Contracts«.

Data Contracts

Die mit `[DataContract]` gekennzeichneten Klassen werden zwischen Client und Service ausgetauscht. Damit erweitern wir elementare Datentypen, die wir ebenfalls verwenden können und deren Verwendung WCF für uns unter der Haube regelt. Data Contracts werden näher in Abschnitt 6.6.2, »Data Contracts«, vorgestellt.

Fault Contracts

Konsequenterweise sind in einer serviceorientierten Welt auch Fehler Nachrichten, die von einem Service zum Client gesendet werden. Wir haben schon `includeExceptionDetailInFaults` kennengelernt. Mit *Fault Contracts* haben wir einen besseren Weg, Ausnahmen vom Service zum Client zu transportieren. Ich gehe darauf näher in Abschnitt 6.5.1, »Proxy erzeugen«, unter »Svcutil.exe« ein, der sich mit Fehlerbehandlung beschäftigt.

Message Contracts

Mit *Message Contracts* kann ein Service direkt Einfluss darauf nehmen, wie die Nachrichten aussehen, die zwischen Client und Service ausgetauscht werden. Das liegt außerhalb dieses Kapitels und vermutlich auch außerhalb Ihrer eigenen Projekte. Verzichten Sie darauf, wenn Sie keinen wirklich guten Grund haben.

6.3.5 Konfiguration

Erfahrungsgemäß werden Sie sich vermutlich einem der drei Lager zugehörig fühlen:

- Sie schreiben Ihre Konfigurationen immer von Hand, denn bis Sie die GUI bedienen, haben Sie schon längst die Datei geöffnet, editiert und gespeichert. Sie lieben die Möglichkeit, auf alle Optionen zugreifen zu können.
- Konfigurationen? Dieses lästige Anhängsel brauchen Sie nicht, denn Sie konfigurieren Ihre Services lieber im Code, wo denn auch sonst?
- Es ist Ihnen viel zu umständlich, die vielen Konfigurationsmöglichkeiten auswendig zu lernen, wo es doch eine komfortable GUI gibt, die diese Aufgabe viel schneller erledigt, als es von Hand möglich wäre. Sie lieben es, wenn Ihre Eingaben von einem Programm validiert werden.

Wenn Sie für Variante 1 votieren, dann hilft Ihnen Visual Studio durch Syntax Highlighting in den Konfigurationsdateien und IntelliSense, das in WCF 4.5 noch einmal erweitert wurde und jetzt nicht nur die Attribute und Tags vorschlägt, sondern auch sinnvolle Inhalte. Variante 2 ist ebenfalls möglich, wenngleich Sie dann natürlich festgelegt sind und Ihren Service neu erstellen müssten, sobald Sie ihn beispielsweise einem anderen Host anvertrauen müssten. Anhänger der Variante 3 können auf den *Service Configuration Editor* zurückgreifen, der zwar nicht bunt, aber zweckmäßig ist.

Das Ergebnis ist in den Fällen 1 und 3 identisch, es entsteht eine *App.config* oder *web.config*, Variante 2 kommt hingegen ganz ohne Konfigurationsdatei aus. Auch eine Mischung aller drei Verfahren ist möglich.

Die meisten Konfigurationseinstellungen werden wir dort besprechen, wo sie zum Tragen kommen, also beispielsweise in Abschnitt 6.8, »Transaktionen«. Hier geht es darum, wie eine solche Konfiguration aufgebaut ist und welche Elemente benötigt werden, um einen Service zum Laufen zu bekommen.

Zur Erinnerung: Die Bindings von Client und Service müssen kompatibel sein. Das ist einleuchtend, denn sie beschreiben ja gerade die Kommunikationsparameter. Daraus folgt, dass Sie zwei Dateien benötigen: eine für den Client und eine für den Service.

Konfiguration in XML

Sehen wir uns zunächst die Service-Seite an:

```
<?xml version="1.0" encoding="utf-8"?>
<configuration>
  <system.serviceModel>
    BEHAVIORS
     <behaviors> Enthält n Behaviors
       <endpointBehaviors> Enthält n endpointBehaviors
         <behavior name="MyEndpointBehavior">
          Einstellungen von MyEndpointBehavior
         </behavior>
      </endpointBehaviors>
      <serviceBehaviors> Enthält n serviceBehaviors
         <behavior name="MyServiceBehavior">
          Einstellungen von MyServiceBehavior
         </behavior>
      </serviceBehaviors>
    </behaviors>
    BINDINGS
     <bindings> Enthält n BindingConfigurations
```

```
      <netTcpBinding> Entspricht dem Standard-Binding, das es
       verändern soll
        <binding name="MyNetTcpBindingConfiguration" portSharingEnabled=
        "true" /> Enthält die Einstellungen
      </netTcpBinding>
    </bindings>
    SERVICES
     <services> Enthält n Services
      <service behaviorConfiguration="MyServiceBehavior"
      name="Einkauf.EinkaufService"> Enthält n Endpunkte
        A,B,C = Address, Binding, Contract
        <endpoint address="net.tcp://production.kalimba.com:9400/
        EinkaufService"
        behaviorConfiguration="MyEndpointBehavior"
        binding="netTcpBinding"
        bindingConfiguration="MyNetTcpBindingConfiguration"
        name="myNetTcpEndpoint"
        contract="Einkauf.IEinkaufService" />
     </service>
    </services>

  </system.serviceModel>
</configuration>
```

Listing 6.9 Die Service-Konfiguration

Etwas übersichtlicher:

```
<?xml version="1.0" encoding="utf-8"?>
<configuration>
  <system.serviceModel>
    <behaviors>
      <endpointBehaviors>
      ...
      </endpointBehaviors>
      <serviceBehaviors>
      ...
      </serviceBehaviors>
    </behaviors>
    <bindings>
      <netTcpBinding>
      ...
      </netTcpBinding>
    </bindings>
```

```
    <services>
      <service name="Name">
        <endpoint
           address  = "Adresse"
           binding  = "Binding"
           contract = "Contract"
        />
        ... weitere
      </service>
      ... weitere
    </services>
  </system.serviceModel>
</configuration>
```

Listing 6.10 Die Service-Konfiguration im Überblick

Alle Einstellungen werden im Element `system.ServiceModel` unterhalb des Wurzelelements `configuration` vorgenommen. Der weitere Aufbau ist im Beispiel kommentiert. Zusätzlich zu einer Adresse (oder anstelle) könnten Sie auch Basisadressen angeben, die dann zum Service gehören. Wenn Sie die Adresse im Endpunkt weglassen, so wird die Basisadresse verwendet. Wenn Sie die Adresse angeben, so ist diese Adresse relativ zur Basisadresse.

```
<service ...
  <host>
    <baseAddresses>
      <add baseAddress="net.tcp://production.kalimba.com:9400/Services" />
    </baseAddresses>
  </host>
</service>
```

Listing 6.11 Basisadresse angeben

Als Contract haben wir das Interface angegeben, das mit dem .NET-Attribut `[ServiceContract]` als solches gekennzeichnet wurde. Als Binding wurde das Standard-Binding *netTcpBinding* verwendet, für das wir in der *BindingConfiguration* die maximale Nachrichtengröße erhöht haben.

Sie könnten eine *BindingConfiguration* auch für alle Endpunkte aller Services für gültig erklären. Dann lassen Sie einfach den Namen im Element `binding` weg. Sie können dennoch einzelnen Bindings benannte BindingConfigurations zuweisen. Alle anderen Bindings erhalten dann die Einstellungen dieser Default-BindingConfiguration, die nur einmal für jeden Binding-Typ vorhanden sein darf.

Für den Endpunkt und den Service haben wir Behaviors definiert, deren Optionen ich im Beispiel aber weggelassen habe. Sie könnten dort die Metadatenabfrage aktivieren, Timeouts erhöhen oder die Anzahl der gleichzeitigen Instanzen begrenzen. Auch diese Behaviors können Sie für allgemeingültig erklären, indem Sie den Namen weglassen. Das geht für beide Behaviors, Service- und EndpointBehavior.

Und nun noch der Client:

```
<system.ServiceModel>
   <client>
      <endpoint address=" net.tcp://production.kalimba.com:9400/
         EinkaufService"
         binding="netTcpBinding"
         bindingConfiguration="NetTcpBinding_IEinkaufService"
         contract="ref1.IEinkaufService" name="NetTcpBinding_
         IEinkaufService">
      </endpoint>
   </client>
</system.serviceModel>
```

Listing 6.12 Die Client-Konfiguration

Clients werden folgerichtig mit dem Element `client` ausgewiesen. Als `contract` geben wir nun nicht mehr `Einkauf.IEinkaufService` an, wie im Service, sondern `ref1.IEinkaufService`, also die Schnittstelle, die der Proxy generiert hat. Auch hier zeigt sich wieder die klare Trennung zwischen Service und Client. Der Proxy generiert auch eine passende BindingConfiguration, die den Einstellungen des Service entspricht.

Es können auch beide Abschnitte in einer Konfiguration vorkommen, `service` und `client`, und zwar dann, wenn ein Service selbst wiederum Client eines anderen Service ist.

Konfiguration per Code

Anstelle deklarativ ist eine Konfiguration auch im Code möglich, wie folgendes Beispiel zeigt:

```
host.AddServiceEndpoint(typeof(IEinkaufService),
  new NetTcpBinding(SecurityMode.None), "net.tcp://production.kalimba.com:
  9500/EinkaufService");
```

Dort wird ein neuer Endpunkt hinzugefügt und gleich konfiguriert. Fügen Sie diesen Code hinzu, bevor Sie den Host öffnen. Sie könnten nun jedes Objekt konfigurieren, beispielsweise `NetTcpBinding`:

```
NetTcpBinding ntb = new NetTcpBinding();
ntb.CloseTimeout = TimeSpan.FromMinutes(3);
ntb.PortSharingEnabled = true;
```

Die Parameter entsprechen denen der Konfiguration, und WCF macht ja auch nichts anderes, als die Konfiguration zu lesen und die Objektinstanzen entsprechend zu konfigurieren.

Ich rate Ihnen von einer solchen Vorgehensweise ab, denn Informationen wie die Adresse oder Konfigurationen, bspw. ein Timeout-Wert, gehören nun einmal in eine Konfiguration. Und es ist nicht unwahrscheinlich, dass Sie den einen oder anderen Parameter im laufenden Betrieb noch nachjustieren. Sicherlich wollen Sie dafür nicht jedes Mal eine neue Version Ihres Service verteilen.

Konfiguration per GUI

Viele Ressourcen zu WCF unterschlagen den *Service Configuration Editor*, dabei halte ich ihn für durchaus brauchbar.

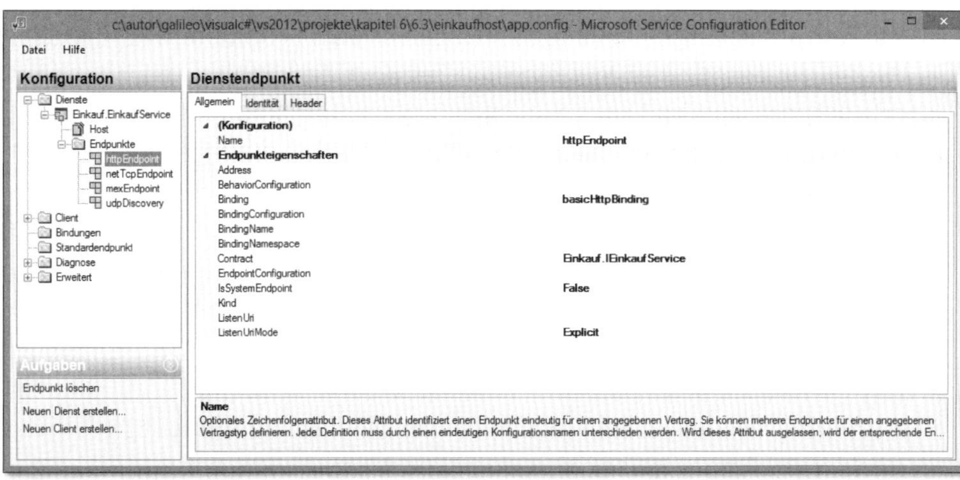

Abbildung 6.13 Der Service Configuration Editor

Wenn Sie die vorherigen Ausführungen gelesen haben, dann werden Sie mit der Bedienung des Editors sehr wahrscheinlich keine Probleme haben. Verwenden Sie einfach die rechte Maustaste, und wählen Sie beispielsweise NEUER DIENSTENDPUNKT, um einen neuen Endpunkt zu erstellen. Sie finden dieses Werkzeug im SDK-Ordner Ihrer Visual-Studio-Installation. Das ist auch sinnvoll, denn schließlich sollen ihn auch Administratoren verwenden können, ohne Visual Studio selbst zu benötigen. Sie können ihn aber auch aus Visual Studio heraus starten. Klicken Sie dazu einfach rechts auf Ihre *App.config* und wählen Sie WCF-KONFIGURATION BEARBEITEN.

6.3.6 Transportsitzung

WCF verwendet den Begriff *Sitzung* für zweierlei Dinge:

- Eine Transportsitzung stellt sicher, dass alle Nachrichten eines bestimmten Clients auf Host-Seite demselben Transportkanal zugeordnet werden.
- Eine WCF-Sitzung stellt sicher, dass alle Serviceaufrufe eines bestimmten Clients auf derselben Serviceinstanz ausgeführt werden.

Für eine WCF-Sitzung ist eine Transportsitzung Voraussetzung, denn darüber identifiziert WCF den eingehenden Serviceaufruf und ordnet ihn der richtigen Serviceinstanz zu.

Eine Transportsitzung kann auch ohne eine WCF-Sitzung bestehen. Wenn Sie beispielsweise die `reliableSession`-Eigenschaften konfigurieren, die die Zustellung einer Nachricht überwachen und auch die Reihenfolge, in der die Nachrichten eintreffen, dann laufen alle Nachrichten in denselben Transportkanal auf dem Hostsystem hinein. So wird die richtige Reihenfolge der Nachrichten sichergestellt.

Wie eine solche Transportsitzung aufgebaut und aufrechterhalten wird, ist dabei unterschiedlich. Es gibt Bindings, *netTcpBinding* zum Beispiel, die Sitzungen von Haus aus unterstützen. Andere Protokolle, vor allem http, verwenden für jeden Aufruf eine eigene Sitzung. Dort müssen dann andere Maßnahmen seitens WCF ergriffen werden, beispielsweise, indem eine ID vom Client zum Host übertragen wird, um eine Transportsitzung aufzubauen.

Ob eine Transportsitzung verwendet wird, ist also eine Frage des Bindings und auch der Konfiguration. Das Einschalten von `reliableSession` genügt hier schon, um eine Transportsitzung zu verwenden. Ein wenig näher gehe ich in Abschnitt 6.9, »Instanzen«, darauf ein, wo von WCF-Sitzungen die Rede ist. Dort zeige ich dann auch, wie man das Vorhandensein einer Transportsitzung erkennt.

Eine Sitzung wird aufgebaut, sobald der Proxy geöffnet und wieder abgebaut wird, sobald er geschlossen wird, oder wenn er die *Runtime Dispose* ausführt.

Reliable Session

Die `reliableSession`-Eigenschaft, also zuverlässige Kommunikation über Servicegrenzen hinweg, aktivieren Sie sehr einfach:

```
<binding name="MyNetTcp" transactionFlow="true">
   <reliableSession ordered="true" inactivityTimeout="00:15:00"
   enabled="true" />
</binding>
```

Es ist eigentlich logisch, aber wir sollten uns doch klar machen: `reliableSession` kann die Zustellung einer Nachricht nicht garantieren, wie übrigens auch keine andere Technologie. Es überwacht lediglich die Zustellung und informiert den Client im Falle eines Fehlers.

Der Parameter `inactivityTimeout` gibt eine Zeitspanne an, nach deren Ablauf die Sitzung abgebaut wird, sofern der Client während dieser Zeit keine Nachrichten sendet. Nach dieser Zeit ist der Proxy nicht mehr verwendbar, und die Verbindung muss neu aufgebaut werden. Üblicherweise geschieht das, indem ein neuer Proxy erzeugt und geöffnet wird. Der Standardwert von 10 Minuten ist in diesem Beispiel auf 15 Minuten verändert worden. `Ordered` besagt, dass die Nachrichten beim Service in derselben Reihenfolge ankommen, wie sie gesendet wurden, und das auch nur einmal.

Manchmal hört man das Argument »Bereits TCP/IP ist doch ein sicheres Protokoll. Wozu dann `reliableSession`?« TCP/IP ist für Datenpakete zuständig, Reliable Messaging für Nachrichten. Es ist auf einer höheren Ebene angesiedelt und schlägt die Brücke von der Netzwerkkommunikation zu WCF.

Wenn Sie sich auf die Nachrichtenübertragung also nicht verlassen können, aktivieren Sie es. Das wird im Intranet und *netTcpBinding* natürlich anders zu bewerten sein als beim Internet und *wsHttpBinding*.

Für *netNamedPipeBinding* steht `reliableSession` nicht zur Verfügung, ebenso wenig für *netMsmqBinding*. Im ersten Fall ist es einfach unnötig, da man sich auf die lokale Kommunikation verlassen kann. Im zweiten Fall sorgt MSMQ selbst für einen zuverlässigen Nachrichtenaustausch.

6.4 Hosting

Das Thema Hosting wird manchmal etwas stiefmütterlich behandelt. Hauptsache der Service läuft. So einfach ist es aber nicht, denn in der Praxis ist die Wahl der richtigen Hosting-Umgebung wichtig, hat sie doch maßgeblichen Einfluss auf Performance, Funktionalität, Stabilität und, auch das wird oft vergessen, auf das Deployment der Anwendung.

Die Grundvoraussetzungen sind zunächst einfach: Sie benötigen einen Prozess. Woher Sie den bekommen, ist WCF erst einmal gleichgültig. Und so gibt es in der Praxis gleich mehrere Möglichkeiten:

- Visual Studio 2012
- Selfhosting, zum Beispiel in einer Konsolenanwendung
- NT-Services
- IIS
- Windows Activation Service (WAS)
- AppFabric, im Verbund mit IIS und WAS

Jede dieser Möglichkeiten hat seine Vor- und Nachteile. Zum Glück sind Sie aber nicht auf Ihre Wahl festgelegt, und Sie müssen auch nicht alle Service auf dieselbe Art und Weise hosten. Ein Prozess kann mehrere WCF-Services hosten, und ein WCF-Service kann wiederum von mehreren Prozessen gehostet werden.

6.4.1 Merkmale eines gutes Hosts

Um es vorwegzunehmen: Den perfekten Host für WCF gibt es nicht. Für Entwickler, die aus der Java-Welt kommen, ist das etwas verwunderlich, gibt es dort doch schon seit vielen Jahren sehr gute, freie und kommerzielle Anwendungsserver.

Ein wenig unfair ist der Vergleich, denn einiges von dem, was Anwendungsserver für Java beherrschen, unterstützt bereits die WCF-Runtime, in Verbindung mit den Konfigurationseinstellungen, andere Features sind im Windows-Server-Betriebssystem zu finden, vor allem im IIS. Dennoch bleibt der Wunsch nach einem solchen Server. Einen ersten Ansatz in diese Richtung unternimmt Microsoft mit *AppFabric*, eine Erweiterung für den IIS und WAS, aber dazu später mehr.

Aber was sind eigentlich die Merkmale eines guten Hosts für WCF-Services?

- Es sollten Funktionen für das Überwachen der Services vorhanden sein, um bei einem Fehler reagieren zu können (*Health Monitoring*).
- Das System sollte auch Performance-Merkmale erfassen können und auftretende Ereignisse protokollieren (*Activity und System Monitoring*).
- Der Host sollte Services bei Bedarf aktivieren können und solche, die länger nicht mehr benötigt wurden, deaktivieren (*Activation*).
- Die Anzahl der gleichzeitig zulässigen Service-Instanzen sollte konfigurierbar sein (*Instance Management*).
- Service sollten gegeneinander isoliert sein, auch durch separate Prozesse, wenn gewünscht (*Isolation*).
- Der Host sollte skalierbar sein, und idealerweise sollte eine ganze Farm an Hosts aufgebaut werden können (*Scalability*).
- Es sollten Werkzeuge für die Konfiguration und das Monitoring vorhanden sein, UI-Werkzeuge genauso wie Kommandozeilen-Tools (*Management*).
- Der Konfigurationsmechanismus sollte flexibel sein und sich mit den Konfigurationen der Services verstehen (*Configuration*).
- Die Sicherheitsmerkmale sollten fein granular eingestellt werden können (*Security*).

Diese Anforderungen können verschiedene Hosts auf verschiedenen Ebenen erfüllen. Andere wiederum sind im Betriebssystem verankert, z. B. Teile der Systemprotokollierung oder die Erfassung der Performance-Kennzahlen mit der Leistungsüberwachung von Windows Server.

Eine zentrale Konsole, die alle Werkzeuge unter einer Oberfläche vereint, gibt es jedoch nicht.

6.4.2 Visual Studio 2012

Beginnen wir mit dem einfachsten Host: Visual Studio erstellt auf Wunsch eine Webseite, in der es den WCF-Service hostet. Wir haben diese Möglichkeit bereits verwendet. Seit Visual Studio 2012 ist dafür der *IIS Express* zuständig, ein »leichtgewichtiger« Internet Information Server. Er legt sich, einmal gestartet, in der Tray Notification Area ab und Sie können von dort auch alle aktuell gehosteten Services anzeigen lassen:

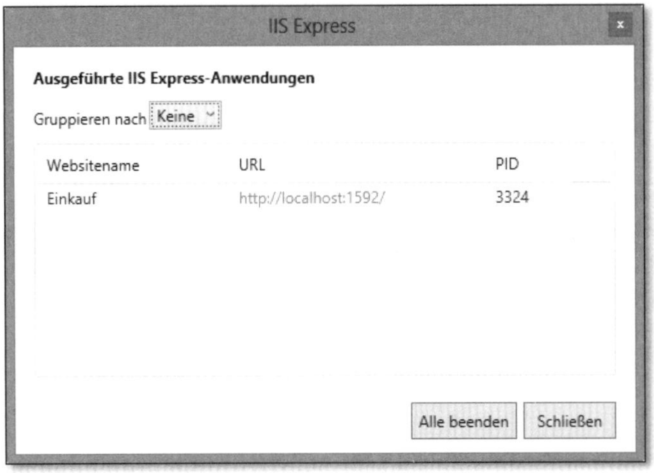

Abbildung 6.14 IIS Express mit gehostetem EinkaufService

Im Visual-Studio-Installationsverzeichnis versteckt sich unter *Common7\IDE* noch eine weitere Möglichkeit, einen Service zu hosten, *WcfSvcHost.exe*, der WCF-Diensthost, das Gegenstück zum WCF-Testclient, *WcfTestClient.exe*. Auch das ist sehr einfach möglich:

```
wcfsvchost /service:Einkauf.dll /config:App.config
```

Auch dieses Tool bringt wieder ein kleines GUI mit, das Sie über die gehosteten Services informiert, abermals zu finden in der Tray Notification Area von Windows.

Praktisch: Das Tool verrät auch gleich die Adresse, von wo aus wir die Metadaten abrufen können. Auf diese Weise können Sie auch Services hosten, die beispielsweise nur über *net.tcp* ansprechbar sind und die sich daher für eine Webanwendung nicht eignen.

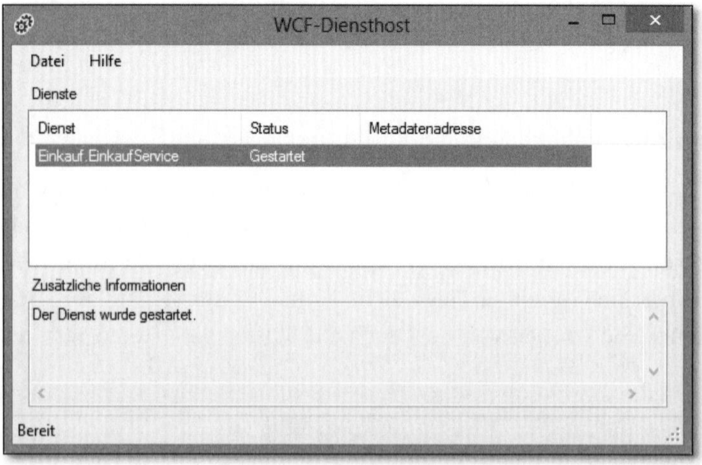

Abbildung 6.15 Die Oberfläche des WCF-Diensthosts

Es liegt in der Natur der Sache, dass der lokale PC kein gleichwertiger Ersatz für den produktiv verwendeten Server ist. Lokal funktioniert meist mehr als entfernt, und die Performance ist ohnehin nicht zu vergleichen. Sie sollten daher gut darüber nachdenken, ob Sie diese Möglichkeit wirklich nutzen wollen. Wenn Ihre Antwort nein lautet, dann finden Sie in Abschnitt 6.4.5, »IIS«, einen Vorschlag, wie Sie praxisnah entwickeln können, ohne auf Komfort verzichten zu müssen.

6.4.3 Selfhosting

Einführung

Wenn Sie volle Kontrolle über den Service brauchen, vor allem darüber, wann der Service gestartet und beendet wird, dann können Sie darüber nachdenken, selbst einen geeigneten Host bereitzustellen. Das bedeutet aber auch, dass Sie den Host selbst starten müssen. Auf dem Server ist das eigentlich nicht praktikabel durchführbar, erst recht wenn dieser von Kollegen administriert wird.

Die Vorteile:

- Sie haben die volle Kontrolle über die Lebensdauer des Service. Das ist zum Beispiel dann besonders interessant, wenn Sie mit Sessions arbeiten, weil ein beendeter Service auch bedeutet, dass die Sessions beendet werden.
- Der Status eines Service lässt sich zum Beispiel über die Konsole ausgeben, ebenfalls Logeinträge und Debugging-Informationen.
- Es geht schnell, vor allem während der Entwicklung möchten Sie vielleicht den einen oder anderen Service auf diese Weise hochfahren.

Die Nachteile:

- Sie müssen den Host selbst starten.
- Auf einem Server müssen Sie dazu angemeldet sein – wird der Server neu gestartet, so müssen Sie auch den Host neu starten. Das Ablegen des Hosts im Autostart-Ordner nützt da nichts, weil auch diese Einträge erst nach der Anmeldung abgearbeitet werden.
- Sie müssen sich um all die Dinge kümmern, die aus einer lokalen Anwendung eine Enterprise-Anwendung machen, also beispielsweise Fehlerbehandlung auf Serviceebene oder Monitoring.

Eines vorweg: Je nach verwendetem Betriebssystem und Ihrer Konfiguration kann es passieren, dass Sie eine Fehlermeldung erhalten, wie die folgende:

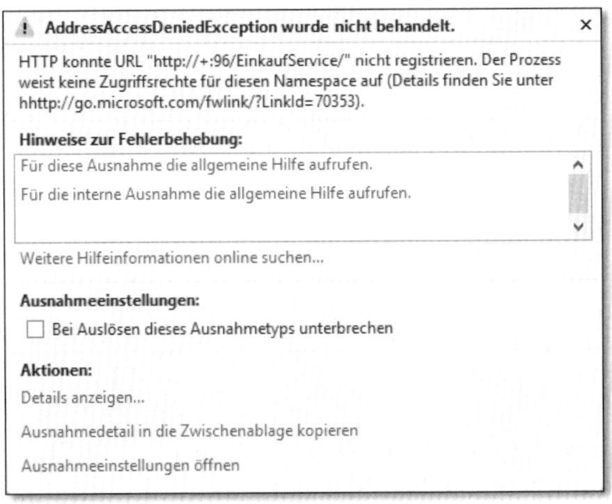

Abbildung 6.16 Fehlende Zugriffsrechte

In einem solchen Fall öffnen Sie bitte eine Kommandozeile, und zwar als Administrator, und setzen dort das folgende Kommando ab:

```
netsh http add urlacl url=http://+:95/EinkaufService user=DOMAIN\USERNAME
```

wobei `DOMAIN` die Domäne ist, in der Sie angemeldet sind (oder der lokale PC, wenn Sie die Beispiele lokal ausführen), und `USERNAME` der Benutzer, unter dem Sie den Service hosten. Aber Vorsicht: Wenn Sie auf diese Weise den Port 80 angeben, dann werden Sie später die Beispiele mit dem Internet Information Server (IIS) nicht mehr ausführen können – besser, Sie verwenden dann einen anderen http-Port.

Tutorial

1. Erstellen Sie ein neues Projekt, beispielsweise eine WinForms-Anwendung oder eine Konsolenanwendung.

2. Fügen Sie einen Verweis auf die inzwischen bekannten Assemblys hinzu sowie auf das Projekt mit dem Service selbst.
3. Erstellen Sie den Host, und öffnen Sie ihn.

```
using System;
using System.ServiceModel;
using Einkauf;

...
         ServiceHost host = new ServiceHost(typeof(EinkaufService));
         host.Open();
...
```

Listing 6.13 Program.cs mit einem gehosteten Service

Und zum Schließen:

```
host.Close();
```

4. Erstellen Sie eine Anwendungskonfigurationsdatei (*App.Config*), und geben Sie dort Ihren Service bekannt:

```
<?xml version="1.0" encoding="utf-8" ?>
<configuration>
   <system.serviceModel>
      <behaviors />
      <bindings />
      <services>
         <service name="Einkauf.EinkaufService">
            <endpoint address="net.tcp://
             localhost:9000/EinkaufService"
             binding="netTcpBinding" bindingConfiguration=""
             name="DefaultEndpoint"
             contract="Einkauf.IEinkaufService" />
         </service>
      </services>
   </system.serviceModel>
</configuration>
```

Listing 6.14 App.config

In der Praxis werden Sie vermutlich mit Basisadressen arbeiten und die Sicherheitseinstellungen nach Ihren Bedürfnissen anpassen. Die grundsätzliche Vorgehensweise bleibt aber gleich.

Mit `Open` laden Sie die WCF-Runtime, die ihrerseits mit Threads arbeitet. Sie können den aufrufenden Thread also blockieren und müssen sich über die Interna der Runtime keine Gedanken machen. Wenn Sie `Close` aufrufen, dann wird der Service kontrolliert beendet; laufende Serviceaufrufe werden abgeschlossen. Es werden aber keine neuen Anfragen mehr entgegengenommen.

Das Verhalten können Sie über die Konfiguration steuern, zum Beispiel könnten Sie die beiden Konfigurationsparameter `OpenTimeout` und `CloseTimeout` überschreiben.

Die `ServiceHost`-Klasse nimmt optional auch ein Array von Basisadressen entgegen, die dann alle auf Serviceanfragen hören, allerdings darf es nur eine Adresse pro Protokoll geben.


```
ServiceHost host = new ServiceHost(typeof(EinkaufService), new Uri[]
  { new Uri("net.tcp://production.kalimba.com:9100/EinkaufService"),
  new Uri("http://production.kalimba.com:9200/Test") });
```

Listing 6.15 Mehrere Basisadressen für einen Service

Vielleicht wundern Sie sich über die Adresse »*production.kalimba.com*«. Das ist praktisch, weil einfach zu merken. Sie können aber, zu Testzwecken, auch einfach localhost verwenden, wie im vorherigen Beispiel – was aber natürlich nur lokal funktioniert. Wenn Sie Ihren Service auf einem anderen Server hosten, dann können Sie dort auch den Servernamen angeben, z. B. *http://production_server:9000/...*. In jedem Fall sind aber Domänennamen besser, weil unabhängig. Sie benötigen dafür lediglich einen DNS-Eintrag, der die URL in eine IP-Adresse auflöst, die IP-Adresse des Servers, der den Service hostet.

Wenn Sie den Host im Code konfigurieren, können Sie die Konfiguration der Endpunkte auslassen. Im nächsten Beispiel habe ich dafür die Metadatenabfrage für den http-Endpunkt aktiviert:

```
<?xml version="1.0" encoding="utf-8" ?>
<configuration>
   <system.serviceModel>
      <behaviors>
         <serviceBehaviors>
            <behavior name="EnableMetadata">
               <serviceMetadata httpGetEnabled="true" />
            </behavior>
         </serviceBehaviors>
      </behaviors>
      <bindings />
      <services>
         <service behaviorConfiguration="EnableMetadata"
          name="Einkauf.EinkaufService">
         </service>
```

```
    </services>
  </system.serviceModel>
</configuration>
```

Listing 6.16 App.config mit aktivierten Metadaten

6.4.4 NT-Services

Einführung

Wenn Sie selbst hosten möchten, dann könnten NT-Services für Sie eine interessante Alternative sein. Microsoft spricht inzwischen gerne von Managed Windows Services, meint damit aber die althergebrachten NT-Services mit Managed Code. Aber gleich, wie wir es nennen, NT-Services haben einige entscheidende Vorteile:

- Sie müssen nicht am Server angemeldet sein, um sie zu starten.
- Sie können sehr leicht einen anderen Account angeben, unter dem der Service laufen soll.
- Sie können eine Konfiguration angeben, wie der Service im Fehlerfall reagieren soll, zum Beispiel den Service neu starten.
- Sie können den Service leicht stoppen, damit er keine Nachrichten mehr entgegennimmt, zum Beispiel zu Wartungszwecken.

Die Nachteile:

- Auch hier müssen Sie sich um viele Details selbst kümmern.
- Wenn sich der Service häufig ändert, ist dieses Verfahren lästig, denn Sie müssen den Service jedes Mal anhalten. Während dieser Zeit können Clients natürlich nicht bedient werden.

Aus der Praxis

Wir verwenden NT-Services gerne im Zusammenhang mit dem Internet, um so die interne Verarbeitung im Rechenzentrum von der externen Verarbeitung auf den Webseiten zu trennen. Das ermöglicht es, beliebige Wartungsfenster einzurichten, einfach indem die NT-Dienste gestoppt werden. Während dieser Zeit werden die eingehenden Nachrichten aber nicht verworfen, sondern zwischengespeichert (mit Queuing, wie Sie später noch sehen werden). Werden die NT-Dienste dann wieder gestartet, so beginnen sie sofort mit der Abarbeitung der bis dahin aufgelaufenen Nachrichten.

Das Erstellen eines NT-Service ist nicht gerade intuitiv, sehen wir uns daher ein Beispiel an.

Tutorial

1. Erstellen Sie ein neues Projekt, wählen Sie als Vorlage *Windows-Dienst* aus, und nennen Sie es *EinkaufServiceHosting*.
2. Fügen Sie folgende Verweise hinzu:
   - *System.ServiceModel.dll*
   - *System.Runtime.Serialization.dll*
   - Projekt *Einkauf* (dieses Projekt enthält den Code des Service)
3. Visual Studio erledigt nun Folgendes für uns:
   - Es erstellt eine neue Klasse `Service1`, die von `ServiceBase` abgeleitet ist und bereits die beiden Methoden `OnStart` und `OnStop` überschreibt.
   - *Program.cs* ruft die statische Methode `Run` der Klasse `ServiceBase` auf und übergibt ihr eine Instanz von `Service1`.
4. Schreiben Sie nun Code für die beiden Methoden zum Starten und Stoppen des Service. Drücken Sie dafür am einfachsten die [F7]-Taste, um in den Code zu gelangen.

```
using System.ServiceProcess;
using System.ServiceModel;
using Einkauf;

namespace EinkaufServiceHosting
{
   public partial class Service1 : ServiceBase
   {
      private ServiceHost host;

      public Service1()
      {
         InitializeComponent();
      }

      protected override void OnStart(string[] args)
      {
         if (host == null)
            host = new ServiceHost(typeof(EinkaufService));
            host.Open();
      }

      protected override void OnStop()
      {
```

```
            if (host != null)
               host.Close();
         }
      }
   }
```

Listing 6.17 Service1.cs

5. Auch hier benötigen wir wieder eine *App.config*-Datei. Verwenden wir diesmal ein *basicHttpBinding*, und erlauben wir wieder den Abruf der Metadaten über http:

```
<?xml version="1.0" encoding="utf-8" ?>
<configuration>
   <system.serviceModel>
      <behaviors>
         <serviceBehaviors>
            <behavior name="MetadataBehavior">
               <serviceMetadata httpGetEnabled="true" />
            </behavior>
         </serviceBehaviors>
      </behaviors>
      <services>
         <service behaviorConfiguration="MetadataBehavior"
            name="Einkauf.EinkaufService">
            <endpoint address="" binding="basicHttpBinding"
               bindingConfiguration=""
                  contract="Einkauf.IEinkaufService" />
            <host>
               <baseAddresses>
                  <add baseAddress="http://production.
                    kalimba.com:9300/EinkaufService" />
               </baseAddresses>
            </host>
         </service>
      </services>
   </system.serviceModel>
</configuration>
```

Listing 6.18 App.config

6. Damit ist der Service fertig. Wir können ihn allerdings noch nicht installieren. Managed Windows Services werden mit dem Tool *installutil* installiert und deinstalliert. Hierfür wiederum benötigen wir einen Installer in unserem Projekt.

Öffnen Sie nun bitte den Designer unserer Klasse `Service1`, und wählen Sie aus dem Kontextmenü INSTALLER HINZUFÜGEN aus. Den Designer öffnen Sie mit der Tastenkombination [⇧]+[F7].

7. Wiederum öffnet sich ein Designer mit zwei Elementen. Ändern Sie nun die Service-Parameter des Objekts `serviceInstaller1`. Sie finden dort solche Dinge wie den Starttyp oder die Beschreibung des Service.

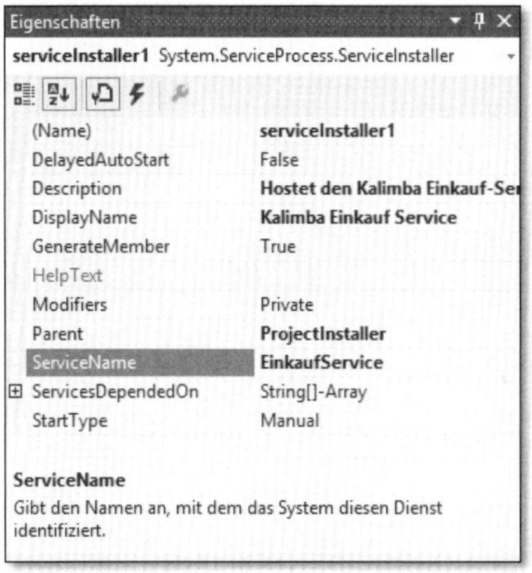

Abbildung 6.17 Die Eigenschaften des zu installierenden NT-Service

8. Wenn gewünscht, können Sie unter `serviceProcessInstaller1` den Account angeben, unter dem der Service ausgeführt werden soll. In der Praxis empfiehlt es sich, einen eigenen Domänen-Account für Services anzulegen und hier anzugeben. Dieser Account sollte aber auch nur die Rechte besitzen, die der Service zur Ausführung wirklich benötigt. Service-Accounts mit zu vielen Rechten sind ein häufig anzutreffendes Sicherheitsrisiko.
9. Erstellen Sie nun das Projekt.
10. Öffnen Sie eine Kommandozeile, und wechseln Sie in das Ausgabeverzeichnis des Projekts. Wenn Sie die Visual-Studio-Kommandozeile dafür verwenden, dann müssen Sie sich um den Pfad von *installutil* keine Gedanken machen.
11. Geben Sie Folgendes ein:

    ```
    Installutil EinkaufServiceHosting.exe
    ```

12. Der Installer möchte nun noch wissen, unter welchem Account der Service laufen soll, wenn Sie nicht einen Standard-Account verwendet haben, beispielsweise *NetworkService*. Geben Sie hier für einen Test Ihren eigenen Account ein. Ihr Service sollte jetzt aussehen wie in Abbildung 6.18 dargestellt, hier am Beispiel von Windows Server 2012.

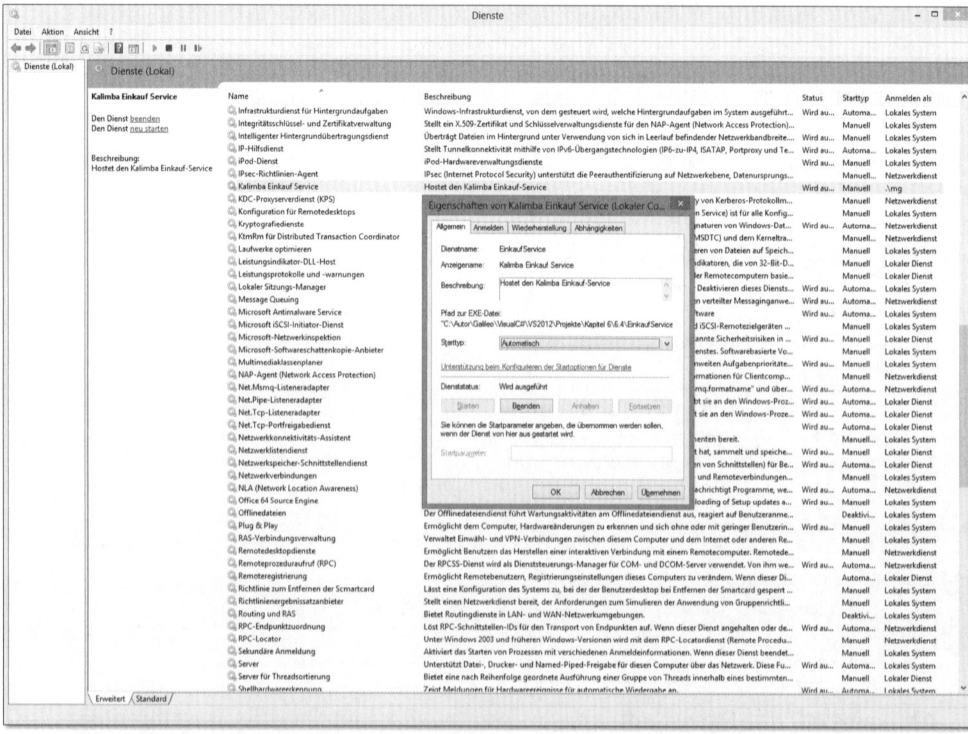

Abbildung 6.18 Der fertige NT-Service, der den EinkaufService hostet

Test

Starten Sie den Service, und rufen Sie die Metadaten ab. Überprüfen Sie, ob Ihr Service ordnungsgemäß läuft:

http://production.kalimba.com:9300/EinkaufService

Wenn Sie nun den Dienst stoppen und die Webseite erneut aufrufen, sollten Sie einen Fehler erhalten. Aber Achtung: Sie müssen vorher den Internet Explorer schließen und neu öffnen.

Der ultimative Test eines Service ist immer dessen Verwendung. Inzwischen sollte es ein Leichtes für Sie sein, ein neues Projekt anzulegen, einen Dienstverweis hinzuzufügen und die offenen Bestellungen dann abzurufen. Sie können hierfür auch den *EinkaufClient* aus dem ersten Tutorial nehmen. Ich empfehle Ihnen dann jedoch, den vorhandenen Dienstverweis zu löschen und einen neuen zu erstellen, statt den bestehenden zu aktualisieren.

6.4.5 IIS

Einführung

Ich gehe hier davon aus, dass Sie bereits den IIS 7, IIS 7.5 oder die Version 8 im Einsatz haben, da sich die Konfiguration (optisch und inhaltlich) doch sehr von den Vorgängerversionen unterscheidet. Die meisten Schritte lassen sich jedoch auf diese übertragen. Auch der Internet Information Server eignet sich zum Hosten von WCF-Services und hat so seine Vorteile:

- Der Service wird erst aktiviert, sobald der erste Anwender darauf zugreift. Vorher werden keine Ressourcen in Anspruch genommen.
- Das Deployment ist viel einfacher, denn es genügt, die Services zur Laufzeit auszutauschen, indem sie einfach kopiert werden. Wenn die Client-Anwendung richtig programmiert wurde, dann ist es nicht einmal notwendig, diese vorher zu schließen.
- Sie können alle wichtigen Funktionen des IIS verwenden, also z. B. Recycling und Health Monitoring.

Die Nachteile:

- Der IIS ist zuständig für die Lebensdauer eines Service. Das bedeutet zum Beispiel, dass die *Appdomain* jederzeit recycelt werden kann, was auch das Ende Ihrer Services bedeutet. Sie werden dann zwar beim nächsten Aufruf erneut aktiviert, allerdings werden eventuell vorhandene Sitzungen dann ebenfalls neu aufgebaut.
- Für manche Einsatzzwecke ist das Aktivieren des Service beim Aufruf ein Nachteil, zum Beispiel für Singleton-Services. Oder stellen Sie sich einen Scheduler-Service vor, der zu einer bestimmten Uhrzeit gewisse Funktionen ausführen soll.
- Vor IIS 7 sind Sie auf http als Protokoll festgelegt.

In Summe gesehen kommt der IIS damit aber dennoch dem idealen Host bisher am nächsten.

Tutorial

Um einen Service im IIS hosten zu können, benötigen Sie einen installierten Internet Information Server, bevorzugt Version 7 oder höher. Bitte starten Sie den WWW-Dienst, wenn nicht bereits geschehen.

Ich zeige Ihnen hier alle Schritte, wie Sie den IIS idealerweise einrichten sollten, um ihn als Host für WCF tauglich zu machen. Im einfachsten Fall könnten Sie auf das Anlegen eines eigenen Application Pools und einer eigenen Webseite verzichten. Aber in diesem Buch geht es um die professionelle Entwicklung, und dort sind diese Schritte unverzichtbar.

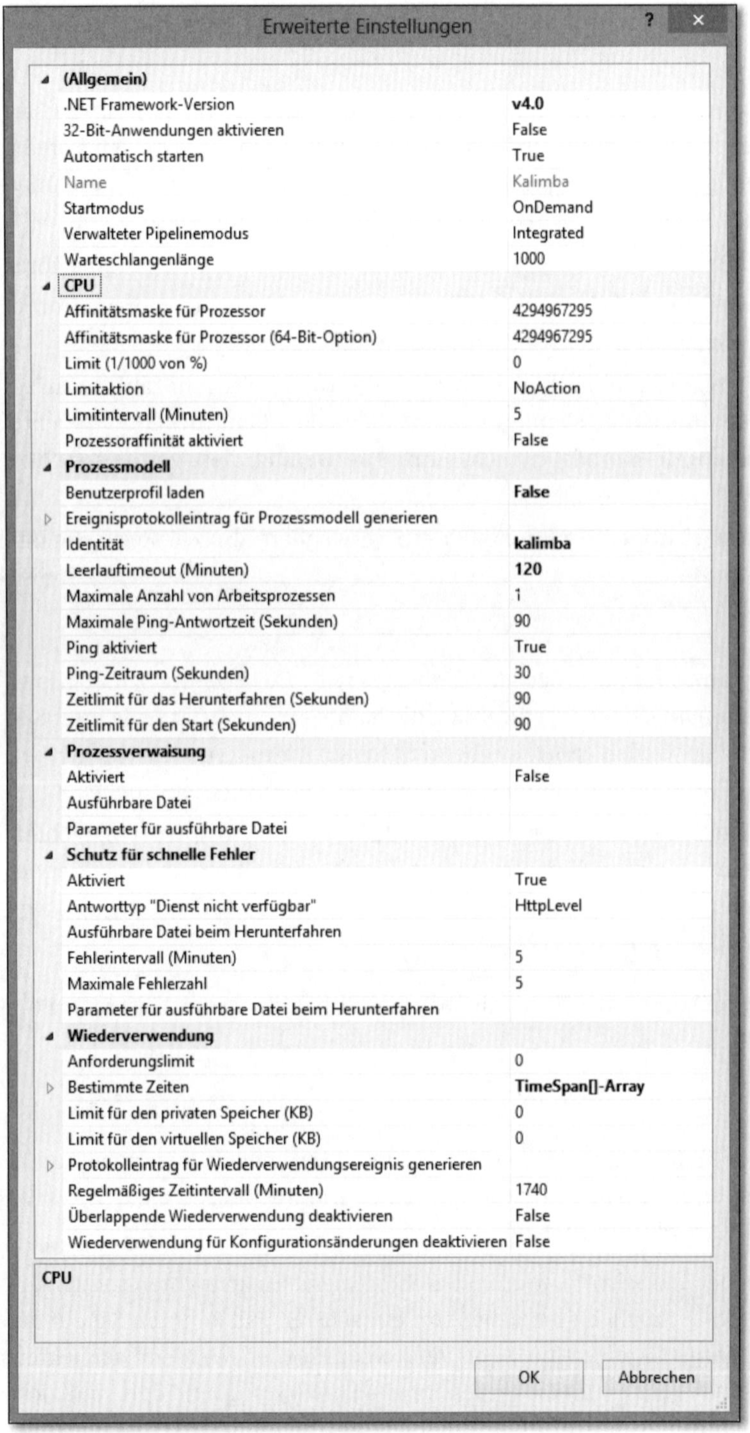

Abbildung 6.19 Die Einstellungen des Application Pools

Im Beispiel gehe ich, wie immer, von einem Szenario aus, wie es bei Kalimba üblich wäre. Passen Sie einfach die Bezeichnungen und Domäneninformationen an Ihre eigenen Bedürfnisse an. Legen wir nun einen *Anwendungspool* an:

1. Starten Sie den Internetinformationsdienste-Manager.
2. Klicken Sie in der Baumansicht auf ANWENDUNGSPOOLS und anschließend auf ANWENDUNGSPOOL HINZUFÜGEN.
3. Vergeben Sie einen Namen, und wählen Sie die Version 4 des .NET Frameworks aus.
4. Der Anwendungspool wird nun angelegt und gleich gestartet. Wählen Sie anschließend bitte ERWEITERTE EINSTELLUNGEN.
5. Ändern Sie nun die Identität. Vermutlich werden Ihre Services verschiedene Ressourcen benötigen, Dateien ebenso wie eine Datenbank. Legen Sie einen neuen Benutzer an, der genau diejenigen Rechte besitzt, die er dafür benötigt, nicht mehr, und tragen Sie ihn hier ein. Wenn Sie mehrere Anwendungspools anlegen, so ist es ratsam, für jeden einen eigenen User anzulegen. So verhindern Sie, dass Fehlkonfigurationen unbemerkt bleiben.
6. Es könnte auch sinnvoll sein, den Leerlauf-Timeout heraufzusetzen, um zu verhindern, dass Ihre Anwender nach der Mittagspause erst warten müssen, bevor sie die Anwendung benutzen können.
7. Die Angaben für die Wiederverwendung des Worker-Prozesses sollten Sie ebenfalls anpassen, wenn Sie zum Beispiel möchten, dass der Prozess jeden Tag um 23:00 Uhr recycelt wird.

Ihre Einstellungen bewirken nun, dass der IIS für die darin gehosteten Services einen neuen Worker-Prozess einrichtet, was eine optimale Trennung zur Folge hat und somit das Ausfallrisiko für andere Webanwendungen minimiert. Als Nächstes richten wir nun eine Webseite ein.

1. Wählen Sie SITES aus der Baumansicht aus und anschließend NEUE WEBSITE HINZUFÜGEN.
2. Legen Sie einen neuen Ordner an, in dem später die Services für den Anwendungspool abgelegt werden, und erteilen Sie Zugriffsrechte für den soeben erstellten Benutzer.
3. Füllen Sie den Dialog aus (siehe Abbildung 6.20).

In meinem Beispiel ist nun alles sauber getrennt: Es gibt einen eigenen Anwendungspool, eine eigene Website und einen getrennten Ablageort für Services. Auf die Services greife ich zu über: *http://production.kalimba.com/...* Die Angabe eines Ports ist entbehrlich, da auf den Standardport 80 zugegriffen wird. In diese Website kommen nun die Services hinein:

1. Legen Sie einen neuen Ordner *Services* und darin einen Ordner *Einkauf* an, unterhalb des gerade angelegten IIS-Ordners.
2. Unter *Einkauf* benötigen wir einen weiteren Ordner, nämlich *bin*.
3. In diesen Ordner kopieren Sie bitte den Service *Einkauf* hinein, also die beiden Dateien *Einkauf.dll* und *Einkauf.pdb*
4. Damit wir den Service über den IIS aktivieren können, benötigen wir eine SVC-Datei, die Sie nun bitte im Ordner *Einkauf* anlegen und die Sie bitte *EinkaufService.svc* nennen.

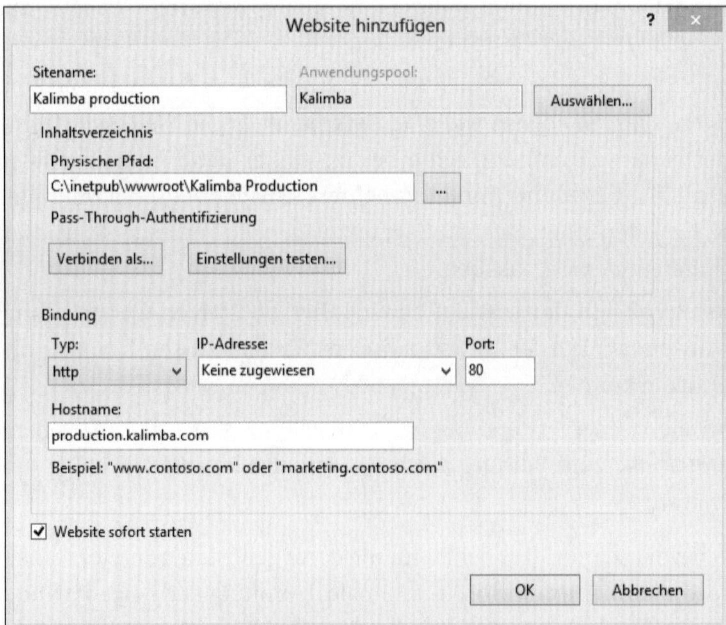

Abbildung 6.20 Der Dialog »Website hinzufügen«

Eine SVC-Datei hat den folgenden Aufbau:

```
<%@ ServiceHost
   Language        = "C#"
   Debug           = "true"
   Service         = "Implementierende Klasse des Services"
%>
```

Optional könnten wir noch angeben, wo der Code liegt (`CodeBehind="App-Code/EinService.cs"`) und dafür ein Verzeichnis *App_Code* anlegen; wir haben aber bereits die kompilierte DLL in das *bin*-Verzeichnis kopiert und können daher darauf verzichten.

Überhaupt ist es wenig praktikabel, C#-Code auf den IIS zu legen. Meist ist es besser, einen Code-Stand zu finalisieren und das Ergebnis, die Servicebibliotheken, zu deployen. Für unser Beispiel bedeutet das konkret:

```
<%@ ServiceHost Language="C#" Debug="true" Service="Einkauf.EinkaufService" %>
```

Listing 6.19 EinkaufService.svc

Wir müssen jetzt noch das Verzeichnis *Einkauf* in eine IIS-Anwendung konvertieren. Sie finden die neuen Ordner unterhalb der Website, wenn Sie [F5] für Refresh drücken. Wählen Sie IN ANWENDUNG KONVERTIEREN, und bestätigen Sie die Standardvorgaben. Achten Sie aber darauf, dass der richtige Anwendungspool ausgewählt ist. Damit greift die Anwendung auf eine eventuell vorhandene Datei *web.config* zu, in der wir gleich unsere Konfigurationseinstellungen vornehmen können. Dank der neuen Zero-Configuration-Features von WCF 4.0 ist der Service aber auch ohne Konfiguration lauffähig (siehe Abbildung 6.21).

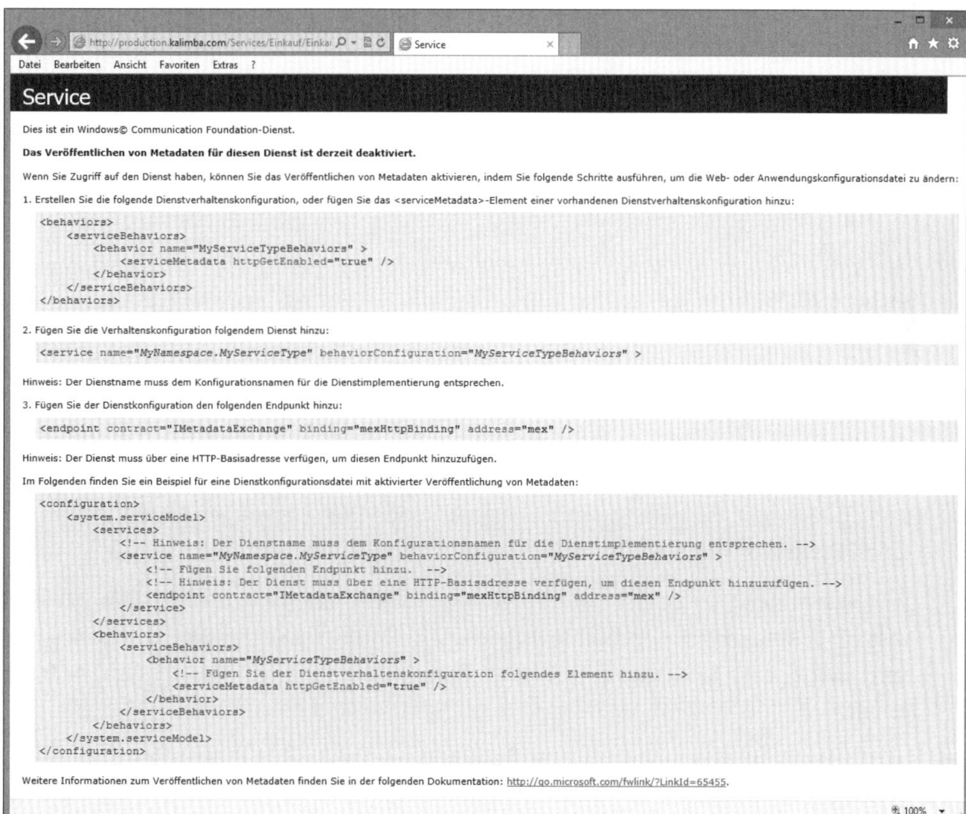

Abbildung 6.21 Unser Service, gehostet im IIS ohne Konfiguration

Aber auch jetzt zeigt sich wieder: So ganz ohne Konfiguration geht es dann doch nicht, jedenfalls nicht in der Praxis. Und deswegen legen Sie bitte eine *web.config* im Verzeichnis *Einkauf* an, also dort, wo auch die SVC-Datei liegt:

```
<?xml version="1.0" encoding="utf-8"?>
<configuration>
   <system.serviceModel>
      <behaviors>
         <serviceBehaviors>
            <behavior name="MetadataBehavior">
               <serviceMetadata httpGetEnabled="true" />
            </behavior>
         </serviceBehaviors>
      </behaviors>
      <services>
         <service behaviorConfiguration="MetadataBehavior"
           name="Einkauf.EinkaufService">
           <endpoint binding="basicHttpBinding"
              bindingConfiguration=""
              contract="Einkauf.IEinkaufService" />
         </service>
      </services>
   </system.serviceModel>
</configuration>
```

Listing 6.20 Web.config

Die Konfiguration enthält die bereits bekannten Einträge. Bitte beachten Sie: Eine Adresse haben wir diesmal nicht angegeben, denn diese ergibt sich ja aus der Adresse der *svc*-Datei im IIS, in Kombination mit der Webseite und dem virtuellen Verzeichnis der Anwendung. Und so sieht der Service gleich viel besser aus, wie Sie in Abbildung 6.22 sehen. Sie könnten nun abermals einen Proxy erzeugen lassen, indem Sie einen Dienstverweis auf die URL des Service hinzufügen.

Jetzt, da wir den Service erstmalig aufgerufen haben, sehen wir auch den Worker-Prozess im Taskmanager von Windows (siehe Abbildung 6.23). Das ist ein schönes Beispiel dafür, dass Ressourcen erst dann belegt werden, wenn der IIS eine Anfrage erhält.

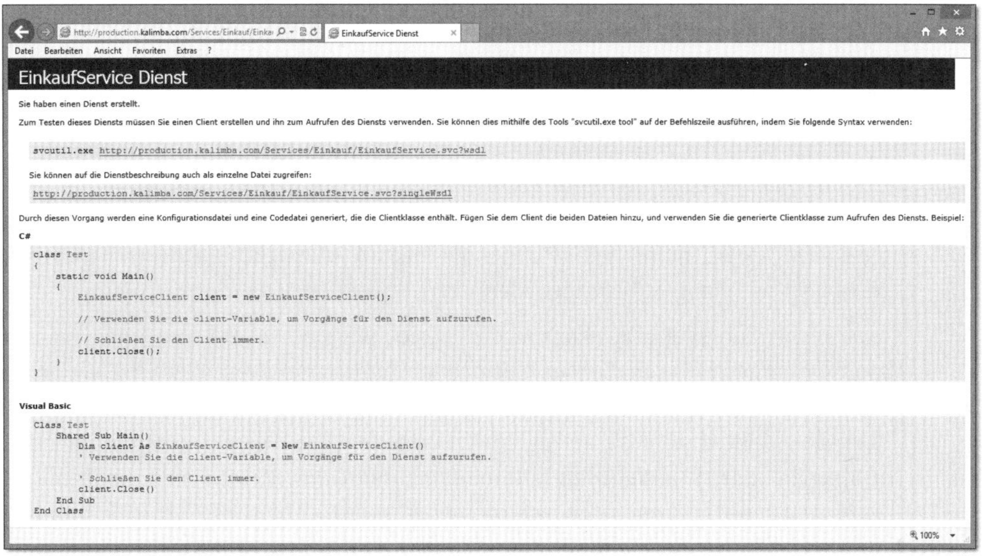

Abbildung 6.22 Unser Service, gehostet im IIS mit web.config

Abbildung 6.23 Der Worker-Prozess unseres Anwendungspools

Aus der Praxis

Wenn Sie sich für den IIS als Hosting-Plattform entscheiden, dann sollten Sie die Ablageorte, Anwendungspools und Webseiten organisieren, um auch bei vielen Services nicht den Überblick zu verlieren. In meinem Unternehmen handhaben wir dies wie folgt. Es gibt fünf Anwendungspools:

- *Production* enthält die Services, mit denen die Anwender arbeiten.
- *Stage* enthält die Services kurz vor der Produktion, dort findet die Abnahme statt.
- *Test* enthält die Services während der Softwaretests.
- *Playground* nennen wir den Anwendungspool, auf dem man herumspielen kann, zum Beispiel, um sich mit neuen Funktionen vertraut zu machen.
- *Development* enthält die Services während der Entwicklung. Meist gibt es hier noch andere Anwendungspools, wenn mehrere Entwicklungsstränge (Branches) parallel verlaufen.

Durch die Trennung der Anwendungspools durch eigene *w3wp*-Prozesse ist sichergestellt, dass Fehler im Development-Bereich nicht den produktiven Betrieb beeinträchtigen.

Zusätzlich hat jeder Entwickler seinen eigenen Anwendungspool, um Integrationsszenarien testen zu können. Durch die Verwendung der produktiven Maschine im Staging-Bereich anstelle eines Entwicklungsservers stellen wir zudem sicher, dass die Laufzeiteigenschaften genau denen der Produktivumgebung entsprechen. Für besonders lastintensive Tests steht dennoch ein weiterer Server zur Verfügung.

Jeder Anwendungspool hat seinen eigenen Account, sodass die Services nur auf Ressourcen zugreifen können, für die sie berechtigt sind und nicht versehentlich Development-Code in die produktive Datenbank schreiben kann. Analog zu den Anwendungspools gibt es jeweils eine zugehörige Website. Die Services sind entsprechend strukturiert. Jede IIS-Anwendung fasst meist mehrere Services zusammen, die thematisch zusammengehören, zum Beispiel *http://production.domain.com/Services/DomainServices/AddressServices/AddressCoreService.svc* sowie weitere Services, die in den Bereich Adressverwaltung fallen. Das ist wichtig, weil alle Services sich eine *web.config* teilen und schon aus Gründen der Dateigröße nicht zu viele Services unter einer Anwendung laufen sollten.

Jeder Anwendungspool besitzt einen eigenen *SharedFolder*. Das ist ein Verzeichnis auf dem Server, den die Services für Dateiablagen nutzen können, zum Beispiel, um generierte Rechnungen abzulegen oder um auf zu importierende Dateien zuzugreifen.

6.4.6 WAS

Einführung

Mit dem IIS lassen sich schon recht komfortabel und auch sicher Services hosten. Das Deployment ist einfach und es steht die gesamte Infrastruktur dieses Servers zur Verfügung. Viele Services kommen auch gut mit http als Protokoll zurecht. Aber was ist mit TCP, Named Pipes und MSMQ, alles Protokolle, die wir für WCF ebenfalls verwenden können?

Für IIS 5/6 lautet die Antwort leider: Sie müssen für diese Fälle Ihre Services selbst hosten. Wenn Sie hingegen Windows Vista, Server 2008, Server 2008 R2 oder gar Windows Server 2012 einsetzen, so können Sie eine neue Funktion einsetzen, die *Windows (Process) Activation Services*, kurz WAS.

Wenn Sie das vorherige Tutorial durchgearbeitet haben, dann ist Ihnen sicherlich klar geworden, dass der IIS ein Webserver ist und keine allumfassende Hosting-Umgebung. Wir mussten unsere Services zu Webseiten machen und hinter den Kulissen ASP.NET einsetzen, um den Service letztendlich zu aktivieren.

Diese Aussage trifft für die genannten Betriebssysteme nicht mehr zu, denn Microsoft hat den IIS zu einer allgemein(er)en Hosting-Umgebung ausgebaut, in der http nur noch eine von mehreren Möglichkeiten ist. Die weiteren sind, Sie ahnen es bestimmt schon, MSMQ, *net.tcp* und Named Pipes. Wie praktisch!

WAS ist aber kein Anwendungsserver im engeren Sinne, im Kern geht es weiterhin um die Aktivierung von Services. Ein protokollspezifischer Listener wartet auf eine eingehende Anfrage und startet bei Bedarf einen Worker-Prozess, der die Anfrage dann bearbeitet. Kurz gesagt: Mit WAS erhalten Sie die Features und Vorteile des IIS auch für Nicht-http-Protokolle.

Tutorial

Wir können nun unseren *EinkaufService* per WAS hosten und gleich die neuen Vorzüge ausnutzen, wenn wir *net.tcp* als Protokoll verwenden.

1. Stellen Sie bitte sicher, dass WAS richtig installiert wurde. Die Vorgehensweise unterscheidet sich ein wenig, je nach verwendetem Betriebssystem. In den neueren Server-Versionen können Sie dieses Feature recht komfortabel über den Server-Manager nachinstallieren (unter ROLLEN und FEATURES HINZUFÜGEN).
2. Um *net.tcp* verwenden zu können, müssen wir als Nächstes unsere Website an einen *net.tcp*-Port binden:

   ```
   %windir%\system32\inetsrv\appcmd.exe set site /site.name:
     "Kalimba Production" /+bindings.[protocol='net.tcp',
     bindingInformation='808:production.kalimba.com']
   ```

   Alternativ geht das auch im IIS Manager unter BINDUNGEN (siehe Abbildung 6.24).

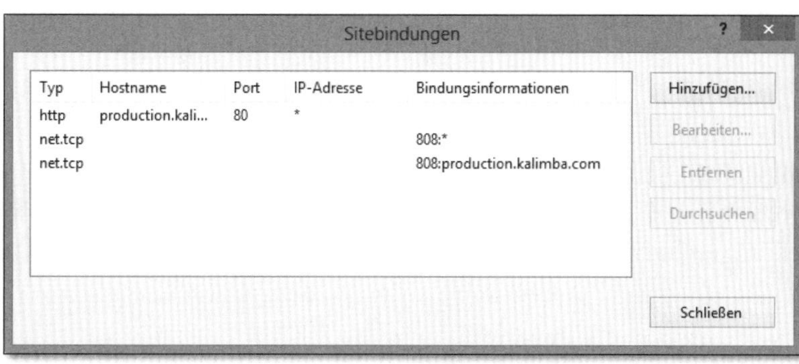

Abbildung 6.24 Die soeben erstelle Bindung an net.tcp

3. Jede Anwendung innerhalb der Website kann nun selbst entscheiden, ob sie *net.tcp* als Protokoll unterstützen möchte. Aktivieren wir *net.tcp* nun für die Anwendung Einkauf, die den *EinkaufService* beinhaltet:

```
C:\Users\Administrator>%windir%\system32\inetsrv\appcmd.exe
  set app "Kalimba Production/Services/Einkauf" /enabledProtocols:
  http,net.tcp
```

4. Sie können (und sollten) die erweiterten Einstellungen der Anwendung im IIS-Manager aufrufen, um das Ergebnis zu kontrollieren. Oder Sie tragen die zu aktivierenden Bindungen gleich dort ein und ersparen sich so den Aufruf von `appcmd` (siehe Abbildung 6.25).

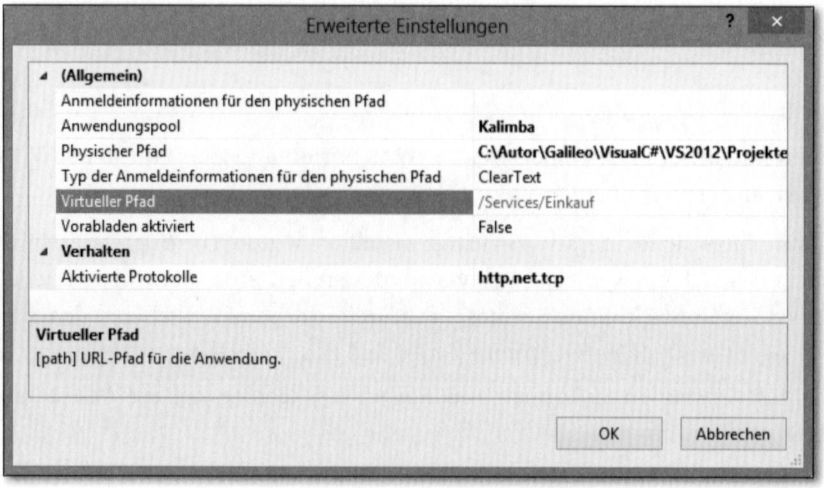

Abbildung 6.25 net.tcp wurde der Anwendung hinzugefügt

Am Service selbst ändert sich nichts, auch nicht der Ablageort auf dem IIS, weiterhin liegt der Service auf */Services/Einkauf*. Das ist auch gut so, denn wir wollen den Service ja über verschiedene Protokolle ansprechen und deswegen nicht mehrere Kopien desselben Service anlegen.

Einzig die *web.config* müssen wir anpassen, da wir ihr einen weiteren Endpunkt hinzufügen müssen. Ein Endpunkt ist immer einem Binding zugeordnet, und ein Binding wiederum bezieht sich immer auf ein Protokoll. Wenn wir also den Service sowohl über *http* als auch über *net.tcp* ansprechen wollen, dann benötigen wir zwei Endpunkte:

```
<?xml version="1.0" encoding="utf-8"?>
<configuration>
  <system.serviceModel>
    <bindings>
      <netTcpBinding>
        <binding name="NetTcpBinding" portSharingEnabled="true">
          <security mode="None">
```

```
              <transport protectionLevel="None" />
           </security>
            </binding>
        </netTcpBinding>
     </bindings>
     <behaviors>
        <serviceBehaviors>
           <behavior name="MetadataBehavior">
              <serviceMetadata httpGetEnabled="true" />
           </behavior>
        </serviceBehaviors>
      </behaviors>
      <services>
         <service behaviorConfiguration="MetadataBehavior"
            name="Einkauf.EinkaufService">
            <endpoint binding="basicHttpBinding"
             bindingConfiguration="" name="HttpEndpunkt"
                contract="Einkauf.IEinkaufService" />
            <endpoint binding="netTcpBinding"
             bindingConfiguration="NetTcpBinding"
             name="NetTcpEndpunkt"
             contract="Einkauf.IEinkaufService" />
         </service>
      </services>
   </system.serviceModel>
</configuration>
```

Listing 6.21 Die veränderte web.config mit zwei Endpunkten

Im Beispiel verändern wir das *netTcpBinding* über eine *BindingConfiguration* dergestalt, dass wir PortSharing aktivieren. Mehrere Services dürfen also denselben Port verwenden und die Sicherheit deaktivieren.

Nun spricht der Service *http* **und** *net.tcp*. Um das zu testen, müssen wir unseren Client anpassen, der bisher ja über http kommunizierte. Einen neuen Dienstverweis müssen wir dazu nicht erzeugen. Es genügt, wenn Sie in der *App.config* das Transportprotokoll von *http* auf *net.tcp* umstellen.

```
<?xml version="1.0" encoding="utf-8" ?>
<configuration>
  <system.serviceModel>
    <bindings>
      <netTcpBinding>
```

```
        <binding name="NetTcpBinding">
          <security mode="None"/>
        </binding>
      </netTcpBinding>
    </bindings>
    <client>
      <endpoint
        address="net.tcp://production.kalimba.com/Services/Einkauf/
        EinkaufService.svc"
        binding="netTcpBinding" bindingConfiguration="NetTcpBinding"
        contract="refEinkauf.IEinkaufService" name="NetTcpEndpunkt" />
    </client>
  </system.serviceModel>
</configuration>
```

Listing 6.22 Die veränderte App.config des Clients, nun mit net.tcp als Protokoll

Die Einstellungen entsprechen denen des Service. Bitte beachten Sie, dass wir in der Adresse keine Portnummer angeben. Es wird der Port 808 verwendet, den wir zuvor per Kommandozeile an die Website gebunden haben. Starten Sie nun den Client. Die Ausgabe sollte nun wieder so aussehen wie in Abbildung 6.26.

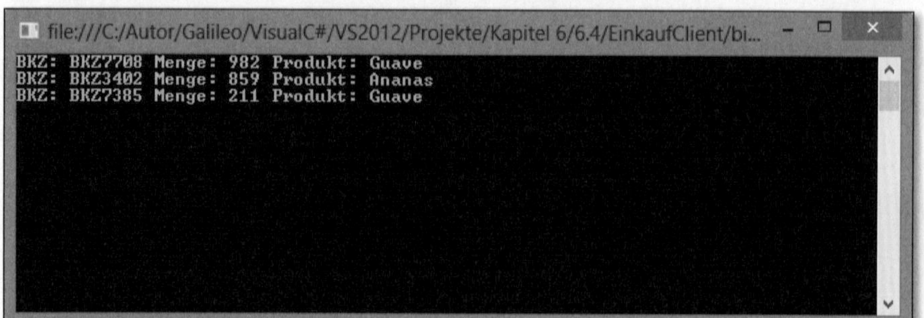

Abbildung 6.26 Die Ausgabe des Clients

Vielleicht sind Sie jetzt ein wenig skeptisch, ich könnte Sie jedenfalls gut verstehen. Vielleicht verwendet der Client nach wie vor den http-Endpunkt? Das können Sie allerdings leicht überprüfen. Halten Sie den Dienst *Net.Tcp Listener Adapter* an, und starten Sie den Client erneut. Nun hört niemand mehr am Port 808, und der Proxy-Aufruf schlägt fehl (siehe Abbildung 6.27).

Wenn Sie bisher erfolgreich waren, dann haben Sie eine hervorragende Möglichkeit entdeckt, Services zu hosten. Besser wird es eigentlich nur noch mit *AppFabric*, aber sehen Sie selbst.

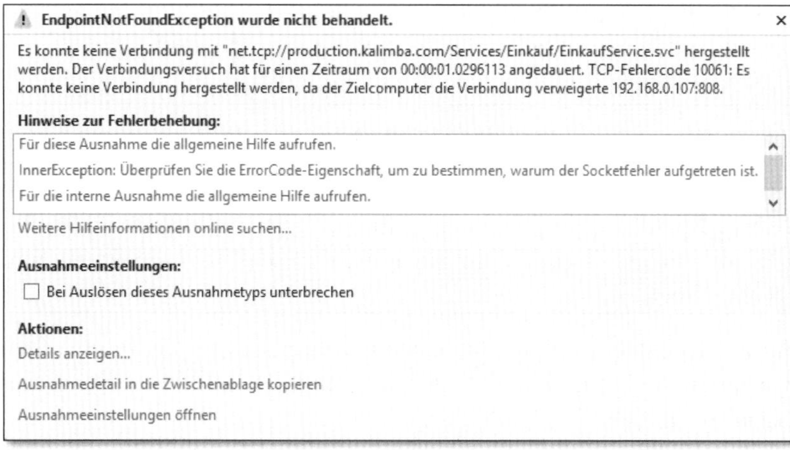

Abbildung 6.27 Fehlermeldung eines nicht verfügbaren net.tcp-Listeners

6.4.7 AppFabric

Über die Jahre hinweg habe ich mich immer wieder gewundert, warum die Marketingabteilung bei Microsoft dem grassierenden Codenamen- und Umbenennungswahn der Entwicklerprodukte nicht Einhalt gebietet. Manchmal ist die Historie der Produktnamen komplizierter als die Produkte selbst. Wenn Ihnen die Begriffe Dublin, Velocity oder Application Server Extensions begegnen: Sie gehören alle zu *AppFabric*, das es sowohl für Windows Azure als auch für die lokale Installation gibt, als Ergänzung zum Windows Server IIS. Unglücklicherweise teilen diese beiden Werkzeuge nicht viel mehr als den Namen. Und das kann *AppFabric*, jedenfalls die für uns interessante Ergänzung zum IIS:

- In einem Dashboard werden relevante Informationen zu den laufenden Services angezeigt, mit der Möglichkeit zum Drilldown.
- Services und Endpunkte werden sehr übersichtlich angezeigt.
- Einige häufig benötigte Einstellungen, zum Beispiel Throttling-Parameter, lassen sich zentral treffen.
- Services lassen sich auch von vorneherein starten, ohne vorherigen Aufruf durch einen Client.
- Mit Velocity kann ein auf mehrere Maschinen verteilter Cache realisiert werden.
- Das Deployment von WCF- und WF-Anwendungen wird vereinfacht.
- Das Tracking ist einfacher. Es lässt sich nun zentral einstellen und lässt dem Entwickler die Wahl, was er denn sehen möchte. Bei Tracking und Tracing galt bisher das Motto: Man sieht den Wald vor lauter Bäumen nicht, denn die Menge an protokollierten Einträgen war überwältigend. Nun ja, sie ist auch weiterhin überwältigend, aber nun ein klein bisschen weniger.

- Die Verwaltung ist über PowerShell oder über eine GUI-Erweiterung des IIS möglich, einige Funktionen lassen sich nur über PowerShell ansprechen.
- Es wird ein Monitoring von WCF- und Workflow-Services geboten.
- Die Persistenzverwaltung für Workflows ist einfacher geworden.

Damit löst AppFabric einige Probleme, beispielsweise die Einschränkung, dass ein Service erst durch einen Client aktiviert werden kann. Auch Administratoren vereinfacht es den Job durch einheitliches Monitoring und vereinfachtes Deployment und eine leichtere Konfiguration.

Die Installation von AppFabric ist nicht weiter kompliziert, denn die wesentlichen Voraussetzungen für das Hosting innerhalb von IIS und WAS haben wir in den beiden letzten Abschnitten ja bereits geschaffen.

Nach dem Download und der Installation startet der Assistent, in dem Sie die Hosting- und Cachingdienste konfigurieren können. Wichtig für uns ist dabei der Reiter HOSTINGDIENSTE, in dem wir für die Protokollierung einen Speicherort angeben müssen. Verfügbar ist ein Provider zum hauseigenen *Microsoft SQL Server*. Wenn Sie auf ÜBERWACHUNGSKONFIGURATION FESTLEGEN klicken, können Sie im darauf erscheinenden Dialog die Datenbank angeben, die vom Assistenten erzeugt wird.

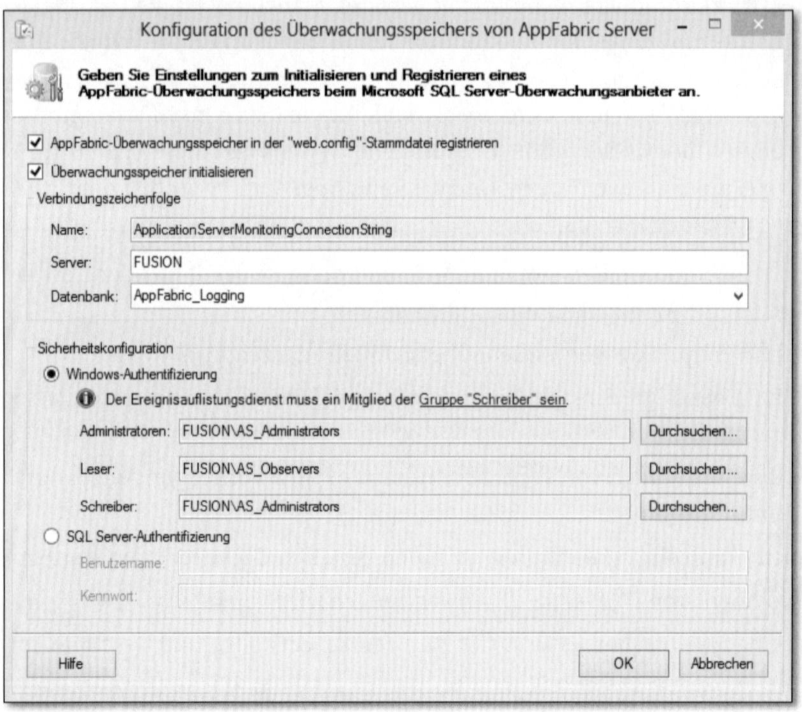

Abbildung 6.28 Anlegen einer Datenbank für die Protokollierung

Gleiches können Sie bereits jetzt für die sogenannte Persistenzkonfiguration festlegen. Wenn Sie Kapitel 8, »Workflow Foundation«, durcharbeiten wollen, in dem es um die Workflow Foundation geht, dann könnte das interessant sein – denn in *AppFabric* werden Workflow-Instanzen transparent und komfortabel zwischengespeichert.

Nach erfolgter Konfiguration sollte der Assistent so aussehen:

Abbildung 6.29 Assistent nach Anlegen der SQL-Datenbanken

Den Lohn Ihrer Mühe sehen Sie in Abbildung 6.30, das *AppFabric Dashboard*. Sie erreichen es über den Server-Knoten im IIS-Manager oder bei der installierten Webseite. Im gezeigten Beispiel habe ich einen Fehler provoziert, den Sie dort sehen können.

Wenn Sie nun auf den Hyperlink mit dem Fehler klicken, erhalten Sie eine Übersicht aller Fehler, die im eingestellten Zeitraum aufgetreten sind. Unter anderem auch der neu eingebaute Fehler, den Sie so lokalisieren können (siehe Abbildung 6.31).

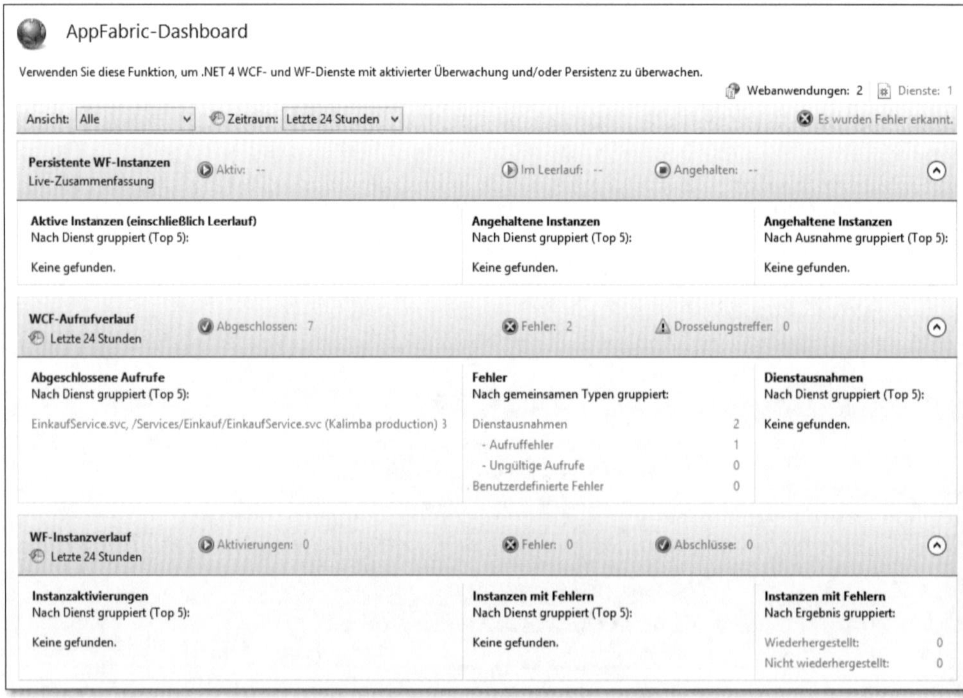

Abbildung 6.30 Das AppFabric-Dashboard im IIS Manager

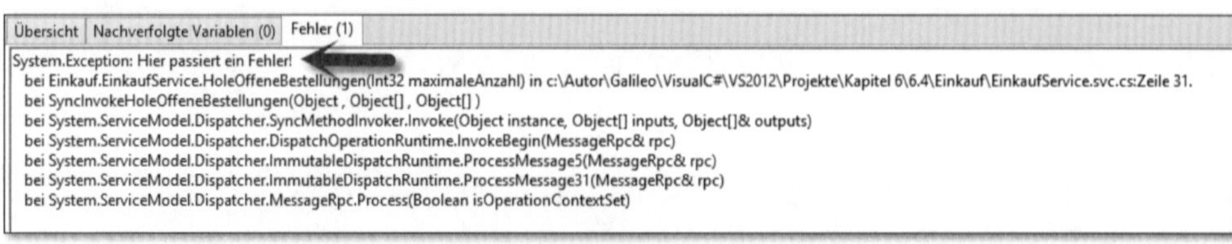

Abbildung 6.31 Fehleranzeige in AppFabric

6.4.8 Entscheidungshilfe

Wenn Sie nun vor der Frage stehen, welchen Host Sie am besten verwenden, dann helfen Ihnen vielleicht diese Empfehlungen:

- Während der Entwicklung könnte Visual Studio 2012 eine gute (und vor allem bequeme) Wahl sein, wenn Sie im Hinterkopf behalten, dass das Laufzeitverhalten auf einem echten Server ein anderes sein wird.
- Wenn Sie Windows Server 2003 einsetzen, dann könnte der IIS 6 für Sie passen, sofern Sie mit http als einzigem Protokoll leben können.
- Können Sie das nicht, verwenden Sie am besten NT-Services.

- Wenn Sie auf Windows Server 2008, 2008 R2 oder 2012 setzen, ist WAS in vielen Fällen die beste Option.
- Besitzen Sie eine Umgebung, auf der *AppFabric* läuft, setzen sie es ein.
- Wenn bisher nichts für Sie geeignet war, hosten Sie selbst. Das ist auch die beste Wahl, wenn Sie genaue Kontrolle über die Lebensdauer eines Service haben möchten oder den Service nur auf dem Client hosten möchten.

6.5 Clients

Was wären Services ohne Clients? Nutzlos! Daher müssen wir uns auch die zweite Seite anschauen, die des Clients. Den Begriff *Client* verwende ich dabei unabhängig von einer bestimmten Technologie. Auch ein Service, der einen anderen Service aufruft, ist ein Client. Für ihn gelten dieselben Regeln wie auch für WPF-Clients und jede andere Technologie.

6.5.1 Proxy erzeugen

In der Einführung habe ich schon erwähnt, dass wir für die Kommunikation mit einem Service einen Proxy benötigen. Ein Proxy kapselt für uns alle Feinheiten der Kommunikation und stellt, das ist das Wichtigste, alle Methoden des Service als lokale Methoden der Proxy-Klasse zur Verfügung.

Sie benötigen für jeden Endpunkt einen eigenen Proxy. Einen solchen Proxy könnten Sie selbst schreiben. Einfacher ist es, Sie verwenden eine der beiden Möglichkeiten. Sie müssen natürlich darauf achten, dass Sie den Host vorher starten, oder Sie verwenden einen Host, der Ihren Service automatisch aktiviert, wie WAS. Oder Sie lassen, wie im Falle einer WCF-Servicebibliothek, Visual Studio für Sie den WCF-Diensthost automatisch starten. Wie auch immer: Laufen muss er, der Service.

Visual Studio

Im Kontextmenü des Projekts findet sich der Eintrag DIENSTVERWEIS HINZUFÜGEN, der den in Abbildung 6.32 dargestellten und bereits bekannten Dialog öffnet.

Unter ADRESSE geben Sie den MEX-Endpunkt oder aber einen http-gehosteten Service an, für den Sie die Metadatenabfrage aktiviert haben, wie im Beispiel. Durch einen Klick auf GEHE ZU zeigt Visual Studio alle Endpunkte an, die unter dieser Adresse abrufbar waren. Sie können sich nun für einen Endpunkt entscheiden und mit OK die Proxy-Generierung starten. Der Proxy wird unter dem Namespace angelegt, den Sie zuvor angegeben haben.

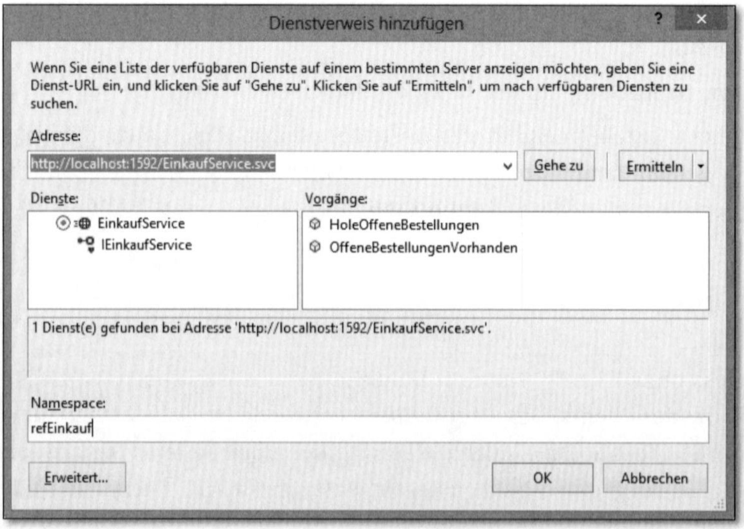

Abbildung 6.32 Dialog zum Hinzufügen eines Dienstverweises

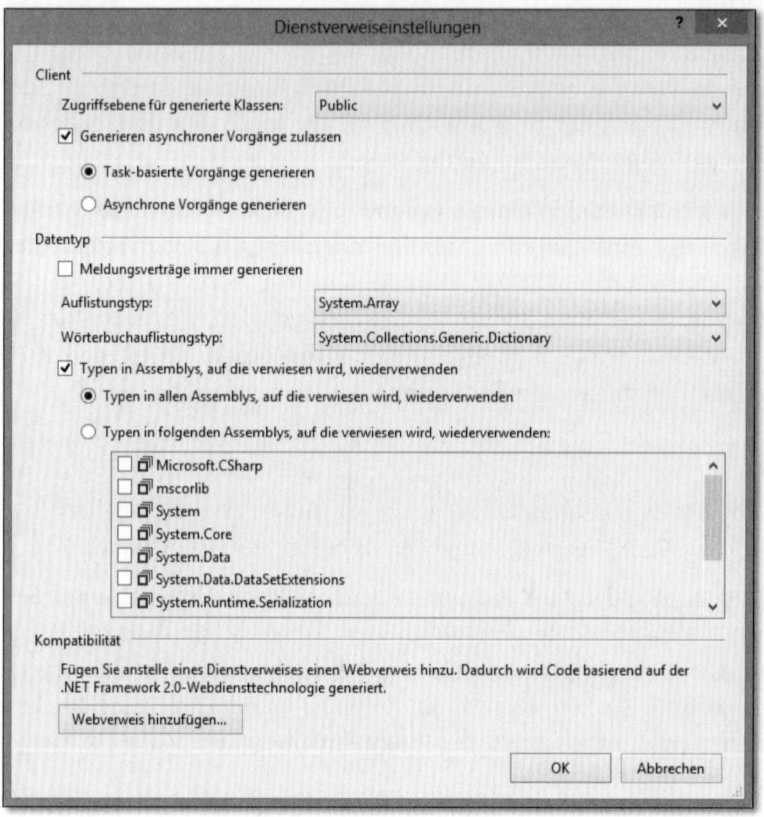

Abbildung 6.33 Einstellungen des Dienstverweises

Mit der Schaltfläche ERWEITERT (siehe Abbildung 6.32) können Sie den zu erstellenden Proxy konfigurieren (siehe Abbildung 6.33). Die wichtigsten Einstellungen:

- Die wohl häufigste Einstellung, die Sie ändern werden, betrifft den Collection-Typ (AUFLISTUNGSTYP). Arrays sind manchmal etwas unhandlich und lassen sich auch nicht direkt an Steuerelemente binden. Bitte denken Sie daran: Proxy und Service müssen nur kompatibel miteinander sein, nicht identisch. Sie können auf Service- und Client-Ebene also auch verschiedene Collection-Typen verwenden.
- Die gleiche Einstellung können Sie auch für Dictionaries vornehmen, die Visual Studio liebevoll *Wörterbuchauflistungstyp* nennt.
- Die Sichtbarkeit des generierten Proxys können Sie von `public` auf `internal` verändern, wenn Sie das möchten.
- Wenn Ihr Service *httpBasicBinding* verwendet, dann könnten Sie auch Ihre Referenz als eine Referenz auf einen ASMX-Webservice konfigurieren. Natürlich könnten Sie auf diese Weise auch auf andere Webservices zugreifen. Verwenden Sie dafür einfach die Schaltfläche WEBVERWEIS HINZUFÜGEN, die einen eigenen Dialog öffnet.
- Neu in WCF 4.5 ist die Konfigurationsmöglichkeit, wie asynchrone Vorgänge erzeugt werden. Zur Auswahl stehen sogenannte task-basierte Vorgänge oder die altbekannten asynchronen Vorgänge, wie sie auch bisher schon erzeugt wurden. Der Charme der task-basierten Vorgänge liegt darin, dass Sie auf diese Weise WCF-Methodenaufrufe mit dem Schlüsselwort `await` asynchron ausführen können, ohne dass Sie dafür Ihre Anwendungen umschreiben müssen. Dieser neuen Möglichkeit ist ein ganzer Abschnitt (4.1.9, »Async und Await«) gewidmet.

Nach einer kurzen Wartezeit ist Ihr Projekt um den Ordner *Service References* reicher, der für jeden generierten Proxy ein Unterverzeichnis beinhaltet, das so heißt wie der Namespace, den Sie angegeben haben. Visual Studio legt darin einige Dateien ab, die jedoch standardmäßig ausgeblendet sind. Die meisten davon sind für uns nicht von Belang. Wichtig sind zwei Dateien:

- In der Datei mit dem Namen *Reference.svcmap* werden die Proxy-Parameter gespeichert. Das ist wichtig, weil Sie dadurch den Proxy auffrischen können. Klicken Sie dafür einfach im Kontextmenü des generierten Proxys auf DIENSTVERWEIS AKTUALISIEREN. Das geschieht in der Praxis häufiger, beispielsweise, wenn sich der Contract des Service ändert. Daneben gibt es noch den Menüeintrag DIENSTVERWEIS KONFIGURIEREN, der einen weiteren Dialog öffnet, in dem Sie beispielsweise noch nachträglich den Collection-Typ ändern können, ähnlich dem Erweitert-Dialog während der Proxy-Erstellung.
- Die Datei *Reference.cs* enthält die generierten Klassen. Visual Studio generiert eine Klasse `ServiceName+Client`, in unserem Beispiel also `EinkaufServiceClient`,

die von ClientBase<T> erbt (wobei T die Schnittstelle des Contracts ist) und die ebendiese Schnittstelle auch implementiert:

```
public partial class EinkaufServiceClient :
  System.ServiceModel.ClientBase<EinkaufClient.ref1.
IEinkaufService>, EinkaufClient.ref1.IEinkaufService
```

Der generierte Proxy enthält daher nicht nur die Methoden des Service, sondern auch Verwaltungsmethoden, beispielsweise Open, zum Öffnen desselben. Dazu später noch mehr, wenn wir ihn verwenden.

Immer wieder erlebe ich, wie an diesen Dateien Änderungen vorgenommen werden. Das ist selten eine gute Idee. Eine von Visual Studio generierte Datei sollten Sie unverändert lassen, denn Sie verlören dadurch die Möglichkeit, Ihren Proxy jederzeit neu generieren zu lassen. Wenn Sie in einem Team arbeiten, werden vermutlich Services durch unterschiedliche Personen erweitert und gewartet und das Aktualisieren des Proxys geschieht dann naturgemäß häufiger.

Wenn Sie Änderungen am Proxy vornehmen wollen, wovon ich ebenfalls abrate, dann setzen Sie besser auf klassische Vererbung.

Svcutil.exe

Die Verwendung des Kommandozeilen-Tools *svcutil.exe* ist eine zweite Möglichkeit, mit der Sie einen Proxy generieren können. Sie können dieses Tool auch in Scripts automatisiert ausführen lassen, selbst innerhalb von Visual Studio. Sie sollten daher den Ordner, in dem sich *svcutil* befindet, in den Suchpfad aufnehmen, oder aber Sie verwenden die Visual-Studio-Eingabeaufforderung, die so konfiguriert ist, dass die wichtigen Tools im direkten Zugriff sind.

Die Verwendung ist einfach. Öffnen Sie eine Visual-Studio-Kommandozeile und geben Sie ein:

```
Svcutil net.tcp://production.kalimba.com:9400/mex /out:EinkaufProxy/config:
EinkaufProxy /namespace:*,EinkaufClient.refEinkauf
```

Die verwendeten Parameter:

- die Adresse, unter der die Metadaten abgefragt werden können (Pflichtangabe)
- /out: der Name der zu erstellenden Proxydatei (optional)
- /config: der Name der zu erstellenden Konfigurationsdatei (optional)
- /namespace: Hier können Sie den CLR-Namespace und den WSDL-Namespace abgleichen; * bedeutet dabei, dass alle im Service angegebenen Namespaces auf den angegebenen CLR-Namespace abgebildet werden sollen. (optional)

- Weitere Parameter, die *svcutil* erläutert, wenn Sie es ohne Parameter aufrufen. Die Parameter entsprechen grob dem, was Sie in Visual Studio im Erweitert-Dialog konfigurieren können.

Die Ausgabe ist viel übersichtlicher, es werden nur zwei Dateien erzeugt: der Proxy und die zugehörige Konfigurationsdatei, so, wie wir es angegeben hatten. Standard ist C#, mit `/language:VB` könnte stattdessen auch VB-Code erzeugt werden.

In WCF 4.0 und auch schon zuvor haben beide Methoden viele unnötige Einträge in der Konfigurationsdatei erzeugt, nämlich auch Einträge für viele Standardwerte, die wir auf Serviceseite gar nicht verändert hatten. Das ist zwar nicht schlimm, aber doch lästig, und so werden im aktuellen Framework nur noch echte Änderungen in den Konfigurationen gespeichert. Und denken Sie daran: Natürlich können Sie diese Dateien auch von Hand optimieren.

Aus der Praxis

Dienstverweise lassen sich auch automatisch aktualisieren, dafür eignen sich die Build-Ereignisse, genauer: das Pre-Build-Ereignis, denn die Referenz soll ja aktualisiert werden, bevor das Projekt kompiliert wird.

Den Parameter `/config` können Sie weglassen, wenn Sie nicht möchten, dass svcutil Ihre vielleicht von Hand optimierte Konfigurationsdatei verändert.

Macht das Sinn? Ja und nein. Ja, weil Sie Veränderungen im Service Contract dadurch sofort mitbekommen. Sie erhalten also nicht erst zur Laufzeit einen Fehler, sondern die Erstellung des Projekts schlägt bereits zur Compilezeit fehl. Nein, weil das Aktualisieren der Dienstreferenz ein Eingriff in Ihren Code ist. Wenn Sie Ihre Referenzen von Hand aktualisieren, so ist das eine bewusste Entscheidung, und Sie legen den richtigen Zeitpunkt dafür fest. Contracts heißen nicht umsonst so, also übersetzt »Verträge«, denn wie bei echten Verträgen sollten beide Seiten den Änderungen zustimmen oder wenigstens Kenntnis davon erlangen.

Ebenfalls neu in WCF 4.5 ist die Fähigkeit, aus bestehenden WSDL-Dokumenten die entsprechenden Contracts zu erzeugen, also sowohl Service Contracts als auch Data Contracts. Man nennt dies folgerichtig »Contract-First Development«, also die Entwicklung von (bestehenden) Verträgen her, während die ja sonst übliche Vorgehensweise die ist, dass Contracts während der Entwicklung entstehen. Diese Vorgehensweise ist immer dann praktisch, wenn eine andere Abteilung die Contracts vorgibt oder bestehende Implementierungen – vielleicht sogar mit anderen Technologien – neu in WCF 4.5 umgesetzt werden sollen.

Svcutil kennt dazu einen den neuen Schalter `/serviceContract`.

```
svcutil http://production.kalimba.com/Services/Einkauf/EinkaufService.svc
/serviceContract
```

Als Ergebnis erhalten wir eine Datei *EinkaufServices.cs*, die sowohl den Data Contract `Bestellung` als auch die Schnittstelle `IEinkaufService` beinhaltet. Zudem gibt es noch eine Unterstützung innerhalb von Visual Studio, auf die ich hier jedoch nicht näher eingehen kann.

6.5.2 Details zum erzeugten Proxy

Betrachten wir nun den erzeugten Proxy etwas genauer. Zunächst fällt auf, dass er von `ClientBase<T>` abgeleitet ist, wobei `T` die Schnittstelle ist, die ebenfalls im Proxy-Code generiert wurde und die kompatibel mit der Schnittstelle auf Seiten des Services ist. Zusätzlich implementiert die Proxy-Klasse die Schnittstelle noch. Das ist logisch, denn wir wollen ja gerade, dass die Methoden Bestandteil der Klasse sind; der Proxy soll die Komplexität der Kommunikation für uns hinter der Fassade regeln.

Konstruktoren

In unserem Beispiel enthält die Klasse fünf Konstruktoren, einen davon ohne Parameter:

```
public EinkaufServiceClient() {
}

public EinkaufServiceClient(string endpointConfigurationName) :
      base(endpointConfigurationName) {}

public EinkaufServiceClient(string endpointConfigurationName,
  string remoteAddress) :
      base(endpointConfigurationName, remoteAddress) {}

public EinkaufServiceClient(string endpointConfigurationName,
  System.ServiceModel.EndpointAddress remoteAddress) :
      base(endpointConfigurationName, remoteAddress) {}

public EinkaufServiceClient(System.ServiceModel.Channels.Binding binding,
  System.ServiceModel.EndpointAddress remoteAddress) :
      base(binding, remoteAddress) {}
```

Listing 6.23 Konstruktoren in Reference.cs

Sind in Ihrer Konfigurationsdatei mehrere Endpunkte angegeben, so müssen Sie im ersten Konstruktor den Namen des zu verwendenden Endpunktes angeben. Lassen

Sie ihn weg, erhalten Sie eine Fehlermeldung, da WCF nicht mehr weiß, über welchen Endpunkt es kommunizieren soll.

Die weiteren Konstruktoren sind Varianten, um die Adresse angeben zu können. Normalerweise werden Sie die Adresse aber in der Konfiguration hinterlegen, sodass Sie nur den Namen des Endpunktes benötigen, und das auch nur, wenn Ihr Service eben mehr als einen Endpunkt aufweist.

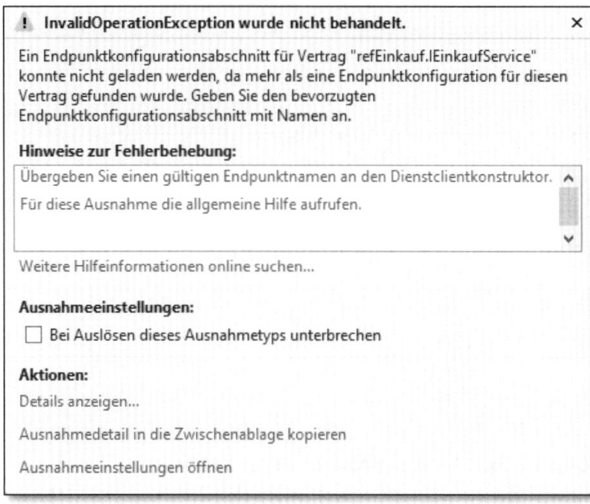

Abbildung 6.34 Fehlermeldung bei mehr als einem möglichen Endpunkt, ohne dass dieser benannt wäre

Methoden und Channel

WCF erzeugt für unseren Service die folgenden Methoden, mit denen der Proxy mit dem Service kommuniziert:

```
public EinkaufClient.refEinkauf.Bestellung[]
  HoleOffeneBestellungen(int maximaleAnzahl) {
    return base.Channel.HoleOffeneBestellungen(maximaleAnzahl);
}

public System.Threading.Tasks.Task<EinkaufClient.refEinkauf.Bestellung[]>
  HoleOffeneBestellungenAsync(int maximaleAnzahl) {
    return base.Channel.HoleOffeneBestellungenAsync(maximaleAnzahl);
}

public bool OffeneBestellungenVorhanden() {
    return base.Channel.OffeneBestellungenVorhanden();
}
```

```
public System.Threading.Tasks.Task<bool> OffeneBestellungenVorhandenAsync() {
    return base.Channel.OffeneBestellungenVorhandenAsync();
}
```

Listing 6.24 Methoden in Reference.cs

Die Methodenaufrufe werden an eine Eigenschaft `Channel` übergeben (in Basisklasse `ClientBase` deklariert), die vom Typ `TChannel` ist. `TChannel` wiederum ist die Schnittstelle (also `IEinkaufService`), die wir beim Erzeugen des Proxys angegeben haben.

Die `Channel`-Eigenschaft:

```
Protected TChannel Channel { get; }
```

Die Klasse `ClientBase`:

```
public abstract class ClientBase<TChannel> : where TChannel : class
```

Der Channel kümmert sich also darum, dass die Methodenaufrufe in Nachrichten verpackt und zum Service gesendet werden. Und natürlich erhalten wir von ihm auch die Rückgabewerte.

Genauer gesagt gibt es nicht nur einen Channel, sondern eine ganze Kette davon, von denen jeder Channel seine Aufgabe besitzt, zum Beispiel Verschlüsselung. Der letzte Channel in dieser Kette ist der Transport-Channel, der für die Übertragung der Nachricht zuständig ist.

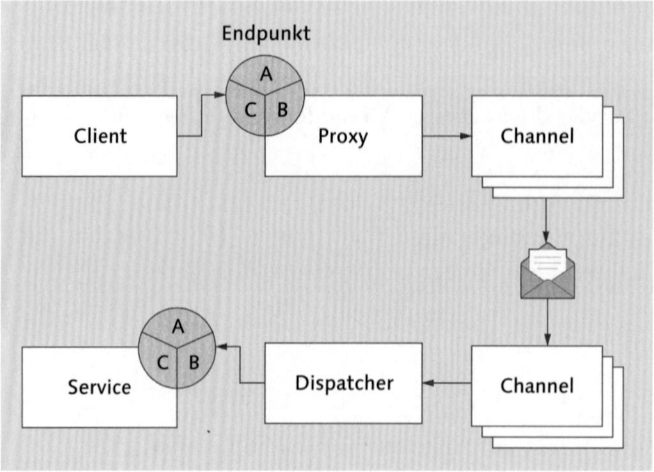

Abbildung 6.35 Der Weg eines Calls vom Client zum Service

Neben den »gewöhnlichen« Methoden gibt es noch die asynchronen Varianten, wie wir sie bei der Erzeugung des Proxys angegeben haben. Standardmäßig geben sie `Task<T>` zurück, statt `Bestellung[]` also `Task<Bestellung[]>`, und sie enden auf

Async, so wie es die Konvention vorsieht. Das ist mehr also nur sinnvoll, und ich könnte regelrecht ins Schwärmen geraten, wenn ich mir das damit mögliche, neue async/await-Feature ansehe – wenn ich mich im nächsten Moment nicht darüber ärgern würde, dass Microsoft uns zehn Jahre ein Async-Pattern zugemutet hat, das der Unbrauchbarkeit schon recht nahe kam. Nähere Informationen erhalten Sie im nächsten Abschnitt sowie in Abschnitt 4.1.9.

Zur Architektur von WCF gäbe es natürlich noch viel mehr zu erzählen, aber da dies ein Praxisbuch ist, überlasse ich die Details Ihrer Neugier.

Schnittstelle

Die in `Reference.cs` generierte Schnittstelle entspricht weitgehend der Schnittstelle des Service-Codes, angereichert um das WCF-Attribut `[OperationContract]`.

Data Contracts

Auch alle weiteren Contracts, also auch unser Data Contract, finden sich im generierten Proxy wieder. Der generierte Data Contract implementiert die beiden Schnittstellen `IExtensibleDataObject` und `INotifyPropertyChanged` und enthält ansonsten die Member, die Sie im gleichnamigen Data Contract des Services mit `[DataMember]` ausgezeichnet haben. Die beiden Schnittstellen sind nicht zwingend notwendig, `IExtensibleDataObject` unterstützt die Versionierung in gewissen Fällen, und `INotifyPropertyChanged` können Sie für eigenes Data Binding verwenden.

6.5.3 Proxys verwenden

In diesem Abschnitt werden wir den Service verwenden, einmal mit dem mitgelieferten WCF-Testclient und, das ist natürlich interessanter, mittels des gerade erzeugten Proxys.

WCF-Testclient

Sie finden dieses kleine Tool im Installationsverzeichnis von Visual Studio unter *Common7\IDE\WcfTestClient.exe*. Dieser Client stellt gewissermaßen das Gegenstück des WCF-Diensthosts dar und eignet sich wie dieser für einfache Fälle. Wir haben ihn bereits im Einführungsteil verwendet. Daher an dieser Stelle nur einige weiterführende Informationen.

Sie können den Testclient verwenden, ohne zuvor einen Proxy generieren zu müssen. Das macht ihn auch für Tester interessant, die einfach eine Methode aufrufen und das Ergebnis kontrollieren wollen.

Den Metadaten-Endpunkt können Sie entweder als Aufrufparameter übergeben, oder Sie wählen ihn aus dem Menü DATEI • SERVICE HINZUFÜGEN aus. Als Ergebnis listet das Tool den Endpunkt und alle darin verfügbaren Methoden in einer Baumansicht auf. Darunter befindet sich noch die Konfigurationsdatei, die das Werkzeug generiert, denn intern arbeitet auch der WCF-Testclient mit einem Proxy.

Sie führen eine Methode aus, indem Sie doppelt auf den Methodennamen klicken, die Eingabeparameter angeben und das Ergebnis anfordern. Dieses wird Ihnen in einem hierarchischen Grid oder wahlweise im SOAP-Original angezeigt.

Interessant ist noch die Möglichkeit, den WCF-Diensthost und den WCF-Testclient in einem Aufruf zu kombinieren. Die folgende Kommandozeile hostet den Service und startet danach den Test-Client:

```
WcfSvcHost /service:Einkauf.dll /config:app.config /client:WcfTestClient.exe
```

Darüber hinaus können Sie den WCF-Testclient noch als auszuführendes Programm in den Projekteigenschaften angeben. Wenn Sie die Projektvorlage *WCF Servicebibliothek* verwenden, dann erledigt Visual Studio diese Aufgabe für Sie. [F5] genügt dann, um den Service zu hosten und ihn auch gleich zu testen. Sie müssen sich noch nicht einmal Gedanken um die Konfiguration machen.

Im Code

Üblicherweise lasse ich in meinen Beispielen viele Dinge weg, die zu einem guten Programm gehören, beispielsweise Exception Handling. Das würde die Beispiele zu sehr aufblähen und vom Wesentlichen ablenken.

Wenn wir hingegen einen Proxy verwenden, oder überhaupt remote mit einem Service kommunizieren, dann ist Exception Handling natürlich von zentraler Bedeutung, denn bei einer solchen Kommunikation kann viel schiefgehen, ziemlich viel sogar. Sehen wir uns ein Beispiel an, wie es oft zu lesen ist:

```
using (EinkaufServiceClient proxy = new EinkaufServiceClient())
{
   bool result = proxy.OffeneBestellungenVorhanden();
}
```

Wir erzeugen damit einen Proxy, führen eine Methode aus, und danach wird der Proxy zerstört. Damit wird er automatisch vorher geschlossen. Aber was ist, wenn

- der Aufruf zu einem Timeout führt, beispielsweise weil der Service in einer Datenbank Daten schreiben möchte, die gesperrt sind,
- der Serviceaufruf fehlschlägt, zum Beispiel aufgrund eines Fehlers in der Implementierung,
- die Konfiguration von Service und Client nicht identisch sind und daher keine Kommunikation aufgebaut werden kann,

- der Proxy-Channel nicht zur Verfügung steht, beispielsweise weil er im Status `Faulted` ist oder weil der Service zwischen zwei Service-Aufrufen desselben Proxys auf dem Host-System gerade durch eine neuere Version ausgetauscht wurde, oder wenn
- der Service eine Fehlermeldung an den Client schickt, zum Beispiel, weil die Eingabewerte nicht valide sind?

Das Dumme daran ist, dass die Fehlermeldung nicht immer etwas über die Ursache aussagt, gerade dann, wenn auf Serviceseite das Thema Exception Handling nicht sorgfältig genug behandelt wurde. Wir werden das in Abschnitt 6.7, »Fehlerbehandlung«, näher beleuchten. Aber dennoch gilt immer: Als Client eines Service kennen wir nicht dessen Implementierung und müssen kritisch zu Werke gehen.

Kurz: Es ist meist keine gute Idee, WCF-Aufrufe in ein `using`-Konstrukt einzubetten, denn es könnte Ihnen passieren, dass ein `Close` versucht wird, obwohl `Open` vorher gar nicht erfolgreich war. Das würde in einen weiteren Fehler münden, den Sie vermutlich an dieser Stelle gar nicht erwarten. Oder aber der Serviceaufruf schlägt fehl, der Proxy ist im Status `Faulted` und kann daher gar nicht mehr geschlossen werden. In beiden Fällen würde WCF eine Exception auslösen.

Bevor wir uns einer möglichen Lösung annähern, ein weiteres Wort zu `Close`. `Close` schließt den Channel, und wenn eine Sitzung vorhanden ist, wird die Session ebenfalls geschlossen. Würden Sie Ihren Proxy nicht schließen, dann könnte es passieren, dass Sie in die Begrenzung der gleichzeitig aktiven Sitzungen laufen würden. Bei Per-Call-Aufrufen ist das nicht so wichtig wie eben bei Sitzungen. Eine Sitzung kann oft das Nebenprodukt einer Konfigurationseinstellung sein, beispielsweise dann, wenn die Option `reliableSession` in einem Binding ausgewählt wurde.

Sie könnten nun den folgenden Code verwenden:

```
EinkaufServiceClient proxy = new EinkaufServiceClient();
try
{
   bool result = proxy.OffeneBestellungenVorhanden();
   proxy.Close();
}
catch (FaultException<MyCustomFault> ex)
{
   //FaultException, die wir erwarten vom angegebenen Typ
}
catch(FaultException ex)
{
   //Alle anderen FaultExceptions
   proxy.Abort();
```

```
}
catch(CommunicationException ex)
{
   //Kommunikationsprobleme
}
catch(TimeoutException ex)
{
   //Timeouts
}
```

Listing 6.25 Exception Handling für den Proxy

Das ist schon besser, setzt allerdings voraus, dass Sie auf die Option `IncludeExceptionDetailInFaults` verzichten, das auf Client-Seite die ursprünglich im Service ausgelöste Exception wieder zu einer lokalen Exception machen würde.

Was Sie in den einzelnen Handlern machen, hängt von Ihren Anforderungen ab. Sie könnten den Fehler protokollieren, den Vorgang erneut versuchen oder, bei einem Kommunikationsproblem, den Proxy erneut erzeugen und öffnen.

Aus der Praxis: WCF-Proxys mit Komfort

Sie kennen bestimmt die Redensart, dass man mit Computern Probleme löst, die man ohne nicht hätte. Und vielleicht möchten Sie mir nun entgegenrufen: »Wie bitte, anstatt eine Methode aufzurufen soll ich nun einen Proxy erzeugen, die Methode aufrufen, wenigstens vier Exception-Handler bedienen und vielleicht sogar den Proxy noch schließen? Wann, glauben Sie denn, soll ich meine Arbeit erledigen?«

Nun, da ist was Wahres dran und auch mir ist das zu umständlich. Daher habe ich eine kleine Klasse entwickelt, die diese Arbeit zum großen Teil für Sie übernimmt. Wir verwenden Sie nun schon einige Jahre und ich möchte Sie Ihnen daher nicht vorenthalten.

```
using System;
using System.ServiceModel;

namespace ProxyExtension
{
    public static class Proxy
    {
        public static void Action<T>(Action<T> body) where T :
        ICommunicationObject, new()
        {
            T proxy = new T();
            ICommunicationObject comm = proxy as ICommunicationObject;
```

```
    (proxy as ICommunicationObject).Open();
    try
    {
        body.Invoke(proxy);
        comm.Close();
    }
    catch (Exception ex)
    {
        try
        {
            if (comm.State == CommunicationState.Faulted)
                comm.Abort();
            else
                comm.Close();
        }

        catch (Exception ex2)
        {
            comm.Abort();
        }
        throw;
    }

}

public static R Func<T, R>(Func<T, R> body) where T :
ICommunicationObject, new()
{
    T proxy = new T();
    ICommunicationObject comm = proxy as ICommunicationObject;
    (proxy as ICommunicationObject).Open();
    try
    {
        R retVal = body.Invoke(proxy);
        comm.Close();

        return retVal;
    }
    catch (Exception ex)
    {
        try
        {
            if (comm.State == CommunicationState.Faulted)
```

```
                        comm.Abort();
                    else
                        comm.Close();
                }

                catch (Exception ex2)
                {
                    comm.Abort();
                }
                throw;
            }

        }
    }
}
```

Listing 6.26 Proxy.cs

Zunächst handelt es sich um eine statische Klasse, was die Mühe erspart, Objektinstanzen zu erzeugen. Es gibt zwei Methoden:

- Die Methode `Action<T>` ist für die meisten Szenarien ausreichend. Obwohl die Methode selbst keinen Rückgabewert liefert, können Sie einen solchen dennoch im Body verarbeiten.
- Die Methode `Func<T, R>` hingegegen kann einen Rückgabewert liefern, und zwar vom Typ `R`

Die Anwendung ist denkbar einfach, hier am Beispiel unseres Einkauf-Services:

```
Proxy.Action<EinkaufServiceClient>(p=> bestellungen =
p.HoleOffeneBestellungen(3));
```

Und mit Rückgabewert, direkt von der Methode `Proxy.Func` geliefert:

```
bestellungen = Proxy.Func<EinkaufServiceClient, Bestellung[]>(p
  => p.HoleOffeneBestellungen(3));
```

Die beiden Methoden benötigen den Typ des zu erzeugenden Proxys, in unserem Fall also `EinkaufServiceClient`. Die Methode `Func` darüber hinaus den Typ des Rückgabewerts der Servicemethode, die im Body aufgerufen wird.

Anschließend benötigen wir noch einen Lambda-Ausdruck, in den wir den erzeugten Proxy hineingeben und in dem wir den Proxy dann ganz so verwenden können, als wenn wir ihn von Hand erzeugt hätten.

Natürlich sind Sie nicht auf einzeilige Ausdrücke beschränkt:

```
Proxy.Action<EinkaufServiceClient>((p)=>
                                   {
                                       if (p.OffeneBestellungenVorhanden())
                                           bestellungen = p.HoleOffeneBestellungen(3);
                                   });
```


Sie sehen, das ist recht komfortabel. Wenn Sie die Funktionsweise interessiert, dann lesen Sie bitte weiter, vorher möchte ich Ihnen aber noch das Kapitel C# für Fortgeschrittene ans Herz legen, in dem Lambda-Ausdrücke und Delegate etwas ausführlicher besprochen werden.

- Zunächst wird in der Signatur der Methode verlangt, dass `T` ein Objekt ist, das von `ICommunicationObject` ableitet, weil nur solche Objekte eine `Close()`- und `Abort()`-Methode haben, die wir später noch aufrufen werden. Generierte Proxys erfüllen diese Voraussetzung, wie wir in Abschnitt 6.5.2, »Details zum erzeugten Proxy«, gesehen haben.
- Außerdem müssen wir von dem Typ ein Objekt erzeugen können – unser Proxy ist ja keine statische Klasse, daher der `new()`-constraint.
- Danach erstellen wir den Proxy.
- Anschließend öffnen wir ihn explizit, also nicht erst beim ersten Aufruf einer Servicemethode.
- Im Anschluss wird der Body ausgeführt, den wir beispielsweise mittels eines Lambda-Ausdrucks in die Klasse bringen. Dort wird der Proxy verwendet, also dessen Methoden aufgerufen, weswegen ein Exception Handling hier nicht fehlen darf.
- Nun wird der Proxy geschlossen, was für eine Reihe von Bindings und Anwendungsfällen empfehlenswert ist.
- Bei jeglichem Fehler wird nun der Proxy verworfen (`Abort()`) – und damit auch eine eventuell vorhandene Sitzung –, sofern der Kommunikationskanal sich im Status `CoummunicationStatus.Faulted` befindet.
- Ansonsten wird versucht, den Proxy ordentlich zu schließen (`comm.Close()`).
- Wenn das fehlschlägt, wird der Proxy abermals verworfen.
- Nun wird die Exception noch an den Aufrufer den Callstack hinauf weitergeleitet, denn Sie wollen im Code ja wissen, wenn eine Exception aufgetreten ist.

Die Klasse ist bewusst einfach gehalten. Sie können Sie so einsetzen, wenn Sie die Unterschiede zwischen Timeouts, Kommunikationsfehlern und anderen Fehlern nicht interessieren. Oder Sie erweitern die Klasse, wenn Sie beispielsweise bei einem Timeout den Vorgang erneut ausführen wollen. Sie können Fehler auch innerhalb der Klasse protokollieren oder Fehler neu verpacken. Wie auch immer, ganz ohne Exception Handling in Ihrem aufrufenden Code wird es nicht gehen, denn Ihre Anwender gehen ja davon aus, dass eine ausgelöste Aktion erfolgreich war. Aber das gilt unabhängig von der implementierenden Technik, in unserem Fall WCF.

Async

Wir haben bereits gesehen, dass die generierten Proxys – wenigstens im Standard – über asynchron auszuführende Varianten verfügbar sind. Da sie `Task<T>` zurückliefern, können wir auf ihre Rückkehr mittels `await` warten. Wir könnten den Clientcode also auch so schreiben:

```
async static void HoleBestellungenReloaded()
{
    EinkaufServiceClient proxy = new EinkaufServiceClient();
    proxy.Open();
    Bestellung[] bestellungen = await proxy.HoleOffeneBestellungenAsync(3);
    for (int i = 0; i < bestellungen.Length; i++)
        Console.WriteLine("BKZ: {0} Menge: {1:D} Produkt: {2}",
          bestellungen[i].Bestellkennzeichen,
          bestellungen[i].Menge, bestellungen[i].Produkt);

    proxy.Close();
    Console.ReadLine();
}
```

Listing 6.27 Die asynchrone Variante zum Abrufen unserer Bestellungen

WCF-Aufrufe sind eigentlich die Paradedisziplin für async/await, denn sie dauern verhältnismäßig lange und verursachen während der Wartezeit keine nennenswerte CPU-Last. Damit sind sie wahre Zeitfresser, die nur darauf warten den GUI-Thread zu blockieren und folglich den Anwender zur Koffeinsucht anleiten.

Im Grund eigenen sich fast alle Aufrufe dafür, sofern der Service nicht lokal läuft, sondern auf einem anderen Server im Netzwerk. In einem solchen Fall sind 70-100 ms Latenz- und Wartezeit schnell erreicht, und damit ist die Schwelle von 50 ms überschritten, die Microsoft als sinnvolle Grenze für den Einsatz empfiehlt.

6.5.4 ChannelFactory

Vorgenerierte Proxys sind bequem, keine Frage. Notwendig sind sie hingegen nicht. Wir haben gesehen, dass ein Proxy alle Anfragen an einen Channel vom Typ `IEinkaufService` weiterleitet. Das können wir auch selbst tun, indem wir einen solchen Channel erzeugen:

```
static void HoleBestellungenMittelsChannelFactory()
{
    NetTcpBinding binding = new NetTcpBinding();
    binding.Security.Mode = SecurityMode.None; //falls im Service so
                                              //konfiguriert
    EndpointAddress address = new EndpointAddress(
      "net.tcp://production.kalimba.com/Services/Einkauf/EinkaufService.svc");
    IEinkaufService proxy = ChannelFactory<IEinkaufService>.
      CreateChannel(binding, address);
    Bestellung[] bestellungen = proxy.HoleOffeneBestellungen(3);
    GebeBestellungenAus(bestellungen);
}
```

Listing 6.28 Aufrufen eines Services unter Verwendung von ChannelFactory<T>

Dieses Beispiel kommt ohne Konfigurationsdatei aus. Zunächst erstellen wir ein Binding, das wir so konfigurieren, dass es mit dem Service kompatibel ist. Außerdem benötigen wir noch eine Adresse für unseren Endpunkt. Beides übergeben wir der statischen Methode `CreateChannel` der Klasse `ChannelFactory` und erhalten ein Objekt zurück, das `IEinkaufService` implementiert.

Damit können wir nun unsere Methoden aufrufen. Im Anschluss schließen wir diesen Laufzeit-Proxy, indem wir ihn auf `ICommunicationObject` casten, denn diese Schnittstelle enthält die Methode `Close`:

```
(proxy as ICommunicationObject).Close();
```

Wir benötigen für dieses Szenario aber weiterhin eine Schnittstelle, die der auf Serviceseite entspricht (`IEinkaufService`), sowie die weiteren Klassen, z. B. Data Contracts, sofern verwendet. Natürlich könnten Sie hierfür die Service-DLL in ihr Client-Projekt einbauen; damit würden Sie aber Client und Service eng aneinanderkoppeln. Genau das wollen wir aber durch Services vermeiden, mit denen wir kommunizieren können, ohne deren Implementierung zu kennen.

Dennoch gibt es Fälle, in denen das Sinn macht, zum Beispiel, wenn Service und Client ohnehin immer auf derselben Maschine laufen. Die Arbeit mit der `ChannelFactory` bietet den bei weitem flexibelsten Weg, mit Services zu kommunizieren, und erlaubt uns, zur Laufzeit Entscheidungen über die Kommunikation mit einem Service zu treffen.

Im Tutorial 1.12 (Message Queuing) kommen wir auf dieses Verfahren noch zurück, weil dort am »anderen Ende der Leitung« lediglich eine Nachrichtenwarteschlange (Message Queue) wartet und kein laufender Service. Wir kommen also nicht so bequem an einen Proxy und die ChannelFactory ist dann einfacher zu verwenden.

6.6 Services im Detail

Wenn Sie bisher mitgemacht haben, dann können Sie nun eigene Services schreiben, diese hosten und von Clients aus darauf zugreifen. Für einfachere Anwendungsfälle mag das bereits ausreichen, aber die WCF bietet noch mehr. Daher beginnt hier der zweite Teil dieses Kapitels, in dem wir einen etwas vertieften Blick auf Services werfen und einige Features nutzen, die in komplexeren Geschäftsanwendungen unabdingbar sind.

6.6.1 Service Contracts

Ich habe bereits davon gesprochen, dass für die Welt der Services andere Regeln gelten als für die Welt der Klassen und Schnittstellen in C#. Das bringt einige Möglichkeiten, aber auch einige Einschränkungen mit sich. Aber es stellen sich nicht nur technische Fragen, sondern auch eine ganz praktische: Wie soll ich meine Services aufbauen?

Designfragen

Die Fragen, die mir immer wieder gestellt werden, sind:

- Brauche ich für diese Aufgabe einen neuen Service, oder soll ich einen bestehenden Service verwenden?
- Wie soll der Service benannt werden?
- Wie viele Methoden kann ein Service haben, bevor er zu groß wird?
- Wie benenne ich die Methoden richtig?
- Wie löse ich Abhängigkeiten zwischen Services auf?

Ich habe schon darauf hingewiesen: Services sind keine Objekte, daher sind Servicemethoden keine Klassen- bzw. Instanzmethoden. Die Gefahr von OOA/OOD liegt genau darin, in Objekten zu denken und Methoden zu definieren, die den Status von Objekten verändern.

Services sind aber wie Dienstleister. Einen Service können wir anrufen und fragen, welche Dienstleistungen er anbietet (Metadaten-Abfrage), oder wir können in einer Liste nachschlagen, welche Dienstleister welche Aufgaben übernehmen (Service-Repository). Wenn wir uns für einen Dienstleister entscheiden, dann erteilen wir einen Auftrag, und meistens erwarten wir eine Rückantwort (Aufruf einer Methode). Ein Dienstleister übernimmt Dienstleistungen seines Bereiches, ein Schreiner beispielsweise erstellt ein Möbelstück, wird aber keine Sicherungsautomaten in Schaltschränke einbauen.

Und genau so sollten Sie Ihre Services entwerfen. Fragen Sie sich als Erstes: Was sind die Dienstleistungen (Methoden), die ich als Client benötige, und wie kann ich diese Methoden so in Services zusammenfassen, dass alle Methoden eines Service logisch zusammengehören? Dabei kann es geschehen, dass einige Methoden elementarer Natur sind, andere Methoden hingegen komplexere Steuerungsaufgaben übernehmen. Dann sollten Sie diese Methoden gegenüberstellen und sich überlegen, ob die komplexeren Methoden nicht in einem eigenen Orchestration-Service besser aufgehoben wären. Die Fragen, die Sie sich dabei stellen können, lauten: Bietet mir dieser Service einen Mehrwert und gehören die Methoden dieses Service wirklich zusammen?

Beispiel

Sie benötigen für eine Anwendung die folgenden Dienstleistungen:

- Kunden anlegen, ändern und stilllegen
- Kontakte der Kunden verwalten, beispielsweise Newsletter verschicken

Anstatt nun einen *CustomerService* zu bauen, wäre die vermutlich elegantere Lösung, zwei Services zu bauen:

- einen Service *CustomerService*, der die elementaren Dienstleistungen anbietet
- einen CRM-Service, der die Kontakte verwaltet und höherwertige Dienstleistungen übernimmt, beispielsweise das Versenden von Newslettern oder das Auswerten der Kontakthistorie

Aber auch hier wäre es durchaus möglich, die Kontaktverwaltung in den *CustomerService* zu integrieren, denn mit der gleichen Argumentation wie »Kontakte gehören zu CRM« gilt auch »Kontakte gehören zum Kunden«. In unserem Beispiel gibt der Ausschlag die Dienstleistung: Kundenverwaltung ist Aufgabe des Kundenservices, die Kontakte sind hingegen (eher) Aufgabe des Vertriebs.

Wenn Sie so zu einer ersten Auflistung von Services und deren Methoden gekommen sind, dann besteht der nächste Schritt darin, Abhängigkeiten zwischen den Services aufzudecken und nach Möglichkeit zu eliminieren. Auch hier zeigt sich der Unterschied zu Objekten, wo Abhängigkeiten eine viel stärkere Rolle spielen. Services hingegen sollten so isoliert wie möglich sein und die einzelnen Services nur lose gekoppelt. Wenn nun zwei Services sich gegenseitig häufig aufrufen, dann spricht einiges dafür,

- die beiden Services in einem Service zu vereinen, oder
- die Methoden so zwischen den Services zu verteilen, dass die Abhängigkeiten geringer werden, oder
- einen dritten Service zu erstellen, in dem sich die Abhängigkeiten vereinen.

Dabei ist es zunächst kein Problem, wenn ein Service für die Erfüllung seiner Aufgabe einen anderen Service benötigt. Denken Sie dabei nur an den erwähnten Schreiner, der Material für einen Auftrag einkaufen muss. Schwieriger wird es, wenn zwei Services gegenseitig voneinander abhängig sind.

Beispiel

Betrachten wir die beiden Services *DocumentService* und *ReminderService*. Ersterer erstellt Belege, zum Beispiel Rechnungen. Letzterer hingegen ermittelt die zu mahnenden Kunden. Dabei sind die beiden Services wechselseitig voneinander abhängig:

- Der *ReminderService* benötigt zur Erstellung der Mahnbelege den *DocumentService*.
- Der *DocumentService* benötigt aber auch den *ReminderService*, denn säumige Kunden sollen beispielsweise nur noch per Nachnahme beliefert werden und nicht mehr auf Rechnung. Während der Dokumenterstellung soll also auf Informationen des *ReminderService* zugegriffen werden.

In diesem Beispiel wäre das kein großes Problem, denn die beiden Services sind zwar voneinander abhängig, treten aber gegenseitig als Dienstleister auf, und zwar in unterschiedlichen Geschäftsprozessen: in der Erstellung von Rechnungen und im Mahnen von Kunden. Problematischer wäre folgender Fall:

Der *DocumentService* erstellt nicht nur Belege, sondern für die Finanzbuchhaltung auch Buchungszeilen, und zwar über den *BookinglineService*. Nehmen wir einmal an, bei der Erstellung der Buchungszeilen erkennt der *BookinglineService*, dass der Kunde noch eine offene Gutschrift hat, die den Rechnungsbetrag überschreitet. Er erstellt daher seinerseits über den *DocumentService* eine neue Gutschrift, die der Rechnung dann beiliegt. In einem solchen Fall wäre es ratsamer,

- die Logik für die Erkennung offener Gutschriften im *DocumentService* unterzubringen, der dann eben zwei statt einem Beleg erstellt, oder
- einen dritten Service als zentrale Schaltstelle beider Services zu implementieren.

Bei der Benennung Ihrer Services sollten Sie sich ein einheitliches Schema angewöhnen. Ich empfehle Ihnen, die Services natürlichsprachig zu benennen, wenn möglich in der Einzahl, also *PaymentService* für die Verarbeitung eingehender Zahlungen oder *VATCalculationService* für die Ermittlung der Mehrwertsteuer. Ich persönlich hänge immer ein »Service« an, damit ich Services von gewöhnlichen Objekten und anderen Typen unterscheiden kann.

Auch bei den Methoden sollten Sie immer an den Client denken. Eine Methode sollte daher immer eine Aufgabe ausführen, zum Beispiel:

- `DeleteCustomer(Customer customer)`
- `List<Customer> GetCustomers(Customerfilter filter)`
- `PrintInvoices(List<Invoice> invoices)`

Eine Methode sollte demnach immer eine Verrichtung anzeigen und damit dem Single-Responsiblity-Prinzip gehorchen, beispielsweise `Get`, `Set`, `Print` oder `Update`. Diese Verrichtung wiederum sollte so sein, dass sie an sich einen Nutzen darstellt. Das Abrufen eines Kunden ist ein solcher Nutzen, eine Methode wie `GetCustomerName(int customerId)` wäre das nicht. Denken Sie daran: Serviceaufrufe sollten weit seltener nötig sein als Methodenaufrufe lokaler Objekte, weil sie unweit mehr Ressourcen binden und relativ weit mehr Zeit beanspruchen.

Bieten Sie auch immer Methoden an, die eine Aufgabe auf mehr als einem Data Contract (also einer Liste von Data Contracts) verrichten oder in sich einen Mehrwert anbieten:

- `PrintInvoice(Invoice invoice)`
- `PrintInvoices(List<Invoice> invoices) //Weniger Serviceaufrufe notwendig, da in einem Serviceaufruf mehrere Rechnungen gedruckt werden können`
- `PrintUnprintedInvoices() //Mehrwert: alle bisher ungedruckten Rechnungen drucken`

Sie überlassen damit dem Entwickler des Clients die Wahl, für welche Option er sich entscheidet. Im Fall von `PrintUnprintedInvoices()` ermittelt der Service, welche Rechnungen noch nicht gedruckt wären. Ein Client könnte aber auch alle Rechnungen abholen, durch diese iterieren und für jede ungedruckte Rechnung `PrintInvoice(invoice)` aufrufen. Das würde aber Geschäftslogik in den Client verlagern, etwas, das Sie unter allen Umständen verhindern sollten.

Überhaupt ist die beste Grundeinstellung: Ich weiß gar nicht, wer in Zukunft meinen Service verwendet. Daher entwickle ich ihn so, dass er so unabhängig wie möglich ist und sich so gut selbst beschreibt, damit ein Entwickler ihn intuitiv versteht.

Wenn ein Service zu viele Methoden hat, dann kann es dafür mehrere Ursachen geben:

- Die einzelnen Methoden sind zu fein, zu elementar.
- Der Service ist nicht klar abgegrenzt, er übernimmt zu viele Aufgaben.

Erst wenn Sie beides ausschließen können, sollten Sie den Service passieren lassen.

Sichtbarkeit

Die Sichtbarkeit von Methoden gegenüber dem Client ergibt sich aus der Anwendung der Attribute [ServiceContract] und [OperationContract], was folgender Service beweist:

```
[ServiceContract]
public class TestService
{
   [OperationContract]
   private void DoSomething()
   {
      Console.WriteLine("Testausgabe");
   }
}
```

Listing 6.29 Testservice mit privater Methode

Obwohl die Methode DoSomething private ist, lässt sich der Service hosten und daraus ein Proxy generieren und, ja, auch die Servicemethode lässt sich aufrufen. Warum? Weil die Methode mit [OperationContract] ausgezeichnet wurde. Dasselbe gilt auch für Data Contracts.

Zur Erinnerung: Sichtbarkeitsangaben wie private oder public sind Konstrukte in .NET und C#. Sie sind wichtig für die Implementierung des Services in C#. Für die Erzeugung von Metadaten und die Generierung von Proxys spielen sie keine Rolle, denn ein Client soll, unabhängig von der verwendeten Programmiersprache und Technologie auf Serviceseite, mit dem Service kommunizieren können.

Name

In beiden Attributen kann zudem ein Name angegeben werden:

```
[ServiceContract(Name="RenamedTestService")]
public class TestService...
```

Wenn Sie aus diesem Service nun einen Proxy generieren, dann ist dessen Name nicht mehr TestServiceClient, sondern RenamedTestServiceClient.

```
[OperationContract(Name="AnotherName")]
private void DoSomething()
```

Gleiches gilt für den Methodennamen, den Sie so überschreiben könnten. Sie würden dann im Client die Methode AnotherName() aufrufen. Wenn Ihnen WCF zu einfach ist, dann wäre das eine prima Möglichkeit, die Sache komplizierter zu gestalten. Aber im Ernst: Ohne einen triftigen Grund sollten Sie die Namen nicht ändern.

Methoden überladen

Methoden mit gleichen Namen, aber unterschiedlicher Signatur, gemeinhin als überladene Methoden bekannt, sind in C# natürlich möglich:

```
Private void DoSomething()...
Private void DoSomething(int value)...
```

Würden Sie nun beide Methoden zu Servicemethoden machen, dann erhielten Sie einen Fehler, wenn auch erst beim Starten des Service-Hosts. Gelegentlich wird darauf hingewiesen, dass Sie den beiden Methoden ja unterschiedliche Namen geben könnten (`Name="DoSomethingA"` und `Name="DoSomethingB"`, wie oben beschrieben). Aber Sie sollten generell vermeiden, Besonderheiten der implementierenden Sprache in Services abbilden zu wollen. Benennen Sie einfach beide Methoden unterschiedlich, beispielsweise `GetCustomerById` und `GetCustomerByOrderNo`.

Mehrere Contracts

Sie können in einer Klasse auch mehr als eine Schnittstelle implementieren, die jeweils mit `[ServiceContract]` ausgezeichnet sind:

```
[ServiceContract]
public interface ITestService1
{
   [OperationContract]
   void Method1();
}
```

Listing 6.30 ITestService1.cs

Und:

```
[ServiceContract]
public interface ITestService2
{
    [OperationContract]
    void Method2();
}
```

Listing 6.31 ITestService2.cs

Die Serviceklasse:

```
Public class TestServiceMultiple : ITestService1, ITestService2...
```

Die beiden Schnittstellen gehören dann allerdings zu unterschiedlichen Endpunkten und ergeben als Resultat zwei Proxys: `TestService1Client` und `TestService2Client`.

Das kann praktisch sein, wenn Sie zwei Versionen einer Methode veröffentlichen wollen:

Aus der Praxis

In einigen Fällen ist es ganz nützlich, wenn Methoden in zwei Versionen bereitgestellt werden: In einer synchronen Version, der Aufrufer erhält also sofort Rückmeldung über ein Operation, muss aber auch bis zu deren Abschluss warten – und in einer asynchronen Version, der Aufrufer ruft eine Methode auf, erhält dann aber sofort wieder die Kontrolle zurück, während der Service im Hintergrund die Anfrage abarbeitet.

Nehmen wir als Beispiel einen Service, der Belege archiviert. Für ihn gibt es bei mir eben diese beiden Versionen, abhängig vom Nutzungsszenario: In Fällen, in denen einzelne Belege archiviert werden, kann ein Client die synchrone Variante verwenden; wenn Massen von Belegen verarbeitet werden sollen, ist die asynchrone Variante bequemer.

Sie erreichen das, indem Sie eben zwei Schnittstellen definieren. Die Methoden unterscheiden sich dann aber auch namentlich.

Hierarchien in Service Contracts

Auch Schnittstellen können vererbt werden, wie im folgenden Beispiel zu sehen ist:

```
[ServiceContract]
public interface IUeber
{
   [OperationContract]
   void UeberMethode();
}
```

Und die abgeleitete Schnittstelle:

```
[ServiceContract]
public interface IUnter : IUeber
{
   [OperationContract]
   void UnterMethode();
}
```

Die Serviceklasse könnte nun `IUeber` implementieren, und damit nur die Methode `UeberMethode`, oder `IUnter` und damit beide Methoden. Dabei geht allerdings die Hierarchie verloren, *svcutil.exe* erzeugt einen Client mit Namen `UnterClient`, der beide Methoden beinhaltet.

Das Verwenden mehrerer Schnittstellen, egal ob vererbt oder nicht, dient dazu, verschiedenen Clients verschiedene Funktionalitäten zur Verfügung zu stellen. Das hilft dabei, den Servicecode nicht zu zersplittern, also nicht mehrere Services zu erstellen, die im Grunde genommen dieselben Aufgaben verrichten – eben nur andere Teile davon, sondern zusammengehörige Aufgaben in einem Service zu bündeln.

Aus der Praxis

In unserem ERP-System gibt es den schon erwähnten *DocumentService*, einen Service, der sich um alle Belange der Belegerstellung kümmert. Einige Methoden sind auch interessant, um sie von einem Webshop aus aufzurufen, zum Beispiel die `CreateDocument`-Methode. Andere wiederum sind nur für den Kundenservice interessant, zum Beispiel die Methode zum Stornieren von Belegen.

Durch die Bereitstellung von zwei Schnittstellen, eine für das Internet und eine für den ERP-Client, lassen sich die Funktionen eindeutig trennen und zusätzliche Sicherheit gewinnen. Außerdem wird die Anwendung für den Entwickler des Clients einfacher, da er nicht durch unnötig viele Servicemethoden verwirrt wird, auf die er gar keinen Zugriff hat.

6.6.2 Data Contracts

Bisher haben wir einen Data Contract verwendet, um Bestellungen vom Service zum Client zu übertragen.

Über Data Contracts

Immer wieder fragen sich Entwickler überall auf dem Erdball: Wo sind denn meine Methoden geblieben, die ich in meinen Data Contract eingebaut habe? Sie sind dort, wo sie hingehören: auf dem Data Contract des Service, dort wo sie auch geschrieben wurden. Wie schon zuvor bei den Service Contracts sind für einen Client die Metadaten das Ausschlaggebende, also die beiden Attribute `[DataContract]` und `[DataMember]`. Da Data Contracts Klassen sind, ist es aber durchaus möglich, dort auch Methoden zu definieren. Diese Methoden finden sich dann aber aus genannten Gründen nicht im Proxy wieder. Es wäre auch kurios, C#-Code in einem PHP-Webauftritt zu sehen, der einen WCF-Service verwendet.

Martin Fowler hat für solche Objekte den Begriff *DTO* geprägt, *Data Transfer Objects*, der die Sache recht gut beschreibt. Es geht darum, Daten auszutauschen. Daten eben und keine Objekte! Der bereits erwähnte PHP-Client könnte auch mit einem .NET-Objekt wenig anfangen. Dass wir Data Contracts mithilfe von .NET-Objekten definieren können, ist purer Komfort. Dabei sind in unserer Betrachtung auch andere .NET-Typen, wie `string` oder `DateTime`, Objekte, mit denen Informationen ausgetauscht werden können. Für solche elementaren Datentypen kümmert sich WCF darum, dass sie wie Data Contracts versendet werden können. Darum können wir schreiben

```
[OperationContract]
int GetNumberOfOrders(int customerId);
```

anstelle beides in Data Contracts verpacken zu müssen wie in

```
[OperationContract]
OrderNoResponse GetNumberOfOrders(OrderNoRequest order);
```

Wenngleich das flexibler ist, wie bereits gesagt, denn Sie könnten die Data Contracts jederzeit erweitern, ohne dass sich am Service Contract etwas ändert. Diese Informationen über eine Netzwerkleitung zu versenden, ist Aufgabe der Serialisierer und Deserialisierer, also eine Technologie, die Objekte in XML transformiert und auf der anderen Seite aus einem XML-Datenstrom wieder Objekte erzeugt. Die Art und Weise, wie dies zu geschehen hat, können wir mithilfe der Data Contracts bestimmen. Dabei ist es schon recht praktisch, dass beim Generieren eines Proxys auch die zugehörigen Data Contracts lokal erzeugt werden, sodass wir uns im Normalfall weder um die Details der Serialisierung kümmern müssen noch um die lokalen Objekte.

Aber lassen wir uns davon nicht täuschen: Serialisierung ist kein einfaches Geschäft! Es kostet Zeit, viel Zeit, und ist potenziell anfällig für Design- und Konfigurationsfehler. WCF verwendet hierfür die Klasse `DataContractSerializer`, deren Details wir hier überspringen können. Ein serialisiertes Objekt der Klasse `Bestellung`, aus unserem *EinkaufService*, sieht so aus:

```
<Bestellung xmlns="http://schemas.datacontract.org/2004/07/Einkauf"
  xmlns:i="http://www.w3.org/2001/XMLSchema-instance">
  <Bestellkennzeichen>BKZ1001</Bestellkennzeichen>
  <Menge>100</Menge>
  <Produkt>Braeburn Apfel</Produkt>
</Bestellung>
```

Dabei fällt auf, dass keine .NET-Besonderheiten darin zu finden sind und der `DataContractSerializer` sich damit für die plattformunabhängige Kommunikation eignet. Natürlich tut er das, sonst wäre er für eine interoperable Technologie wie WCF auch unbrauchbar.

Wie auch bei Service Contracts spielt die Sichtbarkeit keine Rolle, entscheidend ist wiederum nur die Auszeichnung mittels Attributen. Hier unterscheidet er sich übrigens von anderen Serialisierern im Framework.

Design

Auch beim Erstellen von Data Contracts gibt es Fragen, die in den weiten Bereich des Softwaredesigns gehören:

- Soll ich Data Contracts zwischen Services teilen?
- Soll ich Data Contracts mit Clients teilen?
- Wann ist es sinnvoll, Data Contracts einzusetzen?
- Welche .NET-Typen kann ich verwenden?

Immer wieder hört man, dass es doch das Beste sei, jede Servicemethode gleich aufzubauen wie im Beispiel weiter oben:

```
public OutMessage DoSomething(InMessage msg)...
```

Eine solche Vorgehensweise hat sicherlich den Vorteil, dass Sie beide Data Contracts für die Ein- und Ausgabe über die Zeit verändern können, ohne gleich alle Clients anpassen zu müssen. Auf der anderen Seite sind solche Methoden einfach schwer lesbar und nicht mehr intuitiv zu verstehen. Man muss zuerst die beiden Data Contracts analysieren, um zu verstehen, wie die Methode arbeitet. Es ist auch deswegen problematisch, weil Services ja von Entwicklern verwendet werden sollen, die die Implementierung des Services gar nicht kennen – und auch nicht kennen sollen. Und im Grunde sparen Sie sich auch nicht viel, denn ein Client muss auch bei Änderungen an dem Data Contract `InMessage` den Proxy neu generieren und, natürlich, auch seinen Code entsprechend ändern.

Grundsätze nur der Grundsätze wegen halte ich zudem für wenig sinnvoll. Entscheiden Sie für Ihr Projekt, ob eine Methode variabel sein soll oder immer mit einem fixen Set an Parametern auskommt. Im ersten Fall verwenden Sie generische Data Contracts, im zweiten Fall einfache Parameter. Ich persönlich verwende auch keine allgemein benannten Parameter wie `InMessage`, sondern richte meine Data Contracts an dem Geschäftsvorfall aus, beispielsweise:

- `VAT CalculateVATForCustomer(Customer customer, VATRate vatRate)`
- `void ExportReminders(List<Reminder>, ReminderExportFormat format)`
- `int GetNumberOfUnpaidInvoices(InvoiceFilter filter)`

Manche Situationen lassen schon erahnen, dass eine Erweiterung fällig wird, beispielsweise im Data Contract `InvoiceFilter`, sodass es möglich ist, nach weiteren Kriterien zu filtern. In diesem Fall sollten Sie von festen Parametern absehen wie im folgenden Beispiel

```
int GetNumberOfUnpaidInvoices(DateTime from, DateTime to)
```

und lieber einen Data Contract einsetzen, auch wenn das die Anwendung ein wenig erschwert.

Das Teilen von Data Contracts ist ebenfalls möglich. Nehmen wir einmal an, Service A und Service B verwenden den gemeinsamen Data Contract `Customer`. Wenn Sie in Ihrem Client dann zwei Dienstverweise aufnehmen, dann erhielten sie zwei Versionen des Data Contracts, eine im Namespace des Dienstverweises A, eine im Namespace des Dienstverweises B. Visual Studio denkt aber mit und verwendet nur eine Referenz, wenn Sie die Data Contracts in eine eigene DLL auslagern. Dieses Verhalten können Sie im ERWEITERT-Dialog überschreiben, wenn Sie einen Dienstverweis hinzufügen.

Data Contracts sind eine feine Sache, keine Frage; aber die übermäßige Verwendung kann ebenfalls wenig sinnvoll sein. Auch hierzu ein Beispiel: Der Data Contract `Invoice` beinhaltet eine Reihe an weiteren Data Contracts, zum Beispiel zum bestellten Produkt oder zu den erstellten Buchungen. Das Lesen aller Informationen aus einer Datenbank kostet Zeit, ebenfalls das Erzeugen des Data Contracts und dessen Befüllung mit den gelesenen Daten. Schließlich müssen die Informationen noch serialisiert und deserialisiert werden. Betrachten wir nun folgende Servicemethode:

```
void DeleteInvoice(Invoice invoice)
```

Benötigt diese Methode wirklich alle Informationen des Data Contracts? Ist das die Zeit wert, und welche Performance ist zu erwarten, wenn beispielsweise nicht nur eine Rechnung gelöscht werden soll, sondern Hunderte oder Tausende? In performance-kritischen Bereichen (und manchmal nicht nur dort) halte ich den folgenden Ersatz für absolut akzeptabel:

```
void DeleteInvoice(int invoiceId);
```

Die Methode kann dann selbst entscheiden, welche Informationen sie gegebenenfalls aus der Datenbank nachladen möchte, beispielsweise über die folgende Methode:

```
Invoice GetInvoiceById(int invoiceId)
```

Wenn dies die einzige Stelle wäre, in denen die Rechnung vorkommt, dann könnten Sie vollkommen auf das Teilen des Data Contracts `Invoice` verzichten.

Sie müssen also abwägen, ob das Einbringen von Abhängigkeiten, und sei es nur die Abhängigkeit zweier Services von einer Data-Contract-DLL, den Vorteil wert ist, die Klassen nur einmal zu definieren und stets aktuell zu halten. Das gilt für den Fall, dass ein Service Client eines anderen Service ist genauso wie für den Fall, dass Ihr Client eine gewöhnliche Anwendung ist und den Data Contract mit Ihrem Service teilt.

Aus der Praxis

In meiner Praxis setze ich häufig auf einen Kompromiss zwischen einfachen Datentypen und vollständigen Data Contracts mittels Aggregation. In einem *Persistence-Service*, der Filesystem-Dateien, deren Verschlagwortung und Abhängigkeiten verwaltet (z. B. erzeugte PDF-Belege), gibt es zwei Klassen (Data Contracts):

```
[DataContract]
public class Shelf //Für Mappen
{
   [DataMember]
   FileReference Reference;
   //Diverse Member
}

public class File //Für Dateien
{
   [DataMember]
   ShelfReference Reference
   //Diverse Member
}
```

Sie sehen: In beiden (relativ schwergewichtigen Objekten) gibt es jeweils eine Klasse, die die Objekte referenzieren kann. `ShelfReference` und `FileReference` erben zudem vom gemeinsamen Vorfahr `Reference`.

Damit ist die Anwendung einfach und dennoch flexibel und erweiterbar. Der Operation Contract beim Löschen einer Datei sieht dann so aus:

```
[OperationContract]
void DeleteFile(FileReference reference);
```

Außerdem können diese Referenz-Objekte auch bei anderen Operationen als Rückgabeobjekte dienen:

```
[OperationContract]
FileReference StoreFile(File fileStoStore);
[OperationContract]
File GetFile(FileReference reference);
```

Die Referenzklasse ist somit leichtgewichtig, aber auch erweiterbar – ohne dass der Komfort beim Verwenden des Services dadurch merklich leidet.

Aufbau

Ein Data Contract ist eine Klasse, die mit `[DataContract]` ausgezeichnet ist. Zusätzlich müssen wir noch alle Felder mit `[DataMember]` kennzeichnen, die WCF übertragen soll. Dabei ist es unerheblich, ob Sie die Auszeichnung auf Variablen oder Eigenschaften anwenden, dann aber bitte mit Setter und Getter.

```
[DataContract]
public class MyContract
{
   [DataMember]
   public string Vorname;
   [DataMember]
   public string Nachname {get; set;}
}
```

Seit WCF 3.5 SP1 könnten Sie beide Attribute auch weglassen, WCF würde dann diese Attribute für alle Member automatisch hinzufügen, die `public` sind. Sie sollten aber (dringend) darauf verzichten und Ihre Data Contracts explizit als solche kennzeichnen. In der Praxis passieren viele Fehler, die ihren Ursprung in solchen Automatismen haben. Nicht alle Entwickler kennen dieses implizite Verhalten oder denken im richtigen Augenblick daran.

Data Contracts können wiederum andere Data Contracts beinhalten, die dann ebenfalls als `[DataMember]` gekennzeichnet sind. Das kommt in der Praxis natürlich sehr häufig vor, und der `DataContractSerializer` serialisiert daher den kompletten Objektgraphen, geht also rekursiv zu Werke.

```
[DataContract]
public class Bestellung
{
   [DataMember]
   Adresse Lieferadresse;
}

[DataContract]
public class Adresse
{
   ... //Wird vom Data Contract "Bestellung" verwendet
}
```

Wie schon bei `ServiceContract` lassen sich `DataContract` die Parameter `Name` und `Namespace` übergeben, die demselben Zweck dienen wie bei `ServiceContract`. Der Parameter `isReference` veranlasst den `DataContractSerializer`, eine mögliche Hierarchie in den Daten aufzulösen und stattdessen Referenzen zu verwenden. Das ist sinnvoll, wenn Sie Data Contracts einsetzen, deren Member vom eigenen Typ sind, um zirkuläre Referenzen zu vermeiden.

```
[DataContract]
public class Mitarbeiter
{
   [DataMember]
   public string Name;
   [DataMember]
   public Mitarbeiter Chef;
}
```


Auch das [DataMember]-Attribut hat einen Parameter Name und noch drei weitere dazu, die später noch von Interesse sein werden, wenn wir auf die Versionierung zu sprechen kommen.

Aufzählungen

Sie können Aufzählungen ganz so verwenden wie in C#. Aufzählungstypen müssen nicht mit [DataContract] gekennzeichnet werden.

```
public enum Lieferart
{
   Standardlieferung,
   Expresslieferung
}
```

Jetzt können Sie diese Aufzählung bereits als Data Member verwenden:

```
[DataMember]
public Lieferart Lieferung;
```

Wenn Sie möchten, dann können Sie einen Enum-Typ dennoch mit [DataContract] auszeichnen, die einzelnen Enum-Mitglieder erhalten dann das Attribut [EnumMember]. Auch hier gilt wieder das Argument von oben: Lieber explizit definieren, als implizit nicht mehr daran denken. Dann könnten Sie außerdem einzelne Enum-Mitglieder aus der Verwendung für den Client ausschließen, eine Möglichkeit, die Sie aber vermutlich nur selten nutzen werden.

Andere .NET-Typen

Sie könnten viele .NET-Typen als Data Member verwenden, praktisch alles, was sich serialisieren lässt. Einige davon, beispielsweise DataTable oder DataSet sind recht praktisch, zugegeben. Sie sollten dabei jedoch berücksichtigen, dass auch andere Programmierumgebungen auf Ihren Service zugreifen könnten.

Aus einer sehr einfachen DataTable mit zwei Spalten und zwei Datensätzen macht DataContractSerializer dieses XML:

```
<DataTable xmlns="http://schemas.datacontract.org/2004/07/System.Data">
  <xs:schema id="NewDataSet" xmlns:xs="http://www.w3.org/2001/
  XMLSchema" xmlns="" xmlns:msdata="urn:schemas-microsoft-com:xml-msdata">
    <xs:element name="NewDataSet" msdata:IsDataSet="true"
     msdata:MainDataTable="MyName" msdata:UseCurrentLocale="true">
      <xs:complexType>
        <xs:choice minOccurs="0" maxOccurs="unbounded">
          <xs:element name="MyName">
            <xs:complexType>
              <xs:sequence>
                <xs:element name="FeldEins" type="xs:string"
                 minOccurs="0"/>
                <xs:element name="FeldZwei" type="xs:dateTime"
                 minOccurs="0"/>
              </xs:sequence>
            </xs:complexType>
          </xs:element>
        </xs:choice>
      </xs:complexType>
    </xs:element>
  </xs:schema>
  <diffgr:diffgram xmlns:diffgr="urn:schemas-microsoft-com:
   xml-diffgram-v1" xmlns:msdata="urn:schemas-microsoft-com:xml-msdata">
    <DocumentElement xmlns="">
      <MyName diffgr:id="MyName1" msdata:rowOrder="0"
       diffgr:hasChanges="inserted">
        <FeldEins>Wert 1</FeldEins>
        <FeldZwei>2010-03-14T22:32:38.3167383+01:00</FeldZwei>
      </MyName>
      <MyName diffgr:id="MyName2" msdata:rowOrder="1"
       diffgr:hasChanges="inserted">
        <FeldEins>Wert 2</FeldEins>
        <FeldZwei>2010-03-15T22:32:38.3177384+01:00</FeldZwei>
      </MyName>
    </DocumentElement>
  </diffgr:diffgram>
</DataTable>
```

Listing 6.32 DataTable in XML vom DataContractSerializer erzeugt

Mit diesen Informationen kann ein Java-Client (bzw. -Programmierer) überfordert sein, denn er kennt die Besonderheiten von .NET nicht. In einem solchen Fall wäre ein gewöhnlicher Data Contract eine bessere Alternative. In meinen Anwendungen übergebe ich überhaupt keine ADO.NET-Datentypen.

Wenn Sie dennoch spezielle .NET-Typen verwenden möchten, dann achten Sie bitte darauf, dass diese auch serialisierbar sind. Dazu müssen diese mit dem Attribut `[Serializable]` gekennzeichnet sein. Manchmal genügt das jedoch nicht, bei einer `DataTable` müssen Sie beispielsweise zusätzlich die `TableName`-Eigenschaft setzen.

Eine Besonderheit sind Collection-Klassen, die Sie auch in Services bedenkenlos einsetzen können. WCF ersetzt diese .NET-Klassen dann durch allgemeinere Konstruktionen in den Metadaten, beispielsweise Arrays, die auch von .NET-fremden Systemen verstanden werden. Das ist übrigens auch der Grund dafür, warum der Proxy-Generator standardmäßig immer Arrays erzeugt, wenn Sie doch eigentlich `List<T>` auf Serviceseite verwenden.

Hierarchie

Auch Data Contracts können an der Vererbung teilnehmen. Der Vorteil ist offensichtlich, wenn wir unseren *EinkaufService* weiter spinnen: Wenn wir eine neue Methode hinzufügen – nennen wir sie `BestellungAnlegen` –, der wir eine neue Bestellung mitgeben und den Kontakt des Bestellers, so bräuchten wir für jede Kontaktart eine eigene Methode:

- `BestellungAnlegen(Bestellung bestellung, EmailKontakt kontakt)`
- `BestellungAnlegen(Bestellung bestellung, TelKontakt kontakt)`
- `BestellungAnlegen(Bestellung bestellung, FaxKontakt kontakt)`

Diese Verdreifachung der Methoden ließe sich fortführen, wenn wir die Bestellung auch noch ändern wollten. Praktisch ist das aber gar nicht möglich, denn die Namen der Operationen müssen sich unterscheiden, wir müssten also jeder Methode einen eigenen Namen geben, zum Beispiel `EmailBestellungAnlegen` usw. Besser wäre es da schon, einen Data-Contract-Kontakt anzulegen und die drei Ableitungen `TelKontakt`, `EmailKontakt` und `FaxKontakt`.

```
[DataContract]
public class Kontakt
{
}

[DataContract]
public class EmailKontakt : Kontakt
{
   [DataMember]
   public string EmailAdresse;
}
```

```
[DataContract]
public class TelKontakt
{
   [DataMember]
   public string TelNo;
}

[DataContract]
public class FaxKontakt : Kontakt
{
   [DataMember]
   public string FaxNo;
}
```

Listing 6.33 Data Contract-Kontakt mit den Ableitungen »TelKontakt«, »EmailKontakt« und »FaxKontakt«

Vielleicht haben Sie schon bemerkt, dass die Data-Contract-Attribute nicht vererbt werden. Sie müssen Sie also in jeder Ableitung eigens angeben. Dasselbe Verhalten zeigen auch die Service-Contract-Attribute. Jetzt ist nur noch eine Methode notwendig:

```
Void BestellungAnlegen(Bestellung bestellung, Kontakt kontakt)
```

Im Contract:

```
[OperationContract]
void BestellungAnlegen(Bestellung bestellung, Kontakt kontakt);
```

Listing 6.34 In IEinkaufService.cs

Und in der Implementierung:

```
public void BestellungAnlegen(Bestellung bestellung, Kontakt kontakt)
{
   Console.WriteLine("Neue Bestellung hinzugefügt: " +
     bestellung.Bestellkennzeichen);
}
```

Listing 6.35 In EinkaufService.cs

Wenn wir diesen Service jetzt starten und daraus einen Proxy generieren, so enthält dieser zwar den Data Contract `Kontakt`, aber nicht die drei Unterklassen. Und auch dann, wenn Sie die Data-Contract-DLL mit Ihrem Client teilen würden, würde WCF

Ihnen einen Fehler melden, sobald Sie versuchen würden, eine Unterklasse zu übergeben, wo im Service Contract nur die Oberklasse Kontakt angegeben ist.

Wir müssen uns eben immer wieder klarmachen, dass wir die Welt von C# mit ihrem bekannten Verhalten auf dem Weg durch WCF verlassen, um in die Welt der interoperablen Services einzutauchen und um dann auf der anderen Seite wieder in die C#-Welt zu gelangen. WCF benötigt also einen Hinweis, und zwar in Form von KnownType-Attributen in der (Basis-)Klasse Kontakt.


```
[DataContract]
[KnownType(typeof(EmailKontakt))]
[KnownType(typeof(TelKontakt))]
[KnownType(typeof(FaxKontakt))]
public class Kontakt
{
...
}
```

Listing 6.36 »KnownType«-Attribute in der Klasse »Kontakt«

Dadurch weiß WCF: Wo die Klasse Kontakt ist, sind die drei abgeleiteten Klassen nicht weit entfernt. Wir können die Unterklasse übergeben, sofern als Typ nur die Oberklasse erwartet wird, ganz so wie in C#. Und auch der Proxy wird nun wieder richtig generiert, mit allen vier Data Contracts. Sie werden also den Metadaten des Service hinzugefügt.

Alternativ können wir auch den Service mit einem Attribut auszeichnen und damit die Gültigkeit nur auf eine Servicemethode beschränken. Nur diese eine Methode kann also die Unterklassen anstelle der Basisklasse annehmen.

```
[ServiceKnownType(typeof(EmailKontakt))]
...
void BestellungAnlegen(Bestellung bestellung, Kontakt kontakt);
```

Wenn die Vererbungshierarchie mehr als zwei Ebenen aufweist, so müssen alle Unterklassen, egal in welcher Ebene, in der Basisklasse angegeben werden. An dieser Stelle wird also die Hierarchie aufgebrochen.

Generics

Sie ahnen es vielleicht schon: Generics sind eine Besonderheit in .NET und damit nicht tauglich für die WSDL-Welt. Sie müssen jedoch nicht ganz darauf verzichten, denn solange WCF klar ist, welcher konkrete Typ an welcher Stelle verwendet wird, kann es den generischen Typ durch den konkreten Typ ersetzen. Beispiel:

```
[DataContract]
public class GenericClass<T>
{
   [DataMember]
   public T EinMember;
}
```

Listing 6.37 Eine generische Klasse

Sie können diesen Data Contract nun in den Servicemethoden einsetzen, wenn Sie dort den konkreten Typ angeben:

```
public void GenericInt(GenericClass<int> wert)...
public void GenericString(GenericClass<string> wert)...
```

WCF weiß nun, dass Sie eigentlich zwei Data Contracts haben wollen und fügt den Metadaten diese beiden Contracts hinzu, `GenericClassOfInt` und `GenericClassOfString` genannt. Das ist lediglich Komfort, also »Syntactic Sugar«, und ersetzt die generische Klasse im Service durch nicht-generische Klassen auf dem Client, und zwar eine pro verwendeten Typ. Kurz: Ich rate Ihnen im Normalfall davon ab; da können Sie auch gleich eigene Data Contracts für verschiedene Datentypen verwenden – und behalten so die Kontrolle über die Benennung und Verwendung.

Versionierung und Kompatibilität

Wir haben öfters schon von Kompatibilität gesprochen. Zwei Data Contracts sind kompatibel, wenn die XML-Strukturen kompatibel sind, nachdem sie serialisiert wurden. Das ist das einzige mögliche Kriterium – das einzige, das übrig bleibt, nachdem C# und .NET an der Servicegrenze abgestreift wurden.

Es ist daher nicht relevant, wie der Data Contract in C# aussieht oder wie viele es davon gibt; solange die Data Contracts kompatibel sind, können sie in Methoden verwendet werden. Die Regeln zur Kompatibilität:

- Auf den Namespace kommt es nicht an.
- Der Typ ist natürlich wichtig.
- Auf den Namen kommt es ebenfalls an. Der Name entspricht dem Namen des Data Members, es sei denn, Sie haben über den `Name`-Parameter des `[DataMember]`-Attributs einen abweichenden Namen vergeben.
- Die Reihenfolge ist bedingt wichtig. Standardmäßig sortiert der `DataContractSerializer` die Data Member eines Data Contracts zuerst nach der Hierarchie, dann nach dem Alphabet.

Das folgende Beispiel zeigt die Standardreihenfolge:

```
<Bestellung ...>
  <Bestellkennzeichen>BKZ9004</Bestellkennzeichen>
  <Menge>123</Menge>
  <Produkt>Mango</Produkt>
</Bestellung>
```

Listing 6.38 Standardreihenfolge

Sie können nun die Reihenfolge verändern, in der Data Member in XML geschrieben werden:

```
[DataContract]
public class Bestellung
{
   [DataMember(Order=3)]
   public string Bestellkennzeichen;
   [DataMember(Order=2)]
   public int Menge;
   [DataMember(Order=1)]
   public string Produkt;
}
```

Listing 6.39 Verwendung des Order-Parameters

Das Ergebnis des serialisierten Objekts sieht nun anders aus:

```
<Bestellung ...>
   <Produkt>Mango</Produkt>
   <Menge>123</Menge>
   <Bestellkennzeichen>BKZ9004</Bestellkennzeichen>
</Bestellung>
```

Listing 6.40 Die von Hand vorgegebene Reihenfolge

Wenn wir nun versuchen, den alten Client mit dem neuen Service laufen zu lassen, so ist das Ergebnis doch ein wenig überraschend, aber zweifellos falsch, wie Sie in Abbildung 6.36 sehen. Erst nachdem der Dienstverweis aktualisiert wurde, ist die Ausgabe wieder korrekt.

Abbildung 6.36 Inkompatibler Client aufgrund falscher Reihenfolge der Data Member

So viel zur Benennung der Data Member, zu ihren Datentypen und der Reihenfolge. Was aber geschieht in den folgenden Fällen?

- Ein Data Member fehlt im übergebenen Contract.
- Es ist ein Data Member zu viel vorhanden.
- Oder es liegt beides zusammen vor.

So viel vorweg: WCF ist hier sehr fehlertolerant. Das ist auch gut so, denn solche Situationen kommen in der Praxis häufig vor. Services sollen an Clients nur lose gekoppelt werden. Das bedeutet auch, dass wir nicht bei jeder Änderung an einem Data Contract alle Clients synchron, also zum Stichtag, anpassen müssen, wie das bei gemeinsam genutzten DLLs der Fall wäre. Vielleicht kennen wir auch gar nicht alle Clients, weil unser Service allen offensteht und wir nicht wissen können, wer gerade einen Dienstverweis erzeugt.

Wir können die alten Clients also erst einmal bestehen lassen und zu einem späteren Zeitpunkt aktualisieren, denn:

- Werden Data Member übergeben, die die Gegenstelle nicht kennt, werden diese ignoriert. Das ist dann der Fall, wenn zum Beispiel ein Service einen neuen Data Member hinzufügt, der Client aber noch einen alten Proxy ohne den Data Member verwendet.
- Sollte ein Data Member hingegen fehlen, so wird dieser ergänzt und mit dem Standardwert belegt, also zum Beispiel `NULL` für einen Referenztyp.

Der letzte Punkt stellt grundsätzlich ein Problem dar, denn er tritt häufig dann auf, wenn ein veralteter Client nur unvollständige Daten an einen Service übermittelt. Aber was soll der Service dann tun, denn es gibt ja vermutlich einen guten Grund für den neu eingeführten Data Member? Wenn ein Werttyp, zum Beispiel int, mit 0 initialisiert würde, dann wäre das Ergebnis vermutlich sogar falsch. Es ist daher möglich, einen Data Member mit dem Parameter `isRequired` zu deklarieren:

```
[DataMember(IsRequired = true)]
public string SomeData;
```

Entgegen einem weitläufigen Missverständnis prüft dieser Parameter nicht, ob ein Wert angegeben wurde (Pflichtfeld), sondern lediglich, ob dieser Data Member in der empfangenen Nachricht vorhanden ist, gleich welchen Wert er hat.

Ein Client, der einen veralteten Data Contract verwendet und daher `SomeData` nicht übergibt, erhält eine Fehlermeldung. Genau genommen tritt der Fehler im Service auf, der den Data Contract deserialisiert. Daher können Sie für einen Referenztyp zwar `null` übergeben, nicht aber ein Objekt `Bestellung`, bei dem `SomeData` fehlt.

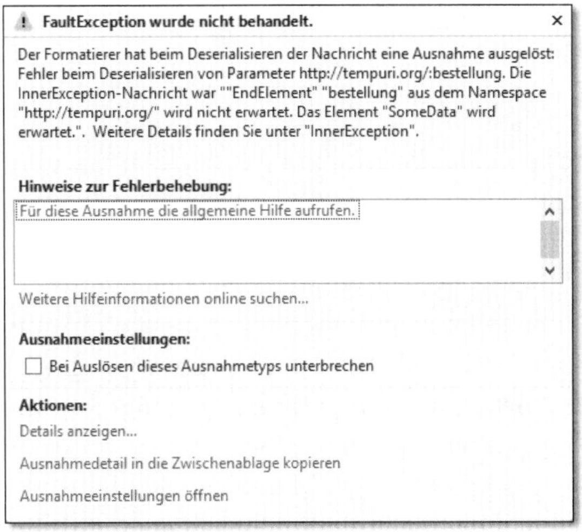

Abbildung 6.37 Fehlermeldung, falls ein Data Member fehlt, der aber mit »isRequired« ausgezeichnet wurde

Führen wir unser Beispiel weiter. Ich habe bereits erwähnt, dass überzählige Data Member ignoriert werden. Das ist sinnvoll, denn ein veralteter Client könnte mit diesen Daten ohnehin nichts anfangen. Es gibt jedoch Situationen, in denen ein solcher Data Contract wieder zum Service zurückübertragen werden soll. Beispiel: Ein Client holt einen Kunden:

```
Kunde HoleKunde(int kundenId);
```

Nehmen wir nun einmal an, der Client würde einen veralteten Contract verwenden, in dem der Data Member `Kundenstatus` fehlt. Der Client könnte nun einen Data Member in seinem Wert verändern, beispielsweise die Postleitzahl des Kunden, und dasselbe Objekt zurück an den Service übertragen:

```
proxy.AendereKunde(Kunde kunde);
```

Da der Client den Data Member `Kundenstatus` nicht kennt, würde er ihn nicht an den Service übertragen, die dort hinterlegte Information würde also abgeschnitten werden. Damit das nicht geschieht, implementieren alle Data Contracts, die mit Visual Studio 2012 durch Hinzufügen eines Dienstverweises angelegt wurden, die Schnittstelle `IExtensibleDataObject`.

```
[DataContract]
public class Bestellung : IExtensibleDataObject
{
   ... Data Member des Data Contracts
   public System.Runtime.Serialization.ExtensionDataObject ExtensionData
   {
```

```
        get {
           return this.extensionDataField; }
        set {
         this.extensionDataField = value; }
    }

}
```

Listing 6.41 Implementierte Schnittstelle IExtensibleDataObject

In der dadurch eingeführten Eigenschaft `ExtensionData` werden alle überzähligen Data Member gespeichert. Im XML-Datenstrom, der zum Service zurückgesendet wird, ist diese Information ebenfalls enthalten. Der Service kann diese Information dann daraus verwerten.

Es spricht eigentlich nichts dagegen, wenn Sie selbst in Ihren Data Contracts diese Schnittstelle auf die erläuterte Art und Weise implementieren. Diese zwei zusätzlichen Codezeilen ermöglichen die größtmögliche Kompatibilität zwischen Client und Service.

6.6.3 Kommunikationsmuster

Wir haben bisher nur nach dem *Request-Reply*-Pattern kommuniziert. Damit ist nicht gemeint, dass der Client einen Wert vom Service zurückerhält, sondern dass er für die Dauer des Aufrufs blockiert. Während der Client wartet, kann er auch Fehlermeldungen vom Service empfangen. Das ist die große Stärke dieses Patterns. Nach dem Aufruf ist die Sache erledigt, entweder erfolgreich, oder der Client kann aufgrund des aufgetretenen Fehlers reagieren. Auch dann übrigens, wenn der Aufruf zu lange dauert und daher in einen Timeout läuft.

Kein Wunder also, dass dies der Standard in WCF ist und auch in den meisten Anwendungen, die sich auf dem Markt befinden. Aber es gibt noch weitere Kommunikationsmuster in WCF:

- *Fire and Forget*-Aufrufe, also einseitige Kommunikation
- zweiseitige, entkoppelte Kommunikation, in WCF und auch sonst *Duplex* genannt
- entkoppelte Kommunikation über Message Queues

Fire and Forget

Wir können einen Serviceaufruf auch so konfigurieren, dass der Client die Kontrolle nach dem Absetzen des Aufrufs (*Fire*) sofort wieder zurückerhält und sich um den weiteren Ablauf des Aufrufs nicht mehr kümmert (*Forget*). Das hat drei wichtige Konsequenzen:

- Die Methode darf keinen Rückgabewert enthalten, denn es wäre ja nicht möglich, ihn dem aufrufenden Client zu übermitteln.
- OneWay- und (WCF)-Sitzungen passen naturgemäß meist nicht zusammen, wenngleich dies möglich wäre. Es widerspricht jedoch dem Gedanken, direkt nach dem Aufruf den Kontakt zum Service abzubrechen.
- Fehlermeldungen werden dem Client ebenfalls nicht übermittelt. Es ist also eine Vorsorge zu treffen, was im Falle eines Fehlers geschehen soll. Fehler beim Aufruf selbst (also dem Aufbau der Verbindung) sind hingegen vom Client zu behandeln, zum Beispiel, wenn der *ServiceHost* gar nicht geöffnet wäre.

Die ersten beiden Punkte leuchten unmittelbar ein, die Vorsorge bei einem Fehler müssen wir näher betrachten:

Aus der Praxis

Unsere Voice-over-IP-Telefonanlage enthält ein Faxmodul. Dieses lässt sich von außen steuern, und so gab es schon kurz nach der Einführung der Telefonanlage einen selbsterstellten WCF-Service, der Faxwünsche entgegennimmt und sie der Telefonanlage zur Ausführung übermittelt.

Diesen Service nach dem Request-Reply-Pattern zu bauen, wäre für den Anwender wenig erfreulich gewesen. Denn das Versenden eines Faxes kann dauern, vielleicht ist die Leitung gerade belegt, oder es tritt ein anderer Fehler auf. Erst wenn fünf Versuche erfolglos blieben, gilt das Fax als unzustellbar. Ein Anwender müsste also vielleicht eine halbe Stunde warten, bis das endgültige Ergebnis des Fax-Services eintrifft.

Ein zweiter Grund für *Fire and Forget* sind manchmal Massenoperationen. In unserem Beispiel könnte der wöchentliche Mahnlauf eintausend oder mehr Faxe auf einen Streich versenden. Was sind nun die ergriffenen Maßnahmen für den Fehlerfall, da der Client nichts über das Ergebnis erfährt?

- Die ID des Faxmoduls wird zu Beginn des Versands in einer Datenbank gespeichert. Für den Fall, dass der Service unerwartet beendet wird, lässt sich der Status eines Faxes so über die Log-Dateien der Telefonanlage nachvollziehen.
- Softwarefehler generieren eine Fehlermeldung im Ereignisprotokoll (Schweregrad *Fehler*).
- Fax-Versandfehler generieren eine Warnung (Schweregrad *Warning*), die bei Bedarf zu einer Nachricht führt.
- Das Ergebnis des Versands wird in der Datenbank festgehalten und dem Anwender über einen Dialog mitgeteilt.

- Um sicherzustellen, dass die Nachricht den Server erreicht, könnte noch `reliableSession` aktiviert werden. Die Reihenfolge ist beim Faxen egal, daher wäre die folgende Definition ausreichend:

```
<binding name="MyNetTcp">
    <reliableSession
        ordered="false"
        enabled="true" />
</binding>
```

Das Erstellen einer Fire-and-forget-Methode geschieht über das Attribut `[OperationContract]`.

```
[OperationContract(IsOneWay=true)]
void KannDauern(); //Kein Rückgabewert möglich, daher void
```

Das hier beschriebene Kommunikationsmuster ist übrigens nicht mit dem Async-Aufruf zu verwechseln, der in Abschnitt 6.5.3, »Proxys verwenden«, beschrieben ist, denn durch Aufruf einer OneWay-Operation ist die Sache für den Client erledigt, der Service übernimmt die weitere Verarbeitung in eigener Regie, ohne weitere Benachrichtigung des Clients. Bei Aufrufen der Async-Methode, mit dem `await`-Schlüsselwort, ist der Client nach wie vor beteiligt, erhält also auch Fehlermeldungen des Services. Er wartet lediglich »im Hintergrund« auf die Beendigung des WCF-Aufrufs, so dass der ausführende Thread nicht blockiert ist. Daher sind auf diese Weise auch Rückgabewerte möglich, bei IsOneWay-Methoden allerdings nicht.

OneWay empfiehlt sich also immer dann, wenn ein Service eine Operation ganz ohne weiteres Zutun des Clients ausführen kann und der Client nach Abschluss der Operation auch keine Meldung mehr erhalten muss – so wie es der Name des Patterns *Fire and Forget* im Grunde beschreibt.

Duplex

Nun gibt es Fälle, in denen ein Client zwar die Kontrolle abgeben, aber eben doch von Zeit zu Zeit über den Fortgang unterrichtet werden möchte. Dafür bietet WCF die Duplex-Kommunikation an.

Aus der Praxis

In einer Software sollen Benachrichtigungen versendet werden, und das in großer Zahl. Es sollen zum Beispiel Kunden über den Stand der Bestellung informiert werden.

Dabei übergibt ein Client das Arbeitspaket an den Service, der daraufhin die Bestätigungen (sagen wir über E-Mail) eigenständig versendet. Über den Duplex-Kanal erhält der Client aber Rückmeldung über den Fortschritt, zum Beispiel in Prozentschritten. In der Anwendung kann so ein Laufbalken angezeigt werden, ohne dass die Anwendung dadurch blockiert würde. Außerdem muss der Client so nur maximal 100-mal benachrichtigt werden (für jeden Prozentschritt), auch dann, wenn wir zum Beispiel 10.000 E-Mails verschicken.

Natürlich können noch weitere Informationen übertragen werden, zum Beispiel zu aufgetretenen Fehlern, aber zu viele Informationen sollten es dann doch nicht sein. Denn die Client-Anwendung könnte jederzeit beendet werden, der Duplex-Kanal würde dadurch unterbrochen werden. Nicht jedoch der Service, denn auch ohne Rückmeldung zum Client könnte er seine Arbeit fortsetzen.

Auch hier gibt es wieder einige Konsequenzen:

- Wieder ist die Fehlerbehandlung Aufgabe des Service.
- Der Service muss darauf vorbereitet sein, dass der Anwender die Anwendung einfach schließt und er damit den Rückkanal verliert. Es muss also eine andere Form der Benachrichtigung zusätzlich eingebaut werden, um den Anwender nach Beendigung des Vorgangs zu informieren.
- Eine Sitzung ist Pflicht.
- Sie sind in der Wahl des Bindings beschränkt, praktisch auf *wsDualHttpBinding*, *netTcpBinding* und *netNamedPipeBinding*.
- Der Client muss erreichbar sein, neuere Betriebssysteme blockieren den Callback über ihre Firewall. Das betrifft das *wsDualHttpBinding*, denn es baut eigentlich zwei Verbindungen auf, für den Hin- und für den Rückkanal, weil das Protokoll http nun einmal zustandslos, also ohne Sitzung, arbeitet. Ein Fakt, der schon viel Kopfzerbrechen bereitet hat. Das *netTcpBinding* ist dagegen von Haus aus duplexfähig und kommt mit einer TCP-Verbindung zum Service aus.

Stellen Sie zunächst aber Ihr Binding auf Serviceseite so ein, dass Duplex-Kommunikation unterstützt wird. Sie erinnern sich? Wenn Sie keine Konfiguration hinterlegen, dann erhalten Sie z. B. beim Hosting innerhalb des IIS das *basicHttpBinding*, ein Binding, das mit Duplex nichts anfangen kann. Der Versuch, die Metadaten zu aktualisieren, würde bereits fehlschlagen (siehe Abbildung 6.38).

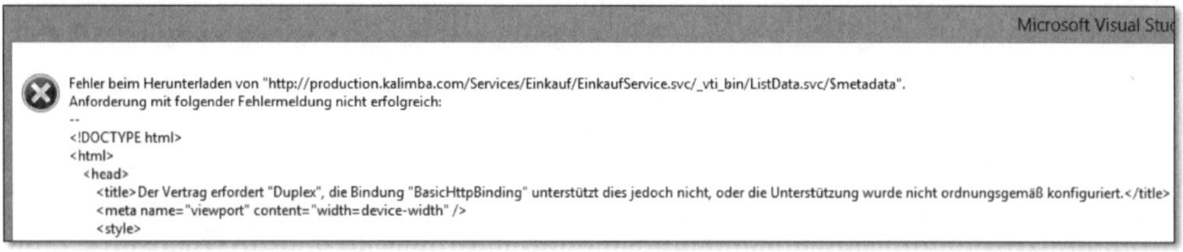

Abbildung 6.38 Der Versuch, aus einem basicHttpBinding Metadaten abzurufen, wenn Duplex-Kommunikation verwendet wird

Wenn Sie den IIS verwenden, dann ändern Sie also bitte die *web.config*-Datei entsprechend:

```
<endpoint binding="wsDualHttpBinding"
 bindingConfiguration="" name="HttpEndpunkt"
    contract="Einkauf.IEinkaufService" />
```

Fügen wir unserem *EinkaufService* eine Duplex-Methode hinzu:

1. Erstellen Sie bitte im Projekt *Einkauf* eine neue Schnittstelle:

   ```
   [ServiceContract]
   public interface IEinkaufServiceCallback
   {
      [OperationContract]
      void RufeZurueck(int prozent);
   }
   ```

   Listing 6.42 IEinkaufCallback.cs

   Diesen Service Contract verwenden wir als Callback, um den Client zurückzurufen. Die Angabe von `[ServiceContract]` ist hier entbehrlich, da sich diese Aufgabe aus dem späteren Code ergibt. Wenn Sie sich nicht merken wollen, an welcher Stelle welche Angaben optional sind, so wie ich, dann zeichnen Sie die Schnittstelle dennoch damit aus. Nennen Sie den Callback Contract immer wie den Service Contract, und hängen Sie ein `Callback` an.

2. Dem Service Contract für den Service müssen wir jetzt unseren Callback Contract noch bekannt machen:

   ```
   [ServiceContract(CallbackContract=typeof(IEinkaufServiceCallback))]
   public interface IEinkaufService
   {...
   ```

   Listing 6.43 IEinkaufService.cs

3. Als Nächstes benötigen wir noch eine Servicemethode, die den Callback verwendet:

   ```
   [OperationContract]
   void AufrufMitFortschrittsmeldung();
   ```

   Listing 6.44 Ergänzung in IEinkaufService.cs

4. Und natürlich benötigen wir die Implementierung, aus der wir den Callback bedienen:

   ```
   public void AufrufMitFortschrittsmeldung()
   {
      IEinkaufServiceCallback callback =
      OperationContext.Current.GetCallbackChannel
      <IEinkaufServiceCallback>();
      for (int i = 1; i <= 100; i++)
      {
         Thread.Sleep(500);
         if (callback != null)
            callback.RufeZurueck(i);
      }
   }
   ```

   Listing 6.45 Ergänzung in EinkaufService.cs

   Wir müssen uns gleich noch darum kümmern, wie der Callback in den `OperationContext` kommt. Auf Serverseite könnten wir ihn auf die gezeigte Weise einfach ermitteln und den Client zurückrufen. Auch wenn ich es hier weggelassen habe: Der Rückruf muss in einem Exception-Handling-Block stattfinden, denn die Client-Anwendung könnte schon längst geschlossen worden sein – was auch einen Abbruch des Duplex-Kanals zur Folge hätte.

5. Aber wohin soll der Service denn zurückrufen? Das weiß nur der Client, und dies muss er dem Service mitteilen. Wenn Sie den Service nun starten und den Dienstverweis des Clients updaten, dann fällt bereits auf, dass der Proxy nicht mehr parameterlos erzeugt werden kann. Er benötigt eine Callback-Instanz. Das ist nicht weiter schwierig, denn während des Updates des Proxys wurde auch der Callback Contract auf Client-Seite erzeugt. Doch zunächst benötigen wir eine Klasse für den Client, der die `IEinkaufServiceCallback`-Schnittstelle implementiert, also im Projekt *EinkaufClient*.

   ```
   public class EinkaufServiceCallback : IEinkaufServiceCallback
   {
      public void RufeZurueck(int prozent)
      {
         if (prozent % 10 == 0)
   ```

```
            Console.Write(prozent.ToString());
        else
            Console.Write(".");
    }
}
```

Listing 6.46 EinkaufServiceCallback.cs

Die Klasse gibt die vom Service empfangenen Callback-Nachrichten auf der Konsole aus.

6. Nun können wir von dieser Klasse eine Instanz erzeugen und dies WCF mitteilen:

```
IEinkaufServiceCallback callback = new EinkaufServiceCallback();
InstanceContext context = new InstanceContext(callback);
EinkaufServiceClient proxy = new EinkaufServiceClient(context);
proxy.AufrufMitFortschrittsmeldung();
```

Listing 6.47 Program.cs

Zuerst erzeugen wir eine Instanz unserer Klasse, die den Callback `Contract` implementiert. Anschließend benötigen wir noch ein `InstanceContext`-Objekt, das wir anschließend dem Proxy übergeben, denn wie gesagt, sobald ein Callback-Channel im Spiel ist, gibt es keinen parameterlosen Konstruktor des Proxys mehr. Anschließend rufen wir die Servicemethode mit dem Callback auf.

Führen wir das Projekt nun aus. Allerdings erhalten wir jetzt eine Fehlermeldung, wie sie in Abbildung 6.39 dargestellt ist. Allerdings in dieser Form nur dann, wenn Sie `includeExceptionDetailinFaults` aktiviert haben (siehe unten).

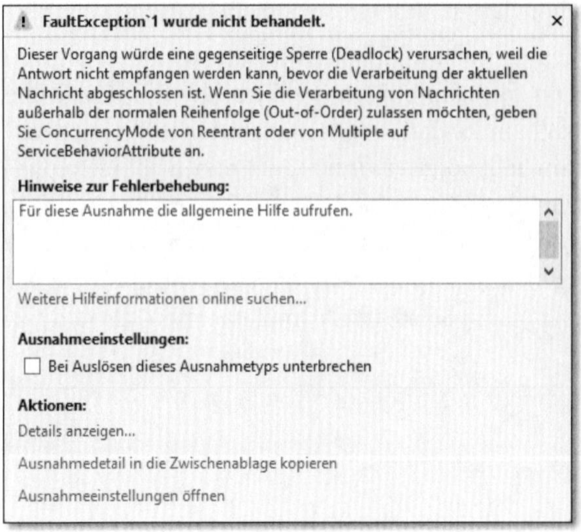

Abbildung 6.39 Oops, eine Fehlermeldung beim Zurückrufen des Clients

Der Grund gehört zu den Dingen, um die wir uns als Entwickler einer Anwendung eigentlich gar nicht kümmern wollen. Das Standardverhalten eines Service verbietet es, dass mehrere Threads zur selben Zeit auf den Service zugreifen. In Verbindung mit dem Callback würde es dabei zu einem Deadlock kommen.

Die Lösung ist jedoch nicht weiter schwierig. Wir müssen dem [ServiceBehavior]-Attribut einen weiteren Parameter mitgeben, um den Service reentrant-fähig zu machen:


```
[ServiceBehavior(InstanceContextMode=
InstanceContextMode.PerCall, ConcurrencyMode=ConcurrencyMode.Reentrant)]
public class EinkaufService : IEinkaufService...
```

Eine Alternative wäre es übrigens, den Service-Callback als OneWay-Operation auszuzeichnen, dem Wesen nach die elegantere Lösung, da diese Statusmeldungen keine Rückmeldung vom Client benötigen. Wenn Sie sich dafür entscheiden, sähe die Lösung so aus:

```
[OperationContract(IsOneWay=true)]
void RufeZurueck(int prozent);
```

Jetzt sind alle Hürden beseitigt, und der Service kann, wie eingestellt, den Status alle 500 ms an den Client übermitteln, der ihn dann auf der Konsole ausgibt.

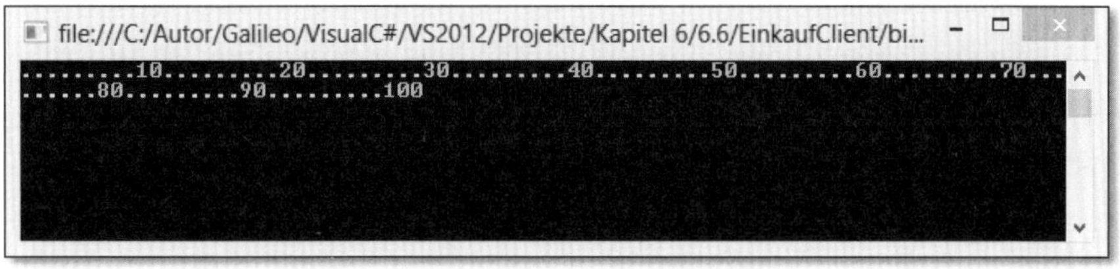

Abbildung 6.40 Das Ergebnis des duplex-fähigen Service

Zum Schluss noch einige Empfehlungen und Tipps:

- Machen Sie einen Bogen um *wsDualHttpBinding*, wenn es Ihnen möglich ist.
- Programmieren Sie fehlertolerant, ein Client ist keine Ressource, mit der Sie auf Serviceseite sicher rechnen können.
- Es gibt Restriktionen, wenn Sie mit Callbacks und vererbten Service Contracts arbeiten.
- Sehen Sie sich einmal einen .NET-Servicebus an, der eine solche Aufgabe viel eleganter löst, beispielsweise NServiceBus.
- Überlegen Sie sich, ob nicht vielleicht Message Queuing (siehe Abschnitt 6.12) eine Alternative wäre.
- Setzen Sie Callbacks also sparsam und überlegt ein.

6.7 Fehlerbehandlung

Aus Gründen der Lesbarkeit habe ich im gesamten restlichen Kapitel die Fehlerbehandlung weggelassen, außer in diesem Abschnitt, in dem sie Hauptgegenstand ist. Hier soll es also darum gehen, Fehler auf Seiten des Clients und des Service zu behandeln und den Kommunikationspartner davon zu unterrichten.

Lassen Sie sich bitte nicht von den vielen Problemen, von denen hier die Rede ist, abschrecken. Wie Sie sehen werden, ist gar nicht so viel nötig, um eine gute, stabile Software zu entwickeln.

6.7.1 Grundlagen

Bevor wir in den Code einsteigen, möchte ich gerne einige Grundlagen vorstellen, denn die Fehlerbehandlung unterscheidet sich doch sehr von der gewohnten lokalen Welt.

Fehler erkennen

In einer verteilten Umgebung ist die Fehlerbehandlung überlebenswichtig, denn vieles, was wir in einem lokalen Szenario ganz selbstverständlich ausschließen können, kann jederzeit passieren, wenn wir über Kommunikationsgrenzen hinweg kommunizieren. Einige Beispiele:

- Das Binding am Server könnte geändert worden sein, sodass es nun inkompatibel mit dem Client ist.
- Die Verbindung könnte instabil sein oder während der Sitzung instabil werden.
- Es könnte zu Fehlern auf Seiten des Service kommen, sodass die Anfrage abgebrochen wird.
- Es könnte zu Fehlern auf Seiten des Clients kommen, sodass die Antwort des Service den Client nicht mehr erreicht.
- Der Service könnte während der Verarbeitung von Anfragen ausgetauscht worden sein.
- Firewalls könnten den Verkehr ganz oder teilweise blockieren.
- Der Server könnte durch die Vielzahl an Anfragen überlastet sein.
- Eine Drittressource, beispielsweise eine Datenbank oder ein vom Service aufgerufener Service, könnte einen Fehler verursachen.
- Die Berechtigungen könnten unzureichend sein.
- Das Hosting-System könnte Probleme verursachen, beispielsweise der IIS.

Fehler passieren also, auch dann, wenn zuvor tagelang alles reibungslos funktioniert hat; eine serviceorientierte Architektur ist eben komplexer als die Verarbeitung der

Daten auf dem lokalen Rechner. Die Frage lautet also nicht allein, wie wir Fehler *vermeiden* können, sondern in diesem Abschnitt besonders: Wie *erkennen* wir Fehler und wie *reagieren* wir darauf?

Fehler kommunizieren

In einer lokalen Anwendung kommen wir mit einer strukturierten Fehlerbehandlung meist aus, in der interoperablen Welt von WCF ist das nicht so einfach, denn `try/catch/finally` ist ein Konzept von .NET und C#. Wir brauchen also einen Weg, die Fehler einerseits mit den bekannten lokalen Methoden zu behandeln und sie andererseits über Servicegrenzen hinweg zu kommunizieren. *Faults* sind die WCF-Antwort auf dieses Problem, im Grunde genommen eine Fortführung der Data Contracts.

Wie wir Fehler kommunizieren, hängt stark vom Szenario ab, in dem sich eine Anwendung befindet. Bestimmt kennen Sie das: Sie besuchen eine Webseite, erhalten aber eine Fehlermeldung, die in größter Klarheit das Problem beschreibt. Und so erfahren Sie, dass eine Eingabe zu lang war für die Spalte x in der Datenbank y auf dem Rechner z. Was im Intranet für den Support hilfreich sein mag, ist für das Internet eine Einladung für Anwender mit unfreundlicher Gesinnung.

Daneben ist das Protokollieren von Fehlern auf einem Server ungleich wichtiger als auf einem Client, schon allein, um eine Gesamtsicht auf ein mögliches Problem zu erhalten.

Fehler begrenzen

Es mag lästig sein, eine lokale Anwendung nach einer Exception neu starten zu müssen, kritisch ist es meistens nicht. Bei einem Fehler auf Serviceseite sieht das anders aus, denn wenn ein Client eine falsche Eingabe macht und diese Eingabe zu einem nicht behandelten Fehler führt, so sollen andere Clients idealerweise davon nichts mitbekommen. Sie können das einmal ausprobieren. Erstellen Sie dafür im *EinkaufService* einfach eine fehlerhafte Methode:

```
[OperationContract]
void ProduziereFehler();
```

Und die Implementierung:

```
public void ProduziereFehler()
{
   int a = 5;
   int b = 0;
   double c = a / b;
}
```

Wenn Sie nun diese Methode, sagen wir als zweiten Aufruf im Client tätigen, dann erhalten Sie eine Fehlermeldung wie in Abbildung 6.41.

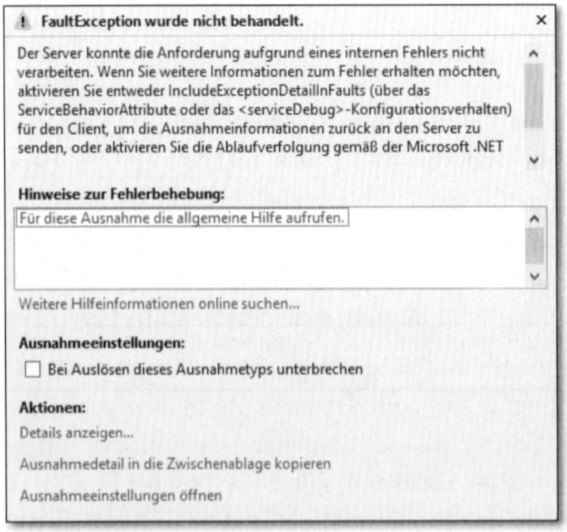

Abbildung 6.41 Ein nicht behandelter Fehler im Service ist aufgetreten

Doch obgleich wir eine `DivideByZero`-Exception im Service verursacht haben, können wir die Anwendung erneut starten und erhalten wiederum für den ersten, fehlerfreien Aufruf das richtige Ergebnis.

Offensichtlich fängt WCF für uns den Fehler, generiert eine `FaultException`, wie oben zu sehen ist, und lässt die Angelegenheit auf Serviceseite damit auf sich beruhen. Der Service ist also weiterhin für Anfragen verfügbar. Das ist auf Serviceseite eine sehr wichtige Eigenschaft des Hosting-Mechanismus von WCF – und zwar unabhängig vom Host drumherum, also beispielsweise IIS oder ein NT-Dienst.

Im Client hingegen können wir den Proxy fortan nicht mehr verwenden, auch dann, wenn wir den Aufruf in einen `try`-Block verfrachten:

```
try
{
   proxy.ProduziereFehler();
}
catch
{
}
```

Der Proxy hat den Status `Faulted` und wird damit unbrauchbar. Aber natürlich hindert uns niemand daran, einen neuen Proxy zu erzeugen und erneut mit dem Service zu kommunizieren.

6.7.2 FaultException

IncludeExceptionDetailsInFault

Im obigen Beispiel hat uns der Fehler als `FaultException` erreicht – und zwar ohne Angabe von Gründen. Weder die Exception-Nachricht ist aufschlussreich noch ist der Exception eine `InnerException` angehängt, die Licht ins Dunkel bringen könnte.

Auch dass `FaultException` von `CommunicationException` abgeleitet ist, hilft uns nicht weiter. WCF gibt sich, standardmäßig, zugeknöpft. Dieses Verhalten könnten wir ändern, indem wir die Konfiguration, genauer den Abschnitt `serviceBehaviors`, anpassen:

```
<serviceBehaviors>
   <behavior name="ExceptionBehavior">
      <serviceDebug includeExceptionDetailInFaults="true" />
   </behavior>
</serviceBehaviors>
```

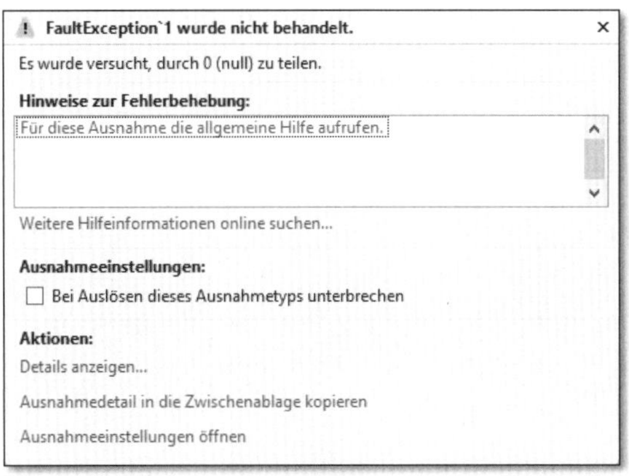

Abbildung 6.42 FaultException mit Details

Jetzt erhalten wir abermals eine `FaultException`, aber diese enthält die Details des im Service aufgetretenen Fehlers (siehe Abbildung 6.42). Allerdings hat sich die Exception-Klasse verändert, denn statt `FaultException` erhalten wir eine `FaultException<ExceptionDetail>`, die von `FaultException` abgeleitete, generische Variante, die übrigens freundlicherweise auch gleich den Stacktrace enthält.

Diese Option ist nicht ohne Grund in `serviceDebug` untergebracht, denn sie eignet sich mehr für das Debugging als für den produktiven Betrieb. Sie verrät eben all die Details über die Implementierung des Service, die wir weiter oben ja eigentlich vermeiden wollten. In unserem Beispiel könnte ein Angreifer versuchen, den Fehler absichtlich herbeizuführen, indem er die Parameter verändert, um aus den Rückmeldungen des geschwätzigen Service den Angriff anzupassen.

FaultException & Client

Darüber hinaus stellt sich die gleiche Frage wie auch sonst: Was kann der Anwender mit einer solchen Fehlermeldung anfangen? Eine solche Exception führt dazu, dass der Proxy im Status `Faulted` ist und somit nicht weiterverwendet werden kann. Das jedoch nur, wenn eine Transportsitzung verwendet wird. Fehlt eine solche Sitzung, zum Beispiel weil *basicHttpBinding* verwendet wird, könnte ein Client den Proxy erneut verwenden, jedenfalls theoretisch. Praktisch hingegen müssen Sie im Client darauf reagieren.

Ein Muster für eine grundlegende Fehlerbehandlung im Client finden Sie in Abschnitt 6.5.3, »Proxys verwenden«.

Exception-Hierarchie

Bisher haben wir uns in der in Abbildung 6.43 dargestellten Hierarchie bewegt. Sie können nun ganz individuell auf Exceptions reagieren, oder für jede Exception-Klasse einen eigenen `catch`-Block angeben. Im einfachsten Fall reagieren Sie einfach auf `CommunicationException`, rufen dort `proxy.Abort()` auf und erzeugen den Proxy neu.

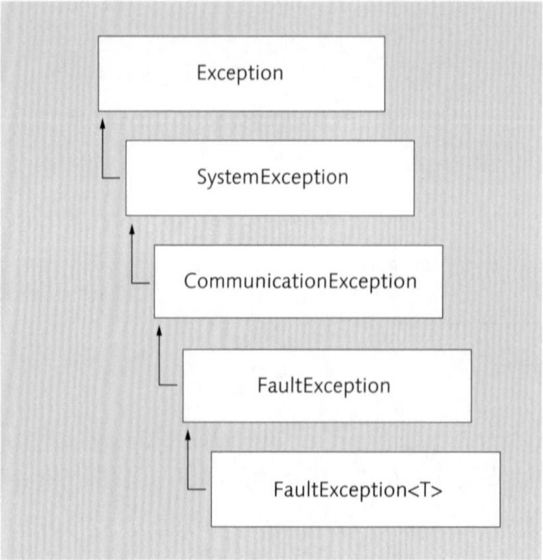

Abbildung 6.43 FaultException-Hierarchie

6.7.3 SOAP Faults

Und schon wieder einmal haben wir das Problem, dass Exceptions ein Implementierungsdetail von .NET/C# sind, für die Welt der Services also unbrauchbar. Bevor die Exception den Service verlässt, muss sie also in etwas Standardisiertes umgewandelt werden, etwas, das auch Nicht-.NET-Clients verstehen: SOAP-Faults.

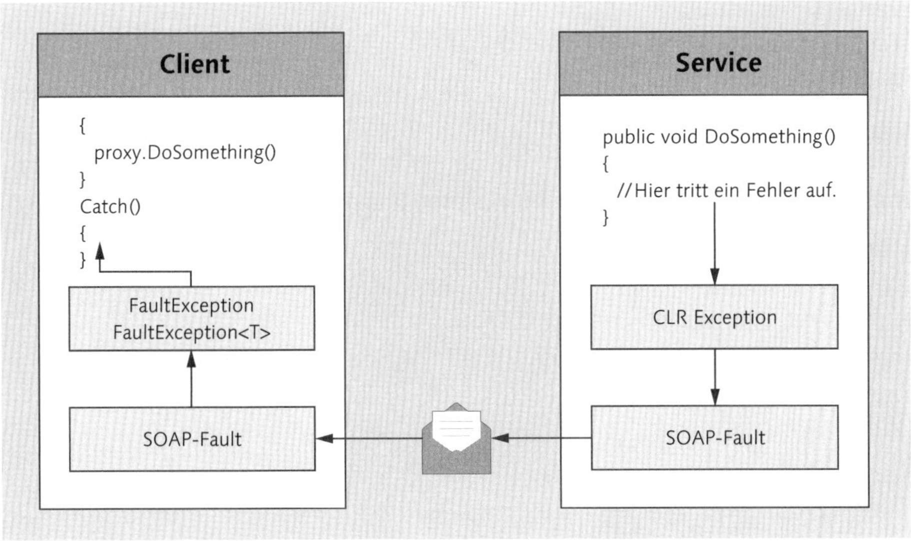

Abbildung 6.44 Der Weg einer Exception vom Service zum Client

Auf Seiten des (.NET-)Clients hingegen macht WCF wieder eine CLR-Exception daraus, genauer gesagt eine `FaultException` oder die Abwandlung `FaultException<T>`.

Fault Contracts

Letztere kann jeden beliebigen Typ beinhalten, solange er sich nur über eine Leitung versenden lässt, also serialisierbar ist. Konsequenterweise erstellen wir hierfür einen Data Contract, den wir dann als *Fault Contract* bezeichnen. Das ist nur konsequent, denn genau dafür sind Data Contracts gemacht: Daten vom Client zum Service zu transportieren und wieder zurück. Warum also nicht auch Daten über aufgetretene Fehler?

```
[DataContract]
public class EinkaufClientFault
{
   [DataMember]
   public string EigeneFehlerDetails;
}
```

Listing 6.48 EinkaufClientFault.cs

Im Service Contract müssen wir diesen Typ der Methode bekanntmachen, die ihn verwendet. Sie könnten hier auch mehrere Fault Contracts angeben, sofern Sie die Methode nicht als OneWay-Methode gekennzeichnet haben, also gar keine Rückantwort erwarten. *Fire and Forget* heißt hier eben wirklich *Fire and Forget*.

```
[OperationContract]
[FaultContract(typeof(EinkaufClientFault))]
void ProduziereFehler();
```

Listing 6.49 IEinkaufService.cs

Nun können wir die Exception selbst auslösen und dabei den neuen Typ verwenden:

```
public void ProduziereFehler()
{
   try
   {
      int a = 5;
      int b = 0;
      double c = a / b;
   }
   catch (DivideByZeroException)
   {
      EinkaufClientFault fault = new EinkaufClientFault();
      fault.EigeneFehlerDetails = "Sie können nicht 5 durch 0
      teilen!";
      throw new FaultException<EinkaufClientFault>(fault);
   }
}
```

Listing 6.50 Aus EinkaufService.cs

Im Client können wir jetzt diesen Fehler abfangen und darauf reagieren:

```
try
{
   proxy.ProduziereFehler();
}
catch(FaultException<EinkaufClientFault> fault)
{
   Console.WriteLine("Fehler: " + fault.Detail.EigeneFehlerDetails);
}
```

Listing 6.51 Fehler im Client abfangen

Nicht nur, dass dieses Vorgehen kompatibel mit anderen Systemen ist, es erlaubt Ihnen auch, eigene Daten im Fehlerfall zum Client zu transportieren. Ein weiterer Vorteil besteht darin, dass der Proxy nach einem solchen Fehler weiterverwendet werden kann, im Gegensatz zu einem gewöhnlichen, unbehandelten Fehler.

FaultException<T> ohne Fault Contract

Wenn Ihnen das zu aufwendig ist, dann könnten Sie eine Exception auch ohne eigens erstellte Fault Contracts zum Client senden:

```
ArgumentException ex =
 new ArgumentException("Die Eingabeparameter sind ungültig");
throw new FaultException<ArgumentException>(ex);
```


Allerdings erhalten Sie auf diese Weise im Client keine `FaultException<ArgumentException>`, wie das vielleicht zu erwarten wäre, sondern eine einfache `FaultException`, die allerdings mit Text und Stacktrace und den damit verbundenen Problemen der Sicherheit.

```
...
catch (FaultException fault)
{
   Console.WriteLine("Stack trace: "+fault.StackTrace);
}
```

Auch danach kann der Client den Proxy weiterhin verwenden.

Der Umgang mit Exceptions

Abschließend wieder einige Empfehlungen, diesmal zum Umgang mit Exceptions:

- Für Debug-Zwecke spricht nichts dagegen, `IncludeExceptionDetailInFaults` zu aktivieren, es ist sogar sinnvoll. Später sollten Sie diese Funktion deaktivieren. Unter Umständen können Sie in einer reinen Intranetumgebung anders verfahren.
- Fangen Sie wenigstens `CommunicationException` und `TimeoutException` für Ihre Proxys ab, niemals nur `Exception`.
- Wenn ein unerwarteter Fehler auftritt, verwerfen Sie den Proxy. Rufen Sie vorher allenfalls noch `Abort` auf, niemals aber sollten Sie versuchen, den Proxy manuell zu schließen.
- Setzen Sie stets ein Logging-Werkzeug auf Serviceseite ein, beispielsweise die *Enterprise Library* oder *log4net*, und definieren Sie, wer bei welchen Fehlern benachrichtigt werden soll. Das hat den unschätzbaren Vorteil, dass im Log die detaillierte Fehlerursache steht, der Anwender aber nur einen allgemeinen Fehler erhält.
- Überlegen Sie bitte ernsthaft, ob Sie überhaupt detaillierte Fehlermeldungen zum Client senden wollen. Können Ihre Anwender damit überhaupt etwas anfangen? Stellen Sie sich einen Buchhalter vor, der darüber informiert wird, dass sich sein Channel im Faulted State befindet, weil eine Foreign-Key-Verletzung in der Datenbank *production_fibu* aufgetreten ist. Sie wecken damit Assoziationen an Pro-

grammierer, die im fensterlosen Keller neben einer Pizzaschachtel Code eintippen.

- Behandeln Sie Exceptions dort, wo Sie sie auch wirklich sinnvoll behandeln können. Lassen Sie alle anderen Exceptions nach oben wandern, um sie allenfalls in der Servicemethode selbst zu behandeln.
- Wenn Sie spezielle Informationen zum Client transportieren möchten, verwenden Sie eigene Fault Contracts. Das ist besonders vorteilhaft in Massenoperationen. Wenn Sie nicht möchten, dass ein Fehler den Proxy zerstört, dann lösen Sie selbst eine `FaultException` aus, was auch ohne Fault Contracts möglich ist, wie wir gesehen haben.
- Sie haben immer auch die Möglichkeit, verschiedene Contracts auf einem Service anzuwenden, die Sie dann unterschiedlich konfigurieren können.

Aus der Praxis

In einem ERP-System gibt es viele Belegverarbeitungsschritte, die automatisch ablaufen. Wenn ein Anwender beispielsweise am Abend alle Rechnungen buchen möchte, so bietet sich ein Fault Contract an, um die fehlerhaften Belege dort abzuspeichern und erst am Ende der gesamten Massendatenoperation dem Client mitzuteilen.

Der Anwender erhält auf diese Weise eine Liste, die er speichern oder ausdrucken kann, um später im Programm die Fehlerursache zu ermitteln und zu beseitigen.

6.8 Transaktionen

Transaktionen begleiten den Entwickler wie ein roter Faden durch eine Anwendung. Auch in diesem Buch ist an verschiedener Stelle davon die Rede. Daher darf das Thema auch in diesem Kapitel nicht fehlen.

Ich versuche, hier am Boden der Praxis zu bleiben und musste daher eine Auswahl treffen. Transaktionen sind ein so umfangreiches Thema, dass auch das Platzangebot des gesamten Kapitels nicht ausreichen würde, es ausführlich zu behandeln. Auch dann nicht, wenn ich dabei nur auf WCF eingehen würde. Auf der anderen Seite werden Sie vermutlich auch keine Software für die großen Börsenplätze dieser Erde schreiben.

Ich möchte Sie zudem gerne auf Kapitel 4, ».NET für Fortgeschrittene«, verweisen, wo ich die Grundlagen von Transaktionen in .NET erläutere. Ich setze das dort vermittelte Wissen an der einen oder anderen Stelle voraus, gehe aber hier speziell auf die

Problematik verteilter Transaktionen ein. Solche verteilten Transaktionen, wie sie in WCF üblich sind, bringen zusätzlich ihre eigenen Herausforderungen mit sich. Und damit wollen wir beginnen.

6.8.1 Verteilte Transaktionen

Der Hauptzweck einer Transaktion ist es, dass ein System sich nach einer Operation in einem validen, konsistenten Zustand befindet. Geht alles gut, dann sorgt der Programmcode für diesen Zustand, denn das ist ja sein Ziel: ein System von einem gültigen Zustand A zu einem gültigen System B zu überführen. Tritt hingegen ein Fehler auf, und dieser Fehler kann überall auftreten, dann ist es Aufgabe des Transaktionssystems, den Zustand vor Beginn der Transaktion wiederherzustellen.

Ein Zustand eines Softwaresystems ist an sich schon eine komplexe Angelegenheit, denn es umfasst Variablen im Arbeitsspeicher, Daten in einer Datenbank und auf zahlreichen anderen Systemen. In WCF sind darüber hinaus potenziell noch viele Services beteiligt, die alle gemeinsam einen gültigen Zustand repräsentieren.

Transaktionskonzept

Wie sollte man also beginnen, von einer solchen IT-Landschaft zu einem fertigen Transaktionskonzept zu gelangen? Betrachten wir das anhand einer Bestellauslieferung bei Kalimba Sunfood:

1. Eine Bestellung wird im Lager kommissioniert.
2. Danach wird sie zum Versand vorbereitet, eingescannt und an das EDV-System des Logistikdienstleisters übergeben.
3. Der physische Lagerbestand wird reduziert.
4. Die Bestellhistorie im Kundenstamm wird aktualisiert. **(Hier geschieht ein Fehler!)**
5. Der Kunde wird über den neuen Status seiner Bestellung (Versandfertig) informiert.
6. Der Lieferschein wird gedruckt und dem Paket an der Versandstraße beigelegt.
7. Die Ware wird versendet.

Nehmen wir nun einmal an, bei der Aktualisierung der Bestellhistorie würde ein Fehler passieren.

Schritt 1: Identifizierung der beteiligten Komponenten

Um unser Transaktionskonzepts zu erstellen, müssen zunächst die beteiligten Komponenten identifiziert und zueinander in Beziehung gesetzt werden. Oder anders ausgedrückt: Am Anfang ist die Übersicht (siehe Abbildung 6.45).

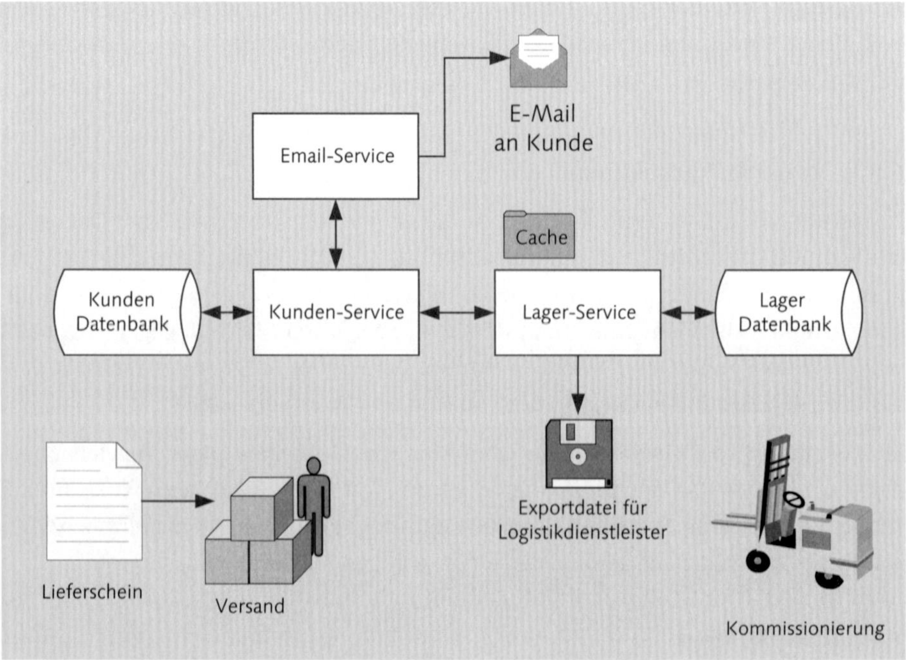

Abbildung 6.45 Die beteiligten Komponenten

Schritt 2: Identifizierung der transaktionellen Ressourcen

Nicht jede der identifizierten Komponenten versteht sich auf Transaktionen und kann im Fehlerfall ein Rollback durchführen.

- Die beteiligten Mitarbeiter können zwar einen Vorgang rückgängig machen, aber nur manuell; sie können beispielsweise ein Paket wieder aufmachen und das enthaltene Produkt zurück ins Lager bringen. Sie stehen also nicht unter der Kontrolle von WCF. Vielleicht müssen wir aber eine Kompensation ins Auge fassen. Eine solche könnte darin bestehen, einen Einlagerungsschein auszudrucken.
- Es sind zwei Datenbanken beteiligt, eine Kunden- und eine Lagerdatenbank. Vielleicht sogar noch in zwei verschiedenen SQL-Server-Instanzen oder gar in verschiedenen Datenbanksystemen. Wir können annehmen, dass beide Transaktionen unterstützen.
- Ob wir die Exportdatei rückgängig machen können, hängt davon ab, welches Server-Betriebssystem wir einsetzen. Unter Windows Server 2008 ist dies möglich, unter Windows Server 2005 hingegen nicht. Im Fehlerfall müssten wir die Datei entweder von Hand löschen oder wieder eine Kompensation programmieren, die das für uns erledigt.
- Der Lagerservice speichert den aktuellen Lagerbestand in einem Cache. Es gibt zwar erste Ansätze für transaktionellen Speicher, aber für gewöhnlich ist der

Arbeitsspeicher keine transaktionale Ressource. Wir müssen ihn also von Hand korrigieren, dementsprechend abermals eine Kompensation programmieren. Aber natürlich gibt es fertige Produkte, die einen Cache transaktionssicher abbilden, dann wäre der Cache eben schon eine solche Ressource.

- Die beiden Services sind WCF-Services und unterstützen beide Transaktionen.
- Auch die Verbindungen zwischen den Services sind von Relevanz. Nehmen wir einmal an, dass wir *wsHttpBinding* oder *netTcpBinding* einsetzen, die beide Transaktionen unterstützen.
- Der Lieferschein wird sich im Fehlerfall ebenfalls nicht selbst vernichten, wir müssen ihn schon von Hand zerknüllen = Kompensation.
- E-Mails könnten an einer Transaktion teilnehmen, wenn wir eine E-Mail-Warteschlange hätten. Andererseits: Sobald eine E-Mail verschickt ist, können wir sie nicht mehr zurückholen. Und für den Prozess an sich ist das auch nicht notwendig. Vermutlich werden wir den Fehler korrigieren, und der Kunde wird davon gar nichts bemerken. Wenn der Fehler einige Tage anhält, dann müssten wir den Kunden allerdings schon informieren, wieder eine Kompensation.

Wir haben nun identifiziert, welche Dinge wir im Rahmen einer Transaktion automatisch korrigieren lassen können (z. B. den Datenbestand), welche manuellen Tätigkeiten anfallen (z. B. Produkt zurück ins Lager bringen) und wofür wir eigenen Code schreiben können (Kompensation, z. B. für das Aktualisieren des Cache).

Schritt 3: Anfang und Ende festlegen

Vielleicht gibt es Aktionen im Ablauf, die außerhalb der Transaktionsklammer laufen sollen. Wir müssen die Klammer also definieren, zuerst im Prozess und dann später im Code.

In unserem Beispiel ist der E-Mail-Versand eine solche Aktion. Unsere Transaktion beginnt mit dem Erstellen der Versanddatei und endet mit der Aktualisierung der Versandhistorie im Kundenstamm.

Schritt 4: Konfiguration

Wenn noch Konfigurationsarbeit zu leisten ist, dann jetzt. Eventuell müssen wir das DBMS entsprechend konfigurieren, den Isolation Level richtig einstellen oder das Binding so einstellen, dass es Transaktionen unterstützt. Alle beteiligten, transaktionalen Systeme, müssen funktionsfähig sein.

Zusätzlich benötigen wir einen *Distributed Transaction Coordinator* (*DTC*), vor allem dann, wenn verschiedene Systeme beteiligt sind, denn er steuert den Prozess mithilfe eines Commit-Protokolls. Sie können ihn sich als zentralen Dienstleister vorstellen, der mit allen an der Transaktion beteiligten Systemen in Verbindung steht und den Commit-Prozess unter ihnen regelt.

Schritt 5: Kompensationen

Im einfachsten Fall bestehen die Kompensationen aus Code, der in einem `catch`-Block ausgeführt wird. Sie sollten diesen Code so kurz wie möglich halten, denn jede Zeile Code birgt die Gefahr weiterer Fehler. Wenn Sie die Workflow Foundation einsetzen, dann haben Sie dafür eine .NET-seitige Unterstützung, denn dort gibt es die *Compensate*-Aktivität für ebensolche Zwecke.

Schritt 6: WCF

Davon handelt der Rest dieses Abschnittes. Sie brauchen noch eine Motivation?

> **Aus der Praxis**
>
> In einem WCF-Service wurde einmal vergessen, diesen an der Transaktion des aufrufenden Service teilhaben zu lassen, sodass er außerhalb der Transaktionsklammer lief. An einem Freitagnachmittag ging es nun darum, einige Tausend Belege in der Finanzbuchhaltung zu verbuchen mit insgesamt mehreren zehntausenden Buchungszeilen.
>
> Dummerweise trat bei rund 500 dieser Belege ein Fehler auf, da die Produktkonfiguration fehlerhaft war. Es war vergessen worden, eine wichtige Angabe in den Produktstammdaten einzutragen. Obwohl das ERP-System für diese Belege einen korrekten Rollback fuhr, die Belege danach also unverändert waren, hatte der fehlerhafte (WCF-)Fibu-Service diese Belege dennoch verbucht.
>
> Der Versuch, diesen Fehler im Nachhinein von Hand zu korrigieren, war aussichtslos und hätte das Rechnungswesen mehrere Tage Zeit gekostet. Den Administratoren sei Dank, hatten wir kurz zuvor eine Datensicherung gezogen, die wir jetzt zurückspielen konnten, und das von beiden Systemen, ERP und Fibu.

Das Beispiel zeigt: Wenn erst einmal Unordnung in ein System gekommen ist (wenn es also keinen validen Zustand mehr gibt), dann ist es schwierig, diese wieder zu beseitigen, egal ob durch Korrekturskripte oder durch manuelle Arbeit. Oder wie Scotty sagen würde: Je komplizierter der Mechanismus, desto einfacher ist es, Verwirrung zu stiften. Ein guter Grund, das Thema Transaktionen ernst zu nehmen.

Transaktionsmanager

Wenn nun mehrere solcher Systeme an einer gemeinsamen Transaktion beteiligt sind, dann braucht es einen Transaktionsmanager, ein Stück Software, das den Status der Transaktion überwacht und steuert.

Für gewöhnlich kümmert sich WCF (und .NET) um die Auswahl des richtigen Transaktionsmanagers, denn es gibt gleich drei mögliche Alternativen:

- *Lightweight Transaction Manager (LTM)*: Die wichtigste Eigenschaft dieses Managers ist, Sie ahnen es bereits, dass er leichtgewichtig ist. Performance ist also seine Stärke. Es gibt ihn seit .NET 2.0. Dafür kann er aber auch nicht den Prozess geschweige denn die Maschine verlassen. Für Transaktionen mehrerer beteiligter Services auf verschiedenen Servern taugt er daher nicht. Übrigens: Der SQL Server in den Versionen 2005, 2008 oder 2008 R2 unterstützt den LTM.
- *Kernel Transaction Manager (KTM)*: Dieser Transaktionsmanager ist für Windows Vista, Windows 7, Server 2008 und Server 2008 R2 verfügbar und wird dort dafür verwendet, das transaktionale Dateisystem und die transaktionale Registry zu implementieren, Features, die auf älteren Windows-Versionen nicht verfügbar sind.
- *Distributed Transaction Coordinator (DTC)*: Der Tausendsassa unter den Transaktionsmanagern wird immer dann verwendet, wenn Servicegrenzen überschritten werden. Er unterstützt sowohl *OleTx* als auch *WSAT*, und er bringt auch eine Benutzeroberfläche mit, über die er sich konfigurieren und überwachen lässt. So viele Möglichkeiten haben ihren Preis, denn alle Server, auf denen beteiligte Services gehostet werden, besitzen ihren eigenen, lokalen DTC. Und erst wenn alle DTC die Zustimmung für einen Commit erteilt haben, kann die Transaktion abgeschlossen werden. Das kann eine (kleine) Ewigkeit dauern.

Wenn WCF feststellt, dass der verwendete Transaktionsmanager der Aufgabe nicht mehr gewachsen ist, so stuft es die Transaktion automatisch auf einen geeigneten herauf.

Ob eine DTC-Transaktion verwendet wird, können Sie am besten über den DTC-Monitor kontrollieren. Sie erreichen ihn in der Systemsteuerung unter VERWALTUNG • KOMPONENTENDIENSTE.

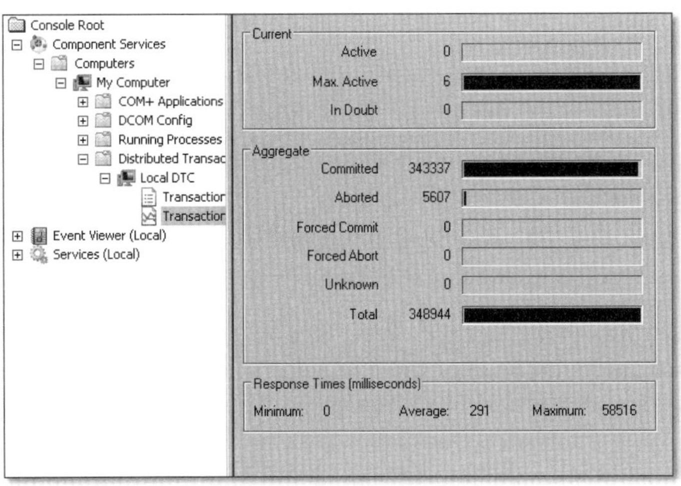

Abbildung 6.46 Der Distributed Transaction Coordinator

6.8.2 Transaktionen in WCF

Das klingt alles kompliziert, und das ist es auch. Zum Glück vereinfacht uns WCF die Sache ungemein, denn wir können Transaktionen deklarativ in einen Service bringen und müssen nicht viel von Hand programmieren. WCF kommuniziert nicht nur mit ihresgleichen, sondern durch die Unterstützung von *WS-AtomicTransaction* (WS-AT) auch mit geeigneten Webservices.

Transaktionen können verboten, unterstützt oder verlangt werden, je nach Konfiguration. Dies erlaubt ganz unterschiedliche Szenarien. Beispielsweise kann ein Serviceaufruf in einem Kontext elementar sein, in einem anderen Kontext Teil einer umfassenden Transaktion. Aus unserem Beispiel könnte dies die Methode zur Korrektur des Lagers sein, die auch aus einer Bestandskorrektur-Maske heraus aufgerufen werden könnte. Oder eben, wie im Beispiel, aus einem größeren Prozess heraus, der Bestellauslieferung.

Transaktionen übermitteln

Eine der wesentlichen Eigenschaften von WCF ist, dass es Transaktionen zwischen Client und Service übermitteln kann. Dafür muss diese Funktion aber im Binding aktiviert werden.

```
<netTcpBinding>
  <binding name="MyNetTcp" transactionFlow="true">
    ...
```

Damit haben wir erst die Voraussetzungen geschaffen, damit Transaktionen übermittelt werden können. Neben *netTcpBinding* unterstützen auch noch *netNamedPipePinding* und die *ws*-Bindings Transaktionen.

Transaktionsprotokolle

netTcpBinding und *netNamedPipeBinding* lassen Sie auch noch ein Protokoll auswählen. Zur Wahl stehen:

- *OleTransactions*: Das ist die geeignete Wahl, wenn Sie in einem reinen Windows-Netzwerk kommunizieren, idealerweise im Intranet.
- *WsAtomicTransaction**: Hiermit verwenden Sie eines der beiden Protokolle, um über das Internet oder mit Nicht-Windows-Clients zu kommunizieren.

Für gewöhnlich müssen Sie sich darüber allerdings keine Sorgen machen. Wenn Sie über das Internet kommunizieren, beispielsweise mit einem Java-Webservice, dann benötigen Sie ohnehin ein *ws**-kompatibles Binding, das dann bereits das richtige Protokoll unterstützt.

TransactionFlow

Als Nächstes müssen wir dem Service Contract mitteilen, für welche Methoden Transaktionen gewünscht sind. Das ist auch sinnvoll so, denn ob Transaktionen Sinn machen oder nicht, hängt von der Methode ab und nicht vom Service im Ganzen.

Dafür dient das `[TransactionFlow]`-Attribut, das einen `TransactionFlowOption`-Parameter benötigt. Die möglichen Werte:

- `TransactionFlowOption.Allowed`: Wenn der Client sich in einer Transaktion befindet, dann verwendet der Service diese Transaktion, sonst nicht. Es sei denn, der Client möchte nicht, dass die Transaktion zum Service übermittelt wird, weil er beispielsweise selbst Transaktionen im Binding deaktiviert hat. Sie sind bei dieser Option nicht auf ein mögliches Binding festgelegt, denn wenn ein Binding sich nicht auf Transaktionen versteht, dann erhält der Service eben keine.
- `TransactionFlowOption.NotAllowed`: Dieser Standardwert bedeutet, dass WCF eine möglicherweise vorhandene Transaktion ignoriert. Es gibt also keine Fehlermeldung, wenn sich ein Client dennoch in einer Transaktion befindet und das Binding so eingestellt ist, dass die Transaktion übertragen wird.
- `TransactionFlowOption.Mandatory`: Hier wird eine Transaktion verlangt. Fehlt sie, löst WCF eine Exception aus wie in Abbildung 6.47 dargestellt.

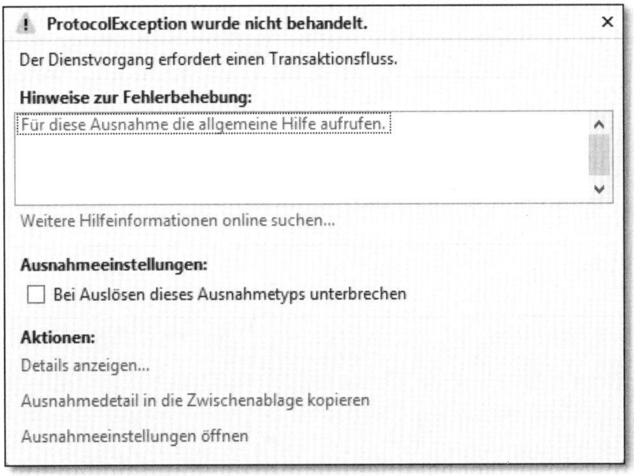

Abbildung 6.47 Fehlermeldung, falls eine Transaktion benötigt war, aber nicht übergeben wurde

Ich möchte noch einmal darauf hinweisen, dass Client und Service identisch konfiguriert sein müssen. Wenn einmal etwas nicht so funktioniert wie erwartet, kontrollieren Sie die Konfigurationsdatei und den Service Contract auf dem Client und auf Seite des Service.

WCF informiert Sie über etwaige Fehler, so gut es eben kann, zum Beispiel wenn Sie vergessen, das `TransactionFlow`-Attribut entsprechend zu konfigurieren:

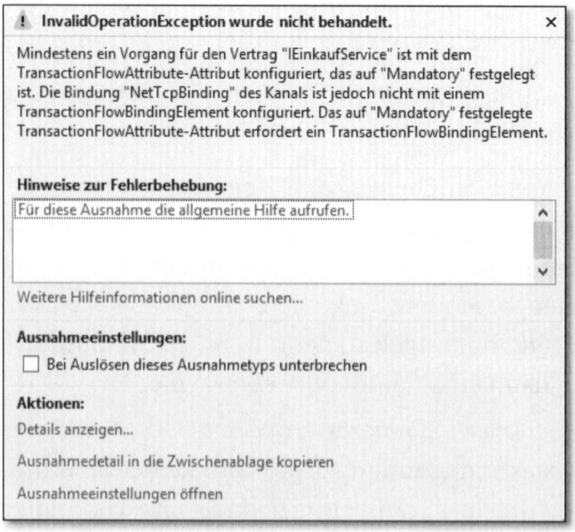

Abbildung 6.48 Fehlendes TransactionFlow-Attribut

Fire-and-Forget-Aufrufe sind von Transaktionen ausgenommen, denn es ist ja gerade das Wesen einer Transaktion, dass sich die beteiligten Parteien über den Erfolg oder Misserfolg einer solchen austauschen. Wenn keine Rückmeldung möglich ist, wie bei einer mit `IsOneWay` gekennzeichneten Methode, kann auch keine Transaktion funktionieren.

Damit ein Client an einer Transaktion teilnimmt, genügt

```
using (TransactionScope scope = new TransactionScope())
{
   proxy.MethodeMitTransaktion();
}
```

TransactionScopeRequired

Fassen wir kurz zusammen:

- Zuerst haben wir in einem System analysiert und identifiziert, welche Services an einer Transaktion teilnehmen sollen.
- Dann haben wir bisher das Binding so konfiguriert, dass Transaktionen übermittelt werden (`transactionFlow=true`).
- Anschließend haben wir in der Methode beim Service Contract angegeben, ob wir eine Transaktion erlauben, fordern oder ignorieren wollen (`[TransactionFlow(TransactionFlowOption.Mandator/Allowed/NotAllowed)]`.

Damit haben wir die Transaktion gewissermaßen vor die Haustür gebracht, im Haus ist sie damit allerdings noch nicht. Wir müssen nun noch dafür sorgen, dass die Servicemethode auch in der Transaktion ausgeführt wird.

Man könnte sagen, dass der Transaktionsfluss eine Vereinbarung zwischen Client und Service ist, daher wird er auf dem Service Contract vereinbart. Ob eine Methode an einer Transaktion teilnimmt, ist hingegen eine Frage der Implementierung, weswegen wir das im Attribut `[OperationBehavior]` definieren, das wiederum auf der Methode in der implementierenden Klasse sitzt.


```
[OperationBehavior(TransactionScopeRequired=true)]
public void MethodeMitTransaktion()
{
   Console.WriteLine("Aufruf von MethodeMitTransaktion");
}
```

Listing 6.52 Definition des Attributs [OperationBehavior]

Ob ein Code innerhalb einer Transaktion läuft, lässt sich leicht erkennen, indem wir den Wert von `Transaction.Current` abrufen (siehe Abbildung 6.49). Steht in `DistributedIdentifier` eine GUID, dann befinden wir uns in einer verteilten, ansonsten in einer lokalen Transaktion.

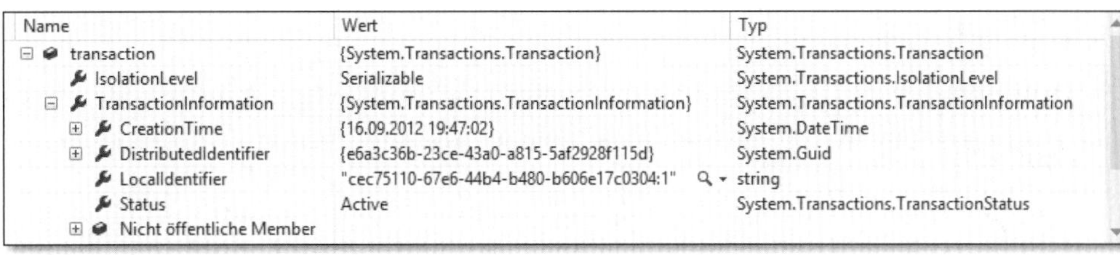

Abbildung 6.49 Eine verteilte Transaktion

Würden wir `TransactionScopeRequired` nicht angeben, was gleichbedeutend mit `false` wäre, dann wäre `Transaction.Current null`, was uns anzeigen würde, dass der Code derzeit nicht in einer Transaktion ausgeführt wird.

Aber genau das wollen wir ja erreichen. Wenn wir übrigens in einer Transaktion auf dem Service dort wieder einen Proxy zu einem weiteren Service öffnen würden, dann würde sich das ganze Spiel wiederholen. Zuerst würde WCF prüfen, ob der Serviceaufruf innerhalb einer Transaktion stattfindet. Ist das der Fall und wäre das Binding richtig eingestellt, dann würde die Transaktion an den nächsten Service übermittelt. Wenn dort noch `TransactionScopeRequired` auf `true` gesetzt wäre, dann würde auch diese Servicemethode unter derselben Transaktion laufen wie die erste Servicemethode. Die Möglichkeiten im Überblick zeigt Tabelle 6.2.

Transaction ScopeRequired	Binding mit Transaktionsfluss	Client übergibt Transaktion	Transaktion?
false	false	nein	nein
true	false	nein	neue Transaktion
true/false	false	ja	Fehler
false	true	ja	nein
true	true	ja	Client-Transaktion

Tabelle 6.2 Die verschiedenen Varianten bei WCF-Transaktionen

Am besten gehen Sie wie folgt vor:

1. Überlegen Sie sich, ob eine Servicemethode eine Transaktion benötigt oder nicht. Wenn ja, dann setzen Sie `TransactionScopeRequired` auf `true`. Außerdem konfigurieren Sie das Binding (`transactionFlow=true`) so, dass dieses Transaktionen übertragen kann. Ob eine Methode innerhalb einer Transaktion laufen muss, entscheidet sich danach, ob innerhalb dieser Methode eine oder mehrere transaktionale Ressourcen verändert werden und ob es wichtig ist, dass der Status im Fehlerfall konsistent sein soll, also alle Änderungen wieder rückgängig gemacht werden müssen.
2. Als Nächstes legen Sie fest, ob die Transaktion immer vom Client kommen muss (`TransactionFlowOption.Mandatory`) oder kommen kann (`TransactionFlowOption.Allowed`).
3. Wenn Sie von einem Client eine Transaktion übergeben möchten, dann führen Sie den Serviceaufruf selbst in einer Transaktion durch und konfigurieren das Binding auf Client-Seite (`transactionFlow=true`). Natürlich richten sich diese Einstellungen nach dem Service, denn wenn auf Serviceseite `TransactionFlowOption.Mandatory` konfiguriert wurde, haben Sie keine andere Wahl, als eine Transaktion zu übergeben.

   Soll der Service hingegen immer eine neue Transaktion starten, dann stellen Sie `TransactionScopeRequired` auf `true` und verhindern, dass eine Transaktion übermittelt wird, indem Sie `transactionFlow = false` konfigurieren und `TransactionFlowOption.NotAllowed`. Sie sollten aber gut darüber nachdenken, ob Sie wirklich wollen, dass der Service Arbeit außerhalb der Client-Transaktion verrichtet.

TransactionAutoComplete

Wenn Sie in .NET auf klassische Weise mit Transaktionen programmieren, dann geben Sie den Zeitpunkt des Commits explizit an. Im deklarativen Modell von WCF fehlt diese Möglichkeit bislang, jedenfalls haben wir sie bisher nicht besprochen. Der naheliegende Weg ist, ein Commit auszuführen, wenn die gesamte Methode fehlerfrei beendet wurde und ein Rollback, wenn es während der Ausführung zu einer Exception kam. Dies ist der Standardweg in WCF.

Keine gute Idee wäre es, mittels Transaction.Current ein Commit oder Rollback auszuführen, beispielsweise in einem catch-Block, denn die Kontrolle über die Transaktion gehört in die Hände von WCF. Sie sollten Exceptions daher nicht explizit behandeln, jedenfalls nicht, ohne mit throw; die Exception erneut auszulösen und ohne guten Grund. Dennoch gibt es in WCF eine Möglichkeit, ein Commit an jeder beliebigen Stelle auszulösen, indem wir TransactionAutoComplete setzen:


```
[OperationBehavior(TransactionScopeRequired=true, TransactionAutoComplete=
false)]
public void MethodeMitTransaktion()
{
   Console.WriteLine("Aufruf von MethodeMitTransaktion");
   //Jetzt soll die Transaktion abgeschlossen werden.
   OperationContext.Current.SetTransactionComplete();
   //Die nachfolgenden Operationen laufen
   //jetzt außerhalb der Transaktion.
}
```

Listing 6.53 Setzen von TransactionAutoComplete

Indem wir TransactionAutoComplete den Wert false zuweisen, wird WCF die Transaktion nicht mehr automatisch mit Commit abschließen, sondern einen Rollback durchführen, sobald die Methode abgeschlossen ist. Wir müssen daher vorher die Methode SetTransactionComplete() des OperationContext aufrufen und können so die Transaktion explizit zu einem Commit veranlassen.

Isolation Level

Es ist leider nur für einen Service möglich, einen Isolation Level anzugeben, nicht für eine einzelne Methode:

```
[ServiceBehavior(TransactionIsolationLevel=IsolationLevel.
ReadUncommitted)]
public class EinkaufService : IEinkaufService
{
...
```

Der Parameter TransactionIsolationLevel nimmt einen Wert aus der Aufzählung System.Transactions.IsolationLevel entgegen. Um diesen Wert setzen zu können, muss wenigstens eine Methode überhaupt Transaktionen verwenden.

Der Standard ist allerdings nicht `Serializable`, wie man vielleicht erwarten würde, sondern `Unspecified`. Damit wird der Wert vom Client übernommen, sofern der Client die Transaktion an den Service übermittelt. Falls nicht, dann verwendet WCF `Serializable`, also die sicherste Option. Wenn Sie einen abweichenden Wert angeben, dann müssen Sie Client und Service aufeinander abstimmen, denn sonst würde WCF einen Fehler melden.

Jetzt wäre eine gute Gelegenheit kurz innezuhalten. Welchen Isolation Level wollen Sie wirklich haben? In vielen Fällen ist `Serializable` keine gute Wahl, denn obwohl es *dirty reads, non-repeatable reads, phantom reads und lost updates* zuverlässig verhindert, hängt an diesem sicheren Verhalten ein Preisschild: Das extensive Setzen von Sperren, sowohl beim Schreiben als auch beim Lesen von Daten – ein steter Quell potenzieller Probleme, die schwer nachzuvollziehen und noch schwerer zu beheben sind. Oder, wie Microsoft schreibt: »*Dies wird jedoch durch ein Ausmaß an Sperren erreicht, das in Systemen mit mehreren Benutzern wahrscheinlich zu negativen Auswirkungen für andere Benutzer führt.*« Wie wahr! In vielen Fällen werden Sie mit *ReadCommitted* besser fahren, wenn Sie die Nachteile kennen, die ich in Abschnitt 2.7.10, »Transaktionen und Gleichzeitigkeit (Concurrency)«, für Sie beleuchte.

6.8.3 Wegweiser

Wir haben nun gesehen, wie Transaktionen in WCF ablaufen und konfiguriert werden und wie Sie strategisch vorgehen. Es bleibt die Frage, wann Sie welche Option in Ihrem eigenen Service verwenden. Dafür gibt es keine allgemeingültige Antwort, ich kann Ihnen allerdings Beispiele geben.

Keine Transaktionen verwenden

Niemand zwingt Sie, Transaktionen zu verwenden. Im Gegenteil, es ist sogar die Voreinstellung in WCF. Verzichten Sie auf Transaktionen, wenn Sie

- gar keine transaktionalen Ressourcen in der Servicemethode verwenden, beispielsweise wenn eine Methode Daten nur im Arbeitsspeicher verändert, oder
- nicht möchten, dass ein Fehler die Transaktion abbricht.

Beispiel

Eine Methode übermittelt Daten an ein externes Gerät über die COM-Schnittstelle (keine transaktionale Ressource), oder es werden Historiendatensätze geschrieben, die nur für statistische Zwecke gebraucht werden (keine Relevanz).

Immer eine neue Transaktion

Wie gesagt, Sie sollten diesen Fall vermeiden. Sie können ihn allerdings dann anwenden, wenn Sie

- nicht wollen, dass die Methode in der Transaktion des Clients abläuft, ein Fehler im Client also die Aktionen nicht rückgängig machen soll, oder wenn Sie
- sicherstellen können, dass es zu keinen Ressourcenkonflikten mit bestehenden Transaktionen kommt.

Beispiel

Sie möchten Log-Einträge schreiben, die auch dann in der Datenbank verbleiben sollen, wenn die Transaktion des Clients abbricht. Da mehrere Einträge geschrieben werden, soll das Schreiben der Einträge selbst aber schon in einer (eigenen) Transaktion geschehen.

Immer die Client-Transaktion verwenden

Diese Möglichkeit ist gut, wenn Sie

- Problemen mit Ressourcenkonflikten aus dem Weg gehen wollen,
- den Service nicht alleine betreiben lassen können,
- sicherstellen können, dass alle Clients Transaktionen übergeben können.

Beispiel

Die Methode zur Übergabe von Buchungen an die Finanzbuchhaltung ist dafür ein Beispiel (wie ich schon berichtet habe). Sie muss immer in der Transaktion des Clients ablaufen. Schließlich stammen die Buchungen vom Client, und wenn der Client fehlschlägt, dann sind auch die Buchungen sinnlos. Diese Methode kann nicht für sich verwendet werden. Sie macht immer nur in Verbindung mit einem Client Sinn, der ihr die nötigen Daten für die Übergabe liefert.

Client- oder Server-Transaktionen

Überlassen Sie dem Client die Wahl, ob er eine Transaktion übergeben möchte oder nicht, wenn

- Sie Clients verwenden, die Transaktionen gar nicht übergeben können, beispielsweise weil sie ein inkompatibles Binding verwenden,
- Sie den Client nicht zwingen möchten, eine Transaktion zu öffnen, um eine Servicemethode aufzurufen,

- der Service auch für sich alleine eingesetzt werden kann,
- keine Ressourcenkonflikte zu befürchten sind.

Beispiel

Eine Methode zur Umbuchung im Lager könnte eigenständig aufgerufen werden. Dann wären die durchzuführenden Aktionen atomar und die Transaktion eine neue Transaktion, die im Service erzeugt wurde. Oder aber sie ist Teil eines größeren Prozesses, beispielsweise der Tagesfaktur. Dann soll sie in der Transaktion des Clients laufen, denn schlägt die Faktur fehl, sollen auch keine Lagerbewegungen stattfinden.

6.8.4 Ressourcenkonflikte

Wenn Sie in einem Service eine neue Transaktion aufmachen, beispielsweise indem Sie `TransactionScopeRequired=true` konfigurieren und vom Client keine Transaktion entgegennehmen, dann könnte es zu Ressourcenkonflikten kommen.

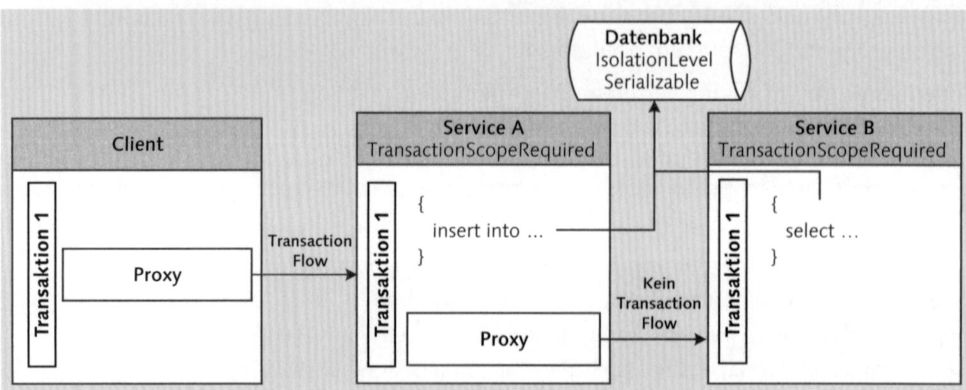

Abbildung 6.50 Ein Ressourcenkonflikt mit einer Datenbank

Im Beispiel werden zwei Transaktionen ineinander verschachtelt. Transaktion 1 kommt vom Client. Service A schreibt in eine Datenbank und ruft danach eine Methode von Service B auf. Die Transaktion von A nach B wird jedoch nicht übermittelt, `TransactionScopeRequired` ist aber `true`. Das bedeutet, Service B öffnet eine neue Transaktion.

Je nach eingestelltem Isolation Level in der Datenverbindung, im Beispiel verwende ich `Serializable`, wird Service B nun nicht lesend auf die Daten zugreifen können, da sie von Service A ja gerade im Begriff sind, verändert zu werden. Das ist eine klassische Lock-Situation.

Erfahrungsgemäß ist es immer ratsam, bei zunächst unerklärlichen Problemen zuerst an Transaktionen zu denken und die Abhängigkeiten der einzelnen Services darzulegen. Die Lösung ist dann meist nicht schwer, und oft ist nur ein Konfigurationsproblem die Ursache.

Eine Transaktion muss innerhalb einer vordefinierten Zeitspanne abgeschlossen sein, sonst wird sie abgebrochen. Den Standardwert, 60 Sekunden, können wir beim Service einstellen.


```
[ServiceBehavior(TransactionTimeout="00:02:00")]
public class EinkaufService : IEinkaufService
{
...
```

Das ist einerseits nützlich, um Deadlock-Situationen zu erkennen und zu behandeln, aber auch, wenn eine Operation einmal länger dauern sollte als 60 Sekunden. Im Beispiel wurde der Wert auf zwei Minuten hochgesetzt. Es wird ein Timespan-Ausdruck verlangt.

Sinnvoller ist es vielleicht, den Wert in der Konfiguration anzugeben, denn solche Werte verändert man meist dann, wenn es in der Praxis zu Schwierigkeiten kommt.

```
<behavior name="TransactionBehavior">
  <serviceTimeouts transactionTimeout="00:02:00" />
</behavior>
```

6.9 Instanzen

Gleich wie verschlungen die Wege zwischen Client und Service sein mögen: Eine Client-Anfrage wird immer von einer Instanz des angefragten Service bedient. Doch dabei ergeben sich einige Fragen:

- Handelt es sich dabei immer um dieselbe Instanz für einen Client, dieselbe Instanz für alle Clients oder bei jeder Anfrage um eine neue Instanz?
- Kann ich die Anzahl der gleichzeitigen Anfragen beschränken, beispielsweise um nicht die gesamte Kapazität eines Servers für einen einzigen Service zu verbrauchen?
- Kann ein Client Einfluss darauf nehmen?
- Wie skaliert ein WCF-Service?

Das Thema Instanzmanagement mag auf den ersten Blick nicht besonders bedeutend erscheinen, aber das ist nur in einem lokalen Szenario der Fall, wenn ein Client immer von einem Service auf derselben Maschine bedient wird. Dann herrscht eine

1:1-Beziehung. In einer verteilten Umgebung mit 2.000 Clients und vier Servern hingegen ist das Verhältnis eben 2.000:4 oder noch größer, wenn Clients mehrere gleichzeitige Anfragen an einen Server richten können. Die Frage nach Instanzmanagement wird dann schnell zu einer Frage nach Performance und Skalierbarkeit.

In einer verteilten Umgebung sind aber auch andere Systeme zu berücksichtigen, die ein Service vielleicht in Anspruch nimmt, etwa andere Services oder Drittsysteme.

Aus der Praxis

Ein Service sollte einmal einen XML-Server eines Archivsystems bedienen. Dabei stellte sich heraus, dass immer wieder Dokumente verloren gingen, obwohl die Kommunikation zwischen WCF-Service und Archiv-XML-Server einwandfrei funktionierte.

Als Ursache stellte sich heraus, dass der XML-Server des Archiv-Softwareherstellers nur fünf gleichzeitige Anfragen beantworten konnte, während der WCF-Service auf 20 gleichzeitige Archivierungswünsche eingestellt war. Dadurch fand ein Rennen statt. Sobald der WCF-Service gewann und mehr Dokumente archivieren wollte, als das Archivsystem annehmen konnte, gingen Dokumente verloren.

Dieses Beispiel zeigt, dass bei Fragen der Instanziierung immer die gesamte Aufrufkette betrachtet werden muss. In einem komplexeren System, mit vielleicht einigen Hunderten Services ist das eine nicht immer einfache Aufgabe.

6.9.1 Instanziierungsmodi

WCF unterscheidet grob zwischen drei verschiedenen Arten der Instanziierung:

- *Per Call:* Für jede Serviceanfrage wird eine Instanz erzeugt. Nachdem die Anfrage beendet ist, kann die Instanz vom Laufzeitsystem wieder zerstört werden. Per-Call-Instanziierung ist der Standard in WCF, und das aus gutem Grund, wie wir später noch sehen werden.
- *Per Session:* Für jede Verbindung eines Clients zum Service wird ein Serviceobjekt instanziiert. Das bedeutet, dass der zweite Aufruf eines Clients innerhalb einer solchen Sitzung auf dieselbe Serviceinstanz zugreift wie die erste. Sessions sind sehr gebräuchlich auf Webservern, die die Aufgaben haben, eine Sitzung zwischen Browser und Webserver aufrechtzuerhalten, obwohl doch das zugrundeliegende Protokoll, http, eigentlich zustandslos ist.
- *Singleton:* Von einem Singleton-Service gibt es nur eine einzige Instanz, die von allen Clients verwendet wird. Diese Art von Services eignet sich beispielsweise, wenn streng serialisiert auf zentrale Ressourcen zugegriffen werden soll.

Per Call

Das Erzeugen und Vernichten von Serviceinstanzen für jeden einzelnen Serviceaufruf mag aufwendig erscheinen, aber in aller Regel ist es das nicht, erst recht im Vergleich zu einer Sitzung. Ich kann Ihnen nur empfehlen, diesen Instanziierungsmodus zu verwenden, wo immer das möglich ist, denn die Vorteile sind bestechend:

- Ein solcher Service kann überall laufen und jederzeit ausgetauscht werden, es gibt keine feste Bindung eines Clients an einen Service.
- Die Sache ist nach einem Aufruf erledigt, Sie müssen keinen Kontext berücksichtigen.
- Per Call eignet sich auch für Host-Systeme, die Ihnen keine Kontrolle über die Instanzen gewähren, beispielsweise IIS. Die Application Domain bleibt sicher so lange bestehen, bis der Aufruf beendet ist, aber nicht notwendigerweise, solange die Sitzung offen ist.
- Auch Transaktionen werden ein Stück berechenbarer, denn ein Aufruf ist für sich atomar.
- Sitzungen können recht teuer sein, zu teuer, wenn nur ein Bruchteil ihrer Anwender überhaupt mit einem Service kommuniziert. Vielleicht kennen Sie herkömmliche Client-Server-Systeme, von denen einige sogar mehrere Datenbankverbindungen zum Server unterhalten. Der Effekt ist meist, dass binnen kürzester Zeit eine Unmenge von Verbindungen geöffnet wird, die alle vom Datenbankserver verwaltet werden müssen. Nach einiger Zeit können Sie darauf wetten, dass die Sysadmin-Crew den Datenbankserver neu startet.
- Sie können `Dispose()` implementieren und damit verwendete Ressourcen wieder freigeben.

Sie definieren dieses Verhalten über das Attribut `[ServiceBehavior]` direkt bei der implementierenden Serviceklasse.

```
[ServiceBehavior(InstanceContextMode=InstanceContextMode.PerCall)]
public class EinkaufService : IEinkaufService...
```

Am besten geben Sie die `InstanceContextMode` immer an und vertrauen nicht auf WCF-Voreinstellungen, aber nicht weil WCF unzuverlässig wäre, sondern weil Sie sich dann stets klar machen, wie das Verhältnis von ausführenden Instanzen zu anfragenden Clients ist.

Machen Sie sich auch hier wieder die Ende-zu-Ende-Denkweise zu eigen. Wenn Ihr Service selbst wieder Sitzungen zu anderen Systemen aufbaut, beispielsweise Datenbanken, dann sollten Sie auch diese Verbindungen managen. Für Datenbanken gibt es die Möglichkeit des *Connection Poolings*, denn gerade das Aufbauen einer Verbindung zu einer Datenbank ist eine besonders teure Angelegenheit.

Bitte beachten Sie: Wir sprechen hier von Sitzungen im Sinne von WCF, was bedeutet, dass ein Client seine Anfrage immer an dieselbe Instanz des Service richtet. Dem Client ist das üblicherweise egal, wichtig hingegen ist meist der Grund für eine Sitzung. Und dieser Grund ist, dass eine Sitzung auch immer einen Status verkörpert. Wenn Sie sich auf einer Webseite angemeldet haben, dann wollen Sie das nicht bei jedem Abruf einer neuen Seite erneut tun. Wie das System das macht, kann dem Webbrowser egal sein, jedenfalls solange dies für ihn transparent geschieht.

Die Verwendung der immer gleichen Serviceinstanz ist eine Möglichkeit, das zu erreichen. Der Status wird dann eben in den lokalen Variablen dieser Instanz gespeichert. Es gibt aber noch weitere Orte, an denen die Sitzungsinformationen gespeichert sein können:

- in einer Datenbank
- in instanzübergreifenden (statischen) Variablen
- in einer Datei
- in einem anderen Service, der nur für diese Zwecke vorhanden ist
- in einem lokalen Cache – besonders interessant ist hier *Velocity*, der verteilte Cache von *AppFabric*. Er eignet sich vorzüglich zum Speichern von Sitzungsinformationen, da er von beliebigen physikalischen Maschinen bestückt und gelesen werden kann, und das sehr performant. Diese Methode funktioniert daher auch sehr gut im Zusammenhang mit Load Balancing, wo ein beliebiger Service in einer Serverfarm die Anfrage bearbeiten kann.

Sie könnten solche (logischen) Sitzungen also auch in statuslosen Per-Call-Services realisieren, indem Sie den Status einfach für jeden Aufruf selbst laden. Das vereint die Vorteile von Sitzungen mit der Einfachheit von `InstanceContextMode.PerCall`.

Aber wie teilen Sie dem vergesslichen Per-Call-Service mit, welche Sitzungsdaten er laden soll?

- Am einfachsten ist es, wenn Sie jeder Servicemethode, die an einer Sitzung teilnehmen soll, die Sitzungs-ID mitteilen, beispielsweise in einer GUID:

  ```
  Void SomeMethod(GUID sessionId, weitere Parameter);
  ```

- Bequemer geht es, wenn Sie die Sitzungs-ID in einen Data Contract einbauen; am bequemsten, wenn Sie alle Data Contracts von einem Vorfahr erben lassen, in dem diese enthalten ist:

  ```
  [DataContract]
  public class SomeContract
  {
     [DataMember]
     public GUID SessionId;
  ...
  ```

- Noch einfacher ist es, wenn Sie das transparent erledigen, also ohne die Methode verändern zu müssen, beispielsweise durch eine WCF-Extension. Lesen Sie hierzu den Abschnitt 6.11, »Aus der Praxis: WCF erweitern«. Sie sehen also: Ob mit oder ohne Sitzungen, Per Call ist das Mittel der Wahl. Machen Sie sich das Leben leichter und überlegen Sie ernsthaft, ob Sie nicht auf WCF-Sitzungen verzichten können. Wenn Ihre Antwort nein lautet, dann lesen Sie bitte weiter (oder nein – tun Sie das bitte in jedem Fall!).

Per Session

Per Session bedeutet, dass ein Proxy fest an eine Serviceinstanz gebunden wird. Genau genommen wird er fest an einen Kontext gebunden, der für gewöhnlich direkt mit einer Serviceinstanz korreliert. Um die Sache nicht unnötig zu verkomplizieren und weil es praktisch kaum einen Unterschied macht, lasse ich den Schritt über den Kontext künftig einfach aus.

Eine feste Serviceinstanz pro Client (damit ist im Folgenden immer ein Proxy gemeint) macht das Speichern des Status einfach, wie wir gesehen haben. Da eine Sitzung über einen längeren Zeitraum aktiv sein kann, bringt das ganz neue Herausforderungen mit sich:

- Wie kann verhindert werden, dass nicht mehr reagierende Clients eine oder vielleicht sogar mehrere Sitzungen über einen langen Zeitraum beanspruchen, wenn zwischenzeitlich das Programm neu gestartet wurde?
- Was geschieht, wenn mitten in einer Sitzung die Verbindung abbricht?
- Was geschieht, wenn der Service während einer Sitzung unterbrochen wird, beispielsweise weil eine neue Version kopiert wurde oder der Service in einen Fehler gelaufen ist?

Aber zunächst zur Deklaration, die genauso einfach ist wie bei per Call:

```
[ServiceBehavior(InstanceContextMode=InstanceContextMode.PerSession)]
public class EinkaufService : IEinkaufService...
```

Sobald ein Client `Close()` auf dem Proxy aufruft, wird die Sitzung beendet. Leider genügt das noch nicht, denn für eine Sitzung sind drei Dinge wichtig:

- der Service, dort haben wir bereits »per Session« angegeben
- der Client, auch er nimmt an der Sitzung teil
- eine Transportsitzung

Den Service haben wir präpariert, bleiben also noch zwei Bereiche übrig. Für eine WCF-Sitzung hingegen ist eine Transportsitzung Voraussetzung, denn darüber gelangt die Information zum Service, zu welchem Proxy eine Anfrage gehört. Daraus ergibt sich, dass Sie auch dann eine neue Instanz erhalten, wenn die zugrundeliegende Transportsitzung zusammenbricht, beispielsweise wenn ein Serviceaufruf fehlschlägt.

Wie schon erwähnt, ist für eine Transportsitzung wiederum ein kompatibles Binding Voraussetzung, denn ein Binding fasst ja alle Kommunikationsparameter und Protokollfestlegungen zusammen. Und wo Informationen zur Sitzung nicht vorhanden sind, können diese auch nicht übertragen werden.

Aber zurück zum Service, genauer: zum Service Contract, der gemeinsamen Schnittstelle zwischen Service und Client. Denn dort benötigen wir einen weiteren Parameter:

```
[ServiceContract(SessionMode = SessionMode.Required)]
public interface IEinkaufService...
```

Mögliche Werte für `SessionMode` sind:

- `SessionMode.Required`: Eine Transportsitzung ist Voraussetzung.
- `SessionMode.Allowed`: Eine Transportsitzung ist nicht Voraussetzung, aber erlaubt. Das ist der Standardwert.
- `SessionMode.NotAllowed`: Eine Transportsitzung ist nicht erlaubt.

Damit ergeben sich einige interessante Möglichkeiten:

- `InstanceContextMode.PerSession` & `SessionMode.Allowed` & Binding erlaubt keine Transportsitzung: Der Service verhält sich wie ein Per-Call-Service.
- `InstanceContextMode.PerSession` & `SessionMode.Allowed` & Binding gestattet eine Transportsitzung: Der Service verhält sich wie ein Per-Session-Service.
- `InstanceContextMode.PerSession` & `SessionMode.Required` & Binding erlaubt keine Transportsitzung: Eine Fehlermeldung tritt auf (siehe Abbildung 6.51).

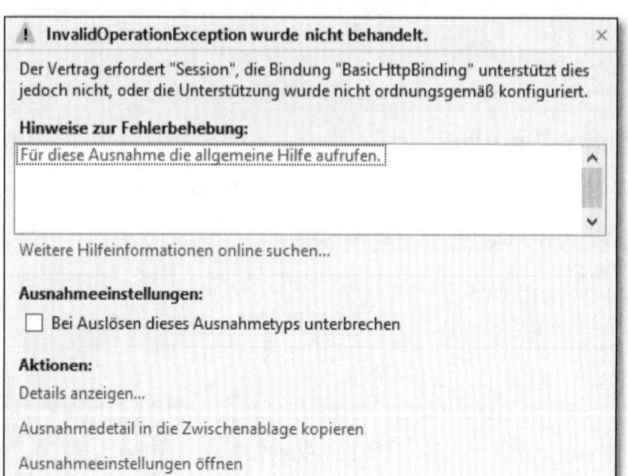

Abbildung 6.51 Sitzung erforderlich, aber das Binding unterstützt sie nicht

- `InstanceContextMode.PerSession` & `SessionMode.NotAllowed` & Binding erfordert eine Transportsitzung: Eine Fehlermeldung tritt auf (siehe Abbildung 6.52).

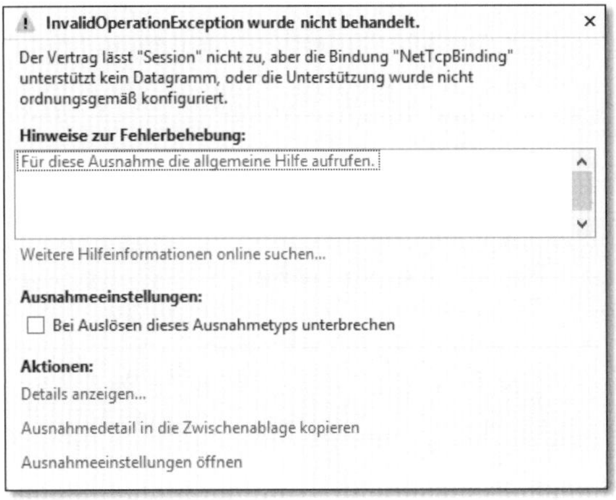

Abbildung 6.52 Transportsitzung nicht erlaubt und inkompatibles Binding

Meine Empfehlung an Sie lautet: Wenn Sie sich nicht alle Varianten merken möchten, wann ein Binding sitzungsfähig ist, dann geben Sie die Parameter lieber explizit an, also `SessionMode.Required` oder `SessionMode.NotAllowed`. WCF wird Sie dann bereits beim Hosten darauf hinweisen, ob das Binding für den Typ geeignet ist, oder eben nicht.

Man sieht dem Binding leider nicht an, ob dies der Fall ist. Beim *basicHttpBinding* leuchtet ein, dass es keine Transportsitzungen unterstützen wird, bei anderen Bindings müssen Sie Features wie Sicherheit (Security) oder `reliableSession` verwenden, damit Transportsitzungen unterstützt werden. *netTcpBinding* ist übrigens eine sichere Wahl, es ist aber nicht für die Kommunikation über http geeignet.

Wenn Sie sich für Transportsitzungen entscheiden, dann müssen alle Endpunkte entsprechend konfiguriert werden. Sie können dann beispielsweise nicht denselben Contract sowohl per *netTcpBinding* als auch *basicHttpBinding* anbinden, denn Letzteres unterstützt keine Transportsitzungen.

`SessionMode.NotAllowed` und `SessionMode.Required` sind verpflichtende Einstellungen, die jeweils eine Transportsitzung verbieten oder verlangen. `InstanceContextMode.PerSession` hingegen bedeutet lediglich, dass eine WCF-Sitzung gewünscht wird. Klappt das nicht, zum Beispiel weil ein falsches Binding verwendet wurde, dann schaltet der Service einfach auf *Per Call* zurück.

Fassen wir die Möglichkeiten für zwei Bindings zusammen:

Binding	**SessionMode**	**InstanceContextMode**	**Ergebnis**
basicHttpBinding	`NotAllowed` `Allowed`	Per Call / Per Session	Per Call
basicHttpBinding	`Required`	Egal	Fehler (s. o.)
netTcpBinding	`Allowed/Required`	Per Call	Per Call
netTcpBinding	`Allowed/Required`	Per Session	Per Session
netTcpBinding	`NotAllowed`	Egal	Fehler (s. o.)

Tabelle 6.3 Möglichkeiten für zwei Bindings

Und wie gesagt: Für das *wsHttpBinding* müssen Sie entweder *Security* oder *ReliableSession* aktivieren, damit eine Transportsitzung möglich ist.

Wenn Sie nun schon eine Sitzung haben, dann können Sie diese auch verwenden, um die Reihenfolge der Serviceaufrufe zu beeinflussen.

- `[OperationContract(IsInitiating=true)]`
  `public void DoSomething()...`
  Die so ausgezeichnete Methode kann eine Sitzung einleiten oder inmitten einer Sitzung aufgerufen werden.
- `[OperationContract(IsInitiating=false)]`
  `public void DoSomething()...`
  Diese Methode kann niemals die erste aufgerufene Methode in einer Sitzung sein.
- `[OperationContract(IsTerminating=true)]`
  `public void DoSomething()...`
  Diese Methode schließt die Sitzung ab. Sobald sie aufgerufen wird, wird die Sitzung also beendet.
- `[OperationContract(IsTerminating=false)]`
  `public void DoSomething()...`
  Diese Methode schließt die Sitzung nicht ab, es können also weitere Serviceaufrufe folgen.

Beide Parameter können auch kombiniert werden. Sie können mit ihnen vom Client verlangen, dass er mit einer bestimmten Methode anfängt, beispielsweise um den

Service zu initialisieren, und mit einer bestimmten Methode endet, zum Beispiel für Aufräumarbeiten.

Auch wenn sie manchmal praktisch sind: Es handelt sich dabei wieder um implizites Verhalten, ein Client muss über die Besonderheit eines Service Bescheid wissen. Verwenden Sie diese Parameter also nur, wenn Sie keine andere Möglichkeit sehen.

Zum Schluss fasse ich meine Empfehlungen noch mal zusammen:

- Verwenden Sie immer den Parameter `InstanceContextMode`. Verwenden Sie immer *Per Call*, wenn Sie eine Sitzung ausschließen möchten, was der Standardfall sein sollte.
- Verwenden Sie immer den Parameter `SessionMode`, und zwar immer `Required`, falls Sie eine Transportsitzung benötigen, weil Sie auch eine WCF-Sitzung haben möchten.
- Vermeiden Sie nach Möglichkeit WCF-Sitzungen.
- Achten Sie auf den Host, der die Sitzung ohne Ihr Zutun beenden könnte.
- Entscheiden Sie sich immer pro Service für eine Alternative, die Sache ist schon so kompliziert genug.
- Wenn Sie nicht sicher ausschließen können, dass Ihre Netzverbindung nahezu hundertprozentig ist, schalten Sie `reliableSession` für Ihr Binding an, natürlich auf Client- als auch auf Serviceseite. Für jedwede Kommunikation über http ist diese Einstellung auf jeden Fall empfehlenswert, für Kommunikation über Named Pipes überflüssig, und für die interne Kommunikation mittels *netTcpBinding* ist sie gegebenenfalls entbehrlich, je nach Qualität des Netzwerks. *Reliable* bedeutet übrigens in diesem Zusammenhang: Es gehen keine Pakete verloren (`enabled="true"`), und sie treffen in der richtigen Reihenfolge ein (`ordered="true"`). Oder sagen wir besser: Verlorene Pakete werden erkannt, denn Wunder, zum Beispiel eine Kommunikation über defekte Netzwerkstrecken hinweg, kann auch dieses Binding nicht vollbringen.

```
<bindings>
   <netTcpBinding>
      <binding name="MyNetTcp">
         <reliableSession enabled="true" />
      </binding>
   </netTcpBinding>
</bindings>
```

- Haben Sie ein Auge auf die Timeouts.
- Wenn Sie mit Sitzungen arbeiten, dann dürfen Sie den Proxy nicht schließen, denn ansonsten wird Ihre Sitzung ebenfalls geschlossen. Jeder neue Proxy erhielte dann eine neue Sitzung.

Zu guter Letzt möchte ich Ihnen noch zwei Tipps geben, falls Sie sich einmal nicht sicher sind, ob Sie eine Transportsitzung und/oder WCF-Sitzung verwenden oder nicht. Auf die ID der Transportsitzung können Sie im Service einfach zugreifen:

```
OperationContext.Current.SessionId
```

Ist dieser Wert `null`, dann wird keine Transportsitzung verwendet.

Die Serviceinstanz können Sie prüfen, indem Sie im Service auf

```
GetHashCode()
```

zugreifen. Erhalten Sie bei zwei aufeinanderfolgenden Serviceaufrufen denselben Wert (mit demselben Proxy, ohne dass Sie ihn vorher geschlossen hätten), dann verwenden Sie eine WCF-Sitzung.

Singleton

Ein Singleton ist ein Service, bei dem jeder Client auf dieselbe Serviceinstanz zugreift, und das sogar über alle Endpunkte bzw., wenn der Serviceaufruf fehlschlägt und aufgrund dessen ein neuer Proxy erzeugt wird. Er lebt, solange es den Host gibt, der ihn erzeugt. Wenn Sie den Host also selber stellen, dann sofort, wenn Sie stattdessen den IIS verwenden, nach dem ersten Zugriff. So erstellen Sie einen Singleton-Service:

```
[ServiceBehavior(InstanceContextMode=InstanceContextMode.Single)]
public class EinkaufService : IEinkaufService...
```

Da ohnehin alle Clients dieselbe Serviceinstanz verwenden, ist eine Transportsitzung unnötig, wenngleich auch nicht schädlich. Sie beenden einen Singleton daher auch nicht, wenn Sie den Proxy schließen. Aber wozu ist ein solcher Singleton gut?

Aus der Praxis

In meinem Unternehmen setzen wir Singletons für wirklich zentrale Aufgaben ein, beispielsweise für die Generierung von Belegnummern. Denn dadurch wird vermieden, dass mehrere Service-Instanzen gleichzeitig Nummern vergeben. Natürlich wäre das auch in der Datenbank möglich gewesen, beispielsweise durch Sperren, aber die Verwendung eines Singletons löst das Problem sicher, bei nur minimalem Konfigurationsaufwand.

Und da wäre noch die Paradedisziplin für einen Singleton: der Zugriff auf eine Ressource, die nur von einem Client zu einer Zeit bedient werden kann. Ein Beispiel hierfür wäre eine Fibu-Schnittstelle, die nur einen Mandanten oder ein Stück Hardware gleichzeitig bedienen kann.

An Singletons scheiden sich die Geister. Die einen halten es für ein Relikt aus früheren Zeiten, die anderen für eine bequeme Art, Ressourcenkonflikte aufzulösen. Unbestreitbar ist, dass Singletons nicht skalieren. Sie sollten daher so kurz wie möglich ausfallen, um Clients nicht unnötig lange zu blockieren. Denn auch wenn mehrere Threads denselben Singleton simultan ansprechen, muss die Verarbeitung dennoch seriell ablaufen.

Aus der Praxis

Nehmen wir einmal an, Sie wollten, dass nur eine Person zu einer Zeit eine Abrechnung ausführt und wollen dies mit einem Singleton-Service lösen. Nehmen wir ferner an, die Abrechnung würde 20 Minuten dauern. Wenn während dieser Zeit eine zweite Person eine Abrechnung startet, dann müsste sie bis zur Restlaufzeit der ersten Abrechnung warten, bis sie an der Reihe ist. Besser ist es, für diesen Fall die zweite Abrechnung in eine Warteschlange zu stellen, sodass der Anwender während dieser Zeit weiterarbeiten kann. Oder aber Sie informieren den Anwender darüber, dass die Abrechnung zum jetzigen Zeitpunkt nicht möglich ist.

Die Belegnummerngenerierung aus dem vorherigen Abschnitt eignet sich hingegen für einen Singleton, denn die Methode ist kurz genug, um eine große Menge an Belegnummern in kurzer Zeit zu generieren.

Übrigens: Einmal wurde der Service von Singleton versehentlich auf *Per Call* umgestellt, mit der unvermeidlichen Konsequenz, dass es danach tatsächlich einige doppelt vergebene Belegnummern gab.

Ansonsten gilt wie immer: Weise eingesetzt hat jedes Feature seine Berechtigung, auch Singletons.

6.9.2 Lastbegrenzung

In WCF 3.5 wären vermutlich viele Supportanfragen vermeidbar gewesen, wären nur die Throttling-Werte ein wenig höher gewesen. *Throttling* bedeutet auf Deutsch: Drosselung, also das Begrenzen einzelner Services, zum Beispiel auf eine maximale Anzahl gleichzeitig aktiver Instanzen.

Ich habe bereits von einem Archivsystem gesprochen, das nur eine gewisse Menge gleichzeitiger Anfragen entgegennehmen konnte. Das wäre ein solches Beispiel für Throttling. Mögliche Gründe in der Übersicht:

- Es soll vermieden werden, dass einzelne Services eine zu große Last verursachen.
- Es soll vermieden werden, dass einzelne Services zu viele Ressourcen beanspruchen, z. B. wegen ihrer Begrenzung.

Was geschieht nun, wenn ein Service in eine solche Begrenzung läuft? Er wird in eine Warteschlange eingereiht. Für den Service ist das transparent, es sieht einfach so aus, als würde der Aufruf länger dauern. Unglücklicherweise mit der Konsequenz, dass eventuell ein Timeout-Wert überschritten wird.

Sie tun also besser daran, die Throttling-Parameter Ihren tatsächlichen Bedürfnissen anzupassen. In WCF 4.0 wurden die Werte aber deutlich erhöht, sodass sich für Sie vermutlich in der Praxis gar kein Bedarf ergibt. Aber der Reihe nach. Schauen wir uns an, was sich alles drosseln lässt:

- `MaxConcurrentCalls`: Dieser Parameter gibt die maximale Anzahl gleichzeitiger Serviceaufrufe an, egal für welche Serviceinstanz. Der Defaultwert liegt bei *16*Anzahl logischer Prozessoren*.
- `MaxConcurrentSessions`: Mit diesem Parameter wird die maximale Anzahl gleichzeitiger Sitzungen angegeben, die ein Service akzeptiert. Der Defaultwert liegt bei *100*Anzahl logischer Prozessoren*.
- `MaxConcurrentInstances`: Dieser Wert gibt die maximale Anzahl aktiver Serviceinstanzen an (genauer: `InstanceContext`-Objekte). Der Defaultwert ergibt sich aus `MaxConcurrentCalls` + `MaxConcurrentSessions`. Selbstredend gilt dieser Wert nicht für einen Singleton, von dem es nur eine Instanz geben kann.

Aus der Praxis

Wenn es um WCF geht, dann ist es höchst sinnvoll, dass Administratoren und Entwickler zusammenarbeiten. Die Throttling-Parameter sind dafür ein gutes Beispiel. Ein Administrator kennt die Last der Maschine, und meist laufen Beschwerden über den First-Level-Support der Administration auf. Ein Entwickler andererseits kennt die Implementierung der Services und weiß daher, welche Services wie oft aufgerufen werden.

Ich sorge daher dafür, dass Entwicklung und Administration miteinander sprechen. Alle Konfigurationsparameter im Code sind Aufgabe der Entwickler, die Konfigurationen in den Konfigurationsdateien hingegen Aufgabe der Administratoren. Das kann jedoch nur eine Richtschnur sein, in der Praxis gibt es Überschneidungen. Wie praktisch, wenn die Büros der Administratoren gleich neben den Büros der Entwickler sind.

Und nun noch ein Blick auf die Konfigurationsdatei für Throttling:

```
<behaviors>
  <serviceBehaviors>
    <behavior name="ThrottlingBehavior">
      <serviceThrottling
```

```
            maxConcurrentCalls="100"
            maxConcurrentSessions="200"
            maxConcurrentInstances="300"
         />
      </behavior>
   </serviceBehaviors>
</behaviors>
```


Listing 6.54 Throttling-Konfigurationsdatei

Wie Sie erkennen können, stecken diese Werte in einer Service Behavior, gelten also für den gesamten Service. Ach ja, vergessen Sie nicht, die Service Behavior dem Service auch wirklich mitzuteilen, denn sonst ist sie zwar definiert, wird aber nicht verwendet:

```
<service behaviorConfiguration="ThrottlingBehavior"...
```

6.10 Sicherheit

Das Thema Sicherheit weist eine unglaubliche Breite und Tiefe auf. Besonders in einer verteilten Umgebung, wie sie sich mit WCF erzeugen lässt.

Welches die richtigen Technologien und Werkzeuge sind, das entscheidet sich vor allem anhand der Frage, was denn erreicht werden soll. Entsprechend einfach oder komplex sind dann die Lösungen. Die Antwort: »Maximale Sicherheit, ist doch klar!« wäre zu wenig. Das ist vergleichbar mit dem Bewachen eines Hauses, hier ist von einem einfachen Zutrittsystem bis hin zu einem Großaufgebot an Sicherheitskräften vor Ort ebenfalls alles denkbar. Es ist halt auch hier eine Frage, was erreicht werden soll und was dafür ausgegeben werden kann.

In der Praxis gibt es viele Lösungen, die an einer solchen Forderung gescheitert sind, weil Zeit fehlte, Geld, Know-how oder alles zusammen. Oder weil Sicherheit manchmal auch einfach lästig ist. Wer zwölfstellige Passwörter für die Windows-Anmeldung verlangt, die dazu noch allerlei Komplexitätsrichtlinien erfüllen müssen, der wird bald feststellen müssen, dass Anwender gelbe Haftnotizen an ihren Rechnern anbringen. Sicherheit muss von Anfang bis Ende gedacht werden, wie ein kleines Beispiel zeigt:

Aus der Praxis

Vor einigen Jahren habe ich einmal ein Rechenzentrum besucht, das Tausende von Servern für Kunden in ganz Deutschland hostet.

Der Besuchsführer erzählte viel von Sicherheit, von meterdicken Wänden, die selbst einen massiven militärischen Angriff aushielten, von den neuesten Sicherheitssystemen, die ungewünschte Besucher ausschließen würden, und natürlich war auch Sicherheitspersonal anwesend. Besonders nett war die Demonstration des Kontrollraums für den Kriegsfall oder für andere Katastrophen.

Allerdings hatte man vergessen, die Taschen der Besucher zu durchsuchen, und so durften alle Teilnehmer der Führung mit ihren Rucksäcken und Taschen herumspazieren, ohne jemals kontrolliert worden zu sein. Auch mit der Identitätskontrolle nahm man es nicht sehr genau. Es genügte, eine Plastikkarte vorzuzeigen, die keinerlei Sicherheitsmerkmale aufwies, der Ausweis wurde ebenfalls nicht kontrolliert. Dafür mussten wir sie jedoch einem grimmig dreinschauenden Sicherheitsbeamten zeigen, einer der wenigen, wie sich später herausstellte.

Das Beispiel zeigt: Niemand macht sich die Mühe, eine meterdicke Wand zu durchbrechen, wenn er über den Neben- oder gar den Haupteingang eindringen kann. Niemand beschäftigt ganze Rechenzentren mit dem Knacken von Passwörtern, wenn das Passwort in einem Wörterbuch steht. Und keiner stiehlt sich in ein Gebäude, wenn er über einen ungesicherten WCF-Service von außen an die Daten kommt.

Das sollten auch Sie bedenken: Entwerfen Sie ein Sicherheitskonzept, das Ihre Anforderungen abdeckt, und legen Sie lieber Wert darauf, dieses Konzept wirklich sauber und durchgängig umzusetzen. In dieser WCF-Einführung kann ich das nicht leisten, aber ich kann Sie dabei unterstützen, die Möglichkeiten kennenzulernen und Sie in das Thema einführen. Ich beschränke mich dabei auf Intranet-Szenarien, setze also eine Windows-Umgebung voraus. Praktisch alle Konfigurationen können sowohl in der Konfigurationsdatei vorgenommen werden als auch im Code. Ich wähle dann meistens den Weg über die Konfiguration, es sei denn, im Code ist das sinnvoller zu bewerkstelligen.

6.10.1 Einführung

Die ultimative Sicherheit gibt es nicht, leider, oder zum Glück für die vielen Sicherheitsberater in IT-Fragen. Aber es gibt einige Themenfelder, die eigentlich immer dazugehören.

Authentifizierung

Am Anfang steht meist, den Benutzer zu identifizieren, der eine Dienstleistung anfordert, beispielsweise weil er einen Service aufruft. Identifizieren bedeutet hier nicht nur, dessen Identität zu kennen, sondern auch sicherzustellen, dass er nicht unter falscher Identität unterwegs ist.

Letztendlich laufen alle Authentifizierungen immer auf einen Benutzernamen und ein Passwort hinaus, manchmal unterstützt durch biometrische Merkmale, manchmal durch Zertifikate. Unter Windows gibt es dafür verschiedene Technologien, beispielsweise NTLM oder Kerberos. Und weil ein Anwender sich nicht bei jedem Serviceaufruf neu authentifizieren möchte, bedarf es einiger zusätzlicher Mechanismen:

- Die Authentifizierung soll möglichst durchgereicht werden. Wenn sich ein Anwender am Rechner angemeldet hat, so soll das auch für alle Folgeaktionen gelten. Windows nennt dies *Single Sign On* (*SSO*).
- Nicht immer gibt es einen menschlichen Geheimnisträger, oft werden auch System-Accounts eingesetzt, die dann beispielsweise einem NT-Service als Ausführungs-Account anvertraut werden. Wir verlassen uns dann darauf, dass das Passwort hinreichend verschlüsselt gespeichert wird.
- Wir vertrauen auch darauf, dass Passwörter verschlüsselt übertragen werden, damit sie nicht einfach über einen Sniffer im Netzwerkverkehr abgefangen werden können. Das ist keineswegs selbstverständlich, es gibt auch heute noch Systeme, die das Passwort im Klartext übermitteln.
- Auch Zertifikate können für die Authentifizierung eingesetzt werden, meist in Kombination mit Verschlüsselung, und manchmal sind sie selbst wiederum mit Benutzername und Passwort geschützt. Auch WCF unterstützt Zertifikate an verschiedenen Stellen.
- In einem verzweigten Szenario, das beispielsweise die lokale Windows-Domäne verlässt und sich auch über mehrere Unternehmen spannen kann, benötigen wir einen Mechanismus, der ohne Windows-Besonderheiten auskommt und auf den sich die verschiedenen Systeme einigen können. Das lässt sich mit Security-Token erreichen, die dann von Anwendung zu Anwendung durchgereicht werden können. *Windows Identity Foundation* ist eine .NET-Technologie neueren Datums, die ein solches Identitätsmanagement unterstützt.

Autorisierung

Wenn die Identität eines Anwenders feststeht, dann muss geprüft werden, ob er auch die nötigen Rechte besitzt, die gewünschte Aktion auszuführen. Dafür müssen seine Rechte in einer Rechtedatenbank gespeichert werden, und diese Rechte müssen natürlich seiner Identität zugeordnet sein.

Auch dafür gibt es wieder viele Möglichkeiten. Windows bildet die Rechte über Benutzerkonten und Gruppen ab und bezieht verschiedene Ressourcen ein, zum Beispiel die NTFS-Rechte für das Dateisystem oder die Rechte im SQL Server.

In vielen Anwendungen sind die Rechte in einer eigenen Datenbank gespeichert, weil es zu komplex wäre, die komplizierten Berechtigungen auf ADS-Gruppen abzubilden, oder weil ein ADS (oder gar Windows) gar nicht vorausgesetzt werden kann. Und wiederum andere Systeme implementieren gar ein völlig anderes Rechtesystem, so die SQL-Server-Authentifizierung.

In diesem Abschnitt konzentriere ich mich allerdings auf Windows und setze das Vorhandensein eines Active Directory voraus.

Impersonation

Unter *Impersonation* versteht man, wenn eine Anwendung mit den Rechten eines authentifizierten Anwenders läuft, indem sie dessen Identität annimmt. Im Kontext von WCF stellt sich hier die Frage, unter welchem Account ein Service denn laufen soll. Das ist u. a. deswegen entscheidend, weil ein Service selbst wieder Ressourcen in Anspruch nimmt, die ihrerseits wieder den Benutzer authentifizieren. Betrachten wir dazu das in Abbildung 6.53 dargestellte Beispiel.

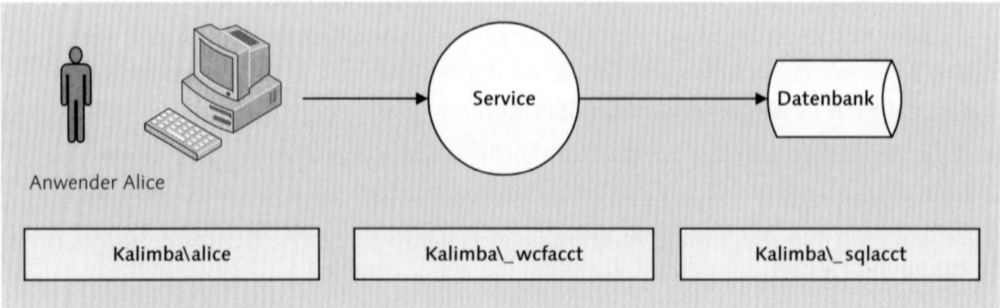

Abbildung 6.53 Identitätswechsel

1. Alice meldet sich an ihrem PC an und ist damit authentifiziert als *Kalimba\alice* (Anmeldedomäne: *kalimba*).
2. Sie startet ihren WCF-Client, der einen Proxy zum Service öffnet und ebenfalls mit den Berechtigungen ihres Accounts ausgestattet ist.
3. Der Service wird im IIS gehostet, als Identität des Anwendungspoolsools wurde der Account *Kalimba_wcfacct* eingetragen. Der Code des Service läuft nun also mit diesen Berechtigungen ab, es hat ein Identitätswechsel stattgefunden.
4. Der Service kommuniziert mit der Datenbank, beispielsweise indem er dort .NET-Code aufruft, der jetzt unter dem Account *Kalimba_sqlacct* läuft.

Die Nachteile dieses Verfahrens:

- In der Datenbank ist nicht mehr nachvollziehbar, wer diese Änderung veranlasst hat, da Alice' Account dort unbekannt ist.
- Alice könnte eventuell über den Service Aktionen durchführen, zu denen sie aufgrund ihrer Datenbankrechte gar nicht autorisiert wäre.

- Beides gilt natürlich auch für andere Ressourcen, beispielsweise den Zugriff auf ein Laufwerk mit den dort assoziierten NTFS-Berechtigungen.
- Die jeweiligen Service-Accounts *_wcfacct* und *_sqlacct* haben vielleicht zu viele Rechte, da sie nachlässiger konfiguriert werden. Im Falle der Datenbank könnten sie dbowner-Rechte besitzen, obwohl sie das vielleicht nicht bräuchten.

Es gibt jedoch auch Vorteile:

- Weder in der Datenbank noch in anderen Ressourcen müssen individuelle Berechtigungen für einzelne Anwender hinterlegt werden. Der administrative Aufwand verringert sich.
- Diese Berechtigungen müssen auch nicht gepflegt werden, beispielsweise wenn ein neuer Mitarbeiter in das Unternehmen eintritt.
- Die Autorisierung könnte im Service stattfinden, und zwar auf fachlicher Ebene. Beispiel: Alice darf einen Kunden anlegen, aber nicht löschen.
- Alice könnte nicht mit anderen Tools auf die Datenbank zugreifen, weil ihr eigener Account dort ja gar keine Berechtigungen besitzt. Datendiebstahl wäre so beispielsweise (serverseitig) ausgeschlossen.

Natürlich sind andere Lösungen möglich. Beispielsweise können nicht nur Benutzer autorisiert werden, sondern auch ADS-Gruppen, was den administrativen Aufwand wieder deutlich einschränkt. Das Prinzip bleibt jedoch bestehen.

Die Alternative wäre nun, die Identität von Alice an den Service durchzureichen und von dort wieder an die Datenbank (Impersonation). Alle Ressourcen würden dann mit den Berechtigungen von Alice autorisiert. Die Vor- und Nachteile kehren sich dann natürlich um.

Für Ihre eigenen WCF-Anwendungen bedeutet das: Sie sollten sich über Autorisierungen Gedanken machen. Wenn Sie sich aber für Service-Accounts entscheiden, dann verwenden Sie unter keinen Umständen Accounts von Domänenadministratoren. Legen Sie zunächst rechtelose Accounts an, die Sie um die jeweils benötigten Rechte ergänzen. Denken Sie an das Beispiel mit dem Rechenzentrum!

Verschlüsselung

Nun geht es um die Vertraulichkeit ausgetauschter Nachrichten. Im Falle der Passwortspeicherung und -übertragung bin ich bereits kurz darauf eingegangen. Autorisierung und Authentifizierung taugen wenig, wenn ein Angreifer eine WCF-Nachricht im Klartext präparieren und abschicken könnte. Dieses Beispiel zeigt ein weiteres Problem: Der Angreifer könnte die Nachricht ja auch abfangen, verändern und diese veränderte Nachricht weiterleiten. Es geht also auch um Fragen der Integrität.

Aber auch die WCF-Nachrichteninhalte sind schützenswert, allerdings in verschiedenem Maße, eben je nach Inhalt. Manche Nachrichten sind nur für bestimmte Ohren, sprich Services, bestimmt. Das setzt natürlich ein komplexeres Sicherheitskonzept voraus, als wenn alle Services gleich behandelt werden. Was lässt sich verschlüsseln?

- Der *Transportdatenstrom* ließe sich verschlüsseln. Dies ist manchmal die einfachste Möglichkeit, zu einer Basissicherheit zu kommen. Ein häufiges Szenario ist die Verwendung von https anstelle von http unter Verwendung von Zertifikaten. Das beschränkt die Kommunikation auf eine Punkt-zu-Punkt-Verbindung, ist aber in der WCF leicht zu bewerkstelligen.
- Die *Nachricht* selbst, oder Teile davon, lassen sich verschlüsseln. Das ist besonders in komplexen, volumenstarken Services von Nutzen. Und natürlich ist es in höchstem Maße flexibel, allerdings auch komplex. Dafür können Sie Nachrichten über beliebige Stellen in einem Netzwerk routen und ein unsicheres Protokoll verwenden. In Internetszenarien ist das ein deutlicher Vorteil.
- Auch hier gilt wieder: WCF bietet an vielen Stellen die Möglichkeit, eigene Mechanismen über *Extensions* zu implementieren.
- Der Vollständigkeit halber sei erwähnt, dass sich die Sicherheit auch ganz einfach für einen Service deaktivieren lässt. Dafür genügt es, das Binding zu konfigurieren:

```
<security mode="None" />
```

Wir haben das bereits verwendet, um die Beispiele nicht unnötig komplex werden zu lassen. Ich sollte jetzt schreiben, dass es höchst unverantwortlich wäre, das zu tun. Aber mal ehrlich: Für einen einfachen Intranet-Service, um abzurufen, ob der Brotzeitservice schon im Haus war, ist das manchmal die beste Lösung. Oft allerdings nicht. WCF bietet noch einen weiteren Modus, den Sie aber vermutlich selten verwenden: *Transport with Message Credential* versucht, das Beste aus beiden Welten zu vereinen.

Und, ja: Sicherheit kostet Performance, das Ver- und Entschlüsseln gibt es nicht umsonst. Wenn das für Sie ein Problem ist, dann können Sie aber immerhin auf Hardware-Unterstützung setzen (jedenfalls bei Transportsicherheit). Überhaupt: Am wenigsten Einfluss auf die Performance hat zumeist die Verschlüsselung des Transportweges.

6.10.2 Transportweg und Nachricht sichern

Im ersten Schritt geht es also darum, die WCF-Bindings so zu konfigurieren, dass sie sicher sind. Glücklicherweise sind die Bindings in den meisten Fällen bereits vorkonfiguriert, sodass die meisten WCF-Services von Haus aus sicher kommunizieren.

Binding-Unterstützung

Wie in allen anderen Bereichen auch müssen Sicherheitsmerkmale vom Binding unterstützt und im Client und Service identisch konfiguriert werden. Einige Bindings unterstützen Transportsicherheit, andere Nachrichtensicherheiten bereits in der Standardkonfiguration. *basicHttpBinding* hingegen ist erst einmal unsicher, bis Sie es selbst konfigurieren. Für alle Bindings können Sie deren Sicherheitsmerkmale komplett deaktivieren (None). Im Überblick:

Binding	**Transport**	**Message**	**TransportWith Message Credential**
basicHttpBinding	ja	ja	ja
wsHttpBinding	ja	ja (Standard)	ja
wsDualHttpBinding	nein	ja (Standard)	nein
netTcpBinding	ja (Standard)	ja	ja
netNamedPipeBinding	ja (Standard)	nein	nein
netMsmqBinding	ja (Standard)	ja	nein

Tabelle 6.4 Sicherheitseinstellungen der verschiedenen Bindings

Leider heißen die Modi bei den verschiedenen Bindings unterschiedlich, und es sind auch, je nach Binding, verschiedene Optionen verfügbar. Werfen wir nun noch einen Blick auf die beiden Haupt-Sicherheitsmodi:

Sicherheitsmodus	**Merkmale**
Transport	Authentifizierung (Server und Client) Punkt-zu-Punkt-Sicherheit hohe Leistung, Hardwareunterstützung
Message	Authentifizierung (Server und Client) Ende-zu-Ende-Sicherheit Firewall-neutral maximale Flexibilität Industriestandards, Internet

Tabelle 6.5 Sicherheitsmodi

Authentifizierungsverfahren

Neben der Sicherung der Übertragung geht es auch noch darum, die Anmeldeinformationen zum Service zu übertragen. Werden Anmeldeinformationen übertragen, dann gibt es hierfür, gerade unter Windows, einige Möglichkeiten. Wenn Sie Transportsicherheit verwenden, dann hängen die zur Verfügung stehenden Optionen davon ab, welches Binding Sie verwenden.

Im Falle von *basicHttpBinding* und *wsHttpBinding* sind dies:

- keine Sicherheit
- Windows-Authentifizierung
- Benutzername/Passwort, Basic/Digest
- NTLM
- Zertifikat
- Token

Im Falle von Nachrichtensicherheit werden die folgenden Modi unterstützt:

- keine Sicherheit
- Windows-Authentifizierung
- Benutzername/Passwort
- Zertifikat
- Token

Die Wahl hängt von der Umgebung ab, für die Sie den Service konfigurieren. In einer reinen Windows-Welt im Intranet ist die Windows-Authentifizierung meist die beste Wahl. Für die Kommunikation mit einem Service im Internet müssen Sie dessen Möglichkeiten kennen.

6.10.3 Detailkonfiguration

Der erste Schritt wäre damit erledigt. Die folgenden Schritte hängen ganz besonders vom Binding ab, daher verzweige ich an dieser Stelle und behandle jedes Binding für sich.

netTcpBinding und netNamedPipeBinding

Wenn Sie als Sicherheitsmodus `Transport` ausgewählt haben, bei `netNamedPipeBinding` neben `None` die einzige Möglichkeit, dann sollten Sie jetzt konfigurieren, was genau WCF sichern soll. Was Sie hier einstellen, hat Auswirkungen auf die gesamte Nachricht, da ja Transportsicherheit gewählt wurde.

- `None`: Die Nachricht wird nicht geschützt.
- `Sign`: Die Nachricht wird digital signiert. Damit erkennt WCF, ob eine Nachricht manipuliert ist und verwirft sie in diesem Fall. Außerdem ist sichergestellt, dass sie vom gewünschten Client stammt. Die Nachricht wird allerdings lesbar im Netzwerk übertragen.
- `EncryptAndSign`: Die Nachricht wird verschlüsselt übertragen. Ein Abhörer kann mit ihr also nichts anfangen. Zusätzlich wird die Nachricht auch hier gegen Manipulation geschützt. Diese Option ist bei den beiden Bindings Standard.

Die Konfiguration von `netNamedPipeBinding`:

```
<netNamedPipeBinding>
   <binding name="NewBinding2">
      <security>
         <transport protectionLevel="Sign" />
      </security>
   </binding>
</netNamedPipeBinding>
```

Und von `netTcpBinding`:

```
<netTcpBinding>
   <binding name="myNetTcpBinding">
      <security>
         <transport protectionLevel="Sign" />
      </security>
   </binding>
</netTcpBinding>
```

Zusätzlich zur Konfiguration der tatsächlich verwendeten Parameter können Sie im Service auch Ihre Sicherheitsrichtlinien durchsetzen, indem Sie die Mindestsicherheit für einen Service angeben.

```
[ServiceContract(ProtectionLevel = ProtectionLevel.EncryptAndSign)]
public interface IEinkaufService
{
...
```

Wenn für diesen Service nun ein Binding verwendet wird, für das beispielsweise nur `protectionLevel=Sign` angegeben wurde, so lässt sich der Service erst gar nicht öffnen (siehe Abbildung 6.54).

Interessanterweise werden diese Informationen nicht in den Metadaten veröffentlicht. Das ist aber auch gar nicht notwendig, wichtig ist, dass dieser Mindeststandard von WCF durchgesetzt wird. Sie müssen ja ohnehin immer die Bindings im Service *und* im Client kompatibel konfigurieren.

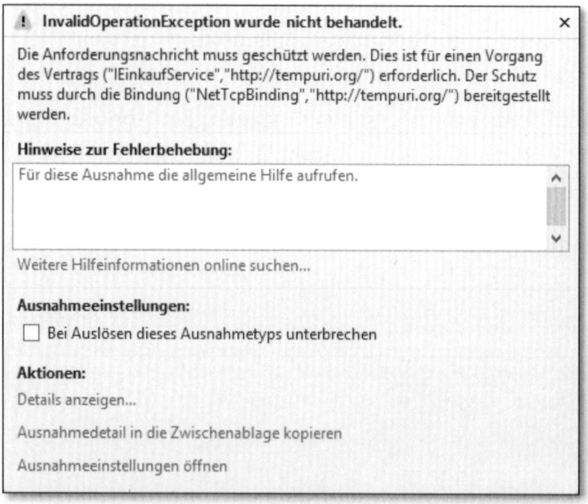

Abbildung 6.54 Verstoß gegen eine Sicherheitsrichtlinie im Service Contract

Sowohl für Transport- als auch für Nachrichtensicherheit können Sie den Typ der übergebenen Anmeldeinformationen festlegen.

```
<security>
   <transport clientCredentialType="Certificate"
    protectionLevel="Sign" />
   <message clientCredentialType="UserName" />
</security>
```

Die möglichen Werte für Transportsicherheit:

- `netTcpBinding`*:* `None`, `Windows`, `Certificate`
- `netNamedPipeBinding`*:* keine Auswahl möglich, da ohnehin nur für computerinterne Kommunikation einsetzbar.

Und für Nachrichtensicherheit:

- `netTcpBinding`*:* `None`, `Windows`, `UserName`, `Certificate`, `IssuedToken`
- `netNamedPipeBinding`*:* keine Auswahl möglich, da Nachrichtensicherheit bei diesem Binding nicht verfügbar ist.

Da sich beide Bindings nur eignen, wenn sowohl Client als auch Service WCF verwenden, fahren Sie mit der Standardeinstellung, Windows-Sicherheit, gut. Meistens werden diese Bindings im Intranet eingesetzt, zum Beispiel, um eine WinForms-Anwendung an einen im eigenen Netzwerk gehosteten Service anzubinden.

netMsmqBinding

Für dieses Binding gibt es dieselben `ProtectionLevel`-Werte wie für `netTcpBinding` und `netNamedPipeBinding`, allerdings mit einem wichtigen Unterschied: Der Standardwert ist `Sign`, die Nachricht wird also unverschlüsselt übermittelt. Sie sollten das ändern. Statt `ProtectionLevel` heißt es aber `msmqProtectionLevel`, fragen Sie mich bitte nicht warum. Vielleicht wollte man alle Parameter mit `msmq` beginnen lassen.

```
<security>
   <transport msmqProtectionLevel="EncryptAndSign" />
</security>
```

Für die Authentifizierung gibt es wieder einige Alternativen, `WindowsDomain` bzw. `Windows` ist voreingestellt und sicher für die meisten Zwecke passend.

- *Transportsicherheit:* `None`, **`WindowsDomain`**, `Certificate`
- *Nachrichtensicherheit:* `None`, **`Windows`**, `UserName`, `Certificate`, `IssuedToken`

```
<security>
   <transport msmqAuthenticationMode="Certificate" />
   <message clientCredentialType="UserName" />
</security>
```

basicHttpBinding, wsHttpBinding

Einen `ProtectionLevel` können Sie für diese Bindings nicht angeben, denn die Sicherung des Transports geschieht mittels https, also über SSL-Zertifikate. Sobald Sie

```
<security mode="Transport" />
```

angeben, prüft WCF, ob eine https-Adresse oder Basisadresse vorhanden ist. Falls nicht, wird eine Ausnahme ausgelöst.

Es ist übrigens empfehlenswert, für beide Protokolle, http und https, eine Basisadresse zu hinterlegen, damit die Metadaten weiterhin über http abgerufen werden können.

basicHttpBinding unterstützt übrigens einen weiteren Sicherheitsmodus: `TransportCredentialOnly`, der die Anmeldeinformationen auch ohne https überträgt. Sie können diesen Typ verwenden, wenn Sie auf andere Weise für die Vertraulichkeit der Übertragung sorgen, zum Beispiel durch den Einsatz über VPN-Tunnel.

Bei dieser Gelegenheit kann ich den Modus `TransportWithMessageCredential` näher erläutern. Er setzt ebenfalls https voraus, die Anmeldeinformation wird aber in der Nachricht übermittelt. Das ist dann sinnvoll, wenn beispielsweise Benutzername und Passwort übertragen werden, bevorzugt dann, wenn Sie mit Nicht-WCF-Services bzw. über das Internet kommunizieren.

Die Authentifizierungsmöglichkeiten dieser beiden Bindings:

- *Transportsicherheit:* `None`, `Basic`, `Digest`, `NTLM`, `Windows`, `Certificate`. Standard: `None` bei *basicHttpBinding*, `Windows` bei *wsHttpBinding*
- *Nachrichtensicherheit (basicHttpBinding):* **`UserName`**, `Certificate`
- *Nachrichtensicherheit (wsHttpBinding):* `None`, **`Windows`**, `UserName`, `Certificate`, `IssuedToken`

Da häufig Clients mit Services im Internet kommunizieren, können beide Bindings auch über einen Proxy kommunizieren. Damit ist nicht ein WCF-Proxy gemeint, sondern eine Software, die interne Anfragen an das Internet weiterleitet. Für solche (Web-)Proxys können Sie die Anmeldung getrennt festlegen, hier am Beispiel von *wsHttpBinding*:

```
<security>
   <transport proxyCredentialType="Windows" />
</security>
```

6.10.4 Identität

In einer Windows-Umgebung ist die Identität der Windows-Account, unter dem ein Service oder ein Client läuft. Wenn Sie als Authentifizierungsmodus Windows angeben und Ihr Binding für Transportsicherheit konfigurieren, dann überträgt WCF automatisch die Anmeldeinformationen des Clients an den Service. Die Identität ist vor allem für drei Dinge wichtig:

- Anhand der Client-Identität kann ein Service die Benutzerberechtigungen prüfen und die Ausführung der Servicemethoden gestatten oder verhindern.
- Die Service-Identität, der Account, unter dem der Service läuft, bestimmt dessen Berechtigungen, beispielsweise sich mit einer Datenbank zu verbinden oder Dateien zu schreiben.
- Ein Service kann eine fremde Identität annehmen, zum Beispiel die des Clients, und ist dann denselben Berechtigungen unterworfen (Impersonation). Für gewöhnlich nimmt ein Service die Identität seines Prozesses an, den Windows mit diesem Prozess verbunden hat.

Client-Identität

Wessen Anmeldedaten werden da weitergegeben? Die Anmeldedaten des Benutzers, unter dem der Prozess läuft, der wiederum den Serviceaufruf ausführt. In den meisten Fällen wird das der unter Windows angemeldete Benutzer sein, muss es aber nicht. Sie könnten den Prozess auch mit »Ausführen als« mit einem anderen Benutzer versorgen, zum Beispiel in der Kommandozeile:

```
Runas /user:Kalimba\alice MeineAnwendung.exe
```

Aber auch im Code lässt sich die Identität verändern, allerdings nur, solange der Proxy noch nicht geöffnet wurde. Bitte beachten Sie in diesem Zusammenhang, dass ein Proxy automatisch geöffnet wird, sobald die erste Methode aufgerufen wird.

```
EinkaufServiceClient proxy = new EinkaufServiceClient(context);
proxy.ClientCredentials.Windows.ClientCredential.Domain = "kalimba";
proxy.ClientCredentials.Windows.ClientCredential.UserName = "alice";
proxy.ClientCredentials.Windows.ClientCredential.Password = "geheim";
proxy.Open();
```


Die statische Klasse `WindowsIdentity` im Namespace `System.Security.Principal` gibt über die aktuelle Identität Auskunft:

```
WindowsIdentity.GetCurrent()
```

Die Klasse bietet einige interessante Eigenschaften:

- `AuthenticationType`: Hier wird der tatsächlich verwendete Typ der Windows-Authentifizierung spezifiziert, in einer Arbeitsgruppe beispielsweise NTLM.
- `IsAnonymous`, `IsGuest`: Die Eigenschaft ist `true`, wenn die Identität anonym bzw. ein Gastzugang ist.
- `Name`: Das sind der Benutzername und die Domäne des aktuellen Accounts.
- `User`: Hier sind weitere Informationen, insbesondere die Security ID, enthalten.

Service-Identität

Für Services, die Sie in einem eigenen Prozess hosten, stehen Ihnen die Möglichkeiten des Clients zur Verfügung. Für gewöhnlich laufen Services allerdings auf Servern. Diese können zu jeder Zeit neu gestartet werden, und kein Administrator hat Lust darauf, nach einem solchen Neustart Benutzername und Passwort in einem Dialog einzutippen. Daher werden Services meist nicht in eigenen Prozessen gehostet.

Im Falle IIS/WAS als Host-System ist die Identität des Anwendungspools für die Identität des w3p-worker-Prozesses (w3wp.exe) ausschlaggebend. Und in diesem Prozess läuft die Webseite, die Ihre Services beinhaltet. Auf IIS/WAS gehe ich in den Abschnitten 6.4.5, »IIS«, und 6.4.6, »WAS«, näher ein. Bei NT-Services geben Sie die Identität in den Serviceeigenschaften ein, wie es in Abschnitt 6.4.4, »NT-Services«, bereits erläutert wurde.

Ein Serviceaufruf findet immer in einem Sicherheitskontext statt, auf den Sie im Service zugreifen können.

```
OperationContext.Current.SecurityContext
```

Wenn Sie keine Sicherheit verwenden, dann wird `SecurityContext` null sein, ansonsten können Sie darüber auf die `WindowsIdentity` zugreifen, die mit der Transportsitzung übermittelt wurde, also auf die des Clients. Das ist beispielsweise für Impersonation-Zwecke praktisch, oder um in eine Datenbank den Anwender einzutragen, der eine Änderung veranlasst hat.

Impersonation

Sie können die Identität des Clients annehmen, was man als Impersonation bezeichnet. Das können Sie entweder deklarativ tun, dann für die gesamte Servicemethode, oder aber im Programm, dann nur für Teile des Codes. Und als dritte Möglichkeit für den gesamten Service. Deklarativ geschieht die Zuweisung wie folgt:

```
[OperationBehavior(Impersonation=ImpersonationOption.Required)]
public bool OffeneBestellungenVorhanden()
{
...
```

Die Aufzählung `ImpersonationOption` kennt drei Werte:

- `NotAllowed` (*Standard*): Es findet kein automatischer Identitätswechsel statt.
- `Allowed`: Nur wenn Windows-Authentifizierung verwendet wird, nimmt WCF die Identität des Aufrufers an.
- `Required`: Hier wird WCF angewiesen, die Identität des Aufrufers anzunehmen. Gelingt das nicht, zum Beispiel, weil keine Windows-Authentifizierung verwendet wird, löst WCF eine Ausnahme aus.

Für den manuellen Identitätswechsel im Code kennt die Klasse `WindowsIdentity` die Methode `Impersonate`.

```
WindowsImpersonationContext context =
 OperationContext.Current.ServiceSecurityContext.WindowsIdentity.
Impersonate();
//Arbeit unter fremder Identität erledigen
context.Undo();
```

Listing 6.55 Die Methode »Impersonate«

Mit `context.Undo()` nimmt der Service wieder seine alte Identität an, die wir zuvor in der Variablen `context` gespeichert haben. Um alle Serviceaufrufe unter anderer Identität auszuführen, gibt es einen entsprechenden Eintrag in der Konfiguration.

```
<behavior name="EnableImpersonation">
   <serviceAuthorization impersonateCallerForAllOperations="true" />
</behavior>
```

Wenn Sie diese Option anwenden, dann darf keine Servicemethode den Identitätswechsel verbieten (`ImpersonationOption.NotAllowed`). Das wären die wichtigsten Möglichkeiten. Aber ist ein Identitätswechsel eine gute Idee?

- Wenn keine Windows-Authentifizierung verwendet wird, dann nein, denn das ist Voraussetzung.
- Wenn ein Client über volle administrative oder weitgehende Berechtigungen verfügt, dann vielleicht auch nein, denn ein mit den Rechten des Clients ausgestatteteter Service könnte dann ein Sicherheitsproblem darstellen.
- Bitte beachten Sie auch die Vor- und Nachteile, die ich in der Einführung dazu aufgeführt habe.

Dennoch, es gibt sie: die Fälle, in denen Impersonation von Vorteil ist. Halten Sie den Einsatz aber gering, und überlegen Sie, ob rollenbasierte Sicherheit über ADS-Gruppen nicht die bessere Option ist. Zu wissen, welcher Service zu einer Zeit welche Berechtigung hat, ist Gold wert.

6.10.5 Autorisierung

Nachdem die Identität nun auf Seiten des Service bekannt ist, kann dieser auch die Berechtigungen des Clients überprüfen. Darum geht es in diesem Abschnitt.

Security Auditing

Für Debug- wie auch für Produktionszwecke recht nützlich ist das Security Auditing, das Sie in einer Service Behavior konfigurieren können.

```
<behavior name="EnableAuditing">
  <serviceSecurityAudit auditLogLocation="Security"
    suppressAuditFailure="false"
    serviceAuthorizationAuditLevel="SuccessOrFailure"
    messageAuthenticationAuditLevel="SuccessOrFailure" />
</behavior>
```

Listing 6.56 Security Auditing konfigurieren

Das Protokoll verwendet die Windows-Ereignisprotokollierung, Sie können die Einträge also mit der Windows-Ereignisanzeige betrachten, kurz: Event Viewer (*eventvwr*).

- `auditLogLocation`: Hier wird angegeben, wo die Ereignisse protokolliert werden. Mögliche Werte: `Default` (das Standardprotokoll, abhängig vom Betriebssystem), `Application` (Anwendungsereignisprotokoll) und `Security` (Sicherheitsereignisprotokoll). Standardwert: `Default`

- MessageAuthenticationAuditLevel und ServiceAuthorizationAuditLevel: Das sind die zu protokollierenden Ereignisse. Mögliche Werte: None, Success, Failure und SuccessOrFailure. Standardwert: None
- suppressAuditFailure: Wird hier true konfiguriert wird, dann werden Fehler unterdrückt, die beim Schreiben des Protokolls auftreten.

PrincipalPermissionMode

In der zum Service gehörigen ServiceBehavior müssen wir zunächst einstellen, auf welche Weise die Berechtigungen geprüft werden sollen. Dafür werden wir später das Attribut [PrincipalPermisson] verwenden, dem wir eine Rolle übergeben müssen. Mit PrincipalPermissionMode steuern wir, was diese Rolle bedeutet.

Technisch gesehen wird einem Thread immer ein IPrincipal-Objekt zugeordnet, das wir mittels

```
Thread.CurrentPrincipal
```

abrufen oder setzen können. Mittels PrincipalPermissionMode können wir dann festlegen, was hier von WCF zugewiesen wird. Zur Auswahl stehen:

- None: CurrentPrincipal wird nicht festgelegt.
- UseWindowsGroups: Das ist der Standardwert und weist CurrentPrincipal ein Objekt vom Typ WindowsPrincipal zu. Dies kann der authentifizierte Anwender sein, oder ein anonymes Konto.
- UseAspNetRoles: Verwendet den ASP.NET-Rollenanbieter, um CurrentPrincipal festzulegen.
- Custom: Damit könnten Sie eine eigene Klasse angeben, die IPrincipal dann implementieren muss.

Beispiel:

```
<behavior name="MyServiceBehavior">
   <serviceAuthorization principalPermissionMode="UseAspNetRoles" />
</behavior>
```

Rollenbasierte Sicherheit

In diesem Zusammenhang sprechen wir von rollenbasierter Sicherheit, wenn ein Anwender Mitglied in einer Rolle (hier: ADS-Gruppe) sein muss, damit er auf eine Servicemethode zugreifen kann. Um anzugeben, welche Rolle das sein muss, gibt es das Attribut [PrincipalPermission] aus dem Namespace System.Security.Principal. Somit verwendet WCF hier kein eigenes System, sondern das Standardverfahren in .NET.

Dieses Attribut kann mehrfach angegeben werden, wenn mehrere Rollen auf eine Servicemethode zugreifen dürfen. Es genügt dann, wenn ein Anwender Mitglied einer Rolle ist. Sehen wir uns ein Beispiel an:

```
[PrincipalPermission(SecurityAction.Demand,Role="Kundenservice")]
[PrincipalPermission(SecurityAction.Demand,Role="Leitung")]
public void BestellungAnlegen(Bestellung bestellung, Kontakt kontakt)
{
...
```


Auf die Methode `BestellungAnlegen` können nur Mitglieder der Rolle *Kundenservice* und der Rolle *Leitung* zugreifen, alle anderen erhalten einen Fehler (siehe Abbildung 6.55).

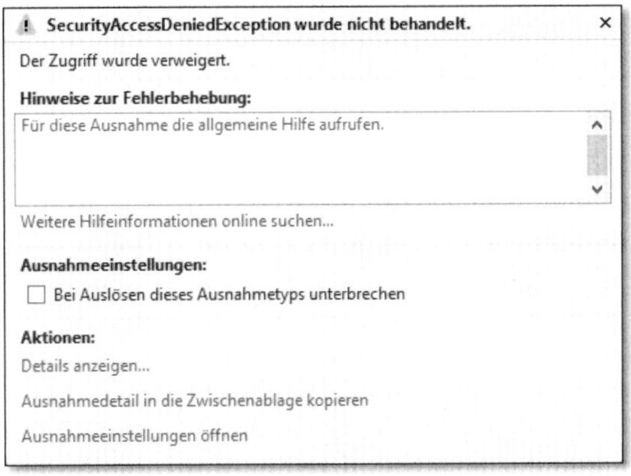

Abbildung 6.55 Unzureichende Berechtigungen

Auf die Angabe der Domäne können wir im lokalen Netzwerk verzichten. Leider ist es nicht möglich, das Attribut einer gesamten Klasse zuzuweisen, wir müssen das für jede Methode einzeln tun.

Aber auch im Code lassen sich die Berechtigungen prüfen. Das ist beispielsweise sinnvoll, wenn neben der Gruppenzugehörigkeit noch weitere Merkmale vorhanden sein müssen. So könnten Sie beispielsweise durchsetzen, dass ein Mitarbeiter nur während seiner Schicht den Service verwenden darf.

```
IPrincipal principal = Thread.CurrentPrincipal;
if (!principal.Identity.IsAuthenticated)
   throw new SecurityException("Zugriff ist nicht authentifiziert");
if (principal.IsInRole("Kundenservice")&&(*eine weitere Bedingung*))
{
   //Erledige Arbeit
```

```
}
else
  throw new SecurityException("Zugriff verweigert");
```

Listing 6.57 Berechtigungen im Code prüfen

Zuerst holen wir uns eine Referenz auf `CurrentPrincipal`. Im Anschluss findet die Prüfung statt, ob der Anwender überhaupt authentifiziert ist. `IPrincipal` verlangt eine Methode `IsInRole`, mit der wir prüfen können, ob der Anwender Mitglied der angegebenen Rolle ist. Diese Prüfung können wir nun mit jeder beliebigen eigenen Prüfung verknüpfen und im Fehlerfall eine `SecurityException` auslösen.

Aus der Praxis

Einige der Softwareprodukte, die wir herstellen, werden in den verschiedensten europäischen Ländern eingesetzt. Dabei zeigt sich immer wieder, dass gerade das Sicherheitskonzept besonders anfällig für Konfigurationsfehler auf den Servern der Gesellschaften ist.

Wir dürfen dabei nicht vergessen, dass eine Menge zusammenkommen muss, damit Autorisierung und Authentifizierung problemlos funktionieren: Active Directory, IIS, WCF, ASP.NET und einige Komponenten im .NET Framework müssen reibungslos zusammenarbeiten.

Meist ist der Aufruf vom Client zum Service problemlos möglich, während der serviceübergreifende Aufruf Probleme bereitet. Wir gehen daher dazu über, die gesamte Konfiguration des Servers unter Einsatz von Virtualisierung über ein Provisioning-System vorzugeben.

6.11 Aus der Praxis: WCF erweitern

WCF bietet viele Erweiterungsmöglichkeiten. Nahezu alle Aspekte der Kommunikation können so erweitert werden. Wenn sie wollten, könnten Sie vermutlich sogar eine Erweiterung schreiben, um Nachrichten über eine Rohrpostanlage zu versenden.

Manchmal ist das aber auch ein bequemes Argument, um Lücken in WCF zu erklären. In der Praxis wird Ihnen häufig ein altes Problem begegnen: das Mandantenproblem. Sie möchten mit einer Anwendung mehrere Mandanten bedienen. Der Mandant wird zuvor im Client ausgewählt und soll zum Service übertragen werden, wo er dann dafür verwendet wird, beispielsweise die Datenbankabfragen zu parametrisieren oder die richtigen Verzeichnisse auszuwählen. Natürlich könnte man das Folgende tun:

- Jeder Servicemethode könnte man den Mandanten übergeben, für den sie ausgeführt werden soll. Entweder als Parameter oder in einem Data Contract gekapselt. Das bläht allerdings die Servicemethoden auf und führt in der Entwicklung zu Mehraufwand. Darüber hinaus ist es wenig komfortabel.
- Wir könnten verschiedene Hosts einsetzen, die wir entsprechend mit jeweils einem Mandanten fest vorkonfigurieren könnten und den Client dann entscheiden lassen, mit welchem Host er sprechen möchte. Dann wäre es aber notwendig, bei jeder Änderung alle Hosts zu aktualisieren. Wenn Sie jetzt noch Produktiv- und Testsysteme einsetzen, dann multipliziert sich die Anzahl der benötigten Konfigurationen.

Viel eleganter hingegen wäre es, wenn wir den Mandanten einmal im Client setzen könnten und er würde dann automatisch und transparent zum Service übertragen werden. Und nicht nur zu einem Service, die Information sollte an alle Services in einer Aufrufkette durchgereicht werden, denn ein Service kann ja wiederum einen anderen Service aufrufen, dieser wieder den nächsten Service usw.

Und wenn wir schon dabei sind, könnten wir gleich weitere Informationen zum Service durchreichen, beispielsweise den PC-Namen des Client-Rechners.

6.11.1 Schritt 1: Das Projekt einrichten

Zunächst benötigen wir ein neues Projekt, eine Klassenbibliothek. Nennen wir sie *KalimbaExtension*. Sie benötigt Verweise auf die folgenden Assemblys:

- `System.Runtime.Serialization.dll`
- `System.ServiceModel.dll`
- `System.Configuration.dll`

6.11.2 Schritt 2: Das Transferobjekt

Das Transportieren des Mandanten und der weiteren Informationen vom Client zum Service übernimmt eine Klasse, `KalimbaHeaderContext.cs`., die Sie bitte dem Projekt hinzufügen.

Diese Klasse benötigen wir zweimal: einmal im Client, um die Werte zu setzen, und einmal im Service, um die Werte abzurufen. Wenn Sie das an Data Contracts erinnert, dann haben Sie völlig recht. Definieren wir also erst einmal, welche Informationen wir transportieren möchten. Den PC-Namen können wir bereits im Konstruktor setzen, wir müssen ihn ja nur aus dem System auslesen. Den Mandanten und den ConnectionString hingegen müssen wir später zuweisen, da diese Werte ja vom Mandanten abhängig sind, der später im Client zur Laufzeit ausgewählt wird.

```
using System;
using System.Collections.Generic;
using System.Linq;
using System.Text;
using System.Runtime.Serialization;
using System.Diagnostics;
using System.ServiceModel

namespace KalimbaExtension
{
[DataContract(Namespace="http://production.kalimba.com/Extensions")]
   public sealed class KalimbaHeaderContext
   {
      public KalimbaHeaderContext()
      {
         ConnectionString = String.Empty;
         Mandant = string.Empty;
         PC = Process.GetCurrentProcess().MachineName;
      }

      [DataMember]
      public string Mandant { get; set; }
      [DataMember]
      public string ConnectionString { get; set; }
      [DataMember]
      public string PC { get; set; }
   }
}
```

Listing 6.58 KalimbaHeaderContext.cs

Für den bequemen Zugriff aus dem Service heraus erstellen wir eine statische Eigenschaft, die wir obiger Klasse hinzufügen:

```
public static KalimbaHeaderContext Incoming
{
   get
   {
     if ((OperationContext.Current != null)&&
         (OperationContext.Current.IncomingMessageHeaders.
         FindHeader("KalimbaHeader", "http://production.kalimba.com/
         Extensions") != -1))
      {
         return OperationContext.Current.IncomingMessageHeaders.
           GetHeader<KalimbaHeaderContext>("KalimbaHeader",
```

```
            "http://production.kalimba.com/Extensions");
        }
        return null;
    }
}
```

Listing 6.59 Statische Eigenschaft erstellen

Zuerst findet die Prüfung statt, ob überhaupt ein `OperationContext` vorhanden ist, für den Fall, dass wir diese Eigenschaft gar nicht aus dem Kontext eines Service abfragen. Danach wird geprüft, ob in den Headern der Nachricht das Transferobjekt überhaupt enthalten ist. Es könnte ja sein, dass der Service von einem Client aufgerufen wird, der es gar nicht an den Proxy anhängt. Erst danach wird mittels `GetHeader` das Objekt aus den Headern abgeholt.

Einen neuen `KalimbaHeaderContext` legen wir an, indem wir auf die statische Eigenschaft `Current` zugreifen. Deren getter prüft, ob die statische Variable `_current` bereits einen Wert enthält. Falls nein, dann wird ein neues Objekt instanziiert, sonst wird das bereits bestehende Objekt zurückgegeben. Den statischen Member `_current` zeichnen wir mit `[ThreadStatic]` aus. Würden wir das nicht tun, dann müssten sich alle Threads (und damit alle Services) ein einziges Objekt teilen. Das ist ja gerade nicht das, was wir wollen, denn wir wollen den Mandanten ja für jeden Serviceaufruf neu setzen können, also für jeden neuen Thread.

```
[ThreadStatic]
private static KalimbaHeaderContext _current;

public static KalimbaHeaderContext Current
{
    get
    {
        if (_current == null)
        _current = new KalimbaHeaderContext();
        Flow(_current);
        return _current;
    }
}
```

Listing 6.60 _current mit [ThreadStatic] auszeichnen

Die Methode `Flow` sieht nach, ob wir uns inmitten eines Service befinden und ob im `OperationContext` das Transferobjekt `KalimbaHeaderContext` vorhanden ist. Falls ja, dann werden die empfangenen Werte (die ja vom Client stammen) gleich übernommen, für den Fall, dass der Service selbst wiederum einen anderen Service aufrufen möchte.

```
public static void Flow(KalimbaHeaderContext contextToSet)
{
   if ((contextToSet != null)&&(KalimbaHeaderContext.Incoming != null))
   {
      contextToSet.Mandant = KalimbaHeaderContext.Incoming.Mandant;
      contextToSet.ConnectionString =
         KalimbaHeaderContext.Incoming.ConnectionString;
      contextToSet.PC = KalimbaHeaderContext.Incoming.PC;
   }
}
```

Listing 6.61 Die Methode »Flow«

Diese Methode weist dem aktuellen Kontext die Werte zu, die aus `Incoming` kommen, also aus dem `OperationContext` des aufgerufenen Service. Der Mandant wird also von Service zu Service weitergereicht.

6.11.3 Schritt 3: Anhängen des Transferobjekts an eine Nachricht

Jetzt folgt der entscheidende Schritt, das Anhängen des oben definierten Transferobjekts `KalimbaHeaderContext` an jede Nachricht des Proxys. Dafür müssen wir eine WCF-Extension schreiben und fügen dem Projekt zu diesem Zweck eine weitere Klasse hinzu, nämlich `KalimbaHeaderExtension.cs`.

```
using System;
using System.Collections.Generic;
using System.Linq;
using System.Text;
using System.ServiceModel.Configuration;
using System.ServiceModel.Description;
using System.ServiceModel.Dispatcher;
using System.ServiceModel.Channels;

namespace KalimbaExtension
{
   public sealed class KalimbaHeaderExtension : BehaviorExtension
   Element, IEndpointBehavior, IClientMessageInspector
   {
     //Noch leer
   }
}
```

Listing 6.62 Klasse »KalimbaHeaderExtension.cs« hinzufügen

Wir müssen von einer abstrakten Klasse ableiten und zwei Schnittstellen implementieren.

BehaviorElementExtension

Von dieser Klasse müssen wir ableiten, da wir ein neues Behavior einführen möchten, das wir dann mit unserer eigenen Extension verbinden. In der Methode `CreateBehavior` müssen wir unsere eigene Extension instanziieren und zurückgeben.


```
protected override object CreateBehavior()
{
   return new KalimbaHeaderExtension();
}

public override Type BehaviorType
{
   get { return base.GetType(); }
}
```

Listing 6.63 Extension instanziieren und zurückgeben

IEndpointBehavior

Diese Schnittstelle muss implementiert werden, da es sich bei dem neuen Behavior um ein `IEndpointBehavior` handeln soll. Von den vier Methoden brauchen wir allerdings nur eine Methode mit Code zu versehen:

```
public void AddBindingParameters(ServiceEndpoint endpoint,
  System.ServiceModel.Channels.BindingParameterCollection bindingParameters)
{
}

public void ApplyClientBehavior(ServiceEndpoint endpoint,
  ClientRuntime clientRuntime)
{
    clientRuntime.MessageInspectors.Add(new
    KalimbaHeaderExtension());
}

public void ApplyDispatchBehavior(ServiceEndpoint endpoint,
  EndpointDispatcher endpointDispatcher)
{
}
```

```
public void Validate(ServiceEndpoint endpoint)
{
}
```

Listing 6.64 Methode mit Code versehen

Ein `MessageInspector` ist eine Art Filter, über den wir die Nachrichten im Service abfangen und analysieren können, die einen Service erreichen oder ihn verlassen. Und das wollen wir ja erreichen: das Transferobjekt an eine Nachricht anhängen, bevor sie auf Reisen geht.

Nachdem wir die eigene Klasse (`KalimbaHeaderExtension`) als `MessageInspector` angegeben haben, müssen wir noch die letzte Schnittstelle implementieren, mit der wir die Nachricht dann abfangen können.

IClientMessageInspector

Diese Schnittstelle erwartet zwei Methoden, für beide Richtungen eines Serviceaufrufs.

```
public object BeforeSendRequest(ref System.ServiceModel.Channels.Message
  request, System.ServiceModel.IClientChannel channel)
{
   MessageHeader header = MessageHeader.CreateHeader("Kalimba
     Header", "http://production.kalimba.com/Extensions",
     KalimbaHeaderContext.Current);
   request.Headers.Add(header);
   return null;
}
```

Listing 6.65 IClientMessageInspector

Mit dieser Methode schließt sich der Kreis. Bevor ein Request stattfindet, wird ein neuer Nachrichten-Header erzeugt, und dort wird das Transferobjekt vom Typ `KalimbaHeaderContext` verpackt. Das ist möglich, da diese Klasse serialisierbar ist, wir haben sie ja als Data Contract gekennzeichnet und Data Member definiert. Der Nachrichten-Header wird damit dem Request angehängt und ist dann später auf Serviceseite wieder über den `OperationContext` abrufbar.

6.11.4 Schritt 4: Der Client

Im Client müssen wir jetzt nicht mehr viel machen. Zuerst benötigt er eine Referenz auf das Projekt *KalimbaExtension*, damit er die soeben erstellten Klassen kennt, und natürlich eine `using`-Anweisung.

```
EinkaufServiceClient proxy = new EinkaufServiceClient(context);
KalimbaHeaderContext.Current.Mandant = "Mandant 1";
KalimbaHeaderContext.Current.ConnectionString = "Ein Connection String";
```

Die einzige Arbeit im Code besteht nun darin, die gewünschten Werte zu setzen, die wir dem Service übergeben möchten. Wir setzen die Werte hier statisch, in der Praxis würden Sie natürlich ein Control einsetzen, damit ein Anwender den Mandanten auswählen kann und den ConnectionString in einer Konfigurationsdatenbank oder Konfigurationsdatei auslesen, statt ihn statisch zuzuweisen.

6.11.5 Schritt 5: Der Service

Der Code im Service ist nicht länger, nachdem wir auch hier Verweis und `using`-Anweisung ergänzt haben:

```
public bool OffeneBestellungenVorhanden()
{
   if (KalimbaHeaderContext.Incoming != null)
      Console.WriteLine("Gewählter Mandant: "
        + KalimbaHeaderContext.Incoming.Mandant);
...
```

Auf dem Server ist es sicherlich sinnvoll, die DLL in den Global Assembly Cache aufzunehmen, statt sie in jedem Service eigens zu verteilen.

6.11.6 Schritt 6: Konfiguration

Würden wir jetzt Service und Client starten, dann hätte sich noch nichts verändert. Denn wir haben zwar das Verhalten programmiert (Behavior), aber WCF noch nicht mitgeteilt, dass wir es auch verwenden möchten.

Wir müssen das Verhalten also in beiden Konfigurationen hinzufügen. Zur Erinnerung: Wir haben ein `endpointBehavior` erstellt, daher müssen wir auch in der Konfiguration ein solches erstellen.

```
<behaviors>
   <endpointBehaviors>
      <behavior name="MyEndpointBehavior">
         <KalimbaHeaderExtension />
      </behavior>
   </endpointBehaviors>
...
```

Und die Zuweisung des Behavior an den Endpoint:

```
<endpoint address="EinkaufService" behaviorConfiguration=
  "MyEndpointBehavior"...
```

Und jetzt noch die Angabe, wo sich die Klasse dafür befindet:

```
<systemServiceModel>
   <extensions>
      <behaviorExtensions>
         <add name="KalimbaHeaderExtension"
              type="KalimbaExtension.KalimbaHeaderExtension,
              KalimbaExtension, Version=1.0.0.0, Culture=neutral,
              PublicKeyToken=null" />
      </behaviorExtensions>
   </extensions>
...
```

6.11.7 Schritt 7: Test

Wir haben nun WCF um eine neue Fähigkeit erweitert: die Fähigkeit, beliebige Daten vom Client zum Service zu übertragen, ohne dass sich deswegen Methodensignaturen oder Data Contracts ändern müssen – also völlig transparent, und das nicht nur vom Client zum Service, sondern auch über mehrere Services hinweg. Dafür hängen wir jeder Anfrage einen Nachrichten-Header an, den wir mit den gewünschten Werten füllen.

Im Service könnten wir diese Informationen dann beispielsweise verwenden, um den Connection-String einer `SqlConnection` mit dem Wert aus `KalimbaHeaderContect.Incoming.ConnectionString` zu belegen. Sobald erstmalig auf `KalimbaHeaderContext.Incoming` zugegriffen wurde, erhalten auch alle anderen Services diesen Header, die der Service aufruft. Wenn wir nun die Extension testen, erhalten wir das in Abbildung 6.56 dargestellte Ergebnis.

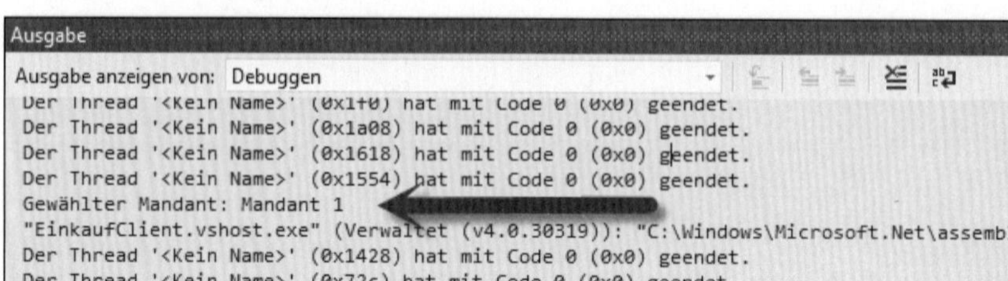

Abbildung 6.56 Der Mandant kommt im Service an, die Extension funktioniert

6.12 Tutorial: Message Queuing

Bisher war es notwendig, dass sowohl Client als auch Service online waren. Eine solche Vorgehensweise ist nicht immer sinnvoll, denn sie macht beide Systeme voneinander abhängig.

6.12.1 Einführung

Wozu Message Queuing?

Eine solche Abhängigkeit ist dann nicht gewünscht, wenn eines der beiden Systeme, oder beide Systeme gleichzeitig, ausfallen dürfen. Häufig ist dieses Szenario in Systemen, die nicht in derselben Domäne leben und deren gleichzeitiger Betrieb daher nicht gewährleistet werden kann. Aber es gibt noch mehr Gründe:

- Vielleicht ist der Service nicht schnell genug, um alle Anforderungen aufzunehmen. Dann dient eine Queue als Puffer und der Service entnimmt einer solchen Warteschlange die Nachrichten in der Geschwindigkeit, in der er sie verarbeiten kann.
- Manchmal möchte man einen Service für eine definierte Zeit außer Betrieb nehmen, zum Beispiel, weil er gegen eine neuere Version ausgetauscht werden soll.

Die beteiligten Systeme werden also isoliert, entkoppelt und arbeiten auch dann, wenn das jeweils andere System nicht erreichbar ist. Das ist der Grundgedanke, der hinter Message Queuing steht.

Dafür gibt es von Microsoft ein Produkt, *Microsoft Message Queuing* (*MSMQ*), das allerdings nicht separat zu erwerben, sondern Bestandteil des Betriebssystems ist. In diesem Tutorial wollen wir zwei Services bauen, die über Message Queues miteinander kommunizieren. Vorab einige Grundlagen.

MSMQ – Was ist das?

MSMQ ist ein Produkt, das es schon eine Weile gibt, genauer seit den Zeiten von Windows NT 4. Aktuell ist die Version, die mit Windows Server 2012 verwendet wird, und die ich auch in diesem Tutorial einsetze. Aber keine Sorge, alle Beispiele können auch mit älteren Versionen nachvollzogen werden. Es gestattet die Kommunikation über Systemgrenzen hinweg und speichert zu diesem Zweck Nachrichten in einer Warteschlange, bis sie zugestellt werden können. MSMQ unterstützt somit nur asynchrone Kommunikation, Rückgabewerte sind daher dem Prinzip nach nicht möglich. Wenn ein Service einen Wert zurückgeben möchte, dann über denselben Weg, über Warteschlangen.

MSMQ kann nicht nur im Kontext von WCF verwendet werden, sondern auch in herkömmlicher Form aus .NET-Programmen heraus. Wir interessieren uns hier aber für die WCF-Anbindung, für die das Binding *netMsmqBinding* geschaffen wurde.

Fallbeispiel

Wir entwickeln für dieses Tutorial zwei Services, die miteinander über Queues kommunizieren und die sich an ein früheres Beispiel anlehnen. Ein Kundenportal (*CustomerPortal*) gestattet es den Kunden der Kalimba Sunfood, sich für den geschlossenen Bereich zu registrieren.

Ein Verkäuferoportal (*SalesPortal*) gestattet es dem Verkäufer, die Anfrage zu bearbeiten und entweder anzunehmen oder abzulehnen. In beiden Fällen wird das *CustomerPortal* über die Entscheidung informiert, und es kann entsprechend darauf reagieren. Im positiven Fall kann es also die entsprechenden Funktionen freischalten und im negativen Fall den Kunden über die Ablehnung informieren.

Beide Systeme sollen über MSMQ verbunden werden, sind also nur lose miteinander verbunden. Sowohl das *CustomerPortal* als auch das *SalesPortal* können zu jeder Zeit abgeschaltet werden, die Queues speichern in diesem Fall die Nachrichten zwischen und liefern sie beim jeweiligen Service ab, sobald dieser wieder verfügbar wird. Wir nennen die beiden Queues *InQueue* und *OutQueue*.

Die Queues sind jeweils aus Sicht des Verkäufers benannt, was bedeutet: In der *InQueue* warten die Freischaltungsanträge am *SalesPortalService*, und in die *OutQueue* kommen die Antworten, die an den *CustomerPortalService* übertragen werden sollen. Schematisch sieht das so aus wie in Abbildung 6.57 dargestellt.

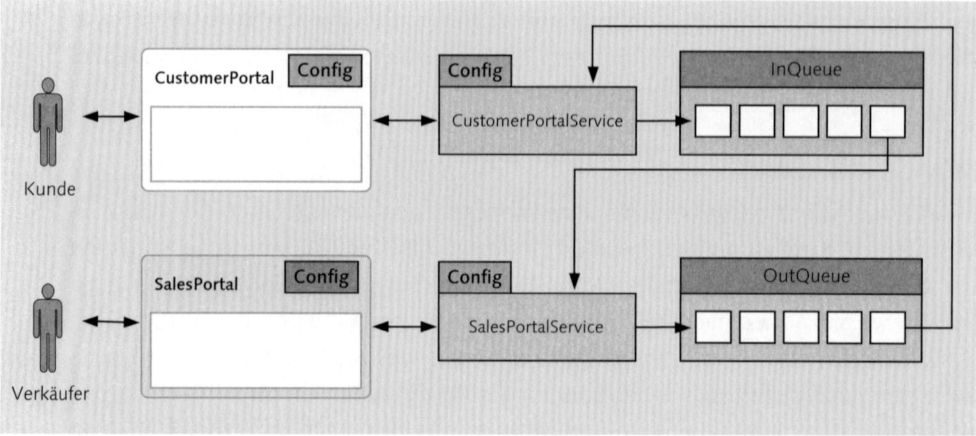

Abbildung 6.57 Schematische Darstellung der Lösung

6.12.2 Schritt 1: MSMQ installieren

Sofern es nicht bereits geschehen ist, installieren Sie bitte MSMQ auf Ihrem Betriebssystem. Unter Windows Server 2012 starten Sie hierzu den Server Manager und dort den Assistenten zum Hinzufügen von Rollen und Features. Die gewünschte Option, MESSAGE QUEUING, finden Sie auf der zweiten Seite, unter FEATURES. Es genügt völlig, wenn Sie den Dienst selbst installieren, auf die Active-Directory-Integration, Routingdienst oder Trigger können Sie verzichten. Die .NET-WAS-Aktivierungsfeatures sollten Sie aber installieren, damit WCF-Services auch direkt aus einer Queue bedient werden können. WAS (siehe oben) übernimmt dann die Aktivierung des Services bei eingehenden Nachrichten in eine Queue.

Damit ist MSMQ bereits installiert und gestartet, es fehlen aber noch die beiden Queues, die wir im nächsten Schritt anlegen wollen.

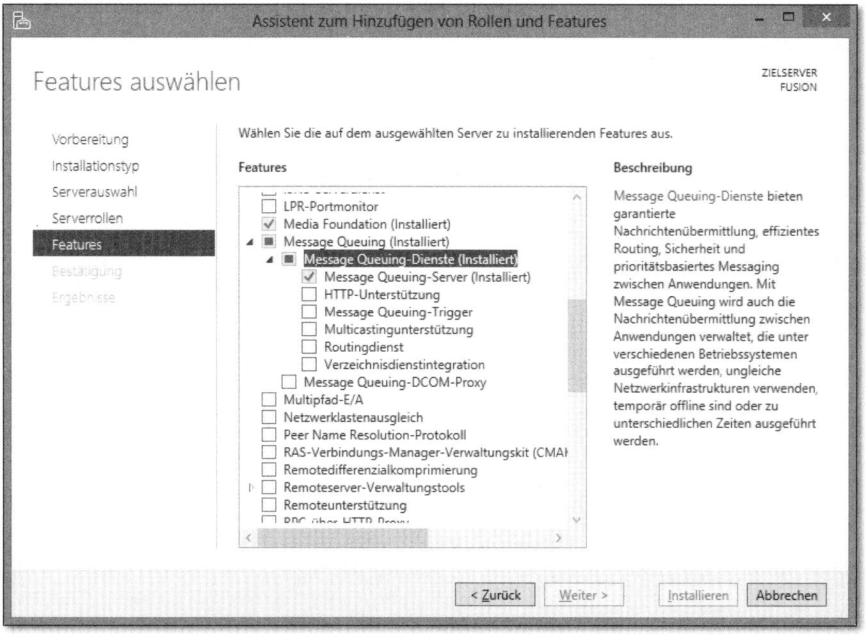

Abbildung 6.58 MSMQ installieren

6.12.3 Schritt 2: Queues anlegen

Die Verwaltungsoberfläche von MSMQ finden Sie unter SYSTEMSTEUERUNG • VERWALTUNG • COMPUTERVERWALTUNG. Wenn Sie nun eine elaborierte Benutzeroberfläche mit vielen Funktionen erwartet haben, muss ich Sie leider enttäuschen. Die Microsoft-Management-Console-(MMC)-Oberfläche ist eher schlicht und funktional gehalten. Ich greife daher auf ein kommerzielles Produkt zurück (*http://www.cogin.com/mq/*), das überdies den unschätzbaren Vorteil bietet, WCF-Nachrichten in den Queues auch als solche anzuzeigen, also lesbar. Lassen Sie mich bei dieser Gelegenheit kurz erwähnen, dass ich selbstverständlich ganz gewöhnlicher Kunde der Unternehmen bin, deren Produkte die ich in diesem Buch empfehle, und dadurch keinerlei Vorteile erhalte.

Sie finden die Managementkonsole sie im Knoten Dienste und Anwendungen • Message Queuing. Öffnen Sie das Kontextmenü des Knotens Private Warteschlangen und wählen Sie dort Neu • Private Warteschlange. Es öffnet sich der in Abbildung 6.59 dargestellte Dialog.

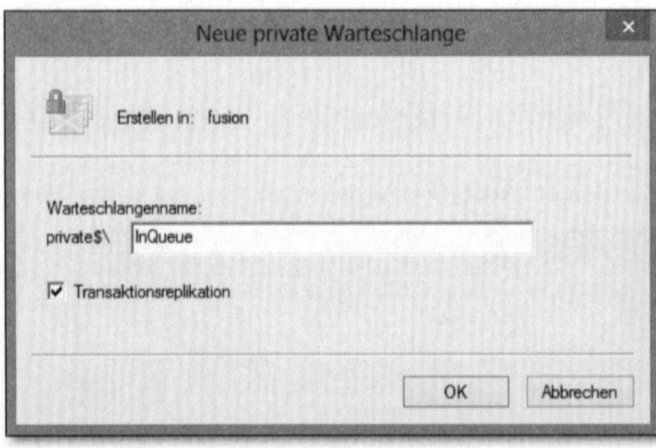

Abbildung 6.59 Eine neue Queue anlegen

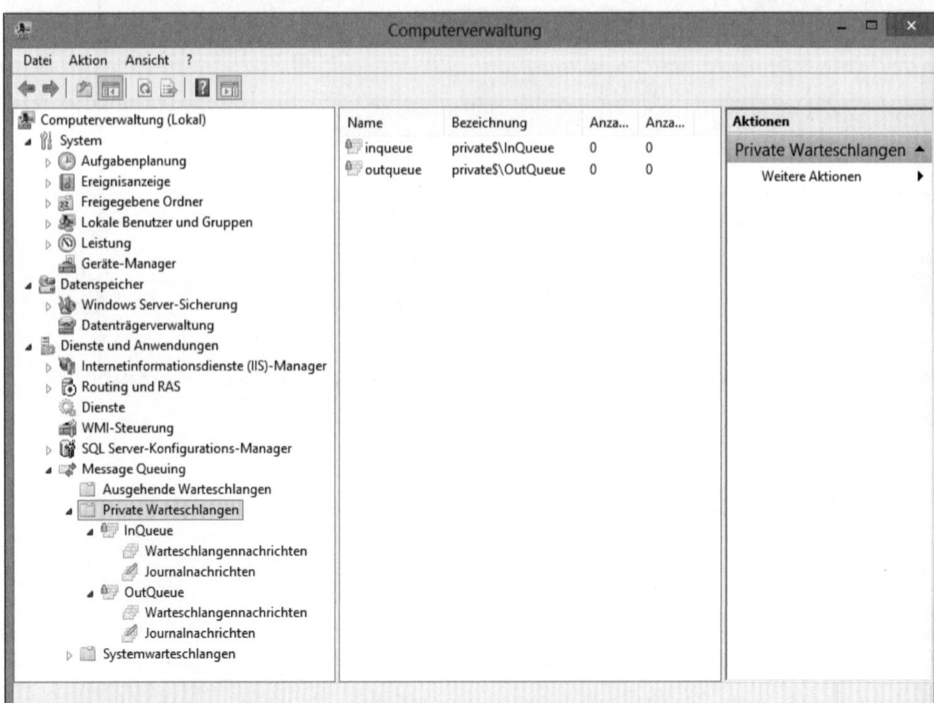

Abbildung 6.60 Das Ergebnis, zwei neue Queues in MSMQ

Legen Sie auf diese Weise bitte beide Queues an und aktivieren Sie die Option TRANSAKTIONSREPLIKATION, mit der Sie eine Warteschlange erzeugen, die Transaktionen unterstützt. Damit ist die Grundlage geschaffen für die beiden Services, die wir im nächsten Schritt erstellen werden.

6.12.4 Schritt 3: Projekte einrichten

Fügen Sie Ihrer Projektmappe bitte zwei Projekte vom Typ KONSOLENANWENDUNG hinzu:

- *CustomerPortal*
- *SalesPortal*

Eine Konsolenanwendung hat für dieses Tutorial den Vorteil, dass wir den Service gleich dort hosten können. In der Praxis würden Sie vermutlich Klassenbibliotheken erstellen und die darin enthaltenen Services separat hosten. Da ich das Hosting allerdings schon ausführlich erläutert habe, ersparen wir uns an dieser Stelle unnötige Komplexität und fassen Service und Host in jeweils einem Projekt zusammen. Bitte fügen Sie beiden Projekten die bereits bekannten Assemblys hinzu:

- *System.Runtime.Serialization.dll*
- *Sytem.ServiceModel.dll*

6.12.5 Schritt 4: CustomerPortalService

Fügen Sie dem Projekt *CustomerPortal* nun einen Service Contract hinzu:

```
using System;
using System.Collections.Generic;
using System.Linq;
using System.Text;
using System.ServiceModel;

namespace CustomerPortal
{
   [ServiceContract]
   public interface ICustomerPortalService
   {
      [OperationContract(IsOneWay=true)]
      void SendRequest(string first_name, string last_name);

     [OperationContract(IsOneWay = true)]
     void GetResponse(bool allowAccess, string first_name,
```

```
            string last_name);
    }
}
```

Listing 6.66 ICustomerPortalService.cs

Die Schnittstelle enthält zwei Methoden: eine zum Anfordern einer Freischaltung und eine für die Mitteilung der Entscheidung des Vertriebs. Wir mussten für diese Methoden `IsOneWay` angeben, da MSMQ ja von Haus aus nur asynchrone Kommunikation erlaubt. Wir erwarten auf unsere Anfrage ja keine unmittelbare Antwort, sondern erst zu einem späteren Zeitpunkt über die Methode `GetResponse`, nachdem der Vertrieb über die Anforderung entschieden hat.

Bevor wir für diese Schnittstelle eine Implementierung schreiben, erstellen wir zuvor den zweiten Service Contract.

6.12.6 Schritt 5: SalesPortalService

Fügen Sie für das Projekt *SalesPortal* ebenfalls einen Service Contract hinzu:

```
using System;
using System.Collections.Generic;
using System;
using System.Collections.Generic;
using System.Linq;
using System.Text;
using System.ServiceModel;

namespace SalesPortal
{
    [ServiceContract]
    public interface ISalesPortalService
    {
        [OperationContract(IsOneWay = true)]
        void GetRequest(string first_name, string last_name);

        [OperationContract(IsOneWay = true)]
        void SendResponse(bool allowAccess, string first_name, string
        last_name);
    }
}
```

Listing 6.67 IPortalService.cs

Dieser zweite Service hat dieselben Methoden, allerdings aus der Blickrichtung des Verkäufers. Während der *CustomerPortalService* Anfragen sendet, empfängt dieser Service die Anfragen und umgekehrt. Abbildung 6.61 zeigt den aktuellen Zwischenstand.

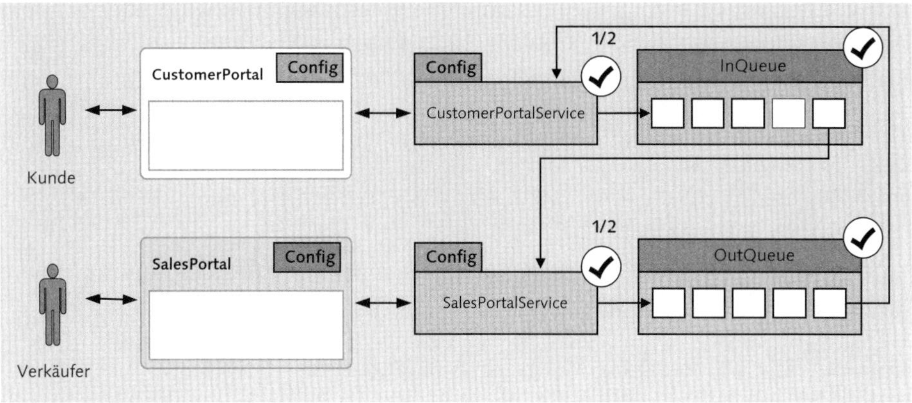

Abbildung 6.61 Das Ergebnis bisher

Die beiden Queues sind eingerichtet, die beiden Services erst zur Hälfte, denn wir haben noch keine Implementierungen für die Service Contracts geschrieben. Das wollen wir jetzt nachholen.

6.12.7 Schritt 6: Implementierungen

In einem gewöhnlichen Szenario, also ohne Queues, würden wir nun gegenseitig Proxys erzeugen, damit wir vom *CustomerPortal* auf das *SalesPortal* zugreifen können und umgekehrt. Dazu würden wir Metadaten veröffentlichen, den Service hosten und jeweils eine Dienstreferenz hinzufügen.

Das könnten wir jetzt genauso machen, es wäre aber sehr unpraktisch, weil wir nicht direkt mit dem Service kommunizieren können, sondern immer nur mit der Queue, an die er angeschlossen ist. Diese Queue hängt also zwischen den Services und verhindert eine direkte Kommunikation. Im Falle des *CustomerPortal* würde das bedeuten, dass wir unsere Anfragen an die *InQueue* schicken müssten. Aber wir wissen ja noch nicht einmal, ob am anderen Ende überhaupt ein Service wartet – er könnte ja zu Wartungszwecken deaktiviert worden sein, was ja gerade den Charme von Message Queuing ausmacht,die Entkoppelung zweier Systeme.

Es ist daher viel eleganter, wenn wir den Weg über die *ChannelFactory* beschreiten, den ich in Abschnitt 6.5.4, »ChannelFactory«, erläutert habe. Dazu benötigen wir aber den Service Contract der jeweiligen Gegenseite, da wir ihn ja nicht mehr über *svcutil* oder über die in Visual Studio integrierte Proxy-Erzeugung erhalten. Kopieren Sie also den Service Contract des jeweils einen Services in den jeweils anderen Service, so dass beide Projekte beide Service Contracts besitzen. Achten Sie aber bitte darauf, dass Sie die Namespaces jeweils auf den Namespace des aktuellen Projektes anpassen.

Nun können wir die beiden Services implementieren, beginnen wir wieder mit dem *CustomerPortalService*:

```
using System;
using System.Collections.Generic;
using System.Linq;
using System.Text;
using System.ServiceModel;

namespace CustomerPortal
{
   public class CustomerPortalService : ICustomerPortalService
   {
      public void SendRequest(string first_name, string last_name)
      {
          NetMsmqBinding binding =
            new NetMsmqBinding(NetMsmqSecurityMode.None);
          EndpointAddress address = new EndpointAddress(
            "net.msmq://localhost/private/InQueue");
          ISalesPortalService proxy =
            ChannelFactory<ISalesPortalService>.CreateChannel
            (binding, address);
          proxy.GetRequest(first_name, last_name);
          Console.WriteLine("Request for {0} {1} sent", first_name,
            last_name);
      }

      public void GetResponse(bool allowAccess, string first_name,
        string last_name)
      {
         Console.WriteLine("Reponse for {0} {1} was: {2}",
           first_name, last_name, allowAccess);
      }
   }
}
```

Listing 6.68 CustomerPortalService.cs

Wenn der *CustomerPortalService* eine Anfrage für eine Freischaltung erhält, leitet er die Anfrage zur Entscheidung an den *SalesPortalService* weiter.

Genau genommen stellt er die WCF-Nachricht in die Warteschlange des *SalesPortal-Service* ein, die *InQueue*. Dazu konfigurieren wir zuerst ein *netMsqmBinding*, das Standard-Binding von WCF für die Kommunikation mit MSMQ-Queues. Anschließend benötigen wir noch die Adresse der Queue, diesmal ohne *$* (also nicht *private$*, sondern *private*). Das Adressierungsschema ist: *net.msmq://server/private/queue_name*.

Anschließend erzeugen wir einen Channel und rufen die entsprechende Servicemethode des *SalesPortalService* auf. Und genau diesen Service implementieren wir als Nächstes:

```
using System;
using System.Collections.Generic;
using System.Linq;
using System.Text;
using System.ServiceModel;
using System.Threading;

namespace SalesPortal
{
   public class SalesPortalService : ISalesPortalService
   {
      public void GetRequest(string first_name, string last_name)
      {
         Random rnd = new Random(this.GetHashCode());
         bool allowAccess = rnd.Next(0, 2)==1;
         Thread.Sleep(10000);
         SendResponse(allowAccess, first_name, last_name);
      }

      public void SendResponse(bool allowAccess, string first_name,
        string last_name)
      {
         NetMsmqBinding binding =
           new NetMsmqBinding(NetMsmqSecurityMode.None);
         EndpointAddress address = new EndpointAddress(
           "net.msmq://localhost/private/OutQueue");
         ICustomerPortalService proxy =
           ChannelFactory<ICustomerPortalService>.
           CreateChannel(binding, address);
         proxy.GetResponse(allowAccess, first_name, last_name);
         Console.WriteLine("Answer sent for {0} {1}, which was:{2}",
           first_name, last_name, allowAccess);
```

```
        }
    }
}
```

Listing 6.69 SalesPortalService.cs

Wenn dieser Service einen Freischaltungswunsch empfängt, entscheidet er zufallsgesteuert darüber und teilt das Ergebnis dem *CustomerPortalService* mit (der dieses Ergebnis dann an der Konsole verkündet). Dafür nimmt er sich zehn Sekunden »Bedenkzeit«. Hierfür verwenden wir abermals eine *ChannelFactory*, wir sprechen also nicht direkt mit dem Service, sondern mit seiner Queue, in diesem Fall mit der *OutQueue*. Wundern Sie sich bitte nicht über den Initialwert (Seed) für unseren Zufallsgenerator: Da jede Anfrage in einer eigenen Instanz abgearbeitet wird, ist der HashCode mit einiger Wahrscheinlichkeit unterschiedlich für alle Instanzen. Und das brauchen wir für Zufallszahlen. Würden wir den Seed weglassen, dann bekämen wir (ebenfalls wieder mit hoher Wahrscheinlichkeit), dreimal dieselbe Entscheidung, da die drei generierten Nachrichten parallel (also zur selben Zeit) von WCF abgearbeitet werden – was den Zeitgeber als Zufallsgenerator-Startwert unbrauchbar macht.

Eine eigene Methode für das Übermitteln der Entscheidung hätten wir hier natürlich nicht gebraucht, aber eigentlich sollte ja nicht der Service die Entscheidung treffen, sondern ein daran angeschlossener Client (an dem hoffentlich ein Mensch sitzt) und der würde dann die Methode `SendResponse` aufrufen.

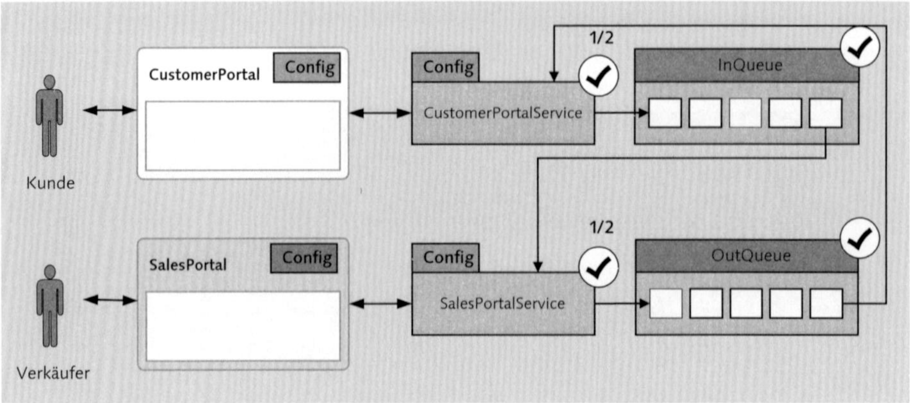

Abbildung 6.62 Die nun fertigen Services

6.12.8 Schritt 7: Hosting

Das Hosting erledigen wir in der *Program.cs* auf althergebrachte Weise, zunächst für den *CustomerPortalService*:

```
using System;
using System.Collections.Generic;
using System.Linq;
using System.Text;
using System.ServiceModel;

namespace CustomerPortal
{
   class Program
   {
      public static void Main(string[] args)
      {
         ServiceHost host =
           new ServiceHost(typeof(CustomerPortalService));
         host.Open();

         NetMsmqBinding binding =
           new NetMsmqBinding(NetMsmqSecurityMode.None);
         EndpointAddress address =
           new EndpointAddress("net.msmq://localhost/private/OutQueue");
         ICustomerPortalService proxy =
           ChannelFactory<ICustomerPortalService>.
           CreateChannel(binding, address);
         proxy.SendRequest("John", "Miller");
         proxy.SendRequest("Adelaine", "Abercrombie");
         proxy.SendRequest("Brad", "Caine");
         (proxy as ICommunicationObject).Close();

         Console.WriteLine("SERVICE CustomerPortalService läuft,
           bitte RETURN drücken, um zu beenden");
         Console.ReadLine();

      }
   }
}
```

Listing 6.70 Program.cs (CustomerPortal)

Zusätzlich zum Hosten des Services erzeugen wir gleich noch drei Freischaltungsanfragen an den *CustomerPortalService*. Damit simulieren wir einen Client, der diesen Service verwenden würde. Und nun noch das Hosting für den *SalesPortalService*:

```
using System;
using System.Collections.Generic;
using System.Linq;
```

```
using System.Text;
using System.ServiceModel;

namespace SalesPortal
{
   class Program
   {
      public static void Main(string[] args)
      {
         ServiceHost host =
            new ServiceHost(typeof(SalesPortalService));
         host.Open();

         Console.WriteLine("SERVICE SalesPortalService läuft, bitte
            RETURN drücken, um zu beenden");
         Console.ReadLine();
      }
   }
}
```

Listing 6.71 Program.cs (SalesPortal)

Wollten wir die beiden Services jetzt starten, so erhielten wir die Fehlermeldung, dass sie über keine Endpunkte verfügen. Das ist richtig, denn wir haben noch keine Konfigurationen angegeben. Bisher haben wir lediglich in die Queue des jeweils anderen Service geschrieben. Nun müssen wir aber noch dafür sorgen, dass die Services die Nachrichten aus ihrer Queue auch abholen und verarbeiten. Abbildung 6.63 zeigt vorher aber noch den neuesten Zwischenstand.

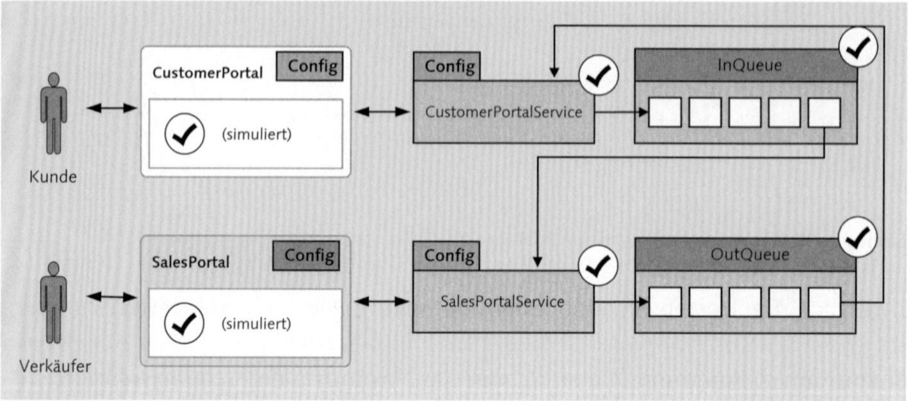

Abbildung 6.63 Ergebnis Schritt 7

6.12.9 Schritt 8: Konfiguration

Fügen Sie zunächst in beiden Projekten eine Anwendungskonfigurationsdatei (*App.config*) hinzu (sofern noch nicht vorhanden), weil wir dort die Konfiguration für die Services speichern. Die *App.config* für das Projekt *CustomerPortal*:

```
<?xml version="1.0"?>
<configuration>
  <system.serviceModel>
    <bindings>
      <netMsmqBinding>
        <binding name="msmqConfiguration">
          <security mode="None" />
        </binding>
      </netMsmqBinding>
    </bindings>
    <behaviors />
    <services>
      <service behaviorConfiguration=""
        name="CustomerPortal.CustomerPortalService">
        <endpoint binding="netMsmqBinding"
          bindingConfiguration="msmqConfiguration"
          name="msmqEndpoint"
          contract="CustomerPortal.ICustomerPortalService" />
        <host>
          <baseAddresses>
            <add baseAddress="net.msmq://localhost/private/OutQueue" />
          </baseAddresses>
        </host>
      </service>
    </services>
  </system.serviceModel>
</configuration>
```

Listing 6.72 App.config (CustomerPortal)

Die Konfiguration gibt keine Rätsel auf: Wir binden den Service an die *OutQueue*. Das bedeutet, der *CustomerPortalService* empfängt seine Nachrichten nicht mehr direkt von einem Client, sondern von dieser Queue. In diese Queue wiederum schreibt der *CustomerPortalService* hinein, wenn er eine Antwort auf den Freischaltungswunsch verschickt.

Beim *CustomerPortalService* ist es genau umgekehrt. Er erhält die Freischaltungswünsche aus der *InQueue*, in die der *CustomerPortalService* sie zuvor hineingestellt hat.

```
<?xml version="1.0"?>
<configuration>
  <system.serviceModel>
    <bindings>
      <netMsmqBinding>
        <binding name="msmqConfiguration">
          <security mode="None" />
        </binding>
      </netMsmqBinding>
    </bindings>
    <behaviors />
    <services>
      <service behaviorConfiguration=""
        name="SalesPortal.SalesPortalService">
        <endpoint binding="netMsmqBinding"
          bindingConfiguration="msmqConfiguration"
          name="msmqEndpoint"
          contract="SalesPortal.ISalesPortalService" />
        <host>
          <baseAddresses>
            <add baseAddress="net.msmq://localhost/private/InQueue" />
          </baseAddresses>
        </host>
      </service>
    </services>
  </system.serviceModel>
</configuration>
```

Listing 6.73 App.config (SalesPortal)

Damit ist die Entwicklung dieses Projekt abgeschlossen. Werfen wir in Abbildung 6.64 noch einen Blick auf den Status, bevor wir uns den Tests zuwenden.

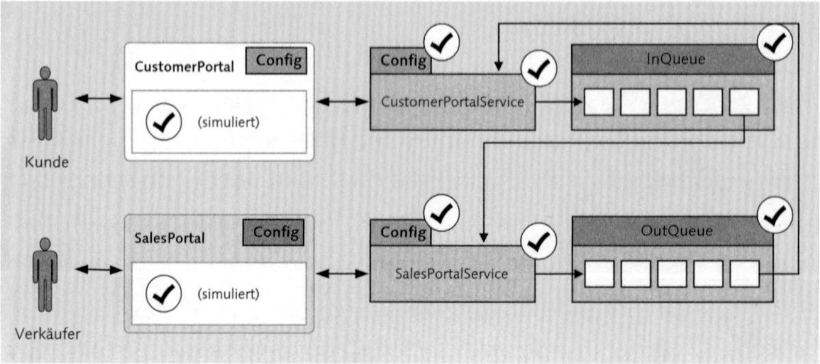

Abbildung 6.64 Die fertige Lösung

6.12.10 Schritt 9: Tests

Für die Tests können Sie wie folgt vorgehen.

CustomerPortalService ruft SalesPortalService

Starten Sie zunächst den *CustomerPortalService*. Damit wird der Service gehostet, und es werden drei Anfragen an den *SalesPortalService* verschickt oder genauer: an dessen *InQueue*.

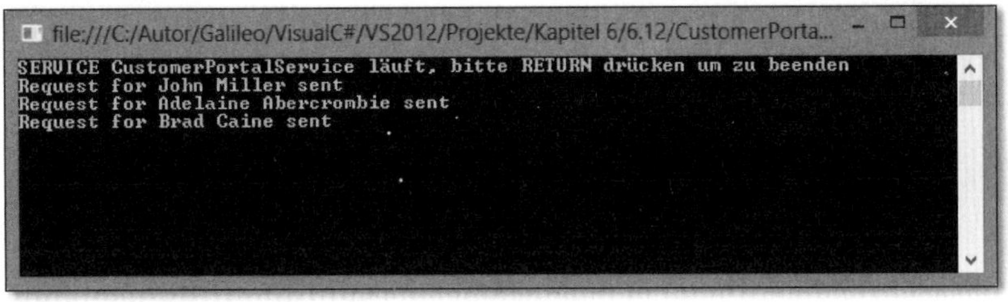

Abbildung 6.65 Drei Anfragen werden gestellt

Da der *SalesPortalService* noch nicht läuft, laufen diese drei Anfragen jetzt in die Message Queue *InQueue*, wovon Sie sich in der MSMQ-Konsole überzeugen können (siehe Abbildung 6.66).

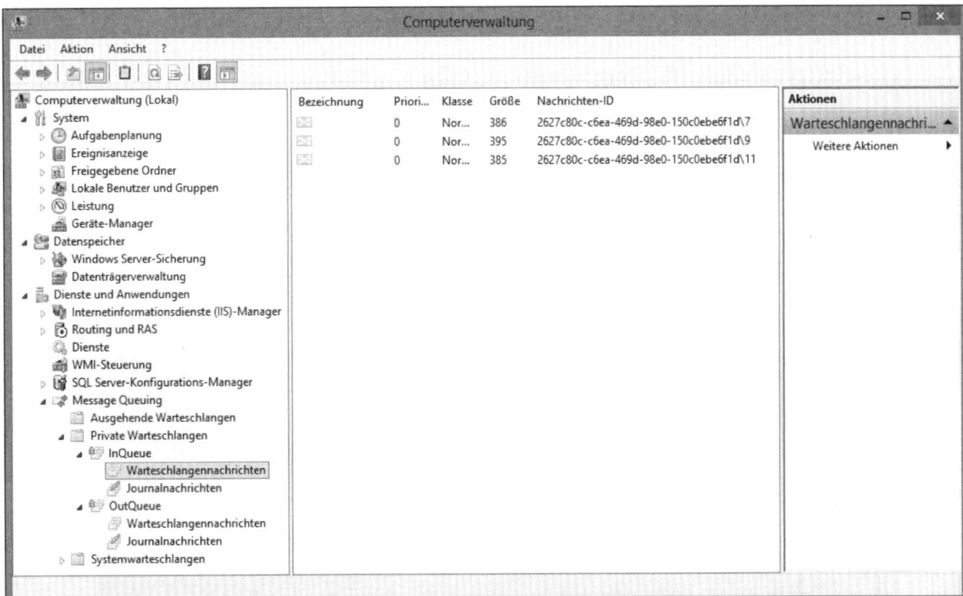

Abbildung 6.66 Die drei Anfangen werden in der InQueue zwischengespeichert, bis sie der SalesPortalService abholt.

Die Nachrichten selbst können Sie in den Queues ebenfalls abrufen, indem Sie doppelt darauf klicken und in den Karteireiter NACHRICHTENTEXT wechseln. Die Darstellung, die an einen Hex-Editor erinnert, wird Sie aber nicht überzeugen. Im QueueExplorer können Sie, wie gesagt, den Nachrichtentext im Klartext sehen, und zwar unter dem Karteireiter WCF.

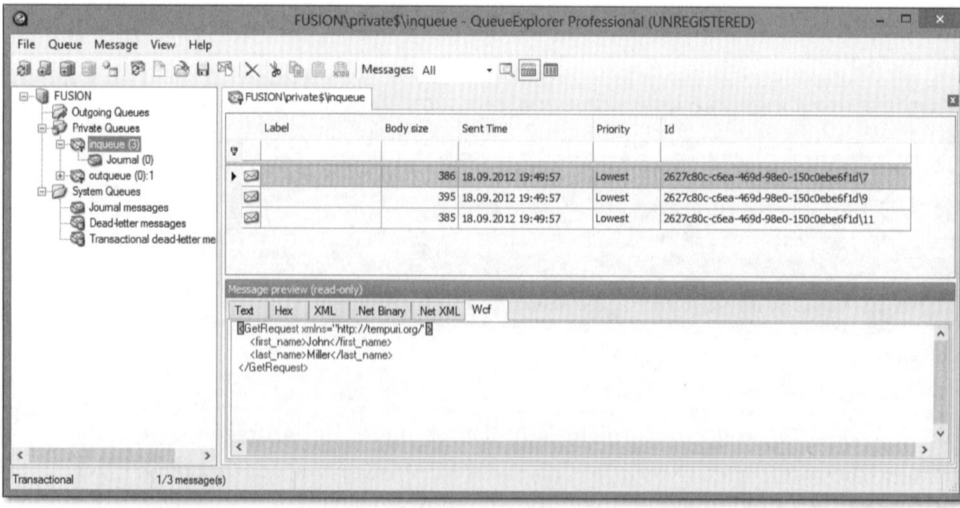

Abbildung 6.67 Darstellung einer WCF-Anfrage im QueueExplorer

SalesPortalService ruft CustomerPortalService

So weit, so gut. Starten Sie nun bitte den *SalesPortalService*. Sofort beginnt dieser, die Nachrichten aus der *InQueue* abzuholen und zu verarbeiten. Das Ergebnis schickt er an die *OutQueue*, an der der *CustomerPortalService* schon auf das Ergebnis wartet. Ein wenig dauert das, weil wir in unserer »Entscheidungsroutine« ja eine kleine Wartezeit eingebaut haben.

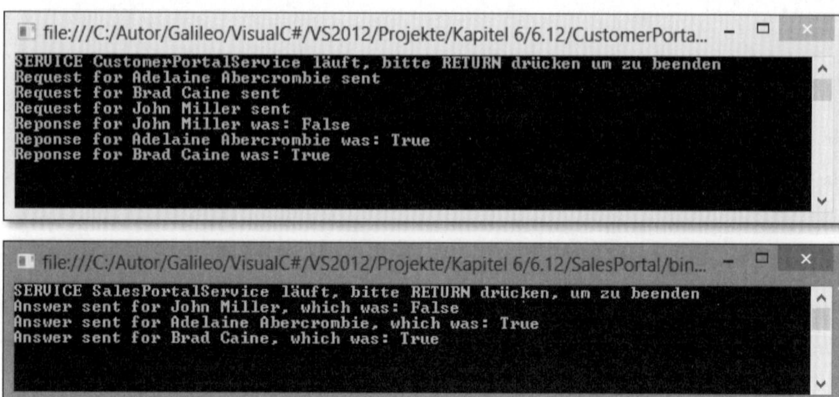

Abbildung 6.68 Beide Services arbeiten

Variation

Beenden Sie nun bitte beide Services, starten Sie den *CustomerPortalService* erneut und gleich darauf den *SalesPortalService*. Es werden wieder drei Anfragen erstellt. Beenden Sie nun den *CustomerPortalService* wieder und zwar innerhalb von zehn Sekunden. Wiederum laufen die WCF-Nachrichten in einer Warteschlange auf, diesmal in der *OutQueue*. Wenn Sie jetzt, sagen wir nach einer Minute, den *CustomerPortalService* wieder starten, dann erscheinen die Response-Meldungen wieder so, als wäre der Service niemals offline gewesen.

Damit haben wir die beiden Services wirklich voneinander entkoppelt. MSMQ und WCF kümmern sich gemeinsam darum, dass die Nachrichten sicher ihr Ziel erreichen, auch wenn einer oder beide Services nicht erreichbar sind. Das ist ein großer Schritt hin zu verlässlicher Software.

Wenn Sie erst einmal beginnen, mit MSMQ ein Szenario umzusetzen, dann sehen Sie vermutlich viele gewinnbringende Einsatzszenarien für diese Technologie in Ihrer Praxis. Nicht in allen Fällen natürlich, aber doch in vielen sind die Vorteile die höhere Komplexität bei Entwicklung und Betrieb mehr als wert.

Mit diesem Finale endet dieses Kapitel. Ich hoffe, es hat Ihnen Freude bereitet, und ich konnte Ihnen die WCF ein wenig näher bringen. Ich kann mich noch gut an mein erstes WCF-Projekt erinnern, damals noch mit der Beta-Version des Produkts umgesetzt. Bereits damals war WCF ein brauchbares Werkzeug für verteilte Kommunikation und so wundert es nicht, dass die Software auch heute noch, fast 7 Jahre später, ihre Dienste verrichtet. Seither ist die WCF deutlich erwachsener geworden und empfiehlt sich immer dann, wenn zwei Stellen miteinander kommunizieren müssen, über Prozess- oder Rechnergrenzen hinweg.

Kapitel 7
Datenbank und Datenzugriff

Objekte und Relationen passen einfach nicht zusammen.
(frei nach Loriot)

Das Zitat dieses Kapitels ist kein sehr optimistischer Einstieg, finden Sie? Aber es lässt sich leider nicht verleugnen, die objektorientierte Welt moderner Anwendungssoftware und die althergebrachte Welt der relationalen Datenbanksysteme sind grundverschieden.

Die Grundlagenschrift relationaler Systeme, der Aufsatz von Edgar F. Codd, liegt bereits 40 Jahre zurück. Natürlich haben sich die *Datenbank-Managementsysteme* (*DBMS*) seither gewandelt. Sie unterstützen heute mehrheitlich XML, sind in weiten Teilen programmierbar, können mit Terabytes an Daten umgehen und implementieren unzählige fortschrittliche Technologien. Aber dennoch bleibt das wesentliche Konstrukt die Relation, ein mathematisches Konstrukt, das man vereinfachend mit einer Tabelle gleichsetzen kann. Nahezu alle anderen Objekttypen, Sichten, (Fremd-)Schlüssel, Trigger oder Funktionen erweitern diese um Merkmale wie Sicherheit, Datenintegrität oder Validierung.

Die objektorientierte Welt kennt keines dieser Konstrukte. Eine Tabelle ist nicht einmal ansatzweise mit einer Klasse zu vergleichen, und die vielfältigen Beziehungen zwischen Klassen, in der UML im Wesentlichen durch die Assoziationstypen gekennzeichnet, sind ebenso verschieden wie die üblichen Fremdschlüsselbeziehungen relationaler DBMS.

Eine Vielzahl an Technologien existiert, um beide Welten zu überbrücken. In diesem Kapitel erläutere ich einen vielversprechenden Ansatz, das *Entity Framework*. Und doch sind alle diese Technologien lediglich ein Kleber für zwei Bauteile, die sonst einfach wirklich nicht aneinander kleben würden.

Mit den reinen objektorientierten Systemen gibt es bereits seit vielen Jahren Systeme, die weit besser für die Ablage und das Auffinden von Daten geeignet sind, sie haben sich aber bisher nicht durchgesetzt und es sieht auch nicht danach aus, als würden sie es jemals. Denn für die klassischen, relationalen Systeme spricht tatsächlich einiges. Einige Vorteile sind hier benannt:

- Sie sind ausgereift. Das ist eine sehr wichtige Voraussetzung, um ihnen über Jahre (wenn nicht Jahrzehnte) hinweg seine Daten anzuvertrauen.
- Sie sind kompatibel und erst einmal unabhängig von Programmiersprachen, Entwicklungsphilosophien und konkreten Produkten. Dieselbe Oracle-Datenbank kann sowohl von .NET-Clients genutzt werden als auch von Java-Clients.
- Sie sind einfach. In vielen Anwendungen kommen lediglich Tabellen, Beziehungen und vielleicht noch Sichten (Views) zum Einsatz. Diese Konzepte sind leicht zu verstehen und leicht umzusetzen.
- Trotz (oder gerade wegen) ihrer Einfachheit sind sie hinsichtlich Datenspeicherung, Abfrageleistung oder des gleichzeitigen Zugriffes mehrerer Anwender hoch optimiert (was wiederum hoch kompliziert ist). Entsprechend gut ist ihre Performance, und entsprechend groß sind die Möglichkeiten, diese an eine konkrete Situation anzupassen.
- SQL ist die standardisierte Abfragesprache, auch wenn jeder Hersteller seine eigenen Erweiterungen einbaut. Viele Systeme lehnen sich daran an. Auch die Syntax von LINQ erinnert stark an die von SQL, wenn auch LINQ und SQL sonst nicht viel eint.
- Die Struktur einer Datenbank lässt sich zu jeder Zeit verändern, zum Beispiel durch Hinzufügen neuer Tabellen. Das System wird sich dennoch auf vorhersagbare Weise verhalten.
- Mit den Sichten lassen sich logische Sichten auf die Daten definieren, die von den physikalischen Relationen abweichen können. Das eröffnet eine Möglichkeit zur Abstraktion von Daten und ermöglicht die Umsetzung von Sicherheitskonzepten.
- Es gibt eine reiche Infrastruktur um die DBMS herum, zum Beispiel Modellierungswerkzeuge, Abfragegeneratoren oder Reportingtools.

Relationale Datenbanken werden also noch lange bestehen bleiben. In diesem Kapitel geht es daher um sie. Aufgrund der Themenfülle musste ich eine Auswahl treffen und bespreche hier Techniken, die entweder (relativ) neu sind (Entity Framework), die seltener eingesetzt werden (Volltextsuche) oder beides (WCF Data Services). Ich steige also dort ein, wo Einsteigerbücher zu C# und Visual Studio normalerweise aufhören.

Mit dem SQL Server 2012 gibt es ein neues Werkzeug, die *SQL Server Data Tools (SSDT)*. War es früher noch nötig, in zwei Tools zu arbeiten, Visual Studio und dem *SQL Server Management Studio (SSMS)*, so lassen sich die meisten Aufgaben nun in Visual Studio (genauer: in der SSDT-Erweiterung) erledigen. SSMS rückt damit mehr in den Fokus der Administratoren. Aber, keine Sorge, praktisch alle Beispiele lassen sich genauso gut auch mit der Vorgängerversion des SQL Servers nachvollziehen und einige darüber hinaus auch mit noch älteren Versionen. Allerdings unterscheidet sich die Bedienung doch im Detail von Version zu Version.

Ich setze voraus, dass Sie bereits mit SQL umgehen können und erste Erfahrungen im Einsatz des SQL Servers von Microsoft gesammelt haben, gerne auch mit der Express Edition. Einige Abschnitte sind SQL-serverspezifisch, wiederum andere behandeln .NET-Technologien, die, wenigstens grundsätzlich, datenbankunabhängig sind.

7.1 .NET im SQL Server

Seit einigen Jahren, genauer seit der Version 2005 des SQL Servers, besitzt dieser die Fähigkeit, .NET-Code innerhalb des SQL-Server-Prozesses auszuführen.

Bis dahin war T-SQL das Mittel der Wahl, das aber weiterhin unterstützt und weiterentwickelt wird. Meist kommt solcher Code innerhalb eines Triggers, einer Stored Procedure oder einer Funktion vor. Das ist nun auch mit .NET-Code möglich.

Das Verwenden einer zeitgemäßen Sprache und einer zeitgemäßen Runtime bietet viele Vorteile gegenüber proprietären Ansätzen – wie T-SQL – weswegen andere Datenbanksysteme dies schon länger unterstützen. Ich kann mich noch gut an meinen ersten Java-Code innerhalb einer Oracle-Instanz erinnern.

7.1.1 Vorbereitungen

In meinen Beispielen verwende ich eine sehr einfache Datenbank, *kalimba_erp*. Diese lernen Sie in Abschnitt 7.4, »Filestream«, kennen. Die Verwendung der CLR innerhalb des SQL Servers ist erst einmal deaktiviert. Sie können dies mit dem Aufruf einer mitgelieferten Stored Procedure prüfen:

```
sp_configure 'clr enabled'
```

Das Ergebnis sieht standardmäßig so aus:

```
clr enabled 0   1   0   0
```

Der dritte Wert gibt an, dass die CLR-Unterstützung derzeit nicht aktiviert ist und der vierte Wert, folgerichtig, dass sie in der aktuellen Instanz auch nicht ausgeführt wird.

Um die Unterstützung zu aktivieren, führen Sie bitte aus:

```
sp_configure 'clr enabled',1
GO

reconfigure
GO
```

Alle hier gezeigten Beispiele beziehen sich auf den SQL Server 2012, sind aber – wie gesagt – auch mit älteren Versionen kompatibel.

7.1.2 Benutzerdefinierte Datentypen

Mithilfe von .NET lassen sich eigene Datentypen dem SQL Server hinzufügen, die dann für Tabellen so verwendet werden können wie die mitgelieferten Datentypen. Ihre Reichweite ist begrenzt, denn ganze Objekte lassen sich so in einem Feld nicht speichern. Vielmehr muss der Datentyp in einen `string` konvertiert werden können, damit die Werte darüber ausgegeben werden können.

Im Folgenden wollen wir den Datentyp `TelephoneNo` erstellen, der eine Telefonnummer im sogenannten kanonischen Format speichert und darstellt und somit innerhalb einer Kunden- oder Adressdatenbank häufig verwendet werden kann.

1. Legen Sie zunächst ein neues Datenbankprojekt an, dafür bringt Visual Studio bereits einige Vorlagen mit. Wählen Sie VISUAL C# SQL CLR-DATENBANKPROJEKT, und nennen Sie es *kalimba_sql* (siehe Abbildung 7.1).

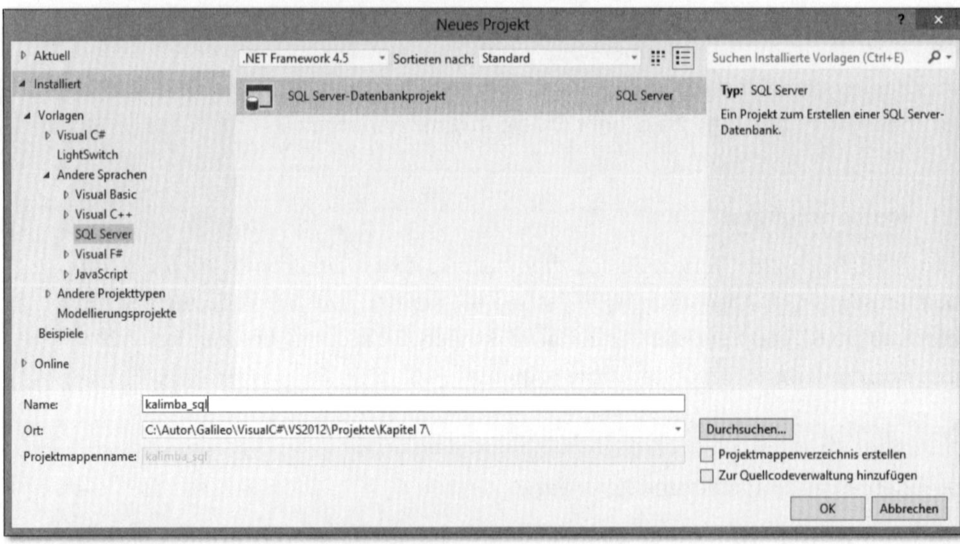

Abbildung 7.1 Neues Projekt anlegen

2. Verschiedene SQL Server unterstützen verschiedene Versionen der CLR, SQL Server 2008-R2 beispielsweise die Version 3.5, SQL Server 2012 die Version 4. Am besten ist es, wenn Sie unmittelbar nach Anlage des Projekts in den Projekteigenschaften die SQL-Server-Version angeben, für die Sie entwickeln, und das Ziel-Framework auf 4.0 einstellen.

   Nebenbei bemerkt: In den Projekteigenschaften (siehe Abbildung 7.2) lassen sich eine ganze Reihe nützlicher Dinge einstellen, beispielsweise die Datenbankeinstellungen, wie die Sortierreihenfolge oder der Kompatibilitätslevel.

3. Fügen Sie dem Projekt ein neues Element, SQL CLR C# – BENUTZERDEFINIERTER TYP hinzu, das Sie *TelephoneNo.cs* nennen (siehe Abbildung 7.3).

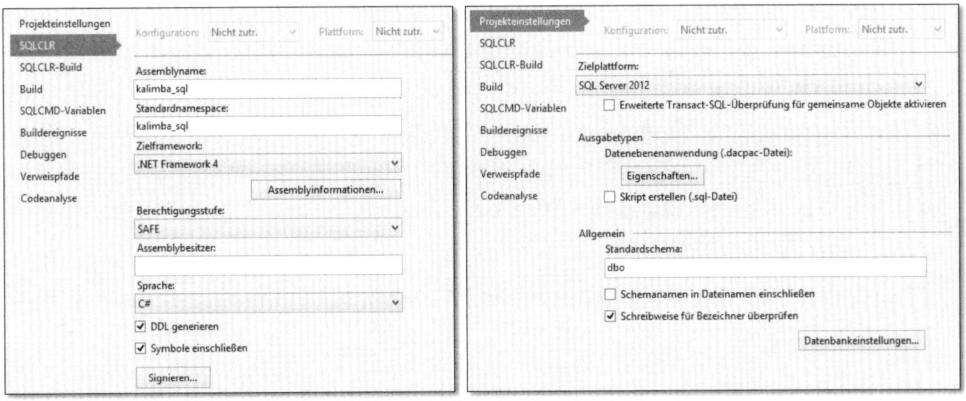

Abbildung 7.2 Projekteigenschaften

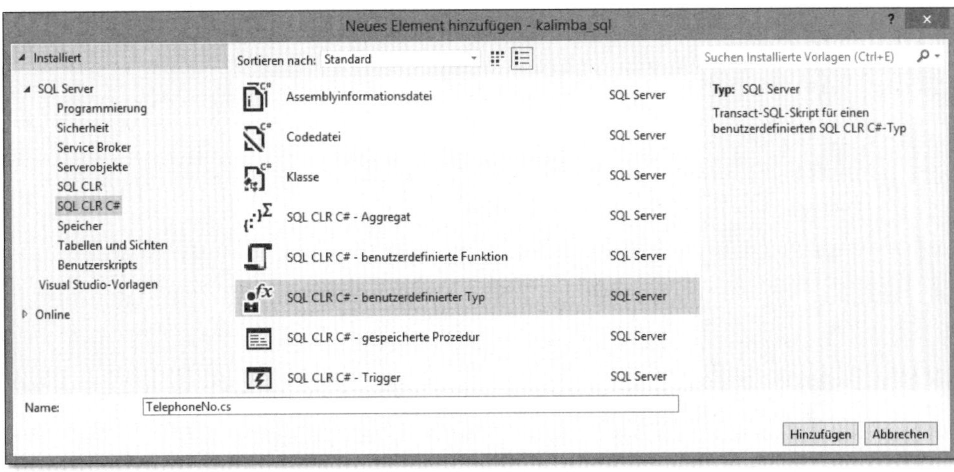

Abbildung 7.3 Ein neues Element hinzufügen

In den anderen Karteireitern begegnet Ihnen eine erstaunliche Fülle an möglichen Elementen, von denen viele jedoch lediglich vorgefertigte SQL-Statements sind. Neben den benutzerdefinierten Typen gibt es, in der C#-Fraktion, auch noch benutzerdefinierte Funktionen, Aggregate, gespeicherte Prozeduren und Trigger. Aber dazu später mehr.

4. Visual Studio erzeugt einen neuen `struct` vom Typ `TelephoneNo`, der `INullable` implementiert. Damit kann der Wert der Spalte auch `NULL` annehmen, eine wichtige Voraussetzung für einen SQL-Server-Datentyp.
5. Leider fehlt in dem erzeugten Template der Namespace, den Sie daher bitte hinzufügen (in unserem Beispiel `namespace kalimba_sql`).

   Wichtig ist, dass unser `struct` serialisierbar und mit dem Attribut `SqlUserDefinedType` ausgezeichnet ist. Beides hat VS bereits für uns erledigt. Der Parameter `Format` gibt an, wie die Daten im SQL Server gespeichert werden. Der Wert `Format.Native` ist für unsere Zwecke ausreichend und serialisiert automatisch, nach einem einfachen Verfahren. Zwei weitere Parameter des Attributs:

- `IsByteOrdered`: Lautet die Ausgabe `true`, dann können Sie diese Spalte in Indizes verwenden und danach gruppieren und sortieren. Der Standardwert ist `false`.
- `IsFixedLength`: Lautet die Ausgabe `true`, dann ist die Länge aller Werte gleich. Der Standardwert ist `false`.

Hier ist der Code für die benutzerdefinierte Funktion:

```
using System;
using System.Data;
using System.Data.SqlClient;
using System.Data.SqlTypes;
using Microsoft.SqlServer.Server;

namespace kalimba_sql
{
    [Serializable]
    [Microsoft.SqlServer.Server.SqlUserDefinedType(Format.Native)]
    public struct TelephoneNo : INullable
    {

        private int _countryCode;
        private int _areaCode;
        private int _no;
        private bool _null;

        public TelephoneNo(int countryCode, int areaCode, int no)
        {
            _null = false;
            _countryCode = countryCode;
            _areaCode = areaCode;
            _no = no;
        }

        public override string ToString()
        {
            if (IsNull)
                return null;
            return
                String.Format("+{0}-{1}-{2}", _countryCode, _areaCode, _no);
```

```
}

public bool IsNull
{
    get
    {
        return _null;
    }
}

public static TelephoneNo Null
{
    get
    {
        TelephoneNo h = new TelephoneNo();
        h._null = true;
        return h;
    }
}

public static TelephoneNo Parse(SqlString s)
{
    if (s.IsNull)
        return Null;
    //z.B. +49-8434-4363
    try
    {
        string[] elements = s.Value.Split('-');
        if (elements.Length != 3)
        throw new ArgumentException(
          "Die Telefonnummer muss aus drei Teilen bestehen");
        elements[0] = elements[0].TrimStart('+');
        return new TelephoneNo(Convert.ToInt32(elements[0]),
        Convert.ToInt32(elements[1]),
        Convert.ToInt32(elements[2]));

    }
    catch (FormatException ex)
    {
        throw new ArgumentException(
          "Falsches Format. Richtig: 99-9999-9999.",ex);
    }
```

```
            }

        }
    }
```

Listing 7.1 Code der benutzerdefinierten Funktion

Die Funktionsweise ist nicht weiter schwierig, wenn wir uns klarmachen, dass es im Kern immer darum geht, aus einem String ein Objekt und aus einem Objekt wieder einen String zu machen.

Zunächst benötigen wir drei private Variablen, um die drei Elemente einer Telefonnummer (Ländervorwahl, Ortsvorwahl und Rufnummer) zu speichern und eine weitere, um den Wert `NULL` zu speichern.

Ein Konstruktor nimmt die drei Parameter entgegen und speichert sie in den drei Variablen.

Die Methode `ToString` müssen wir überschreiben, da der Wert als `string` ausgegeben wird. Im Falle eines `NULL`-Wertes in der Datenbank wird `null` zurückgegeben. Die SQL-Tools geben dann einen leeren String zurück. Wir hätten natürlich auch eine Konstante angeben können, z. B. »Kein Wert« oder »null« als Zeichenkette.

`INullable` verlangt eine Eigenschaft `IsNull`, die einfach die Variable `_Null` abfragt und deren Wert zurückgibt. Die statische Eigenschaft `Null` gibt ein leeres `TelephoneNo`-Objekt zurück. Die Methode `Parse` ist das Gegenstück von `ToString`. Sie wertet eine eingegebene Zeichenkette aus, splittet diese also in die drei Bereiche einer Rufnummer auf, erstellt daraufhin ein neues Objekt und gibt dieses zum Schluss zurück.

Soweit zur Funktionsweise, nun zur Anwendung – wir deployen das Projekt und testen die Funktionalität. Wenn Sie bereits den SQL Server 2012 einsetzen, dann sollten Sie die zuvor erstellte Datenbank *kalimba_erp* importieren. Wählen Sie dafür aus dem Kontextmenü des Projekts die Option IMPORTIEREN • DATENBANK. Eine eigene Projektdatei benötigen wir für unsere Beispiele nicht. Die neuen Data Tools prüfen die Abhängigkeiten. Wenn wir also später für eine Tabelle einen Trigger hinzufügen, dann müssen die Data Tools die Tabelle kennen, für die der Trigger definiert wurde, weil sonst bereits beim Erstellen des Projekts ein Fehler ausgelöst wird.

1. Wählen Sie VERÖFFENTLICHEN im Kontextmenü des Projekts aus. Geben Sie nun eine Zieldatenbankverbindung an, also einen SQL Server und eine dort installierte Datenbank. Auf dem Server muss die CLR bereits aktiviert worden sein. Das Script zum Erstellen der Datenbank finden Sie auf der CD. Die Deployment-Einstellungen lassen sich auch in Profilen verwalten.
2. Sie können den Erfolg einfach überprüfen, indem Sie den entsprechenden Knoten im Management Studio öffnen, wie in Abbildung 7.5 zu sehen ist.

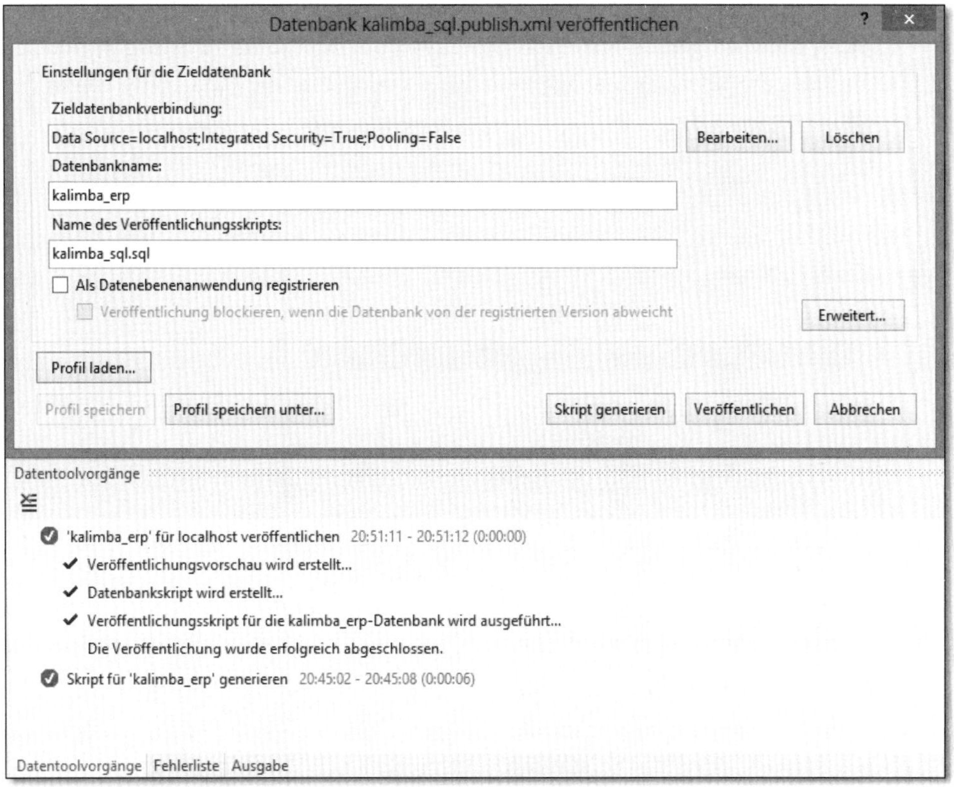

Abbildung 7.4 Deployment des benutzerdefinierten Typs

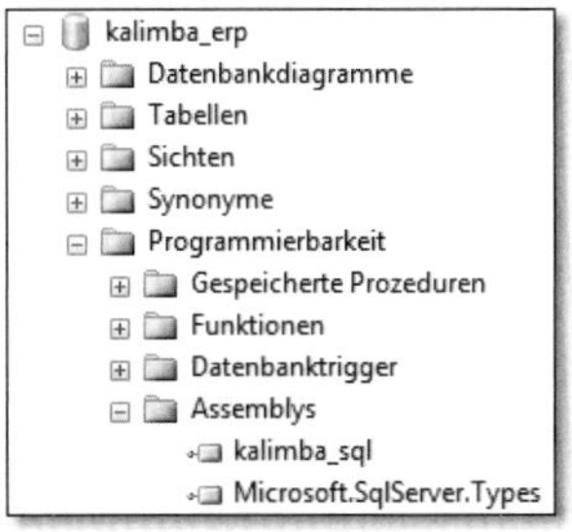

Abbildung 7.5 Die im SQL Server installierte Assembly

Das Ergebnis ist die installierte Assembly, direkt im SQL Server. Die Datei selbst ist im SQL Server enthalten, es wird nicht etwa die Datei im Projektverzeichnis verwendet. Wenn Sie sich das SQL-Script anzeigen lassen, indem Sie statt auf VERÖFFENTLICHEN auf SKRIPT GENERIEREN klicken, dann sehen Sie die zugehörigen SQL-Statements, die Sie statt über das Deployment-Tool auch eigenständig auf dem SQL Server ausführen können.

3. Öffnen Sie die Tabelle *customer* im Entwurfsmodus, und fügen Sie eine weitere Spalte, *tel*, vom gerade erstellten Datentyp `TelephoneNo` hinzu (siehe Abbildung 7.6). Das geht über das Management Studio oder über die Data Tools, wie in der Abbildung gezeigt.

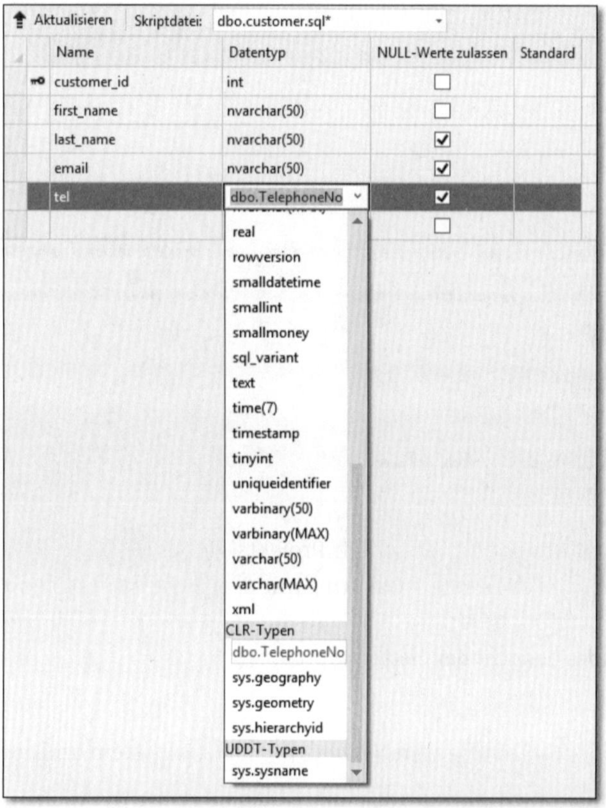

Abbildung 7.6 Die neue Spalte mit dem benutzerdefinierten Datentyp

4. Öffnen Sie die Tabelle im BEARBEITEN-Modus, und geben Sie einige Telefonnummern ein. Dafür müssen Sie nun aber doch wieder das Management Studio bemühen. Machen Sie dabei auch einmal Fehler, beispielsweise indem Sie nur die Ortsvorwahl eingeben. Der SQL Server zeigt Ihnen dann die `ArgumentException` an, die wir in der `Parse`-Funktion im Fehlerfall auslösen.

Das war es bereits. Wir haben einen neuen Datentyp in .NET mit C# erzeugt, in den SQL Server importiert und getestet. Da dieser Datentyp nach außen hin, zum Beispiel in SQL-Abfragen, als `String` erscheint, werden Ihre Anwender in den meisten Fällen gar nicht merken, dass sie es mit einem neuen Datentyp zu tun haben. Dennoch sollten Sie den Einsatz neuer Datentypen beschränken, aus Gründen der Kompatibilität mit C#-Code und aus Gründen der Performance.

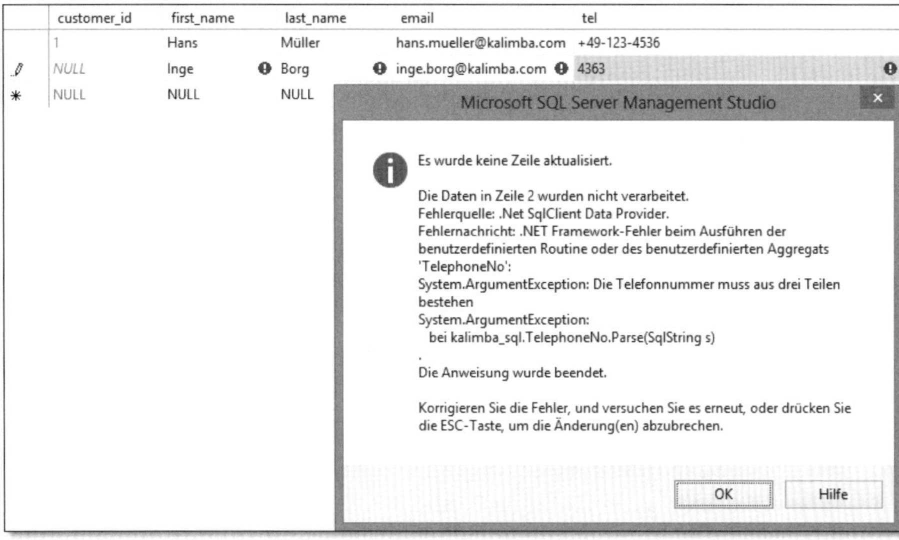

Abbildung 7.7 Richtige und falsche Eingabe

7.1.3 Sicherheit

In den Projekteigenschaften des soeben erstellten Projekts gibt es den Karteireiter SQLCLR, der das Auswahlfeld BERECHTIGUNGSSTUFE mit drei Sicherheitsstufen zur Auswahl stellt:

- *SAFE:* Nur lokale Operationen sind erlaubt, andere CLR-Klassen weist der SQL Server ab, sollten sie dennoch verwendet werden.
- *EXTERNAL_ACCESS:* Eine Verbindung zum Netzwerk, zum Dateisystem und anderen externen Quellen ist möglich, auch zu anderen Datenbanken.
- *UNSAFE:* Es gibt keine Einschränkungen.

Diese Sicherheitsstufe kann auch später noch, im Eigenschaftsdialog der installierten Assembly, verändert werden, dort nennt Microsoft dieselbe Funktion BERECHTIGUNGSSATZ und die Optionen sind übersetzt (Sicher, Externer Zugriff und Uneingeschränkt). An gleicher Stelle können Sie den Zugriff auch auf einzelne Benutzer oder Rollen einschränken. Allerdings, wird die Sicherheitsstufe umgestellt, dann quittiert der SQL Server den Veröffentlichungsversuch mit einer Fehlermeldung:

> *Fehler bei ALTER ASSEMBLY für die kalimba_sql-Assembly, weil die kalimba_sql-Assembly für PERMISSION_SET = EXTERNAL_ACCESS nicht autorisiert ist. Die Assembly ist autorisiert, wenn eine der folgenden Bedingungen zutrifft: Der Datenbankbesitzer (DBO) hat die EXTERNAL ACCESS ASSEMBLY-Berechtigung, und für die Datenbank ist die TRUSTWORTHY-Datenbankeigenschaft aktiviert; oder die Assembly ist mit einem Zertifikat oder einem asymmetrischen Schlüssel*

signiert, das bzw. der einen entsprechenden Anmeldenamen mit der EXTERNAL ACCESS ASSEMBLY-Berechtigung aufweist.

Um eine Assembly in den Sicherheitsstufen *Extern* oder *Unsicher* zu installieren, bedarf es also ein wenig Aufwands. Zunächst sollten Sie das Assembly signieren. Die Projekteigenschaftsseite stellt dafür die Schaltfläche SIGNIEREN... im Karteireiter SQLCLR bereit. Wählen Sie einfach das Auswahlfeld ASSEMBLY SIGNIEREN, und erstellen Sie einen neuen Schlüssel. Danach müssen Sie das Projekt neu erstellen. Im Anschluss führen Sie bitten die folgende SQL-Anweisung auf dem SQL Server aus, auf dem Sie die Assembly deployen möchten:

```
use master
go
create asymmetric key kalimbaKey from executable File = 'C:\Kalimba\Kapitel 7\
  kalimba_sql\bin\Debug\kalimba_sql.dll'
grant external access assembly to Benutzer
```

Ersetzen Sie dabei `Benutzer` durch den Benutzer, der das Recht zum Installieren der Assembly bekommen soll. Anschließend sollte die Assembly hochgeladen werden können. Wenn Sie Assemblys hochladen möchten, die als Sicherheitsstufe *Unsicher* eingestellt haben, dann lautet die letzte Zeile stattdessen:

```
grant unsafe assembly to Benutzer
```

Zu Testzwecken können Sie als Benutzer auch `public` angeben.

7.1.4 Stored Procedures

Geht es darum, Daten abzufragen, dann sind Sie mit einer T-SQL-Prozedur vermutlich besser bedient, denn sie ist meist kürzer und weniger komplex. Die Stärke von .NET ist natürlich der Zugriff auf die gesamte Klassenbibliothek. Wenn Sie also beispielsweise Dateien schreiben, E-Mails versenden oder vielleicht mit Webservices kommunizieren müssen, dann eröffnen Ihnen .NET-Prozeduren ganz neue Welten. Das folgende Beispiel erstellt eine Export-Datei für den angegebenen Kunden aus *customer*.

1. Erstellen Sie ein neues Element in Ihrem Projekt, diesmal aus der Vorlage SQL CLR C# – GESPEICHERTE PROZEDUR, und nennen Sie die Klasse *ExportCustomer.cs*.

   Wenn Sie nun einen vordefinierten Klassenrumpf erwartet haben, wie bei den benutzerdefinierten Datentypen, dann muss ich Sie enttäuschen – Visual Studio erstellt lediglich eine Klasse mit einer Methode, der gespeicherten Prozedur. Diese Prozedur ist mit dem Attribut `SqlProcedure` ausgezeichnet, um sie als solche zu kennzeichnen.

2. Stellen Sie die Sicherheitsstufe der Assembly auf *EXTERNAL_ACCESS* ein, damit Sie vollen Zugriff auf das Dateisystem erlangen. Beachten Sie bitte die Konfigurationshinweise aus Abschnitt 7.1.3, »Sicherheit«, da ansonsten das Hochladen fehlschlägt. Außerdem werden noch Schreibrechte auf das Dateisystem für das Konto *NETZWERKDIENST* benötigt, unter dem der SQL-Server-Prozess normalerweise läuft. Wenn Ihr Dienst unter einem anderen Benutzer läuft, geben Sie bitte diesem die Rechte. In der Praxis kommt dies recht häufig vor.
3. Schreiben Sie nun bitte den folgenden Code für die gespeicherte Prozedur:


```
using System;
using System.Data;
using System.Data.SqlClient;
using System.Data.SqlTypes;
using Microsoft.SqlServer.Server;
using System.IO;

public partial class StoredProcedures
{
    [Microsoft.SqlServer.Server.SqlProcedure]
    public static void ExportCustomer (int customerId)
    {
        SqlConnection conn = new SqlConnection("Context Connection=true");
        conn.Open();
        SqlCommand cmd = new SqlCommand("select first_name, last_name,
          tel from customer where customer_id=@customer_id", conn);
        cmd.Parameters.AddWithValue("@customer_id", customerId);
        SqlDataReader reader = cmd.ExecuteReader();
        if (reader.Read())
        {
            string exportLine = String.Format(
              "Name: {0} {1}, Tel: {2}", reader["first_name"],
              reader["last_name"], reader["tel"]);
            File.WriteAllText(@"c:\temp\export.txt", exportLine);
        }
        conn.Close();
    }
}
```

Listing 7.2 Code für die gespeicherte Prozedur

Sie können sehen, dass die Eingabe- und Ausgabeparameter der gespeicherten Prozedur einfach als Parameter und Rückgabewerte der Methode implementiert werden. Da wir nichts zurückgeben, geben wir void an. Den Connection-String müssen Sie nicht explizit angeben, da die Prozedur ja im Kontext einer Datenbankverbindung ausgeführt wird, `Context Connection="true"` genügt also.

Der Rest ist Standard-.NET-Code zum Abrufen der Daten und Speichern in einer Datei. Übrigens verwenden wir hier auch den benutzerdefinierten Datentyp, den Sie in Abschnitt 7.1.2, »Benutzerdefinierte Datentypen«, bereits kennengelernt haben. Laden Sie die Assembly noch auf den Server. Sie können die Prozedur nun ganz so ausführen wie eine T-SQL-Prozedur, es gibt keinen Unterschied aus der Sicht des Clients.

```
EXEC ExportCustomer @customerId = 1
```

Ist alles richtig gelaufen, dann ist der Inhalt der Exportdatei beispielsweise

```
Name: Smith John, Tel: +49-1234-56789
```

Natürlich können Sie diese Stored Procedure auch ganz gewöhnlich aus .NET-Code heraus aufrufen, auch hier gibt es keinen Unterschied zu einer in T-SQL erzeugten Prozedur. Vermutlich möchten Sie aber einfach eine Datenmenge zurückgeben, anstatt sie in eine Datei zu schreiben. Das geht mit diesem Aufruf:

```
SqlContext.Pipe.ExecuteAndSend(cmd);
```

Sie können diese Zeile an das Ende Ihrer Prozedur stellen. Dieser Befehl fordert zunächst den Kommunikationskanal für den aktuellen Kontext an (`SqlContext.Pipe`) , führt dann den übergebenen `SqlCommand` aus (`ExecuteAndSend(cmd)`) und gibt das Ergebnis zurück an den Aufrufer. Alternativ hätten wir den `SqlDataReader` auch selbst erstellen und an die Pipe übergeben können:

```
SqlDataReader reader = cmd.ExecuteReader();
SqlContext.Pipe.Send(reader);
```

Stored Procedures unter .NET werden wohl die häufigste Anwendungsart für .NET-Code im SQL Server sein. Hier spielt die Technologie ihre Stärken aus, zumal sich solche Prozeduren gegenseitig aufrufen können, auch aus Trigger und anderen Datenbankobjekten heraus. Auch hier gilt wieder: Behalten Sie die Performance im Auge und testen Sie Ihren Code mit dem realen Mengengerüst.

7.1.5 Benutzerdefinierte Funktionen

Ich fasse mich hier ein wenig kürzer, da eine benutzerdefinierte Funktion fast genauso erstellt wird wie eine gespeicherte Prozedur.

1. Fügen Sie ein neues Element aus der Vorlage SQL CLR C# – BENUTZERDEFINIERTE FUNKTION mit Namen `GetPI` hinzu.

2. Erstellen Sie die folgende Methode:

```
[Microsoft.SqlServer.Server.SqlFunction]
public static SqlDouble GetPI()
{
   return new SqlDouble(Math.PI);
}
```

3. Deployen Sie das Projekt auf dem Server.
4. Öffnen Sie ein neues Abfragefenster, und testen Sie Ihre Funktion:

```
SELECT [kalimba_erp].[dbo].[GetPI] ()
```

Die Zahl Pi sollte nun als Fließkommawert ausgegeben werden.

Eine solche Funktion kann Daten in verschiedenen Datentypen zurückgeben, wofür bereits die nötigen Datentypen in der Assembly `System.Data.SqlTypes` enthalten sind, wie `SqlDouble`, `SqlDecimal` oder `SqlDateTime`.

Auch Funktionen in der CLR können Sinn machen, zum Beispiel für komplexere Konvertierungsaufgaben oder wenn damit statische Funktionen nachgebildet werden sollen. Ich selbst verwende sie beispielsweise gerne für die korrekte und international gültige Berechnung der ISO-Kalenderwoche. Die Funktion nimmt ein Datum entgegen (`DateTime`) und gibt einen `int` mit der Kalenderwoche zurück.

7.1.6 Trigger

Die meisten Datenbanksysteme bieten Trigger auf eingefügte, geänderte oder gelöschte Datensätze an. Der Vorteil liegt u. a. darin, dass der Code innerhalb der Transaktion der eigentlichen Datenänderung ausgeführt wird.

Auf die ursprünglichen Daten, bei gelöschten oder geänderten Datensätzen, kann gleichfalls zugegriffen werden, wie dies auch in einem T-SQL-Trigger möglich ist. Der Zugriff kann natürlich auch auf die einzufügenden neuen Datensätze erfolgen. Das ist beispielsweise für komplexe Validierungen ideal. Diese Funktionalität wollen wir uns zunutze machen, indem wir den SQL Server Begrüßungs-E-Mails versenden lassen. Fügen Sie der Tabelle *customer* dafür bitte eine Spalte *email* (*nvarchar(100)*) hinzu, wenn noch nicht vorhanden.

Auch für Trigger gibt es eine entsprechende Vorlage. Fügen Sie also Ihrem Projekt ein neues Element vom Typ *SQL CLR C# – Trigger* hinzu, und nennen Sie es *CustomerEmail.cs*. Der Inhalt dieser Datei:

```
using System;
using System.Data;
using System.Data.SqlClient;
using Microsoft.SqlServer.Server;
using System.Net.Mail;
```

```
public partial class Triggers
{
   [Microsoft.SqlServer.Server.SqlTrigger (Name="CustomerEmail",
      Target="customer", Event="FOR INSERT,DELETE")]
   public static void CustomerEmail()
   {
      int noOfRecords = 0;
      if (SqlContext.TriggerContext.TriggerAction ==
          TriggerAction.Insert)
      {
         SqlConnection conn = new SqlConnection("Context
            Connection=true");
         conn.Open();
         SqlCommand cmd = new SqlCommand("select email from
            INSERTED", conn);
         SqlDataReader reader = cmd.ExecuteReader();
         while (reader.Read())
         {
            string email = reader["email"].ToString();
            SmtpClient client = new SmtpClient("MySmtpServer");
            client.Send("empfaenger@kalimba.com",
               email, "Willkommen!", "Willkommenstext");
            noOfRecords++;
         }
      }
      SqlContext.Pipe.Send(noOfRecords.ToString()+" records
      inserted");
   }
}
```

Listing 7.3 CustomerEmail.cs

Das `SqlTrigger`-Attribut erwartet drei Parameter:

- den Namen des Triggers, der standardmäßig aus dem Dateinamen ohne Endung gebildet wird
- die Tabelle, für die der Trigger ausgeführt werden soll, in unserem Beispiel die Tabelle *customer*
- die Aktion, für die der Trigger ausgeführt werden soll, also FOR INSERT, FOR UPDATE oder FOR DELETE

In unserem Beispiel verwenden wir wieder eine lokale SQL-Connection (`Contect Connection=true`) und lesen die Datensätze aus, die eingefügt werden sollen. Danach versenden wir aus dem SQL Server heraus für jeden Datensatz eine E-Mail. Dafür muss die Sicherheitsstufe wieder *Extern* oder *Unsicher* sein.

Mittels `SqlContext.Pipe.Send` liefern wir an den Aufrufer die Anzahl der Datensätze zurück, die durch den Trigger verändert wurden. Innerhalb des Trigger-Codes können Sie auch auf ein Objekt vom Typ `TriggerContext` zugreifen:

```
SqlTriggerContext context = SqlContext.TriggerContext;
switch (context.TriggerAction)
{
   case TriggerAction.Insert:
      //Code folgt hier
      break;
}
```

Listing 7.4 Auf TriggerContext zugreifen

`SqlTriggerContext` enthält einige nützliche Eigenschaften und Methoden:

- `IsUpdatedColumn(int)`: gibt `true` zurück, wenn die abgefragte Spalte geändert wurde
- `ColumnCount`: gibt die Anzahl der Spalten in der durch den Trigger veränderten Tabelle zurück
- `EventData`: die geänderten Werte
- `TriggerAction`: eine umfangreiche Auflistung von Werten, die die Aktion enthält, die zum Ausführen des Triggers geführt hat

Sie sollten `TriggerAction` vorher abfragen, bevor Sie weiteren Code innerhalb Ihres Triggers ausführen. Um auf die alten Werte zugreifen zu können, stellt Ihnen der SQL Server temporäre Tabellen zur Verfügung:

- INSERTED enthält die einzufügenden Datensätze.
- DELETED enthält die zu löschenden Datensätze.
- UPDATED gibt es nicht, denn bei einem FOR-UPDATE-Trigger werden sowohl die INSERTED- als auch DELETED-Tabelle befüllt.

Achten Sie auch bitte darauf, immer alle Datensätze von INSERTED bzw. DELETED abzufragen, da der SQL Server Ihren Trigger nicht immer für jeden Datensatz eigens aufruft. Bei Befehlen wie

```
insert into customer select * from customer
```

wird der Trigger nur einmal aufgerufen, und die INSERTED-Tabelle enthält dann alle einzufügenden Datensätze. Hier verhält sich .NET nicht anders als T-SQL, wo Sie allerdings recht umständlich mit Cursor arbeiten müssen. Und wofür lässt sich das nun einsetzen?

Aus der Praxis

Eine Einsatzmöglichkeit sind zum Beispiel Datenschnittstellen, wenn die beiden Systeme nicht auf andere Weise miteinander verbunden werden können. In einer Software werden Daten für Marketingselektionen gespeichert. Wenn nun diese Firmen etwas bestellen, werden daraus Kunden, sie sind also in zwei Systemen vorhanden.

In einem solchen Szenario setzen wir .NET-Trigger ein, um den Abgleich der beiden Systeme zu bewerkstelligen. So können die zugrunde liegenden Daten in beiden Systemen geändert werden, die Trigger synchronisieren diese Änderungen mit der jeweils anderen Datenbank.

Natürlich ist es selten eine gute Lösung, Daten unter der Umgehung aller Geschäftsregeln direkt in die Datenbank zu schreiben. Aber wenn ein System keinen anderen Zugang bietet, dann sind .NET-Trigger das geringste Übel.

7.1.7 Benutzerdefinierte Aggregatfunktionen

T-SQL verfügt bereits über einige Aggregatfunktionen, beispielsweise `SUM` oder `COUNT`. Das Erstellen eigener Aggregatfunktionen kann umständlichen und schwer zu lesenden SQL-Code vermeiden helfen.

Im folgenden Beispiel erstellen wir die Funktion `FSUM`, die Punkte aus Fußballspielen aggregiert. Dafür benötigen wir die Tabelle *ergebnis* mit gleichnamiger Spalte, die als *varchar(5)* definiert ist. Die Tabelle selbst ist im Datenbankscript bereits enthalten. Bitte fügen Sie noch einige Datensätze hinzu. Ich schreibe dieses Kapitel gerade während der Fußball-Weltmeisterschaft in Südafrika, es steht 1:3 im Spiel Dänemark gegen Japan. Die Spalte *ergebnis* hätte also den Wert `1-3`.

Unsere Aggregatfunktion zählt 3 Punkte für einen Sieg (z. B. 2:1), einen Punkt für ein Unentschieden (z. B. 1:1) und keinen Punkt für eine Niederlage (wie im Beispiel 1:3). Also los: Erstellen Sie ein neues Element aus der Vorlage SQL CLR C# – AGGREGAT und nennen Sie die Datei *FSUM.cs*.

Die Vorlage, die Visual Studio darauf erzeugt, enthält vier Methoden:

- `Init`: Diese Methode wird für jede neue Gruppe aufgerufen.
- `Accumulate`: Diese Methode wird für jeden Datensatz innerhalb einer Gruppe aufgerufen.
- `Merge`: Wenn das Ergebnis einer Gruppe mit einer anderen kombiniert wird, wird diese Methode aufgerufen.

- `Terminate`: Nachdem der letzte Datensatz einer Gruppe verarbeitet wurde, wird diese Methode aufgerufen. Sie wird vor allem dafür verwendet, das Ergebnis zurückzugeben.

Für unser Beispiel bedeutet dies:

```
using System;
using System.Data;
using System.Data.SqlClient;
using System.Data.SqlTypes;
using Microsoft.SqlServer.Server;

[Serializable]
[Microsoft.SqlServer.Server.SqlUserDefinedAggregate(Format.Native)]
public struct FSUM
{
   public void Init()
   {
      points = 0;
   }

   public void Accumulate(SqlString Value)
   {
      string[] results = Value.Value.Split('-');
      if (results.Length != 2)
         throw new ArgumentException("Bitte die Spielergebnisse im
           Format 9-9 abspeichern");
      int result = Convert.ToInt32(results[0])-Convert.ToInt32(results[1]);
      if (result == 0)
         points += 1;
      if (result > 0)
         points += 3;
   }

   public void Merge(FSUM Group)
   {
      points += Group.points;
   }

   public SqlString Terminate()
   {
      return new SqlString(points.ToString());
   }
```

```
    private int points;
}
```

Listing 7.5 Beispiel für benutzerdefinierte Aggregatfunktionen

Das Ergebnis jeder Gruppe speichern wir in der privaten Variable `points`. Zu Beginn jeder Gruppe (`Init`) setzen wir den Wert wieder auf `0`, denn dann soll die Aufsummierung ja neu beginnen. In `Accumulate` `Accumulate` (das ja für jeden Datensatz aufgerufen wird) prüfen wir das Ergebnis und fügen dem Ergebnis für ein Unentschieden 1 und für einen Sieg 3 Punkte hinzu. `Merge` hingegen addiert das Ergebnis der übergebenen Gruppe (`FSUM Group`) zu der aktuellen Gruppe hinzu. In `Terminate` schließlich geben wir die Summe der Punkte zurück. Da wir als Datentyp der zu aggregierenden Spalte Text akzeptieren (`SqlString`), verwenden wir denselben Datentyp auch für das Gruppenergebnis. Abbildung 7.8 zeigt die Ausgangstabelle mit einigen Spielergebnissen.

	ergebnis	spielart	ergebnis_id
	1-3	Länderspiel	1
	3-1	Freundschaftsspiel	2
	4-4	Länderspiel	3
	0-0	Länderspiel	4
	4-1	Freundschaftsspiel	5
	3-2	Freundschaftsspiel	6
	1-3	Länderspiel	7
	1-2	Länderspiel	8
▸*	*NULL*	*NULL*	*NULL*

Abbildung 7.8 Ausgangstabelle

Nach dem Hochladen der Assembly kann die Aggregatfunktion in gewöhnlichem SQL verwendet werden:

```
select spielart, dbo.FSUM(ergebnis)
from ergebnis
group by spielart
```

Das korrekte Ergebnis lautet:

```
Freundschaftsspiel 9
Länderspiel 2
```

Das entbehrt nicht einer gewissen Eleganz – einerseits, weil es leicht zu lesen ist, und andererseits, weil es kurz ist. Wir benötigen keinen SQL-Code, um die Aggregatsfunktion nachzubilden, und auch hier gilt wiederum: Aus Sicht des Anwenders sieht die Funktion so aus, als wäre sie im SQL Server bereits enthalten.

7.1.8 Einsatz in der Praxis

Soviel zu den technischen Möglichkeiten und wie sie verwendet werden. Genauso wichtig, wenn nicht wichtiger, ist der richtige Einsatz von .NET im SQL Server. Oder wie es einem bekannten Superhelden nahegelegt wurde: Mit großer Macht kommt große Verantwortung! Schauen wir uns zuerst ein Beispiel für »Machtmissbrauch« an:

Aus der Praxis

In einer Anwendung zur Darstellung der Unternehmensergebnisse, die schon seit über 10 Jahre im Einsatz ist, steckt ein großer Teil der Geschäftslogik in Stored Procedures, die zudem noch rekursiv gestaltet sind, sich also selbst aufrufen.

Dieser T-SQL-Code genießt natürlich nicht die Vorzüge, die .NET bietet, hinsichtlich Codestrukturierung, Sprachmöglichkeiten und Debugging, und so macht jeder unserer Entwickler einen weiten Bogen um den Code, jedenfalls solange es nicht unvermeidlich ist. Allein in das Debugging sind schon Hunderte an Stunden geflossen; der Mehraufwand, der für die Entwicklung jeder neuer Funktionen nötig ist, kommt noch hinzu.

Die Gretchenfrage: Wo steckt die Businesslogik?

Anwendungen wie die oben beschriebene gibt es zuhauf. Fragt man Entwickler nach den Gründen, warum sie Code in der Datenbank pflegen, so erhält man als Antwort meist die optimale Performance als Hauptgrund. Aber halt – genügt das als Grund bereits?

Nein! Die wichtigste Empfehlung in Sachen Datenbank lautet daher: Überlegen Sie sich sehr gut, wo Sie Ihre Geschäftslogik überall verteilen. Bringen Sie Geschäftslogik nur dann in die Datenbank, wenn Sie einen wirklich guten Grund dafür haben. Gute Gründe könnten sein:

- Die implementierte Funktion ist weitgehend isoliert, beispielsweise eine Abrechnung.
- Der Performance-Vorteil ist sehr stark ausgeprägt, zum Beispiel weil viele Daten bewegt werden müssen oder extrem viele Zugriffe in kurzer Zeit notwendig sind.
- Der gesamte Code befindet sich in der Datenbank, und die Applikation ist nicht sonderlich komplex.
- Es handelt sich um rein datentechnische Operationen, zum Beispiel das Befüllen eines Data Warehouses im Rahmen eines *Extract, Transform & Load* (*ETL*)-Mechanismus.
- Sie implementieren Funktionen, die SQL-Abfragen erheblich erleichtern oder vereinheitlichen, zum Beispiel eine Aggregatfunktion, die einen Gruppenwert nach immer gleichen Geschäftsregeln berechnet (wie in unserem Beispiel) und die in vielen Abfragen Verwendung findet.

- Die Datenverbindung zum SQL Server ist unzuverlässig oder langsam, sodass Round-Trips zum Server vermieden werden sollten.
- Sie wollen eine Schnittstelle zwischen zwei Systemen schaffen, die nicht über Services kommunizieren können, die keine APIs bereitstellen und keine anderen Schnittstellen besitzen. Eine Integration über das direkte Lesen und Schreiben von Daten kann dann vielleicht die einzige Möglichkeit sein. SQL-CLR ist hinsichtlich Performance, Transaktionssicherheit und Sicherheit in der Ausführung (Logfiles, Trigger etc.) im Vorteil. Ein Beispiel dafür habe ich in Abschnitt 7.1.6, »Trigger«, aufgeführt.

Fällt Ihnen kein guter Grund ein, oder können Sie den Vorteil nicht klar genug einschätzen, dann sollten Sie jeglichen Code in der Datenbank vermeiden oder mehr Zeit in die Analyse investieren.

Geschäftslogik steckt aber nicht nur in klassischem Code, sondern vielfach auch in SELECT-Abfragen. Bereits dann, wenn Sie zwei Zahlen dividieren, um daraus einen Quotienten zu berechnen, führen Sie Geschäftslogik aus. Nicht selten sieht man in SQL-Code umfangreiche CASE-WHEN-Blöcke, die fallweise Unterscheidungen ermöglichen und so umfangreiche Geschäftsregeln implementieren. Solche Dinge sind besser in Funktionen, idealerweise in .NET-Funktionen programmiert, anstatt sie über Views abzubilden oder gar in jeder SQL-Abfrage erneut zu schreiben. In manchen Fällen könnte man die Assembly dann sowohl in der Datenbank verwenden als auch im Client – und erhielte so dasselbe Ergebnis für dieselbe Berechnung.

Der Trend geht aber berechtigterweise hin zu eigenen Layern oder Tier, in denen die Geschäftslogik an einem Ort zusammengefasst und gekapselt ist. Die Integration der CLR in den SQL Server ermöglicht dann, dass auch er daran teilnehmen kann. Das ist ein nicht zu unterschätzender Vorteil dieser Technik.

SQL-CLR vs. T-SQL

T-SQL ist noch immer die mit Abstand häufigste Art und Weise, Code im SQL Server auszuführen. Die Vorteile sind:

- Der Code ist oft kürzer.
- Das Ergebnis ist oft besser optimiert.
- Viele Werkzeuge unterstützen T-SQL, sowohl eingebaute als auch am Markt erhältliche.

Wenn Sie also nicht viel prozeduralen Code ausführen, häufig vom Code heraus auf Daten zugreifen oder der Code an sich kurz ist, dann ist T-SQL oft die bessere Wahl. Eine einfache SQL-Abfrage ist in T-SQL schneller und unkomplizierter als in .NET. Für den Einsatz von .NET spricht:

- Sie benötigen nur die Kenntnis einer Programmiersprache.
- Sie enthält dazu noch alle Vorteile der Objektorientierung.
- Der Code lässt sich in Assemblys und Namespaces organisieren.
- Assemblys können eventuell geteilt werden, z. B. skalare Funktionen zur Berechnung von Werten.
- Es gibt mehr und komplexere Datentypen.
- Es stehen Ihnen alle Sicherheitsmerkmale von .NET zur Verfügung.
- Die gesamte Klassenbibliothek steht Ihnen zur Verfügung.
- Komplexe Berechnungen sind deutlich einfacher als in T-SQL.
- Sie können innerhalb von Visual Studio all dessen Möglichkeiten nutzen, wenn auch die neuen SQL Server Data Tools ein großer Schritt in Richtung Entwicklungskomfort sind.

Lassen Sie mich kurz zusammenfassen:

- T-SQL verwenden Sie für intensiven Datenzugriff und einfache Anwendungsfälle.
- .NET nutzen Sie für komplexere Fälle, Berechnungen und dann, wenn Sie Zugriff auf Funktionen des Frameworks benötigen.
- XML (siehe nächster Abschnitt) benötigen Sie für strukturierte Daten und Zugriff darauf innerhalb der Datenbank.

Wenn Sie mit Vorgängerversionen des SQL Servers kompatibel sein müssen, dann sollten Sie zwei Dinge beachten. Erstens unterstützen erst die Versionen ab 2005 .NET überhaupt, und zweitens unterstützen erst die Versionen 2008 und 2008 (R2) die .NET-Version 3.5, und der SQL Server 2012 die Version 4.0 (nicht 4.5). Es gibt übrigens keine Garantie dafür, dass auch wirklich alle .NET-Assemblys innerhalb der Datenbank verwendet werden können. Ein Beispiel dafür sind Zugriffe auf WCF-Methoden, die noch im SQL Server 2008 R2 problemlos möglich waren, in der aktuellen Version aber nicht mehr.

7.2 XML in der Datenbank

Eine sehr mächtige Funktion ist das Speichern von XML-Daten innerhalb des SQL Servers. In früheren Zeiten mussten solche Daten im Dateisystem oder innerhalb einer Zeichenkette im SQL Server gespeichert werden. Einige Anwender haben auch BLOBs (*Binary Large Objects*: große binäre Dateien wie z. B. Bilddateien) hierfür verwendet. Der Einsatz von XML als eigenen Datentyp im SQL Server ermöglicht es, in Abfragen auch diese XML-Daten mit abzufragen.

Aus der Praxis

Es gibt viele Situationen, in denen Sie XML-Daten von anderen Systemen erhalten oder aber XML-Daten erzeugen müssen. Nehmen wir beispielsweise an, eine Schnittstelle zu einem Logistikdienstleister erwartet XML als Austauschformat. Sie könnten in Ihrer Anwendung eine solche XML-Datei erzeugen und zum Beispiel für jeden getätigten Export eine Zeile in einer Tabelle erzeugen. In dieser Tabelle erstellen Sie eine Spalte vom Typ XML, nennen wir sie *ExportFile*. Dort hinein legen Sie die soeben erstellten XML-Daten.

Der große Vorteil dieses Verfahrens ist, dass Sie nicht die Struktur der XML-Datei in Ihrem relationalen System nachbauen müssen. Stattdessen speichern Sie einfach die XML-Daten selbst ab. Und dennoch haben Sie alle Möglichkeiten, innerhalb dieser Daten zu suchen und zu navigieren.

7.2.1 Tabelle mit XML-Daten erzeugen

Zunächst benötigen wir eine Tabelle mit mindestens einer Spalte vom Typ *xml*. Die dafür im Beispiel verwendete Tabelle *orders* ist bereits im Datenbankscript enthalten, oder Sie legen sie von Hand an. In ihr ist für jede Bestellung ein Datensatz vorhanden. Die Angaben zur Bestellung selbst, also zu den bestellten Produkten und deren Stückzahlen, speichern wir dann strukturiert in einer Spalte *xml_content*, die vom Typ *xml* ist.

```
CREATE TABLE [dbo].[orders](
   [orders_id] [int] IDENTITY(1,1) NOT NULL,
   [xml_content] [xml] NULL,
   [description] [nvarchar](50) NULL,
   CONSTRAINT [PK_orders] PRIMARY KEY CLUSTERED
(
   [orders_id] ASC
) ON [PRIMARY]
) ON [PRIMARY]
```

Listing 7.6 Tabelle erzeugen

7.2.2 Daten hinzufügen

Und jetzt noch ein paar Daten, sprich Bestellungen:

```
insert into orders(description, xml_content)
values('Bestellung 1',
'
<orders>
```

```
  <order id="1">
    <product>
      <productNo>2000</productNo>
      <units>100</units>
    </product>
    <product>
      <productNo>4344</productNo>
      <units>50</units>
    </product>
  </order>
  <order id="2">
    <product>
      <productNo>8346</productNo>
      <units>25</units>
    </product>
  </order>
  <order id="3">
    <product>
      <productNo>1100</productNo>
      <units>310</units>
    </product>
    <product>
      <productNo>7800</productNo>
      <units>44</units>
    </product>
    <product>
      <productNo>7455</productNo>
      <units>122</units>
    </product>
  </order>
</orders>
')
```

Listing 7.7 Daten hinzufügen

7.2.3 Daten auslesen

Die einfachste Möglichkeit zum Auslesen von Daten ist eine simple SQL-Abfrage:

```
select * from orders
```

Das SQL Management Studio zeigt die XML-Dateien nach einem Klick auf die Ergebnisspalte in einem eigenen Fenster an. Aus einer C#-Anwendung heraus kann die Klasse `SqlXml` verwendet werden, um die XML-Daten in ein `XmlDocument` zu laden:

```
using System;
using System.Data.SqlClient;
using System.Data.SqlTypes;
using System.Xml;
SqlConnection conn = new SqlConnection("Integrated Security=
SSPI;Persist Security Info=False;Initial Catalog=kalimba_erp;Data Source=
localhost");
conn.Open();
SqlDataReader reader = new SqlCommand(
"select * from orders",conn).ExecuteReader();
if (reader.Read())
{
    SqlXml xml = reader.GetSqlXml(1);
    XmlDocument doc = new XmlDocument();
    doc.LoadXml(xml.Value);
}
reader.Close();
```

Listing 7.8 XML-Daten in XmlDocument laden

Alternativ, oder ergänzend dazu, kann auch der `XmlReader` zum Einsatz kommen:

```
...
SqlDataReader reader = new SqlCommand(
"select * from orders",conn).ExecuteReader();
if (reader.Read())
{
    SqlXml xml = reader.GetSqlXml(1);
    XmlReader xmlReader = xml.CreateReader();
    while (xmlReader.Read())
    {
        ...
    }

}
...
```

Listing 7.9 Einsatz von XmlReader

Im Gegensatz zum `XmlDocument`, bei dem die Daten in den Arbeitsspeicher geladen werden und mittels DOM navigiert werden kann, bietet der `XmlReader` einen schreibgeschützten Vorwärtszugriff an, der sich bei großen XML-Daten als vorteilhaft erweist.

7.2.4 Indizes anlegen

Bevor wir die Daten nun abfragen, sollten die benötigten Indizes in der Datenbank angelegt werden.

Wir unterscheiden zwischen primären und sekundären Indizes. Der primäre Index wird hinter den Kulissen verwendet und ist Bedingung für einen oder mehrere sekundäre Indizes.

```
create primary xml index idx_orders on orders(xml_content)
```


Die sekundären Indizes werden zur Beschleunigung von Abfragen verwendet. Es gibt drei Typen davon:

- Path: Wenn in Ihren Abfragen häufig Pfade abgefragt werden
- Value: Wenn Sie häufig nach einem Wert suchen, ohne zu wissen in welchen Elementen oder Attributen dieser zu finden ist
- Property: Wenn Sie häufiger mehrere Werte in verschiedenen Bereichen der XML-Daten suchen

In den meisten Fällen werden Sie einfach alle drei Indizes erzeugen (plus den primären Index), um für alle Abfragefälle gewappnet zu sein:

```
create xml index idx_path on orders(xml_content)
using xml index idx_orders for path
```

und

```
create xml index idx_property on orders(xml_content)
using xml index idx_orders for property
```

sowie

```
create xml index idx_value on orders(xml_content)
using xml index idx_orders for value
```

7.2.5 Daten abfragen

Die eigentliche Stärke zeigt sich bei den Abfragen, die sich auch auf den Inhalt der XML-Daten ausdehnen können. Hierbei kommt *XQuery* zum Einsatz, eine Abfragesprache mit einiger Komplexität.

Nach Elementinhalt abfragen

Die folgende Abfrage zeigt alle Bestellungen des Produkts 1100 an:

```
select description,
xml_content.query('/orders/order/product[productNo=1100]')
from orders
```

Das Ergebnis enthält den Zweig, auf den diese Bedingung zutrifft:

```
<product>
  <productNo>1100</productNo>
  <units>310</units>
</product>
```

Eine andere Schreibweise ist flexibler und verwendet eine where-Bedingung innerhalb der XQuery-Abfrage:

```
select description,
xml_content.query(
'
   for $order in /orders/order/product
   where $order/productNo=1100
   return $order
')
from orders
```

Das Ergebnis unterscheidet sich nicht von der vorherigen Syntax. Die return-Anweisung kann die auszugebenden Daten auch weiter einschränken, um beispielsweise nur die bestellten Mengen aufzulisten:

```
select description,
xml_content.query(
'
   for $order in /orders/order/product
   where $order/productNo=1100
   return $order/units
')
from orders
```

Das Ergebnis:

```
<units>310</units>
```

Nach Attribut abfragen

Eine Abfrage nach einem Attribut benötigt eine geringfügig andere Syntax. Im Beispiel verwende ich das id-Attribut des Knotens order:

```
select description,
xml_content.query(
'
   for $order in /orders/order
   where $order/@id="2"
   return $order
')
from orders
```

Ergebnis:

```
<order id="2">
  <product>
    <productNo>8346</productNo>
    <units>25</units>
  </product>
</order>
```

Sortierung

Die Sortierung erfolgt über eine order by-Klausel, ähnlich wie in SQL:

```
select description,
xml_content.query(
'
   for $order in /orders/order
   order by $order/@id descending
   return $order
')
from orders
```

Ausgabe nach HTML

Die return-Anweisung kann flexibel gestaltet werden, sodass neben Daten auch HTLM-Tags eingebettet werden können:

```
select description,
xml_content.query(
'
   <ul>
   {
      for $order in /orders/order/product
      return <li>{$order/productNo}</li>
   }
```

```
   </ul>
')
from orders
```

Das Ergebnis ließe sich nun als Fragment im Browser anzeigen:

```
<ul>
  <li>
    <productNo>2000</productNo>
  </li>
  <li>
    <productNo>4344</productNo>
  </li>
  <li>
    <productNo>8346</productNo>
  </li>
  <li>
    <productNo>1100</productNo>
  </li>
  <li>
    <productNo>7800</productNo>
  </li>
  <li>
    <productNo>7455</productNo>
  </li>
</ul>
```

7.2.6 Daten modifizieren

Soweit zu den grundlegenden Möglichkeiten von XQuery, XML-Daten in einem SQL-Statement abzufragen. XML-Daten können aber auch eingefügt, gelöscht oder verändert werden.

Einen Knoten hinzufügen

Um einen Knoten an das Ende der XML-Struktur zu setzen, kann folgender Befehl verwendet werden:

```
update orders
set xml_content.modify(
'
   insert
   <order id="4">
    <product>
      <productNo>3400</productNo>
```

```
    <units>105</units>
   </product>
  </order>
  as last into (/orders)[1]
')
```

Anstelle von `query` wird das Schlüsselwort `modify` verwendet.

Einen Knoten löschen

Um den soeben eingefügten Knoten wieder zu entfernen, ist `delete` zuständig:

```
update orders
set xml_content.modify(
'
  delete /orders[1]/order[last()]
')
```

Die Funktion `last()` ermittelt den letzten Knoten und vermeidet dadurch eine absolute Angabe der Position.

Daten verändern

Um die Artikelnummer von 8346 in 8300 zu ändern, kann `replace` verwendet werden:

```
update orders
set xml_content.modify(
'
  replace value of (/orders/order/product/productNo[text()=8346]/text())[1]
  with 8300
')
```

Innerhalb des XQuery-Ausdrucks findet eine Abfrage auf die Artikelnummer 8346 statt, bevor die eigentliche Ersetzung stattfindet.

So flexibel die Verwendung von XML auch ist, die Verwendung erfordert einen gewissen Einarbeitungsaufwand. Außerdem steht diese Technologie auch in Konkurrenz zu klassischen relationalen Strukturen, was aber nicht Sinn dieser Technologie ist. Vielmehr eignet sich XML in der Datenbank vor allem dazu, bereits vorstrukturierte Daten in bestehende relationale Datenstrukturen zu integrieren, wo sie dann such- und veränderbar sind.

Besonders einfach ist der Zugriff auf XML-Daten aus .NET heraus, da sie dort in ein `XmlDocument` geladen werden können. Dort stehen dann auch andere Zugriffsmöglichkeiten zur Verfügung, wie das in Abschnitt 7.6, »WCF Data Services«, vorgestellte LINQ to XML.

7.3 Volltextsuche

In diesem Abschnitt geht es weniger um .NET als mehr um eine performante Suche innerhalb von .NET-Anwendungen. Die wird immer wichtiger, denn einerseits nehmen die Datenmengen immer mehr zu, andererseits erwarten immer mehr Kunden die Möglichkeit, nach beliebigen Stichwörtern innerhalb einer Datenmenge zu suchen, nicht zuletzt aufgrund der Erfahrungen mit Google & Co. Erschreckend häufig findet man dabei Abfragen wie:

```
select * from address where company like '%Bautechnik%'
```

Der Grund liegt vermutlich in zwei Einschätzungen vieler Entwickler:

- Es geht einfach, die Syntax ist bequem und überschaubar.
- Es ist doch ein Index auf der Spalte *company* vorhanden.

Ein herkömmlicher Index arbeitet jedoch intern mit Bäumen, und die einzelnen Elemente werden nach den Anfangsbuchstaben des Wertes der Spalte *company* einsortiert, grob gesprochen.

Aus der Praxis

In unserer Abteilung *Adressmanagement* suchen einige Mitarbeiter lieber nach der E-Mail-Adresse eines Kunden, anstatt nach seinem Namen. Das leuchtet ein, ist doch die E-Mail meist ein eindeutiges Kennzeichen. Vor einigen Jahren traten plötzlich Performance-Probleme im produktiven Betrieb auf. Von Zeit zu Zeit blockierte der SQL Server eingehende Anfragen bis zu einer Minute, worunter alle Anwender zu leiden hatten, die mit derselben Instanz der Datenbank arbeiteten – auch wenn sie eine ganz andere Anwendung verwendeten.

Einige Analysen später war der Grund gefunden: Eine Anwenderin verwendete in der Suchmaske Wildcards, anstatt *max.muster@gmail.com* gab sie also *%max.muster@gmail.com%* ein. Sie ahnen bereits: Die SQL-Abfrage war mit `like` konstruiert worden. Und so löste sie jedes Mal einen Suchvorgang in der gesamten Datenbank aus. Zu Zeiten, in denen 4 GB Arbeitsspeicher bereits als Luxus galt, war das ein fataler Vorgang. Die Abfrage beanspruchte so viele Ressourcen, dass der SQL Server zeitweise nicht mehr in der Lage war, andere Anfragen zu bedienen, bis zum Abschluss der `like`-Abfrage oder bis zu deren Timeout. Natürlich arbeitet diese Anwendung heute mittels Volltextabfragen.

Eine Anfrage wie die obige soll das Wort »Bautechnik« an beliebiger Stelle innerhalb der Spalte finden. Der Index ist daher nicht optimal. Für meine Beispiele verwende ich eine Produktionsdatenbank mit gut neun Millionen Adressen. Dort benötigte diese Abfrage 29 Sekunden und ermittelte 1.258 Treffer. Effizienter ist die folgende Abfrage, bei der das Wort »Bautechnik« am Beginn des Wertes gesucht wird:

```
select * from address where company like 'Bautechnik%'
```

Sie läuft in rund zwei Sekunden und findet 87 Einträge. Aber natürlich geht dadurch unsere ursprüngliche Absicht verloren, den Begriff irgendwo im Wert des Feldes zu finden. Und nun die Volltextvariante der Abfrage:

```
select * from address where contains(company, 'Bautechnik')
```


Diese Abfrage dauert weniger als eine Sekunde. Warum, das wird deutlich, wenn wir uns die Ausführungspläne der Variante mit und der Variante ohne Volltextindex ansehen. Abbildung 7.9 zeigt zunächst die herkömmliche Variante.

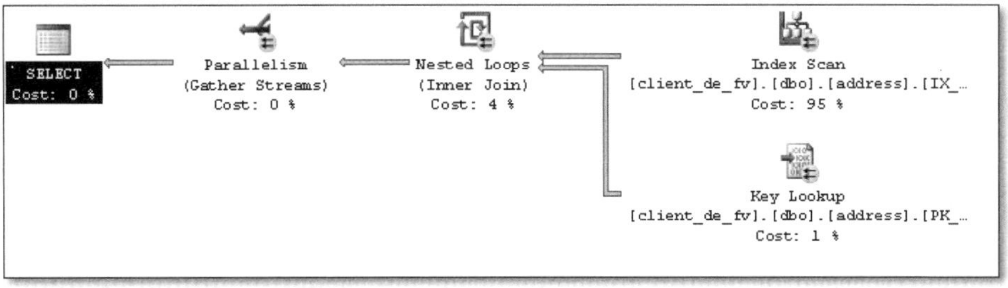

Abbildung 7.9 ... where company like '%Bautechnik%'

Der SQL Server verwendet den Index zwar, durchläuft ihn aber zu großen Teilen sequenziell. Abbildung 7.10 zeigt nun den Ausführungsplan der Volltextabfrage.

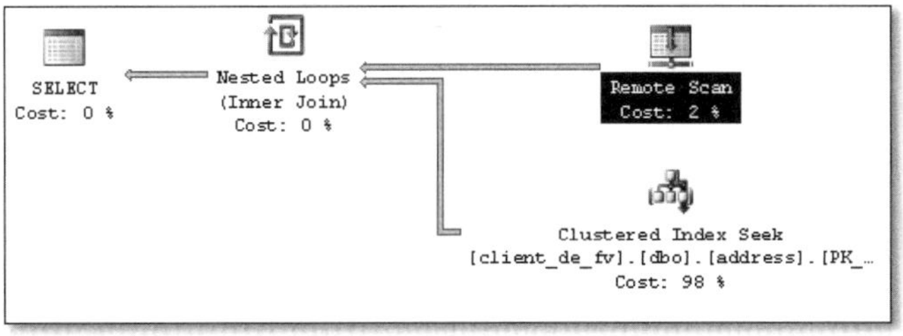

Abbildung 7.10 ... where contains (company, 'Bautechnik')

Remote Scan bezieht sich dabei auf die Suche innerhalb der Volltextdatenbank, die außerhalb der Tabellen des SQL Servers angelegt und gepflegt wird.

Dennoch sind die beiden Suchanfragen nicht identisch, denn während `like` jedes Vorkommen von »Bautechnik« findet, also auch innerhalb »Maschinenbautechnik«, findet die Volltextvariante nur ganze Wörter, in meinem Beispiel 863 Datensätze. `like` führt also einen einfachen Zeichenmuster-Vergleich durch. Andererseits findet die Volltextvariante auch Wortformen. Dazu später noch mehr.

Die Vorteile von Volltextabfragen:

- Sie sind signifikant schneller als herkömmlich konstruierte Abfragen.
- Sie benötigen erheblich weniger Ressourcen bei der Abfrage.
- Sie finden auch Wortformen sowie Wörter aus dem Thesaurus.
- Die Syntax ist flexibel und berücksichtigt beispielsweise auch Wortstellungen.
- Es gibt auf Wunsch eine Art »Ranking« innerhalb der Suchtreffer.
- Die Volltextsuche kennt die deutsche Sprache oder jedenfalls einige dafür erstellte Regeln und Kataloge.

Kurz: Einen SQL Server vorausgesetzt gibt es eigentlich keine Gründe, diese Technologie nicht einzusetzen, aber viele, es zu tun.

7.3.1 Installation

Die gute Nachricht: Der SQL Server 2012 unterstützt Volltextabfragen in allen Editionen, wobei Sie für die SQL Server 2012 Express-Edition die Variante mit den *Advanced Services* herunterladen müssen, wie auch schon unter dem SQL Server 2008-R2.

Dutzende Sprachen werden dabei unterstützt, darunter natürlich auch Deutsch. Für jede Sprache gibt es einige Regeln für die Abgrenzung von Wörtern, für die Bildung von Wortstämmen und einen Thesaurus, den Sie selbst definieren können. Eine Stoppwortliste soll den Index um unnötige Einträge verringern. Für Wörter wie »ist« oder »er« ist das eine sinnvolle Einrichtung.

Um Volltext nutzen zu können, muss diese Funktion zuerst installiert sein. Ändern Sie also die Installation Ihrer aktuellen Instanz von SQL Server, und aktivieren Sie die Funktion Volltextsuche (Fulltext-Search)

Abbildung 7.11 Installationsoption für die Volltextsuche (hier 2008-R2)

Bitte prüfen Sie auch, ob der SQL-Volltext-Filter-Dämon-Dienst nicht deaktiviert wurde, und zwar in den Diensteigenschaften (siehe Abbildung 7.12).

Abbildung 7.12 Der Filter-Dämon

Damit Sie die Beispiele nachvollziehen können, habe ich Ihnen auf der CD eine Datenbank mit Goethes Wahlverwandtschaften beigelegt. Führen Sie dazu bitte die folgenden drei Schritte aus:

1. Erstellen Sie eine leere Datenbank namens *goethe*.
2. Führen Sie dort das Script *goethe_create.sql* aus.
3. Importieren Sie die Datei *goethe_daten.xls* (die erste Spalte enthält die Spaltennamen, das Format ist Excel 97-2003).

Die Tabelle *wf* der Datenbank *goethe* sollte nun 12802 Zeilen Text enthalten.

7.3.2 Volltextkatalog anlegen

Um Volltextabfragen gegen eine Datenbank ausführen zu können, bedarf es der folgenden Schritte:

1. Zunächst erstellen Sie bitte einen Volltextkatalog (siehe Abbildung 7.13).
2. Danach benötigen Sie einen Volltextindex für jede Tabelle, die durchsucht werden soll (siehe Abbildung 7.14).
3. Anschließend verwenden Sie eine spezielle Syntax zur Verwendung der soeben erstellten Kataloge.

Volltextkatalog

Beginnen wir, indem wir einen neuen, noch leeren Volltextkatalog anlegen. Verwenden Sie dazu das *SQL Server Management Studio*, navigieren Sie zur Datenbank *goethe*, erweitern Sie den Knoten SPEICHER, und wählen Sie aus dem Kontextmenü des Eintrags VOLLTEXTKATALOGE den Menüpunkt NEUER VOLLTEXTKATALOG aus.

Benennen Sie den Katalog entsprechend Ihren Vorstellungen. Den Besitzer können Sie leer lassen, es wird dann das aktuelle Login verwendet. Die Unterscheidung nach Akzent ist für die deutsche Sprache nicht so wichtig wie für einige osteuropäische Sprachen.

Wenig später ist der Katalog angelegt. Wählen Sie nun dessen Eigenschaften aus. Es erscheint ein Dialog, in dem Sie die zu indizierenden Tabellen und Sichten angeben können. Wechseln Sie dafür bitte auf die in Abbildung 7.14 dargestellte Seite TABELLEN/SICHTEN.

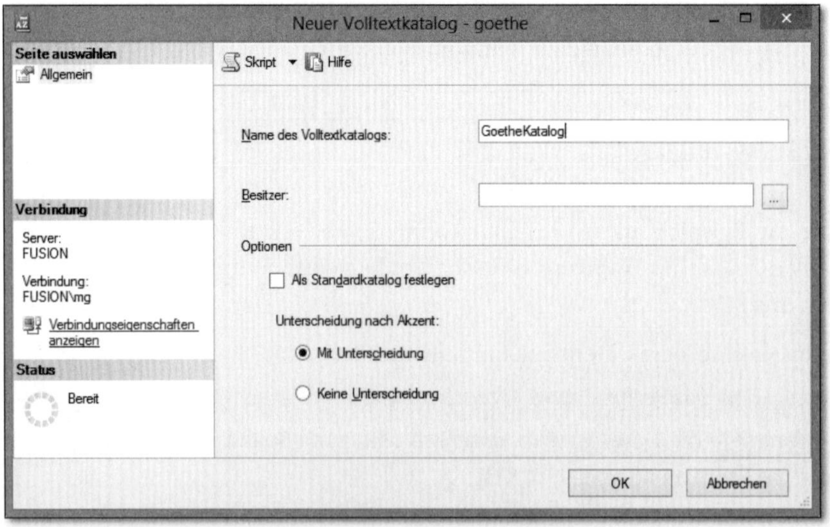

Abbildung 7.13 Einen neuen Volltextkatalog hinzufügen

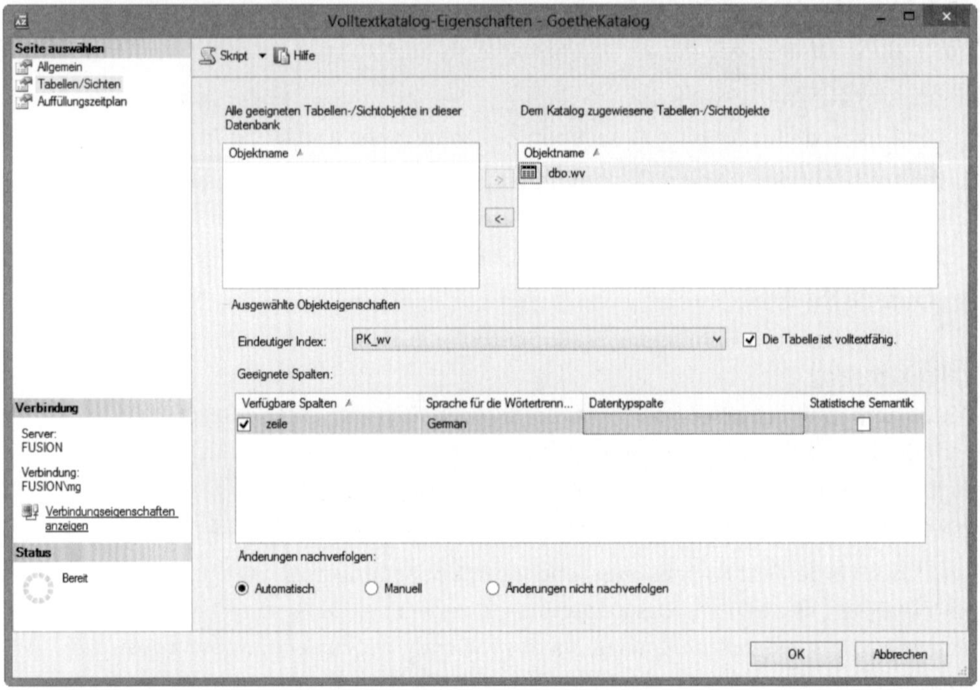

Abbildung 7.14 Tabellen dem Volltextkatalog hinzufügen

Tabellen hinzufügen

Der Dialog ermittelt alle geeigneten Tabellen oder Sichten sowie alle Felder in dem gewählten Datenbankobjekt, das sich für die Volltextindizierung eignet. Dafür kommen `char`, `varchar` (und ihre Unicode-Varianten) sowie binäre Datentypen (wie `varbinary` oder `image`) infrage. Letztere könnten Sie mit `like` überhaupt nicht abfragen.

Für jedes Feld können Sie getrennt angeben, welche Sprache für die Trennung der Wörter verwendet werden soll. Das ist praktisch, wenn Ihre Datenbanken mehrsprachige Inhalte verwenden.

Für gewöhnlich wird der SQL Server die Inhalte des Volltextindex auffüllen, wenn er dazu kommt. Unter ÄNDERUNGEN NACHVERFOLGEN sollten Sie dann AUTOMATISCH EINGESTELLT lassen. In manchen Szenarien ist das nicht besonders praktisch. Manchmal möchte man selbst entscheiden, wann der Index neu befüllt oder erweitert werden soll.

- ÄNDERUNGEN NICHT NACHVERFOLGEN erfordert von Ihnen, dass Sie zu einer genehmen Zeit `ALTER FULLTEXT INDEX` aufrufen, entweder mit `FULL POPULATION` oder mit `INCREMENTAL POPULATION`, je nachdem, ob der Index vollständig neu aufgebaut oder lediglich aktualisiert werden soll.
- MANUELL unterscheidet sich von der vorherigen Option darin, dass der SQL Server alle Änderungen aufzeichnet, aber nicht in den Index einpflegt. Das können Sie tun, indem Sie `ALTER FULLTEXT INDEX ... START UPDATE POPULATION` ausführen.
- Schließlich können Sie auf der Seite AUFFÜLLUNGSZEITPLAN auch einen Zeitplan für die Auffüllung des Index hinterlegen. Oft wird dafür in der Nacht ein Zeitfenster geöffnet, in dem der Server wenig beschäftigt ist, um das zu erledigen.

Wenn Sie nun OK drücken, dann wird der Volltextkatalog mit Inhalten aufgefüllt. Wenn Sie später zu der Eigenschaftsseite des Volltextkataloges zurückkehren, dann können Sie den aktuellen Auffüllungsstatus sehen (z. B. im Leerlauf) und das Datum der letzten Auffüllung. Das ist besonders für Diagnosezwecke interessant.

Sichten hinzufügen

Möchten Sie das nun in Ihrer eigenen Datenbank anwenden, dann werden Sie vielleicht feststellen, dass Ihre Sichten nicht in der Liste der geeigneten Datenbankobjekte angezeigt werden.

Nur indizierte Sichten (*indexed views*) können für einen Volltextindex herangezogen werden. Indizierte Sichten sind Sichten, die auf der Festplatte gespeichert werden. Der SQL Server aktualisiert sie, sobald die zugrundeliegenden Tabellen verändert werden. In anderen Datenbanksystemen nennt man sie materialisierte Sichten, was mir besser gefällt. Sie erstellen eine solche Sicht, indem Sie eine gewöhnliche Sicht an ein Schema binden. Das können Sie, wie in Abbildung 7.15 dargestellt, in den Eigenschaften einer Sicht tun.

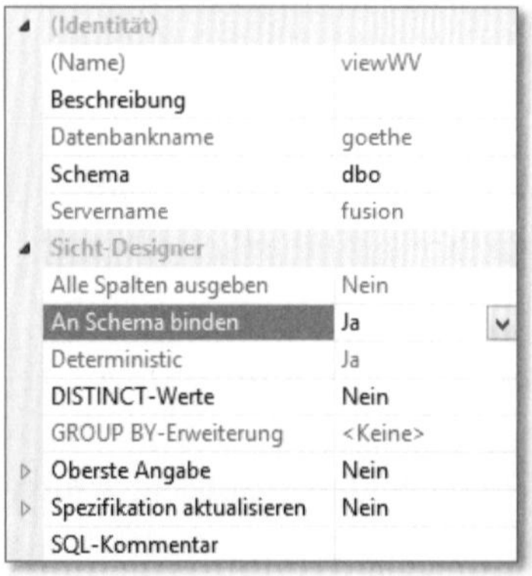

Abbildung 7.15 Eine Sicht an ein Schema binden

Im Anschluss erstellen Sie einen oder mehrere Indizes für diese View. Darunter muss ein gruppierter Index sein. Wenn die View so komplex ist, dass der SQL Server sie nicht mehr automatisch aktualisieren kann, erhalten Sie eine Fehlermeldung. Ansonsten steht Ihnen die View in der Tabellen-/Sichten-Seite des Volltextkatalog-Dialogs zur Auswahl.

Aus der Praxis

In vielen Datenbanken gibt es häufig mehrere Spalten für die Kennzeichnung von Kunden oder Adressen, zum Beispiel eine Spalte für die Firmenbezeichnung und zwei weitere Spalten zur näheren Bestimmung, wenn die Firmenbezeichnung zu lang ist.

In einer indizierten Sicht können Sie die Spalten dann zu einer einzigen Spalte zusammenfassen und darauf einen Index setzen. Oder aber Sie fassen in dem Index alle Spalten zusammen, die Sie für eine gemeinsame Volltextsuche verwenden wollen. Sucht ein Anwender dann z. B. nach München, so erhält er die München Verkehrs GmbH ebenso wie Kunden aus dem Ort München.

Allerdings: Indizierte Sichten benötigen Speicher und auch ein wenig Performance, weil sie ja mit den Daten mitgepflegt werden müssen.

7.3.3 Daten abfragen

Wir haben nun die Volltextfunktionalität installiert sowie einen Katalog und einen Index angelegt. Bleibt noch das Wichtigste: die Abfrage von Suchergebnissen. Was aber genau kann gesucht werden?

- ein einfaches Wort bzw. ein einfacher Begriff
- selbiges, bei dem diese mit einem bestimmten Text beginnen (Präfix)
- entsprechende Beugungsformen eines Wortes
- ein Wort in der Nähe eines anderen Wortes
- synonyme Wörter, für die ein Thesaurus benötigt wird
- gewichtete Begriffe

Beginnen wir mit der einfachen Suche.

Einfache Suche

Wie es sich für Goethe gehört, suchen wir zuerst einmal nach der »Liebe«.

```
select * from wv where contains(zeile, 'Liebe')
```

Und hier die ersten Ergebnisse:

- *geschehen könnte; und nicht sie allein, auch Ottilien, meine liebe*
- *Höchst ungern weiß ich das liebe Kind in der Pension, wo sie sich in*
- *Augen sage -, wo der Mann erst liebefähig und erst der Liebe wert wird,*
- ...
- *zum liebevollsten urteilen; denn wir haben sozusagen ein Recht, sie*

Das Ergebnis enthält »Liebe« in Klein- und Großschreibung und auch »liebevollsten«, als zusammengesetztes Wort. Insgesamt werden auf meinem Rechner 59 Datensätze zurückgeben.

`Contains` eignet sich also, wenn Sie ein genaues Wort suchen oder eine unscharfe Suche durchführen möchten. Darüber hinaus können Sie gewichtete Abfragen damit durchführen, die Nähe von Wörtern berücksichtigen oder boolsche Operatoren verwenden. `Contains` liefert, wie das nachfolgende `Freetext`, immer `true` oder `false` zurück. Man nennt das auch Prädikate. Dieselbe Abfrage mit `Freetext` sieht ganz ähnlich aus:

```
select * from wv where freetext(zeile, 'Liebe')
```

Allerdings ist die Trefferanzahl deutlich höher, nämlich 164. Warum, das wird deutlich, wenn wir die beiden Abfragen direkt miteinander vergleichen:

Mit `Freetext` finden wir auch die Textstellen »liebes« und »geliebten«. Verwenden Sie dieses Prädikat, um nach der Bedeutung ohne exakte Übereinstimmung des Wortlauts zu suchen, nach ganzen Sätzen oder anderen, sogenannten Freitextzeichenfolgen. Beide Prädikate nehmen nicht nur eine einzelne Spalte an, sondern eine ganze Liste von Spalten, also auch alle Spalten:

```
select * from wv where freetext(*, 'Liebe')
```

	freetext	contains
1	kann, was er in vollem Maße besitzt-genug, liebes Kind, es ist eine	NULL
2	"Es ist recht schön und liebenswürdig von dir" versetzte Charlotte,	NULL
3	liebten einander als junge Leute recht herzlich; wir wurden getrennt;	NULL
4	Wir freuten uns der Erinnerung, wir liebten die Erinnerung, wir	NULL
5	geschehen könnte; und nicht sie allein, auch Ottilien, meine liebe	geschehen könnte; und nicht sie allein, auch Ottilien, meine liebe
6	"Das Bewußtsein, mein Liebster", entgegnete Charlotte, "ist keine	NULL
7	und freundlich, lieber nichts zu schreiben, als nicht zu schreiben".	NULL
8	liebenswürdig finden mußte, wenn man ihn auch beschwerlich fand.	NULL
9	Wenigstens, mein Lieber", fuhr sie fort, "sollst du gewahr werden, daß	NULL
10	Höchst ungern weiß ich das liebe Kind in der Pension, wo sie sich in	Höchst ungern weiß ich das liebe Kind in der Pension, wo sie sich in
11	kein Rätsel, weil ich in diesem lieben Kinde den ganzen Charakter	NULL
12	Neues an sie heranziehen soll, so trag ich das lieber, ja ich	NULL
13	Augen sage -, wo der Mann erst liebefähig und erst der Liebe wert wird,	Augen sage -, wo der Mann erst liebefähig und erst der Liebe wert wird,
14	aber dieser, der seine frühe Liebe zu Charlotten hartnäckig im Sinne	aber dieser, der seine frühe Liebe zu Charlotten hartnäckig im Sinne
15	"Obschon mein Mann nicht liebt, daß man seinen Geburts-oder Namenstag	NULL
16	Getadelte war ihr in jedem einzelnen Teile lieb; sie widerstrebte der	NULL
17	An unserm Tisch ist kein überfluß; doch sehe ich nichts lieber, als	NULL
18	Soviel von diesem übrigens so schönen und lieben Kinde".	NULL
19	ja sie ist liebenswürdig und erheiternd.	NULL
20	liebenswürdig dalag.	NULL
21	schöne, liebenswürdige Tugenden, deren friedliche Einwirkung die	NULL
22	Man erträgt die Unbequemen lieber, als man die Unbedeutenden duldet.	NULL
23	zum liebevollsten urteilen; denn wir haben sozusagen ein Recht, sie	zum liebevollsten urteilen; denn wir haben sozusagen ein Recht, sie
24	Es gibt eine Höflichkeit des Herzens; sie ist der Liebe verwandt.	Es gibt eine Höflichkeit des Herzens; sie ist der Liebe verwandt.
25	möglich ohne Liebe.	möglich ohne Liebe.

Abbildung 7.16 Freetext vs. Contains

CONTAINSTABLE und FREETEXTTABLE

Im Gegensatz zu `CONTAINS` und `FREETEXT` sind `CONTAINSTABLE` und `FREETEXTTABLE` Funktionen, wir können sie in einer `from`-Klausel verwenden.

```
select w.zeile, s.rank
from wv w join containstable(wv, zeile, 'Liebe') s on
w.wv_id=s.[Key]
order by s.rank desc
```

Die Tabelle, die durch `CONTAINSTABLE` erzeugt wird, enthält nur zwei Spalten: eine Spalte mit Namen `KEY` (enthält die ID des gefundenen Datensatzes) und eine mit `RANK` (enthält den Rang, also das Maß der Übereinstimmung mit der Suchanfrage). Das Ergebnis verrät uns auch hier wieder die Arbeitsweise:

Zeile	Rang
Augen sage -, wo der Mann erst liebefähig und erst der Liebe wert wird,	256
aber dieser, der seine frühe Liebe zu Charlotten hartnäckig im Sinne	128

Tabelle 7.1 CONTAINSTABLE, Sortierung nach Rang

Alle weiteren Suchtreffer, wiederum 59, haben denselben Rang 128. Der erste Suchtreffer enthält das Wort Liebe gleich zweimal: einmal als einfachen Begriff und einmal als zusammengesetztes Adjektiv, was den hohen Rang erklärt. Dieselbe Abfrage mit FREETEXTTABLE gibt drei Rangstufen: 388, 240, 143. Jeweils ein Beispiel:

Zeile	Rang
Augen sage -, wo der Mann erst liebefähig und erst der Liebe wert wird,	388
liebevoller, freundlicher und zarter.	240
Lächeln Sie nicht, lieber Mittler, oder lächeln Sie auch! O ich	143

Tabelle 7.2 FREETEXTTABLE, Sortierung nach Rang

Auch hier lässt sich wieder intuitiv erahnen, wie der SQL Server zu diesem Ergebnis kommt. Praktisch sind die Ränge natürlich, um danach zu sortieren, wenn viele Suchtreffer zu erwarten sind. Dabei ist weniger der Wert an sich interessant, sondern vielmehr die relative Gewichtung zu den anderen Suchtreffern.

Boolesche Operatoren und NEAR

Die drei Operatoren AND, OR, sowie AND NOT können nur in CONTAINS und CONTAINSTABLE verwendet werden.

```
select * from wv where contains(zeile, 'hoffen AND bangen')
```

Diese Abfrage findet eine Zeile:

diesem Hoffen und Bangen dem bedürftigen Herzen doch nur eine Art von

NEAR hingegen lässt den Grad der Übereinstimmung steigen, wenn zwei anzugebende Wörter nahe beieinander liegen.

```
select * from wv where contains(zeile, 'liebe NEAR mehr')
```

Und das Ergebnis entspricht abermals den Erwartungen:

```
mehr; es war von der Liebe zu Eduard ganz gedrängt ausgefüllt, und nur
Der Haß ist parteiisch, aber die Liebe ist es noch mehr.
Vermag die Liebe, alles zu dulden, so vermag sie noch viel mehr, alles
```

Stoppwörter

Stoppwörter würden einen Index unnötig groß machen, ohne zu dessen Nutzen beizutragen. Denn wer möchte schon nach »ein« oder »sie« suchen? Suchen Sie ruhig einmal nach diesen Begriffen, das Ergebnis wird leer sein.

Standardmäßig verwendet der SQL Server eine System-Stoppliste, die in der Ressourcendatenbank gespeichert ist. Wenn Sie häufig Eigennamen verwenden, die so oft vorkommen, dass Sie danach nicht suchen möchten, dann können Sie diese in eine eigene Stoppliste eintragen.

Dafür gibt es im Management Studio im Knoten SPEICHER den Unterknoten VOLLTEXT-STOPPLISTEN, der im Kontextmenü den Eintrag NEUE VOLLTEXT-STOPPLISTE anbietet. Sie können hier eine leere Stoppliste erstellen, die Sie im Anschluss füllen können, die System-Stoppliste kopieren oder eine bereits vorhandene Liste kopieren. Egal, für was Sie sich entscheiden, der Eigenschaftsdialog der so erstellten Stoppliste ermöglicht Ihnen das Hinzufügen oder Entfernen von Stoppwörtern.

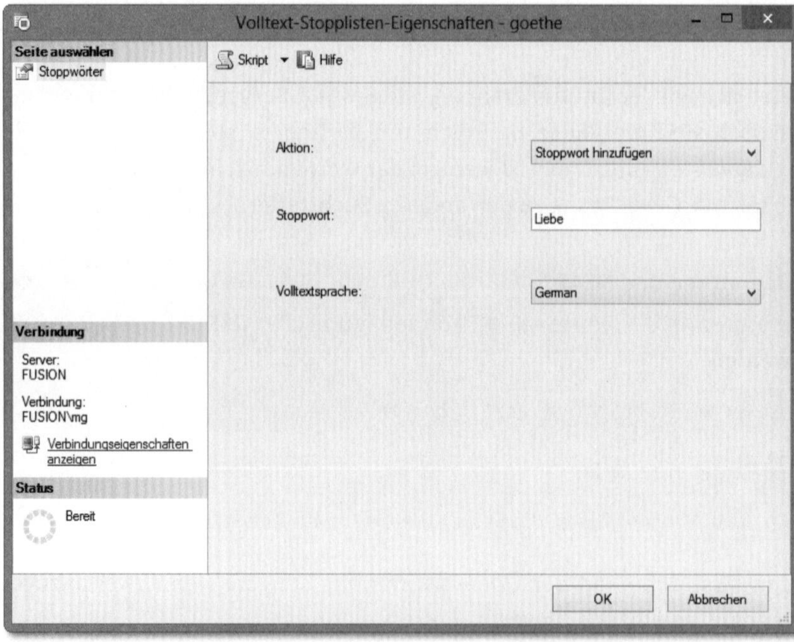

Abbildung 7.17 Hinzufügen eines Stoppwortes zu einer neuen Liste

Die Stoppliste ist dem Volltext-Index noch bekannt zu machen:

```
alter fulltext index on wv set stoplist=Goethe
```

Fortan geben alle Volltextsuchanfragen nach 'Liebe' kein Ergebnis mehr zurück. Nach dem Löschen des Stoppworts funktioniert alles wieder wie zuvor, wenn vorher noch der Volltextkatalog neu erstellt wird.

Thesaurus

Für die Praxis besonders bedeutsam ist die Ausdehnung einer Suche nach alternativen Begriffen. Für jede Sprache installiert der SQL Server eine leere Thesaurus-Datei, die Sie mit gewöhnlichen XML- oder Text-Editoren bearbeiten. Sie sollten nur darauf achten, dass Sie die Datei im Unicode-Format speichern.

Sie finden die deutsche Datei unter *C:\Program Files\Microsoft SQL Server\MSSQL11.MSSQLSERVER\MSSQL\FTData,* für ältere SQL-Server-Versionen passen Sie bitte das Verzeichnis entsprechend an. Die Datei heißt *tsdeu.xml.* Fügen Sie für jeden Eintrag einen neuen `expansion`-Knoten hinzu:

```
<XML ID="Microsoft Search Thesaurus">
   <thesaurus xmlns="x-schema:tsSchema.xml">
   <diacritics_sensitive>0</diacritics_sensitive>
      <expansion>
         <sub>Kalimba</sub>
         <sub>Sunfood</sub>
      </expansion>
      <replacement>
         <pat>KDW</pat>
         <sub>Kaufhaus des Westens</sub>
         <sub>KaDeWe</sub>
      </replacement>
   </thesaurus>
</XML>
```

Listing 7.10 Neuen »expansion«-Knoten hinzufügen

Unter einem `expansion`-Knoten geben Sie Synonyme an. Im Beispiel werden *Kalimba* und *Sunfood* synonym behandelt. Ein `replacement`-Knoten ersetzt eine Suchanfrage durch eine oder mehrere andere. Wenn ein Anwender im Beispiel nach KDW suchen möchte, so sucht der SQL Server stattdessen nach den Begriffen Kaufhaus des Westens und KaDeWe. Das ist zum Beispiel für häufige Tippfehler ganz nützlich.

Wenn Sie an Thesaurus Änderungen vornehmen, so können Sie die Datei mithilfe des folgenden Befehls neu laden (1031 steht für die Locale ID (LCID) von Deutschland.):

```
EXEC sys.sp_fulltext_load_thesaurus_file 1031;
```

Damit schließt diese kleine Einführung in die Volltextsuche. Auch andere DBMS bringen solche Funktionen mit. Der Reiz dieser Funktion im SQL Server liegt in deren Einfachheit, bei gleichzeitig guter Performance, einer flexiblen Abfragesprache und grundlegender Erweiterbarkeit. Sie sollten diese Funktion unbedingt einmal ausprobieren, wenn Sie in Ihren Anwendungen Suchanfragen in Textfeldern anbieten.

7.4 Filestream

Es gibt sie immer wieder: Dateien, die im Zusammenhang mit Datenbankinhalten verwaltet werden müssen. Das können sein:

- Import- oder Exportdateien, die zur späteren Dokumentation aufbewahrt werden müssen
- eingehende Nachrichten von Kunden
- Belege und andere, vom System generierte Dateien
- Bilder und andere Multimediainhalte

Ihnen fallen bestimmt noch viele weitere Beispiele ein.

Manche Entwickler speichern diese Dateien im Dateisystem (und nur den Pfad dorthin in der Datenbank), andere wiederum speichern die Datei selbst in der Datenbank, zum Beispiel in einem `varbinary`(max)-Feld des SQL Servers. Beide Varianten haben ihre Vor- und Nachteile:

	Dateisystem	**Datenbank (varbinary)**
Vorteile	▸ keine Größenbeschränkung ▸ schnell ▸ keine Auswirkungen auf die DB-Performance	▸ eng integriert ▸ in DB-Backups vorhanden ▸ transaktionssicher
Nachteile	▸ getrennte Datenhaltung von zusammengehörigen Daten ▸ nicht transaktionssicher ▸ nicht in DB-Backups enthalten	▸ potenziell langsam (Abfrage und Speicherung) ▸ 2 GB-Limit ▸ unbequeme Handhabung

Tabelle 7.3 Vor- und Nachteile der Speicherung von Blobs

Wenn man eine Weile über die Vor- und Nachteile sinniert, dann wird klar, warum Microsoft mit dem SQL Server 2008 eine neue Technologie eingeführt hat, um beide Welten miteinander zu verbinden. Willkommen zu Filestream! Ach ja: Filestream steht übrigens auch im SQL Server Express zur Verfügung.

7.4.1 Filestream installieren

Filestream muss erst einmal installiert werden, aktivieren Sie also bitte während der Installation diese Option und erlauben Sie auch den Zugriff von außen, denn wir wollen natürlich Daten durch Drittanwendungen in die Datenbank bringen.

Alternativ lässt sich das später über den SQL-Server-Konfigurations-Manager nachholen, und zwar in den Eigenschaften des SQL-Server-Dienstes selbst, den Sie unter dem Knoten SQL SERVER-DIENSTE finden:

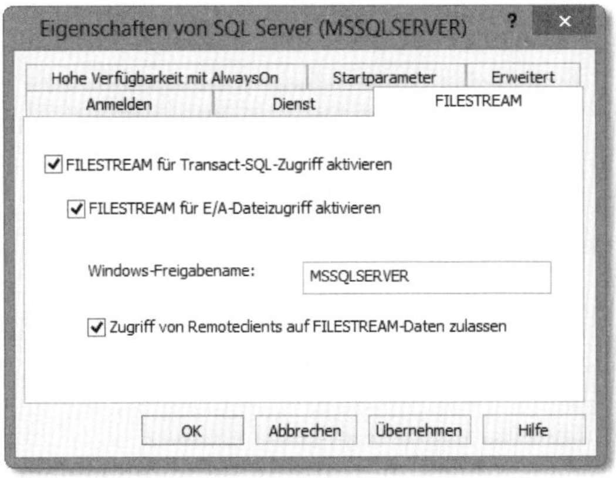

Abbildung 7.18 Filestream für eine Instanz des SQL Servers erlauben

Die Optionen im Einzelnen:

- FILESTREAM für T-SQL aktivieren erlaubt die Verwendung nur innerhalb von T-SQL-Anweisungen.
- FILESTREAM für E/A-Dateizugriff aktivieren erlaubt den Zugriff von Client-Anwendungen aus mittels `SqlFileStream`.
- Zugriff von Remote Clients auf FILESTREAM-Daten zulassen erlaubt dies auch dann, wenn die Clients nicht auf derselben Maschine laufen.

7.4.2 Filestream aktivieren

Die Installation bzw. Einrichtung über den Konfigurations-Manager genügt aber noch nicht, es muss für die aktuelle Instanz auch noch aktiviert werden und zwar entweder über die Eigenschaften der SQL-Server-Instanz oder mittels T-SQL-Anweisung (siehe Abbildung 7.19):

```
-- 0 = Kein Zugriff, 1 = nur für T-SQL, 2 = Vollzugriff
EXEC sp_configure filestream_access_level, 2
RECONFIGURE
```

7.4.3 Datenbank für Filestream einrichten

In der Praxis werden Sie vermutlich bereits eine Datenbank haben, die Sie nun für Filestream vorbereiten wollen. Ich nehme dazu wieder die Datenbank *kalimba_erp* aus den vorherigen Abschnitten.

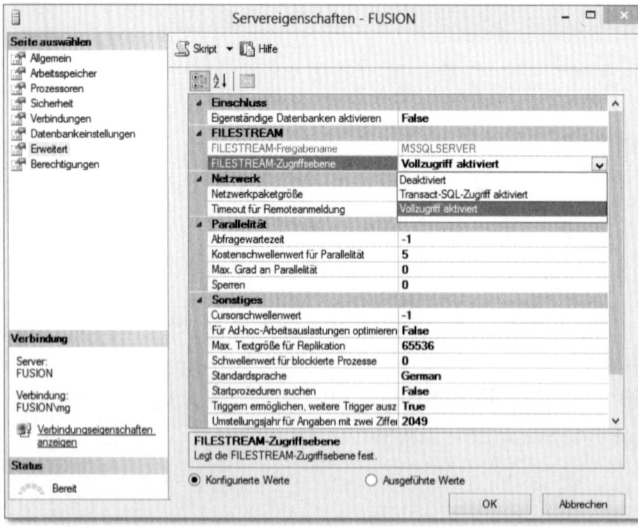

Abbildung 7.19 Aktivierung in den Servereigenschaften

Als Erstes benötigen wir eine neue Filestream-Dateigruppe und wenigstens eine Datei, die dieser Gruppe angehört (siehe Abbildung 7.20).

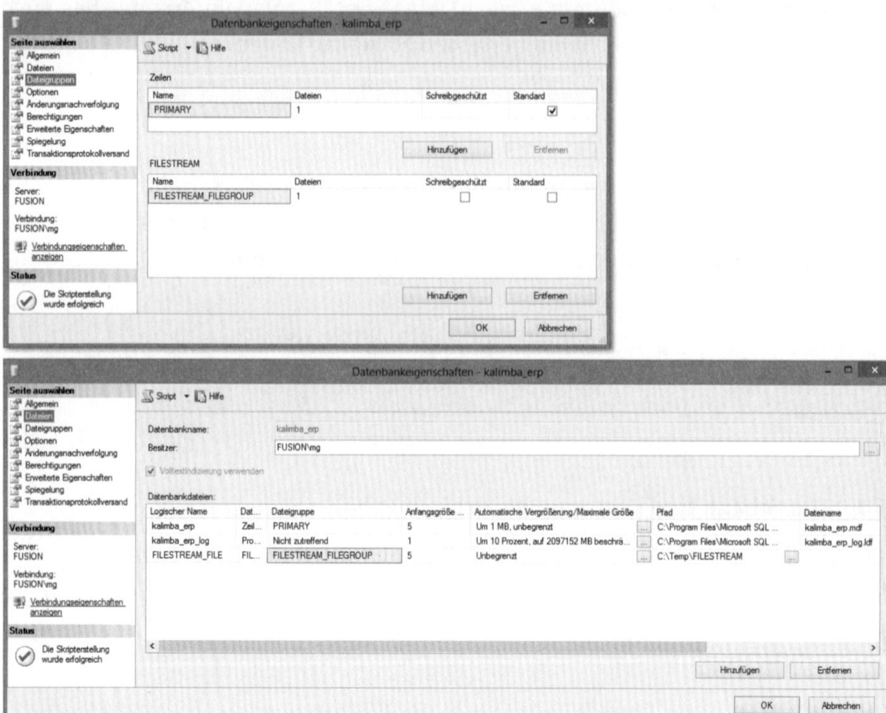

Abbildung 7.20 Filestream-Dateigruppe und -Datei hinzufügen

Die zugehörigen T-SQL-Anweisungen:

```
GO
ALTER DATABASE [kalimba_erp] ADD FILEGROUP [FILESTREAM_FILEGROUP]
 CONTAINS FILESTREAM
GO
ALTER DATABASE [kalimba_erp] ADD FILE ( NAME = N'FILESTREAM_FILE', FILENAME =
N'C:\Temp\FILESTREAM\FILESTREAM_FILE' ) TO FILEGROUP [FILESTREAM_FILEGROUP]
GO
```


Sie sehen schon an dem Ablageort für die Filestream-Datei, dass der SQL Server die Daten außerhalb der Datenbank anlegt, und zwar dort, wo sie am effizientesten verwaltet werden können: im Dateisystem. Dennoch gehören Datensätze und Dateien untrennbar zusammen, der SQL Server behandelt sie gemeinsam in derselben Transaktion. Und auch in Backup- und Restore-Operationen sind Filestream-Dateien enthalten. Der Server verwaltet die Daten autonom und vollautomatisch, es empfiehlt sich nicht, dort manuell einzugreifen.

Sie können auch mehrere Filestream-Dateien anlegen, mit jeweils unterschiedlichen Ablageorten und so eine logische Trennung der Daten erreichen.

7.4.4 Tabellen um Filestream-Spalten erweitern

In unserer Datenbank bietet es sich an, die Produkttabelle um eine Spalte zu erweitern, in die wir später die zugehörigen Produktfotos laden.

Dazu benötigt die Tabelle neben einem Primärschlüssel noch zwei weitere Felder. Zuerst eine GUID-Spalte:

```
ALTER TABLE dbo.product ADD rowid uniqueidentifier ROWGUIDCOL NOT NULL UNIQUE
DEFAULT newsequentialid()
GO
```

Um die einzelnen GUID-Werte müssen wir uns nicht kümmern, das übernimmt `newsequentialid()`. Nach dem Ausführen enthalten bereits alle Datensätze gültige GUIDs.

Als nächstes müssen wir noch die Spalte für das eigentliche Produktfoto hinzufügen:

```
ALTER TABLE dbo.product SET (FILESTREAM_ON = FILESTREAM_FILEGROUP)
GO
ALTER TABLE dbo.product ADD photo varbinary(max) FILESTREAM Default(0x)
GO
```

Den Standardwert `0x` benötigen wir später, wenn wir auf die Spalte in einer Anwendung zugreifen.

7.4.5 Dateien ablegen mit SqlFileStream

Auf Filestream-Dateien lässt sich recht komfortabel mit einem Stream zugreifen, genauer einem `SqlFileStream` aus dem Namespace `System.Data.SqlTypes`, dem Namespace, der auch die anderen SQL-Server-Datentypen beheimatet, die wir in früheren Abschnitten bereits benötigt haben.

```
if (openFileDialog.ShowDialog() == DialogResult.OK)
{
    string sql = @"
        SELECT photo.PathName(), GET_FILESTREAM_TRANSACTION_CONTEXT()
        FROM dbo.product
        WHERE product_id=@product_id";
    string serverPath;
    byte[] serverTxn;

    using(TransactionScope scope = new TransactionScope())
    {
        using (SqlConnection conn = new SqlConnection(connectionString))
        {
            conn.Open();

            using (SqlCommand cmd = new SqlCommand(sql, conn))
            {
                cmd.Parameters.Add("@product_id", SqlDbType.Int).Value =
                  product_id;
                using (SqlDataReader reader =
                  cmd.ExecuteReader(CommandBehavior.SingleRow))
                {
                    reader.Read();
                    serverPath = reader.GetSqlString(0).Value;
                    serverTxn = reader.GetSqlBinary(1).Value;
                    uploadPhoto(openFileDialog.FileName, serverPath,
                      serverTxn);
                    reader.Close();
                }
            }
        }
        scope.Complete();
    }
}
}
```

```
private void uploadPhoto(string fileName, string serverPath, byte[] serverTxn)
{
int blockSize = 1024*512;
using (FileStream sourceFile =
  new FileStream(fileName, FileMode.Open, FileAccess.Read))
{
    using (SqlFileStream destinationFile =
      new SqlFileStream(serverPath, serverTxn, FileAccess.Write))
    {
        byte[] buffer = new byte[blockSize];
        int bytesRead;
        while ((bytesRead = sourceFile.Read(buffer, 0, buffer.Length))>0)
        {
            destinationFile.Write(buffer, 0, bytesRead);
            destinationFile.Flush();
        }
        destinationFile.Close();
    }
    sourceFile.Close();
}
}
```

Listing 7.11 Eine Filestream-Datei einem Datensatz hinzufügen

Die Funktionsweise im Detail:

- Zunächst benötigen wir einige `using`-Anweisungen, um auf Transaktionen, SQL-Datentypen, SQL-Connections und Dateisystem-Dateien zugreifen zu können. Für das WinForms-Projekt auf der CD sind das:

  ```
  using System;
  using System.ComponentModel;
  using System.Data;
  using System.Data.SqlClient;
  using System.Data.SqlTypes;
  using System.IO;
  using System.Transactions;
  using System.Windows.Forms;
  ```
- Die nächsten Zeilen ermitteln den `ConnectionString` zur Produkt-Datenbank und den Primärschlüssel des aktuell markierten Produkts, für das wir das Produktbild in den SQL Server hochladen wollen.
- Danach öffnen wir einen Dateiauswahldialog, in dem unser Anwender das Produktbild selektieren kann, beispielsweise eine JPEG-Datei.

- Für Filestream braucht es nun zwei Dinge: Den (Filestream)-Pfad, also dort, wo die Datei von Filestream hingeschrieben und verwaltet wird und eine Transaktion, genauer eine NTFS-Dateisystemtransaktion. Beides erhalten wir über das SQL-Statement für das ausgewählte Produkt. Dafür müssen wir die Abfrage aber innerhalb eines `TransactionScope` ausführen. Der Filestream-Path ist zwar ein UNC-Pfad, aber einer, der für den SQL Server spezifische Informationen enthält und kein Dateipfad im klassischen Sinn.
- Filestream-Dateipfad und die Transaktion werden in lokalen Variablen zwischengespeichert. Dafür, dass überhaupt ein Dateipfad existiert, sorgt der vorher angelegte Default-Wert `0x0` (in der photo-Spalte).
- Nun wird die Datei mittels FileStream (zum Lesen) geöffnet und der Inhalt, blockweise, in den ebenfalls geöffneten SqlFileStream (zum Schreiben) übertragen.

Das war's, probieren wir es aus:

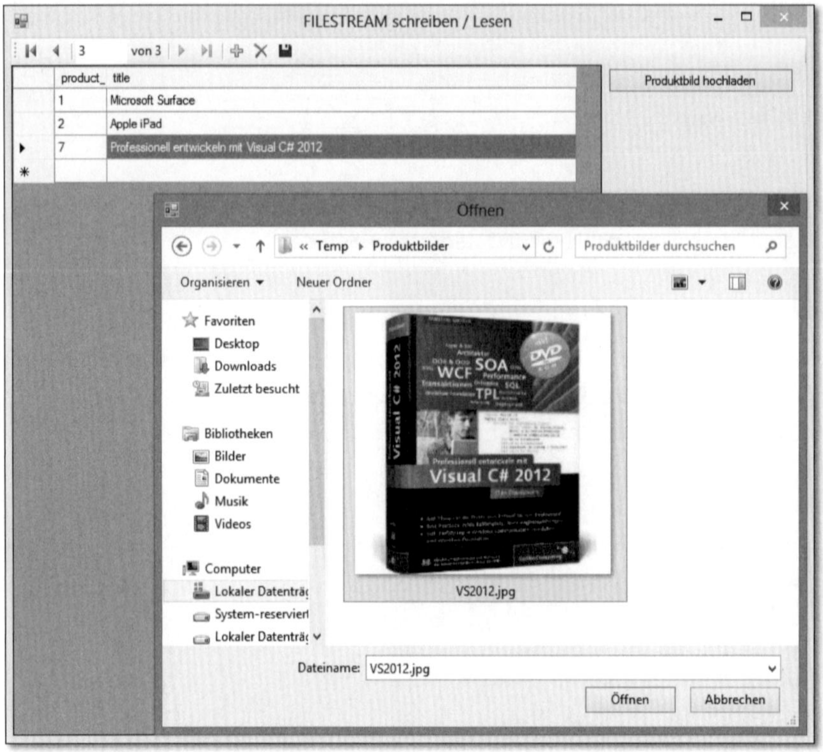

Abbildung 7.21 Upload eines (bekannten) Produktbilds in die Filestream-Datenbank

7.4.6 Die Verwaltung der Filestream-Dateien

Wie gesagt, um die Verwaltung brauchen wir uns eigentlich keine Sorgen zu machen. Dennoch ist es vielleicht interessant, wo die Dateien eigentlich liegen. Das haben wir bei der Anlage der Filestream-Datei angegeben. Wenn Sie nun dorthin navigieren, dann finden Sie einige von Filestream verwaltete Ordner und Dateien, die letzte Datei in der Abbildung enthält auch tatsächlich das hochgeladene Bild. Sie können es einfach so öffnen und sogar verändern.

Abbildung 7.22 Von Filestream verwaltete Dateien

Eine einfache SQL-Anweisung auf die Produkttabelle zeigt den Inhalt der Filestream-Spalte als hexadezimale Darstellung der Datei an.

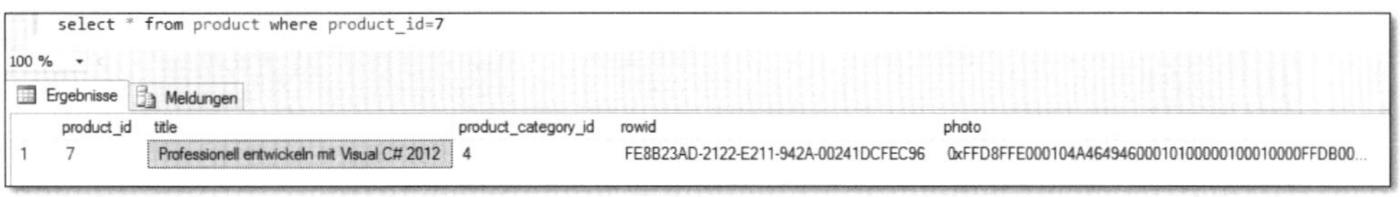

Abbildung 7.23 Die Darstellung der Datei in der SQL-Ergebnisansicht

Wenn Sie einen Datensatz löschen, dann sorgt ein Hintergrundprozess im SQL Server dafür, dass auch die Filestream-Dateien gelöscht werden.

7.4.7 Dateien abrufen

Das Abrufen ist nun ebenfalls »straightforward«, wie man Neudeutsch sagt:

```
private Image downloadPhoto(string serverPath, byte[] serverTxn)
{
    Image photo;

    using (SqlFileStream sqlFileStream =
      new SqlFileStream(serverPath, serverTxn, FileAccess.Read))
    {
        photo = Image.FromStream(sqlFileStream);
        sqlFileStream.Close();
    }

    return photo;
}
```

Listing 7.12 Abrufen von Filestream-Daten

Die übergeordnete Funktion unterscheidet sich nicht von der vorherigen, wiederum benötigen wir den Filestream-Path des ausgewählten Produkts und eine gültige Transaktion.

Das Ergebnis kann sich sehen lassen:

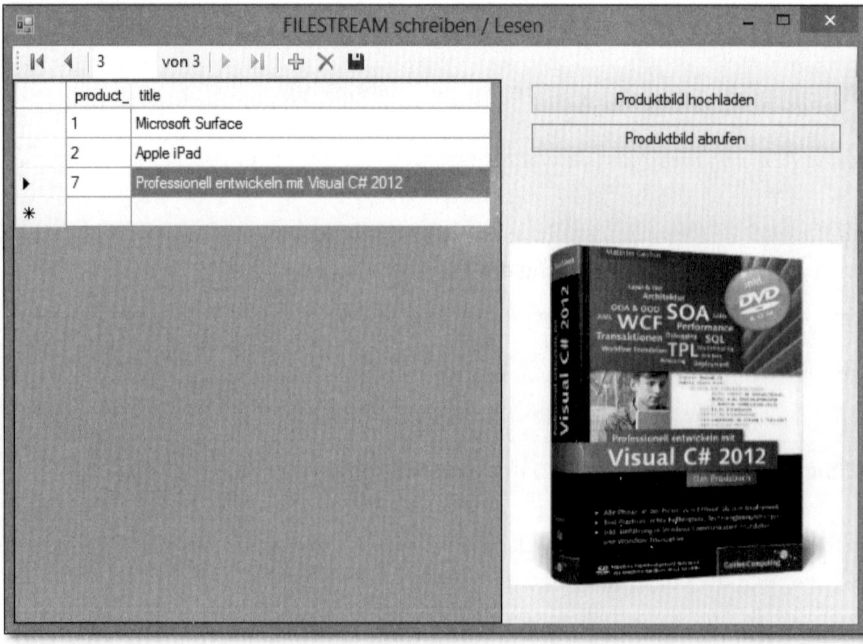

Abbildung 7.24 Abruf des vorher gespeicherten Produktbilds

Das ist nun schon recht leistungsfähig und performant ist es obendrein. Aber damit nicht genug.

7.4.8 Volltext und Filestream

Nun wird es cool! Denn die in einem Filestream-Store abgelegten Dateien können auch in einem Volltextindex verwendet werden. Dafür dienen sogenannte IFilter, von denen Sie im Netz auch viele kostenfreie finden. Die aktuell installierten Filter lassen sich einfach abfragen:

```
SELECT * FROM sys.fulltext_document_types;
```

Entscheidend ist immer der *document_type*, also die Endung, denn daran erkennt das System, welcher Filter zum Einsatz kommen soll. Damit die Indizierung funktioniert, braucht es also noch eine weitere Spalte, die diese Endung enthält:

```
ALTER TABLE dbo.product ADD
document_type varchar(10) NULL
```

Diese Spalte enthält also die Endung, für eine Word-Datei *.docx*, für ein TIFF-Document *.tiff*, wobei ein IFilter auch für mehrere Endungen registriert sein kann (*.tiff* und *.tif* zum Beispiel).

Jetzt noch schnell einen Volltext-Index angelegt, wobei wir der Filestream-Spalte (varbinary(max)) die Spalte mit dem Dokumententyp angeben müssen.

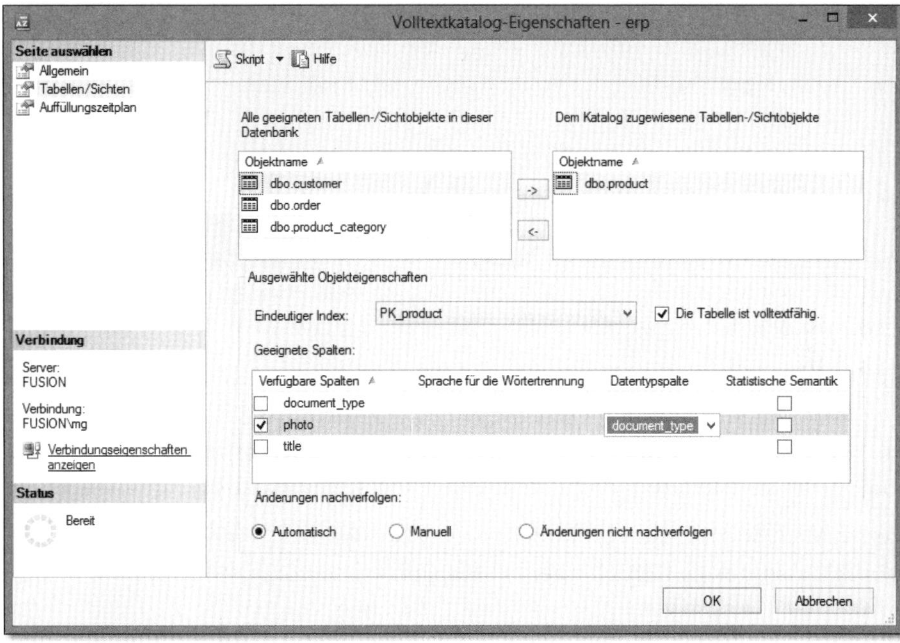

Abbildung 7.25 Anlage eines Volltextkatalogs für Filestream-Dateien

Vielleicht werden Sie jetzt die Anlage eines Volltextindexes für eine Spalte, die Bilder enthält, für relativ sinnlos halten, aber weit gefehlt – denn Microsoft bietet einen TIFF-IFilter an, der eine OCR-Erkennung durchführt (!).

7.4.9 Aus der Praxis

Ich habe Filestream für dieses Buch ausgewählt, weil es relativ unbekannt, aber gleichzeitig von großem Nutzen ist. Und darüber hinaus ist es bereits in der Express-Edition des SQL Servers enthalten. Damit wären alle Voraussetzungen für einen Überflieger erfüllt.

Für den Einsatz von Filestream in verteilten Umgebungen habe ich einen eigenen WCF Service entwickelt, den PersistenceService, der über eine komfortable API Dateien in Filestream-Datenbanken speichert und dort wieder abruft. Dabei lassen sich ganze Dokumentenklassen (Bestellungen, Belege und andere Dateien) von einem Speicherort an einen beliebigen anderen verschieben oder kopieren, auch in ein revisionssicheres Archivsystem. Die einzelnen Dateien lassen sich außerdem umfangreich verschlagworten und so später wieder recherchieren.

Die OCR-Erkennung vollbringt natürlich keine Meisterleistungen, ist aber für die gängigen TIFF-Belege in der Praxis (z. B. eingehende Faxe) absolut brauchbar und auf jeden Fall eine Bereicherung für die Software zum Abrufen von Dokumenten.

Wenn Sie also nicht an vielen Stellen in verschiedenen Anwendungen Dateien selbst verwalten wollen, dann ist Filestream auf alle Fälle einen näheren Blick wert, vor allem, wenn Sie die Vorteile der Volltextsuche nutzen können.

7.5 Das ADO.NET Entity Framework

Lange Zeit hat Microsoft das Feld der objektrelationalen Mapper (ORM) der Open-Source-Bewegung und den kommerziellen Anbietern überlassen, was viele Lösungen hervorgebracht hat, einige davon als »Klone« aus der Java-Welt.

Die Qualität und der Umfang der Implementierungen waren dennoch sehr unterschiedlich; denn auch wenn viele Lösungen funktional ausgereift und auch qualitativ gut waren, fehlt ihnen doch ein charakteristischer Wesenszug guter Entwicklerwerkzeuge in der heutigen Zeit: eine durchgängige und komfortable Toolunterstützung.

Das hat Microsoft mit der Version 3.5 des .NET Frameworks geändert und zwar gleich zweifach, denn es gibt gleich zwei OR-Mapper. Einen vom C#-Team, *LINQ to SQL* genannt und einen vom ADO.NET-Team, das hier vorgestellte *ADO.NET Entity Framework (EF)*, wobei Letzterer erst mit dem ersten Servicepack des Frameworks nachgerüstet wurde.

Seither ist viel passiert. Das Entity Framework hat, nach allgemeiner Ansicht, LINQ to SQL in der Entwicklergunst überholt und hat sich von einem anfangs eher belächelten Versuch zu einem leistungsfähigen OR-Mapper gemausert, der aktuell in der Version 5 vorliegt.

Grund genug also, sich dieser überaus praktischen Technologie ausführlich zuzuwenden. Wenn Sie dennoch, aus welchen Gründen auch immer, mit dem EF nicht recht warm werden, empfehle ich Ihnen zwei Alternativen:

- das freie und quelloffene *nHibernate*, das inzwischen ebenfalls sehr ausgereift ist und viele Erweiterungen bereithält
- das kommerzielle Produkt *LLBLGEN*, das mit vielen verschiedenen Datenbanken zurechtkommt und sowohl funktional hervorsticht als auch durch seine Toolunterstützung

7.5.1 Einführung

Am besten nähert man sich einer solch praktischen Technologie natürlich praktisch, was ich auch gleich machen werde. Vorher allerdings einige Grundkonzepte und wichtige Informationen.

Das Grundprinzip jedes OR-Mappings ist es ja, dass wir als Entwickler mit unseren eigenen Objekten arbeiten und es dem Framework überlassen, vorgenommene Änderungen in SQL-Anweisungen zu verpacken (und auszuführen). Außerdem soll der OR-Mapper eine einfache Abfragesprache anbieten und diese wiederum auf das Ziel-Datenbanksystem »transformieren«. Egal ob eine Kundenliste vom SQL Server oder von Firebird kommt, die Abfrage im Programmcode des Entwicklers soll immer gleich aussehen. Man nennt solche Objekte dann auch gerne »Domänenspezifische Objekte«, also Objekte, die zu einer Fachdomäne gehören; Kunden, Bestellungen, Emails, Aufträge oder Lagerbewegungen zum Beispiel.

Modelle

Ein EF-Projekt besteht immer aus einem *Entity Data Model*, das in einer Datei mit der Endung *edmx* abgelegt wird. Es ist sozusagen das Herzstück des Entity Frameworks, das die Beschreibung des Modells in schönem XML enthält. Die Datei enthält vier Abschnitte, von denen die ersten drei wichtig für uns sind:

- Das *Storage Model*, also die Beschreibung der Daten, so wie sie in der relationalen Datenbank vorliegen. Dort finden wir den Provider, also beispielsweise `System.Data.SqlClient` und alle Tabellen (und andere Datenbankobjekte) sowie ihre Beziehungen untereinander. Die zugehörige XML-Sprache horcht auf den Namen *Storage Schema Definition Language* (*SSDL*). Man nennt es, wohl um die Verwirrung komplett zu machen, auch das *logische Modell*.

  Beispiel:

  ```
  <EntityType Name="customer">
    <Key>
      <PropertyRef Name="customer_id" />
    </Key>
    <Property Name="customer_id" Type="int" Nullable="false" />
    <Property Name="surname" Type="nvarchar" MaxLength="50" />
    <Property Name="firstname" Type="nvarchar" MaxLength="50" />
  </EntityType>
  ```

- Das *Conceptual Model*, also das Modell, mit dem wir in unseren Anwendungen arbeiten – das also die Grundlage für die generierten C#-Klassen ist. Die (XML-) Sprache hierfür ist die *Conceptual Schema Definition Language* (*CSDL*).

Beispiel:

```
<EntityType Name="customer">
  <Key>
    <PropertyRef Name="customer_id" />
  </Key>
  <Property Name="customer_id" Type="Int32" Nullable="false" />
  <Property Name="surname" Type="String" MaxLength="50"
    Unicode="true" FixedLength="false" />
  <Property Name="firstname" Type="String" MaxLength="50"
    Unicode="true" FixedLength="false" />
  <NavigationProperty Name="order" Relationship="KalimbaModel.FK_order_
    customer" FromRole="customer" ToRole="order" />
</EntityType>
```

In diesem Beispiel fällt vor allem auf, dass aus den SQL-serverspezifischen Datentypen .NET-Datentypen geworden sind, aus `nvarchar` also beispielsweise `String`.

- Das Mapping zwischen beiden Welten, in der *Mapping Schema Language* (*MSL*).

  Beispiel:

```
<EntitySetMapping Name="customer">
  <EntityTypeMapping TypeName="KalimbaModel.customer">
    <MappingFragment StoreEntitySet="customer">
      <ScalarProperty Name="customer_id" ColumnName="customer_id" />
      <ScalarProperty Name="surname" ColumnName="surname" />
      <ScalarProperty Name="firstname" ColumnName="firstname" />
    </MappingFragment>
  </EntityTypeMapping>
</EntitySetMapping>
```

Neben diesem Entity Data Model gibt es noch die vom Designer generierten Klassen selbst, zum Beispiel die Klasse `customer` aus obigem Beispiel:

```
public partial class customer
{
    public customer()
    {
        this.order = new HashSet<order>();
    }

    public int customer_id { get; set; }
    public string surname { get; set; }
    public string firstname { get; set; }

    public virtual ICollection<order> order { get; set; }
}
```

Das Beispiel war natürlich sehr einfach: Aus einer Tabelle *customer* wurde letztlich die Klasse `customer`. Auch solche einfachen Szenarien haben schon ihren Reiz, denn, wie in der Klasse `customer` zu sehen ist, können wir aus einem konkreten Objekt heraus (sagen wir für den Kunden Müller) auch gleich die zugehörigen Bestellungen abrufen. Ohne eine Zeile SQL zu schreiben, versteht sich, aber auch ohne zuvor selbst eine Verbindung zur Datenbank aufbauen zu müssen.

Vorteile und Merkmale

Die folgenden Vorteile und Merkmale zeichnen das Entity Framework aus:

- Erweiterbarkeit, vor allem das Implementieren neuer Data Provider. Es wird wohl nicht verwundern, dass das EF vor allem Microsofts SQL Server bedient, also Objektaufrufe in T-SQL umwandelt. Mit Hilfe von Data Providern können auch PL/SQL-Code für Oracle und andere SQL-Dialekte erzeugt werden.
- Toolunterstützung, vor allem ein Designer, in dem das Mapping zwischen Relationen und Objekten stattfindet.
- XML, also eine lesbare und vom Entwickler veränderbare Darstellung des logischen und konzeptionellen Modells und des Mappings.
- Ein äußerst flexibles Mapping, so dass die domänenspezifischen Objekte auch deutlich anders aufgebaut sein können als die zugehörigen Datenbankobjekte.
- Mit LINQ to EF eine eingängige Abfragesprache, die LINQ verwendet.
- Mit Entity SQL eine zweite Abfragesprache, die manchmal einfacher anzuwenden und manchmal leistungsfähiger ist.

Ansätze

Früher war die Sache klar: Am Anfang war die Datenbank, aus der die Modelle und das Mapping generiert bzw. modelliert wurden. Inzwischen bietet das Entity Framework aber drei Vorgehensweisen, manchmal auch Workflows genannt, an:

- *Database First*: Die schon erwähnte und wohl am häufigsten verwendete Methode, um zu einem Modell zu gelangen. Dazu verbindet sich der Designer mit einer bestehenden Datenbank und erzeugt über einen als Reverse Engineering bekannten Prozess das logische Modell, das konzeptionelle Modell und das Mapping. Das alles lässt sich natürlich im Designer auch noch anpassen oder auch völlig umstellen.
- *Model First*: Am Anfang steht hier das Modell, genauer gesagt ein leeres Modell. Die Toolbox, auf Deutsch Werkzeugkasten, enthält die drei Elemente Entität, Zuordnung und Vererbung, mit denen die Datenbank modelliert werden kann. Im Anschluss lassen sich daraus die physische Datenbank generieren und natürlich auch die anderen Modelle und die C#-Klassen.

- *Code First*: Dieser Ansatz hat es erst kürzlich ins EF geschafft. Man beginnt hier mit gewöhnlichen Klassen, die man mittels Attributen auszeichnet. So weiß das EF, wie es alle anderen Modelle und Mappings erzeugen muss.

Das bringt uns zwangsläufig zur Frage nach dem richtigen Ansatz für den jeweiligen Einsatzzweck, die gar nicht leicht zu beantworten ist, weil es nur selten pauschale Antworten auf individuelle Problemstellungen gibt.

Database First sollte Ihr »Standard« sein. Wenn Sie also unsicher sind, welcher Weg der richtige ist, dann entscheiden Sie sich für die Modellierung der Datenbank »von Hand« und generieren daraus die entsprechenden Modelle.

Setzen Sie außerdem auf *Database First*, wenn

- es bereits eine Datenbank gibt, was nicht nur offensichtlich, sondern in der Praxis auch am häufigsten anzutreffen ist,
- Sie Ihre Datenbank von Hand optimieren möchten und die Auswahl, beispielsweise des richtigen SQL-Datentyps, nicht dem EF überlassen wollen,
- es verschiedene Abteilungen oder Kollegen gibt für die Entwicklung der Datenbanken und die Entwicklung des zugehörigen Codes,
- die SQL-Datenbank häufiger unabhängig, manuell, geändert wird und das Modell erst später nachgeführt werden soll; wenn auch dann die Gefahr besteht, dass die Anwendung mit dem veränderten Modell zunächst nicht mehr zurechtkommt.

Aber auch *Model First* hat seine Berechtigung, vor allem wenn

- Sie gut mit dem EF-Designer zurechtkommen,
- Sie eher in Modellen denken als in physischen Daten, und sich nicht davor scheuen, etwas Kontrolle über die daraus generierte physische Datenbank aus der Hand zu geben,
- Wenn das Mapping so komplex wird, dass Sie die vom Designer erzeugten Klassen aus dem Reverse Engineering nicht gut brauchen könnten.

Setzen Sie hingegen auf *Code First*, wenn

- Sie eine ausgeprägte Abneigung gegen grafische Designer haben,
- die generierte Datenbank nur »Mittel zum Zweck« ist,
- Sie die volle Kontrolle über die Klassen benötigen, also keine generierten Klassen akzeptieren wollen,
- es bereits Klassen gibt, die nachträglich datenbanktauglich gemacht werden sollen.

Im Grunde geht es also um die Frage, ob Sie eine neue Datenbank anlegen oder eine bestehende verwenden wollen – und ob Sie dies lieber im Code oder im Designer tun.

Neue Datenbank	Bestehende Datenbank
Model First ▸ Modell im Designer anlegen. ▸ Datenbank wird aus Modell erzeugt (jeweils vollständig neu). ▸ POCO-Klassen werden erzeugt.	**Database First** ▸ Reverse Engineering ▸ POCO-Klassen werden automatisch erzeugt. ▸ Kann von Hand verändert werden.
Code First ▸ Klassen und Mapping werden im Code von Hand erstellt. ▸ Datenbank wird generiert.	**Code First** ▸ mit den EF Power Tools möglich ▸ Erzeugt POCO-Klassen und Mapping im Code.

Tabelle 7.4 Die verschiedenen Workflows im EF

Wenn Entity Framework nicht das Richtige ist

Im Netz kursieren viele Performancevergleiche zwischen anderen Technologien und dem Entity Framework. Man muss das Thema aber nicht allzu hoch aufhängen, denn dass Flexibilität und Komfort Zeit (und Arbeitsspeicher) kosten, dürfte klar sein, denn

- Das Verpacken von Daten in Objekten kostet Zeit, also die Instanziierung und das Zuweisen der Daten aus den Spalten einer Tabelle an die Eigenschaften des Objekts.
- Das Entity Framework selbst benötigt Ressourcen, erst recht aufgrund dessen generischen Ansatzes, zum Beispiel der Code für das Mapping und das Überprüfen des Modells.
- LINQ ist nicht ganz billig zu haben, im Zusammenhang mit dem EF ist die erste Abfrage besonders teuer, darauf folgende Abfragen werden erheblich schneller ausgeführt.
- Das generierte SQL muss (und kann in vielen Fällen) nicht optimal sein. In der Praxis werden Sie vielleicht SQL-Server-Fensterfunktionen nutzen anstelle von einfacher Gruppierung, oder Sie verwenden lieber Stored Procedures.

Daneben gibt es das weite Feld der vermeidbaren Performanceeinbußen durch unsachgemäße Verwendung des Entity Frameworks. Besonders häufig kommen Zugriffe auf Collections in Schleifen vor, die dann zu jeweils eigenen SQL-Abfragen führen; wenn die Schleife tausendmal ausgeführt wird, dann auch zu tausend SQL-Abfragen. Das EF kennt dafür Möglichkeiten, das *Lazy Loading* durch das Vorausladen (*Eager Loading*) zu ersetzen, und so die Abfragen (bis auf eine) zu vermeiden (siehe Abschnitt 7.5.4, »Daten abfragen«), aber wer denkt schon immer daran?

Bevor Sie also zum EF-Designer greifen werfen Sie doch einmal einen Blick auf meine Empfehlungen zum Thema Performance:

- Identifizieren Sie optimierungswürdige Stellen in Ihrem Code, also zum Beispiel Stellen, die besonders häufig aufgerufen werden, die große Mengen an Daten verändern, die viele Suchkriterien aufweisen oder die hinsichtlich des Mappings besonders komplex sind.
- Werfen Sie den SQL-Server-Profiler an (oder das entsprechende Tool für Ihre Datenbank) und schauen Sie sich das generierte SQL-Statement an. Führen Sie es ruhig einmal von Hand aus und messen Sie dessen Laufzeit. Das ist die Basis für Optimierungen, denn es gilt immer noch die Regel des ehrwürdigen Donald Knuth: *Premature optimization is the root of all evil.*
- Entwerfen Sie ein Mengengerüst über die im Speicher zu haltenden Daten. Ist das in Summe noch vernünftig? Die Objekte kosten nicht nur Arbeitsspeicher, sie müssen auch erstellt, gefüllt und verwaltet werden.
- Was sind die Alternativen, was ist die jeweils nächstbeste Alternative? Eventuell der `SqlDataReader` oder gar ein einfaches Update-Statement?

Liebe Leser, es sind genau diese Fragen, die einen Entwickler von einem richtig guten Entwickler trennen. Jede Technologie hat ihre spezifischen Vorteile, aber auch ihre spezifischen Nachteile, die sie von allen Alternativtechnologien abgrenzt. Profis machen sich darüber Gedanken; erst bewusst, vielleicht anhand von Checklisten, später eher unbewusst. Ein Blick auf den Code oder gar die Anforderung genügt dann für ein untrügliches, intuitives Verständnis von der Praxistauglichkeit einer Technologie, wie das EF.

Nicht immer ist es notwendig, das Entity Framework zugunsten einer anderen Technologie aufzugeben, schließlich sind auch damit Optimierungen möglich, lassen sich beispielsweise Stored Procedures einfach ausführen und sogar das Ausführen eigener SQL-Abfragen ist möglich.

Die folgenden Anwendungsfälle eignen sich aber vermutlich nicht für das EF:

- Massendatenoperationen, wie das gleichzeitige Verändern vieler Datensätze
- hochkomplexe Datenstrukturen, deren Abfragen schwer zu optimieren sind
- extrem umfangreiche Datenbestände, wie sie im Data Warehousing häufig vorkommen

Für alle anderen Fälle gilt: Ausprobieren. So, nun aber genug der Vorrede, lasst uns endlich Taten sehen!

7.5.2 Projekt einrichten

Für dieses Beispiel verwenden wir die Datenbank aus Abschnitt 7.1, ».NET im SQL Server«, die wir dann später noch erweitern werden. Wie Abbildung 7.26 zeigt, gibt es drei Tabellen, eine für die Produkte, eine für die Kunden und eine für die Bestellungen. Das ist ein »Klassiker«, mit zwei 1:n-Beziehungen und einer m:n-Beziehung. Jede Tabelle besitzt einen Primärschlüssel, und die Tabelle *order* (Bestellung) besitzt zusätzlich Fremdschlüssel zu den beiden Stammtabellen.

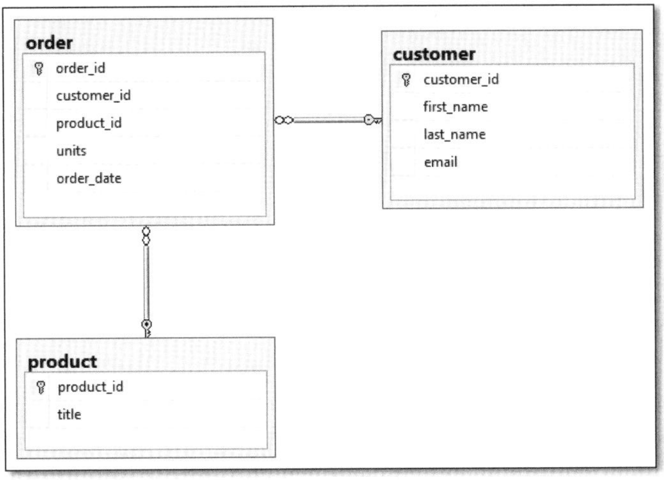

Abbildung 7.26 Das Datenmodell

1. Erstellen Sie ein neues Projekt *EntityFramework*, und fügen Sie ein neues Element hinzu (siehe Abbildung 7.27).

   In der Praxis werden Sie vermutlich eine Klassenbibliothek erstellen, das Projekt ist dann Ihre Datenzugriffsschicht. Für unseren Fall tut es ein einfaches Konsolenprojekt.

2. Bennen Sie das Modell *order.edmx*. Es erscheint ein Dialog (siehe Abbildung 7.28).

   Die erste Option Aus Datenbank generieren entspricht dem Database-First-Ansatz, die zweite Option Leeres Modell hingegen gestattet es Ihnen, das Modell neu zu erstellen und daraus die Datenbank zu generieren, was dem Model-First-Ansatz entspricht. Wir haben die Datenbank schon, daher wählen Sie bitte die erste Option.

3. Visual Studio bittet Sie nun um die Datenbankverbindung und fragt nach, unter welchem Abschnitt der *App.config* die Daten gespeichert werden sollen. Geben Sie hier bitte eine Verbindung zu Ihrem Datenbankserver an, und belassen Sie die Voreinstellung.

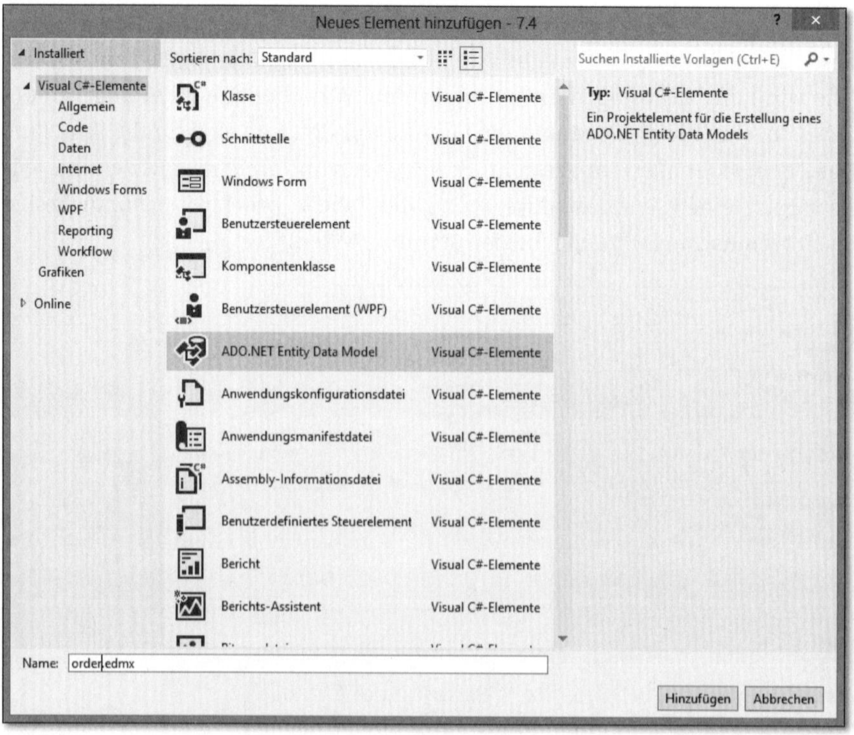

Abbildung 7.27 Ein Entity Data Modell hinzufügen

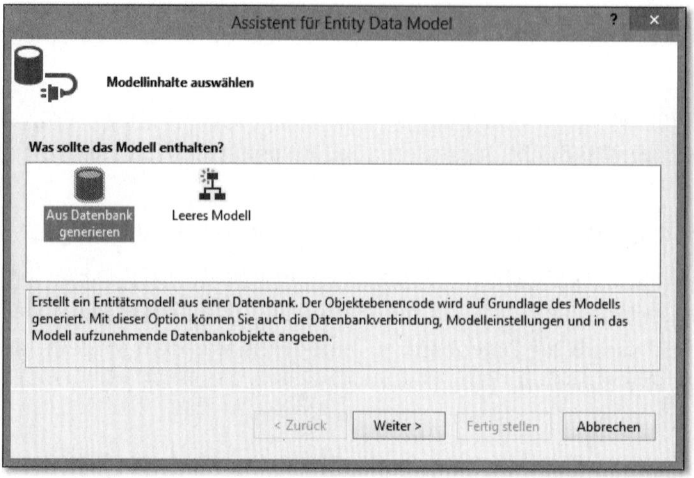

Abbildung 7.28 Ein neues Modell anlegen

4. Visual Studio möchte anschließend wissen, welche Datenbankobjekte in das Modell aufgenommen werden sollen (siehe Abbildung 7.29). Wir benötigen die schon erwähnten drei Tabellen.

Abbildung 7.29 Auswahl der Datenbankobjekte für das EF-Modell

Die Optionen sind begrenzt, möglich sind:

- automatisches Verwenden von Singular oder Plural, basierend auf englischen Sprachregeln
- das Hinzufügen oder Weglassen von Fremdschlüsselspalten, was die Modelle übersichtlicher machen kann
- der Namespace für das generierte Modell, der aus dem Namen der Datenbank vorbelegt wird

Wenn Sie nun auf FERTIGSTELLEN klicken, dann analysiert der Assistent die Datenbank und erstellt das Modell, wie in Abbildung 7.30 dargestellt.

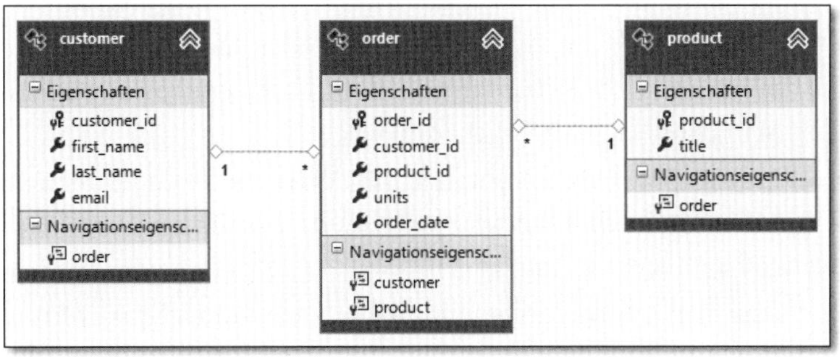

Abbildung 7.30 Das generierte Modell aus der Datenbank

In der *App.config* finden Sie den Connection String für den Zugriff auf die Datenbank. Dieser sieht ein wenig anders aus, als Sie das von ADO.NET gewöhnt sind, weil entsprechende Mapping-Informationen enthalten sind.

```
...
<connectionStrings>
 <add name="kalimba_erpEntities" connectionString=
      "metadata=res://*/order.csdl|res://*/order.ssdl|... />
</connectionStrings>
...
```

Listing 7.13 Connection String

In der Datei *order.edmx* befinden sich nun alle drei Layer, die ich vorhin erwähnt hatte:

```
<?xml version="1.0" encoding="utf-8"?>
...
    <edmx:StorageModels>
       <!--Die Struktur der Datenbank-->
    </edmx:StorageModels>

    <edmx:ConceptualModels>
       <!--Die erzeugten Klassen-->
    </edmx:ConceptualModels>

    <edmx:Mappings>
       <!--Das Mapping zwischen Klassen und Tabellen-->
    </edmx:Mappings>
  </edmx:Runtime>
...
```

Listing 7.14 order.edmx mit den drei Layern

Nochmals kurz zur Wiederholung:

- Unter `StorageModel` findet sich die Datenbankseite wieder, Sie sehen dort die Fremdschlüsselbeziehungen und die Datentypen entsprechen denen der verwendeten Datenbank. Man nennt es auch *Speichermodell*.
- Unter `ConceptualModel` finden sich die Entitäten, mit denen wir im Code arbeiten. Man nennt es auf Deutsch auch *konzeptionelles Modell*. In unserem Fall entspricht es weitgehend dem Speichermodell, muss es aber nicht.
- Unter `Mappings` finden sich Informationen, um diese beiden Modelle zu verbinden. Dort finden wir zum Beispiel die Angabe, dass die Eigenschaft `customer_id` der

Entität `customer` auf die gleichnamig Spalte `customer_id` der Entität `customer` im Speichermodell abgebildet wird.

Natürlich gibt es komfortable Editoren, sodass Ihnen das Editieren weitgehend erspart bleibt, aber es wäre doch möglich. Außerdem fügt Visual Studio gleich die benötigten Projektverweise hinzu.

7.5.3 Das Modell erweitern

Für gewöhnlich werden Sie bei einem Ansatz bleiben. Wollten Sie also die Datenbank erweitern, so würden Sie das in der Datenbank selbst tun und einfach das Modell aktualisieren. Im Kontextmenü des Modells finden Sie dafür die Option MODELL AUS DER DATENBANK AKTUALISIEREN.

Aber auch aus dem Modell heraus lassen sich Veränderungen vornehmen.

1. Ziehen Sie aus dem Werkzeugkasten dafür das Element ENTITÄT ins Modell, um eine neue Entität zu erzeugen. Nennen Sie es bitte *product_category*.
2. Erstellen Sie in der Entität `product` bitte eine neue SKALARE EIGENSCHAFT, namens `product_category_id` und zwar vom Typ `Int32`. Es ist der Fremdschlüssel auf die Produktkategorie, jedes Produkt ist also genau einer Produktkategorie zugeordnet. In den Eigenschaften des neuen Felds lässt sich außerdem noch einstellen, ob `NULL`-Werte möglich sein sollen, ob ein Produkt also immer zwingend eine Produktkategorie aufweisen muss, was in unserem Fall Sinn macht (NULL_WERTE ZULASSEN = `False`).
3. Die neue Entität `product_category` hat bereits eine ID, die wir in *product_category_id* umbenennen. Außerdem hat die Eigenschaft `StoreGeneratedPattern` den Wert `Identity`, was nichts anderes bedeutet, als dass daraus später ein Autoinkrementfeld wird.
4. Fügen Sie der Entität noch eine weitere skalare Eigenschaft hinzu `names category`, vom Typ `String`. Dort speichern wir die Produktkategorie ab.
5. Alles, was jetzt noch fehlt, ist die Fremdschlüsselbeziehung zwischen `product` und `product_category`. Dafür ist das Element ZUORDNUNG da im Werkzeugkasten. Wählen Sie es bitte aus und ziehen Sie eine Verbindung zwischen der Spalte `product_category_id` der Entität `product_category` und der gleichnamigen Spalte in der Entität *product*. Wenn Sie das in der richtigen Reihenfolge machen, dann ist die Beziehung auch gleich vom gewünschten Typ `product - n - 1 - product_category`. Ansonsten lässt sich das später auch noch in den Eigenschaften der Beziehung einstellen.
6. Bitte fügen Sie nun noch der soeben erstellten Beziehung eine referenzielle Einschränkung hinzu, so dass der Entität `product` nur solche *product_category_ids*

hinzugefügt werden können, deren Primärschlüssel in `product_category` auch enthalten sind.

Das Ergebnis sollte nun so aussehen wie in Abbildung 7.31.

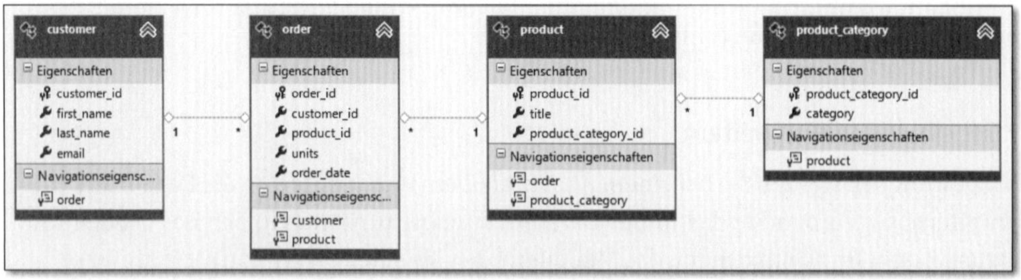

Abbildung 7.31 Das veränderte Modell mit der neuen Produktkategorie

Doch wo genau wurden die neuen Daten eingefügt? Im konzeptionellen Modell, es fehlen also noch die Darstellung im Speichermodell und das Mapping, wie ein einfacher Blick in die *.edmx*-Datei verrät. Wir können damit also noch nichts anfangen. Wenn Sie die Option VALIDIEREN aus dem Kontextmenü des Modells auswählen, dann erhalten Sie auch prompt drei Fehler:

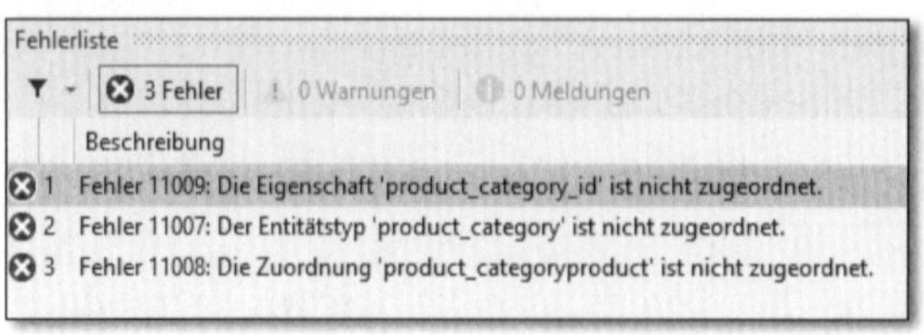

Abbildung 7.32 Fehler bei der Validierung

Wir drehen die Richtung jetzt um und erstellen aus dem konzeptionellen Modell die Datenbank, wofür es ebenfalls einen Menüpunkt gibt: DATENBANK AUS MODELL GENERIEREN. Schön ist, dass Visual Studio uns nun das SQL-Script anzeigt, das es gedenkt auszuführen.

Weit weniger schön ist, dass es sich bei diesem Script um ein Script für das Löschen und vollständige Neuanlegen der Datenbank handelt, die Daten danach also erst einmal gelöscht sind. Für die Vorgängerversion gab es zu diesem Zweck eine Erweiterung, das *Entity Designer Database Generation Power Pack*, das eine komfortable Erweiterung für die Script-Generierung bot und auch Update-Scripts erzeugen konnte. Für das EF 5 steht dieses Add-in noch nicht bereit.

Klicken Sie auf FERTIGSTELLEN und führen Sie das Script dann im Anschluss noch aus.

Im SQL Server taucht jetzt die neue Tabelle auf, nebst richtiger Fremdschlüsselbeziehung, wie Abbildung 7.33 verrät.

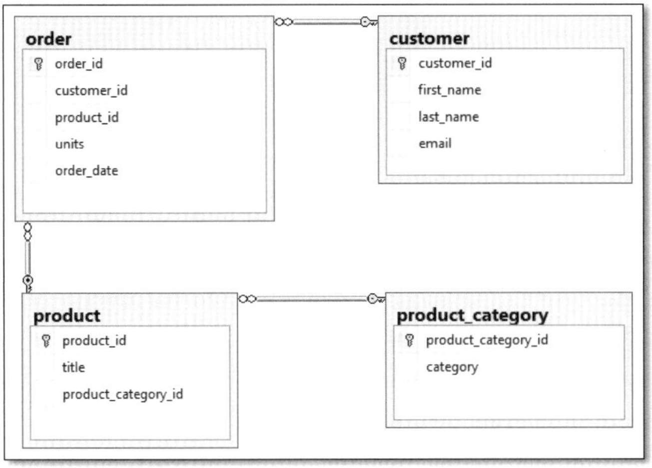

Abbildung 7.33 Das erweiterte Modell im SQL Server

Die erneute Validierung des konzeptionellen Modells im EF-Designer bringt keine Fehler mehr. Das Modell ist jetzt bereit, um damit zu arbeiten.

7.5.4 Daten abfragen

Für die Abfrage von Daten gibt es gleich mehrere Möglichkeiten, interessant sind vor allem:

- Entity SQL, eine SQL-ähnliche Sprache
- LINQ to Entities, die LINQ-Variante für das Entity Framework

Das EF hat bereits eine Klasse `kalimba_erpEntities` erzeugt. Sie erbt von `DbContext` und stellt die Umgebung bereit, in der wir Abfragen ausführen können.

In den meisten Fällen werden Sie das using-Konstrukt verwenden:

```
using (var db = new kalimba_erpEntities())
{
   //Mit dem DB-Kontext arbeiten
}
```

Der Kontext stellt einige Eigenschaften bereit, die den Tabellen entsprechen:

```
public DbSet<customer> customer { get; set; }
public DbSet<order> order { get; set; }
public DbSet<product> product { get; set; }
public DbSet<product_category> product_category { get; set; }
```

DbSet hat die überaus angenehme Eigenschaft, IQueryable zu implementieren, mit anderen Worten: Wir können LINQ dazu verwenden, die Tabellen abzufragen.

Eine Entität abrufen

Eine Entität mittels seiner Primärschlüssel zu finden ist nicht weiter kompliziert:

```
var customer = db.customer.Find(1);
```

Das EF sucht erst einmal im aktuellen Kontext, ob die Entität nicht schon vorhanden ist, und befragt erst dann die Datenbank, wenn es sie nicht finden konnte. Wenn Sie diese Anweisung also zweimal ausführen, dann wird also trotzdem nur ein SQL-Statement ausgeführt. Konnte die Entität nicht gefunden werden, enthält customer den Wert null.

Besteht eine Entität aus einem zusammengesetzten Primärschlüssel, so lassen sich der Find-Methode alle Werte übergeben, denn es handelt sich dabei um ein params-Parameter.

```
var eineEntitaet = db.entitycollection.Find(1,«EinString«);
```

Daten mittels LINQ abfragen

LINQ ist natürlich prädestiniert, um Daten aus dem Kontext abzufragen. Allerdings darf die syntaktische Ähnlichkeit zwischen LINQ und SQL nicht darüber hinwegtäuschen, dass diese beiden Technologien rein gar nichts miteinander zu tun haben. Daraus folgt eine wichtige Erkenntnis: Wenn Sie einer Abfrage nicht trauen, schauen Sie hinter die Kulissen, indem Sie das ausgeführte SQL-Statement begutachten. Denn häufig werden die Abfragen nicht so sein, wie Sie sie von Hand erstellen würden. Das heißt nicht, dass sie deswegen unbedingt schlechter sein müssen, aber ausgeschlossen ist das eben nicht.

Eine einfache LINQ-Abfrage:

```
var customers = from c in db.customer
                where c.last_name == "Abercrombie"
                select c;
```

Wenn Sie diese Zeile nun ausführen, dann wird dennoch keine Verbindung mit der Datenbank aufgebaut, denn LINQ ist zunächst einmal träge. Ein Datenbankabfrage findet nur statt, wenn

- Das Ergebnis mittels foreach durchlaufen wird,
- ToArray, ToList oder eine andere Methode aufgerufen wird, die das Ergebnis ebenfalls durchläuft,

- Methoden aufgerufen werden, für deren Rückgabewert das Abfrageergebnis benötigt wird, wie dies bei `Count`, `First` oder `Any` der Fall ist,
- beim Aufruf von `Load`, `Reload` oder `ExecuteSqlCommand`.

Ein einfaches

```
var noOfCustomers = customers.Count();
```

führt die Abfrage also nun gegen die Datenbank aus. Vermutlich hätten Sie jetzt ein SQL-Statement wie das folgende erwartet:


```
SELECT count(*) FROM customer WHERE last_name='Abercrombie'
```

Stattdessen führt das EF (auf meinem Rechner) die folgende Abfrage aus:

```
SELECT
[GroupBy1].[A1] AS [C1]
FROM ( SELECT
    COUNT(1) AS [A1]
    FROM [dbo].[customer] AS [Extent1]
    WHERE N'Abercrombie' = [Extent1].[last_name]
)  AS [GroupBy1]
```

Wie auch immer: Das Ergebnis ist korrekt.

Natürlich ist auch die Verwendung der Erweiterungsmethoden möglich und führt zum selben Ergebnis:

```
db.customer.Where(c => c.last_name == "Abercrombie").Count();
```

Auch komplexere Abfragen sind natürlich möglich. Die durchschnittliche Bestellmenge aller Produkte fragen Sie ab, indem Sie Aggregatfunktionen verwenden:

```
var orderAverageList = from o in data.order
                        group o by o.product_id into g
                        select new
                        {
                          AverageOrderSize =
                          g.Average(o => o.units),
                          Product = g.FirstOrDefault()
                        };
foreach (var line in orderAverageList)
{
  Console.WriteLine(line.Product.product.title+"-"+line.
  AverageOrderSize);
}
```

Das entspricht der folgenden SQL-Abfrage:

```
SELECT p.title,AVG(o.units)
FROM product p JOIN [order] o ON p.product_id = o.product_id
GROUP BY p.title
```

Auch hier sorgt der generische Ansatz des EF wieder dafür, dass das tatsächlich ausgeführte SQL erheblich umfangreicher ist, im Beispiel 17 Zeilen lang. Das EF muss natürlich ins Kalkül ziehen, welche Daten benötigt werden. Wenn wir die Zeile

```
Product = g.FirstOrDefault()
```

ändern, und zwar in

```
Product=g.Key
```

so sieht das Ergebnis schon gleich wieder viel freundlicher aus:

```
SELECT
[GroupBy1].[K1] AS [product_id],
[GroupBy1].[A1] AS [C1]
FROM ( SELECT
    [Extent1].[product_id] AS [K1],
    AVG( CAST( [Extent1].[units] AS float)) AS [A1]
    FROM [dbo].[order] AS [Extent1]
    GROUP BY [Extent1].[product_id]
)  AS [GroupBy1]
```

Wenn auch jetzt natürlich die Produkt-Ids ausgegeben werden, und nicht mehr die Namen der Produkte.

Diese Beispiele zeigen schon, dass ein von Hand erzeugtes SQL-Statement meist kürzer und (für den Menschen) eleganter ist, ein Tribut an die Flexibilität des EF und der generischen Übersetzung von LINQ nach SQL.

Daten mittels Entity SQL abfragen

Manchen Entwicklern ist bei LINQ to EF ein wenig zu viel Magie im Spiel und sie wünschen sich einen SQL-lastigeren Zugang. Einen solchen gibt es mit *Entity SQL*. Aber auch Entity SQL ist nicht SQL, es gibt also Unterschiede und Besonderheiten, für deren Ausführung dieses Kapitel leider nicht groß genug ist.

Die Abfrage von oben lautet, mit Entity SQL formuliert:

```
using (var db = new kalimba_erpEntities())
{
    ObjectContext context = (db as IObjectContextAdapter).ObjectContext;
```

```
    ObjectQuery<customer> customers =
      context.CreateQuery<customer>("SELECT VALUE c FROM customer as c
        WHERE c.last_name=@last_name",
        new ObjectParameter("last_name", "Abercrombie"));

    foreach(customer c in customers)
        Console.WriteLine(c.last_name);
}
```


Es gibt noch weitere Möglichkeiten, die hier dargestellte Erstellung der Abfrage mittels `CreateQuery` ist aber recht kurz zu schreiben. Für dieses Beispiel genügt aber der `DbContext` nicht mehr, der erst unlängst, mit der Version 4.1 des Entity Frameworks als leichtgewichtiger Ersatz des `ObjectContext`, eingeführt wurde. Mittels `IObjectContextAdapter` ist es aber weiterhin möglich, einen `ObjectContext` zu holen, der dann alle Möglichkeiten bietet – unter anderem auch `CreateQuery` aufzurufen.

Dieser generischen Methode wird der Typ der zurückgegebenen Entitäten übergeben, im Beispiel also `customer`.

Betrachten wir noch das zweite Beispiel, die durchschnittlichen Verkaufszahlen. Dafür stehen auch hier Aggregatsfunktionen in Entity SQL zur Verfügung.

```
var c2 = context.CreateQuery<DbDataRecord>("SELECT p.title,AVG(o.units)
  FROM [order] as o GROUP BY o.product as p");

foreach(var c in c2)
    Console.WriteLine(c.GetString(0)+"-"+c.GetInt32(1));
```

Da das Ergebnis dieser Abfrage nicht mehr nur einem Entitäten-Typ entspricht, verwenden wir `DbDataRecord` und greifen, in der `foreach`-Schleife, mittels der verschiedenen `Get`-Methoden auf die einzelnen zurückgegebenen Spalten zu.

Lazy Loading / Eager Loading

Einer der größten Vorteile des Entity Frameworks, wie jedes anderen OR-Mappers, sind die Navigationseigenschaften. So lassen sich von einem Kunden einfach dessen Bestellungen abrufen, indem auf die `order`-Collection innerhalb einer `customer`-Entität zugegriffen wird.

Allerdings, ich habe es schon erwähnt, das EF ist standardmäßig so eingestellt, dass es die Entitäten erst bei einer Auflistung von der Datenbank abruft, man nennt dies *Lazy Loading*. Das ist auch gut so, weil in den meisten Fällen nur wenige Datensätze von verknüpften Entitäten benötigt werden.

Betrachten wir aber einmal dieses Codefragment:

```
using (var db = new kalimba_erpEntities())
{
    int orderCount = 0;
    foreach(var c in db.customer)
    {
        orderCount += c.order.Count();
    }
    Console.WriteLine(orderCount);
}
```

Bei eintausend Kunden werden nun genau 1001 Abfragen ausgeführt; eine Abfrage für die Kundenliste und eine Abfrage für jeden Zugriff auf die Bestellungen des Kunden.

Aus objektorientierter Sicht ist es natürlich völlig legitim, so vorzugehen. Und dennoch, würde man stattdessen mit `SqlCommand` und `SqlDataReader` arbeiten, käme wohl niemand auf die Idee, 1001 Verbindungen aufzubauen und die Daten einzeln abzurufen. Stattdessen würden wir eine einzige Abfrage schreiben und darin die beiden Tabellen *customer* und *order* joinen. Eine einfache Sortierung nach Kunden hilft dann dabei, für jeden Kunden etwas Eigenes zu tun. Man nannte das früher einmal *Gruppenwechsel*.

Was wir brauchen, ist also ein Stück vorauseilender Gehorsam, auch *Eager Loading* genannt, also das Mitladen von verknüpften Entitäten. Wenn wir das Beispiel von oben nur geringfügig ändern:

```
...
foreach (var c in db.customer.Include(»order«))
...
```

dann lädt das EF alle Kunden und deren Bestellungen in einem Rutsch, genauso wie wir das selbst tun würden, mittels einer SQL-Anweisung, die Daten aus beiden Tabellen verknüpft, und einer Sortierklausel. `Include` finden Sie im Namespace `System.Data.Entity`, es ist – wie so vieles im EF und in LINQ – eine Erweiterungsmethode.

Anstelle eines einfachen Strings ist auch ein Lambda-Ausdruck möglich, für mehr Typsicherheit und für kompliziertere Fälle:

```
db.customer.Include(c=>c.order);
```

Das lässt sich nun beliebig aufwerten. Zuerst einmal natürlich, indem nicht mehr alle Kunden mit ihren Bestellungen abgerufen werden, sondern nur bestimmte:

```
db.customer.Where(c => c.last_name == "Abercrombie").Include(c => c.order);
```

Und es lässt sich auch mit weiteren Operationen verknüpfen, zum Beispiel, wenn wir nur den ersten Suchtreffer laden wollen, dann aber mit den zugehörigen Bestellungen:

```
db.customer.Where(c => c.last_name == "Abercrombie").Include(
c => c.order).FirstOrDefault();
```

Das gezeigte Beispiel lädt Daten nur über eine weitere Ebene hinweg, die Ebene der Bestellungen. Aber auch die Angabe weiterer Ebenen ist möglich, sofern eine Navigationseigenschaft dorthin existiert.

```
db.customer.Include("order.product.product_category");
```

Jetzt werden also die Produktdaten und die Daten der Produktkategorie mitgeladen, obgleich der Vorteil hier nicht sehr hoch ist – die Bestellung ist mit dem Produkt n:1 verknüpft, aber auch hier ersparen wir uns eine Abfrage für jede Bestellung und eine weitere für die Produktkategorie. Etwas praxisnäher wäre folgender Pfad:

```
db.customer.Include("order.delivery_history");
```

Mit diesem Ausdruck werden sowohl die Bestellungen als auch alle Auslieferungshistorien-Einträge geladen, mit einer einzigen SQL-Abfrage wohlgemerkt.

Nicht immer verhält sich das EF so, wie man sich das intuitiv vorstellt. Zum Beispiel in diesem Fall:

```
var cust = db.customer.Find(1);
int count = cust.order.Count();
```

Hier soll also die Anzahl der Bestellungen für einen einzigen Kunden ermittelt werden, etwas, das wir mit SQL von Hand ganz einfach bewerkstelligen würden:

```
SELECT count(*) FROM [order] WHERE customer_id=1
```

EF kommt auf die richtige Anzahl, allerdings nur um den Preis, vorher alle Datensätze zu laden. Wieder so ein Beispiel, wie etwas scheinbar Unverfängliches zu einer datentechnischen Katastrophe ausarten kann. Aber auch dagegen ist ein Kraut gewachsen:

```
var cust = db.customer.Find(1);
int count = db.Entry(cust).Collection(c => c.order).Query().Count();
```

Entscheidend ist hier die Methode `Query`, die die Abfrage mit zu diesem Punkt zurückgibt, ohne sie gleich auszuführen. Danach lässt sie sich weiter modifizieren, im Beispiel mittels `Count`.

Hatte ich schon erwähnt dass Sie immer einen SQL-Profiler (oder ein vergleichbares Tool für Ihre Datenbank) zur Hand haben sollten?

7.5.5 Daten hinzufügen und ändern

Die Basis für alle Operationen stellt der *DbContext* bereit, in unserem Fall also ein Objekt vom Typ `kalimba_erpEntities`. Neben der *.emdx*-Datei hat der EF-Designer auch die Entitätenklassen generiert. Sie sehen herzerfrischend simpel aus:

```
public partial class order
{
    public int order_id { get; set; }
    public int customer_id { get; set; }
    public int product_id { get; set; }
    public Nullable<int> units { get; set; }
    public System.DateTime order_date { get; set; }

    public virtual customer customer { get; set; }
    public virtual product product { get; set; }
}
```

Listing 7.15 order.cs

Und das ist gut so, denn es sind ganz gewöhnliche Klassen, und weil »ganz gewöhnliche Klassen« nicht hipp genug klingt, nennt man sie auch *POCOs*, was für *Plain Old CLR Object* steht. Vor allem aber verlangen sie nach keiner Vererbungshierarchie, also keinem gemeinsamen Vorfahren. Damit können wir sie im Prinzip auch selbst erzeugen, oder (die generierten Klassen sind mit `partial` ausgezeichnet) nach Lust und Laune erweitern.

Hinzufügen

Vor allem aber lassen sich neue Objekte ohne weiteres Zutun erzeugen. Das Hinzufügen von neuen Datensätzen geschieht also, folgerichtig, durch das Erstellen einer neuen Entität und das Hinzufügen dieser Entität in der entsprechenden Collection.

```
using (var db = new kalimba_erpEntities())
{
    customer c = new customer
    {
        first_name = "Susan",
        last_name = "Corelle"
    };
    c.order.Add(new order()
    {
        units = 200,
        product_id = 1,
```

```
        order_date = DateTime.Now
    });
    db.customer.Add(c);
    db.SaveChanges();
}
```

Listing 7.16 Datensätze hinzufügen

In diesem Beispiel wird ein neuer Kunde angelegt, dem auch gleich eine Bestellung zugeordnet wird.

Die neuen Entitäten werden dem Kontext hinzugefügt und fortan von ihm verwaltet. Das ist wichtig, denn Entitäten die bereits im Kontext vorhanden sind, müssen nicht erneut von der Datenbank in den Kontext geladen werden.

EntityState

Dafür kennt das Entity Framework fünf Stati, in denen sich eine Entität befinden kann:

- `Added`: Die Entität wurde gerade erst dem Kontext hinzugefügt, aber noch nicht in der Datenbank gespeichert.
- `Deleted`: Die Entität wurde gelöscht, aber die Löschung noch nicht an die Datenbank weitergereicht.
- `Detached`: Die Entität wurde vom Kontext entfernt, wird also nicht länger durch ihn verwaltet.
- `Modified`: Die Entität wurde verändert, die Änderungen aber noch nicht gespeichert.
- `Unchanged`: Die Entität wurde geladen und seit dem letzten Speichern nicht mehr verändert.

Die Status verändern sich im Laufe der Aktionen.

- Wird eine Entität dem Kontext hinzugefügt, erhält sie zunächst den Status `Added`. Nach dem Aufruf von `SaveChanges()` den Status `Unchanged`.
- Beim Löschen wird eine Entität als gelöscht markiert (Status `Deleted`) und erhält, nach Aufruf von `SaveChanges()`, den Status `Detached`.
- Ist eine Entität `Modified`, dann wird sie nach dem Speichern auf `Unchanged` gesetzt.
- Ist eine Entität vorher schon `Unchanged`, dann wird sie beim Speichern übergangen.

Der Status einer Entität lässt sich auch von Hand editieren. Nehmen wir einmal an, eine Entität (bzw. deren Daten) befänden sich auf einem Datenträger. Wir könnten es dann davon laden, deserialisieren und erhielten so ein lebendes Objekt.

Wenn wir nun wissen, dass dieses Objekt in der Datenbank bereits vorhanden ist, dann könnten wir es ganz einfach dem Kontext hinzufügen und es als geändert markieren. Beim nächsten Speichern würden die Änderungen dann an die Datenbank übertragen.

```
customer c = loadCustomerFromFile();
db.Entry(c).State = EntityState.Modified;
db.SaveChanges();
```

Entitäten lassen sich auch einfach einem Kontext anhängen:

```
db.customer.Attach(c);
```

Die Entität befindet sich hernach im Status `Unchanged`. Oder sie lässt sich von einem Kontext abhängen:

```
db.Entry(c).State = EntityState.Detached;
```

Wozu das Ganze? Nun, im Grunde hält das Entity Framework nichts anderes als eine lokale Kopie der Daten in einer Datenbank. Darauf lässt sich mit den Status Einfluss nehmen, indem von außen neue Objekte in den Kontext gebracht, oder vorhandene außerhalb des Kontexts verwaltet werden können.

Löschen

Entities löschen Sie mittels `Remove`:

```
customer c = db.customer.Find(5);
db.customer.Remove(c); //State = Deleted
db.SaveChanges(); //State = Detached
```

Das System kann natürlich keine Wunder vollbringen und setzt voraus, dass die Entität (hier mit dem Primärschlüssel 5) nicht nur existiert, sondern sich auch in der Datenbank einwandfrei löschen lässt, was nicht der Fall ist, wenn abhängige Daten existieren, für die keine Löschweitergabe definiert wurde.

Die Fehlermeldungen des SQL Servers finden Sie immer in den `InnerException`-Eigenschaften der ausgelösten Exception.

Ändern

Ähnlich unkompliziert ist das Ändern:

```
customer cust = db.customer.Find(1);
cust.last_name = "Eastwood"; //State = Modified
db.SaveChanges(); //State = Unchanged
```

Nun ist die Klasse `customer` aber eine ganz gewöhnliche Klasse, woher weiß das EF also von der Änderung? Ganz einfach, es speichert einen Snapshot, also die Daten unmittelbar nach dem Lesen einer Entität. Beim Speichern kann es so feststellen, welche Entität verändert wurde, und was dort genau. Und nicht nur dort, denn auch beim Abruf des Status muss das EF ja Änderungen erkennen – wie könnte es sonst den Status auf `Modified` setzen?

Das ist nicht die einzige Methode, es gibt im EF noch raffiniertere Möglichkeiten, Änderungen zu erkennen oder selber zu verwalten. Denn natürlich drängt sich die Frage auf: Ist eine solche Vorgehensweise nicht sehr zeitaufwändig, wenn Tausende von Entitäten in einem Kontext vorhanden sind?

Auf diese Frage kann ich am besten mit einer Gegenfrage antworten: Wozu brauchen Sie so viele Entitäten im Speicher? Der Hauptzweck des EF ist es nicht, eine lokale Datenbank zu implementieren, dafür gibt es weitaus geeignetere Technologien, sondern den Komfort im Umgang mit relationalen Datenbanken zu erhöhen. Für die meisten Einsatzszenarien müssen Sie sich um das Change Tracking keine Sorgen machen.

7.5.6 SaveChanges und Gleichzeitigkeit

`SaveChanges` haben wir bereits kennengelernt, bisher jedoch ohne Rückgabewerte benutzt. Die Methode gibt aber etwas zurück, nämlich die Anzahl der Entities, die sich zum Zeitpunkt des Speicherns in den Status `Added`, `Modified` oder `Delete` befunden haben.

`SaveChanges` arbeitet innerhalb einer Transaktion, wird also bei einem Fehler alle Änderungen rückgängig machen.

Nun kann es natürlich passieren, dass beim Speichern von Änderungen jemand anderes schneller war. Das Laden von Datensätzen ohne vorherige Sperren nennt man, ein wenig euphemistisch, auch *Optimistic Concurrency* oder *Optimistisches Locking*. Gemeint ist: Der erste, der eine Änderung durchführt, gewinnt. Alle anderen werden von der Änderung benachrichtigt, was im Falle des EF durch eine `DbUpdateConcurrencyException` geschieht, auf die Sie reagieren sollten – wenn Sie optimistisches Locking verwenden.

```
using (var db = new kalimba_erpEntities())
{
    var customer = db.customer.Find(1);
    //Kunden-Entity beliebig verändern

    bool saveFailed;
    do
```

```
    {
        saveFailed = false;
        try
        {
       db.SaveChanges();
        }
        catch (DbUpdateConcurrencyException ex)
        {
            saveFailed = true;
            ex.Entries.Single().Reload();
        }

    } while (saveFailed);
}
```

Listing 7.17 Optimistisches Locking – Datenbank gewinnt

Wenn im Beispiel eine DbUpdateConcurrencyException auftritt, dann können wir sicher sein, dass die zu speichernde Entität bereits von einem anderen Anwender verändert wurde. In diesem Fall wird sie mittels Reload neu von der Datenbank gelesen, die lokale Änderung also verworfen. Das nächste SaveChanges sollte nun erfolgreich sein. Falls nicht, wird die nächste zwischenzeitlich geänderte Entität neu geladen und ein erneuter Versuch gestartet – solange, bis alle Entitäten hernach wieder im Status Unchanged sind.

Natürlich könnten Sie auch egoistischer sein und festlegen, dass nicht die Änderungen des Clients verloren gehen (denn nichts anderes bedeutet ja ein Reload), sondern die vorherigen Änderungen. Sie brauchen in diesem Fall nur die Originalwerte durch die neu von der Datenbank geladenen Werte zu ersetzen:

```
entry.OriginalValues.SetValues(entry.GetDatabaseValues());
```

Allerdings sollte diese gefährliche Vorgehensweise besser abgesichert werden:

```
private static void optimisticLockingClientWins()
{
    using (var db = new kalimba_erpEntities())
    {
        var customer = db.customer.Find(1);
        //Kunden-Entity beliebig verändern

        bool saveFailed;
        do
        {
            saveFailed = false;
```

```
            try
            {
                db.SaveChanges();
            }
            catch (DbUpdateConcurrencyException ex)
            {
                saveFailed = true;

                var entry = ex.Entries.Single();
                var currentValues = entry.CurrentValues;
                var databaseValues = entry.GetDatabaseValues();
                var newValues =
                 AskUserForNewValues(currentValues, databaseValues);

                entry.OriginalValues.SetValues(databaseValues);
                entry.CurrentValues.SetValues(newValues);

                ex.Entries.Single().Reload();
            }

        } while (saveFailed);
    }
}

private static object AskUserForNewValues(DbPropertyValues currentValues,
  DbPropertyValues databaseValues)
{
    var newValues = databaseValues.Clone();
    //Den Anwender entscheiden lassen, welche Werte er überschreiben
    //oder übernehmen möchte
    return newValues;
}
```

Listing 7.18 Optimistisches Locking – Anwender entscheidet

Diese schon recht ausgefuchste Variante zeigt dem Anwender die aktuellen und die zwischenzeitlich veränderten Werte (aus der Datenbank) an und fordert ihn auf zu entscheiden, welche er behalten möchte. Die Methode `AskUserForNewValues` muss dazu aber noch implementiert werden.

Anschließend werden die zwischenzeitlichen Änderungen der Datenbank in den Kontext gebracht und die beschlossenen Änderungen des Anwenders sind nun die neuen, modifizierten Werte, die beim nächsten Schreiben jetzt problemlos von der Datenbank übernommen werden sollten.

Dieses Verfahren könnte man noch erweitern, indem man dem Anwender zusätzlich noch die Werte anzeigt, die ganz am Anfang Gültigkeit hatten, also noch vor seinen eigenen Änderungen. Das könnte dann so aussehen, für ein Feld `Kundenstatus` der Entität `customer`:

Fehler beim Speichern von Kunde John, Abercrombie. Der Datensatz wurde zwischenzeitlich durch einen anderen Anwender verändert.

Ursprünglicher Kundenstatus:	*Neukunde*
Ihre Änderung am Kundenstatus:	*Wiederbesteller*
Zwischenzeitliche Änderung:	*Gesperrter Kunde*

Möchten Sie Ihre Änderung dennoch speichern oder die zwischenzeitliche Änderung übernehmen?

In jedem Fall sollten Sie den (oder die) Anwender darüber informieren, dass es zu einem Konflikt gekommen ist. Denn optimistisches Locking bedeutet eben auch: Es gibt immer potenzielle Verlierer; entweder den letzten Anwender oder den Anwender, der die Daten zuvor verändert hat.

7.5.7 Was noch zu sagen wäre

Mit einem Wort: Vieles. Zum Beispiel zu komplexeren konzeptionellen Modellen mit dann ebenso komplexerem Mapping, zum Arbeiten mit Stored Procedures oder über den Code-First-Ansatz.

Dennoch sind die allermeisten der Fälle, die mir in meiner Praxis begegnen, einfacher gelagert: Aus einer bestehenden Datenbank sollen, mittels Reverse Engineering, die Modelle und Entitäten generiert werden. Und so sind auch die häufigsten Herausforderungen grundsätzlicher Natur: Wie lässt sich mit dem Entity Framework Entwicklungszeit einsparen, ohne sich allzu große Probleme einzuhandeln? Das ist die Frage, auf die ich versucht habe, in diesem Abschnitt eine Antwort zu geben.

7.6 WCF Data Services

So praktisch die Entitäten des Entity Frameworks auch sind, sie haben einen Haken: Es sind lokale Klassen, die sich erst einmal nicht über Rechnergrenzen hinweg übertragen lassen. Doch genau dafür gibt es WCF, die Windows Communication Foundation, die in Kapitel 6 bereits ausführlich behandelt worden ist. Glücklicherweise können wir beide Welten miteinander vereinen, und zwar in den WCF Data Services. Um diese dreht sich dieser Abschnitt.

WCF ist für seine Interoperabilität bekannt, also die Fähigkeit, verschiedenartige Clients zu bedienen und von ihnen aufgerufen zu werden. Nicht nur Windows-Clients haben also eine Chance, damit zurechtzukommen, es werden auch Verbindungen zu PHP, Java oder Excel 2013 möglich. Auch diese Technologie wurde von Microsoft umbenannt, sie hieß früher ADO.NET Data Services.

Seit *MVC 4*, der Microsoft eigenen Model-View-Controller-Implementierung für Websites, gibt es eine weitere, konkurrierende Technologie: Die *ASP.NET Web API*. Sie hat eigentlich mit MVC nicht viel zu tun, wird aber zusammen mit diesem Paket ausgeliefert. Es ist für meine Begriffe noch nicht vollständig genug, so dass ich mich – schweren Herzens – dazu entschieden habe, es in diesem Buch außen vor zu lassen. Aber vielleicht hat sich die Situation geändert, wenn Sie diese Zeilen lesen. Werfen Sie also ruhig einmal einen Blick auf die asp.net-Seite von Microsoft.

7.6.1 Übersicht

Data Services sind ein einfacher Weg, um Datenmodelle im Internet, über das http-Protokoll, verfügbar zu machen. Dabei gibt es einerseits Services, die diese Dienstleistungen anbieten und andererseits Clients, die diese in Anspruch nehmen.

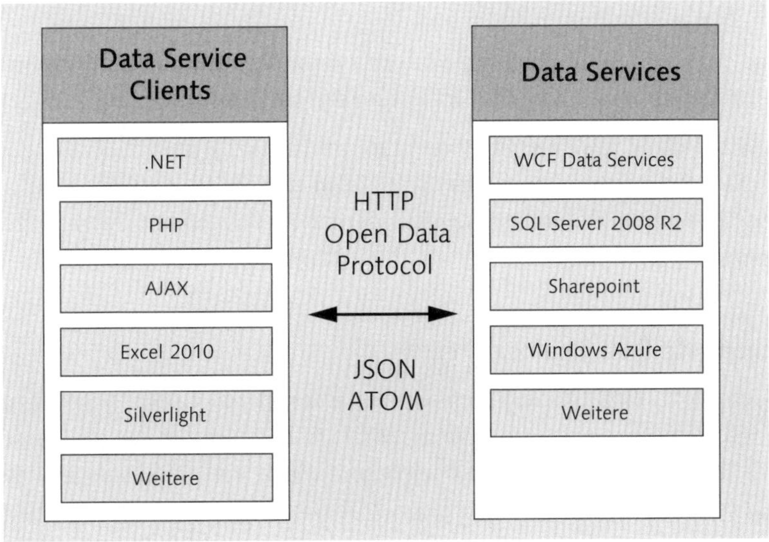

Abbildung 7.34 Data Services im Überblick

Open Data Protocol

Die Kommunikation zwischen den beiden Schichten geschieht über das *Open Data Protocol (ODP)*, einem Webprotokoll für die Abfrage und die Aktualisierung von Daten.

Datenformate

ODP ist eine offene Spezifikation, genauso wie die beiden Übertragungsformate:

- *AtomPub:* Das Atom Publishing Protocol ist ein Format für den Datenaustausch, aufbauend auf XML.
- *JSON:* Diese Abkürzung steht für *Java Script Object Notation* und ist ebenfalls ein Datenaustauschformat.

Das Format der Daten wird im Header der http-Anforderung angegeben.

Vorteile

Das Bestechende an dieser Technologie ist, dass es viele ganz unterschiedliche Quellen geben kann, die Daten bereitstellen, und ebenso viele verschiedene Clients, die auch in unterschiedlichen Technologien implementiert sein können. Data Services können relationaler Natur sein, aber auch andere Quellen kommen zum Einsatz, bspw. das Dateisystem oder ein CMS.

Die Daten werden wie gewöhnliche Ressourcen adressiert, was den Zugriff gleichermaßen einfach wie interoperabel macht. WCF Data Services werden dabei als REST-Services erstellt (*Representational State Transfer*), der Zugriff erfolgt mit den Standard-http-Verben `GET`, `PUT`, `DELETE` und `POST`.

Die Darstellung der Daten ist unabhängig von der zugrunde liegenden Datenquelle. Das ist eine wichtige Voraussetzung für Services im eigentlichen Sinne.

Außerdem ist WCF vielen Entwicklern ein wenig zu »geschwätzig« und, in der Tat, die übertragenen SOAP-Nachrichten haben es in sich, sind also meist deutlich umfangreicher als zum Beispiel JSON, das hinsichtlich der zu übertragenden Daten recht schlank daherkommt.

7.6.2 Einfachen WCF Data Service erstellen

Bei Technologien, die zunächst komplex erscheinen, ist es oft von Vorteil, sich klar zu machen, was deren Basisklasse ist. Im Falle der WCF Data Services ist das die Klasse `DataService<T>`. Sie ist nicht weiter kompliziert und direkt von Objekt abgeleitet. Wichtig ist, dass sie die Schnittstelle `IRequestHandler` implementiert, die eine Methode verlangt:

```
[OperationContract]
Message ProcessRequestForMessage(Stream stream);
```

Diese Methode wird für alle http-Methoden ausgeführt und ist der zentrale Punkt, an dem Anfragen bearbeitet werden.

WCF Data Services finden Sie im Namespace `System.Data.Services.*`. Und los geht's!

1. Verwenden Sie das Projekt aus dem letzten Abschnitt zum Entity Framework. Es enthält die vier Tabellen *customer, product, order* und *product_category*.
2. Fügen Sie der Projektmappe ein neues Projekt aus der Vorlage LEERE ASP.NET WEBANWENDUNG hinzu (Karteireiter INTERNET), und benennen Sie es *OrderService*.
3. Fügen Sie ein ADO.NET-Entity-Data-Model-Element mit Namen *Order.edmx* hinzu, und generieren Sie es aus der Datenbank *kalimba_erp*, wie es in Abschnitt 7.4, »Filestream«, beschrieben worden ist. Nehmen Sie bitte alle drei Tabellen in das Modell mit auf. Visual Studio erstellt nun das Modell und stellt es grafisch dar. Alternativ können Sie das Projekt aus Abschnitt 7.4 wiederverwenden.
4. Die ASP.NET-Webanwendung ist nur der Host für den Service. Fügen Sie daher dem Projekt *OrderService* abermals ein Element hinzu, diesmal aus der Vorlage WCF DATA SERVICE, und nennen Sie es *OrderDataService.svc*.

   Visual Studio erstellt nun eine Klasse (`OrderDataService`), die von der schon erwähnten Klasse `DataService<T>` abgeleitet ist. Allein: Es fehlt das `T`, stattdessen ist ein `ToDo` eingetragen mit der Bitte, dies nun nachzuholen:

   ```
   ...
   namespace OrderService
   {
      public class OrderDataService : DataService< /* TODO:
        put your data source class name here*/ >
      {
   ...
   ```

5. Tragen Sie als Typ `kalimba_erpEntities` ein. Das ist die Klasse, die zusammen mit dem Modell generiert wurde und die alle Entitäten enthält. `kalimba_erpEntities` ist selbst wiederum von `DbContext` abgeleitet.

   ```
   public class OrderDataService : DataService<kalimba_erpEntities>
   ```

6. In der Datei *OrderService.svc.cs*, die Visual Studio während der Erstellung des WCF Data Service generiert hat, ist die Methode `InitializeService` enthalten. Dort müssen wir noch die Zugriffsrechte auf die Entitäten festlegen. Ergänzen Sie die Methode um folgende Einträge:

   ```
   config.SetEntitySetAccessRule("customer", EntitySetRights.All);
   config.SetEntitySetAccessRule("product", EntitySetRights.All);
   config.SetEntitySetAccessRule("order", EntitySetRights.All);
   config.SetEntitySetAccessRule("product_category", EntitySetRights.All);
   ```

   oder alternativ:

   ```
   config.SetEntitySetAccessRule(«*”, EntitySetRights.All);
   ```

7.6.3 WCF Data Service testen

Kompilieren Sie nun das Projekt, und starten Sie es. In der Statuszeile von Windows zeigt Ihnen die integrierte Hosting-Umgebung von Visual Studio die Portnummer an, unter der Ihr Dienst läuft. Sie können diese auch fest hinterlegen, indem Sie in den Projekteigenschaften den Karteireiter Web aufrufen und im Eingabefeld Bestimmter Port den gewünschten Port eintragen. Ersetzen Sie den Port 9000 in meinem Beispiel durch den Port Ihrer Anwendung.

Die einfachste Möglichkeit, auf einen WCF Data Service zuzugreifen, ist sicherlich der gewöhnliche Internet-Browser. Die Abfrage von Daten läuft dabei über `http-get`. Kontrollieren Sie zunächst, ob der Dienst läuft.

```
http://localhost:9000/OrderDataService.svc/
```

Von WCF sind Sie nun eine Statusseite gewohnt, die einige Hinweise zur Verwendung des Dienstes gibt. Ein WCF Data Service hingegen zeigt alle Listen von Entitäten an, die Sie abrufen können.

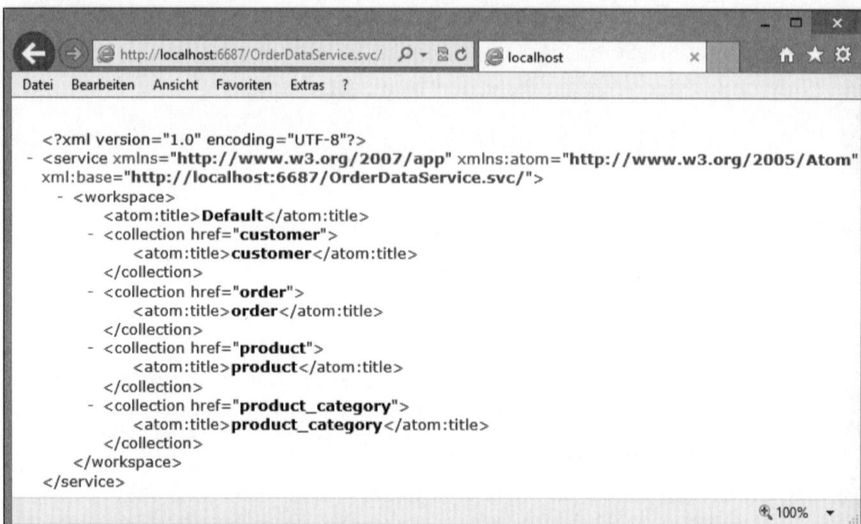

Abbildung 7.35 Der WCF Data Service läuft

Es ist etwas schiefgegangen? Die WCF Data Services verhalten sich da erst einmal recht zugeknöpft. Zwei Dinge helfen:

- ein weiterer *config*-Eintrag in `InitializeService`:

  ```
  config.UseVerboseErrors = true;
  ```

- das aus Kapitel 6, »Windows Communication Foundation«, schon bekannte `IncludeExceptionDetailInFaults`, wenn der WCF Service partout nicht starten möchte:

```
[System.ServiceModel.ServiceBehavior(IncludeExceptionDetailInFaults = true)]
public class OrderDataService : DataService<kalimba_erpEntities>
```

Das Standardverhalten ist schon eine gute Sache, denn WCF Data Services sind ja per http erreichbar, werden also potenziell auch über das Internet benutzt. Aktivieren Sie die beiden Optionen daher nur zu Debuggingzwecken.

Nun fängt es an, interessant zu werden. Rufen Sie als Nächstes die Liste aller Produkte ab.

```
http://localhost:9000/OrderDataService.svc/product
```


Sie können schön erkennen, wie die Ressourcen des Data Service im »REST-Style« adressiert werden. Das ist einerseits elegant, bietet andererseits aber auch praktisch allen Clients, die http-Anfragen stellen und XML auswerten können, einfachen Zugriff auf die Daten des Services. Das Ergebnis:

```
<?xml version="1.0" encoding="utf-8"?>
<feed xml:base="http://localhost:6687/OrderDataService.svc/"
  xmlns="http://www.w3.org/2005/Atom"
  xmlns:d="http://schemas.microsoft.com/ado/2007/08/dataservices"
  xmlns:m="http://schemas.microsoft.com/ado/2007/08/dataservices/metadata">
    <id>http://localhost:6687/OrderDataService.svc/product</id>
    <title type="text">product</title>
    <updated>2012-10-29T19:41:35Z</updated>
    <link rel="self" title="product" href="product" />
    <entry>
        <id>http://localhost:6687/OrderDataService.svc/product(1)</id>
        <category term="kalimba_erpModel.product" scheme="http://
          schemas.microsoft.com/ado/2007/08/dataservices/scheme" />
        <link rel="edit" title="product" href="product(1)" />
        <link rel="http://schemas.microsoft.com/ado/2007/08/dataservices/
          related/order" type="application/atom+xml;type=feed" title="order"
          href="product(1)/order" />
        <link rel="http://schemas.microsoft.com/ado/2007/08/dataservices/
          related/product_category" type="application/atom+xml;type=entry"
          title="product_category" href="product(1)/product_category" />
        <title />
        <updated>2012-10-29T19:41:35Z</updated>
        <author>
            <name />
        </author>
        <content type="application/xml">
            <m:properties>
                <d:product_id m:type="Edm.Int32">1</d:product_id>
```

```
                <d:title>Microsoft Surface</d:title>
                <d:product_category_id m:type=
                  "Edm.Int32">1
                </d:product_category_id>
            </m:properties>
        </content>
    </entry>
-- Ggf. weitere Produkte --
</feed>
```

Listing 7.19 Ergebnis des Aufrufs, hier als Atom-Feed angezeigt

Um das Produkt mit der ID 2 abzurufen, können wir den Schlüssel in Klammern angeben:

```
http://localhost:9000/OrderDataService.svc/product(2)
```

Es wird erwartungsgemäß ein Datensatz zurückgegeben. Aber auch innerhalb einer Entität können wir weiter navigieren, zum Beispiel durch die Bestellungen für das soeben abgerufene Produkt:

```
http://localhost:9000/OrderDataService.svc/product(2)/order
```

Abfragen mit Filtern sind natürlich ebenfalls möglich. Um alle Bestellungen abzurufen, bei denen mehr als 100 Stück bestellt wurden, können wir einen solchen einsetzen:

```
http://localhost:9000/OrderDataService.svc/order?$filter=units gt 100
```

7.6.4 Zugriff aus einer .NET-Anwendung

Der Zugriff über einen Internet-Browser ist freilich nicht die übliche Variante, um auf einen WCF-Service zuzugreifen. Es ist mehr für das Debugging nützlich als für einen produktiven Einsatz.

In diesem Tutorial erstellen wir daher eine Anwendung mit Windows Forms, die auf unseren WCF Data Service zugreift und dessen Daten in einem Grid anzeigt. Außerdem ermöglichen wir die Eingabe von neuen Daten.

Projekt einrichten

1. Fügen Sie der Projektmappe ein Anwendungsprojekt mit Windows Forms hinzu, und nennen Sie es *OrderClient*.
2. Als Nächstes benötigen wir einen Dienstverweis. Bitte fügen Sie einen solchen hinzu, und konfigurieren Sie ihn wie in Abbildung 7.36 dargestellt.

Visual Studio fügt eine Referenz auf die Assembly `System.Data.Services.Client` hinzu, die gleich für den Datenzugriff benötigt wird.

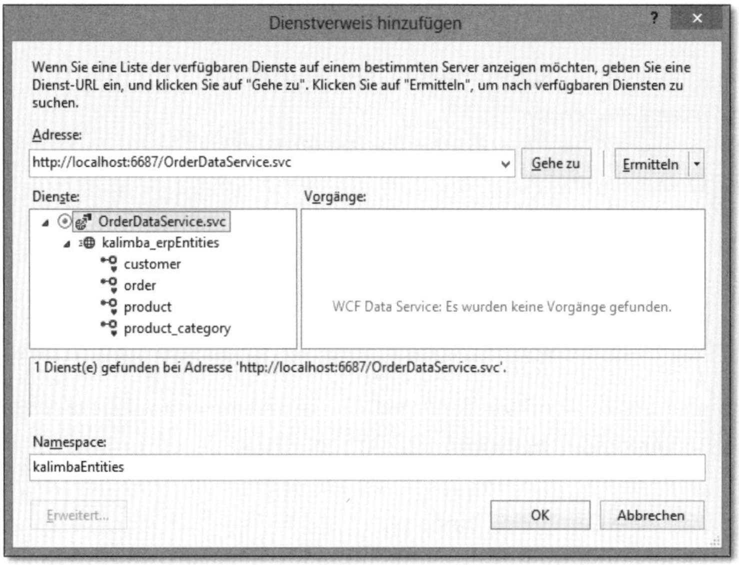

Abbildung 7.36 Dienstverweis auf einen WCF Data Service

Jeder Dienstverweis benötigt Metadaten, damit ein Client daraus generiert werden kann. Ein WCF Data Service veröffentlicht bereits standardmäßig Metadaten, die Sie auch manuell abrufen können:

```
http://localhost:9000/OrderDataService.svc/$metadata
```

DataServiceContext erzeugen und speichern

Mit Hilfe dieser Metadaten erzeugt nun Visual Studio die benötigten Klassen und Dateien. Zunächst einmal die Entitäten und die Klasse `kalimba_erpEntities`, die von der Basisklasse `DataServiceContext` abgeleitet ist. Dieser Kontext verfolgt alle Änderungen nach, die an den Entitäten vorgenommen werden. Auch bei einem lokal generierten EF-Modell (wie in Abschnitt 7.4, »Filestream«, gezeigt) gibt es einen Kontext, der dort jedoch von `DbContext` abgeleitet ist, aber dem Prinzip nach dieselbe Aufgabe hat.

Von dieser Klasse erstellen wir eine Instanz und speichern sie in einer privaten Variable. Die zu ergänzenden Zeilen sind fett markiert.

```
using OrderClient.kalimbaEntities;
namespace OrderClient
{
   public partial class Form1 : Form
   {
      private kalimba_erpEntities context;
```

```
        public Form1()
        {
            Uri wcfDataService = new Uri("http://localhost:9000/
                OrderDataService.svc");
             context = new kalimba_erpEntities(wcfDataService);
             InitializeComponent();
        }
    }
}
```

Listing 7.20 Form1.cs

Der Kontext wird hier im Konstruktor der `Form1`-Klasse erzeugt, und die Referenz wurde für die spätere Verwendung gespeichert.

Produkte laden und an eine Combobox binden

Fügen Sie der Form eine Combobox hinzu mit Namen `comboProduct`. Diese Combobox soll mit einer Liste der Produkte gefüllt werden. Für die Abfrage können wir LINQ verwenden, denn der `DataServiceContext` stellt uns einen LINQ-Provider zur Verfügung. Bitte fügen Sie den nachfolgenden Code in das `OnLoad`-Event der Windows Form.

```
var productQuery = from p in context.product
                   orderby p.title
                   select p;
```

Anschließend wird ein Objekt vom Typ `DataServiceCollection` benötigt, dem wir die gerade erstellte LINQ-Abfrage übergeben. Dafür wird ein Verweis auf den Namespace `System.Data.Services.Client` benötigt. Dieser Collection-Typ ist von `ObservableCollection` abgeleitet, das wiederum `INotifyCollectionChanged` implementiert. Das zeigt bereits: Diese Klasse ist geeignet, um Änderungen nachvollziehbar zu gestalten. Ergänzen Sie die `OnLoad`-Methode nun um diese Zeilen:

```
var productCollection = new DataServiceCollection<product>(productQuery);
```

Diese Collection lässt sich nun an beliebige Steuerelemente binden, so auch an die Combobox zur Auswahl eines Produkts.

```
comboProduct.DataSource = productCollection;
comboProduct.DisplayMember = "title";
```

Nach dem Start der Anwendung sollte das Control jetzt alle Produkte anzeigen, die in der Datenbank vorhanden sind.

Bestellungen anzeigen

Auf ähnliche Weise kann das Laden der Bestellungen erfolgen, abhängig vom gewählten Produkt. Wir benötigen hierfür lediglich ein Grid sowie eine Ereignisbehandlungsroutine für das `SelectedValueChanged`-Event der Combobox, denn wir wollen das Grid ja immer dann neu laden, wenn sich die Auswahl in der Combobox geändert hat.

```
private void comboProduct_SelectedValueChanged(object sender, EventArgs e)
{
   int productId = (comboProduct.SelectedValue as product).
                    product_id;

   var orderQuery = from o in context.order
                    where o.product_id == productId
                    orderby o.order_date
                    select o;
   var orderCollection =
       new DataServiceCollection<order>(orderQuery);
   grid.DataSource = orderCollection;
}
```

Listing 7.21 Bestellungen laden

Der Kontext `DataServiceContext` protokolliert alle Änderungen mit, sodass sie zu einem beliebigen Zeitpunkt an den WCF Data Service übermittelt werden können, zum Beispiel in dem Click-Event eines Buttons.

```
context.SaveChanges();
```

Damit ist die Anwendung bereits funktionsfähig.

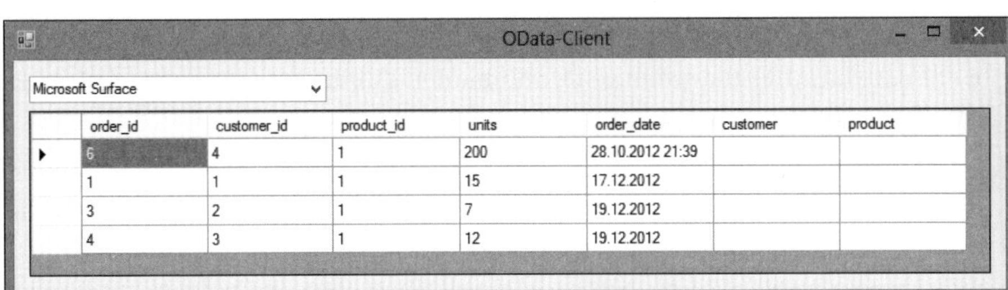

Abbildung 7.37 Die OData-Client-Anwendung

SendingRequest

Die Klasse `DataServiceContext` stellt das Ereignis `SendingRequest` bereit, für das wir eine Ereignisbehandlungsroutine schreiben können. Das gibt Ihnen sowohl Zugriff auf die http-Header als auch auf die URI der Anfrage. Die Anfrage beim Auswählen des zweiten Eintrags in der Combobox sieht beispielsweise so aus:

```
http://localhost:9000/OrderDataService.svc/order()?$filter=
product_id eq 1&$orderby=order_date (=GET)
```

Sie sehen: Es wird dieselbe Syntax verwendet, die wir auch schon beim Testen angewendet haben, um Abfragen an einen WCF Data Service zu richten. Veränderte Werte werden im Beispiel mit `http-merge` übertragen:

```
http://localhost:9000/OrderDataService.svc/order(1) (=MERGE)
```

Entitäten hinzufügen, verändern und löschen

Das Ändern von Daten klappt bereits. Ändern Sie beispielsweise einmal das Datum einer Bestellung und speichern Sie diese Änderung, beispielsweise durch Klick auf einen Button, der `SaveChanges` aufruft.

Wie schon beim Abrufen von Daten wird das Löschen, das Verändern und das Hinzufügen von Datensätzen wieder in entsprechende Aufrufe an den WCF Data Service übersetzt. Das Hinzufügen eines neuen Kunden geht recht intuitiv vonstatten:

```
customer c = new customer()
{
   first_name = "Kirk",
   last_name = "Gable",
};
context.AddTocustomer(c);
context.SaveChanges();
```

Anstatt einen Kunden mit einem leeren Konstruktor anzulegen, gibt es noch für jede Entität eine `Create`-Methode, die bereits die Pflichtfelder als Parameter enthält. Da die *customer_id* jedoch ein Autoinkrement-Feld in der Datenbank ist, lässt sich die erste Variante intuitiver verwenden. Der hinter den Kulissen stattfindende Aufruf an den WCF Data Service sieht so aus:

```
POST-http://localhost:9000/OrderDataService.svc/customer
```

Es wird `http-post` verwendet. Die übergebenen Daten können wir aus der URL nicht ablesen, sie werden als `http-post`-Parameter mit übergeben. In unserem vorherigen Beispiel mit Data Binding werden bereits Änderungen an den Service übertragen, sobald Sie die `SaveChanges`-Methode des Kontext-Objekts aufrufen. Hier die manuelle Variante:

```
var gable = (from c in context.customer
             where c.last_name == "Abercrombie"
             select c).Single();
```

```
gable.first_name = "Christie";
context.UpdateObject(gable);
context.SaveChanges();
```

`Single` verwende ich hier, um genau ein Element zurückzugeben. Die Methode löst eine Exception aus, wenn nicht genau ein Element (= eine Entität) in der Menge vorhanden ist, wenn es also zwei Schauspieler mit Namen *Gable* gäbe.

`UpdateObject` wird benötigt, um den Kontext über die Modifikation in Kenntnis zu setzen. Anschließend werden wieder alle Änderungen am Kontext zum Data Service übertragen. Der Aufruf selbst sieht dann so aus:


```
MERGE-http://localhost:9000/OrderDataService.svc/customer(34)
```

`http-merge` überträgt Änderungen, also Modifikationen an bestehenden Datenmengen. Das Löschen einer Entität ist nahezu identisch:

```
var gable = (from c in context.customer
            where c.last_name == "Gable"
            select c).Single();
context.DeleteObject(gable);
context.SaveChanges();
```

In http werden die Datensätze mit `http-delete` gelöscht:

```
DELETE-http://localhost:9000/OrderDataService.svc/customer(34)
```

Änderungen nachvollziehen

Für jede Entität im Kontext können Sie feststellen, in welchem Status sie sich befindet. Der Kontext liefert dafür eine Auflistung der in ihm enthaltenen Entitäten. Damit lässt sich auf einfache Weise eine Änderungshistorie umsetzen:

```
StringBuilder sb = new StringBuilder();
foreach (var entity in context.Entities)
{
   switch (entity.State)
   {
      case EntityStates.Added:
         sb.AppendFormat("Entity {0} wird hinzugefügt",
            entity.Identity);
         break;

      case EntityStates.Deleted:
         sb.AppendFormat("Entity {0} wird gelöscht",
            entity.Identity);
         break;
```

```
        case EntityStates.Modified:
            sb.AppendFormat("Entity {0} wird verändert",
                entity.Identity);
            break;
    }
}
MessageBox.Show(sb.ToString());
```

Listing 7.22 Änderungen nachvollziehen

Verarbeitungsmodi

Bislang haben wir SaveChanges immer ohne Parameter aufgerufen. Jede Änderung wird dann einzeln an den Service übertragen. Für umfangreiche Änderungen ist das nicht gerade der schnellste Weg. Alle Änderungen lassen sich aber auch im Batch-Modus auf einmal übertragen:

```
context.SaveChanges(SaveChangesOptions.Batch);
```

Die Aufzählung SaveChangesOptions kennt vier Werte:

- Batch: Alle Änderungen werden in einem Rutsch übertragen.
- ContinueOnError: Jede Änderung wird einzeln übertragen, der Vorgang bricht bei einem Fehler aber nicht ab.

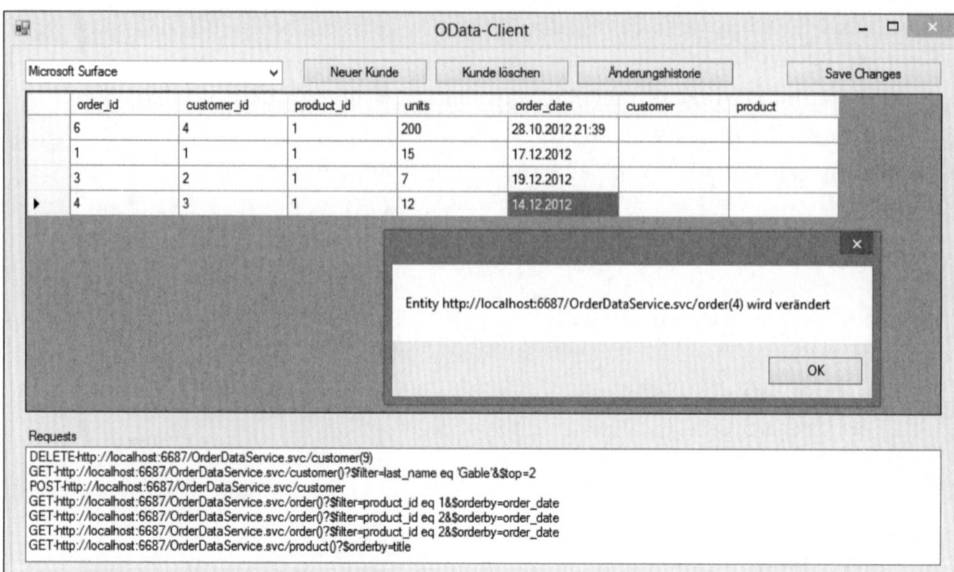

Abbildung 7.38 Der fertige Client, mit eingefügten, gelöschten und geänderten Daten

- `None`: Das ist Standard. Jede Änderung wird einzeln übertragen. Der Vorgang wird beim ersten auftretenden Fehler abgebrochen.
- `ReplaceOnUpdate`: Wenn Sie diesen Wert angeben, dann wird der Datensatz komplett upgedatet, jedes Feld in der Datenquelle wird durch den Wert der Entität ersetzt. Werte, die nicht übergeben werden, erhalten Standardwerte. Das ist besonders dann wichtig, wenn die Datenquelle mehr Felder enthält, als dem Client bekannt sind. Statt `http-merge` kommt hier `http-put` zum Einsatz.

7.6.5 Empfehlungen für den Einsatz

Über die Vorteile habe ich schon ein wenig erzählt. Bleibt die Frage: Was macht die WCF Data Services so attraktiv, dass sich die Einarbeitung lohnt, um sie in eigenen Projekten einzusetzen? Wie immer gibt es auf solche Fragen keine allgemeingültige Antwort. Ich möchte Ihnen stattdessen beschreiben, wofür sie gedacht sind, und was Sie bei ihrem Einsatz bedenken sollten.

ADO.NET ist eine lokale Technologie. Ein Client benötigt also das .NET Framework und die entsprechenden ADO.NET-Zugriffsbibliotheken, um beispielsweise damit auf Oracle zugreifen zu können.

WCF Data Services ermöglichen die Verwendung von ADO.NET hingegen in einer Webanwendung, die dazu noch nicht einmal .NET einsetzen muss. Außerdem lässt sich damit der neue Trend Cloud-Computing unterstützen, denn woher die Daten kommen, wo sie gespeichert werden sollen, ist dabei erst einmal egal. Überlegen Sie den Einsatz also, wenn Sie

- von PHP oder anderen Technologien außerhalb von .NET auf Daten zugreifen, bei denen Sie die Stärken von ADO.NET aber dennoch einsetzen möchten,
- die Datenzugriffsschicht (Data Access Layer) als eigenständigen Tier umsetzen möchten, der auch auf einem anderen Rechner laufen kann,
- Cloud-Computing einsetzen möchten, jetzt oder in naher Zukunft, oder wenn Sie nicht die gesamte Funktionalität eines WCF Services benötigen, sondern der Datenzugriff im Vordergrund steht. Bei sehr komplexen Services bietet WCF an sich ebenfalls die Möglichkeit über http zu kommunizieren, über RESTful-Services.

WCF Data Services sind schnell erstellt und auch schnell in eigene Anwendungen eingebunden. Gerade deshalb sollten Sie einige Dinge beachten:

- Behalten Sie die Performance im Auge! Die Kommunikation über http ist natürlich langsamer als der lokale Zugriff auf eine Datenbank. Verwenden Sie `Batch`-Updates, und halten Sie die Häufigkeit Ihrer Zugriffe im akzeptablen Rahmen.

- Der leichte Zugriff auf Daten von anderen Tiers beinhaltet die Gefahr, dass über die Zeit hinweg immer mehr Anwendungen direkt auf Daten zugreifen. Für den Unternehmenseinsatz ist dies ein Horrorszenario. Sie sollten also sehr genau darauf achten, wo Sie den Zugriff auf Daten erlauben wollen und wo andere Anwendungen stattdessen lieber mit der Geschäftslogik eines Business Layers (Tiers) kommunizieren sollten.
- Dies gilt auch dann, wenn Abfragen komplexer werden. Soll beispielsweise der Netto-Umsatz eines Kunden auf eine immer gleiche Art berechnet werden, dann eignen sich herkömmliche WCF Services meist besser.
- Achten Sie auch darauf, ob Sie alle Ihre Anforderungen an die Datensicherheit, an Transaktionen oder an der Gleichzeitigkeit von Daten-Updates mit den WCF Data Services erfüllen können.

Was ist REST?

Wir haben *REST* bisher schon einige Male verwendet, daher liefere ich Ihnen an dieser Stelle eine etwas detailliertere Definition hinterher. REST steht für *Representational State Transfer*. Es bezeichnet eine Architektur, eine Zugriffsart für verteilte Systeme, wie das WWW.

Roy Fielding, einer der Mitbegründer des http-Protokolls, der den Begriff in seiner Doktorarbeit prägte, beschreibt darin sehr detailliert, was unter REST zu verstehen ist. In der Praxis gehen die Definitionen aber weit auseinander und haben mit dieser Arbeit häufig nicht mehr viel gemein.

REST setzt zunächst das Vorhandensein einer Ressource voraus, in unserem Fall die URI *http://localhost:9000/OrderDataService.svc http://localhost:9000/*. Außerdem werden Informationen (die »Repräsentationen«) zwischen Client und Server transportiert, also Produkte oder Kunden. Dann gibt es noch die Aktionen, die ausgeführt werden können, wie wir gesehen haben GET, PUT, POST oder DELETE, die Auswirkungen auf die angesprochene Ressourcen haben; Daten werden abgerufen, hinzugefügt, verändert oder eben gelöscht.

Zwischen Client und Server muss es Einvernehmen über die Darstellung der Daten geben, also ob diese mittels HTML, XML, JSON oder auf eine andere Art und Weise codiert werden.

Das klingt alles sehr nach http und ist es ja auch, schließlich ist die Arbeit von Roy Fielding ja gerade darauf bezogen. RESTful Services sind nun Services, die diesen wichtigsten Grundprinzipien gehorchen, ganz so wie die WCF Data Services.

7.7 LINQ to XML

Die Verarbeitung von XML-Daten ist für Entwickler zum täglichen Brot geworden. Sie begegnen einem überall: in Einstellungsdateien, bei Datenimport- und Datenexport-Routinen, in WPF, WCF oder WF. Viele Internetstandards basieren auf XML, beispielsweise SOAP oder ATOM.

Leider gibt es nahezu ebenso viele Technologien, um auf XML-Daten zuzugreifen, sie zu verändern und XML-Dateien zu erzeugen, und ich übertreibe hier nur geringfügig. Um nur einige zu nennen: Mit DOM können wir XML-Daten im Speicher durchforsten, SAX stellt einen ereignisorientierten Zugriff bereit. Das ist besonders nützlich für große Dateien. Daneben unterstützt .NET die Abfragesprache Xpath, und auch XQuery dient dem Zweck, Daten aus XML-Dateien abzufragen. Jede Technik muss natürlich erst einmal erlernt werden, und jede verlangt nach einer eigenen Syntax und Semantik, die zudem noch nicht einmal in jeder Implementierung gleich sein muss.

Daneben gibt es natürlich noch viele Klassen im .NET Framework, namentlich die Klassen im `System.Xml`-Namespace. Das Erzeugen, Laden und Manipulieren von XML-Dateien mittels `XmlDocument` und `XmlElement` ist aber umständlich, um es höflich auszudrücken. Es erfordert eine ganze Seite Code für eine XML-Datei mit überschaubarer Komplexität.

Das Bestechende an LINQ ist, neben seiner Eleganz und Prägnanz, der einheitliche Sprachumfang. Natürlich unterscheidet sich LINQ im Rahmen der WCF Data Services von LINQ to XML, aber der Zugang und die Grundprinzipien sind in beiden Fällen gleich. Mit LINQ to XML werden Sie vermutlich weit weniger häufig auf andere Techniken zugreifen müssen als bisher.

Für die nachfolgenden Beispiele müssen Sie den `System.Xml.Linq`-Namespace einbinden.

7.7.1 Statische XML-Dateien erstellen

Beginnen wir damit, eine XML-Datei zu erstellen, und zwar diese:

```
<?xml version="1.0" encoding="utf-8" standalone="yes"?>
<!--Orders-->
<orders>
  <order id="1">
    <product>4536</product>
    <units>10</units>
  </order>
```

```
  <order id="2">
    <product>1231</product>
    <units>8</units>
  </order>
</orders>
```

Listing 7.23 Zu erstellende XML-Datei

Mit den neuen Klassen `XDocument`, `XDeclaration`, `XElement`, `XComment` und `XAttribute` gelingt das wie folgt:

```
XDocument orders = new XDocument(
  new XDeclaration("1.0", "utf-8", "yes"),
  new XComment("Orders"),
  new XElement("orders",
    new XElement("order", new XAttribute("id", "1"),
      new XElement("product", "4536"),
      new XElement("units", "10")
    ),
    new XElement("order", new XAttribute("id", "2"),
      new XElement("product", "1231"),
      new XElement("units", "8")
    )
  )
);
orders.Save("c:\\temp\\orders.xml");
```

Listing 7.24 Code zum Erstellen der XML-Datei

Es fällt sofort auf, dass der Code der Struktur der damit erzeugten XML-Datei folgt, gerade wenn er schön eingerückt ist. Fügen wir noch einen Verweis auf eine CSS-Datei hinzu:

```
...
new XComment("Orders"),
new XProcessingInstruction("xml-stylesheet", "href='orderStyle.css'
    type='text/css'"),
new XElement("orders",
...
```

Der Code erklärt sich weitgehend selbständig. Für jedes Element einer XML-Datei gibt es eine eigene Klasse, die ineinander geschachtelt sein können. Die Typsicherheit bleibt dabei erhalten, sodass ein Entwickler XML-Dateien erstellen könnte, ohne die Syntax zu kennen. In der Theorie findet dies aber eher statt als in der Praxis.

Die wichtigsten Klassen des System.Xml.Linq-Namespaces:

- XDocument: repräsentiert das XML-Dokument als Ganzes
- XElement: stellt ein Element innerhalb einer XML-Datei dar, entweder das Root-Element oder ein Element unterhalb davon
- XAttribute: wird verwendet, um ein Attribut einem Element hinzuzufügen
- XComment: stellt einen XML-Kommentar dar
- XProcessingInstruction: eine Anweisung für die Verarbeitung innerhalb eines XML-Dokuments
- XDeclaration: die Deklaration, die eine XML-Datei eröffnet (Für Version 1.0 und utf-8 als Codierung können Sie diese auch weglassen.)
- XCData: eine CDATA-Sektion, deren Inhalt nicht der XML-Notation folgen muss
- XNamespace: ein XML-Namespace, das hinter den Kulissen verwendet wird und mit von dem kein Objekt erzeugt werden kann
- XNode: die abstrakte Basisklasse für XComment, XElement und andere Klassen
- XName: repräsentiert den Namen eines XML-Elements oder -Attributs, wird hinter den Kulissen verwendet, ohne davon kein Objekt erzeugen zu können
- XStreamingElement: ermöglicht verzögerte Streaming-Ausgabe

Jede Klasse, außer XName und XNamespace, bietet geeignete Konstruktoren an. Beispielsweise verlangt XDeclaration nach einer Version, der Codierung und der Angabe, ob die XML-Datei eigenständig sein soll.

XElement kennt auch die Methode Parse, die aus einem übergebenen string-Objekt ein XElement-Objekt macht. Natürlich muss der string gültiges XML enthalten. Vergleichen Sie das ruhig einmal mit herkömmlichem (DOM)-Code:

```
XmlDocument xml = new XmlDocument();
xml.AppendChild(xml.CreateXmlDeclaration("1.0", "utf-8", "yes"));
XmlElement root = xml.CreateElement("orders");
xml.AppendChild(root);
XmlElement order = xml.CreateElement("order");
order.SetAttribute("id", "1");
root.AppendChild(order);
XmlElement p1 = xml.CreateElement("product");
p1.InnerText = "4534";
order.AppendChild(p1);
XmlElement u1 = xml.CreateElement("units");
u1.InnerText = "43";
order.AppendChild(u1);
XmlElement order2 = xml.CreateElement("order");
order2.SetAttribute("id", "2");
```

```
XmlElement p2 = xml.CreateElement("product");
p2.InnerText = "1633";
order2.AppendChild(p2);
XmlElement u2 = xml.CreateElement("units");
u2.InnerText = "30";
order2.AppendChild(u2);
root.AppendChild(order2);
xml.Save("c:\\temp\\orders_dom.xml");
```

Listing 7.25 Herkömmlicher (DOM)-Code

Dieser Code ist nicht nur acht Zeilen länger, er ist vor allem viel unübersichtlicher, schwerer zu schreiben und noch schwerer zu warten. Man könnte den Code freilich auch kürzer formulieren, indem etwa auf die Speicherung der Objektreferenzen verzichtet wird. Dadurch würde aber die Übersichtlichkeit noch mehr leiden.

7.7.2 XML-Dateien aus vorhandenen Strukturen erstellen

Statische XML-Dateien kommen zwar auch vor, wahrscheinlicher ist hingegen, dass Sie bereits eine Struktur besitzen, aus denen eine XML-Datei generiert werden soll. In unserem Beispiel könnte das die Klasse `Order` sein:

```
public class Order
{
   public int ProductNo { get; set; }
   public int Units { get; set; }
}
```

Listing 7.26 Klasse »Order«

Hier eine Auflistung von Bestellungen, in der drei Bestellungen enthalten sind:

```
List<Order> orders = new List<Order>()
{
   new Order()
   {
      ProductNo = 1346,
      Units = 134
   },
   new Order()
   {
      ProductNo = 6344,
      Units = 210
   },
```

```
    new Order()
    {
        ProductNo = 9800,
        Units=50
    }
};
```

Listing 7.27 Auflistung von Bestellungen

Wir können daraus nun neue Elemente innerhalb einer LINQ-Abfrage erzeugen und damit Dynamik ins Spiel bringen:

```
int i=1;
XDocument ordersXml = new XDocument(
    new XElement("orders",
        from o in orders
        select new XElement("order", new XAttribute("id", i++),
            new XElement("product", o.ProductNo),
            new XElement("units", o.Units)
            )
        )
    );

ordersXml.Save("c:\\temp\\orders_linq.xml");
```

Listing 7.28 Neue Elemente erzeugen

Das lässt sich hinsichtlich eleganter Kürze nur schwer toppen und ist obendrein noch gut zu lesen. Dabei spielt es keine Rolle, welche Auflistung verwendet wird. Arrays sind ebenfalls möglich.

Besonders leistungsfähig wird diese Technik, wenn LINQ zur Abfrage von Entitäten innerhalb des Entity Frameworks verwendet wird, denn dadurch ist eine einfache Transformation von relationalen Strukturen nach XML möglich. Das Ergebnis entspricht übrigens genau dem, was wir im ersten Beispiel erzeugt haben. Nur ist es eben dynamisch aus bestehenden Klassen generiert.

7.7.3 Erweiterungsmethoden

Erweiterungsmethoden sind eine feine und praktische Sache, weswegen sie in diesem Buch behandelt werden. Und LINQ ist ihr bester Kunde. Es verwundert also nicht, dass in `System.Xml.Linq.Extensions` einige davon definiert sind. Man nennt sie auch *Achsenmethoden*. Sie werden auf Auflistungen angewendet (`IEnumerable<T>`)

und geben ihrerseits wiederum Auflistungen zurück. Eine Ausnahme stellen die beiden Remove-Methoden dar, die Knoten bzw. Attribute entfernen.

Die wichtigsten Methoden im Überblick:

- Ancestors<T>: gibt die übergeordneten Elemente der Elemente zurück, die in der Auflistung übergeben werden
- AncestorsAndSelf: wie Ancestors, aber die Zielauflistung enthält zusätzlich die Elemente der Quellauflistung
- Attributes: gibt eine Auflistung der Attribute für jedes Element in der Quellauflistung zurück
- DescendantNodes<T>: gibt eine Auflistung zurück, die alle Nachfolgerknoten der Quellauflistung enthält
- DescendantNodesAndSelf: wie DescendantNodes, aber zusätzlich werden alle Elemente der Quellauflistung zurückgegeben
- Elements<T>: gibt eine Auflistung der untergeordneten Elemente jedes Elements und Dokuments in der Quellauflistung zurück
- Remove: entfernt jedes Attribut in der Quellauflistung aus seinem übergeordneten Element
- Remove<T>: entfernt jeden Knoten in der Quellauflistung aus seinem übergeordneten Knoten

Daneben gibt es noch einige Überladungen, zum Beispiel nehmen Ancestors<T>, AncestorsAndSelf, Attributes, Descendants, DescandantsAndSelf und Elements<T> optional einen Filter in Form von XName entgegen. Wir benötigen diese Methoden für Abfragen, oder im Falle von Remove auch für Datenmanipulationen.

Übrigens: Visual Basic vereinfacht diesen Vorgang noch einmal deutlich, weil dort diese Methoden auch auf Zeichenketten anwendbar sind. Es könnte sich also lohnen, ein VB-Projekt in Ihre Solution aufzunehmen, wenn sie häufig statische XML-Dateien in Ihrem Code erzeugen müssen. Wenn Ihnen als waschechter C#-Profi dieser Vorschlag zu befremdlich anmutet, dann kann ich Sie natürlich auch verstehen. Einige Beispiele für die Verwendung dieser Methoden stelle ich gleich vor.

7.7.4 XML-Dateien laden

Das Laden erfolgt mithilfe der statischen Load-Methode der Klasse XDocument:

```
XDocument orders = XDocument.Load("c:\\orders.xml");
```

Alternativ dazu können auch Streams, TextReader oder XmlReader zum Lesen verwendet werden. Das XML-Dokument wird zur Gänze im Arbeitsspeicher abgebildet. Das gilt übrigens für das gesamte LINQ to XML.

7.7.5 Abfragen

Die erste Abfrage haben wir bereits erstellt: zur dynamischen Erzeugung von XML-Elementen aus einer Auflistung heraus. Ich vermute einmal, Sie sehen sich lieber Beispiele an, anstatt eine umfangreiche theoretische Abhandlung zu folgen. Ich habe daher einige einfache Beispiele zusammengestellt, die sowohl LINQ als auch die Achsenmethoden veranschaulichen. Als Beispiel dient diese Datei:

```
<?xml version="1.0" encoding="utf-8"?>
<orders>
  <order id="1">
    <product>1346</product>
    <price>120</price>
    <units>134</units>
  </order>
  <order id="2">
    <product>6344</product>
    <price>300</price>
    <units>210</units>
  </order>
  <order id="3">
    <product>6344</product>
    <price>300</price>
    <units>110</units>
  </order>
  <order id="4">
    <product>9800</product>
    <price>52</price>
    <units>50</units>
  </order>
</orders>
```

Listing 7.29 Beispieldatei für Abfragen

Bestimmte Elemente finden

```
var query = from o in orders.Root.Elements("order")
            select o;
```

Möglich wird diese Abfrage, weil die Methode `Elements` einen `XName`-Ausdruck entgegennimmt. Diese Abfrage gibt eine Auflistung aller `order`-Elemente zurück.

Element mit einem bestimmten Attribut finden

Die folgende Abfrage sucht nach der Bestellung mit dem Attribut-Wert `2`:

```
var query = from o in orders.Root.Elements("order")
            where (int)o.Attribute("id") == 2
            select o;
```

Ein Element mit einem bestimmten Kind-Element finden

Wenn wir die Bestellung des Produkts 6344 suchen wollen, dann hilft uns diesmal die Methode `Element` (nicht `Elements`) weiter, das das erste ungeordnete Element mit dem angegebenen Namen sucht.

```
var query = from o in orders.Root.Elements("order")
            where (string)o.Element("product") == "6344"
            select o;
```

Nach einem bestimmten Nachfahren suchen

Die Methode `Descendants` sucht nach dem angegebenen Nachfahren für den Knoten, für die sie aufgerufen wird.

```
var query = from o in orders.Root.Descendants("price")
            select o;
```

Mit dieser Abfrage erhalten wir nur die Preise zurück, nicht aber die übergeordneten Knoten.

Ausgabe sortieren

Wir können die Bestellungen auch nach den bestellten Stück sortieren lassen, hier absteigend:

```
var query = from o in orders.Root.Elements("order")
            orderby (int)o.Element("units") descending
            select o;
```

Wichtig ist auch das Casten auf `int`, damit `orderby` etwas Sortierbares vorfindet (also etwas, das `IComparable` implementiert).

Werte berechnen

Das folgende Beispiel errechnet den durchschnittlichen Bestellwert für jedes Produkt. Dafür müssen wir die Eingabedaten in Produktnummern gruppieren.

```
var query = from o in orders.Root.Elements("order")
            group o by (string)o.Element("product") into g
            select new {Product=g.Key, AverageUnits = g.Average(o =>
               (int)o.Element("units"))};
```

Wichtig ist auch hier wieder, dass wir das Gruppenkriterium auf string casten. Ansonsten würde jeder Knoten einzeln gruppiert werden, da sich jeder Knoten vom anderen unterscheidet. Natürlich sind auch Berechnungen innerhalb eines Knotens möglich, zum Beispiel die Errechnung der Bestellsumme, als Produkt aus der Anzahl bestellter Artikel und dem Preis pro Artikel:

```
var query = from o in orders.Root.Elements("order")
            let sum = (int)o.Element("units") *
                (int)o.Element("price")
            select new { Product = o.Element("product"),
                Summe = sum };
```


7.7.6 XML-Daten verändern

Bislang haben wir XML-Dateien erzeugt, wieder geladen und nach den Inhalten in diesen Dateien gesucht. Betrachten wir nun noch das Ändern der Daten im Arbeitsspeicher. Dermaßen veränderte Dokumente lassen sich mittels Save natürlich zu jeder Zeit auf die Platte schreiben.

Elemente entfernen

Meist geht dem Entfernen eine Suche voraus. Nachfolgendes Code-Fragment sucht die Bestellung mit der ID 2, entfernt diese aus der XML-Struktur im Arbeitsspeicher und speichert diese Änderungen in einer anderen XML-Datei ab.

```
XDocument orders = XDocument.Load("c:\\orders.xml");
var query = from o in orders.Root.Elements("order")
            where (int)o.Attribute("id") == 2
            select o;
query.Remove();
orders.Save("c:\\temp\\orders_modified.xml");
```

Elemente hinzufügen

Für das Hinzufügen neuer Elemente (z. B. Knoten) ist die Add-Methode zuständig.

```
XDocument orders = XDocument.Load("c:\\orders.xml");
XElement order = new XElement("order", new XAttribute("id", 5),
    new XElement("product", "7000"),
    new XElement("price", "450"),
    new XElement("units", "25")
    );
orders.Root.Add(order);
```

In diesem Beispiel fügen wir die Bestellung an das Ende der XML-Datei an. Über die Achsenfunktionen sind aber auch andere Stellen wählbar. Darüber hinaus gibt es weitere Methoden:

- AddAfterSelf: fügt den Knoten unmittelbar nach diesem Knoten ein
- AddBeforeSelf: fügt den Knoten unmittelbar vor diesem Knoten ein
- AddFirst: fügt den Knoten als ersten Knoten unterhalb dieses Knotens ein

Elemente ändern

Wir wollen nun alle Knoten des Produkts 6344 ändern und daraus 1228 machen:

```
var query = from o in orders.Root.Elements("order")
            where (int)o.Element("product") == 6344
            select o;
foreach (var ordersFor6344 in query)
    ordersFor6344.Element("product").SetValue("1228");
```

Wiederum wird zunächst eine Auflistung der betroffenen Elemente ermittelt, nämlich diejenigen Bestellungen, zu denen ein Unterelement product gehört, das wiederum den Wert 6344 besitzt. Anschließen können wir die Auflistung durchlaufen und mit SetValue einen neuen Wert zuweisen.

7.7.7 Anwendung in der Praxis

Ich hoffe natürlich, ich konnte Sie von LINQ to XML überzeugen. Dennoch gibt es Situationen, in denen andere Technologien das Mittel der Wahl sind:

- In Szenarien, in denen Sie viele XML-Dokumente innerhalb kürzester Zeit lesen müssen, kann der direkte Zugriff auf XmlReader eine bessere Performance bringen. Vorausgesetzt natürlich, alle Dokumente haben dieselbe Struktur.
- Für einfache Abfragen kann die Verwendung von XPath kürzer und einfacher sein.
- Es gibt Situationen, in denen XML-Dateien nicht innerhalb des Codes transformiert werden sollen, sondern außerhalb. XSLT bietet dann einen deklarativen Ansatz und ermöglicht die Trennung von XML und zugehöriger Transformation. Darüber hinaus ist es leistungsfähig und standardisiert – und es lässt sich selbst natürlich ebenfalls wieder programmgesteuert erzeugen und verändern.

7.8 Was noch zu sagen wäre

Damit endet dieses Kapitel. Zum Schluss möchte ich Ihnen noch einige allgemeine Empfehlungen geben, die in keinen der anderen Abschnitte passen und daher als Stichworte »lose« präsentiert werden.

Sie sind mir über die Jahre wichtig geworden, weil sie immer wieder zum Erfolg oder Misserfolg von Projekten beigetragen haben. Gerade die Datenbank muss stimmen, späteres Refactoring ist wenigstens aufwendig, manchmal praktisch unmöglich. Die Strukturen verändern sich meist nur langsam und wenn, dann meist durch das Hinzufügen von Objekten und Beziehungen in einer Datenbank.

- Beim Entwurf einer Datenbank sollten Sie den Grundsatz *Performance by Design* beherzigen und immer mit dem tatsächlichen Mengengerüst arbeiten, das auch Ihre Anwendung später bewältigen muss. Gehen Sie dabei ruhig pessimistisch zu Werke. Ein Testdatengenerator gehört zudem in den Werkzeugkasten eines jeden Programmierers.
- Überlegen Sie sich bitte eine durchgängig und penibel befolgte Nomenklatur. Es ist nichts lästiger, als wenn das Erstellen von SQL-Abfragen z. B. immer wieder dadurch behindert wird, dass Tabellennamen einmal im Singular und einmal im Plural benannt worden sind.
- Ein wesentliches Augenmerk sollte auf die Normalisierung gelegt werden. Bestimmen Sie aktiv, welche Relation in welcher Normalform entworfen werden soll, und berücksichtigen Sie die Vor- und Nachteile niedriger bzw. höherer Normalformen.
- Verwenden Sie immer referenzielle Integrität. Ich erlebe häufig, dass Entwickler für Konvertierungszwecke auf Fremdschlüssel verzichten. Nicht selten wird das Hinzufügen später vergessen oder erfolgt unvollständig. Glauben Sie mir: Alles, was Sie in einer Datenbank zulassen, wird früher oder später auch in der Datenbank vorhanden sein.
- Wenn Sie nicht gerade datenbankunabhängig arbeiten müssen, dann sollten Sie die Features Ihrer Datenbank auch wirklich verwenden. Volltextsuche, indizierte Sichten oder partitionierte Tabellen können Performance und Einsatzmöglichkeiten einer Datenbank erheblich steigern, einige Beispiele gebe ich selbst in diesem Kapitel.
- Vermeiden Sie Businesslogik in der Datenbank, es sei denn, die gesamte Logik wäre dort enthalten. Nicht immer ist dieses Prinzip in Reinform umzusetzen, da auch viele SQL-Abfragen einen erheblichen Anteil an Geschäftslogik beinhalten.
- Datenbankscripte sollten genauso sorgfältig versioniert werden wie Code.
- Dokumentieren Sie Ihre Datenbank immer während der Erstellung oder während der Änderung. Die erweiterten Eigenschaften eignen sich dafür, ebenso spezialisierte Werkzeuge. In meinem Unternehmen erzeugen wir die Datenbankdokumentation automatisch aus den erweiterten Eigenschaften, was sich als recht nützlich erwiesen hat.
- Verwenden Sie von Zeit zu Zeit einen Profiler und/oder werfen Sie einen Blick in den Datenbankoptimierungsratgeber. Dessen Ergebnisse sind nur selten 1:1 zu

übernehmen, aber Sie erhalten wertvolle Hinweise über das Nutzungsverhalten Ihrer Anwender.

- Hochfrequente Abfragen in Verbindung mit hochfrequenten Datenbankänderungen sind nur selten vereinbar. Sie ersparen sich vielleicht viel Ärger in der Praxis, wenn Sie Ihre Reporting-Abfragen nicht auf der OLTP-Datenbank ausführen, sondern auf einem Replikat dieser Datenbank.

Kapitel 8
Workflow Foundation

Das Ganze ist mehr als die Summe seiner Teile.
(Aristoteles)

Willkommen zu einer der großartigsten Neuerungen in der .NET-Klassenbibliothek: der *Workflow Foundation* (*WF*). Es gibt sie seit der Version 3.0, als Microsoft erstmals eine .NET-Version vorstellte, die eigentlich keine neue Version war, sondern vielmehr aus einer Reihe von Erweiterungen für die bestehende Version 2.0 bestand. Mit der Version 4.0 hat Microsoft die WF zu großen Teilen neu geschrieben und in der aktuellen Version 4.5 viele der Features nachgerüstet und Mängel beseitigt, für die in der Version 4 wohl keine Zeit mehr war; allen voran die State Machine Workflows, mit denen sich manche Workflows besonders elegant beschreiben lassen, und die es vor dem Redesign der WF schon einmal gab.

Viele Programme implementieren heute schon Workflows, denn kaum eine Business-Anwendung verkauft sich heute noch ohne. Workflows sind ein Synonym geworden für das Abbild von Prozessen in Software, aber auch für Konfigurierbarkeit, denn Workflows passen sich dem Anwender an, nicht umgekehrt. Sie sind aber keineswegs auf Geschäftssoftware beschränkt, und so gehen wir im ersten Abschnitt der Frage nach, was Workflows eigentlich sind, wann sich der Einsatz der WF lohnt und aus welchen Teilen ein Workflow besteht.

Die folgenden Abschnitte bauen dann aufeinander auf und führen Sie systematisch in die Workflow Foundation ein. Sie sind eine Mischung aus Lehrbuch und Tutorial und befassen sich jeweils mit einem Thema innerhalb der WF. Am Anfang finden Sie meistens ein kleines Fallbeispiel, das als Leitfaden für Erläuterungen und Umsetzung dient. Insgesamt ergibt sich so eine umfangreichere Anwendung, natürlich aus der Geschäftswelt der Kalimba Sunfood.

8.1 Einführung

Der Einsatz der WF unterscheidet sich stark von der Programmierung klassischer Anwendungen. Einerseits stellt WF eine neue API zur Verfügung, andererseits verlangt sie vom Entwickler, dass er seine Anwendungen mit einem grafischen Workflow Designer entwirft, eine zwar logische, aber keineswegs gewohnte Umgebung für die meisten Entwickler.

Hinzu kommt, dass die WF in den Vorgängerversionen (vor 4.0) nicht in allen Bereichen gelungen war. Viele Entwickler klagten über schlechte Performance, Bedienungsmängel im Designer, eine schlechte Integration mit anderen Produkten und eine bisweilen gewöhnungsbedürftige API. Die meisten dieser Mängel wurden allerdings in der Version 4.0 behoben.

8.1.1 Warum Workflows?

Die erste Frage ist vielleicht die wichtigste: Warum sollten Sie sich in eine neue Technologie einarbeiten, wo doch bereits mit dem .NET Framework und C# alle Arten von Anwendungen entwickelt werden können? Das scheint mir eine Frage zu sein, die öffentlich zu wenig beantwortet wird, vielleicht ein Grund dafür, warum die WF in der Vergangenheit nicht die Verbreitung gefunden hat, die sie verdient hätte. Um diese Frage zu beantworten, sollten wir uns einmal typische Anforderungen anschauen, die an moderne Software gestellt werden.

Prozessorientierung

Es verwundert mich immer wieder, wie sehr sich Unternehmen in ihren Prozessen unterscheiden, obwohl sie dasselbe Geschäftsmodell haben, dieselben Kunden bedienen, von vergleichbarer Größe sind und ähnliche Produkte vertreiben.

Die Bereitschaft, sich an die Strukturen einer Software anzupassen, sinkt beständig. Kunden erwarten heute, dass die Software so flexibel ist, dass sie nichts oder sehr wenig ändern müssen, um sie einzuführen. Andererseits möchten viele Unternehmen lieber auf Standardsoftware setzen. Ein Widerspruch, der in vielen Softwareprodukten so gelöst wird: In unzähligen Konfigurationseinstellungen lässt sich das System so flexibel wie möglich konfigurieren, jedenfalls so flexibel, dass die meisten Anforderungen dadurch abgedeckt werden. Weitergehende Anforderungen werden dann im Rahmen einer kundenspezifischen Programmierung abgedeckt. Der Nachteil dieses Verfahrens liegt auf der Hand: Der Code ist durch unzählige Fallunterscheidungen an unzähligen Code-Stellen zerfleddert. Kundenspezifische Anpassungen müssen über Folgeversionen hinweg weitergepflegt werden, und ein genereller Release-Wechsel wird mit jeder Version immer schwieriger. Und ist die Software nur alt genug, wird jede Code-Änderung zum Vabanquespiel.

Workflows helfen auf dreierlei Art, diese Probleme zu vermeiden:

- Zum Ersten bilden sie eine Einheit. Ein Entwickler muss sich einen Sachverhalt nicht in mehreren Code-Dateien zusammensuchen, sondern kann ihn mit einem Blick auf den Workflow erfassen. Dennoch ist ein Drilldown in den Workflow hinein möglich, denn Workflows sind hierarchisch organisiert.

- Zum Zweiten lassen sich Workflows aus vorgefertigten Bausteinen zusammenstellen. Sie sind damit nicht auf Entwickler festgelegt, auch ein versierter Anwender könnte einen Workflow erstellen oder verändern. Es findet eine Umkehr der Verantwortung statt, der Entwickler stellt Workflow-Elemente bereit, das .NET Framework eine Infrastruktur und der Anwender das zu lösende Problem nebst Lösungsvorschlägen, die er selbst umsetzen kann.
- Zum Dritten sind Workflows konfigurierbar, denn in WF sind sie in XML-Dateien gespeichert. Ein solcher Workflow kann sich über die Versionen hinweg weiterentwickeln, oder der Workflow kann in der Anwendung selbst verändert oder ausgewählt werden. Dem Customizing öffnen sich neue Wege, denn sie können Workflows auch kundenspezifisch oder fallweise anpassen.

Wartbarkeit

Eng mit dem vorherigen Punkt verbunden ist die Wartbarkeit. Workflows sind vor allem deshalb besser wartbar, weil sie einen zentralen Punkt darstellen, an dem die Geschäftslogik abgebildet ist. Darüber hinaus lassen sich viele, wenn auch nicht alle, Änderungen grafisch im Designer vornehmen. Aus der Praxis weiß ich aber auch: Wir sollten die Kirche im Dorf lassen. Es wird nicht jede Anforderung durch einen Anwender ohne Programmierkenntnisse umsetzbar sein. Je detaillierter die Anforderung ist, desto mehr Programmierwissen ist notwendig.

Workflows ersetzen daher nicht die Programmierung in einer Programmiersprache, sondern ergänzen sie. Sie helfen dabei, den Code zu organisieren, indem sie für die obersten Ebenen einer Anwendung eine grafische Modellierung ermöglichen. Ab einer gewissen Ebene, die für jede Applikation unterschiedlich ist, lohnt sich der Einsatz dann nicht mehr, weil der Aufwand für die Modellierung im Designer den Aufwand für die Umsetzung im Code übersteigt und solche Codebestandteile auf unteren Ebenen sich ohnehin nicht mehr so häufig ändern.

Die Trennung zwischen beiden Welten ist die *Aktivität*, das zentrale Element in Workflows, wie wir später noch sehen werden. Die Aktivität ist Bestandteil des Workflows, die Implementierung der Aktivität hingegen erfolgt im Code.

Skalierbarkeit

Unternehmensanwendungen sollen immer häufiger gut skalieren, also mit wachsendem Durchsatz Schritt halten können. Dies trifft vor allem auf Serveranwendungen zu, beispielsweise eine Webseite oder einen Service. Aber auch vonseiten des Clients wird zunehmend verlangt, dass die Software die steigende Anzahl von Kernen in Prozessoren zu beschäftigen vermag. Workflows unterstützen Skalierbarkeit in mehrfacher Hinsicht:

- Es können mehrere bis viele Workflows parallel ausgeführt werden. Denken Sie beispielsweise an die Bestellannahme eines Warenhauses. Dort können viele Bestellungen parallel eintreffen und sollten dann auch so weit wie möglich parallel verarbeitet werden. Die parallele Ausführung mehrerer Workflows ist eine Eigenschaft der Runtime und des Prozesses, in dem die Workflows laufen.
- Workflows können sich schlafen legen. Die Runtime weckt sie dann wieder auf, sobald ein Ereignis von außen die Weiterführung des Workflows erforderlich macht. Dadurch werden die Ressourcen des Servers geschont, es laufen immer nur die Workflows, die auch gerade benötigt werden.
- Irgendwann reichen die Ressourcen eines einzelnen Servers nicht mehr aus. In WF, vor allem in Verbindung mit *AppFabric*, können auf einfache Art und Weise Load-Balancing-Szenarien umgesetzt werden. Es ist sogar möglich, dass ein Workflow in einem Prozess eines Rechners gestartet und zu einem späteren Zeitpunkt in einem anderen Prozess weitergeführt wird, der sogar auf einem anderen Rechner laufen kann.
- Ein Workflow selbst kann Parallelität unterstützen, in WF beispielsweise durch die *Parallel*- oder *ParallelForEach*-Aktivität.

All dies erhalten Sie mit der WF out of the box – auch dann, wenn Sie dies im Augenblick noch gar nicht benötigen – für den Preis einiger Zeilen Code und etwas Arbeit an der Konfiguration. Die WF eignet sich damit vorzüglich für die Entwicklung verteilter Anwendungen, ohne dass sie jedoch für die Entwicklung lokaler Anwendungen ihren Charme verlieren würde.

Unterstützung von asynchronen Szenarien

Lassen wir das Telefon mal außer Acht, dann sind die meisten Prozesse im Geschäftsleben asynchroner Natur. Ein Urlaubsantrag wird gestellt, aber nicht sofort bearbeitet; eine Bestellung trifft ein, die zugehörige Lieferung verlässt aber erst einige Tage später das Lager.

Was uns Menschen spielend gelingt, ist für Software ein ernsthaftes Problem. Wenn der Urlaubsantrag nicht bearbeitet wird, dann fragen wir rechtzeitig vor Urlaubsantritt nach, wenn die Lieferung den Kunden nicht erreicht, dann hilft ein Mitarbeiter im Kundenservice bei der Lösung des Problems. Software hingegen wird ungleich komplizierter, wenn wir für asynchrone Vorgänge perfekte Lösungen entwickeln wollen, zum Beispiel für dieses Szenario:

> **Beispiel**
> Die Kalimba Sunfood GmbH betreibt einen Internetshop für Cocktail-Zubehör, in dem Endkunden über einen Warenkorb Produkte bestellen können.

Die Anbindung zum ERP-System ist asynchron gestaltet, um die Verfügbarkeit des Internet-Auftritts nicht an die Verfügbarkeit der ERP-Software zu koppeln. ERP-Software und Warenwirtschaft sind ebenfalls asynchron gekoppelt, da sich das Auslieferungslager in einer anderen Stadt befindet.

Synchrone Aufrufe laufen nach dem *Request/Reply*-Pattern ab, der Erfolg oder Misserfolg eines Aufrufs steht unmittelbar danach fest. Im Fehlerfall kann ein Entwickler im Exception Handler den Fehler »abfangen«, also angemessen darauf reagieren, zum Beispiel indem er den Vorgang erneut versucht oder eine Fehlermeldung ausgibt, die Verantwortung für das Problem also (letztlich) auf den Anwender überträgt.

Das Pattern für asynchrone Aufrufe heißt *Fire and Forget*, aber genau das soll die Software nicht tun, denn in unserem Beispiel würde das im Fehlerfall bedeuten:

- Der Lagerbestand wird dezimiert, obwohl die Bestellung abgebrochen wurde, oder der Lagerbestand wurde nicht verringert, z. B. weil die Kommunikation mit der Warenwirtschaftssoftware gestört ist.
- Auf der Internetseite wird die Bestellung als aufgenommen gekennzeichnet, obwohl sie das ERP-System nie erreicht hat.

Beide Fälle verlangen nach einer *Kompensation* im Fehlerfall, zum Beispiel, indem der Lagerbestand korrigiert wird. WF unterstützt solche Kompensationen mit einer eigenen Aktivität und ermöglicht darüber hinaus die Umsetzung eines Konzepts zur Fehlerbehandlung für asynchrone Szenarien.

Asynchrone Prozesse können langlaufende Prozesse sein, man spricht dann gerne von langlaufenden Transaktionen. Das Problem dabei ist, dass der aufrufende Teil nicht weiß, wie lange er auf eine Antwort warten muss oder ob sie überhaupt eintrifft. Was langlaufend ist, hängt vom Einsatzgebiet ab und kann sich von wenigen Sekunden bis hin zu einigen Monaten oder gar Jahren erstrecken. Das wirft einige Probleme auf:

- Der Prozess muss so lange warten, bis eine Antwort eintrifft. Dies führt zu vielen gleichzeitigen Prozessen oder Threads und damit zur Verschwendung von Ressourcen.
- Der Prozess könnte zwischenzeitlich auch beendet sein, die Antwort würde den Empfänger dann überhaupt nicht mehr erreichen.
- Ein Außenstehender könnte nicht sofort erkennen, an welchem Punkt der Prozess unterbrochen wurde und welche Bestandteile bereits erfolgreich durchlaufen wurden.

Natürlich gibt es auch konventionelle Lösungen für diese Probleme, zum Beispiel könnte eine Anwendung den Status in eine Datenbank schreiben und später, beim Eintreffen der Antwort, wieder daraus lesen. Ein Listener-Prozess, zum Beispiel der IIS, könnte auf unbestimmte Zeit auf eine Antwort warten. Und für die Nachvollziehbarkeit könnte eine Anwendung eine Log-Datei schreiben.

Dies setzt jedoch immer entwicklerseitigen Code voraus, der die Businesslogik wiederum zerstreut und erst einmal geschrieben werden muss. Viele solcher Problemstellungen zeigen ihr hässliches Gesicht erst, wenn man sie gründlich durchdenkt. Eine robuste Lösung für Kompensationen oder asynchrone Kommunikation über Prozessgrenzen hinweg ist keineswegs trivial und übersteigt oft die in der Praxis verfügbare Zeit.

Die WF bietet auch hierfür fertige Lösungen: Workflows werden automatisch persistiert, oder Sie können dies manuell tun. Im Zusammenspiel mit *AppFabric* und dem SQL Server ist das, nebenbei bemerkt, besonders komfortabel. Beim Persistieren wird der Status des Workflows geschrieben, der aktuelle Punkt der Ausführung und alle Inhalte von Variablen und Argumenten und der Kontext. Beim Eintreffen einer Antwort erweckt die WF den Workflow wieder zum Leben und führt ihn mit der nächsten Aktivität fort. Auch hier müssen Sie gar nichts selbst entwickeln, Sie können aber Einfluss darauf nehmen, wenn Sie möchten. Persistenz wird in Abschnitt 8.9, »Persistenz«, behandelt, und in Abschnitt 8.8, »Transaktionen«, finden Sie Informationen zu Transaktionen und Kompensationen.

Transparenz

Die Sorge vor Blackboxes wächst, also Software, der man ihre Funktionsweise weder ansieht noch in sie hineinsehen kann. Bei Workflows ist das aus naheliegenden Gründen besonders kritisch.

Der Markt verlangt daher nach Transparenz, die ein Entwickler durch den Einsatz der konfigurierbaren Tracking-Mechanismen herstellen kann. Dem Tracking widmen wir uns in Abschnitt 8.10, »Tracking und Tracing«.

Wiederverwendbarkeit

Workflows sind von Haus aus wiederverwendbar, denn sie bestehen aus Aktivitäten. Diese sind in etwa vergleichbar mit Komponenten und stellen die unterste Ebene der Wiederverwendbarkeit dar.

Da Aktivitäten auch andere Aktivitäten beinhalten können, man nennt sie dann *Composite Activities*, können auch Konglomerate auf höheren Ebenen als Ganzes wiederverwendet werden, bis hin zum gesamten Workflow.

Aktivitäten können auch in die Toolbox platziert werden, wenn Sie sie häufiger benötigen. Inzwischen finden Sie auf zahlreichen Seiten im Internet vorgefertigte Aktivitäten zum Download.

Workflowfreie Szenarien

Ein Workflow Designer ist keine Programmiersprache, auch wenn die Workflow Foundation Programmierkonstrukte, wie z. B. Schleifen, als Aktivitäten anbietet. Die WF ist daher vermutlich nicht die richtige Wahl, wenn Ihre Prozesse

- statisch sind, sich also wenig bis gar nicht verändern,
- nicht durch den Anwender verändert werden sollen,
- der Aufwand für die Erstellung der Aktivitäten durch den Vorteil der Konfigurierbarkeit nicht aufgewogen wird,
- hinsichtlich der Geschwindigkeit besonders optimierungsbedürftig sind, beispielsweise Anwendungen für das *Number Crunching*,
- viel speziellen Code enthalten, zum Beispiel für die Kommunikation mit Hardware, oder
- aus vielen Aktivitäten bestehen, die eigens entwickelt werden müssten, die aber jeweils nur an wenigen Stellen Verwendung fänden.

Auch wenn die Workflow Engine sehr viele Instanzen erzeugen und verarbeiten kann: In Schleifen mit hunderttausenden Durchläufen jeweils eigene Workflow-Instanzen anzulegen, kann einen Performance-Overhead verursachen, der den Einsatz ebenfalls infrage stellt.

Wenn Sie schließlich fremde Produkte integrieren müssen, womöglich noch Produkte, die nicht auf Basis von .NET entwickelt wurden, dann sollten Sie sich lieber nach fertigen Integrationswerkzeugen umsehen, die selbst auch oft einen Workflow Designer integriert haben, zum Beispiel *Microsoft BizTalk*.

Dennoch eignen sich die meisten Aufgabenstellungen gut bis ideal, um mit WF umgesetzt zu werden, oft auch solche, bei denen man es auf den ersten Blick gar nicht vermuten würde. Und wenn Sie unsicher sind: Beginnen Sie mit einem Workflow. Sie werden beim Modellieren dann schnell Klarheit gewinnen, ob sich eine Aufgabenstellung für die Workflow Foundation eignet.

Aus der Praxis

In den meisten Unternehmen gibt es viele gelebte Prozesse, die sich für die WF eignen, zum Beispiel die Bearbeitung eingehender Bewerbungen, die Genehmigung von Urlaubsanträgen, Prozesse rund um die Auslieferung und Lagerhaltung oder das Bestellwesen.

In vielen Unternehmen gibt es für einige, oder alle, dieser Prozesse Standardsoftware, die heutzutage nahezu allesamt Workflows beherrschen. Leider zeigt sich hier, dass Workflow eben nicht gleich Workflow ist, denn was einem in der Praxis häufig als Workflow verkauft wird, ist meist nichts anderes als einige Felder, die eine Reihe von Zuständen durchlaufen können.

»Echte« Workflows, so wie sie in der WF erstellt werden können, sind da ungleich flexibler, weil sie Kontrollstrukturen, wie Entscheidungen oder Schleifen kennen und verschiedenste Aktivitäten mitbringen, erweiterbar sind und asynchrone Vorgänge unterstützen. Achten Sie also am besten darauf, wenn ein Hersteller von Software wieder einmal behauptet: »Workflows? Klar, das können wir schon seit zehn Jahren!«

8.1.2 Der Workflow

So viel zum Einsatz der WF, wenden wir uns nun den Workflows selbst zu.

Anatomie

Definition

Ein *Workflow* ist ein Arbeitsablauf, der aus *Aktivitäten* besteht, die in einer bestimmten, vorher festgelegten Abfolge ausgeführt werden. Ein Workflow bildet daher immer einen bestimmten Prozess ab, meist einen Geschäftsprozess innerhalb einer Organisation.

Einige Aktivitäten können selbst wiederum Aktivitäten beinhalten, sodass sich eine Hierarchie ergibt. Im Grunde genommen ist in WF alles eine Aktivität. Die Aktivität auf der obersten Stufe nennen wir dann einen Workflow (siehe Abbildung 8.1).

Workflow und *Workflow-Instanz* verhalten sich zueinander wie Klasse und Objekt. Von einem Workflow lassen sich beliebig viele Instanzen starten, die dann in der Laufzeitumgebung der Workflow Foundation parallel ausgeführt werden. Jede dieser Instanzen besitzt ihren eigenen Status (nennen wir ihn Kontext) und kann in der Ausführung unterschiedlich weit fortgeschritten sein.

Workflows sind in Software nichts Neues, es gibt sie schon seit vielen Jahren. Und mit der *Business Process Modeling Language* (*BPML*) gibt es sogar eine auf XML basierende Metasprache zur Modellierung solcher Prozesse (= Workflows). Für die Darstellung von Workflows gibt es am Markt unzählige freie und kommerzielle Werkzeuge; viele davon nutzen die *Business Process Modeling Notation* (*BPMN*), einen Weg, Workflows grafisch darzustellen.

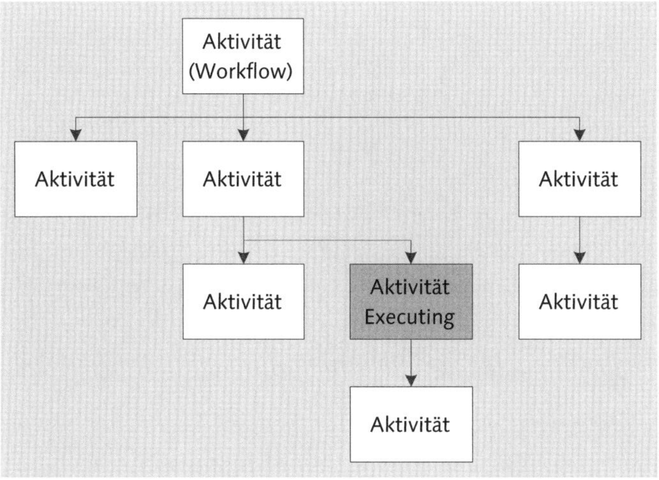

Abbildung 8.1 Ein Workflow als Hierarchie von Aktivitäten

Wie Sie schon in Abschnitt 8.1.1, »Warum Workflows?«, erfahren haben, werden Workflows *modelliert* und *konfiguriert*. Damit unterscheiden sie sich von der klassischen Programmierung, die natürlich ebenfalls Geschäftsprozesse abzubilden vermag.

Damit der versierte Endanwender selbst einen Workflow gestalten kann, steht ihm ein Satz an *Aktivitäten* zur Seite, den er in seinem Workflow mithilfe von *Kontrollstrukturen* nahezu beliebig verknüpfen kann.

Diese Aktivitäten sind vordefiniert und bestehen aus klassischem Code, denn wollte ein Anwender beliebige Programme mittels Workflows erzeugen, dann wäre der Workflow Designer letztendlich genauso komplex wie die Programmierumgebung selbst und damit für ihn unbrauchbar. Die WF gleicht also einem Baukasten, die einzelnen Teile sind ihre Aktivitäten und die Aktivitäten selbst bestehen letztendlich aus Code (siehe Abbildung 8.2).

Die WF bringt einen Satz fertiger Aktivitäten mit, die *Base Activity Library* (*BAL*). Sie sind keine Voraussetzung für Workflows. Wenn Sie wollten, könnten Sie darauf verzichten und alle Aktivitäten selbst entwickeln. Aber natürlich ist die BAL äußerst nützlich; wer möchte beispielsweise schon eine `for-each`-Schleife selbst entwickeln?

Innerer Zustand und Kommunikation mit außen

Ein Workflow kommuniziert mit der Außenwelt über *Argumente*, so jedenfalls nennt die WF die Variablen, die an eine Workflow-Instanz übergeben und an den aufrufenden Prozess zurückgeliefert werden können. Workflows kommen praktisch nie ohne Argumente aus, denn es geht ja gerade darum, aufgrund von Eingabewerten einen bestimmten Weg durch den Workflow zu nehmen.

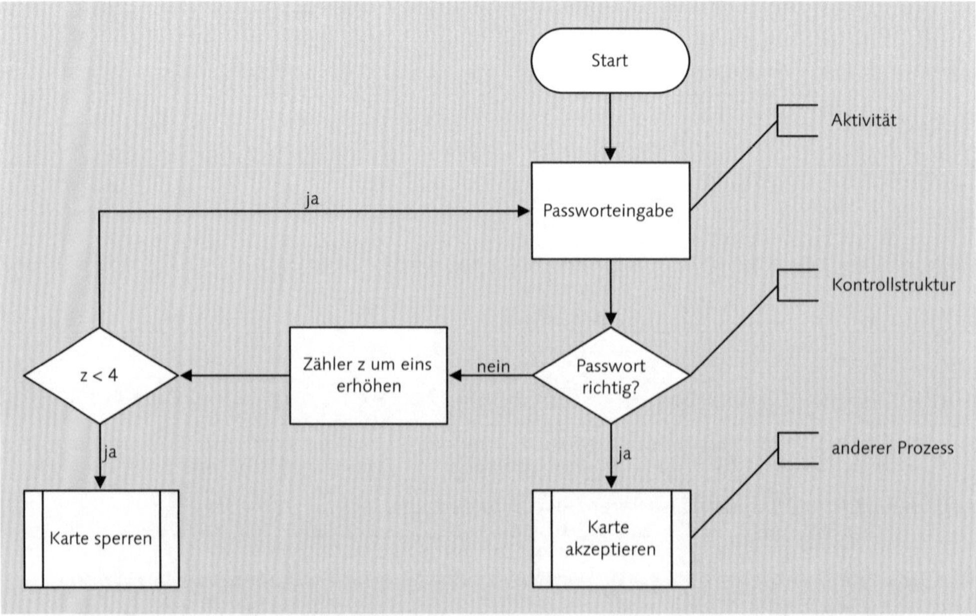

Abbildung 8.2 Ein einfacher Workflow

Was ist, wenn ein Client an den Prozess, in dem der Workflow läuft, überhaupt nicht herankommt? Das ist beispielsweise dann der Fall, wenn ein Workflow innerhalb eines Serverprozesses gehostet wird oder selbst einen WCF-Service bildet (der auf einem anderen Rechner laufen kann). Für solche Fälle kommuniziert der Workflow mittels Messaging-Aktivitäten mit der Außenwelt.

Variablen gibt es ebenfalls in WF. Im Gegensatz zu Argumenten werden sie intern verwendet, um den inneren Status eines Workflows zu speichern, beispielsweise eine getroffene Entscheidung in einer `Boolean`-Variablen. Variablen haben auch in der WF einen Gültigkeitsbereich, können also für jede Aktivität definiert werden und sind dann nur für diese Aktivität (und alle Kind-Aktivitäten) sichtbar.

Workflow-Arten

Bisher haben wir immer von *dem* Workflow gesprochen, näher betrachtet gibt es jedoch drei Arten von Workflows:

- *State Machine Workflows* gibt es seit WF 4.5 erstmals wieder, denn es gab sie vor der Version 4.0 schon einmal. State Machines sind eine besonders ausdrucksstarke Form, Prozesse abzubilden, elegant noch obendrein. Im Kern geht es darum, dass ein Workflow zu einer Zeit immer in einem gewissen Zustand ist und, je nach Ereignis, zwischen diesen Zuständen wechseln kann. Nehmen Sie einmal eine eingehende Bewerbung, die sich im Zustand »Eingegangen« befindet. Vielleicht wird der Bewerber eingeladen, vielleicht auf eine Warteliste gesetzt oder es wird ihm abgesagt. Alles Zustände, deren Wechsel Aktivitäten verursachen, beispielsweise eine E-Mail mit der Einladung, oder die Reservierung eines Termins im Kalender.

- *Sequenzielle* Workflows sind Workflows, die innerhalb einer *Sequence*-Aktivität ausgeführt werden. Ihre Aktivitäten laufen schrittweise ab, immer der Reihe nach, immer in dieselbe Richtung. Das macht sie berechenbar und einfach zu modellieren. Leider werden sie aber schnell komplex und unübersichtlich, weswegen sie sich eher für Aufgabenstellungen kleinerer und mittlerer Komplexität eignen. Außerdem liegt es nicht jedem Anwender, Prozesse so abzubilden, dass sie diese Restriktionen einhalten. Diese Art Workflows erinnert ein wenig an Struktogramme.
- *Flowchart*-Workflows bilden für die meisten Menschen Prozesse intuitiver ab, denn sie erlauben Rücksprünge innerhalb eines Workflows. Sie lassen sich aber auch mit sequenziellen Aktivitäten kombinieren und erinnern eher an Programmablaufpläne. Hier eine kleine Entscheidungshilfe, wann Sie welches der beiden Workflow-Modelle von WF 4.0 einsetzen sollten:

Sequence	Flowchart	State Machine
Dieser Typ eignet sich gut für einfache Prozesse, die linear ablaufen.	Damit können komplexere Workflows umgesetzt werden, die im Kern zwar auch linear sind, aber mit beliebigen Verzweigungen und Sprüngen innerhalb des Workflows.	Dieser Typ eignet sich gut für komplexere Prozesse, vor allem, wenn viele Bedingungen vorliegen, die den Status eines Workflows verändern.
Entwickler verstehen diesen Typ gut, da er ein wenig an Struktogramme erinnert.	Anwender verstehen diesen Typ gut, da ihnen Flowcharts auf Papier häufig begegnen.	State Machine Workflows erfordern ein wenig mehr Abstraktionsvermögen, sind aber vor allem häufig kürzer darzustellen.
Der Kontrollfluss ergibt sich aus den Kontrollstruktur-Aktivitäten (z. B. *If*), das ist weniger übersichtlich.	Der Kontrollfluss ergibt sich aus den Knoten und den Verzweigungen von dort aus, das ist (häufig) übersichtlicher.	Der Kontrollfluss ergibt sich aus den Ereignissen, die eine Änderung des Status bewirken, und aus den Aktivitäten entlang diesen Änderungen.

Tabelle 8.1 Auswahlhilfe für Workflow-Modelle

Sequence	Flowchart	State Machine
Ein Rücksprung ist nicht möglich.	Ein Rücksprung ist möglich.	Rücksprünge sind möglich, Dieselben Status können im Verarbeitungszyklus also mehrfach vorkommen.
Der Typ ist weniger gut geeignet, wenn menschliche Entscheidungen Teil des Workflows sind.	Er ist gut geeignet bei manuellen Prozessen.	Eignet sich, wenn man die Status gut benennen kann und klar ist, welche Ereignisse welche Auswirkungen auf den aktuellen Status haben.

Tabelle 8.1 Auswahlhilfe für Workflow-Modelle (Forts.)

8.1.3 Workflow Designer

Das augenfälligste Werkzeug in WF ist sicherlich der Workflow Designer in Visual Studio 2012, der für die neue Version abermals deutlich verbessert wurde und sich nun vor allem für größere Workflows deutlich besser eignet.

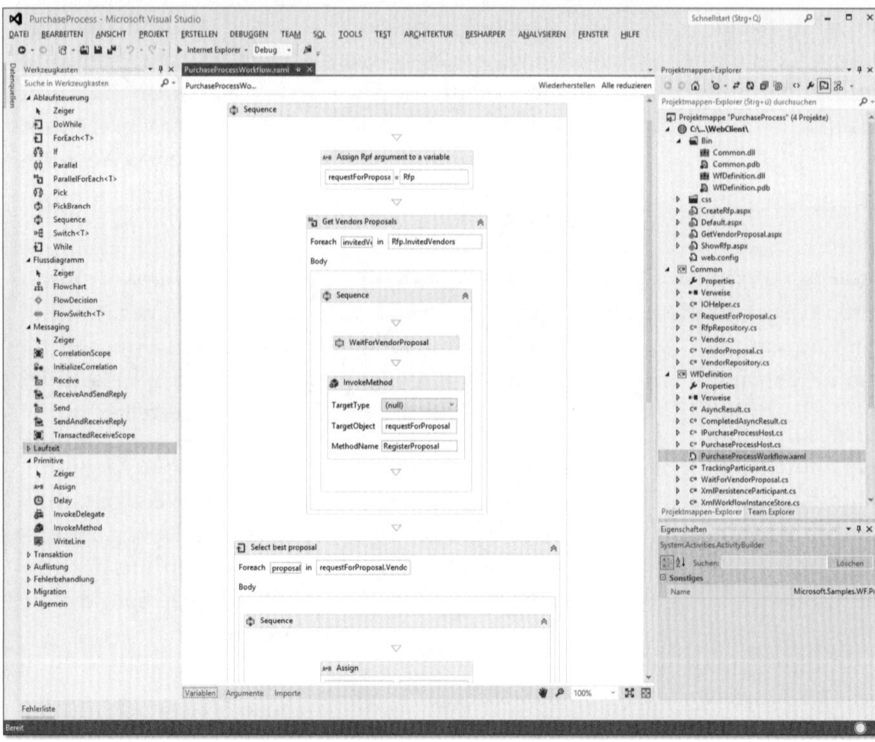

Abbildung 8.3 Workflow Designer

Der Designer kann aber nicht nur in Visual Studio verwendet werden, Sie können ihn auch in Ihre eigenen Anwendungen einbauen, was auch als *Designer Rehosting* bezeichnet wird. Damit können selbst Endanwender Workflows erstellen oder verändern, wobei Sie die Verwendung frei eingrenzen können. Dieses *Rehosting* des Designers war in WF 3.5 unnötig komplex, seit WF 4.0 sind dafür nur wenige Zeilen Code nötig. Allerdings stehen dann nicht alle Funktionen zur Verfügung.

So mancher Entwickler mag sich in der Version 4.0 der Workflow Foundation verwundert die Augen gerieben haben, dass Expressions dort nur in Visual-Basic-Notation möglich waren. Der oft gehörten Argumentation, »Power User« würden sich in VB heimisch fühlen, weil sie ja auch in Excel & Co. mit Visual Basic for Applications (VBA) umgehen würden, konnten sich viele nicht anschließen. Umso erfreulicher, dass in der Version 4.5 C#-Expressions möglich sind. Aber natürlich nicht nur.

Doch nun zu Werke: Lassen Sie uns eine kleine Tour de Force durch den Editor wagen.

Grafischer Designer

Workflows können recht schnell einen ansehnlichen Umfang erreichen. Gut, wenn der Editor dabei mehrere Werkzeuge für die Navigation bietet. Hier hat die aktuelle Version einiges dazugelernt.

Zunächst können Sie den gesamten Workflow bzw. alle Aktivitäten eines Workflows zusammenklappen.

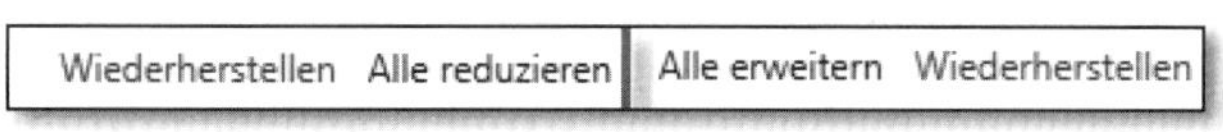

Abbildung 8.4 Aktivitäten aus- bzw. einklappen

Die beiden Links erscheinen abwechselnd, Sie können also entweder alle Aktivitäten einklappen, alle Aktivitäten ausklappen, oder auf die vorherige Darstellung zurückspringen (Wiederherstellen).

Was für alle Aktivitäten gilt, geht natürlich auch für einzelne Aktivitäten, über den Pfeil rechts oben, der zwischen zu- und aufgeklappt hin- und herspringt:

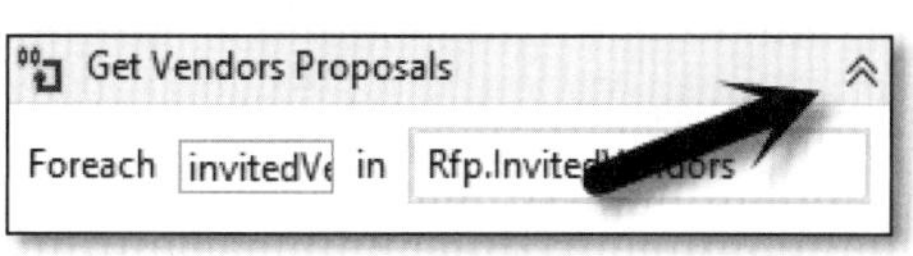

Abbildung 8.5 Eine einzelne Aktivität auf- oder zuklappen

Die Fußleiste beheimatet fünf Werkzeuge:

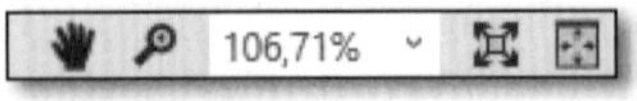

Abbildung 8.6 Die Werkzeuge der Fußleiste

- Das Handwerkzeug verschiebt den angezeigten Ausschnitt des Workflows. Sie deaktivieren diese Funktion, indem Sie erneut auf das Symbol klicken.
- Die Lupe ändert die Anzeige auf 100 %, was (zumeist) noch eine gute Lesbarkeit gewährleistet.
- Alternativ können Sie die Zoomstufe auch direkt eingeben, oder (über den Dropdown-Button des Eingabefelds) aus einigen voreingestellten Zoomstufen auswählen.
- Das nächste Symbol passt die Ansicht so an, dass der gesamte Workflow auf den Bildschirm passt. Das taugt aber eigentlich mehr zum Angeben als zum praktischen Arbeiten, es sei denn Ihre Workflows sind sehr klein, oder Ihr Bildschirm ist wandfüllend groß.
- Das letzte Symbol öffnet die Übersicht, die den dargestellten Ausschnitt gelb einrahmt. Sie können diesen Ausschnitt dort verschieben. Sie kommen so schnell von einem Ende des Workflows zum anderen.

Darüber hinaus funktionieren auch die Standards, wie das Browsen über das Mausrad und das Zoomen über die gedrückte `Strg`-Taste in Verbindung mit dem Mausrad.

Gliederungsansicht

Bei allem Komfort: Größeren Workflows lässt sich so nur mit Mühe beikommen. Das hat auch Microsoft erkannt und der WF 4.5 eine neue Gliederungsansicht spendiert, die wirklich Gold wert ist. Sie erreichen sie über ANSICHT • WEITERE FENSTER • DOKUMENTENGLIEDERUNG oder, kürzer, über `Strg`+`W`, `U`. Wenn Sie noch nicht überzeugt sind, dann werfen Sie einmal einen Blick auf die Gegenüberstellung (siehe Abbildung 8.7).

Diese neue Ansicht eignet sich besonders, um die Hierarchie eines Workflows anzuzeigen, also beispielsweise um zu sehen, wie die Sequenzen ineinander verschachtelt sind. Außerdem erkennen Sie bereits an den Symbolen neben dem Text, um welche Art von Aktivität es sich handelt – dies ist sehr praktisch.

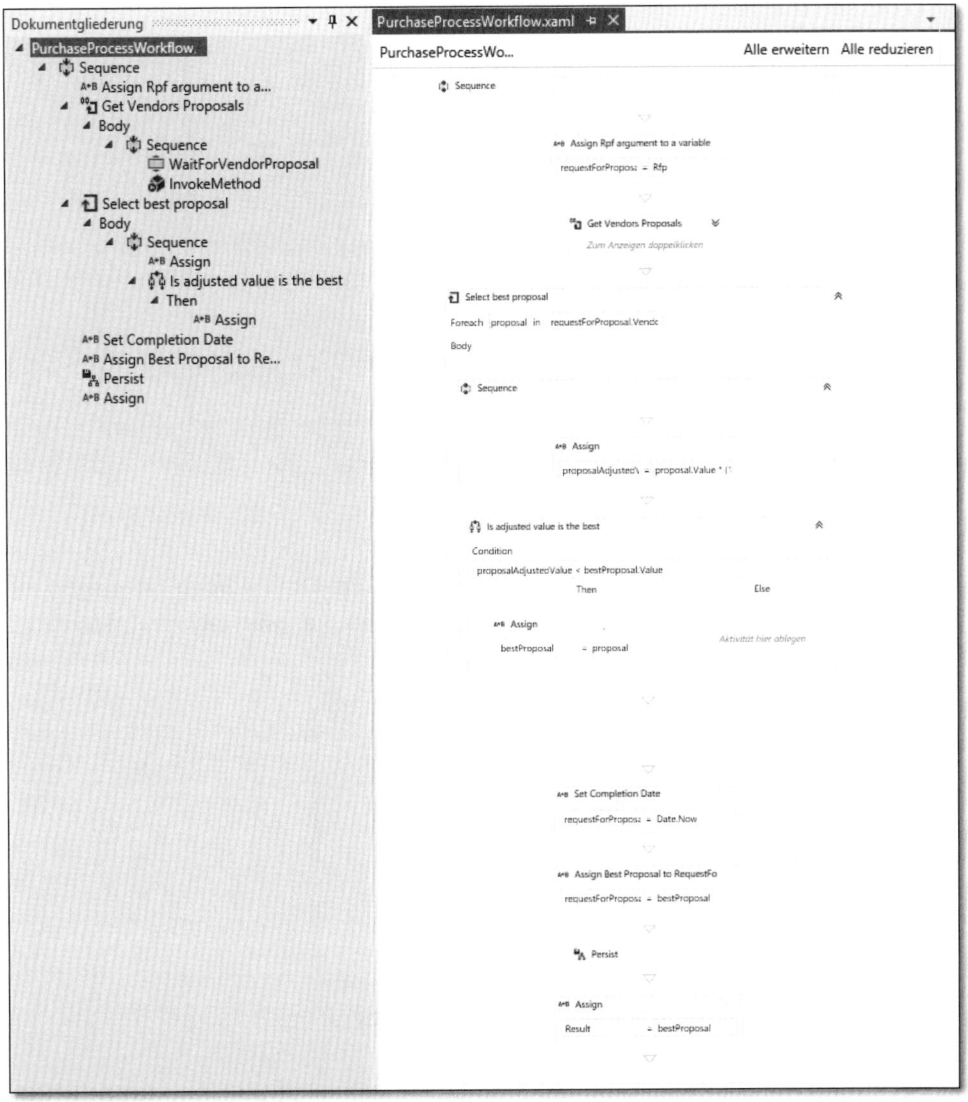

Abbildung 8.7 Vergleich Gliederungsansicht/Grafischer Designer

Suchen und Finden

... aber nicht ersetzen, könnte man ein weiteres neues Feature titulieren, das Ihnen im Designer-Rehosting jedoch nicht zur Verfügung steht. Mit [Strg]+[F] können Sie nun das altbekannte Suchfenster nutzen, um Workflow-Aktivitäten zu suchen. Dasselbe funktioniert für die Suche in Dateien, die Sie mit [Strg]+[⇧]+[F] aufrufen.

In beiden Fällen erreichen Sie so nicht nur Aktivitäten, sondern auch andere Elemente, wie Variablen oder Argumente. Das zählt zu den Features, bei denen man sich fragt: Warum hat das so lange gedauert?

Abbildung 8.8 Schnellsuche nach Aktivitäten

Selektieren

Das Selektieren geht so vonstatten, wie Sie es wohl erwarten würden, oder sagen wir nahezu. Denn mit gedrückter [Strg]-Taste können Sie zwar mehrere Aktivitäten markieren, allerdings nur, wenn Sie richtig klicken:

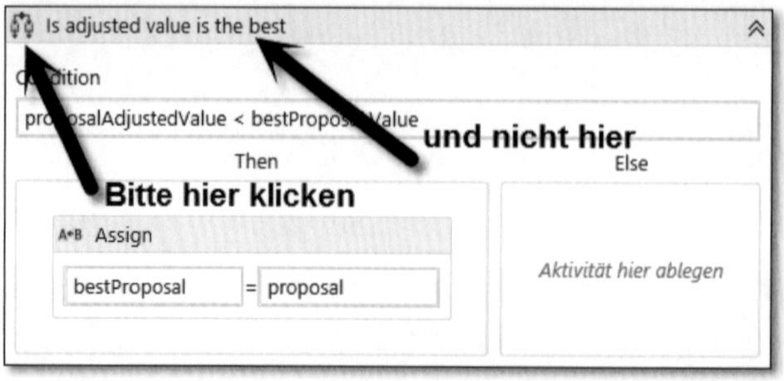

Abbildung 8.9 Die richtige Mehrfachselektion von Aktivitäten

Alternativ, auch das ist neu, können Sie mehrere Aktivitäten auch selektieren, indem Sie einen Rahmen um sie ziehen.

Leider ist die Dokumentengliederung nicht in der Lage, mehr als ein Element (Aktivität) auszuwählen, obwohl auch hier Mehrfachselektionen angezeigt werden. Es ist also noch Raum für Verbesserung vorhanden.

Fokussieren

Manchmal hilft alles nichts: Man muss sich auf einen Teilbereich eines Workflows konzentrieren. Nichts leichter als das, denn wenn Sie auf die Titelzeile einer Aktivität doppelt klicken, machen Sie diese Aktivität (und alle Aktivitäten, die sie vielleicht enthält) zur einzigen Aktivität auf dem Bildschirm, Sie zoomen also in sie hinein.

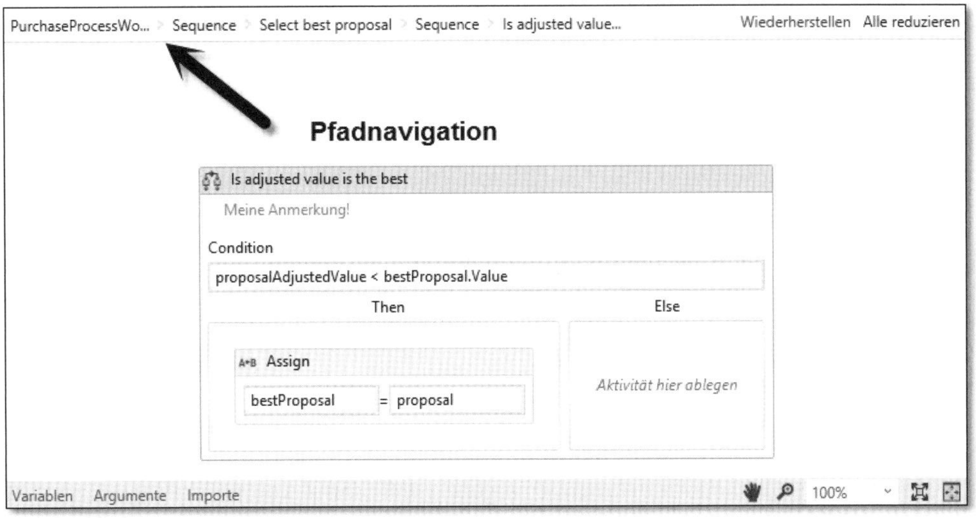

Abbildung 8.10 Hineinzoomen in eine Aktivität

Eine Pfadnavigation, im Englischen besonders liebevoll »Brotkrumennavigation« genannt, ermöglicht es Ihnen, durch einfachen Klick wieder auf eine höhere Ebene zu gelangen, bis hin zum gesamten Workflow.

Anmerkungen

Ein weiteres neues Feature ist eher klein und unscheinbar, aber dennoch äußerst nützlich: die Fähigkeit, einzelne Elemente eines Workflows zu kommentieren. Kommentiert werden können Aktivitäten, aber auch Variablen, Argumente oder Flowchart-Knoten, Konstrukte, auf die ich später noch eingehe.

An dieser Stelle begnüge ich mich mit dem Hinweis, wie es geht, nämlich über das Kontextmenü des zu kommentierenden Elements, z. B. einer Aktivität, genauer: unter ANMERKUNGEN • ANMERKUNG HINZUFÜGEN. So kommentierte Elemente werden mit einem kleinen Symbol gekennzeichnet, das die Anmerkung sichtbar werden lässt; streichen Sie mit der Maus darüber:

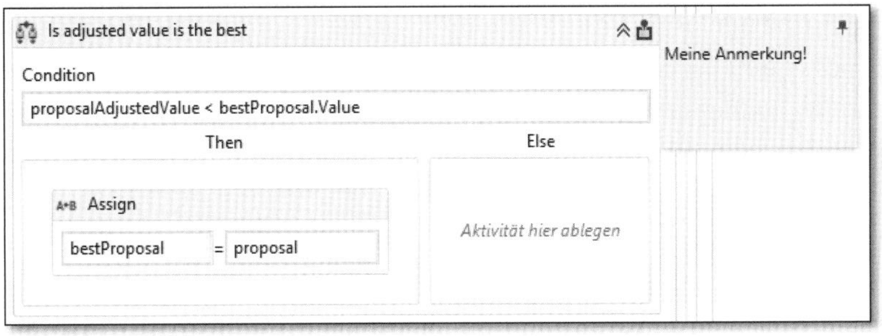

Abbildung 8.11 Anmerkungen für eine Aktivität

Im Kontextmenü finden Sie noch die weitere Option ANMERKUNGEN • ALLE ANMERKUNGEN ANZEIGEN, die sämtliche Anmerkungen ständig sichtbar einblendet, sowie Optionen zum Löschen oder Bearbeiten bestehender Anmerkungen.

8.1.4 Windows Workflow Foundation im Überblick

In Abschnitt 8.1.2, »Der Workflow«, haben wir gesehen, in welchen Einsatzszenarien Workflows ihre Stärke ausspielen können und wo sie fehl am Platz sind. Mit der Workflow Foundation steht eine Technologie zur Verfügung, die die Erstellung von Workflows einerseits einfach macht, sich aber andererseits auch für fortgeschrittene Szenarien eignet.

Natürlich könnten Sie Workflows auch auf herkömmliche Weise programmieren, wie unzählige Anwendungen beweisen. Aber wie so häufig gilt gerade bei Workflows: Auch aus einfachen Anforderungen ergeben sich schnell komplexe Programme. Mit der WF stellt uns Microsoft so einiges bereit, um diese Komplexität reduzieren. Sehen Sie selbst.

Base Activity Library und Custom Activities

Der Designer beinhaltet die bereits angesprochene Base Activity Library, eine Sammlung grundlegender Aktivitäten. In der Praxis werden Sie häufig um die Erstellung eigener Aktivitäten nicht herumkommen, die Sie dann in der Toolbox sehen und von dort aus verwenden können.

Eigene Aktivitäten sind in WF 4.5 recht einfach zu erstellen. Für viele Zwecke genügt es, einfach eine Klasse abzuleiten, eine einfache abstrakte Methode zu implementieren und das Projekt zu erstellen, wie wir später noch sehen werden.

Laufzeitumgebung für Workflows

Für die Ausführung von Workflows kommt die *Workflow Runtime* zum Einsatz, die wiederum in einem Host-Prozess ausgeführt wird, den Sie bereitstellen. Als Host kommen so unterschiedliche Technologien wie ASP.NET, NT-Services oder der IIS infrage, aber natürlich können Sie Workflows auch in »ganz gewöhnliche« Anwendungen einbinden und damit selbst hosten.

Die WF-Runtime beginnt bei der äußersten Aktivität eines Workflows und führt dann die Aktivitäten der Reihe nach aus. Die Kontrollstrukturen geben dabei den Pfad durch den Workflow vor. Die Laufzeitumgebung stellt außerdem eine Reihe von Infrastruktur-Komponenten bereit.

Unterstützung für asynchrone Kommunikation und Persistenz

Die WF-Runtime kann einen Workflow selbst persistieren und entladen, oder Sie können diese Aufgabe übernehmen, indem Sie die `Persist`-Aktivität aus der BAL verwenden. Analog dazu kann sie auch gespeicherte Workflows wieder reaktivieren und die Abarbeitung wieder aufnehmen. Natürlich muss die Runtime dafür selbst aktiv sein, weswegen in der Praxis häufiger eine Kombination aus IIS, WAS, WCF und WF eingesetzt wird (siehe Abbildung 8.12).

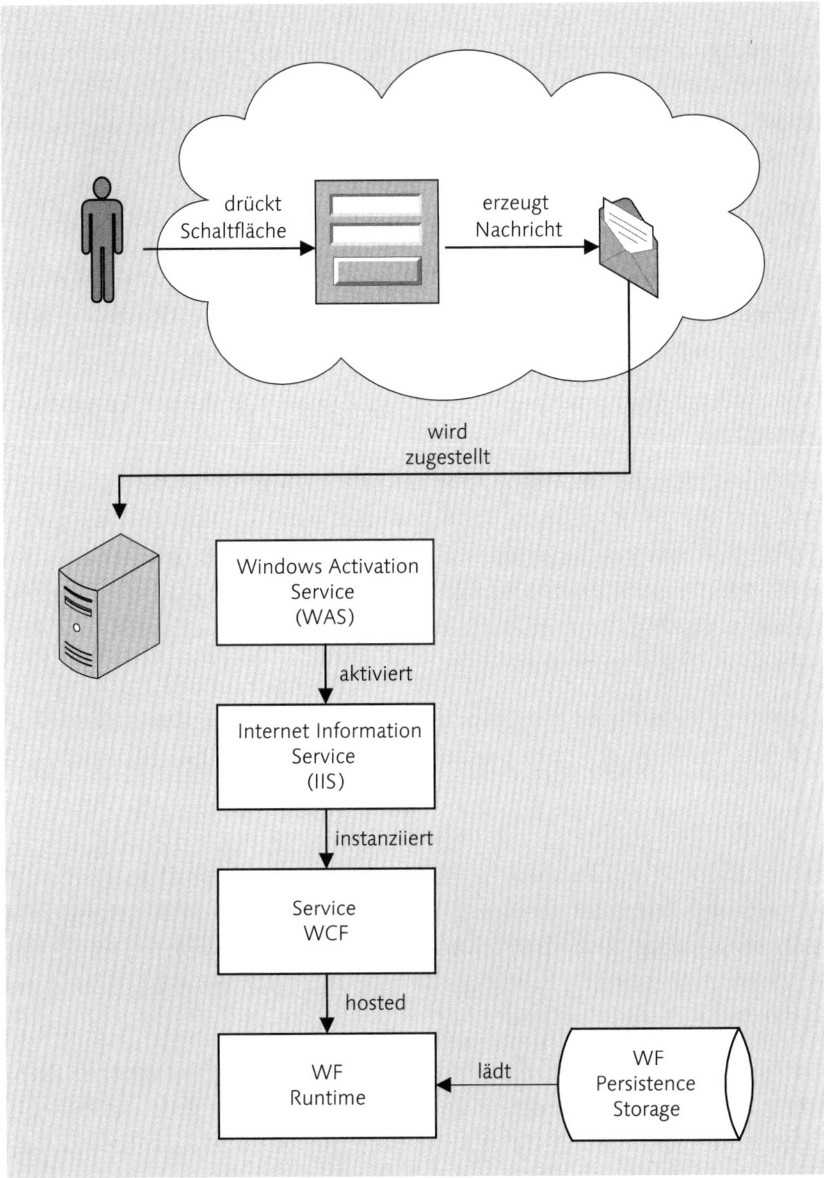

Abbildung 8.12 Reaktivieren eines Workflows aufgrund einer eingehenden Nachricht

Nehmen wir einmal an, ein Vertriebsmitarbeiter hätte einen Urlaubsantrag an den Vertriebsleiter in der Zentrale der Kalimba Sunfood GmbH gestellt. Der Workflow wurde persistiert und entladen und wartet nun auf die Antwort des Personalleiters, bevorzugt dessen Genehmigung.

Der Vertriebsleiter startet seine Webanwendung und drückt die Schaltfläche GENEHMIGUNG. Der dahinter stehende WCF-Service versendet eine Nachricht an das IT-System der Niederlassung. Dort wird die Nachricht vom *Windows Activation Service* (*WAS*) entgegengenommen, einem Bestandteil des IIS. Der Workflow Service wird nun instanziiert, der für die Urlaubsanträge zuständig ist. Die WF-Runtime lädt nun den Workflow aus der Datenbank und führt ihn dort fort, wo er zuvor beendet wurde. Der Urlaub ist genehmigt.

Integration mit WCF

Wir haben es gerade gesehen: WCF und WF sind ein Duo, das sich gut ergänzt. Die Integration beider Technologien wurde in WF 4.0 deutlich verbessert und vereinfacht. Dabei sind mehrere Szenarien denkbar; die wichtigsten sind:

- Ein Workflow ruft Methoden eines WCF- oder (z. B. Java-)Webservices auf, tritt also als Client auf.
- Ein Workflow stellt selbst die eigene Funktionalität als Service zur Verfügung, tritt also als Server auf und kann somit Anfragen beantworten. Solche Services nennt die WF *Workflow Services*. Sie lassen sich nur per Konfiguration erstellen und beispielsweise auf dem IIS hosten. Wie immer gilt aber: Wer mehr Kontrolle über den Prozess haben möchte, kann die Konfiguration beeinflussen oder im Code Einfluss auf die Laufzeitumgebung nehmen.

Für die Kopplung von WCF und WF gibt es in WF 4.5 einen eigenen Projekttyp und in Abschnitt 8.11.3, »Fallbeispiel – Teil 1: Der Laborservice«, ein ausführliches Beispiel.

XAML

Workflows speichert WF in *Language* XAML-Dateien. *XAML* (*Extensible Application Markup*) ist eine von Microsoft entwickelte allgemeingültige Beschreibungssprache für Oberflächenelemente. Sie wird Ihnen schon begegnet sein, wenn Sie bereits mit WPF oder Silverlight entwickelt haben, da sie dort die Benutzeroberfläche und das Verhalten der Anwendung beschreibt.

Wenn Sie möchten, dann ist diese XML-Sprache so etwas wie der gemeinsame Nenner zwischen Entwickler und Designer, denn beide können zunächst unabhängig voneinander arbeiten. Für den Designer steht mit *Expressions Blend* sogar ein eigenes Produkt zur Verfügung, das in seiner Bedienung eher an ein Grafikprogramm erinnert als an eine Programmierumgebung. Später werden Code und XAML dann zusammengeführt und bilden damit, zur Laufzeit, das fertige Programm.

Workflows können Sie also auch von Hand bearbeiten, direkt im XAML-Code. Oder Sie verwenden den Designer, ganz wie Sie wünschen. Sie können den Code zur Laufzeit aus einer Datei oder einer anderen Quelle laden. Der Code, aus dem Aktivitäten gemacht sind, bleibt aber weiterhin Teil einer Assembly, die Sie mit ausliefern möchten, wenn Sie sich nicht auf die Standardaktivitäten beschränken wollen. Dieses Verfahren ist eigentlich viel konsequenter, als beispielsweise Code-Behind-Dateien einzusetzen, denn es erlaubt eine eindeutige und leicht nachvollziehbare Trennung zwischen Konfiguration und Programmierung.

8.2 Fallbeispiel

Gerade für die Workflow Foundation gilt: Das Ganze ist mehr als die Summe seiner Teile. Ihre Stärke zeigt sich daher vor allem im Zusammenspiel der einzelnen Komponenten. Dieses Buch möchte Ihnen keine isolierten Funktionen erklären, sondern Sie in die Lage versetzen, die Workflow Foundation in eigenen Projekten einzusetzen, in Projekten jenseits von *Hello Word*. Andererseits ist der Platz in diesem Buch beschränkt, da hilft auch alles Betteln der Autoren nichts.

Ich habe mich daher entschieden, einen großen Teil der Funktionalität der WF in ein einziges Fallbeispiel zu integrieren, das wir gemeinsam Schritt für Schritt aufbauen werden. Sie benötigen dafür außer einem SQL Server (Express genügt) keine weiteren Voraussetzungen, das Fallbeispiel ist eigenständig lauffähig und daher recht umfangreich. Aber keine Sorge: Sie können an verschiedenen Stellen einsteigen, indem Sie einfach die Projektmappe des jeweiligen Abschnittes laden.

Sie werden belohnt durch eine mehrschichtige, asynchrone Anwendung, die einen großen Teil der Möglichkeiten abdeckt. Entgegen dem allgemeinen Trend werden wir weder Taschenrechner noch Auftragsbearbeitungen programmieren. Stattdessen werden wir Wareneingang und Labor mit neuer Software ausstatten und einen Prozess zwischen den beiden Abteilungen automatisieren. Die genauen Anforderungen beschreibe ich im jeweiligen Abschnitt, hier erläutere ich einige grundlegende Informationen.

Die Warenannahme des Zentrallagers der Kalimba Sunfood GmbH erhält Produkte aus der ganzen Welt, um sie zwischenzulagern und an den Großhandel zu vertreiben. Wenn eine Ware eintrifft, dann durchläuft sie einen ganz bestimmten Workflow.

1. Für jeden Wareneingang wird geprüft, ob es auch eine zugehörige Bestellung gibt. Ohne Bestellung wird die Ware nicht angenommen und landet auf einem speziellen Abstellplatz. Der Lagerleiter entscheidet dann in Zusammenarbeit mit dem Einkaufsleiter über das weitere Schicksal der Ware.

2. Danach wird die Ware mengenmäßig kontrolliert, meistens durch eine automatische Wiegeapparatur. Stimmt die Menge, ist alles in Ordnung, wenn nicht, dann entscheidet das Maß der Abweichung über die weitere Vorgehensweise.
3. Jede Lieferung wird auf Sicht und im Labor kontrolliert. Dabei gelten verschiedene Vorschriften für die verschiedenen Warenkategorien, danach richtet sich vor allem die Größe der zu ziehenden Stichprobe. Es hängt vom Laborergebnis ab, ob die Ware weiterverkauft werden darf oder nicht.
4. Danach wird die Ware eingelagert, wobei für jede Palette ein Code generiert wird, der gut sichtbar angebracht wird.
5. Zum Schluss wird der Lagerleiter über die Einlagerung informiert und der Lagerbestand erhöht.

Unsere Aufgabe wird es nun sein, eine Anwendung zu entwickeln, die den Wareneingang und das Labor unterstützt, natürlich auf Basis der Workflow Foundation.

8.3 Der erste sequenzielle Workflow

Grau ist alle Theorie, doch Workflows sind bunt! Beginnen wir also mit unserem ersten Workflow. Bevor es losgeht, noch zwei Hinweise:

Gewöhnen Sie sich am besten gleich an, alle Aktivitäten sinnvoll zu benennen. Einerseits werden Ihre Workflows dadurch viel leichter lesbar, andererseits werden die spätere Fehlersuche und die Ablaufverfolgung dadurch intuitiver. Die Benennung erfolgt durch die Eigenschaft `DisplayName`.

Auch kleine Workflows werden schnell unübersichtlich. Wenn Sie also nicht gerade in den neuesten WQUXGA-Monitor mit 50"-Bildschirmdiagonale investieren möchten, beachten Sie bitte die Hinweise im Abschnitt 8.1.3, »Workflow Designer«, und üben Sie ein wenig.

8.3.1 Das Projekt einrichten

Legen Sie zunächst unter Datei • Neu • Projekt ein neues Workflow-Projekt an. Visual Studio 2012 bietet Ihnen hierfür vier Projektvorlagen zur Auswahl an.

Wählen Sie Konsolenanwendung für Workflows aus und benennen Sie das Projekt *Wareneingang*. Dabei erledigt Visual Studio die folgenden Dinge für uns:

- Es fügt die entsprechenden Verweise hinzu, allen voran `System.Activities`.
- Es erstellt eine *App.config*-Datei, in der als Laufzeitvoraussetzung das .NET Framework 4.5 angegeben ist.
- Es erstellt einen leeren Workflow, *Workflow1* genannt.

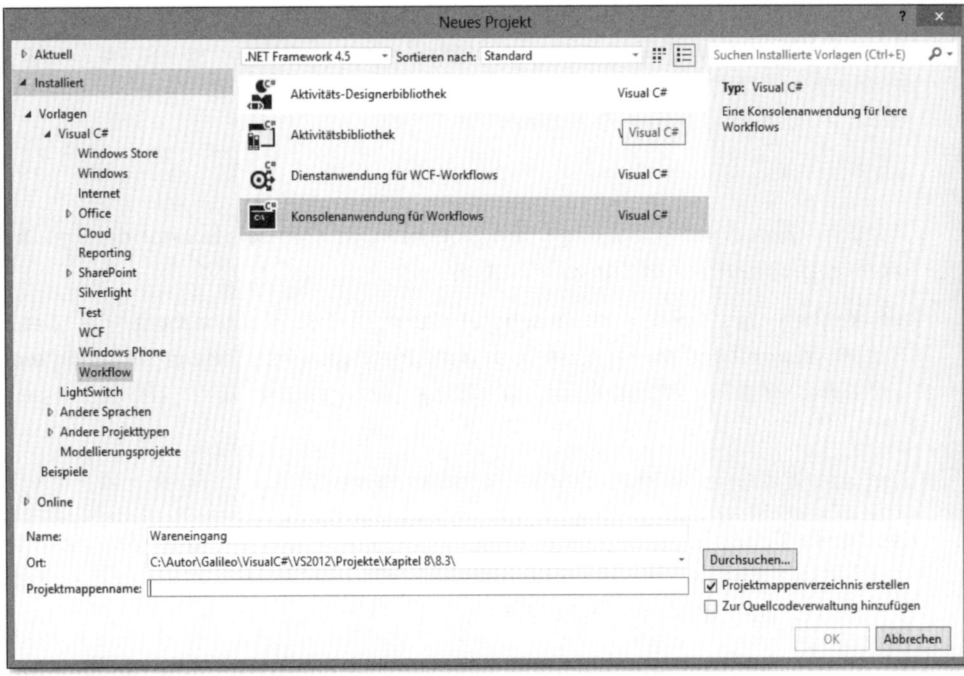

Abbildung 8.13 Ein neues Workflow-Projekt anlegen

Zudem erstellt es den Startpunkt der Anwendung, nämlich die Klasse `Program` für uns. Der Inhalt ist wenig geheimnisvoll.

```
using System;
using System.Linq;
using System.Activities;
using System.Activities.Statements;

namespace Wareneingang
{

    class Program
    {
        static void Main(string[] args)
        {
            Activity workflow1 = new Workflow1();
            WorkflowInvoker.Invoke(workflow1);
        }
    }
}
```

Listing 8.1 Der Inhalt der Datei program.cs

In ihr wird lediglich eine neue Instanz des (noch leeren) Workflows `Workflow1` erzeugt und der Workflow Runtime übergeben. Damit wir später Ausgaben auf der Konsole noch lesen können, bevor die Anwendung geschlossen wird, fügen Sie bitte unmittelbar danach die folgende Zeile hinzu:

```
Console.ReadLine();
```

Wie ich schon erwähnt habe, werden Workflows in XML-Dateien mit der Endung *.xaml* gespeichert, so auch unser Workflow.

Sie können den Code auch ansehen, indem Sie im Kontextmenü der Datei *Workflow1.xaml* den Menüpunkt CODE ANZEIGEN auswählen. Wenn Sie schon einmal dabei sind, benennen Sie den Workflow doch gleich in `WorkflowWareneingang` um:

```
<Activity x:Class="Wareneingang.WorkflowWareneingang"
```

Benennen Sie nun noch den Dateinamen in *WorkflowWareneingang.xaml* um. Die XAML-Datei ist zum jetzigen Zeitpunkt noch gänzlich uninteressant und enthält lediglich einige Namespace-Definitionen.

8.3.2 Den Workflow gestalten

Sie können jetzt den Workflow im Designer öffnen, entweder durch einen Doppelklick auf die XAML-Datei oder durch Drücken von [⇧]+[F7]. Der Workflow ist leer, aber das wird sich nun ändern. Ziehen Sie aus der Toolbox (also dem »Werkzeugkasten«) eine *Sequence* (im Karteireiter ABLAUFSTEUERUNG) auf die Aufforderung AKTIVITÄT HIER ABLEGEN. Innerhalb einer Sequence werden alle Aktivitäten sequenziell, also nacheinander, ausgeführt. Benennen Sie die Sequence in *Wareneingangsprüfung* um, indem Sie die `DisplayName`-Eigenschaft setzen oder, das geht schneller, in den Kopfbereich der Aktivität klicken und zu tippen beginnen.

Wie Sie in Abschnitt 8.2, »Fallbeispiel«, erfahren haben, besteht die Wareneingangsprüfung bei der Kalimba Sunfood GmbH aus den folgenden Phasen, die nacheinander durchlaufen werden:

1. Bestellprüfung
2. Mengenprüfung
3. Laborprüfung
4. Einlagerung

Fügen Sie nun für jeden der Bereiche eine eigene Sequence ein und beachten Sie dabei die Reihenfolge. Benennen Sie sie jeweils nach den Phasen. Visual Studio zeigt Ihnen mithilfe von Pfeilen an, wo Sie eine Aktivität ablegen können (siehe Abbildung 8.14).

Abbildung 8.14 Der Workflow bisher

Damit haben wir das Grundgerüst geschaffen, das wir im Laufe dieses Kapitels ausfüllen werden. Für unseren ersten Workflow modellieren wir die Sequence *Laborprüfung*.

Ein Workflow wäre recht sinnlos, wenn er nicht Parameter entgegennehmen, verarbeiten und zurückgeben könnte. Für unsere Laborprüfung benötigen wir einige Angaben von außen und zwar

- die Menge, die angeliefert wurde,
- die Art der Ware, denn danach richtet sich die Stichprobe und der weitere Verlauf des Workflows,
- eine Referenznummer, damit wir den Wareneingang später mit der Bestellung abgleichen können.

Am unteren Rand des Workflow Designers gibt es dafür die Schaltfläche ARGUMENTE. Dort können wir diese Angaben nun definieren.

1. Klicken Sie auf ARGUMENTE.
2. Erstellen Sie die folgenden Argumente:

Name	Richtung	Argumenttyp
Menge	*Ein*	Int32
Bestellkennzeichen	*Ein*	String

3. Für die Art der Ware bietet sich eine Enumeration (enum) an, die wir zuvor im Code anlegen müssen. Erstellen Sie dafür ein eigenes Projekt *WareneingangLibrary*, das wir später noch für andere Zwecke benötigen werden, und wählen Sie als Projekttyp KLASSENBIBLIOTHEK. Wir werden dieses Projekt später noch um weitere Klassen erweitern. Fügen Sie dieses neu erstellte Projekt unserem Workflow-Projekt als Projektreferenz hinzu, sodass Sie auf den Typ innerhalb des Workflows zugreifen können.
4. Erstellen Sie nun eine Enumeration innerhalb des Projekts *WareneingangLibrary*.

```
public enum Warenart
{
   Obst,
   Fertigprodukt,
   Grundstoff
}
```

Listing 8.2 Warenart.cs

5. Sie sollten nun das Projekt erstellen, damit der Workflow Designer den Typ kennt. Überhaupt sollten Sie sich gleich zu Beginn angewöhnen, das Projekt sofort zu erstellen, wenn Ihnen etwas merkwürdig vorkommt. Viele Probleme lösen sich dadurch. Dies ist ein Zugeständnis an die Flexibilität, einerseits Typen in Konfiguration zu speichern und sie andererseits wie bei einem Workflow im Code ansprechen zu können.
6. Fügen Sie dem Workflow nun zwei weitere Argumente hinzu. Für das erste Argument wählen Sie bitte als Argumenttyp NACH TYPEN SUCHEN... und anschließend den Typ Warenart aus dem Namespace WareneingangLibrary. Es genügt, wenn Sie die ersten Buchstaben des Typs eingeben, der Designer zeigt Ihnen dann alle Typen an, die mit dem Suchbegriff beginnen.

Name	Richtung	Argumenttyp
AngeliefertesProdukt	*Ein*	Warenart
PruefungErfolgreich	*Aus*	Boolean

Ihre Argumente sollten nun so aussehen wie in Abbildung 8.15 dargestellt.

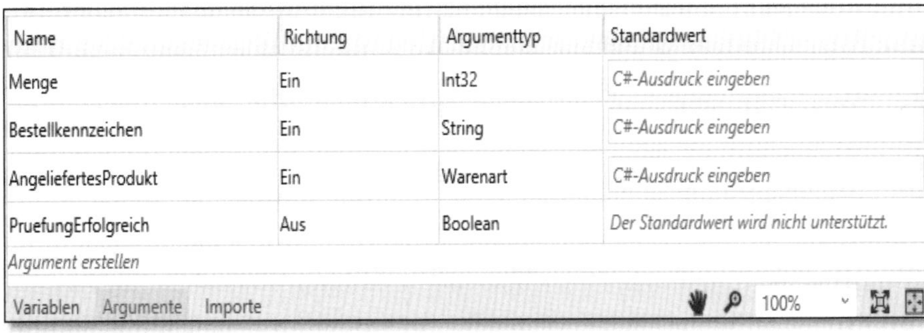

Abbildung 8.15 Die Argumente für unseren Workflow

Die Liste der Typen ist sicherlich gewöhnungsbedürftig und erscheint willkürlich. Sofern das entsprechende Projekt referenziert ist, können Sie aber über den gezeigten Weg auf nahezu alle Typen in .NET und in Ihrer Anwendung zugreifen. Mit der beschriebenen Suchfunktion kann man sich rasch daran gewöhnen.

Fügen wir nun die Logik der Aktivität *Laborprüfung* hinzu. Klicken Sie dafür doppelt auf diese Aktivität (also auf das Icon), um sie exklusiv im Designer zu öffnen.

1. Ziehen Sie aus dem Register PRIMITIVE die Aktivität *WriteLine* in die Aktivität *Laborprüfung*. Damit lassen sich einerseits Meldungen auf der Konsole ausgeben und andererseits Texte in Dateien schreiben.
2. Benennen Sie die Aktivität in *Start Laborprüfung* um und setzen Sie die Eigenschaft *Text* auf »Start der Laborprüfung«. Vergessen Sie nicht die Anführungszeichen, denn es soll kein Text eingegeben werden, sondern ein C#-Ausdruck. Im Falle einer Zeichenkette schließt das die Anführungszeichen mit ein. Welchen Typ eine Expression erwartet, sehen Sie, wenn Sie den zugehörigen Dialog öffnen (über den ...-Button). Sie müssen in Ihrer Expression dann ein Objekt dieses Typs zurückgeben. Im Falle der *WriteLine*-Aktivität ist das ein einfacher String. Haben Sie bemerkt, dass Visual Studio Ihre Eingabe schon während des Tippens auf syntaktische Richtigkeit hin überprüft hat?
3. Fügen Sie anschließend unterhalb der gerade erstellten *WriteLine*-Aktivität eine Sequenz ein, die Sie *Stichprobenauswahl* nennen.
4. Um die Größe der Stichprobe zu speichern, benötigen wir eine Variable. Variablen fügen Sie auf dieselbe Art und Weise hinzu wie Argumente, aber unter dem Register VARIABLEN. Benennen Sie die Variable `Stichprobe` und geben Sie als Typ `Int32` an. Variablen haben auch in WF einen Gültigkeitsbereich. Die Variable `Stichprobe` ist nur innerhalb der Aktivität *Laborprüfung* interessant, wählen Sie daher diesen Eintrag aus der Liste aus. Die Variablen sind auch in untergeordneten Aktivitäten sichtbar, ganz so wie in den C#-Scopes.

5. Die Größe der Stichprobe hängt von der Warenart ab, es werden 5 % der angelieferten Obstmenge kontrolliert, aber nur 2 % der angelieferten Fertigprodukte. Dafür können Sie der Sequence *Stichprobenauswahl* eine *Switch-<T>*-Aktivität hinzufügen. Als Typ wählen Sie bitte `WareneingangLibrary. Warenart`, den Dialog dafür kennen Sie ja inzwischen bereits. Als Ausdruck geben Sie bitte das Argument *AngeliefertesProdukt* an, denn abhängig vom Inhalt dieses Arguments soll sich die Anweisung verzweigen.
6. Klicken Sie nun auf NEUEN FALL HINZUFÜGEN, und zwar dreimal, einmal für *Obst*, einmal für *Fertigprodukt* und einmal für *Grundstoff*. Die drei Werte können Sie bequem aus der Dropdown-Liste auswählen. Visual Studio erstellt automatisch einen Default-Zweig für die *Switch*-Anweisung, den wir aber nicht benötigen, da wir alle drei möglichen Fälle explizit behandeln.
7. Die Aktivität *Assign* ist dafür zuständig, der Variablen `Stichprobe` einen Wert zuzuweisen. Ziehen Sie eine solche Aktivität daher nun in den Zweig *Obst*, den Sie dafür vorher durch Anklicken öffnen müssen. Geben Sie im linken Eingabefeld `Stichprobe` ein, und schreiben Sie in das rechte Feld den Ausdruck `Convert.ToInt32(Menge * 0.05)`. Verfahren Sie für den Zweig *Fertigprodukt* analog, dort ist der *Multiplikator* `0.02` (2 %) sowie für *Grundstoff* `0.01` (1 %).
8. Legen Sie nun eine weitere *WriteLine*-Aktivität unterhalb der *Switch*-Aktivität ab, die uns die so ermittelte Stichprobengröße ausgibt. Als Ausdruck geben Sie bitte ein: `"Stichprobengröße: "+Stichprobe.ToString()`.

Damit haben wir schon eine Menge erreicht. Wir haben das Grundgerüst erstellt und die Stichprobengröße in Abhängigkeit von der Warenart ermittelt. Bereits jetzt ist die Aktivität *Laborprüfung* so groß, dass sie kaum mehr auf eine Seite passt, wie Abbildung 8.16 zeigt.

Bevor Sie das Projekt starten können, müssen wir noch die Datei *Program.cs* anpassen, denn wir hatten ja zuvor den Namen des Workflows geändert:

```
Activity workflow1 = new WorkflowWareneingang();
WorkflowInvoker.Invoke(workflow1);
```

Starten Sie nun das Projekt. Als Größe der Stichprobe wird `0` angezeigt. Das liegt natürlich daran, dass wir zwar Argumente definiert, aber keine Werte zugewiesen haben. Wir müssen also noch die Workflow-Instanz von außen mit Werten füttern.

1. Öffnen Sie hierfür abermals die Datei *Program.cs*, in der die Workflow-Instanz erzeugt und der Workflow gestartet werden.
2. Importieren Sie anschließend den Namespace `System.Collections.Generic`, sowie `WareneingangLibrary` (für die Warenart).

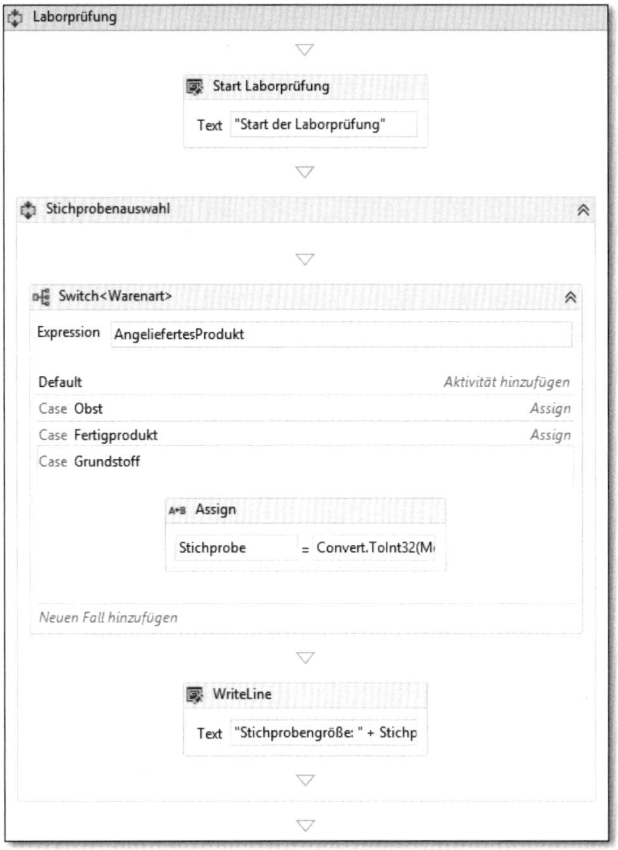

Abbildung 8.16 Die Ermittlung der Stichprobengröße für die Laborprüfung

3. Argumente werden mit einer Variablen vom Typ `Dictionary<string, object>` übergeben. Dort bricht WF mit der Typsicherheit, wie Sie an `object` erkennen. Sie müssen also selbst darauf achten, die richtigen Typen den richtigen Argumenten zuzuweisen. Modifizieren Sie den Code wie folgt:

```
Dictionary<string, object> Arguments = new Dictionary<string, object>();
Arguments.Add("Menge", 400);
Arguments.Add("Bestellkennzeichen", "B1456");
Arguments.Add("AngeliefertesProdukt", Warenart.Obst);
Activity workflow = new WorkflowWareneingang();
WorkflowInvoker.Invoke(workflow, Arguments);
Console.ReadLine();
```

Listing 8.3 Die modifizierte Program.cs-Datei mit der Übergabe von Argumenten an die Workflow-Instanz

Das soll für unsere Zwecke genügen. In der Praxis wollen Sie vielleicht eine Ableitung der `Dictionary`-Klasse verwenden, in der Sie für jedes Argument ein Property anlegen, um die Typsicherheit wiederherzustellen. Starten Sie nun Ihren Workflow.

Abbildung 8.17 Ausgabe der nun fertiggestellten Stichprobenauswahl

Wenn Sie nun `Warenart.Fertigprodukt` als `AngeliefertesProdukt` übergeben, dann errechnet der Workflow eine Stichprobengröße von 8, ganz so, wie es sein soll. Damit ist unsere Aufgabe aber noch nicht ganz erfüllt, wir müssen die Stichprobe nun noch an das Labor schicken und das Ergebnis auswerten. Wechseln Sie hierzu in die Aktivität *Laborprüfung*.

1. Fügen Sie nach *Stichprobenauswahl* eine weitere Sequence hinzu und benennen sie *Stichprobenauswertung*.
2. Dorthinein platzieren Sie eine *ForEach<T>*-Aktivität und geben als Typ `Int32` an, was schon vorausgewählt ist.
3. Damit wir mittels `foreach` über eine Menge von Integer-Werten iterieren können, hilft uns `Enumerable`. Geben Sie als Schleifenvariable `probe` an und als Ausdruck `Enumerable.Range(1, Stichprobe)`. Der Schleifenkörper wird nun so oft durchlaufen, wie Stichproben-Elemente vorhanden sind.
4. Nun wäre der richtige Zeitpunkt gekommen, um eine höchst raffinierte Laborapparatur an den Workflow anzubinden, die Stichprobe dieser Apparatur zu übergeben und das Ergebnis automatisiert auszuwerten. Das klingt kompliziert, wäre in Wirklichkeit aber einfach, denn wir könnten ein synchrones Pattern für den Zugriff verwenden. Die Prüfung bei der Kalimba Sunfood GmbH erfolgt aber höchst manuell, durch Herbert, unseren langjährigen Mitarbeiter im Lebensmittellabor. Hierbei handelt es sich um einen asynchronen Vorgang, denn wir wissen nicht, wann der Mitarbeiter die Prüfungen abgeschlossen hat; wir müssen also darauf warten, bevor der Wareneingangs-Workflow weitergeführt werden kann. Dieser Aufgabe werden wir uns später annehmen. Für den Augenblick definieren wir eine weitere Variable `FehlerhafteProben` im Gültigkeitsbereich `Laborprüfung` und geben als Typ `Int32` an. Diese Variable initialisiert WF mit 0, was für unsere Zwecke sinnvoll ist. Später werden wir die Variable für jede fehlgeschlagene Prüfung um eins erhöhen. Für jetzt lassen wir den Schleifenkörper unserer *ForEach*-Aktivität einfach leer.
5. Wir können dennoch weitermachen, denn am Schluss müssen wir nun auswerten, ob die Laborprüfung erfolgreich verlaufen ist oder nicht. Fügen Sie nach der so-

eben erstellten Aktivität (also der foreach-Aktivität) zur Einreichung der Laborproben daher eine *If*-Aktivität ein. Als fehlerhaft soll gelten, wenn mehr als 10 % der geprüften Proben die Prüfung nicht bestanden hat. In diesem Fall wird die Warenlieferung nicht akzeptiert und an den Lieferanten zurückgesendet. Als *Condition* schreiben Sie daher: `FehlerhafteProben > Convert.ToInt32(Stichprobe * 0.1)`

6. Der *Then*-Zweig wird durchlaufen, wenn die Bedingung zutrifft, wenn also mehr als 10 % der Proben fehlerhaft waren. Ziehen Sie dorthinein eine *Assign*-Aktivität, und weisen Sie der Variablen `PruefungErfolgreich` den Wert `false` zu. Im *Else*-Zweig weisen Sie den Wert `true` zu.
7. Dem Argument `PruefungErfolgreich` hatten wir die Richtung *Aus* zugewiesen. Wir können den Wert nun abgreifen, nachdem der Workflow beendet wurde. Die Ausgabe-Parameter stellt uns die `Invoke`-Methode zur Verfügung, wir müssen, wieder in der Datei *Program.cs*, nur den Aufruf ein wenig ändern:

```
...
IDictionary<string, object> output =
  WorkflowInvoker.Invoke(workflow, Arguments);
Console.WriteLine("Prüfung erfolgreich? "+output["PruefungErfolgreich"]
.ToString());
```

8. Starten Sie nun den Workflow erneut und die Ausgabe sieht so aus wie in Abbildung 8.18 dargestellt.

Abbildung 8.18 Ausgabe des Prüfungsergebnisses

8.3.3 Der weitere Ausbau

Damit haben Sie nun Ihren ersten Workflow erstellt. Herzlichen Glückwunsch! Und dieser Workflow kann schon eine ganze Menge. Vor allem aber ist er erweiterbar und konfigurierbar. Wir könnten ohne großen Aufwand neue Warenarten hinzufügen, die Stichprobengrößen verändern oder die Bedingungen für eine erfolgreiche Prüfung neu festlegen. Es bleiben aber noch viele Wünsche übrig, um nur einige zu nennen:

- Das Labor ist noch nicht angebunden, die Anzahl der fehlerhaften Proben wird also niemals erhöht, die Prüfung ist daher immer erfolgreich.
- Es wäre wünschenswert, wenn wir die Abarbeitung des Workflows überwachen könnten.
- Die meisten Aktivitäten sind noch leer, zum Beispiel die Bestellprüfung.

- Wir wollen nicht nur Werte verändern oder Kontrollstrukturen einsetzen, sondern auch Code ausführen. Dafür benötigen wir eigene Aktivitäten.
- Unser Workflow wird innerhalb des Prozesses der Anwendung ausgeführt und ist davon abhängig. Stürzt die Anwendung ab, bricht auch der Workflow ab. Besser wäre es, wenn der Workflow in einer Datenbank persistiert wäre, um ihn bei Bedarf wieder aufzunehmen und weiter auszuführen.

Wir werden das Beispiel also im Laufe des Kapitels weiter ausbauen. Doch zunächst erwarten Sie einige wichtige Grundlagen zu Flowcharts. Abbildung 8.19 zeigt zum Abschluss noch den gesamten Workflow, wie wir ihn bisher erstellt haben.

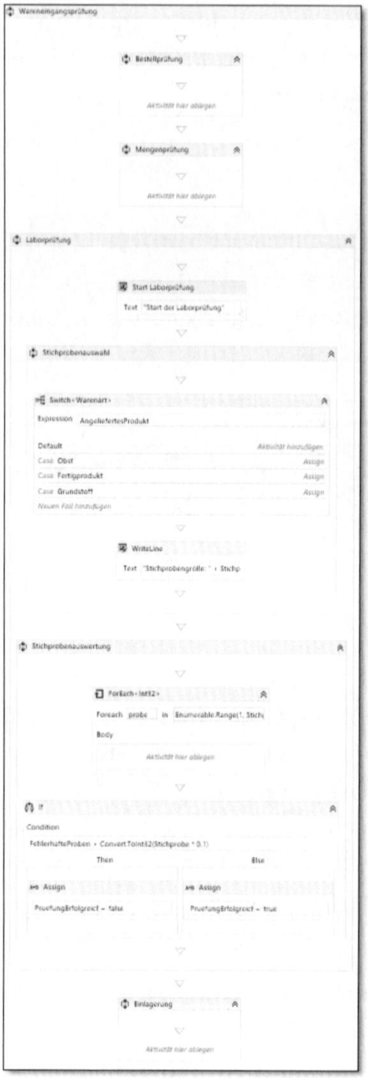

Abbildung 8.19 Der erste Workflow

8.4 Der erste Flowchart-Workflow

Wie ich schon erwähnt habe, sind Flowchart-Workflows für die meisten Anwender besser zu verstehen und entsprechen am ehesten dem, was man landläufig unter einem Geschäftsprozess versteht.

Während sequenzielle Workflows die Aktivitäten der Reihe nach ausführen, werden die Aktivitäten in einem Flowchart-Workflow entlang der Pfeile ausgeführt. Damit sind auch Rücksprünge möglich. Um zu entscheiden, in welcher Richtung der Workflow weiter ausgeführt wird, gibt es zwei »Entscheidungsaktivitäten«, die in WF als Knoten bezeichnet werden: *FlowDecision* und *FlowSwitch<T>*. Diese beiden Knoten arbeiten wie die `if`- und `switch`-Anweisung im Code. Genauer genommen gibt es noch eine weitere Aktivität: die *FlowStep*-Aktivität. Wir können sie in der Toolbox allerdings nicht finden, denn es handelt sich dabei um die Pfeile, die auch eigene Eigenschaften besitzen.

Erinnern Sie sich? Es gibt in WF nur Aktivitäten, denn auch ein Workflow ist nur eine Aktivität auf oberster Ebene. Es ist daher ohne Weiteres möglich, beide Workflow-Typen in einem Workflow zu mischen und jeweils das Beste aus beiden Welten zu verwenden. Das machen wir uns zunutze und bauen unser Beispiel um, ohne die bereits erstellten Aktivitäten verwerfen zu müssen.

8.4.1 Wareneingang reloaded

Abbildung 8.20 zeigt unseren Workflow auf der obersten Ebene. Überlegen wir uns, was wohl passiert, wenn die Bestellprüfung fehlschlägt, wenn also für den Wareneingang gar keine Bestellung gefunden wurde. In einem solchen Fall wären alle anderen Aktivitäten überflüssig.

Abbildung 8.20 Die Wareneingangsprüfung im Überblick

Wollten wir diesen Sachverhalt mit einem sequenziellen Workflow abbilden, so müssten wir zu Beginn einer jeden Aktivität überprüfen, ob nicht vielleicht eine vorherige Aktivität das `PruefungErfolgreich`-Argument bereits auf `true` gesetzt hat. Das trägt nicht gerade zur Übersichtlichkeit bei und ist, nebenbei bemerkt, auch fehleranfällig.

Andererseits gibt es sehr wohl Aktivitäten innerhalb des Workflows, in denen eine einfache Sequenz vollkommen ausreicht oder gar die einzige Möglichkeit darstellt, beispielsweise die Laborprüfung. Häufig wird daher die äußere Struktur eines Workflows mit einem Flowchart-Workflow erstellt, während die einzelnen Aktivitäten oft sequenziell sind. Und genau das wollen wir jetzt auch machen. Seit WF 4.5 gibt es noch den dritten Typ Workflow, die sogenannten State Machines, die wir uns aber noch für später aufheben.

8.4.2 Den Wareneingangs-Workflow umbauen

Vorbereitung

1. Laden Sie bitte das Projekt *WorkflowWareneingang* aus dem letzten Abschnitt oder von der Buch-CD.
2. Klappen Sie alle Aktivitäten mittels ALLE REDUZIEREN für mehr Übersicht zu.
3. Wählen Sie im Kontextmenü des Projekts *Wareneingang* HINZUFÜGEN • NEUES ELEMENT aus, wählen Sie dort aus den installierten Vorlagen WORKFLOW aus, und legen Sie eine neue Aktivität an. Benennen Sie diese *WareneingangFlowchart*. Mit diesem Workflow werden wir für den Rest des Kapitels weiterarbeiten.

Sie haben nun einen neuen Workflow erzeugt, obwohl Sie als Typ *Aktivität* ausgewählt haben. Das ist ein guter Beweis dafür, dass *Workflow* und *Aktivität* synonyme Begriffe sind.

Flowchart

Noch ist der Workflow leer, und der Visual Studio Workflow Designer fordert uns auf: AKTIVITÄT HIER ABLEGEN. Die Einzahl sagt es uns bereits: Wir können nur eine einzige Aktivität dort ablegen. Viele Aktivitäten nehmen nur eine Aktivität auf. Das ist in der Praxis kein Problem, denn wir könnten ja eine *Sequence*-Aktivität hinzufügen, in der wir dann wiederum beliebig viele Aktivitäten oder natürlich auch einen weiteren Flowchart-Workflow ablegen könnten. Wir werden später übrigens eine eigene Aktivität entwickeln, die von Haus aus mehrere Kind-Aktivitäten aufnehmen kann.

1. Ziehen Sie nun eine *Flowchart*-Aktivität aus dem Reiter FLUSSDIAGRAMM in den Designer, und benennen Sie diese Wareneingangsprüfung, so wie im sequenziellen Workflow.

2. Markieren Sie alle vier Aktivitäten aus dem sequenziellen Workflow, und kopieren Sie diese in den neu erstellten Flowchart. Sie können mehrere Aktivitäten mit Hilfe der [Strg]-Taste auswählen, und auch [Strg]+[C], [Strg]+[V] und [Strg]+[X] funktionieren wie gewohnt innerhalb eines Workflows und über Workflows hinweg, oder aber Sie ziehen einen Markierungsrahmen um die zu kopierenden Aktivitäten. Es fällt sofort auf, dass die Anordnung der Aktivitäten frei ist. Sie können – und sollten – die Aktivitäten also so anordnen, dass der Workflow an Übersicht gewinnt. Natürlich steht es Ihnen auch frei, die zugrundeliegenden XAML-Dateien von Hand zu editieren, wenn Sie das bevorzugen. Für die Platzierung können Sie auch die Pfeiltasten verwenden, was manchmal einfacher ist, weil Sie die Aktivitäten dann in gröberen Schritten verschieben können.
3. Platzieren Sie die Aktivität *Bestellprüfung* ganz nach oben, unterhalb des Start-Icons. In einem Flowchart-Workflow müssen Sie die Reihenfolge der Ausführung selbst angeben. Es darf also keine unverknüpften Aktivitäten geben, da diese sonst nie ausgeführt würden. Wenn Sie nun mit der Maus über START gehen, dann erscheinen Konnektoren, kleine graue Rechtecke, an den Kanten (siehe Abbildung 8.21).

Abbildung 8.21 Konnektoren

4. Streichen Sie mit der Maus über den unteren Konnektor, halten Sie die linke Maustaste gedrückt, und ziehen Sie den nun erscheinenden Pfeil auf die *Bestellprüfung*-Aktivität, für die jetzt ebenfalls Konnektoren erscheinen. Sie haben nun diese Aktivität als erste Aktivität festgelegt.
5. Ziehen Sie jetzt eine *FlowDecision*-Aktivität auf die Fläche unterhalb der eben verbundenen Aktivität, und verbinden Sie beide Aktivitäten auf dieselbe Weise. Sie werden dabei bemerken, dass die *FlowDecision*-Aktivität gleich drei Eingabekonnektoren aufweist, aus denen Sie sich einen aussuchen können. Außerdem gibt es noch zwei Eingabekonnektoren, einen für `true` und einen für `false`, ja nachdem, was in der Aktivität entschieden wird. Neu ist die Fähigkeit, auch dieser Aktivität einen Namen zu geben, über die bereits bekannte `DisplayName`-Eigenschaft.
6. Dafür benötigen wir einen Ausdruck als Entscheidungskriterium. Dafür dient das Argument `PruefungErfolgreich`. Nur wenn dieses Argument `true` ist, die Prüfung also bisher erfolgreich war, soll der Workflow weiter ausgeführt werden. Legen Sie vorher bitte noch alle vier Argumente erneut so an wie im sequenziellen Workflow. Leider können Sie die Argumente mit Designerunterstützung nicht kopieren, Sie müssen sie manuell neu anlegen – oder in der XAML-Datei direkt kopieren. Die Variablen wurden übrigens beim Kopieren der Aktivitäten über-

nommen, denn sie sind Bestandteil der jeweiligen Aktivität und nicht des gesamten Workflows.

7. Geben Sie nun für die *Decision*-Aktivität als *Condition* das Argument `PruefungErfolgreich` an. Wenn das Argument den Wert `true` besitzt, dann wird der `true`-Zweig durchlaufen, ansonsten der `false`-Zweig. Die Konnektoren für diese beiden Zweige sehen Sie, wenn Sie mit der Maus über die Decision fahren.
8. Verbinden Sie nun den `true`-Konnektor der *Decision*-Aktivität mit der nächsten sequenziellen Aktivität, der Mengenprüfung.
9. Verfahren Sie so für alle weiteren Aktivitäten, ie in Abbildung 8.22 zu sehen. Ein klein wenig schneller geht das übrigens, wenn Sie eine Aktivität gleich auf einen Konnektor fallenlassen, weil der Designer dann die Verbindung gleich für Sie zieht; Sie sparen sich also einen Arbeitsschritt.

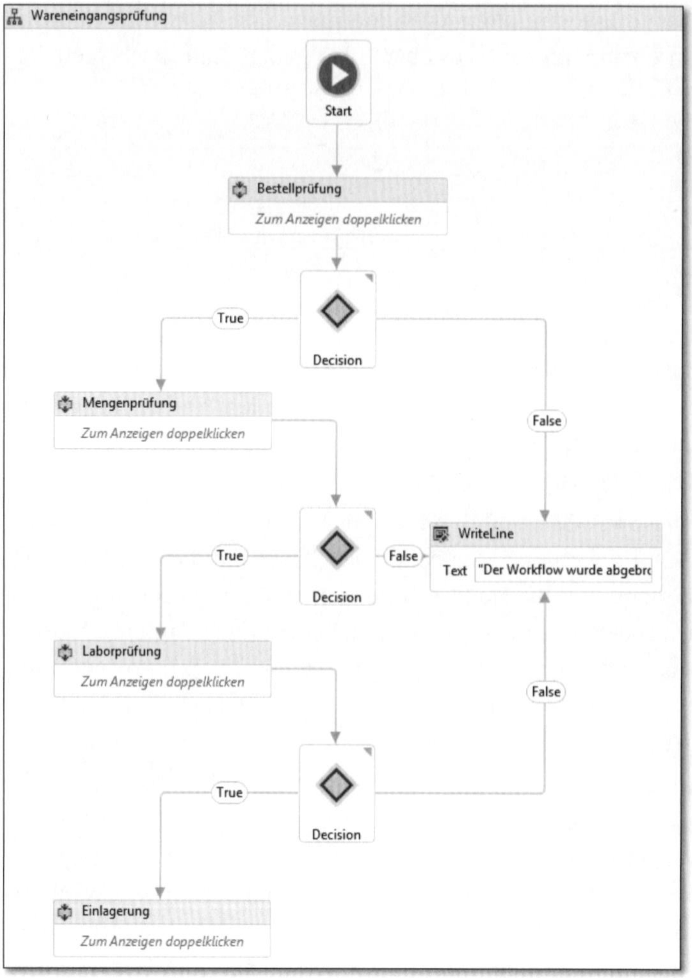

Abbildung 8.22 Der vorläufig fertige Flowchart-Workflow

10. Erstellen Sie eine neue *WriteLine*-Aktivität, benennen Sie diese mit *Abbruch*, und ändern Sie die Text-Eigenschaft in »Der Workflow wurde abgebrochen, weil eine Prüfung fehlgeschlagen ist«.
11. Verbinden Sie nun die jeweiligen `false`-Zweige der *Decision*-Aktivitäten mit dieser Aktivität.
12. Modifizieren Sie die *Program.cs*, und laden Sie anstelle des Workflows *WorkflowWareneingang* den gerade neu erstellten Workflow *WareneingangFlowchart*.

Der Workflow sollte nun in etwa so aussehen wie Abbildung 8.23 dargestellt. Sie können ihn nun ausführen. Das In-Argument `PruefungErfolgreich` wird jedoch mit `false` initialisiert, die Meldung wird also ausgegeben, weil die Prüfung bereits bei der ersten *FlowDecision* den `false`-Zweig durchläuft, also abbricht. Wenn Sie möchten, dann platzieren Sie anschließend eine *Assign*-Aktivität in die *Bestellprüfung*, in der Sie dem Argument den Wert `true` zuweisen, und führen Sie den Workflow erneut aus; es werden alle Sequenzen durchlaufen. Praxisnah ist das freilich nicht, denn ob eine Prüfung erfolgreich war oder nicht, soll sich ja in den entsprechenden Prüfungs-Aktivitäten entscheiden – entfernen Sie die Zuweisung also später wieder. Und vergessen Sie nicht, dass Sie auch Anmerkungen hinzufügen können – für Aktivitäten.

Das ist nun ein Workflow, auf dem sich aufbauen lässt. Wir hätten übrigens den `false`-Zweig der *Decision*-Aktivitäten nicht unbedingt benötigt. Die Workflow Runtime hätte den Workflow auch so beendet, da sie auf die logisch letzte Aktivität gestoßen wäre, von der aus eine weitere Ausführung nicht mehr möglich ist. Dennoch ist es immer eine gute Idee, beide Zweige auszuführen, schon deshalb, weil explizite Aktionen (wie unsere Ausgabe durch *WriteLine*) einem Außenstehenden mehr Informationen geben als das implizite Verhalten der Runtime.

Debugging

Ein besonders praktisches Feature ist der Visual Studio Debugger für Workflows, denn er erlaubt einen grafischen Einblick in den Workflow während der Ausführung. Wählen Sie hierfür aus dem Kontextmenü einer Aktivität HALTEPUNKT • HALTEPUNKT EINFÜGEN. Der Haltepunkt wird mit einem roten Punkt angezeigt, ganz so wie im Source-Code-Editor von Visual Studio (siehe Abbildung 8.23).

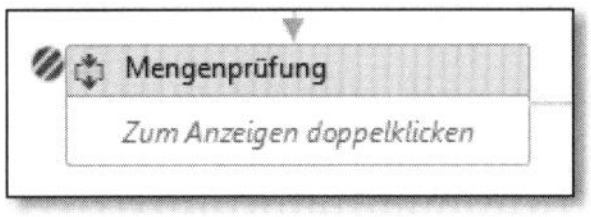

Abbildung 8.23 Eine Aktivität mit einem zugewiesenen Haltepunkt

Starten Sie nun Ihre Anwendung, und der Debugger wird an der Aktivität mit dem Haltepunkt eine Pause einlegen (siehe Abbildung 8.24).

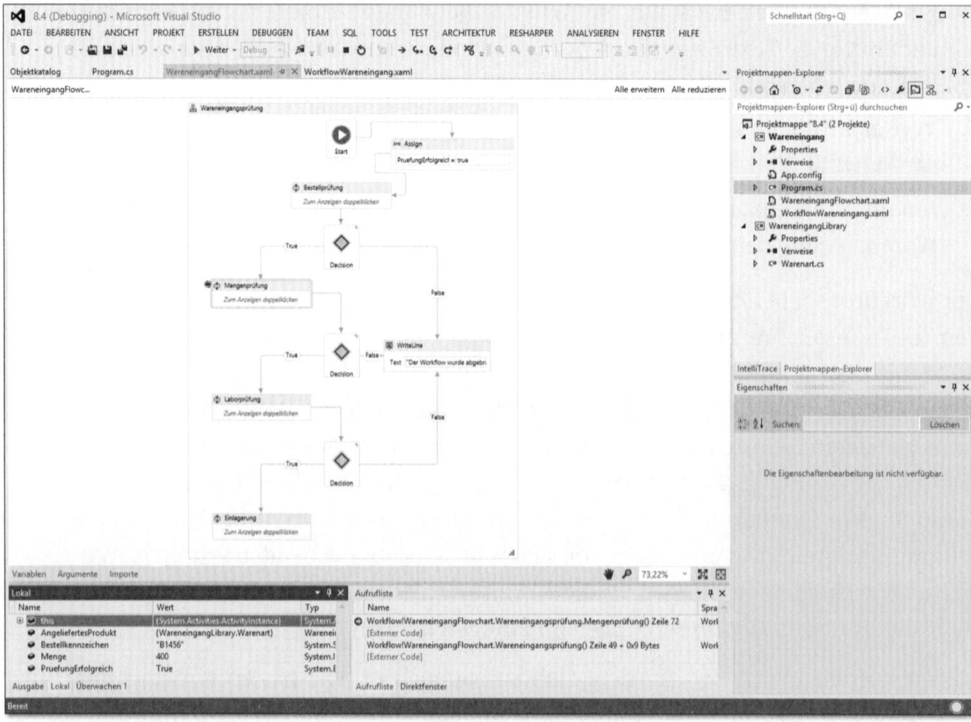

Abbildung 8.24 Der Visual Studio Debugger für Workflows

Die Möglichkeiten unterscheiden sich nicht sehr von denen des klassischen C#-Debuggings. So können Sie die lokalen Variablen inspizieren (als auch die Argumente) und den Workflow schrittweise durchlaufen. Mit *Einzelschritt* springen Sie in die einzelnen Aktivitäten hinein, während Sie mit *Prozedurschritt* jeweils zur nächsten Aktivität derselben Ebene springen.

Auf *FlowDecision*- und *FlowSwitch*-Aktivitäten können Sie keine Haltepunkte setzen, was schade ist, da Sie so den Moment der Entscheidung nicht mitverfolgen können. Aber natürlich steht es Ihnen frei, die nachfolgenden Aktivitäten mit Haltepunkten zu versehen, was praktisch auf dasselbe hinausläuft, da Sie so die Auswirkungen der Entscheidung überprüfen können.

8.5 Workflows laden und ausführen

Wir haben die Runtime bereits verwendet, um Workflows zu starten, dem Workflow Werte (= Argumente) zu übergeben und die *Out*-Argumente aus den Workflows heraus zu verarbeiten. Aber sie kann noch mehr. Grund genug, ihr einen eigenen Abschnitt zu widmen. In den folgenden Abschnitten werden wir den Workflow dann mit den eingebauten und selbst entwickelten Aktivitäten weiter ausbauen.

8.5.1 Workflows in XAML ausführen

Im einfachsten Fall besteht die Ausführung eines Workflows aus einer einzigen Zeile Code:

```
WorkflowInvoker.Invoke(new SomeWorkflow());
```

Wir haben im Beispiel bereits *In*-Argumente übergeben und *Out*-Argumente nach Beendigung des Workflows empfangen. WF verwendet hier durch den Einsatz einer `IDictionary<string, object>`-Collection eine lose Kopplung, Sie müssen also selbst auf die richtige Parameter-Bezeichnung und die richtigen Parameter-Typen achten.

8.5.2 Workflows in Code ausführen

Der Einsatz von XAML ist nicht zwingend, Sie können Ihre Workflows auch vollständig im Code definieren. Ich gehe im diesem Kapitel nicht weiter darauf ein, weil ich finde, dass gerade der deklarative Ansatz – die Modellierung des Workflows statt seiner Programmierung – einen wesentlichen Vorteil der WF ausmacht. Für die besonders Neugierigen hier aber noch ein kleines Beispiel:

```
static void WriteSomething()
{
   Sequence actSequence = new Sequence
   {
      Variables =
      {
         new Variable<string>{Name="eineVariable", Default="Standardtext"}
      },
      Activities =
      {
         new WriteLine{Text=new
         VisualBasicValue<string>("eineVariable")}
      }
   };
   WorkflowInvoker.Invoke(actSequence);
}
```

Listing 8.4 Ein einfacher Workflow im Code

Ein wenig verwirrend ist auch hier der Bezug zu Visual Basic. Ansonsten erklärt sich der Workflow weitgehend von selbst. Auch der Aufruf mittels `WorkflowInvoker` ist derselbe.

8.5.3 WorkflowApplication

Eine weitere Methode, Workflows zu starten, besteht darin, die Klasse `WorkflowApplication` zu verwenden. Die `Invoke`-Methode der Klasse `WorkflowInvoker` übernimmt die Kontrolle des Workflows im aufrufenden Thread. Die Ausführung wird also so lange blockiert, bis die Workflow Runtime die Kontrolle wieder an den Aufrufer übergibt.

Das ist nicht immer sinnvoll, denken Sie zum Beispiel an langlaufende Workflows oder das Starten von mehreren Workflows aus dem Code heraus. Die Klasse `WorkflowApplication` können Sie instanziieren. Sie besitzt eine `Run`-Methode zur Ausführung des Workflows und startet zu diesem Zweck einen eigenen Thread. Der ausführende Code erhält die Kontrolle also wieder zurück.

```
WorkflowApplication wa = new WorkflowApplication(new WareneingangFlowchart(),
  Arguments);
wa.Run();
```

Erwartungsgemäß liefert die `Run`-Methode keine Werte zurück, der Aufruf ist ja asynchron. Dafür bietet die `WorkflowApplication` aber einige Ereignisse an, für die Sie eigene Delegates schreiben können. Das Ereignis `Completed` zeigt die Beendigung eines Workflows an:

```
wa.Completed = delegate(WorkflowApplicationCompletedEventArgs e)
{
   string pruefungErfolgreich =
   e.Outputs["Pruefung erfolgreich"].ToString();
   Console.WriteLine("PrüfungErfolgreich? {0}",
   pruefungErfolgreich);
};
```

Die Klasse `WorkflowApplicationCompletedEventArgs` übermittelt wichtige Informationen an den Delegaten:

- `CompletionState` gibt einen Wert aus der Aufzählung `ActivityInstanceState` zurück. Eine Aktivität (respektive ein Workflow) wird üblicherweise abgeschlossen sein, `CompletionState` enthält dann den Wert `Closed`. Weitere Werte sind: `Canceled` = abgebrochen, `Executing` = Aktivität wird noch ausgeführt, und `Faulted` = Aktivität befindet sich in einem Fehlerzustand.
- `Outputs` enthält die *Out*-Argumente, wie gewohnt als `Dictionary<string, object>`-Objekt.
- `InstanceId` enthält eine GUID, welche die Workflow-Instanz eindeutig identifiziert. Damit könnten Sie denselben Handler für mehrere Workflow-Instanzen verwenden.

- `TerminationException` gibt die Exception zurück, die im Zusammenhang mit dem Abbruch des Workflows steht.

Das Event `OnUnhandledException` wird aufgerufen, sobald es im Workflow zu einem Fehler gekommen ist, der nicht von Ihnen behandelt wurde:

```
wa.OnUnhandledException =
 delegate(WorkflowApplicationUnhandledExceptionEventArgs e)
{
   Console.WriteLine("Fehlerquelle: "+
      e.ExceptionSource.DisplayName);
   return UnhandledExceptionAction.Terminate;
};
```

Listing 8.5 Auf unbehandelte Fehler reagieren

Die Argumente der zugehörigen Klasse `WorkflowApplicationUnhandledExceptionEventArgs`:

- `ExceptionSource` liefert die Aktivität, die die Quelle für den Fehler ist, `ExceptionSourceInstanceId` deren GUID.
- `UnhandledException` enthält die nicht behandelte Exception.
- Sie müssen zudem angeben, was nun geschehen soll. Dafür verwenden Sie einen Wert aus der Enumeration `UnhandledExceptionAction`.

Das Ereignis `Aborted` tritt auf, sobald ein Workflow abgebrochen wurde. Dies kann ein Entwickler selbst auslösen, indem er die `Abort`-Methode der Klasse `WorkflowApplication` verwendet, oder die Runtime entscheidet sich dafür.

```
wa.Aborted = delegate(WorkflowApplicationAbortedEventArgs e)
{
   Console.WriteLine(e.Reason);
};
```

Listing 8.6 Ein Workflow wird abgebrochen.

Die Informationen, die Ihnen `WorkflowApplicationAbortedEventArgs` liefert, sind spärlich:

- `Reason` ist die Exception, die zum Abbruch des Workflows geführt hat. Wurde er explizit abgebrochen, wie weiter oben gezeigt, so erhalten Sie hier eine `WorkflowApplicationAbortedException`.
- `InstanceId` enthält auch hier wieder die eindeutige Identifikation der Workflow-Instanz.

8.6 Eingebaute Aktivitäten verwenden

Wir haben bereits einige Aktivitäten der *Base Activity Library* (*BAL*) verwendet, wie zum Beispiel *WriteLine* oder *ForEach*. Zunächst betrachten wir aber etwas genauer, was Aktivitäten sind, bevor ich Ihnen im Anschluss einen Überblick über die fest eingebauten Aktivitäten der Base Activity Library (BAL) gebe. Danach entwickeln wir selbst Aktivitäten, die wir in unserer Wareneingangsprüfung gut gebrauchen können.

Für jede Aktivität gebe ich ein Beispiel an, in der Hoffnung, dass Sie es auf Ihre eigenen Projekte übertragen können. Einigen Aktivitäten sind eigene Abschnitte gewidmet, sodass ich mich an dieser Stelle ein wenig kürzer fassen kann. Für alle vorgestellten Aktivitäten schreibe ich die XAML-Definition dazu, damit Sie die Aktivität finden, falls Sie später doch einmal im Code editieren möchten.

Vermutlich werden Sie bereits beim Lesen einige Aktivitäten vermissen, die Ihnen wichtig erscheinen, zum Beispiel Aktivitäten, die Powershell-Skripte ausführen oder XML-Dateien schreiben. Die Chancen stehen dann gut, dass Sie im Netz fündig werden.

Für WF 4.0 hatte Microsoft die eingebauten Aktivitäten erweitert und deren Benutzung einfacher gestaltet. Die Base Activity Library bietet dennoch nur die grundlegenden Aktivitäten. Der Vorteil der BAL ist, dass mit ihr deklarative Workflows möglich sind, die ohne weitere Laufzeitvoraussetzungen ausgeführt werden können. Eigene Aktivitäten, die in C# verfasst wurden, werden im WF-Designer nur als Block angezeigt, die innere Arbeitsweise bleibt dem (menschlichen) Workflow Designer hingegen verborgen.

Die Vorstellung der BAL gibt uns Gelegenheit, unseren Wareneingangs-Workflow zu vervollständigen. Wo dies nicht sinnvoll möglich ist, wähle ich andere Beispiele aus der Praxis der Kalimba Sunfood GmbH. Ich gehe nun davon aus, dass Sie bereits erste Erfahrungen im Einsatz der WF gesammelt haben und werde einige Schritte daher ein wenig knapper beschreiben.

8.6.1 Auflistung

Die Toolbox-Registerkarte AUFLISTUNG enthält Aktivitäten zum Umgang mit typisierten Collections, also Klassen, die die Schnittstelle `ICollection<T>` implementieren. Daneben benötigen wir für unseren Workflow noch einige Aktivitäten aus anderen Reitern, die ich daher hier ebenfalls aufführe. Im Einzelnen sind das:

Aktivität	Beschreibung
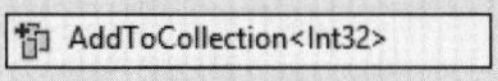 <AddToCollection .../> AUFLISTUNG	Fügt einer Auflistung ein Element hinzu.
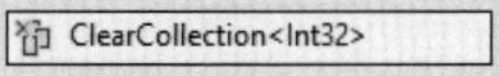 <ClearCollection ... /> AUFLISTUNG	Leert eine Auflistung, entfernt also ihre Elemente.
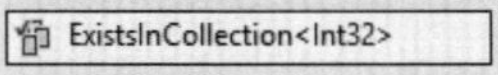 <ExistsInCollection ... /> AUFLISTUNG	Prüft, ob ein Element in einer Auflistung enthalten ist und gibt dann `true` zurück, ansonsten `false`.
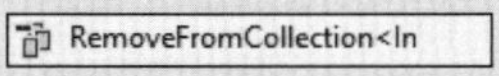 <RemoveFromCollection ... /> AUFLISTUNG	Entfernt ein Element aus einer Auflistung.
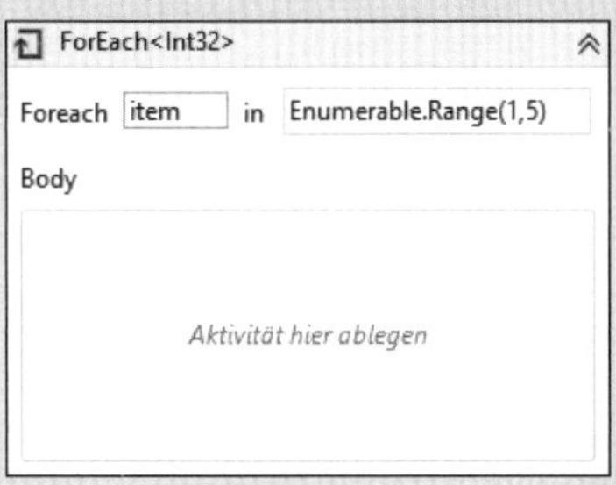 <ForEach ... /> ABLAUFSTEUERUNG	Entspricht dem gleichnamigen C#-Ausdruck und führt die Aktivität für jedes Element der Liste aus.
 <If ... /> ABLAUFSTEUERUNG	Wählt einen von zwei möglichen Wegen, je nachdem, ob die Bedingung wahr oder falsch ist, und entspricht somit der `if`-Anweisung aus C#.

Tabelle 8.2 Aktivitäten

Aktivität	Beschreibung
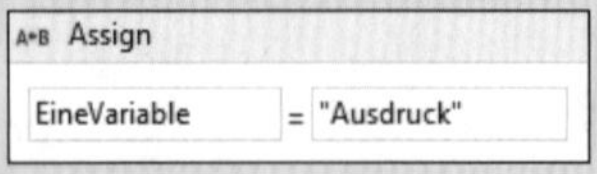 <Assign ... /> PRIMITIVE	Weist einem Argument oder einer Variable einen Wert zu.
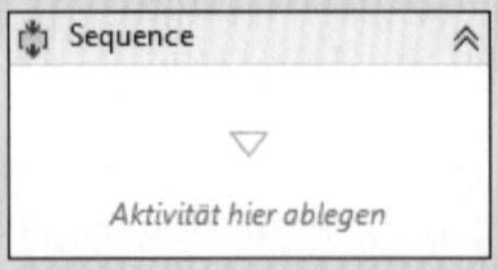 <Sequence ... /> ABLAUFSTEUERUNG	Führt die enthaltenen Aktivitäten der Reihe nach aus.

Tabelle 8.2 Aktivitäten (Forts.)

Mit diesen Aktivitäten können wir die Bestellprüfung umsetzen, also die Prüfung, ob es für einen Wareneingang auch eine gültige Bestellung gibt. Dafür erstellen wir zunächst eine neue Klasse, `Bestellung`, die jeweils eine Bestellung im Projekt *WareneingangLibrary* enthält.

```
public class Bestellung
{
   public string Bestellkennzeichen;
   public string BestellerEmail;
   public int BestellteMenge;
   public Warenart BestellteWarenart;
   public string Produkt;
}
```

Als Nächstes erstellen Sie bitte die Klasse `Bestellungen` (ebenfalls im Projekt *WareneingangLibrary*), die von `List<Bestellung>` ableitet. `List<T>` implementiert `ICollection<T>`, und dies ist wiederum Voraussetzung dafür, dass wir die Auflistungs-Aktivitäten einsetzen können.

```
public class Bestellungen : List<Bestellung>
{
   public Bestellungen()
   {
      Add(new Bestellung()
      {
         BestellerEmail = "klaus.schneider@company.com",
         Bestellkennzeichen = "B9434",
```

```
            BestellteMenge = 1200,
            BestellteWarenart = Warenart.Obst,
            Produkt = "Mango"
        });
        Add(new Bestellung()
        {
            BestellerEmail = "karl.kemper@company.com",
            Bestellkennzeichen = "B1456",
            BestellteMenge = 450,
            BestellteWarenart = Warenart.Fertigprodukt,
            Produkt = "Maracuja-Konzentrat"
        });
    }
}
```


Listing 8.7 Bestellungen.cs

Im echten Leben würden wir die offenen Bestellungen sicherlich aus einer Datenbank auslesen. Für unsere Zwecke erstellen wir sie im Konstruktor der Klasse `Bestellungen` selbst. Der zweite Eintrag entspricht dem aktuellen Wareneingang, zu erkennen an dem identischen Bestellkennzeichen.

Dem Workflow übergeben wir nun die Liste der noch offenen Bestellungen. Diese Liste werden wir dann durchsehen. Wenn der Wareneingang einer offenen Bestellung zugeordnet werden kann, dann ist die Aktivität *Bestellprüfung* erfolgreich durchlaufen, ansonsten ist die Prüfung bereits an dieser Stelle beendet – denn Lieferungen, die wir nicht bestellt haben, brauchen wir nicht weiter zu prüfen, ganz wie im wirklichen Leben. Am Ende der (erfolgreichen) Wareneingangsprüfung werden wir die gefundene Bestellung dann aus der Liste der noch offenen Bestellungen entfernen.

1. Entfernen Sie zunächst die *Assign*-Aktivität aus der Bestellprüfung, sofern noch vorhanden, denn wir wollen die Bestellprüfung ja nun tatsächlich implementieren und nicht mehr nur simulieren.
2. Legen Sie ein neues Argument an vom Typ `Bestellungen` und bezeichnen Sie es als `OffeneBestellungen`. Die Richtung ist *Ein/Aus*, da wir die veränderten offenen Bestellungen ja an den Aufrufer des Workflows zurückgeben wollen. Wundern Sie sich bitte auch hier nicht, dass Sie das Projekt gegebenenfalls neu erstellen müssen, damit der Workflow-Designer den Typ `Bestellungen` kennt.
3. Übergeben Sie ein Objekt vom Typ `Bestellungen` an den Workflow (*Program.cs*):

   ```
   Bestellungen offeneBestellungen = new Bestellungen();
   Arguments.Add("OffeneBestellungen", offeneBestellungen);
   ```
4. Bearbeiten Sie nun die noch leere *Bestellprüfung*-Aktivität, und fügen Sie ihr eine *ForEach<T>*-Aktivität hinzu.

5. Als *DisplayName* vergeben Sie bitte *Offene Bestellungen durchsuchen*. Die Eigenschaft *TypeArgument* gibt den Typ der Iterationsvariablen an, in unserem Fall `Bestellung`. *Values* referenziert das Objekt, durch das iteriert werden soll, also `OffeneBestellungen`, das Argument, das wir in den Workflow hineingeben.
6. Die Schleifenvariable benennt Visual Studio `item`. Hier können Sie einen anderen Namen vergeben, wenn Sie möchten, zum Beispiel `itemBestellung`.
7. Um die Prüfung bei der ersten Fundstelle zu beenden, benötigen wir noch eine Variable, die wir `BestellungGefunden` benennen, vom Typ `Boolean`, und die nur im Bereich *Bestellprüfung* gültig ist. Zur Abwechslung vergeben wir noch den Standardwert `false` (in der Spalte STANDARD des Variablen-Grids).
8. Damit wir die gefundene Bestellung später wiederverwenden können, zum Beispiel wenn wir den Besteller über den Wareneingang informieren möchten, legen wir eine weitere Variable an, benennen Sie `GefundeneBestellung`, vergeben als Typ `Bestellung` und als Bereich *Wareneingangsprüfung*.
9. In den Body der *ForEach*-Aktivität ziehen wir nun eine *If*-Aktivität. Wenn die aktuelle offene Bestellung (*itemBestellung*) der gelieferten Ware entspricht, zu erkennen am gleichen Bestellkennzeichen, dann war die Prüfung erfolgreich. Als *Condition* geben wir also an:

   ```
   (itemBestellung.Bestellkennzeichen.Equals(Bestellkennzeichen))
     || (BestellungGefunden == false)
   ```

10. Im *Then*-Zweig legen wir eine *Sequence*-Aktivität ab.
11. In dieser neuen Sequence führen wir drei Zuweisungen mittels drei *Assign*-Aktivitäten durch: In der ersten setzen wir das Argument `PruefungErfolgreich` auf `true`, in der zweiten die Variable `BestellungGefunden` auf `true` und in der dritten die Variable `GefundeneBestellung` auf `itemBestellung`. Damit speichern wir die gefundene Bestellung für später, schließen diesen Teil der Prüfung erfolgreich ab und setzen das Abbruchkriterium für die Schleife, denn wir müssen ja nach einem Treffer nicht mehr weitersuchen.
12. Ganz zum Schluss unserer Wareneingangsprüfung wollen wir nun noch die gefundene Bestellung aus der Liste der offenen Bestellungen entfernen. Fügen Sie deshalb eine *RemoveFromCollection<T>*-Aktivität innerhalb der Aktivität *Einlagerung* hinzu. Als Collection geben Sie an: `OffeneBestellungen`, als Item `GefundeneBestellung` und als TypeArgument `Bestellung`. Wir hätten die offenen Bestellungen auch schon in der Bestellprüfung korrigieren können, ein darauffolgender Schritt könnte aber ja vielleicht fehlschlagen. Daher ist es von Vorteil, die Liste der offenen Bestellungen erst ganz zum Schluss zu bereinigen. Damit verhindern wir nun, dass eine bereits geprüfte Bestellung erneut geprüft wird, sollte eine erneute Lieferung dafür eintreffen.

Damit ist die Prüfung der Bestellung fertiggestellt. Im Ergebnis sieht sie so aus wie in Abbildung 8.25 dargestellt. In meinem Beispiel habe ich einige Aktivitäten umbenannt, daher kann die Darstellung von der Ihrigen ein wenig abweichen.

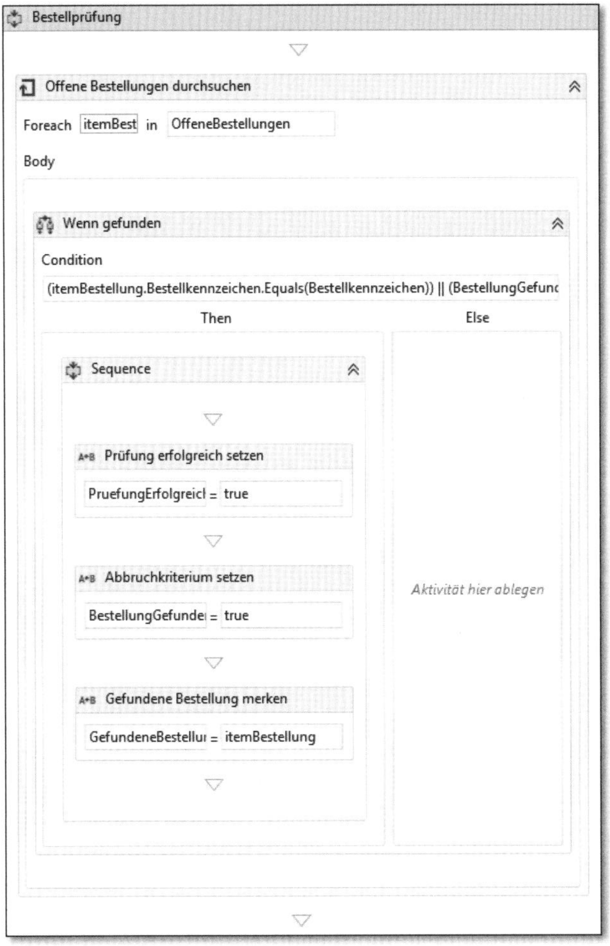

Abbildung 8.25 Die fertige Bestellprüfung

Die *ParallelForEach<T>*-Aktivität würde syntaktisch genauso funktionieren, allerdings würden die einzelnen Schleifendurchläufe parallel abgearbeitet werden, sofern dies mit einem einzigen Thread zu realisieren ist. Dazu müssten wir unser Beispiel anpassen. Stattdessen werden wir diese Aktivität später an sinnvollerer Stelle einsetzen.

Führen Sie das Projekt nun aus, und setzen Sie zuvor einen Haltepunkt auf die nächste Aktivität, die Mengenprüfung. Diese Aktivität wird nun angesprungen, da das Ergebnis unserer Prüfung erfolgreich war. Wir haben ja im Vorfeld dafür gesorgt, dass die Liste der offenen Bestellungen den aktuellen Wareneingang enthält.

In der Praxis würden wir nun die offenen Bestellungen in die Datenbank zurückschreiben, damit weitere Instanzen des Workflows die aktualisierte Liste der offenen Bestellungen abrufen können.

8.6.2 Parallele Verarbeitung

Parallelität, also das gleichzeitige Ausführen mehrerer Aktivitäten, wird auf verschiedenen Ebenen unterstützt.

- Das geschieht zum einen innerhalb eines Prozesses, wenn mittels `WorkflowApplication` mehrere Workflows gestartet werden, oder wenn ein Workflow von einem WCF-Service aufgerufen wird, von dem es mehrere Serviceinstanzen gibt.
- Zum anderen wird Parallelität innerhalb eines Workflows durch die hier vorgestellten Aktivitäten unterstützt.

Allerdings gibt es einen bedeutenden Unterschied. Während zum Beispiel Workflow Services verschiedene Instanzen in verschiedenen Threads laufen lassen, werden alle Aktivitäten innerhalb einer der Parallel-Aktivitäten in demselben Thread ausgeführt.

Wenn Sie dort also Aktivitäten ablegen, die viel Rechenzeit benötigen, dann kommt das einer sequenziellen Ausführung gleich; Sie gewinnen keinen Vorteil. Wenn Ihr Thread aber unbeschäftigt ist, zum Beispiel weil Sie in einer *Delay*-Aktivität auf den Ablauf einer Zeitspanne warten, dann führt die WF-Runtime die Aktivität im nächsten parallelen Zweig aus.

Aber wozu sind dann diese Aktivitäten gut? Mit ihrer Hilfe können Sie das *Synchronization Pattern* umsetzen, und der Workflow wartet mit der weiteren Ausführung, bis alle parallelen Zweige ihre Ausführung beendet haben.

Wenn Sie zum Beispiel eine Reisebuchung entwickeln, könnten Sie die Reservierung des Hotels, der Anreise und des Mietwagens in parallelen Zweigen abarbeiten. Die WF-Engine führt den Workflow erst dann weiter aus, wenn alle drei Buchungen abgeschlossen sind, die vielleicht durch (relativ) Serviceanfragen durchgeführt werden.

Die WF-Runtime nimmt einen guten Teil der Programmierkomplexität ab. Sie kann aber nicht die Tücken erkennen, die möglicherweise in Ihrem Workflow vorhanden sind. Bevor Sie also solche parallelen Konstrukte einsetzen, überlegen Sie bitte:

- Bestehen Beziehungen zwischen den einzelnen Handlungssträngen, sodass Sie den Code in einer bestimmten Reihenfolge ausführen müssen? Solche Beziehungen erkennen Sie normalerweise sofort, es gibt aber auch Beziehungen, die trickreicher sind. Aktivitäten, die in eine Datenbank schreiben, können dazu führen, dass der Datenbankserver Objekte sperrt und die parallel laufende Aktivität dann warten muss.
- Lohnt sich eine Parallelisierung überhaupt?

- Gibt es Dinge, die Sie von Hand erledigen müssen, zum Beispiel die Synchronisierung? Dann erstellen Sie lieber eine Aktivität im Code, in der Sie all diese Dinge berücksichtigen können.

Hier sehen Sie die Aktivitäten in der BAL, die wir in diesem Abschnitt verwenden werden:

<table>
<tr><th>Aktivität</th><th>Beschreibung</th></tr>
<tr><td>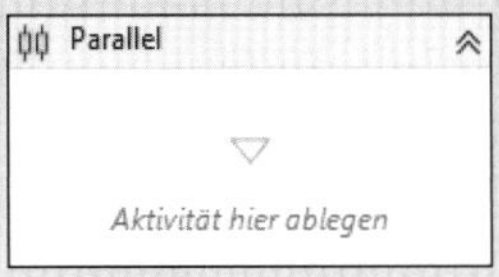

<Parallel ... />
ABLAUFSTEUERUNG</td><td>Führt mehrere Aktivitäten parallel aus.</td></tr>
<tr><td>

<ParallelForEach ... />
ABLAUFSTEUERUNG</td><td>Funktioniert wie Foreach<T>, die einzelnen Schleifendurchgänge werden aber parallelisiert.</td></tr>
<tr><td>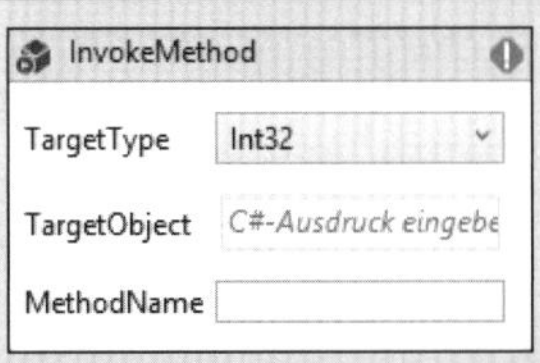

<InvokeMethod ... />
PRIMITIVE</td><td>Ruft eine Klassen- oder Instanzmethode auf.</td></tr>
</table>

Tabelle 8.3 Aktivitäten

Wir können diese Aktivitäten gut für die Stichprobenprüfung gebrauchen (siehe Abbildung 8.26). Zur Erinnerung: Die Stichprobenauswertung ist Teil der Laborprüfung. Im ersten Teil haben wir bereits die Stichprobe ermittelt, also festgelegt, welche Menge in das Labor zur Prüfung gelangt. Diese Anzahl haben wir in der Variable `Stichprobe` gespeichert.

Abbildung 8.26 Die Stichprobenauswertung aus dem Tutorial

Nach erfolgter Prüfung finden wir in der Variable `FehlerhafteProben` die Anzahl der Proben, die die Prüfung nicht bestanden haben. Wir haben auch schon die Auswertung programmiert und dafür als Grenzwert maximal fehlerhafter Proben 10 % angenommen.

Mit den beiden parallelen Aktivitäten kommen wir nun ein Stück weiter:

1. Löschen Sie die *ForEach*-Aktivität aus der *Stichprobenauswertung*, denn wir wollen sie nun parallelisieren.
2. Ziehen Sie eine *Parallel*-Aktivität an die erste Stelle innerhalb der Aktivität *Stichprobenauswertung*, und nennen Sie diese *Labor*.

Wir werden nun zwei Dinge parallel erledigen lassen: Einerseits schicken wir die Proben an das Labor, und andererseits informieren wir die Mitarbeiter im Lager, damit sie wissen, welche Proben sie verpacken, etikettieren und in das Labor befördern müssen, denn zum Bedauern der Management-Ebene hat Microsoft auch in WF 4.5 noch keine *Human*-Activity eingebaut. Ziehen Sie dafür eine *InvokeMethod*-Aktivität in die eben erstellte Aktivität.

Die *InvokeMethod*-Aktivität kann beliebige Instanz- und Klassenmethoden aufrufen. Wir werden sie verwenden, um mit ihr E-Mails zu versenden. Dafür müssen wir noch einige Eigenschaften setzen:

TargetObject enthält das Objekt, auf das die Methode angewendet werden soll. Geben Sie diese bitte an, und ersetzen Sie `localhost` durch Ihren eigenen (relay-fähigen) SMTP-Server:

```
new System.Net.Mail.SmtpClient("localhost")
```

Dadurch erzeugen wir ein neues Objekt vom Typ `SmtpClient`, der sich im `System.Net.Mail`-Namespace befindet. Wollten wir eine statische Methode aufrufen, so hätten wir den Typ der Klasse in der Eigenschaft *TargetType* angeben müssen. Beide Eigenschaften schließen sich gegenseitig aus. Schauen wir uns die Ein- und Ausgaben von *InvokeMethod* an:

- *Result* dient dazu, um Rückgabewerte der Methode auszuwerten. Wir benötigen sie nicht, da die `Send`-Methode keine Rückgabewerte liefert.
- *MethodName* enthält den Namen der aufzurufenden Methode, in unserem Falle `Send`.
- *DisplayName* belegen wir mit *Lagerpersonal informieren*.
- *RunAsynchronously* würde den Befehl selbst auch wieder parallel zum Thread ausführen. Soviel Parallelität wollen wir nun aber doch nicht und lassen diese Option daher deaktiviert.
- *Parameters* enthält alle Übergabeparameter an die Methode `Send`. Die folgenden Parameter geben wir an, die Sie natürlich für Ihre konkrete Situation verändern können.

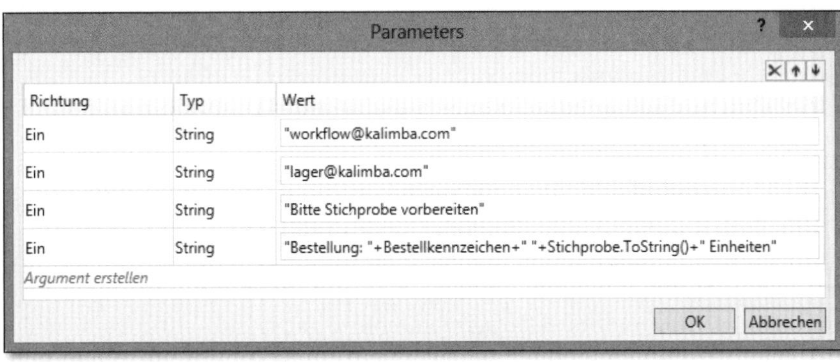

Abbildung 8.27 Übergabeparameter für SendMail

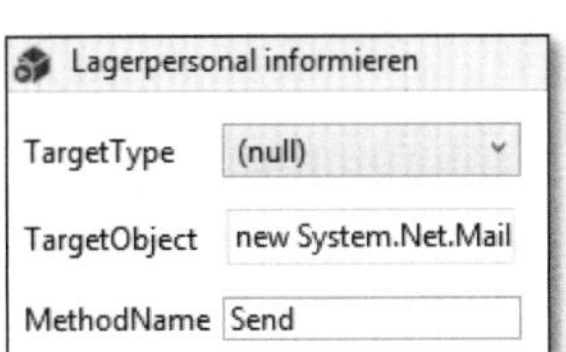

Abbildung 8.28 Die Aktivität »InvokeMethod«

Die Parameter müssen in der Reihenfolge angegeben werden, wie sie die Methode auch erwartet. Überladungen werden richtig erkannt. Dankenswerterweise wertet der Designer die übergebenen Parameter auch aus und informiert so über fehlende Parameter.

- Parallel zum Versenden der E-Mail können wir nun die Proben selbst herrichten und an den Laborcomputer übergeben. Ziehen Sie dafür bitte eine *ParallelFor-Each<T>*-Aktivität links neben die *InvokeMethod*-Aktivität.
- Die einzelnen Proben sind unabhängig voneinander, wir können daher ruhig die parallele Version der `for-each`-Schleife hernehmen. Benennen Sie die Aktivität *Laborproben versenden*. Unsere Schleifenvariable nennen wir `probe`, und für die Eigenschaft *Values* tippen wir ein

  ```
  Enumerable.Range(1, Stichprobe)
  ```

  Damit wird die Schleife wie vorhin so oft durchlaufen, wie Stichproben vorhanden sind, jetzt aber parallel.

Den Body, den Schleifenkörper also, können wir im Augenblick noch nicht implementieren, denn dafür verwenden wir später eine *Send*-Aktivität, um unseren Workflow mit dem Laborservice zu verbinden. Da wir die Laborproben dann an einen Service schicken, ist hier eine echte Parallelisierung möglich, denn die einzelnen Schleifendurchgänge müssen auf eine Rückmeldung warten, und so erhalten auch andere Schleifendurchgänge die Gelegenheit, ausgeführt zu werden, auch bei nur einem Thread.

Abbildung 8.29 Das parallele Versenden der Stichproben

Die Aktivität *InvokeMethod* hat einen etwas ambivalenten Charakter. Einerseits ermöglicht sie es auf einfache Weise, Methoden aufzurufen und damit den Vorteil zu wahren, Workflows in XAML zu definieren. Andererseits steht sie in Konkurrenz zu eigenen Aktivitäten. Wenn Sie beim Konfigurieren der Aktivität merken, dass Sie tricksen müssten, um das gewünschte Ergebnis zu erreichen, dann ist vermutlich der Zeitpunkt gekommen, eigenen Code zu schreiben, zumal das einfacher ist, als zu vermuten wäre.

8.6.3 Fehlerbehandlung

Klar, dass die WF auch Fehlerbehandlung unterstützt. Wir haben bereits `OnUnhandledException` der Klasse `WorkflowApplication` kennengelernt, an das alle Exceptions weitergeleitet werden, die nicht im Workflow selbst behandelt werden. In der Toolbox finden Sie drei Aktivitäten zur Fehlerbehandlung im Workflow selbst, die weitgehend den Möglichkeiten von C# entsprechen:

Aktivität	Beschreibung
 `<TryCatch ... />` FEHLERBEHANDLUNG	Stellt die gewohnte Standardfehlerbehandlung zur Verfügung mit einem (oder mehreren) `catch`-Blöcken, einem `try`-Block und einem `finally`-Block.
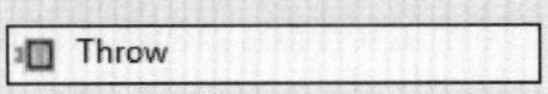 `<Throw ... />` FEHLERBEHANDLUNG	Löst eine Exception aus.
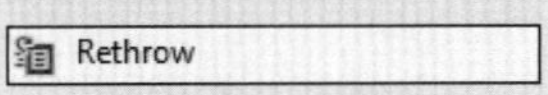 `<Rethrow ... />` FEHLERBEHANDLUNG	Löst eine zuvor abgefangene Exception erneut aus.
 `<WriteLine ... />` PRIMITIVE	Gibt einen Text auf der Konsole aus oder schreibt ihn in einen TextWriter. Das ist zwar keine Aktivität zur Fehlerbehandlung, aber zu Debuggingzwecken äußerst nützlich.

Tabelle 8.4 Aktivitäten

Praktischerweise haben wir im letzten Abschnitt E-Mails versendet, eine sehr fehlerträchtige Angelegenheit, die nach einer Fehlerbehandlung verlangt. Öffnen Sie also bitte die Aktivität *Labor*.

1. Ziehen Sie nun eine *TryCatch*-Aktivität (im Reiter FEHLERBEHANDLUNG) in die Mitte der beiden vorhandenen Aktivitäten.
2. Schneiden Sie die Aktivität *Lagerpersonal informieren* aus, und fügen Sie diese in den `Try`-Block ein. Alternativ geht das auch per Drag and Drop.
3. Durch einen Klick auf NEUEN CATCH HINZUFÜGEN fügen Sie eine neue Exception-Behandlung ein. Wählen Sie `System.Exception`, um alle möglichen Exceptions abzufangen. In der Praxis werden Sie vermutlich `System.Exception` als letzten Eintrag verwenden (oder gar nicht) und spezifischere Exceptions vorher behandeln. Wie auch immer, wenigstens einen Exception-Block muss es geben, wollen Sie diese Aktivität verwenden.
4. Der Workflow Designer hat nun einen Block erzeugt, in dem weitere Aktivitäten abgelegt werden können, die beim Auftreten der Exception ausgeführt werden. Sie könnten jetzt beispielsweise die Fehlermeldung loggen oder den Vorgang erneut versuchen. Ziehen Sie eine *WriteLine*-Aktivität dort hinein. Als Text geben wir aus:

   ```
   "Fehler: "+exception.Message
   ```

   Die Fehlervariable lautet `exception`. Sie können den Namen aber verändern.
5. Wenn Sie *InvokeMethod* falsch konfiguriert haben, dann erhalten Sie künftig eine Fehlermeldung auf der Konsole (siehe Abbildung 8.30), ohne dass der Workflow dadurch beendet wird.

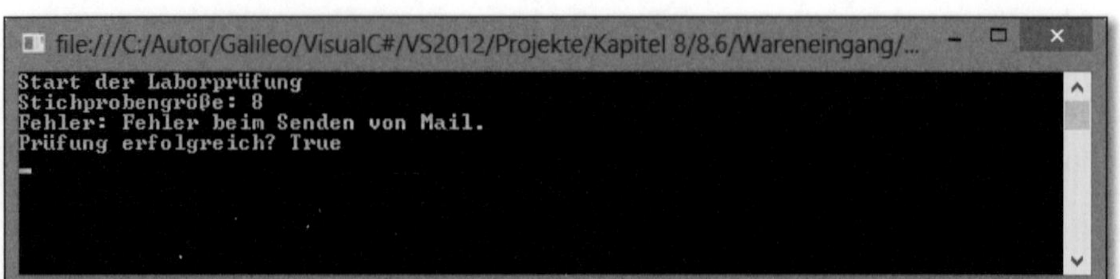

Abbildung 8.30 Die Fehlermeldung des SMTP-Servers

Wollten Sie die Exception erneut auslösen, dann müssten Sie noch eine *Rethrow*-Aktivität einbauen. Allerdings nimmt ein `catch`-Block nur eine Aktivität auf, Sie müssten also beide Aktivitäten zuerst in eine *Sequence*-Aktivität einbetten.

Ein sinnvoller Einsatzort für *Throw* wäre eine Eingabevalidierung. Lassen Sie sich dafür den gesamten Workflow anzeigen. Verwenden Sie dafür die Pfadnavigation am oberen Ende des Workflow Designers.

1. Fügen Sie zwischen *Start* und *Bestellprüfung* eine neue Sequenz *Eingabevalidierung* ein.
2. Korrigieren Sie den Verlauf, indem Sie die ursprüngliche Verbindung von Start zu Bestellprüfung löschen und zwei neue Verbindungen erzeugen, um damit die neue Aktivität in Bezug auf die Ausführung in die Mitte zu nehmen.
3. Öffnen Sie die soeben erzeugte Aktivität im Designer.
4. Platzieren Sie eine *If*-Aktivität, und geben Sie als Bedingung (Condition) an:
   ```
   Menge <= 0
   ```
5. Legen Sie eine *Throw*-Aktivität im `Then`-Zweig der Bedingung ab.
6. Die Exception erzeugen wir in der gleichnamigen Eigenschaft:
   ```
   new System.ArgumentException("Die Menge muss größer sein als 0")
   ```


Wenn Sie nun in der *Program.cs* das Argument `Menge` mit `0` belegen, so wird Ihr Code in den `OnUnhandledException`-Handler springen. Dort können Sie dann entscheiden, wie Sie mit dem Workflow weiter verfahren.

Bei dieser Gelegenheit stellen wir fest, dass auch das `Completed`-Ereignis ausgeführt wird. Es macht im Fehlerfall natürlich keinen Sinn, die Ausgabe-Argumente abfragen zu wollen, weswegen wir einen Fehler erhalten. Korrigieren Sie den Code daher bitte so, dass das Argument nur dann abgefragt wird, wenn der Workflow erfolgreich beendet wurde.

```
wa.Completed = delegate(WorkflowApplicationCompletedEventArgs e)
{
   if (e.CompletionState == ActivityInstanceState.Closed)
   {
      string pruefungErfolgreich =
      e.Outputs["PruefungErfolgreich"].ToString();
      Console.WriteLine("Prüfung erfolgreich? {0}",
      pruefungErfolgreich);
   }
};
```

Stellen Sie zum Schluss die Menge wieder zurück auf `400`, und werfen wir nun in Abbildung 8.31 noch einen Blick auf unseren Workflow.

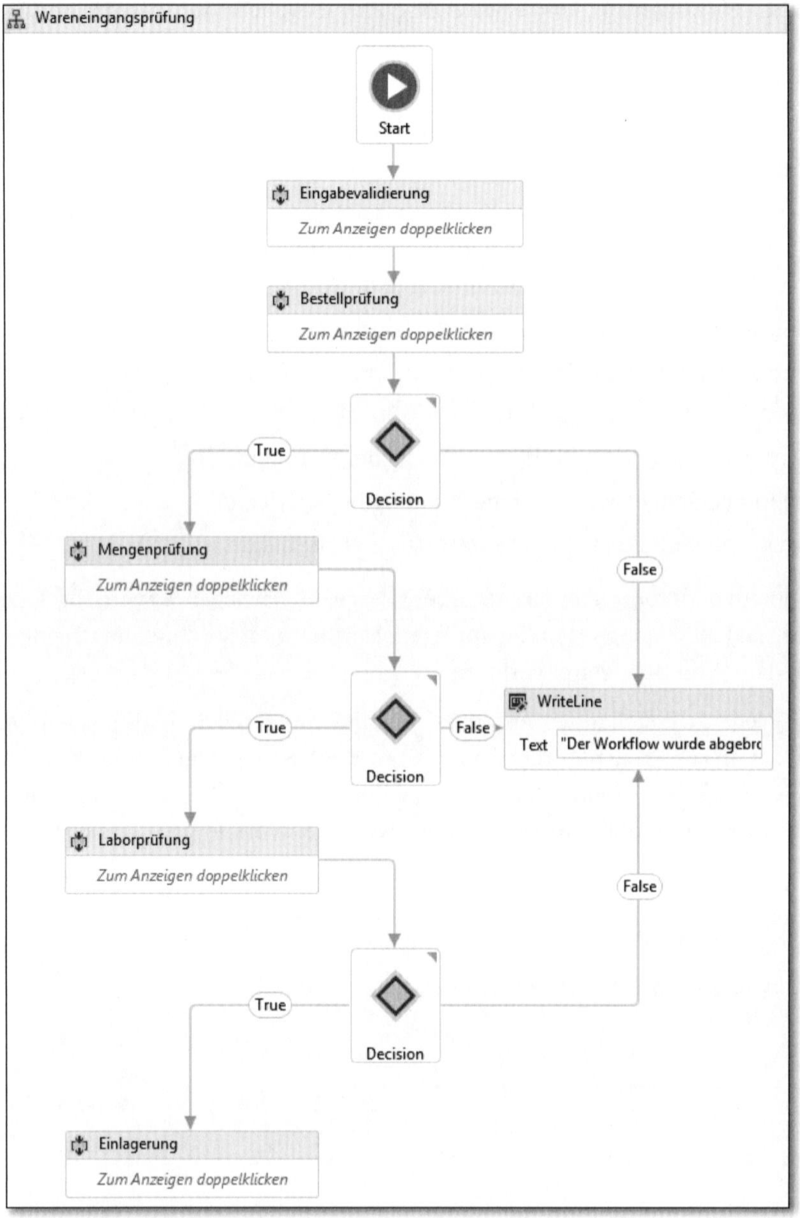

Abbildung 8.31 Der Workflow mit eingebauter Fehlerbehandlung

8.6.4 Ausführungssteuerung

Wir haben schon eine Reihe an Aktivitäten kennengelernt, um die Ausführung des Workflows zu kontrollieren. Aber es gibt noch weitere:

Aktivität	Beschreibung
 `<Delay Duration ... />` PRIMITIVE	Hält den Workflow für eine bestimmte Zeit an, die Sie als `TimeSpan`-Parameter angeben können.
 `<While ... />` ABLAUFSTEUERUNG	Repräsentiert die klassische `While`-Schleife, also eine kopfgesteuerte Schleife.
 `<DoWhile ... />` ABLAUFSTEUERUNG	Ist das fußgesteuerte Pendant zur `While`-Schleife.
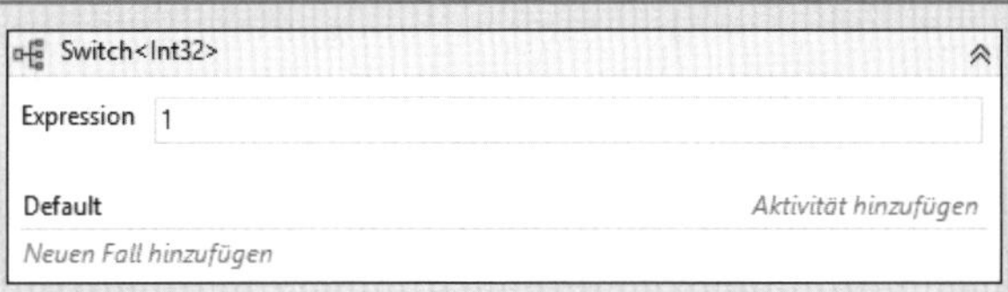 `<Switch ... />` ABLAUFSTEUERUNG	Führt einen von mehreren Zweigen aus, je nach Wert des Ausdrucks

Tabelle 8.5 Aktivitäten

Aktivität	Beschreibung
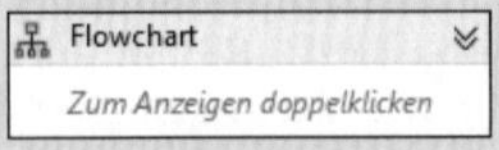 <Flowchart ... /> FLUSSDIAGRAMM	Fügt eine *Flowchart*-Aktivität ein, in der der Ablauf der Aktivitäten durch Pfeile bestimmt wird und nicht durch die Reihenfolge, wie bei der *Sequence*-Aktivität.
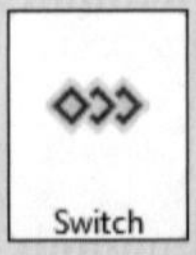 <FlowSwitch ... /> FLUSSDIAGRAMM	Entspricht der *Switch*-Aktivität, allerdings in einem Flowchart-Workflow.
 <FlowDecision ... /> FLUSSDIAGRAMM	Entspricht der *If*-Aktivität, allerdings in einem Flowchart-Workflow.

Tabelle 8.5 Aktivitäten (Forts.)

Die *Delay*-Aktivität können wir einsetzen, um damit die Beendigung des Workflows zu verzögern.

1. Ziehen Sie eine *Delay*-Aktivität neben die *WriteLine*-Aktivität mit der Ausgabe unserer Fehlermeldung (»Der Workflow wurde abgebrochen«), und verbinden Sie die beiden miteinander. Nun ist die *Delay*-Aktivität die letzte Aktivität im Fehlerfall.
2. Verbinden Sie auch die Sequenz *Einlagerung* mit der Aktivität, denn auch wenn die Prüfung am Ende erfolgreich war, möchten wir die Ausgabe lesen können.
3. Die Duration-Eigenschaft nimmt einen `TimeSpan`-Wert entgegen oder einen Ausdruck, der einen `TimeSpan` zur Folge hat (z. B. `TimeSpan.FromSeconds`). Geben Sie daher bitte `00:00:04` ein, um den Workflow für vier Sekunden anzuhalten.

Wenn Sie nun den Workflow starten, so wird er vier Sekunden nach dem Ausführen der letzten Aktivität enden. Damit endet automatisch auch der Prozess, der den Workflow instanziierte. In unserem Fall hindert die *ReadLine*-Anweisung den Prozess allerdings daran.

Die *Delay*-Aktivität ist auch noch für andere Zwecke gut, vor allem für asynchrone Aufrufe. Denn mit ihr lässt sich die Wartezeit begrenzen und damit eine individuelle Timeout-Steuerung implementieren, wie wir später noch sehen werden.

Die *While*-Aktivität und die *DoWhile*-Aktivität funktionieren ganz genauso wie die C#-Konstrukte. Im ersten Fall wird der Ausdruck ausgewertet, bevor die Schleife durchlaufen wird. Im zweiten Fall wird der Ausdruck ausgewertet, bevor die Schleife durchlaufen wird, der Schleifenkörper wird also mindestens einmal ausgeführt.

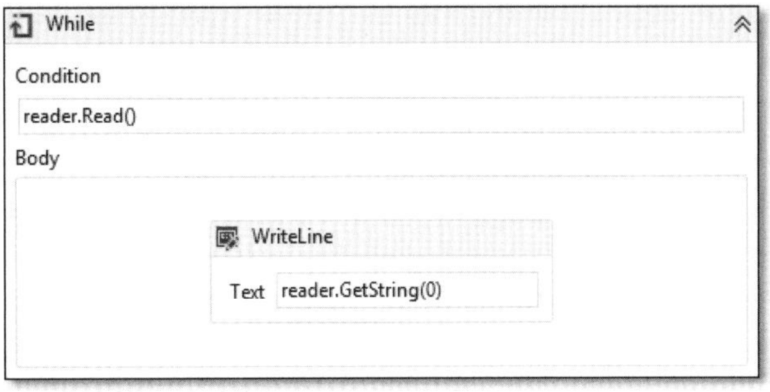

Abbildung 8.32 Beispiel für eine While-Aktivität

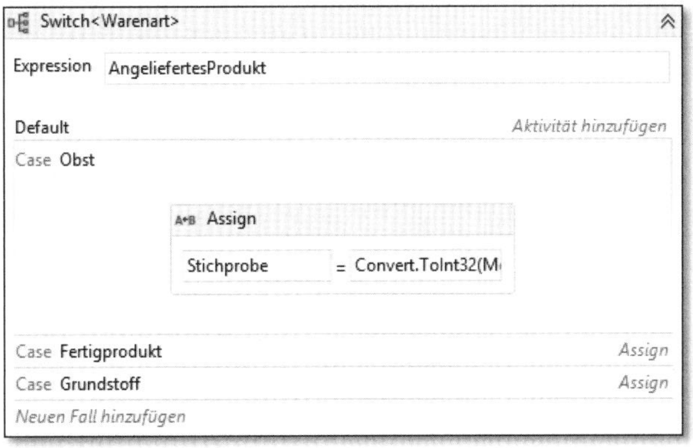

Abbildung 8.33 Die Switch-Aktivität

Im Beispiel in Abbildung 8.32 werden alle Werte einer Spalte ausgegeben, und zwar für jeden Datensatz eine eigene Zeile. Die *DoWhile*-Schleife setzen wir später noch ein, denn wir brauchen sie für die *Pick*-Aktivität. Die *Switch*-Aktivität haben wir schon verwendet. Werfen Sie zur Erinnerung einen Blick auf die Abbildung 8.33.

Diese Aktivität gibt es auch in einer Version für Flowcharts. Dort bestimmen die beiden Aktivitäten *FlowSwitch* und *FlowDecision* ja den Kontrollfluss und sind daher mit anderen Aktivitäten zu verknüpfen.

Das kommt wie gerufen für die Mengenprüfung, bei der es ja darum geht, ob die Menge einer Lieferung der bestellten Menge entspricht. Gerade bei Obst ist eine hundertprozentige Übereinstimmung nicht zu erwarten, wir müssen also bestimmen, wie groß die Abweichung ist (der Toleranzbereich) und entsprechend darauf reagieren:

1. Öffnen Sie die noch leere Aktivität *Mengenprüfung*.
2. Fügen Sie eine *Flowchart*-Aktivität hinzu, und benennen Sie diese *Mengenprüfung-Flowchart*. Klappen Sie die Aktivität nun auf, damit wir in ihr arbeiten können.
3. Ziehen Sie nun eine *FlowSwitch*-Aktivität unterhalb des grünen Start-Kreises, den Sie dann bitte noch mit der Aktivität verbinden. Bereits beim Ablegen werden Sie nach dem Typ gefragt, geben Sie hier bitte den Typ `Warenart` an.
4. Auch hier wollen wir wieder unterschiedlich verfahren, je nach Art der Ware. *FlowSwitch* enthält eine Eigenschaft *Expression*, die wir auf `GefundeneBestellung.BestellteWarenart` setzen, denn die Abweichungstoleranzen sind für jede Warenart unterschiedlich. Die Bestellung hatten wir ja in der vorherigen Aktivität gesucht, in den offenen Bestellungen, und die gefundene Bestellung in `GefundeneBestellung` gespeichert.
5. Die einzelnen Zweige fügen wir hinzu, indem wir Pfeile zu weiteren Aktivitäten ziehen. Für jeden Pfeil können wir dann einen Ausdruck angeben, der wahr sein muss, damit der Zweig durchlaufen wird. Da es drei Warenarten gibt, platzieren Sie drei *FlowDecision*-Aktivitäten unterhalb von *FlowSwitch*.
6. Wenn Sie nun von *FlowSwitch* jeweils eine Verbindung zu einer *FlowDecision* ziehen, dann bemerken Sie, dass die erste Verbindung automatisch die Eigenschaft *Default* erhält, dieser Zweig also durchlaufen wird, sofern keine andere Bedingung zutrifft. Da die Warenarten fest sind, können wir darauf verzichten. Klicken Sie also auf den ersten Pfeil. Der Pfeil selbst repräsentiert eine weitere Aktivität, die *FlowStep*-Aktivität, daher hat er selbst ebenfalls Eigenschaften:
   - *IsDefaultCase*: Wenn dieser Wert gesetzt ist, dann handelt es sich um den Default-Zweig. Davon kann es nur einen für jede FlowSwitch-Aktivität geben.
   - *Case*: Entspricht den Case-Zweigen eines gewöhnlichen C#-Switch-Befehls.
7. Deaktivieren Sie *IsDefaultCase*, und geben Sie als Case-Ausdruck an: `Obst`. Wiederholen Sie den Vorgang für die weiteren Pfeile mit den Case-Labels `Fertigprodukt` und `Grundstoff`. Bis hierhin sieht der Flowchart so aus wie in Abbildung 8.34 dargestellt.
8. Die Formel zur Berechnung der Abweichung der bestellten von der gelieferten Menge lautet:

   ```
   Convert.ToInt32((Math.Abs(GefundeneBestellung.BestellteMenge - Menge) /
    (double)GefundeneBestellung.BestellteMenge) * 100)
   ```

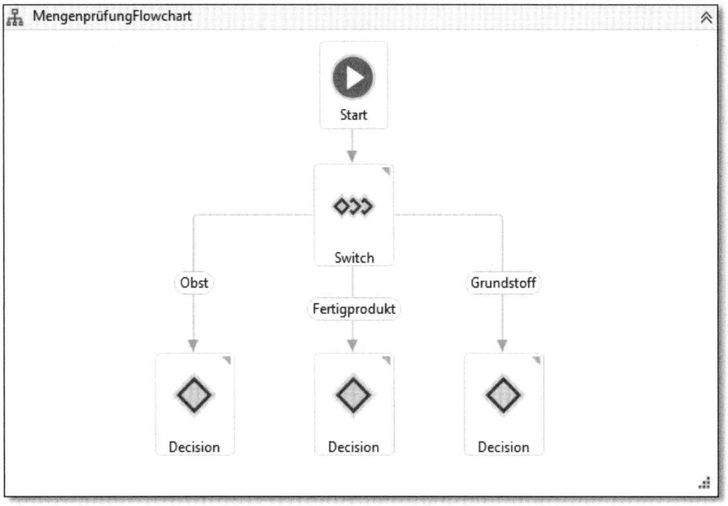

Abbildung 8.34 Die noch nicht fertige Mengenprüfung

Dabei ist es unerheblich, ob es sich um eine Mehr- oder Minderlieferung handelt. Die Abweichung wird immer in vollen Prozent berechnet. Definieren Sie die Variable `AbweichungInProzent` mit dem Datentyp `Int32` im Gültigkeitsbereich *Mengenprüfung*, und weisen Sie dieser Variable ihren Wert mittels der obigen Formel zu. Da die Aktivität *Mengenprüfung* eine *Sequence*-Aktivität ist, können Sie dafür eine einfache *Assign*-Aktivität vor den Flowchart ziehen, denn die Variable soll ihren Wert erhalten, bevor der Flowchart ausgeführt wird (siehe Abbildung 8.35).

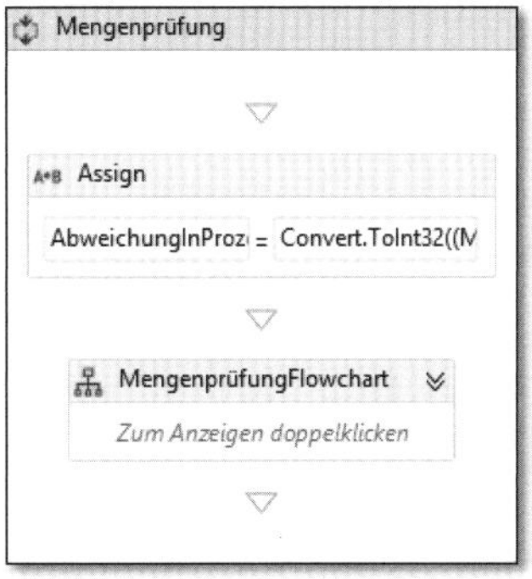

Abbildung 8.35 Berechnung der Mengenabweichung

9. Nun können wir die Bedingungen für die jeweiligen Fälle festlegen, indem wir für jede *FlowDecision*-Aktivität die Bedingung wie folgt setzen:
   - `Warenart.Obst: AbweichungInProzent<10`
   - `Warenart.Fertigprodukt: AbweichungInProzent<1`
   - `Warenart.Grundstoff: AbweichungInProzent<3`

Wenn Sie das tun, dann stellen Sie fest, dass Visual Studio die Bedingung anzeigt, sobald Sie mit dem Mauszeiger über der Aktivität verweilen, und das Vorhandensein einer Bedingung mit einem kleinen Dreieck symbolisiert.

10. Um das Ergebnis der Prüfung festzulegen, brauchen wir zwei weitere *Assign*-Aktivitäten. Benennen Sie die erste bitte *Mengenprüfung fehlgeschlagen*, die zweite *Mengenprüfung erfolgreich*, und weisen Sie der Variablen `PruefungErfolgreich` entsprechend `true` und `false` zu.
11. Verbinden Sie nun noch die Entscheidungen mit den Zuweisungen, wie in Abbildung 8.36 zu sehen, und die Mengenprüfung ist fertig.

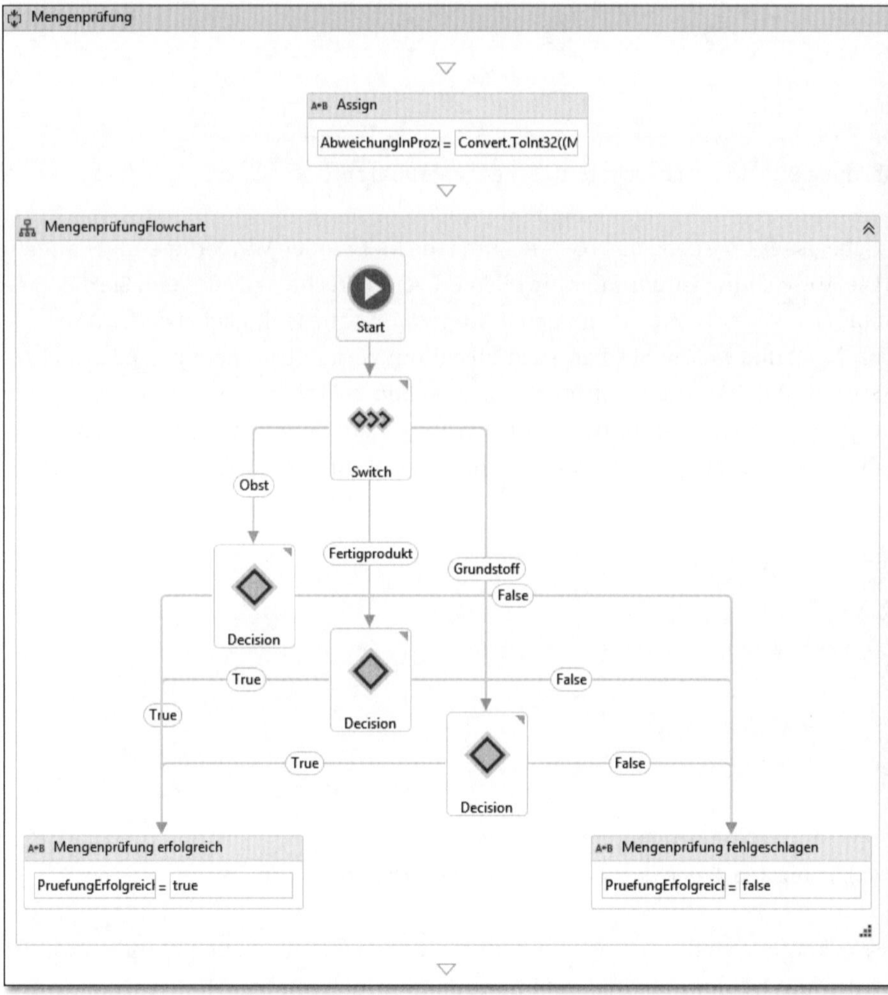

Abbildung 8.36 Die nun fertige Mengenprüfung als Flowchart

Es kann dabei schon ein wenig herausfordernd sein, die Aktivitäten übersichtlich anzuordnen. Wenn Sie den Workflow nun starten, so schlägt die Prüfung fehl. Das liegt an unseren Eingabedaten, denn die gelieferte Menge weicht mit 400 Stück rund 11 % von den bestellen Stück (450) ab, die Abweichung müsste aber weniger als 1 % betragen. Wenn Sie die gelieferte Menge auf 448 korrigieren, so liegt die Toleranz innerhalb des akzeptierten Bereiches, und die Mengenprüfung wird erfolgreich beendet.

8.6.5 Ereignissteuerung

Obwohl es zwei *Pick*-Aktivitäten in der Toolbox gibt, handelt es sich streng genommen nur um eine zusammengesetzte Aktivität, denn die *Pick*-Aktivität beinhaltet immer mehrere *PickBranch*-Aktivitäten, und diese wiederum sind ohne die *Pick*-Aktivität als Container nicht möglich.

Damit eignet sich diese Aktivität immer dann,

- wenn es zwei oder mehrere Ereignisse gibt,
- wenn es darauf ankommt, welches Ereignis zuerst eintritt, und
- wenn die anderen Ereignisse nach dem Eintreten des ersten Ereignisses nicht mehr von Belang sind.

Das ist immer dann der Fall, wenn ein Zeitablauf überwacht werden soll, denn dann gibt es zwei Ereignisse: den Zeitablauf selbst und die eigentliche Aktivität, die innerhalb der konfigurierten Zeitspanne hätte ablaufen sollen.

Aktivität	Beschreibung
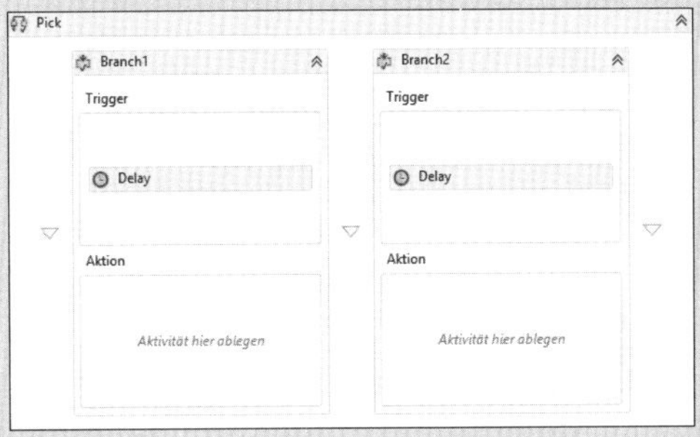 `<Pick ../>` ABLAUFSTEUERUNG	Die *Pick*-Aktivität ist ein Werkzeug zur Ereignissteuerung in WF. Sie enthält zwei oder mehrere *PickBranch*-Aktivitäten, die jeweils ein Ereignis beinhalten (Trigger) und eine auszuführende Aktion (Aktion). WF prüft nun alle Ereignisse aller *PickBranches* bis zum Eintreten des ersten Ereignisses. Dann verwirft es alle anderen Ereignisse und führt die Aktionen dieses ersten Ereignisses aus.

Tabelle 8.6 Aktivitäten

<table>
<tr><th>Aktivität</th><th>Beschreibung</th></tr>
<tr><td>

<PickBranch ... />
ABLAUFSTEUERUNG</td><td>PickBranch-Aktivität</td></tr>
</table>

Tabelle 8.6 Aktivitäten (Forts.)

In unserem Fallbeispiel gibt es einen solchen Fall: die Laborprüfung, denn wir wollen die angelieferte Ware möglichst schnell einlagern und weiterverkaufen und können daher nicht zu lange auf die Ergebnisse des Labors warten. Implementieren wir nun diese Verhaltensweise in unserem Workflow *WareneingangFlowchart*.

1. Öffnen Sie die Aktivität *Stichprobenauswertung*. Diese sieht in der Übersicht so wie in Abbildung 8.37 dargestellt aus.

Abbildung 8.37 Die Stichprobenauswertung in der Übersicht

2. Um den Vorgang zu verdeutlichen, sollten Sie die Aktivitäten wie oben dargestellt umbenennen.
3. Zwischen der Einreichung der Proben in das Labor und der Auswertung der Ergebnisse fehlt noch ein wesentlicher Schritt: die Ergebnisse selbst!
4. Unser Labor arbeitet schnell und liefert die Ergebnisse für gewöhnlich innerhalb von fünf Stunden. Höchstens können wir zwölf Stunden darauf warten, denn

dann muss der Stellplatz für den Wareneingang mit der nächsten Warenlieferung neu belegt werden. Schon aus Gründen der Höflichkeit brechen wir den Vorgang nicht gleich ab, wenn die Prüfergebnisse nicht rechtzeitig eintreffen. Wir erinnern die Kollegen lieber freundlich daran. Dazu benötigen wir eine neue Variable (siehe Abbildung 8.38)

Abbildung 8.38 Die Variable zur Erinnerung des Labors

5. Fügen Sie nun bitte eine *DoWhile*-Aktivität zwischen den Aktivitäten *Laboreinreichung* und *Auswertung* ein, und benennen Sie diese *Warten auf Laborergebnisse*.
6. Als Condition geben Sie an: `AnzahlLaborErinnerungen < 2`
7. In den Body der Aktivität platzieren Sie eine *Pick*-Aktivität, der Visual Studio 2012 praktischerweise gleich zwei *PickBranch*-Aktivitäten hinzufügt (siehe Abbildung 8.39). Bestimmt haben Sie schon längst bemerkt, dass der Workflow Designer Sie immer dezent darauf aufmerksam macht, wenn etwas mit einer Aktivität nicht stimmt – beispielsweise weil Ausdrücke fehlen oder nicht ausgewertet werden können.

Abbildung 8.39 Die Aktivität bis hierher

8. Den linken Zweig werden wir verwenden, um auf die Laborergebnisse zu warten, mit dem rechten Zweig lassen wir einen Zähler ablaufen, daher auch hier die Benennung – übrigens erst seit WF 4.5 möglich. In den Trigger-Block des rechten Zweiges legen Sie nun bitte eine *Delay*-Aktivität ab. Als Duration müssten wir eigentlich angeben: `TimeSpan.FromHours(6)`. Damit könnten wir diese Funktion allerdings erst testen, nachdem wir sechs Stunden gewartet haben. Wir machen also aus sechs Stunden flugs sechs Sekunden: `TimeSpan.FromSeconds(6)`.
9. Damit tritt das rechte Ereignis nach sechs Sekunden ein. Als Action können Sie eine *Sequence*-Aktivität hinzufügen und darin wiederum eine *Switch <int32>*-Aktivität, denn die Ausgabe unterscheidet sich je nach Durchlauf. Fügen Sie die Fälle aus den Ausgaben nun so hinzu, wie in Abbildung 8.40 zu sehen ist.

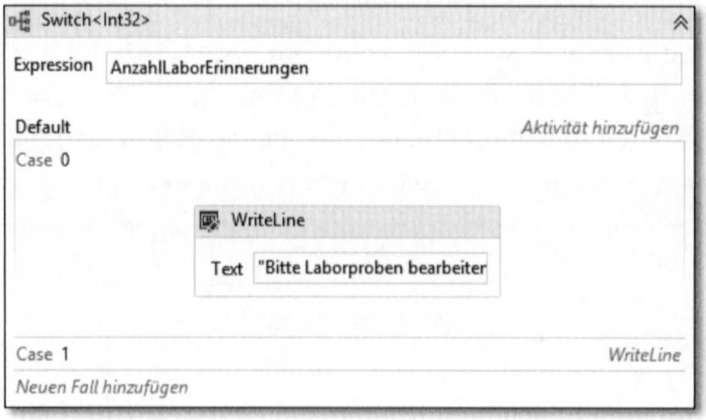

Abbildung 8.40 Ausgabe von Informationsmeldungen in einer Switch-Aktivität

10. In der Praxis würden Sie vermutlich eine E-Mail versenden, wie wir das bereits getan haben, oder eine andere Form der Kommunikation wählen. Für unsere Zwecke genügt eine Ausgabe auf der Konsole. Wie auch immer: In jedem Fall müssen wir danach den Zähler erhöhen. Wie Sie wissen, bewerkstelligen wir das mithilfe einer *Assign*-Aktivität.
11. Da wir nach einem Zeitablauf über das Ergebnis der Prüfung nichts sagen können, fügen wir eine weitere *Assign*-Aktivität hinzu und setzen die Variable `FehlerhafteProben` auf `Stichprobe`. Und zwar in der *Switch*-Aktivität, im Zweig 1, also erst nachdem die Erinnerung schon erfolgt ist und wir das Warten abbrechen. Damit nehmen wir an, dass die gesamte Stichprobe fehlerhaft ist. Das bietet die Gelegenheit, eine weitere nette Verbesserung in WF 4.5 in Augenschein zu nehmen. Sie können nämlich auch solchen Aktivitäten weitere Aktivitäten hinzufügen, die nur eine Aktivität aufnehmen können, weil der WF-Designer in solchen Fällen automatisch eine Sequenz hinzufügt und die bereits vorhandene und die neu hinzugefügte Aktivität dort hineinpackt. Somit haben wir die rechte Seite komplettiert (siehe Abbildung 8.41).

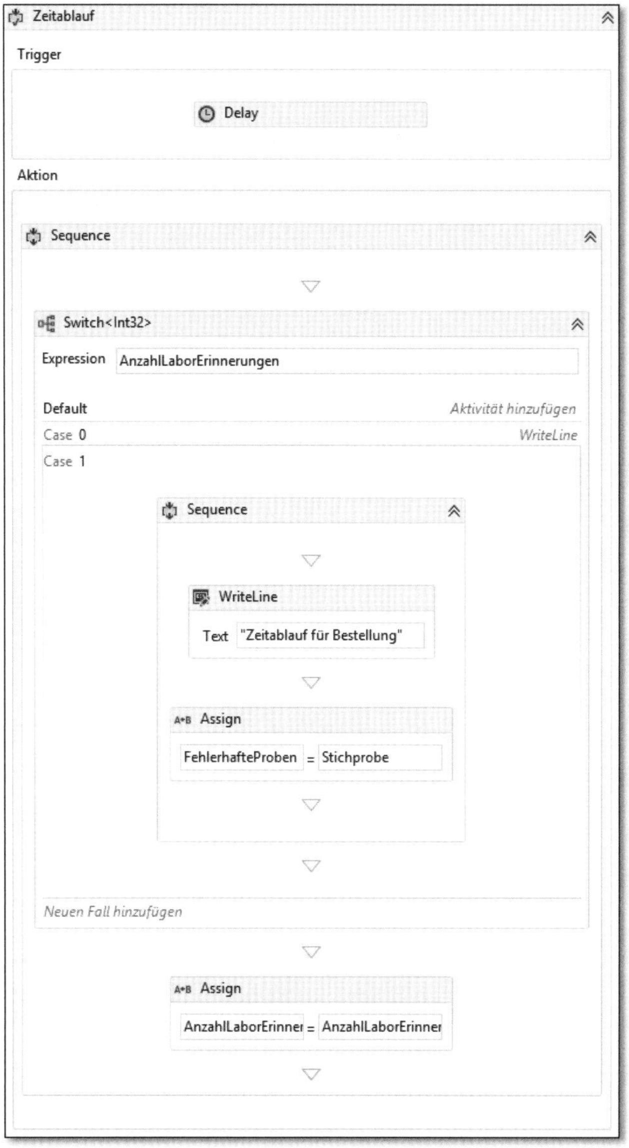

Abbildung 8.41 Die rechte Seite der Pick-Aktivität

12. Von dem linken Ereignis hoffen wir, dass es schneller eintritt; also vor Eintritt des *Delay*-Ereignisses. Es handelt sich dabei um die Ergebnisse der Laborprüfung. Das Labor hat seine eigene serviceorientierte Software, dafür werden wir später noch waschechte Services schreiben und an unseren Workflow anbinden. Fügen Sie schon einmal in Vorbereitung ein *Receive*-Ereignis in den Trigger-Bereich der *PickBranch*-Aktivität »Warten« hinzu (Karteireiter MESSAGING).
13. Als *OperationName* tragen Sie bitte ein: `EmpfangeLaborErgebnisse`.

14. Den Action-Block lassen wir zunächst leer, denn die weitere Vorgehensweise hängt davon ab, was die Ergebnisse sind, die wir vom Labor zurückerhalten haben. Und da wir den WCF-Service erst später anbinden, wird dieser Block im Augenblick ohnehin noch nicht durchlaufen. Werfen wir in Abbildung 8.42 noch einen kurzen Blick auf die fertige Aktivität.

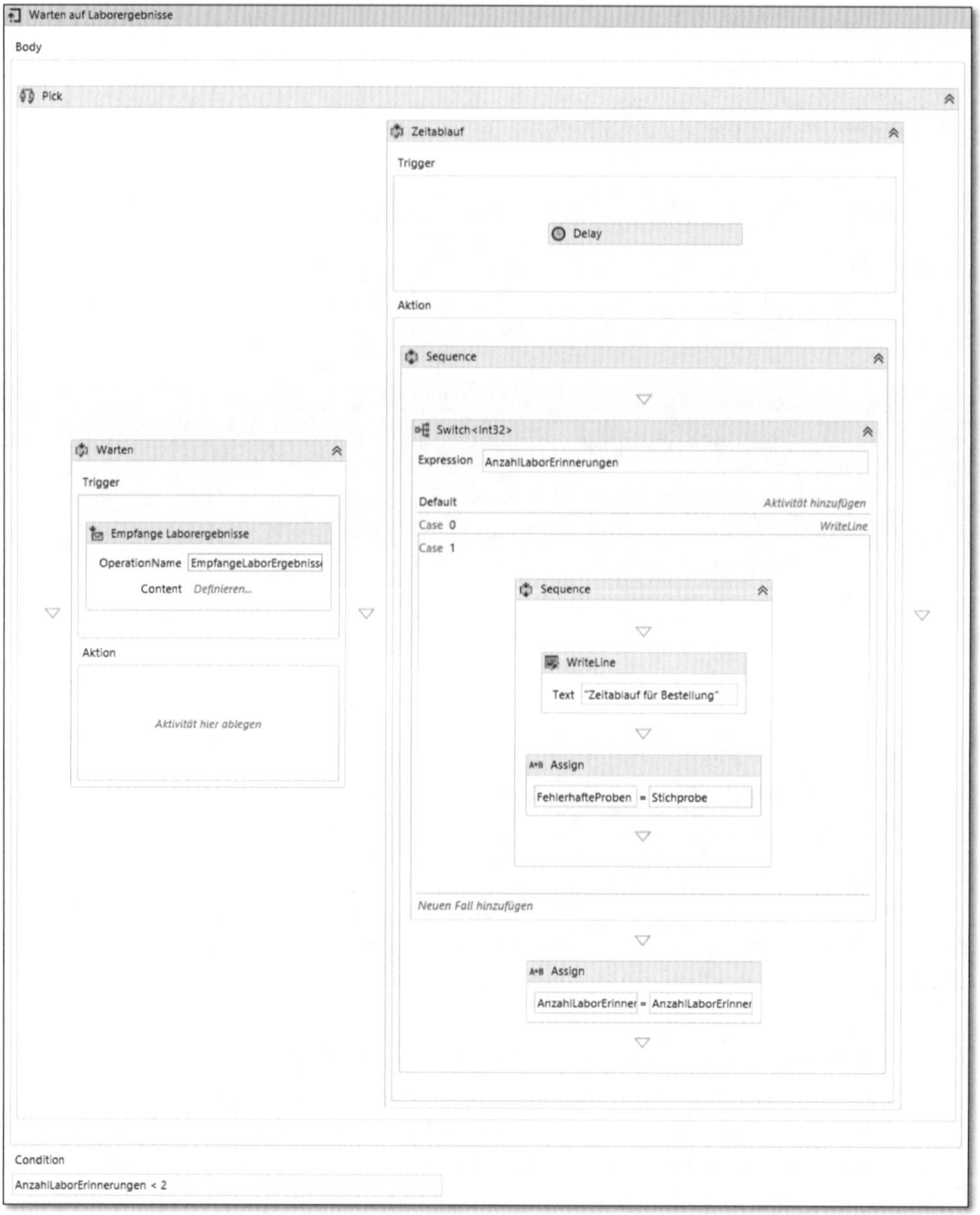

Abbildung 8.42 Die fertiggestellte Aktivität

15. Führen Sie den Workflow nun aus, das Ergebnis sollte so aussehen wie in Abbildung 8.43 dargestellt.

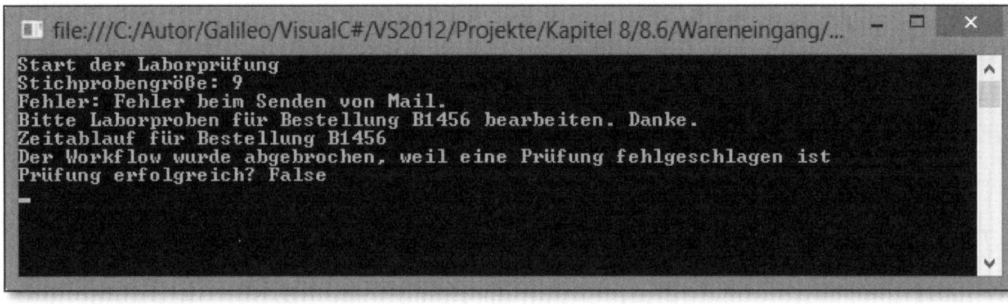

Abbildung 8.43 Das Ergebnis unserer Pick-Aktivität

Die erste Meldung erscheint nach sechs Sekunden, die zweite Meldung nach weiteren sechs Sekunden. Danach wird die Prüfung abgebrochen, so wie wir es beabsichtigt hatten. Sie konnten sehen: Die *Pick*-Aktivität ist recht nützlich, wenn es um eintretende Ereignisse geht.

Diese Aktivität löst jedoch nicht das Problem langlaufender Transaktionen: Denn der gesamte Workflow muss ausgeführt werden, solange die Aktivität ausgeführt wird. Verwenden Sie *Pick* nur dann, wenn Sie dies sicherstellen können. Für eine Wartezeit von sechs Sekunden ist unsere Lösung sicherlich sinnvoller als für die eigentlich gedachte Wartezeit von sechs Stunden. Wir werden später noch darauf zurückkommen und eine praxisgerechtere Lösung entwickeln.

8.6.6 TerminateWorkflow

Das gewaltsame Beenden eines Workflows ist eigentlich nicht ratsam. Dennoch gibt es hierfür eine Aktivität:

Aktivität	Beschreibung
TerminateWorkflow `<TerminateWorkflow ... />` LAUFZEIT	Stoppt die Ausführung der Aktivitäten und beendet den Workflow sofort.

Tabelle 8.7 Aktivität

TerminateWorkflow hat immer die Auslösung einer Exception zur Folge. Dafür gibt es zwei Eigenschaften und damit Möglichkeiten:

- *Exception*: Hier können Sie eine eigene Exception erzeugen, die dann von dieser Aktivität ausgelöst wird.

- *Reason*: Wenn Sie hier einen String eingeben, dann wird eine `WorkflowTerminatedException` ausgelöst, mit dem eingegebenen String als Exception-Nachricht (Message).

Gleichgültig, welchen Weg Sie wählen, es wird auf jeden Fall das `Completed`-Ereignis Ihres `WorkflowApplication`-Objekts aufgerufen. Der Inhalt der übergebenen Argumente in `WorkflowApplicationCompletedEventArgs` ist:

- *CompletionState*: `Faulted`
- *TerminationException*: die von dieser Aktivität generierte Exception

Der `OnUnhandledException`-EventHandler wird aber nicht aufgerufen. Dieser ist für die Behandlung von Fehlern innerhalb von Workflows zuständig, zum Beispiel für Exceptions, die Sie mittels der *Throw*-Aktivität selbst auslösen.

Verwenden Sie diese Aktivität sparsam. Sie bietet sich immer dann an, wenn eine sinnvolle Ausführung des weiteren Workflows nicht mehr gewährleistet ist.

8.6.7 Sonstige Aktivitäten

Damit haben wir die meisten Aktivitäten der Base Activity Library besprochen. Es fehlen noch:

- Die Aktivitäten der Toolbox-Registerkarte MESSAGING werden Sie in Abschnitt 8.11.2, »Aktivitäten«, kennenlernen.
- Die *Persist*-Aktivität ist Gegenstand von Abschnitt 8.9, »Persistenz«, ebenso ihre Geschwisteraktivität, *NoPersistScope*.
- Die Aktivitäten zur Steuerung von Transaktionen werden in Abschnitt 8.8, »Transaktionen«, behandelt.

Wenn Sie bisher alle Beispiele selbst durchgeführt haben, dann haben Sie nun einen Workflow von durchaus praxisnaher Komplexität vor sich. Schön, dass Sie dabei geblieben sind. Im Weiteren wird es noch interessanter, denn es geht unter anderem um eigene Aktivitäten, also die Bereicherung der WF um programmseitig implementierte Aktivitäten. Die Entwicklung solcher Aktivitäten ist einfach genug, um fehlende Funktionalitäten auf diese Weise nachzurüsten.

8.7 Eigene Aktivitäten entwickeln

Einen kleinen Bruder eigener Aktivitäten haben Sie bereits kennengelernt: Die *InvokeMethod*-Aktivität zum Aufrufen von Klassen- und Instanzmethoden gewöhnlicher .NET-Klassen.

In früheren Versionen der Workflow Foundation gab es noch die *Code*-Aktivität, mit der Sie eigenen Code ausführen konnten, um damit das Schreiben eigener Aktivitäten zu umgehen. WF 4.5 ist da konsequenter, einerseits weil es den deklarativen Ansatz des Designers nicht mit handgeschriebenem Code vermischt, andererseits weil die Erstellung eigener Aktivitäten nun wirklich einfach geworden ist.

Zur Wiederholung sei aber gesagt, dass Sie dadurch die Unabhängigkeit eines Workflows von seiner Laufzeitumgebung aufgeben. Bisher hätten Sie den Wareneingangs-Workflow ohne Weiteres per E-Mail verschicken können, er ist auf jeder .NET 4.5-Installation lauffähig; wenn Sie eigene Aktivitäten schreiben, dann nimmt Visual Studio eine Referenz auf das Assembly auf, das den Code beinhaltet. Sie müssen dann beides gemeinsam weitergeben.

Bevor Sie nun allzu lange darüber nachdenken, ob das sinnvoll ist oder nicht, beachten Sie bitte das früher Gesagte: WF ist kein Ersatz für eine Programmiersprache. Wenn die gesamte Flexibilität einer Programmiersprache deklarativ im WF-Designer zur Verfügung stünde, dann wäre dieser nicht weniger komplex als C#, die .NET-Klassenbibliothek und Visual Studio, und das würde den Ansatz ad absurdum führen. An irgendeiner Stelle müssen wir also notgedrungen eine Blackbox einführen, indem wir eine Aktivität im Code erstellen, eine *Custom Activity*.

8.7.1 Aktivitäten im Überblick

Fassen wir kurz zusammen, was wir bisher über Aktivitäten wissen:

- Aktivitäten sind die elementaren Ausführungseinheiten in WF.
- Aktivitäten können andere Aktivitäten beinhalten. Viele Aktivitäten erlauben zwar nur eine Kind-Aktivität, aber über den Umweg der *Sequence*-Aktivität sind auch hier mehrere Aktivitäten möglich.
- Es gibt keinen Unterschied zwischen einem Workflow und einer Aktivität. Der Workflow ist einfach die Aktivität, die alle anderen Aktivitäten beinhaltet und der damit an der obersten Stufe der Hierarchie steht.
- Die Workflow Runtime beginnt mit dieser obersten Aktivität und arbeitet sich dann durch alle Aktivitäten, bis keine Aktivität mehr verarbeitet werden kann.
- Die Reihenfolge der Aktivitäten bestimmt das Modell: entweder sequenziell (*Sequence*) oder in beliebiger Reihenfolge (*Flowchart*).
- Aktivitäten können deklarativ, in XAML oder in C#-Code, erzeugt werden.
- Microsoft liefert mit der Base Activity Library einen Grundstock mit, den wir beliebig erweitern können.

In diesem Abschnitt sehen wir uns nun an, was das technisch bedeutet. Für uns sind vor allem vier Klassen interessant. Wir finden sie im Namespace `System. Activities`.

Activity

Die Klasse `Activity` erbt direkt von `Object`. `Activity` erlaubt es, bestehende Aktivitäten in einer Einheit zusammenzufassen. In Visual Studio können Sie einem Projekt jederzeit eine Aktivität hinzufügen, indem Sie HINZUFÜGEN • NEUES ELEMENT auswählen (siehe Abbildung 8.44).

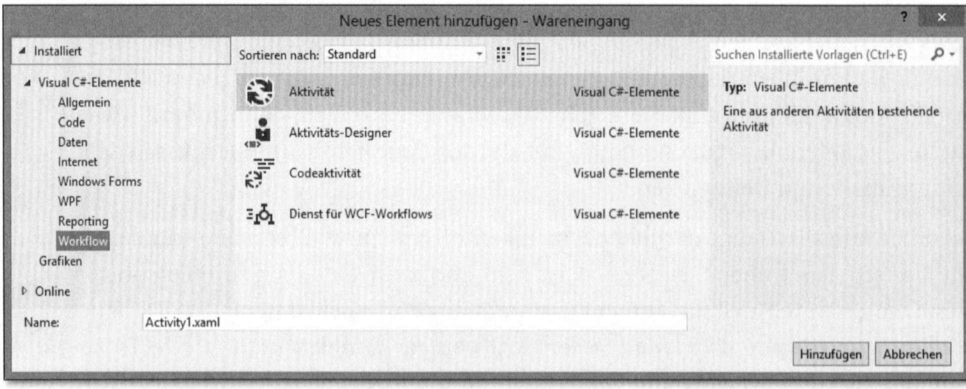

Abbildung 8.44 Hinzufügen einer neuen Aktivität zu einem Projekt

Eine solche Aktivität mit nur einer *WriteLine*-Aktivität sieht in XAML dann so aus:

```
<Activity mc:Ignorable="sap sap2010 sads" x:Class="Wareneingang.AnActivity"
 sap2010:ExpressionActivityEditor.ExpressionActivityEditor="C#"
 xmlns="http://schemas.microsoft.com/netfx/2009/xaml/activities"
 xmlns:mc="http://schemas.openxmlformats.org/markup-compatibility/2006"
 xmlns:sads="http://schemas.microsoft.com/netfx/2010/xaml/activities/debugger"
 xmlns:sap="http://schemas.microsoft.com/netfx/2009/xaml/activities/
 presentation"
 xmlns:sap2010="http://schemas.microsoft.com/netfx/2010/xaml/activities/
 presentation"
 xmlns:sco="clr-namespace:System.Collections.ObjectModel;assembly=mscorlib"
 xmlns:x="http://schemas.microsoft.com/winfx/2006/xaml">
  <TextExpression.NamespacesForImplementation>
    <sco:Collection x:TypeArguments="x:String">
      <x:String>System</x:String>
      <x:String>System.Collections.Generic</x:String>
      <x:String>System.Data</x:String>
      <x:String>System.Linq</x:String>
      <x:String>System.Text</x:String>
    </sco:Collection>
  </TextExpression.NamespacesForImplementation>
  <TextExpression.ReferencesForImplementation>
    <sco:Collection x:TypeArguments="AssemblyReference">
```

```
        <AssemblyReference>Microsoft.CSharp</AssemblyReference>
        <AssemblyReference>System</AssemblyReference>
        <AssemblyReference>System.Activities</AssemblyReference>
        <AssemblyReference>System.Core</AssemblyReference>
        <AssemblyReference>System.Data</AssemblyReference>
        <AssemblyReference>System.Runtime.Serialization</AssemblyReference>
        <AssemblyReference>System.ServiceModel</AssemblyReference>
        <AssemblyReference>System.ServiceModel.Activities</AssemblyReference>
        <AssemblyReference>System.Xaml</AssemblyReference>
        <AssemblyReference>System.Xml</AssemblyReference>
        <AssemblyReference>System.Xml.Linq</AssemblyReference>
        <AssemblyReference>WareneingangLibrary</AssemblyReference>
        <AssemblyReference>mscorlib</AssemblyReference>
        <AssemblyReference>Wareneingang</AssemblyReference>
      </sco:Collection>
    </TextExpression.ReferencesForImplementation>
    <WriteLine Text="Hello World"
    sap2010:WorkflowViewState.IdRef="WriteLine_1" sads:DebugSymbol.Symbol=
    "d1RDOlxBdXRvclxHYWxpbGVvXFZpc3VhbEMjXFZTMjAxMlxQcm9qZWtOZVxLYXBpdGVs
    IDhcOC43XFdhcmVuZWluZ2FuZ1xBbkFjdGl2aXR5LnhhbWwCJAMkhAECAQEkEyQgAgEC" />
    <sap2010:WorkflowViewState.IdRef>Wareneingang.AnActivity_1</
    sap2010:WorkflowViewState.IdRef>
    <sap2010:WorkflowViewState.ViewStateManager>
      <sap2010:ViewStateManager>
        <sap2010:ViewStateData Id="WriteLine_1"
        sap:VirtualizedContainerService.HintSize="211,62" />
        <sap2010:ViewStateData Id="Wareneingang.AnActivity_1"
        sap:VirtualizedContainerService.HintSize="251,142" />
      </sap2010:ViewStateManager>
    </sap2010:WorkflowViewState.ViewStateManager>
</Activity>
```

Listing 8.8 MyActivity.xaml

Am Beginn stehen einige Namespace-Definitionen, bevor einige Assemblys des .NET Frameworks referenziert werden, unter anderem `System. Activities`, die Mutter aller Workflows. Es folgen die Aktivitäten, hierarchisch, wie im Designer dargestellt. Jede Aktivität lässt sich mit ihren jeweils spezifischen Attributen und Unterelementen parametrisieren, wollen Sie das einmal nicht im Designer tun. Dafür ziehen Sie am besten eine Aktivität in den Designer, stellen die Eigenschaften entsprechend ein und wechseln danach in die Codeansicht. Für die vorher generierte *Delay*-Aktivität sieht das dann so aus:

```
<Delay>
  <InArgument x:TypeArguments="x:TimeSpan">
    <mca:CSharpValue x:TypeArguments="x:TimeSpan">TimeSpan.FromSeconds(6)
    </mca:CSharpValue>
  </InArgument>  <sap2010:WorkflowViewState.IdRef>Delay_1</
    sap2010:WorkflowViewState.IdRef>
  <sads:...</sads:DebugSymbol.Symbol>
</Delay>
```

Wichtig sind die entsprechenden Argumente der Aktivität, wie sie hier in C# angegeben wurde.

Visual Studio fügt die soeben erstellte Aktivität sinnvollerweise der Toolbox hinzu, woraus sie in anderen Aktivitäten dann wiederverwendet werden kann.

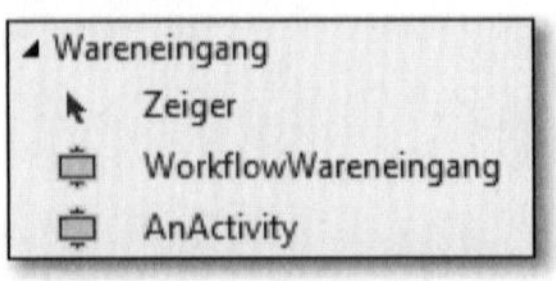

Abbildung 8.45 Die Toolbox-Ansicht mit eigenen Aktivitäten

CodeActivity

Wie der Name vermuten lässt, lassen sich damit eigene Aktivitäten programmieren, also Aktivitäten mit auszuführendem Code. Viele der eingebauten Aktivitäten erben davon, beispielsweise die *WriteLine*-Aktivität, die sich im Namespace `System.Activities.Statements` befindet.

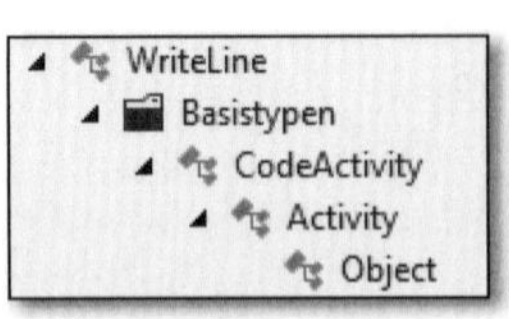

Abbildung 8.46 Die Klassenhierarchie von WriteLine

Die Klasse selbst ist abstrakt, Sie können also keine Instanzen davon erzeugen. Das würde aber auch keinen Sinn machen, denn es geht ja gerade darum, dass wir in eigenen Ableitungen Funktionalität implementieren.

Diese Klasse bietet sich dann an, wenn Sie nicht innerhalb des Codes auf die Workflow Runtime zugreifen müssen, wie eben im Falle der *WriteLine*-Aktivität. Sie stellt einen `CodeActivityContext` bereit, über den Sie im Wesentlichen Argumente und Variablen lesen und schreiben können.

NativeActivity

Abbildung 8.47 zeigt die Klassenhierarchie der *DoWhile*-Aktivität, die zur BAL gehört.

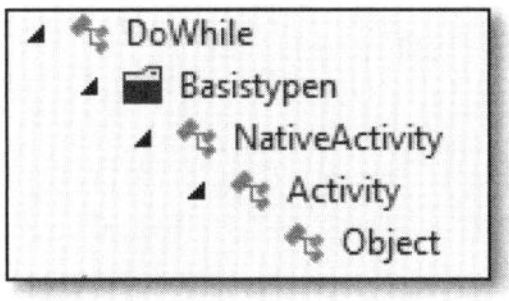

Abbildung 8.47 Die Klassenhierarchie von DoWhile

Diese Aktivität erbt von NativeActivity, einer Klasse, die einen Zugang zur Workflow Runtime ermöglicht. Dafür stellt die Execute-Methode ein Objekt NativeActivity-Context bereit, mit dessen Hilfe wir beispielsweise die Steuerung der Ausführung beeinflussen können. Das ist der Grund, warum *DoWhile* nicht von CodeActivity, sondern eben von NativeActivity erbt.

AsyncCodeActivity

Diese Basisklasse führt die Arbeit asynchron aus und eignet sich damit für Szenarien, in denen auf das Ergebnis einer Aktion nicht gewartet werden soll, oder jene, bei denen die Arbeit schon vom Grundsatz her asynchron ist, zum Beispiel das Versenden von E-Mails.

Aktivitäten mit Rückgabewert

Neben diesen einfachen Basisklassen für eigene Aktivitäten gibt es auch generische Typen:

- Activity<TResult>
- CodeActivity<TResult>
- NativeActivity<TResult>

Erben Sie von diesen Klassen, wenn ihre Aktivität einen Rückgabewert liefern soll. Die Execute-Methode liefert dann nicht mehr void zurück, sondern einen Wert vom Type TResult.

8.7.2 Lebenszyklus

Eine Aktivität ist zu einer Zeit in genau einem derjenigen Status, die in der Aufzählung ActivityInstanceState definiert sind:

Status	Bedeutung
Executing	Eine Aktivität beginnt mit diesem Status, und sie verbleibt solange darin, bis alle Kind-Aktivitäten ausgeführt wurden, jedenfalls solange keine Ausnahmen ausgelöst wurden.
Closed	Wenn eine Aktivität ausgeführt wurde, wechselt sie von dem *Executing-* in den *Closed*-Status. Damit hat sie ihre Aufgabe erfüllt. Für Eltern-Aktivitäten gilt dieser Status, wenn alle Kind-Aktivitäten beendet wurden.
Canceled	Eine Aktivität befindet sich in diesem Status, wenn sie ihre Arbeit abgebrochen hat, aber dennoch sich in einem definierten Status befindet. Der Abbruch einer Aktivität ist eine bewusste Entscheidung der Eltern-Aktivität.
Faulted	Dieser Status tritt bei Fehlern auf, wenn die Aktivität abgebrochen wurde, ohne ihre Arbeit zu beenden.

Tabelle 8.8 Status einer Aktivität

Den Status der obersten Aktivität teilt Ihnen die Runtime-Engine im `Completed`-EventHandler der `WorkflowApplication` mit. Aktivitäten verbleiben übrigens auch dann im Status *Executing*, wenn sie überhaupt nicht innerhalb eines Prozesses ausgeführt werden, weil sie zum Beispiel entladen wurden.

8.7.3 CodeActivity

In unserem Fallbeispiel haben wir bisher die Aktivität *Einlagerung* noch überhaupt nicht beachtet, sie ist daher noch leer. Das Hinzufügen eines Wareneingang-Postens zu einem Lager ist sicherlich etwas, das wir nicht deklarativ erledigen können. In der Praxis würden wir vermutlich eine Anbindung an eine bestehende Warenwirtschaftssoftware benötigen. Wir programmieren uns daher eine *CodeActivity*.

1. Fügen Sie dem Projekt *WareneingangLibrary* ein neues Element hinzu (siehe Abbildung 8.48).
2. Benennen Sie die Aktivität *EinlagerungActivity*.
3. Visual Studio legt eine neue Code-Datei an, *EinlagerungActivity.cs*, die wie folgt aussieht (ohne Kommentare):

```
using System;
using System.Collections.Generic;
using System.Linq;
using System.Text;
using System.Activities;
```

```
namespace WareneingangLibrary
{

    public sealed class EinlagerungActivity : CodeActivity
    {
        public InArgument<string> Text { get; set; }
        protected override void Execute(CodeActivityContext context)
        {
            string text = context.GetValue(this.Text);
        }
    }
}
```


Listing 8.9 Die Datei EinlagerungActivity.cs

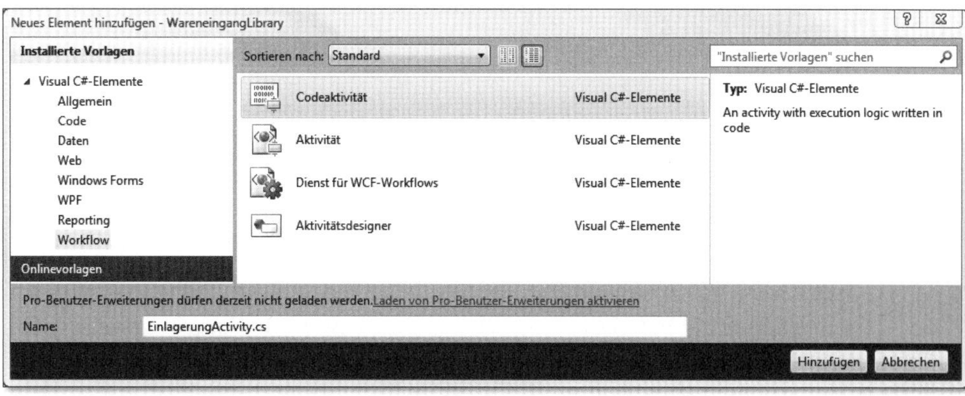

Abbildung 8.48 Hinzufügen einer CodeActivity

Wir haben keine generische Klasse verwendet, da die Einlagerung keine Rückmeldung erforderlich macht. Die erzeugte Klasse ist versiegelt, es ist also nicht möglich, davon weitere Klassen abzuleiten.

Innerhalb einer *CodeActivity* können natürlich auch Argumente definiert werden, dafür hat Visual Studio bereits ein Beispiel-Property erzeugt.

Richtung	Definition im Code, Beispiel
Ein	`public InArgument<int> Menge {get; set;}`
Aus	`public OutArgument<bool> PruefungErfolgreich {get; set;}`
Ein/Aus	`Public InOutArgument<Bestellung> AktuelleBestellung {get; set; }`

Tabelle 8.9 Argumente für Aktivitäten

4. Erstellen Sie nun die *In*-Argumente, wie wir sie für die Einlagerung brauchen.

```
public InArgument<string> Bestellkennzeichen { get; set; }
public InArgument<int> EinzulagerndeMenge {get; set; }
```

5. Für eine *CodeActivity* müssen wir nun lediglich die Execute-Methode überschreiben. Visual Studio hat beim Generieren der Klasse den Methodenrumpf bereits erzeugt. Ändern Sie ihn nun bitte, wie im folgenden Code-Fragment dargestellt:

```
...
using System.IO;
...
protected override void Execute(CodeActivityContext context)
{
   string bkz = Bestellkennzeichen.Get(context);
   int menge = EinzulagerndeMenge.Get(context);
   StreamWriter sw = File.AppendText(@"c:\lagereingang.log");
   sw.WriteLine("Bestellung: " + bkz + ", Menge: " +
   menge.ToString());
   sw.Close();
}
```

   Interessant ist hier, wie die Argumente abgerufen werden. Jedes Argument besitzt die Methode Get, die als Parameter den aktuellen Ausführungskontext der Aktivität entgegennimmt. Diese Vorgehensweise ist notwendig, weil natürlich viele Instanzen eines einzigen Workflows parallel ausgeführt werden können.

   Natürlich würden Sie in Ihrer Anwendung die Daten nicht in eine Textdatei schreiben, sondern in eine Datenbank. Wie auch immer: Die Vorgehensweise ist identisch.

6. Erzeugen Sie nun das Projekt, damit die soeben erzeugte Aktivität in der Toolbox von Visual Studio erscheint.

Abbildung 8.49 Unsere CodeActivity in der Toolbox

7. Sie können diese Aktivität nun in die *Einlagerung*-Aktivität ziehen, und zwar vor die bereits vorhandene Aktivität, denn wenn bei der Einlagerung etwas schiefgeht, wollen wir nicht, dass die Bestellung aus den offenen Bestellungen entfernt wird.

8. Wenn Sie erwartet haben, dass WF gleichnamige Argumente von der Eltern-Aktivität (den Workflow) an die Kind-Aktivität (*EinlagerungActivity*) durchreicht, so muss ich Sie leider enttäuschen. Sie müssen das Argument *Bestellkennzeichen* daher manuell zuweisen.

Dankenswerterweise stellt Visual Studio die Argumente als Eigenschaften im Eigenschaftsfenster dar, sodass wir dies nicht im Code erledigen müssen. Setzen Sie nun die Argumente wie dargestellt. Wir geben hier einfach die bereits vorhandenen Werte an die neue Aktivität weiter. Und natürlich können Sie auch selbst entwickelte Aktivitäten über die `DisplayName`-Eigenschaft sinnvoll benennen.

- Bestellkennzeichen: `Bestellkennzeichen`
- EinzulagerndeMenge: `Menge`

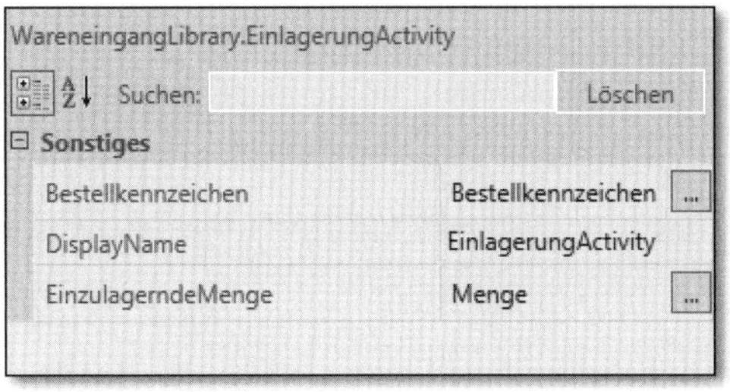

Abbildung 8.50 Das Eigenschaftsfenster mit den In-Argumenten

9. Damit sind wir fast fertig. Würden wir den Workflow jetzt ausführen, so würde die Aktivität *Einlagerung* nie ausgeführt. Schuld daran ist die Laborprüfung aus dem letzten Abschnitt. Da unser Labor (noch) keine Rückmeldung liefert, brechen wir die Prüfung bislang ab, was zwar fachlich richtig, aber für unsere weiteren Zwecke unpraktisch ist. Ändern Sie daher bitte für die kommenden Tests die Zuweisung in der *Pick*-Aktivität der Aktivität *Warten* auf `Laborergebnisse` so, dass der Variablen `FehlerhafteProben` der Wert `0` zugewiesen wird, statt `Stichprobe`.

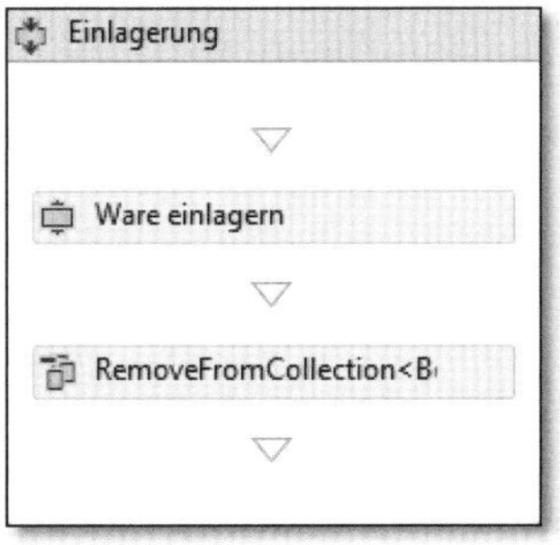

Abbildung 8.51 Die fertige Aktivität »Einlagerung« mit unserer CodeActivity

10. Wenn Sie den Workflow nun ausführen, so wird im Verzeichnis *C:\temp* (bitte gegebenenfalls vorher anlegen, oder Pfad ändern) eine Datei mit der eingelagerten Warenlieferung erstellt.

Herzlichen Glückwunsch! Sie haben nun Ihre erste eigene Aktivität geschrieben und werden sicherlich zustimmen: Das war einfach. Im nächsten Beispiel werden wir unsere Aktivität noch ein wenig aufwerten, bevor wir uns dann an etwas komplexere Beispiele wagen.

8.7.4 CodeActivity mit Rückgabewert

Wir wollen nun dieses Beispiel um einen Rückgabewert bereichern.

1. Fügen Sie der soeben erstellten Klasse `EinlagerungActivity` ein *Out*-Argument hinzu:

   ```
   public OutArgument<string> StellplatzId {get; set; }
   ```

2. Diesem Argument können wir in der `Execute`-Methode einen Wert zuweisen, in unserem Beispiel eine GUID:

   ```
   context.SetValue<string>(StellplatzId, Guid.NewGuid().ToString());
   ```

3. Abermals gilt nun das Prinzip, dass Argumente nur innerhalb von Aktivitäten verwendet werden. Wenn wir die *LagerplatzId* also außerhalb des Workflows verwenden möchten, dann müssen wir ein weiteres *Out*-Argument im Workflow selbst definieren: *Lagerplatz*, Richtung: *Aus*, *Datentyp:* `string`
4. Anschließend müssen wir noch den erzeugten Wert (*Out*-Argument) innerhalb der Aktivität dem neuen *Out*-Argument des Workflows zuweisen. Hierfür genügt es, im Eigenschaftsfenster dem Argument `LagerplatzId` den Wert `Lagerplatz` zuzuweisen, also dem gerade erstellten *Out*-Argument des Workflows.

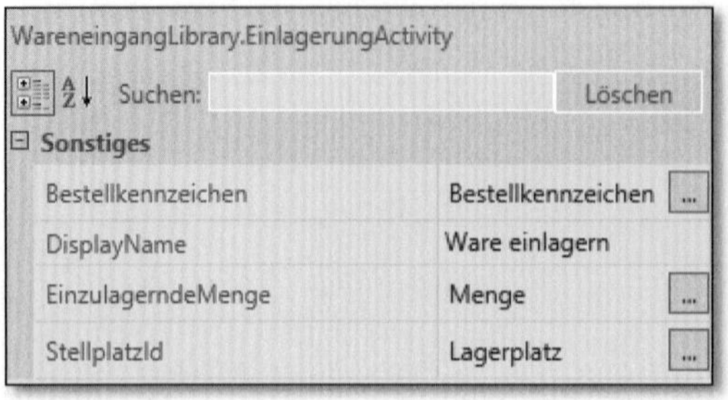

Abbildung 8.52 Das Out-Argument der Aktivität wird dem Out-Argument des Workflows zugewiesen

5. Sie können jetzt in der *Program.cs* auf das *Out*-Argument zugreifen:

   ```
   wa.Completed = delegate(WorkflowApplicationCompletedEventArgs e)
   {
      if (e.CompletionState == ActivityInstanceState.Closed)
      {
   ```

```
        if (Convert.ToBoolean(e.Outputs["PruefungErfolgreich"]))
                Console.WriteLine("Einlagerung in Lagerplatz: " +
                e.Outputs["Lagerplatz"]);
        else
           Console.WriteLine(»Die Prüfung war nicht erfolgreich«);
    }
};
```

Listing 8.10 Zugriff von außen auf das Argument unserer CodeActivity

Nach dem Starten des Workflows wird der Stellplatz der soeben eingelagerten Ware ausgegeben. Und vergessen Sie nicht, die Datei *lagereingang.log* abermals zu überprüfen, die bereits die ersten eingelagerten Produkte enthält.

8.7.5 CodeActivity mit Validierung

Erinnern Sie sich noch an das Versenden von E-Mails? Die Verwendung der *InvokeMethod*-Aktivität hat zwar funktioniert, aber elegant war das nicht. Das war auch der Grund dafür, dass wir die Labor-Erinnerungen an der Konsole ausgeben, anstatt sie per E-Mail zuzustellen. Die Konfiguration von *InvokeMethod* ist einfach zu aufwendig und fehleranfällig, um sie häufiger einzusetzen. Vor allem aber verleitet sie dazu, eine Aufgabenstellung doch irgendwie hinzubekommen, wo die Aufgabe mit einer `CodeActivity` in wenigen Zeilen Code gelöst werden könnte. Seien Sie also sparsam damit, und lassen Sie sie uns durch eine `CodeActivity` würdevoll ersetzen.

Klasse einrichten

1. Fügen Sie dem Projekt *WareneingangLibrary* eine neue Klasse hinzu, die Sie `SendMail` benennen.
2. Leiten Sie die Klasse von `CodeActivity` ab und definieren Sie sie als `public` und `sealed`.
3. Importieren Sie die Namespaces `System.Activities` und `System.Net.Mail`.

```
using System;
using System.Collections.Generic;
using System.Linq;
using System.Text;
using System.Activities;
using System.Net.Mail;

namespace WareneingangLibrary
{
```

```
    public sealed class SendMail : CodeActivity
    {

    }
}
```

Listing 8.11 Die noch leere Aktivität »SendMail«

Argumente

Für das Versenden einer E-Mail benötigen wir einige Angaben: SMTP-Server, Absender, Empfänger, Betreff und die Nachricht selbst, die wir teils als *In*-Argumente in bekannter Form definieren, teils als gewöhnliche Eigenschaften. Nun, *fast* in bekannter Form, denn der SMTP-Server ist eine Pflichtangabe, die wir mittels des Attributs `[RequiredArgument]` festlegen können.

Der Vorteil gewöhnlicher Eigenschaften ist, dass Sie die bekannten .NET-Attribute darauf verwenden können, zum Beispiel auch Default-Werte, wie im folgenden Beispiel zu sehen ist:

```
[DefaultValue(5)] //In System.ComponentModel
public InArgument<int> WartezeitInSekunden { get; set; }
```

Wir platzieren die Argumente an den Anfang der Klasse:

```
[RequiredArgument]
public InArgument<string> SmtpServer { get; set; }
public string Absender { get; set; }
public string Empfaenger { get; set; }
public string Betreff { get; set; }
public InArgument<string> Nachricht { get; set; }
```

Listing 8.12 Die benötigten Argumente zum Versenden einer E-Mail

CacheMetadata

Im vorherigen Abschnitt haben wir die Argumente und andere Eigenschaften eingefügt und angegeben, dass der SMTP-Server nicht leer sein darf. Ist er es dennoch, zeigt uns der Workflow Designer doch bereits einen Validierungsfehler an. Das ist jetzt schon überaus praktisch.

Wenn wir robusten Code schreiben wollen, dann müssen wir unsere Eingaben noch weitergehenden Prüfungen unterziehen, also validieren. Natürlich könnten wir dies in `Execute` tun. Dann könnten wir jedoch nur eine `Exception` auslösen, wenn die Validierung fehlschlägt, was einen Abbruch des Workflows während seiner Ausführung zur Folge hätte. Viel eleganter wäre es, wenn die Validierung bereits im Designer stattfände und damit auf dieselbe Art signalisiert würde, genauso wie es bei einem fehlenden SMTP-Server der Fall ist.

Dies ist möglich, wenn Sie die Methode `CacheMetadata` überschreiben. Diese Methode ist virtuell, Sie müssen also darin `base.CacheMetadata(metadata)` aufrufen.

```
protected override void CacheMetadata(CodeActivityMetadata metadata)
{
   if (!isEmailValid(this.Absender))
      metadata.AddValidationError("Der Absender ist keine gültige
      E-Mail-Adresse");
   if (!isEmailValid(this.Empfaenger))
      metadata.AddValidationError("Der Empfänger ist keine gültige
      E-Mail-Adresse");
   base.CacheMetadata(metadata);
}

private bool isEmailValid(string emailAddress)
{
   if (string.IsNullOrEmpty(emailAddress))
      return false;
   return System.Text.RegularExpressions.Regex.IsMatch(emailAddress,
   @"\w+([-+.]\w+)*@\w+([-.]\w+)*\.\w+([-.]\w+)*");
}
```

Listing 8.13 Die Eingabevalidierung von Absender und Empfänger

Bitte stören Sie sich nicht an dem regulären Ausdruck zur Prüfung der E-Mail-Adressen. Sie könnten vermutlich ein Leben damit verbringen, nach einem Ausdruck zu suchen, der eine E-Mail-Adresse korrekt validiert. Der Vollständigkeit halber sollten wir auch noch die Eigenschaften *Betreff* und *Nachricht* validieren (auf leere Einträge hin), was ich an dieser Stelle dem geneigten Leser überlasse.

Als Nächstes schreiben wir den Code, der einfach mittels der in .NET eingebauten Bordmittel eine E-Mail versendet.

Der Code

```
protected override void Execute(CodeActivityContext context)
{
   new SmtpClient(SmtpServer.Get(context)).Send(Absender,
   Empfaenger, Betreff, Nachricht.Get(context));
}
```

Einbau in den Designer und Test

1. Erstellen Sie das Projekt *WareneingangLibrary*, damit die *SendMail*-Aktivität in der Toolbox erscheint.
2. Die ursprüngliche *InvokeMethod*-Aktivität befindet sich in der Aktivität *Laboreinreichung*. Bitte öffnen Sie diese im Designer.
3. Ersetzen Sie die *InvokeMethod*-Aktivität durch Ihre eigene *SendMail*-Aktivität. Sofort erscheinen rote Ausrufezeichen, die auf bestehende Fehler in der Eingabevalidierung hinweisen. Das zeigt uns, dass die Methode zur Eingabevalidierung richtig arbeitet, und ist ein Grund mehr, die Workflow Foundation zu mögen. Genauer gesagt funktionieren beide Methoden der Validierung: Über das `RequiredArgument`-Attribut und die komplexeren Validierungen mittels `CacheMetadata`.

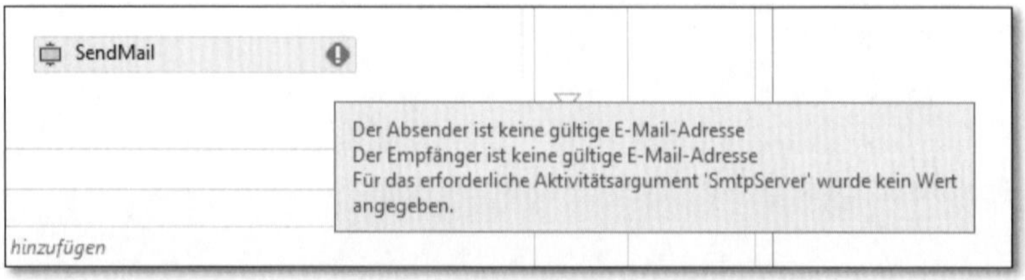

Abbildung 8.53 Fehler in den Eingabedaten

4. Das ändert sich, wenn Sie im Eigenschafts-Fenster vernünftige Werte eingeben.

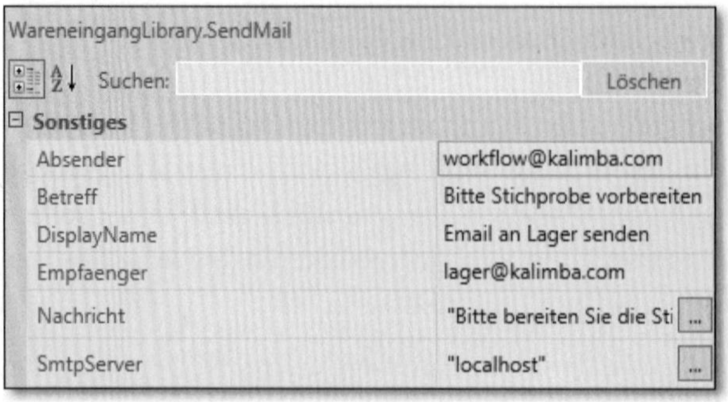

Abbildung 8.54 Die konfigurierte Aktivität

Wenn Sie nun die in Abbildung 8.54 gezeigten Werte durch eigene Werte ersetzen, sodass Sie die E-Mail erreicht, dann sollten Sie jetzt tatsächlich eine E-Mail erhalten mit der Aufforderung, die Stichprobe vorzubereiten.

Damit haben wir unser Beispiel für eine Code-Aktivität mit Validierung abgeschlossen. Wenn Sie möchten, können Sie diese Aktivität auch dafür verwenden, die Erinnerungen für die Mitarbeiter des Labors zu verschicken. Tauschen Sie dafür einfach *WriteLine* durch *SendMail*.

Noch ein Hinweis: Für Argumente, die Sie über den Designer angeben, können Sie die `isRequired`-Eigenschaft festlegen, und so das Argument als Pflichteingabe markieren. Dies entspricht dem Attribut `[RequiredArgument]`, mit dem wir dasselbe im Code erreicht haben.

8.7.6 NativeActivity

Für viele Workflow-Anwendungen reicht die Klasse `CodeActivity` aus, vor allem, wenn es um Workflows im geschäftlichen Umfeld geht. Dennoch möchte ich Ihnen die Klasse `NativeActivity` nicht vorenthalten, denn sie ermöglicht größtmöglichen Einfluss auf die Ausführung und einen Zugriff auf die Workflow Runtime.

Wir können damit ein weiteres Problem in unserem Fallbeispiel lösen: die Frage, was geschehen soll, wenn die Prüfung fehlschlägt. Derzeit geben wir lediglich eine Nachricht auf der Konsole aus. In der Praxis müssen wir natürlich irgendwie auf diese Situation reagieren.

Einerseits müssen wir die Ware mit einer Begründung an den Lieferanten zurücksenden. Das lässt sich nur organisatorisch lösen, es sei denn, wir würden den Workflow an die Software eines Logistikdienstleisters anbinden. Dann müssen diverse Personen informiert werden, zum Beispiel der Lieferant selbst, der Einkäufer und der Leiter des Lagers. Darüber hinaus sind noch weitere Aktionen denkbar. All das wollen wir frei konfigurierbar gestalten. Das wäre anstelle von *WriteLine* auch mit einer *Sequence*-Aktivität möglich. Diese kann jedoch nicht den gesamten Vorgang dokumentieren, daraus ein Dokument generieren und auf der Festplatte ablegen. Und genau eine solche *RecordingSequence* wollen wir nun entwickeln.

Hier kurz die Anforderungen im Überblick:

- Die Aktivität soll als Container für beliebige weitere Aktivitäten dienen, zum Beispiel für unsere *SendMail*-Aktivität.
- Sie soll diese der Reihe nach ausführen.
- Während der Ausführung soll sie ein Protokoll pflegen, um später nachweisen zu können, welche Aktion zu welcher Zeit durchgeführt wurde.
- Am Ende soll sie das Protokoll auf der Festplatte speichern.
- Die Aktivität soll im Designer verwendbar sein.

Da wir den inneren Ablauf der Aktivität selbst steuern möchten, kommt nur eine Ableitung von `NativeActivity` infrage.

Klasse

1. Legen Sie eine neue Klasse `RecordingSequence` im Projekt *WareneingangLibrary* an.
2. Als Basisklasse verwenden Sie bitte `NativeActivity`.

Argumente

Wir benötigen die beiden *In*-Argumente `Path` und `Bestellkennzeichen`, beide vom Typ `string`. Bitte vergessen Sie auch diesmal nicht die Getter- und Setter-Methoden, da sie sonst im Eigenschaftsfenster von Visual Studio nicht angezeigt würden.

Das Argument `Path` enthält den Pfad, in dem später die Protokolle abgelegt werden. Das Argument `Bestellkennzeichen` benötigen wir für den Dateinamen, um später das Protokoll einer Bestellung zuordnen zu können.

Variablen

Variablen haben wir bisher noch nicht verwendet. Sie können Variablen einfach über den Typ `Variable<T>` deklarieren.

1. Deklarieren Sie die beiden Variablen `currentActivityIndex` und `protokoll`:

   ```
   Variable<int> currentActivityIndex;
   Variable<string> protokoll;
   ```

   Die Variable `currentActivityIndex` enthält einen Zähler auf die Aktivität, die als Nächstes ausgeführt werden soll. Wir brauchen diese Variable, da die Runtime-Engine die Kontrolle darüber behält, wann eine Aktivität ausgeführt wird, wie wir später noch sehen werden. Die Variable `protokoll` enthält einen String, der das Protokoll enthält.

2. Überschreiben Sie die Methode `CacheMetadata`. Wir haben diese Methode bereits früher überschrieben, um Eingabevalidierungen durchzuführen. Nun machen wir das System mit den Variablen in dieser Methode bekannt.

   ```
   protected override void CacheMetadata(NativeActivityMetadata metadata)
   {
      base.CacheMetadata(metadata);
      metadata.AddImplementationVariable(this.currentActivityIndex);
      metadata.AddImplementationVariable(this.protokoll);
   }
   ```

   Listing 8.14 Variable meets Workflow

3. Wir benötigen jetzt noch einen Speicher für die Kind-Aktivitäten, denn unsere Aktivität soll ja als Container dienen. Die hier eingesetzte Collection müssen wir im Konstruktor noch initialisieren.

   ```
   Collection<Activity> childActivities;
   public RecordingSequence()
      : base()
   {
      this.childActivities = new Collection<Activity>();
      this.currentActivityIndex = new Variable<int>();
   ```

```
    this.protokoll = new Variable<string>();
}
```

Listing 8.15 Konstruktor von RecordingSequence und Speicher für die Kind-Aktivitäten

Im Konstruktor initialisieren wir auch gleich noch die beiden Variablen.

Auf die Kind-Aktivitäten greifen wir über eine Eigenschaft zu:

```
public Collection<Activity> Activities
{
    get { return this.childActivities; }
}
```


Implementierung

Als Nächstes überschreiben Sie bitte die Execute-Methode

```
protected override void Execute(NativeActivityContext context)
{
   executeActivity(context, null);
}
```

Die Methode ruft lediglich eine weitere Methode auf, die wir gleich im Anschluss schreiben werden. Der Grund hierfür ist, dass wir die Aktivität nicht selbst im Code starten, sondern sie der Runtime-Engine übergeben, die sie dann »scheduled«. Daher benötigen wir eine Rückmeldung, wann die Aktivität tatsächlich ausgeführt wurde, um danach die nächste Aktivität in unserer Collection auszuführen. Und diese Rückmeldung erfolgt über einen Callback, der als Parameter einen Delegaten erwartet, eben die Methode executeActivity.

```
CompletionCallback onChildActivityComplete;
void executeActivity(NativeActivityContext context, ActivityInstance instance)
{
   int currentIndex = currentActivityIndex.Get(context);
   if (currentIndex >= Activities.Count)
   {
      string path = Path.Get(context);
      if (Directory.Exists(path))
      {
         string filename = System.IO.Path.Combine(path,
         Bestellkennzeichen.Get(context) + ".log");
         File.WriteAllText(filename,
         protokoll.Get(context).ToString());
      }
      return;
   }
```

```
    if (this.onChildActivityComplete == null)
        this.onChildActivityComplete =
        new CompletionCallback(executeActivity);
    Activity nextToExecute = Activities[currentIndex];
    context.ScheduleActivity(nextToExecute,
        this.onChildActivityComplete);
    string line = DateTime.Now.ToString() + " - Aktivitaet: " +
        Activities[currentIndex].DisplayName + " ausgefuehrt";
    protokoll.Set(context, protokoll.Get(context) + Environment.NewLine + line);
    this.currentActivityIndex.Set(context, ++currentIndex);
}
```

Listing 8.16 Ausführung der Kind-Aktivitäten aus Protokollierung

Die Funktionsweise:

- Zuerst ermitteln wir die Aktivität, die als Nächstes ausgeführt werden soll, anhand des gespeicherten Indexes.
- Wenn bereits alle Aktivitäten ausgeführt wurden, dann speichern wir das Protokoll in dem Pfad, den wir über das In-Argument erhalten haben.
- Beim ersten Aufruf erzeugen wir den Callback auf die Methode `executeActivity`.
- Wir holen uns die Aktivität, die als Nächstes ausgeführt wird und übergeben Sie der Runtime zur Ausführung. In der Zwischenzeit könnte viel geschehen, daher nimmt die `ScheduleActivity`-Methode unser Callback-Objekt an, um uns später darüber zu informieren, wenn die Ausführung abgeschlossen wurde.
- Im nächsten Schritt schreiben wir das Protokoll in unseren internen Puffer. Dabei holen wir den aktuellen Wert der Protokollvariablen, fügen die neue Zeile hinzu und setzen den neuen Wert der Protokollvariablen.
- Zum Schluss müssen wir noch den Ausführungszähler um eins erhöhen und der Variable zuweisen.

Designer und Test

Damit können wir nun die bisherige `WriteLine`-Aktivität mit der Nachricht »Der Workflow wurde abgebrochen...« durch unsere eigene `RecordingSequence`-Aktivität ersetzen, die Sie bitte *Fehlerprotokoll* benennen.

Vielleicht haben Sie jetzt intuitiv erwartet, dass Sie nun munter Aktivitäten in unsere `RecordingSequence`-Aktivität hineinziehen können, aber das ist leider nicht der Fall. Stattdessen wird die Collection `Activities` im Eigenschafts-Fenster dargestellt, wo wir sie nicht visuell bearbeiten können. Das ist nicht völlig unlogisch, denn wir müssen uns lediglich klarmachen, dass wir soeben das *Verhalten* unserer Aktivität definiert haben, und zwar im Code. Davon unterscheiden müssen wir die *Darstellung*, um die wir uns jetzt kümmern werden. Für beides gibt es verschiedene Sprachen: C# für das Verhalten, XAML-Code für die Darstellung.

Aber wenn Sie schon einmal dabei sind: Setzen Sie doch die Parameter *Path* und *Bestellkennzeichen* (übergeben Sie hier das Bestellkennzeichen der aktuellen Warenlieferung).

Um nun doch noch zu einem Aha-GUI-Erlebnis zu gelangen, benötigen wir einen `ActivityDesigner`, den wir jetzt erstellen werden, wenn Sie möchten.

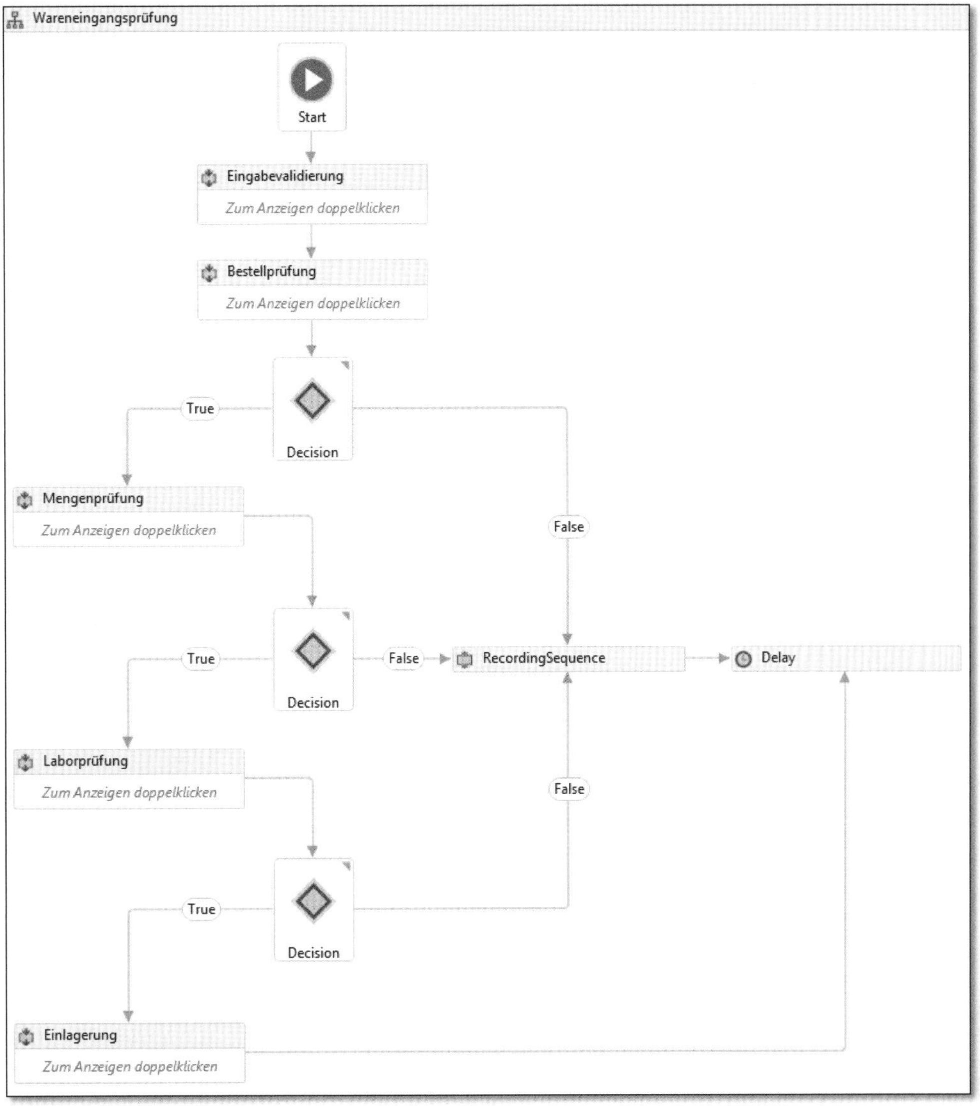

Abbildung 8.55 RecordingSequence anstelle von WriteLine

8.7.7 ActivityDesigner

Wenn schon die Workflows in XAML abgelegt werden, was liegt dann näher, als auch den Designer in XAML zu erstellen? Kurzum: Wir benötigen die *Windows Presentation Foundation* (*WPF*) und einige Klimmzüge, um unserer Aktivität ein ansprechendes Äußeres zu geben.

Ein *ActivityDesigner* ist ein visuelles Control, das einerseits Werte anzeigen, andererseits aber auch Werte aufnehmen und an die Argumente der Aktivität weiterleiten kann. Damit ist er sehr vielseitig einsetzbar, denn er erlaubt die direkte Interaktion mit einer Aktivität, die sonst nur über die nach außen geführten Eigenschaften möglich wäre.

Projekt

Visual Studio 2012 bringt hierfür eine Projektvorlage mit, die AKTIVITÄTSDESIGNERBIBLIOTHEK. Fügen Sie Ihrer Projektmappe ein weiteres Projekt hinzu und benennen Sie es *WareneingangDesigner*.

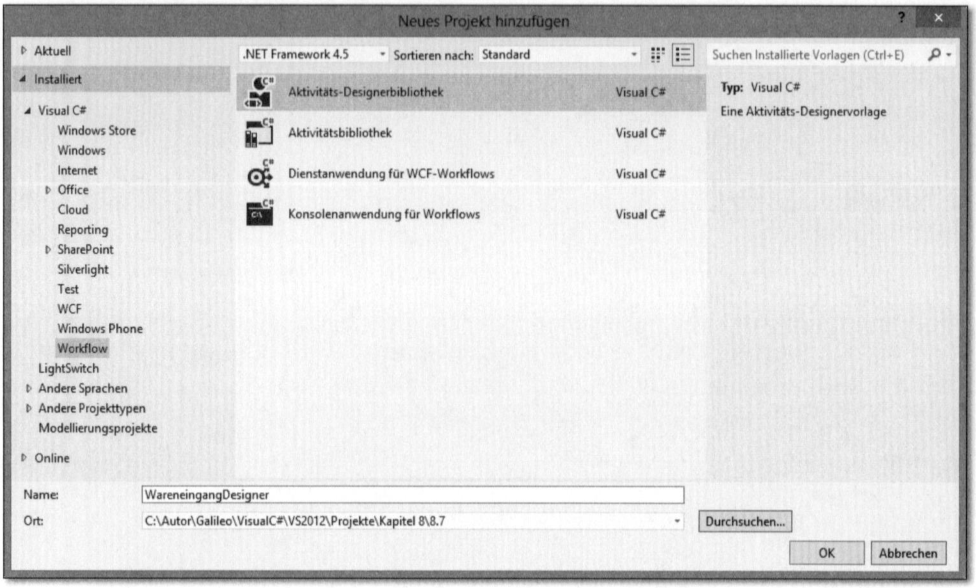

Abbildung 8.56 Die Projektvorlage »Aktivitätsdesignerbibliothek«

Wie immer werden gleich die richtigen Verweise eingetragen. Zudem erstellt Visual Studio eine neue XAML-Datei, *ActivityDesigner1.xaml*.

1. Löschen Sie diese Datei aus dem Projekt. Wie immer erstellen wir ein neues, eigenes Element.

2. Fügen Sie dem Projekt ein neues Element aus dem Reiter WORKFLOW, den AKTIVITÄTSDESIGNER hinzu. Benennen Sie die Datei *RecordingSequenceDesigner.xaml*.
3. Visual Studio lädt anschließend den WPF-Designer und öffnet bereits die Datei. Wenn Sie zuvor noch nie mit WPF gearbeitet haben, finden Sie sich möglicherweise in einer neuen Welt wieder, die sich von der *WinForms*-Welt deutlich unterscheidet. Allen anderen gönne ich nun einige nostalgischen Momente, bei der Erinnerung daran, wie sich der erste WPF-Designer anfühlte. Kein Vergleich zum aktuellen in Visual Studio 2012.

WPF-Design

In der XAML-Datei findet sich ein Verweis auf die Basisklasse `ActivityDesigner`, der Name unserer Klasse (`WareneingangDesigner.RecordingSequenceDesigner`), einige Namespace-Importe und ein leeres Grid.

Kopieren Sie nun diesen XAML-Code in den XAML-Editor des Designers.

```
<sap:ActivityDesigner x:Class="WareneingangDesigner.RecordingSequenceDesigner"
    xmlns="http://schemas.microsoft.com/winfx/2006/xaml/presentation"
    xmlns:x="http://schemas.microsoft.com/winfx/2006/xaml"
    xmlns:sap="clr-namespace:System.Activities.Presentation;assembly=
    System.Activities.Presentation">
    <Grid>
        <StackPanel>
            <Border BorderBrush="DodgerBlue" BorderThickness="0"
         Background="PowderBlue">
                <sap:WorkflowItemsPresenter HintText="Zu protokollierende
                Aktivitäten bitte hier ablegen"
                Items="{Binding Path=ModelItem.Activities}"
                Background="#FFABD0FC" BorderBrush="DodgerBlue">
                    <sap:WorkflowItemsPresenter.SpacerTemplate>
                        <DataTemplate>
                            <Rectangle Height="3" Width="40"
                            Fill="MidnightBlue"
                Margin="4" />
                        </DataTemplate>
                    </sap:WorkflowItemsPresenter.SpacerTemplate>
                    <sap:WorkflowItemsPresenter.ItemsPanel>
                        <ItemsPanelTemplate>
                            <StackPanel Orientation="Vertical"/>
                        </ItemsPanelTemplate>
                    </sap:WorkflowItemsPresenter.ItemsPanel>
                </sap:WorkflowItemsPresenter>
            </Border>
```

```
        </StackPanel>
    </Grid>
</sap:ActivityDesigner>
```

Listing 8.17 XAML-Code

- Wir fügen damit ein `StackPanel` hinzu, um die darin enthaltenen Elemente der Reihe nach anzuordnen,
- zeichnen einen Rahmen, und
- platzieren dort hinein ein Objekt vom Typ `WorkflowItemPresenter`. Wenn unsere Aktivität nur eine weitere Aktivität beinhalten würde – und nicht mehrere, wie in unserem Fall – dann hätten wir stattdessen ein `WorkflowItemPresenter`-Objekt eingefügt.
- Wir binden dieses Objekt nun noch an unsere Aktivitäten-Collection `Activities`.
- Jetzt benötigen wir noch ein *SpacerTemplate*. Dorthin ziehen wir im Designer neue Aktivitäten, und Visual Studio nutzt sie dann als Abstandhalter, um die einzelnen Aktivitäten voneinander zu trennen.
- Nach ein wenig Kosmetik sind wir dann auch schon fertig.

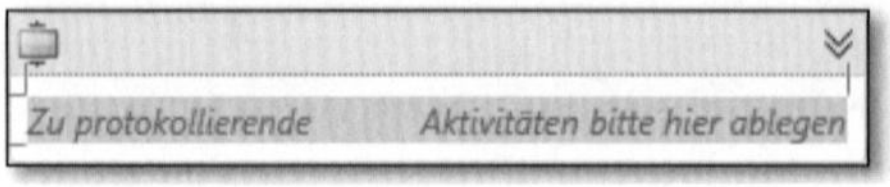

Abbildung 8.57 Unser ActivityDesigner im WPF-Editor

RecordingSequence

1. Wir müssen noch den Designer und die Aktivität miteinander bekannt machen. Fügen Sie dem Projekt *WareneingangLibrary* eine Projektreferenz auf *WareneingangDesigner* hinzu.
2. Öffnen Sie den Code der *RecordingSequence*, und geben Sie dort den Designer an:

```
...
using System.ComponentModel;
using WareneingangDesigner;
...
    [Designer(typeof(RecordingSequenceDesigner))]
    public sealed class RecordingSequence : NativeActivity
    {
...
```

3. Sie benötigen noch einige Verweise auf Assemblys:
   - `PresentationCore`
   - `PresentationFramework`

- `System.Activities.Presentation`
- `WindowsBase`

Fügen Sie diese Assemblys dem Projekt *WareneingangLibrary* hinzu.

4. Erstellen Sie nun alle Projekte neu.

Designer und Test

Die Designer-Ansicht unseres Workflows hat sich wesentlich verbessert wie Abbildung 8.58 zeigt.

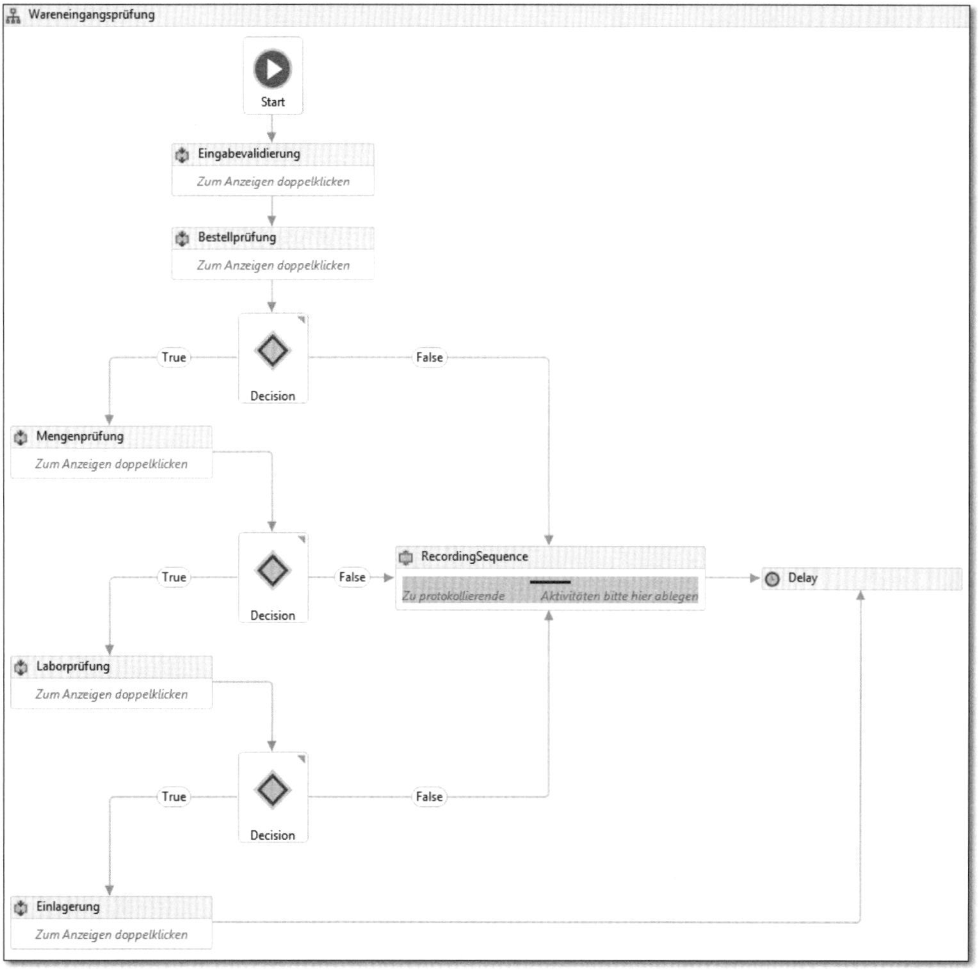

Abbildung 8.58 Der integrierte ActivityDesigner

Sie können jetzt dem Fehlerprotokoll bereits Aktivitäten hinzufügen, beispielsweise drei *SendMail*- oder *WriteLine*-Aktivitäten. Bitte beachten Sie dabei, dass Sie mit der

Maus auf den Spacer zielen müssen, den Sie aber bei Bedarf jederzeit vergrößern können. Editieren Sie dazu einfach die XAML-Datei des Designers.

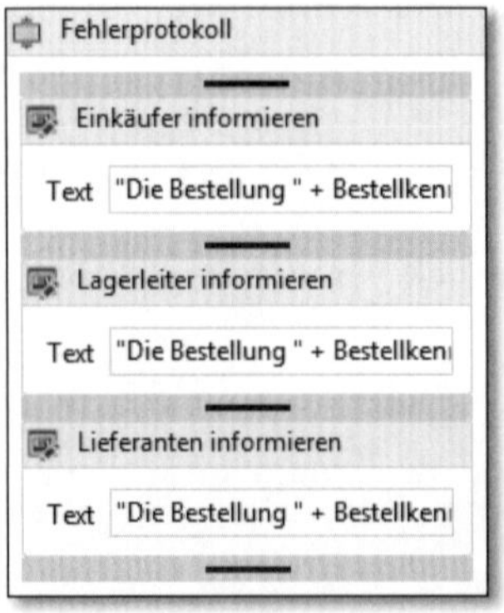

Abbildung 8.59 Das Fehlerprotokoll in Aktion

Der Workflow wird diesen Zweig derzeit nicht durchlaufen, weil der Wert der Variablen `PruefungErfolgreich` immer `true` ist. Das hatten wir verändert, um die Einlagerung testen zu können. Biegen wir das nun wieder zurecht, und zwar in der Aktivität *Warten auf Laborergebnisse*.

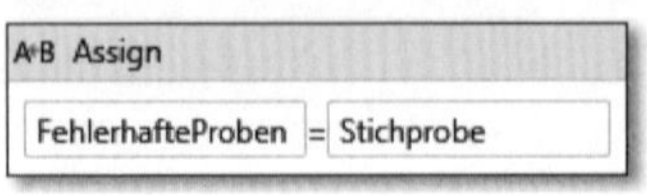

Abbildung 8.60 Die korrekte Zuweisung

Sie können den Workflow jetzt starten. Wenn Sie die Aktivitäten richtig konfiguriert haben, dann finden Sie im angegebenen Pfad eine Datei mit dem Dateinamen *B1456.log*. Und natürlich drei weitere E-Mails, sofern Sie *SendMail*-Aktivitäten verwendet und als Empfänger Ihre eigene E-Mail-Adresse angegeben haben.

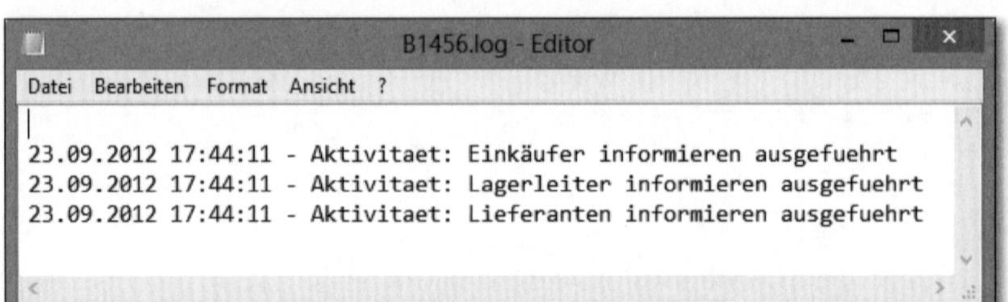

Abbildung 8.61 Das Protokoll für Bestellung B1456

Aber das war natürlich nur das Fehlerprotokoll. Prüfen Sie nun bitte noch, ob die Aktivitäten selbst auch ausgeführt wurden, in meinem Beispiel drei *WriteLine*-Aktivitäten:

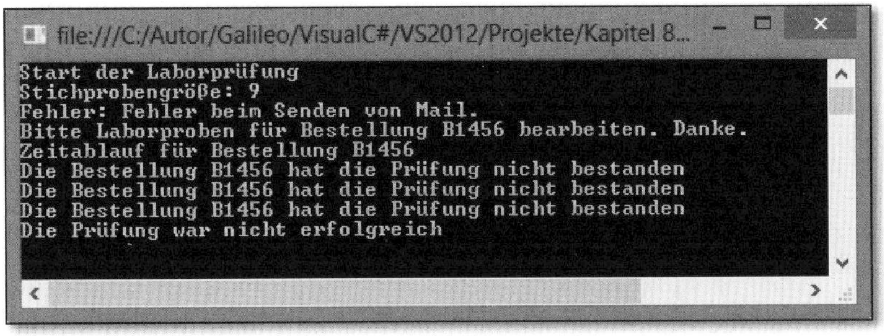

Abbildung 8.62 Die protokollierten Aktivitäten in ihrer Ausführung

8.7.8 Bookmarks

Die *Execute*-Methode einer `NativeActivity` kann auch Eingaben von außen anfordern. Wenn sie das tut, blockiert sie während der Wartezeit den Thread. Das ist wenig vorteilhaft. Außerdem müssten Sie sich dann in der Methode festlegen, wie die Daten gewonnen werden sollen. Solche langlaufenden Aktivitäten sind das Terrain von Bookmarks. Ein *Bookmark* ist ein benannter Punkt in einem Workflow, an dem dieser zu einem späteren Zeitpunkt weitergeführt werden kann.

Außerdem kehrt er die Verantwortlichkeit um, denn nicht mehr im Code der Aktivität wird eine Eingabe angefordert, sondern die Eingabe gelangt von außen in die Aktivität, also vom Host-System. Der Host-Prozess kann damit also selbst entscheiden, auf welchem Weg die Eingabe erfolgen soll, über einen WinForms-Dialog, einen Webservice-Aufruf, eine Konsoleneingabe oder über eine beliebige andere Form der Eingabe.

Für eine ausführliche Darstellung fehlt mir an dieser Stelle leider der Platz, ich beschränke mich daher auf die wichtigsten Zusammenhänge. Bookmarks sind in der Klasse `CodeActivity` nicht möglich, wir müssen unsere Aktivität vielmehr von der Klasse `NativeActivity` ableiten.

```
public class JaNeinActivity : NativeActivity
{
  public OutArgument<bool> JaOderNein { get; set; }
  protected override bool CanInduceIdle
  {
    get
    {
      return true;
    }
  }
  protected override void Execute(NativeActivityContext context)
  {
```

```
        context.CreateBookmark("warteAufInput",
        new BookmarkCallback(OnBookmarkCallback));
    }
    void OnBookmarkCallback(NativeActivityContext context,
    Bookmark bookmark, object obj)
    {
        JaOderNein.Set(context, (bool)obj);
    }
}
```

Listing 8.18 Eine Aktivität mit einem Bookmark

In der oben dargestellten Aktivität ist ein solcher Bookmark gesetzt. Die Funktionsweise:

- *CanInduceIdle* muss überschrieben werden und `true` zurückliefern. Das leuchtet ein, denn wir wollen ja gerade, dass die Aktivität nicht länger blockierend wirkt.
- Die Methode `CreateBookmark` erwartet einen Namen und einen Callback. Dieser Callback ist wichtig, weil die Workflow Runtime ihn später aufrufen wird, nachdem das Ereignis aufgetreten ist, auf das die Aktivität wartet.
- Der Callback setzt das *Out*-Argument in unserem Beispiel. Object enthält den Wert, der von außen an die Runtime übergeben wird. Er muss auf den Zieltypen gecastet werden.

Dafür benötigen wir noch ein »außen«. Der zugehörige Code, im Beispiel in der *Program.cs*, enthält diesen Aufruf in den Workflow hinein.

```
wa.ResumeBookmark("warteAufInput", true);
```

Listing 8.19 Die Abfrage von außen und der Rücksprung in den Workflow

Wie Sie zum dem Eingabewert kommen, ist dabei zweitrangig. Sie könnten sie in einer `ReadLine`-Anweisung erfragen, einen WinForms-Dialog anzeigen, einen WCF-Service befragen oder sonst etwas tun.

Das Ergebnis erhält die `WorkflowApplication` durch die Methode `ResumeBookmark` zusammen mit dem Eingabewert. Eine Liste aller Bookmarks erhalten Sie mit `GetBookmarks`.

`ResumeBookmark` darf darüber hinaus natürlich erst nach `Run` aufgerufen werden, der Workflow muss gestartet sein, damit die Aktivität *Ja/Nein* überhaupt ausgeführt wird.

8.7.9 Was noch zu sagen wäre ...

Damit endet unser Exkurs in die Entwicklung eigener Aktivitäten. Natürlich bietet die WF noch viele weitere Möglichkeiten, die hier unbehandelt bleiben mussten. Für mich war es wichtig, Ihnen möglichst praxisnahe Beispiele zu zeigen und diese Beispiele nachvollziehbar zu gestalten.

Wenn Sie sich näher für dieses Thema interessieren, so finden Sie unter MSDN Beispielprojekte für die Workflow Foundation, die viele weitere Aspekte der Programmierung beleuchten.

8.8 Transaktionen

Am Beginn dieses Abschnittes steht eine provokante Frage: Workflow und Transaktionen – passt das zusammen? Nun, nicht immer. Stellen Sie sich einen Workflow vor, der die Angebotsbearbeitung bei der Kalimba Sunfood GmbH regelt. Von der Vertriebsaktion über die Angebotsanfrage, die Angebotserstellung und, hoffentlich, die Umwandlung in einen Auftrag vergehen vielleicht Wochen, wenn nicht sogar Monate. Das grundlegende Konzept einer Transaktion ist jedoch Atomizität, alles oder nichts, der gesamte Vorgang ist erfolgreich, oder er wird in Gänze nicht durchgeführt.

Unser Beispiel besteht aus verschiedenen Phasen, die für sich genommen (vielleicht) atomar sein mögen, der gesamte Workflow ist es jedoch nicht. Es ist praktisch zudem nicht möglich, (.NET-)Transaktionen über lange Zeiträume offenzuhalten, denn dies führt zu vielen Problemen, die umso größer werden, je länger die Transaktion läuft. Um nur einige zu nennen:

- Transaktionen können zu Sperren führen, beispielsweise Datensatzsperren in einer Datenbank.
- Verschiedene Daten wären laufend in einem »schwebenden Zustand«, zum Beispiel der aktuelle Lagerbestand, obwohl der physische Lagerbestand höchst real ist.
- Je länger eine Transaktion läuft, desto größer ist die Wahrscheinlichkeit für einen Fehler.
- An einem gewissen Punkt ist ein Rollback nur noch theoretisch möglich, praktisch aber nicht mehr durchführbar.
- Vielleicht wurde der Workflow zwischenzeitlich entladen.
- Die Schwierigkeiten vergrößern sich noch einmal beträchtlich bei verteilten Transaktionen, also immer dann, wenn zwei oder mehrere Systeme an einer Transaktion beteiligt sind.

Widerstehen Sie also dem Drang, den kompletten Workflow in eine Transaktion packen zu wollen. Andererseits ist es ja gerade einer der größten Vorteile von WF, solche langlaufenden, asynchronen Szenarien zu ermöglichen. Für diesen Zweck kennt die Workflow Foundation nicht nur Transaktionen, sondern auch Kompensationen. Für die Zwecke dieses Buches soll uns diese Definition genügen:

Definition

Unter einer *Kompensation* verstehen wir eine Aktion, die durchgeführt wird, um eine vorherige Aktion wieder ungeschehen zu machen, beispielsweise, indem eine Produktreservierung gelöscht wird, wenn ein Auftrag storniert wird.

Mit Kompensationen beschäftigen wir uns in Abschnitt 8.8.2, »Kompensationen«, jetzt beginnen wir erst einmal mit Transaktionen. Wenn Sie weitere Informationen benötigen, finden Sie an verschiedenen Stellen in diesem Buch ergänzende Informationen zu Transaktionen.

Noch ein Tipp zum Schluss: Zur Vermeidung von Kopfschmerzen sollten Sie Abstand davon nehmen, zu überlegen, ob auch Kompensationen selbst fehlschlagen können. Natürlich können sie das und auch die Kompensation der Kompensation, das Rollback einer Transaktion und so weiter. Es liegt in der Natur der Sache, dass auch Transaktionssysteme Softwaresysteme sind.

8.8.1 TransactionScope

Es gibt nur eine Aktivität in der BAL zu Transaktionen (im engeren Sinne):

Aktivität	Beschreibung
 `<TransactionScope ... />` TRANSAKTION	Führt die darin enthaltene Aktivität innerhalb einer Transaktion aus.

Tabelle 8.10 Aktivität

So wie wir in C# schreiben könnten ...

```
using (TransactionScope scope = new TransactionScope())
{
}
```

... können wir in WF eine *TransactionScope*-Aktivität verwenden, um die enthaltene Aktivität innerhalb einer Transaktion auszuführen, aber es ist nicht dasselbe. Während `TransactionScope` von `Object` erbt, ist die *TransactionScope*-Aktivität von `NativeActivity` abgeleitet und verwendet Transaktionen in ihrer Implementierung. Daher verwundert es auch nicht, dass einige Eigenschaften direkt in der Aktivität gesetzt werden können.

- *AbortInstanceOnTransactionFailure*: Dieser `Boolean`-Wert bestimmt, ob der Workflow abgebrochen wird, wenn die Transaktion abgebrochen wird.
- *IsolationLevel*: Eine solche Eigenschaft stellt die `Enumeration`-Mitglieder aus `System.Transactions.IsolationLevel` zur Auswahl. Es ist besonders praktisch, diesen Wert hier auswählen zu können, vor allem, wenn Sie aus der Aktivität heraus auf eine Datenbank zugreifen möchten – und auch oft notwendig, denn Standard ist das äußerst konservative `Serializable`.
- *TimeOut*: Wenn die Aktivität innerhalb des *TransactionScope* diesen Timeout überschreitet, dann wird die Transaktion abgebrochen. Wenn darüber hinaus die Eigenschaft *AbortInstanceOnTransactionFailure* gesetzt wurde, wird der gesamte Workflow abgebrochen.

Innerhalb eigener Aktivitäten können Sie über die `ExecutionProperties` im `NativeActivityContext` zugreifen:

```
RuntimeTransactionHandle rth = new RuntimeTransactionHandle();
rth = context.Properties.Find(rth.ExecutionPropertyName)
  as RuntimeTransactionHandle;
Transaction transaction = rth.GetCurrentTransaction(context);
```

Transaktionen können auch ineinander verschachtelt sein. Das ist vor allem dann wichtig, wenn Sie Aktivitäten wiederverwenden. Die Eigenschaft *AbortInstanceOnTransactionFailure* muss dann aber für alle *TransactionScope*-Aktivitäten innerhalb einer Aktivität identisch sein.

Für Transaktionen gelten ansonsten dieselben Regeln wie auch für Transaktionen im Code, beispielsweise, wenn .NET eine leichtgewichtige Transaktion zu einer *Distributed Transaction Coordinator* (*DTC*)-Transaktion heraufstuft.

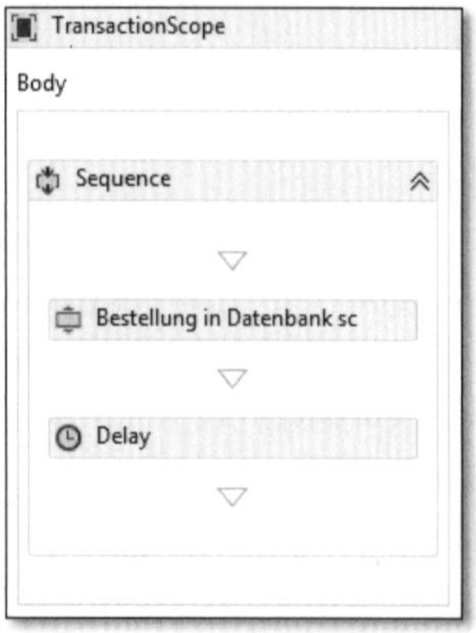

Abbildung 8.63 Ein TransactionScope mit Datenbankzugriff

Im Beispiel in Abbildung 8.63 wird eine Transaktion gespannt, die zwei Datenbankzugriffe enthält. Eine *Delay*-Aktivität wurde eingefügt, die den Wert des eingestellten Timeouts der Transaktion übersteigt. Die Transaktion wird daraufhin abgebrochen, wie ein Blick auf den *DTC* in Abbildung 8.64 beweist.

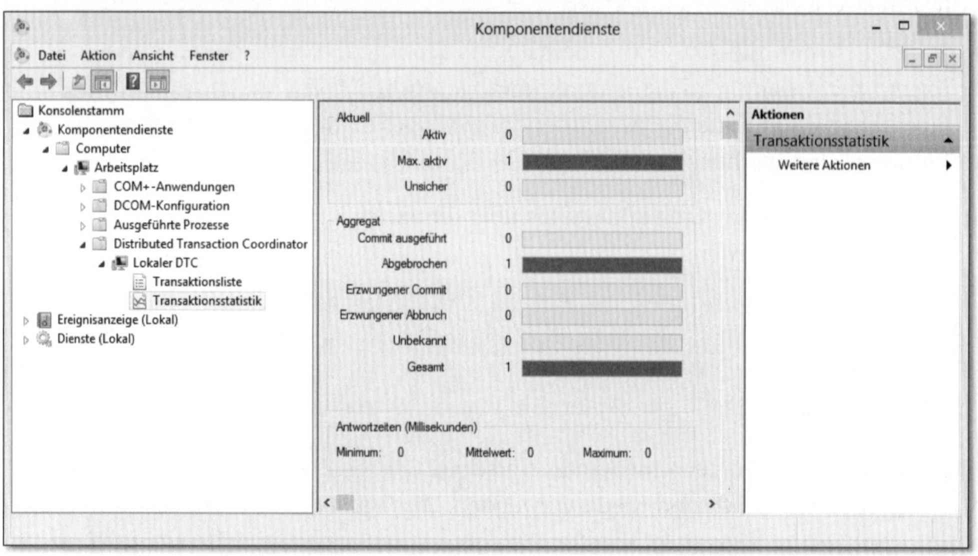

Abbildung 8.64 Die abgebrochene Transaktion aufgrund von Zeitüberschreitung

Bereits das Öffnen einer zweiten Datenbankverbindung genügt hier, dass der DTC aktiv wird. Die zugehörige Custom Activity `SqlActivity` finden Sie übrigens auf der CD. Während der Ausführung, also bevor der Timeout erreicht wird, wird die Transaktion im DTC als aktive Transaktion gelistet.

8.8.2 Kompensationen

Kompensationen gehören zum Alltag einer Welt, in der Entscheidungen selten synchron zur Anfrage getroffen werden. Aber bitte verstehen Sie das nicht falsch: Kompensationen sind kein Allheilmittel für die Probleme asynchroner Verarbeitung. In den folgenden Fällen sind andere Hilfsmittel geeigneter:

- Wenn ein Vorgang von kurzer Dauer ist und eine elementare Verrichtung darstellt, die als Ganzes behandelt werden kann, dann ist eine gewöhnliche Transaktion das Mittel der Wahl, wie im letzten Beispiel gezeigt – entweder mit einem `TransactionScope` im Code, oder der *TransactionScope*-Aktivität.
- Wenn es nichts zu kompensieren gibt, dann benötigen Sie die hier vorgestellten Aktivitäten ebenfalls nicht. Bei einem Urlaubsantrag beispielsweise warten Sie auf eine Entscheidung. Eine negative Entscheidung aber hat auf eine bereits durchgeführte Aktivität keine Auswirkung. Sie sollten die *CompensableActivity* nicht für Zwecke missbrauchen, in denen gewöhnliche Aktivitäten eingesetzt werden können und sollten.

Ablauf

Die folgenden Aktivitäten sind Teil des Kompensationsmechanismus in der *Base Activity Library*:

Aktivität	Beschreibung
 `<CompensableActivity ... />` TRANSAKTION	Führt die Aktivität im *Body* aus und stellt dann drei Handler zur Verfügung: für die Bestätigung (*Confirmation*) nach erfolgreicher Ausführung, für die Kompensation (*Compensation*) nach einem Fehler und für den Fall des Abbruchs (*Cancellation*).

Tabelle 8.11 Aktivitäten

Aktivität	Beschreibung
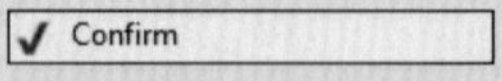 `<Confirm ... />` Transaktion	Bestätigt eine *CompensableActivity* und führt damit deren *ConfirmationHandler* aus.
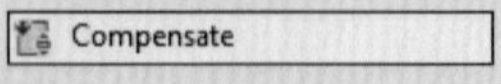 `<Compensate ... />` Transaktion	Führt den *CompensatedHandler* der *CompensableActivity* aus.

Tabelle 8.11 Aktivitäten (Forts.)

Die *CompensableActivity* besteht also aus mehreren Teilen wie in Abbildung 8.65 dargestellt.

Abbildung 8.65 Die CompensableActivity-Aktivität

Für die nachfolgenden Erläuterungen spielt es eine Rolle, welcher Rückgabewert im EventHandler `OnUnhandledException` der `WorkflowApplication` gesetzt wird:

```
return UnhandledExceptionAction.Cancel;
```

Nur wenn `UnhandledExceptionAction.Cancel` zurückgegeben wird, kann die Runtime-Engine davon ausgehen, dass der Workflow sauber beendet werden kann. Für einen Workflow, der unkontrolliert abgebrochen wurde (`UnhandledExceptionAction.Terminate`), macht die Ausführung etwaiger `CompensationHandler` keinen Sinn mehr. Die Runtime führt sie daher auch nicht mehr aus.

Bei der Verwendung der *CompensableActivity* gelten die folgenden Regeln:

- Zunächst wird der *Body* ausgeführt. Wenn bereits hier eine Ausnahme ausgelöst wird, dann wird sofort der *CancellationHandler* ausgeführt.
- Wenn die Aktivität im *Body* erfolgreich ausgeführt wurde, dann befindet sich die *CompensableActivity* in einem offenen Zustand. *Confirmation* und *Compensation* können dann zu einem beliebigen späteren Zeitpunkt ausgeführt werden, solange der Workflow selbst noch ausgeführt wird. Hierfür liefert die Aktivität ein Objekt vom Typ `CompensationToken` zurück (Eigenschaft *Result*), das sich für die spätere Verwendung in einer Variable speichern lässt.
- Wenn einmal *Confirmation* oder *Compensation* für eine *CompensableActivity* ausgeführt wurde, dann ist diese fortan geschlossen. Würde nun beispielsweise versucht, *Compensation* für eine Aktivität auszuführen, die zuvor mit *Confirmation* finalisiert wurde, dann würde die Workflow Runtime eine `InvalidOperationException`-Ausnahme auslösen.
- Wenn der Workflow erfolgreich beendet wurde, dann werden die *ConfirmationHandler* aller *CompensableActivity*-Aktivitäten ausgeführt, die noch offen sind, und zwar in umgekehrter Reihenfolge. Sie können dort beispielsweise Ressourcen freigeben oder einen Vorgang als erfolgreich abgeschlossen kennzeichnen.
- Wenn der Workflow abgebrochen wurde, dann werden die *CompensationHandler* aller *CompensableActivity*-Aktivitäten ausgeführt, die noch offen sind.
- Es ist auch möglich, *CompensableActivity*-Aktivitäten zu schachteln, dann muss aber die Eltern-Aktivität die Kontrolle über die Kind-Aktivitäten übernehmen. Einzig die *ConfirmationHandler* der Kind-Aktivitäten werden ausgeführt, sobald die Eltern-Aktivität als *Confirmed* bestätigt wurde.

Das klingt komplizierter, als es in Wirklichkeit ist. Sie müssen sich vor allem daran gewöhnen, dass die Handler erst zu einem beliebigen späteren Zeitpunkt aufgerufen werden, entweder durch Sie selbst (explizit) oder durch die Workflow Runtime (implizit). Am besten lässt sich das anhand eines Beispiels verdeutlichen.

Beispiel

Die Frage nach dem Einsatz dieses Werkzeugs ist nicht immer leicht zu beantworten. Betrachten wir eine Bestellung. Ein Kunde bestellt ein Produkt, und wir erstellen daraufhin einen Auftrag. Würde der Kunde die Bestellung nun einige Tage später wieder stornieren, so würde er eine Gutschrift erhalten, und eine Kompensation wäre überflüssig. Die Erstellung der Gutschrift selbst ist wieder ein neuer Prozess – und damit Workflow – und keine Kompensation.

Storniert der Kunde die Bestellung aber, bevor die Rechnung erstellt wurde, wenn also nur der Auftrag vorhanden ist, dann können wir diesen Auftrag ruhigen Gewissens löschen, die Stornierung hat das Löschen des Auftrags als Kompensation zur Folge. Sie sehen also: In der Praxis stellt sich häufig die Frage, ob eine Kompensation überhaupt eine Kompensation oder vielmehr ein neuer Prozess ist. Aber sehen Sie selbst:

1. Fügen Sie dem Projekt *Wareneingang* einen neuen Workflow hinzu, und nennen Sie ihn *Kompensation*. Dieser Workflow dient nur zu Beispielzwecken, ist also nicht Bestandteil des Wareneingangs-Workflows.
2. Wir bauen einen sequenziellen Workflow. Dafür ziehen Sie bitte eine *Sequence*-Aktivität in den Workflow. Natürlich hätten wir aber genauso gut einen *Flowchart*-Workflow verwenden können.
3. In die Sequenz ziehen Sie nun eine *CompensableActivity*.
4. In den Body ziehen Sie bitte eine weitere Sequenz, da wir hier nur eine Aktivität ablegen können, und dorthinein eine *WriteLine*-Aktivität, über die Sie den Text »Body« ausgeben lassen.
5. Bestücken Sie die Handler mit weiteren *WriteLine*-Aktivitäten, wie in der folgenden Abbildung zu sehen ist.

Abbildung 8.66 Der Rumpf für unsere CompensableActivity

6. Jetzt müssen wir den neuen Workflow noch ausführen:

```
WorkflowInvoker.Invoke(new Kompensation());
```
Anpassung in Program.cs

7. Führen Sie den Workflow nun bitte aus.

Die Ausgabe ist wie zu erwarten. Zunächst wird der Body durchlaufen und nach Beendigung des Workflows der *ConfirmationHandler* ausgeführt (siehe Abbildung 8.67).

Abbildung 8.67 Die Ausgabe unseres Workflows

Führen wir das Beispiel weiter:

1. Wir wollen nun explizit Einfluss auf die *CompensableActivity* nehmen. Deklarieren Sie hierfür eine Variable auf oberster Ebene mit Namen *CT*. Als Datentyp geben Sie bitte an: `CompensationToken`.
2. In der *Result*-Eigenschaft der *CompensableActivity* geben Sie die eben erstellte Variable an. Damit erhält die Variable den Wert zugewiesen. Eine *CompensableActivity* gibt also ein Objekt vom Typ `CompensationToken` zurück.
3. Platzieren Sie eine *TryCatch*-Aktivität am Ende des Workflows, also nach der *CompensableActivity*.
4. In den `Catch`-Block, für den wir alle Exceptions abfangen (Typ `Exception`), geben wir eine *Compensate*-Aktivität. Deren Target-Eigenschaft erwartet einen Ausdruck, der einen `CompensationToken` zurückgibt. Damit können wir hier die Variable `CT` angeben, der wir zuvor ja den `CompensationToken` unserer *CompensableActivity* zugewiesen hatten. Damit geben wir an, was wir zu kompensieren gedenken, nämlich den *Body*-Block unserer *CompensableActivity*, und zwar durch den *CompensationHandler* selbigen Blocks.
5. In den `Try`-Block kommt eine *Confirm*-Aktivität, die wir auf dieselbe Weise wieder der *CompensableActivity* zuordnen, aber bitte ebenfalls innerhalb einer *Sequence*-Aktivität.
6. Wenn Sie den Workflow jetzt abermals starten, dann erscheinen die beiden Zeilen *Body* und *Confirm*. Allerdings hat dies diesmal nicht die Workflow Runtime für uns erledigt, nach Beendigung des Workflows, sondern wir selbst – explizit durch die *Confirm*-Aktivität.

In der Praxis würden Sie nun im Body den Auftrag anlegen und speichern. Im *CompensationHandler* würden Sie den Auftrag wieder entfernen und vielleicht noch einen Protokolleintrag schreiben. Im *ConfirmationHandler* könnten Sie den Auftrag als bestätigt in der Datenbank kennzeichnen. Den *CancellationHandler* würden wir in diesem Beispiel nicht benötigen.

Im `Try`-Block der darauffolgenden Aktivität könnte eine Entscheidung getroffen werden, die eine Stornierung des Auftrags zur Folge hätte. Diese Entscheidung wollen wir nun dem Anwender, uns, abverlangen.

1. Dafür bauen wir uns noch schnell eine *ReadLine*-Aktivität, um mit dem Workflow kommunizieren zu können, und zwar im Projekt *WareneingangLibrary*:

```
public sealed class ReadLineActivity : CodeActivity
{
  protected override void Execute(CodeActivityContext context)
  {
      Console.Write("Soll der Auftrag storniert werden (j/n)? ");
      string result = Console.ReadLine();
      if (result.Equals("j"))
          throw new Exception("Auftragsstorno");
  }
}
```

Listing 8.20 Die ReadLine-Aktivität

2. Ziehen Sie die neue Aktivität nun vor die *Confirm*-Aktivität im `Try`-Block.
3. Führen Sie den Workflow nun einmal mit *j* als Eingabe aus und einmal mit *n*. Sie werden sehen, dass im ersten Fall der *CompensationHandler* ausgeführt wird, im zweiten Fall der *ConfirmationHandler*.

Die *CompensableActivity* ist ein sehr leistungsfähiges Instrument. Es kommt immer dann zum Einsatz, wenn im guten Glauben eine Aktion ausgeführt wird, die zu einem späteren Zeitpunkt vielleicht widerrufen werden muss. Oder aber eine Aktion wird ausgeführt, die so lange einen schwebenden Zustand hat, bis eine Entscheidung im Workflow diese Aktion finalisiert.

Wenn Sie das für bloße Theorie halten: Viele größere Onlineshops verwenden dieses System, indem sie den Lagerbestand nur in gewissen Zeitabständen mit der Datenbank abgleichen. Dabei kann es geschehen, dass ein Kunde einen Artikel bestellt, der auch als lieferbar gekennzeichnet, aber in Wirklichkeit ausverkauft ist. Die Kompensation besteht dann darin, den Kunden über den Irrtum zu informieren und den Fehler zu korrigieren.

Die Leistungsfähigkeit kommt aber vor allem aus dem Zusammenspiel mit all den anderen Aktivitäten der WF, sei es der *Delay*-Aktivität, mit der Zeitüberschreitungen behandelt werden können, den *Messaging*-Aktivitäten für die Anbindung von WCF-Services oder den *Fehlerbehandlungs*-Aktivitäten. So sind Workflows möglich, die den gelebten Prozessen in Unternehmen entsprechen, etwas, das ohne WF nur sehr schwer richtig umzusetzen wäre.

Lassen Sie mich das bitte noch einmal kurz zusammenfassen:

- Alles beginnt mit einer *CompensableActivity*, die einen `CompensationToken` zurückgibt. Diesen können und sollten wir uns merken – am besten in einer Variable.
- Im *Body* dieser Aktivität führen wir weitere Aktivitäten aus, die wir später gegebenenfalls zurücknehmen wollen – ganz oder in Teilen. In unserer Begriffswelt zum Beispiel das Anlegen eines Auftrags.
- Das »Zurücknehmen« geschieht im *CompensationHandler*, in dem wir den Auftrag beispielsweise wieder stornieren können.
- Das Bestätigen der gesamten Aktivität erfolgt im *ConfirmationHandler*, in dem wir die Bestellung beispielsweise als erfolgreich abgeschlossen kennzeichnen können. Wenn es nichts gibt, was im Erfolgsfall zusätzlich passieren soll – lassen Sie ihn leer.
- Im *CancellationHandler* können Sie auf Ereignisse reagieren, die einen Abbruch des Workflows zur Folge hätten, zum Beispiel wenn wir mit Hilfe der Workflow Runtime den Workflow selbst abbrechen würden: `wa.Cancel();`
- Zu jedem späteren Zeitpunkt können wir auf die dann schon längst abgeschlossene *CompensableActivity* zurückkommen, indem wir diese entweder abschließen (mit einer *Confirm*-Aktivität) oder eine Kompensation auslösen (*Compensate*-Aktivität). In beiden Fällen erwartet die `Target`-Eigenschaft den zuvor gespeicherten `CompensationToken`.
- Wenn wir keine explizite Bestätigung oder Kompensation auslösen, dann überlassen wir dies der Workflow Engine; entweder ruft sie alle *ConfirmationHandler* auf, wenn kein Fehler aufgetreten ist, oder die entsprechenden *CompensationHandler* bzw. *CancellationHandler*.

CancellationScope

Im engen Zusammenhang mit der *CompensableActivity* steht die *CancellationScope*-Aktivität.

Aktivität	Beschreibung
 `<CancellationScope ... />` TRANSAKTION	Beinhaltet einen *Body*, der immer ausgeführt wird, und einen *CancellationHandler*, der dann ausgeführt wird, wenn die Aktivität abgebrochen wurde.

Tabelle 8.12 Aktivität

Erinnern Sie sich: Die Workflow Runtime entscheidet darüber, wann eine Aktivität ausgeführt wird. Wir hingegen können Aktivitäten immer nur zur Ausführung planen, beispielsweise durch Aufruf von `ScheduleActivity` in handcodierten Aktivitäten.

Daher entscheidet die Runtime auch darüber, wann eine Aktivität abgebrochen werden soll. In einer *Parallel*-Aktivität kann dies zum Beispiel für einen Zweig geschehen, wenn ein anderer Zweig die Arbeit abgeschlossen hat und *CompletionCondition* den Wert `true` annimmt.

Eine weitere Möglichkeit besteht darin, die `Cancel`-Methode von *WorkflowApplication* selbst aufzurufen. Die *CancellationScope*-Aktivität bietet nun die Möglichkeit, dies zu kompensieren, indem eine Aktivität im *CancellationHandler* platziert wird.

8.9 Persistenz

Ein Workflow kann über einen langen Zeitraum hinweg untätig sein, vor allem dann, wenn er auf Eingaben von außen wartet und für diese Eingaben menschliches Eingreifen notwendig ist. Wer weiß, ob dieses Ereignis überhaupt eintritt oder nicht vielleicht in den Mühlen der Bürokratie stecken bleibt.

Während dieser Phase der Inaktivität bräuchte ein Workflow eigentlich keine Ressourcen, weder Arbeitsspeicher noch CPU. Man könnte ihn genauso gut auf einem Medium abspeichern und entladen, schließlich werden dessen Ressourcen für aktiv laufende Workflows gebraucht.

Tritt das Ereignis dann ein, so könnte die Workflow Engine den Workflow wieder laden und an der zuvor verlassenen Stelle weiterführen.

Es geht zusätzlich noch um Ausfallsicherheit und darum, einen Workflow von einer Maschine auf eine andere Maschine zu übertragen, eine Grundvoraussetzung für effizientes Load Balancing. All das ist Grund genug, warum die WF einen Persistenzmechanismus implementiert, den wir in diesem Abschnitt kennenlernen werden und der noch dazu sehr leistungsfähig ist.

8.9.1 InstanceStore

Bevor wir etwas persistieren können, benötigen wir einen *InstanceStore*, den wir konfigurieren und der *WorkflowApplication* bekannt machen müssen. *InstanceStores* sind flexibel. Sie könnten ihren eigenen schreiben, wenn Sie wollten. Für viele Anwendungen wird eine SQL-Datenbank der bevorzugte Ort sein, Workflows zu speichern und wieder daraus zu laden, weswegen im Framework bereits ein *SqlWorkflowInstanceStore* vorhanden ist, der mit dem SQL Server von Microsoft arbeitet.

Wie so häufig im WF-Framework, gibt es eine abstrakte Klasse, hier `InstanceStore` genannt, und eine Ableitung, den `SqlWorkflowInstanceStore`. Wir werden im Folgenden mit diesem `InstanceStore` arbeiten. Aber vorher schauen wir uns noch einige Einstellmöglichkeiten der Klasse `SqlWorkflowInstanceStore` an.

- *ConnectionString*: Diese Einstellung gibt die Verbindung zur Datenbank an.
- *InstanceEncodingOption*: Hier lässt sich angeben, ob die Statusinformationen vorher komprimiert werden sollen (GZip) oder nicht (none).
- *InstanceCompletionAction*: Die Standardeinstellung ist *DeleteAll*, das bedeutet, dass nach Beendigung des Workflows die Daten aus der Datenbank gelöscht werden. *DeleteNothing* hingegen belässt die Daten für immer in der Datenbank. Natürlich besteht dabei die Gefahr, dass Ihnen die Datenbank irgendwann zu groß wird. Sie könnten die nicht mehr benötigten Daten dann aber von Hand löschen.

8.9.2 SQL Server einrichten

Zunächst legen Sie bitte eine leere Datenbank in Ihrem SQL Server an. Das kann übrigens auch die kostenfreie Express Edition sein. Sie sollten bereits die richtigen Berechtigungen setzen, sodass Sie später über eine Anwendung auf die Datenbank zugreifen können, um darin zu schreiben, zu lesen und Stored Procedures auszuführen. Das ist insbesondere dann von Interesse, wenn Sie über Workflow Services darauf zugreifen wollen, die in einem IIS gehostet werden. Dann können Sie über die Identity-Eigenschaft des Anwendungspools den Benutzer angeben, unter dem dieser läuft und damit auch auf die Datenbank zugreift.

Im Verzeichnis *%Windows%\Microsoft.NET\Framework\4...\SQL\de* finden Sie zwei Scripts:

- *SqlWorkflowInstanceStoreSchema* erstellt die Tabellen, Rollen, Indizes und Views.
- *SqlWorkflowInstanceStoreLogic* erstellt die Geschäftslogik in Form von Stored-Procedures.

Führen Sie bitte die beiden SQL-Skripte in der zuvor erstellten Datenbank in eben dieser Reihenfolge aus. Wundern Sie sich am besten nicht über das Datenbankschema. Workflows sind nun einmal grenzenlos flexibel, und das spiegelt sich im eher unorthodoxen Datenmodell wider.

8.9.3 Änderungen an der Workflow-Anwendung

1. Fügen Sie dem Projekt *Wareneingang* eine Referenz auf die DLLs *System.Activities.DurableInstancing.dll* und *System.Runtime.DurableInstancing.dll* hinzu.
2. Ergänzen Sie diese `using`-Anweisung in *Program.cs*.
   ```
   using System.Activities.DurableInstancing;
   ```
3. Erzeugen Sie das Objekt `SqlWorkflowInstanceStore`:
   ```
   SqlWorkflowInstanceStore sqlStore = new SqlWorkflowInstanceStore("Server=
   localhost;Initial Catalog=WorkflowInstanceStore;Integrated Security=SSPI");
   ```
   Ersetzen Sie `localhost` durch den SQL Server, der die oben eingerichtete Datenbank enthält und `Catalog` durch den Namen der zuvor erstellten und eingerichteten Datenbank. Der Connection-String verwendet Windows-Authentifizierung für den Zugriff, was Sie natürlich ebenfalls ändern können, wenn Sie die SQL-Server-Authentifizierung verwenden möchten.
4. Verbinden Sie diesen Store mit unserer `WorkflowApplication`:
   ```
   wa.InstanceStore = sqlStore;
   ```
5. Wir können nun entscheiden, wann der Workflow in die Datenbank gespeichert wird. Dafür gibt es eine eigene Aktivität:

Aktivität	Beschreibung
 `<Persist ... />` LAUFZEIT	Speichert den Workflow im *InstanceStore* ab.

Tabelle 8.13 Aktivität

Der Zeitpunkt, bevor wir die Proben ins Labor geben, ist ein denkbar guter Zeitpunkt, den Workflow zu speichern. Einerseits können dabei Fehler geschehen, denn die Laboranwendung läuft ja außerhalb des Workflows. Andererseits kann es Stunden dauern, bis eine Antwort zurückkommt (möglichst aber nicht mehr als 6 Stunden). Ziehen Sie daher eine *Persist*-Aktivität in die Laborprüfung, unmittelbar nach der Ausgabe des Textes.

6. Um einen Workflow zu speichern, muss die WF 4.5 dessen Status speichern. Dazu gehören auch die Werte der Argumente und Variablen zum Zeitpunkt der Speicherung, denn sie sollen nach dem Laden wieder dieselben Werte annehmen wie zuvor. In .NET dient dafür der Serialisierungsmechanismus. Das wiederum setzt jedoch voraus, dass .NET bekannt ist, wie diese Objekte serialisiert werden können. Für einfache Datentypen wie `int` oder `string` ist das kein Problem, für unsere Klasse `Bestellungen` schon. Daher erhalten Sie zum Zeitpunkt, an dem die *Persist*-Aktivität ausgeführt wird, eine Serialisierungs-Fehlermeldung. Zum Glück ist die Lösung einfach, ergänzen Sie:

   ```
   [CollectionDataContract]
   public class Bestellungen : List<Bestellung>
   ```

   Für das Attribut benötigen wir noch einen Verweis auf den Namespace und die gleichnamige Assembly `System.Runtime.Serialization`.

7. Öffnen Sie nun schon einmal das SQL Server Management Studio, und bereiten Sie eine Abfrage auf die Tabelle *InstancesTable* vor. Sie ist zu Beginn noch leer, wenn Sie die Abfrage schon einmal testhalber ausführen.

   ```
   select * from [WorkflowInstanceStore].[System.Activities.DurableInstancing].
   [InstancesTable]
   ```

Id	**40CFDF73-DCFA-408B-AB2D-A5FF030D8CAF**
SurrogateInstanceId	2
SurrogateLockOwnerId	3
PrimitiveDataProperties	NULL
ComplexDataProperties	0x1F8B0800000000000400ED59EB5...
WriteOnlyPrimitiveDataProperties	NULL
WriteOnlyComplexDataProperties	NULL
MetadataProperties	NULL
DataEncodingOption	1
MetadataEncodingOption	0
Version	1
PendingTimer	NULL
CreationTime	23.09.2012 18:17
LastUpdated	23.09.2012 18:17
WorkflowHostType	NULL
ServiceDeploymentId	NULL
SuspensionExceptionName	NULL
SuspensionReason	NULL
BlockingBookmarks	
LastMachineRunOn	FUSION
ExecutionStatus	Executing
IsInitialized	1
IsSuspended	0
IsReadyToRun	1
IsCompleted	0
SurrogateIdentityId	1

Abbildung 8.68 Der persistierte Workflow während der Ausführung

8. Führen Sie nun den Workflow aus. Sobald der Workflow die Laborprüfung erreicht, finden Sie dort einen Datensatz, das Speichern war also erfolgreich. Dieser Datensatz wird aber wieder gelöscht, wenn der Workflow beendet wird.

8.9.4 Speichern im Code

Die `WorkflowApplication`-Klasse bietet ebenfalls Methoden, um Workflows zu speichern, zu entladen und wieder zu laden:

- `Persist`: Diese Methode speichert den Workflow im *InstanceStore*. Für das Speichern muss der Workflow zuerst *Idle* werden, deshalb hält diese Methode den Scheduler für die Zeit des Speicherns an.
- `Unload`: Mit dieser Eigenschaft wird der Workflow ebenfalls geladen und wieder entladen.
- `Load`: Hiermit wird der Workflow mit der angegebenen *Id* aus dem *InstanceStore* geladen.

Die *Id* erhalten Sie übrigens ebenfalls von `WorkflowApplication`, dafür enthält es die gleichnamige Eigenschaft.

Sie können die Workflow Runtime auch anweisen, den Workflow eigenständig zu speichern, wenn der Workflow gerade nichts zu tun hat, also *Idle* ist.

```
wa.PersistableIdle = delegate(WorkflowApplicationIdleEventArgs e)
{
   return PersistableIdleAction.Persist;
};
```

Anstatt `Persist` könnten Sie auch hier wieder `Unload` angeben. Es gibt in WF 4.5 übrigens einige weitere Tatbestände, die ein Speichern auslösen, wenn ein *InstanceStore* zugewiesen wurde. Nähere Informationen hierzu finden sie in der Dokumentation auf MSDN.

8.9.5 Persistenzschutz

Nun gibt es aber auch bisweilen Aktivitäten, bei denen es ungelegen käme, würde die Workflow Runtime den Workflow just in diesem Moment persistieren. Zum Beispiel, wenn ein Workflow gerade Dateien geöffnet hält. Packen Sie solche Aktivitäten einfach in die *NoPersistScope*-Aktivität, die als Container für weitere Aktivitäten dient, und die Workflow Engine weiß, dass sie während der Ausführung der Kind-Aktivitäten den Workflow nicht persistieren darf.

Aktivität	Beschreibung
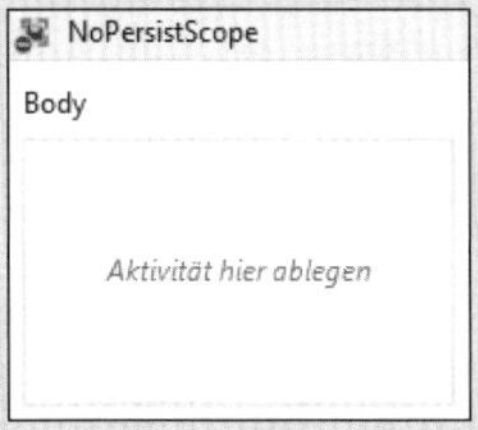 <NoPersistCope ... /> LAUFZEIT	Verhindert, dass während der Ausführung der Aktivitäten im *Body* der Workflow gespeichert wird.

Tabelle 8.14 Aktivität

8.10 Tracking und Tracing

Workflows können tage- oder wochenlang laufen. Für einen Außenstehenden sind sie wie eine Blackbox, ein Stück Geschäftslogik, der man ihren Zustand nicht ansieht. Diesen Zustand nachvollziehbar zu machen, ist daher eine der wichtigsten Funktionen in Workflow Foundation und für den Erfolg dieser Technologie wesentlich. WF 4.5 bietet ein solches *Tracking out of the box* an, bietet aber auch die Möglichkeit, dieses Tracking in weiten Teilen zu beeinflussen oder um neue Möglichkeiten zu erweitern.

Tracking und Tracing sind ein schönes Beispiel dafür, wie die Technologien innerhalb von Windows und .NET zusammenwachsen, denn es bedient sich *Event Tracing for Windows* (*ETW*) vonseiten des Betriebssystems und den Funktionen im `System.Diagnostics`-Namespace aus .NET, anstatt eine vollständig neue Technologie zu implementieren.

8.10.1 Tracking-Grundlagen

Die Workflow Runtime generiert bei verschiedenen Gelegenheiten Tracking-Datensätze, die später ausgewertet werden können und auf die natürlich auch während der Ausführung reagiert werden kann.

Ereignisse

Wenn die Workflow Runtime eine Instanz eines Workflows startet, so erzeugt sie fortwährend Tracking-Informationen:

- über den gesamten Workflow, beispielsweise, wenn ein Workflow gestartet oder beendet wurde
- über die Ausführung der im Workflow enthaltenen Aktivitäten, zum Beispiel, wenn eine Aktivität zur Ausführung geplant wurde oder wenn ein Fehler auftritt
- wenn ein Workflow an einem Bookmark fortgesetzt wird

Zusätzlich können Sie als Entwickler eigene Tracking-Datensätze erzeugen, wenn Sie Ihre eigenen Aktivitäten schreiben. Wir machen uns diesen Umstand später noch zunutze.

Ein Tracking-Datensatz ist ein Objekt eines Nachfahrens der Klasse `TrackingRecord`, die hierfür schon einige Attribute und Methoden mitbringt, beispielsweise den `Tracing-Level`, einen Zeitstempel und eine fortlaufende Nummer.

Abonnenten

Jeder interessierte Client hat nun Zugriff auf diese Tracking-Datensätze. Alles, was er hierzu tun muss, ist ein Abonnement auf alle Teile oder auf einen Teil der Tracking-Datensätze abzuschließen. Der Client ist auch dafür zuständig, die so gewonnenen Daten weiterzuverarbeiten, also beispielsweise in eine Datei oder in eine Datenbank zu schreiben.

WF 4.5 enthält einen ETW-Abonnenten, der in das Ereignisprotokoll von Windows schreibt. Wenn Sie die Daten zum Beispiel in eine XML-Datei schreiben möchten, dann können Sie einen eigenen Abonnenten erstellen, indem Sie von der Klasse `TrackingParticipant` ableiten und die `Track`-Methode überschreiben.

Tracking-Profile

Ein Client kann ein Tracking-Profil auswählen oder selbst erstellen, um die Tracking-Datensätze zu filtern. Er kann also entscheiden, in welchem Umfang er benachrichtigt werden möchte. Aufgrund der schieren Menge an Meldungen ist das auch notwendig.

Sie können sich Tracking-Profile im Prinzip wie gespeicherte Abfragen oder Views vorstellen. Wie sonst auch lassen sich Tracking-Profile sowohl im Code erzeugen als auch konfigurieren? Profile können grundsätzlich dieselben Arten von Abfragen enthalten, wie es Tracking-Objekttypen gibt:

- *ActivityScheduledQuery*
- *ActivityStateQuery*
- *BookmarkResumptionQuery*
- *CancelRequestedQuery*
- *CustomTrackingQuery*

- *FaultPropagationQuery*
- *WorkflowInstanceQuery*

Diese Query-Objekte erben von `TrackingQuery`, der abstrakten Basisklassen. Die einzelnen Query-Klassen besitzen Eigenschaften, die für den jeweiligen Zweck angepasst sind. So kann in der `ActivityStateQuery`-Klasse der Name einer Aktivität angegeben werden, für die Ereignisse abonniert werden sollen. Sehen wir uns ein Beispiel an:

```
TrackingProfile = new TrackingProfile
{
   Name = "WareneingangProfile",
   ActivityDefinitionId = "*",
   Queries =
   {
      new WorkflowInstanceQuery
      {
         States={"Started"}
      }
   }
}
```

Listing 8.21 Tracking-Profil zur Anzeige »Workflow started«

Den seit C# 3.0 vorhandenen Objekt- und Collection-Initialisierern zum Dank ist die Definition in Code ziemlich einfach. Angezeigt wird nur, was angegeben wurde. Alles andere wird ausgeblendet. Im obigen Beispiel werden nur Workflow-Ereignisse angezeigt und nur, wenn der Status *Started* ist. Das tritt genau einmal ein, zu Beginn der Verarbeitung. Wir können nun auch mehrere Querys angeben:

```
Queries =
{
   new WorkflowInstanceQuery
   {
      States={"Started"}
   },
   new ActivityStateQuery
   {
      ActivityName="*",
      States={"Closed"}
   }
}
```

Listing 8.22 Zwei Querys in einem Profil

Auf diese Weise lassen sich auch komplexere Profile erstellen, die, abhängig vom gewünschten Informationsgrad, Ereignisse für den Abonnenten filtern.

8.10.2 Tracking-Objekte

Wenn die Klasse `TrackingRecord` abstrakt ist, dann benötigen wir konkrete Ableitungen von dieser Klasse, um Informationen zu speichern und zum Abonnenten zu transportieren. WF kennt bereits einige solcher spezialisierten `TrackingRecords`.

Klasse	Zweck
`WorkflowInstanceRecord`	Enthält den Status des Workflows, beispielsweise, ob der Workflow gestartet oder beendet wurde.
`WorkflowInstanceAbortedRecord`	Wenn eine Workflow-Instanz abgebrochen wurde, dann wird dieser Datensatz versendet. Er enthält dann den Grund des Abbruchs.
`WorkflowInstanceUnhandledExceptionRecord`	Tritt auf, wenn eine unbehandelte Ausnahme ausgelöst wird; sie enthält dann Details dazu.
`WorkflowInstanceSuspendedRecord`	Wenn eine Workflow-Instanz angehalten wird, dann versendet die Workflow Runtime ein solches Objekt, das den Grund dafür enthält.
`WorkflowInstanceTerminatedRecord`	Wird ausgelöst, wenn ein Workflow beendet wird, beispielsweise durch die *Terminate-Workflow*-Aktivität und enthält dann den Grund dafür.
`ActivityStateRecord`	Wird während der Ausführung einer Aktivität ausgelöst; sie enthält den Status dieser Aktivität.
`ActivityScheduledRecord`	Wenn eine Eltern-Aktivität die Ausführung einer Kind-Aktivität plant, dann erhalten Sie über dieses Objekt Informationen zu Eltern und Kind.

Tabelle 8.15 Tracking-Records

Klasse	Zweck
`FaultPropagationRecord`	Dieses Objekt wird im Fehlerfall weitergereicht, bis ein Ereignis-Handler es behandelt.
`CancelRequestedRecord`	Wird ausgelöst, sobald eine Aktivität eine Kind-Aktivität abbrechen möchte; es enthält dann Informationen zu Eltern und Kind.
`BookmarkResumptionRecord`	Tritt auf, wenn ein Bookmark erfolgreich wiederaufgenommen wurde.
`CustomTrackingRecord`	Diesen Tracking-Datensatz können Sie in eigenen Aktivitäten erstellen und versenden.

Tabelle 8.15 Tracking-Records (Forts.)

Sie sehen: Das ist eine Menge an Informationen, zu viel für die meisten Anwendungsfälle. Sehen wir uns daher ein Beispiel an.

8.10.3 Fallbeispiel

Beginnen wir mit dem Tracking in das Windows-Eventlog.

Eventlog-Tracking

1. Öffnen Sie die Datei *Program.cs*.
2. Importieren Sie den Namespace `System.Activities.Tracking`.
3. Öffnen Sie parallel die Windows-Ereignisanzeige, navigieren Sie im Baum zu ANWENDUNGS- UND DIENSTPROTOKOLLE • MICROSOFT • WINDOWS • APPLICATION SERVER-APPLICATIONS, und schalten Sie die analytischen und Debugprotokolle ein, im Kontextmenü unter ANSICHT.

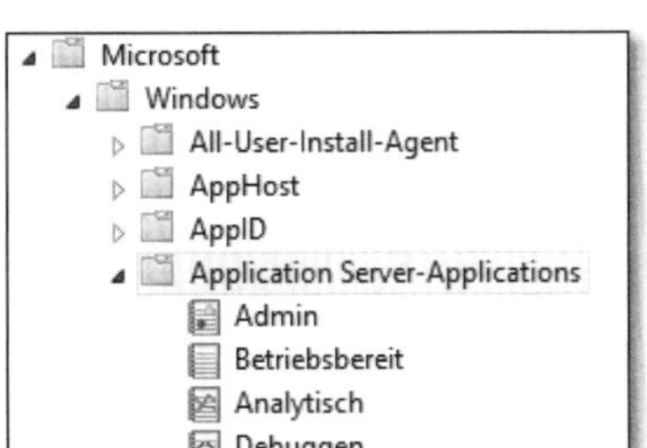

Abbildung 8.69 Erweiterte Protokolle in der Ereignisanzeige

4. Aktivieren Sie das Protokoll *Analytisch* aus dem Kontextmenü heraus.

5. Wir müssen jetzt noch ein Abonnement anmelden, dazu fügen Sie bitte den folgenden Code-Schnipsel vor `wa.Run()` ein. Das Tracking Profile ist nicht besonders selektiv, in eigenen Anwendungen werden Sie vermutlich die Anzahl der protokollierten Einträge einschränken wollen, wie oben gezeigt.

```
EtwTrackingParticipant trackingParticipant =
   new EtwTrackingParticipant
   {
      //EtwProviderId = Guid.NewGuid(),
      TrackingProfile = new TrackingProfile
      {
         Name = "WareneingangProfile",
         Queries =
         {
            new WorkflowInstanceQuery
            {
               States={"*"}
            },
            new ActivityStateQuery
            {
               ActivityName="*",
               States={"*"}
            }
         }
      }
   };
wa.Extensions.Add(trackingParticipant);
```

Listing 8.23 Aktivieren des Trackings in unserer Workflow-Anwendung

- Alle Abonnenten müssen von `TrackingParticipant` abgeleitet sein, so wie `EtwTrackingParticipant`, zum Schreiben in das Ereignisprotokoll.
- Wir müssen diese Klasse instanziieren und ihr das Tracking-Profil übergeben, das wir weiter oben erstellt haben.
- Danach müssen wir diese Extension unserer `WorkflowApplication` nur noch bekannt machen, und die Workflow Runtime wird uns künftig mit Ereignissen versorgen.

ETW hat den Vorteil, dass es auf hohe Geschwindigkeit ausgelegt ist und den Ablauf des Workflows daher nur wenig verzögert. Leider hat Microsoft nicht noch mehrere `TrackingParticipants` dem Framework beigelegt, sodass wir im nächsten Abschnitt unseren eigenen erstellen werden. Abbildung 8.70 zeigt das Ergebnis, nach einem Lauf des Workflows. Der spezifische Protokolleintrag zeigt die Ausführung der Aktivität Wareneingangsprüfung an.

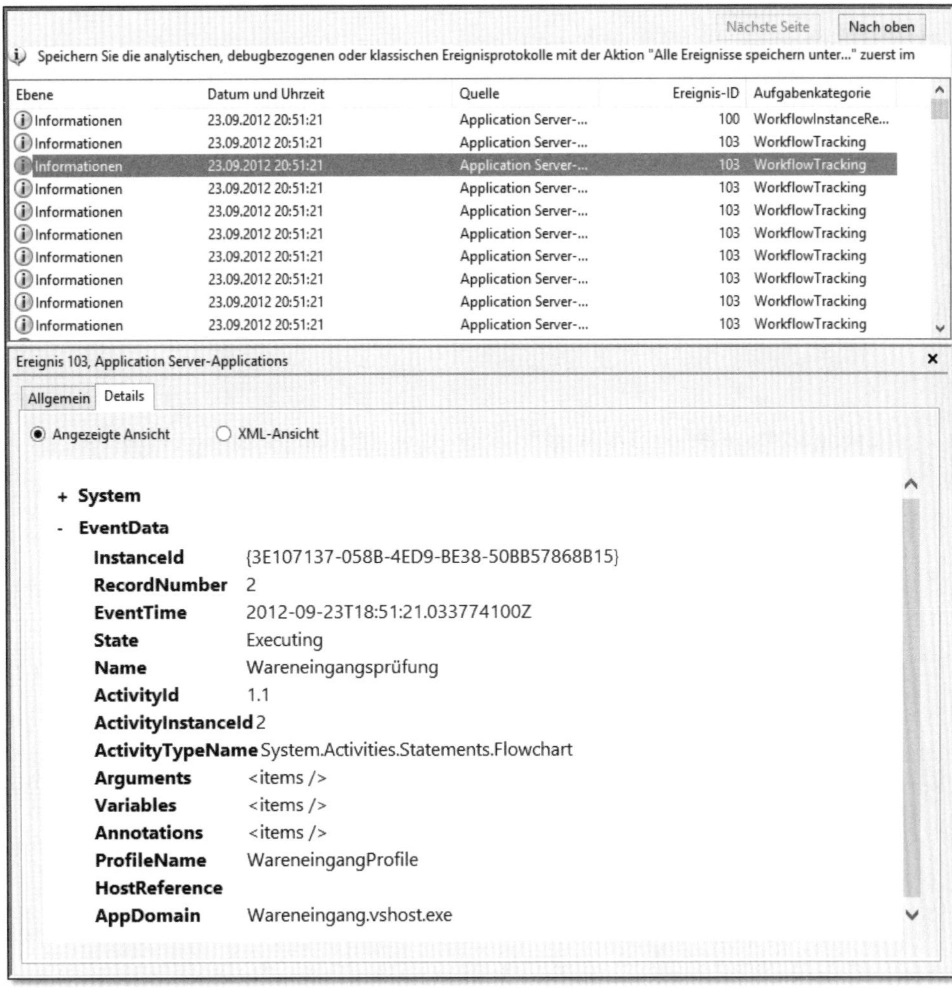

Abbildung 8.70 Das Ergebnis der ETW-Protokollierung

Custom TrackingParticipant

Die gute Nachricht: Das Erstellen eines eigenen Ereignis-Abonnenten für Workflow-Ereignisse ist nicht besonders schwierig. In diesem Beispiel wollen wir die Ereignisse im Dateisystem speichern, sodass wir sie später anhand der Instanz-ID wiederfinden können.

1. Erzeugen Sie eine neue Klasse `FileTrackingParticipant` im Projekt *Wareneingang*.
2. Leiten Sie die Klasse von `TrackingParticipant` ab. Dafür brauchen wir noch den Namespace `System.Activities.Tracking`.

```
using System;
using System.Collections.Generic;
using System.Linq;
using System.Text;
using System.Activities.Tracking;

namespace Wareneingang
{
    public class FileTrackingParticipant : TrackingParticipant
    {
    }
}
```

Listing 8.24 Klasse »FileTrackingParticipant« von »TrackingParticipant« ableiten

3. Fügen Sie dem Projekt *Wareneingang* einen Verweis auf die Assembly `System.Runtime.Serialization` hinzu, falls noch nicht geschehen.
4. Wir müssen nun lediglich die Methode `Track` überschreiben. Die Methode liefert uns zwei Parameter:
   - *record*: Enthält das zu protokollierende Ereignis in Form der Basisklasse `TrackingRecord`, während der Laufzeit ein Objekt vom konkreten Typ, z. B. `WorkflowInstanceRecord`.
   - *timeout*: Gibt an, nach welcher Zeitspanne der Provider den Vorgang abbricht.

```
using System;
using System.Collections.Generic;
using System.Linq;
using System.Text;
using System.Activities.Tracking;
using System.IO;
using System.Xml;
using System.Runtime.Serialization;

namespace Wareneingang
{
   public class FileTrackingParticipant : TrackingParticipant
   {
      protected override void Track(TrackingRecord record,
      TimeSpan timeout)
      {
         string fileName = Path.Combine(@"c:\temp",
         record.InstanceId.ToString() + "-" +
         record.RecordNumber.ToString() + ".log");
         using (FileStream fs = new FileStream(fileName,
```

```
            FileMode.CreateNew))
            {
               XmlTextWriter writer = new XmlTextWriter(fs,
               ASCIIEncoding.ASCII) {
               Formatting = Formatting.Indented };
               DataContractSerializer serializer =
               new DataContractSerializer(record.GetType());
               serializer.WriteObject(writer, record);
               writer.Flush();
               fs.Flush();
            }
         }
      }
}
```

Listing 8.25 Unser »Datei-Abonnent«

Der Code erklärt sich weitgehend von selbst: Die Nachrichten werden in XML-Dateien gespeichert. Den Aufbau der XML-Dateien bestimmt dabei der Serialisierer. Der Vorteil dieses Verfahrens pbesteht darin, dass die jeweiligen Ereignis-Objekte lesbar sind, ohne dass die XML-Dateien allzu sehr aufgebläht werden.

5. Da wir vielleicht nicht alle Ereignisse protokollieren möchten, sollten wir jetzt noch unser `TrackingProfile` entsprechend anpassen und natürlich `EtwTrackingParticipant` durch `FileTrackingParticipant` ersetzen:

```
FileTrackingParticipant trackingParticipant =
   new FileTrackingParticipant
   {
      TrackingProfile = new TrackingProfile
      {
         Name = "WareneingangProfile",
         ActivityDefinitionId = "*",
         Queries =
         {
            new WorkflowInstanceQuery
            {
               States={"*"}
            }
         }
      }
   };
wa.Extensions.Add(trackingParticipant);
```

Listing 8.26 EmergencyParticipant und das zugehörige TrackingProfile

Bei obigem Filter werden nun 7 Ereignisse protokolliert, wie zum Beispiel dieses:

```
<WorkflowInstanceRecord xmlns:i="http://www.w3.org/2001/
XMLSchema-instance" xmlns="http://schemas.datacontract.org/2004/07/
System.Activities.Tracking">
  <EventTime>2012-09-23T19:13:21.3850213Z</EventTime>
  <InstanceId>66d53949-2d1a-47ea-9fdd-e8ae0a0ae1d2</InstanceId>
  <Level>Info</Level>
  <RecordNumber>5</RecordNumber>
  <ActivityDefinitionId>WareneingangFlowchart</ActivityDefinitionId>
  <State>Completed</State>
  <WorkflowDefinitionIdentity xmlns:d2p1="http://schemas.datacontract.org/
2004/07/System.Activities" i:nil="true" />
</WorkflowInstanceRecord>
```

Listing 8.27 Die erzeugten Einträge

Es handelt sich dabei um Einträge des Workflows selbst, so wie in der Query angegeben, in denen wir über Statusänderungen informiert werden, zum Beispiel die Persistierung des Workflows, oder den erfolgreichen Abschluss (*Completed*, wie im Beispiel dargestellt).

Tracking in eigenen Aktivitäten

Zum Schluss möchte ich Ihnen noch zeigen, wie Sie eigene Tracking-Ereignisse auslösen können. Nehmen wir als Beispiel unsere *EinlagerungActivity*. Wie bereits erwähnt, ist die Klasse `CustomTrackingRecord` für solche Zwecke geeignet. Das Auslösen erfolgt in der `Execute`-Methode der Aktivität.

```
CustomTrackingRecord customRecord =
  new CustomTrackingRecord("EinlagerungActivity gestartet");
customRecord.Data.Add("Bestellkennzeichen", bkz);
customRecord.Data.Add("EinzulagerndeMenge", menge);
context.Track(customRecord);
```

Listing 8.28 Ergänzungen in der Klasse EinlagerungActivity, Methode Execute

Über die Data-Collection lassen sich eigene Informationen an das Objekt anhängen. Das protokollierte Ereignis, in Abbildung 8.71 wieder in der Windows-Ereignisanzeige, enthält dann die zuvor hinzugefügten Daten.

Abbildung 8.71 Der protokollierte CustomTrackingRecord

Zuvor müssen wir jedoch noch das Tracking-Profil um eine zusätzliche Abfrage erweitern:

```
...
new CustomTrackingQuery
    {
        ActivityName="*",
        Name="*"
    }
...
```

Weitere Möglichkeiten

Die Beispielprojekte zur Workflow Foundation von Microsoft enthalten ein Beispiel, wie Tracking-Daten in einer relationalen Datenbank gespeichert werden können. Daneben ist es auch denkbar, solche Daten an die Enterprise Library zu übergeben oder ein Framework wie *Log4Net*.

> **Aus der Praxis**
>
> Da sind sie also nun wieder einmal: Die vielen Möglichkeiten, dasselbe zu erreichen, und Sie stellen sich vielleicht die Frage: Welche der Möglichkeiten sollte ich nun nutzen? Tracking, Tracing (wie im folgenden Abschnitt erläutert), WriteLines, Protokollierung in selbst geschriebenen Aktivitäten – oder eine Kombination daraus?

Einige Empfehlungen:

- Tracing ist etwas fürs Debugging.
- Tracking, »out of the box«, mit ETW als Ziel, ist erst einmal auch vorwiegend fürs Debugging zu gebrauchen. Um daraus eine Protokollierung auf fachlicher Ebene hinzubekommen, braucht es feiner eingestellte Filter (was ja einfach geht) und eine Verbindung zu der vermutlich vorhandenen Datenbank. Noch interessanter wird dieser Einsatz mit *CustomTrackingRecords*.
- Für besonders neuralgische Punkte empfehle ich Aktivitäten, deren einziger Zweck das Schreiben von Statusinformationen ist. Eine eigene Aktivität ist dafür am besten geeignet.
- In Verbindung mit WCF könnte *AppFabric* und dessen Persistence-Mechanismus für Sie interessant sein.

8.10.4 Tracing

Eine einfache Möglichkeit, Fehlern auf die Spur zu kommen, ist das eingebaute Tracing in WF 4.5. Auch hier gibt es wieder zwei Möglichkeiten, die wir anhand unseres Workflows ausprobieren wollen.

Windows-Ereignisanzeige

Um diese Tracing-Möglichkeit zu aktivieren, gehen Sie bitte abermals wie folgt vor:

1. Öffnen Sie die Ereignisanzeige, hierfür können Sie in einer Eingabeaufforderung auch einfach `eventvwr` eingeben.
2. Welche Möglichkeiten Ihnen zur Verfügung stehen und wie die Ereignisanzeige genau aussieht, das hängt nun stark vom verwendeten Betriebssystem ab. Im Folgenden verwende ich Windows Server 2012, wie auch in fast allen anderen Beispielen dieses Buchs. Öffnen Sie den Pfad ANWENDUNGS- UND DIENSTPROTOKOLLE • MICROSOFT • WINDOWS • APPLICATION SERVER-APPLICATIONS.
3. Klicken Sie mit der rechten Maustaste auf dem Knoten APPLICATION SERVER-APPLICATIONS, und wählen Sie aus dem Menü die Option ANSICHT • ANALYTISCHE UND DEBUGPROTOKOLLE EINBLENDEN
4. Es werden nun zusätzliche Einträge angezeigt. Wählen Sie im Kontextmenü des Eintrags DEBUGGEN die Option PROTOKOLL AKTIVIEREN.
5. Führen Sie den Workflow aus. Die Runtime-Engine sendet daraufhin Debugging-Informationen an die Ereignisanzeige.

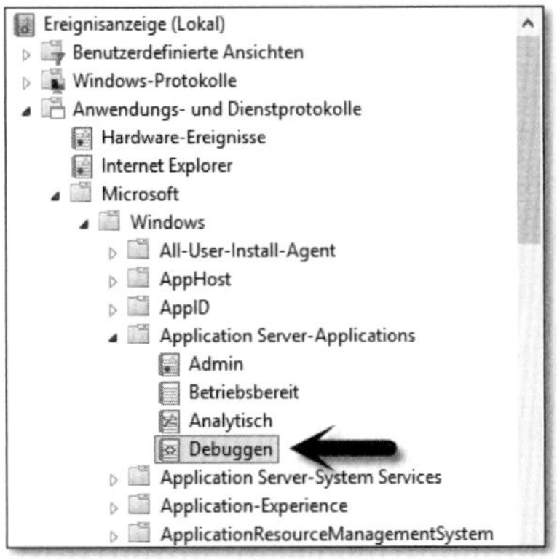

Abbildung 8.72 Aktiviertes Debugging-Protokoll

6. Werfen Sie nun einen Blick ins Protokoll. Auf meinem System wurden 255 Einträge generiert, bei erfolgreicher Einlagerung.

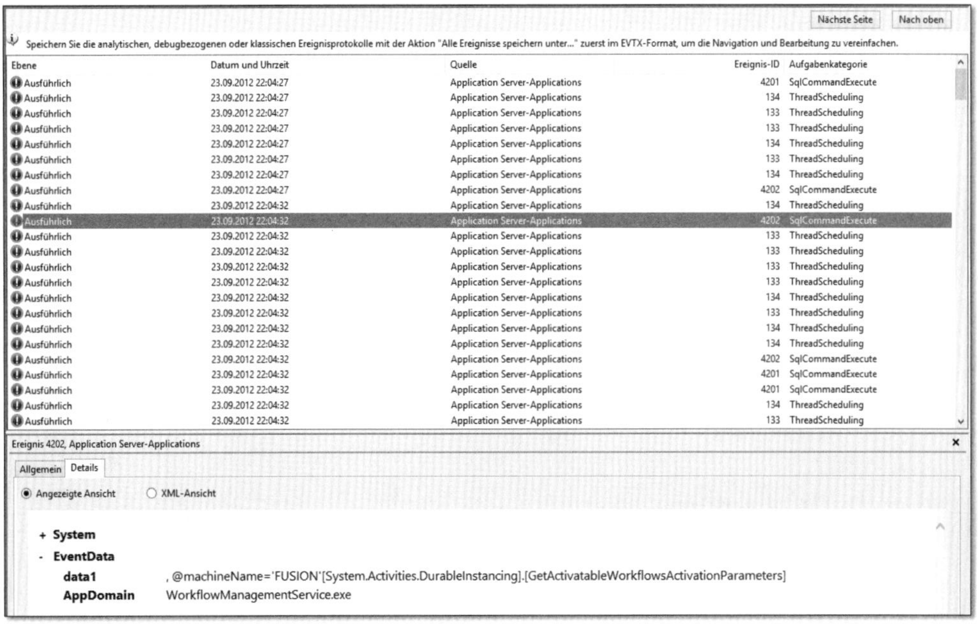

Abbildung 8.73 Das Ergebnis im Event Viewer

Die protokollierten Informationen sind wirklich sehr umfangreich und enthalten Daten, die sonst nicht so leicht zugänglich werden, beispielsweise Zugriffe auf den SQL Server zum Zweck der Persistierung eines Workflows. Außerdem erhalten wir diese Informationen völlig ohne Konfigurationsänderungen, einfach durch Aktivieren des Debugging-Knotens im Eventviewer.

7. Vergessen Sie nun nicht, das Protokoll wieder zu deaktivieren.

Konfigurationsdatei

Die zweite, flexiblere, Variante macht sich die Möglichkeiten des Namespaces `System.Diagnostics` zu eigen. Dafür benötigen wir eine Anwendungskonfigurationsdatei, die Visual Studio für unser Projekt bereits erzeugt hat. Wir konfigurieren im Folgenden einen *TraceListener*, um die Tracing-Informationen in einer Datei auszugeben.

1. Öffnen Sie die *App.config*-Datei Ihrer Workflow-Anwendung.
2. Fügen Sie nun den Knoten `system.diagnostics` unterhalb des `configuration`-Knotens ein.

```
<system.diagnostics>
  <sources>
    <source name="System.Activities" switchValue="Information">
      <listeners>
        <add name="myTextfileListener" />
        <remove name="Default" />
      </listeners>
    </source>
  </sources>
  <sharedListeners>
    <add name="myTextfileListener"
       type="System.Diagnostics.TextWriterTraceListener"
         initializeData="wareneingang_tracing.txt"
         traceOutputOptions="ProcessId, DateTime" />
  </sharedListeners>
  <trace autoflush="true" indentsize="4">
    <listeners>
      <add name="textListener" />
    </listeners>
  </trace>
</system.diagnostics>
```

Listing 8.29 Der system.diagnostics-Abschnitt in der App.config

Natürlich stehen Ihnen hier alle Möglichkeiten offen, die das eingebaute Tracing in .NET bietet, beispielsweise könnten Sie als Tracing-Level (switchValue) `Debug` oder `Warning` angeben.

3. Starten Sie abermals den Workflow.
4. Die Log-Datei *wareneingang_tracing.txt* befindet sich jetzt im Ausgabeverzeichnis. Der Inhalt unterscheidet sich nicht wesentlich von den Informationen, die wir im Event Viewer gesammelt haben.

8.11 Workflow Services

In diesem Abschnitt können wir unser Fallbeispiel endlich abschließen, den einen oder anderen »Wow!-Effekt« eingeschlossen. Wir hatten bisher zwar den Rahmen der Laborprüfung entwickelt, aber die Kommunikation mit dem Server des Labors ausgespart. Doch zunächst benötigen wir einige Grundlagen.

Für diejenigen, die es nicht ohnehin bereits gelesen haben, möchte ich bei dieser Gelegenheit auf Kapitel 6, »Windows Communication Foundation«, hinweisen, in dem die Windows Communication Foundation ausführlich behandelt wird, was für das weitere Verständnis daher von Vorteil ist. Dennoch fasse ich die wichtigsten Dinge jetzt noch einmal zusammen.

8.11.1 Grundlagen

Die Begriffe und Konzepte, die hinter WCF und den Workflow Services stehen, können ein wenig verwirren. In diesem Abschnitt geht es um mögliche Einsatzszenarien und darum, welche Möglichkeiten in den beiden Frameworks zur Verfügung stehen, die beide in der Version 4.5 im Framework integriert sind.

Warum WCF und WF?

Workflow Foundation und *Windows Communication Foundation* (*WCF*) ergänzen sich in nahezu idealer Weise. Die Idee, die hinter dem Begriff *serviceorientierte Architektur* (*SOA*) steckt, lässt sich so beschreiben:

- Services sind die Grundbausteine einer SOA.
- Ein Service ist ein Stück Code und die zugehörige Infrastruktur, die auf einem Server läuft und die Funktionalität bereitstellt.
- Services sind elementare Bausteine. Jeder Service ist für einen Aspekt in einem Unternehmen zuständig, beispielsweise für die Generierung von Rechnungsnummern, der Verwaltung von Lagerbewegungen oder das Mahnwesen.

Beliebige Clients können auf einen solchen Service zugreifen, egal ob WPF, ASP.NET oder WinForms. Das trennt die GUI-Schicht eindeutig von der Geschäftslogik. Solange ein Client weiß, wo ein Service liegt, wie mit ihm kommuniziert werden kann und welchen Leistungsumfang er zur Verfügung stellt, kann er ihn verwenden.

Nun können Services selbst wiederum Clients anderer Services sein. Auf diese Weise entsteht ein Netzwerk an Beziehungen zwischen diesen Services. Damit gibt es elementare Services, Services also, die für ihre Ausführung keine weiteren Services benötigen und eben solche, die selbst wiederum einen Mehrwert darstellen, indem sie andere Services verwenden und dabei eigene Geschäftslogik einbringen. Letzte

Services bezeichnet man oft als *Orchestration Services* und den Layer, den diese Services bilden, als *Orchestration Layer*.

Und genau hier kommt die Workflow Foundation ins Spiel. Ihre Stärke liegt genau darin, solche wiederverwendbaren Bausteine, in diesem Fall Services, auf immer neue Weise zu kombinieren. Abbildung 8.74 zeigt ein Beispiel.

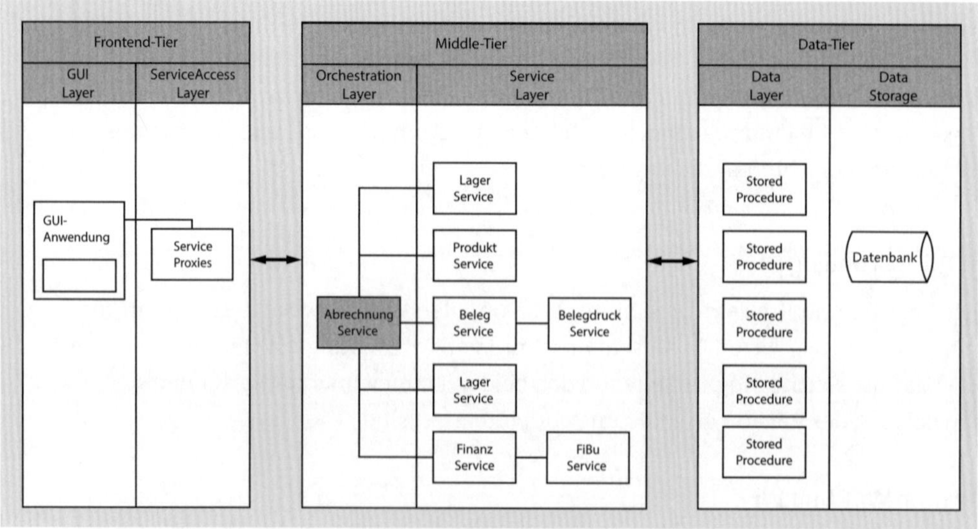

Abbildung 8.74 Mehrschichtige Anwendung mit WF

Sehen wir uns nun ganz konkret an, wie die WF in dem obigen Szenario eingesetzt werden könnte und welcher Nutzen daraus entsteht. In unserem Beispiel läuft der Client auf der lokalen Arbeitsstation des Anwenders unter Windows 7. Für die Middleware wird ein eigener Server eingesetzt, auf dem die Services unter dem *Internet Information Server* (*IIS*) gehostet werden. Und der *Data-Tier* läuft schließlich auf einem dedizierten Datenbankserver. (Falls Sie noch einmal nachschlagen möchten: Die Begriffe *Tier* und *Layer* werden in Kapitel 2, »Softwarearchitektur«, definiert.)

Ein Layer ist weit weniger greifbar als ein Tier. Üblicherweise besteht er in Visual Studio aus einem eigenen Projekt und damit aus einer eigenen DLL-Datei. Das muss aber nicht sein, ein Layer könnte auch nur eine konsequente Trennung der Klassen (und deren Zuständigkeiten) in einem Projekt sein.

In unserem Beispiel ist der *AbrechnungService* dem Orchestration Layer zugeordnet. Das ist er deswegen, weil er andere Services für seine Zwecke gebraucht und der Mehrwert des Services eben gerade darin besteht, eigene Geschäftslogik, die der Abrechnung, bereitzustellen. Aber auch der Finanzservice steuert den Fibu-Service, dennoch rechnen wir ihn nicht dem Orchestration Layer zu, weil er auch selbst viele

Funktionen bietet und seine Hauptaufgabe nicht in der Orchestrierung liegt. Aber ja, letztendlich sind solche Zuordnungen auch ein Stück willkürlich.

Workflows könnten nun auf folgende Weise eingesetzt werden:

- auf dem Client, in dem ein Workflow im lokalen Prozess der Anwendung läuft und dort mit den Services kommuniziert. Die Orchestrierung läuft hier auf dem Client. Dadurch wären die Schichten jedoch nicht mehr so klar getrennt.
- auf dem Client, beispielsweise auf einer ASP.NET-Seite, um damit den Weg eines Anwenders durch die Webseiten zu steuern, zum Beispiel auf Basis von *Model View Controller* (*MVC*).
- auf der Middleware, indem ein Workflow selbst wiederum ein Service ist, der andere Services orchestriert, wie der *AbrechnungService*.
- in einem eigenen Tier, der nur für solche Orchestrierungsaufgaben zuständig ist und ebenfalls auf einer eigenen Maschine laufen kann.
- auf dem Data-Tier, beispielsweise indem er die Logik des Datenbankzugriffs übernimmt, also anstelle der Stored Procedures mit der Datenbank und den Services kommuniziert.
- als Teil anderer Services zur benutzerindividuellen Steuerung des Verhaltens, dann mit integriertem Designer. Sharepoint nutzt diese Möglichkeit recht intensiv.

Dazu kann Workflow Foundation auf beliebige WCF-Services zugreifen, aber auch die eigene Funktionalität als WCF-Service beliebigen Clients zur Verfügung stellen. Man spricht dann von *Workflow Services*. Die Vorteile für Entwickler und Anwender:

- Orchestration Layer ändern sich häufig, da die Software sich ständig an das sich ändernde Geschäftsmodell im Unternehmen anpassen muss. Mit WF sind diese Änderungen deklarativ und kurzfristig möglich.
- Es können mehrere Varianten eines Workflows angelegt werden, zum Beispiel eine Abrechnungsvariante für Deutschland und eine weitere Variante für Nicht-EU-Staaten.
- Wir könnten die Workflows selbst wiederum aus vorgefertigten Aktivitäten bauen und damit in den verschiedenen Varianten der Workflows Aktivitäten wiederverwenden.
- Es ist sehr einfach, Workflows als Services bereitzustellen. Im einfachsten Fall kommen wir dafür ganz ohne Konfiguration aus.
- Ein Workflow, der auf eine Antwort eines anderen Service wartet, kann entladen und bei Bedarf wieder reaktiviert werden, was Ressourcen schont.
- Es stehen alle Möglichkeiten des Tracking zur Verfügung, für Geschäftsprozesse ist das mitunter ein wichtiges Argument.

Neben der Flexibilität in der Orchestrierung von Services spricht noch ein weiterer Vorteil für die Kombination von WCF und WF: Beide Technologien sind für asynchrone Kommunikation ausgelegt und unterstützen diese Kommunikationsart durch eingebaute Mechanismen. Abbildung 8.75 zeigt ein Beispiel hierzu.

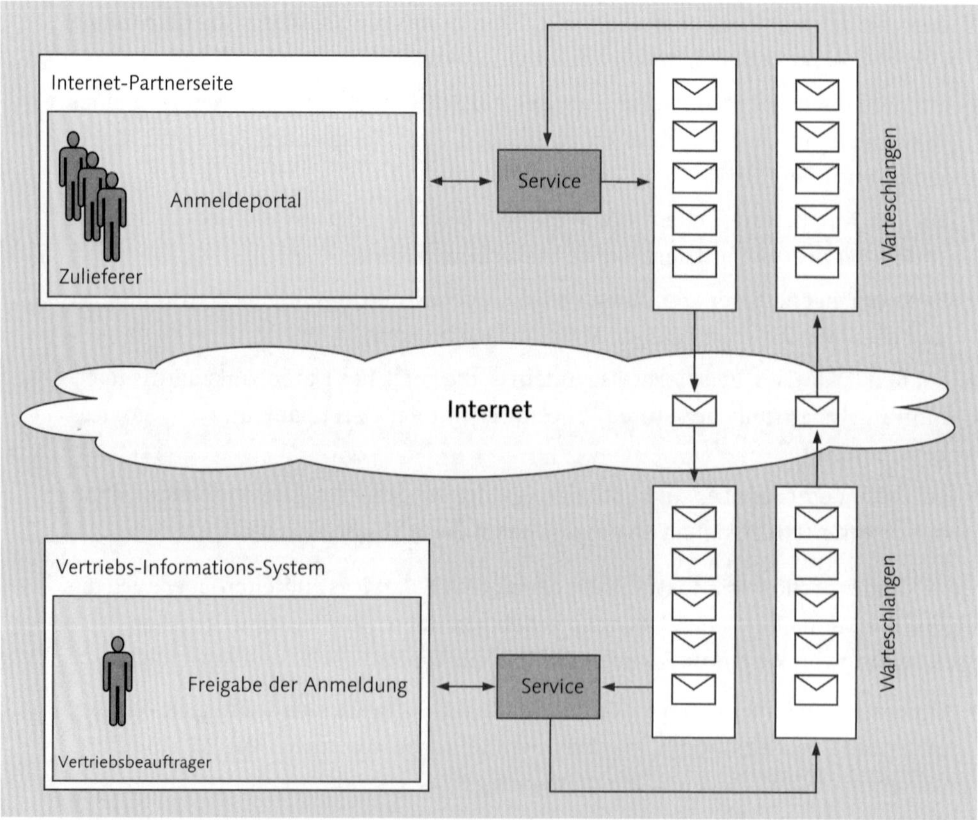

Abbildung 8.75 Anmeldeportal für Partner

Der Vertrieb der Kalimba Sunfood GmbH unterhält eine eigene Partnerseite für Lieferanten im Internet. Diese Lieferanten können dort einige Zusatzfunktionen verwenden, beispielsweise Liefertermine eintragen oder die offenen Rechnungen einsehen.

Für die Anmeldung öffnen die Lieferanten die Webseite und registrieren sich mit der Lieferanten-ID und den Adressdaten. Die ASP.NET-Seite übergibt diesen Registrierwunsch einem Workflow Service, der bereits einige Validierungen vornimmt und einen Teil der Webseite vorläufig freischaltet. Gleichzeitig wird der Wunsch in eine Warteschlange übertragen, die sie an das Vertriebs-Informations-System von Kalimba zustellt, genauer an den zuständigen Workflow Service.

Der Registrierwunsch erscheint innerhalb der Vertriebsanwendung direkt bei dem zuständigen Vertriebsbeauftragten. Dieser kontrolliert die eingegebenen Daten und gibt die Registrierung frei oder lehnt sie ab. Diese Entscheidung wird abermals an eine Warteschlange übergeben, die sie an den Service im Internet übergibt. Dieser Service schaltet die restlichen Funktionen frei (oder sperrt sie) und informiert den Anwender.

Der gesamte Vorgang verläuft asynchron:

- Warteschlangen sind von Haus aus asynchron. Man setzt sie zum Beispiel ein, um zwei Systeme voneinander zu trennen. In unserem Beispiel könnte so das Vertriebs-Informations-System inhouse für Wartungszwecke abgeschaltet werden, während weitere Anfragen dann einfach in der Warteschlange auflaufen. Steht das System wieder zur Verfügung, entnimmt der Service der Warteschlange die aufgelaufenen Nachrichten.
- Der Vertriebsbeauftragte arbeitet ebenfalls nicht im Takt der Webanwendung, sondern die Anfrage wird bei Gelegenheit bearbeitet, also asynchron zur Anfrage.
- Ein ähnliches Szenario, nur mit WCF und Message Queues, finden Sie übrigens in Kapitel 6, »Windows Communication Foundation«, in einem eigenen Tutorial.

Wie Sie nun wissen, unterstützt die Workflow Foundation ein solches Szenario:

- Ein Workflow kann asynchron kommunizieren, sowohl in Sende- als auch in Empfangsrichtung.
- Mit der *Delay*- und *Pick*-Aktivität könnte eine Erinnerungsfunktion implementiert werden, falls die Anfrage nicht rechtzeitig bearbeitet wird.
- Das Kompensations-System könnte bei einem Fehler den Zugang zur Webseite sperren und den Lieferanten informieren, zum Beispiel, wenn der Vertriebsbeauftragte trotz Erinnerung nicht auf die Anfrage reagiert hat.
- Der gesamte Vorgang lässt sich mithilfe von Tracking nachvollziehen.
- Auch wenn ein Workflow noch läuft, beansprucht er keine Ressourcen, wenn er zum Beispiel auf eine Antwort wartet und zu diesem Zweck entladen ist.
- Workflows lassen sich sehr einfach in Services verwenden und können auch leicht andere Services nutzen.
- WF unterstützt Transaktionen.

All diese Dinge lassen sich mit Workflow Services umsetzen. Im Gegensatz zu konventionellen Workflows können Workflow Services bei Bedarf einfach aktiviert werden, da sie ihre Funktionalität als WCF-Services bereitstellen. Sobald dieser Service aufgerufen wird, lädt die Runtime den dem Service zugrundeliegenden Workflow und führt ihn aus. In Wartezeiten können die Workflows wieder entladen werden.

Correlation

Woher weiß die Workflow Foundation, welchen Workflow sie laden soll, wenn eine Nachricht eingeht? In unserem vorherigen Beispiel kann zwischen Registrierung und Freischaltung viel Zeit vergehen, und es kann viele Anfragen geben, die noch nicht bearbeitet wurden, also viele Workflow-Instanzen im Status *Executing*.

Unter *Correlation* versteht man genau das: Wie können zwei zusammenhängende Anfragen korreliert, also in Zusammenhang gebracht werden? WF kennt dafür zwei Modelle:

- *Context correlation*: Jede Workflow-Instanz besitzt eine eigene ID, die der `SqlWorkflowInstanceStore` auch in die Datenbank schreibt. Diese ID ist eine GUID, also sicher eindeutig.
- *Content based correlation*: Oft ist es praktischer, für die Identifizierung eines Vorgangs eine eigene ID zu verwenden, meist eine Kunden- oder Belegnummer. Auch das lässt WF zu.

Ein weiterer .NET-Typ, `CorrelationHandle`, repräsentiert einen solchen Zustand, der zwei oder mehrere Anfragen zusammenführt. Sie können sich selbst darum kümmern, pro Activity, wenn Sie möchten, oder Aktivitäten innerhalb einer *CorrelationScope*-Aktivität automatisch verbinden.

WCF vs. WF

WCF stellt seine Services bereit, indem Sie als Entwickler ein Interface entwerfen und dieses Interface mit den Attributen `[ServiceContract]` (auf Interface-Ebene) und `[OperationContract]` (auf Methoden-Ebene) versehen. Methoden ohne dieses Attribut werden im späteren Service nicht zur Verfügung stehen. Im Anschluss implementiert eine konkrete Klasse dieses Interface. Nun wird nur noch eine Konfiguration benötigt (seit der Version 4.0 optional) sowie ein Host, der dem Service Ressourcen bereitstellt und ihn ausführt, also konkrete Objekte von der implementierenden Klasse erzeugt. Dafür dient die Klasse `ServiceHost`, dem der Typ der implementierenden Service-Klasse übergeben wird. Metadaten stellt der Service auf Wunsch automatisch bereit, sodass ein Client einen Proxy auch automatisch generieren kann.

Zum Austausch von Daten zwischen Client und Service dienen *Data Contracts*, die ebenfalls mit Attributen beschrieben werden. Diese explizite Definition der Contracts ist in WF so nicht gewünscht, denn ein Workflow enthält ja bereits die Geschäftslogik und beschreibt sich somit selbst. Aus diesem Grund kann WF diesen Contract bereits aus dem Workflow erzeugen, indem er dort nachsieht, welche Aktivitäten vorhanden sind. Aus den Aktivitäten *Receive*, *SendReply* und *TransactedReceivedScope* stellt er dann einen Service zur Verfügung, der ebenfalls über Metadaten verfügt. Für die Ausführung kommt die Klasse `WorkflowServiceHost` zum Einsatz. Wie auch für WCF kommen praktisch alle .NET-Prozesse infrage, also klassische .NET-Anwendungen, der IIS, WAS oder NT-Services.

Workflow Services werden nicht in XAML-Dateien gespeichert, sondern in XAMLX-Dateien, die aber vom Aufbau her ähnlich sind und natürlich auch XML enthalten.

8.11.2 Aktivitäten

Die bislang noch nicht besprochenen Aktivitäten der Visual-Studio-Toolbox sind:

<table>
<tr><th>Aktivität</th><th>Beschreibung</th></tr>
<tr><td>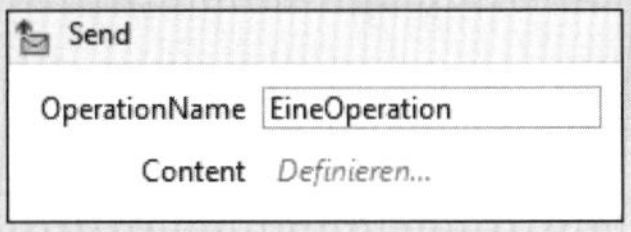

`<Send ... />`
MESSAGING</td><td>Sendet eine Nachricht an einen Service.</td></tr>
<tr><td>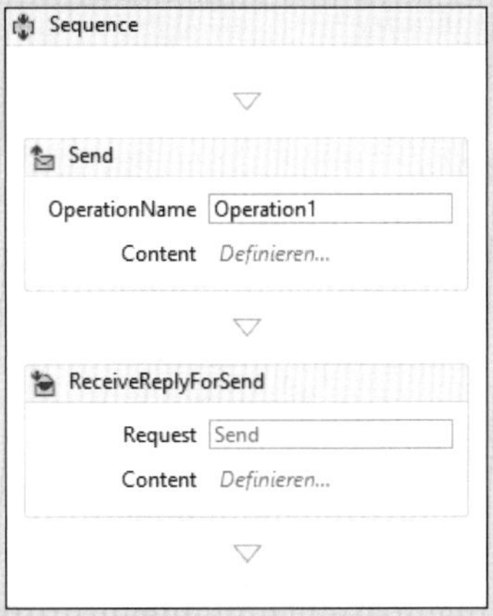

`<Sequence>`
`<Send .../>`
`<ReceiveReply ... />`
MESSAGING</td><td>Die SendAndReceiveReply-Aktivität ist eine zusammengesetzte Aktivität aus der Send-Aktivität und einer ReceiveReply-Aktivität. Mit ihr kann das Request-Reply-Pattern umgesetzt werden. Die Aktivität wartet also auf eine Antwort von dem Service, an den die zuvor versendete Nachricht ging.</td></tr>
<tr><td>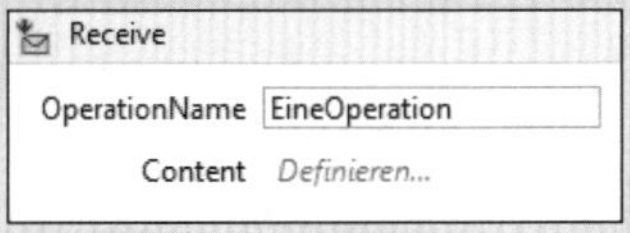

`<Receive ... />`
MESSAGING</td><td>Empfängt eine Nachricht von einem Service.</td></tr>
</table>

Tabelle 8.16 Aktivitäten

Aktivität	Beschreibung
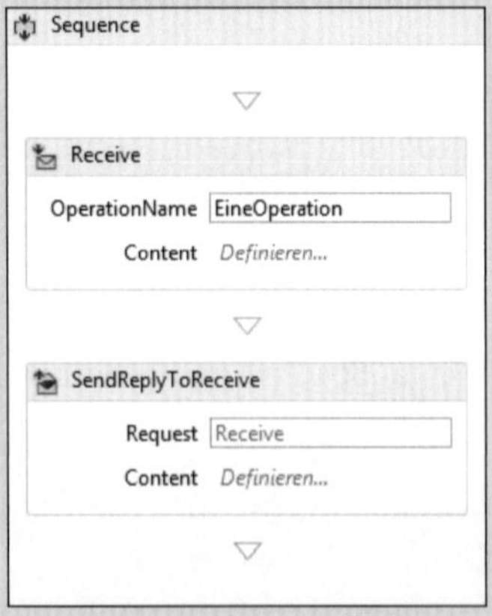 <Sequence> <Receive .../> <SendReply ... /> MESSAGING	Die *ReceiveAndSendReply*-Aktivität ist ebenfalls eine zusammengesetzte Aktivität, die auf eine empfangene Nachricht hin eine Antwort versendet. Somit lässt sich auch in Empfangsrichtung das *Request-Reply*-Pattern umsetzen.
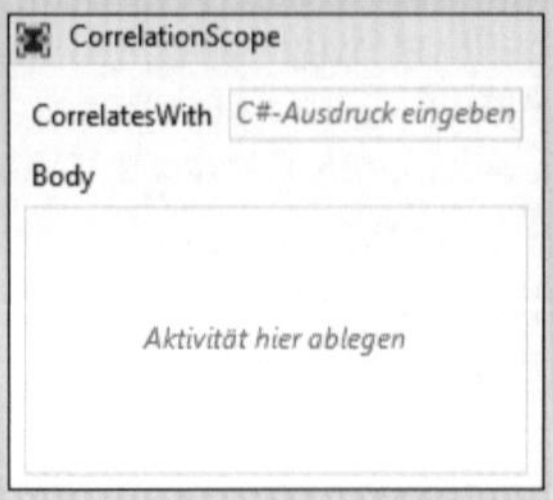 <CorrelationScope ... /> MESSAGING	Führt die untergeordneten (Messaging-)Aktivitäten innerhalb desselben *Correlation*-Kontexts aus. Damit gehören diese Aktivitäten logisch zusammen.
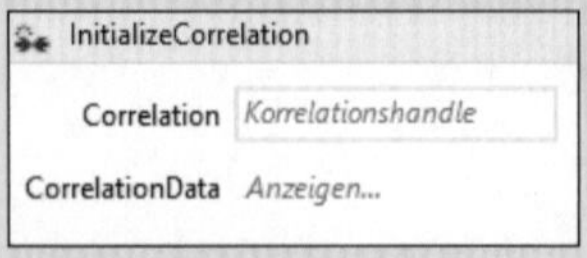 <InitializeCorrelation ... /> MESSAGING	Erzeugt einen neuen *Correlation*-Kontext, ohne dass dafür Nachrichten empfangen oder versendet werden müssten.

Tabelle 8.16 Aktivitäten (Forts.)

<table>
<tr><th>Aktivität</th><th>Beschreibung</th></tr>
<tr><td>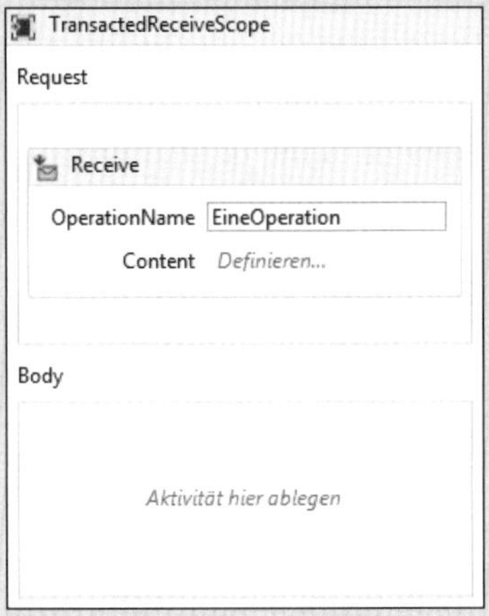

`<TransactedReceiveScope ... />`
MESSAGING</td><td>Bringt eine Transaktion in einen Workflow. In WCF gibt es hierfür die Option *TransactionScopeRequired*, die hier auf Workflow-Seite nachgebildet wird. Die Aktivitäten im *Body* laufen dann innerhalb der übergebenen Transaktion. Im *Request*-Teil kann nur eine *Receive*-Aktivität eingefügt werden.</td></tr>
</table>

Tabelle 8.16 Aktivitäten (Forts.)

8.11.3 Fallbeispiel – Teil 1: Der Laborservice

Genug der Theorie! Der Laborservice wartet noch auf seine Umsetzung, damit wir den Workflow zur Wareneingangsprüfung abschließen können. Sie ahnen es bereits: Das Labor verwendet eine Software, die mit WCF entwickelt wurde. Dieses Tutorial ist ein wenig umfangreicher, ich habe es daher in mehrere Teile aufgeteilt. Beginnen wir nun mit dem Service.

Projekt

Wir wollen die Laborprüfung möglichst realistisch umsetzen. Es ist sehr wahrscheinlich, dass Lager und Labor zwei verschiedene Softwaresysteme verwenden, daher auch in unserem Beispiel. Die Software des Labors ist serviceorientiert und bedient sich der WCF. Sie besteht aber nicht nur aus dem Service selbst, sondern auch aus einer Benutzeroberfläche, in der ein Labormitarbeiter das Ergebnis der Prüfung mitteilt. Der Laborservice besteht aus mehreren Methoden:

- `ScheduleSample` liefert die Proben (EDV-technisch) im Labor ab. Die Methode hat als Rückgabewert eine `SampleId` als String. Der Mitarbeiter im Lager kann die Proben nun mit dieser ID beschriften und sie physisch in das Labor befördern. Dort landen die Proben in einer Warteschlange, von der aus sie der Reihe nach abgearbeitet werden.

- `DispatchResultToStock` schickt das Ergebnis an das Lager zurück, das daraufhin die geeignete Maßnahme einleiten kann, zum Beispiel den Wareneingang einlagern. Diese Methode besitzt keinen Rückgabewert.
- `GetScheduledSamples` liefert eine Liste der noch zur Prüfung ausstehenden Proben.
- `SetResult` gibt das Ergebnis der Prüfung dem Service bekannt, der daraufhin die Liste der noch offenen Prüfungen um den Eintrag bereinigen und die Lageranwendung über das Ergebnis unterrichten kann (`DispatchResultToStock`).

Wie bei serviceorientierter Kommunikation üblich, verpacken wir die jeweils benötigten Informationen in Nachrichten.

1. Richten wir zuerst den WCF-Service ein. Fügen sie Ihrer Projektmappe zu diesem Zweck ein neues Projekt hinzu, eine einfache Konsolenanwendung, und nennen Sie es *LaborService*.
2. Fügen Sie Verweise auf `System.ServiceModel.dll` und `System.Runtime .Serialization.dll` ein. Wir werden sie für die WCF-Klassen brauchen.
3. Erstellen Sie darin eine neue Schnittstelle `ILabor`.

```
using System.Collections.Generic;
using System.ServiceModel;

namespace LaborService
{
   [ServiceContract]
   public interface ILabor
   {
      [OperationContract]
      Sample ScheduleSample(Sample sample);

      [OperationContract(IsOneWay = true)]
      void DispatchResultToStock(SampleResult sampleResult);

      [OperationContract]
      List<Sample> GetScheduledSamples();

      [OperationContract]
      void SetResult(SampleResult sampleResult);
   }
}
```

Listing 8.30 ILabor.cs

Für ein WCF-Service benötigen wir drei Dinge:

- **A**: eine *Adresse*, unter der wir den Service erreichen können
- **B**: ein *Binding*, also die Konfiguration, wie wir mit dem Service kommunizieren können
- **C**: einen *Contract*, also welche Leistungsmerkmale der Service unterstützt und welche Daten er akzeptiert und versendet. Wir haben ja bereits gesehen, dass der Laborservice vier Methoden bereitstellt.

Das Interface definiert den Contract, genauer den Service Contract. Es enthält diejenigen Methoden, die der Service nach außen bereitstellt. Daneben kann und wird ein Service interne Methoden besitzen, die aber dem Client eines solchen Service nicht bekannt sein müssen.

Jede Methode kann Parameter besitzen und einen Rückgabewert, beides ist optional. Im Service Contract haben wir bereits zwei Klassen angesprochen, die es noch nicht gibt: `Sample` und `SampleResult`, eben die bereits oben erwähnten Data Contracts, für den Austausch von Informationen zum und vom Service.

1. Diese beiden Klassen legen Sie nun bitte an: eine zum Übergeben des Probemusters (`Sample`) und eine zweite zum Zurückgeben des Prüfergebnisses (`SampleResult`).

```
using System.Runtime.Serialization;

namespace LaborService
{
   [DataContract]
   public class Sample
   {
      [DataMember]
      public string OrderId { get; set; }
      [DataMember]
      public int SampleSize { get; set; }
      [DataMember]
      public string SampleId { get; set; }
   }
}
```

Listing 8.31 Sample.cs

Der Inhalt wird Sie nicht überraschen, es sind die Werte, die eine Stichprobe aus Sicht des Clients identifizieren. Die `SampleId` wird vom Service ergänzt und dem Client zurückgegeben.

```
using System.Runtime.Serialization;
```

```
namespace LaborService
{
   [DataContract]
   public class SampleResult
   {
      [DataMember]
      public Sample Sample { get; set; }
      [DataMember]
      public int UnitsFailed { get; set; }
   }
}
```

Listing 8.32 SampleResult.cs

Vielleicht fragen Sie sich jetzt, wozu wir Klassen benötigen, wir hätten doch die Parameter auch als elementare Datentypen übergeben können. Das ist richtig, allerdings haben solche *Data Contracts*, wie sie in WCF heißen, einige Vorteile:

- Sie sind erweiterbar, ohne dass sich dadurch der Contract ändern würde.
- Als Rückgabewert eingesetzt, können sie mehr als einen Wert zurückgeben.
- Sie entsprechen der serviceorientierten Denkweise, in der Nachrichten von und zum Service gesendet werden.

Data Contracts werden mit Hilfe der beiden Attribute `[DataContract]` und `[DataMember]` definiert.

2. Das Projekt kompiliert nun bereits erfolgreich, allein der Service besitzt noch keine Implementierung, er kann also noch keine Arbeit verrichten. Erstellen Sie daher eine Klasse `Labor`, und implementieren Sie darin die Schnittstelle `ILabor`.

```
using System;
using System.Collections.Generic;
using System.IO;
using System.Xml.Serialization;

namespace LaborService
{
   public class Labor : ILabor
   {

      public Sample ScheduleSample(Sample sample)
      {
         XmlSerializer xmlSerializer =
         new XmlSerializer(typeof(Sample));
         sample.SampleId = Guid.NewGuid().ToString();
```

```
            StreamWriter sw = new StreamWriter(sample.SampleId + ".sample");
            xmlSerializer.Serialize(sw,sample);
            sw.Close();
            return sample;
        }

        public void DispatchResultToStock(SampleResult sampleResult)
        {
            //Hier geschieht ein Wunder//
        }

        public List<Sample> GetScheduledSamples()
        {
            string[] files = Directory.GetFiles(".","*.sample");
            List<Sample> samples = new List<Sample>();
            foreach(string file in files)
            {
                XmlSerializer xmlSerializer = new
                    XmlSerializer(typeof(Sample));
                StreamReader sr = new StreamReader(file);
                Sample sample = xmlSerializer.Deserialize(sr) as
                Sample;
                sr.Close();
                samples.Add(sample);
            }
            return samples;
        }

        public void SetResult(SampleResult sampleResult)
        {
            if (File.Exists(sampleResult.Sample.SampleId + ".sample"))
                File.Delete(sampleResult.Sample.SampleId + ".sample");
            DispatchResultToStock(sampleResult);
        }

    }
}
```

Listing 8.33 Labor.cs

Die Klasse ist recht einfach implementiert und verwaltet die Laborproben im Dateisystem, für jede Probe wird eine eigene Datei erzeugt.

3. Bevor wir den Service verwenden können, müssen wir ihn hosten, also in einem Prozess ausführen.

```
using System;
using System.ServiceModel;

namespace LaborService
{
   class Program
   {
      static void Main(string[] args)
      {
         ServiceHost host = new ServiceHost(typeof(Labor),
            new Uri("http://localhost:9000/Labor"));
         host.Open();
         Console.WriteLine("Bitte drücken Sie ENTER um den
            Service zu beenden");
         Console.ReadLine();
      }
   }
}
```

Listing 8.34 Program.cs

Die Klasse ServiceHost nimmt den Typ des Service (die Implementierungsklasse, nicht die Schnittstelle) sowie die Adresse an, unter der unser Service erreichbar sein soll. Der Service läuft so lange, bis wir ihn mit der Eingabetaste abbrechen, denn da der Service nicht im UI-Thread ausgeführt wird, würde das Ende des Programmes auch das Ende des Services bedeuten.

Und tatsächlich, wenn Sie das Projekt nun ausführen und in dem Browser Ihrer Wahl die URL *http://localhost:9000/Labor* eingeben, so sehen Sie das in Abbildung 8.76 dargestellte Ergebnis.

Unter Umständen, abhängig vom eingesetzten Betriebssystem, könnte Ihnen aber auch die Fehlermeldung aus Abbildung 8.77 begegnen.

Zum Glück ist dieser Fehlermeldung ein Kraut gewachsen, führen Sie einfach den in Absschnitt 6.4.3, »Selfhosting«, abgedruckten Befehl mit den richtigen Parametern aus. Ebenfalls unter Umständen müssen Sie Ihrer Firewall noch neue Ausnahmen beibringen.

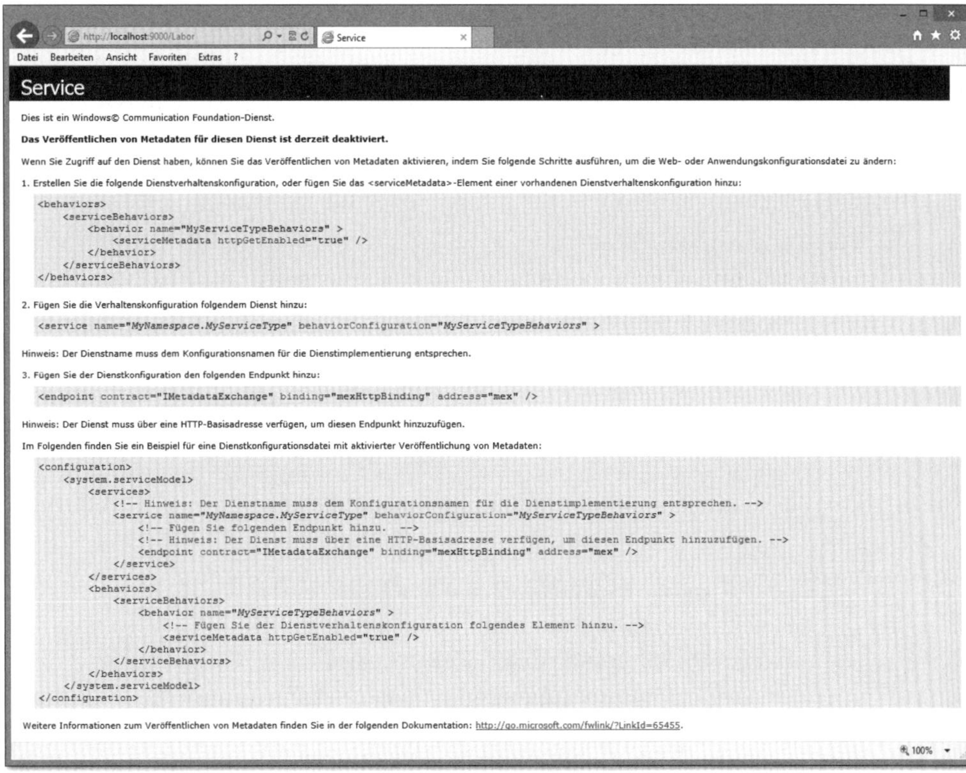

Abbildung 8.76 Unser Laborservice, noch ohne Metadaten

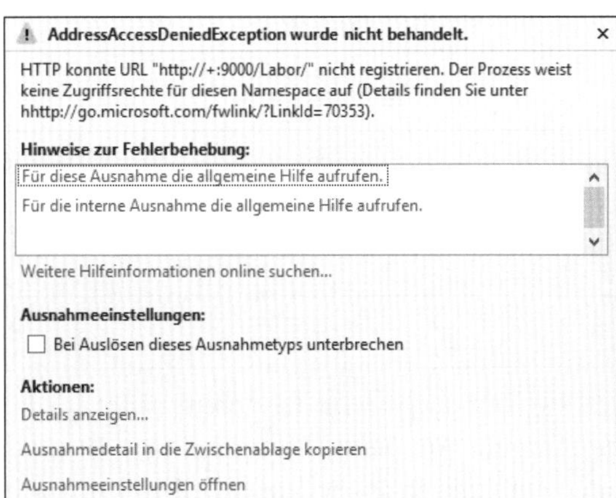

Abbildung 8.77 Fehlende URL-Registrierung

In WCF 4.5 besteht die Möglichkeit, Services ganz ohne Konfiguration auszuführen, es werden dann Standardwerte verwendet, wie im Beispiel. So schön das auch ist, in der Praxis müssen wir ein wenig Konfigurationsarbeit leisten, denn wir wollen auch sehen, was der Service leistet.

1. Fügen Sie dem Projekt *LaborService* daher eine Anwendungskonfigurationsdatei (*App.config*) hinzu.

```
<?xml version="1.0"?>
<configuration>
  <system.serviceModel>
    <behaviors>
      <serviceBehaviors>
        <behavior name="MetadataBehavior">
          <serviceMetadata httpGetEnabled="true" />
          <serviceDebug includeExceptionDetailInFaults="true" />
        </behavior>
      </serviceBehaviors>
    </behaviors>
    <services>
      <service behaviorConfiguration="MetadataBehavior"
        name="LaborService.Labor">
        <endpoint address="http://localhost:9000/Labor"
           binding="basicHttpBinding"
           bindingConfiguration="" name="Default"
           contract="LaborService.ILabor" />
        <host>
          <baseAddresses>
            <add baseAddress="http://localhost:9000/Labor" />
          </baseAddresses>
        </host>
      </service>
    </services>
  </system.serviceModel>
</configuration>
```

Listing 8.35 App.Config

In Kapitel 6, »Windows Communication Foundation«, bin ich bereits näher auf die Konfigurationsmöglichkeiten eingegangen. An dieser Stelle soll der Hinweis genügen, dass wir damit die Metadatenabfrage ermöglichen. Ein Client kann sich also direkt informieren, welchen Leistungsumfang der Service anbietet und kann sogar automatisch einen Proxy generieren, den wir später zum Zugriff auf den WCF-Service noch benötigen.

2. Entfernen Sie nun noch die Adresse aus der Instanziierung der ServiceHost-Klasse, da die Adresse in der Konfiguration angegeben ist und nicht mehr im Code:

   ```
   ServiceHost host = new ServiceHost(typeof(Labor));
   ```

3. Prüfen Sie erneut, ob Ihr Service läuft. Starten Sie dazu das Projekt, und rufen Sie die Seite noch einmal im Browser auf.

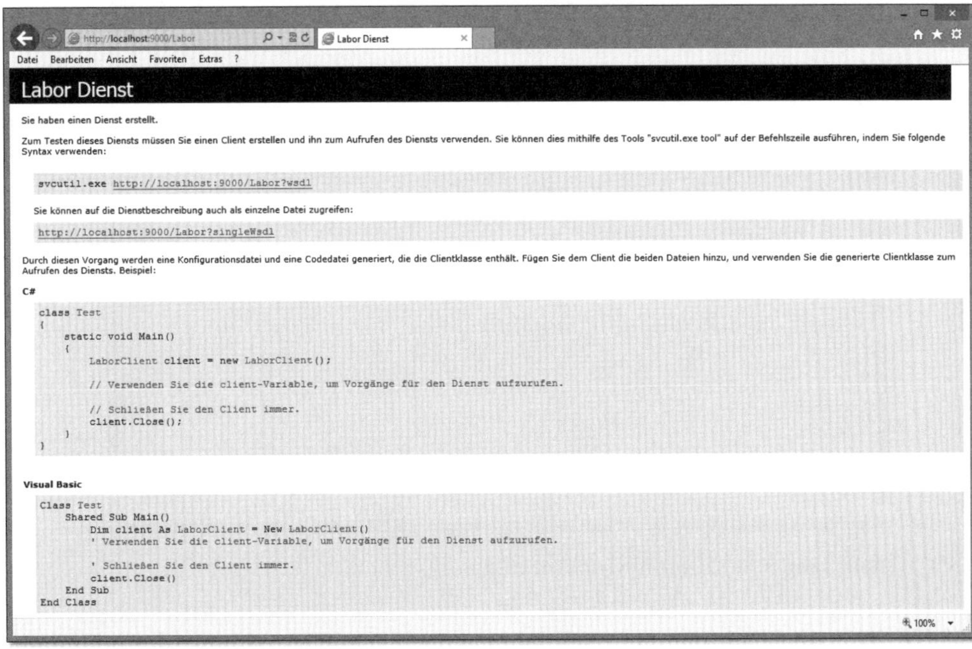

Abbildung 8.78 Unser Laborservice, diesmal mit Metadaten

Damit ist unser Service fertig! Im nächsten Abschnitt werden wir ihn aus unserem Wareneingangs-Workflow heraus ansprechen.

8.11.4 Fallbeispiel – Teil 2: WF ruft WCF

Wenn der Service ausgeführt wird, wartet er am Port 9000 auf Anfragen von außen. Außen bedeutet hier, dass wir von einem beliebigen Prozess auf einem beliebigen Rechner mit diesem Service kommunizieren können. Das ist sinnvoll, denn die Software, die den Wareneingang-Flowchart enthält, wird sicherlich auf einem anderen Computer laufen als der Laborservice. Fachlich gesehen wartet das Labor also darauf, dass wir Probleme zur Prüfung einreichen.

1. Öffnen Sie den *WareneingangFlowchart*-Workflow aus dem Projekt *Wareneingang* und dort die Aktivität *Laboreinreichung*.

2. Damit wir auf den soeben erstellten Service zugreifen können, benötigen wir einen Dienstverweis. Wählen Sie dazu im Kontextmenü des Projekts die Option DIENSTVERWEIS HINZUFÜGEN..., geben Sie die Adresse des Service ein und als Namespace `refLabor`. Vorher müssen Sie den Service allerdings starten, damit er für die Metadatenabfrage erreichbar ist.

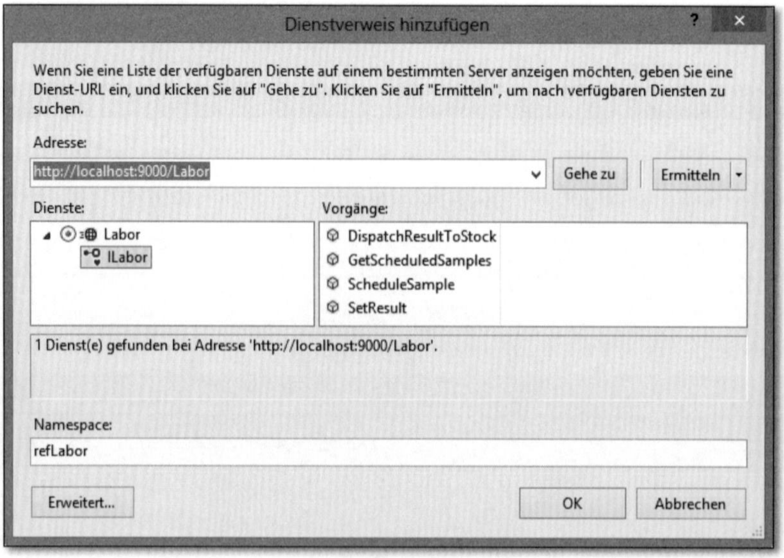

Abbildung 8.79 Dienstverweis hinzufügen

3. Nach einem Klick auf OK erscheint ein Komfort-Merkmal von Visual Studio, denn es möchte für uns eine Aktivität generieren, die den Zugriff auf den Service für uns kapselt und in der Toolbox zu finden ist. Wir hätten auch über die Messaging-Aktivitäten darauf zugreifen können, aber so ist es wirklich komfortabler.

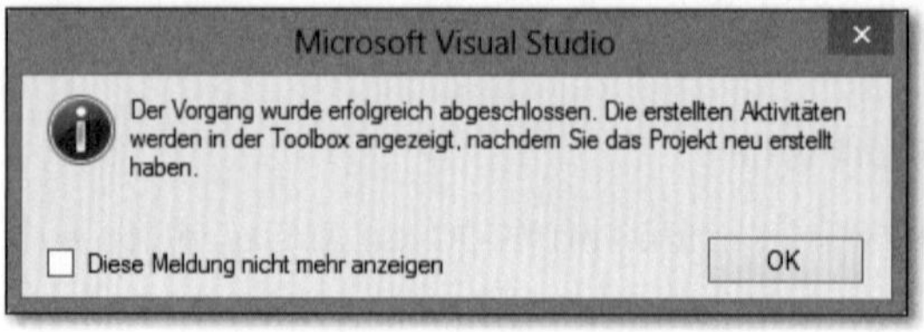

Abbildung 8.80 Wie nett von Visual Studio

4. Tun Sie daher das, was Visual Studio vorschlägt.
5. Ersetzen Sie die gesamte Aktivität *Laborproben versenden* durch die soeben generierte Aktivität *ScheduleSample*, die Sie vorher bitte in eine Sequenz packen.

6. *ScheduleSample* erwartet nun von uns ein Objekt vom Typ `Sample` und gibt uns eines vom Typ `SampleResult` zurück. Wir brauchen dafür zwei neue Variablen, idealerweise auf der Ebene *Laborprüfung*.

SampleResult	SampleResult	Laborprüfung	C#-Ausdruck eingeben
Sample	Sample	Laborprüfung	new Sample()

Abbildung 8.81 Die zwei neuen Variablen »Sample« und »SampleResult«

Ist Ihnen aufgefallen, dass Sie den Typ referenzieren können, obwohl das Projekt *LaborService* dem Projekt *Wareneingang* gar nicht bekannt ist? Das liegt daran, dass beim Erstellen des Dienstverweises Visual Studio die Klassen im Projekt generiert hat. Sie sind jetzt quasi doppelt vorhanden, in beiden Projekten.

7. Das Objekt `Sample` haben wir bereits im Variablendialog instanziiert (Spalte: Standard), nun müssen wir ihm noch die Werte zuweisen. Dafür ziehen Sie bitte zwei *Assign*-Aktivitäten vor die *ScheduleSample*-Aktivität. Weisen Sie *Sample.OrderId* den Wert `Bestellkennzeichen` zu und *Sample.SampleSize* den Wert `Stichprobe`. Sie sehen bereits am Unterschied Deutsch/Englisch: Es werden zwei verschiedene Systeme miteinander verbunden, die auch eigene Datenstrukturen mitbringen. Unsere Aufgabe ist es ja gerade, die beiden Systeme kompatibel zu machen.
8. Jetzt können wir die WCF-Aktivität konfigurieren. Weisen Sie beiden Parametern *sample* und *ScheduleSampleResult* die soeben erstellte und zugewiesene Variable `Sample` zu, denn wir wollen das Objekt sowohl als Eingabeparameter für den Service verwenden als auch von ihm zurückerhalten, dann allerdings ergänzt um die *SampleId*, die der Service in seiner Implementierung ergänzt. Denken Sie bitte daran, dass wir hier einen asynchronen Service umsetzen – wir reichen die Proben zu diesem Zeitpunkt ein. Die Ergebnisse, dann verpackt in der Klasse `SampleResult`, kommen später, wenn wir vom WCF-Service des Labors in den Workflow wieder »zurückrufen«.
9. Ergänzen Sie nun noch eine *WriteLine*-Aktivität am Ende, und lassen Sie sich dort den Wert von *Sample.SampleId* ausgeben, um zu überprüfen, ob der Aufruf erfolgreich war.
10. Bevor Sie den Workflow ausführen, starten Sie den Service und Ihre Datenbank, denn die Workflow Runtime möchte den Workflow persistieren, was wir ja zuvor in Abschnitt 8.9, »Persistenz«, ermöglicht haben.

Die Aktivität sollte nun aussehen wie in Abbildung 8.82. Das Ergebnis des Workflows dürfte nicht überraschen, denn die Proben sind zwar nun im Labor angekommen, es fehlt aber der Rückkanal, also das Mitteilen der Prüfungsergebnisse. Und so schlägt die Prüfung, nach vorheriger Erinnerung, fehl – ganz wie gewollt (siehe Abbildung 8.83).

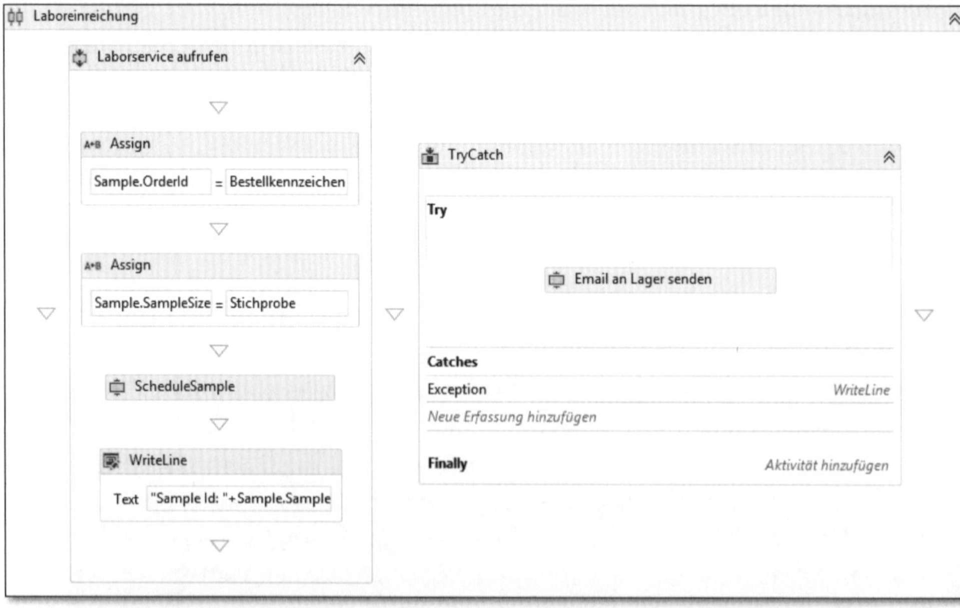

Abbildung 8.82 Die fertige Aktivität zur Anbindung an den Laborservice

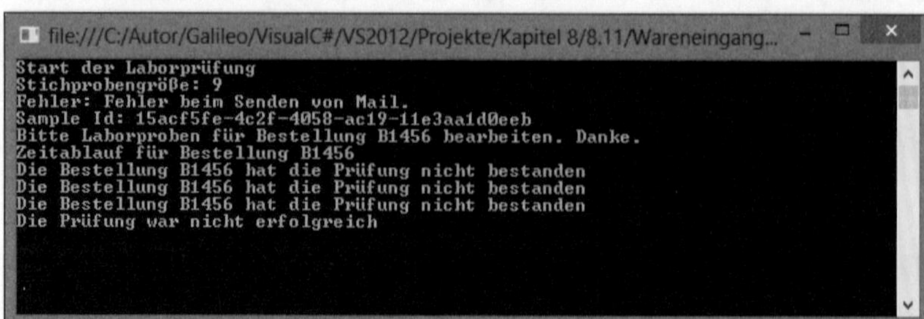

Abbildung 8.83 Das Ergebnis des Workflows

Das ist perfekt und, nebenbei bemerkt, ziemlich cool! Kontrollieren Sie bitte auch, ob die **.sample*-Datei auf Ihrer Festplatte vorhanden ist. Im nächsten Schritt wollen wir nun das Laborpersonal in die Lage versetzen, mit dem Service zu interagieren, also die Laborproben anzuzeigen und die Prüfergebnisse abzuspeichern.

8.11.5 Fallbeispiel – Teil 3: Der Laborclient

Der Laborclient ist eine einfache Anwendung auf Basis von Windows Forms. Ich verwende hier den Service auf dieselbe Weise wie zuvor aus dem Workflow heraus. Aus diesem Grund überspringe ich einen Schritt und möchte Sie bitten, das Projekt von der Buch-CD zu laden.

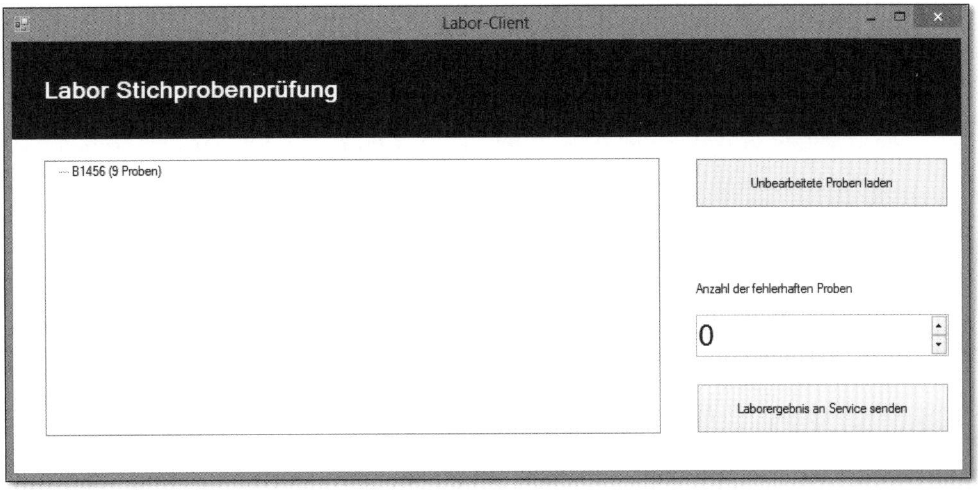

Abbildung 8.84 Der Client für das Laborpersonal

Wenn Sie das Projekt nun ausführen, so öffnet sich der Client. Sie können nun auf den Button UNBEARBEITETE PROBEN LADEN drücken (siehe Abbildung 8.84). Wenn Sie den Workflow bereits mehrfach ausgeführt haben, dann erhalten Sie auch mehrere Einträge.

Sie könnten nun bereits die Probe auswählen und an das Lager versenden, wenn nicht in der Implementierung des Service gerade an dieser Stelle stünde `//Hier geschieht ein Wunder`. Um dieses Wunder kümmern wir uns jetzt.

8.11.6 Fallbeispiel – Teil 4: WCF ruft WF

Bisher haben wir den Prozess vom Workflow her gesteuert. Den Workflow selbst wiederum haben wir von außen, aus der *Program.cs*, gesteuert. Dort haben wir Argumente übergeben und die übergebenen Argumente nach Beendigung des Workflows ausgewertet.

Wir könnten diese Situation retten, indem wir aus dem Workflow heraus beispielsweise eine Methode wie `GetSampleResult` im WCF-Service aufrufen und diesen Vorgang solange wiederholen, bis die Methode ein Ergebnis zurückgibt oder die Zeit abgelaufen ist. Damit hätten wie weiterhin nur Aufrufe vom Workflow an den WCF-Service.

Elegant ist dieses *Polling* genannte Verfahren nicht. Warum, das wird deutlich, wenn wir uns die Nachteile ansehen:

- Während des gesamten Abfragens muss der Workflow aktiv laufen, benötigt also Arbeitsspeicher- und CPU-Ressourcen. Das sind in unserem Fall immerhin bis zu 6 Stunden.

- Während dieser Zeit sendet er fortlaufend Anfragen, vielleicht jede Minute, oder in noch kürzerem Intervall. Damit belastet er zudem das Netzwerk und den Laborservice unnötig, über Gebühr.

Die Methode, die wir vorgesehen haben, nämlich vom WCF-Service über die Methode `DispatchResultToStock` direkt in den Workflow zu funken, ist da deutlich eleganter und flexibler. Allerdings muss dafür unser Workflow selbst zum Service werden, denn um vom Laborservice her erreichbar zu sein, benötigt er ebenfalls eine Adresse. Seit WCF 4.0 ist es deutlich einfacher geworden, Workflows als Services bereitzustellen. Man nennt solche Services dann *Workflow Services*. Die neue Architektur unserer Anwendung könnte so aussehen wie in Abbildung 8.85.

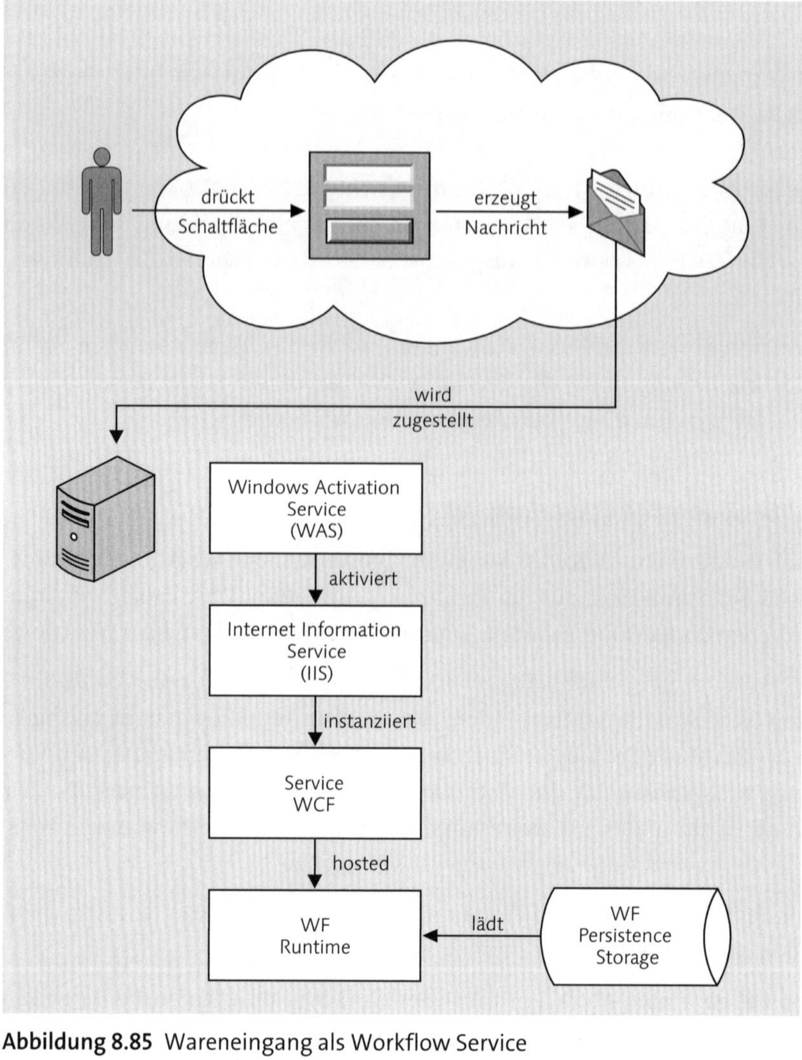

Abbildung 8.85 Wareneingang als Workflow Service

Das ist nun eine Architektur, wie sie in der Praxis vorkommt. Die Merkmale:

- Sobald eine Warenlieferung eintrifft, füllt der Mitarbeiter im Wareneingang eine Maske aus und sendet die Daten an den Workflow Service über die `GoodsReceived`-Methode.
- Der Workflow Service startet eine neue Workflow-Instanz unseres *Wareneingang-Flowchart* und führt diese aus. Im Laufe des Workflows werden Proben ermittelt und an den WCF-Laborservice übergeben. Der Workflow wartet nun 2x6 Stunden (bzw. in unserer verkürzten Version 2x6 Sekunden) und erinnert gegebenenfalls an die Bearbeitung der Proben, wenn die Antwort nicht rechtzeitig eintrifft.
- Der Labormitarbeiter ruft die noch unbearbeiteten Proben ab und sendet das Ergebnis der Prüfung zurück an den Laborservice.
- Dieser wiederum sendet das Ergebnis zurück an den Wareneingangs-Service. Dieser Service lädt nun die richtige Workflow-Instanz, führt den Workflow weiter aus und ermittelt so, ob die Ware eingelagert werden kann oder nicht. Das Ergebnis der Prüfung schreibt der Workflow in eine Datenbank bzw. in das Dateisystem.
- Der Mitarbeiter im Lager kontrolliert das Ergebnis der Prüfung und leitet die weiteren Schritte in die Wege.

Legen wir los und setzen dieses anspruchsvolle Szenario um!

1. Fügen Sie der Projektmappe eine weitere Workflow-Konsolenanwendung hinzu, und benennen Sie diese *WareneingangService*. Wir hätten stattdessen auch die Projektvorlage *WCF Workflow Service Application* verwenden können, aber auf diese Weise behalten wir volle Kontrolle über den Service und erleichtern uns darüber hinaus die Migration, vom Lerneffekt einmal ganz abgesehen. Außerdem können wir so die Ausgaben auf der Konsole sehen.
2. Entfernen Sie die XAML-Datei, die Visual Studio automatisch erzeugt. Wir verwenden den Workflow im Projekt *Wareneingang*.
3. Erzeugen Sie einen Dienstverweis auf den Laborservice, wie oben beschrieben.
4. Fügen Sie eine Referenz auf die Bibliothek *WareneingangLibrary* hinzu, denn der Workflow besitzt ja einige Custom Activities, die dort enthalten sind.
5. Außerdem benötigen wir noch einen Verweis auf das Projekt mit dem Workflow – *Wareneingang*.

Nun müssen wir den Service noch hosten. Im Projekt *Wareneingang* geschah das mit Hilfe von `WorkflowApplication`. Zum Hosting eines Workflow Services hingegen hält das Framework die Klasse `WorkflowServiceHost` bereit. Hier, zur Abwechslung, mit der Konfiguration des zugehörigen Endpunkts im Code. Wenn Sie das alles stark an WCF erinnert, dann liegen Sie völlig richtig, denn ein `WorkflowServiceHost` verbindet die Ausführung eines Workflows mit der Laufzeitumgebung von WCF, benötigt also

– wie gehabt – eine Adresse, ein Binding und einen Contract, nur dass der Contract eines *Workflow Services* sich aus dem Workflow selbst ergibt – wir müssen ihn also nirgendwo im Code niederschreiben, Adresse und Binding aber schon.

Wenn wir den Workflow jetzt starten würden, dann bekämen wir die Meldung, dass die Menge 0 nicht erlaubt ist. Das liegt daran, dass wir dem Service noch keine Werte übergeben haben. Die Werte bekommt der Service künftig ja über den neuen Client, bisher hatten wir sie im Code fest übergeben.

```
using System;
using System.ServiceModel.Activities;
using System.ServiceModel.Description;
using Wareneingang;

namespace WareneingangService
{

   class Program
   {
      static void Main(string[] args)
      {
         using (WorkflowServiceHost host =
         new WorkflowServiceHost(new WareneingangFlowchart(),
         new Uri("http://localhost:9005/Wareneingang")))
         {
            host.Description.Behaviors.Add(new
               ServiceMetadataBehavior(){HttpGetEnabled=true});
            host.AddDefaultEndpoints();
            host.Open();
            Console.WriteLine("Der Workflowservice ist gestartet, bitte ENTER
            drücken, um zu beenden");
            Console.ReadLine();
            host.Close();

         }

      }
   }
}
```

Listing 8.36 Program.cs

Dennoch können wir den neuen Host bereits starten und die Metadaten abfragen.

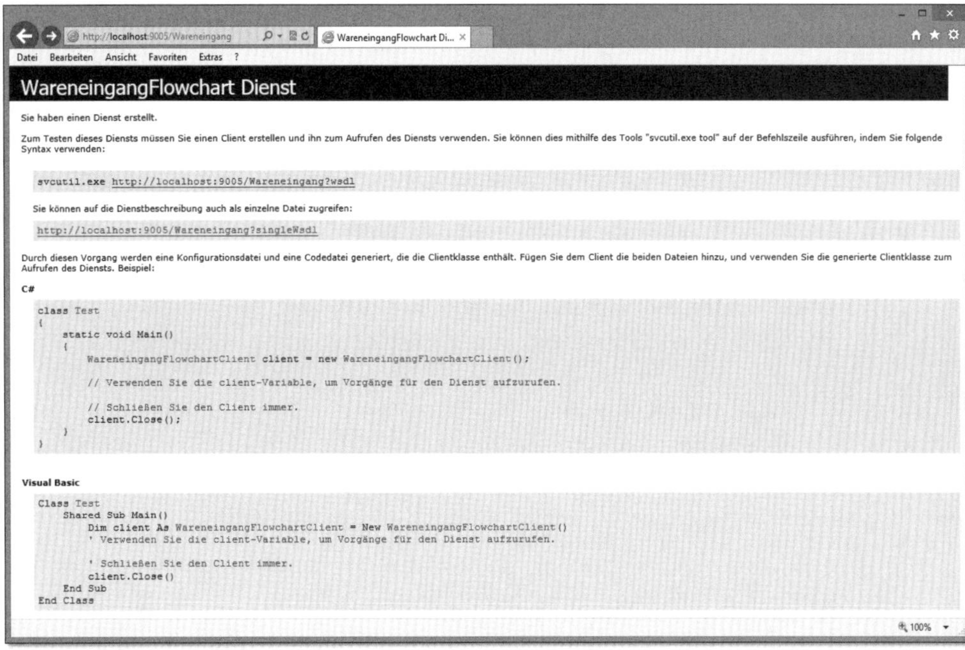

Abbildung 8.86 Ihr erster Workflow Service, Glückwunsch!

Nun wird es spannend, wir müssen die Werte an den Workflow über einen Serviceaufruf übergeben. Die gute Nachricht: `WorkflowServiceHost` analysiert den Workflow und erstellt den Contract vollautomatisch. Das bedeutet: Alles, was wir tun müssen, ist, eine *Receive*-Aktivität an den Anfang des Workflows zu stellen und dieser Aktivität die gewünschten Parameter zu übergeben. Die Parameter sind klar, es handelt sich um alle Parameter, die wir auch bisher übergeben hatten, also das angelieferte Produkt, die angelieferte Menge, das Bestellkennzeichen und die offenen Bestellungen zum Zeitpunkt der Lieferung.

So wird der Workflow auch aktiviert: Nachdem er gehostet wurde, wartet eine *Receive*-Aktivität darauf, dass eine WCF-Nachrichten eingeht. Jede Nachricht führt erst einmal zu einer neuen Instanz des Workflows, sofern die Eigenschaft `CanCreateInstance` auf `true` gesetzt wurde, was wir gleich noch tun werden. In der Receive-Aktivität müssen wir nun alle Argumente übergeben, die der Workflow für seine Ausführung benötigt.

Als Rückgabewert erhält der Client die Workflow-InstanceId. Dafür benötigen wir noch eine Klasse (genauer: eine Code Activity) im Projekt *WareneingangLibrary*, um einfach an diese GUID zu gelangen. Natürlich hätten wir darauf verzichten können, diese InstanceId zurückzugeben. Im Fehlerfall schließt sich damit allerdings der

Kreis, denn ein Mitarbeiter des Lagers könnte diese Information dann beispielsweise an einen Supportmitarbeiter übermitteln, der sich daraufhin mit der Analyse deutlich leichter tut.

```
using System.Activities;
namespace WareneingangLibrary
{
   public class InstanceActivity : CodeActivity
   {
      public OutArgument<string> InstanceId { get; set; }
      protected override void Execute(CodeActivityContext context)
      {
         InstanceId.Set(context,
         context.WorkflowInstanceId.ToString());
      }
   }
}
```

Listing 8.37 InstanceActivity.cs, im Projekt WareneingangLibrary

1. Öffnen Sie den Workflow im neuen Projekt.
2. Ziehen Sie eine *ReceiveAndSendReply*-Aktivität (Reiter MESSAGING) an die oberste Stelle im Workflow. Damit wird unser Service aktiviert.
3. Routen Sie den Flowchart um, sodass als Erstes diese Aktivität angesprochen wird und erst danach die Aktivität *Eingabevalidierung*.

Abbildung 8.87 Der veränderte Ablauf

4. Öffnen Sie die Sequenz *Warte auf neue Warenlieferung*, damit wir die zwei einzelnen Aktivitäten konfigurieren können. Setzen Sie die Werte der *Receive*-Aktivität wie in Abbildung 8.88 dargestellt.

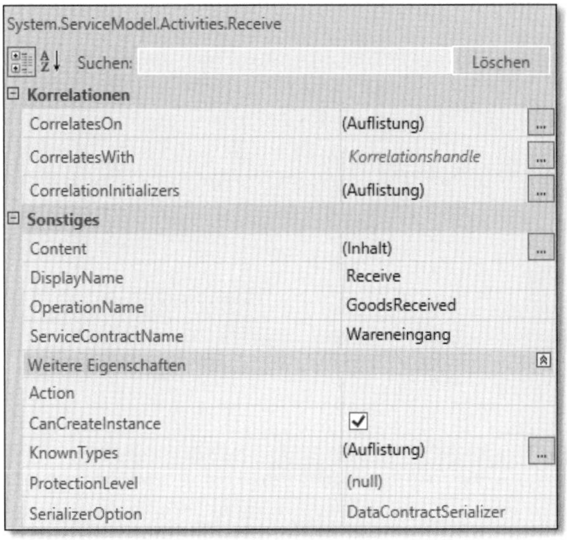

Abbildung 8.88 Die Receive-Aktivität

5. Nach dem Erhalt der Nachricht über Receive wird der Workflow gestartet. Bevor wir die Antwort an den Aufrufer zurückgeben, wollen wir noch die Instanz-Id abgreifen. Ziehen Sie dazu die vorher erstellte *InstanceActivity* zwischen die beiden Aktivitäten und weisen Sie dessen Wert einer neuen Variablen `InstanceId` (`string`) zu, die sie auf oberster Ebene des Workflows vorher deklarieren.
6. Im Content-Bereich von *Receive* müssen wir die Parameter angeben, die diese Aktivität erwartet, und wir müssen diese Parameter den Variablen zuweisen, sodass wir sie im weiteren Verlauf des Workflows verwenden können (siehe Abbildung 8.89).
7. Der Content-Bereich der *SendReplyToReceive*-Aktivität beinhaltet den Rückgabewert dieser Servicemethode. Geben Sie als Name *result* an und in der Spalte *Wert* die InstanceId, die wir zuvor ermittelt und gespeichert haben.
8. Bei dieser Gelegenheit sollten wir auch gleich die zweite *Receive*-Aktivität des Workflows anpassen, die später die Ergebnisse des Labors entgegennimmt und die sich in der Aktivität *Warten auf Laborergebnisse* befindet. Geben Sie *Wareneingang* als *ServiceContractName* an.

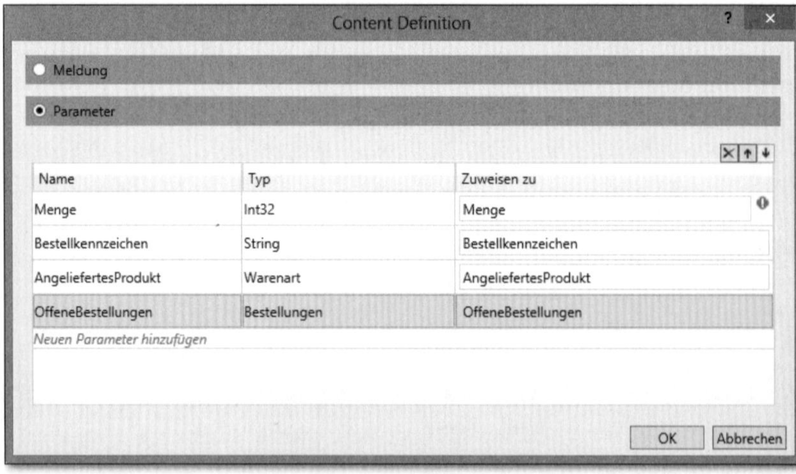

Abbildung 8.89 Content-Definition von Receive

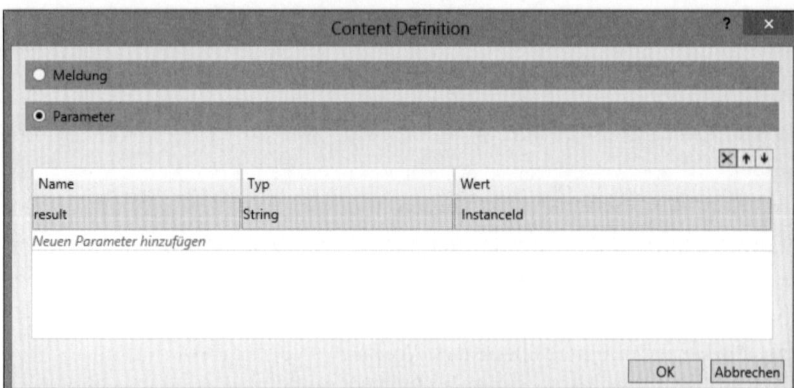

Abbildung 8.90 Content-Definition von SendReplyToReceive

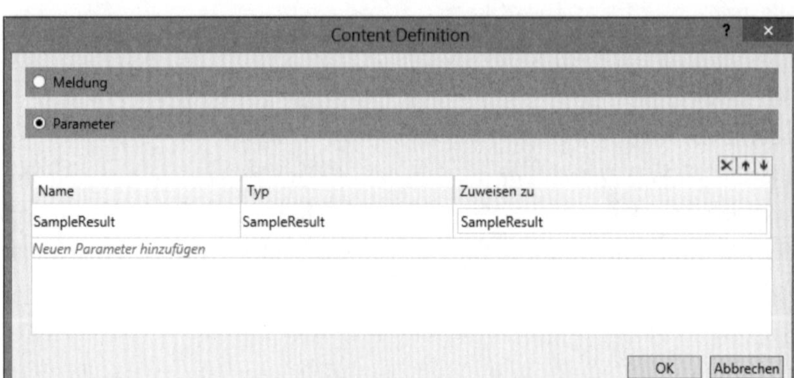

Abbildung 8.91 Content-Definition von »Empfange Laborergebnisse«

Starten Sie nun beide Services, es ist Zeit für den Client. Den Client finden Sie wieder im Projekt (*WareneingangClient*). Wenn Sie möchten, können Sie ihn auch selbst erstellen. So würde der Proxy aussehen, wenn Sie ihn durch Hinzufügen des Dienstverweises selber erstellen:

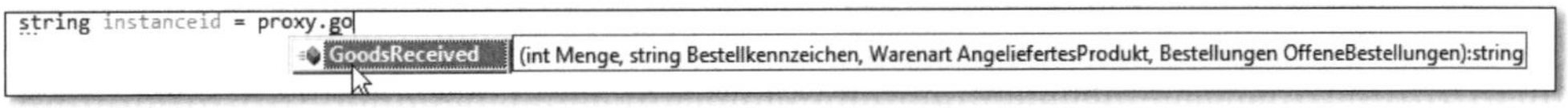

Abbildung 8.92 Das entspricht genau unserer Definition von Receive und SendReply

Zur Wiederholung:

- Die *Receive*-Aktivitäten stellen Anknüpfungspunkte eines Workflow Services mit seiner Umwelt dar.
- Zu diesem Zweck hat sie einen Namen (`OperationName`), der beim Hosting zum Namen der Methode des Services wird. In unserem Fall sind das die Methoden `GoodsReceived` und `EmpfangeLaborErgebnisse`.
- Jede *Receive*-Aktivität kann zudem Eingabeparameter besitzen, die dann zu den Eingabeparametern der Methoden werden, wenn der Workflow Service gehostet wird (unter CONTENT).
- Eine *SendReply*-Aktivität kann den optionalen Rückgabewert enthalten, sofern die Methode eine Rückgabe liefern soll.
- Ein Workflow Service hält an einer *Receive*-Aktivität inne, bis von außen eine Nachricht eintrifft.
- Zu diesem Anlass persistiert sie den Workflow, denn wer weiß schon, wann und ob diese Nachricht eintrifft.
- Ein Workflow Service kann selbst wiederum andere Services aufrufen, dazu dienen die Aktivitäten *Send* und *ReceiveReply*, die das Gegenstück zu *Receive* und *SendReply* darstellen.

Wenn Sie alle vier Projekte starten, die beiden Services und die beiden Clients, so können Sie nach Herzenslust Wareneingänge zubuchen und auf der Laborseite bestätigen (siehe Abbildung 8.93).

Bei jedem Klick auf WARENLIEFERUNG AN SERVICE wird eine eigene Instanz des Workflows gestartet, so wie es richtig ist. Auch der Rest funktioniert, beispielsweise die Timeouts, also die Erinnerung an das Labor, doch bitte die Proben zu bearbeiten. Wir müssen uns klar machen, dass der Workflow jedes Mal, wenn er die *Receive*-Aktivität *Empfange Laborergebnisse* antrifft, eine Wartepause einlegt.

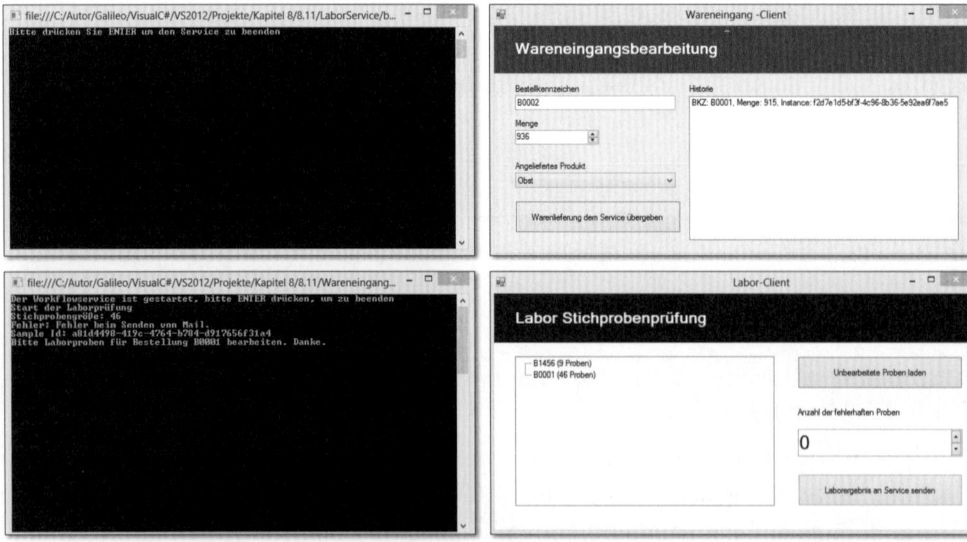

Abbildung 8.93 Das Ergebnis unserer bisherigen Bemühungen

Wir können nun die Laborergebnisse an den Workflow zurückmelden:

1. Fügen Sie dem Laborservice einen Dienstverweis auf den Wareneingangs-Service hinzu. Als Namespace geben Sie bitte `refWareneingang` an, der vorher gestartet werden muss. Die Adresse lautet: *http://localhost:9005/Wareneingang*
2. Ändern Sie den Code der Methode `DispatchResultToStock` im Laborservice von `//Hier geschieht ein Wunder//` nach:

```
...
using LaborService.refWareneingang;
public void DispatchResultToStock(SampleResult sampleResult)
{
   refWareneingang.WareneingangClient proxy =
      new WareneingangClient();
   proxy.Open();
   refWareneingang.SampleResult input = new
      refWareneingang.SampleResult();
   input.Sample = new refWareneingang.Sample()
      {
         OrderId = sampleResult.Sample.OrderId,
         SampleSize = sampleResult.Sample.SampleSize,
         SampleId = sampleResult.Sample.SampleId
      };
   input.UnitsFailed = sampleResult.UnitsFailed;
```

```
    proxy.EmpfangeLaborErgebnisse(input);
}
Labor.cs
```

Dieser Code reicht das Ergebnis des Laborclients über den Laborservice an den Workflow Service weiter. Da der Wareneingang-Flowchart als Service läuft, nimmt er die Rückmeldung jederzeit entgegen. Wir müssen nun noch im Wareneingang-Flowchart auf die erhaltenen Laborergebnisse reagieren. Dazu müssen wir lediglich eine weitere *Assign*-Anweisung einfügen wie in Abbildung 8.94 dargestellt.

Weisen Sie dem Argument *FehlerhafteProben* einfach den Ausdruck *SampleResult.UnitsFailed* zu. Damit schließt sich der Kreis, denn dieser Wert kommt aus der *Laborclient*-Anwendung. Die weitere Verarbeitung hatten wir ja bereits in einem früheren Tutorial entworfen. Außerdem sollten Sie der Variable *AnzahlLaborErinnerungen* direkt unter der gerade erstellten *Assign*-Aktivität den Wert `2` zuweisen, damit die fußgesteuerte `doWhile`-Schleife damit verlassen wird.

Abbildung 8.94 Die erweiterte Receive-Anweisung mit Zuweisung des Ergebnisses und dem Abbruch der Warteschleife, sobald die Antwort vom Labor eingegangen ist

Ziehen Sie zum Schluss noch eine *WriteLine*-Aktivität in den Benachrichtigungsblock, damit wir an der Konsole lesen können, wenn eine Prüfung fehlschlägt, auch dann bitte, wenn die Prüfung erfolgreich war. Sie können *WriteLine* dann als letzte Aktivität der Einlagerung ausgeben.

Abbildung 8.95 Die veränderte Benachrichtigung

Die Clients sind so gestaltet, dass verschiedene Wareneingänge zur gleichen Zeit gebucht und im Labor bearbeitet werden können. Solange der Workflow läuft, ist alles in Ordnung: Der neue Workflow erhält eine neue InstanceId, denn die *CanCreate-Instance*-Eigenschaft sorgt dafür, dass eine neue Instanz bei jeder neuen Anfrage angelegt wird. Doch was geschieht, während der Workflow im Wartezustand ist? In einem solchen Fall müssen wir noch den *InstanceProvider* konfigurieren, damit der Workflow persistiert und entladen werden kann. Das Schema hierzu haben wir früher schon angelegt. Der zugehörige Code befindet sich aber noch im Projekt *Wareneingang*.

Das größere Problem lauert jedoch in der zweiten *Receive*-Aktivität, die die Laborergebnisse aufnimmt. Woher weiß der Workflow Service, welcher Instanz, also letztlich welcher Probe er die Meldung zuordnen soll? Das müssen wir ihm noch mitteilen.

8.11.7 Fallbeispiel – Teil 5: Persistence

Das Einrichten des *InstanceStores* geschieht wieder in der *Program.cs,* noch bevor der `WorkflowServiceHost` geöffnet wird.

```
using System;
using System.Activities.Statements;
using System.ServiceModel.Activities;
using System.ServiceModel.Description;
using System.ServiceModel.Activities.Description;
using System.Activities.DurableInstancing;
using Wareneingang;
```

```
namespace WareneingangService
{
   class Program
   {
      static void Main(string[] args)
      {
         using (WorkflowServiceHost host =
          new WorkflowServiceHost(new WareneingangFlowchart(),
          new Uri("http://localhost:9005/Wareneingang")))
         {
            SqlWorkflowInstanceStoreBehavior isb =
               new SqlWorkflowInstanceStoreBehavior("Integrated Security=
               SSPI;Persist Security Info=False; Initial Catalog=
               WorkflowInstanceStore; Data Source=localhost");
            isb.HostLockRenewalPeriod = new TimeSpan(0, 0, 5);
            isb.InstanceCompletionAction = InstanceCompletionAction.DeleteAll;
            isb.InstanceLockedExceptionAction =
            InstanceLockedExceptionAction.AggressiveRetry;
            isb.InstanceEncodingOption = InstanceEncodingOption.GZip;
            isb.RunnableInstancesDetectionPeriod = new TimeSpan(0, 0, 0, 2);
            host.Description.Behaviors.Add(isb);

            host.Description.Behaviors.Add(new ServiceMetadataBehavior()
            { HttpGetEnabled = true });
            host.AddDefaultEndpoints();
            host.Open();
            Console.WriteLine("Der Workflowservice ist gestartet, bitte ENTER
            drücken, um zu beenden");
            Console.ReadLine();
            host.Close();
         }
      }
   }
}
```

Listing 8.38 Program.cs mit Persistence

Der Connection-String ist derselbe wie im früheren Tutorial, als Sie die Tabellen und Objekte im SQL Server angelegt haben. Die Tabellen in der Datenbank *Workflow-InstanceStore* werden nun gefüllt, sobald der Workflowhost in Zusammenarbeit mit der Workflow Engine den Workflow persistieren möchte.

8.11.8 Correlation

Zur Erinnerung: Correlation bedeutet, dass zwei oder mehrere Messaging-Aktivitäten verbunden sind. Dabei gibt es immer eine Aktivität, die eine neue Instanz des Workflows startet (in unserem Fall die *Receive*-Aktivität am Anfang des Workflows) und gegebenenfalls mehrere Aktivitäten, die auf eine bereits erzeugte Instanz Bezug nehmen (im Workflow die *Receive*-Aktivität, die auf die Laborergebnisse wartet). Correlation dient nun dazu, dass diese Folgeaktivitäten wissen, auf welchen Instanzen sie ausgeführt werden. Denn in der Praxis, und so auch in unserem Beispiel, wird der Workflow ja entladen und erst dann wieder geladen, wenn eine neue Nachricht eingeht. Dafür wird ein eindeutiger Schlüssel pro Worfklow-Instanz benötigt.

Im Falle von *context-based correlation* ist dies der WF-Kontext, im Falle von *content-based correlation* ein beliebiges Kriterium, das Sie dann vorgeben müssen.

In aller Regel haben Sie so ein eindeutiges Kriterium: eine Kundennummer, eine Belegnummer, eine Warennummer oder etwas anderes. In unserem Fall eignet sich dafür das Bestellkennzeichen, das eindeutig ist. Wir wollen nun den Versand der Proben mit dem Eingang der Prüfungsergebnisse auf diese Weise verbinden:

1. Für die erste *Receive*-Aktivität müssen Sie dazu die Eigenschaft `CanCreateInstance` auf `true` setzen, da diese Aktivität einen neuen Workflow starten soll, was schon geschehen ist. Alle nachfolgenden Schritte gelten für diese erste Aktivität, mit dem nicht nur die neue Instanz, sondern mit ihr auch der gesamte Prozess der Wareneingangsprüfung beginnt.
2. Als Nächstes benötigen wir eine neue Variable, am besten auf oberster Ebene (Wareneingangsprüfung). Nennen Sie diese Variable `ContentHandle`, und weisen sie ihr den Datentyp `CorrelationHandle` zu.
3. Nun müssen wir diese Variable initialisieren. Öffnen Sie dazu den Dialog der Eigenschaft `CorrelationInitializers` Ihrer ersten *Receive*-Aktivität wie in Abbildung 8.96 dargestellt.
4. Als Initializer geben Sie die vorher erstellte Variable `ContentHandle` an. Wir wollen content-based correlation anwenden und wählen daher *Query correlation initializers*. Damit meint Visual Studio, dass es den eindeutigen Wert aus einer Variable oder einer Struktur abfragen soll. Klicken Sie nun auf den Auswahldialog und doppelt auf BESTELLKENNZEICHEN. Glücklicherweise mussten wir den daraufhin angezeigten XPath-Ausdruck nicht von Hand eintippen.
5. Wechseln Sie nun zur zweiten *Receive*-Aktivität in der *Stichprobenauswertung, Empfange Laborergebnisse*. Sobald eine Nachricht aus dem Labor eintrifft, soll der richtige Workflow geladen werden. Deaktivieren Sie *CanCreateInstance*, falls gesetzt. Setzen Sie die `CorrelatesWith`-Eigenschaft auf das zuvor erstellte `ContentHandle`.

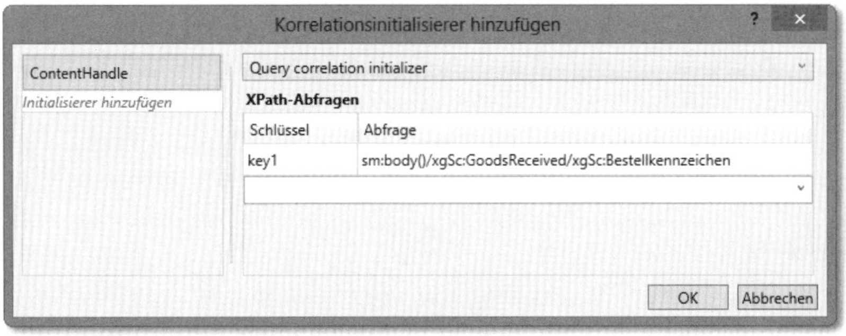

Abbildung 8.96 CorrelationInitializers-Dialog

6. Öffnen Sie den *CorrelatesOn*-Dialog, und wählen Sie wieder durch Doppelklick ORDERID aus der Liste der Möglichkeiten (siehe Abbildung 8.97).

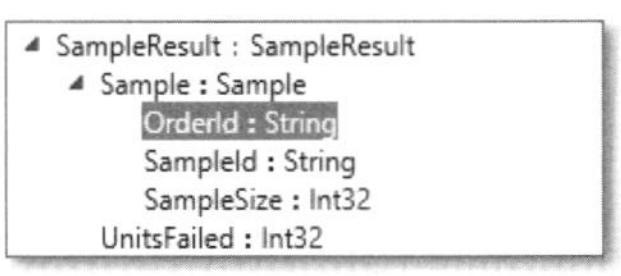

Abbildung 8.97 CorrelatesOn

Die beiden Aktivitäten sind jetzt miteinander verbunden, unser Workflow-Szenario ist fertiggestellt (ja, wirklich!). In der ersten Aktivität wird *ContentHandle* initialisiert, und zwar mit dem Wert der aktuellen Bestellung des Workflows. Wird der Workflow in der Datenbank persistiert, wird diese Information ebenfalls dort gespeichert. Sobald der Workflow wieder aufgerufen wird, wird anhand von *OrderId* (also dem Bestellkennzeichen, so wie ihn der Laborservice nennt) der richtige Workflow geladen und ausgeführt.

Test

Für den Test können Sie die Wartezeit für Erinnerungen erhöhen. Wenn Sie nicht so schnell klicken möchten, sagen wir auf 20 Sekunden. Damit haben Sie insgesamt 40 Sekunden Zeit, um im Labor-Client die Anzahl der fehlerhaften Proben anzugeben. Testen Sie ruhig auf Herz und Nieren, und verwenden Sie den Debugger, wenn Sie möchten.

Das Abrufen der Laborergebnisse sollte nun so oder so ähnlich wie Abbildung 8.98 aussehen. Abbildung 8.99 zeigt mein Testergebnis.

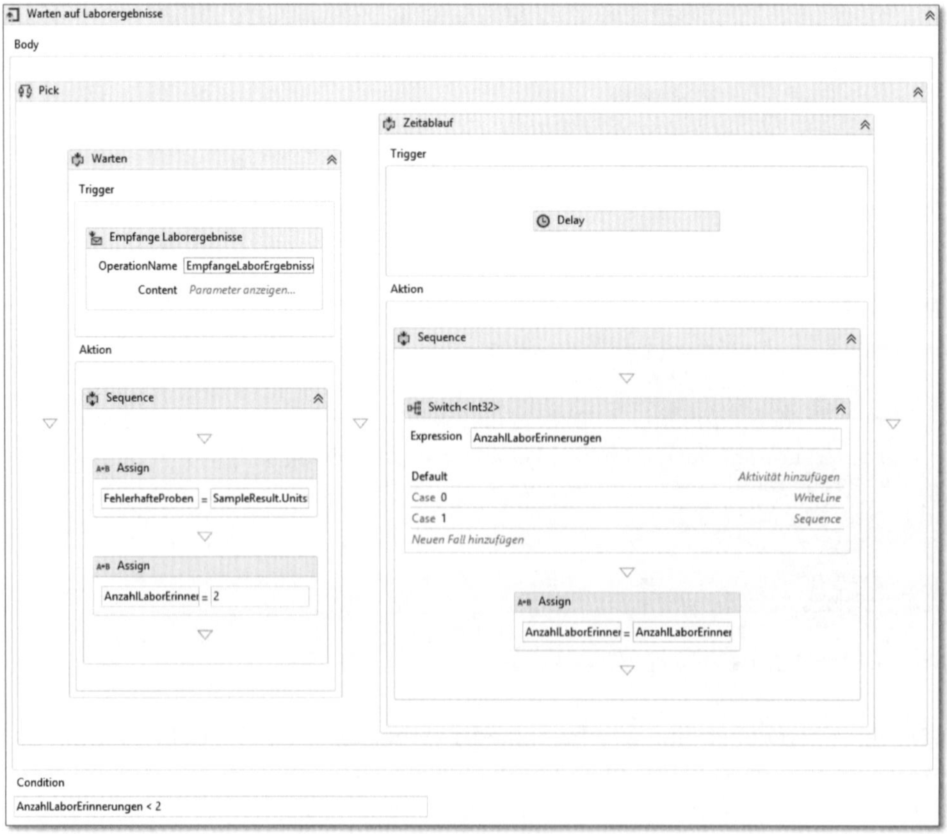

Abbildung 8.98 Die Änderung nach dem Debuggen

8.11.9 Zum Schluss

Wenn Sie bis hierher durchgehalten haben: Ich ziehe meinen Hut vor Ihnen! WF in Kombination mit WCF ist keine einfache Technologie, zugegeben, aber was wir bisher erreicht haben, ist schon beeindruckend: Wir haben zwei unabhängig voneinander lauffähige Services lose miteinander gekoppelt, vollständig asynchron, und die Verarbeitung des Wareneingangs zur Gänze über einen Workflow gesteuert. Zusätzlich stehen für die beiden Services Clientanwendungen zur Verfügung, für das Lager und das Labor. Das gesamte System funktioniert auch dann, wenn diese Client-Anwendungen nicht laufen. Wenn der Laborservice das Ergebnis der Prüfung an den Wareneingang-Flowchart übergibt, muss der Wareneingangs-Client also auf keinem Rechner gestartet sein, die Verarbeitung erfolgt rein serverbasiert. Probieren Sie das ruhig einmal aus, wenn Sie möchten. Außerdem werden die Workflows vollautomatisch persistiert und ein Timeout-Mechanismus greift im Hintergrund für eine ebenfalls vollautomatische Erinnerungsfunktion; übrigens auch dann, wenn der Workflow entladen ist.

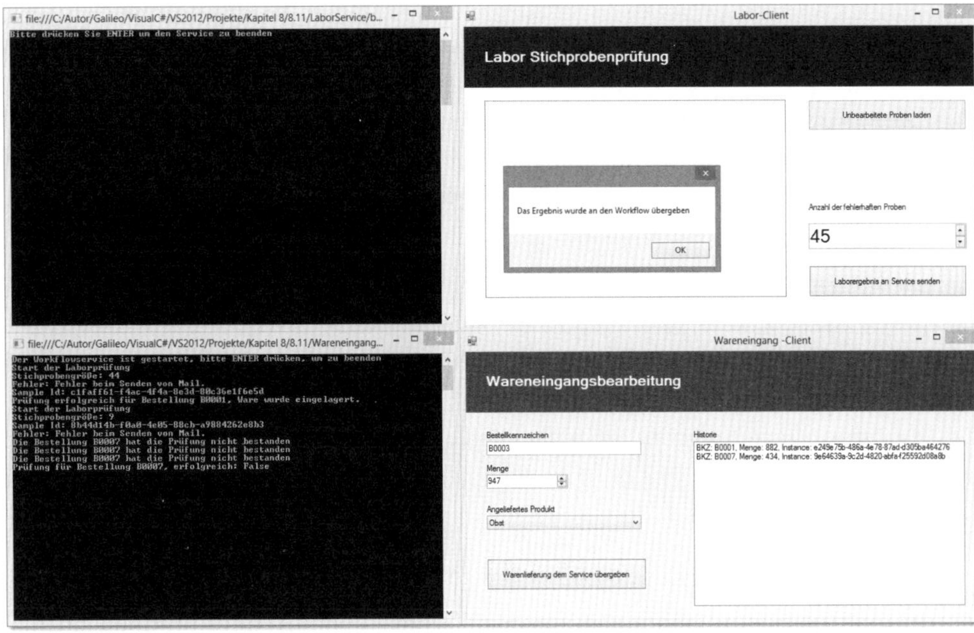

Abbildung 8.99 Das Testergebnis

Im nächsten Abschnitt lassen wir es ruhig ausklingen und schauen uns einen alten Bekannt an: den State Machine Workflow.

8.12 State Machine Workflows

State Machine Workflow: Ein komplizierter Begriff für eine recht einfache Sache. Der Begriff Workflow ist ja nicht geschützt und so verwundert es nicht, dass nicht jeder darunter dasselbe versteht. Wir haben Workflows bisher als Abfolge von Aktivitäten kennengelernt. Entweder fest oder in Form von Flowcharts, bei denen die Aktivitäten frei verbunden werden konnten. Damit lassen sich die meisten Bedürfnisse recht gut abdecken, aber nicht jeder Workflow gleichermaßen elegant modellieren.

Das hat auch Microsoft erkannt und schon in der ersten Version der Workflow Foundation ein weiteres Modell eingebaut, eben die *State Machine Workflows*. In die runderneuerte Version 4 haben sie es dann nicht mehr geschafft, um dann aber im Laufe der Version doch noch nachgerüstet zu werden. In der aktuellen Version 4.5 sind sie nun wieder von Haus aus enthalten: Welcome back!

Doch was sind nun State Machine Workflows, was kann man mit ihnen besser anstellen? Nun, zunächst einmal bilden sie etwas ab, das in der IT als Zustandsautomat bekannt ist. Damit ist gemeint, dass sich ein System (und ein solches ist auch ein

Workflow) zu einem gewissen Zeitpunkt immer in einem gewissen Zustand befindet. Davon kann es mehrere geben und ein System kann nun auf (bevorzugt externe) Ereignisse reagieren, indem es den Zustand wechselt, was man gemeinhin als *Zustandsübergang* (*state transition*) bezeichnet. Solche Übergänge sind nun begleitet von Aktionen (was im Kontext der WF nichts anderes als Aktivitäten sind). Lassen Sie uns das einmal auf die Praxis übertragen, oder die Frage stellen: Wie komme ich vom Problem zum Workflow?

Just in diesem Moment, als ich diese Zeilen schreibe, unterstütze ich unsere Personalabteilung bei der Auswahl und Einführung einer Software für das Bewerbermanagement. Das ist ein gutes Beispiel für einen *State Machine Workflow*. Und so sieht eine Variante des zugehörigen Workflows aus:

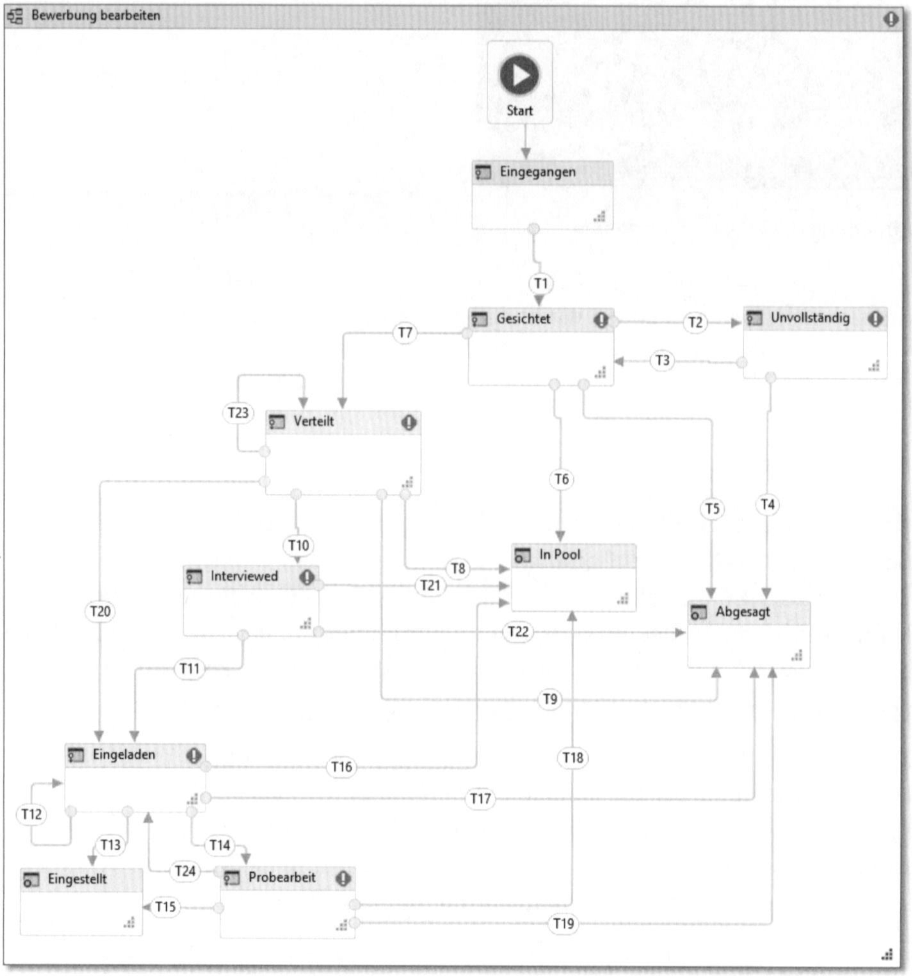

Abbildung 8.100 Der Bewerbungsprozess als State Machine Workflow

Jede eingehende Bewerbung löst einen neuen Workflow aus, also eine neue Instanz des Workflow. Microsoft nennt einen solchen Workflow im Deutschen *Zustandsautomatworkflow*, ein guter Grund, diesmal den englischen Begriff vorzuziehen.

Einen State Machine Workflow erstellen Sie ganz einfach, indem Sie die zugehörige Aktivität in den Designer ziehen.

Aktivität	Beschreibung
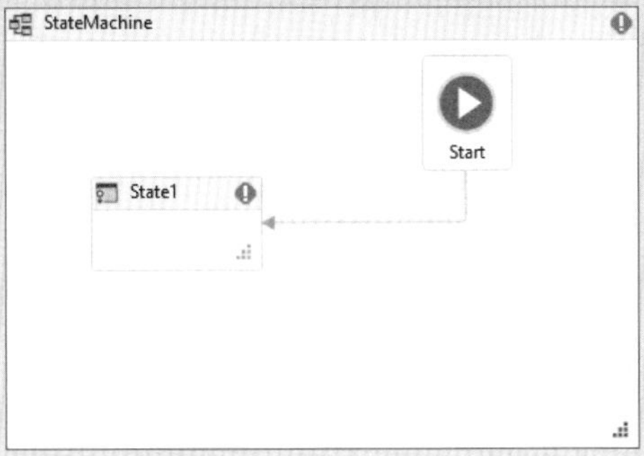 `<StateMachine ... />` ZUSTANDSAUTOMAT	Ein State Machine Workflow, nach dem Anlegen mittels Designer standardmäßig mit einem Anfangszustand verknüpft.

Tabelle 8.17 Aktivitäten

Schauen wir uns nun die Anatomie eines solchen Workflows genauer an.

8.12.1 Anfangszustand

Alles beginnt mit einem Zustand, dem Anfangszustand. Davon muss es in jedem Workflow genau einen geben. Er stellt, wie der Name schon sagt, den Zustand direkt nach dem Starten des noch neuen Workflows dar.

Praktischerweise ist er zu diesem Zweck gleich mit dem Startknoten verbunden, was ihn als solchen kennzeichnet. Alternativ zum Ziehen einer Linie vom Startknoten zum gewünschten Anfangszustand können Sie auch das Kontextmenü bemühen, Menüpunkt ALS ANFANGSZUSTAND FESTLEGEN.

Der Anfangszustand ergibt sich, zumeist recht einfach, aus dem fachlichen Kontext. In unserem Beispiel nennen wir ihn *Eingegangen* und meinen damit den Eingang einer Bewerbung, über die Homepage, über E-Mail oder per Post.

Der Anfangszustand hat nur diese Sonderbedeutung, unterscheidet sich sonst aber nicht von einem Zustand innerhalb des Workflows.

Aktivität	Beschreibung
 `<State ... />` ZUSTANDSAUTOMAT	Ein Zustand in einem State Machine Workflow. Er besitzt einen Block (*Entry*), der beim Eingang ausgeführt wird und einen weiteren (*Exit*), der beim Verlassen ausgeführt wird. Außerdem besitzt er wenigstens einen Übergang zu einem weiteren Workflow.

Tabelle 8.18 Aktivitäten

Es gibt zwei Blöcke:

- Der Block *Entry* wird ausgeführt, sobald der Workflow in diesen Status wechselt. Beim Anfangszustand also, unmittelbar nachdem der Workflow gestartet wurde.
- Der Block *Exit* hingegen wird ausgeführt, sobald der Workflow in einen anderen Zustand übergeht, man nennt dies dann folgerichtig *Zustandsübergang (state transition)*.

Außerdem sind alle möglichen Zustandsübergänge von diesem Zustand aus im Abschnitt *Transition(s)* aufgelistet. Im Beispiel gibt es nur einen, nämlich *Gesichtet*. Das macht Sinn, denn bevor entschieden werden kann, wie mit einer Bewerbung verfahren werden soll, muss sie zumindest einmal begutachtet werden – üblicherweise durch eine »*Recruiter*« genannte Person.

In den *Entry*-Block könnten wir eine automatische Benachrichtigung an den Bewerber unterbringen und ihm für seine Bewerbung danken – warum nicht mit der *SendMail*-Aktivität, die wir zuvor entwickelt haben?

Der *Exit*-Block hingegen bietet sich an, die Bewerbung fortan in der Datenbank zu erfassen, denn wenn die Bewerbung die erste Sichtung schon nicht übersteht, dann brauchen wir sie vielleicht gar nicht zu speichern, was offensichtlich für Bewerbungen aus Entenhausen zutrifft.

Abbildung 8.101 Der Zustand Eingegangen in der Praxis

8.12.2 Endzustand

Ein Endzustand ist eine eigene Aktivität in der Toolbox.

Aktivität	Beschreibung
 <State IsFinal="True" ... /> ZUSTANDSAUTOMAT	Ein Endzustand in einem State Machine Workflow. Er besitzt einen Block (*Entry*), der beim Eingang ausgeführt wird. Mit ihm endet der Workflow.

Tabelle 8.19 Aktivitäten

Ein Endzustand hat keine Zustandsübergänge zu anderen Zuständen, was nicht weiter verwundert – schließlich soll hier ja auch Endstation sein. Außerdem gibt es keinen *Exit*-Block, aus demselben Grund, er würde mangels Zustandsübergängen nie ausgeführt werden.

Allerdings kann es mehrere Endzustände geben, so auch im Beispiel:

Zustand	Beschreibung
Eingestellt	Der Bewerber wurde eingestellt.
In Pool	Der Bewerber ist interessant, mit seiner Erlaubnis behalten wir die Unterlagen, um evtl. später wieder auf ihn zugehen zu können.
Abgesagt	Der Bewerber erhält eine Absage.

Tabelle 8.20 Endzustände in der Bewerberverwaltung

Bei der Bestimmung von Endzuständen ist es wichtig, dem Drang zu widerstehen, einen Workflow immer offenhalten zu wollen. Ein Workflow kann zwar lange laufen, aber die Endzustände festzulegen ist dennoch wichtig, weil sie vorgeben, was außerhalb des Workflows geschieht, möglicherweise in einem anderen Workflow.

Im Beispiel könnte man geneigt sein, den Zustand *Pool* nicht als Endzustand zu definieren, sondern als gewöhnlichen Zustand, der den Workflow also nicht beendet. Denn, so könnte man argumentieren, vom Pool heraus könnte man ja direkt in den Zustand *Eingeladen* wechseln, wenn der ursprüngliche Bewerber doch noch absagt. Zur Einstufung können die folgenden Kriterien helfen.

Für einen Endzustand spricht:

- Es ist unklar, ob der Zustand jemals noch verändert wird, also ob ein Endzustand überhaupt jemals erreicht wird.
- Der Zustand wird möglicherweise sehr lange aufrechterhalten.
- Ein anderer Workflow, basierend auf dem Zustand als neuer Anfangszustand ist geeigneter, weil, um im Beispiel zu bleiben, ein Poolbewerber vielleicht nicht mehr gesichtet werden muss.

Zumindest für das zweite Kriterium gibt es eine Alternative, eine Delay-Aktivität. Nach Ablauf einer Frist, sagen wir 6 Monate, wird eine Zustandsänderung ausgelöst zu einem Endzustand hin. Wie, das sehen wir noch später.

8.12.3 Zustände dazwischen

Alle anderen Zustände haben wenigstens eine »Übergangslinie« zu sich und wenigstens eine weitere Übergangslinie zu einem anderen Zustand.

Um diese Zustände aus Ihrem fachlichen Problem zu extrahieren, empfehle ich Ihnen, eine Tabelle anzulegen.

Zustand	Beschreibung	Übergänge	Status
Eingegangen	Bewerbungseingang per Mail, Post oder Online	Gesichtet	Anfang
Gesichtet	Durch Recruiter gesichtet und bewertet.	Unvollständig, Abgesagt, In Pool, Verteilt	
Unvollständig	Es fehlen Angaben, die beim Bewerber angefragt werden.	Gesichtet, Abgesagt	
Verteilt	An die Fachabteilung zur Beurteilung übergeben.	Verteilt, Eingeladen, Interviewt, In Pool, Abgesagt	
Interviewt	Der Bewerber wurde telefonisch interviewt.	Eingeladen, In Pool, Abgesagt	
Eingeladen	Einladung zum ersten oder zum Folgegespräch	Eingeladen, Eingestellt, Probearbeit, Abgesagt, In Pool	
Probearbeit	Der Bewerber hat eine Probearbeit abgegeben.	Eingestellt, In Pool, Abgesagt, Eingeladen	
In Pool	Der Bewerber wird archiviert, Einverständnis vorausgesetzt.		Ende
Abgesagt	Dem Bewerber wurde abgesagt.		Ende
Eingestellt	Der Bewerber wurde eingestellt.		Ende

Tabelle 8.21 Die Zustände und Zustandsübergänge im Überblick

8.12.4 Zustandsübergänge

Es gibt noch eine weitere Aktivität, die aber in der Toolbox nicht sichtbar ist, die Übergänge eines Zustands. Das ist dem Flowchart nicht ganz unähnlich, auch dort ist die Verbindungslinie zwar eine eigene Aktivität, die aber durch Ziehen mit der Maus entsteht und nicht in der Toolbox selektiert werden kann.

```
<Transition ... />
```

Allerdings können Sie die Zustandsübergänge öffnen, indem Sie mit der Maus doppelt darauf klicken, zum Beispiel vom Zustand *Eingeladen* zum Zustand *Eingestellt*:

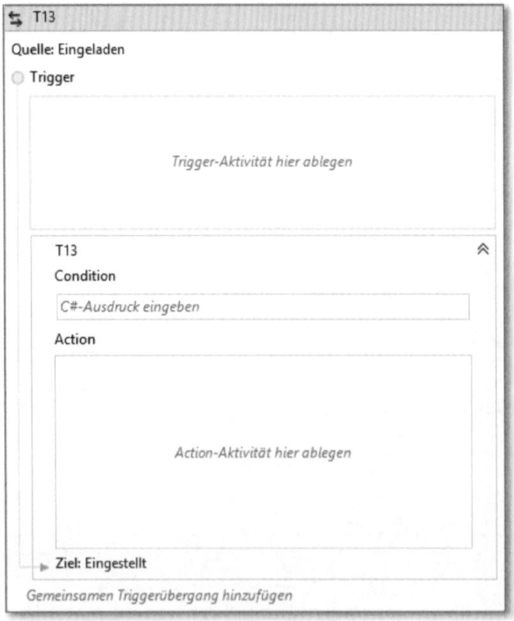

Abbildung 8.102 Zustandsübergang

Ein Zustand muss wenigstens einen Zustandsübergang haben, mit Ausnahme eines Endzustands. Es sind höchstens 76 Übergänge möglich, jedenfalls im Designer. Wenn der unwahrscheinliche Fall eintrifft, dass Ihnen das genügt, dann haben Sie vermutlich ein fachliches Problem. Ansonsten können Sie im Code weitere Übergänge definieren.

Die Bestandteile dieser Aktivität:

- Der *Trigger* wird immer dann ausgeführt, nachdem der Übergang auf den Quellzustand stattgefunden hat, im Beispiel also der Zustand *Eingeladen*. Dieser Bestandteil ist optional, Sie können (und werden ihn vermutlich) dazu verwenden, um auf ein externes Ereignis zu warten, was den Reiz dieses Workflow-Typs ausmacht. Er wird immer dann zur Ausführung geplant (durch die Workflow Engine, klar), nachdem der *Entry*-Block des Quellzustands ausgeführt wurde. Fehlt der Trigger, wird sofort die *Condition* ausgewertet.
- Die *Condition* ist die Bedingung, die einen Übergang zum Zielzustand auslöst, im Beispiel den Zustand *Eingestellt*. Auch sie ist optional, es sei denn, der Quellzustand hätte noch weitere Übergänge zu anderen Zuständen. Das ist bei uns der Fall, denn vom Zustand *Eingeladen* geht es außerdem noch zu den Zuständen *Probearbeit*, *In Pool* und *Abgesagt*. Auch das leuchtet unmittelbar ein, denn wenn die

Bedingung fehlt, könnte die Workflow Engine nicht entscheiden, welcher Zielzustand der nächste wäre und müsste mehrere Zustände gleichzeitig aktivieren, was fundamental gegen die Prinzipien des Zustandsautomaten verstoßen würde. Es ist aber natürlich möglich, dass die Bedingung `false` ergibt. In einem solchen Fall wird der Trigger neu zur Ausführung geplant, es wird also weiter darauf gewartet, dass ein Ereignis den Zustandsübergang auslöst.

- Wenn keine Bedingung vorhanden ist, oder wenn die Bedingung `true` ergibt, dann wird zunächst der *Exit*-Block des Quellzustands (Eingeladen) ausgeführt und danach der *Action*-Block des Übergangs. Im Anschluss geht die Kontrolle an den Zielzustand, der Zustandsübergang ist damit komplett. Dort beginnt die Kette von vorne, mit dem Abarbeiten des *Entry*-Blocks des neuen Zustands.

Eine kleine Besonderheit sind *gemeinsame Triggerübergänge*. Mit diesem, vielleicht nicht allzu glücklichen Begriff (*Shared Trigger Transitions*) ist so etwas gemeint:

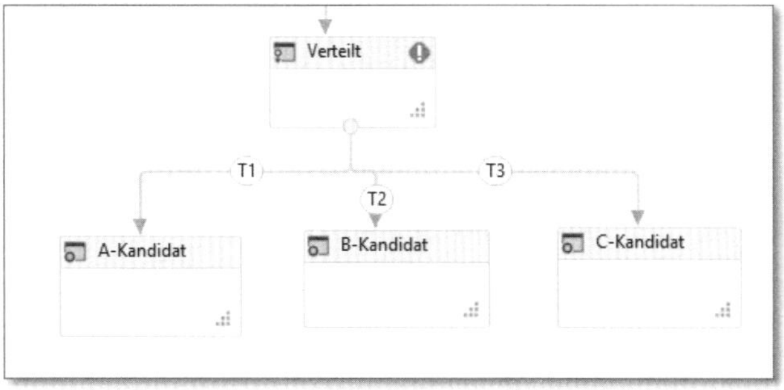

Abbildung 8.103 Gemeinsame Triggerübergänge, Übersicht

In diesem Beispiel gibt es drei Übergänge, je nach Bewertung der Fachabteilung (Zustand *Verteilt*), namentlich A-Kandidaten, B-Kandidaten und C-Kandidaten. Alle drei Übergänge beruhen auf demselben Trigger, was dadurch deutlich wird, dass sie im Designer alle demselben Kreis entspringen. So erstellen Sie auch derartige Übergänge, indem Sie einfach vom Kreis aus eine Übergangslinie auf einen anderen Zustand ziehen. Alternativ steht Ihnen auch hier wieder der Weg über den Designer offen, klicken Sie dazu auf den Text GEMEINSAMEN TRIGGERÜBERGANG HINZUFÜGEN.

Der Sinn liegt nun darin, dass wir für jeden Übergang verschiedene Bedingungen (*Conditions*) angeben können, zum Beispiel für den Übergang zum Zustand *A-Kandidat* (oberste Bedingung). Praktisch ist, dass der Designer alle Übergänge in einem einzigen Fenster darstellt.

Aber auch wenn sich alle Übergänge denselben Trigger teilen, sind es doch noch verschiedene Übergänge, die zu jeweils anderen Zuständen führen und demnach auch mit separaten *Action*-Blöcken ausgestattet sind.

Abbildung 8.104 Gemeinsame Triggerübergänge im Detail

Im Beispiel wartet die inzwischen altbekannte *Receive*-Aktivität auf Input von außen. Ganz praktisch gesehen könnte es eine Clientanwendung geben, in der ein Mitarbeiter der Fachabteilung die Bewertung vornimmt, und zwar von einer Bewerbung, die sich im Zustand *Verteilt* befindet. Nach dem Klick auf den Button SENDEN könnte eine WCF-Nachricht an den Workflow gesendet werden (hier: *OperationName*= »BewerteBewerber«), welche die Bewertung, im Beispiel als `string`, enthält. In der *Receive*-Aktivität würden wir diesen Übergabeparameter in einer Variablen speichern, auf die wir dann in den *Conditions* zugreifen können. Überaus praktisch, nicht wahr?

Wiederum gilt: Trifft eine Condition nicht zu, ist ihr Ergebnis also `false`, dann wird der Trigger neu für die Ausführung vorgesehen.

Quell- und Zielzustand können auch derselbe sein, wie im Beispiel eingeladen, wo es vorkommen kann, dass ein Bewerber nach dem ersten Gespräch gleich danach zum zweiten Gespräch eingeladen wird. Die *Entry*-, *Exit*- und *Action*-Blöcke werden dann so durchlaufen wie bei jedem anderen Zustand auch.

Noch ein Detail zum Schluss: Auch Zustandsübergänge können benannt werden, wie üblich über die Eigenschaft `DisplayName`.

8.12.5 Übungsempfehlung

Das ist im Grunde alles, was Sie im Umgang mit State Machine Workflow wissen müssen. Zusammen mit den Informationen aus allen vorherigen Kapiteln sollte Ihnen die Erstellung nun mühelos gelingen.

Wenn Sie Zeit und Muße mitbringen, dann bauen Sie doch den Wareneingangs-Workflow um. Das bietet sich durchaus an, weil auch dort (ab Abschnitt Workflow Services) externe Ereignisse den Workflow von außen steuern. Allerdings entsteht die Flexibilität bei diesem Workflowtyp vor allem dadurch, dass auch Rücksprünge in den Zuständen möglich sind, was wir beim Bewerbermanagement-Beispiel auch weidlich ausgenutzt haben. Die Wareneingangsprüfung ist vom Prinzip her aber eher sequenziell, eine Prüfung folgt auf die nächste, weswegen ich auch keinen State Machine Workflow in das Beispiel eingebaut habe.

Aus der Praxis

Am Ende noch ein kleiner Tipp: Auch wenn Sie keine State Machine Workflows entwickeln wollen, kann es sich dennoch lohnen, einen Workflow zumindest grafisch mit dem Workflow Designer zu modellieren, vielleicht dann ohne Aktivitäten innerhalb der Zustände, oder nur mit einigen wenigen, besonders wichtigen Aktivitäten.

Sie sehen den Nutzen unmittelbar am Beispiel Bewerbermanagement. Nicht nur, dass das Diagramm Klarheit bringt und als Grundlage für Diskussionen dienen kann; durch die Benennung der Zustandsübergänge wird auch die Erstellung des Lastenhefts für die Fachabteilung wesentlich vereinfacht. Sie kann dann zum Beispiel auf Übergang »T6« Bezug nehmen und dort spezifizieren, dass der Bewerber eine E-Mail erhalten soll, um ihn zu fragen, ob er damit einverstanden ist, in den Pool aufgenommen zu werden.

Wenn Sie später diese Anforderung dennoch mit der WF umsetzen, wissen Sie anhand der Anforderung gleich, wo die zugehörigen Aktivitäten hingehören.

8.13 Designer Rehosting

Wenn Sie schon eine Weile dabei sind, dann haben Sie bestimmt schon die eine oder andere Anwendung verwendet, die einen eigenen Workflow Designer integriert hatte. Mal ehrlich: Wie war dieser zu bedienen, welche Funktionen bot er und wie sah es mit dessen Stabilität aus? Ich gebe zu, auch ich habe schon solche Designer entwickelt. Workflows sind schon seit Jahren en vogue, und ein Workflow Designer suggeriert dem Kunden, dass er die Software seinen eigenen Bedürfnissen anpassen kann. Grund genug für viele mittelmäßige und noch mehr schlechte Implementierungen.

Einen solchen Designer zu entwickeln, ist aufwendig und keineswegs trivial, jedenfalls wenn man den ersten, schnellen Erfolg hinter sich lässt und das Problem seine unschönen Seiten zeigt. Und soll er noch flexibel, gut zu bedienen und vielleicht in andere Produkte integrierbar sein, dann steigen 90 % der Designer, die ich kenne, auf halber Strecke aus.

Einige Anwendungen setzen daher auf vorgefertigte Komponenten oder programmieren um Microsoft Visio herum. Das ist nun nicht mehr notwendig, denn der Workflow Designer in Visual Studio lässt sich auch in eigene Anwendungen integrieren. Und nicht nur das: Nahezu jeder Aspekt lässt sich konfigurieren, sodass am Ende ein Designer entsteht, der nahtlos in die eigene Anwendung passt.

Wenn Sie bisher noch keinen Grund hatten, sich mit WPF zu beschäftigen, könnte ich Ihnen hier einen Grund liefern: WPF und WF passen nun einmal gut zusammen. Die Beispiele, die ich hier aufführe, sind daher WPF-Beispiele.

8.13.1 Fallbeispiel

Der Leiter des Zentrallagers der Kalimba Sunfood GmbH ist, wie zu erwarten, ganz begeistert von der neuen Software zur Kontrolle des Wareneingangs. Allein, er benötigt immer wieder die IT-Abteilung. Er wünscht sicher daher eine Möglichkeit, den

Workflow selbst anpassen zu können, um vielleicht sogar mehrere Versionen des Workflows zu erstellen.

8.13.2 Den Designer einbinden

1. Fügen Sie Ihrer Projektmappe ein neues Projekt hinzu, und wählen Sie WPF-ANWENDUNG aus dem Windows-Reiter der installierten Vorlagen aus. Als Projektnamen geben Sie *WareneingangRehosting* an.
2. Visual Studio lädt nun den WPF-Designer. Es wird bereits ein Fenster dargestellt, das wir noch in der Größe verändern müssen, denn Sie haben schon festgestellt: Workflows brauchen Platz! Ändern Sie die Größe im Eigenschaftsfenster auf 900 (Width) × 700 (Height). Wenn Sie möchten, können Sie nun noch die Anzeige skalieren, damit das gesamte Fenster wieder auf den Bildschirm passt. Ihr Bildschirm sollte nun etwa so aussehen wie in Abbildung 8.105.

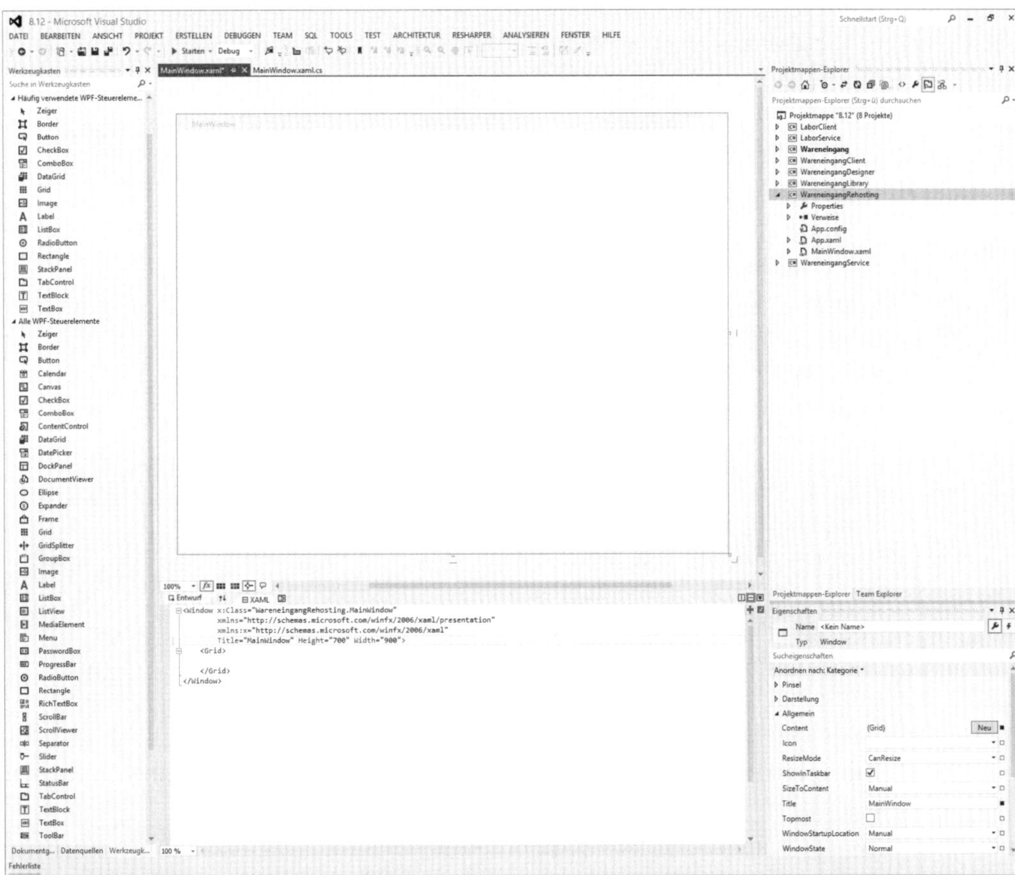

Abbildung 8.105 Das noch leere ReHosting-Fenster

3. Das Fenster enthält bereits einen Grid, aber noch keine Spalten. Wenn wir den Visual-Studio-Designer betrachten, so enthält dieser drei Bereiche: die Toolbox, den Designer und das Eigenschaftsfenster. Klicken Sie auf das Grid, um es zu aktivieren, und öffnen Sie den *ColumnDefinitions*-Designer, indem Sie auf den ...-Button der Eigenschaft `ColumnDefinitions` klicken.
4. Fügen Sie nun drei Spalten hinzu, setzen Sie als Breite `3*`, `6*` und `3*`, um den jeweiligen Bereichen ausreichend Platz zu geben.
5. Nicht umsonst ist der Code standardmäßig immer sichtbar: WPF verlangt, dass Sie relativ viel im Code arbeiten müssen. Das ist ein Rückschritt für den Komfort, ermöglicht aber andererseits die volle Flexibilität. Gewöhnen wir uns gleich daran, und werfen wir einen Blick auf den bisherigen Code:

```
<Grid Name="wfGrid">
   <Grid.ColumnDefinitions>
      <ColumnDefinition Width="3*" />
      <ColumnDefinition Width="6*" />
      <ColumnDefinition Width="3*" />
   </Grid.ColumnDefinitions>
</Grid>
```

6. Wir benötigen nun im Code noch einige Namespaces und Verweise:

```
using System.Activities;
using System.Activities.Core.Presentation;
using System.Activities.Presentation;
using System.Activities.Presentation.Metadata;
using System.Activities.Presentation.Toolbox;
using System.Activities.Statements;
using System.ComponentModel;
using Wareneingang;
```

Und die zugehörigen Verweise:

```
System.Activities
System.Activities.Core.Presentation
System.Activities.Presentation
Wareneingang
WareneingangDesigner //Activity Designer
WareneingangLibrary //Custom Activities
... weitere, abhängig von den verwendeten Aktivitäten
```

7. Zum Speichern einer Referenz auf den Designer legen Sie bitte noch eine Variable an:

```
//Usings
namespace WareneingangRehosting
{
    public partial class MainWindow : Window
    {
```

```
        private WorkflowDesigner designer;
        public MainWindow()
        {
            InitializeComponent();
        }
    }
}
```

8. Nun müssen noch Metadaten registriert, der Designer geladen und an das Grid gebunden werden:

```
public MainWindow()
{
    InitializeComponent();
    registerMetadata();
    initalizeDesigner();
}

private void registerMetadata()
{
    DesignerMetadata dm = new DesignerMetadata();
    dm.Register();
}

private void initalizeDesigner()
{
    designer = new WorkflowDesigner();
    Grid.SetColumn(designer.View, 1);
    designer.Load("WareneingangFlowchart.xaml");
    wfGrid.Children.Add(designer.View);
}
```

9. Wenn Sie nun die XAML-Datei in das Ausgabeverzeichnis der Anwendung kopieren und diese starten, wird der Workflow bereits im Designer angezeigt

10. Damit lässt sich noch nicht viel anstellen, außer den Workflow zu betrachten und darin zu navigieren. Interessant wird es, wenn wir den Workflow auch editieren können. Dafür wird das Eigenschaftsfenster benötigt und die Toolbox, die wir nun hinzufügen wollen. Zunächst den Code für das Eigenschaftsfenster (Property Grid):

```
private void addPropertyGrid()
{
    Grid.SetColumn(designer.PropertyInspectorView, 2);
    wfGrid.Children.Add(designer.PropertyInspectorView);
}
```

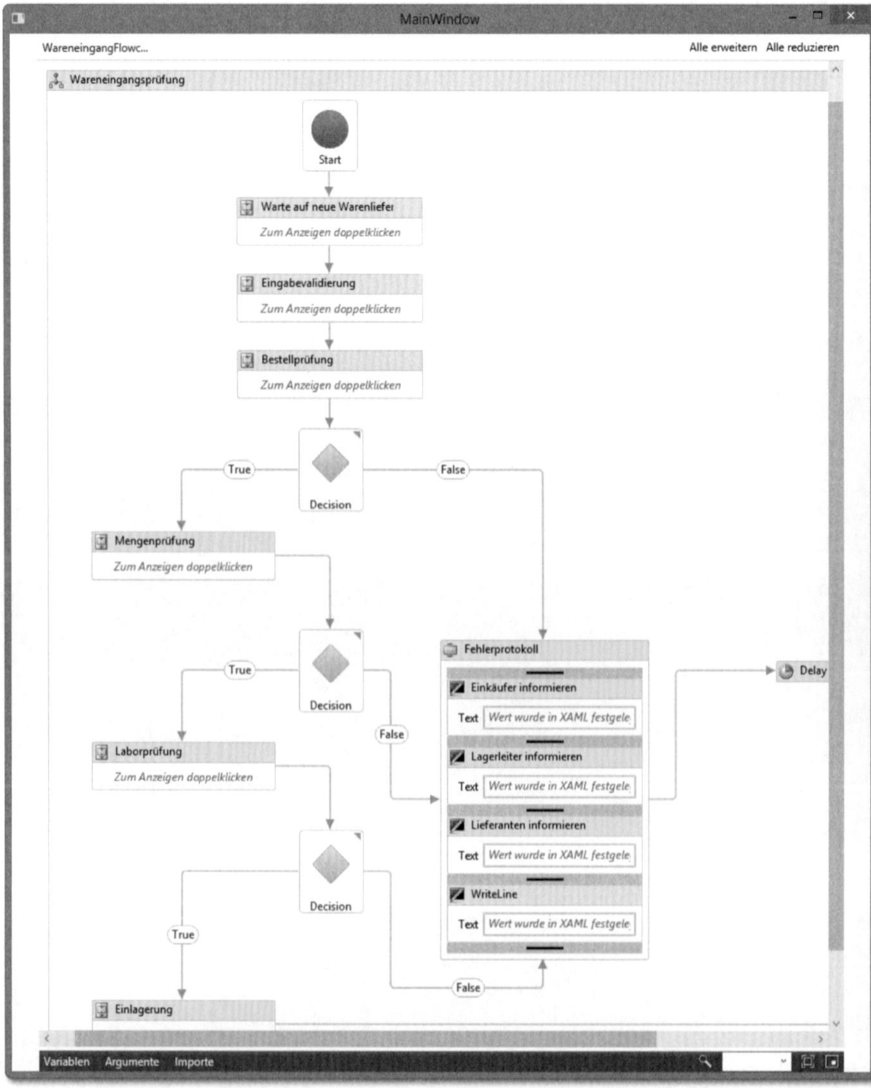

Abbildung 8.106 WareneingangFlowchart, im Rehosting-Designer

Wir binden das Control an die dritte Spalte des vorhandenen Grids. Anschließend muss diese Methode noch aufgerufen werden:

```
public MainWindow()
{
    InitializeComponent();
    registerMetadata();
    initalizeDesigner();
    addPropertyGrid();
}
```

Voilà! Das war vielleicht nicht sonderlich intuitiv, aber auch nicht übermäßig kompliziert. Es war jedenfalls viel einfacher, als selbst einen Designer entwickeln zu müssen.

8.13.3 Die Toolbox bestücken

Das Bestücken der Toolbox ist ein wenig mühsamer, weil es dafür kein fertiges Control gibt und daher jedes Control, also jede Aktivität, eigens hinzugefügt werden muss. Das geht im Code, oder aber in XAML, wie im Folgenden gezeigt.

Dafür benötigen wir zuerst einmal ein Element, das als Container für die Toolbox-Elemente dient. `ColumnDefinition` eignet sich da leider nicht, weswegen im Beispiel ein `Border`-Control verwendet wurde. Anschließend hilft eine Helper-Klasse, `ToolboxItemWrapper`, die Aktivitäten zu Toolbox-Items zu machen. Sie haben dabei freie Kontrolle über

- die Gruppe (Kategorie), unter der die Aktivitäten angezeigt werden,
- die Benennung,
- die Einbindung eigener Aktivitäten, wie im Beispiel *SendMail* aus der *WareneingangLibrary*,
- und natürlich die Entscheidung darüber, welche Aktivitäten dem Anwender überhaupt zur Verfügung stehen sollen.

So sieht nun das Hauptfenster der WPF-Rehosting-Anwendung aus:

```
<Window x:Class="WareneingangRehosting.MainWindow"
        xmlns="http://schemas.microsoft.com/winfx/2006/xaml/presentation"
        xmlns:x="http://schemas.microsoft.com/winfx/2006/xaml"
        xmlns:sys="clr-namespace:System;assembly=mscorlib"
        xmlns:sapt="clr-namespace:System.Activities.Presentation.
        Toolbox;assembly=System.Activities.Presentation"
        Title="MainWindow" Height="700" Width="900">
    <Window.Resources>
        <sys:String x:Key="AssemblyName">System.Activities, Version=
        4.0.0.0, Culture=neutral, PublicKeyToken=31bf3856ad364e35</sys:String>
    </Window.Resources>
    <Grid Name="wfGrid">
        <Grid.ColumnDefinitions>
            <ColumnDefinition Width="3*" />
            <ColumnDefinition Width="6*" />
            <ColumnDefinition Width="3*" />
        </Grid.ColumnDefinitions>
        <Border Grid.Column="0">
            <sapt:ToolboxControl>
                <sapt:ToolboxCategory CategoryName="Standard">
```

```
                <sapt:ToolboxItemWrapper  AssemblyName=
                "{StaticResource AssemblyName}">
                    <sapt:ToolboxItemWrapper.ToolName>
                        System.Activities.Statements.WriteLine
                    </sapt:ToolboxItemWrapper.ToolName>
                </sapt:ToolboxItemWrapper>
                <sapt:ToolboxItemWrapper  AssemblyName=
                "{StaticResource AssemblyName}">
                    <sapt:ToolboxItemWrapper.ToolName>
                        System.Activities.Statements.While
                    </sapt:ToolboxItemWrapper.ToolName>
                </sapt:ToolboxItemWrapper>
            </sapt:ToolboxCategory>
            <sapt:ToolboxCategory CategoryName="Wareneingang">
                <sapt:ToolboxItemWrapper
                AssemblyName="WareneingangLibrary">
                    <sapt:ToolboxItemWrapper.ToolName>
                        WareneingangLibrary.SendMail
                    </sapt:ToolboxItemWrapper.ToolName>
                </sapt:ToolboxItemWrapper>
            </sapt:ToolboxCategory>
        </sapt:ToolboxControl>
    </Border>
  </Grid>
</Window>
```

Listing 8.39 Das Fenster mit Toolbox, Designer und Property Grid

Damit lässt sich nun schon recht komfortabel arbeiten. Natürlich gibt es auch jetzt noch einige Dinge auf der Wunschliste, zum Beispiel einen Button, über den beliebige Workflows geladen werden können, ein wenig mehr Luxus beim Bildschirmlayout und natürlich noch mehr Aktivitäten in der Toolbox. Allerdings sind nicht alle Visual Studio Annehmlichkeiten im Rehosting-Designer verfügbar, zum Beispiel die Aktivitätensuche.

Damit sind wir am Ende dieses Kapitels angelangt. Ich hoffe, Sie hatten Freude mit der Workflow Foundation und mit den Beispielen. Wenn Sie ein Werkzeug suchen, um die trickreichen Probleme asynchroner Verarbeitung zu umgehen, oder selbst Workflows in eigene Anwendungen einbauen möchten, dann sollten Sie sich mit WF beschäftigen. Es lassen sich damit hochflexible und inzwischen auch performante Anwendungen entwickeln, die darüber hinaus noch sehr einfach erweitert werden können. Das lohnt die Mühe allemal, auch wenn die Art der Entwicklung gerade zu Beginn ein wenig fremd anmutet. Der in eigene Anwendungen integrierbare Workflow Designer gestattet es dem Anwender, selbst Hand an den Workflow anzulegen, und Sie können ihm dabei das richtige Maß an Freiheit geben, das für Ihre Anwendung von Vorteil ist.

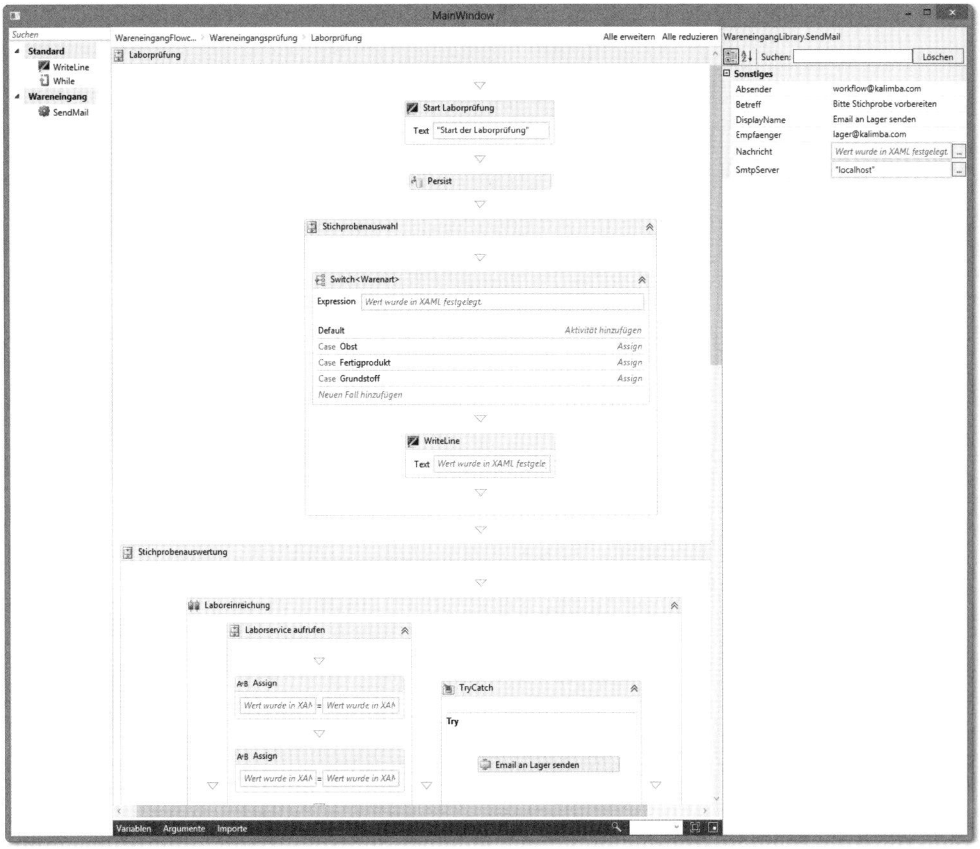

Abbildung 8.107 Die fertige Rehosting-Anwendung

Kapitel 9
Windows 8 und WinRT

Mehr als die Vergangenheit interessiert mich die Zukunft, denn in ihr gedenke ich zu leben (Albert Einstein).

Willkommen in der neuen Welt, könnte man sagen, denn in einer solchen werden Sie leben, wenn Sie Anwendungen für Microsofts neues, schickes Kachelbetriebssystem Windows 8 entwickeln. Verantwortlich dafür ist die *Windows Runtime (WinRT)*. Das Genaueste, was sich über WinRT sagen lässt, ist, dass es sich um ein Subsystem in Windows handelt. Dazu gehört eine neue API, aber auch eine neue Laufzeitumgebung für Anwendungen, die unter Windows 8 laufen und unter dem Windows App Store vertrieben werden können.

Getrieben vom Erfolg des Tablets aus Cupertino, beflügelt von der Aussicht, dass schon sehr bald mehr mobile Geräte vertrieben werden als klassische »Desktop-Rechner«, und gelockt von den traumhaften Umsätzen der »App Stores« war schnell klar: Ein neues Betriebssystem muss her. Eine Evolution, denn die alten Win32-Anwendungen müssen dort natürlich weiterhin laufen, aber gleichzeitig auch eine Revolution, denn es soll eben auch auf völlig neuen Geräten laufen, wie Tablets, Smartphones oder jedwede Mischung daraus. Die Bedienung soll mit dem Finger möglich sein, aber auch mit der klassischen Maus, und beide Welten sollen möglichst gleichwertig nebeneinander existieren. Und, sozusagen also Sahnehäubchen, sollen auch Geräte mit ARM-CPUs unterstützt werden, die ohne Lüfter auskommen und mit einer Batterieladung besonders lange durchhalten, allen voran Microsofts eigenes Tablet, *Surface* genannt.

Das Ergebnis ist Windows 8, das sowohl den klassischen Desktop enthält, auf dem alle bisherigen Win32- bzw. .NET-Anwendungen laufen, und die neue Oberfläche, die schon so oft umbenannt wurde, dass ich den Überblick verloren habe; nennen wir die Oberfläche einstweilen *Modern UI* und die dafür entwickelten Programme *Windows Store Apps*.

Um für sie Anwendungen zu entwickeln brauchen Sie:

- Windows 8, denn nur dort laufen Windows 8-UI-Anwendungen (oder den Windows Server 2012, der in Teilen baugleich zu Windows 8 ist).

- WinRT, die neue Programmierschnittstelle für Windows 8, auf die wir gleich noch zu sprechen kommen.
- Visual Studio 2012.

Vor allem aber benötigen Sie eine andere Denkweise in vielen Dingen, denn Windows 8-UI-Anwendungen sind einfach anders als die althergebrachten Desktop- oder Server-Anwendungen. Um nur einige Beispiele zu nennen:

- Windows 8-Anwendungen laufen in einer Sandbox, müssen sich also ordentlich benehmen.
- Es gibt eine Reihe von übergeordneten Funktionen, zum Beispiel die Suche, in die sie sich möglichst nahtlos integrieren sollten.
- `Async` ist Trumpf, nebenläufige Entwicklung wird also zum Pflichtprogramm; schon allein deshalb, weil es in WinRT für Methoden, die länger als 50 ms dauern könnten (!), nur noch asynchrone Versionen gibt. Wer möchte schon eine Oberfläche mit den Fingern bedienen, die ständig hakelt?
- Das Betriebssystem kann Anwendungen im Hintergrund eigenständig beenden, diese müssen sich also kooperativ verhalten.

Dazu kommt ein neues Design und, aufbauend darauf, viel strengere Regeln für Anwendungen. Über deren Einhaltung wacht der App Store, genauer die Teile, die eine Anwendung auf Konformität überprüfen, bevor die so geprüfte Anwendung im App Store veröffentlicht wird.

Abbildung 9.1 Windows 8-Startbildschirm

Sie sehen: Es gibt genügend Neues zu lernen. Fangen wir an.

9.1 Einführung

Wozu WinRT, bringt nicht das .NET Framework schon alles mit, um passable Anwendungen zu entwickeln, die mit WPF zudem auch noch einen Touch Coolness mitbringen? Eigentlich schon, allerdings basiert auch .NET letztendlich auf der *WIN32-API*, der bereits betagten Programmierschnittstelle von Windows, mit ihren Subsystemen *GDI+* (für die Grafikausgabe), *COM* (für Komponenten und deren Interaktion untereinander) und *DirectX* (für die schon erwähnte Coolness). Natürlich bringen die Tausende von Klassen in .NET auch viel Funktionalität an sich mit, denken Sie nur an die zahlreichen Collection-Klassen; an zahlreichen Stellen ist aber ein Aufruf ins Betriebssystem, also die Win32-API, nötig, zum Beispiel, um Dateien zu löschen, Threads zu erzeugen oder eine Netzwerkkommunikation aufzubauen. Letztendlich besteht ein guter Teil des Frameworks also aus »*Wrappern*«, also Code, der nur dazu da ist, anderen Code (der Win32-API) aufzurufen. *P/Invoke, Platform Invoke*, nennt Microsoft diese Brücke von der Welt des Managed Codes in die Welt des Unmanaged Codes.

WinRT ist sozusagen die Win-API, wie man sie heute neu entwickeln würde – zeitgemäß und asynchron, wo sinnvoll. Ihr größter Charme liegt allerdings im Umstand, dass WinRT praktisch direkt aus C# und anderen Sprachen aufrufbar ist, ganz ohne P/Invoke. WinRT-Komponenten veröffentlichen Metadaten, und mittels eines »Projektion« genannten Mechanismus lassen sie sich wie native Objekte in C# verwenden.

Und nicht nur das, grob gesagt gibt es zwei Wege, Windows 8-Anwendungen zu entwickeln:

- mittels HTML(5), CSS und JavaScript
- mit XAML und einer .NET-Sprache Ihrer Wahl, bevorzugt natürlich C#

Wir verfolgen hier freilich den zweiten Ansatz.

9.1.1 Laufzeitvoraussetzungen

Windows 8 gibt es nicht nur für die klassische x86-Welt, also die Welt von Intel, sondern auch für CPUs mit ARM-Architektur, wie sie häufig in Smartphones und Tablets zu finden sind. Ihnen sagt man zu Recht nach, dass sie für diese Geräteklasse einen schönen Kompromiss zwischen Performance und Akkulaufzeit ermöglichen, häufig ohne großen Aufwand für die Kühlung treiben zu müssen. Allerdings laufen darauf keine x86-Anwendungen, wie die klassische Office-Suite, wohl aber Windows 8-App-Store-Anwendungen, die auf WinRT zugreifen.

Anders herum ist WinRT auch nur für Windows 8 verfügbar; sobald Sie WinRT in Ihren Anwendungen referenzieren, läuft diese auch nur noch unter Windows 8, Windows Server 2012 (und höchstwahrscheinlich dessen Nachfolgern).

Anwendungen mit WinRT

- verlangen also Windows 8 oder Windows Server 2012,
- laufen auch auf Tablets und (Windows 8)-Smartphones nahezu unverändert,
- lassen sich im Microsoft App Store veröffentlichen,
- funktionieren unter x86 und ARM-Geräten,
- können mit XAML und C# oder auch HTML5, CSS und JavaScript entwickelt werden.

Grundsätzlich gibt es Fälle, in denen man WinRT auch gerne in klassischen Desktopanwendungen nutzen würde, obgleich man sie dadurch auf Windows 8 einschränken würde. Allerdings wird das heute nicht out-of-the-box unterstützt, sondern erfordert ein wenig »Tweaking«, weswegen hier nicht die Rede davon ist.

Vergleichen wir die beiden Technologien miteinander, klassische .NET-Desktop-Anwendungen und WinRT-Anwendungen:

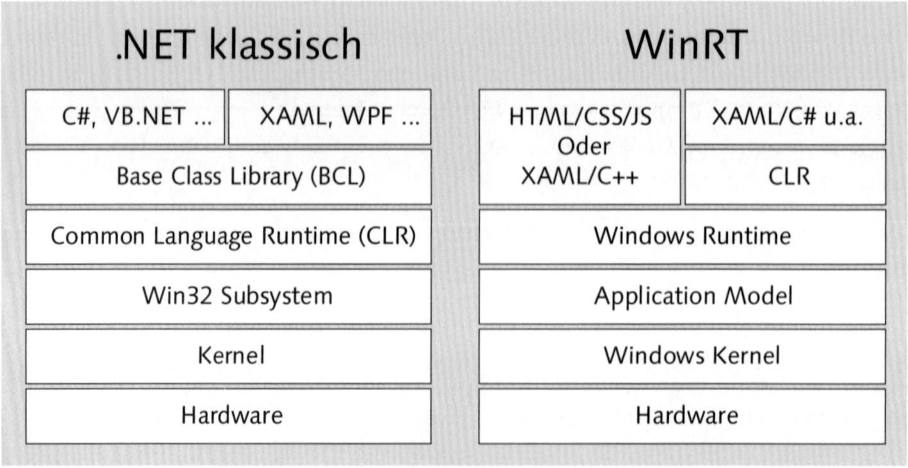

Abbildung 9.2 .NET klassisch und WinRT im Vergleich

Die »alte« Welt ist uns wohlbekannt. Interessant ist WinRT, denn es kann praktisch »nativ« sowohl HTML5/JavaScript darstellen als auch Oberflächen in XAML. Für erstere sind die Technologien des Internet Explorers zuständig, also die »*Trident*«-Engine für HTML5 und die »*Chakra*«-Engine für die Ausführung von JavaScript. Solche Anwendungen laufen erst einmal nativ, benötigen also keine CLR für deren Ausführung.

Auf der XAML-Seite ist es ebenfalls möglich, ohne die CLR auszukommen, nämlich indem Sie direkt mit C++ und DirectX entwickeln. Oder aber Sie verwenden C# und XAML und führen damit die CLR in Ihre Anwendungen ein, was ich für die angenehmste Art und Weise halte, Windows 8-Anwendungen zu entwickeln.

9.1.2 Das Windows 8-Design

Wie auch immer, in beiden Fällen wird DirectX für die Anzeige der Oberfläche verwendet, GDI(+) ist nicht mehr verfügbar. Das ist auch gut so, denn »Fenster« im althergebrachten Sinn kennt WinRT nicht mehr, Anwendungen laufen immer im Vollbildmodus, Fenster können sich daher auch nicht mehr überlappen. Das Betriebssystem übt eine stärkere Kontrolle über Anwendungen aus, indem es Anwendungen im Hintergrund »schlafen legt« und Anwendungen auch selbsttätig beenden kann, wenn es das für nötig hält. Das gilt es als Entwickler zu beachten.

Das Design, Formensprache wie man es auch nennt, ist in Windows 8 und WinRT radikal neu. Die neue Oberfläche nötigt Entwickler und Anwender einen gewissen Umdenkprozess auf, in der Entwicklung und Verwendung der Anwendungen. Die wichtigsten Merkmale:

Natural User Interface

Nach dem *Graphical User Interface (GUI)* kommt nun das *Natural User Interface (NUI)*. Im Wesentlichen bedeutet das einfach, dass der Anwender mit der Oberfläche durch Tippen, Wischen und andere Berührungen interagieren kann, also ohne eine Maus zu verwenden. Es gibt noch andere Systeme, wie zum Beispiel *Kinect*, in dem der ganze Körper zum Einsatz kommt, aber das überlassen wir (vorerst) noch Filmen wie *Minority Report*.

Ich kenne natürlich nicht Ihre Finger, aber wenn ich meine Maus mit 1600 dpi und meine Finger vergleiche, dann wird schnell klar: Mit der Maus lässt sich viel präziser arbeiten als mit jedem noch so filigranen Finger. Allerdings kann meine vierjährige Tochter zwar unser Tablet verwenden und zoomt dort schon intuitiv in Bilder hinein und wieder heraus, aber eben noch keine Maus. Beide Konzepte haben also ihre Stärken und ihre Schwächen.

Bereits Windows 7 war »berührungsempfindlich«, aber dort waren in vielen Anwendungen ein Mausklick und ein Tippen mit dem Finger dasselbe, die Oberfläche war eben nicht auf die Touchbedienung hin ausgelegt. Microsoft hat erst gar nicht versucht, den klassischen Desktop auf Touch zu trimmen, sondern hat eine völlig neue Oberfläche eingeführt und den Desktop als parallele Benutzeroberfläche (fast) so belassen wie er war.

Kacheln und Icons

Das bestimmende Element der neuen Windows 8-NUI sind die Kacheln. Sie sind nicht bloße Icons, die es auch in anderen Systemen gibt, sondern zeigen Liveinhalte an, gerne auch aus dem Internet, und sind in gewissem Maße auch interaktiv. Der Desktop ist nur eine weitere Kachel und lässt sich auf diese Weise auch starten.

Abbildung 9.3 Interaktive Kacheln in Windows 8

Solche Kacheln müssen aber keine Liveinhalte anzeigen, sie können auch einfache Symbole oder Bilder anzeigen.

Die Kacheln folgen einem festen, vorgegebenen Raster und kommen in zwei Größen daher, einfache Breite und doppelte Breite (wie in Abbildung 9.3). Der Startbildschirm ist vom Anwender konfigurierbar, hinsichtlich der darzustellenden Kacheln, ihrer Reihenfolge und Gruppierung.

Neben den Kacheln sind es außerdem die Icons, die auffallen, sie sind nämlich deutlich reduzierter, teilweise piktogrammartig. Es gibt schon einige Standardicons, die Ihren Anwendern die Bedienung vieler verschiedener Anwendungen erleichtern, durch Wiedererkennen, also das Verwenden gleicher Icons für gleiche Aufgaben.

Content & Grid

Die neue Windows 8-Designsprache rückt den Inhalt (Content) in den Vordergrund. Im Englischen nennt man das auch sehr elegant »Chrome free«. Gemeint ist, dass es keine, oder nur sehr wenige Benutzeroberflächenelemente geben sollte, alles auf dem Bildschirm sollte Inhalt sein. Keine Fenster zum Beispiel und damit auch keine Minimieren oder Maximieren-Schaltflächen, nichts, was vom Inhalt ablenken könnte.

Dieser Inhalt wird in einem imaginären Grid angeordnet, dem Windows 8-Raster. Es ist 20x20 Pixel groß und in wiederum 5x5 Pixel große Einheiten unterteilt.

Darauf bauen sich viele Empfehlungen und Regeln auf, zum Beispiel die, dass zwischen zwei Gruppen vier Einheiten – also 80 Pixel – liegen sollten. Manche dieser Regeln kann man ignorieren, einigen dieser Regeln kann man folgen, anderen wiederum sollte man folgen und wiederum anderen muss man sogar folgen. Lesen Sie hierzu die Design-Richtlinien, die Sie auf MSDN finden.

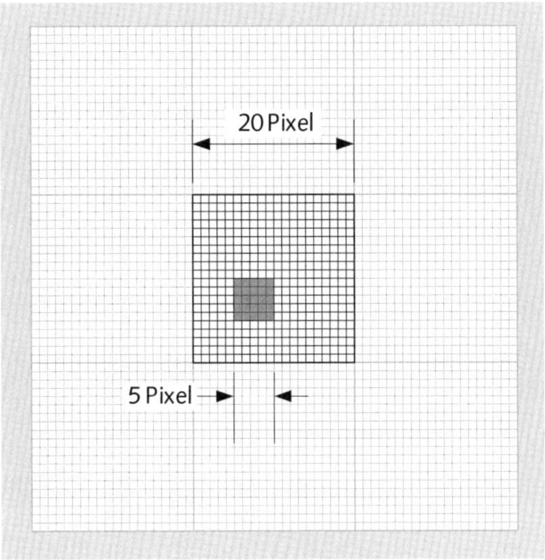

Abbildung 9.4 Das Windows 8-Raster

Neben der augenfälligeren Optik solchermaßen standardisierter Oberflächen sind es vor allem die vielen Formfaktoren, auf denen Windows–App-Store-Anwendungen laufen können, die ein einheitliches Raster erforderlich machen; vom winzig kleinen Handy bis hin zum 60-Zoll-Touchscreen ist alles möglich.

Charms

Da versagen die Übersetzer – wie sollte man diesen Begriff auch eindeutschen? Charms sind sowohl im klassischen Desktop als auch in der neuen Windows-UI-Welt vorhanden. Es sind Oberflächenelemente, die vorrangig dazu da sind, dass man die Oberfläche mit den Fingern bedienen kann. Entsprechend bringt man sie zum Vorschein, indem man von rechts in den Bildschirm »wischt«, ein Grund übrigens, warum Windows 8-Geräte keine fühlbaren Rahmen um das Display besitzen.

Charms sind also Leisten, die zentrale Funktionen bereitstellen. Die Funktionen, die Sie bereitstellen, können von Windows Store Apps implementiert werden. So können zum Beispiel Anwendungen über die Teilen-Schaltfläche Daten untereinander austauschen.

Im Einzelnen sind dies:

- Suchen
- Teilen
- Start
- Geräte
- Einstellungen

Abbildung 9.5 Charms

App Bar

Auch die *App Bar* kommt, wie könnte es auch anders sein, über eine Wischgeste zum Vorschein. Sie beheimatet Funktionen, die nur für eine Anwendung gelten.

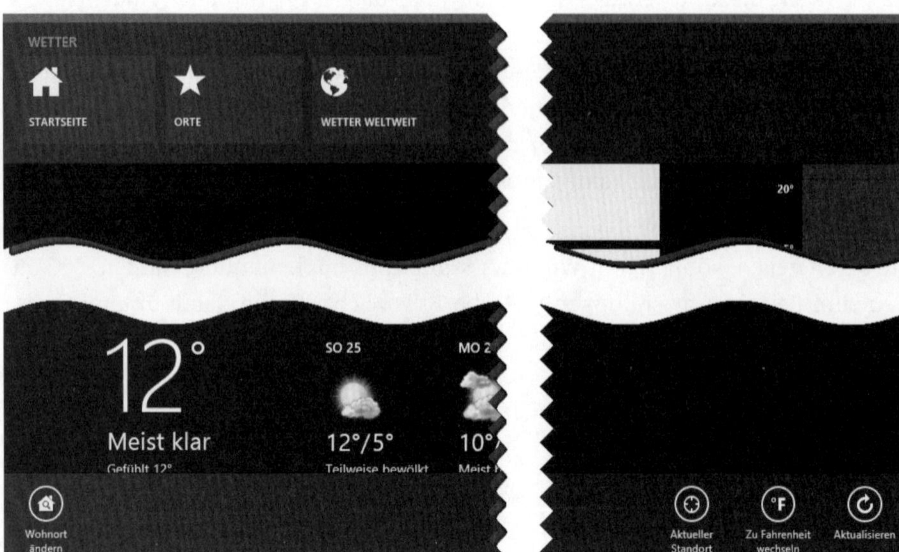

Abbildung 9.6 App & Navigation Bar der Wetter-App

Daneben gibt es noch die *Navigation Bar*, mit der innerhalb einer Anwendung navigiert werden kann. Im einfachsten Fall ist es eine Leiste mit einer einfachen Schaltfläche, um zum letzten Bildschirm zu gelangen, aber, wie das Beispiel zeigt, es geht auch komplexer.

Standardisierung und Contracts

Anwendungen mit der neuen Oberfläche sind viel stärker standardisiert und Sie tun gut daran, sich möglichst eng an die Microsoft Windows 8-Guidelines zu halten, die Sie stets aktuell in der MSDN-Dokumentation finden. Zum Glück gibt es in Visual Studio 2012 schon einige Templates, so dass Sie schon ins richtige Fahrwasser gleiten.

Standardisiert sind aber nicht nur die Oberflächenelemente, also zum Beispiel die Größe der Kacheln, sondern auch viele interaktive Elemente. Zuständig dafür sind *Contracts*, also Verträge, die eine Anwendung einhalten kann. Damit wird sie zugänglich für die damit unterstützte Funktion. Ein Beispiel dafür ist die Suche, die aktiv wird, sobald man drauf los tippt. Windows 8 zeigt dann alle Anwendungen an, die den Such-Contract unterstützen:

Abbildung 9.7 Die Windows 8-Suche über Contracts

Fenster und Bildschirmgrößen

Windows 8-Anwendungen laufen im Vollbildmodus, aber die Bildschirmgrößen und Formfaktoren der Geräte sind natürlich sehr verschieden. Außerdem gibt es bei Tablets die Darstellung im Hoch- und Querformat.

Manche Funktionen sind erst bei höher auflösenden Geräten verfügbar, zum Beispiel die Fähigkeit, zwei Anwendungen nebeneinander darzustellen, die eine Mindestauflösung von 1344 Pixel in der Breite erfordert.

Auch hier hat der Anwender dafür Sorge zu tragen, dass die Anwendung die Möglichkeit der Geräte ausnutzt. Immer wieder trifft man in der Praxis auf Anwendungen, die das nicht tun und zum Beispiel eine Anwendung immer im Hochformat anzeigen. Aus eigener Erfahrung kann ich Ihnen sagen: Das kommt selten gut an.

Flüssig und immersiv

Dass NUIs flüssig zu bedienen sein müssen, leuchtet ein, die Benutzeroberfläche von Windows 8 soll jederzeit auf Wischgesten und andere Fingergesten reagieren und das Scrolling soll butterweich sein. Vorbei sind die Zeiten, in denen eine Aktion erst einmal eine Sanduhr hervorgebracht hat. Länger laufende Aktionen sollen bitteschön im Hintergrund ablaufen und jederzeit abzubrechen sein.

Das geht mittels asynchroner Programmierung, mit und ohne eigene Threads. Windows 8 war eine treibende Kraft hinter einer neuen Erweiterung der Sprache C#, nämlich `async` und `await`, die diese Aufgabe deutlich einfacher macht. Ich stelle es in Abschnitt 4.1.9 ausführlich vor, zusammen mit vielen anderen Möglichkeiten der nebenläufigen Programmierung.

Damit nicht genug, Windows 8 soll seine Anwender auch in die Anwendungen quasi »hineinziehen«, durch eine »reichhaltige Interaktion«. Das steht wohl hinter dem neuen Begriff »immersive«, den Microsoft an allen Stellen ausgiebig gebraucht – nur für den Fall, dass er Ihnen mal begegnet. Runden wir diesen Abschnitt mit ein paar englischen Adjektiven ab: Windows 8 und seine Anwendungen sollen

- fast,
- fluid,
- touchcentric,
- immersive,
- responsive,
- connected und
- alive sein.

Und nett aussehen sollen sie obendrein.

9.1.3 Deployment und der Windows 8 App Store

Der *App Store*, Microsofts Antwort auf die Pendants von Apple und Google, ist die derzeit einzige Möglichkeit, Windows 8-Anwendungen an den Kunden zu bringen,

Firmeninstallationen einmal außen vorgelassen. Grundgedanke ist die Selbstvermarktung, also das Bereitstellen Ihrer Anwendungen auf eben diesem Marktplatz, von dem sich eine potenziell riesige Windows 8-Benutzerschar ihre Anwendung begutachten lassen und erwerben kann; aber natürlich sind auch in Microsofts App Store kostenfreie Anwendungen möglich.

Sie benötigen dafür einen Account, eine Entwicklerlizenz, die Sie beantragen müssen und auch mit einem eventuell vorhandenen MSDN-Abonnement verknüpfen können.

Eine der charmanteren Eigenschaften anderer Tablet-Plattformen ist die einfache Verteilung der Anwendungen. Anwendungen sollen leicht zu erwerben, einfach zu installieren und ebenso unkompliziert zu aktualisieren sein. Bei Nichtgefallen sollen sie sich rückstandsfrei deinstallieren lassen. Dem verschreibt sich auch der Windows 8 App Store, in dem Anwendungen in Pakete verpackt und verteilt werden, dazu aber später noch mehr.

Vor der Bereitstellung auf der zentralen App-Store-Plattform führt Microsoft allerdings allerhand Validierungen und Prüfungen durch, die Sie auch selbst vorab starten können. Auch dazu später mehr im Praxisbeispiel.

9.1.4 Prozesse in WinRT und das Windows Application Model

Wenn Sie zuvor noch nie für mobile Geräte entwickelt haben, dann könnte Ihnen das *Windows Application Model* ein wenig komisch vorkommen. Aus der klassischen Desktopwelt sind wir volle Kontrolle gewöhnt und das Betriebssystem hält sich zumeist aus den Prozessen heraus, außer dass es natürlich CPU-Zeit (und andere Ressourcen) für ihre Threads bereitstellt.

So können auch Prozesse im »Hintergrund« jederzeit neue Threads erzeugen, nach Belieben mit anderen Anwendungen kommunizieren, das Netzwerk verwenden und, wenn sie denn wollen, auch die CPU die ganze Laufzeit über zu nahezu 100 % auslasten. Für die Inter-Prozesskommunikation, also die Kommunikation von Anwendung zu Anwendung gibt es verschiedene und bewährte Verfahren. Kurz: Als Entwickler sind Sie wenig eingeschränkt.

Nicht so bei Windows Store Apps, denn diese laufen auf Geräten, die nicht nur (relativ zum Desktop) langsame CPUs haben können, sondern – vor allem – vom Batteriestrom abhängen. Wenn Sie ein solches Tablet zum Beispiel ausschalten, dann erwarten wir einerseits als Kunden, dass es quasi sofort wieder »da« ist, wenn wir den Einschaltknopf betätigen. Aber dennoch soll es natürlich unsere E-Mail-Konten überprüfen und andere Dinge tun, also richtig »ausschalten« können wir es auch nicht. Andererseits soll es in schlafendem Zustand so gut wie keinen Strom verbrauchen und so vielleicht sogar Wochen ohne Nachladen auskommen.

Das, und noch viel mehr leisten die Komponenten des Windows Application Models. Sie implementieren einen Zustandsautomaten. Ein WinRT-Prozess kann zu einem Zeitpunkt in einem der folgenden Status sein:

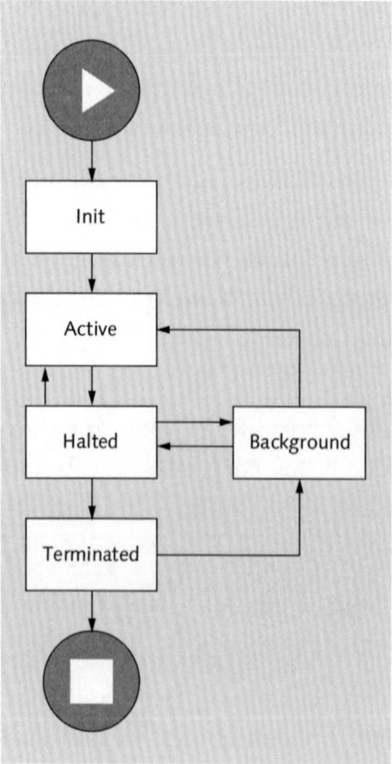

Abbildung 9.8 Die verschiedenen Status eines WinRT-Prozesses

Entscheidend ist dabei der Umstand, dass eine Anwendung keinerlei CPU-Zyklen mehr erhält, sobald sie sich im Halted-Zustand befindet; mit anderen Worten: Sie wird dann nicht mehr ausgeführt. Dennoch sollen Dateien gedruckt, Audiodateien abgespielt und E-Mails abgerufen werden. Für solche Fälle gibt es eine Komponente in Windows 8, die für die Ausführung im Hintergrund zuständig ist. Als Entwickler der Anwendung müssen Sie dazu Ihren Wunsch vorher anmelden.

Windows 8 unternimmt nun große Mühen, um die Rechenzeit zu begrenzen und den Schlaf der CPU so wenig und so kurz zu unterbrechen wie nur möglich. Die wenigen zugewiesenen CPU-Zyklen versucht es nun außerdem so gerecht wie möglich unter den Anwendungen aufzuteilen und berücksichtigt dabei auch das Verhalten einer Anwendung in der Vergangenheit.

Ein Prozess gerät recht schnell in den Halted-Zustand, sobald eine andere Anwendung in den Vordergrund rückt oder sobald das Gerät in den Energiesparmodus übergeht. Das ist nun der richtige Zeitpunkt, um den Zustand der Anwendung zu speichern. Der Zustand der Anwendung, das sind:

- die Benutzerdaten, also das, was man klassischerweise als Daten bezeichnet. Diese Daten werden unabhängig von der Sitzung gespeichert, sind also in jeder Sitzung wieder verfügbar.
- Daten der aktuellen Sitzung, also temporäre Daten, die nur während der Programmausführung gebraucht werden

Benutzerdaten können Sie natürlich zu jeder Zeit speichern, spätestens aber, bevor eine Anwendung in den Halted-Zustand übergeht. Windows 8 informiert Sie darüber, lässt Ihnen aber gerade einmal 5 Sekunden Zeit, um Benutzer- und Sitzungsdaten zu speichern.

Gerät das System dabei unter Druck, wird also zum Beispiel der Speicher knapp, kann Windows eine Anwendung auch von sich aus beenden, und zwar ohne erneute Benachrichtigung. Beim erneuten Start der Anwendung werden die vorher gespeicherten Daten dann wieder geladen.

Beides sorgt also für die Illusion, die Anwendung wäre zu jeder Zeit und praktisch sofort verfügbar, auch dann wenn sie zwischenzeitlich beendet war. Wie das praktisch umzusetzen ist, zeige ich etwas später an einem praktischen Beispiel.

9.2 Fallbeispiel

Genug der Vorrede, lasst uns endlich Code sehen! Aber welchen? Hier kommt wieder die *Kalimba Sunfood* ins Spiel, genauer deren Marketingabteilung. Diese hat nun die Privatkunden im Visier und möchte ihnen allerhand Produkt verkaufen, rund um die sonnenverwöhnten Früchte dieser Erde – Liköre, Fruchtpürees, Cocktailfruchtsäfte & Co. warten auf eine neue Zielgruppe.

Dafür soll eine Windows-App-Store-Anwendung entwickelt und kostenfrei vertrieben werden, natürlich über den App Store. Ihre Funktionen:

- Sie enthält ein Lexikon aller Früchte, zu denen Kalimba Sunfood Produkte anbietet, gewissermaßen als Zuckerl für künftige Kunden.
- Dazu gibt es einen Produktkatalog, der zu den Früchten die erhältlichen Produkte anzeigt und
- ein Bestellformular, mit dessen Hilfe Kunden eine Bestellung gleich online erfassen können.

Natürlich soll die Anwendung auf verschiedenen Gerätetypen laufen, also verschiedene »Formfaktoren« bedienen und ein wenig coolen Charme versprühen. Die Geschäftsführung wollte die Anwendung »Fruchtlexikon mit Bestellformular« nennen, das Marketing hat sich aber durchgesetzt, so dass wir die Anwendung *Kalimba Fruit Navigator* nennen werden.

Das klingt nach viel, also los geht's.

9.3 Projekt einrichten

Visual Studio 2012 enthält bereits alles, was nötig ist, um eine Windows 8-Anwendung zu entwickeln. Außerdem ist auch im neuen VS wieder *Blend für Visual Studio 2012* an Bord, das sich eher an Designer richtet und in den dort gewohnten depressiv anmutenden dunklen Grautönen daherkommt. Im Grunde verwendet das neue Visual Studio dieselbe Engine, so dass Sie als Entwickler vermutlich eher in »Ihrer« Umgebung bleiben wollen.

9.3.1 Voraussetzungen

Dass Sie Visual Studio 2012 installiert haben, ist klar, und dass Windows Store Apps nur auf Windows 8 laufen, dürfte Sie auch nicht mehr überraschen. Allerdings genügt das nicht, denn Windows Store Apps lassen sich auch nur auf Windows 8-Systemen entwickeln. Wenn Sie die Beispiele also nachvollziehen möchten, dann sollten Sie jetzt schnell Windows 8 installieren, ob physisch oder in einer virtuellen Umgebung ist dabei erst einmal einerlei.

9.3.2 Templates

Sechs Templates bringt Visual Studio 2012 mit. Diese finden Sie im Karteireiter WINDOWS STORE.

Die einzelnen Projekttypen:

- Leere App (XAML): Wie der Name sagt, eine einzige Seite ohne Steuerelemente. Damit können Sie anfangen, wenn Ihnen die anderen Templates nicht zusagen. Sie können diesem Projekttyp später dann zu jeder Zeit neue Seiten hinzufügen, Visual Studio 2012 wird dann auch praktische Hilfsklassen generieren.
- Raster-App (XAML): Angelegt werden gleich drei Seiten (siehe Abbildung 9.10):
  - eine Seite mit Elementen, die in Gruppen angeordnet sind
  - eine Detailseite für die Gruppen
  - eine Detailseite für die Elemente (Items)

  Praktisch an diesem Template ist, dass bereits die Navigation funktioniert und exemplarisch einige Items angelegt wurden. Dieser Template-Typ eignet sich also immer dann, wenn Items gruppiert angezeigt werden sollen und sowohl die Gruppen als auch die Items navigierbar sein sollen.

  Nicht weniger praktisch sind die Klassen, die mitangelegt werden und die bereits einige Dinge (ansatzweise) implementieren, wie Data Binding oder das Speichern des Status der Anwendung, wenn diese von Windows 8 unterbrochen wird.

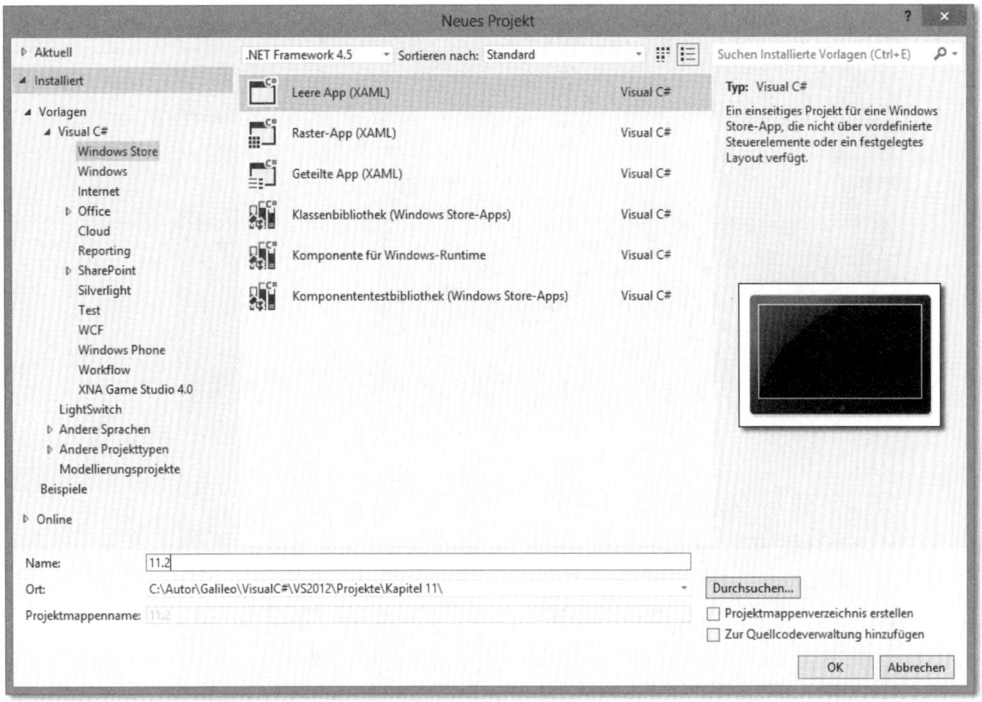

Abbildung 9.9 Die Windows-Store-Templates

- Geteilte App (XAML): Diese zweiseitige Anwendung unterscheidet sich von dem Raster-App-Template vor allem durch die veränderte Navigation (siehe Abbildung 9.11).
  - Zuerst werden die Gruppen dargestellt und, nach Auswahl einer Gruppe, eine
  - geteilte Ansicht, mit den Items auf der linken und den Details zum gewählten Item auf der rechten Seite.

  Auch in diesem Projekttyp werden wieder zahlreiche Helferlein für Sie generiert.
- Klassenbibliothek (Windows Store Apps): Erzeugt (bis auf eine ebenso inhaltsleere Klasse) ein leeres Projekt, mit dem Sie Code zwischen Anwendungen teilen können. Sie unterscheidet sich von einer herkömmlichen Klassenbibliothek beispielsweise darin, dass schon WinRT referenziert ist.
- Komponente für Windows-Runtime: Sieht genauso aus wie die vorherige Klassenbibliothek, hat aber einen anderen Ausgabetyp, wie Sie in den Projekteigenschaften sehen können. Sie können damit WinRT-Komponenten bauen, die Sie in verschiedenen Projekten wiederverwenden können.
- Komponententestbibliothek (Windows Store Apps): Erzeugt ein Unit-Test-Rahmenwerk. Gerade für WinRT-Anwendungen, die im App Store von Microsoft veröffentlicht werden sollen, sind Unit-Tests eine prima Sache.

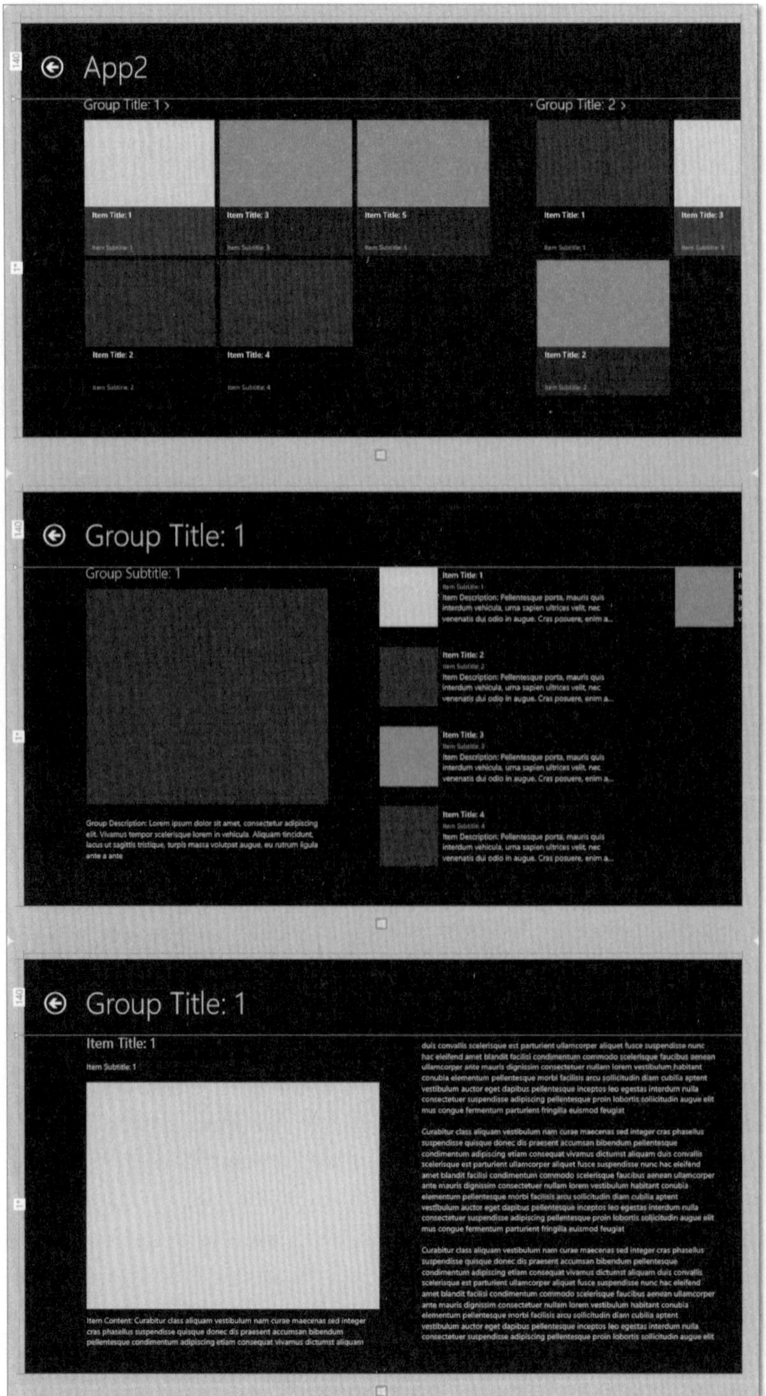

Abbildung 9.10 Das Raster-App-Template

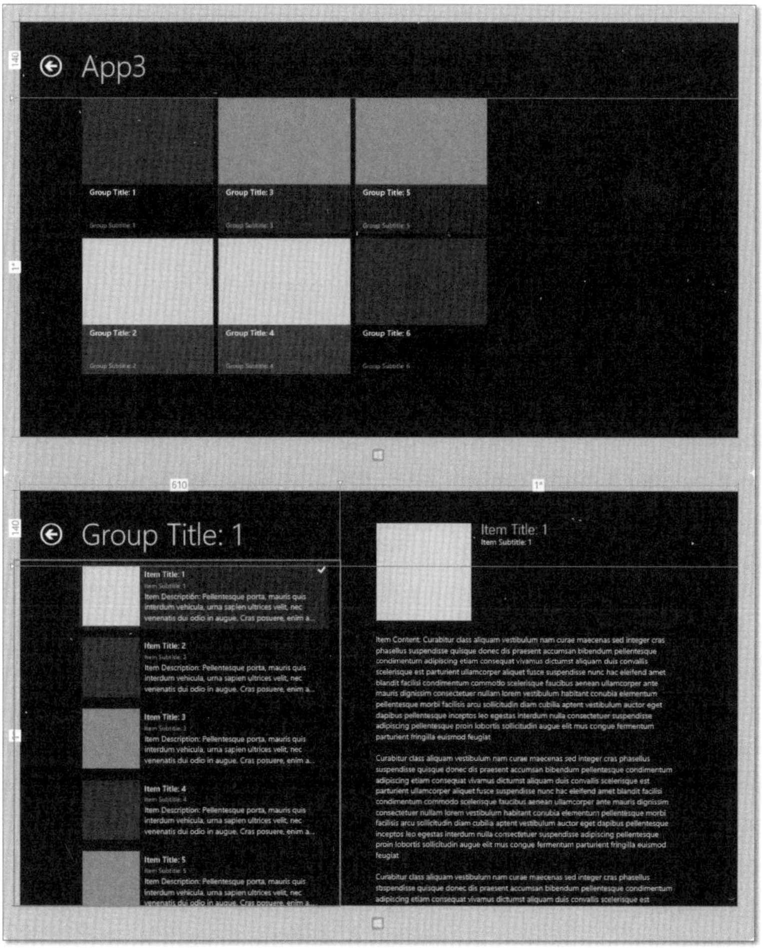

Abbildung 9.11 Das geteilte App-Template

9.3.3 Projekt anlegen und einrichten

Legen Sie bitte ein neues Projekt an, vom Typ LEERE APP (XAML) und nennen Sie es *FruitNavigator*. Was bekommen wir nun?

- Eine leere Seite, also eine Seite ganz ohne Steuerelemente oder Navigation, die aus einer XAML-Datei besteht (für die Benutzeroberfläche) und einer C#-Datei (den Code). Letzterer beinhaltet neben dem obligatorischen `InitializeComponent` einen leeren EventHandler `OnNavigatedTo`, mit dem wir später die Navigation implementieren.
- Unter dem Ordner *Common* eine Datei mit Anwendungsstilen, also verschiedene Ressourcen und Formatvorlagen. Wir können sie später den Steuerelementen zuweisen und so eine einheitliche Oberfläche erzeugen.

```
<Style x:Key="HeaderTextStyle" TargetType="TextBlock" BasedOn=
"{StaticResource BaselineTextStyle}">
    <Setter Property="FontSize" Value="56"/>
    <Setter Property="FontWeight" Value="Light"/>
    <Setter Property="LineHeight" Value="40"/>
    <Setter Property="RenderTransform">
        <Setter.Value>
            <TranslateTransform X="-2" Y="8"/>
        </Setter.Value>
    </Setter>
</Style>
```

Listing 9.1 Ausschnitt aus StandardStyles.xaml

- Eine *App.xaml* nebst C#-Code-behind-Datei, die allerdings nicht im Designer angezeigt wird, wenn Sie darauf doppelt klicken. In der XAML-Datei können anwendungsübergreifende Ressourcen untergebracht werden, die C#-Datei implementiert dort wichtige EventHandler, die für die gesamte Anwendung gelten.
- Einen Ordner *Assets*, ein Begriff, der in der IT häufig für die Medieninhalte verwendet wird. So auch hier, denn dort enthalten sind drei Logo-Varianten und der Splash Screen, also der Bildschirm, der beim Laden der Anwendung kurzzeitig angezeigt wird.
- Eine Datei *FruitNavigator_TemporaryKey.pfx*, ein (temporärer) Schlüssel für die digitale Signatur.
- Ein »Manifest« in der Datei *Package.appxmanifest*, in der Metadaten über die Anwendung enthalten sind und vor allem ihre Möglichkeiten, und das wir nun anpassen werden.

Das Appx-Manifest

Microsoft formuliert es so:

> *»Die Eigenschaften des Bereitstellungspakets für Ihre App sind in der App-Manifestdatei enthalten. Sie können den Manifest-Designer verwenden, um verschiedene Eigenschaften festzulegen oder zu bearbeiten«.*

Wie wahr, klicken Sie also doppelt auf die Manifestdatei, um den Designer zu laden.

Er enthält vier Karteireiter:

- ANWENDUNGSOBERFLÄCHE: Hier legen Sie die Eigenschaften für die Anwendung fest, die einen Bezug zur Benutzeroberfläche haben, also in welchen Ausrichtungen die Anwendung funktioniert oder welche Logos angezeigt werden sollen.

- FUNKTIONEN: Hier geben sie an, was Ihre Anwendung dürfen soll, also zum Beispiel mit dem Internet kommunizieren (bereits vorausgewählt) oder das eingebaute Mikrofon verwenden. Die WinRT-Runtime wacht über die Einhaltung.
- DEKLARATIONEN: Hier geht es um die bereits erwähnten Verträge, also gemeinsam genutzte Funktionen, die Integration Ihrer Anwendung in WinRT und andere Anwendungen. So können Sie hier Anwendungen beispielsweise als Suchanbieter registrieren, so dass die globale Suche auch Ihre Anwendung berücksichtigt.
- VERPACKEN: Hier finden Sie alles, was Sie für das Zusammenstellen der Pakete benötigen, um diese später auch in Microsofts App Store zu veröffentlichen.

Für den Moment genügt es, wenn Sie den Anzeigenamen anpassen und vielleicht eine Beschreibung hinzufügen.

Abbildung 9.12 Das App-Manifest, Seite Anwendungsoberfläche

Die Grafikdateien müssen festen Größen entsprechen. Neben dem gewöhnlichen (quadratischen) Logo für die ebenso quadratische Kachel ist es noch nützlich, ein breites Logo für die Kachel mit doppelter Breite anzugeben, weil sonst ein Anwender in der Gestaltung des Startbildschirms eingeschränkt ist.

Recht »fertig« sieht das noch nicht aus, fehlt doch sowohl dieses breite Logo als auch eine Designerunterstützung für die Angabe der Farbe (z. B. Hintergrundfarbe), deren Angabe im Hex-Format verlangt wird, wie in XAML und im Web auch sonst üblich.

Die App.xaml

Wie schon gesagt, steuert die *App.xaml*-Datei die Ausführung der gesamten Anwendung. Im Standard enthält sie lediglich einen Verweis auf die ebenfalls schon erwähnten Standardstile.

```
<Application
    x:Class="FruitNavigator.App"
    xmlns="http://schemas.microsoft.com/winfx/2006/xaml/presentation"
    xmlns:x="http://schemas.microsoft.com/winfx/2006/xaml"
    xmlns:local="using:FruitNavigator">

    <Application.Resources>
        <ResourceDictionary>
            <ResourceDictionary.MergedDictionaries>
                <ResourceDictionary Source="Common/StandardStyles.xaml"/>
            </ResourceDictionary.MergedDictionaries>
        </ResourceDictionary>
    </Application.Resources>
</Application>
```

Listing 9.2 App.xaml

Die zugehörige C#-Datei ist da schon interessanter.

Zunächst fällt auf, dass sie von `Application` erbt, die Basisklasse für WinRT-Anwendungen, aus dem Namespace `Windows.UI-Xaml.Application`.

Im Konstruktor werden die XAML-UI-Elemente angezeigt (`InitializeComponent`) und es wird ein EventHandler registriert (`OnSuspending`), der immer dann aufgerufen wird, wenn WinRT beabsichtigt, die Anwendung anzuhalten (siehe Abschnitt 9.1.4, »Prozesse in WinRT und das Windows Application Model«). Diesen Handler müssen wir später noch ausprogrammieren. Würden Sie hier einen leeren Handler angeben, dann würde WinRT die Anwendung ohne Verzögerung anhalten. So ist sie aber im Template nicht implementiert:

```
private void OnSuspending(object sender, SuspendingEventArgs e)
{
    var deferral = e.SuspendingOperation.GetDeferral();
    //TODO: Anwendungszustand speichern und alle Hintergrundaktivitäten
    //beenden
    deferral.Complete();
}
```

Stattdessen wird WinRT benachrichtigt, dass Sie beabsichtigen, in dieser Methode Arbeit zu verrichten, WinRT wird Ihnen also einen »Aufschub« gewährleisten (5 Sekunden), um dies zu tun. Das macht die `GetDeferral`-Methode. Danach kommt der Code zum Speichern der Anwendungsdaten und im Anschluss informieren wir WinRT, dass die Anwendung jetzt angehalten werden kann (`deferral.Complete()`).

WinRT kennt verschiedene Arten, eine Anwendung zu starten, zu allererst die »gewöhnliche« Art, also z. B. durch Klick auf die Kachel der zugehörigen Anwendung. In der *App.xaml.cs* wurde zu diesem Zweck die `OnLaunched`-Methode überschrieben. Weitere Möglichkeiten sind das Aufrufen einer Anwendung nach der Suche, in diesem Fall wird der Suchstring der Anwendung übergeben, oder das Aufrufen der Anwendung, um eine Datei damit zu öffnen, dann wird die zu öffnende Datei mit übergeben. Die Funktionsweise von `OnLaunched`:

- Zunächst wird die aktuell angezeigte Seite abgerufen. Zur Erinnerung: In WinRT wird ja immer nur eine Seite einer Anwendung im Vollbildmodus angezeigt.
- Ist die Anwendung noch im Speicher, dann wird sie einfach aktiviert (`Window.Current.Activate()`). Ist sie nicht (mehr) im Speicher, dann wird die Seite neu geladen (`rootFrame = new Frame()`). Wurde die Anwendung von WinRT zuvor beendet, z. B. weil der Speicher knapp wurde, dann können Sie an dieser Stelle nun die Anwendungs- und Sitzungsdaten laden, die Sie zuvor geschrieben haben. Tun Sie das nicht, sieht die Anwendung so aus, als würde sie zum ersten Mal gestartet werden.
- Nun wird gegebenenfalls zur ersten Seite navigiert. Gelingt das nicht, dann ist etwas gründlich schiefgegangen und eine Ausnahme wird ausgelöst.

9.4 Seiten hinzufügen

Womit beginnt man am besten, wenn man eine Windows Store App entwickelt? Ein guter Startpunkt ist es, die Seiten und deren Navigation festzulegen. Denken Sie daran: Sie können zu einem Zeitpunkt nur jeweils eine Seite anzeigen, diese aber wird von Windows nicht nur im Vollbildmodus angezeigt, sondern auch angedockt oder neben einer anderen Anwendung, und das sowohl im Hoch- als auch im Querformat.

9.4.1 Das Navigationskonzept

Die einzelnen Seiten festzulegen hat einen weiteren Vorteil: Sie können schon vorab die optimalen Templates auswählen, wie ich sie weiter oben vorgestellt habe und Ihre Entwicklung weiter darauf aufbauen. In unserem Fall besteht die Anwendung aus vier Seiten:

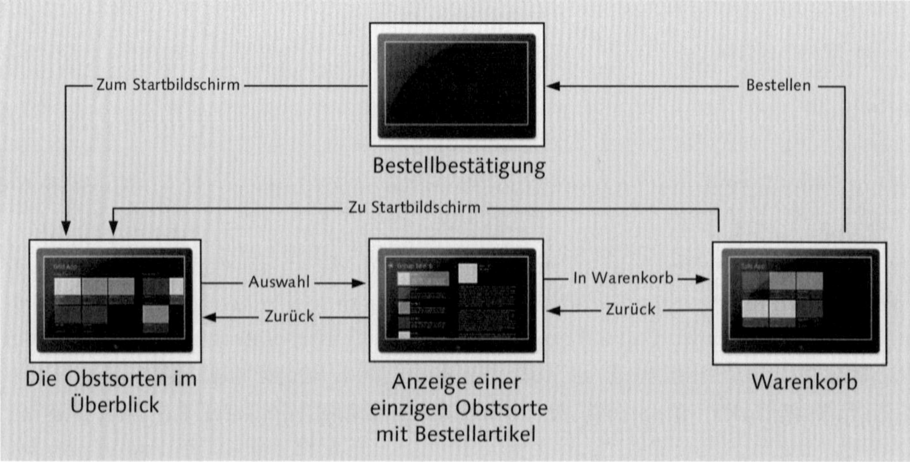

Abbildung 9.13 Das Navigationskonzept des FruitNavigators

Die einzelnen Seiten und ihr Zusammenhang:

- Zunächst werden alle Obstsorten des Lexikons übersichtlich dargestellt, gruppiert nach Kernobst, Steinobst, Beerenobst, Exotische Früchte und Südfrüchte.
- Nachdem ein Eintrag ausgewählt wurde, zeigt die Anwendung den zugehörigen Lexikoneintrag an und außerdem alle Produkte, die die Kalimba Sunfood zu der jeweiligen Obstsorte anbietet.
- Von dort kann es zum Startbildschirm zurückgehen, oder der Anwender legt ein ausgewähltes Produkt in den Warenkorb.
- Anschließend kann er die Bestellung auslösen oder weiter einkaufen. Im Falle der Bestellung wird diese kurz bestätigt und der Anwender kann zum Startbildschirm zurücknavigieren.

Diese vier Seiten fügen wir der Anwendung nun hinzu.

9.4.2 Seiten hinzufügen

Vorher entfernen Sie aber bitte die *MainPage.xaml*, denn eine leere Seite ist, nun ja, ein wenig zu leer für uns.

Unter Windows Store stehen einige Vorlagen zur Verfügung. Neben der leeren Seite sind dies:

- Eine STANDARDSEITE, also eine ebenfalls leere Seite, aber mit Navigation.
- Die GETEILTE SEITE, also eine Auflistung von Elementen, von denen das ausgewählte rechts detailliert angezeigt wird.
- Die SEITE »ELEMENTE«, das ist eine einfache Auflistung von Elementen.
- Die SEITE »ELEMENTDETAILS«, das wiederum ist die Detaildarstellung eines Elements, mit Navigation zu anderen Elementen.
- Die SEITE »GRUPPIERTE ELEMENTE«, also Elemente die in Gruppen angeordnet sind.
- Die SEITE »GRUPPENDETAILS«, das ist eine Seite, die eine einzelne Gruppe im Detail anzeigt und die in ihr enthaltenen Elemente in einer Voransicht.

Wenn überhaupt keine dieser Optionen passt, dann ist die Standardseite eine gute Wahl, denn sie enthält schon so praktische Dinge wie Navigation, Statusmanagement und die Anpassung des Inhalts an verschiedene Formate.

Bitte legen Sie nun die folgenden vier Seiten an, die dem Navigationskonzept entsprechen:

- Die Übersichtsseite, Vorlage SEITE: »GRUPPIERTE ELEMENTE«, Name: *FruitNavigatorPage.xaml.*
- Der Lexikoneintrag, Vorlage: GETEILTE SEITE, Name: *FruitPage.xaml.*
- Der Warenkorb, Vorlage: SEITE »ELEMENTE«, Name: *ShoppingCartPage.xaml.*
- Die Bestellbestätigung, Vorlage: STANDARDSEITE, Name: *OrderConfirmationPage.xaml.*

Beim ersten Aufruf erscheint nun eine Hinweismeldung von Visual Studio, die Sie mit JA bestätigen sollten.

Abbildung 9.14 Lassen Sie VS die Dateien erzeugen, so dass Ihr Projekt funktionsfähig ist

Die Meldung kommt daher, dass die erzeugten Seiten Klassen benötigen, die im Projekt noch nicht enthalten sind. Diese finden Sie nun im Ordner *Common*, und zwar die folgenden Helper-Klassen:

- `BindableBase`: Erleichtert Ihnen die Umsetzung des MVVM-Patterns (Model View ViewModel). Es kommt schon in WPF und Silverlight zum Einsatz.

- `SuspensionManager`: Eine Hilfsklasse, die das Speichern und Laden des Anwendungs-Status erleichtert.
- `LayoutAwarePage`: Die Basisklasse für die gerade erstellte Seite. Gegenüber `Page`, die Basisklasse für eine leere Seite, erleichtert `LayoutAwarePage` die Entwicklung von Anwendungen, die im Hoch- und Querformat sowie in verschiedenen Größen funktionieren.
- `RichTextColumns`: Ein Panel-Typ, an den Sie Daten binden können und der die so erzeugten RichTextBlock-Elemente dann schön in Reih und Glied anzeigt, notfalls indem ein Überlauf in eine neue Spalte stattfindet.
- `BooleanNegationConverter`: Übersetzt einfach `true` in `false` und umgekehrt.
- `BooleanToVisibilityConverter`: Damit lassen sich Steuerelemente einfach ein- und ausblenden, in Abhängigkeit eines `bool`-Wertes.

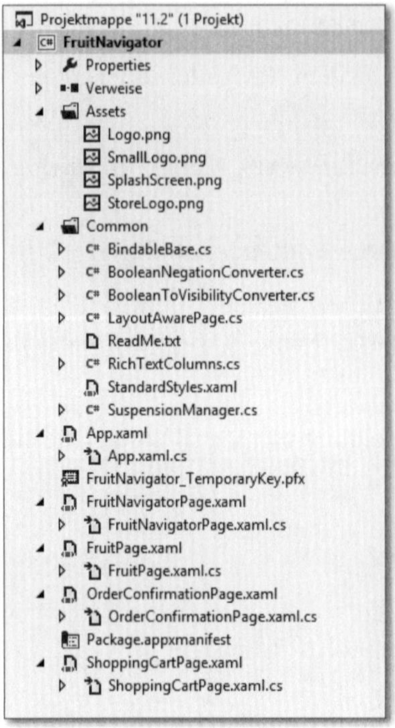

Abbildung 9.15 Das Projekt bisher, mit Hilfsklassen und Seiten

9.4.3 Startseite festlegen

Das Projekt ist noch nicht lauffähig, weil noch immer die alte Startseite referenziert wird. Ändern Sie das bitte in der *App.xaml.cs*.

```
if (!rootFrame.Navigate(typeof(FruitNavigatorPage), args.Arguments))
```

9.4.4 Anwendung starten

Wir sind in der XAML-Welt, was bedeutet: Unter Umständen müssen Sie Ihr Projekt neu erstellen, bevor Sie den Designer verwenden können. Tun Sie das nun bitte.

Das nun erstellte Projekt ist bereits lauffähig. Es zeigt kurz den Standard-Splash Screen an und danach die (fast) leere Seite vom Typ `LayoutAwarePage`. WinRT-Anwendungen sind eigentlich nicht dafür gebaut worden, beendet zu werden. Dennoch ist das natürlich möglich. Und zwar entweder über [Alt]+[F4], oder indem Sie zu Visual Studio zurückkehren und das Debugging stoppen.

Ganz nebenbei: Das wäre nun der richtige Zeitpunkt, um wenigstens einen zweiten Bildschirm an Ihren PC anzuschließen. Es macht einfach viel, viel, viel mehr Spaß, wenn Visual Studio auf dem einen und die zu debuggende Anwendung auf einem anderen Bildschirm läuft, vor allem, da VS ja im klassischen Desktop angezeigt wird und die WinRT-Anwendungen eben im Windows 8-Bildschirm.

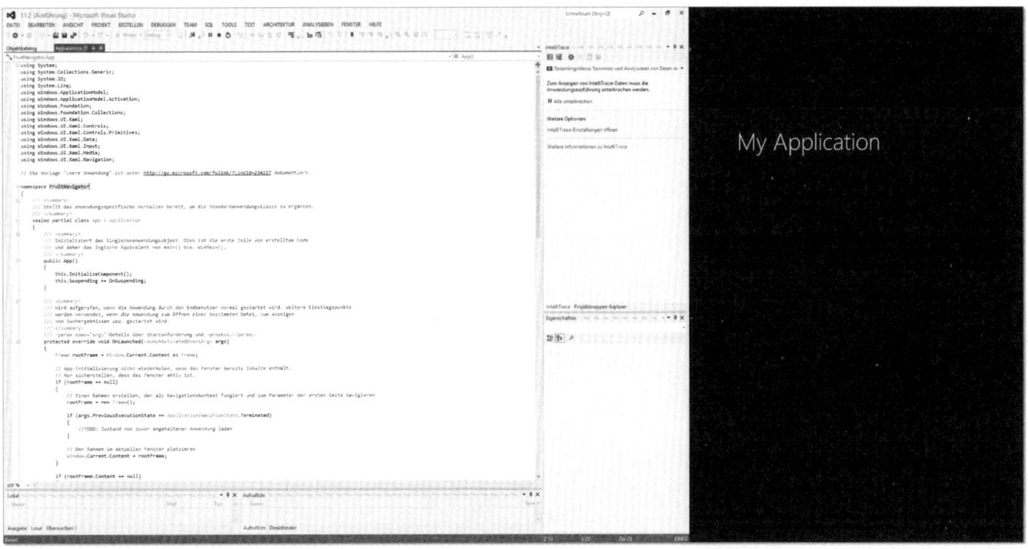

Abbildung 9.16 Praktisch: VS und die Anwendung, auf zwei Bildschirmen

9.5 Daten hinzufügen

So ganz ohne Inhalt macht das natürlich noch keinen Spaß. Das ändert sich jetzt, denn nun kommen Inhalte ins Spiel und damit auch die Navigation. Wir beginnen mit dem Klassenmodell.

9.5.1 Klassenmodell

```
public class FruitNavigatorData
{
    private List<FruitCategory> _fruitCategories = new List<FruitCategory>();

    public List<FruitCategory> FruitCategories
    {
        get
        {
            return _fruitCategories;
        }
    }
}

public class FruitCategory
{
    private List<Fruit> _fruits = new List<Fruit>();

    public string FruitCategoryName { get; set; }
    public string Wiki { get; set; }
    public List<Fruit> Fruits
    {
        get
        {
            return _fruits;
        }
    }
}

public class Fruit
{
    private List<Product> _products = new List<Product>();

    public string FruitName { get; set; }
    public string Wiki { get; set; }
    public List<Product> Products
    {
        get
        {
            return _products;
        }
```

```
    }
}

public class Product
{
    public string ProductName { get; set; }
    public float Price { get; set; }
    public string PriceString
    {
        get
        {
            return String.Format("{0:c}", Price);
        }
    }
}

public class ShoppingCart
{
    private List<ShoppingItem> _shoppingItems = new List<ShoppingItem>();

    public List<ShoppingItem> ShoppingItems
    {
        get
        {
            return _shoppingItems;
        }
    }
}

public class ShoppingItem
{
    public Product OrderProduct { get; set; }
    public int Units { get; set; }
}
```

Listing 9.3 FruitClasses.cs

Die Klassen entsprechend 1:1 den Anzeigeelementen, es gibt die Obstarten (`FruitCategory`), die darin enthaltenen Obstsorten (`Fruit`), die zugehörigen Produkte (`Product`) sowie einen Warenkorb (`ShoppingCart`) nebst Inhalt (`ShoppingItem`). Die übergeordnete Klasse, `FruitNavigatorData`, enthält alle Daten.

Das wäre nun der richtige Zeitpunkt für eine höchst elaborierte Datenhaltung. Für unsere Zwecke genügt eine einfache XML-Datei. Wenn Sie es anders machen wollen, dann finden Sie in diesem Buch reichlich Material, zum Beispiel zur Entwicklung von Webservices oder zur Verwendung des SQL Servers.

```
<?xml version="1.0" encoding="utf-8" ?>
<root>
  <FruitCategory name="Kernobst" wiki="Kernobst">
    <Fruit name="Apfel" wiki="Kulturapfel" />
    <Fruit name="Birne" wiki="Birnen"/>"
    <Fruit name="Quitte" wiki="Quitte"/>"
    <Fruit name="Hagebutte" wiki="Hagebutte" />"
  </FruitCategory>
  <FruitCategory name="Steinobst" wiki="Steinobst">
    <Fruit name="Aprikose" wiki="Aprikose"/>
    <Fruit name="Kirsche" wiki="Vogel-Kirsche" />
...
```

Listing 9.4 Die Datenquelle

9.5.2 Von XML in Klassenhierarchie laden

Das Laden erfolgt, auf die althergebrachte Weise, mittels einer einfachen statischen Methode in der Klasse `FruitNavigatorData`:

```
public async Task LoadDataAsync(string xmlFile)
{
    await loadFromXmlAsync(xmlFile);
}

private async Task loadFromXmlAsync(string xmlFile)
{
    await Task.Run(() =>
        {
            Random rnd = new Random();
            XDocument xml = XDocument.Load(xmlFile);
            foreach (XElement fc in xml.Root.Elements())
            {
                FruitCategory fruitCategory = new FruitCategory()
                {
                    FruitCategoryName = fc.Attribute("name").Value,
                    Wiki = fc.Attribute("wiki").Value
                };
                foreach (XElement f in fc.Elements())
                {
                    Fruit fruit = new Fruit()
```

```
                    {
                        FruitName = f.Attribute("name").Value,
                        Wiki = f.Attribute("wiki").Value
                    };
                    GenerateProducts(fruit, rnd);
                    fruitCategory.Fruits.Add(fruit);
                }
                FruitCategories.Add(fruitCategory);
            }
        });
}

private void GenerateProducts(Fruit fruit, Random rnd)
{
    string[] prods =
      { "Saft", "Mark", "Pürree", "Likör", "Konzentrat", "Dessert" };
    for (int i = 0; i < rnd.Next(3, prods.Length); i++)
    {
        Product product = new Product()
        {
            ProductName = fruit.FruitName + "-" + prods[i],
            Price = (0.5f+(float)rnd.NextDouble()) * 4
        };
        fruit.Products.Add(product);
    }
}
```

Listing 9.5 Daten laden in FruitClasses.cs, Klasse FruitNavigatorData

Der Code lädt eine XML-Datei in den Speicher, genauer in die zuvor erstellten Klassen. Das Laden kann schon einmal länger als 50 ms dauern, weswegen die Methode asynchron arbeitet, also können wir mittels `await` darauf warten. Bitte lesen Sie im Zweifel Abschnitt 4.1.9, »Async und Await«, denn wir werden `async` und `await` im gesamten Kapitel immer wieder verwenden.

Die Produkte, die nicht in den XML-Daten enthalten sind, werden zufallsgesteuert erstellt.

9.5.3 Ressource hinzufügen

Als Nächstes benötigen wir noch einen lokalen Datenspeicher, in dem wir die geladenen Daten ablegen können. Dafür bietet sich eine lokale Ressource an, die in der *App.xaml* definiert werden kann.

```
...
    </ResourceDictionary.MergedDictionaries>
    <local:FruitNavigatorData x:Key="fruitNavigatorData" />
</ResourceDictionary>
...
```

Auch hier wartet ein kleiner Denkunterschied auf den WinRT-Entwickler. In einer Desktop-Anwendung würde man einfach eine Variable definieren. Diese würde ihren Wert behalten, solange die Anwendung nicht beendet oder die Variable in ihrem Wert verändert wird. Bei WinRT müssen wir allerdings berücksichtigen, dass die Anwendung angehalten und auch beendet werden kann, weswegen wir die verschiedenen Anwendungsdaten später noch speichern müssen.

9.5.4 Daten beim Aufruf der App laden

Genau genommen gibt es zwei Art von Daten:

- Anwendungsdaten
- Sitzungsdaten

Bei unserem Fruchtlexikon handelt es sich um Anwendungsdaten, man lädt sie am besten mit der Anwendung zusammen. Daneben gibt es noch sitzungsabhängige Daten, die nur im Kontext der aktuellen Programmausführung Sinn machen, beispielsweise die gerade aktuelle Seite. Diese speichern und laden wir in einem späteren Abschnitt.

In der *App.xaml.cs* gibt es das schon erwähnte `OnLaunched`-Ereignis, das immer dann aufgerufen wird, wenn die Anwendung gestartet wird. Allerdings kann die Anwendung bereits geladen sein, die Daten der Anwendung wären es dann ebenfalls. Daher schreiben wir den Code zum Laden der Daten unmittelbar nach dem Instanziieren des Frames:

```
var fruitNavigationData = App.Current.Resources["fruitNavigatorData"]
  as FruitNavigatorData;
if (fruitNavigationData != null)
{
    await fruitNavigationData.LoadDataAsync("FruitNavigator.xml");
}
```

Listing 9.6 Laden der Daten in App.xaml.cs

Wenn Sie nun die Anwendung starten und einen Haltepunkt an das Ende der Methode setzen, dann sollten nun fünf Kategorien in den Hauptspeicher geladen worden sein.

9.5.5 Daten an Steuerelement binden

Die Daten sind geladen, was fehlt, ist die Anzeige, und zwar in der Startseite *FruitNavigatorPage.xaml*. Öffnen Sie diese Datei einmal im Designer. Auch sie ist zunächst von `LayoutAwarePage` abgeleitet, bringt also Navigation, Statusverwaltung und Layoutmanagement mit. Und, praktischerweise, auch eine `LoadState`-Methode, die schon einen Hinweis auf die Datenbindung enthält:

```
// TODO: this.DefaultViewModel["Groups"]
 eine Auflistung von bindbaren Gruppen zuweisen
```

Da lassen wir uns nicht zweimal bitten, die anzuzeigenden Gruppen befinden sich in der `FruitCategories`-Eigenschaft:


```
protected override void LoadState(Object navigationParameter,
Dictionary<String, Object> pageState)
{
    var fruitNavigatorData = App.Current.Resources["fruitNavigatorData"]
    as FruitNavigatorData;
    if (fruitNavigatorData != null)
    {
        this.DefaultViewModel["Groups"] = fruitNavigatorData.FruitCategories;
    }
}
```

Damit auch die Namen der Gruppen angezeigt werden, muss in der XAML-Datei die Datenbindung noch an die richtige Eigenschaft, `FruitCategoryName`, erfolgen:

```
<TextBlock Text="{Binding FruitCategoryName}" ... />
```

Selbiges gilt auch für die Namen der Früchte:

```
<TextBlock ... Text="{Binding FruitName}" ... />
```

Denn die Anzeige, die wir für die Startseite gewählt haben, zeigt nicht nur die Gruppen, sondern auch deren Einträge, also nicht nur die Kategorien, sondern auch die einzelnen Früchte.

Das sind die Änderungen, die für die Datenbindung an die Datenstruktur `FruitNavigatorData` notwendig sind. Nun zur XAML-Datei in ihrer Gesamtheit, von oben nach unten:

- Am Anfang stehen einige Namespace-Definitionen und der Name des Modells, den wir in der `LoadState`-Methode angesprochen haben.

  ```
  DataContext="{Binding DefaultViewModel, RelativeSource=
  {RelativeSource Self}}"
  ```

- Es folgt eine lokale Ressource, die für die Logik der Gruppen-/Item-Beziehung erforderlich ist.

  ```
  <CollectionViewSource
      x:Name="groupedItemsViewSource"
      Source="{Binding FruitCategories}"
      IsSourceGrouped="true"
      ItemsPath="Fruits"/>
  ```

  Wichtig ist hier die Eigenschaft `IsSourceGrouped`, die den Wert `true` haben muss. Der Name des Bindings ist frei wählbar, wir haben ihn bei der Zuordnung der Liste mit den Objekten angegeben:

  ```
  this.DefaultViewModel["FruitCategories"] =
   fruitNavigatorData.FruitCategories;
  ```

- Es folgt ein Grid mit zwei Zeilen. Die obere Zeile enthält den Navigationsbutton und den Seitentitel, die untere Zeile füllt den restlichen Platz aus und enthält die Daten.
- Es folgt ein `GridView`, eine zentrale, neue Komponente in Windows 8 zur flexiblen Anzeige von Inhalten. Standardmäßig wird der vertikal aufgebaut, in unserem Fall aber horizontal, von links nach rechts:

  ```
  <GridView.ItemsPanel>
      <ItemsPanelTemplate>
          <VirtualizingStackPanel Orientation="Horizontal" />
      </ItemsPanelTemplate>
  </GridView.ItemsPanel>
  ```

  Die Eigenschaft `SelectionMode=«None«` gibt an, dass die einzelnen Items nicht mit der rechten Maustaste markiert werden können, es werden aber beim Klick darauf EventHandler ausgelöst (`IsItemClickEnabled=«True«`). Das benötigen wir im Anschluss, weil ein Klick auf ein Item ja die Navigation auf den Lexikoneintrag auslösen soll.

- Der Grid besteht aus zwei Bereichen, einer für die Darstellung der Gruppen-Header und ein weiterer, in dem die Details dargestellt werden. Sie werden mittels `GridView.ItemTemplate` respektive `GridView.GroupStyle` näher parametrisiert. Wichtig ist auch hier wieder die Datenbindung. Die Gruppen sollen an die Eigenschaft `FruitCategoryName` gebunden werden, die Items an die Eigenschaft `FruitName`.

  ```
  <TextBlock Text="{Binding FruitCategoryName}"...
  <TextBlock ... Text="{Binding FruitName} ...
  ```

- Die Gruppentexte sind blau eingefärbt, dafür wurde ein neuer Stil in der *App.xaml* angelegt.

  ```
  <TextBlock ... Style="{StaticResource SubheaderTextStyle}" ...
  ```

Und in der *App.xaml*:

```
<Style x:Key="BlueHeaderStyle" TargetType="TextBlock">
...
    <Setter Property="Foreground" Value="#FF888CF1"/>
</Style>
```

- Den Schluss bilden die Visual States, auf die ich später noch zurückkomme.

Der so konfigurierte `GridView` wird für die meisten Anzeigen in Windows 8 verwendet. Allerdings können Fenster in Windows 8 auch angedockt werden, dann nehmen sie weniger Platz ein. Daher findet sich in diesem Fall in derselben Datei noch ein `ListView`, auf den Windows 8 dann umschaltet und den Sie folglich ebenfalls an die Daten binden sollten, wollen Sie diese Darstellung implementieren.

Wenn Sie die Anwendung nun abermals starten, dann sollte die Darstellung so aussehen:

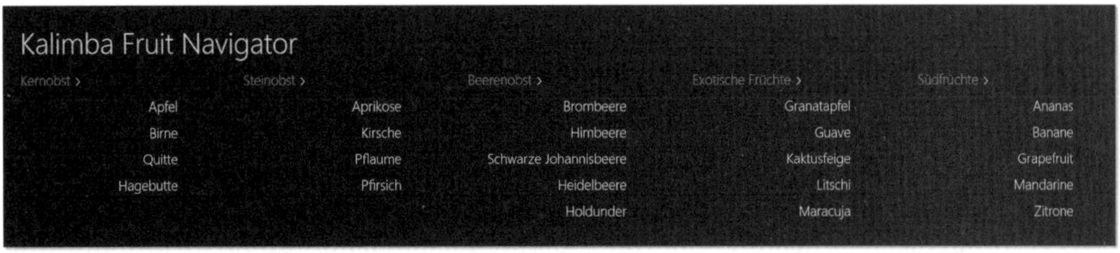

Abbildung 9.17 Die Einstiegsseite des Fruit Navigators

Wenn Sie nun auf eine Frucht klicken, dann sehen Sie den Effekt von `IsItemClick-Enabled=«True«`, denn WinRT signalisiert es auch optisch, wenn Sie auf ein Element klicken oder mit Finger bzw. Stift darauf tippen.

9.6 Die Lexikonseite

Die erste Seite wäre geschafft, auch wenn sich der Nutzwert noch in Grenzen hält. Das soll sich nun ändern, denn wir nehmen die Navigation zum Lexikoneintrag in Angriff.

9.6.1 Allgemeines zur Navigation

WinRT, genauer die `Frame`-Klasse, speichert die Navigationshistorie Ihrer Anwendung. Das ist auch der Grund dafür, warum auf der Hauptseite der Zurück-Button nicht angezeigt wird, seine `IsEnabled`-Eigenschaft ist an die `Frame.CanGoBack`-Eigenschaft gebunden, und wo noch nie navigiert wurde, kann auch nicht zurücknavigiert werden.

Somit bietet `Frame` aber auch einige Methoden zur Navigation auf andere Seiten:

- `Navigate(Type sourcePageType)` und die Überladung
- `Navigate(Type sourcePageType, object parameter)`

Die anzuzeigende Seite muss vorher also nicht instanziiert werden. Außerdem kann zurück- und vorgesprungen werden:

- `GoBack()` navigiert auf die vorherige Seite in der Navigationshistorie
- `CanGoBack` zeigt an, ob dies möglich ist, ob es also eine vorherige Seite gibt
- `GoForward()` navigiert auf die nächste Seite, was natürlich bedingt, dass zuvor zurücknavigiert wurde
- `CanGoForward` zeigt an, ob dies der Fall war

Wenn Ihre Seite von `LayoutAwarePage` abgeleitet ist, wie das bei unseren Seiten der Fall ist, dann geht es noch ein wenig komfortabler, denn diese Klasse kennt drei Methoden:

- `GoHome(object sender, RoutedEventArgs e)` geht solange zurück, bis der Anfang der Navigationshistorie erreicht wurde, also meist bis zur Einstiegsseite.
- `GoBack(object sender, RoutedEventArgs e)` und `GoForward(object sender, RoutedEventArgs e)` rufen die gleichnamigen Methoden der `Frame`-Klasse auf, prüfen allerdings ob `Frame` nicht `null` ist und ob eine Navigation überhaupt möglich ist.

Auch hier müssen wir uns später die Frage stellen: Was passiert eigentlich mit der Navigationshistorie, wenn die Anwendung zwischenzeitlich beendet wurde?

9.6.2 Navigation zur Lexikonseite

Öffnen Sie dazu bitte die `FruitNavigatorPage.xaml`. Wir benötigen einen EventHandler beim Klick auf ein Item des Grids. Wie in WPF üblich, gibt es dafür zwei Möglichkeiten:

- Sie markieren das Steuerelement im XAML-Code (den `GridView`) (oder im visuellen Designer) und wechseln, im Eigenschaftsfenster, auf die Seite für die Ereignishandler. Dort suchen Sie sich das `ItemClick`-Ereignis heraus und klicken doppelt darauf. Alternativ können Sie vorher einen gefälligeren Namen für die generierte Methode vergeben.
- Sie schreiben den Ereignishandler direkt in XAML:

```
<GridView
    ...
    IsItemClickEnabled="True"
    ItemClick="itemGridView_ItemClick"
    ...
```

Anschließend gelangen sie in den Code, indem Sie im Kontextmenü des Ereignishandlers ZUM EREIGNSHANDLER NAVIGIEREN anklicken.

Der Ereignishandler ist recht einfach zu implementieren:

```
if (e.ClickedItem is Fruit)
{
    Frame.Navigate(typeof(FruitPage), e.ClickedItem as Fruit);
}
```

Der Übersichtlichkeit halber lasse ich, nahezu im gesamten Buch, die Prüfungen auf `null` weg, so auch hier. Wenn Sie nicht herausfinden und merken wollen, an welchen Stellen welches Objekt gegebenenfalls `null` sein kann, dann sollten Sie auch hier `Frame` und `e.ClickedItem` daraufhin überprüfen.

9.6.3 Lexikonseite: Produkte anzeigen

Öffnen Sie nun die Lexikonseite `FruitPage.xaml`. Für diese Seite hatten wir die Vorlage GETEILTE SEITE bemüht, wir müssen also beide Hälften mit Daten versorgen, genauer:

- links die Liste mit den bestellbaren Produkten anzeigen und
- rechts den Lexikoneintrag.

Beginnen wir mit den bestellbaren Produkten, wofür die XAML-Datei bereits einen `ListView` beheimatet. Ein bestellbares Produkt besteht aus einer Produktbezeichnung und dem zugehörigen Preis, es werden diesmal also zwei Felder benötigt. Der Reihe nach, erst einmal die Datenbindung:

1. Ändern wir zunächst den Namen des `ViewModels` von Items nach Products.

   ```
   <CollectionViewSource
       x:Name="itemsViewSource"
       Source="{Binding Products}"/>
   ```

2. Anschließend binden wir die Daten an das `ListView`-Steuerelement, und zwar wiederum in der `LoadState`-Methode. Das Template kennt nicht nur die Items, sondern auch die Gruppe, die wir für die richtige Anzeige des Seitentitels noch an das `Fruit`-Objekt selbst binden müssen.

   ```
   if (navigationParameter is Fruit)
   {
       this.DefaultViewModel["Products"] =
       (navigationParameter as Fruit).Products;
   this.DefaultViewModel["Group"] = (navigationParameter as Fruit);
   }
   ```

3. Dennoch würde der Seitentitel noch nicht angezeigt, denn im XAML wird noch die `Title`-Eigenschaft des gebundenen Objekts (`Fruit`) angesprochen, bei uns ist der Titel aber in der Eigenschaft `FruitName` untergebracht. Eine kleine Änderung in der Datenbindung korrigiert das:

```
<TextBlock x:Name="pageTitle" ... Text="{Binding Group.FruitName}" ...
```

Der `ListView` ist noch nicht optimal konfiguriert und, vor allem, müssen wir noch die Bindung der anzuzeigenden Texte an die Eigenschaften des `Product`-Objekts vornehmen. Das Steuerelement ist an ein Template, *Standard130ItemTemplate* gebunden, das wir nun ändern werden. Allerdings nicht das Original, das in der *Common\StandardStyles.xaml* enthalten ist, sondern eine Kopie, die wir vorher anlegen müssen:

1. Markieren Sie den `ListView` in der XAML-Datei oder im Designer.
2. Navigieren Sie im Eigenschaftsfenster, unter Sonstiges, zum Eintrag `ItemTemplate`. Daneben finden Sie ein grünes Quadrat, das – sofern angeklickt – das Stile-Menü öffnet:

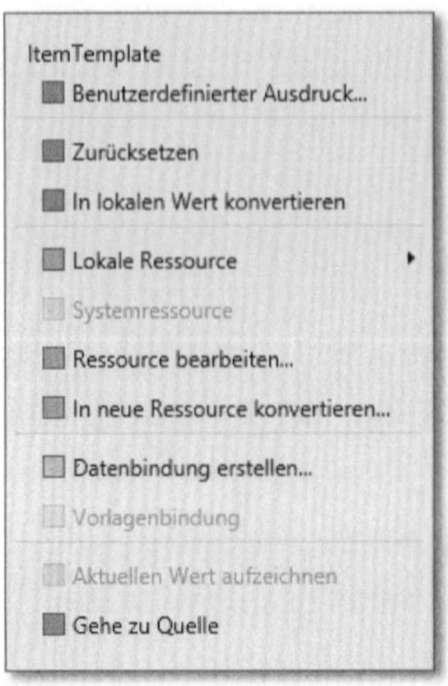

Abbildung 9.18 Das Stile-Menü

3. Wählen Sie dort bitte In neue Ressource konvertieren aus. Benennen wir es *ProductsTemplate*. Als Ort kommt das aktuelle Dokument in Frage, weil wir dieses Template nur hier benötigen.
4. Das kopierte Template findet sich nun unter `Page.Resources`, so wie das zu erwarten ist. Es lässt sich nun so anpassen, dass die Produktdaten sauber dargestellt und an die `Product`-Objekte gebunden werden:

```
<DataTemplate x:Key="ProductsTemplate">
    <Grid Height="110" Margin="6">
        <Grid.ColumnDefinitions>
            <ColumnDefinition Width="Auto"/>
```

```
            <ColumnDefinition Width="*"/>
        </Grid.ColumnDefinitions>
        <Border Background="{StaticResource
        ListViewItemPlaceholderBackgroundThemeBrush}"
        Width="110" Height="110">
            <Image Source="Assets/KalimbaLogo.png" Stretch=
            "UniformToFill" AutomationProperties.Name="{Binding Title}"/>
        </Border>
        <StackPanel Grid.Column="1" VerticalAlignment="Top"
        Margin="10,0,0,0">
            <TextBlock Text="{Binding ProductName}" Style=
            "{StaticResource TitleTextStyle}" TextWrapping="NoWrap"/>
            <TextBlock Text="{Binding PriceString}" Style=
            "{StaticResource BodyTextStyle}" MaxHeight="60" />
        </StackPanel>
    </Grid>
</DataTemplate>
```

Interessant ist hier eigentlich nur die Datenbindung. Sie zeigt auf die Eigenschaften der Klasse Product. Nun weiß ich auch nicht so genau, warum Microsoft die String-Formatierung in der WinRT-XAML-Datenbindung weggelassen hat, so dass wir, um korrekt formatierte Währungen zu erhalten, entweder einen eigenen Konverter schreiben, oder aber bereits in der Klasse Product formatierte Ergebnisse zurückgeben müssen, was hier implementiert wurde.

Als Bild zeige ich eine fest im Projekt hinterlegte Ressource an und überlasse es der Phantasie, sich hier Produktbilder vorzustellen.

5. Im ListView selber bauen wir noch eine Mehrfachauswahl ein, damit auch mehrere zu bestellende Produkte ausgewählt werden können. Zuständig ist dafür die Eigenschaft SelectionMode.

```
<ListView
    x:Name="itemListView"
    AutomationProperties.AutomationId="ItemsListView"
    AutomationProperties.Name="Items"
    TabIndex="1"
    Grid.Row="1"
    Margin="-10,-10,0,0"
    Padding="120,0,0,60"
    ItemsSource="{Binding Source={StaticResource itemsViewSource}}"
    IsSwipeEnabled="False"
    SelectionChanged="ItemListView_SelectionChanged"
    SelectionMode="Multiple"
     ItemTemplate="{StaticResource ProductsTemplate}"/>
```

Starten Sie nun die Anwendung. Sowohl die Navigation (hin und zurück) als auch die Darstellung der zu bestellenden Produkte funktioniert jetzt. Mit der Maustaste, oder alternativ mit dem Finger, lassen sich eine oder mehrere Produkte auswählen.

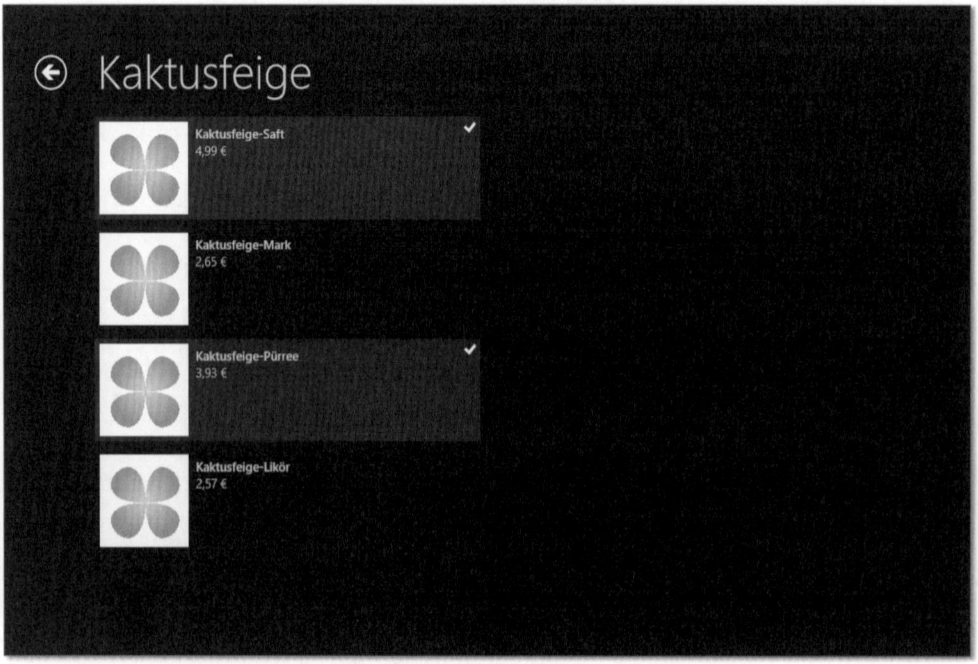

Abbildung 9.19 Die zu bestellenden Produkt eines Lexikoneintrags

9.6.4 Lexikonseite: Lexikoneintrag anzeigen

Für den Lexikoneintrag verwenden wir das fabelhafte Wikipedia. Im Datenmodell und dem zugehörigen XML-File sind bereits die Wikipedia-Schlüssel hinterlegt.

Im Template ist auf der rechten Seite ein ScrollViewer hinterlegt. Er ist dazu gedacht, die Details der links markierten Elemente anzuzeigen. Darum geht es hier aber nicht, denn es soll der Lexikoneintrag für die ausgewählte Frucht angezeigt werden. Ersetzen wir den Scrollviewer also:

```
<ScrollViewer
    x:Name="itemDetail"
    AutomationProperties.AutomationId="ItemDetailScrollViewer"
    Grid.Column="1"
    Grid.Row="1"
    Padding="70,0,120,0"
    Style="{StaticResource VerticalScrollViewerStyle}">
```

```
    <Grid x:Name="itemDetailGrid" Margin="0,60,0,50">
        <Grid.RowDefinitions>
            <RowDefinition Height="Auto"/>
            <RowDefinition Height="*"/>
        </Grid.RowDefinitions>

        <TextBlock x:Name="wikiTitle" Style=
        "{StaticResource GroupHeaderTextStyle}" Text="Wikipedia-Artikel" />
        <Border x:Name="wikiBorder" BorderBrush="#FF888CF1"
        BorderThickness="4" Grid.Row="1" Margin="0,20,0,20">
            <WebView x:Name="wikiView" />
        </Border>
    </Grid>
</ScrollViewer>
```


Listing 9.7 Neuer Scrollviewer in FruitPage.xaml

Neben einer Überschrift und einem Rahmen enthält der neue Code ein `WebView`-Steuerelement, das in WinRT dazu gedacht ist, HTML-Inhalte anzuzeigen. Diese können aus dem Internet kommen, wie in unserem Beispiel, oder aus einem lokalen String geladen werden.

Da der Eintrag beim Navigieren auf die Seite geladen werden soll, braucht es noch ein wenig Code in der *FruitPage.xaml.cs*.

```
string url =
"http://de.wikipedia.org/wiki/"+(navigationParameter as Fruit).Wiki;
wikiView.Navigate(new Uri(url));
```

WinRT-Anwendungen werden in einer Sandbox ausgeführt, also in einer geschützten Ausführungsumgebung. Der Zugriff auf das Internet ist eine privilegierte Operation, die einer Zustimmung bedarf. Es könnte ja sein, dass die Anwendung auf einem Mobilgerät ausgeführt wird, dessen Internetnutzung volumenbasiert abgerechnet wird. Die vorgesehene Internetnutzung muss daher deklariert werden, was in der bereits erwähnten App-Manifestdatei geschieht. Die Funktion INTERNET (CLIENT) ist aber bereits markiert (siehe Abbildung 9.20).

Die Anwendung funktioniert bereits, berücksichtigt aber immer noch nicht alle Aspekte mobiler Nutzung. Dort können wir nicht einfach davon ausgehen, dass die Internetnutzung möglich ist, der Client könnte ja überhaupt keine Verbindung zum Internet haben oder die Nutzung könnte untersagt sein.

```
using Windows.Networking.Connectivity;
using Windows.UI.Popups;
...
```

```
if (navigationParameter is Fruit)
{
    this.DefaultViewModel["Products"] = (
    navigationParameter as Fruit).Products;
    this.DefaultViewModel["Group"] = (navigationParameter as Fruit);

    var internetProfile = NetworkInformation.GetInternetConnectionProfile();
    if (internetProfile == null)
    {
        new MessageDialog("Für diese Anwendung wird der Zugriff auf das
        Internet benötigt", "Verbindungsfehler«).ShowAsync();
    }
    else
    {
        string url = "http://de.wikipedia.org/wiki/
        " + (navigationParameter as Fruit).Wiki;
        wikiView.Navigate(new Uri(url));
    }
}
```

Listing 9.8 LoadState-Ergänzung, vorläufig fertig

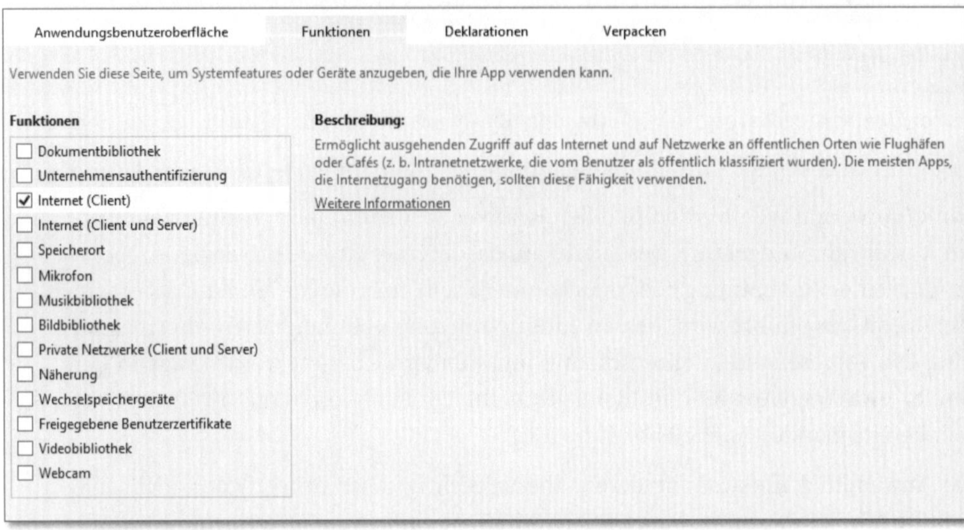

Abbildung 9.20 Die Deklaration der genutzten Funktionen in der App-Manifestdatei Package.appxmanifest

`MessageDialog` ist der WinRT-Zwilling zur Desktopvariante. Allerdings zeigt diese Klasse kein klassisches Popup-Fenster an, sondern sieht ein wenig anders aus.

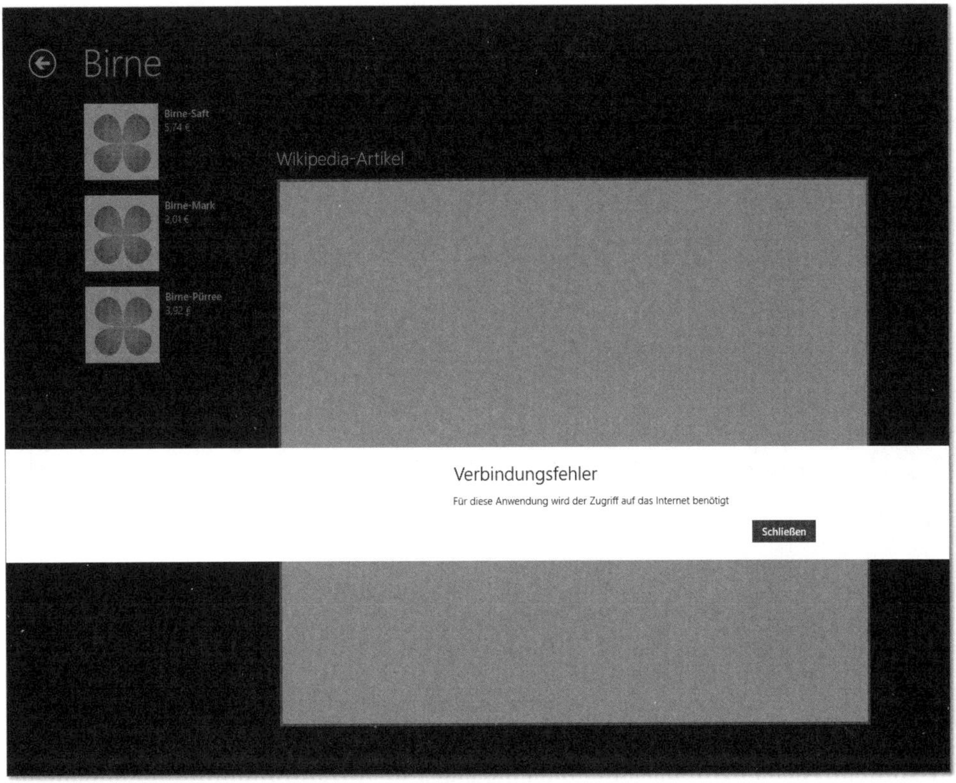

Abbildung 9.21 Die MessageDialog-Variante in WinRT

Noch robuster wird die Anwendung, wenn das `NavigationFailed`-Ereignis des `Web-View`-Controls bedient wird:

```
private void wikiView_
NavigationFailed(object sender, WebViewNavigationFailedEventArgs e)
{
    string message =
    "<p>Der Lexikoneintrag konnte nicht heruntergeladen werden. Grund:
    " + e.WebErrorStatus+"</p>";
    wikiView.NavigateToString(message);
}
```

Listing 9.9 Ereignishandler in FruitPage.xaml.cs

Das war's. Die Anwendung kann nun verschiedene Lexikoneinträge anzeigen und außerdem lassen sich zu bestellende Produkte bequem markieren, aber noch nicht bestellen, worum wir uns gleich kümmern werden. Die Navigation funktioniert ebenfalls, so dass Sie sich durch die Lexikoneinträge hangeln können und schick sieht es obendrein aus (siehe Abbildung 9.22).

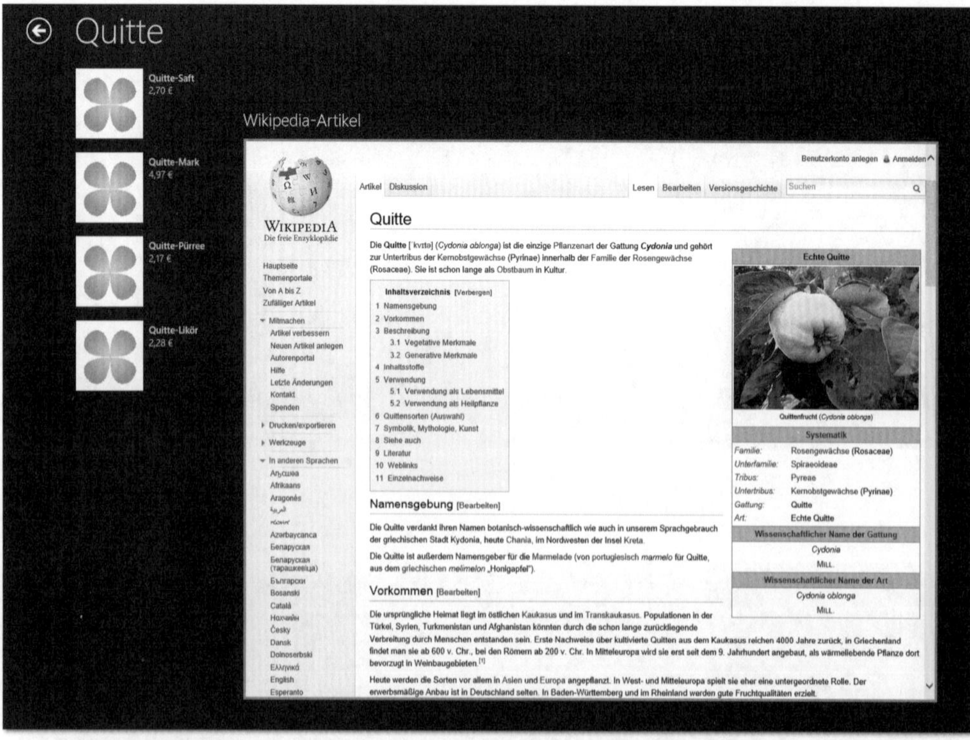

Abbildung 9.22 Der Lexikonteil des Fruit Navigators ist fertig. Quelle: Wikipedia

9.7 Die Bestellseite und die App Bar

Zwei der vier Seiten sind fertig. Für die Bestellauslösung brauchen wir eine Funktion. Das ließe sich natürlich bewerkstelligen, indem wir in der XAML-Datei einen Button hinzufügten, aber das ist in Windows 8 nicht der bevorzugte Weg. Die komplette Seite soll möglichst dem Content gewidmet werden. Für Programmfunktionen sind die App Bars da.

9.7.1 App Bars in eigenen Anwendungen

App Bars können am oberen oder unteren Bildschirmrand platziert werden, oder auch an beiden Orten, so wie bei der WinRT-Version des Internet Explorers.

Microsoft empfiehlt Navigationselemente in der oberen, Programmfunktionen in der unteren App Bar unterzubringen. Auch hier ist der Internet Explorer wieder ein gutes Beispiel. In Abschnitt 9.1.2, »Das Windows 8-Design«, finden Sie ein weiteres Beispiel. Für unsere Zwecke genügt eine App Bar mit einer Funktion, nämlich dem Bestellbutton, der also am unteren Bildschirmrand angezeigt werden soll.

Vielleicht kennen Sie Programmleisten aus WinForms oder anderen Technologien, dann wissen Sie, dass diese dort meist mehr oder weniger stark limitiert sind. In WinRT lässt sich dort ein großer Teil des XAML-Arsenals einsetzen, was von Entwicklern und Designern nicht nur Phantasie, sondern auch ein gewisses Maß Beschränkung verlangt – und einen Blick in die Windows 8-Guidelines, denn dort werden auch einige Richtlinien zur Anordnung von Befehlen auf den App Bars vorgestellt.

Windows 8 führt neben den Kacheln auch piktogrammartige Symbole ein, vorbei sind also die Zeiten, in denen Symbole vor allem bunt sein mussten. Praktischerweise gibt es in Windows 8 auch gleich einen Zeichensatz, SEGOE UI SYMBOL genannt, in dem schon zahlreiche Symbole vorhanden sind. Wenn Sie diese verwenden (und zwar konsistent), dann fördern Sie das Wiedererkennen von Funktionen und somit eine leichtere Bedienung.

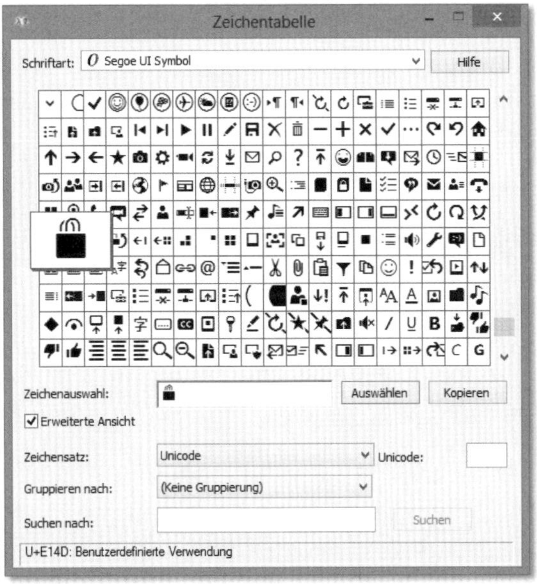

Abbildung 9.23 Die »gute alte« Zeichentabelle, hier mit den App-Bar-tauglichen Symbolen aus der Segoe-UI-Symbol-Schriftart

9.7.2 Eine App Bar hinzufügen

Für die App Bar gibt es ein eigenes Steuerelement, passenderweise `AppBar` genannt. Sie weisen es entweder `Page.TopAppBar` oder `Page.BottomAppBar` zu, je nachdem, ob sie oben oder unten angezeigt werden soll.

```
<Page.BottomAppBar>
    <AppBar Padding="10,0,10,0">
        <StackPanel Orientation="Vertical" Margin="0,14,0,5"
                    HorizontalAlignment="Right">
```

```
            <Button Style="{StaticResource AppBarButtonStyle}"
                    Content="&#xE14D;" Click="ShopButton_Click" />
            <TextBlock Text="Kaufen" HorizontalAlignment="Center"
                       FontSize="14" />
        </StackPanel>
    </AppBar>
</Page.BottomAppBar>
```

Listing 9.10 App Bar in der FruitPage.xaml

Für App-Bar-Buttons gibt es schon einen vordefinierten Stil, *AppBarButtonStyle*, der bereits solche Dinge wie Schriftgröße oder Buttongröße regelt und auch einige Status unterscheidet, zum Beispiel `Disabled` oder `Pressed`.

```
private void ShopButton_Click(object sender, RoutedEventArgs e)
{
    if (itemListView.SelectedItems.Count == 0)
        new MessageDialog("Bitte wählen Sie zuerst ein Produkt aus,
          das Sie bestellen möchten", "Bitte auswählen").ShowAsync();
    else
    {
        ShoppingCart shoppingCart = new ShoppingCart();
        foreach (var item in itemListView.SelectedItems)
        {
            shoppingCart.ShoppingItems.Add(new ShoppingItem()
            {
                OrderProduct = item as Product,
                Units = 1
            });
        }
        Frame.Navigate(typeof(ShoppingCartPage), shoppingCart);
    }
}
```

Listing 9.11 Der Ereignishandler für den geklickten Button

Der Code für das Zusammenbauen des Warenkorbs und der Navigation auf die *ShoppingCartPage.xaml* ist recht einfach gehalten. Wenn nichts markiert wurde, dann wird eine Meldung ausgegeben. Stattdessen hätten wir den Button auch ausblenden können, zum Beispiel, indem wir dessen `IsEnabled` an eigenen Code gebunden hätten, in dem wir die Anzahl der markierten Produkte auslesen.

9.8 Die Warenkorbseite

Die Warenkorbseite, *ShoppingCartPage.xaml*, ist vom Template SEITE »ELEMENTE« erstellt worden. Wir können den Warenkorb also in gewohnter Manier an den `GridView` binden:

```
if (navigationParameter is ShoppingCart)
    this.DefaultViewModel["Items"] =
      (navigationParameter as ShoppingCart).ShoppingItems;
```

Ändern Sie bei der Gelegenheit doch noch den Seitentitel, sagen wir auf »Warenkorb«.

9.8.1 Die Anzeige

Im Grid, genauer im `ListView`, werden alle Einträge des Warenkorbs aufgelistet:

```
<ListView
    x:Name="shoppingCartView"
    AutomationProperties.AutomationId="ItemsListView"
    AutomationProperties.Name="Items"
    TabIndex="1"
    Grid.Row="1"
    Margin="-10,-10,0,0"
    Padding="120,0,0,60"
    ItemsSource="{Binding Source={StaticResource itemsViewSource}}"
    IsSwipeEnabled="False"
    SelectionMode="Single">
    <ListView.ItemTemplate>
    <DataTemplate>
        <Grid Height="40" Margin="6">
            <Grid.ColumnDefinitions>
                <ColumnDefinition Width="600" />
                <ColumnDefinition Width="100" />
                <ColumnDefinition Width="*" />
            </Grid.ColumnDefinitions>
                <TextBlock Text="{Binding OrderProduct.ProductName}"
                           Style="{StaticResource TitleTextStyle}"/>
                <TextBlock Grid.Column="1" Text="{Binding Units}"
                           Style="{StaticResource BodyTextStyle}" />
                <TextBlock Grid.Column="2"
                                Text="{Binding OrderProduct.PriceString}"
                                Style="{StaticResource BodyTextStyle}" />
        </Grid>
```

```
    </DataTemplate>
        </ListView.ItemTemplate>
</ListView>
```

Listing 9.12 ListView in ShoppingCartPage.xaml

9.8.2 Die App Bar

Die App Bar ist diesmal ein wenig umfangreicher, sie enthält vier Funktionen:

- die Stückzahl um eins erhöhen
- die Stückzahl um eins verringern
- einen Eintrag im Warenkorb löschen
- die Bestellung auslösen

```
<Page.BottomAppBar>
    <AppBar Padding="10,0,10,0">
        <StackPanel Orientation="Horizontal" HorizontalAlignment="Right">
            <StackPanel Orientation="Vertical" Margin="0,14,0,5"
                        HorizontalAlignment="Right">
                <Button Style="{StaticResource AppBarButtonStyle}"
                        Content="&#xE0B6;" Click="Increase_ButtonClick" />
                <TextBlock Text="Stückzahl erhöhen"
                           HorizontalAlignment="Center" FontSize="14" />
            </StackPanel>
            <StackPanel Orientation="Vertical" Margin="0,14,0,5"
                        HorizontalAlignment="Right">
                <Button Style="{StaticResource AppBarButtonStyle}"
                        Content="&#xE0B8;" Click="Decrease_ButtonClick" />
                <TextBlock Text="Stückzahl verringern"
                           HorizontalAlignment="Center" FontSize="14" />
            </StackPanel>
            <StackPanel Orientation="Vertical" Margin="0,14,0,5"
                        HorizontalAlignment="Right">
                <Button Style="{StaticResource AppBarButtonStyle}"
                        Content="&#xE221;" Click="Remove_ButtonClick" />
                <TextBlock Text="Produkt entfernen"
                           HorizontalAlignment="Center" FontSize="14" />
            </StackPanel>
            <StackPanel Orientation="Vertical" Margin="0,14,0,5"
                        HorizontalAlignment="Right">
                <Button Style="{StaticResource AppBarButtonStyle}"
                        Content="&#xE0E7;" Click="Order_ButtonClick" />
```

```
                <TextBlock Text="Bestellen" HorizontalAlignment="Center"
                           FontSize="14" />
            </StackPanel>
        </StackPanel>
    </AppBar>
</Page.BottomAppBar>
```

Listing 9.13 Die App Bar der Warenkorbseite

Die zugehörigen Ereignishandler implementieren diese Funktionen:

```
private void Increase_ButtonClick(object sender, RoutedEventArgs e)
{
    if (itemListView.SelectedItem is ShoppingItem)
        (itemListView.SelectedItem as ShoppingItem).Units++;
}

private void Decrease_ButtonClick(object sender, RoutedEventArgs e)
{
    if (itemListView.SelectedItem is ShoppingItem)
        if ((itemListView.SelectedItem as ShoppingItem).Units > 1)
            (itemListView.SelectedItem as ShoppingItem).Units--;
}

private void Remove_ButtonClick(object sender, RoutedEventArgs e)
{
    if (itemListView.SelectedItem is ShoppingItem)
    {
        IList<ShoppingItem> items = DefaultViewModel["Items"]
 as IList<ShoppingItem>;
        items.Remove(itemListView.SelectedItem as ShoppingItem);
    }
}

private void Order_ButtonClick(object sender, RoutedEventArgs e)
{
    Frame.Navigate(typeof(OrderConfirmationPage), DefaultViewModel["Items"]);
}
```

Listing 9.14 Die Ereignishandler in ShoppingCartPage.xaml.cs

9.8.3 Änderungen am Datenmodell

Wenn Sie die Anwendung nun starten, dann werden zwar die Änderungen vorgenommen, aber nicht angezeigt. Das liegt daran, dass unser Datenmodell Änderungen nicht an das View-Model weitergibt. Wir müssten also bei jeder Änderung die Liste neu laden. Das ist wenig elegant, besser ist es da schon, wir ändern das Datenmodell, und zwar an zwei Stellen.

```
public class ShoppingCart
{
    private ObservableCollection<ShoppingItem> _shoppingItems =
    new ObservableCollection<ShoppingItem>();

    public ObservableCollection<ShoppingItem> ShoppingItems
    {
        get
        {
            return _shoppingItems;
        }
    }
}
```

Die erste Änderung tauscht `List` gegen `ObservableCollection` aus. Damit erhält das Modell Rückmeldung darüber, wenn sich an der Auflistung selbst etwas geändert hat, was beim Löschen eines Eintrags aus dem Warenkorb der Fall ist.

Die zweite Änderung betrifft die Eigenschaft `Units`, die ja erhöht oder verringert werden kann. Hier lässt sich die Schnittstelle `INotifyPropertyChanged` implementieren.

```
public class ShoppingItem : INotifyPropertyChanged
{
    private int _units;
    public Product OrderProduct { get; set; }
    public int Units
    {
        get
        {
            return _units;
        }
        set
        {
            _units = value;
            if (PropertyChanged != null)
                PropertyChanged(this, new PropertyChangedEventArgs("Units"));
        }
    }

    public event PropertyChangedEventHandler PropertyChanged;
}
```

Durch die Implementierung müssen wir ein Event anlegen und dieses Event bei jeder Änderung einer zu überwachenden Eigenschaft aufrufen, in unserem Fall lässt sich nur die Stückzahl ändern. Damit ist der Warenkorb nun fertig.

Abbildung 9.24 Der fertige Warenkorb mit aktivierter App Bar

9.9 Die Bestellbestätigungsseite

Die letzte Seite ist die Bestellbestätigung, die ich hier nur anreiße, weil sie funktional keine Neuigkeiten mit sich bringt. Dort endet die Bestellung und der Anwender kann zur Einstiegsseite springen und dort weitere Lexikoneinträge auswählen, weswegen die Navigation diesmal im Content und nicht in einer App Bar stattfindet.

```
<StackPanel Grid.Row="1" Orientation="Vertical">
    <TextBlock x:Name="confirmationTextBlock" Margin="120,50,0,0"
               HorizontalAlignment="Left"
               Style="{StaticResource SubheaderTextStyle}"
               Text="Sie haben x Produkte bestellt, im Wert von" />
    <HyperlinkButton Margin="120,50,0,0" Content="Zurück zur Startseite"
                     Click="Button_Click" FontSize="20"
                     Style="{StaticResource TextButtonStyle}" />
</StackPanel>
```

Listing 9.15 OrderConfirmationPage.xaml

Statt beim LoadState Daten zu binden, setzen wir sie diesmal direkt in Code:

```
protected override void LoadState(Object navigationParameter,
  Dictionary<String, Object> pageState)
{
    if (navigationParameter is IList<ShoppingItem>)
    {
        var shoppingList = navigationParameter as IList<ShoppingItem>;
        float value = 0;
        foreach (var item in shoppingList)
            value += item.Units * item.OrderProduct.Price;

        confirmationTextBlock.Text = String.Format("Sie haben {0}
          Produkte bestellt im Wert von {1:c}", shoppingList.Count, value);
    }
}
```

Listing 9.16 OrderConfirmationPage.xaml.cs

Das Ergebnis:

Abbildung 9.25 Die Bestellbestätigungsseite

9.10 Lebenszyklus- und Zustandsmanagement

Bislang haben wir unsere Anwendung so programmiert, als würde sie die ganze Zeit über ausgeführt werden, was nicht der Fall sein muss. Windows 8 verlangt vom Entwickler daher, dass er sich um solche Dinge wie den Lebenszyklus der Anwendung selbst kümmert und den Status der Anwendung speichert und, beim erneuten Ausführen, wieder lädt.

9.10.1 Einführung

Kurz zur Wiederholung:

- Anwendungen im Hintergrund (und im Energiesparmodus) werden angehalten und verbrauchen keine CPU-Zyklen, werden also nicht weiter ausgeführt.
- In geringem Umfang sind dennoch Hintergrundaktivitäten möglich, wenn sie vorher angemeldet werden.
- Angehaltene Anwendungen können vom Betriebssystem jederzeit entladen werden.
- Der Anwender soll von alledem nichts mitbekommen, für ihn soll es so aussehen, als würde die Anwendung ununterbrochen laufen.

Unabhängig davon kann ein Anwender eine Anwendung auch selbst schließen, beispielsweise mit dem schon benutzten [Alt]+[F4]. Dann wird sie aber zuvor angehalten, für 10 Sekunden, damit sie noch Aufräumarbeiten erledigen und Ressourcen freigeben kann. Auch für diese Arbeiten gibt es ein Zeitlimit, und zwar 5 Sekunden. Die 10 Sekunden können Sie auch beobachten, wenn Sie eine Anwendung beenden und zu Visual Studio zurückkehren, das dann für 10 Sekunden immer noch im Debugmodus verweilt, bevor die Anwendung beendet wird.

Die Benachrichtigung erfolgt immer beim Anhalten, aber nicht beim Entladen, das Speichern des Status der Anwendung muss also schon beim Anhalten geschehen.

Das kann alles recht anspruchsvoll werden, sofern Ihre Anwendung aus vielen Seiten und umfangreichen temporären Daten besteht. Einfacher wird die Aufgabe durch die Klasse `SuspensionManager`, eine Hilfsklasse im Ordner *Common*, die Visual Studio beim Anlegen einer Seite vom Typ `LayoutAwarePage` für uns generiert hat.

Es gibt zwei verschiedene Arten von Daten:

- Anwendungsdaten, also Daten, die sitzungsübergreifend vorhanden sind. In unserem Beispiel sind das die Daten des Lexikons und der zu bestellenden Produkte.
- Sitzungsdaten, also Daten, die für jede Sitzung eigens gespeichert werden müssen, der Warenkorb zum Beispiel.

9.10.2 Anwendungsdaten

Um die Anwendungsdaten haben wir uns schon gekümmert und diese in der *App.xaml.cs* geladen und in den `LoadState`-Methoden an die Steuerelemente gebunden. Diese Daten sind wichtig, aber doch wenig kritisch. Verändert ein Anwender diese Daten, werden sie für gewöhnlich sofort gespeichert und stehen beim nächsten Aufruf der Anwendung dann in der neuen Form zur Verfügung. Für die Anwendungsdaten stellt die Klasse aber auch einen Mechanismus zur Verfügung.

```
ApplicationDataContainer localContainer =
  Windows.Storage.ApplicationData.Current.LocalSettings;
localContainer.Values["einSchluessel"] = einWert;
```

Die Daten werden lokal, bei der Anwendung gespeichert. Alternativ steht auch noch eine cloudartige Speichermöglichkeit bereit, so dass die Daten auch dann geladen werden können, wenn Sie beispielsweise mehrere mobile Geräte verwenden, aber mit demselben Benutzer. Windows 8 kümmert sich darum, dass diese Daten im Hintergrund in die Cloud geladen werden.

Sie können die Daten natürlich zu jeder Zeit speichern, nicht nur beim Anhalten einer Anwendung, was in der Praxis auch Sinn macht. Wie schon häufiger zuvor kommt auch hier ein einfacher Schlüssel-/Wert-Speicher zum Einsatz.

9.10.3 Sitzungsdaten – Framenavigation

Zum Speichern und Laden der Sitzungsdaten müssen wir zuerst den `Frame` der Klasse `SuspensionManager` bekanntmachen, in der *App.xaml.cs*:

```
rootFrame = new Frame();
SuspensionManager.RegisterFrame(rootFrame, "fruitFrame");
```

Der zweite Parameter ist ein eindeutiger Schlüssel, der sich frei wählen lässt.

Im selben File ist auch der `OnSuspending`-Handler enthalten.

Ersetzen Sie dort den freundlichen Hinweis

```
//TODO: Anwendungszustand speichern und alle Hintergrundaktivitäten beenden
```

durch

```
await SuspensionManager.SaveAsync();
```

Das Schlüsselwort `await` erfordert, dass die Methode mit `async` markiert wird:

```
private async void OnSuspending(object sender, SuspendingEventArgs e)
```

Durch diesen Aufruf wird die Navigationshistorie gespeichert.

Um das nun auszuprobieren, müssen Sie die Anwendung anhalten, indem Sie in Visual Studio die Symbolleiste DEBUGGINGSPEICHERORT einblenden.

Abbildung 9.26 Die Symbolleiste Debuggingspeicherort

Starten Sie nun die Anwendung und navigieren Sie auf die zweite Seite mit den Lexikoneinträgen. Drücken Sie anschließen den Button ANHALTEN.

WinRT begrüßt Sie nun mit einer Exception, die noch dazu wenig aussagekräftig ist. Es gehört zu den Dingen in WinRT, die eigentlich zu selbstverständlich sind, als dass man jemals ein Problem dahinter vermuten würde: Wollen wir den Mechanismus nutzen, dann sind nur grundlegende Datentypen bei `Navigate` erlaubt.

Zum Glück ist das Umschreiben nicht schwer, wir müssen lediglich die Objekte in Strings konvertieren und, auf der anderen Seite, wieder zurück, beispielsweise mit der folgenden Klasse:

```
using System.IO;
using System.Xml.Serialization;

namespace FruitNavigator.Common
{
    public static class SerializationHelper
    {
        public static T DeserializeFromString<T>(string objectString)
        {
            using (var stringReader = new StringReader(objectString))
            {
                var serializer = new XmlSerializer(typeof(T));
                return (T)serializer.Deserialize(stringReader);
            }
        }

        public static string SerializeToString<T>(T objectData)
        {
            using (var stringWriter = new StringWriter())
            {
                var serializer = new XmlSerializer(typeof(T));
                serializer.Serialize(stringWriter, objectData);
                return stringWriter.ToString();
            }
        }
    }
}
```

Listing 9.17 SerializationHelper.cs

Und die Codeänderungen an den Seiten:

```
private void itemGridView_ItemClick(object sender, ItemClickEventArgs e)
{
    if (e.ClickedItem is Fruit)
    {
```

```
        string data =
          SerializationHelper.SerializeToString<Fruit>(e.ClickedItem as Fruit);
        Frame.Navigate(typeof(FruitPage), data);
    }
}
```

Listing 9.18 FruitNavigatorPage.xaml.cs

Und auf der Gegenseite:

```
if (navigationParameter is string)
{
    Fruit fruit = SerializationHelper.DeserializeFromString<Fruit>
      (navigationParameter as string);
    this.DefaultViewModel["Products"] = fruit.Products;
    this.DefaultViewModel["Group"] = fruit;

    var internetProfile = NetworkInformation.GetInternetConnectionProfile();
    if (internetProfile == null)
    {
        new MessageDialog("Für diese Anwendung wird der Zugriff auf
          das Internet benötigt", "Verbindungsfehler").ShowAsync();
    }
    else
    {
        string url = "http://de.wikipedia.org/wiki/" +fruit.Wiki;
        wikiView.Navigate(new Uri(url));
    }
}
```

Listing 9.19 FruitPage.xaml.cs

Das funktioniert zwar, aber dennoch sollten Sie die Beschränkungen, wenn immer möglich, akzeptieren und nur Basisdatentypen für die Navigation einsetzen, denn auf die beschriebene Art und Weise erzeugen wir Kopien von Daten, die ohnehin schon im Arbeitsspeicher vorhanden sind.

Gespeichert sind die Daten nun, jetzt müssen sie noch geladen werden. Werfen Sie dazu einen Blick in die `OnLaunched`-Methode der *App.xaml.cs*:

```
protected async override void OnLaunched(LaunchActivatedEventArgs args)
{
    Frame rootFrame = Window.Current.Content as Frame;

    if (rootFrame == null)
    {
```

```
        rootFrame = new Frame();
        ...

        if (args.PreviousExecutionState ==
          ApplicationExecutionState.Terminated)
         {
              //TODO: Zustand von zuvor angehaltener Anwendung laden
         }

        Window.Current.Content = rootFrame;
    }

...
    Window.Current.Activate();
}
```

Entscheidend ist der markierte Abschnitt. Er wird nur dann ausgeführt, wenn der Frame jetzt nicht vorhanden ist (die Anwendung ist also nicht geladen), aber von WinRT zuvor beendet wurde. In diesem Fall sollen die Daten wiederhergestellt werden, um dem Anwender das Gefühl zu geben, die Anwendung wäre nie beendet worden.

Starten Sie nun die Anwendung und beenden Sie sie (ANHALTEN UND HERUNTERFAHREN in der Symbolleiste DEBUGGINGSPEICHERORT). Die Anwendung wird dennoch als ausgeführt dargestellt, taucht also im Menü der ausgeführten Anwendungen auf, allerdings ist sie nicht mehr in Visual Studio zu debuggen, weil sie ja physisch entladen wurde.

Abbildung 9.27 Beendet und dennoch in der Liste der ausgeführten Anwendungen enthalten

Wenn Sie die Anwendung nun wieder auswählen (aus dem oben dargestellten Menü), dann wird sie so dargestellt, als wäre sie das erste Mal gestartet worden, sie beginnt also wieder mit der Hauptseite.

Um das zu ändern, müssen wir den zuvor gespeicherten Navigationsverlauf wiederherstellen:

```
if (args.PreviousExecutionState == ApplicationExecutionState.Terminated)
{
    SuspensionManager.RestoreAsync();
}
```

Dabei fallen vier Dinge auf:

- Der Splash Screen wird erneut angezeigt
- Es wird zur richtigen Seite navigiert, und nicht nur das, auch die Navigation zurück auf die Startseite funktioniert.
- Es werden die richtigen Produkte angezeigt, weil die serialisierten Navigationsparameter ebenfalls wiederhergestellt wurden.
- Allerdings: Die zuvor markierten Produkte sind verschwunden!

9.10.4 Sitzungsdaten – Zustand der Seiten

Die verschwundene Markierung verrät es schon: Es ist erst die Hälfte geschafft, denn jede einzelne Seite erhält nun ebenfalls die Gelegenheit, ihren inneren Zustand zu speichern, bevor die Anwendung angehalten und womöglich entladen wird. Das geschieht in der SaveState-Methode der jeweiligen Seite. Dort speichern wir jetzt die markierten Elemente.

```
protected override void SaveState(Dictionary<String, Object> pageState)
{
    if (this.itemListView != null)
    {
        var selectedItems = itemListView.SelectedItems.OfType<Product>()
        .Select(p => p.ProductName).ToArray<string>();
        string selectionString = string.Join("|", selectedItems);
        pageState["selectedFruits"] = selectionString;
    }
}
```

Listing 9.20 In FruitPage.xaml.cs

Für das Speichern und Laden stellen uns die Methoden ein einfaches Dictionary-Objekt zur Verfügung, das, wie könnte es anders sein, string/object-Pärchen enthält.

In einem solchen wird ein `string` gespeichert, der die Namen der ausgewählten Produkte enthält.

Das Laden geschieht auf ähnliche Weise:

```
protected override void LoadState(Object navigationParameter,
Dictionary<String, Object> pageState)
{
...

    if (pageState == null)
    {
        ...
    }
    else
    {
        if (pageState.ContainsKey("selectedFruits") &&
          (this.itemListView != null))
        {
            string selectionString = pageState["selectedFruits"] as string;
            foreach (string s in selectionString.Split('|'))
            {
                itemListView.SelectedItems.Add(itemListView.Items.OfType
                  <Product>().Where(p=>p.ProductName == s).FirstOrDefault());
            }
        }
    }
}
```

Auf diese Weise werden die markierten Elemente, eindeutig Sitzungsdaten, beim (erneuten) Laden der Anwendung wiederhergestellt.

Nicht immer ist auf den ersten Blick klar, was Sitzungsdaten sind und was eher zu den Anwendungsdaten gehört. Wenn die Daten auch einen Neustart des Rechners überleben müssen, dann gehören sie in die Kategorie Anwendungsdaten. Wenn sie bei einem Neustart der Anwendung gefahrlos verloren gehen dürfen, dann sollten Sie sich überlegen, ob Sie diese überhaupt speichern wollen.

9.11 Contracts

Window-8-Anwendungen sollen sich miteinander verstehen. Daher ist die Kommunikationsmöglichkeit fest ins Betriebssystem eingebaut. Realisiert wird das über Contracts (Verträge).

Es gibt verschiedene dieser Contracts, um Anwendungen miteinander zu verbinden. So kann eine Anwendung Daten in einer anderen Anwendung laden, von der Dateiauswahl entgegennehmen, Medieninhalte streamen oder, und das werden wir hier implementieren, an der globalen Suche teilnehmen.

Manche dieser Erweiterungen verbinden die Anwendung mit dem Betriebssystem selbst, wenn Sie die eingebaute Kamera zum Beispiel steuern wollen oder um Aufgaben im Hintergrund auszuführen.

9.11.1 Die Suche

Wo ist der Startbutton? Das haben sich bestimmt viele Anwender gefragt, als sie Windows 8 zum ersten Mal starteten. Die Antwort kennen Sie: Er ist verschwunden bzw. wurde ersetzt durch den Startbildschirm. Eine der interessantesten Eigenschaften dieses Bildschirms ist die zentrale Suche. Starten Sie einmal den Windows 8-Startbildschirm und beginnen Sie einfach loszutippen, sagen wir, Sie tippen »wo« ein. Alternativ können Sie aus dem »Charms«-Menü die Suche auswählen.

Abbildung 9.28 Die Windows 8-Suche

Es wird standardmäßig nach Anwendungen gesucht und, folgerichtig, sowohl Wordpad als auch Word 2013 gefunden. Darunter erscheint allerdings eine Liste von Windows Store Apps, die ebenfalls auf diese Weise durchsucht werden können. Ein Beispiel dafür finden Sie in Abschnitt 9.1.2. Doch wie kommt eine Anwendung in diese Liste? Indem sie den entsprechenden Vertrag implementiert.

9.11.2 Die Suche implementieren

Die Suche ließe sich nun komplett von Hand implementieren, einfacher – weil schneller – ist die eingebaute Vorlage in Visual Studio 2012.

Suchvertrag hinzufügen

Fügen Sie ein neues Element hinzu, und zwar aus der Vorlage SUCHVERTRAG.

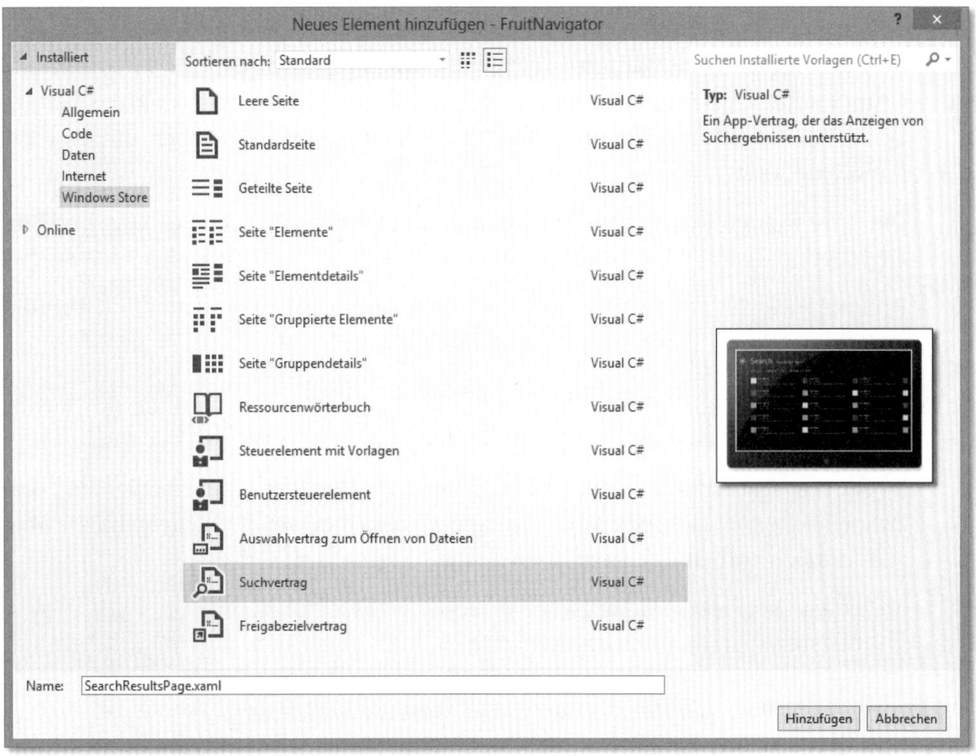

Abbildung 9.29 Die Vorlage für die Suche

Der Name verrät es schon: Es wird eine neue XAML-Datei dem Projekt hinzugefügt, in dem die Suchergebnisse dargestellt werden. Ändern Sie bitte den Text im Header.

Im Hintergrund passiert aber noch mehr, denn die *App.xaml.cs* enthält eine neue Methode `OnSearchActivated`. Es ist das Gegenstück zu `OnLaunched`, nur eben für die

Suche. Die Funktionsweise ist einfach, im Grunde wird lediglich die Suchseite mit der Suchanfrage aufgerufen, nachdem die Anwendung gegebenenfalls zuvor wiederhergestellt wurde. Der eigentliche Code findet sich in der Suchergebnisseite. Alternativ kann eine Suche auch ausgeführt werden, während die Anwendung läuft, dann wird ein `Activated`-Event ausgelöst.

Außerdem enthält der Karteireiter DEKLARATIONEN eine neue Deklaration SUCHEN.

Erstaunlicherweise funktioniert die Suchmechanik bereits. Wenn Sie die Suche ausführen, dann taucht der Kalimba Fruit Navigator in der Liste der zu durchsuchenden Anwendungen auf. Allerdings ohne Suchergebnis, denn wir haben die Logik für die Suche ja noch nicht implementiert.

Filter

Suchergebnisse lassen sich mit Hilfe von Filtern verfeinern. Standardmäßig gibt es nur einen Filter, den »All«-Filter, also alle Suchergebnisse. Filter bieten eine bequeme Möglichkeit, die Suchergebnisse übersichtlicher zu gestalten. Für jede darzustellende Gruppe könnten Sie einen eigenen Filter hinzufügen, für den dann auch das `Filter_SelectionChanged`-Ereignis aufgerufen wird. Wir haben solche Gruppen, und zwar die FruitCategories.

Die Filter werden in der `LoadState`-Methode der Suchergebnisseite erzeugt und hinzugefügt.

Beginnen wir mit einem Dictionary, das die Suchergebnisse pro Filter (= Kategorie) enthält:

```
private Dictionary<string, List<Fruit>> _fruitsFound =
  new Dictionary<string, List<Fruit>>();
```

In der `LoadState`-Methode werden die Filter der Liste aller Filter hinzugefügt, und zwar ein Filter pro Gruppe und ein übergreifender Filter, der die Suchergebnisse über alle Gruppen enthält.

```
protected override void LoadState(Object navigationParameter,
  Dictionary<String, Object> pageState)
{
            var queryText = navigationParameter as String;
            var queryLower = queryText.ToLower();

            var fruitNavigatorData =
              App.Current.Resources["fruitNavigatorData"]
              as FruitNavigatorData;

            //Der Alle-Filter
            var filterList = new List<Filter>();
```

```
filterList.Add(new Filter("Alle", 0, true));
_fruitsFound.Add("Alle", new List<Fruit>());

//Ein Filter für jede Kategorie
foreach (FruitCategory fruitCategory in
  fruitNavigatorData.FruitCategories)
{
    var query = fruitCategory.Fruits.Where(c =>
      c.FruitName.ToLower().Contains(queryLower)).ToList();
    _fruitsFound.Add(fruitCategory.FruitCategoryName, query);
    _fruitsFound["Alle"].AddRange(query);

    filterList.Add(new Filter(fruitCategory.FruitCategoryName,
      query.Count, false));
}

filterList[0].Count = _fruitsFound["Alle"].Count;

// Ergebnisse durch das Anzeigemodell kommunizieren
this.DefaultViewModel["QueryText"] = '\u201c' +
  queryText + '\u201d';
this.DefaultViewModel["Filters"] = filterList;
this.DefaultViewModel["ShowFilters"] = filterList.Count > 1;}
```

Listing 9.21 LoadState in SearchResultsPage.xaml.cs

Die Funktionsweise ist einfacher, als es zunächst aussieht:

- Zunächst wird der Suchstring in Kleinbuchstaben umgewandelt, um die Suchergebnisse unabhängig von Groß-/Kleinschreibung ermitteln zu können.
- Danach wird der Filter »All« hinzugefügt, der alle Suchergebnisse beinhaltet. Er ist auch der aktive Filter, daher der Parameter `true`.
- Im Anschluss wird für jede Kategorie ein weiterer Filter hinzugefügt. Zuerst werden alle Früchte ermittelt, die den Suchstring im Namen tragen (`Containts(queryLower)`). Dieses Suchergebnis wird in dem oben angelegten Dictionary hinzugefügt – ein Suchergebnis pro Kategorie.
- Außerdem werden alle Suchergebnisse dem Filter »Alle« hinzugefügt, denn er soll ja kategorienübergreifende Suchergebnisse enthalten.
- Der Filter selbst wird in `filterList.Add` hinzugefügt, zusammen mit der Anzahl der Suchtreffer, die dann in der Suchergebnisleiste mit angezeigt wird.
- Danach werden noch drei Datenbindungen vorgenommen: Der Suchtext, der im Header der Seite angezeigt wird, die Filter, die für die Gruppierung der Suchtreffer benötigt werden und eine Information darüber, ob es überhaupt Filter gibt.

Nachdem die Methode abgearbeitet wurde, enthält das Dictionary also die Suchtreffer pro Kategorie. Nun hängt es davon ab, welche Kategorie der Anwender in der Benutzeroberfläche auswählt, standardmäßig ist das die Kategorie »All«.

Die Suche ausführen

Wird ein Filter aufgerufen, indem der Benutzer den Filter in der Oberfläche anklickt, wird die `Filter_SelectionChanged`-Methode aufgerufen.

```
void Filter_SelectionChanged(object sender, SelectionChangedEventArgs e)
{
    // Ermitteln, welcher Filter ausgewählt wurde
    var selectedFilter = e.AddedItems.FirstOrDefault() as Filter;
    if (selectedFilter != null)
    {
        selectedFilter.Active = true;

        this.DefaultViewModel["Results"] = _fruitsFound[selectedFilter.Name];


        // Sicherstellen, dass Ergebnisse gefunden werden
        object results;
        ICollection resultsCollection;
        if (this.DefaultViewModel.TryGetValue("Results", out results) &&
            (resultsCollection = results as ICollection) != null &&
            resultsCollection.Count != 0)
        {
            VisualStateManager.GoToState(this, "ResultsFound", true);
            return;
        }
    }

    // Informationstext anzeigen, wenn keine Suchergebnisse vorliegen.
    VisualStateManager.GoToState(this, "NoResultsFound", true);
}
```

Listing 9.22 SelectionChanged in SearchResultsPage.xaml.cs

- Am Anfang steht die Prüfung, welcher Filter ausgewählt wurde, die Variable `selectedFilter` nimmt den aktiven Filter auf.
- Jeder Filter hat einen Namen, den wir ihm in der vorherigen Methode mitgegeben haben. Wir müssen nur noch im Dictionary das passende Suchergebnis heraussuchen und an das View-Model `Results` binden.

- Wurden keine Ergebnisse gefunden, ist die Liste der Suchergebnisse also leer, wird der Status NoResultsFound angesprungen, der das tut, was er verspricht: dem Anwender mitteilen, dass seine Suche ergebnislos war.

Die Suchergebnisseite anpassen

Wie immer gehen die Standardvorlagen von gewissen Annahmen bei der Datenbindung aus, die für unser Datenmodell natürlich nicht zutreffen. Wählen Sie daher in der XAML-Datei den resultsGridView aus und navigieren Sie im Eigenschaftsfenster zur Eigenschaft ItemTemplate. Sie können nun aus dem Kontextmenü (grünes Quadrat daneben) die Option IN LOKALEN WERT KONVERTIEREN auswählen, und schon kopiert Visual Studio das Template in den GridView, sodass wir es an Ort und Stelle verändern können.


```
<GridView
    x:Name="resultsGridView"
...
    <GridView.ItemTemplate>
        <DataTemplate>
            <Grid Margin="6" Width="294">
                <Grid.ColumnDefinitions>
                    <ColumnDefinition Width="Auto"/>
                    <ColumnDefinition Width="*"/>
                </Grid.ColumnDefinitions>
                <StackPanel Grid.Column="1" Margin="10,-10,0,0">
                    <TextBlock Style="{StaticResource BodyTextStyle}"
                               TextWrapping="NoWrap"
                               Text="{Binding FruitName}"/>
                </StackPanel>
            </Grid>
        </DataTemplate>
    </GridView.ItemTemplate>
...
</GridView>
```

Den Lexikoneintrag aufrufen

Damit ist die Suche bereits funktional vollständig, allerdings ist die Suche ja nur Mittel zum Zweck, die Suchergebnisse sollen also mit dem Lexikon verknüpft werden. Das funktioniert so wie auf der Startseite.

Das Ergebnis-Grid feuert schon Click-Events, weil seine Eigenschaft IsItemClickEnabled den Wert true hat. Es braucht also nur noch einen Ereignishandler:

```
ItemClick="Result_ItemClick"
```

Und eine Implementierung dazu, die aber derjenigen der Startseite entspricht, von wo ja auch auf das Lexikon navigiert werden kann:

```
private void Result_ItemClick(object sender, ItemClickEventArgs e)
{
    if (e.ClickedItem is Fruit)
    {
        string data =
          SerializationHelper.SerializeToString<Fruit>(e.ClickedItem as Fruit);
        Frame.Navigate(typeof(FruitPage), data);
    }
}
```

9.11.3 Testen

Wenn Sie die Anwendung nun starten, aber danach auf den Startbildschirm von Windows 8 zurückkehren und die Suche aktivieren, dann erscheint – wie schon erwähnt – unsere Anwendung in der Liste suchfähiger Apps. Geben Sie einmal »Beere« ein. Das Ergebnis sollte so sein, wie in Abbildung 9.30.

Abbildung 9.30 Suchergebnis für Beere

Die vier gefundenen Einträge erscheinen nun in zwei Filtern (Kategorien) und zwar »Alle« und »Beerenobst«. Sie können nun einen Eintrag auswählen und gelangen auf den zugehörigen Lexikoneintrag, können aber auch zurückspringen und ein anderes Suchergebnis auswählen.

Starten Sie nun die Anwendung neu und navigieren Sie auf eine Seite, zum Beispiel den Warenkorb. Rufen Sie dann das Charms-Menü auf, und wählen Sie dort die Suche aus. Die geöffnete Anwendung ist bereits markiert, Sie können direkt drauflostippen. Das Suchergebnis wird wieder angezeigt. Auch hier bleibt die Navigationshistorie intakt, denn Sie können von der Suchergebnisseite auf die zuvor angezeigte Seite, im Beispiel den Warenkorb, zurückspringen.

9.12 Für verschiedene Layouts entwickeln

Damit wäre die Anwendung fast fertig, wenn da nicht die Sache mit den unterschiedlichen Formaten wäre. Nicht umsonst heißt die Basisklasse für unsere Seite `LayoutAwarePage`, sie bringt also alle Mechanismen bereits mit, um mit diesen Formaten umzugehen.

9.12.1 Der Simulator

Bisher haben wir die Anwendung immer auf der lokalen Maschine gestartet und debuggt. Aber Visual Studio 2012 kann noch Weiteres:

- die Anwendung auf einem Remotecomputer starten, beispielsweise auf einem Tabletcomputer
- die Anwendung in einem Simulator laufen lassen

Gerade der Simulator hat seinen Charme, wie ließen sich sonst auch verschiedene Ausrichtungen und Auflösungen testen? Oder eine Bedienung mit den Fingern auf einem Desktoprechner, der keinen Touchscreen aufweist.

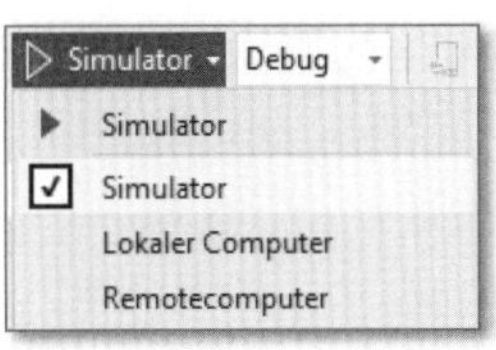

Abbildung 9.31 Auswahl des Simulatormodus

Auswählen können Sie den Simulator im Dropdown-Menü des Startbuttons. Danach öffnet er sich automatisch beim Starten oder Debuggen einer Anwendung.

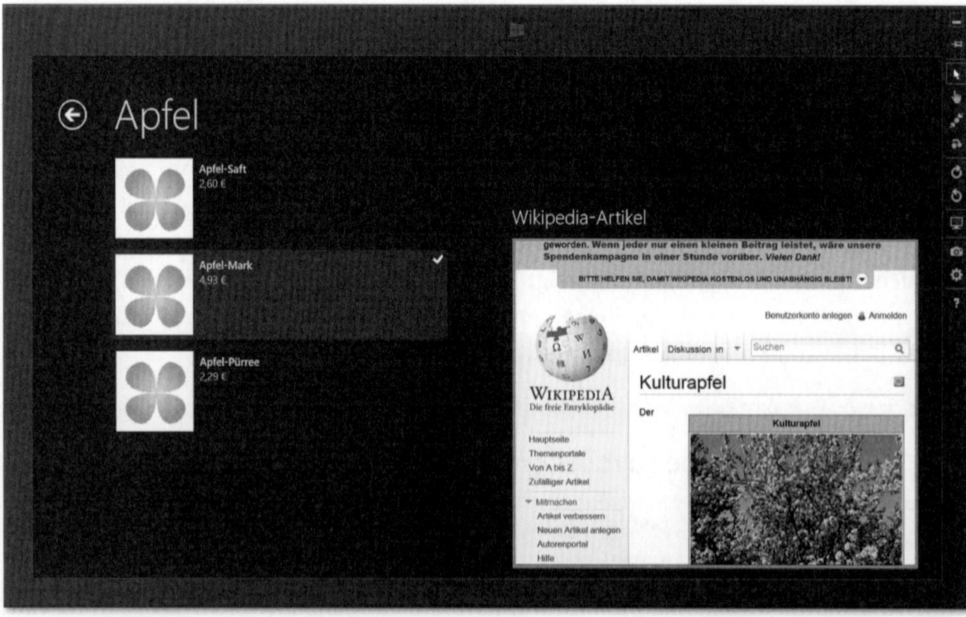

Abbildung 9.32 Der Simulator

Die Knöpfe an der rechten Bildschirmleiste erklären sich eigentlich von selbst, Sie können (von oben nach unten)

- den Mausmodus aktivieren, dann verhält sich die Auswahl so, wie mit der Maus gewohnt;
- den Fingereingabemodus aktivieren, dann simuliert der Mauszeiger ein Tippen mit dem Finger;
- eine Zoomgeste ausführen (sonst mit zwei Fingern üblich);
- eine Geste zum Drehen ausführen, auch das simuliert eine Geste;
- den Bildschirm um 90 Grad drehen, also von Hoch- in Querformat wechseln und umgekehrt, jeweils mit dem oder gegen den Uhrzeigersinn;
- die Auflösung ändern, auf eine Reihe von vordefinierten Werten;
- einen Screenshot aufnehmen;
- die Einstellungen zum Screenshot verändern;
- die Onlinehilfe zum Simulator aufrufen.

Das sind allesamt nützliche Dinge. Außerdem lässt sich der Simulator noch zoomen, wobei die Inhalte mitvergrößert/-verkleinert werden, da die Auflösung im Simulator dabei unverändert bleibt. Praktischerweise lassen sich die Änderungen im laufenden Betrieb vornehmen, also ohne die Anwendung oder den Simulator vorher beenden zu müssen.

9.12.2 Verschiedene Formate

Werfen wir einen Blick auf die verschiedenen Formate, die mit unterschiedlichen Formfaktoren und Ausrichtungen möglich sind.

Auflösung

Da gibt es zunächst, ganz wie bei Desktops, verschiedene Auflösungen. Mit denen kommen Windows Store Apps naturgemäß relativ gut zurecht, einfach weil XAML bereits relativ auflösungsunabhängige Controls mitbringt und vom Grundsatz her schon daraufhin optimiert wurde, weit besser als zum Beispiel WinForms.

Allerdings eignet sich natürlich nicht jedes Control gleich gut dazu, den Platz auch wirklich auszunutzen. Betrachten wir unseren Startbildschirm bei einer Auflösung von 1024×768:

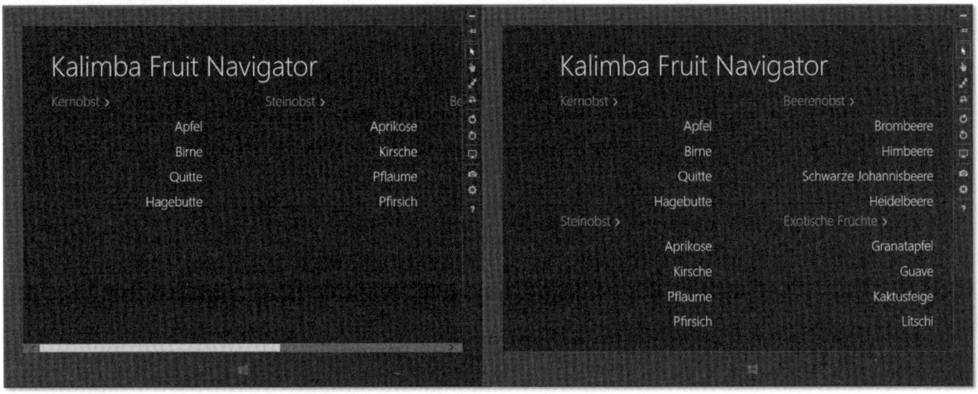

Abbildung 9.33 GridView (links) vs. ListView/WrapGrid (rechts)

Im rechten Beispiel wurde statt des GridViews ein ListView eingesetzt, in das ein WrapGrid eingebunden wurde; der zur Verfügung stehende Platz bei geringen Auflösungen wird damit weit besser ausgenutzt, ein Scrollen sogar überflüssig.

Sie sollten Ihre Anwendungen also grundsätzlich immer auf verschiedenen Auflösungen testen. Diese müssen nicht auf jeder Auflösung gleich gut aussehen, sich aber immer vernünftig bedienen lassen.

Hochformat – Vollbild (FullScreenPortrait)

Das Hochformat bzw. der Portrait-Modus ist eine Besonderheit der mobilen Geräte. In vielen Fällen werden Sie überhaupt keine eigene Ansicht für Hochformat benötigen, aber auch hier sind gegebenenfalls Anpassungen an der Ansicht notwendig. Auch dazu ein Beispiel:

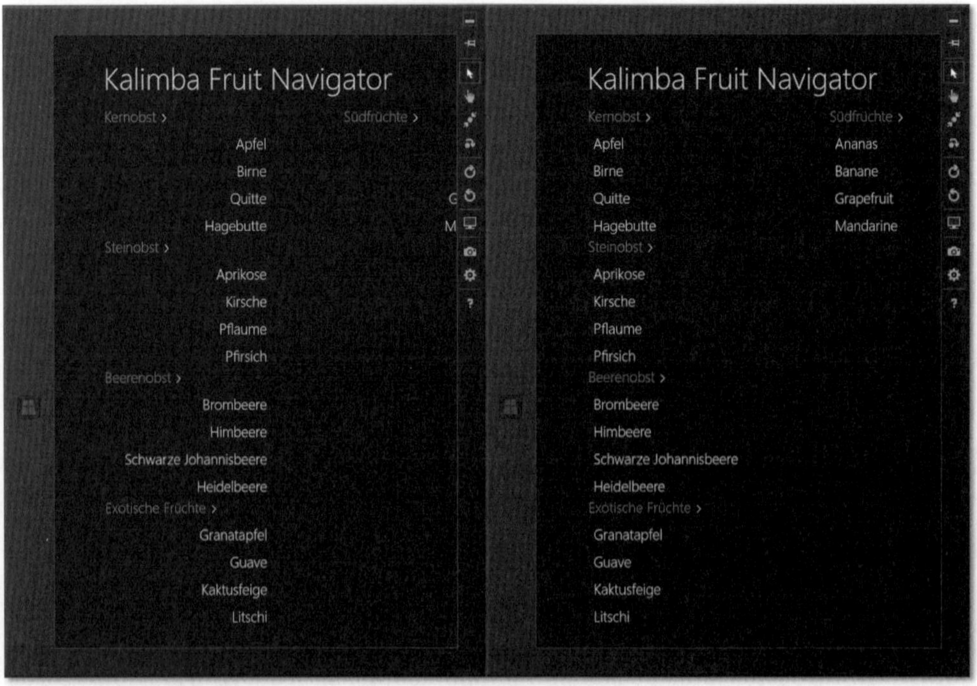

Abbildung 9.34 Ausrichtung rechts vs. Ausrichtung links

Eine einfache Änderung der Textausrichtung bewirkt hier, dass ein Scrollen wiederum unnötig wird und alle Inhalte auch im Hochformatmodus auf den Bildschirm passen.

Bei dieser Ansicht handelt es sich immer um eine Vollbildansicht.

Querformat – Vollbild (FullScreenLandscape)

Über die Vollbilddarstellung müssen wir nicht mehr getrennt sprechen, wir haben bisher automatisch dafür entwickelt, es ist sozusagen die Standardansicht im XAML-Designer.

Ob im Querformat auch noch andere Ansichten möglich sind, entscheidet die Auflösung des Geräts, 1366x768 Pixel sollten es dafür schon sein.

Querformat – Angedockt (Snapped)

In Windows 8 können Anwendungen auch links oder rechts angedockt werden, dann werden diese wesentlich kleiner dargestellt. Dafür gibt es in den Vorlagen jeweils ein zweites Control, üblicherweise einen ListView. Dieser ist genauso an die Daten anzubinden wie das Control für die Vollbildansicht.

Machen wir das wiederum für die Startseite, zunächst in der XAML-Datei:

```
<!-- Liste mit vertikalem Bildlauf (nur in der angedockten Ansicht) -->
<ListView
    x:Name="itemListView"
    IsItemClickEnabled="True"
     ItemClick="itemGridView_ItemClick">
     ...
    ItemsSource="{Binding Source={StaticResource groupedItemsViewSource}}"
    SelectionMode="None"
    IsSwipeEnabled="false">
    <ListView.ItemTemplate>
<DataTemplate>
  <Grid HorizontalAlignment="Left">
    <Grid Width="350">
      <StackPanel Orientation="Horizontal" Margin="10,0,0,0">
        <StackPanel Margin="0,0,0,0" Orientation="Horizontal">
          <TextBlock ... Style="{StaticResource SubtitleTextStyle}"
                         Height="40" Width="300"
                         VerticalAlignment="Center"
                         Text="{Binding FruitName}"
                         HorizontalAlignment="Left" FontFamily="Segoe UI" />
        </StackPanel>
      </StackPanel>
    </Grid>
  </Grid>
</DataTemplate>
</ListView.ItemTemplate>
<ListView.GroupStyle>
  <GroupStyle>
    <GroupStyle.HeaderTemplate>
      <DataTemplate>
        <Grid Margin="7,7,0,0">
          <Button ... Style="{StaticResource TextPrimaryButtonStyle}">
            <StackPanel Orientation="Horizontal">
              <TextBlock Text="{Binding FruitCategoryName}"
              Margin="3,-7,10,10" Style="{StaticResource BlueHeaderStyle}" />
              <TextBlock Text="{StaticResource ChevronGlyph}"
                         FontFamily="Segoe UI Symbol" Margin="0,-7,0,10"
                         Style="{StaticResource GroupHeaderTextStyle}"/>
            </StackPanel>
```

```
            </Button>
          </Grid>
        </DataTemplate>
      </GroupStyle.HeaderTemplate>
    </GroupStyle>
  </ListView.GroupStyle>
</ListView>
```

Listing 9.23 FruitNavigatorPage.xaml

Den Ereignishandler können wir vom ersten Control wiederverwenden. Das genügt bereits, um die Seite für das Andocken vorzubereiten.

Abbildung 9.35 Die angedockte Ansicht

Querformat – Gefüllt (Filled)

Wenn eine andere Anwendung an einer Seite angedockt ist, dann bleibt für die zweite Anwendung weniger Platz übrig, man nennt diese Ansicht dann auch »gefüllt«. Sie sollte keine Probleme bereiten, weil sie der Vollbildansicht schon sehr nahe kommt.

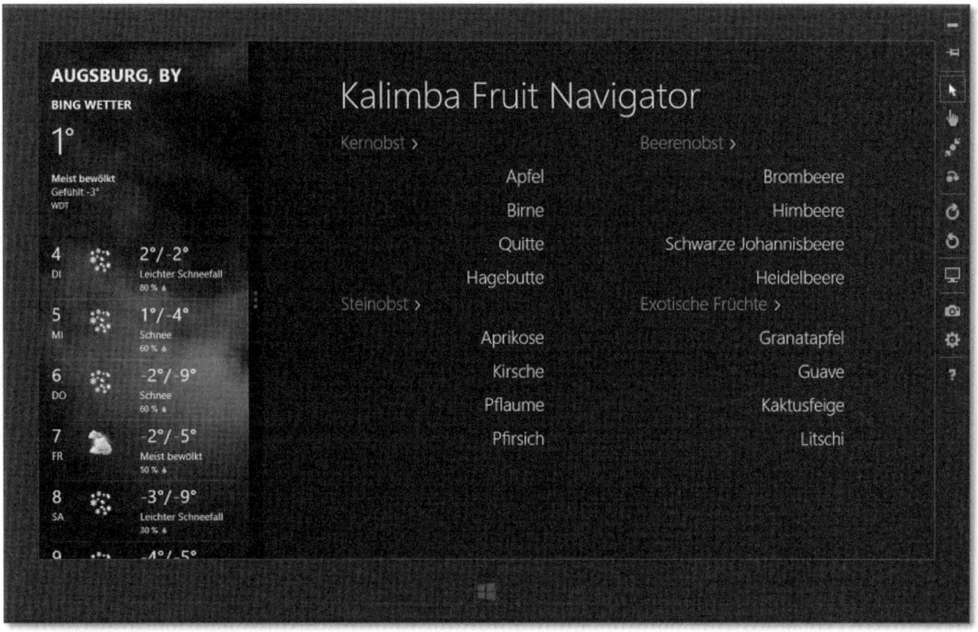

Abbildung 9.36 Die gefüllte Ansicht des Startbildschirms

9.12.3 Funktionsweise

Zuständig für das Umschalten zwischen den Darstellungsmodi ist der `VisualStateManager`. So sehen die XAML-Einträge auf der Startseite aus (ohne Details):

```
<VisualStateManager.VisualStateGroups>
    <VisualStateGroup x:Name="ApplicationViewStates">
        <VisualState x:Name="FullScreenLandscape"/>
        <VisualState x:Name="Filled"/>
        <VisualState x:Name="FullScreenPortrait">
            <Storyboard>
            ...
            </Storyboard>
        </VisualState>
        <VisualState x:Name="Snapped">
            <Storyboard>
            ...
            </Storyboard>
        </VisualState>
    </VisualStateGroup>
</VisualStateManager.VisualStateGroups>
```

Die Einträge beschreiben, was bei einem Darstellungswechsel passieren soll:

- Bei den Modi FullScreenLandscape und Filled gar nichts, die Inhalte sollen so angezeigt werden, wie in der XAML-Datei angegeben.
- Bei der Hochformatdarstellung wird der Zurück-Button verändert und die Seitenränder werden angepasst, ansonsten bleibt die Darstellung unverändert.

```
<VisualState x:Name="FullScreenPortrait">
    <Storyboard>
        <ObjectAnimationUsingKeyFrames Storyboard.TargetName="backButton"
                                       Storyboard.TargetProperty="Style">
            <DiscreteObjectKeyFrame KeyTime="0"
                        Value="{StaticResource PortraitBackButtonStyle}"/>
        </ObjectAnimationUsingKeyFrames>

        <ObjectAnimationUsingKeyFrames
          Storyboard.TargetName="itemGridView"
          Storyboard.TargetProperty="Padding">
            <DiscreteObjectKeyFrame KeyTime="0" Value="96,137,10,56"/>
        </ObjectAnimationUsingKeyFrames>
    </Storyboard>
</VisualState>
```

- Bei der angedockten Ansicht (Filled) wird mehr gemacht, insbesondere wird die obere Grid-Darstellung ausgeblendet (standardmäßig der GridView) und das ListView-Control wird eingeblendet.

Die Änderungen werden animiert dargestellt, dafür ist das Storyboard-Tag zuständig.

9.12.4 Empfehlungen

Zum Schluss noch einige Empfehlungen:

- Sie können nicht alles optimieren, überlegen Sie also vorher genau, in welchen Ansichten und Bildschirmauflösungen Ihre Anwendung optimal funktionieren soll.
- Achten Sie aber darauf, dass die Anwendung auch in den anderen Modi wenigstens bedienbar bleibt.
- Für verschiedene Auflösungen lassen sich skalierte Logos hinterlegen, um die Darstellung zu verbessern. Sie können so ein Logo in einer hohen Auflösung entwerfen und dann auf andere Skalierungsfaktoren herunterrechnen.
- Nutzen Sie die verschiedenen Möglichkeiten für unterschiedliche Funktionalität. In der angedockten Ansicht macht die Anzeige der Wikipedia-Inhalte vermutlich keinen Sinn, was eine Möglichkeit für andere Inhalte auftut.

- Leider ist XAML in Silverlight, WPF und WinRT nicht dasselbe, Sie kommen also nicht umhin, die jeweiligen Stärken und Beschränkungen zu erlernen.
- Überlegen Sie am besten vorher, ob Ihre Anwendung (vielleicht später) auch auf Windows Phone 8 laufen soll.

Damit schließt dieses Kapitel zu Windows 8 und WinRT. Es ist weder so schwer zu erlernen, wie immer wieder behauptet wird, noch so einfach, wie das ebenfalls häufig zu lesen ist. Es ist eine neue Technologie, eine V1 zudem, die ihre ganz eigenen Besonderheiten mitbringt und neben anderen Werkzeugen und einer anderen API eine andere Denkweise vom Entwickler abverlangt. Eines ist jedenfalls unbestritten: Es macht Spaß, vor allem wenn Sie die richtige Hardware dafür besitzen.

Kapitel 10
Softwaretests

Der schlimmste aller Fehler ist, sich keines solchen bewusst zu sein.
(Thomas Carlyle)

Wenn ich nur einen Aspekt der Softwareentwicklung nennen dürfte, der häufig für Probleme oder gar für das Scheitern von Softwareprojekten verantwortlich ist, dann würde ich mich für die Softwaretests entscheiden.

Die Qualität Ihrer Tests bestimmt die Qualität der ausgelieferten Software; nicht alleine natürlich, aber maßgeblich und in letzter Konsequenz. Fehler, die Sie nicht selbst bemerken, werden vielleicht Ihren Kunden auffallen.

Die Liste spektakulärer Fehlschläge durch Softwarefehler ist lang. Besonders plakativ, weil teuer, sind dabei Fehler in Raumfahrtprojekten, so der im Mars Climate Orbiter, der 1999 in der Marsatmosphäre verglühte, und mit ihm die weit mehr als 100 Millionen Dollar, die er kostete. Besonders häufig liegt die Ursache in besonders einfachen Fehlern, wie die Verwendung der falschen Maßeinheit Pound statt Newton, die NASA und Zulieferer damals in Erklärungsnöte gebracht haben dürfte.

Aber glauben Sie mir: Nicht immer möchte man über die Fehler in Softwaresystemen kritischer Systeme genau Bescheid wissen, und so bleibt die Frage: Warum wird diesem Bereich der Softwareentwicklung so häufig nicht die nötige Aufmerksamkeit gewidmet, also Zeit und Geld? Es gibt immer noch Unternehmen, in denen Tests durch einen Mitarbeiter der Fachabteilung erledigt werden, nebenher, unsystematisch und oft viel zu spät.

Die Gründe sind, wie so häufig, vielfältig. Die vielleicht wichtigsten:

- Die Notwendigkeit für gründliche Tests wird nicht gesehen, Tests als lästige Pflichtaufgabe abgestempelt.
- Es ist einfach keine Zeit zum Testen vorhanden, soll heißen: Das Erstellen von Code wird häufig wichtiger eingestuft als das Ausreifen desselben.
- Es fehlt an Tools und, vor allem,
- am nötigen Know-how

In diesem Buch nähern wir uns dem Thema, wie immer, ganz praktisch. Softwaretests dienen der Entwicklung von Software. Ihr Nutzen liegt dort, wo sie die Qualität der Software nennenswert verbessern und die Folgekosten deutlich reduzieren.

Obwohl, den *einen* Test gibt es nicht. Softwaretests sollten den Entwicklungsprozess von Anfang bis Ende begleiten, von den ersten Komponententests bis zur Abnahme beim Kunden. Welcher Mix aus Technik, Organisation und Prozessen für Ihr Projekt der richtige ist, dafür möchte Ihnen dieses Kapitel eine Orientierung geben.

Im ersten Abschnitt gehe ich auf die Grundlagen ein. Softwaretests besitzen ihr eigenes Vokabular, das Sie dort ebenfalls kennenlernen werden. Der zweite Abschnitt widmet sich der Testplanung und der Organisation der Tests. Außerdem werden wir dort über die Tester selbst sprechen.

Neben den Testern ist die Testumgebung die zweite wichtige Komponente. Die richtige Umgebung mit den richtigen Daten ist eine weitere Hauptvoraussetzung und Gegenstand des dritten Abschnittes. Die Verfahren und Werkzeuge, die einem Tester zur Verfügung stehen, finden Sie im vierten Abschnitt. Mit diesem Werkzeugkasten ausgestattet, können die einzelnen Tests nun durchgeführt werden, die im fünften Abschnitt behandelt werden. Zum Abschluss dieses Kapitels sehen wir uns dann noch die gerade erst runderneuerten Unit-Test-Komponenten von Visual Studio 2012 an, da in vielen Unternehmen Unit-Tests gar nicht oder nur sporadisch zur Anwendung kommen.

Besonders freuen würde ich mich, wenn Sie den einen oder anderen Fehler vermeiden könnten, indem Sie die Ratschläge und »Aus der Praxis«-Einschübe beherzigen. Aber das Wichtigste ist und bleibt: Softwaretests sind eine Praxisdisziplin, Fehler können Sie nur finden, indem Sie danach suchen, also indem Sie testen, allen theoretischen Ausführungen zum Trotz.

Für die Organisation, Vorbereitung, Durchführung und Protokollierung von Softwaretests gibt es eine unüberschaubare Fülle an Tools, sowohl Open Source als auch kommerzieller Art. Für die meisten Fälle sollten Sie gut mit sechs Werkzeugen zurechtkommen:

- Sie benötigen eine Software für die Testplanung und zur Protokollierung der Testergebnisse. Die Open-Source-Lösung *TestLink* eignet sich dafür ganz hervorragend, aber auch der Team Foundation Server (TFS) hat über die Jahre in diesem Bereich dazugelernt und präsentiert sich, erst recht in der Version 2012, als integrierte und umfassende Lösung für Entwicklung und Tester.
- Darüber hinaus ist Software für den automatisierten Test nützlich, z. B. *NUnit* oder die in Visual Studio 2012 integrierte Unit-Test-Komponente (siehe Abschnitt 10.6).

- Eng verbunden mit Unit-Tests sind Mocking Frameworks, denn die einzelnen Units können manchmal nur sinnvoll isoliert getestet werden, während die meisten Codeteile stark untereinander vernetzt sind und vielfältige Abhängigkeiten aufweisen. Mocking Frameworks brechen diese Abhängigkeiten auf, indem sie beispielsweise das (weitgehend funktionslose) Gegenstück für eine Datenbankkomponente bilden. *NMock*, *Moq* oder das brandneue *Microsoft Fakes* fallen in diese Kategorie.
- Es wird zudem ein gutes Bugtracking-Tool wie *Mantis* (*www.mantisbt.org*), *Bugzilla* (*www.bugzilla.org*) oder das kommerzielle, aber lohnenswerte *Gemini* (*www.countersoft.com*) benötigt.
- Ein Programm wie das geniale *SnagIt* (*www.techsmith.de*) hilft Ihnen beim Anfertigen von Screenshots.
- Schließlich brauchen Sie noch eine Office-Suite Ihrer Wahl.

10.1 Grundlagen

Zunächst schauen wir uns die Grundlagen des Testens an, also was getestet wird, wann getestet wird, wie getestet wird usw.

10.1.1 Ziele und Aufgaben

Worum geht es bei einem Softwaretest? Vielleicht erscheint Ihnen die Frage unnötig, denn ist es nicht Aufgabe eines Softwaretests, Fehler zu finden? Vergleicht man die einzelnen Definitionen (z.B. nach *ANSI/IEEE Std. 610.12-1990*), so fallen einige Gemeinsamkeiten auf, aber auch einige Unterschiede.

Spezifikation

Einigkeit besteht darin: Ohne Spezifikation kein Softwaretest! Um zu entscheiden, ob eine Software richtig arbeitet, benötigen Sie etwas, gegen das Sie prüfen können, die Spezifikation. Ohne diese Dokumente können die Tester oft selbst in einfachen Fällen nicht entscheiden, ob eine Funktion fehlerfrei umgesetzt wurde.

Aus der Praxis

Auch scheinbar einfache Sachverhalte können bei näherer Betrachtung von verschiedenen Personen unterschiedlich interpretiert werden, wie im folgenden Beispiel, das ich einer Abrechnungssoftware entnommen habe, die wir vor einigen Jahren entwickelt haben.

In der Erfassungsmaske für einen Auftrag konnte ein Rabatt eingegeben werden – und zwar in Prozent des Auftragswertes. Beim Test der Rechnungserstellung (der Faktur) gab es nun die folgenden Interpretationen, da nichts Weiteres festgelegt war:

- Der Tester zählte alle Positionen auf der Rechnung zusammen, zog davon den Rabatt ab und verglich den so entstandenen Betrag mit dem Rechnungsendbetrag.
- Die Geschäftsführung interpretierte den »Auftragswert« so, dass nur alle verkauften Positionen enthalten waren, die Versandkosten also beispielsweise nicht rabattiert werden.
- Das Rechnungswesen berücksichtigte auch die Gutschriften, denn es sollte nur der Betrag gutgeschrieben werden, der zuvor nach Abzug des Rabatts auch auf der Rechnung ausgewiesen war.
- Der Vertrieb ging davon aus, dass für die Provisionsberechnung der nicht rabattierte Wert maßgeblich sei.
- Das Marketing hatte in den Werbemitteln von der Erfassung eines Aktionsrabatts gesprochen und damit alle Interpretationsmöglichkeiten offengelassen.

Es kam, wie es kommen musste: Der Tester nahm die Software so ab, wie er die Funktion verstanden hatte, und erst nach der Inbetriebnahme wurde über die Bedeutung des Rabatts diskutiert. Aufwendige Nachbesserungen waren die unvermeidliche Folge.

Das wichtigste Dokument ist üblicherweise das Pflichtenheft. In einigen Unternehmen gibt es noch weitere Spezifikationen, beispielsweise:

- Usability- und UI-Standards für die Benutzeroberfläche,
- wichtige Performance-Kennzahlen, z. B. die Anzahl der Transaktionen pro Sekunde,
- Datenbank-Standards, z. B. zur Benennung von Datenbankobjekten, und
- Sicherheitsrichtlinien.

Ohne eine gute Spezifikation sollten Sie den Test erst gar nicht beginnen. Schon allein deshalb nicht, weil Sie vermutlich mit allen Beteiligten endlos darüber diskutieren, was ein Fehler und was ein »Feature« ist. Nur gut, dass es auch einen Test für die Spezifikation gibt, den Sie in Abschnitt 10.5.1 kennenlernen werden.

Fehler finden oder die Richtigkeit garantieren?

Hier scheiden sich die Geister: Kann die Richtigkeit einer Funktion durch einen Test garantiert werden? Oder können nur Fehler gesucht und gefunden werden? Die richtige Antwort ist eine Frage der Perspektive. Die Fehlerfreiheit einer Software kann durchaus garantiert werden, jedoch nur unter genau den Bedingungen, unter denen sie getestet wurde. Was bedeutet das in der Praxis?

Aus der Praxis

In einer Software für die Verkaufsplanung von Verlagsprodukten trat folgender Fehler auf: Obwohl alle Anwender über einen Terminal-Server zentral mit der Software arbeiteten, wurden in einigen Fällen alle eingegebenen Werte in einem Grid beim Speichern mit 1.000 multipliziert. Die so falsch gespeicherten Werte mussten im Anschluss alle korrigiert werden, mit der Folge, dass beim nächsten Speichern wiederum alle Werte mal 1.000 genommen wurden. Zu allem Unglück wurde der Fehler erst beim nächsten Öffnen der Maske sichtbar, die Anwender hatten also das Grid für viele Produkte ausgefüllt, bevor sie den Fehler überhaupt bemerkten. Sie können sich sicher vorstellen, dass die Betroffenen wenig glücklich darüber waren.

Als Grund stellte sich letztlich heraus, dass diese Anwender das Tausender-Trennzeichen (Symbol für Zifferngruppierung) in der Windows-Systemsteuerung verstellt hatten.

Nachtrag zur 2. Auflage: Seither achte ich wirklich jedes Jahr erneut darauf, dass dieser Fehler nicht wieder auftritt.

Damit entlarvt sich die obige Aussage als bloße Theorie. Obwohl alle Anwender mit derselben Anwendung arbeiteten und sogar auf demselben Rechner (dem Terminal-Server), erhielten sie unterschiedliche Ergebnisse. Praktisch gesehen können Sie also niemals alle Bedingungen einhalten. Daraus folgt eine wichtige Erkenntnis: *Softwaretests können niemals die Korrektheit einer Software beweisen.*

Ziel

Das Ziel Ihrer Softwaretests sollte sein, durch gute Vorbereitung, eine passende Strategie und die richtigen Mitarbeiter und Werkzeuge eine *möglichst große Testabdeckung* zu erreichen. Freilich unter den Einschränkungen, die Ihnen auch sonst immer wieder begegnen: wenig Budget, knapp bemessene Zeit, und das im Rahmen sich häufig wechselnder Anforderungen und allgemein hoher Komplexität.

Damit steht dieses Ziel im direkten Zusammenhang mit der Qualität der ausgelieferten Software und damit auch mit der Zufriedenheit Ihrer Anwender und mit der Minimierung der Kosten für die spätere Fehlerbehebung.

Nebenziele

Neben dem Hauptziel gibt es noch weitere Ziele, die jedoch nicht weniger wichtig sind:

- Terminplanung: Die Ergebnisse der Softwaretests haben einen direkten Einfluss auf die Auslieferung des Produkts. Die Genauigkeit der Zeitpläne erhöht sich mit jedem durchgeführten Test. Nehmen Sie das zum Anlass, den Terminplan stetig zu verfeinern.
- Reißleine: Tests decken auch gravierende Fehler auf, die ein (teilweises) Redesign der Anwendung erfordern oder bewusst machen, dass etwas vergessen oder falsch verstanden wurde. Es ist allemal besser, dies jetzt zu korrigieren als nach der Produktauslieferung.
- Support: Ein guter Tester liefert bereits jetzt wertvolle Informationen, die dem Support nützlich sein können. Beispielsweise Testdaten, voraussichtliche Probleme der Anwender in der Bedienung oder wichtige Teile der Dokumentation.
- Verkürzung der Entwicklungszeit: Einer der wichtigsten Produktivitätskiller sind häufige Iterationen, denn bei jeder Iteration kommt zur reinen Arbeitszeit noch die Wartezeit dazu. Nicht jeder Mitarbeiter kann eine Aufgabe sofort annehmen. Die Abstimmung und das erneute Einarbeiten in einen Sachverhalt kosten ebenfalls Zeit. Ein gut geplanter und durchgeführter Test reduziert Iterationen auf ein Minimum.

10.1.2 Übersicht und Einteilung der Tests

Wie eingangs schon erwähnt, gibt es viele verschiedene Testarten. Zu viele, um sie in der täglichen Praxis unter vertretbaren Zeit- und Kostengesichtspunkten durchführen zu können. Um eine Auswahl treffen zu können, hilft es, die Tests einzuordnen. Dafür gibt es verschiedene Möglichkeiten.

Einteilung nach Entwicklungsphasen

Diese Einteilung fußt auf der zeitlichen Entwicklung des Softwareprojekts.

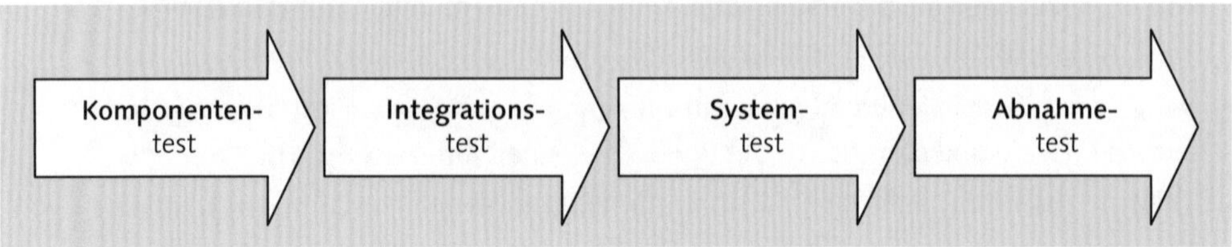

Abbildung 10.1 Einteilung nach Entwicklungsphasen

Test	Beschreibung
Komponententest	Eine Komponente ist die kleinste Testeinheit. Infrage kommen z. B. Klassen, klassische .NET-Komponenten oder Services. Komponententests werden von Entwicklern durchgeführt, oft mithilfe von Unit-Tests (siehe Abschnitt 10.5.2, »Unit-Test«), oder von eigens ausgebildeten Testspezialisten, die aber häufig ebenfalls Entwickler sind.
Integrationstest	Ein Integrationstest testet das Zusammenspiel von zwei oder mehreren Komponenten. Zum Beispiel könnte eine Klasse zur Generierung der nächsten Rechnungsnummer in der Klasse `Rechnung` verwendet werden. Dieser Test ist notwendig, da das Zusammenwirken mehrerer Komponenten oft eigene Probleme schafft. Auch wenn die Klasse `Rechnungsnummer` für sich korrekt arbeitet, können dennoch Fehler entstehen, z. B. wenn bei gleichzeitigen Anfragen dieselbe Nummer vergeben wird. Tests dieser Kategorien können von Entwicklern und Testern ausgeführt werden, manuell oder (teil)automatisiert.
Systemtest	Dieser Test umfasst die gesamte Software, die eventuell konvertierten Daten sowie die Schnittstellen zu angrenzenden Systemen. Grundlage ist die Spezifikation. Der Systemtest wird immer von einem Tester durchgeführt, niemals durch den Entwickler selbst und für gewöhnlich auch nicht von einem anderen Entwickler. Für die Tests ist eine eingerichtete Testumgebung notwendig, die dem System des Kunden möglichst nahekommt, oder aber die Laufzeitumgebung wird genau definiert. Systemtests werden in Abschnitt 10.5.4, »Usability-Test«, behandelt.
Abnahmetest	Der Abnahmetest wird vom Kunden selbst durchgeführt und ist die Grundlage für dessen Abnahme. Ihm kommt also eine weitreichende Bedeutung zu, da nach der Abnahme üblicherweise die Schlussrechnung erstellt wird.

Tabelle 10.1 Beschreibung der Tests nach Entwicklungsphasen

Einteilung nach der Art der Durchführung

Bei der Einteilung nach der Art der Durchführung geht es darum, wie ein Tester bei der Durchführung der Tests vorgeht. Ein *statischer Test* findet am Schreibtisch statt, also ohne dass die Software ausgeführt wird. Wenn Entwickler den Code ihrer Kollegen analysieren, so spricht man von einem *Review*. Das Ergebnis ist eine Bewertung des Codes auf formale und inhaltliche Richtigkeit. Das kommt gerade wieder in Mode, weil Visual Studio 2012 und der TFS hierfür neue Werkzeuge zur Verfügung stellen, ist aber auch sonst eine gute Idee – solange nicht jede Codezeile durch jeden Entwickler begutachtet wird.

Die zweite Gruppe der statischen Tests bilden die *Code-Analysen*, darunter verstehen wir das automatische Analysieren des Codes nach gewissen Gesichtspunkten:

- *Software-Metriken* (Code-Metriken) sind Kennzahlen, die sich aus dem Code ableiten, z. B. dient die Kenngröße *Lines of Code* zur (sehr groben) Einschätzung der Komplexität.
- *Stilistische Analysen* dienen der Quellcode-Formatierung und dem Testen der Einhaltung von Programmierrichtlinien. Ein solches Werkzeug ist in Visual Studio bereits integriert. Ich stelle es Ihnen in Kapitel 5, »Professionell codieren«, vor.
- *Sicherheitsanalysen* erkennen mögliche Schwachstellen einer Anwendung, beispielsweise Puffer-Überläufe (*buffer overflows*).

Dynamische Tests werden an der ausgeführten Software durchgeführt. Sie bilden das Rückgrat aller Tests und entsprechen dem, was die meisten Anwender am ehesten unter dem Begriff Softwaretest verstehen.

Einteilung nach inhaltlichen Gesichtspunkten

Die nächste Einteilung richtet sich nach dem Inhalt des Tests.

Gegenstand	Beschreibung
Funktionen	Die Grundlage für die funktionalen Tests bildet immer die Spezifikation. Das Ziel ist es, herauszufinden, ob die Anforderungen richtig und vollständig umgesetzt wurden.
Schnittstellen	Gegenstand der Schnittstellentests sind sowohl die inneren Schnittstellen, also die Verbindung von Modulen und Subsystemen einer Anwendung untereinander, als auch die Schnittstellen zu Fremdsystemen.
Interoperabilität	Hier wird das Zusammenspiel der Komponenten getestet. In einer ERP-Anwendung wäre dies z. B. das Zusammenwirken der Auftragserfassung, der Rechnungserstellung, des Rechnungsdrucks und der Warenwirtschaft. Weil das Ganze oft mehr als die Summe seiner Teile ist, entstehen hier ganz neue Problemfelder – oder anders ausgedrückt: Auch wenn alle einzelnen Module fehlerfrei funktionieren, muss das noch lange nicht für die gesamte Software gelten.

Tabelle 10.2 Die verschiedenen Gegenstände von Tests

Gegenstand	Beschreibung
Installation	Softwareinstallationen werden oft stiefmütterlich behandelt. Und so nimmt es nicht Wunder, dass erstaunlich viele Anwendungen mit dem Setup ihre liebe Müh' und Not haben. Supportmitarbeiter können ein Lied davon singen, machen Installationsprobleme doch einen nicht unerheblichen Teil ihrer Arbeit aus. Stemmen Sie sich gegen den Trend, und testen Sie auch Ihre Installationsroutine gründlich. Leider sind Installationstests häufig nicht ganz unaufwendig, weil meist viele Kombinationen zu testen sind.
Usability	Anwender verhalten sich gelegentlich anders als von Entwicklern und Softwaredesignern vorhergesehen. Der Usability-Test trägt dem Rechnung, indem er in einer relativ frühen Phase der Entwicklung den Anwender einbezieht. Die Tests sind gewissermaßen ein kontrolliertes Experiment. Oft werden für diese Tests Prototypen eingesetzt.
Verhalten bei Stress oder Last	Diese Tests untersuchen eine Anwendung bei hoher Last, beispielsweise vielen gleichzeitigen Bestellungen und in anderen Ausnahmesituationen.
Datenkonvertierung	Wurden für eine Anwendung bestehende Daten konvertiert, z. B. aus einer Vorgängerversion oder aus einem Fremdsystem, so ist dieser Test unumgänglich. Fehlerhafte Daten lassen sich nach der Einführung der Software oft nur schwer, manchmal überhaupt nicht mehr korrigieren.
Performance	Hier soll die Lauffähigkeit einer Software an oder nahe an den Mindestanforderungen getestet werden. Wenn Sie für Ihre Anwendung feste Performance-Größen vorgeben, dann erfolgt der Test gegen diese Spezifikation.
Sicherheit	In diesem Test werden Sicherheitslücken ausfindig gemacht. In den meisten Fällen beschränkt sich der Test auf die Funktionsfähigkeit der Benutzer- und Rechteverwaltung. Webanwendungen oder andere hochverfügbare und vernetzte Systeme erfordern weitere Maßnahmen, z. B. Penetrationstests.

Tabelle 10.2 Die verschiedenen Gegenstände von Tests (Forts.)

Gegenstand	Beschreibung
Dokumentation	In vielen Projekten rangiert die Dokumentation auf dem letzten Platz der Prioritätenliste. Sie ist eine lästige Pflichtübung, die aus der Wertschöpfungskette herausgefallen ist. Entschließen Sie sich dennoch für einen solchen Test, so danken es Ihnen die Anwender, denn diese schätzen Verständlichkeit, Übersichtlichkeit, Fehlerfreiheit und Vollständigkeit einer Dokumentation.

Tabelle 10.2 Die verschiedenen Gegenstände von Tests (Forts.)

So viel zur Einteilung. Die Begriffe werden nicht immer einheitlich verwendet, und nicht immer verstehen verschiedene Tester unter einem Begriff wirklich denselben Test. Unter Abschnitt 10.4.10, »Continuous Delivery«, finden Sie für die wichtigsten Tests Steckbriefe, die Sie zur Klarstellung in Ihrem Unternehmen verwenden können.

10.1.3 Vom richtigen Zeitpunkt

In der Softwareentwicklung begegnet Ihnen immer wieder das in Abbildung 10.2 dargestellte *Wasserfallmodell*.

Dieses Modell gibt es in vielen unterschiedlichen Varianten, einige davon verwenden etwas andere Begriffe, andere wiederum unterscheiden sich in der Anzahl der Phasen. Aber das ist hier nicht von Belang. Wichtig hingegen sind zwei Dinge:

1. Das Wasserfallmodell ist eine idealtypische Darstellung eines Prozesses, der in der Realität niemals so abläuft.
2. Es wird dennoch in den meisten Projekten angewendet.

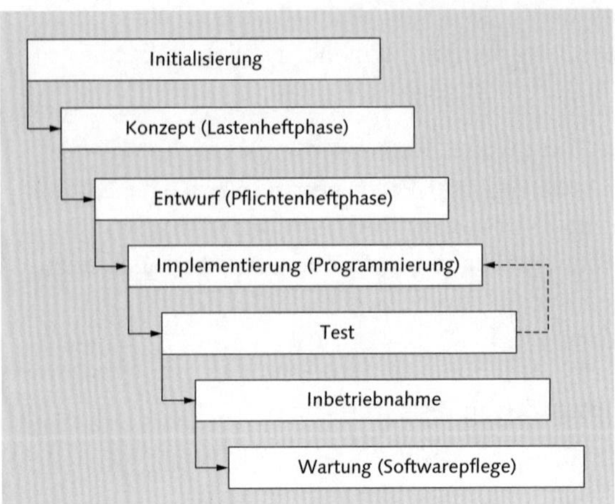

Abbildung 10.2 Wasserfallmodell

Die Unzulänglichkeiten des Modells waren schon den Erfindern klar, als sie es vor einigen Jahrzehnten entworfen haben. Softwareprojekte sind dynamische Prozesse, die sich nur schlecht in starre Phasen packen lassen.

Dass es dennoch so häufig eingesetzt wird, ist erstaunlich und liegt wohl daran, dass es auf die Verantwortlichen im Unternehmen einen so großen Reiz ausübt. Es hat Charme, denn wir sind es nun einmal gewöhnt, eine Aufgabe in kleinere Einheiten zu zerteilen, die dann bepreist, kontrolliert, dokumentiert und terminiert werden können. Wenn eine Aufgabe fertig ist, dann erst beginnt die nächste. Geschäftsführer und andere leitende Angestellte bestehen daher (zu) häufig auf einem Phasenmodell, und die Softwaretests müssen sich dem beugen.

Die Kunst besteht nun darin, die agile Natur der Softwareentwicklung mit den statischen Eigenschaften eines Phasenmodells zu verschmelzen. Dieser Kompromiss kann für jedes Unternehmen und sogar für jedes Projekt anders aussehen. Vielleicht hilft es Ihnen, wenn Sie die Extreme kennen:

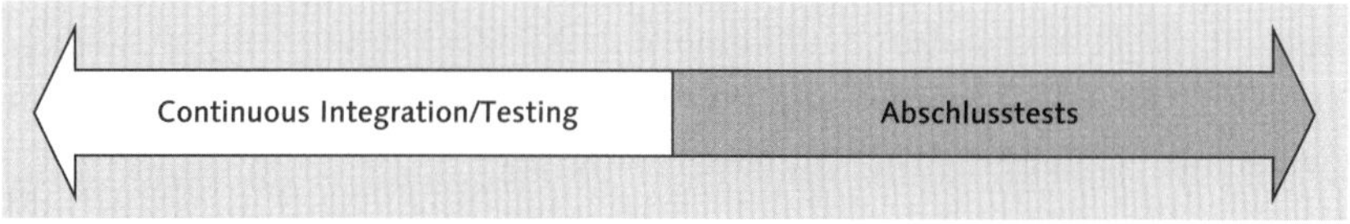

Abbildung 10.3 Zeitpunkt und Häufigkeit von Tests

Continuous Integration bedeutet, dass ein Entwickler seinen Code möglichst frühzeitig und in kleinen Einheiten in die Versionsverwaltung eincheckt. Im Anschluss daran wird das gesamte System erstellt und, meist automatisch, getestet. Wenn Sie *Extreme Programming* betreiben, dann wird Ihnen dieses Konzept vermutlich geläufig sein. Bei dieser Art des Testens müssen auch die manuellen Tests frühzeitig stattfinden, idealerweise ab dem ersten verwertbaren Modul. Auch das lässt sich noch weiter auf die Spitze treiben. Mit *Continuous Delivery* (manchmal auch *Continuous Deployment* genannt) bezeichnet man einen meist vollautomatisierten Prozess, der vom Einchecken einer Codeänderung über deren Tests bis hin zum Deployment reicht. Ziel ist es, nach jeder Codeänderung eine auslieferbare Software in Händen zu halten. Ein Idealfall, dem man aber, entsprechenden Aufwand vorausgesetzt, recht nahekommen kann.

Dem gegenüber steht das andere Extrem, die reinen Abschlusstests, also das Testen erst ganz am Ende des Entwicklungszyklus, nach der Freigabe des Codes durch die Entwickler.

Diese beiden Extreme sind aber nicht nötig, denn jeder Test hat seine eigene Zeit, in der Beschreibung der Testarten finden Sie dazu die nötigen Angaben. Einen Usability-Test sollten Sie möglichst früh durchführen, Komponententests zwischendurch, und der Abschlusstest schließt ein Projekt, wie der Name schon sagt, ab.

Eine weitere Einteilung ist die Verzahnung der Tests mit der Entwicklung, also inwieweit für die Entwicklung einer Software bereits Tests benötigt werden. Die beiden Vertreter sehen Sie in Abbildung 10.4.

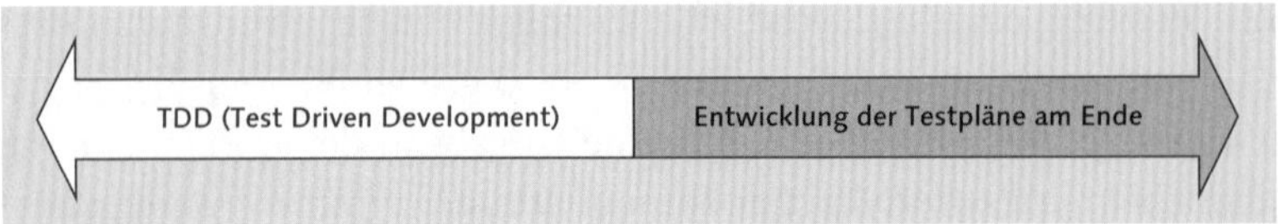

Abbildung 10.4 Ausrichtung der Entwicklung auf den Test

Von *Test Driven Development* (*TDD*) spricht man, wenn die Softwaretests vor der eigentlichen Komponente entwickelt werden. Eine Komponente wird dann unter der Maßgabe erstellt, dass sie die Tests bestehen muss. TDD kann sowohl auf Ebene der Komponententests eingesetzt werden (der Entwickler erstellt also zuerst einen automatisierten Test der Komponente) als auch auf Ebene der Systemtests. In diesem Fall werden für eine Komponente zuerst die Testcases spezifiziert. TDD hat seine Stärken in der Praxis, verlangt aber naturgemäß eine starke Fokussierung auf Tests, einige Kapazitäten (weil praktisch immer ein Test zum eigentlichen funktionalen Code benötigt wird) und eine eiserne Disziplin der Entwickler.

Am anderen Ende der Skala steht die Entwicklung der Testpläne kurz vor dem Test. Auch dieses Verfahren hat seine Vorteile: Neben einem geringeren Aufwand werden keine Testpläne erstellt, die auf Funktionalitäten basieren, die im Laufe des Prozesses verändert werden.

Wenn Sie eher zu den agilen Methoden der Softwareentwicklung tendieren, dann werden Sie sich in beiden Fällen eher links einordnen, wenn Sie sich eher den klassischen Methoden verbunden fühlen, dann weiter rechts.

Ihre konkrete Teststrategie sollten Sie in einen *Testkalender* eintragen. Denken Sie daran: Tests müssen rechtzeitig organisiert und vorbereitet werden. Sie sollten diesen Testkalender also in einer frühen Phase erstellen und besprechen, gleich wie Sie vorgehen wollen. Nicht für alle Tests ist es sinnvoll, gleich feste Termine zu vergeben. Nur selten richtet sich ein Projektverlauf exakt nach einem festen Plan, erst recht, wenn dieser Plan sehr früh im Projektverlauf erstellt wurde. Ein bis zwei Monate vor Testbeginn sollten die Termine dann aber schon fixiert werden.

Testen ist immer mit dem Eingehen von Kompromissen verbunden. Natürlich wäre es wünschenswert, Usability-Tests während der gesamten Projektlaufzeit durchzuführen oder Performance-Tests bereits von Beginn an einzubinden. Wenn Ihnen dafür die Zeit fehlt: Besser sind wenige Tests, die gründlich vorbereitet und durchgeführt werden, als viele Tests, denen es an Sorgfalt mangelt. Für die Erstellung Ihres Testkalenders können Sie sich an der in Abbildung 10.5 dargestellten Aufstellung orientieren.

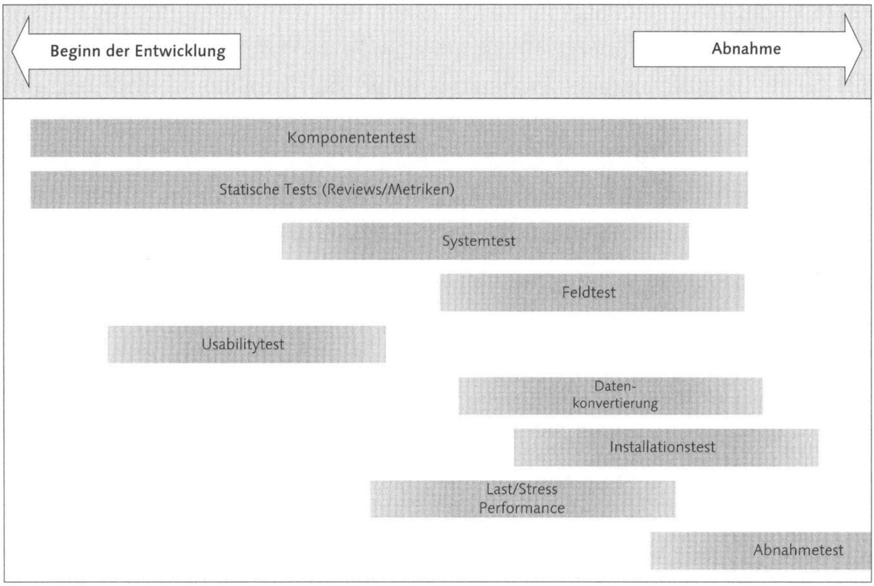

Abbildung 10.5 Tests im zeitlichen Projektverlauf

10.1.4 Der Tester und sein Team

Inzwischen ist Ihnen bestimmt klar geworden: Das Testen von Software ist eine anspruchsvolle Aufgabe. Sie erfordert die richtige Einstellung dazu, gewisse persönliche Eigenschaften und eine gute Ausbildung.

Tester erfahren bisweilen wenig Beachtung für ihr Werk. Wenn ein Projekt erfolgreich ist, dann fällt dieser Erfolg auf die Entwicklung und das Produktmanagement zurück. Wenn eine Software viele Fehler enthält, dann sind die Tester dafür verantwortlich, sie haben die Software schließlich freigegeben. Das klingt unfair und ist es auch. Sie können dem entgegenwirken, indem Sie die Tester zum festen Bestandteil des Entwicklungsteams machen.

Ein wenig Psychologie

Machen wir uns nichts vor: Niemand möchte gerne für seine Fehler kritisiert werden. Entwickler auch nicht, erst recht nicht, wenn sie an einem komplexen Projekt Monate oder gar Jahre gearbeitet haben. Da kann der Grat zwischen beruflicher Professionalität und persönlichem Stolz schnell auf Papierkantenbreite schrumpfen.

Hinzu kommt, dass die meisten Entwickler, jedenfalls die, die ich kenne, nach Abschluss der Programmierarbeiten gerne an einem anderen Projekt arbeiten möchten. Fertigstellen, Nacharbeiten, Optimieren und die einhundertste Änderung am Rechnungsbeleg sind nicht ihr Ding. Tester sollten bedenken, dass Entwickler mit ihrer eigenen Software schließlich auch nicht täglich arbeiten müssen.

Schlechte Voraussetzungen also für einen Tester, der sich vorwiegend mit Fehlern beim Entwickler meldet. Andererseits ist auch die Position des Testers verständlich. Er weiß nichts über die elegante Umsetzung einer Funktionalität im Code und wie viele Stunden es den Entwickler gekostet haben mag, die Performance so hinzubekommen, wie sie ist. Er ist für die Qualität verantwortlich, denkt im Sinne des Kunden und kann erst dann zufrieden sein, wenn sie keine offenkundigen Fehler mehr enthält und auch ansonsten den Eindruck von Reife vermittelt.

Der Produktmanager ist in der Mitte und sollte beide Seiten verstehen. Seine Aufgabe ist es zu vermitteln und dafür Sorge zu tragen, dass beide Parteien im Gespräch miteinander bleiben.

Aus der Praxis

So arbeiten Entwickler, Produktmanager und Tester gut zusammen:

- Vor Beginn jedes (erstmaligen) Tests ist es notwendig, dass Entwickler, Produktmanager und Tester über die Ziele, das Vorgehen, den Zeitrahmen und die Umsetzung sprechen. Ein solches Kick-off-Meeting dauert selten länger als eine Stunde und ist gut investierte Zeit.
- Gerade wenn der Status eines »Fehlers« noch nicht geklärt wurde, sollten die Beteiligten lieber von einem »Issue« sprechen. Das ist neutral und verleitet nicht gleich zu einem Widerspruch, wie er in Abschnitt 10.1.6, »Kleine Fehlerkunde«, beschrieben wird.
- Entwickler lassen sich ungern bei ihrer Arbeit unterbrechen. Als Tester sollten Sie Ihre Fragen sammeln und lieber am Stück mit dem Entwickler besprechen.
- Tester reagieren empfindlich, wenn Sie als Entwickler versuchen, jeden Fehler als den Fehler anderer zu verkaufen (oder gar als Feature). Fehler stehen Ihnen zu. Wenn Sie die Rollen tauschen würden, so sähe das Ergebnis nicht anders aus. Stehen Sie dazu.
- Nur wer die Arbeit des anderen kennt, kann sie auch wirklich würdigen. Lassen Sie sich als Entwickler erläutern, wie ein Tester bei seinem Test vorgeht, und fragen Sie als Tester gelegentlich nach, wie der Entwickler eine Funktion implementiert hat.
- Laden Sie auch die Tester zu Ihrer Projektabschlussfeier ein!

Persönliche Eigenschaften

Die mit Abstand wichtigste Eigenschaft ist die innere *Einstellung* des Testers. Ich habe immer wieder erlebt, dass Tester die Richtigkeit einer Funktion nachweisen möchten. Sie nehmen die Spezifikation zur Hand und versuchen, den dort beschriebenen Ablauf erfolgreich umzusetzen (*test-to-pass*). Eine *viel* bessere Strategie ist es,

Fehler zu erwarten und nach ihnen zu suchen (*test-to-fail*). Natürlich ist es gut, wenn eine Funktion wie erwartet arbeitet; aber tut sie dies auch in den Händen der Anwender, die vielleicht auf ganz andere Art mit der Software arbeiten, mit fehlerhaften Daten und in einer anderen als der vielleicht getesteten Reihenfolge? Nicht alle Testfälle werden in der Praxis haarklein in den Testfällen beschrieben sein, und das ist auch gut so. Die innere Einstellung verhindert dann eine allzu strenge Testfallgläubigkeit und fördert mehr Fehler zu Tage, als das sture Abarbeiten der Testfälle. *Exploratives Testen* ist ein Begriff, der häufig dafür verwendet wird.

Ein guter Tester geht überdies *sorgfältig*, *kompetent* und *systematisch* zu Werke und verfügt über die richtige Dosis *Ausdauer*. Diese Eigenschaften bedürfen eigentlich keiner weiteren Erläuterung, erwähnen möchte ich allerdings noch, dass diese Eigenschaften nicht nur für die Testdurchführung hilfreich sind, sondern auch für die Dokumentation der Testergebnisse.

Über die fachlichen Anforderungen (der zu testenden Software) habe ich bereits gesprochen. So gut die Spezifikation auch sein mag: Ohne ein gründliches fachliches Wissen über Sinn und Zweck der Anwendung, der Begrifflichkeiten, Abläufe und Bedeutung der Daten (das sogenannte *Domänenwissen*) bleibt der Test an der Oberfläche. Gründlich bedeutet hier nicht perfekt, denn gerade die Anwender, die am besten mit der Software arbeiten könnten, eignen sich wiederum nicht für den Test, da ihnen das Test-Know-how fehlt.

Besonders hilfreich ist ein technisches Grundverständnis, einerseits in der Diskussion mit den Entwicklern, andererseits in der fachgerechten Dokumentation der Testergebnisse. Zudem kann ein Tester so besser auf grundsätzliche Probleme hinweisen, die vielleicht an anderer Stelle ebenfalls auftreten, ohne denselben Vorgang immer wieder erneut testen zu müssen – weil er dann das zugrundeliegende technische Problem versteht.

Aus der Praxis

In einer Software zur Auswertung des Werbeerfolges waren zwei Tester mit den Tests der Reports beschäftigt. In einigen Berichten trat ein Fehler auf: Nach einer gewissen Wartezeit erschien die Meldung »Dieser Bericht enthält keine Daten«.

Tester A vermutete das Problem in den Selektionseingaben und probierte systematisch alle möglichen Eingaben durch, bei der Vielzahl der Optionen eine wahre Fleißaufgabe. Da er hier zu keinem Ergebnis kam, prüfte er die zugrundeliegenden Daten und wies nach, dass die Berichte eigentlich Daten enthalten müssten. Er fertigte ein ausführliches Protokoll mit allen möglichen Selektionsmöglichkeiten und dem eigentlich richtigen Ergebnis an.

Tester B hatte mehr technisches Verständnis und erkannte, dass die Wartezeit immer 120 Sekunden betrug. Ihm war sofort klar, dass er auf ein Timeout-Problem gestoßen war und ging daraufhin zu den Entwicklern. Diese erkannten das Problem in einem defekten Index, den sie daraufhin neu erstellten. Der zweite Vorgang dauerte kaum mehr als eine halbe Stunde.

Über den richtigen Ton habe ich bereits geschrieben. Ein Tester erkennt Probleme als gemeinsame Aufgabe an und vermeidet es, gefundene Fehler einzelnen Entwicklern zuzuordnen.

Qualifikation

Aus der Vielzahl der möglichen Qualifikationsmaßnahmen rund um den Softwaretest möchte ich gerne auf die Weiterbildung zum *ISTQB Certified Tester* hinweisen. Das International Software Testing Qualifications Board (ISTQB) (*www.istqb.org*) wurde 2002 in Edinburgh gegründet und hat es sich zur Aufgabe gemacht, eine standardisierte Ausbildung zum Softwaretester zu entwickeln. Unterstützt wird das Board dabei von den Organisationen im jeweiligen Land, in Deutschland etwa vom *German Testing Board* (*www.german-testing-board.info*). Auf dessen Seiten erfahren Sie alles Wichtige zum Ablauf der Ausbildung, zu den Zertifikaten und Schulungsunternehmen, dort Trainingsprovider genannt.

Softwareentwickler als Tester

Den Löwenanteil der Tests machen die funktionalen Tests aus, jedenfalls zeitlich gesehen. Diese Tests können von den Softwareentwicklern nicht sinnvoll durchgeführt werden, weder vom Entwickler, der die Funktion programmiert hat, noch von einem Kollegen. Hier die wichtigsten Gründe:

- Entwickler arbeiten häufig auf eine bestimmte Art und Weise mit Programmen, die sich meist von der der Anwender unterscheidet.
- Testet ein Entwickler seine eigene Software, so übergeht er mögliche Probleme meist intuitiv, indem er die Bedienweise wählt, die am wenigsten Probleme verursacht.
- Wer lange an einer Software gearbeitet hat, möchte nicht gerne Fehler finden, deren Behebung abermals Zeit in Anspruch nimmt. Entwickler wollen gerne nachweisen, dass eine Funktion so arbeitet, wie sie soll. Wie wir gesehen haben, ist das keine gute Einstellung für einen Softwaretester.
- Viele Entwickler haben für einen sorgfältig vorbereiteten und durchgeführten Softwaretest nicht die erforderliche Zeit, weil Entwickler-Ressourcen oft (besonders) knapp sind.

- Ein Entwickler möchte Fehler, die er findet, gerne sofort beheben. Das führt letztlich dazu, dass der Test immer wieder unterbrochen wird, und nicht immer wird den Korrekturen das notwendige Maß an Sorgfalt zuteil.
- Ein Anwender setzt die Prioritäten anders und stuft einen gefundenen Fehler wahrscheinlich höher ein. Was für einen Anwender keineswegs hinnehmbar ist, mag sich für einen Programmierer als kleiner Bug darstellen, der durch einen »Workaround« leicht zu beheben ist.

Das heißt nun aber nicht, dass Entwickler an den Softwaretests unbeteiligt wären. Die wichtigste Aufgabe eines Entwicklers in diesem Zusammenhang ist es, einer Software die nötige Testreife zu attestieren. Dazu muss er sehr wohl jede Funktion testen, aber nicht im Sinne eines funktionalen Tests, also mit einer möglichst großen Testabdeckung. Dazu aber später noch mehr. Daneben führen Entwickler die Unit- und Komponententests durch, mit denen wir uns in Abschnitt 10.5.2, »Unit-Test«, noch beschäftigen werden.

10.1.5 Der Testablauf

Da die einzelnen Tests sich deutlich voneinander unterscheiden, ist ein einheitlicher Testablauf nicht möglich; daher muss ich an dieser Stelle noch etwas allgemeiner bleiben. Den konkreten Ablauf für einen Test finden Sie in der Beschreibung des jeweiligen Tests.

Testen ist ein bewusster Prozess

Das Wichtigste vorab: Ein Softwaretest ist ein bewusster Prozess, der geplant, vorbereitet, durchgeführt und nachbereitet wird. Er folgt bestimmten Regeln und bedarf gut ausgebildeter und motivierter Mitarbeiter. Alles andere wäre ein Glücksspiel.

Ein Softwaretest erledigt sich weder nebenher, noch ist er ein singulärer Akt am Ende der Entwicklung. Softwaretests begleiten die Entwicklung, von der Entwicklung der ersten Klasse bis zur Abnahme beim Kunden. In den meisten Projekten, jedenfalls in den erfolgreichen Projekten, liegt der Anteil der Tests am Gesamtaufwand bei 20 % bis 40 %, je nach Komplexität und Umfang des Projekts. Wenn Sie diesen Aufwand rechtzeitig einplanen – und in Ihren Angebotspreis mit einberechnen –, dann ist der erste, vielleicht wichtigste Schritt bereits getan.

Organisieren

Bevor ein Test beginnen kann, sollten Sie die folgenden Dinge mit den Beteiligten klären:

- Welche Mitarbeiter werden für den Test benötigt?
- Welche Vorgesetzten müssen in den Prozess mit einbezogen werden?

- Wann soll der Test beginnen?
- Wie lange wird der Test dauern, welche Ressourcen wird er während welcher Zeit binden?
- Wann sollen die Testergebnisse vorliegen?
- Welches sind die Ziele, und welche Erwartungen werden an den Test geknüpft?
- Stehen die Entwickler für Rückfragen während des Tests zur Verfügung, und haben sie hierfür ausreichend Ressourcen?
- Welche Module sollen getestet werden?
- Benötigen die Tester eine eingerichtete Testumgebung? Wenn ja: Wie soll diese aussehen, und wer wird sie einrichten?
- Sind Schulungsmaßnahmen erforderlich? Wenn ja: Welche, und wie werden diese organisiert?

Einige dieser Punkte werden in der Praxis gerne und häufig vergessen. Bitte denken Sie daran: Ein Test ist ein Prozess, der in die restliche Entwicklung eingegliedert werden muss. Die Tester müssen zur Verfügung stehen, ausreichend Zeit mitbringen und die Aufgabe auch qualitativ bewältigen können. Je konzentrierter und je besser vorbereitet ein Test durchgeführt wird, desto besser sind in der Regel die Ergebnisse.

Testplanung

Der Testplanung ist Abschnitt 10.2, »Testplanung und -organisation«, gewidmet. Daher soll an dieser Stelle der Hinweis genügen, dass die Tests frühzeitig geplant werden sollten. Zum einen, weil erst durch die Planung der Zeitbedarf deutlich wird, zum anderen, weil die Planung selbst Zeit in Anspruch nimmt.

Aber nicht nur die Testfälle sind wichtig, mindestens genauso wichtig ist die Priorisierung der Testfälle. Stellen Sie sicher, dass die wichtigsten Testfälle zuerst bearbeitet werden. Weniger wichtige Testfälle können bei Zeitnot (Ich weiß: Diese Annahme ist rein hypothetisch!) dann auch einmal ausfallen.

Testfreigabe

In jedem Fall sollten Sie vor dem Beginn eines Tests eine Testfreigabe erteilen, bzw. als Tester diese einfordern. Ich empfehle Ihnen dringend, diese Freigabe schriftlich zu fixieren. Für Komponententests oder für einfache Integrationstests sind diese Freigaben zwar entbehrlich, aber immer, wenn Dritte Zeit für einen Test reservieren – und der Test nicht nur wenige Stunden Zeit in Anspruch nimmt – ist die Testfreigabe absolut notwendig.

Eine Testfreigabe attestiert der zu testenden Software »Testreife«. Darunter versteht man, dass die Software frei von offensichtlichen Mängeln ist und die Funktionalität in der Spezifikation abdeckt. Meiner eigenen Erfahrung nach scheitern etwa 15–25 % (!) aller Tests aufgrund einfacher Mängel. Nur einige Beispiele:

- Masken verursachen eine Fehlermeldung bereits beim Versuch, sie zu öffnen.
- Das Speichern in einem Dialog bricht mit einer Null-Pointer-Exception ab.
- Ein Kunde lässt sich zwar im System anlegen, aber entgegen der Spezifikation nicht editieren.
- Eine Maske lässt sich nicht öffnen, weil wichtige Stammdateneinträge in einer Tabelle fehlen.
- Texte auf Belegen sind verschoben, Beträge darauf werden abgeschnitten oder sind falsch formatiert.

Dennoch: Wenn eine Anwendung noch bekannte Fehler enthält, so kann es manchmal sinnvoll sein, die Tests durchzuführen, insbesondere wenn die Anzahl gering, die Auswirkungen relativ isoliert und der benötigte Zeitaufwand zu deren Behebung noch unklar ist. Legen Sie in diesem Fall der Spezifikation ein Dokument mit dem Namen »Known Issues« bei, in dem die bekannten Probleme beschrieben werden. Vergessen Sie aber nicht, dass diese Punkte nach Erledigung nachgetestet werden müssen.

Wenn Sie selbst Tests durchführen: Akzeptieren Sie keine Releases mit offensichtlichen Fehlern, und brechen Sie den Test ab, wenn Ihnen einige davon begegnen. Denn Sie verschwenden auf die Dokumentation offensichtlicher Fehler Zeit und müssen die Funktionen ja noch einmal testen, wenn sie dann funktionsfähig sind.

Wenn Sie selbst entwickeln: Bitte testen Sie Ihre Anwendungen selbst vorab, und zwar so gründlich, dass Sie diese ruhigen Gewissens außer Hand geben können. Und zwar nicht nur auf technischer Ebene, sondern auch auf fachlicher Ebene. Wenn Sie eine Lagerverwaltung programmieren: Geben Sie selbst anhand aktueller Lagerlisten Lagerbewegungen ein, drucken Sie alle Listen aus, und testen Sie jede Funktion wenigstens einmal. Das kommt Ihrem Ruf als Entwickler genauso zugute wie Ihrer Arbeitsbelastung.

Schulung der Tester

Entgegen landläufiger Meinung braucht ein Tester gute Kenntnisse über die fachliche Domäne der zu testenden Anwendung. Die wenigsten Spezifikationen sind so detailliert und gut geschrieben, dass sich der Tester (oder der Testdesigner) daraus wirklich alle relevanten Testfälle ohne weiteres ableiten kann. Dies gilt auch für die meisten Testpläne, die zwar die meisten der zu testenden Testfälle enthalten, die den Tester aber nicht einschränken, sondern unterstützen sollen. Gute Tester testen nicht nur stur ihre Fälle ab, sondern sind neugierig: Sie probieren auch weniger geläufige Fälle und erkennen, wenn einmal ein Testfall fehlen sollte.

Darüber hinaus besitzt jeder Bereich eine Fachsprache, die der Tester verstehen sollte. Wer beispielsweise eine Software für die Bewertung von Unternehmen testet, der sollte die Bewertungsverfahren namentlich und inhaltlich kennen.

Tester trifft auf Programmierer

Wenn sich Tester und Entwickler noch nicht kennen, dann ist es spätestens jetzt Zeit, sich kennenzulernen. Aber auch wenn beide bereits zusammengearbeitet haben, so ist eine Vorbesprechung wichtig, unter anderem aus folgenden Gründen:

- Der Entwickler kann auf die schon erwähnten »Known Issues« hinweisen.
- Der Tester kann Fragen zur Spezifikation stellen, jedenfalls so, wie sie der Entwickler verstanden hatte.
- Der Entwickler kann Fragen zu den Testfällen stellen, so wie sie der Tester versteht.
- Der Entwickler kann eine Einschätzung der Modulkomplexität geben und damit dem Tester eine wichtige Einschätzung liefern, wie viel Zeit er für die einzelnen Testfälle veranschlagen sollte.
- Ich kenne keinen Entwickler, der für seine Tätigkeit keine Wertschätzung brauchen würde. Andererseits benötigt der Tester Unterstützung bei auftretenden Fragen und Problemen. Je unkomplizierter die Kommunikation abläuft, desto effizienter wird der gesamte Test sein.

Testumgebung einrichten

Nehmen wir einmal Folgendes an: Ein Tester arbeitet nur mit Windows 7, während die Software auch unter Windows 2000 laufen soll. Er hat eigene Testdaten angelegt, 20 Kunden, 40 Aufträge und einige Dutzend Adressen. Er arbeitet auf einer Workstation neuesten Datums – als Administrator – und er hat eine aktuelle .NET-Version installiert (4.5), die Software basiert aber auf .NET 2.0. Von der Vorgängerversion liegen noch Exporte auf dem Rechner, und einige COM-Komponenten der Altversion sind ebenfalls noch installiert. Welche Probleme können sich ergeben? Aus der Vielzahl der möglichen Antworten finden Sie hier eine Auswahl:

- Performanceprobleme können eventuell nicht erkannt werden, da das Mengengerüst nicht mit dem Mengengerüst des Kunden übereinstimmt, der vielleicht 500.000 Kunden im System gespeichert hat.
- Die Installation wird problemlos durchlaufen, obwohl vielleicht Datenzugriffskomponenten im Setup gar nicht installiert werden, was jedoch nicht auffällt, da sie bereits auf dem Rechner vorhanden sind.
- Eventuell werden noch alte Komponenten verwendet, sodass Fehler auftreten, die eigentlich keine Fehler sind.

- Probleme, die nur mit älteren Betriebssystemen auftreten, können so nicht erkannt werden.
- Probleme in der Berechtigung treten nicht auf, weil die Software nicht als Benutzer ausgeführt wird, sondern als Administrator.

Zur Bereitstellung gehören also die Betriebsumgebung und die Testdaten. Näheres zur Einrichtung einer Testumgebung finden Sie in Abschnitt 10.3, »Testumgebung«.

Tests durchführen

Wenn nun alle Vorbereitungen getroffen wurden, ist es an der Zeit, die Tests durchzuführen. In Abschnitt 10.4, »Testverfahren und -werkzeuge«, erfahren Sie, worauf es dabei ankommt. Hier nur eines vorweg: Testen Sie am Stück, ohne Ablenkung, und reservieren Sie feste Zeiten, in denen Sie abgelenkt werden dürfen. Leiten Sie während der ersten Phase Anrufe an einen Kollegen weiter, und widerstehen Sie der Versuchung, bei jedem auftretenden Problem sofort einen Entwickler zu sprechen. Sowohl das Testen von Software als auch deren Programmierung erfordern Konzentration.

Wenn eine Software sehr viele Fehler enthält, fehlt ihr womöglich die nötigste Testreife (siehe oben): Testen Sie eine Weile und besprechen Sie das Teilergebnis dann mit Produktmanagement und Entwicklung. Entscheiden Sie dann gemeinsam, ob Sie den Test abbrechen oder lieber mit einem anderen Modul fortfahren. Es ist bisweilen sehr frustrierend, laufend auf Fehler zu stoßen, vor allem, wenn es sich dabei um Grundfunktionalitäten handelt.

Protokollierung

Wenn Sie einen Fehler finden, so ist es notwendig, dass der Entwickler ihn reproduzieren kann. Dazu gehört erstens, dass er ihn versteht, und zweitens, dass er ihn unter denselben Bedingungen wiederholen kann, wie ihn der Tester herbeigeführt hatte. Folgendes sollten Sie festhalten:

- War der Testfall erfolgreich oder nicht?
- Von wem und wann wurde der Test durchgeführt?
- Welche Versionsnummer trägt die getestete Software?
- Mit welchen Daten wurde getestet?
- Mit welchen Eingaben wurde getestet?
- Worin liegt genau der Fehler, wenn möglich mit Bezug auf die Spezifikation?
- Gab es eine Fehlermeldung? Wenn ja: Wie lautet diese?

- War der Fehler einmalig, trat er sporadisch auf oder regelmäßig, ist er also reproduzierbar, und tritt er unter gleichen (oder ähnlichen) Bedingungen wieder auf? Beachten Sie auch die kleine Fehlerkunde in Abschnitt 10.1.6.
- Wie schätzen Sie den Schweregrad (die Priorität) ein?
- Wie ist der Status?
- Wenn immer möglich und sinnvoll: Fügen Sie einen Screenshot bei.
- Haben Sie Verbesserungsvorschläge?

Fallbeispiel

Unser Tester testet gerade das Modul *Angebotserstellung* in der neuen ERP-Software der Kalimba Sunfood GmbH. Er hat dabei einen Fehler festgestellt, den er wie folgt vorbildlich dokumentiert:

ID	**ERP-A4364/1**
Testfall	ERP-A4364 (Erstelltes Angebot für einen Kunden per E-Mail versenden)
Software	Kalimba.ERP – Modul Auftragserfassung, Release 0.9.1346.43564
Festgestellt durch/am	Karin von Steinhausen, 12.06.2012 14:00
Daten	Datenkonvertierung vom 05.06.2012, Rel. 3.4
Funktion	Nach Neukundenanlage Kd.-Nr. 4345634
Eingaben	Angebot Nr. A623422 an E-Mail: *test@kalimba-sun.com*
Fehler	Es wird zwar die E-Mail generiert, die Anlage wird aber nicht wie versprochen an die E-Mail angehängt.
Reproduzierbarkeit	Der Fehler tritt nur bei diesem Kunden auf. Besonderheit: Der Kunde hat im Profil *PDF* als Dateiformat eingestellt, während sonst meist *RTF* eingestellt ist. Mit *RTF* wird der Anhang generiert. Fehler ist reproduzierbar.
Schweregrad	Critical (PDF wird häufig verwendet.)
Status	Offen

Tabelle 10.3 Ein Testfall mit allen wesentlichen Elementen

ID	ERP-A4364/1
Screenshot	*A623422.jpg*
Verbesserungsvorschlag	Beim Versenden sollte nicht immer die Frage gestellt werden, ob Outlook dies zulassen soll, es behindert den Arbeitsfluss.

Tabelle 10.3 Ein Testfall mit allen wesentlichen Elementen (Forts.)

Mit solch einem Protokoll kann der Entwickler den Fehler identifizieren und beheben. Wenn Sie eine Testmanagement-Software wie Testlink einsetzen, dann können Sie den Weg dieses Testcases nachverfolgen, von der Anlage über auftretende Fehler bis hin zum endgültigen Bestehen des Testcases.

Für die Klassifikation von Fehlerprioritäten gibt es viele verschiedene Muster. Ich arbeite gerne mit diesen:

Schweregrad	Bedeutung
Showstopper	Der Fehler tritt in einer wichtigen Komponente auf. Diese funktioniert nicht wie erwartet, daher kann die Software nicht eingesetzt werden. Beispiel: Beim Abschließen des Warenkorbs erscheint eine Fehlermeldung, der Warenkorb wird nicht gespeichert.
Critical	Wie *showstopper*, die Software kann so nicht ausgeliefert werden. Eventuell gibt es aber einen Workaround dafür, oder die Komponente ist nicht ganz so häufig in Verwendung. Beispiel: Auf dem Beleg wird das Zahlungsziel nicht ausgewiesen. Als Workaround böte sich an, eine allgemeine Formulierung zu verwenden: »Zahlbar innerhalb von 14 Tagen«. Was ein akzeptabler Workaround ist, und was nicht, hängt natürlich vom konkreten Fehler ab.
Medium	Mittlerer Fehler, er sollte behoben werden. Wenn nicht sofort, so doch in einem bald nach der Einführung folgenden Patch. Beispiel: Mahnungen können zwar gedruckt, aber noch nicht gefaxt werden. An diesem Beispiel sehen Sie bereits: Die Einteilung ist bisweilen subjektiv und oft Grundlage weiterführender Diskussionen.

Tabelle 10.4 Mögliche Priorisierung von Fehlern

Schweregrad	Bedeutung
Low	Dieser Fehler kann auch noch in einer Folgeversion behoben werden. Die meisten Fehler in einer »Known Issues«-Liste sind von dieser Art. Dennoch: Es handelt sich auch hier um einen Fehler. Beispiel: Ein Begriff in der Online-Hilfe wurde nicht übersetzt.
Change Request	Die Funktion sollte geändert werden, weil sie dann leichter zu bedienen ist, schneller ausgeführt werden kann oder aus einem anderen Grund. Diese Fehlerklasse kann in Grenzen mit den anderen Klassen kombiniert werden.

Tabelle 10.4 Mögliche Priorisierung von Fehlern (Forts.)

Nacharbeitung

Eigentlich selbstverständlich, kommt es in der Praxis häufig vor, dass nicht bestandene Testfälle nicht bis zu ihrem logischen Ende nachverfolgt werden. Als möglicher Abschluss kommen infrage:

- Der Fehler wird behoben, der Testfall wird erneut getestet und vom Tester (und nur von ihm) als bestanden gekennzeichnet.
- Die Funktion wird entfernt oder so verändert, dass der Fehler nicht mehr auftreten kann.
- Der Fehler bleibt nach einer bewussten Entscheidung des Produktmanagers im Programm und wird in der Dokumentation verzeichnet. Eventuell gibt es einen Workaround zu diesem Fehler oder eine Zuordnung zu einem Folgerelease.

Wie mit einem Fehler umgegangen wird, ist nicht nur eine Frage des Prozesses, sondern auch eine Frage des Stils. Kritische Fehler müssen beseitigt werden, da gibt es nichts zu beschönigen und zu relativieren. Punkt.

Aus der Praxis

Wir haben vor kurzem auf ein neues Backupsystem umgestellt, das die Daten zuerst auf ein Storage-System dupliziert und dann erst auf Band (Backup2Disc2Tape). Das Backup schien tadellos zu funktionieren. Ein Test der Rücksicherung hat ergeben, dass gewisse Datenbanken – solche mit einem aktivierten Volltextindex – nicht zurückgesichert werden können.

Ein kritischer Fehler, sollte man meinen, um nicht zu sagen: ein Showstopper. Der Hersteller, der für die Analyse des Fehlers schon Geld sehen wollte, konnte den Fehler reproduzieren, wollte ihn aber nicht beseitigen. Immerhin aber erstattete er die Kosten für die Fehlersuche zurück.

Was glauben Sie, ob er den Testfall »Test der Rücksicherung einer SQL-Server-2012-Datenbank mit Volltextindex« wohl in die Liste der Testfälle aufgenommen hat?

Für solche Zwecke dient das Statusfeld im Testprotokoll, in das Sie zum Beispiel die folgenden Werte eintragen können:

Status	Bedeutung
Open	Der Fehler wurde erkannt und dokumentiert – mehr nicht.
Assigned	Der Fehler wurde einem Entwickler zur Korrektur zugewiesen.
Rejected	Es handelt sich nicht um einen Fehler bzw. ein Change Request wird nicht umgesetzt.
Under investigation	Der Fehler konnte nicht sofort nachgestellt werden, er wird weiter beobachtet.
Test	Der Fehler wurde behoben, und die Software kann erneut getestet werden.
Closed	Der Fehler wurde erneut getestet, diesmal erfolgreich.
Re-Open	Der Fehler wurde erneut getestet, er besteht immer noch bzw. in einer anderen Art und Weise.
Re-Design	Die Programmfunktion muss geändert werden.

Tabelle 10.5 Die verschiedenen Fehlerstatus

Es ist ohnehin sehr sinnvoll, wenn Sie eine Software für die Testplanung und Testdurchführung einsetzen, die den Lebenszyklus (Life Cycle) eines Issues nachvollziehbar macht.

10.1.6 Kleine Fehlerkunde

Wir haben bisher den Begriff *Fehler* wie selbstverständlich verwendet. Aber was ist ein Fehler, welche Eigenschaften zeichnen ihn aus, und wann wird aus einem Fehler eine Spezifikationslücke, ein Verbesserungsvorschlag oder gar ein Feature?

Früher, als der englische Begriff *Bug* geprägt wurde, war die Sache klar: Bugs waren gefräßige kleine Käfer, die an Telefonanleitungen knabberten oder sich in Transistor- und Relaisschaltungen verfingen. Heute sind die Fehler doch eher weicher Natur, dafür aber auch schwerer zu jagen.

Einteilung nach Schweregrad

Die Frage, ob ein Fehler ein Fehler ist, führt zwischen Entwicklern und Testern regelmäßig zu hitzigen Diskussionen. Wie immer, wenn zwei Fachleute aufeinander treffen, brauchen sie eine gemeinsame Definition, ein gemeinsames Verständnis über das, worüber sie reden. Die folgende Definition kann Ihnen helfen, solche Diskussionen zu verkürzen:

Fehler

Ein *Fehler* ist jede Abweichung zwischen dem Ist-Verhalten der Software und dem Soll-Verhalten gemäß der Spezifikation. Ob Sie einen Fehler als »Defekt«, »Issue« oder »Bug« bezeichnen, ist für den Fehler selbst nebensächlich (aber gegebenenfalls für die Zusammenarbeit wichtig, siehe oben).

Soviel zur Theorie.

Aus der Praxis möchte ich ergänzen:

- Ein Fehler ist auch jede Fehlermeldung, sofern sie nicht gewollt ist.
- Ein Fehler ist auch jede Fehlermeldung die unterbleibt, obwohl sie notwendig wäre.
- Ein Fehler kann auch ein Fehlverhalten sein, das leicht und ohne große Sachkenntnis erkennbar ist, auch wenn die Spezifikation darüber keine Angaben macht. In die letzte Kategorie fällt es zum Beispiel, wenn vergessen wurde, die Kundennummer als Pflichteingabe zu definieren, obwohl das zugehörige Datenbankfeld als `NOT NULL` definiert wurde, also einen Wert verlangt.

Ein Fehler ist also etwas, das nicht so ist, wie es sein sollte, so viel ist klar. Daneben gibt es aber auch noch die Fälle, in denen die Spezifikation schweigt.

Spezifikationslücke

Eine *Spezifikationslücke* ist ein objektiv notwendiger Sachverhalt, der nicht in der Spezifikation beschrieben ist. Wenn vergessen wurde zu erwähnen, dass Rabatte nicht nur absolut, sondern auch relativ (in Prozent) hinterlegt werden können, so ist das eine solche Spezifikationslücke.

Im Grunde ist der Unterschied zu einem Fehler nicht so groß, wie man glauben könnte, denn Fehler und Spezifikationslücke sind ungewollt, man muss sich um beide kümmern. Das unterscheidet sie von einem Verbesserungsvorschlag.

> **Verbesserungsvorschlag**
>
> Ein *Verbesserungsvorschlag* ist eine Spezifikationslücke, die objektiv nicht notwendig oder jedenfalls nicht zwingend notwendig ist.

Verbesserungsvorschläge verlangen eine Entscheidung, in der das Für und Wider abgewogen wird, mehr noch als die Spezifikationslücke, in der eigentlich nur noch entschieden werden muss, wie sie gefüllt werden soll. Eine Stufe freier ist da noch das »Feature«, das in vielen Diskussionen zu einem geflügelten Wort geworden ist.

10

> **Feature**
>
> Ein *Feature* ist jedes sinnvolle Verhalten, das über die Spezifikation hinausgeht, ihr aber nicht widerspricht. Wenn in einer Auswahlmaske für das Reporting der Stichtag mit dem aktuellen Datum vorbelegt ist, so kann dies ein Feature sein, wenn als Stichtag üblicherweise das Tagesdatum verwendet wird.

Man könnte sagen: Ein Feature ist »nice to have«, aber sind es nicht gerade die kleinen Funktionen in einer Software, die ihr ihren unverwechselbaren Charme verleihen?

Einteilung nach dem Reproduzierbarkeit

Nun geht es noch um die wichtige Frage der Reproduzierbarkeit von Fehlern, denn ein nicht reproduzierbarer Fehler kann einem die Lust am Debugging schon gründlich vermiesen. Kein Wunder also, dass es oft diese Fehler sind, die in der fertigen Software übrigbleiben.

> **Reproduzierbarkeit**
>
> Ein Fehler ist *reproduzierbar*, wenn die Bedingungen, die zu seinem Auftreten führen, bekannt sind, und wenn der Fehler erneut auftritt, sobald die Bedingungen erneut zutreffen.

Meist lassen sich bei solchen Fehlern einfach die Schritte beschreiben, die zu ihnen führen. Sie machen es einem leicht, die Ursache ausfindig zu machen, nicht notwendigerweise aber ihre Beseitigung. Unangenehmer sind da schon eine andere Kategorie Fehler:

Sporadische Fehler

Ein *sporadischer Fehler* ist ein Fehler, der nicht immer unter denselben Bedingungen auftritt, oder bei dem die Bedingungen des Auftretens überhaupt nicht ermittelt werden können.

Diese hässlichen Fehler haben vielfältige Ursachen: Multithreading-Probleme, zum Beispiel Race Conditions oder Synchronisationsprobleme, Fehler beim Zerstören eines Objekts durch den Garbage Collector oder auch Speicherfehler. Oft gäbe es schon feste Bedingungen, die aber in der Praxis nicht reproduziert werden können, weil beispielsweise der exakte Speicherinhalt, als der Fehler aufgetreten ist, weder bekannt ist, noch exakt wiederhergestellt werden kann.

Einteilung nach dem Zeitpunkt des Auftretens

Im Grunde gibt es vier verschiedene Zeitebenen, in denen ein Fehler auftreten kann:

- *Vor der Entwicklung*, also während Analyse, Design oder gar in der Planungsphase. Solche Fehler sind die sympathischsten, aber halt auch die seltensten.
- *Während der Entwicklung*, meist vom Entwickler selbst, oder einem Kollegen bemerkt.
- *Beim Testen*, was uns hier natürlich am meisten interessiert.
- *Im laufenden Betrieb*, was offensichtlich nicht dem gewünschten Ergebnis entspricht.

Ich habe diese Aufzählung aufgeführt, weil sie einfach zum Bewusstsein des Problems »Fehler in Software« dazugehört und weil durch sie klar wird, dass die Fehler, die beim Softwaretest gefunden werden, nur einen Teil der Fehler ausmachen.

Einteilung nach dem »Fehlertyp«

Zugegeben, die folgenden Definitionen sind ein wenig gemischt, aber für die Diskussion zwischen allen Beteiligten dennoch überaus nützlich. Begrüßen wir einen alten Bekannten, den »Das hat doch schon einmal funktioniert«-Fehler:

Regressionsfehler

Ein *Regressionsfehler* ist ein Fehler, der schon einmal behoben wurde und der sich in einer Folgeversion wieder in die Software »eingeschlichen« hat.

Um einen Regressionsfehler zu erkennen, muss er zuerst einmal genau bekannt sein und so landen in dieser breiten Kategorie manche Fehler zu Unrecht, sind also neue

Fehler. Regressionsfehler sind äußerst lästig und ihnen ist vor allem durch Testautomatisierung beizukommen.

Nicht immer findet sich die Ursache für einen Fehler im Code, manchmal passiert er schon vorher:

Spezifikationsfehler

Ein *Spezifikationsfehler* ist ein Fehler, der während der Spezifikation entstanden ist, Ursache ist also zum Beispiel ein fehlerhaftes Pflichtenheft oder ein grundsätzlicher Denkfehler.

Solche Fehler können beispielsweise fehlerhafte Formeln sein; die Formel ist fehlerhaft, obwohl ihre Abbildung in der Software korrekt ist. Oder aber die Anforderungen sind überhaupt nicht erfüllbar. Wie auch immer: In diesem Fall ist es notwendig, an das sprichwörtliche Reißbrett zurückzukehren. Einen Schritt weiter geht es mit den Designfehlern:

Designfehler / Architekturfehler

Ein *Designfehler* ist ein Fehler, den (meist die Entwickler) während der Softwaredesignphase begangen haben, wie sie im Kapitel 3, »Softwaredesign«, näher beschrieben ist.

Ich möchte hier auch noch die *Architekturfehler* erwähnen, die meist grundsätzlicher sind, aber sonst den Designfehlern ähneln.

Designfehler sind als solche oft schwer und relativ spät erkennbar. Beispiel: Der Designer einer Anwendung hat sich beim Datenzugriff für einen OR-Mapper entschieden, obwohl das durch ihn generierte SQL zu starken Performanceproblemen in der Anwendung führt. Auch Probleme beim Datenbankdesign kann man in diese Kategorie einteilen. Ein weiteres großes Feld ist die Benutzeroberfläche.

Architekturfehler sind meist gröber und häufig weitreichender. Auch hier ein Beispiel: Die Softwarearchitektur hat bei der Verteilung von Services vergessen, dass die Services in unterschiedlichen Sicherheitskontexten laufen und so gegenseitig authentifiziert werden müssen.

Design- und Architekturfehler passieren und nicht immer sind sie vor oder während der Entwicklung zu entdecken. Viel mehr ist dazu an dieser Stelle nicht zu sagen.

Logische bzw. semantische Fehler

Logische Fehler (oft auch *semantische Fehler* genannt) sind Fehler, deren Ursache in einer falschen Implementierung zu suchen ist, was gemeinhin als der klassische Programmierfehler schlechthin gilt.

Logische Fehler sind also fehlerhafte Implementierungen für korrekte Spezifikationen, während die oben schon erwähnten Spezifikationsfehler richtige Implementierungen für fehlerhafte Spezifikationen darstellen. Natürlich gibt es das auch noch als Kombination: Fehlerhafte Implementierungen fehlerhafter Spezifikation, woraus – äußerst selten natürlich – auch wieder richtig funktionierende Anwendungen entstehen können. Beispiel aus meiner Praxis: In einer Spezifikation ist ein Timeout von 1 s angegeben, statt wie gefordert 1 Minute. Der Entwickler verwendet den Timespan-Ausdruck falsch und gibt ein: 00:01:00, was wiederum eine Minute bedeutet.

Laufzeitfehler / Syntaxfehler

Mehr der Vollständigkeit halber möchte ich die *Laufzeitfehler* noch als all diejenigen Fehler klassifizieren, die auftreten, während die Anwendung läuft, während *Syntaxfehler* bereits zur Zeit des Kompilierens (oder in Visual Studio sogar meist schon vorher) zutage treten.

Obwohl nicht als eigenständige Fehlerkategorie anerkannt, möchte ich dennoch eine kleine, aber bedeutende Abwandlung dieses Fehlers vorstellen:

Fehler im Laufzeitsystem bzw. in einem Drittsystem

Solche *Fehler im Laufzeitsystem* sind Fehler, die in einer für die Ausführung der Anwendung notwendigen Komponente auftreten, auf die Entwickler und Tester keinen Einfluss haben.

Diese Fehler sind nun sehr vielfältig und kommen sehr häufig vor, was nicht weiter verwundert, wenn man die Komplexität des .NET Frameworks, des SQL Servers oder von Windows selbst berücksichtigt. Auch hier wieder ein aktuelles Beispiel: In der ersten Version des SQL Servers 2012 kommt es häufig vor, dass Primärschlüssel, deren Werte automatisch über einen Autoinkrement-Mechanismus vergeben werden, große Lücken aufweisen, sobald der Server neu gestartet wird. In der Vorversion war das so nicht der Fall. Viele Systeme verlassen sich darauf, dass die Primärschlüssel aufsteigend und lückenlos vergeben werden, was aber eigentlich wiederum ein Designfehler ist.

Fehler in Drittkomponenten oder in Windows selbst sind zu umschiffen. Häufig erwächst aus ihnen ein weiteres Problem, wenn der Workaround durch das Korrigieren des Fehlers selbst wiederum Fehler verursacht.

Wer teilt einen Fehler ein?

Bleibt noch eine Frage: Wer entscheidet über den Status?

> **Aus der Praxis**
>
> In dem Unternehmen, für das ich tätig bin, entscheiden dies die *Software Demand Manager (SDM)*. Sie entscheiden auch über die inhaltliche (nicht technische) Weiterentwicklung der Software, sind fachliche Ansprechpartner gegenüber den Kunden, organisieren die Tests (und führen häufiger auch selbst Tests durch), organisieren Schulungen, bewerten Change Requests, verwalten die Dokumente und organisieren den Bugfixing-Prozess. Das ist eine ganze Menge, zugegeben. Verantwortung und Kompetenz in einer Stelle zu vereinen, trägt aber zur Effizienz bei und schafft für alle Beteiligten klare Verhältnisse.

Nicht geeignet sind: Entwickler, Tester, Geschäftsführer, IT-Leiter oder Support-Mitarbeiter (letztere mit Ausnahmen). Ich empfehle Ihnen, diese Frage vom Produktmanager entscheiden zu lassen, oder Sie führen ebenfalls eine so praktische Stelle wie den Software Demand Manager ein.

Nachdem nun der Status eines »Fehlers« geklärt wurde: Wie gehen Sie am besten damit um?

- Fehler sollten Sie korrigieren, die korrigierte Fassung in ein neues Release einbauen und so lange testen lassen, bis der Fehler behoben ist.
- Spezifikationslücken sollten Sie so schnell wie möglich schließen, die Funktion entwickeln lassen und mit dem nächsten Release testen.
- Bei Verbesserungsvorschlägen können Sie den Nutzen gegenüber den Kosten abwägen und eine Entscheidung treffen.
- Auch wenn Features davon Zeugnis ablegen, dass jemand mitgedacht hat: Sie sollten sie nicht blind übernehmen, sondern einem kritischen Check unterziehen.

10.2 Testplanung und -organisation

Nachdem im vorherigen Abschnitt die Grundlagen bereitet wurden, geht es nun an die Planung und Organisation der Tests. Wenn Tests die Zuverlässigkeit in der Softwareentwicklung erhöhen sollen, müssen sie vor allem eines sein: nachvollziehbar. Dazu gehört, dass die zu testende Version genau definiert wird – dies bezeichnen wir als Release-Management. Im Folgenden geht es um die Tester und ihre Teams, bevor wir uns dem widmen, was getestet werden soll, den Testfällen.

10.2.1 Release-Management

Ein Satz führt meine inoffizielle Hitliste der beliebtesten Sätze während eines Softwaretests unangefochten an: »Das hat doch schon einmal funktioniert!« Nicht immer trifft er zu, aber doch zu häufig. Heute ist eben nicht gestern, oder wie ein Servicetechniker einmal zu mir meinte: »Wenn es gestern funktionierte, heute aber nicht, dann ist es kaputt!«

Aber im Ernst: Während einer Testphase werden oft viele Fehler korrigiert, von verschiedenen Personen in verschiedenen Modulen, zur selben Zeit. Im Folgenden werden die Gründe für Probleme obiger Art beschrieben – und wie man sie vermeidet.

Keine oder unzureichende Versionierung

Werden nicht konsequent Versionen vergeben, so lassen sich die Versionen mit den Fehlerkorrekturen nicht mehr zweifelsfrei von den Versionen ohne diese Korrekturen unterscheiden. Das führt entweder dazu, dass ein Tester eine veraltete Version testet, oder zum Überschreiben bereits vorgenommener Änderungen. Die Lösung ist einfach: *Jede* Version, die das Büro des Entwicklers verlässt (egal, ob auf Datenträger oder in elektronischer Form) erhält eine neue Versionsnummer. Das gilt für alle Bestandteile eines Softwaresystems, für Setup, Datenbankskripts, Konvertierroutinen, Dokumentationen oder Online-Hilfe gleichermaßen.

Meist scheitert es dabei nicht an der Versionierung des Quellcodes – das erledigt Visual Studio in Verbindung mit einem Quellcodeverwaltungssystem effizient und zuverlässig; häufig sind es die vielen zusätzlichen Dateien, die zu Problemen führen, weil sie keine Version tragen.

Seiteneffekte

Seiteneffekte sind unbeabsichtigte und unerwartete Effekte, die in Folge einer Änderung am System an einer anderen Stelle auftreten. Sie sind der Hauptgrund für *Regressionstests*. Darunter versteht man das Wiederholen eines Tests, ganz oder teilweise. Regressionstests sind häufig ein Fall für die Testautomatisierung und oft ihr wichtigster Grund. Niemand würde sich die Mühe machen, einen Test für eine Komponente zu schreiben, wenn die Komponente diesen Test nur einmal bestehen müsste. In größeren Projekten (und inzwischen auch immer mehr bei kleineren Projekten) ist es gängige Praxis, bei jedem neuen Build alle bestehenden Tests erneut durchzuführen.

Aber auch in funktionalen Tests sind Seiteneffekte nicht selten. Um Seiteneffekte zu erkennen, brauchen Sie einen Überblick darüber, wie die einzelnen Bestandteile eines Systems zusammenwirken. Wenn Sie beispielsweise wissen, dass die Berechnung der Versandkosten vom Modul zur Auswahl des Logistikdienstleisters abhängt, dann werden Sie künftig bei einer Änderung des einen auch das andere Modul erneut testen, nicht komplett, aber an den neuralgischen Stellen.

Probleme im Konfigurationsmanagement

Wenn sich Konfiguration, Zusammenstellung oder Testdaten zum vorherigen Test unterscheiden, kann auch nicht dasselbe Ergebnis erwartet werden.

Aus der Praxis

Bei einer Software zur Darstellung des monatlichen Betriebsergebnisses fand ein Regressionstest statt. Versehentlich wurde jedoch eine falsche Datenbank angegeben; statt der Testdatenbank kam die produktive Datenbank zum Einsatz. Das war zunächst nicht aufgefallen, da als Grundlage für die Testdatenbank ein Abzug der Produktionsdatenbank verwendet wurde.

So arbeiteten Tester und Anwender über eine ganze Woche lang mit derselben Datenbank, und das ausgerechnet während der heißen Phase der Jahresplanung. Mit viel manuellem Aufwand mussten die Testdaten anschließend wieder aus dem Produktionssystem entfernt werden – und die Tester fanden eine Erklärung für ihre Feststellung: »Das hat doch schon einmal funktioniert!«

Es hat noch nie funktioniert

Der Vollständigkeit halber soll nicht unerwähnt bleiben, dass veränderte Testfälle auch zu veränderten Ergebnissen führen können. Dem beugen Sie am besten vor, indem Sie Testfälle und Ergebnisse penibel genau dokumentieren.

10.2.2 Das Testteam

Das Team

Inzwischen sollte klar sein: Für professionelle Ergebnisse sind professionelle Tester die besten Garanten. Wie kann nun solch ein Team organisiert werden?

Organisationsform	Vor- und Nachteile
Das Testteam befindet sich innerhalb des Entwicklungsteams	Vorteile: ▸ kurze Wege ▸ effiziente Abstimmung ▸ kurzfristige Tests möglich ▸ kaum Ressourcenprobleme Nachteile: ▸ Jedes Entwicklerteam benötigt sein eigenes Testteam. ▸ Die Entwickler werden häufig durch die Tester gestört. ▸ Mögliche Zielkonflikte, da Entwickler und Tester denselben Vorgesetzten haben.
Ein zentrales Testteam arbeitet als Serviceabteilung allen Entwicklungsabteilungen zu	Vorteile: ▸ hohe Kompetenz durch Bündelung von Know-how in einer Abteilung ▸ zentrale Testplanung möglich ▸ Unabhängigkeit Nachteile: ▸ Ressourcenkonflikte sind möglich. ▸ Abstimmung dauert länger. ▸ Tester wissen noch nichts von den zu testenden Modulen.
Die Testteams sind Stabsstellen und können projektbezogen eingesetzt werden	Vorteile: ▸ Flexible Zuordnung möglich, je nach Projekt können die Mitarbeiter zentral oder lokal arbeiten. Nachteile: ▸ Keine Abteilungsbildung möglich, der Erfahrungsaustausch ist erschwert.

Tabelle 10.6 Vor- und Nachteile der verschiedenen Organisationsformen

Daneben gibt es noch einige weitere Möglichkeiten und Mischformen. In der Literatur wird oft empfohlen, die Organisation den Testarten anzupassen. Komponententests sind schließlich viel näher an der Entwicklung als Systemtests. Das ist in der Praxis nur selten möglich, da Strukturen in Unternehmen fast nie so flexibel sind. In den meisten Fällen gibt es bereits eine vorherrschende Organisation, oder Sie müssen sich für eine bestimmte Form entscheiden.

In jedem Fall können Sie aber das eigene Projekt der Organisation anpassen, indem Sie zum Beispiel zentrale Testabteilungen frühzeitig in die Planung einbeziehen oder team-internen Testern die Gelegenheit zum unternehmensweiten Erfahrungsaustausch geben.

Rollen

Egal, wie die Tester in Ihrem Unternehmen organisiert sind, die folgenden Rollen gibt es nahezu immer. Manchmal werden mehrere Rollen von einem Mitarbeiter in Personalunion ausgeübt, manchmal werden diese Rollen von unterschiedlichen Personen verkörpert. Ich weiche auch an dieser Stelle ein wenig von der gängigen Lehrmeinung ab. Wenn Sie nicht gerade in einem Unternehmen mit hunderten Entwicklern arbeiten, dann wird die folgende Rollendefinition vermutlich nützlicher für Sie sein.

Rolle	Aufgaben
Produktmanager	Der Produktmanager ist oft der zentrale Ansprechpartner für eine Software. Entweder hat er diese Funktion als Stelle inne, oder ein Mitarbeiter aus der Fachabteilung übernimmt diese Rolle. Manchmal überschneiden sich dessen Aufgaben mit denen des Projektmanagers, oder beide Rollen sind in einer Person vereint. Wollte man einen Vater oder eine Mutter für ein Produkt bestimmen, der Produktmanager wäre der beste Kandidat dafür. Allgemeine Aufgaben: ▸ inhaltliche und strategische Verantwortung ▸ Erstellung von Marketingkonzepten und Platzierung am Markt ▸ oft Erlös- und Kostenverantwortung ▸ Überwachung des Entwicklungsverlauf eines Produkts (Life Cycle Management) Testbezogene Aufgaben: ▸ Anforderung der Testressourcen ▸ Überwachung der Tests aus inhaltlicher Sicht ▸ Entscheidung über die Markteinführung nach Freigabe durch den Tester ▸ Entscheidung über Change Requests während der Produktentwicklung

Tabelle 10.7 Die Aufgaben der verschiedenen Rollen

<table>
<tr><th>Rolle</th><th>Aufgaben</th></tr>
<tr><td>Tester</td><td>Der Tester ist die exekutive Kraft. Seine Aufgaben sind:
▸ Durchführung der Tests anhand der Testfälle auf Basis der Spezifikationen
▸ Dokumentation in Testprotokollen
▸ Entscheidung über die Freigabe des Produkts, also das Bestehen der Tests in Abstimmung mit dem Produktmanager</td></tr>
<tr><td>Testleiter</td><td>Der Testleiter ist oft der fachliche Vorgesetzte des Testers. Seine Aufgaben:
▸ Abstimmung der Teststrategie und der Testpolitik mit dem Produktmanager und der Unternehmensleitung
▸ Zentraler Ansprechpartner zum Produktmanager und zum Leiter der Softwareentwicklung
▸ Verwaltung und Zuteilung der Testressourcen
▸ inhaltliche und technische Weiterentwicklung der Abteilung
▸ Kontrolle der Ergebnisse, Auswertung von Testmetriken
▸ Optimierung der Prozesse im Testbetrieb und in der Testorganisation</td></tr>
<tr><td>Testdesigner</td><td>Der Testdesigner erstellt die Testfälle als wesentlicher Bestandteil der Testspezifikation. Dafür benötigt er sowohl fachliche Kenntnisse als auch Kenntnisse über die Abläufe im Softwaretest.
Der Testdesigner arbeitet zu diesem Zweck direkt mit der Fachabteilung zusammen, um die inhaltlichen Schwerpunkte und Details der Testfälle zu erarbeiten. Seine Aufgaben:
▸ Erstellung der Testfälle
▸ Festlegen der Rahmenbedingungen für die Tests, z. B. zu den verwendeten Testdaten
▸ Review der Anforderungen und Prüfung der Anforderungen auf Umsetzbarkeit
▸ unter Umständen: Anlegen von eigenen Testdaten</td></tr>
</table>

Tabelle 10.7 Die Aufgaben der verschiedenen Rollen (Forts.)

Rolle	Aufgaben
Entwickler	Der Entwickler ist der geistige Urheber des Codes. Im Rahmen der Softwaretests kommen aber noch weitere Aufgaben auf ihn zu: ▸ Unterstützung des Testdesigners bei der Planung und des Testers bei der Durchführung des Tests, besonders bei auftretenden Fragen oder Problemen ▸ Ad-hoc-Korrekturen für den Fall, dass der Test ohne Ergebnis abgebrochen werden musste (natürlich immer unter den Belangen des Release- und Konfigurationsmanagements) ▸ Erteilung der Testfreigabe, dafür muss er den eigenen Code vorab selbst testen ▸ Erstellung und Durchführung der automatisierten Komponententests. In größeren Projekten übernimmt diese Rolle ein eigener Mitarbeiter, der dann aber meist über dieselbe Qualifikation verfügt wie die Entwickler und sich nur in seinen Aufgaben unterscheidet.
Projektleiter	Der Projektleiter ist für das Projekt zuständig, seine Aufgabe endet also mit dem Abschluss des Projekts. Die Aufteilung der Aufgaben zwischen ihm und dem Produktmanager ist nicht immer eindeutig. Am besten wird diese Aufteilung vorab besprochen, noch bevor der Projektleiter das Projekt übernimmt.
Leiter Softwareentwickler	Der Leiter Softwareentwicklung ist fachlicher, meist auch disziplinarischer Vorgesetzter seiner Entwickler. Als solcher ist er für die fachliche und technische Entwicklung seiner Abteilung zuständig. Seine Aufgaben im Zusammenhang mit dem Softwaretest sind: ▸ Bereitstellung der Ressourcen, die während des Tests von den Entwicklern benötigt werden ▸ Sicherstellen der Testfähigkeit, Kontrolle der Umsetzungsqualität der Module ▸ Ansprechpartner für umzusetzende Change Requests während des Testprozesses

Tabelle 10.7 Die Aufgaben der verschiedenen Rollen (Forts.)

Rolle	Aufgaben
Systemadminist-rator	Last but not least ist der Systemadministrator ein gerne gesehener Kollege, den sowohl Entwickler als auch Tester immer wieder gerne um Rat fragen. Seine Aufgaben: ▸ Bereitstellung einer Ausführungsumgebung für den Test ▸ Isolation der Testumgebung gegenüber Einflüssen von außen ▸ Leisten von Support bei auftretenden Fehlern und Problemen, sofern sie ihre Ursache nicht in der Software selbst haben

Tabelle 10.7 Die Aufgaben der verschiedenen Rollen (Forts.)

10.2.3 Testfälle

Der Testfall ist die elementare Ausführungseinheit eines Tests. Die Antwort auf einen Testfall kann immer nur lauten:

- Testfall bestanden oder
- Testfall nicht bestanden.

Das bedeutet nicht, dass die Welt nun auf einmal schwarzweiß geworden wäre, aber es bedeutet immer, dass der Tester sich entscheiden muss. Einen bestandenen Testfall müssen weder Entwickler noch Produktmanager weiter verfolgen. Eventuelle Kommentare sind Verbesserungsvorschläge, die als Change Requests zwar noch umgesetzt werden können, aber nicht müssen.

Testfälle können für eine Funktion spezifisch sein, für mehrere Module gelten oder allgemeingültig sein. Es ist daher meist sinnvoll, wenn Sie die Testfälle eigenständig erstellen und erst am Schluss den sogenannten Testplan einrichten, indem Sie die Testfälle diesem Testplan zuordnen. Gerade für allgemeingültige Testfälle kann es sich lohnen, diese zu versionieren, damit sie im Laufe der Zeit verfeinert werden können.

Dieser Abschnitt gilt für die meisten Testarten. Ausnahmen sind Komponententests, Feldtests und Usability-Tests, für die eigene Regeln gelten. Diese finden Sie in der jeweiligen Beschreibung des Tests.

Anatomie eines Testfalls

Am besten sehen wir uns die Bestandteile eines Testfalls anhand eines Beispiels an:

Beispiel

Die Lagerverwaltung des Kalimba.ERP-Systems enthält eine Funktion *Lagerbestand zubuchen*, die im folgenden Testfall beschrieben wird:

Testfall ID	**ERP-C1246, Lagerbestand zubuchen**
Vorbedingung	Für das Produkt, dessen Lagerbestand zugebucht werden soll, sollte es bisher noch keine Lagerbewegung geben. Es empfiehlt sich, ein neues Produkt anzulegen. Das Produkt muss als bestandsgeführt gekennzeichnet werden, unter Produktstamm • Lager • Bestandsführung. Die Einheit muss hier ebenfalls hinterlegt werden. Die Mindest- und Meldebestände sollten ausreichend hoch eingestellt werden, damit der Test nicht durch Meldungen unterbrochen wird.
Eingabendurchführung	Die Produktnummer und die dem Lagerbestand hinzuzufügende Menge werden unter Lager • Bestandskorrektur • Lagerzubuchung eingegeben, und die Sicherheitsabfrage wird positiv bestätigt.
Daten	Es werden Ganzzahlen und Gleitkommawerte, negative Werte, 0, Werte größer 100 und Werte über dem Grenzbereich (100.000) eingegeben.
Erwartetes Verhalten	Sofern der eingegebene Wert mehr 100 beträgt, soll beim Speichern die Sicherheitsabfrage erscheinen: »Wollen Sie wirklich den Lagerbestand für Produkt 9999 um mehr als 100 <Einheiten> erhöhen?« Die Zubuchung muss erfolgreich verbucht werden. Dies kann über die Funktion Reports • Lagerbestand für ein Produkt kontrolliert werden. Die angezeigte Einheit im Eingabedialog sollte der Einheit entsprechen, die zuvor im Produktstamm hinterlegt worden ist. Sinnlose Werte sollen mit einer eindeutigen und verständlichen Fehlermeldung abgewiesen werden.
Priorität	100
Verwandte Testfälle	ERP-1247, Lagerbestand abbuchen, ERP-1248 Lagerbestand umbuchen

Tabelle 10.8 Ein exemplarischer Testfall

Sehen wir uns nun die einzelnen Bestandteile genauer an:

- Testfall-ID: Das ist die eindeutige Benennung eines Testfalls. Es empfiehlt sich, die IDs projekt- und versionsübergreifend zu vergeben. Das Anhängen eines Präfixes oder Suffixes kann diese Aufgabe übernehmen. Wenn Sie ein Tool für die Testfallplanung einsetzen, dann wird dieses die Nummer eigenständig vergeben.

- Vorbedingungen: Es ist nicht immer so leicht, Vorbedingungen von den Schritten zur Durchführung des Testfalls zu trennen. Soll beispielsweise das Erstellen einer Mahnung getestet werden, so benötigen Sie einen Kunden mit einer offenen Rechnung. Ist dies nun eine Vorbedingung, oder ist das Anlegen einer solchen Rechnung ein Ausführungsschritt? Im Zweifel sollten Sie sich für Letzteres entscheiden.
- Eingaben/Durchführung: Was ist der Reihe nach zu tun? Sie können hier durchaus ein wenig Produktkenntnis voraussetzen, schließlich ist ein Testfall keine Produktdokumentation. Wichtig ist allerdings, dass die Schritte in der richtigen Reihenfolge angeordnet sind, und dass Sie alle wesentlichen Eingaben aufführen.
- Daten: Aus dem obigen Beispiel wird die Bedeutung der Daten klar. Der Testfall ist mit verschiedenen Werten auszuführen. Je nach eingegebenem Wert sind unterschiedliche Ergebnisse zu erwarten.
- Erwartetes Verhalten: Die Reihenfolge ist hier meist beliebig, aber nicht immer. Geben Sie unbedingt an, wenn Sie z. B. Ausgaben in einer bestimmten Reihenfolge erwarten.
- Priorität: Wichtig ist zunächst, dass Sie überhaupt eine Priorität vergeben. Welches System Sie verwenden, ist dagegen zweitrangig. Numerische Werte unterstützen aber das Sortieren besser, und wenn Sie Lücken zwischen den Werten lassen, dann können Sie Ihre Prioritäten auch später noch feiner abstufen.
- Verwandte Testfälle: Manche Softwareprodukte für das Testmanagement ermöglichen die Bildung von Testfall-Netzwerken, also thematisch zusammengehörigen Testfällen. Es ist natürlich sinnvoll, wenn diese Testfälle in einem engen zeitlichen Zusammenhang getestet werden und auch dieselbe Person die Tests eines solchen Netzwerks ausführt.

Abhängig vom Testfall können noch weitere Angaben wichtig sein. Der Test einer Exportschnittstelle wird eine Beschreibung der Exportdatei enthalten, der Test einer Faktur die zu erstellenden Belege als Muster. Im Wesentlichen sind dies aber nur Variationen der oben beschriebenen Angaben.

Priorisierung

Beim Testen kommt es darauf an, mit möglichst wenig Aufwand eine möglichst große Testabdeckung zu erreichen, also möglichst viele Bereiche der Software möglichst vollständig zu testen.

In der Praxis werden Sie irgendwann mit dem Testen aufhören müssen, nicht weil die zu testende Software fehlerfrei wäre, sondern weil Budget, Zeitrahmen oder

Geduld erschöpft sind. Das gilt für Projekte jeglicher Couleur und Größe gleichermaßen. Natürlich wird der Rahmen für eine Software zur Triebwerkskontrolle einer Marsmission weiter gesteckt sein als für das Kalimba.ERP. Ich versichere Ihnen jedoch: Beide Produkte werden am Ende Fehler enthalten.

Daraus folgt: Alle Testfälle sollten priorisiert werden. Über die Priorität entscheidet der Testdesigner, im Zweifel nach Absprache mit dem Produktmanager und der Fachabteilung.

Für die Praxis

Schriftliche Testpläne mit ausführlich beschriebenen Testfällen sind zwar nicht die Ausnahme, aber auch nicht die Regel. Sie haben an den Beispielen schon gesehen: Das kann aufwendig werden. Die Theorie kennen Sie nun, jetzt folgen ein paar praktische Ratschläge und zwar diejenigen, die ich für besonders wichtig halte:

- Entwickeln Sie die Testfälle unmittelbar nach der ersten Testfreigabe für ein Modul. Tun Sie das vorher, müssen Sie gegebenenfalls die Testpläne immer wieder anpassen, warten Sie, bis alle Module fertig sind, setzt das Vergessen der Qualität der Testfälle Grenzen und die Motivation sowieso.
- Setzen Sie auf Wiederverwendung. Softwaretools unterstützen das, aber auch mit Word & Co. kann man die Testfälle aufeinander aufbauen und so Wiederholungen vermeiden.
- Testfälle müssen genauso gepflegt werden wie die Software selbst, und Profis versionieren die Testfälle genauso penibel wie die Software. Auch hier ist Toolunterstützung ein Vorteil. Noch besser ist es, wenn die Testfalldesigner Zugang zum Quellcodeverwaltungssystem erhalten.
- Fassen Sie die Testfälle so kurz wie möglich und arbeiten Sie viel mit Aufzählungen, besonders dann, wenn Sie beschreiben, was zu tun ist.
- Als Tester sollten Sie die Testfälle sofort ändern, wenn Sie einen Fehler entdecken und eine Verbesserung einbringen wollen. Gleich jetzt, an Ort und Stelle des Tests.
- Viel besser, als wenige Module vollständig beschrieben zu haben, ist zumeist, alle Module abzudecken, aber dann vielleicht nur mit den wichtigsten Testfällen. Dabei hilft es, wenn Sie sich der unvermeidlichen Tatsache stellen, dass die Testfälle immer lückenhaft sein werden, gleich wie viel Mühe Sie auch aufwenden.
- Achten Sie auch auf den Kosten-/Nutzenfaktor. Welche Funktionalität ist besonders kritisch, welche ändert sich häufig und wo ist die Komplexität in einer Anwendung versteckt? Solche Teile einer Software rangieren in der Prioritätenskala auf den vorderen Plätzen.
- Ist Budget für Sie ein Thema, dann sollten Sie während der Tests einige Metriken sammeln, zum Beispiel die Anzahl der gefundenen Fehler, die auf ausformulierte

Testfälle zurückgehen. Die Frage: »Wollen wir wirklich, dass Fehler wie diese in zukünftigen Auslieferungen an unsere Kunden gehen?« macht selbst hartgesottene Entscheidungsträger und Pfennigfuchser nervös.

10.3 Testumgebung

Wenn Sie nun die Tests geplant haben, dann sollten Sie sich Gedanken über die Einrichtung Ihrer Testumgebung machen. Im umfangreichsten Fall sind drei Personen bzw. Abteilungen mit der Einrichtung beschäftigt:

- der Tester selbst
- Entwicklung
- Systemadministration

Ihre Umgebung wird sich ganz nach der zu testenden Software, den Verfahren in Ihrem Unternehmen und Ihren Gewohnheiten richten. Daher kann ich Ihnen in diesem Abschnitt nur einige allgemeine Empfehlungen geben.

10.3.1 Voraussetzungen

Zur Wiederholung – zu den wichtigsten allgemeinen Voraussetzungen gehören:

- die Spezifikation
- eine Beschreibung der Laufzeitumgebung, unter der die eingesetzte Software zum Einsatz kommen soll
- die erteilte Testfreigabe
- ausreichend Zeit
- Kapazität in der Softwareentwicklung für Rückfragen

Von diesen Voraussetzungen bin ich bisher nur noch nicht auf die Beschreibung der Laufzeitumgebung eingegangen. Diese Beschreibung ist nicht für jeden Test notwendig. Für die System- und Installationstests, für Performance-, Last- und Stresstests – und einige weitere Testarten – ist sie es jedoch schon.

Eine gute Beschreibung ist konkret und enthält nur diejenigen Voraussetzungen, die in der zur Verfügung stehenden Zeit auch wirklich getestet werden können. Sie enthält beispielsweise:

- Betriebssysteme und, wenn nötig, Patch-Stände
- Konfigurationsdetails des Betriebssystems, z. B. die Sprache des angemeldeten Benutzers

- Laufzeitumgebungen, z. B. das .NET Framework, JRE oder installierte Dritthersteller-Programme, etwa Microsoft Office und deren Konfiguration
- benötigte Serverkomponenten, beispielsweise Datenbanken, IIS oder Webservices und deren Konfiguration
- die minimale und empfohlene Systemkonfiguration
- Angaben zu Vorgängerversionen
- Installationshinweise, beispielsweise die verwendete Version des MSI-Installers
- Hinweise darüber, ob ein Terminalserver-Betrieb vorgesehen ist
- Hinweise, ob die Software ein einer virtualisierten Umgebung eingesetzt werden kann

Die Voraussetzungen sollten auch die jeweiligen Versionen enthalten, sofern diese für die Ausführung der Software wichtig sind.

Beispiel

Die Software Kalimba.ERP benötigt einen installierten Microsoft SQL Server, ab Version 2005 (Version Standard oder besser) mit installierter und aktivierter Volltext-Engine.

Darüber hinaus benötigt der Installationsanwender die Berechtigung, neue Datenbanken anlegen zu dürfen. Alternativ dazu kann die Datenbank vom Administrator angelegt werden, das zugehörige SQL-Skript finden Sie im Setup-Ordner (*createDatabase.sql*). Auf diese Datenbank benötigt der ausführende Anwender dann Lese- und Schreibzugriff (*datareader* und *datawriter*) sowie das Recht, gespeicherte Prozeduren ausführen zu dürfen. Es wird empfohlen, diesem User das Recht *dbowner* einzuräumen.

10.3.2 Die zu testende Software

Pro Testart und Phase steht entweder bereits eine Setup-Routine zur Verfügung, oder die Software wird von Hand installiert. Bei einem Installationstest ist das Setup selbst Gegenstand des Tests. Soll die Software manuell installiert werden, so kann dies durch den Entwickler geschehen oder durch den Tester. Dann benötigt dieser aber eine ausführliche Installationsanleitung.

Zur testenden Software können auch Daten, Hilfe-Dokumente (z. B. Handbücher oder Online-Hilfe) und Beispieldateien gehören, vor allem dann, wenn sie ebenfalls getestet werden sollen.

10.3.3 Daten

Auch hier kommt es wieder auf den Test an. Einige Tests benötigen eine leere Datenbank, so wie sie einige Kunden ebenfalls bekommen. Andere Tests wiederum bauen auf Daten auf, die von einem Vorgängersystem konvertiert wurden. Und dann gibt es noch Tests, die auf einer Testdatenumgebung basieren, die vom Entwickler vorab eingerichtet wurde.

Leere Datenbank

Eine leere Datenbank ist selten wirklich leer. Sie enthält meist bereits eine mehr oder weniger große Anzahl an Stammdaten oder Beispieldaten. In einer ERP-Software könnten z. B. Bankleitzahl- oder Ortstabellen befüllt sein.

Eine leere Datenbank muss sorgfältig erstellt werden. Oft verlassen sich Programme darauf, dass gewisse Einträge vorhanden sind und lassen sich ohne diese Daten nicht verwenden, oder sie führen gar zu Fehlern. Am Rande sei erwähnt, dass es immer ein Skript für das Anlegen einer solchen Datenbank geben sollte. Dieses Skript gehört in die Versionsverwaltung und sollte eine Versionsnummer erhalten.

Wenn ein Tester seine Testfälle auf einer solchen Datenbank aufbaut, dann legt er meist eigene Daten an, beispielsweise Kunden oder Produkte, mit denen er den Test ausführt. Sie sind dann Bestandteil der Testfälle. In einem solchen Fall ist es sinnvoll, die Datenbank nach diesem Initial-Setup zu sichern, damit sie später wiederhergestellt werden kann. Für einen Regressionstest kann das zu einer große Zeitersparnis führen, da der Tester auf dieselben Daten zugreifen kann wie beim letzten Test.

Konvertierte Daten

In einigen Fällen werden Sie die Tests auf der Grundlage konvertierter Daten durchführen. Eine solche Vorgehensweise birgt ihre eigenen Tücken und ist, nebenbei bemerkt, nicht ganz ungefährlich. Auch Ihre Kunden werden für die Abnahmetests auf konvertierte Daten zugreifen wollen. Ihre ersten Tests sollten Sie aber immer mit einer leeren Datenbank oder mit einer Datenbank mit definierten Testdaten durchführen. Sie können sonst oft nicht entscheiden, ob ein Fehlverhalten auf einem Programm- oder Konvertierungsfehler beruht.

Aus der Praxis

In einem Modul zur Verwaltung der ausgehenden Belege (Rechnungen, Lieferscheine etc.) sollte ein Test einmal mit konvertierten Daten stattfinden. Nach der Eingabe neuer Rechnungen stellte der Tester fest, dass die Belegsummen nicht stimmten. Sie waren zu gering. Der Tester führte dies auf einen Fehler in der Zählweise zurück, also einen Programmfehler.

Als eigentlicher Grund stellte sich heraus, dass in den konvertierten Daten das Erstellungsdatum die Uhrzeit einschloss, während in den neu eingegebenen Belegen die Uhrzeit fehlte. Das SQL-Statement berücksichtigte diesen Umstand nicht, und so wurden Tester und Entwickler auf eine falsche Fährte geführt.

Testdaten

Leider geschieht es immer noch häufig, dass Tests ausschließlich mit einer leeren Datenbank durchgeführt werden. Der Tester legt seine Daten so an, wie es die Testfälle beschreiben und gibt die Software dann für die Auslieferung frei. Der Kunde schließlich ist eine Weile ganz zufrieden, aber mit zunehmender Nutzungsdauer muss er in einigen Funktionen immer länger warten, weil weder Entwickler noch Tester ein Mengengerüst festgelegt und im Verlauf der Entwicklung berücksichtigt haben.

Aus der Praxis

Vor einigen Jahren ließen wir eine Software für die Werbeplanung und Werbeerfolgskontrolle entwickeln. Die externe Softwarefirma erstellte die Anwendung und testete sie mit ihren eigenen Testdaten, also einigen Datensätzen, welche die Entwickler selbst in das System eingegeben hatten.

Bei den durchgeführten Abnahmetests griffen wir auf unsere Daten zurück, die bis in die 90er Jahre zurückreichen. Und dabei stellte sich heraus, dass die Software nicht benutzbar war, weil sie zu minutenlangen Wartezeiten bei nahezu allen Operationen führte. Der Hersteller versuchte, seine Software zu optimieren, aber es half alles nichts: Der Kern der Software musste verworfen und von Grund auf neu entwickelt werden. Diesmal wurde die Architektur so entworfen, dass die Software mit dem Mengengerüst unseres Unternehmens umgehen konnte, und das Softwareunternehmen arbeitete nur noch mit echten Daten.

Gute Testdaten erfüllen einige Anforderungen:

- Sie entsprechen dem Mengengerüst, das auch für den täglichen Betrieb zu erwarten ist und berücksichtigen auch den Zuwachs an Daten über die Zeit.
- Sie decken einen großen Bereich der möglichen Fälle ab.
- Sie sehen so aus und fühlen sich so an wie echte Daten, Kunden heißen z. B. »Andreas Krüger« und nicht »4§4Xhsdfsg SF463as«.
- Sie bauen auf vernünftigen Stammdaten auf, so wie sie in etwa im späteren Einsatz zu erwarten sind.
- Natürlich sind sie valide und berücksichtigen referenzielle Integrität.

Diese Anforderungen lassen sich am besten mithilfe von *Testdatengeneratoren* (*TDG*) umsetzen. Diese Werkzeuge sind bezüglich Inhalt, Struktur und Menge der zu erzeugenden Daten flexibel konfigurierbar. Und denken Sie bitte daran: Konvertierte Daten sind keine Testdaten, sondern selbst Gegenstand von Tests und damit potenziell fehlerbehaftet.

Aus der Praxis

Wenn Sie in meinem Unternehmen Belege sehen, die an Gustav Gans oder Minnie Maus adressiert sind, dann haben wir nicht den Verstand verloren, sondern es sind Belege, die aus der Testdatenbank erzeugt wurden. Diese Datenbank ist also mit Bewohnern aus Entenhausen bestückt. Das hat einige Vorteile: Obwohl die Namen echt wirken sind sie doch klar als Testdaten erkennbar und die Tester wissen schon, welche Ente da welche Besonderheiten aufweist. Und falls die Bewohner von Entenhausen nicht ausreichen, können Sie es ja mal mit den Bewohnern von Mittelerde versuchen.

Jedenfalls befindet sich diese Datenbank immer in einem genau definierten Zustand und sie wird vor jedem Test aus der Referenzdatenbank wiederhergestellt, was somit den Softwaretests eine zuverlässige und wiederholbare Datenbühne bereitet.

10.3.4 Rechner und Betriebssystem

Wie schon gesagt: Sie benötigten erst einmal eine Aufstellung der unterstützten Betriebssysteme und deren Installationsparameter. Das gilt in besonderem Maße für den Test der Installationsroutine, aber auch für die Ausführung der Software ist dies erforderlich.

Es braucht nicht zu verwundern, dass Installationsprobleme zu den häufigsten Problemen überhaupt gehören. Schließlich gibt es Myriaden unterschiedlicher Systemkonfigurationen, und nur selten kommt der Installation die Bedeutung zu, die sie verdient. Suchen Sie einmal in den Foren einiger Softwarehersteller, und Ihnen wird klar, was ich meine.

Wenn nun also diese Kombinationen weder bekannt noch wegen ihrer Vielzahl überhaupt zu testen sind: Was ist zu tun? Ich empfehle Ihnen, wenigstens zwei Tests durchzuführen und folglich die Umgebung dafür zu schaffen.

Neu installiertes System

Installieren Sie unbedingt die Software auf einem neu eingerichteten Betriebssystem. Tun Sie dies auch dann, wenn die Software auf Ihrer bisherigen Testumgebung hervorragend funktioniert hat. Vermutlich haben Sie im Laufe Ihres Testerlebens eine wohltemperierte Umgebung geschaffen, die alle Komponenten enthält – das können Sie von Ihrem Kunden nicht erwarten.

Aus der Praxis

Nach der Freigabe einer Software zur Darstellung von sogenannten *OLAP-Cubes* installierten die Administratoren die Software auf allen Computern des Unternehmens. Die Software lief aber nur auf wenigen Rechnern, da sie zwei Client-Zusatzkomponenten des SQL Servers benötigte. Diese waren auf dem Testsystem bereits installiert, da die Tester häufig mit dem SQL Management Studio arbeiten. In diesem Fall wäre es klüger gewesen, die Installationstests auf einem Rechner durchzuführen, wie ihn auch ein Mitarbeiter verwendet, oder noch besser zusätzlich: auf einem frisch installierten System.

Der Testrechner sollte in etwa dieselben Leistungswerte aufweisen, wie sie in den Systemempfehlungen angegeben sind. Häufig sind Testrechner besser ausgestattet, sie enthalten beispielsweise mehr Arbeitsspeicher als dies im späteren Einsatz zu erwarten ist.

Altsystem mit Vorgängerversion der Software

Wenn Sie Kunden haben, die bereits Versionen Ihrer Software einsetzen, dann sollten Sie Ihr neues Release auch mit diesen Vorgängerversionen testen. Wenn Daten konvertiert werden, ist dies ohnehin Pflicht. In allen anderen Fällen ist es eine sinnvolle Ergänzung. Mögliche Fragestellungen sind dann:

- Wird die Vorgängerversion sauber auf die aktuelle Version aktualisiert?
- Benötigt die neue Version vielleicht aktualisierte Komponenten von Dritthersteller-Tools? Wenn ja: Ersetzt die Installation diese Komponenten korrekt?
- Werden Altdaten beibehalten bzw. richtig konvertiert?

Tools

Gerade für die Tests der Installation ist es eigentlich unabdingbar, auf virtuelle Maschinen zurückzugreifen. Sie können dies lokal tun, beispielsweise indem Sie VMware nutzen, oder aber Sie verwenden eine Serverlösung (beispielsweise den Hyper-V-Server). Erstellen Sie Kopien der virtuellen Maschinen vor allen wichtigen Schritten, damit Sie bei Bedarf auf die Vorgängerversion zurückgehen können. Die meisten Produkte unterstützen zudem das Anlegen sogenannter *Snapshots*. Bei der großen Auswahl der häufig sogar kostenfreien Produkte sollte auch für Sie etwas Passendes dabei sein.

10.3.5 Server- und Zusatzkomponenten

Benötigt Ihre Software bestimmte Laufzeitvoraussetzungen auf Seiten des Servers, oder setzt sie auf Dritthersteller-Komponenten auf, so sollten Sie einige Dinge beachten.

Lizenzierung

Vielleicht benötigen Sie zusätzliche Lizenzen. Es ist immer sinnvoll, eine Liste mit den benötigten Dateien der Dritthersteller-Komponenten zu pflegen und die Lizenzinformationen dort zu hinterlegen. Manche Komponentenbibliotheken erfordern einen installierten Lizenzschlüssel beim Kunden, andere wiederum funktionieren auch ohne Lizenzschlüssel innerhalb der Entwicklungsumgebung. Andere wiederum sind royalty-free und werden mit einem im Programmcode hinterlegten Lizenzschlüssel ausgeliefert. Ihre Testumgebung sollte dies berücksichtigen.

Rechte

Gerade bei Servern wie dem SQL Server, BizTalk oder Sharepoint sind Benutzerberechtigungen ein häufiger Quell des Ärgers. Bitten Sie Entwickler und Administratoren, Ihnen das System kundengerecht einzurichten. Es nützt wenig, wenn Sie selbst über Sysadmin-Berechtigungen auf dem SQL-Testsystem verfügen, während der Kunde in seiner Produktivumgebung mit eingeschränkten Rechten arbeitet.

10.3.6 Tools

Bevor Sie loslegen können, sollten Sie auch überprüfen, ob Sie alle Tools bzw. auch die nötigen Berechtigungen zu deren Nutzung besitzen. Also schnell noch die richtige Office-Version installieren, und los geht's – endlich – zum Test.

10.4 Testverfahren und -werkzeuge

In diesem Abschnitt gebe ich Ihnen einen Einblick in den Werkzeugkasten eines Testers. Ich beschränke mich hier auf *Blackbox*-Verfahren, also alle Verfahren, bei denen der Tester nicht mit dem Quellcode arbeitet, ihm die Details der Implementierung demnach unbekannt sind.

Daneben gibt es noch *Whitebox*-Verfahren, also Tests, die am und mit dem Quellcode durchgeführt werden. Der Grundgedanke hierbei ist, dass in einem Programm möglichst alle Teile ausgeführt werden sollen. Die Testfälle können anhand des Quellcodes so erstellt werden, dass beispielsweise jeder Zweig einer Case-Anweisung genau einmal durchlaufen wird. In Abschnitt 10.5.2 erfahren Sie etwas über Unit-

Tests und Kapitel 3, »Softwaredesign«, enthält ein Tutorial zu statischen Codeanalysen in Visual Studio, so dass diese Themen insgesamt nicht zu kurz kommen sollten.

10.4.1 Exploratives Testen

Der Begriff *exploratives Testen* ist eine vornehme Umschreibung für »einfach mal drauflostesten«, manchmal ohne Spezifikation und mit unklarem Ziel. Sollten Sie einmal in eine solche Situation gelangen, so versuchen Sie wenigstens, sich eine Struktur zu erarbeiten, die Software in Teilbereiche zu zerlegen und so systematisch vorzugehen, wie es eben ohne Spezifikation möglich ist.

10.4.2 Test-to-pass vs. test-to-fail

Hier geht es nun darum, die in Abschnitt 10.2.3 erstellten Testfälle zu testen. Wie bereits gesagt, sollten Sie dies in absteigender Reihenfolge der Priorität tun und möglichst so, dass thematisch zusammengehörige Testfälle auch zusammen getestet werden.

In Abschnitt 10.1.4, »Der Tester und sein Team«, war von der richtigen Einstellung die Rede und wie sie das Ergebnis beeinflusst. Dennoch empfehle ich Ihnen, zunächst diejenigen Testfälle auszuführen, die die Funktionsfähigkeit einer zu testenden Funktion beweisen sollen (test-to-pass). Erst danach sollten Sie ans Eingemachte gehen und eine Funktion mit allerlei schrägen Daten füttern, um einen Fehler zu finden (test-to-fail). Zum einen sparen Sie sich vielleicht einige Testfälle, wenn eine Funktion die Grundanforderungen bereits nicht erfüllt, zum anderen hilft es Ihnen und dem Entwickler, wenn Sie Ihr Testprotokoll auf diese Weise aufbauen. Gewisse Testarten sind von Haus aus darauf angelegt, Fehler zu provozieren, beispielsweise Sicherheitstests, Stress- oder Lasttests.

Ich möchte Sie gerne noch einmal daran erinnern, dass Sie sich für jeden Testfall entscheiden müssen: *bestanden* oder *nicht bestanden*, die Aussagen »vielleicht«, »grundsätzlich funktionsfähig« oder »unter gewissen Umständen funktionsfähig« gibt es nicht. Ihre Entscheidung bestimmt, welchen weiteren Verlauf der Testfall nimmt. Keine Sorge, Sie können all die Details im Testprotokoll vermerken.

Nehmen wir einmal an, eine Funktion ist vollständig funktionsfähig, bis, ja bis auf ein Detail: Die Bestätigungsmeldung enthält einen Rechtschreibfehler. Ihre Antwort lautet: Nicht bestanden, jedenfalls, wenn Sie nicht möchten, dass der Rechtschreibfehler seinen Weg in das fertige Produkt findet. Ich kann Ihnen nicht versprechen, dass Ihnen das der zuständige Entwickler nicht übelnimmt; aber Sie können ihn in den Anmerkungen zum Testfall ja auch ruhig einmal für die ansonsten tadellose Umsetzung loben.

10.4.3 Äquivalenzklassenbildung

Äquivalenzklassen haben zwei Aufgaben: Sie sparen Zeit und erhöhen die Testqualität. Sehen wir uns aber zunächst ein Beispiel an.

Beispiel

Nehmen wir an, Sie testen die Funktion *Kundenrabatt*. Der Testfall verlangt, dass Sie im Kundenstamm einen Rabatt hinterlegen, für den Kunden einen Auftrag erfassen und auf der fertigen Rechnung prüfen, ob der Rabatt richtig ausgewiesen und abgezogen wurde.

Wenn die Eingabemaske eine Nachkommastelle aufweist und die Werte 0 und 100 % zulässt, dann sind dies 1.001 mögliche Eingaben. Es liegt nahe, dass Sie nicht alle Werte testen können.

Sie müssen sich also beschränken. Damit das kein Nachteil wird, werden Sie dabei Äquivalenzklassen bilden, also alle ähnlichen Eingaben in einer solchen Klasse zusammenfassen. Wenn Sie z. B. 53,4 % Rabatt testen, warum sollte sich das System bei 53,5 % Rabatt anders verhalten? Sie nehmen dann einen beliebigen Wert aus Ihrer Klasse, den Repräsentanten, testen mit diesem Wert und nehmen an, dass Sie damit auch die anderen Werte Ihrer Äquivalenzklasse implizit »mitgetestet« haben. Sie können natürlich auch zwei oder mehr Repräsentanten testen, wenn Ihnen das lieber ist. In unserem Beispiel wären die folgenden Äquivalenzklassen denkbar.

Äquivalenzklasse	Repräsentant
< 0	–5
0	0
> 0 und < 100, ganzzahlig	34 und 42
> 0 und < 100, 1 Nachkommastelle	68,3
100	100
> 100	124

Tabelle 10.9 Mögliche Äquivalenzklassen

Die Bildung geeigneter Äquivalenzklassen erfordert Erfahrung, Kenntnis der fachlichen Zusammenhänge und ein technisches Grundverständnis. Und auch ein wenig Glück, dass sich in den nicht getesteten Werten nicht doch noch einer versteckt, der zu einem Fehler führt. Das könnte im Beispiel ein Wert sein, der zu einem Rundungsfehler in der Rabattberechnung führt. Bitte beachten Sie: Im obigen Beispiel wurden zwei Äquivalenzklassen für die Werte zwischen 0 und 100 gebildet, einmal mit einer Nachkommastelle, einmal ohne. Das habe ich deshalb getan, weil es ja sein könnte, dass die Nachkommastellen auf den Belegen nicht richtig angezeigt werden; also entweder nicht vorhanden oder abgeschnitten sind oder mit zu vielen Werten angezeigt werden.

Es ist natürlich wünschenswert, dass die Äquivalenzklassen bereits in den Testfällen hinterlegt sind und somit vom Testdesigner festgelegt werden. Erfahrungsgemäß ist dem meist nicht so, dann ist der Tester gefragt. Das ist ein Grund dafür, warum es sinnvoll sein kann, dem Tester das Ändern der Testfälle während der Testdurchführung zu erlauben. Vermerkt er seine verwendeten Äquivalenzklassen nur auf den Testprotokollen, dann wird ein anderer Tester – der die Regressionstests durchführt – vielleicht seine eigenen, anderen Klassen bauen und anwenden.

10.4.4 Grenzwerte

Jede Funktion hat ihren Definitionsbereich, also den Bereich, in dem die Funktion gültige Werte liefert. Diesen Bereich müssen Sie kennen, im obigen Beispiel lautet er: [0 ... 100], die beiden Extremwerte eingeschlossen.

Hier werden nun die Grenzen der Äquivalenzklassen getestet, im obigen Beispiel also 0 und 100, sowie Werte, die unterhalb und oberhalb dieser Grenzwerte liegen (also beispielsweise die Rabattwerte –5 % und 110 %).

Aus der Praxis

In einer frühen Version einer neuen ERP-Software wurde für die Belegnummer ein INT32-Wert verwendet, dessen Grenzen bei –2.147.483.648 und +2.147.483.647 lagen. Genug Platz für die Belegnummern, sollte man meinen.

Das Modul zur Vergabe neuer Belegnummern war nun aber frei konfigurierbar, für verschiedene Belegarten (Rechnung, Lieferschein, etc.) konnten eigene Belegnummernkreise konfiguriert werden. Das wurde gerne und oft ausgenutzt, sodass sich der Bereich also zu klein herausstellte und auf Int64 (bzw. bigint in der Datenbank) vergrößert wurde.

Dieses Beispiel zeigt:

- Es ist wichtig, die Zusammenhänge von Funktionen zu kennen.
- Eine Liste der Datentypen und ihrer Grenzwerte sollen Sie immer in Reichweite haben, zum Beispiel die Liste aus diesem Abschnitt.

Was noch wichtig ist:

- Sie müssen wissen, ob die beiden angegebenen Grenzwerte noch innerhalb oder schon außerhalb des gültigen Bereiches liegen. In der Mathematik verwendet man für die inklusive Angabe z. B. [0..100] und für die exklusive Angabe]0,100[.
- Testen Sie immer die Grenzen selbst und die beiden nächsten Werte ober- und unterhalb der Grenze.
- Vielleicht haben die Grenzwerte eine spezielle Bedeutung, beispielsweise die 0. Beispiel: In einer Schnittstelle könnte 0 bedeuten, dass der Wert nicht bekannt ist, was in SQL und .NET mit `null` übersetzt würde.
- Manchmal gibt es auch explizite Grenzen, die durch die Entwickler definiert wurden. So könnten mit dem Produkt ausgelieferte Stammdaten negative IDs aufweisen, und Stammdaten, die der Kunde ergänzt, könnten positive IDs haben.
- Nicht immer sind die Grenzen numerisch, auch Character-Werte (a–z, a–Z, a–Z, 0–9, ...) können begrenzt sein.
- Positionsangaben, Mengen, Größen, Winkel usw. besitzen oft »eingebaute« Grenzen, bei einem Winkel zum Beispiel [0,360] Grad.
- Denken Sie in Begriffen wie kleinste, größte, schnellste, langsamste, nächste, entfernteste, baldmöglichste, spätmöglichste, höchste oder niedrigste Grenzen, um diese zu bestimmen.
- Vergessen Sie nicht die Grenzen der Benutzeroberfläche, also die maximale Eingabelänge einer Textbox oder die kleinste Einheit in einem numerischen Eingabefeld. Auch leere Zeichenketten, leere Eingaben (beispielsweise, indem keine Option in einer Liste markiert wurde) und Standardwerte sind Grenzen und sollten getestet werden. Besonders häufig trifft man in Webanwendungen auf ungetestete Eingabefelder.
- Manchmal gibt es auch einen `NULL`-Wert. Das kann zum Beispiel bei einer Checkbox der Fall sein, deren `ThreeState`-Eigenschaft auf `True` gesetzt wurde. `NULL` bedeutet: Der Wert ist nicht bekannt. Wenn `NULL`-Werte zulässig sind, so bilden sie eine eigene Äquivalenzklasse; sie müssen also separat getestet werden.
- Übertreiben Sie nicht, arbeiten Sie auch hier nach Prioritäten.

Klasse	Unterster Wert	Oberster Wert
`.NET DateTime`	01.01.0001 00:00:00	31.12.9999 23:59:59
`SQL Server DateTime`	01.01.1753 00:00:00	31.12.9999 13:59:59
`SQL Server smalldatetime`	01.01.1900 00:00:00	29.06.2079 23:59:00

Tabelle 10.10 Liste häufig benötigter Grenzwerte

Klasse	Unterster Wert	Oberster Wert
`SQL Server datetime2`	01.01.0001 00:00:00	31.12.9999 23:59:59
`Int32`	–2.147.483.648	2.147.483.647
`Int64`	–9223372036854775808	9.223.372.036.854.775.807
`Uint32` (Word)	0	4.294.967.295
`Uint64`	0	18.446.744.073.709.551.615
`Float`	–3,402823E+38	3,402823E+38
`Byte`	0	255
`Bit`	0	1
`Kilo`		1.024
`Mega`		1.048.576
`Giga`		1.073.741.824
`Tera`		1.099.511.627.776

Tabelle 10.10 Liste häufig benötigter Grenzwerte (Forts.)

10.4.5 Sinnlose Daten

Gönnen Sie sich ein wenig Spaß, indem Sie eine Funktion mit sinnlosen Daten füttern. Dazu können zählen

- alphanumerische Eingaben in numerischen Feldern,
- Sonderzeichen,
- Leerzeichen und
- zu viele Nachkommastellen.

Es hängt natürlich vom Kontext ab, welche Eingaben invalide sind. In einer Pfadangabe sind Sonderzeichen nicht erlaubt. Für ein Kommentarfeld mag dies vielleicht fachlich nicht sinnvoll sein, es stellt jedoch meist kein Fehlerverhalten dar.

Achten Sie auch darauf, wann und wo der Fehler abgefangen wird. In der Spezifikation sollte beschrieben sein, ob die Benutzeroberfläche fehlerhafte Daten bereits abweisen soll oder ob die Eingabe zulässig ist und erst später, in einer Fehlermeldung, darauf reagiert werden soll.

10.4.6 Programmzustände

Programmzustände kennzeichnen die inneren Zustände einer Anwendung wie in diesem Beispiel:

Beispiel

In einer Finanzbuchhaltung gibt es zwei Modi: einen Lesemodus und einen Editiermodus. Wenn die Buchungsperiode abgeschlossen ist, dann ist der Lesemodus aktiv, wenn die Buchungsperiode zur Buchung offen ist, dann ist der Editiermodus aktiv.

Welcher Zustand gerade aktiv ist, hängt also von einem oder mehreren Parametern ab, in unserem Beispiel von der Buchungsperiode und dem aktuellen Systemdatum. Diesem Umstand sollten Sie Rechnung tragen, indem Sie prüfen, ob die Bedingungen für einen Zustand vorliegen und, wenn ja, ob die Software sich dann auch in dem gewünschten Zustand befindet.

Ein Zustand besitzt oft viele Eigenschaften oder Auswirkungen, die ihn charakterisieren. In unserem Beispiel sind alle Eingaben im Lesemodus gesperrt. Bedingungen und Auswirkungen eines Zustands sollten im Test Berücksichtigung finden.

Zu guter Letzt kann eine Software von einem Zustand zu einem anderen Zustand wechseln. Denken Sie dabei nur an einen Workflow, beispielsweise eine Rechnungsfreigabe, der vom Zustand *Rechnung inhaltlich freigeben* zum Zustand *Rechnung zahlen* wechselt. Bei einem solchen Zustandswechsel können Aktionen ausgelöst werden, die dann natürlich auch zu testen sind. Abschnitt 8.12, »State Machine Workflows«, zeigt ein solches Beispiel.

Ein wichtiges Hilfsmittel sind Zustandsdiagramme. UML bietet hierfür eine eigene Diagrammart, oder Sie zeichnen ein Diagramm wie das aus Abbildung 10.6.

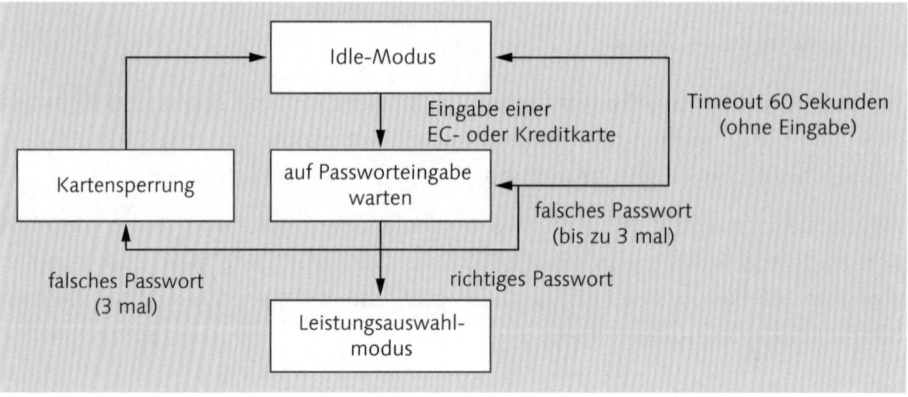

Abbildung 10.6 Ausschnitt eines Zustandsdiagramms für einen Geldautomaten

Hier zeigt sich die Beschränkung der zur Verfügung stehenden Zeit am deutlichsten: Nur in einfachen Programmen lassen sich wirklich alle Zustände und vor allem alle Wege zwischen den Zuständen testen (und beschreiben).

Prüfen Sie jeden Zustand wenigstens einmal. Die Wege zwischen den Zuständen priorisieren Sie am besten. Bauen Sie Ihre Testfälle so auf, dass die häufigsten Zustandsänderungen zuerst getestet werden. Und wenn die Zeit zu sehr drückt: Vertrauen Sie auf Ihre Erfahrung und Intuition.

10.4.7 Entscheidungstabellen

Laut Wikipedia ist eine Entscheidungstabelle »eine von vielen Möglichkeiten, komplexe Regelwerke in übersichtlicher Weise darzustellen«. Damit ist dieses Werkzeug wie geschaffen, um komplexe Testfälle mit mehreren Bedingungen abzubilden, wie das im folgenden Beispiel zu sehen ist:

Beispiel

Das Kalimba.ERP-System kann verschiedene Begleitbriefe ausdrucken, abhängig von drei Bedingungen:

Bedingungen	**R1**	**R2**	**R3**	**R4**	**R5**	**R6**	**R7**	**R8**
Produkt auf Lager	j	j	j	j	n	n	n	n
Produkt aktuell verfügbar	j	j	n	n	j	j	n	n
Produkt angekündigt	j	n	j	n	j	n	j	n
Aktionen								
A1: Begleitbrief *Rabatt aufgrund Ankündigung*	X							
A2: Allgemeiner Begleitbrief zum Produkt	X	X						
A3: Begleitbrief *Absage*			X				X	
A4: Begleitbrief *Lieferstopp*								X
A5: Liefertermin mitteilen					X	X		

Tabelle 10.11 Entscheidungstabelle für den Druck von Begleitbriefen

Sie sollten darauf achten, nicht zu viele Bedingungen in Ihre Entscheidungstabelle aufzunehmen, da sie sonst den Rahmen eines Testfalls leicht sprengen könnten. Nicht alle Kombinationen müssen möglich sein. Entweder lassen Sie diese Kombinationen weg, oder Sie markieren sie als nicht erlaubt, wie im obigen Beispiel (hervorgehobene Spalte). Für eine Kombination können auch mehrere Aktionen möglich sein, wie in der ersten Regel (R1).

Sie können in Ihrem Testprotokoll sehr einfach Bezug auf die jeweilige Regel nehmen, denn jede Regel trägt eine eindeutige Kennzeichnung. Dies können Sie auch für jede Aktion so handhaben, wie im Beispiel gezeigt.

10.4.8 Ablaufpläne

Manche Abläufe sind so komplex, dass sie am besten in einem Ablaufplan dargestellt werden. Das kann ein *Programmablaufplan* (*PAP*) nach DIN 66001 sein oder ein *Struktogramm* nach DIN 66261. Im folgenden Beispiel ist ein Ausschnitt aus der Bonitätsprüfung dargestellt.

Eine Darstellung der Programmlogik ist aber kein Testfall! Aus ihr lassen sich jedoch Testfälle ableiten. Je nach gewünschter Abdeckung der einzelnen Zweige können Anzahl und Komplexität der Testfälle recht beachtlich werden. Auch hier ist es wieder sinnvoll, nach Prioritäten sortiert vorzugehen und den richtigen Mittelweg zu suchen, zwischen vielen, aber kleinen Testfällen und wenigen, aber umfangreichen Testfällen.

Beispiel

Bei der Eingabe eines Auftrags erfolgt eine Bonitätsprüfung. Alle Fälle des in Abbildung 10.7 dargestellten Programmablaufplans im Text zu beschreiben wäre sehr aufwendig, die Grafik ist da viel kürzer und prägnanter. Es gilt daher auch hier: Ein Bild sagt mehr als tausend Worte. Aber natürlich nur, wenn der Programmablaufplan korrekt und vollständig ist.

Neben dem Struktogramm und dem PAP gibt es noch viele weitere Ablaufpläne. Wenn Sie ohnehin schon die UML nutzen, dann werden Sie vielleicht ein Aktivitätsdiagramm verwenden.

Die Diagramme unterscheiden sich in den verwendeten Symbolen und in ihrem Umfang; manche Diagramme sind näher an der Programmierung, andere wiederum näher am Anwender. Die Auswahl hängt also nicht nur vom Zweck ab, sondern vor allem auch von dem Personenkreis, der Ihr Diagramm lesen soll.

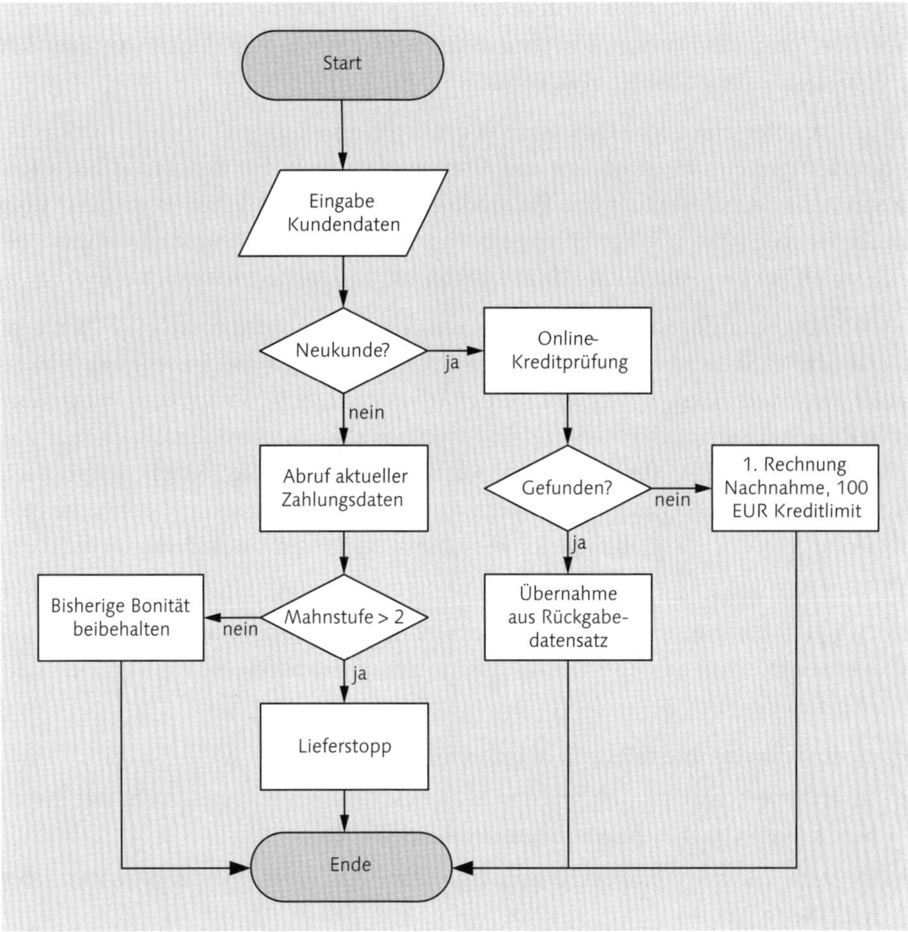

Abbildung 10.7 Programmablaufplan einer Bonitätsprüfung

10.4.9 Geschäftsprozessmodelle

Auch Geschäftsprozesse können modelliert und damit zur Grundlage von Testfällen werden. Ein häufiges Problem solcher Diagramme ist ihre Oberflächlichkeit, also die Reduktion der Prozesse auf ihren Kern. Das mag für die Entscheidungsfindung nützlich sein, für die Testdurchführung genügt es allerdings nicht. Beurteilen Sie also vorher, ob das Modell die Anforderungen für Ihren Test erfüllt.

10.4.10 Continuous Delivery

Manuelle Tests sind prima, besser sind automatisierte Tests. Noch besser aber wäre es, wenn nicht nur die Tests automatisiert wären, sondern das Deployment der Anwendung drumherum. Dann nämlich könnte eine neue Version bei jeder Codeänderung gebaut und, darin besteht der Clou, ausgeliefert werden. Das ist der Kern von *Continuous Delivery*, was in etwa so viel bedeutet wie die Fähigkeit, zu jeder Zeit ein fertiges Feature ausliefern zu können.

Es gibt ja unterschiedliche Definitionen des Begriffes «fertig". Für den Entwickler ist etwas fertig, wenn es entwickelt und eingecheckt wurde. Für den Tester hingegen, wenn es die Tests bestanden hat. Ein Produktmanager meint damit, wenn die Lösung in der fertigen Anwendung enthalten ist. Und der Anwender? Für ihn ist etwas »fertig«, wenn er es installiert hat, damit klarkommt und zufrieden damit ist.

Viele Entwicklungsteams setzen heute auf *Continuous Integration (CI)*. Damit ist sichergestellt, dass keine build breaks auftreten, dass sich die Anwendung also zu jeder Zeit bauen lässt. Außerdem werden oft statische Codeanalysen durchgeführt sowie die Suite der vorhandenen Unit-Tests. Was also im Code-Repository liegt, hat eine gewisse Qualität. Aber ausliefern? Ausliefern lässt sich die Software damit noch lange nicht. Was fehlt, sind Tests oberhalb der Unit-Ebene, also im Wesentlichen die Akzeptanztests – eine unabdingbare Voraussetzung für die Auslieferung an den Kunden.

Doch gerade dafür muss die Software nicht nur gebaut, sondern auch verteilt werden (Deployment). Und da beginnen oft die Probleme, denn eine richtig verteilte Software benötigt:

- ein installiertes und richtig konfiguriertes Betriebssystem
- zusätzliche Komponenten, wie ein IIS oder MSMQ, die ebenfalls nicht nur installiert, sondern auch richtig konfiguriert werden müssen
- sonstige Laufzeitvoraussetzungen, wie eine bestimmte Ordnerstruktur oder installierte Plugins
- einen Satz an Konfigurationsdateien, im Filesystem oder in einer Datenbank
- eine Datenbank, auf deren Inhalt man sich verlassen kann; jedenfalls soweit, dass gefundene Fehler auf das Konto der Anwendung gehen und nicht auf das Konto fehlerhafter Ausgangsdaten

Freilich ist diese Aufstellung noch nicht vollständig. Es wird aber schon deutlich, dass in vielen Entwicklungsprojekten das Deployment einer Anwendung aufwendig sein kann. Dieses Deployment kann kaum manuell stattfinden; die Gefahr von Fehlern ist einfach zu groß – selbst dann, wenn ein ausführlicher Deployment Guide vorhanden ist.

CI ist also prima, aber nicht genug. *Continuous Delivery (CD)* geht einen wesentlichen Schritt weiter und sorgt dafür, dass nach dem Einchecken eines Codes ein frisch verteiltes, verlässliches System bereitsteht, das als Grundlage für die Tests verwendet werden kann. Idealerweise werden die Tests selbst ebenfalls automatisiert, von

Akzeptanztest-Frameworks bis hin zu Coded UI Automation ist hier vieles möglich, aber natürlich nicht immer alles sinnvoll.

Der Lohn? Die Cycle Time wird reduziert, als die Zeit, die zwischen dem Auftreten einer Anforderung und der Bereitstellung der Lösung vergeht. Im Idealfall ist sie kaum länger als die Entwicklungszeit. In der Praxis sind auch weiterhin häufig manuelle Tests notwendig (exploratives Testen). Dennoch sind deutliche Zeiteinsparungen möglich – bei besserer Qualität durch häufigere, verlässliche und reproduzierbare, weil standardisierte Tests.

Möglich macht das alles die Deployment Pipeline, die den Weg vom Schreibtisch des Entwicklers hin zur fertig installierten Software darstellt. Im Rahmen dieses Buchs kann ich Ihnen das Thema leider nicht vollständig nahebringen, dafür gibt es eigene Bücher. Aber die Schritte möchte ich Ihnen dennoch aufzeigen.

Schritt 1: Vorbereitungen

Zuerst sollte Ihre Organisation fit gemacht werden, für CD. Dazu gehört zum Beispiel:

- Festlegen der Zusammenarbeit zwischen Entwicklung, QA und Produktmanagement – diese drei müssen künftig enger und häufiger zusammenarbeiten, weil das Produktinkrement kleiner wird
- Festlegen einer Qualitäts- und Auslieferungsstrategie (was soll künftig wie häufig und mit welcher Qualität das Haus verlassen?)

Schritt 2: Änderungen im Entwicklungsprozess

Auch der Entwicklungsprozess kommt nicht ganz ungeschoren davon. Besonders wichtig sind:

- häufiges Einchecken
- Einchecken künftig aller Bestandteile, die zu einem Build gehören (also auch Konfigurationsdaten, Musterdatenbanken etc.)
- Verwalten der Abhängigkeiten, so dass diese bereits vor dem Bauen der Anwendung aufgelöst werden. Abhängigkeiten sollten auch sauber dokumentiert werden.
- Einführung eines für CD geeigneten Branching-Modells (zum Beispiel Branch by Release)
- Eventuell Einführung eines neuen VCS (wenn Sie zum Beispiel noch mit Visual Source Safe arbeiten)

Schritt 3: CI-Prozesse optimieren

Wenn Sie noch nicht auf CI setzen, dann wäre das jetzt der richtige Zeitpunkt, einen CI-Server zu installieren (z. B. TeamCity) und die Prozesse rund herum in Gang zu setzen. Wichtig dabei:

- Je nach Zeitaufwand sollten Unit-Tests lokal ausgeführt werden, um die Deployment Pipeline nicht allzu sehr in die Länge zu strecken
- Der Build-Prozess muss so überarbeitet werden, dass alle Bestandteile der Software damit zuverlässig gebaut werden können. In der Praxis lassen sich häufig nur Teile einer Anwendung sauber bauen.
- Die Builds müssen nun in ein Repository abgelegt werden. Im einfachsten Fall ist das eine Verzeichnisstruktur, die dann alle zu installierenden Softwarebestandteile enthält.
- Eventuell sind jetzt noch Dritthersteller-Komponenten und andere Komponenten im Repository abzulegen

Schritt 4: Build automatisiert verteilen

Kommen wir zum Herzstück eines CD-Prozesses, der automatisierten Verteilung. Diese kann einfach sein (lokale Anwendung, keine Datenbank) oder sehr komplex (verteilte Anwendung, serviceorientiert) – und natürlich gibt es auch jede Abstufung. Das sollten Sie dabei berücksichtigen:

- Zuerst sollte eine genaue Beschreibung des Deployments erstellt werden. Nur was exakt bekannt und benannt ist, lässt sich auch gut automatisieren.
- Die Deployment Pipeline sollte ab diesem Schritt asynchron verlaufen, weil Deployments schon mal eine kleine Ewigkeit dauern können.
- Die einzelnen Teilschritte der Installation müssen nun entwickelt werden. Manchmal genügt ein Copy-Befehl, manchmal sind Command-line Tools die richtige Wahl (zum Beispiel zum Hochladen eines Reports auf einen SQL Server). Vielleicht bietet Ihr CI-Server hier schon einige Möglichkeiten, im TFS gibt es zum Beispiel die Möglichkeit, eigene Workflows zu erstellen.
- Diese Teilschritte müssen nun orchestriert werden, damit sie einerseits in der richtigen Reihenfolge ablaufen, andererseits aber auch eine kontrollierte Fehlerbehandlung möglich wird. Ich nutze dafür gerne die Workflow Foundation, aber natürlich kann auch ein cmd-Script das Mittel der Wahl sein.
- Ein wichtiger Schritt ist auch die automatisierte Bereitstellung der Betriebsumgebung (Betriebssystem, Service Packs, Patches, Komponenten etc.). Man nennt diese Bereitstellung auch Baseline Provisioning. Hierfür eignet sich vor allem die Virtualisierung. Manche Tools, wie Microsofts System Center, sind komfortabler, aber auch die klassischen VM-Tools lassen sich meist recht gut automatisieren.
- Auch die Hardware-Voraussetzungen sollten dem Produktbetrieb entsprechen oder wenigstens nahekommen. Wie ließe sich sonst die Performance beurteilen? Ein produktionsnahes System, auf dem Tests und Abnahmen stattfinden, nennt man auch Staging-System.

- Wie auch immer, Sie können sich die Sache viel leichter machen, indem Sie beispielsweise nur relative Pfade verwenden, den Ablauf der Installation protokollieren oder die Systemadministratoren mit ins Boot holen

Schritt 5: Tests automatisieren

Bisher ist schon viel gewonnen. So richtig Spaß macht das Ganze allerdings erst, wenn auch die Tests auf dem fertigen System automatisiert ablaufen, wie es im Schritt 4 (ebenfalls automatisiert) ausgesetzt wurde. Die grundlegenden Gedanken dazu:

- Legen Sie den Grad der Automatisierung vorher fest. Viele ambitionierte Projekte scheitern an der Realität, wie zu wenig Zeit oder zu geringes Budget.
- Erstellen und pflegen Sie eine Referenz-Testdatenbank. Gute Testdaten sind ein wichtiger Schlüssel zum Testerfolg.
- Maschinen sind Maschinen, Anwender sind Anwender. Verzichten Sie nicht vollständig auf manuelle Tests, wenn Sie nicht sicher sind.
- Messen Sie wenigstens einmal die Testabdeckung Ihrer Tests.
- Vergessen Sie nicht die Tests der nicht-funktionalen Anforderung, wie z. B. Lasttests, sofern nötig.
- Hören Sie rechtzeitig auf.

Schritt 6: Freigabe automatisieren

Ist nun alles ordentlich eingerichtet, so liegt nach jedem Einchecken (aber wenigstens täglich) eine vollständig installierte und weitgehend getestete Software auf einem Laufwerk oder einer virtuellen Maschine. Nun geht es darum, was damit geschehen soll. Konkret: Die Abnahme- und Freigabeprozesse sind zu organisieren.

- Sie sollten die Freigaben explizit regeln und auch schriftlich festhalten.
- Denken Sie daran, dass mit CD häufig auch Ad-hoc-Auslieferungen möglich sind, die nach einer flexibleren Freigabe verlangen (man nennt das heute »agil«).
- Jetzt ist auch der richtige Zeitpunkt, die manuellen Tests durchzuführen.
- Auch die Freigaben sollten immer auf dem Staging-System stattfinden.

Schritt 7: Optimieren

Das war eine Menge. Und es kann auch eine Menge Arbeit bedeuten, da will ich Ihnen gar nichts vormachen. Aber die Vorteile sind immens; vor allem dann, wenn häufig neue Versionen erstellt werden und Produkte lang im Umlauf sind.

Je früher Sie damit anfangen, desto besser. Aber auch hier gilt der alte Spruch: Es ist niemals zu früh und selten zu spät. Und CD ist auch kein »Alles oder nichts«-Ansatz, sondern lohnt auch dann, wenn nur ein Teil der Pipeline umgesetzt wird. Und hier kommt der letzte Schritt ins Spiel: Die Pipeline Stück für Stück zu verlängern, die Tests auszubauen, das Deployment zu verfeinern, die CI-Prozesse zu vervollständigen und dem System mit der Zeit Stück für Stück mehr zu vertrauen.

10.5 Testarten

Sehen wir uns nun einige konkrete Tests an, wann, von wem und wie sie durchgeführt werden und welche Ziele damit verfolgt werden.

10.5.1 Test der Spezifikation

Idealtypisch findet dieser Test statt, noch bevor die erste Zeile Code geschrieben wurde. Aber auch wenn dieser Zeitpunkt längst vergangen ist: Ein gründlicher Review aller Dokumente, die zu einer Spezifikation gehören, lohnt sich immer. Nicht selten ist dies der Zeitpunkt, an dem Details ergänzt und Widersprüche aufgelöst werden.

Ziele

Das wichtigste Ziel ist es herauszufinden, ob alle Dokumente einer Spezifikation den Anforderungen genügen und somit sowohl für die Softwareentwicklung als auch für den Softwaretest verwendet werden können.

Was wird getestet

Getestet werden alle Dokumente, die zu den Softwaretests und zur Entwicklung herangezogen werden. Dazu gehören die Spezifikation, aber auch alle Standards und Guidelines werden benötigt, beispielsweise:

- Datenbankstandards
- GUI-Richtlinien
- Konventionen, Terminologie
- Sicherheitsstandards
- gesetzliche oder industrielle Anforderungen und Standards
- spezielle Standards des Kunden

Wie wird getestet

Der beste Weg zum Testen einer Spezifikation ist natürlich das kritische Durchlesen und das Anbringen von Notizen auf dem Dokument oder auf einem Beiblatt. Ein solches Dokument muss eine Reihe von Kriterien erfüllen, dazu gehören:

- Es muss *vollständig* sein, alle Anforderungen müssen darin beschrieben sein, sofern sie nicht trivial sind.
- Die Angaben müssen *richtig* sein.
- Es dürfen *keine Widersprüche* auftreten.
- Die Beschreibung muss *präzise* sein, darf also keine gröberen Spezifikationslücken aufweisen oder Miss-Interpretationen zulassen.
- Informationen sollten *redundanzfrei* dargeboten werden, derselbe Sachverhalt sollte also nicht mehrfach beschrieben sein.
- Es sollten *keine irrelevanten Angaben* enthalten sein, also Angaben, die dem Leser Information geben, die er nicht verwerten kann.
- Die Spezifikation sollte *realistisch* sein, also sowohl *umsetzbar* als auch *testbar*.
- Es sollten immer *fachliche Anforderungen* beschrieben sein, selten oder nie technische Anforderungen. In einer GUI-Richtline sollte nicht stehen: »Der TAB-Order-Wert sollte für jedes Control in aufsteigender Reihenfolge vergeben werden, von links oben nach rechts unten, und jeder Wert darf nur einmal vorkommen. Controls mit der Eigenschaft `enabled = false` erhalten die Eigenschaft `is_focus = false`.«, sondern »Die Tab-Reihenfolge der Steuerelemente auf einem Formular beginnt links oben und endet rechts unten. Deaktivierte Steuerelemente erhalten keinen Fokus.«.
- Es soll strukturiert sein und die üblichen Merkmale eines Geschäftsdokuments aufweisen: Benennung, Version, Gliederung, Seitenzahlen usw.

Sprachliche Präzision ist wichtig. Achten Sie daher auf Schlüsselbegriffe in der Spezifikation, beispielsweise:

- »manchmal«, »üblicherweise«, »gelegentlich« – Solche Begriffe haben »üblicherweise« in einer Spezifikation nichts zu suchen.
- »Wenn, dann« – Die beiden Äste der Verzweigung sollten sich zu 100 % summieren, also keine Option übriglassen. Beispiel: »Wenn ein Kunde seit einem Jahr nichts mehr bestellt hat, dann erhält er bei der nächsten Bestellung ein Geschenk der Produktkategorie A. Wenn er seit zwei Jahren nichts mehr bestellt hat, dann bekommt er ein Geschenk der Produktkategorie B«. Hier bleibt unerwähnt, was geschehen soll, wenn der Kunde innerhalb der letzten zwölf Monate eine Bestellung tätigte.
- »performant«, »effizient«, »klein«, »stabil« etc. – Diese Begriffe sind nicht hinreichend genau definiert. Was bedeutet es, wenn in einer Spezifikation verlangt wird, das Anlegen eines neuen Auftrags muss performant erfolgen?
- »immer«, »niemals«, »alle«, »keine« – Sie sollten sich fragen: Wirklich immer? Wirklich niemals? Wirklich alle oder keine?

- »und ähnliche«, »etc.«, »und so weiter« – Auch hier fehlt es meist an Präzision, denn unter »etc.« könnte sich der Autor etwas anderes vorstellen als Entwickler und Tester.

Wann und wie häufig wird getestet

Entweder wird vor dem Beginn der Entwicklung getestet, zwischendurch, wenn sich wichtige Änderungen an der Spezifikation ergeben haben – oder neue Dokumente hinzugefügt wurden, oder vor dem Beginn der Tests. In aller Regel erfolgt der Test einmalig. Er kann aber auch für ergänzte oder modifizierte Teile wiederholt werden.

Wer führt die Tests durch

Hierfür kommen zwei Berufsgruppen infrage: Entwickler und Testdesigner. Beide verfügen über die nötige Qualifikation und die richtige »Art zu denken«. Für die Entwickler ist der Test aber Pflicht, sollen sie die Anforderungen in der Spezifikation wirklich erfüllen können.

Was ist sonst noch wichtig

Vielleicht haben Sie sich beim Durchlesen gedacht: Was hat das Durchlesen eines Dokuments mit Testen zu tun? Nun, das Wichtigste ist das Ziel beim Durchlesen. Es geht um ein konzentriertes und strukturiertes Durchlesen und darum, auf die oben genannten Punkte zu achten, am besten, indem Sie sie auf einer Checkliste neben sich haben.

Wie auch sonst beim Testen werden Sie nur dann Fehler finden, wenn Sie gezielt danach suchen und es werden nur dann Widersprüche sichtbar, wenn Sie die Spezifikation daraufhin untersuchen.

Der Test der Spezifikationsdokumente lohnt sich, in vielen Fällen erspart der Test die dafür benötigte Zeit um ein Mehr- oder gar Vielfaches. Geben Sie also dem nur vermeintlich »trivialen« Test eine Chance.

10.5.2 Unit-Test

Ziele

Der *Unit-Test* (manchmal auch als *Modultest* bezeichnet) ist meist der erste Test, den eine Software durchläuft und auch fast immer der Test, der am häufigsten ausgeführt wird. Sein Ziel ist es, ein Stück Code in seinem isolierten Zustand auf Fehler zu prüfen.

Was wird getestet

Die zu testende Einheit ist nicht immer ganz einfach zu ermitteln. Sie soll klein sein, aber nicht trivial klein, so dass es sich auch lohnt, dafür einen Test zu beschreiben.

In vielen Fällen wird dies eine Methode sein. Wenn diese einen Algorithmus implementiert, wird ein Unit-Test natürlich besonders interessant. Auch wenn es viele Projekte vormachen: Unit-Tests auf winzige Methoden zu schreiben, lohnt eben nicht immer. Es muss zumindest eine potenzielle Chance geben, dass ein Stück Code heute oder in Zukunft nicht das tut, was der Unit-Test prüfen soll.

Wie wird getestet

Es gibt einige Grundregeln, die ich Ihnen ans Herz legen möchte, wichtige Eigenschaften, die (fast) jeder Unit-Test aufweisen sollte:

- Atomar: Ein Unit-Test testet Code, der eine elementare Aufgabe im Programm erfüllt, zum Beispiel das Schreiben eines Protokolleintrags oder die Umrechnung von Grad Fahrenheit in Grad Celsius.
- Fail or Pass: Auch ein Unit-Test kennt nur die zwei Zustände »Test bestanden« und »Test nicht bestanden«.
- Wiederholbarkeit: Mit gleichen Eingabedaten gefüttert ist das Ergebnis des Tests immer dasselbe.
- Reihenfolge-unabhängig: Die Unit-Tests können in beliebiger Reihenfolge ausgeführt werden, ohne dass die Wiederholbarkeit gefährdet wäre.
- Isoliert: Ein Unit-Test kann alleine oder mit anderen gemeinsam ausgeführt werden, weil jeder Test völlig isoliert von anderen Tests sein Ergebnis liefert.
- Einfach einzurichten: Man braucht kein kompliziertes Setup, um einen Unit-Test auszuführen, idealerweise bringt der Test selbst alles mit, um ihn ausführen zu können.
- Schnell: Ein Unit-Test sollte schnell sein. Obwohl, das trifft es nicht ganz: Ein Unit-Test sollte pfeilschnell sein. Er wird schließlich sehr oft aufgerufen und das eigentlich immer automatisiert. Kein Entwickler möchte sich durch seine Unit-Tests zu sehr ausbremsen lassen.

Für die Erstellung und Ausführung wird praktisch immer ein Unit-Test-Framework eingesetzt, entweder das Visual-Studio-eigene (für das Sie in Abschnitt 10.6, »Workshop: Unit-Tests mit Visual Studio«, ein kleines Tutorial finden), oder eines der zahlreichen Alternativen, wie NUnit.

Ein großes Problem bei der Entwicklung der Unit-Tests ist die Anforderung an die Unabhängigkeit der Tests, ein Unit-Test soll ein Stück Code möglichst isoliert ausführen und testen. Das ist freilich eine Wunschvorstellung, denn häufig sind Methoden und Klassen derart ineinander verschachtelt und miteinander verbunden, dass ein einziger Aufruf eine lange Kette an Aufrufen auslöst. Dem begegnet man, indem man für die Abhängigkeiten einer Methode oder Klasse Attrappen einsetzt, die man als *Mock-Objekte* bezeichnet und die sich dann erwartungsgemäß verhalten, weil sie zum Beispiel immer denselben Wert zurückliefern. So wird nur der Code selbst getestet und nicht abhängiger Code. Für das Mocking selbst gibt es auch wiederum zahlreiche Frameworks, wie *Microsoft Fakes* oder *NMock*.

Wann und wie häufig wird getestet

Hier gibt es zwei unterschiedliche Ansätze. Im *Test Driven Design* (*TDD*) wird der Test vor der eigentlichen Komponente entwickelt. Die Komponente wird dann so programmiert, dass sie den Test besteht. Üblicher ist die Entwicklung des Tests nach Fertigstellung der Komponente, wobei Fertigstellung hier nicht den Abschluss der Programmierung meint, sondern den Zustand, in dem eine Komponente alle Anforderungen funktional erfüllt.

Die Tests finden zunächst einmal so lange statt, bis die Komponente alle Tests besteht. Ein großer Vorteil der Unit-Tests ist jedoch, dass sie immer wieder automatisiert ausgeführt werden können, um Seiteneffekte durch Änderungen an der Komponente jederzeit erkennen zu können. Der zweite, häufigere Ansatz ist die Entwicklung der Tests nach der eigentlichen Methode.

Meist werden die Tests regelmäßig wiederholt, entweder periodisch, also z. B. nächtlich, bei jedem neuen Build oder zum Einchecken einer Codeänderung.

Wer führt die Tests durch

In den meisten Fällen entwickelt der Entwickler die Tests, der die zu testende Methode entwickelt hat – das muss aber nicht sein, denn auch eine Methode stellt einen Vertrag dar, sie nimmt Werte entgegen und liefert eventuell Rückgabewerte. Auch ohne die Implementierung zu kennen, lassen sich daher Tests entwickeln. Dennoch, praktisch gesehen weiß oft nur der Entwickler selbst, worin der genaue Sinn einer Methode besteht und kann sie daher selbst häufig am besten testen.

Oft übernimmt der Computer die Durchführung der Tests, was letztlich aber nur ein Detail ist. Entscheidend ist die Verantwortung, und die liegt immer beim Entwickler, der den Code erstellt oder geändert hat.

Was ist sonst noch wichtig

Unit-Tests stehen ganz unten in der Testhierarchie. Das ist einerseits praktisch, denn wenn ein einzelnes Modul – zum Beispiel eine Methode – schon nicht funktioniert, dann wird es das Gesamte, die Anwendung, auch nicht tun. Leider lässt sich das nicht umkehren, wie wir wissen, und das ist auch die größte Schwäche der Unit-Tests: Sie lassen alle Fehler außer Acht, die im Zusammenspiel entstehen und kosten darüber hinaus Zeit, gelegentlich auch viel Zeit. Nicht nur für die Entwicklung, sondern auch für die nötige Überarbeitung sollten sich Methoden in ihren Ein- oder Ausgabewerten ändern (was eigentlich ständig geschieht).

Zudem sind Entwickler des Moduls und Entwickler des Tests oft ein- und dieselbe Person, was bedeutet, dass ein Denkfehler im Code auch einen Denkfehler im Test nach sich ziehen kann.

Die Vorteile liegen auch auf der Hand: Gefundene Fehler lassen sich eindeutig der getesteten Methode zuordnen, man muss also nicht lange nach einem Fehler suchen. Außerdem fühlt es sich einfach gut an, wenn Visual Studio alle Testergebnisse in grün anzeigt.

Mein Tipp lautet daher: Unit-Tests sind gut, wenn man darin nicht übertreibt. Unit-Tests alleine reichen nicht, daher stehen sie auch im Wettbewerb mit anderen Testarten.

10.5.3 Komponententest

Ziele

Der Komponententest ist meist der erste Test, den eine Software durchläuft, wenn es keine Unit-Tests gibt. Sein Ziel ist es, die Komponente in ihrem (möglichst) isolierten Zustand auf Fehler zu prüfen, um bei einer späteren Integration mit anderen Komponenten eine verlässliche Basis zu schaffen.

Was wird getestet

Testet ein Unit-Test häufig eine Methode, so arbeiten Komponententests mit größeren Einheiten, wie Klassen oder Services. Komponententests sind meist reine Ein-/Ausgabetests, wobei Ein- und Ausgaben automatisiert getätigt bzw. überprüft werden. Im Gegensatz zu Unit-Tests können sie aber auch andere Methoden, Klassen oder andere Elemente im Code ansprechen. Wenn eine Komponente einen Datensatz anlegt, dann ist er hernach auch wirklich vorhanden und wird nicht – wie bei Unit-Tests – »weggemockt«.

Ich will nicht unerwähnt lassen, dass für viele Entwickler und Lehrbücher Komponenten- und Unit-Tests Synonyme sind. Ich sehe das anders, weil Komponententests Möglichkeiten bieten, die ein Unit-Test nicht hat: Sie können eine Aktion bis zum Ende hin durchführen, eben weil sie nicht den Grad an Isolation erfordern wie Unit-Tests.

Wie wird getestet

Für die zu testende Komponente wird ein Test programmiert, der diese Komponente mit Werten füttert und das Ergebnis auswertet. Auch ein solcher Test kennt nur die Ergebnisse *bestanden* und *nicht bestanden*. Insofern unterscheiden sich Komponenten- und Unit-Tests nicht voneinander. Sie können häufig sogar dieselben Test-Frameworks einsetzen.

Wann und wie häufig wird getestet

Komponententests sind aufwendiger und dauern daher meist länger als Unit-Tests, weswegen sie nicht ganz so inflationär ausgeführt werden können. Häufig lässt man sie über Nacht laufen, bei spezifischen Anlässen (wie vor neuen Releases) oder beim Erstellen eines neue Builds durch den Build-Server.

Sie können auch ein spezifisches Setup erforderlich machen, zum Beispiel eine Datenbank oder eine vorhandene Konfigurationsdatei.

Wer führt die Tests durch

Komponententests werden von Entwicklern erstellt und von Entwicklern, QA-Mitarbeitern oder, wie schon erwähnt, automatisiert ausgeführt.

Was ist sonst noch wichtig

Mit den Komponententests wandern wir schon ein Stück nach oben in der Abstraktionsleiter. Entsprechend aussagekräftiger sind die Ergebnisse.

10.5.4 Usability-Test

Ziele

Wenn Sie selbst entwickeln, dann kennen Sie das bestimmt: Anwender können Ihnen nicht sagen, wie sie sich eine bestimmte Funktion vorstellen. Aber Sie können Ihnen sehr genau mitteilen, was ihnen an der fertigen Software gefällt oder nicht gefällt.

Das trifft besonders auf die Benutzeroberfläche zu. Und so ist es das Ziel dieses Tests, herauszufinden, ob die Software im Alltag zu gebrauchen ist, also gut bedient werden kann.

Was wird getestet

Hier zeigt sich eine Henne-Ei-Problematik. Einerseits benötigen Anwender die fertige Software zur Beurteilung, andererseits dient der Usability-Test ja gerade dazu, die Software zu entwickeln. Natürlich könnten Sie einen solchen Test auch dafür verwenden, die nächste Version Ihrer Software zu entwerfen. Dann haben Sie bereits die idealen Voraussetzungen; Websites lassen sich in der Praxis beispielsweise oft einfacher ändern, und es gibt häufigere Relaunches.

Im anderen Fall greifen Sie am besten auf einen Prototyp zurück. Dieser enthält alle Funktionen, allerdings greift er meist nicht auf die echten Daten zu, und er besitzt nur eine eingeschränkte Funktionalität. Der Prototyp muss den Anwendern auch wirklich einen vollständigen Eindruck der Funktionalität und Bedienung vermitteln.

Wie wird getestet

Zunächst einmal müssen Aufgabenstellungen gebildet werden, die von den Versuchspersonen gelöst werden sollen. Diese Aufgabenstellungen sollen typisch für die Anwendung und abgeschlossen sein und nicht zu lange dauern, für gewöhnlich weniger als eine Stunde.

Die Probanden werden gebeten, während dieser Zeit laut nachzudenken, aber nicht nachzufragen (oder nur, wenn sie nicht mehr weiterkommen). Die Anwender können dies in einem Labor tun (die bevorzugte Methode) oder an ihrem Arbeitsplatz.

Der Tester nimmt an diesen Sitzungen teil, er beobachtet die Anwender und macht Notizen. In professionellen Labors gibt es alternativ dazu Aufzeichnungsmöglichkeiten, die eine spätere Auswertung zulassen. Viele Dienstleister bieten außerdem *Eye Tracking* an. Damit werden die Augenbewegungen der Versuchspersonen verfolgt und grafisch dargestellt. So lässt sich leicht erkennen, ob eine Benutzeroberfläche das Auge des Benutzers führt oder eher verwirrt. Ergänzt wird die Beobachtung von der anschließenden Befragung der Versuchspersonen, meist mit standardisierten Fragebögen.

Neben der Beobachtung gibt es noch weitere Verfahren:

- Gerade im Web gebräuchlich sind *Verhaltensanalysen*, z. B. die *Abbrecheranalyse*. Sie stellt fest, an welcher Stelle einer Website Anwender häufig einen Vorgang abbrechen, zum Beispiel einen Bestellvorgang.
- Die Beobachtung kann auch ausfallen und durch eine reine Befragung ersetzt werden. Über das Internet kann so ein sehr großer Personenkreis befragt werden. Dies setzt aber eine besonders sorgfältige Formulierung der Fragen voraus.
- Die Software selbst kann Informationen über die Verwendung gewisser Funktionalitäten und Bedienweisen speichern. Dafür benötigen Sie allerdings die Einwilligung des Anwenders.

Wann und wie häufig wird getestet

Usability-Tests finden entweder an fertigen Produkten statt, dann mit dem Ziel, diese Produkte für Folgeversionen zu verbessern, oder an Prototypen während einer recht frühen Phase der Entwicklung. Dann haben sie das Ziel, Einfluss auf das Design der Anwendung zu nehmen.

Usability-Tests sind recht aufwendig und erfordern einiges an Vorbereitungs- und Auswertungszeit, sie werden daher nicht sehr häufig durchgeführt. Nachdem die Ergebnisse des ersten Testlaufs in den Prototypen eingeflossen sind, kann sich ein zweiter Testlauf lohnen, wenn die Änderungen umfangreich waren.

Wer führt die Tests durch

Am Markt finden sich zahlreiche Unternehmen, die sich auf Usability-Tests spezialisiert haben und entsprechendes Know-how und eine professionelle Ausrüstung mitbringen. Alternativ kann ein solcher Test auch von einem Tester ausgeführt werden. Dieser sollte allerdings dafür ausgebildet sein, da dieser Test völlig anders abläuft als alle anderen Tests.

Der Tester benötigt eine Auswahl an Anwendern, nennen wir sie einmal Versuchspersonen. Diese Personen können Anwender der Vorgängerversion sein oder Anwender, die erstmalig mit der Software arbeiten. Sie können zielgerichtet oder zufällig ausgewählt worden sein. Für die meisten Zwecke sollten 3–6 Personen genügen.

Bei einem Massenprodukt werden eher viele Personen zufällig ausgewählt werden, bei einer Individuallösung wird der Kreis hingegen viel bestimmter sein. Wichtig ist jedoch, dass die Versuchspersonen den fachlichen Hintergrund besitzen, die Tests durchzuführen. Der Grad der fachlichen Eignung wird in einem Vorgespräch ermittelt. Dies ist anschließend für die Bewertung der Ergebnisse wichtig, da ein versierter Anwender oft auch mit anderen Anwendungen derselben Kategorie gut zurechtkommt.

Was ist sonst noch wichtig

Was ist Qualität? Dafür benötigen Sie keine elaborierte Definition, Sie erkennen Qualität, wenn Sie eine solche vor sich haben. Allerdings ist Qualität für Anwender keine objektiv unanfechtbare Größe, sie bezieht ihre Erwartungen mit ein.

Einer der wesentlichen Gründe für die Einführung der Ribbon-Oberfläche in Office 2007 war die Anfrage vieler Anwender nach Funktionen, die schon längst vorhanden waren. Ein Anwender, der eine Funktion nicht findet, wird ein Produkt qualitativ schlechter beurteilen als nötig, wenn der die vermisste Funktion brauchen kann. Usability-Tests sind also auch ein wenig angewandte Psychologie, und die Anwender fühlen sich von den Entwicklern ernst genommen, die in ihren Augen oft im Elfenbeinturm residieren und sowieso immer an ihnen »vorbei programmieren«.

Dazu braucht es meist kein Labor und ausgebildete Fachleute, sondern nur die Bereitschaft, sich auf ganz und gar widersprüchliche und subjektive Anwender einzulassen, ein kontrolliertes Experiment und die dafür notwendige Systematik, die ich in diesem Abschnitt grob umrissen habe.

10.5.5 Systemtest

Ziele

Der Systemtest ist das Herzstück aller Tests und prüft die fertige Software auf alle funktionalen und nicht-funktionalen Anforderungen gegen die vorhandene Spezifikation. Dies setzt ein fertiges System voraus und eine gute Spezifikation (siehe Abschnitt 10.5.1, »Test der Spezifikation«). In größeren Projekten findet oft vorab ein Integrationstest statt, in dem die einzelnen Komponenten in ihrem Zusammenspiel getestet werden, ohne dass das gesamte System bereits fertiggestellt ist.

Was wird getestet

Es wird das gesamte System getestet, also die Software, alle Schnittstellen, eventuell konvertierte Daten, Dokumente und sonstige Bestandteile. Es geht darum, die Software als Ganzes zu betrachten. Nicht zuletzt sollen hier auch Fehler gefunden werden, die eben nur im Zusammenspiel der vielen Bestandteile eines Systems auftreten.

Wie wird getestet

Die Software wird auf einem Testsystem installiert, das der späteren Ausführungsumgebung weitgehend entspricht. Informationen zum Aufbau eines Testsystems finden Sie in Abschnitt 10..3, »Testumgebung«. Niemals sollten Sie die Software in einer Produktionsumgebung testen, auch wenn dies im ersten Moment verlockend sein mag.

Anhand der vorab definierten Testfälle prüft der Tester die jeweilige Funktion auf korrekte Arbeitsweise, entscheidet auf bestanden oder nicht bestanden und dokumentiert sein Ergebnis. Zur Durchführung eines solchen Tests und zur Vorbereitung der Testfälle finden Sie Informationen an verschiedenen Stellen dieses Kapitels.

Wann und wie häufig wird getestet

Der Name impliziert bereits: Sie benötigen erst einmal ein System. Der Systemtest findet daher meist in der zweiten Hälfte des Gesamtprojekts statt. Gerade dieser Test hat einen iterativen Charakter: Er wird zunächst in seiner Gesamtheit ausgeführt. Die nicht bestandenen Testfälle werden dann genauer analysiert, die fehlerhaften Funktionen werden korrigiert, und der Tester erhält die Software abermals zum Test. Dieser sogenannte Regressionstest ist meist weniger umfangreich, die meisten Tester konzentrieren sich hier auf die vorher fehlerhaften Funktionen. Es ist dennoch sinnvoll, auch thematisch eng verwandte Funktionen erneut zu prüfen, um Seiteneffekte auszuschließen.

Wer führt die Tests durch

Es testet entweder ein einzelner Tester oder ein ganzes Team aus Testern, meist das *QS (QA)-Team* genannt.

Was ist sonst noch wichtig

Der Systemtest ist wiederum ein Sammelbecken für ganz verschiedene Tests, denn das »System« ist an sich schon ein sehr allgemeiner Begriff. Die meisten Ausführungen in diesem Kapitel beziehen sich darauf. Manche Tester führen nach Abarbeitung der Testfälle beispielsweise einen *explorativen Test* durch, ein vornehmer Begriff, um Dinge aufs Geradewohl auszuprobieren.

Oder es gibt ganz spezialisierte Tests, zum Beispiel *Lasttests*, also den Test des Systems auf sein Verhalten unter einer definierten Last oder *Sicherheitstests*, also das Testen auf Sicherheitsschwachstellen. Das hängt ganz individuell von den Anforderungen der zu testenden Anwendung und, wie immer, auch vom Geldbeutel des Auftraggebers ab.

10.5.6 Feldtest

Ziele

Dieser Test wird meist vernachlässigt. Dabei kann er – richtig eingesetzt – wertvolle Informationen liefern, und das zu einem Zeitpunkt, an dem noch Änderungen möglich sind.

Ziel ist es herauszufinden, ob die Software die Akzeptanz des Kunden gewinnt. Außerdem sollen Fehler rechtzeitig erkannt werden, die nur unter realen Bedingungen auftreten. Darüber hinaus bietet er eine einzigartige Gelegenheit, die Mitarbeiter für die neue Software zu gewinnen. Er birgt allerdings auch die Gefahr, sie zu verärgern, sollte die Software allzu viele Fehler aufweisen.

Was wird getestet

Entweder wird das gesamte System getestet, dann ist es aber manchmal zu spät für diesen Test, oder eine Sammlung thematisch zusammengehöriger Module. Diese sollten dann aber funktional fertiggestellt sein. Sie werden im Folgenden Modulpakete genannt.

Wie wird getestet

Eine strenge Systematik, wie beim Systemtest, ist bei diesem Test weder möglich noch sinnvoll, schließlich testen hier nicht professionelle Tester, sondern Mitarbeiter. Der Test findet beim Kunden oder auch im eigenen Unternehmen statt, wenn die obigen Rahmenbedingungen gegeben sind. Die Umgebung entspricht derjenigen des Systemtests. Zusätzlich muss eine realistische Grundbefüllung vorgenommen werden, beispielsweise muss die Konfiguration stimmen, und die wichtigsten Stammdaten müssen vorhanden sein.

Die Mitarbeiter des Feldtests erhalten vorab eine Schulung, sie kennen das neue System in aller Regel noch nicht. In dieser Schulung wird auch der Feldtest selbst besprochen. Jeder Mitarbeiter erhält eine Checkliste mit Aufgaben, die er mithilfe der neuen Software bewältigen soll, also beispielsweise Aufträge anlegen, Kundenumsätze prüfen oder Belege ausdrucken. Außerdem erhält er ein Testprotokoll, das er während des Tests ausfüllt.

Der Feldtest hat einen definierten Beginn und ein definiertes Ende. Das Ende richtet sich also nicht so sehr nach den zu testenden Kriterien, sondern nach dem Kalender. Nach Abschluss der Tests findet eine Besprechung in demselben Personenkreis statt. Oft erfahren Sie hier das Bauchgefühl der Mitarbeiter, was ihnen gefällt und was nicht, wie sie mit der neuen Software zurechtgekommen sind, und welche Verbesserungen sie sich wünschen.

Wann und wie häufig wird getestet

In der Regel findet dieser Test einmalig (pro Modulpaket) statt, eventuell kurz vor Einführung der Software ein zweites Mal. Der Zeitpunkt richtet sich nach der Verfügbarkeit der Software oder der Modulpakete. Er sollte so früh stattfinden, dass Änderungen noch möglich sind, die Systemtests sollten also noch nicht abgeschlossen sein. Er sollte wiederum so spät erfolgen, dass die Mitarbeiter auch alle Funktionen testen können, die für ihre tägliche Arbeit wichtig sind. Und vor allem muss die Software auch die dafür erforderliche Testreife aufweisen; sie sollte also nicht nur frei von offensichtlichen Fehlern sein, sondern auch den eigenen Testparcour bereits absolviert haben.

Wer führt die Tests durch

Den Test führen Mitarbeiter des Kunden durch, oder Mitarbeiter des eigenen Unternehmens, wenn dies fachlich möglich ist. Diese Mitarbeiter sollten sorgfältig ausgewählt werden. Sie benötigen die Bereitschaft, daran mitzuwirken, ein wenig technisches Grundverständnis und fachliche Kenntnisse über das zu testende Modulpaket. Sie sollten aufgeschlossen gegenüber der neuen Software sein und nicht beim ersten Auftreten eines Fehlers in Panik verfallen.

Was ist sonst noch wichtig

Feldtests sind eine aufwendige Sache und nicht immer finden sich Mitarbeiter, die neugierig, angstfrei und mit der nötigen Einstellung ans Werk gehen.

Sie sollten einen Feldtest nur dann durchführen, wenn Sie solche Mitarbeiter finden und deren Anmerkungen auch noch ins Produkt einfließen lassen können. Microsoft ist da ein gutes Beispiel, vor allem auch bei Visual Studio 2012, von dem schon sehr früh eine erste Vorabversion zur Verfügung stand.

Bei solchen umfangreichen Feldtests benötigen die Anwender ein Forum, in dem sie sich mit Ihnen austauschen können. Das kann der direkte Draht zum Produktmanager (oder gar Entwickler) sein, ein persönliches Treffen am Ende der Testperiode oder irgendeine Form von elektronischer Kommunikation, wie E-Mail oder ein Onlineforum.

10.5.7 Abnahmetest

Ziele

Mit dem Abnahmetest soll die Software abgenommen werden, die Software wird also auf Vertragserfüllung getestet. Die Werkleistung wird damit entgegengenommen, die Software wechselt von der Erstellungs- in die Gewährleistungsphase. Zumeist wird mit diesem Schritt auch der letzte Teil der Vergütung fällig.

Eine Software, bei der der Kunde keine Mängel entdeckt, ist mir noch nicht untergekommen. Manchmal findet er echte Fehler, und häufig entspricht eine Funktion einfach nicht seinen Erwartungen. Eine Abnahme jedoch kann nicht verweigert werden, wenn nur noch geringfügige Mängel auftreten. Ein sicheres Zeichen hierfür ist, wenn der Kunde die Software bereits produktiv einsetzt.

Nicht selten stellt sich heraus, dass das Werk zwar die Anforderungen grundsätzlich erfüllt, aber die Guidelines des Kunden nicht beachtet wurden, beispielsweise die Richtlinien zur Benennung von Datenbankobjekten. Darum sollten Sie alle Spezifikationen gleich behandeln und auch in Ihren eigenen Tests einsetzen.

Was wird getestet

Das gesamte vertraglich geschuldete Werk wird getestet, wie es im Auftrag und in den Spezifikationen beschrieben ist. Der Test sollte stets auf den Systemen des Kunden durchgeführt werden.

Das klingt ein wenig theoretisch, denn die Kunden werden sich nicht auf die vereinbarte Spezifikation beschränken, sondern die Software so anwenden, wie es ihre Aufgaben verlangen. Dabei fördern sie, fast zwangsläufig, »Fehler« zutage, die eigentlich vergessene Features sind. Auch das ist dann ein Testergebnis.

Wie wird getestet

Der Kunde erstellt seine eigenen Regeln und Testfälle, nach denen getestet werden soll. Es ist aber schon sinnvoll, die Rahmenbedingungen des Tests vorab zu definieren, insbesondere eine gemeinsame Definition des Schweregrads von Fehlern und die Dauer des Tests.

In größeren Projekten ist es sinnvoll, dem Kunden für die Dauer des Tests einen eigenen Mitarbeiter zur Seite zu stellen, idealerweise einen Tester. Auftretende Fragen können so viel schneller geklärt werden, und die Einschätzung eines Fehlers kann so gemeinsam erfolgen, wenn der Kunde dem zustimmt.

Wann und wie häufig wird getestet

Hoffentlich findet der Test einmalig statt, wahrscheinlich erfolgt er aber mehrfach nach dem erfolgreichen Durchlaufen des Systemtests. Bitte beachten Sie, dass zu diesem Zeitpunkt auch die Dokumentation fertiggestellt sein muss, da sie ein Bestandteil der Software ist.

Wer bis zum Schluss wartet, bis er seinem Kunden die Software zeigt, geht ein unnötiges und hohes Risiko ein. Vereinbaren Sie doch einen Feldtest, besprechen Sie mit Ihrem Kunden Screenshots, Prototypen und fertige Module, und binden Sie ihn auch sonst während der gesamten Projektlaufzeit ein.

Wer führt die Tests durch

Der Kunde ist derjenige, der die Tests durchführt, egal, ob es sich um einen externen oder internen Kunden handelt.

Was ist sonst noch wichtig

Also, mal ehrlich: Die besten Abnahmetests sind die, die man als Auftragnehmer mit vorsichtiger Hand lenkt. Das kann die Bereitstellung von Testfällen sein, über die sich mancher Kunde freut, ein reger Austausch während des Tests oder, wie schon gesagt, die persönliche Begleitung der Tests (wie wir das in unserem Unternehmen häufig praktizieren).

Mitunter sind die Tests aber auch einfach nur nervig. In den Bereichen, für die ich verantwortlich bin, gibt es mehrere Vollzeitstellen für den Softwaretest und nahezu immer finden die Kunden noch Fehler, wenn sie die Abnahmetests gründlich und strukturiert durchführen. Das können Tippfehler sein, vor allem außerhalb Deutschlands, wie in Kasachstan, China oder Serbien, oder ein Anwender macht etwas mit der Software, das bisher völlig undenkbar schien. Sie können sich darüber ärgern, darüber wundern, oder daraus lernen. Oder natürlich alles gleichzeitig.

10.5.8 Codereview

In Abschnitt 10.1.2, »Übersicht und Einteilung der Tests«, habe ich schon einige statische Tests erwähnt, aus denen ich hier den *Codereview* herausgreifen möchte, schon allein deshalb, weil die praktische Bedeutung hoch ist, leider aber auch die Verwirrung um diesen Begriff.

Ziele

Das wichtigste Ziel bei einem Codereview ist die Sicherung oder Verbesserung der Qualität. Daneben, und das wird häufig vergessen, dient er auch zur individuellen und höchst praktischen Weiterbildung aller am Review Beteiligten.

Was wird getestet

Der Quellcode wird getestet, wobei der Begriff hier weiter zu fassen ist und auch XML-Konfigurationsdateien oder SQL-Scripts umfasst. Natürlich wird man nicht jede Zeile Quellcode mit allen Kollegen besprechen können, es muss also eine Auswahl stattfinden.

Diese Auswahl ist subjektiv, geeignete Kandidaten sind z. B.

- Code neuer Kollegen,
- sicherheitskritischer Code,
- Code, der aus anderen Gründen wichtig ist, zum Beispiel für die Performance einer Anwendung oder weil er besonders zuverlässig funktionieren muss,
- Code, der per definitionem kritisch ist, wie Schnittstellen oder Fehlerbehandlung,
- auffälliger Code, zum Beispiel sehr lange Methoden oder Klassen, die von der statischen Codeanalyse als problematisch gekennzeichnet wurden,
- neu eingecheckte Änderungen, aber auch älterer Code, sofern die obigen Kriterien erfüllt sind.

So viel zur Auswahl, aber was genau wird nun begutachtet? Das hängt, wie könnte es auch anders sein, von den ganz individuellen Anforderungen ab. Der Code eines neuen Kollegen wird vermutlich auf die Einhaltung der Codierrichtlinien geprüft werden, Code für die Benutzerautorisierung eher auf Sicherheitsschwachstellen. Mögliche Kandidaten sind:

- Einhaltung von Codierrichtlinien
- Sicherheitsschwachstellen
- Effizienz und Eleganz von Code, aber auch die Verwendung gängiger Technologien und Hilfsmittel
- No-Gos, wie Gotos (nicht immer ist das, was sich reimt, gut)
- Abweichung von Unternehmensstandards, wie Namenskonventionen
- grundlegende Schwächen in Design und Implementierung
- Probleme in der Wartbarkeit
- Einhaltung technischer oder vertraglicher Regeln

Wie wird getestet

Bei einem Codereview wird der Code durch eine andere Person (oder Personen) betrachtet und analysiert. Das ist schon das Genaueste, was man darüber sagen kann. In der Praxis gibt es allerdings einige Muster, die häufig bei Reviews angewendet werden, zum Beispiel der folgende Ablauf:

1. Auswahl der zu prüfenden Codestellen und Auswahl der Begutachter
2. Vorbesprechung, vor allem mit den Entwicklern, die den Code geschrieben haben
3. Durchführung des Reviews
4. Diskussion der Ergebnisse
5. Einarbeiten der durch den Review gewonnenen Erkenntnisse
6. eventuell Verbesserung der Standards und Werkzeuge

Häufiger freilich trifft man auf eine viel informellere Vorgehensweise. Dazu passt, dass es immer bessere Tools dafür gibt, nicht zuletzt die aktuelle Version 2012 des Team Foundation Servers. Codestellen lassen sich dort meist markieren und kommentieren und fließen so in einen standardisierten Überarbeitungsprozess ein.

Neben den schon erwähnten informellen Reviews trifft man häufiger auf:

- *Walkthroughs*, also geführte »Reisen« durch den Quellcode, die dann oft eine gewisse Problemstellung bzw. einen Algorithmus beschreiben.
- Technische Reviews, dabei geht es um die eher formale Prüfung eines Quellcodes, zum Beispiel auf die Einhaltung gewisser Designregeln.
- Inspektion, ein noch formalerer Prozess, der die Einhaltung gewisser Regeln beim Review-Prozess voraussetzt und oft standardisiert ist.

Wann und wie häufig wird getestet

Das ist unterschiedlich und hängt auch davon ab, welche Codeteile geändert wurden und wie hoch die Änderungsfrequenz ist. Mehr lässt sich darüber nicht sagen. Ein Review kostet Zeit, die man sonst für die Entwicklung aufwenden könnte. Allein diese Tatsache wird die Häufigkeit eines Reviews beschränken.

Wer führt die Tests durch

Der Entwickler des zu testenden Quellcodes steht für Fragen zur Verfügung, während ein Gutachter – meist ein direkter Kollege oder (in selteneren Fällen) auch ein Linienvorgesetzter den Quellcode inspiziert.

Gelegentlich finden auch Reviews in Gruppen statt, wobei sich diese Vorgehensweise für die eher schwergewichtigen Codeteile lohnt.

Was ist sonst noch wichtig

Lassen Sie mich unumwunden zugeben: Ich bin kein besonders guter Reviewer. Wenn ich einen Code sehe, dann neige ich dazu, alles so lange zu »optimieren«, bis nur noch einige Kommentarzeilen übrigbleiben. Das kommt meist nicht gut an, wie Sie sich vorstellen können – und nicht immer sehen andere in diesen Optimierungen eine Verbesserung.

Es menschelt, beim Codereview ganz besonders. Soll es sich lohnen, und das Potenzial dafür ist reichlich vorhanden, dann darf es weder zur kollektiven Kaffeerunde ausarten, noch diktatorische Züge annehmen. Niemand möchte schließlich gerne kritisiert werden, wir Entwickler schon gleich zweimal nicht.

Die besten Reviews sind diejenigen, bei denen Kollegen untereinander Lösungsideen austauschen und beim gemeinsamen Betrachten von Code auf Ideen kommen, auf die man als Einzelner nicht kommen würde. Wenn Sie den Quellcode für die Reviews noch sorgfältig auswählen, dann haben Sie eigentlich das Potenzial für diese Testart schon ausgeschöpft.

10.5.9 Der Rest

An verschiedenen Stellen bin ich schon auf weitere Testarten eingegangen, die ich hier nicht beschreiben kann. Ich will sie aber erwähnen und ihre Merkmale wenigstens in einigen Worten zusammenfassen.

Sicherheitstests

Das weite Feld der *Sicherheitstests* besteht in der Aufgabe, die vertragsgemäße Implementierung von Sicherheitsmerkmalen zu testen, aber auch Sicherheitslücken zu finden. Man nennt da häufig *Penetrationstests*.

Die Sicherheit von Anwendungen kann man auf mehrere Arten testen:

- Eine Software prüft, mehr oder weniger regelbasiert, den bestehenden Code auf Sicherheitsschwachstellen (Whitebox). Einige davon findet bereits die statische Codeanalyse von Visual Studio, es gibt aber am Markt sehr ausgereifte und umfangreiche Produkte zur Analyse des Codes auf Sicherheitsschwachstellen.
- Eine Software prüft die laufende Anwendung auf Sicherheitsschwachstellen (Blackbox). Die automatisiert laufenden Penetrationstests wenden, ebenfalls regelbasiert, Angriffsmuster an oder finden potenzielle Sicherheitsschwachstellen. Im einfachsten Fall könnten diese offene Ports sein, in komplexeren Szenarien die Anfälligkeit einer Website für SQL-Injection-Angriffe.
- Der kreativste Computer, das menschliche Gehirn, nutzt Erfahrung und kreative Hinterlist, um eine Anwendung zu überlisten. Dazu braucht es, selbstredend, Zeit

und einen geeigneten Mitarbeiter. Da beides oft fehlt, bieten hier zahlreiche Dienstleister ihre spezialisierten Dienste an.

Performancetests

Dabei geht es, meistens jedenfalls, um das computergestützte Messen von Performancekennzahlen, zum Beispiel die Zeit, die eine Anwendung benötigt, um ein Bild mit einem Weichzeichner zu verarbeiten.

Das kann sich auch für Ihre Anwendung lohnen, wenn die Erstellung eines solchen Tests nicht sehr aufwendig ist (vielleicht eignet sich dafür ja schon ein Komponententest) und es besonders neuralgische Stellen in der Anwendung gibt, für die man die Performance in Blick behalten möchte.

Last- und Stresstests

Ein *Lasttest* testet eine Anwendung auf eine (oft) maximale Last, die aber noch realistisch ist. Wenn Ihre Website mit 500 gleichzeitigen Sessions zurechtkommen muss, dann können Sie diese Last mit Tools simulieren und die Performancekennzahlen gegen die aktuelle Last auftragen. Es ergeben sich dann aussagefähige Diagramme. Visual Studio selbst bietet ein solches Modul, wenn auch nur in der Ultimate-Version unbeschränkt.

Ein *Stresstest* hingegen geht über die realistische Last hinaus, setzt eine Anwendung also unter Stress. Man möchte herausfinden, wann eine Anwendung zusammenbricht, oder, allgemein, wie sich eine Anwendung unter (zu) hoher Last verhält. Manchmal ist das zu erwartende Ergebnis unbekannt, in anderen Fällen wird erwartet, dass die Anwendung sich auf eine bestimmte Art und Weise verhält – zum Beispiel, indem sie keine neuen Anforderungen mehr entgegennimmt, um die bestehenden Verbindungen in ordentlicher Geschwindigkeit bedienen zu können.

In beiden Fällen sind es vor allem die Lastspitzen, die interessieren und die beide Testarten in den Fokus der Tester rücken. Außerdem geht es um die Skalierbarkeit, also ob und wie eine Anwendung mit steigenden Zugriffszahlen zurechtkommt. Das ist eine interessante Frage, übrigens nicht nur bei Onlineshops zur Weihnachtszeit. In einfacheren Testszenarien lassen sich solche Tests auch mit echten Anwendern durchführen, statt Softwareautomaten (sogenannten Agenten).

Zuverlässigkeitstests

Diese Testart taucht recht selten auf dem Radar des QA-Teams auf. Ein *Zuverlässigkeitstest* testet eine Software darauf, ob sie zuverlässig das verrichtet, was sie soll. Das klingt einfach, setzt aber zwei Dinge voraus:

1. einen gewissen Testzeitraum
2. die genaue Kenntnis darüber, was die Software im Detail zuverlässig leisten soll

Im Kern geht es um die Verringerung von Risiken, denn die funktionalen Tests haben ja schon die Funktionsfähigkeit nachgewiesen, jetzt geht es darum, ob eine Software das auch über einen längeren Zeitraum gewährleisten kann.

In »gewöhnlichen« Anwendungen wird man solche Tests daher selten antreffen, leider zu selten, denn wenige Tests an den richtigen Stellen können die Zuverlässigkeit merklich erhöhen und verursachen zudem nur wenig Aufwand. Nehmen Sie beispielsweise eine Software zur Erfassung von Vitalwerten von Patienten. Ein Test könnte dann, beispielsweise zufallsgesteuert, über einen Zeitraum von 24 Stunden solche Vitalwerte erfassen, eventuell auch in einer höheren Frequenz. Da fühlte man sich doch gleich viel wohler, als Entwickler und als Patient, nicht wahr?

10.6 Workshop: Unit-Tests mit Visual Studio

In Abschnitt 10.5.2 habe ich Unit-Tests näher vorgestellt, jetzt geht es an die Praxis. Bereits die Version 2010 von Visual Studio brachte ein brauchbares Werkzeug für Unit-Testing mit, in der aktuellen Version zeigt es sich flexibler. Über Unit-Test-Adapter lassen sich auch andere Unit-Test-Frameworks, wie *xUnit.net* oder *NUnit* anbinden.

Mit solchen Frameworks verhält es sich wie mit vielen anderen Basistechnologien in .NET und Visual Studio: Natürlich gibt es Unterschiede zwischen den Werkzeugen, in den Funktionen, in der Bedienung und in der Performance; viel wichtiger als das Werkzeug ist aber die Qualität Ihrer Unit-Tests.

10.6.1 Anlegen eines Testprojekts

Tests sind in Visual Studio eigene Projekte, die Sie am besten mit dem zu testenden Projekt gemeinsam in einer Projektmappe verwalten. Denken Sie bitte auch daran, Ihre Test-Projekte der Quellcode-Verwaltung hinzuzufügen. Wählen Sie DATEI • NEU • PROJEKT (siehe Abbildung 10.8)

Zur Wahl stehen:

- Komponententestprojekt: das eigentliche Unit-Testprojekt, das wir jetzt benötigen.
- Testprojekt für codierte UI: Mit diesem Projekt lassen sich Tests anlegen, die eine Benutzeroberfläche »fernsteuern«.
- Testprojekt für Webleistung und Auslastung: Damit lassen sich Last- und Stresstests erstellen.

Visual Studio legt daraufhin ein neues Projekt an, das Sie auch als Startprojekt festlegen können. Das ist sinnvoll, wenn Sie beispielsweise eine Klassenbibliothek testen möchten. Außerdem legt es für Sie bereits einen Test mit dem Namen TESTMETHOD1 an. Öffnen Sie nun bitte den Test-Explorer, den Sie über TEST • FENSTER • TEST-EXPLORER erreichen.

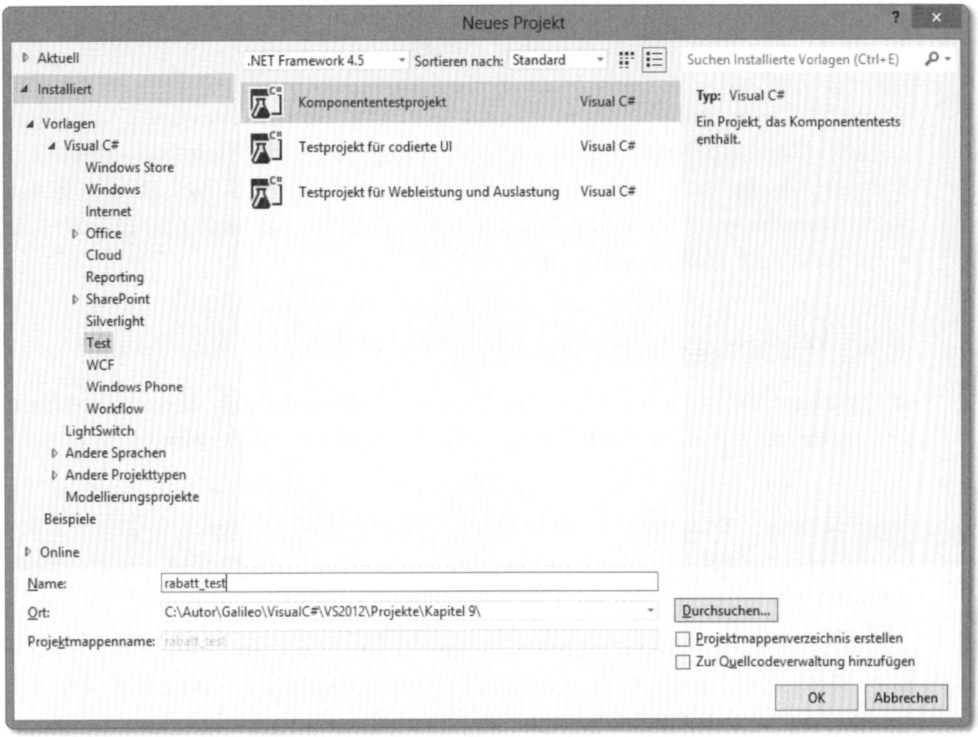

Abbildung 10.8 Anlegen eines Testprojekts

Bevor wir nun einen Test erstellen, lassen Sie uns den zu testenden Code näher betrachten:

```
public class Rabatt
{
   public double BerechneRabatt(double bestellwert)
   {
      //Für 1000, 2000, 3000, 4000 ... usw. EUR Bestellwert,
      //jeweils Prozente
      int[] rabattWerte = new int[]{1,2,5,9,20};

      if (bestellwert < 5000)
         return 0;
      else
      {
         int rabattStaffel = (int)bestellwert % 1000;
```

```
            return bestellwert * rabattWerte[rabattStaffel];
        }
    }
}
```

Listing 10.1 Rabattberechnung der Klasse »Rabatt«

Die Funktionsweise ist recht einfach. Die Klasse enthält eine Funktion, `BerechneRabatt`, die für einen Bestellwert, der in Euro übergeben wird, den Rabatt ebenfalls in Euro zurückgibt. Unter 5.000 Euro Bestellwert gibt es keinen Rabatt. Danach gibt es Rabatt-Prozentwerte für 6.000, 7.000, 8.000, 9.000, 10.000 und mehr Euro Bestellwert, die von 1 bis 20 Prozent gehen.

10.6.2 Hinzufügen der Unit-Tests

Im Test-Explorer werden alle Unit-Tests angezeigt, dafür müssen Sie das Projekt aber erst einmal erstellen. Vorher benötigen wir aber noch einen Unit-Test.

Fügen Sie dem Projekt nun ein neues Element hinzu. Wählen Sie dazu aus dem Dialog EINFACHER KOMPONENTENTEST aus. Idealerweise testet jede Testklasse einen abgeschlossenen Bereich Ihrer Software, während jede Testmethode einen einzelnen Test ausführt. Benennen Sie die Klasse nun bitte.

Sie sehen schon an der `using`-Anweisung dass die Microsoft-Implementierung weniger Teil des .NET Frameworks ist, sondern eben das Unit-Test-Produkt von Microsoft und andere Produkte gleichwertig daneben stehen.

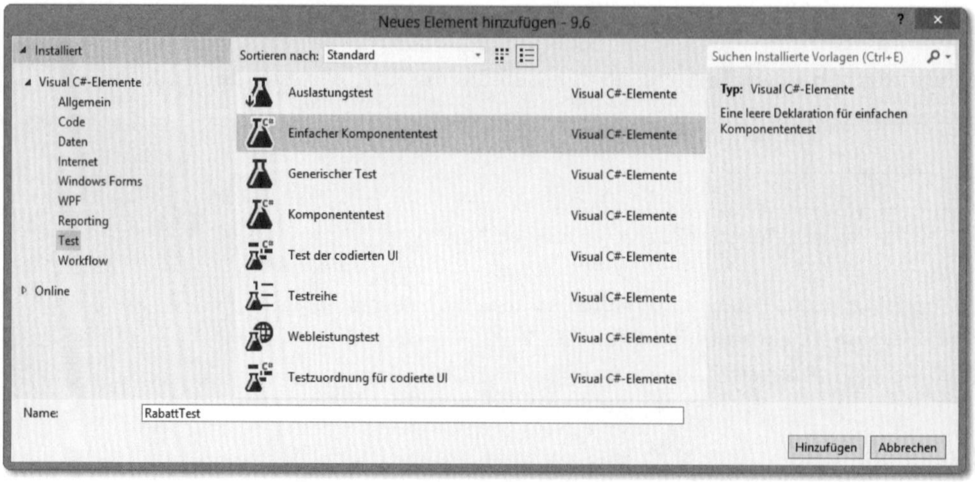

Abbildung 10.9 Einen neuen Unit-Test dem Projekt hinzufügen

Das Unit-Test-Modul von Visual Studio arbeitet mit Attributen. So ist die Testklasse mit `[TestClass]` ausgezeichnet und jede Testmethode mit `[TestMethod]`. Aufgrund dieser Auszeichnung erkennt Visual Studio ausführbare Testklassen und -methoden und kann sie im Test-Explorer darstellen.

Sie können nun für jede Methode der zu testenden Klasse eine Testmethode schreiben, das schließt den Konstruktor mit ein. Fügen Sie anschließend einen Verweis auf das zu testende Projekt hinzu, wenn nicht bereits geschehen und eine entsprechende `using`-Anweisung in Ihre Testklasse.

Die folgenden Testfälle sind für unsere Fälle notwendig:

- ein Bestellwert unter 5.000 EUR, denn dort sollte der Rabatt 0 sein
- Bestellwerte zwischen 5.001 und 10.000 EUR, dort sollte der jeweilige Rabattsatz greifen
- Bestellwerte über 10.000 EUR, dort sollte der Höchstsatz von 20 Prozent gelten

Erstellen wir also drei Tests:

```
[TestMethod]
public void PruefeKleinbestellung()
{
   Rabatt rabatt = new Rabatt();
   double rabattInEuro = rabatt.BerechneRabatt(2000);
   Assert.IsTrue(rabattInEuro == 0, "Der Rabattwert für
   Kleinbestellungen muss 0 betragen");
}
```

Listing 10.2 Erster Test, Kleinbestellung

Der zweite Test prüft die Werte in der Mitte des Bereichs. Dazu verwenden wir ein Array mit den Testdaten und ein zweites mit den zu erwartenden Ergebnissen.

```
[TestMethod]
public void PruefeRabattstaffel()
{
   double[] bestellwerte = new double[] { 5000, 6000, 7000, 7500, 8000, 9000};
   double[] ergebnisse = new double[] { 50, 120, 350, 375, 720, 1800  };
   for (int i = 0; i < bestellwerte.Length; i++)
   {
      Rabatt rabatt = new Rabatt();
      double rabattInEuro = rabatt.BerechneRabatt(bestellwerte[i]);
      double sollInEuro = ergebnisse[i];
      Assert.IsTrue(rabattInEuro == sollInEuro,
         String.Format("Fehler bei {0}, Ist: {1}, Soll: {2}",
```

```
        bestellwerte[i], rabattInEuro, sollInEuro));
    }
}
```

Listing 10.3 Zweiter Test, Rabattstaffel

Im dritten Test sind nun die Großbestellungen dran, also jene, bei denen der Rabatt den Höchstbetrag von 20 % annimmt.

```
[TestMethod]
public void PruefeGrossbestellung()
{
    Rabatt rabatt = new Rabatt();
    double rabattInEuro = rabatt.BerechneRabatt(20000);
    Assert.IsTrue(rabattInEuro == 4000, "Der Rabattwert für 20000 EUR
        muss 4000 EUR betragen");
}
```

Listing 10.4 Dritter Test, Großbestellung

Die Tests instanziieren jeweils ein Rabattobjekt und füttern es mit verschiedenen Werten. Mit `Assert` können Sie prüfen, ob eine Bedingung zutrifft, ideal also, um den Ist- mit dem Sollwert zu vergleichen. `Assert` nimmt dankenswerterweise auch eine Nachricht entgegen, mit der wir den Fehler im Test näher spezifizieren können. Das ist besonders in Test 2 sinnvoll, wo mehrere Werte in einem einzigen Test geprüft werden.

Die drei Tests erscheinen im Fenster TEST-EXPLORER und zwar mit ihren Methodennamen, vorher ist das Projekt abermals neu zu erstellen. Der Link ALLE AUSFÜHREN tut genau das, was er verspricht und zeigt das Ergebnis recht übersichtlich dar. Das Ergebnis sollte in etwa wie in Abbildung 10.10 dargestellt aussehen.

Sie sehen nun die beiden fehlgeschlagenen Tests. Wenn Sie einen solchen Test markieren, dann erfahren Sie wichtige Details, in unserem Beispiel:

- die Zeile im Quellcode, die fehlgeschlagen ist
- die `Assert`-Meldung
- die Ausführungsdauer
- den StackTrace mit anklickbaren Links

Sie sehen: Das Anlegen und Ausführen von Unit-Tests mit Visual Studio ist ziemlich einfach. Machen Sie es sich am besten zur Gewohnheit, Unit-Tests während der Entwicklung anzulegen – sie lassen sich dann zu einem beliebigen späteren Zeitpunkt in der Entwicklung erneut ausführen. So können Sie sich immer auf die Funktionsfähigkeit Ihrer Klassen und Methoden verlassen. Visual Studio 2012 ermöglicht die Ausführung der Tests bei jedem neuen Build-Vorgang, dafür ist die Schaltfläche links oben im Test-Explorer zuständig.

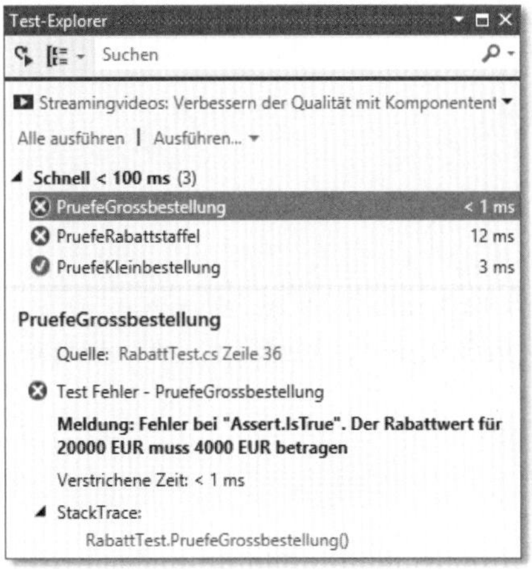

Abbildung 10.10 Ergebnis des Testlaufs

Die `Assert`-Klasse bietet Ihnen noch weitere Methoden, die oft mehrfach überladen sind. Alle anderen Fälle decken Sie mit der Methode `IsTrue` ab. Wenn Sie `Assert` eine Nachricht übergeben, im obigen Beispiel »Der Rabatt übersteigt 30 %«, dann werden sowohl das Testergebnis als auch diese Nachricht im Ergebnisfenster angezeigt. Sie können Ihre Tests auch in Testreihen organisieren, die Sie dann mit einem Klick ausführen können. Wenn Sie Ihre Tests gerne unterteilen, dann wählen Sie einfach TESTREIHE im Dialog zur Anlage eines neuen Tests aus, und ordnen Sie Ihre Tests zu.

10.6.3 Codeabdeckung

In einer idealen Umgebung wird jede Zeile Code von einem Unit-Test geprüft. Das ergäbe dann eine Codeabdeckung von 100 %. In der weniger idealen realen Welt werden Sie sich mit einer geringeren Codeabdeckung zufrieden geben müssen. Wie viel, darüber streitet sich die Gemeinde seit jeher, und so gibt es viele unterschiedliche Empfehlungen, von 50 % bis 95 % ist alles vertreten.

Das nützt natürlich nichts. Wie immer kommt es auf den Kontext, also das Projekt an, das ganz konkret getestet werden soll. Das Wort Codeabdeckung bezieht sich auf den gesamten Code, aber der ist natürlich keine homogene Masse, sondern vielmehr zerteilt in verschiedene Projekte, Klassen und Methoden. Diese können jeweils ganz eigene Sollwerte für den Abdeckungsgrad erforderlich machen.

Im Grunde ist der natürliche Feind der Codeabdeckung die Verzweigung, denn Verzweigungen beinhalten Bedingungen und für jede Bedingung bedarf es eines eigenen Tests, sollen auch wirklich alle Blöcke im Code durchlaufen werden.

Das einfache Beispiel

```
public bool RabattBedarfGenehmigung(double rabattInProzent)
{
    if (rabattInProzent > 30)
        return true;
    else
        return false;
}
```

erfordert schon wenigstens zwei Tests: einen Test mit Rabattwerten von 30 und weniger Prozent und einen weiteren für die Prozentwerte darüber. Schreiben wir dafür nun einen Test:

```
[TestMethod]
public void PruefeRabatt15Prozent()
{
    Rabatt rabatt = new Rabatt();
    bool rabattBedarfGenehmigung = rabatt.RabattBedarfGenehmigung(15);
    Assert.IsFalse(rabattBedarfGenehmigung, "Ein Rabatt von 15% muss nicht
    genehmigt werden");
}
```

Es leuchtet nun ein dass die Codezeile

```
return true;
```

in der Methode `RabattBedarfGenehmigung` nie durchlaufen wird, was nichts anderes bedeutet, als dass sie nicht getestet wird. Mit anderen Worten: Die Codeabdeckung ist kleiner als 100 %.

Diese Codeabdeckung zu kennen ist der erste Schritt hin zur Verbesserung. Während früher separate Tools erforderlich waren, bringt Visual Studio 2012 jetzt eine Analyse mit, wenn auch nur in den Versionen Premium und Ultimate.

Wählen Sie dafür im Test-Explorer unter AUSFÜHREN... den Menüpunkt CODEABDECKUNG FÜR ALLE TESTS ANALYSIEREN. Das Ergebnis ist so, wie wir das erwarten:

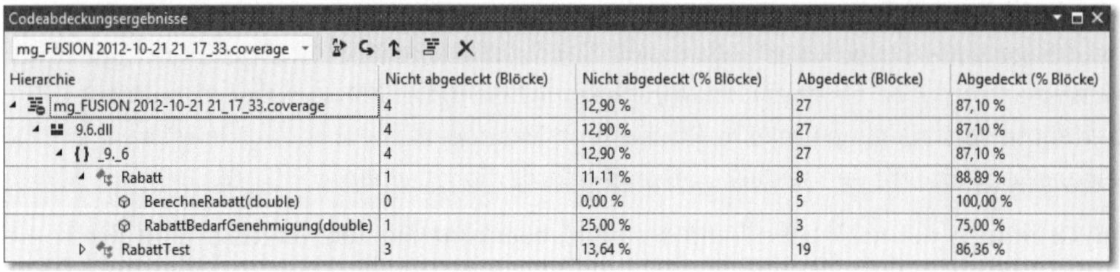

Hierarchie	Nicht abgedeckt (Blöcke)	Nicht abgedeckt (% Blöcke)	Abgedeckt (Blöcke)	Abgedeckt (% Blöcke)
mg_FUSION 2012-10-21 21_17_33.coverage	4	12,90 %	27	87,10 %
9.6.dll	4	12,90 %	27	87,10 %
_9._6	4	12,90 %	27	87,10 %
Rabatt	1	11,11 %	8	88,89 %
BerechneRabatt(double)	0	0,00 %	5	100,00 %
RabattBedarfGenehmigung(double)	1	25,00 %	3	75,00 %
RabattTest	3	13,64 %	19	86,36 %

Abbildung 10.11 Codeabdeckung

Es fehlt eine Zeile. Visual Studio zählt Blöcke, denn ein Block wird immer von oben nach unten und am Stück durchlaufen. Ein Klick auf die Zeile mit dem nicht getesteten Block öffnet den Quellcode-Editor und markiert die Zeile, die nicht durch einen Test abgedeckt ist.

```
public bool RabattBedarfGenehmigung(double rabattInProzent)
{
    if (rabattInProzent > 30)
        return true;
    else
        return false;
}
```

Abbildung 10.12 Die Codezeile, für die es keinen Test gibt

Das Tool hilft natürlich nicht dabei zu entscheiden, ob die angezeigten 88,89 % Codeabdeckung ein guter Wert sind, aber das kann kein Tool leisten.

10.6.4 Praktische Empfehlungen

Zum Schluss, wie immer, einige praktische Empfehlungen. Sie ergänzen die in Abschnitt 10.5.2 genannten Grundprinzipien.

Einheit zwischen Testcode und zu testendem Code

Der Code, der getestet werden soll, und der Code, der dies tut, gehören zusammen. In vielen Fällen werden Sie die beiden Projekte in dieselbe Projektmappe aufnehmen.

Ich empfehle Ihnen außerdem, innerhalb des Testprojekts Unterstrukturen aufzubauen, die denen des produktiven Codes entsprechen. Wenn Ihr Code also in Geschäftslogik, Schnittstellenlogik etc. aufgebaut ist, dann sollte die Struktur des Testprojekts dies widerspiegeln, Ausnahmen bestätigen die Regel.

Wo immer möglich, sollte diese Einheit auch im Kleinen beibehalten werden. Ein Testfall (also meist eine Testklasse) testet z. B. eine Klasse im Code, oder eine gröber gefasste Komponente. Eine Testmethode testet eine Methode im Code, ganz so wie in dem hier gezeigten Beispiel.

Gleichzeitigkeit zwischen Code und Testcode

Es gibt keinen besseren Zeitpunkt für die Erstellung von Testcode als während der Entwicklung des zu testenden Codes. Entweder vorher, wie beim *Test Driven Development (TDD)*, oder parallel; spätestens jedoch unmittelbar danach. Es gibt durchaus Fälle, in denen die Erstellung des Testcodes die Entwicklung des eigentlichen Codes positiv beeinflusst, denn das Testen von Code verlangt vom Entwickler das erneute systematische Durchdenken der Abläufe innerhalb des Codes.

Aber auch hier ist der Begriff wieder weiter zu fassen, denn auch bei Änderungen am zu testenden Code sollte der Testcode gleichzeitig nachgeführt werden. Das betrifft Erweiterungen im Code, die dann meist eine Verringerung der Codeabdeckung nach sich ziehen – werden keine zusätzlichen Tests geschrieben – aber auch ein Refactoring ist ein guter Zeitpunkt, um sich erneute Gedanken um den Testcode zu machen.

Prioritäten und kritisches Verhalten

Testcode steht in natürlicher Konkurrenz mit dem zu testenden Code um die Zeit des Entwicklers. Aber auch mit anderen Testarten, die sich in derselben Zeit umsetzen lassen.

Die Frage lautet also: Soll ich meine Zeit lieber mit der Entwicklung von Funktionen verbringen, mit der Entwicklung von Unit-Tests oder mit der Entwicklung von Tests auf höheren Ebenen?

Lassen wir die beiden Extreme, überhaupt keine Tests und ein Test für jede Methode und jeden Zweig in einer Anwendung, beiseite, dann lohnt sich ein Unit-Test immer dann, wenn eine Funktion

- ein besonders hohes Risiko beinhaltet,
- besonders häufig verändert wird und dadurch Gefahr läuft, ungewollte Fehler zu implementieren,
- schon in der ursprünglichen Implementierung komplex war,
- in der Vergangenheit häufiger fehlerbehaftet war, vor allem dann, wenn diese Fehler immer wieder neu auftraten,
- mit nur einem oder wenigen Unit-Tests vollständig, oder zu einem sehr hohen Abdeckungsgrad getestet werden kann; aber nur, wenn das nicht auf Kosten der Fehlertransparenz geht;
- keine Toleranz für Fehler zulässt,
- nicht so vernetzt ist, dass der Test mit Mock-Objekten übersät ist,
- auf der Ebene der Unit-Tests, also überhaupt sinnvoll testbar ist.

Alle Unit-Tests dieser Erde können die Fehlerfreiheit einer Anwendung nicht garantieren, aber mit guten (nicht zwangsläufig vielen) Unit-Tests kann eine Anwendung in den grünen Qualitätsbereich befördert werden.

Nicht jeder Test wird sich auf die reine Funktionalität beziehen, manche Tests werden auch die Fehlerbehandlung prüfen, indem sie beispielsweise Exceptions in Funktionen auslösen und überprüfen.

Wichtig ist also das Setzen von Prioritäten, aber auch das Festlegen dessen, was in einer Anwendung ein kritisches Verhalten ist. Dafür benötigen Sie dann in jedem Fall einen Unit-Test.

Test vor Fehlerbehebung

Manchmal ist es eine sehr nützliche Angewohnheit, vor der Beseitigung eines Fehlers einen Test zu schreiben, der diesen Fehler hervorruft, und manchmal nicht einmal eine zusätzliche Arbeit.

Eine solche Vorgehensweise verhindert zuverlässig, dass ein Fehler zu einem späteren Zeitpunkt erneut auftaucht, und lohnt vor allem dann, wenn der zu beseitigende Fehler besonders schwerwiegend ist.

Schwer zu testender Code

Es gibt Code, der nur sehr schwer zu testen ist. Leider wäre es dann aber häufig besonders wichtig, solchen Code zu testen. Ein Paradebeispiel ist Multithreading. Je nach Konstellation könnte ein Testlauf dann erfolgreich sein, oder eben nicht.

Selbstredend verstößt das gegen das Grundprinzip »Wiederholbarkeit« und ist daher zu meiden. Im Falle der parallelen Verarbeitung gibt es da zwei Möglichkeiten:

- Erstellung eines Testfalls, der gerade die parallele Verarbeitung zum Ziel hat
- Erstellung eines Testfalls, der eine Funktion single-threaded ausführt, also das Problem vermeidet

Beide Testfälle haben ihren Sinn, und für kritischen Code werden Sie vermutlich auch beide benötigen, um Ihren Code aus beiden Blickrichtungen zu testen.

Häufiges Ausführen

Unit-Tests sollten schnell sein, was im Umkehrschluss bedeutet: Sie können und sollten häufig ausgeführt werden. Jedenfalls so häufig, dass der Arbeitsfluss dadurch nicht, oder nur geringfügig unterbrochen wird.

Visual Studio erlaubt das Ausführen nach jedem Build, was für viele Szenarien des Guten zu viel sein wird, denn gratis sind auch Unit-Tests nicht zu haben, erst recht nicht, wenn es besonders viele gibt. Näher an der Praxis ist die Ausführung beim Einchecken, wenn das beispielsweise zu festen Zeiten am Tag geschieht, über Nacht, durch den Buildserver, oder manuell, wenn es die Situation erfordert.

Kapitel 11
Softwarepflege

Das Genie beginnt die großen Werke, die Arbeit vollendet sie.
(Joseph Joubert)

Das Werk ist getan, die neue Software wurde erfolgreich entwickelt und beim Kunden in Betrieb genommen. Was nach einem Schlussstrich aussieht, ist aber erst der Anfang einer hoffentlich langen Freundschaft zwischen Kunde, Programm und Hersteller.

Ja, viele Anwender setzen Software erst ein, nachdem sie wenigstens ein oder zwei Servicepacks erfahren hat. Hier wird die Softwarepflege also zum Verkaufsargument, während die »Early Adopter« auf die erste Programmversion nach der Version 1 schon sehnlichst warten.

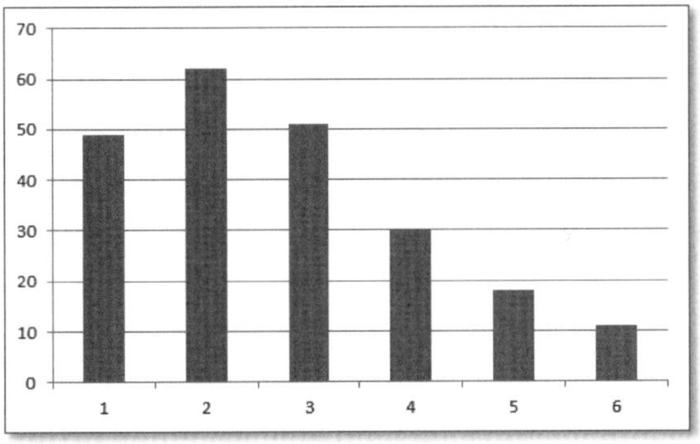

Abbildung 11.1 Gemeldete Issues pro Monat nach Einführung

Warum, das wird aus dem Diagramm in Abbildung 11.1 deutlich, das die Fehler an einer neu eingeführten Software in den ersten sechs Monaten nach Einführung zeigt und das einem meiner Projekte entstammt.

Dieses Kapitel setzt damit voraus, dass es bereits eine Software gibt, die im Laufe der Zeit weiterentwickelt werden soll. Ist die Neuerstellung einer Software oftmals projektgetrieben, gleicht ihre Weiterentwicklung eher einer klassischen Organisation, in der viele Projektbeteiligte einen immer gleichen (oder ähnlichen) Zyklus durchlaufen.

Das Kapitel besteht aus drei Teilen: In Abschnitt 11.1 stelle ich einen kleinen Prozess für das Anforderungs- und Release Management vor. In Abschnitt 11.2 gehe ich dann auf die Grundlage für Änderungen ein, die Anforderungen. Und Abschnitt 11.3 befasst sich mit der Zeitschätzung. Dieser Abschnitt hätte genauso gut in einem früheren Kapitel Platz finden können, für die laufende Weiterentwicklung von Software spielt der Aufwand für die einzelnen Anforderungen aber oft eine besonders gewichtige Rolle. Diesen Abschnitt lege ich Ihnen ganz besonders ans Herz.

11.1 Release Management

Bevor wir beginnen, möchte ich gerne erst das Feld bestellen, indem ich einige wichtige Begriffe definiere und erläutere.

11.1.1 Begriffe

Release und Release Management

Unter einem *Release* verstehen wir eine neue Programmversion, in der entweder Fehler beseitigt, die bestehenden Funktionen verändert und neue Funktionen implementiert werden – oder aber alles gemeinsam.

Release Management ist der zugehörige Prozess, in dem Anforderungen (und Fehler) erfasst, bewertet, entschieden, organisiert und umgesetzt werden.

Versionshistorie

Besonders wichtig ist dabei das Pflegen der *Versionshistorie*, damit zu jeder Zeit klar ist, in welchem Release welche Anforderungen umgesetzt wurden und damit jedes Release eine eindeutige Versionsnummer trägt.

Roadmap

Eine *Roadmap* umfasst eine gewisse Zeitspanne in der Zukunft und gibt dafür in groben Zügen die Weiterentwicklung der Software an. Je näher die *Meilensteine* am aktuellen Datum liegen, desto präziser wird sie die Roadmap darstellen. Je weiter entfernt die Meilensteine sind, desto visionärer und grober wird die Roadmap sein.

Service Level Agreement (SLA)

Ein *Service Level Agreement* oder kurz *SLA* ist ein Vertrag, in dem Auftragnehmer und Auftraggeber vereinbaren, welche Leistung durch den Auftragnehmer erbracht wird und wie die Zusammenarbeit zwischen den beiden Parteien geregelt ist. Er wird immer dann vereinbart, wenn es um wiederkehrende und dauerhafte Dienstleistungen wie den Betrieb eines Rechenzentrums oder auch die Weiterentwicklung einer Software geht.

11.1.2 Der Release-Prozess

In Sachen Release-Prozess könnte ich Ihnen nun die zahlreichen ITIL-Empfehlungen aufzeigen und Sie am Ende dieses Kapitels wieder aufwecken. Stattdessen möchte ich Ihnen einen Prozess aus der Praxis vorstellen (siehe Abbildung 11.2), der in eben dieser gut funktioniert. Sehen wir uns den Prozess nun Schritt für Schritt an.

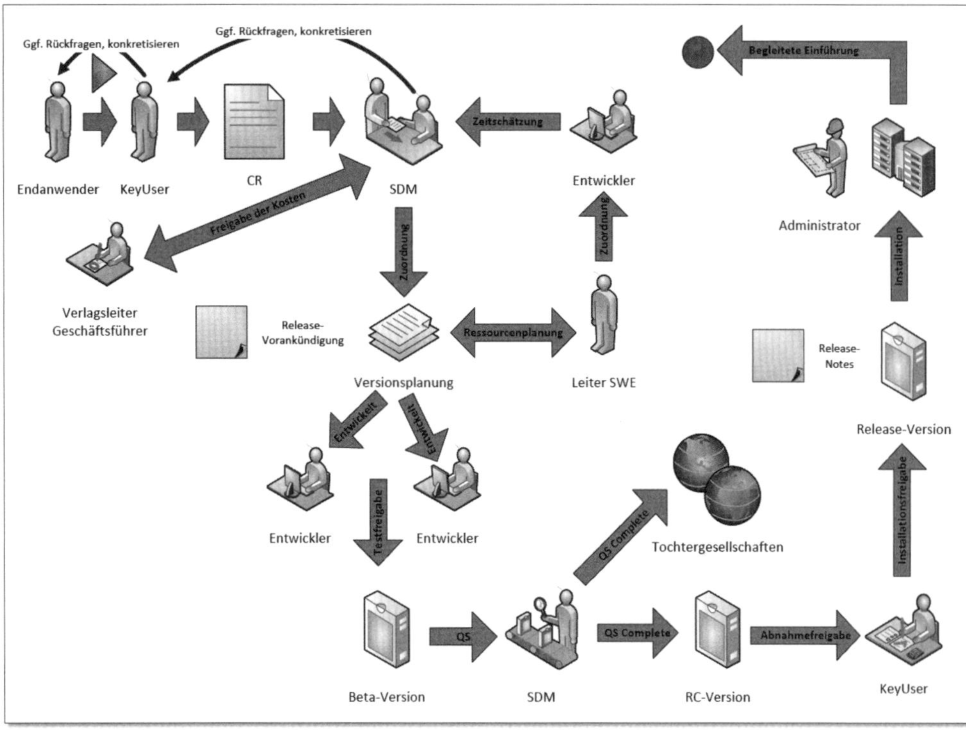

Abbildung 11.2 Der Release-Zyklus

Change Request

Alles beginnt mit einem Verbesserungsvorschlag oder einer Fehlermeldung – dem *Change Request* (*CR*). Für gewöhnlich wird er von einem Endanwender initiiert, also von einer Person, die mit der Anwendung auch wirklich arbeitet. Aber natürlich kann (und soll) jede Person einen Change Request auslösen können. Wichtig ist eigentlich nur der Wunsch nach Verbesserung.

Die in unserem Unternehmen entwickelten Anwendungen werden in vierzehn Ländern eingesetzt. In jedem Land gibt es daher für jede Anwendung einen *Key User*, also eine Person mit vertieften Kenntnissen in der Anwendung. Er spricht die Sprache des Anwenders, sowohl wörtlich (dessen Muttersprache) als auch in fachlicher Hinsicht, weil er selbst Anwender ist. Der Key User hat die Aufgabe herauszufinden, was der Anwender wirklich möchte, was manchmal gar nicht so einfach ist wie es sich vielleicht anhört. Viele Anwender können zwar erklären, was ihnen nicht gefällt, aber eben nicht, wie sie es gerne hätten.

Das Ergebnis dieser Abstimmung mündet in einen Change Request, einem formalen Dokument. Dort sind einige Angaben notwendig:

- die Anwendung und der Teil der Anwendung, für den eine Änderung gewünscht wird
- das Datum der Anforderung
- der Mitarbeiter (und die Abteilung) sowie der Key User, der diese Anforderung unterstützt
- eine Beschreibung des Ist-Zustands: Was stört daran heute konkret?
- eine Beschreibung des Soll-Zustands, also wie die Funktion künftig aussehen soll
- eventuelle Daten und Screenshots, also alles was geeignet ist, den CR näher zu spezifizieren
- die Hauptvorteile des Change Requests, eventuell untermauert durch den finanziellen Nutzen

Das mag nach viel klingen, aber es ist notwendig. Ein Beispiel aus der Praxis:

Change Request: Stilllegen von Ansprechpartnern

Anwendung: Kalimba.CRM

Modul: Kundenstamm

Datum: 18.03.2012

Anwender: Margot Hübner

Key User: Karl Kraus

Abteilung: Kundenservice

Ist-Zustand: Aktuell kann einem Ansprechpartner kein Status zugewiesen werden. Wenn ein Ansprechpartner aus einem Unternehmen ausscheidet, dann vergeben wir heute eine Werbesperre, damit er keine Post bzw. E-Mails mehr erhält. Dadurch ist keine Unterscheidung möglich, ob eine solche Werbesperre aufgrund des Ausscheidens eingefügt wurde oder weil der Ansprechpartner darum gebeten hat.

Soll-Zustand: Wir benötigen eine Möglichkeit, um einem Ansprechpartner einen Status zu vergeben, z. B. *nicht aktiv/aktiv*. Nicht aktive Ansprechpartner sollen in den alten Aufträgen weiterhin sichtbar, aber nicht mehr für zukünftige Aufträge auswählbar sein.

Hauptvorteile: Mehr Übersicht soll gegeben sein, und unnötige Werbesperren werden vermieden.

Das sind, wie gesagt, die Mindestanforderungen. Unter Umständen können weitere Angaben praktisch sein:

- eine eindeutige ID, was die Kommunikation, gerade bei sehr vielen Change Requests, vereinfacht
- die eigene Priorität, die nicht notwendigerweise die endgültige Priorität sein muss. Dennoch ist es hilfreich, wenn die Entwicklung weiß, wie wichtig ein CR für einen Kunden ist.
- Alternativ zur Priorität, oder auch ergänzend, kann ein Umsetzungszeitraum die gemeinsame Abstimmung und Release-Planung vereinfachen.

Vom Change Request zur Release-Planung

Aus dem Beispiel geht zwar hervor, was der Anwender gerne hätte, aber nicht notwendigerweise, wie dies umzusetzen ist. Zwischen Anforderung und Umsetzung braucht es also noch einen Schritt: die Spezifikation.

Bewertung, Spezifikation und Entscheidung

Der Change Request erreicht also einen Spezialisten; in meinem Unternehmen nennen wir diese Mitarbeiter *Software Demand Manager* (*SDM*). Die SDM erhalten alle CRs und erarbeiten Lösungsmöglichkeiten. Im Beispiel könnte dies ein einfacher Status sein (aktiv/nicht aktiv) oder aber ein Statusfeld, das sich in einer Stammdatenmaske vom Anwender selbst pflegen lässt. Außerdem muss er auch Altdaten berücksichtigen (Was geschieht mit den nicht mehr aktiven Ansprechpartnern von früher?) und zueinander in Konflikt stehende Anforderungen auflösen. Und natürlich muss er aus einer Vielzahl eingehender CRs diejenigen filtern, die den meisten Nutzen für das Unternehmen versprechen. Nicht immer ist eine Programmänderung notwendig, häufig ist ein Workaround möglich, oder die gewünschte Programmfunktion gibt es bereits – dann muss das Wissensdefizit über eine Schulung ausgeglichen werden.

Um eine Entscheidung treffen zu können, benötigt der SDM weitere Informationen:

- Wie aufwendig ist die Umsetzung?
- Gibt es Alternativen und wenn ja: welche?
- Welche Risiken bestehen?
- Ist die Anforderung bereits ausreichend beschrieben, oder muss der SDM zuerst eine Spezifikation anfertigen, für die er Hilfe durch den Key User des Auftraggebers benötigt?

Am Ende steht

- eine Zeitschätzung,
- eine Kostenschätzung und
- ein spezifizierter CR.

CR KCRM-45363: Ansprechpartner aktiv/nicht aktiv

Zeitschätzung: 6 h

Kostenschätzung: Interne Umsetzung, 180 €

Lösung: Der Ansprechpartner wird um ein bool-Feld `active` ergänzt, das standardmäßig auf `true` gesetzt wird. `true` bedeutet, ein Ansprechpartner ist aktiv und kann in der Anwendung ausgewählt und verwendet werden.

In der Kundenstammdatenmaske kann dieses Feld auf `false` gesetzt werden, was zur Folge hat:

- Der Ansprechpartner kann für neue Aufträge nicht mehr ausgewählt werden.
- Er wird in den drei Kundenstatistiken nicht mehr mitgezählt.
- Die Reports bleiben unverändert.
- Zusätzlich wird ein neuer Report benötigt, der im CR KCRM-45364 beschrieben ist und der nur die nicht-aktiven Kunden beinhaltet.

Nachdem nun alle drei Faktoren feststehen, also Zeit, Qualität und Kosten, ist es Zeit für eine Entscheidung. Nachdem zwar die Wünsche unbegrenzt sind, nicht aber die Ressourcen, wird eine Priorisierung häufig unvermeidlich sein.

Dafür erstellen wir eine Kennzahl, indem wir den CR bewerten. Wir bewerten dabei den Nutzen einer Änderung, den erforderlichen Aufwand und einige weitere Kriterien und sorgen dafür, dass Innovationen gegenüber Detailverbesserungen Vorrang erhalten und kritische Fehler sofort umgesetzt werden. Bei umfangreicheren Änderungen ist manchmal eine Kostenfreigabe notwendig, die dann der jeweilige Kostenverantwortliche in der Gesellschaft des Auftraggebers erteilt.

Release-Planung

Da die CRs zu einem beliebigen Zeitpunkt eingehen, müssen sie gebündelt und einem Release zugeordnet werden. Üblicherweise ist dieser Schritt mehrstufig. Zuerst wird eine Roadmap aufgestellt, also eine längerfristige Planung, meist über ein Jahr oder länger.

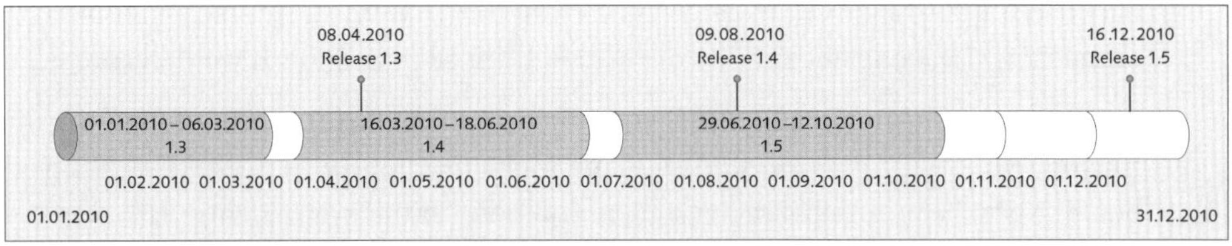

Abbildung 11.3 Roadmap

Die Roadmap enthält folgende Informationen:

- das voraussichtliche *Erscheinungsdatum* der Programmversionen; in Abbildung 11.3 sind es drei im Laufe eines Jahres. Daneben können bereits Meilensteine vereinbart werden, also zum Beispiel neue Module für Version 1.4.
- den *Annahmeschluss* für eingehende CRs, die in einer Version noch umgesetzt werden können. Wenn eine solche Frist verstrichen ist, kann der CR erst in einer Folgeversion umgesetzt werden, es sei denn, die Dringlichkeit gebietet eine Abweichung von der Regel.
- die jeweilige *Versionsnummer*

Nach der Entscheidung für die Umsetzung und für ein Release (beispielsweise 1.4) sind die benötigten Entwicklerkapazitäten abzustimmen. Im Anschluss wird das Release *finalisiert*, was für gewöhnlich nach dem Annahmeschluss geschieht, aber noch so rechtzeitig ist, dass die Umsetzung gewährleistet bleibt.

Release-Vorankündigung

Das ist nun der ideale Zeitpunkt, um alle Anwender in einer Release-Vorankündigung über die geplanten Änderungen zu informieren. Diese Ankündigung sollte redaktionell aufbereitet sein, sodass sie der Endanwender versteht und daraus den Nutzen für sich selbst ableiten kann. Sie sollte enthalten:

- das Programm und die aktualisierten Module
- die Versionsnummer des Release
- den Beginn und das Ende der Tests, sofern die Anwender am Test teilnehmen sollen
- den Bereitstellungstermin
- alle Change Requests, gruppiert nach Modul bzw. Programmfunktion, sofern die Änderungen nicht nur marginal sind

Von der Release-Planung zur Beta-Version

Die nachfolgende Umsetzung ist stark abhängig von dem Entwicklungsmodell Ihres Unternehmens. Wenn Sie Scrum einsetzen, dann werden jeweils Sprints gebildet, die dem Backlog (also allen CRs) einer Version entnommen werden. Ein solcher Sprint dauert meist 30 Tage und enthält CRs, die in dieser Zeit auch umgesetzt werden können.

In der Praxis begegnet einem häufig ein Irrglaube: »Mit agilen Methoden wie Scrum müssen wir doch gar keine starren Pläne mehr machen, wir können flexibel bleiben!«. Nein, liebe Anhänger der agilen Fraktion, mitnichten. Richtig ist, dass die Umsetzung flexibler ist und den einzelnen Teams mehr Entscheidungsrechte über die Inhalte und die Umsetzung eines Sprints zugestanden werden. Richtig ist aber auch, dass gerade agile Methoden einen Rahmen benötigen, in dem sie funktionieren. Dieser Rahmen wird längerfristig durch die Roadmap vorgegeben und in kürzeren Abständen durch eine Versionsplanung. Eventuell sind dann aber nicht alle Detail-Releases zu planen, sondern lediglich Major-Releases; das hängt davon ab, wie Scrum in Ihrem Unternehmen umgesetzt wird. Eine völlig fehlende Release-Planung ist eine ziemlich sichere Methode, eine Software an die Wand zu fahren.

Zurück zum CR: Entscheidend ist nun die Testfreigabe, die durch die Entwickler erteilt wird. Diese Testfreigabe ist ein Gütesiegel und bedeutet, dass die umgesetzten CRs frei von groben Fehlern sind, also Fehler, die die Entwickler selbst leicht finden können. Außerdem müssen zu diesem Zeitpunkt alle automatischen Tests (Unit-Tests) erfolgreich bestanden worden sein.

Oft wird die veröffentlichte Version als *Beta-Version* bezeichnet, und die Version benennt dann den Zyklus, in dem sich diese befindet, also beispielsweise Beta 1 oder Beta 2.

Bisweilen gibt es übrigens auch noch Versionen vor der ersten Beta-Version, die manchmal als »Community Preview«, »Technology Preview« oder »Case Study« bezeichnet werden. Dies soll andeuten, dass die Version hinsichtlich ihrer Reife irgendwo zwischen einem Prototypen und einer Beta-Version angesiedelt ist (wenn auch meist näher an der Beta-Version). Häufig verfolgen Unternehmen damit das Ziel, Meinungen von ihren Kunden einzuholen, bevor eine Entscheidung über die Implementierung getroffen wird. Neue Versionen von Visual Studio selbst sind da ein gutes Beispiel.

Von der Beta-Version zum Release Candidate

Die Durchführung der Tests ist Aufgabe der Qualitätssicherung. Ob sie unmittelbar nach Abschluss eines CR den Test beginnt oder erst, wenn alle CRs eines Release umgesetzt wurden, hängt maßgeblich davon ab, wie unabhängig die CRs voneinander sind.

Was im Prozess linear aussieht, ist in der Praxis natürlich häufig iterativ. Nach der ersten Beta-Version folgt eine zweite und vielleicht noch eine dritte. Den Abschluss bildet der *Release Candidate* (*RC*). Ihn zeichnet aus, dass er bereits soweit ausgereift ist, dass ein Endanwender damit arbeiten kann, der zumeist funktional vollständig ist, aber noch nicht so weit, dass er bereits ausgeliefert werden könnte. Dieses Release ist aber eben noch nicht so weit, als dass er bereits verteilt werden könnte. Mehrere Release Candidates sind daher keine Seltenheit.

Vom Release Candidate zum Release

Vor dem endgültigen Release muss der Release Candidate weitere Prüfungen über sich ergehen lassen, üblicherweise von den härtesten (und unnachgiebigsten) Testern der Welt: den Anwendern. In einem klassischen Auftragnehmer-Auftraggeber-Verhältnis ist dies nun der Zeitpunkt, die Software abnehmen zu lassen. Die Tests werden dann als Abnahmetests bezeichnet.

Eventuell benötigt Ihr Auftraggeber Informationen darüber, was und wie er testen soll. Solche Angaben können den Test beschleunigen und positiv beeinflussen. Auch dieser Teilprozess ist wieder iterativ, was üblicherweise durch die Bezeichnungen RC 1, RC 2 usw. zum Ausdruck gebracht wird. Am Ende erteilt der Kunde die Abnahme und gibt die Version zur Installation frei.

Release Notes

Ich habe die Erfahrung gemacht, dass eine weitere Information der Anwender – kurz vor Einführung des neuen Release – von Vorteil ist. Die *Release-Vorankündigung* liegt schon einige Zeit zurück, und das neue Release wird jetzt unmittelbar interessant (und relevant) für die Anwender. Die Angaben:

- Wann wird das neue Release installiert bzw. wann steht es zur Verfügung?
- Welche Verbesserungen enthält es, welche Bugfixes?
- Was ist bei der Installation und Inbetriebnahme zu beachten?

Daneben können noch weitere Dinge interessant sein, zum Beispiel Angaben zu einer notwendigen Datenkonvertierung oder lizenztechnische Bestimmungen. Das wäre nun auch der richtige Zeitpunkt, um die Anwender auf die neue Version einzustimmen und sie zu schulen. Außerdem sollte die Dokumentation inzwischen fertiggestellt sein.

Recht häufig verzichten Unternehmen auf die Release-Vorankündigung, was die Release Notes natürlich noch wichtiger macht.

Installation

Die Installation (auch Deployment oder Softwareverteilung genannt) ist ein besonders sensibler Vorgang, vor allem dann, wenn während der Installation Altdaten verändert werden oder neue Programmfunktionen neue oder veränderte Systemvoraussetzungen benötigen. Unverzichtbare Voraussetzung sind daher die *Deploy-*

ment Notes, also Angaben darüber, wie eine neue Version installiert werden muss. Sie sind oft unterteilt in

- Änderungen an den Systemvoraussetzungen,
- Durchführung der Installation an sich,
- Änderung an zugrundeliegenden Datenbanken,
- Hinweise zur Datensicherung vor der Installation,
- Angaben zu eventuell notwendigen Datenkonvertierungen und
- Angaben zu begleitenden Maßnahmen, beispielsweise Änderungen an den Sicherheitseinstellungen.

Installationen finden meist zu einem Stichtag statt. Seltener werden Staging-Systeme eingesetzt. Ich möchte nicht unerwähnt lassen, dass auch andere Deployment-Modelle möglich sind und auch eingesetzt werden. Einige Unternehmen verzichten auf Deployment Notes und setzen auf ein kontinuierliches Deployment auf Knopfdruck, also die vollautomatisierte Variante, was man auch als *Continuous Delivery* oder *Continuous Deployment* bezeichnet. Wenn Sie die Software aber wie wir in verschiedenen Teilen der Welt einsetzen, lässt sich ein solcher Prozess schwerer umsetzen.

Das wäre nun auch (allerspätestens) der richtige Zeitpunkt, um den »anderen« Kollegen einen Kaffee zu spendieren, den Administratoren. Sagen wir es einmal so: Ihren Kunden ist es vermutlich recht egal, warum eine Anwendung nicht zur Zufriedenheit läuft, ob ein Programmierfehler dafür verantwortlich ist oder ein falsch konfigurierter Webserver. In größeren Umgebungen sollten Sie die Deployment Note immer persönlich mit Ihren Administratoren besprechen. Bei mir selbst ist der Teamleiter der Systemadministration übrigens sogar beim wöchentlichen Entwickler-Jour-fixe mit dabei.

Begleitete Einführung

Es ist häufig von Vorteil, wenn ein Prozess ein klar definiertes Ende in Form eines Datums hat. Das könnte nach erfolgter Installation sein, was ich früher häufig so praktiziert habe. Inzwischen setze ich die begleitete Einführung an das Ende des Prozesses. Während dieser Phase kann es nämlich (häufiger als sonst) zu Änderungen kommen, die einen Patch notwendig machen. Während der begleiteten Einführung

- werden noch Kapazitäten für Ad-hoc-Korrekturen (Patches) vorgehalten,
- informiert sich der SDM (oder Produktmanager) aktiv beim Anwender, und
- finden gelegentlich noch Nachschulungen statt, wenn sich zeigt, dass einige Anwender noch nicht mit dem neuen Release zurechtkommen.

Nach der begleiteten Einführung läuft das Release dauerhaft im produktiven Betrieb. Wie schon gesagt: Die hier beschriebenen Phasen sind nicht rein linear zu sehen. So werden die meisten Entwickler nicht bis zu ihrem Ende warten, sondern bereits am Folge-Release arbeiten, sobald die Installationsfreigabe erteilt wurde, und die SDM werden dann bereits CRs für die übernächste Version sammeln.

Interne vs. externe Software

Ein »One size fits all« gibt es nicht in der Planung neuer Releases. Der Prozess sollte immer zu Ihrem Unternehmen passen, vor allem: zu der Art Software, die Sie entwickeln und zu demjenigen, für den Sie das tun. Das könnte sein:

- Software für den internen Gebrauch
- Individualsoftware für einen Auftraggeber
- Standardsoftware für (relativ) wenige Kunden, die meist Customizing benötigen
- Standardsoftware als Massenware

Der beschriebene Prozess passt gut für den internen Gebrauch und für Software als Auftragsarbeit für einen Auftraggeber. Wenn Sie Software als Softwarehaus für mehrere oder viele Kunden entwickeln, dann werden Sie vermutlich den Auftraggeber durch einen oder mehrere Pilotkunden ersetzen und neue Releases (auch) aufgrund von Kundenanfragen entwickeln.

11.2 Anforderungen

Ein Change Request, im Deutschen manchmal auch als Änderungsanforderung bezeichnet, ist ein Dokument, in dem eine gewünschte Änderung an einer Software beschrieben wird. Wir sind ihm schon an verschiedenen Stellen in diesem Buch begegnet.

Wenn man es genau nimmt, dann müssten wir einen CR eigentlich von einer Anforderung zur Fehlerbehebung unterscheiden. Dass ich es dennoch nicht tue, hat einen einfachen Grund: Der Anwender weiß nicht immer zweifelsfrei, ob ein Fehler zu beheben oder eine Funktion zu implementieren ist. Ein CR kann damit also die folgenden Gründe haben:

- Eine Funktion soll verändert bzw. verbessert werden. Beispiel: Ein Bericht soll eine neue Überschrift erhalten.
- Eine Funktion soll neu implementiert werden. Beispiel: Ein neuer Bericht *Durchschnittliche Kundenkontakte pro Branche* soll erstellt werden.
- Ein Fehler soll beseitigt werden. Beispiel: Die Berechnung der Provision für einen Vertriebsmitarbeiter ist fehlerhaft.

Change Requests sind damit ein Sonderfall von Anforderungen und setzen ein System voraus, das sich ändern lässt. Ich habe diesen Abschnitt daher absichtlich nicht »Change Requests« genannt, sondern »Anforderungen« (Requirements) und spanne den Bogen ein wenig weiter.

Unzureichende Anforderungen sind ein sehr probates Mittel, Projekte scheitern zu lassen. Wenn zwei sachkundige Personen unter derselben Anforderung zwei völlig verschiedene Dinge verstehen, dann ist der richtige Zeitpunkt gekommen, einmal grundsätzlich über Anforderungen nachzudenken. Oder anders formuliert: Wenn Ihre Anforderungen unklar sind, dann bauen Sie auf Sand.

Wenn Sie gelegentlich mit Anwälten zu tun haben, dann kennen Sie bereits die Standardantwort eines Anwalts: »Das kommt darauf an.« Das ist eine Antwort, die einen manchmal in den Wahnsinn treiben kann. Anforderungen sind das Gegenteil davon: klar, verbindlich, widerspruchsfrei und, soweit irgend möglich, auch vollständig.

11.2.1 Einführung

Betrachten wir einmal die folgende Anforderung, die sich im Originalwortlaut in unser Issue-Tracking-Tool eingeschlichen hat:

Aus der Praxis

»Wir benötigen eine Verbindung vom TM-Programm und der Auftragsverwaltung.« (Das »TM-Programm« ist eine Software für die Planung, Durchführung und Auswertung von Telefonmarketing-Aktionen.)

Nicht mehr alle Interpretationen der Beteiligten sind mir im Gedächtnis geblieben, aber die folgenden waren darunter:

- Bestellungen sollten automatisch an die Auftragserfassung übergeben werden, damit die Bestellung nicht mehr von Hand erfasst werden muss.
- Die Daten des Kunden sollten für das Telefon abgerufen werden, damit sie der TM-Agent für das Telefonat zur Verfügung hat.
- Die Berichte der Auftragsverwaltung sollten die Verkäufe des Telefonmarketings separat ausweisen.

Gemeint war aber: Wenn bei einem Telefonat zusätzliche Daten erfasst werden (beispielsweise die Firmengröße), dann sollten diese Daten automatisch in den Kundenstamm der Auftragsverwaltung überspielt werden.

Zugegeben: Das ist ein extremes Beispiel, aber ist es auch ein seltenes? Nein! Was aber ist nun eine Anforderung?

Definition

Eine Anforderung ist eine Beschreibung dessen, wie ein System beschaffen sein bzw. wie es sich verhalten soll.

In Kapitel 2, »Softwarearchitektur«, habe ich Anforderungen bereits grob unterteilt. Hier nun eine etwas genauere Unterteilung:

Art der Anforderung	Beschreibung
Funktional	Beschreibt, was der Softwareentwickler umsetzen soll, wie sich das System beispielsweise verhalten oder wie eine Bildschirmmaske beschaffen sein soll.
Anwendungsbeschreibung	Gibt einen Überblick über die Softwareanwendung: Wofür ist sie gedacht, welche Probleme soll sie lösen und wie ist ihr Einsatz innerhalb der Softwarelandschaft?
Systemanforderung	Hier sind Angaben über die Lauffähigkeit einer Anwendung in Bezug auf die sie umgebende Hard- und Software hinterlegt. Beispiel: Eine Software für die Zeiterfassung soll bestimmte Hardware unterstützen.
Geschäftsregel	Das ist eine Regel oder ein ganzes System von Regeln, die eine Software erfüllen muss. Bei der Zeiterfassung könnten das die Bedingungen sein, um beispielsweise das Arbeitszeitende zu erfassen. Oft enthalten Geschäftsregeln auch Berechnungen, zum Beispiel eine Regel zur Ermittlung des Rabatts für einen Kunden.
Nicht-funktional	Darunter fallen Anforderungen, die das System als solches qualitativ näher beschreiben. Sicherheit, Performance, Benutzerfreundlichkeit, Skalierbarkeit und Wartbarkeit fallen in diese Kategorie. Hier geht es also darum, *wie* eine Software beschaffen sein soll. Beispiel: Die Software zur Versendung von Newslettern soll 50.000 Newsletter oder mehr pro Stunde versenden können, an jeweils unterschiedliche Adressaten.
Schnittstellenanforderung	Hier wird die Verbindung einer Software zu seiner Umwelt beschrieben. Im Falle der Zeiterfassung könnte dies eine Schnittstelle zu einer Personalabrechnungs-Software sein.

Tabelle 11.1 Arten von Anforderungen

Art der Anforderung	Beschreibung
Einschränkungen	Es wird die Software beschränkt bzw. werden wichtige Rahmenbedingungen vorgegeben, die das Verhalten einer Software einschränken. Eine Software für die Dokumentenarchivierung muss den einschlägigen Regeln gehorchen, zum Beispiel den Grundsätzen ordnungsgemäßer Buchführung (GoBS). Das beschränkt die Funktionalität, weil Änderungen sich jederzeit nachvollziehen lassen müssen – das simple Löschen von Dokumenten ist damit nicht mehr möglich.

Tabelle 11.1 Arten von Anforderungen (Forts.)

Diese Unterteilung ist nicht exklusiv. Eine funktionale Anforderung könnte beispielsweise Geschäftsregeln beinhalten oder eine Systemanforderung eine Anforderung an eine Schnittstelle.

11.2.2 Die verschiedenen Sichtweisen

Einer Anforderung sieht man es nicht immer an, welche Sichtweisen sie repräsentiert. Manche Anforderungen fassen mehrere Sichtweisen zusammen, andere wiederum beschränken sich auf die Sichtweise des Verfassers. Es kann daher enorm hilfreich sein, eine Anforderung mit den verschiedenen Brillen der beteiligten Abteilungen und Personen zu betrachten.

Sichtweise	Besonderheit
Kunde	Fakten, Fakten, Fakten, und immer an die Leser denken! Das ist der markige Leitspruch einer bekannten Zeitschrift. Anforderungen, die für Kunden gemacht sind, gehen auf die Probleme des Kunden ein, die eine Software gerade lösen soll. Klingt erstmal gut. Das Problem: Der Kunde schreibt keine Anforderungen! Und so übernimmt diese Sichtweise der Produktmanager oder eine andere Person und trifft den Wunsch des Kunden mal mehr, mal weniger.
Entwickler	Anforderungen von Entwicklern sind meist recht logisch, strukturiert und technisch – aber Entwickler arbeiten nicht mit ihrer Software, und so treffen ihre Anforderungen nicht immer das Problem.

Tabelle 11.2 Die verschiedenen Sichtweisen einer Anforderung

Sichtweise	Besonderheit
Geschäftsführer	... und andere Entscheidungsträger stellen oft den Innovationsgedanken in den Vordergrund, beschäftigen sich aber nur selten mit den erforderlichen Details.
Tester/QS	Für Tester geht es natürlich um die Testbarkeit einer Anforderung. Sie sind meist sehr gründlich und systematisch. Für sie ist es oft wichtig, dass kein Zweig vergessen, keine Besonderheit außen vor gelassen wird, und sie lassen darüber bisweilen den roten Faden vermissen.
Umsatzverantwortliche	Klar, ihnen geht es um Features, die sich gut verkaufen lassen. Die Details der Umsetzung überlassen sie getrost den anderen. Verkaufsargumente sind das, was zählt.
Projektleiter	Sie neigen dazu, eine Anforderung in das Korsett der Realisierbarkeit innerhalb eines Projektplans zu zwängen. Das ist nicht immer zum Vorteil der Anforderung.

Tabelle 11.2 Die verschiedenen Sichtweisen einer Anforderung (Forts.)

Welche Ansätze ergeben sich nun daraus für die Erstellung und Formulierung von Anforderungen? Es sind im Wesentlichen zwei:

- Eine Anforderung muss immer im Kontext seines Erstellers betrachtet werden. Anforderungen der Geschäftsführung müssen vielleicht detaillierter ausgearbeitet, Anforderungen eines Testers dagegen auf Umsetzbarkeit untersucht werden.
- Sie sollten niemals den Kontakt zu Ihren Anwendern verlieren! Ihre Kunden können Ihnen zwar oftmals keine Anforderungen anbieten, aber sie können Ihnen beschreiben, wo der Schuh drückt. Jede Anforderung sollte letztlich durch die Brille des Kunden betrachtet werden.

Aus der Praxis

Die meiner Meinung nach beste Möglichkeit, den Kunden einzubeziehen, ist es, einige besonders engagierte Kunden zu einer Projektgruppe zu formen. In einem Unternehmen, das Software für Alten- und Pflegeheime herstellt, war ich einmal als Entwicklungsleiter beschäftigt. Ein- bis zweimal im Jahr trafen wir uns für zwei Tage in entspannter Atmosphäre, um über die Weiterentwicklung der Software zu sprechen.

Die dort gewonnenen Erkenntnisse ließen sich nahezu direkt in Anforderungen überführen und waren so zahlreich, dass die Zeit bis zum nächsten Treffen spielend überbrückt werden konnte. Und so wurde die Software schnell zum Marktführer in seinem Segment.

Diese Treffen haben wir gut vorbereitet, sowohl wir als Softwarehaus als auch die eingeladenen Kunden. Wenn möglich, wurden zum Beispiel Prototypen angefertigt, damit die Kunden sich unter einer geplanten Funktion auch wirklich etwas vorstellen konnten. Übrigens: Mehr als einmal hörte ich dabei Sätze wie »Das ist ja recht nett, aber eigentlich benötigen wir das nicht. Was uns wirklich weiterhilft, ist ...«.

Wenn Sie so vorgehen, dann bedenken Sie bitte: Kunden sind oft irrational, weniger an Innovationen als an Lösungen interessiert, arbeiten nur selten einen Gedanken bis zum Ende aus, und sie sind manchmal anstrengend. Genau das aber macht sie so wertvoll.

11.2.3 Anforderungen an eine Anforderung

Kommen wir nun zum Kern dieses Abschnittes, nämlich zu der Frage: Was zeichnet eine gute Anforderung aus? Weiter oben habe ich schon ein Beispiel für einen formulierten Change Request gegeben, was wir nun vertiefen wollen. Wenn Sie möchten, können Sie die hier gestellten Fragen als Checkliste verwenden. Oder Sie picken sich die Punkte heraus, die für Ihr Unternehmen am ehesten gelten.

Was, nicht wie

In einer Anforderung geht es immer um das *Was*, niemals um das *Wie*, jedenfalls soweit es die technische Umsetzung betrifft. Eine Anforderung kann Teil eines Lastenhefts sein, aber selten bis nie 1:1 Teil eines Pflichtenhefts. Die Vorwegnahme der technischen Lösung in einer Anforderung ist sogar gefährlich, denn Anforderungen werden oft von Personen verfasst, die nicht alle Optionen für die Umsetzung kennen.

Ich erhalte oft Anforderungen wie »Es wird eine neue Datentabelle *Kundenzufriedenheit* benötigt, in der folgende Merkmale erfasst sind ...«. Das verleitet natürlich dazu, auch wirklich eine Tabelle in einer Datenbank anzulegen und verstellt den Blick auf das Wesentliche: Welche Daten sollen wie erfasst, wie verarbeitet und wo ausgegeben werden? Ich persönlich bitte alle Verfasser darum, in Anforderungen keine technischen Termini zu verwenden.

Ohne Priorität keine Umsetzung

Klar, da gibt es die »Alles ist superwichtig«-Fraktion oder auch die »Kann ich nicht einschätzen«-Liga. Aber auf eine Priorität kann unter keinen Umständen verzichtet werden. Diese ist schon allein deshalb wichtig, damit der Verfasser selbst sich Gedanken darüber macht, wie wichtig ihm die Anforderung ist. Sie hilft aber auch, sich bei auftretenden Engpässen Klarheit über den Zeitpunkt und die Reihenfolge der Umsetzung zu verschaffen.

Welches System Sie dafür verwenden, halte ich persönlich eher für zweitrangig. Manche verwenden eine ABC-Klassifikation, andere einen Punktwert, und wiederum andere wenden auf jede Anforderung eine Nutzwertanalyse an. Wichtig ist jedoch, dass die einzelnen Stufen in einem gesunden Verhältnis zueinander stehen und Raum für Disposition ermöglichen.

Bei dem Beispielprojekt vom Anfang des Kapitels sieht die aktuelle Verteilung beispielsweise so aus wie in Abbildung 11.4 dargestellt. Hier eröffnet die große Anzahl CRs mittlerer und niedriger Prioritäten Handlungsspielräume in der Versionsplanung.

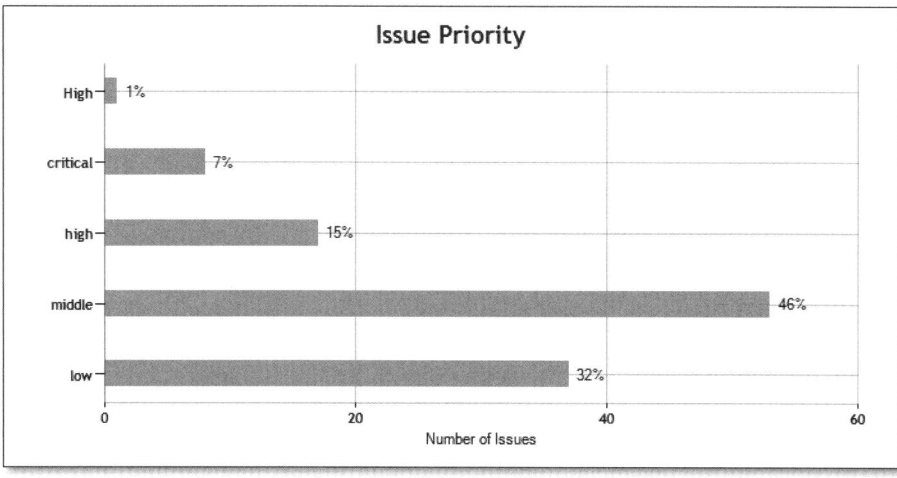

Abbildung 11.4 Anforderungen pro Prioritätsstufe

Thema verfehlt?

Nicht jede Anforderung gehört auch wirklich dorthin, wo sie sich aktuell befindet. Am Anfang steht also die Frage, ob eine Anforderung »in scope« ist, also ob sie sich innerhalb der Grenzen eines Projekts befindet.

Vertreibt ein Unternehmen beispielsweise mehrere Anwendungen, dann könnte eine solche Anforderung eine Funktion betreffen, die in einer anderen Anwendung bereits vorhanden ist – das Unternehmen würde sich dann vielleicht Konkurrenz im eigenen Haus machen.

Den Kontext erklären

Manchmal ist es erforderlich, den Kontext einer Anforderung zu erläutern, beispielsweise Hintergründe darüber zu geben, wie eine Anforderung zustande kam, oder fachliche Zusammenhänge müssen erklärt werden.

> **Aus der Praxis**
>
> Über einige Jahre hinweg habe ich die Softwareentwicklung in Indien, Mumbai, geleitet. Dabei habe ich gelernt, wie hilfreich (ja notwendig) fachliches Wissen der Entwickler für die Umsetzung ist. Gerade auch dann, wenn in einer fremden Sprache kommuniziert wird, die beide Parteien nicht als ihre Muttersprache sprechen.
>
> Ich kann mich noch gut an eine Software für die Gestaltung von Dienstplänen im Sozialwesen erinnern. Die dortigen Mitarbeiter lebten in einem völlig anderen Kulturkreis und vermochten die Thematik lange Zeit nicht zu erfassen. So konnten sie Lücken in den Anforderungen natürlich auch nicht ausfüllen. Erst mit der Zeit und nach einigen Besuchen vor Ort stellte sich ein fachliches Verständnis für die Aufgabenstellung ein.

Bis zum Ende

Erstaunlich häufig trifft man auf Anforderungen, bei denen es scheint, als seien sie mitten in ihrer Entwicklung steckengeblieben. Sie sind vielleicht nur angerissen, oder nur die erste Hälfte ist präzise und durchdacht, während Zeit und Lust für die zweite Hälfte vielleicht nicht mehr ausgereicht haben.

Bis zum Ende bedeutet aber auch, dass eine Anforderung hinsichtlich ihrer Konsequenzen durchdacht wurde. Welche Auswirkungen auf andere Programmteile hat sie, oder welche Risiken bestehen durch die Einführung? Für den Verfasser bedeutet dies: Habe ich ein Problem auch wirklich bis zum Ende verstanden, sodass ich daraus eine Anforderung formulieren kann, die wirklich durchdacht ist?

Kurz, präzise, vollständig, widerspruchsfrei

Hierzu kann ich mich kurz fassen, da der Titel bereits alles verrät. Die meisten Anforderungen scheinen aber eher Goethe zu folgen: »Ich schreibe dir einen langen Brief, weil ich für einen kurzen keine Zeit habe.«

Vage Anforderungen ergeben vage Produkte. Je präziser sie sind, desto vorherbestimmter ist das Resultat. Je kürzer sie sind, desto eher werden Anforderungen gelesen. Je vollständiger Anforderungen formuliert sind, desto weniger wird die Phantasie des Entwicklers gefordert.

Verwaltet

Der Markt bietet viele kommerzielle und kostenfreie Lösungen zur Verwaltung von Change Requests und anderen Anforderungen an. Die Verwendung eines solchen Systems hat viele Vorteile; um nur einige zu nennen:

- Sortierung nach verschiedenen Kriterien möglich
- Reporting-Funktionalität
- Eskalationsszenarien
- Zusammenfassen von CRs zu Versionen
- Historie ist jederzeit einsehbar und verwaltbar
- Zyklus einer Anforderung lässt sich abbilden

Aus der Praxis

Ich persönlich arbeite schon seit vielen Jahren mit der Software *Gemini*, einem Ticket- und Projektverwaltungssystem der Firma Countersoft (*www.countersoft.com*). Die .NET-Software ist leicht zu bedienen (auch für Endanwender geeignet) und ziemlich leistungsfähig, allerdings nicht kostenfrei.

Eine ebenfalls leistungsfähige Software, noch dazu gratis, ist Bugzilla (*www.bugzilla.org*). Bugzilla wird von vielen Open-Source-Projekten verwendet.

Beide Lösungen sind in den letzten Jahren intensiv weiterentwickelt worden und können mit Ihren Anforderungen mitwachsen. Sie eignen sich zudem für Umgebungen mit vielen verschiedenen Softwareprojekten, die auch unterschiedlich konfiguriert sein können.

Strukturiert

Wenn ich nur das Budget für einen einzigen Kurs hätte, ich würde es dafür verwenden, Fachanwender die Fähigkeit der Geschäftsprozess-Modellierung zu lehren. Textuell lange Anforderungen leiden meist unter dem Symptom der Ausdünnung, sie werden über jede Seite hinweg dünner und widersprüchlicher – der Verfasser möchte zum Ende kommen, das merkt man ihnen an. Die Verwendung von Programmablaufplänen, Diagrammen, Logikregeln oder modellierten Prozessen zwingt hingegen zu klarem Denken bis zum Ende hin.

Manche Unternehmen verwenden einen einheitlichen Standard, beispielsweise ereignisgesteuerte Prozessketten (EPK) oder Modelle nach der BPMN. Aber auch Visio erfüllt diesen Zweck in oft ausreichendem Maße. Auch eine innere Struktur der Anforderung hilft für deren Verständnis, gerade wenn sich eine solche über mehrere Seiten erstreckt. Ein kurzer Überblick, eine kleine Zusammenfassung und eine brauchbare Gliederung sind Balsam für die Augen Ihrer Leser.

Ausreichend Zeit verwenden und rechtzeitig aufhören

Für die Ausarbeitung einer guten Anforderung können Sie zwischen 8 % und 15 % der Gesamtdauer für die Umsetzung veranschlagen, je nach Aufwand für Test und Umsetzung. Wie immer liegt das Maximum an Nutzen irgendwo dazwischen. Zu wenig Zeit führt zu Nacharbeiten und unzureichenden Ergebnissen, zu viel Zeit hingegen lässt für die Umsetzung zu wenig Raum.

Leider ist der Umfang kein guter Gradmesser für die Qualität einer Anforderung. Schon eher die benötigte Zeit für deren Erstellung, wobei auch dieser Wert, wie dargestellt, stark variiert. Da die benötigte Zeit viel mit dem Grad der Detaillierung zu tun hat, helfen Ihnen vielleicht diese Fragen:

- Wer wird die Anforderung umsetzen, wie gut kennt er sich mit der Anwendung aus, und wie eingespielt ist das Team?
- Kenne ich den Entwickler überhaupt, oder findet die Entwicklung außer Haus statt (Outsourcing)? Letzter Fall verlangt nach erheblich detaillierterer Anforderung, wie ich schon erläutert habe.
- In welchem Bereich möchte ich unter keinen Umständen, dass die Lösung im Ermessen desjenigen liegt, der die Anforderung umsetzt?
- Wie viel Testaufwand verursacht die Anforderung? Hohe Testaufwände deuten häufig darauf hin, dass mehr Zeit für die Anforderung benötigt wird.
- Welches Risiko steckt in dieser Anforderung, muss sie vielleicht gesetzliche Vorgaben erfüllen?
- Wird die Anforderung vor der Umsetzung noch einmal inhaltlich kontrolliert, und erhalte ich dann Feedback darüber?

Im Gegensatz zu Code ist ein gewisses Maß an Redundanz in einer Anforderung manchmal durchaus üblich und hilfreich. Meist ist das jedoch mehr für den Verfasser der Fall als für den Leser.

11.3 Zeitschätzung

Wir haben bis jetzt über den Prozess der Release-Planung gesprochen und über die Change Requests, die ein Release ausmachen. Die Zeitschätzung ist nun das, was beide zusammenbringt.

Ohne eine Zeitschätzung geht nichts: Prioritäten können nicht bestimmt werden, ein Projektplan wird unmöglich, ja sogar der Inhalt eines Release kann ohne sie nicht festgelegt werden. Es wird also eine Zeitschätzung benötigt, eine möglichst verlässliche noch dazu. Und eine verlässliche Zeitschätzung erfordert eine verlässliche und gute Anforderung, aber davon war gerade die Rede.

In vielen IT-Projekten laufen die Termine und Kosten aus dem Ruder. Das ist gerade auch in Großprojekten der Fall, selbst wenn fehlerhafte Zeitschätzungen in Projekten jeder Größe auftreten. Ein Mitarbeiter meinte einmal: »Wie soll ich zu einer guten Zeitschätzung kommen, wenn hochbezahlte und gut qualifizierte Experten, die nichts anderes tun als zu schätzen, mit ihren Schätzungen so meilenweit daneben liegen?« Eine gute Frage, und sie ist der Ausgangspunkt für diesen Abschnitt.

11.3.1 Was ist eine Zeitschätzung?

Ich werde eigentlich ständig nach Terminen für Projekte gefragt. In den meisten Fällen geht es dabei allerdings nicht um eine Zeitschätzung, sondern darum, einen bestimmten Termin möglich zu machen. Solche Fragen kommen meist im Gewande einer Zeitschätzung daher, zu Beginn steht oft eine Frage wie: »Wann wird das Release 1.4.3 der Software XYZ kommen? Dort sind doch einige Funktionen drin, die wir für das Geschäftsmodell ABC benötigen. Die Werbung dafür startet in zwei Wochen.« In der Praxis werden dann meist andere Features auf eine andere Version verschoben, um einen vorbestimmten Termin halten zu können.

Definition

Eine Zeitschätzung ist die Schätzung der benötigten Zeit für eine möglichst elementare und abgeschlossene Anforderung. Sie hängt nur vom Schätzer, den sicher verfügbaren Kapazitäten und den Anforderungen ab.

Was ist eine Zeitschätzung also nicht?

Kein Plan

Eine Ansammlung von Zeitschätzungen mündet meist in einen Plan, sie ist aber nicht der Plan. Ein Plan setzt, nun ja, planvolles Handeln voraus. Eine Zeitschätzung hingegen ist lediglich eine Schätzung über die benötigte Zeit für eine Anforderung.

Diese Unterscheidung ist deswegen wichtig, weil niemand wirklich an einer Zeitschätzung interessiert ist, schon gar nicht im Management. Jeder möchte gerne einen Plan, weil er einerseits Beweis für die Machbarkeit ist und andererseits Struktur und Sicherheit vermittelt.

Keine Zusage

Wie wir bereits gesehen haben, geht es häufig darum, eine Zusage für einen Zeitpunkt oder ein Zeitfenster einzuholen. Die Optimierungsgrößen sind dann im Wesentlichen der Einsatz von Ressourcen und die Menge der umzusetzenden Arbeit.

Eine Zeitschätzung ist die Einschätzung eines Mitarbeiters. Natürlich kann und sollte er zu seiner Schätzung stehen. Eine Zusage kann aber nur für einen Plan gemacht werden, denn nur er enthält alle Elemente in der Entwicklung, also Zeit, Kosten, Anforderungen an die Qualität und die benötigten Ressourcen.

Kein Gefühl

Machen wir uns nichts vor: Bauchgefühl ist Bestandteil einer jeden Schätzung, außer vielleicht in sehr vorherbestimmten Situationen. Eine Zeitschätzung ist die Kombination aus Erfahrung, Kenntnis des Lösungsweges, eventuellen Zeitpuffern und guter Anforderungen. Den Rest steuert das Bauchgefühl bei, aber erzählen Sie das mit dem Bauchgefühl nicht Ihrem Management!

Keine sichere Angelegenheit

Die Natur einer Schätzung ist es, dass sie mit Unsicherheit behaftet ist. Das Entscheidende dabei ist es, das Maß der Unsicherheit zu kennen. Wer sichere Schätzungen verlangt, der vergrößert damit letztendlich die Zeitpuffer, die in eine Schätzung einfließen. Man möchte dann schließlich auf der sicheren Seite sein. Besser ist es, mit Abweichungen aktiv umzugehen und die Risiken zu kennen, die in einer Zeitschätzung enthalten sind.

11.3.2 Herausforderungen einer Zeitschätzung

Die meisten Entwickler, die ich kenne, hassen Zeitschätzungen, weil sie sich damit dingfest gemacht fühlen. Das ist aber nicht der einzige Grund, denn die benötigte Zeit zu schätzen, ist nicht ohne Tücke. Hier geht es nun um die größten Schwierigkeiten dabei und wie Sie diese vermeiden oder wenigstens abmildern können.

Zeitbedarf für die Schätzung und Lösungsweg

Die einzig sichere Zeitschätzung ist die erfolgte Umsetzung. Damit meine ich, dass umso mehr Arbeit erforderlich ist, je genauer die Zeitschätzung sein soll, eine gute Anforderung einmal vorausgesetzt. Das ist natürlich unerwünscht. Die Zeitschätzung soll, wenn überhaupt, selbst nur wenig Zeit in Anspruch nehmen. Eine gute Zeitschätzung setzt nämlich voraus,

- dass die Anforderungen genau vorgegeben sind,
- dass der Lösungsweg dazu bekannt ist,
- dass Erfahrung in der Realisierung des Lösungsweges herrscht, und
- dass auch die »Nebenarbeiten« wie Dokumentation oder Tests ausreichend berücksichtigt werden.

Besonders problematisch ist dies für Softwareunternehmen, die im Auftrag anderer Unternehmen Software entwickeln. Denn soll das Angebot realistisch sein, dann kostet die Anfertigung des Angebotes selbst viel Zeit, und das, obwohl der Auftrag vielleicht gar nicht gewonnen wird. Eine grobe Schätzung hingegen hat zwei Aspekte: Wird zu gering geschätzt, lohnt sich der Auftrag vielleicht nicht, die Wahrscheinlichkeit für die Gewinnung steigt aber. Wird zu großzügig geschätzt, vor allem durch Einrechnen von Puffern, sinkt die Wahrscheinlichkeit, den Auftrag an Land zu ziehen, beträchtlich. Und nicht jeder Kunde bezahlt einen Workshop, um mehr Klarheit zu gewinnen. Es scheint, man kann hier nur verlieren. Hier einige Tipps, um das zu vermeiden:

- Fragen Sie nach, wie viel Zeit die Zeitschätzung selbst in Anspruch nehmen darf.
- Das hängt stark mit der Genauigkeit zusammen, die erwartet wird. Klären Sie im Zweifel ab, wie genau die Schätzung erwartet wird.
- Wenn Sie sich nicht sicher sind, geben Sie einen Unsicherheitskorridor an (beispielsweise zwischen 12 und 16 Stunden). Weisen Sie dann aber darauf hin, dass hier nicht einfach der Mittelwert gebildet werden kann.
- Überlassen Sie demjenigen die Wahl, der die Schätzung benötigt: Möchte er/sie eine genauere, dafür aber zeitaufwendigere Schätzung, oder ungenauere, dafür aber schnellere Schätzung?
- Wenn Sie den Lösungsweg nicht kennen, dann sollten Sie keine Schätzung abgeben, auch wenn noch so sehr darauf gedrängt wird.
- Schätzen Sie immer den gesamten Lösungsweg, zu dem oft auch Einarbeitung, Besprechungen, Entwicklung, Dokumentation, Tests, Konvertierungen, Testdatenerstellung und Nacharbeiten gehören. Fertigen Sie eine Liste dieser Aufgaben an, schon allein, um für sich selbst Klarheit zu gewinnen.
- Schätzen Sie nach Möglichkeit keine Aufgaben, die weniger als eine Stunde in Anspruch nehmen. Fassen Sie solche Aufgaben zu Paketen zusammen und schätzen Sie lieber das gesamte Paket.

Der Tunnelblick

Eben war bereits von Aufwänden die Rede, die für Tests oder Dokumentation anfallen. Dabei ging es aber um den Aufwand, den eine Schätzung verursacht. Aber natürlich ist auch das Ergebnis einer Schätzung ungenau, wenn diese Aufwände nicht angemessen berücksichtigt werden. Hier einige Beispiele:

- Kommunikation
- Nachspezifikation
- Qualitätssicherung
- Dokumentation

- Testdatengenerierung
- Entwicklung von Unit-Tests
- Konvertierungen
- Urlaube und andere Abwesenheiten
- Refactoring während der Entwicklung

Diese Liste ist nicht vollständig, enthält aber wohl die wichtigsten Aufwände neben der reinen Entwicklung. Alle Punkte bei jeder Schätzung zu berücksichtigen, wäre nun der Genauigkeit nicht dienlich. Sinnvoller ist es meist, sogenannte *Units of Work* zu bilden, in denen eine Menge von Anforderungen zusammengefasst werden, und die oben genannten Aufwände darauf anzuwenden. Dies könnten ganze Funktionsbereiche sein, zum Beispiel alle Anforderungen zum Reporting oder die Anforderungen für einen einzelnen Entwickler.

Die Persönlichkeit des Schätzers

Sie kennen sie bestimmt auch: Kollegen, die auf die Frage, ob eine Schätzung eher pessimistisch oder optimistisch sei, antworten: »Realistisch!« Wow! Meiner Erfahrung nach lässt sich ein Zeitschätzer allerdings immer in einen der drei Typen einteilen:

- »Das müsste eigentlich schon machbar sein.« Personen dieses Typs schätzen meist schnell, vergessen aber oft viele Einflussfaktoren und simplifizieren die Lösung gedanklich. Der Wunsch ist hier Vater des Gedankens.
- »Lieber mal ausreichend Puffer einplanen.« Vielleicht geprägt durch eigene Erfahrungen neigen diese Kollegen dazu, sich abzusichern. Auch sie schätzen oft schnell, wenngleich meist langsamer als die erste Fraktion. Unsicherheiten fassen sie in Puffern zusammen, die häufig einen Großteil der Zeit ausmachen.
- »Gründlich ist immer besser.« Wen wundert's, solche Schätzer geben oft die beste Schätzung ab. Allerdings häufig nicht dann, wenn sie benötigt wird. Vorher teilen Sie gerne nur eine sehr grobe Richtlinie mit, meist mit einem Korridor versehen. Sie haben oft die Befürchtung, dass sie falsch schätzen, und dass man sie dann dafür zur Rechenschaft zieht.

Dagegen helfen die folgenden Tipps:

- Machen Sie stets bei jeder Schätzung klar: Es handelt sich um eine Schätzung. Wenn das ein Problem ist, dann entwickeln Sie sich zum dritten Typ (was Sie vermutlich auch nicht möchten).
- Wenn Sie zur ersten Kategorie gehören: Gehen Sie nach einer Checkliste vor, die Ihnen als Gedankenbremse dient. Sie strukturiert Ihre Gedanken und verhindert ein allzu schnelles Urteil.

- Kollegen des zweiten Typs sollten Puffer (meist) nicht auf einzelne Aufgaben draufschlagen, sondern nur auf mehrere Aufgaben zusammen.
- Es ist immer gut, die eigenen Zeitschätzungen mit der tatsächlich benötigten Zeit zu vergleichen. Man muss das Ergebnis ja nicht per E-Mail-Verteiler an das gesamte Unternehmen versenden.
- Der dritte Typ tut gut daran, sich ein Limit für die Zeitschätzung zu setzen und lieber einen Korridor (bzw. das Maß der Unsicherheit) anzugeben, als nie zu einer Schätzung zu kommen.

Henne und Ei

Was kommt zuerst: die Zeitschätzung oder die Entscheidung für ein Projekt? Meist ist es die Zeitschätzung, die dann aber ohne Kenntnis der Projektdetails durchgeführt werden soll. Dagegen lässt sich nichts machen, wohl aber können Sie sich einige Ratschläge zu eigen machen:

- Die erste Zeitschätzung wird immer mit großer Unsicherheit behaftet sein. Stellen Sie das am besten mit der Vorstellung der Schätzung klar.
- Erstellen Sie unbedingt eine zweite Zeitschätzung, und machen Sie das, wenn möglich, zur Bedingung. Lassen Sie sich möglichst an der zweiten Schätzung messen.
- Es gibt einen Zeitpunkt, an dem (noch) keine Schätzung möglich ist. Sie sollten es dann gar nicht erst versuchen. Ich bin erst heute Nachmittag um eine Zeitschätzung gebeten worden – für ein neues, großes Projekt, für das es noch keine einzige Zeile einer Anforderung gibt.

Pseudomathematik

Gelegentlich wird die Zeitschätzung als Wissenschaft bezeichnet. Nun, gegen Statistik ist nichts einzuwenden – im Gegenteil. Berechnen können Sie eine Zeitschätzung allerdings nur in ganz wenigen Fällen. Ich werde in diesem Kapitel selbst einige Methoden vorstellen. Sie gelten aber immer unter den Rahmenbedingungen des Gesagten. Sehen Sie es einfach so: Wenn eine Berechnung möglich wäre, dann lägen nicht so viele Großprojekte so weit daneben.

- Denken Sie bitte daran: Eine Berechnung wird meist für viel verbindlicher gehalten als eine »einfache« Schätzung. Je mehr Mathematik, je mehr Grafiken präsentiert werden, desto eher wird die Schätzung zur Vereinbarung.
- Ein Thermometer, das die Temperatur auf zwei Nachkommastellen anzeigt, nützt gar nichts, wenn es nur auf zwei Grad genau misst. Übertriebene Genauigkeit suggeriert (nicht) vorhandene Genauigkeit in der Umsetzung.

- Statistik ist besser als Berechnung. Je größer Ihr Erfahrungsschatz ist, desto besser werden die Schätzungen sein. Allerdings gilt das nur dann, wenn Sie Ihre Erfahrungen vorher gesammelt haben und zur Schätzung auch heranziehen.

Zu viel, zu wenig oder Zeitkorridor?

Wenn Unsicherheit herrscht – und das tut es ja eigentlich immer – dann stellen sich viele die Frage: Ist es besser, zu viel oder zu wenig Zeit zu schätzen? Oder ist vielleicht die Angabe einer Wahrscheinlichkeit oder eines Zeitkorridors sinnvoll?

Gegen eine zu großzügige Zeitschätzung spricht:

- Man könnte sie nicht ernst nehmen und vielleicht in Gedanken bereits Zeit davon abziehen, vor allem, wenn die bisherigen Zeitschätzungen bereits einige Male zu hoch waren.
- Vielleicht wird ein Projekt dann nicht umgesetzt, vielleicht ist die Angebotssumme dann zu hoch.
- Manager könnten nervös werden, weil sie ihre Mitarbeiter in Gedanken schon Däumchen drehend am PC sehen, während sie die Arbeit dann in den letzten 20 % der Zeit erledigen. (Ich übertreibe hier ein wenig.) Vielleicht verändern sie die Rahmenbedingungen dann so, dass aus der Zeitschätzung eine Zeitzusage wird.

Leider gibt es auch gute Gründe, die gegen eine zu knappe Zeitschätzung sprechen:

- Man könnte sie abermals nicht ernst nehmen, vor allem, wenn bisherige Erfahrungen eine zu knappe Zeitschätzung vermuten lassen.
- Man könnte sie ernst nehmen und den Auslieferungstermin danach kalkulieren, den Sie dann nicht halten können. Sie werden vermutlich an der Zeitschätzung gemessen. Vielleicht haben Sie ja trotz der Zeit, die Sie länger benötigt haben, ganz hervorragende Arbeit geleistet. Aber für gewöhnlich ist die Qualität gegeben, und die geschätzte Zeit wird auf 100 % normiert – eine Abweichung wird meist negativ ausgelegt.
- Vielleicht wird ein Angebot zu günstig, und das Projekt lohnt sich nicht mehr.
- Vielleicht wird das Projekt aber auch eingestellt, da eine Geldgrube vermutet wird, oder wesentliche Teile werden gestrichen, weil die geschätzte Zeit bereits einige Male überschritten wurde.
- Zeitüberschreitung kostet oft Zeit – für erneute Zeitschätzungen, für Meetings, Erläuterungen, Rechtfertigungen – intern und manchmal auch extern.
- Vielleicht müssen Überstunden geleistet werden, der Stressfaktor steigt.
- Die Qualität leidet häufig, da man versucht, die Zeit wieder aufzuholen, was am einfachsten über die Qualität geht.

- Manchmal werden auch Sonderzahlungen oder andere Boni mit den zeitlichen Zielen verknüpft, die bei einer Überschreitung dann natürlich gestrichen oder gekürzt werden.
- Zeitunterschreitungen machen einfach mehr Freude als Zeitüberschreitungen.

Ich gebe zu: Es sprechen weniger Gründe gegen eine zu hohe Zeitschätzung als gegen eine zu geringe. Aber wie in der Medizin gilt auch hier: Die Dosis macht das Gift. Oder anders gesagt: Schätzen Sie ruhig konservativ, aber übertreiben Sie nicht.

Eine andere Alternative ist die Angabe der Unsicherheit, entweder als Prozentwert oder als Zeitkorridor. Von Prozenten rate ich allerdings ab. Die Aussage »Die Anforderung kann zu 80 % in 12 Tagen umgesetzt werden« lässt schließlich offen, was in den restlichen 20 % geschieht. Außerdem vermitteln zu hohe Prozentangaben eine vielleicht nicht vorhandene Genauigkeit, während eine Wahrscheinlichkeit von vielleicht »nur« 60 % als Lotteriespiel interpretiert würde.

Wenn Sie also Unsicherheit zum Ausdruck bringen möchten, dann sollten Sie Zeitkorridore verwenden. Im Beispiel also: Die Anforderung wird zwischen 11 und 14 Tage in Anspruch nehmen. Optimalerweise geben Sie dabei noch an, welche Faktoren den Zeitkorridor beeinflussen. Und natürlich können Sie auch die Erwartungen formulieren, beispielsweise dann, wenn die Anforderung nicht wasserdicht ist.

Beispiel: »Das Erstellen des Berichtes *Kreuztabelle Umsatz nach Produktarten* dauert zwischen 6 und 10 Stunden, abhängig von der gemessenen Laufzeit. Wenn der Bericht sehr lange dauert, müssen weitere Optimierungen vorgenommen werden, was die benötigte Zeit zur Umsetzung verlängert. Die Schätzung setzt voraus, dass ein formatiertes Muster in Word oder Excel als Vorlage geliefert wird.«

Beachten sollten Sie dabei aber Folgendes:

- Wie schon gesagt: Die Bildung eines Mittelwertes verbietet sich eigentlich, lässt sich andererseits aber nicht verhindern. Sinnvoller ist es, ein Best-Case- und ein Worst-Case-Szenario zu addieren.
- Elf Tage könnten als zu gering, 14 Tage als zu aufwendig eingeschätzt werden.
- Als Ziel (kommuniziert oder nicht) werden immer die 11 Tage gelten. Es besteht also die Gefahr, dass das Ziel selbst »nicht erreicht« wurde, obwohl sich noch ein Entwickler im Korridor bewegt.
- Manche, besonders zahlenlastige, Unternehmen mögen es nicht, wenn man Unsicherheit kommuniziert.
- Gelegentlich wird ein Zeitkorridor als »Ausrede« missverstanden, nicht zu einer Zeitschätzung zu stehen.

Welche Entscheidungen Sie treffen, hängt von Ihnen, Ihrem Projekt und dem Unternehmen ab, für das Sie tätig sind. Je offener es ist und je mehr Vertrauen den Entwicklern entgegengebracht wird, desto mehr Möglichkeiten stehen Ihnen offen und desto besser sind in aller Regel die zu erwartenden Ergebnisse.

Der Vertrieb

Da gibt es eine Hausmesse in drei Monaten. Man habe den Interessenten schon versprochen, dass dort die lang ersehnte Was-wäre-wenn-Analyse enthalten sei, und die größten Kunden wollen ihre Anforderungen umgesetzt sehen. Wie lange das dauert? Drei Monate?

Nein, den Vertrieb abzuschaffen bringt nichts. Wenn ich an die meisten Entwickler (mich eingeschlossen) als Verkäufer denke – lieber nicht. Ein wenig lässt sich aber schon machen:

- Sagen Sie erst einmal nicht »Nein«, um eine frühzeitige Frontenbildung zu verhindern. Hören Sie erst einmal zu, warum die Vorstellungen des Vertriebs so sind, wie sie sind.
- Dann sollte geklärt werden, welcher Faktor optimiert werden kann: die Ressourcen, die Qualität (z. B. Funktionsumfang), die zur Verfügung stehende Zeit oder eine Kombination daraus.
- Was nicht geht, geht nicht. Machen Sie das klar und seien Sie an dieser Stelle unnachgiebig.
- Beide haben dasselbe Ziel: eine gute Version auf der Hausmesse zu präsentieren. Der Weg zur Zielerreichung ist dann das Thema, nicht die Zeitschätzung an sich.
- Gelegentlich helfen Prototypen, um den Zeitplan einzuhalten bzw. um einige Funktionen nur im Groben zu demonstrieren.
- Denken Sie an Ihre Urlaubsreise. Eine Zeitschätzung der einzelnen Tätigkeiten zuvor mag hilfreich sein, aber der Flugtermin ist fix. Gefragt ist also ein Plan, der durch die Zeitschätzung getragen wird, und keine Zeitschätzung, die zum Plan wird.
- Bitten Sie den Vertrieb doch, selbst aktiv mitzuarbeiten, beispielsweise Pilotkunden zu benennen oder selbst Tests durchzuführen, das hilft – manchmal.

Aufwand oder Dauer?

Es ist schon erstaunlich, wie oft von Aufwand gesprochen wird, wo doch eigentlich die Dauer gemeint ist. Darf ich Sie bekannt machen?

- *Aufwand* ist das Maß für die zu leistende Arbeit, üblicherweise in Stunden oder Tagen gemessen.
- *Dauer* ist das Maß für die Länge einer Aktivität bis zu deren Abschluss, die dummerweise auch in Stunden oder Tagen gemessen wird.

Der Trugschluss besteht nun darin, dass beides gleichgesetzt wird, was erst einmal logisch klingt: Je mehr Arbeit eine Aktivität kostet, desto später wird die Umsetzung abgeschlossen sein, oder?

Ach, wenn die Welt nur so einfach wäre!

Aus der Praxis

Wenn ich Projekte umsetze, die eine internationale Beteiligung erforderlich machen, dann ist es nicht ungewöhnlich, wenn die Dauer zwei- oder dreimal höher ist, als der Aufwand; selbst dann nicht, wenn nicht mehrere Personen parallel an der Umsetzung arbeiten. Warum?

- Internationale Projekte leiden häufiger als »lokale Projekte« an Verständnisschwierigkeiten, was häufige Klarstellungen und Wiederholungen nötig macht.
- Es gibt oft ausgeprägte Wartezeiten und die Termintreue ist insgesamt weniger hoch.
- Zeitverschiebungen, Reiseaufwände und andere Verschiebungen sind häufig unvermeidbar.

In meiner Praxis verzichte ich daher in solchen Fällen vollständig auf die Angabe eines Aufwands und rechne ausschließlich mit der Dauer.

Zu allem Überfluss gibt es oft keine ausgesprochene Definition und so möchte der Auftraggeber (nahezu immer) wissen, wann etwas umgesetzt sein wird = Dauer, während der Auftragnehmer, auch das wenig überraschend, an der Arbeit interessiert ist, die eine Anforderung verursacht = Aufwand.

Wiederum einige Tipps:

- Zwei Entwickler setzen eine Anforderung nahezu niemals doppelt so schnell um wie ein Entwickler, rechnen Sie also nicht mit einem zu einfachen Faktor.
- Wie gesagt, finden Sie ein gemeinsame Verständnis von Aufwand und Dauer und seien Sie geduldig, wenn Sie jemand fragt: »Aufwand oder Dauer, ist das nicht dasselbe?«.
- Überlegen Sie genau, was von beiden Sie wem kommunizieren. Im Zweifel: Schreiben Sie dazu, was Sie meinen. Beispiel: »Die Entwicklung wird einen Aufwand von 750 Stunden verursachen. Berücksichtigt man die vorhandenen Kapazitäten, Urlaube und die Aufwände für Qualitätssicherung und dergleichen, dann ist die Umsetzung in 5 Wochen abgeschlossen.«

11.3.3 Die lernende Organisation

Ich hatte es schon erwähnt: Zeitschätzungen werden mit der Zeit immer besser, aber nur dann, wenn man sich die Mühe eines Plan-/Ist-Vergleiches macht.

Gesamte Organisation

Wenigstens zwei Statistiken sollten es sein. Eine Statistik ist öffentlich und umfasst alle Issues, die im Laufe der Zeit umgesetzt wurden. Die Statistik enthält alle Anforderungen und die jeweiligen Schätzungen sowie die zugehörigen Ist-Aufwände. Sie ist anonymisiert, kann also ohne Weiteres veröffentlicht werden. Die ideale Mittellinie ist nur zur Orientierung da, vermutlich werden die meisten Ist-Aufwände oberhalb der Linie liegen. Diese Statistik kann auch nur für einzelne Projekte oder für einzelne Zeiträume ausgewertet werden.

Wenn Ihnen der Zeitaufwand zu groß ist, um alle Ist-Aufwände zu erfassen, dann ist die zweitbeste Lösung die Erfassung von Stichproben. Diese müssen aber vor der Umsetzung benannt werden, um eine Auswahl nach dem nach Abschluss ja bereits bekannten Grad der Abweichung auszuschließen.

Die Grafik in Abbildung 11.5 werden Sie vermutlich nicht erreichen. Je nachdem, wo Sie stehen, sind vielleicht bereits Abweichungen von weniger als 30 % ein Fortschritt. Die Besten erreichen, dass ihre Schätzungen im Mittel zwischen 5 % und 10 % von den Ist-Zahlen abweichen. Aber auch 50 % oder mehr Abweichung (wohlgemerkt im Mittel) sind keine Seltenheit. Ergänzt werden kann die Statistik durch einige Kennzahlen:

- Prozentsatz der Anforderungen, die unter-, oberhalb oder in der Zeitschätzung liegen
- mittlere Abweichung und/oder Standardabweichung als grobes Maß der Abweichung über die gesamte Datenbasis

Eine weitere Möglichkeit ist die Pflege einer Projektdatenbank, die dann das Projekt im Ganzen betrachtet und keine einzelnen Anforderungen.

Die Datenbank sollte enthalten:

- das Projekt (den Namen)
- beteiligte Personen
- geschätzter Aufwand
- Ist-Aufwand
- Maß für die Größe (beispielsweise Lines of Code)
- Start und Ende des Projekts

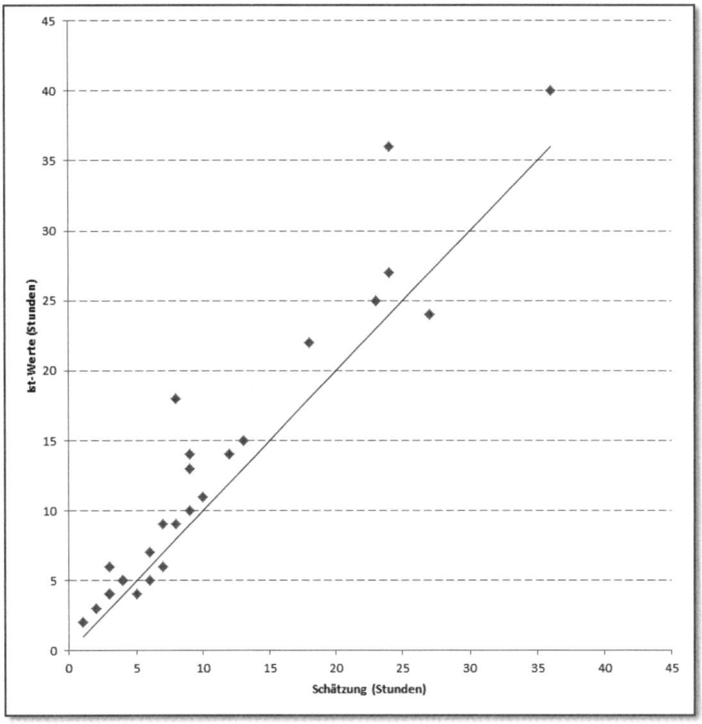

Abbildung 11.5 Plan-/Ist-Vergleich für alle Anforderungen

Mitarbeiter

Kritischer, aber gleichwohl notwendig, ist die Kontrolle der eigenen Zeitschätzung, also durch jeden Entwickler selbst, was in diesem Kontext freilich alle an der Erstellung der Software Beteiligten umfasst, also auch Tester, Architekten etc. Das kann auch auf dieselbe Art und Weise geschehen. Ob diese Daten öffentlich sein sollten, können eigentlich nur Sie selbst für Ihr Unternehmen entscheiden, vermutlich aber nicht. Wenn nicht, dann könnten vielleicht anonymisierte Kennzahlen veröffentlicht und verglichen werden.

Beide Statistiken lassen sich in dieser (oder ähnlicher Form) in den gängigen Ticketing-Systemen erstellen, meist unter *Reports* oder *Statistics*. Professionellere Systeme anonymisieren die Daten selbst oder sichern die Auswertungen durch entsprechende Zugriffsrechte ab.

Forecast

In größeren Projekten ist ein *Forecast*, eine Prognose über den weiteren Verlauf des Projekts, üblich. Dieser Forecast kann auch eine Neuschätzung der noch verbleibenden Anforderungen aufgrund neuer Erkenntnisse während der Entwicklung beinhalten. Ist das zu umfangreich, dann kann auch ein Korrekturfaktor gebildet werden.

Wenn aus der Statistik hervorgeht, dass im Mittel 30 % mehr Zeit benötigt wird als geschätzt, dann lässt sich diese Erkenntnis – bei aller Vorsicht – auch auf die noch verbleibenden Anforderungen anwenden.

Forecasts sind immer dann sinnvoll, wenn ein Projekt so umfangreich ist, dass es zu Beginn nicht sinnvoll geschätzt werden kann. Das Maß der Unsicherheit nimmt dann mit jedem Forecast ab, und im Laufe des Projekts können bessere Entscheidungen über den weiteren Verlauf getroffen werden, beispielsweise über das Datum der ersten Beta-Version.

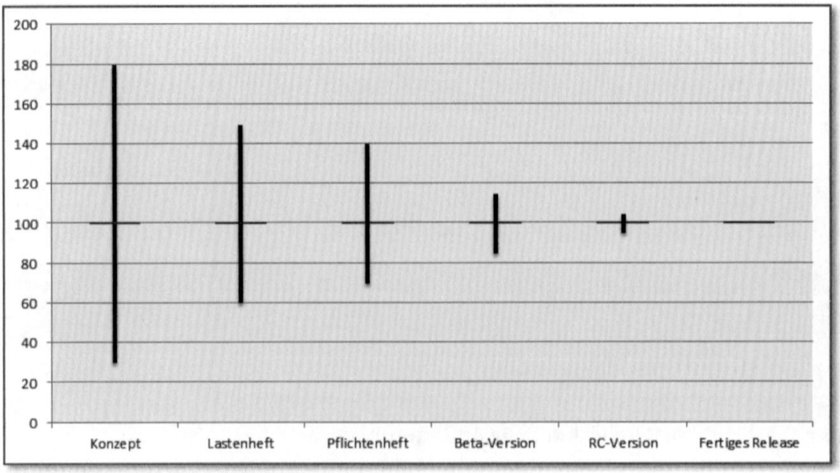

Abbildung 11.6 Unsicherheit über den Projektverlauf

Interessant ist, dass die Unsicherheit häufig sehr rasch abnimmt, Zeitschätzungen aber meist zu einem sehr frühen Zeitpunkt vorgenommen werden. Forecasts können dann die Präzision schon weit vor der Fertigstellung der Software auf ein gutes Niveau anheben.

11.3.4 Woher kommen Zeitüberschreitungen?

Über den seltenen Fall der Zeitunterschreitungen können wir wohl hinwegsehen. Viel häufiger ist es, dass die benötigte Zeit überschritten wird. Zeit- und Budgetüberschreitungen sind so häufig, dass wir uns schon an sie gewöhnt haben.

Ein schönes Beispiel ist die Einführung der satellitengestützten Maut in Deutschland, landläufig unter dem Namen des Auftragnehmers »Toll Collect« bekannt. Die Geschichte ist geschrieben: 16 Monate Verspätung und Nachforderungen in Milliardenhöhe. Ein klassischer Fall von Fehlern im Software Engineering. Obwohl, auch das muss gesagt werden, das Projekt inzwischen zum Erfolg geführt wurde. Aber woher kommen solche Fehlschätzungen?

Zero Trouble Forecast

Mit *Zero Trouble Forecast* (oder kurz ZTF) habe ich einen Begriff erfunden, der für die optimistische Annahme steht, dass während der Projektdauer keine unerwarteten Probleme entstehen. Alle Mitarbeiter machen ihren Job, reagieren schnell auf Anfragen, und die Qualität der Umsetzung ist in Ordnung. Ich halte das für sehr verständlich – wer möchte schon Probleme erwarten?

Allerdings ergibt sich in selbstlernenden Organisationen bisweilen auch eine Art Gruppendynamik, in der mögliche Probleme systematisch verdrängt werden. Oft ist wieder das »Bauchgefühl« im Spiel, das besagt: In zwei Wochen sind eigentlich alle Probleme zu lösen. Solche nicht immer berechtigten Einschätzungen mögen auch dem Umstand geschuldet sein, dass die Probleme des letzten, ganz ähnlichen Projekts schnell nach dessen Beendigung in Vergessenheit geraten sind.

Andererseits ist Optimismus aber auch wieder eine Grundvoraussetzung für den Projekterfolg, denn wer an jeder Ecke Probleme vermutet, wird auch nicht viel zu einer realistischen Zeitschätzung beitragen können. Hier einige Empfehlungen:

- Ein *OTF* (*Occasionally Trouble Forecast*) wäre die vermutlich realistischere Sichtweise. Schätzen Sie nicht so, als ob alles wie am Schnürchen klappen würde.
- Identifizieren Sie Bereiche, in denen das Risiko besonders hoch ist, und weisen Sie dieses Risiko in der Schätzung aus.
- Lernen Sie aus der Vergangenheit.
- Notieren Sie während des Projektverlaufes typische Verzögerungen, woher sie kamen, wie lange sie gedauert haben und wie man sie vielleicht abkürzen konnte.

Überschätzung der eigenen Möglichkeiten

Die Überschätzung der eigenen Möglichkeiten oder der Möglichkeiten von Subunternehmern kann verschiedene Bereiche betreffen: Wissen, Fähigkeiten, verfügbare Kapazitäten oder Stabilität in den Projektteams. Hier einige Empfehlungen für eine realistische Einschätzung:

- Unterscheiden Sie unbedingt zwischen Dauer und Aufwand. Ein Aufwand von 24 Stunden bedeutet nicht automatisch, dass die Anforderung in drei Tagen umgesetzt werden kann. Eventuell entstehen Wartezeiten, oder im umgekehrten Fall arbeiten mehrere Personen an einer Anforderung, ohne dass sich die Dauer dadurch proportional verkürzen würde. Siehe Abschnitt 11.3.2, »Herausforderungen einer Zeitschätzung«.
- Erstellen Sie eine Checkliste mit den wichtigsten Arbeitsunterbrechungen: Krankheit, Urlaub, Feiertage etc., und setzen Sie Standard- oder Erfahrungswerte dafür in Ihren Planungen an.

- Identifizieren Sie Anforderungen, die spezielles Know-how erfordern, und schätzen Sie diese konservativer.
- Akzeptieren Sie die Grenzen Ihrer Mitarbeiter und Ihrer Organisation.

Auf den Einzelnen kommt es an

In kleineren Projektteams gibt es weniger Möglichkeiten, Probleme oder Kapazitätsengpässe zu kompensieren. Zeitschätzungen sind hier mit höheren Unsicherheiten behaftet.

In größeren Projektteams greift hingegen ein anderer Mechanismus, den man auch als Sand im Getriebe bezeichnen kann. Er kommt von der Vielzahl der Kommunikationspartner und den noch vielfältigeren Beziehungen zwischen ihnen. Kommunikation kostet Zeit und ist, hinsichtlich des benötigten Zeitbedarfs, schwer abzuschätzen.

Zu wenig Informationen

Sicherlich der häufigste Grund sind fehlende, fehlerhafte oder unzureichende Informationen. In Abschnitt 11.2, »Anforderungen«, haben Sie bereits einige Tipps für gute Anforderungen erhalten. Insbesondere die nicht ausgesprochenen Erwartungen stellen ein Problem dar.

Aus der Praxis

Im Kundenstamm sollte die Möglichkeit zur Eingabe der Umsatzsteuer-Identnummer geschaffen werden, die ein Firmenkunde besitzt und die besonders für Verkäufe innerhalb der EU von Bedeutung ist. Spezifiziert und geschätzt war das Hinzufügen des Felds in der Datenbank und in der Maske. Die Erwartungen aber waren umfangreicher:

- Die Nummer sollte online überprüft werden, wozu es eine entsprechende Funktion auf den Seiten des BMFI gibt.
- Zur Nummer sollten der Status und das Datum der Prüfung gespeichert werden.
- Die Prüfung sollte in periodischen Abständen automatisch wiederholt werden.
- Fehlerhaft gemeldete Nummern sollten als solche gekennzeichnet werden.

Es wird Sie nicht wundern, dass die Entwicklung etwa achtmal so lange gedauert hat wie ursprünglich geschätzt.

Besonders problematisch sind *Moving Targets*, also Anforderungen, die sich im Laufe des Projekts immer wieder verändern. Die einzig vernünftige Möglichkeit, damit umzugehen, ist die konsequente Neuschätzung von Anforderungen, die sich verändert haben.

Zu komplex

Der Zeitbedarf für ein Projekt steigt nicht linear mit dessen Komplexität an, sondern (weit) schneller, also überproportional – wenn nicht sogar exponentiell. Gleiches gilt für das Maß der Unsicherheit. Komplexität ist hier nicht zu verwechseln mit Umfang, denn viele einfache Anforderungen lassen sich präziser schätzen als wenige Anforderungen, die komplexe Wechselwirkungen besitzen.

Es gibt einige Softwarebereiche, die sich häufig als schwer kalkulierbar herausstellen, dazu gehören zum Beispiel Datenmigrationen oder Lokalisierung. Hier wieder ein paar Empfehlungen:

- Finden Sie ein Maß für die Größe und Komplexität eines Projekts. Das können Lines of Code sein oder – besser – eine Einschätzung auf Basis der Beziehungen von Komponenten (und Anforderungen) untereinander.
- Rechnen Sie niemals linear, sondern planen Sie einen Aufschlag bei komplexen Projekten.
- Gute Schätzverfahren berücksichtigen die Komplexität bereits in ihrer Methodik.

Einfache Mathematik

Wenn Sie, wie ich, gerade ein Haus gebaut haben, dann wissen Sie aus erster Hand: Vier Bauarbeiter heben eine Baugrube nicht in der halben Zeit aus wie zwei Bauarbeiter. Auch dann nicht, wenn alle arbeiten, also nicht im Zyklus zwischen Brotzeit und »Das wird ein Problem«-Sagen verharren. Viele Entscheider geben dem innigen Wunsch nach Einfachheit nach und verwenden einfache Mathematik für komplexe Probleme. Weitere Beispiele für nicht-zutreffende Annahmen:

- Doppeltes Budget = halbe Zeit
- Vereinfachung einer Anforderung um die Hälfte = halbe Zeit
- 4 Mitarbeiter = 4 Mitarbeiter (Mitarbeiter können beliebig hinzugenommen, entfernt oder ausgetauscht werden)

Empfehlung:

- Nutzen Sie Ihren gesunden Menschenverstand.
- Denken Sie an Einarbeitung, Unterschiede in der Effizienz und an den Aufwand für Kommunikation.

Fehler in der Zeitschätzung selbst

Natürlich können sich auch im Prozess der Zeitschätzung selbst Fehler einschleichen. Das wird vor allem Gegenstand des nächsten Abschnittes sein.

11.3.5 Methoden der Zeitschätzung

Ich gehe davon aus, dass Sie den Zeitbedarf für eine konkrete Anforderung schätzen möchten, und dass Ihre Schätzung unabhängig ist, also nicht primär an ein vordefiniertes (Zeit-)Ziel ausgerichtet ist.

Einzelschätzung

Für die Einzelschätzung trifft vieles zu, was bisher bereits gesagt wurde. Hier geht es daher mehr um das Verfahren an sich, auch wenn ich einzelne Wiederholungen nicht vermeiden kann.

Vorteile

- Das Verfahren ist sehr kostengünstig.
- Schätzungen stehen schnell zur Verfügung.

Nachteile

- Schätzungen sind schwer zu vergleichen, vor allem dann, wenn Schätzungen zweier Entwickler miteinander verglichen werden sollen.
- Die subjektive Wahrnehmung des Schätzers hat einen großen Einfluss auf das Ergebnis.
- Die Tatsache, ob ein Entwickler ein ähnliches Problem bereits einmal gelöst hat, beeinflusst das Ergebnis ebenfalls.
- Verschiedene Entwickler verfügen über einen unterschiedlichen Erfahrungsschatz und gehen unterschiedlich sorgfältig an eine Schätzung heran.
- Eventuell ist das Ergebnis durch Drittfaktoren geprägt, beispielsweise den Drang zur Absicherung oder durch die gedankliche Vorwegnahme von Verhandlungen nach der Schätzung.

Das Verhältnis von Vor- und Nachteilen sieht nicht gut aus. Es darf aber nicht darüber hinwegtäuschen, dass dieses Schätzverfahren wohl mit Abstand am häufigsten Anwendung findet. Schon deshalb, weil es schnell geht und so offensichtlich ist.

Die nachfolgende Beschreibung des Verfahrens versucht daher die Nachteile zu minimieren.

Verfahren

Sie sollten die Anforderungen zunächst so einteilen, dass die schätzende Person, meist ein Entwickler, auch wirklich fachlich und technisch in die Thematik eingearbeitet ist. Wenn Sie dafür den Entwickler wählen, der die Anforderung umsetzt, dann hat dies den Vorteil, dass die Schätzung vermutlich auf dem tatsächlich realisierten Lösungsweg basiert. Wählen Sie hingegen einen anderen Entwickler, dann erhalten Sie hingegen vermutlich eine unabhängigere Schätzung.

Um den Schätzer selbst schätzen zu können, brauchen Sie unbedingt einen (internen!) Korrekturfaktor. Wenn ein Entwickler also immer doppelt so lange benötigt wie geschätzt, dann sollte das in Ihre Rechnung einfließen. Bitte beachten Sie: Entscheidend für die Qualität ist die Konstanz der Schätzung. Oder anders gesagt: Wenn ein Entwickler *meistens* doppelt so lange benötigt, dann ist die Schätzung für Sie wertvoller, als wenn er nur *gelegentlich* doppelt so lange braucht.

Was Sie beachten sollten

- Warten Sie niemals auf eine Schätzung neben einem Entwickler, sondern lassen Sie dem Schätzer Zeit, um in Ruhe darüber nachzudenken.
- Geben Sie eine Zeit vor, die für die Schätzung zur Verfügung steht, und vereinbaren Sie einen Termin zur Abgabe.
- Lassen Sie sich den Lösungsweg erklären, wenn Sie Zweifel haben.
- Hinterfragen Sie besonders hohe oder besonders niedrige Schätzungen.
- Lassen Sie dem Schätzer einen Ausweg, indem Sie ihn nicht zwingen, unschätzbare Anforderungen zu schätzen.
- Hinterfragen Sie den Zeitkorridor bzw. die Unsicherheit in der Schätzung, und lassen Sie sich erklären, woher diese kommt.
- Wenn eine andere Person schätzt als der Entwickler, der später die Anforderung umsetzt, dann fühlt sich dieser Entwickler vermutlich nicht an die Schätzung gebunden – es ist ja nicht seine eigene Schätzung.
- Lassen Sie Rückfragen zu, insbesondere zu Spezifikationslücken und missverständlichen Formulierungen in den Anforderungsdokumenten.
- Halten Sie die zu schätzenden Einheiten klein genug, und teilen Sie größere Anforderungen lieber auf, beispielsweise in GUI, Datenbank und Anwendungslogik.
- Berücksichtigen Sie die Nebenaufwände, zum Einrichten eines Testsystems, zur Einarbeitung oder zur Generierung von Testdaten. Fragen Sie im Zweifel aktiv nach, ob der Schätzer daran gedacht hat.
- Achten Sie unbedingt darauf, dass der Schätzer nach erfolgter Umsetzung Feedback über die Genauigkeit seiner Schätzung erhält, freilich ohne anzuklagen.

Einsatzempfehlung

Die Einzelschätzung empfiehlt sich vor allem dort, wo einzelne Entwickler die alleinigen Spezialisten sind. Außerdem verlangt sie nach einer besonders vorsichtigen Vorgehensweise. Wichtiger als die Schätzung selbst ist dabei oftmals die zu erwartende Genauigkeit der Schätzung. Ein weiterer Einsatzbereich sind kleine bis mittlere Anforderungen, bei denen der Zeitbedarf für aufwendigere Schätzverfahren in keinem günstigen Verhältnis zum Zeitbedarf für die Umsetzung steht.

Gruppenschätzung

Die Schätzung innerhalb einer Gruppe kann die Genauigkeit deutlich erhöhen, sofern einige Spielregeln eingehalten werden. Der größte Vorteil liegt natürlich in der Kombination des Wissens der einzelnen Teammitglieder. Die größte Gefahr entsteht, wenn das Team lediglich als Absicherung verstanden wird. Dann schätzen nur wenige Personen (oder eine Person) die Anforderung, während weitere Teammitglieder nur passiv teilnehmen. Dieses Verfahren wird manchmal als *Delphi-Methode* bezeichnet und ist in der Literatur in verschiedenen Varianten beschrieben.

Vorteile

- Die individuellen Vorlieben einzelner Entwickler gleichen sich zum Teil aus, was die Genauigkeit erhöht.
- Mehrere Entwickler bedeuten normalerweise auch mehrere Lösungswege. Für die Schätzung kann dann der beste Lösungsweg herangezogen werden.
- Die Differenzen der einzelnen Schätzungen geben bereits einen Hinweis auf mögliche Probleme während der Umsetzung bzw. auf die zu erzielende Genauigkeit der Schätzung selbst.

Nachteile

- Dieses Verfahren kostet mehr Zeit als andere Verfahren, jedenfalls mehr Aufwand, nicht immer eine längere Dauer.
- Es besteht die Gefahr, dass die Diskussion übersprungen wird.

Verfahren

Bitten Sie wenigstens zwei Personen, besser drei, eine Anforderung zu schätzen, und zwar unabhängig voneinander. Weniger empfehlenswert ist die Schätzung während einer gemeinsamen Besprechung. Es besteht dann die bereits erwähnte Gefahr, dass allzu schnell Schätzungen abgegeben werden, weil ja die Gruppe dafür geradesteht und nicht mehr der Einzelne. Im Anschluss werden die Schätzungen miteinander verglichen und besprochen. Dies ist die Phase, in der sich das Team auf eine gemeinsame Schätzung einigt.

Was Sie dabei beachten sollten

- Nehmen Sie Abweichungen unbedingt ernst. Je größer die Abweichung ist, desto mehr Zeit für die Diskussion sollten Sie sich gönnen.
- Wenn Sie Ihre Schätzungen mit einem Zeitkorridor versehen, dann sind die Abweichungen in den Schätzungen ein guter Gradmesser für die Größe des Korridors.
- Widerstehen Sie dem Drang, einfach den Mittelwert der Schätzungen zu bilden, jedenfalls solange nicht wirklich klar ist, wo die Unterschiede herkommen.
- Weniger als drei und mehr als fünf schätzende Personen sind nicht effektiv.

- Vor allem bei komplexeren Anforderungen kann es sinnvoll sein, wenn ein Moderator das Team in diese einführt, damit alle Mitglieder dasselbe Verständnis des Problems besitzen.
- Auch bei diesem Verfahren kann das Ergebnis sein, dass sich die Anforderung zum jetzigen Zeitpunkt nicht schätzen lässt. Dann sollten Sie das auch akzeptieren.
- Einige Teammitglieder könnten die Meinungsführerschaft übernehmen und damit das Gesamtergebnis verfälschen.
- Zudem müssen Sie auch zu den Anforderungen eine Schätzung abgeben können, also in die jeweiligen Themenfelder eingearbeitet sein.

Einsatzempfehlung

Die Gruppenschätzung ist sinnvoll, wenn mehrere Entwickler gemeinsam an einem Projekt arbeiten und sich das Wissen daher überlappt. Dies ist häufig in agilen Teams gegeben, die beispielsweise nach Scrum arbeiten. Der Aufwand ist nicht zu unterschätzen, und schnelle Schätzungen sind nicht immer möglich. Die Teammitglieder müssen ja erst einmal alle Zeit für eine gemeinsame Besprechung aufbringen können.

Für eher triviale Anforderungen mag diese Schätzmethode überdimensioniert sein und der damit einhergehende Genauigkeitsgewinn den zusätzlichen Aufwand nicht aufwiegen.

Aus der Praxis

Unlängst sollte eine Software einem Refactoring unterzogen werden. Dabei ging es darum, die Berechnung von Werten nicht mehr bei jedem Aufruf durchzuführen, sondern die berechneten Werte (von ausgestellten Rechnungen) zu speichern und später nur noch abzurufen.

Obwohl die hier beschriebenen Verfahren und Empfehlungen bekannt waren, entschied ich mich aus Zeitgründen zu einer »vereinfachten« Lösung. Die Entwickler sollten die Aufwände in einer Besprechung gemeinsam schätzen. Das Ergebnis war vorhersehbar: Im Team bildete sich ein gemeinsames »Bauchgefühl«, das im Laufe der Besprechung zu einer Art »Gewissheit« heranwuchs, die trügerisch war, da die Lösungswege nicht wirklich im Detail besprochen wurden.

Die Entwickler lagen natürlich meilenweit neben ihrer Schätzung, und damit meine ich mehr als 300 %! Im Ergebnis konnte nur noch ein Teil des ursprünglichen Konzepts umgesetzt werden, da durch andere wichtige Projekte keine Zeit mehr vorhanden war, um eine erneute Zeitschätzung und Umsetzung zu ermöglichen.

Hätten wir die Entwickler unabhängig befragt, so wäre in der Abschlussbesprechung vermutlich über die verschiedenen Lösungswege diskutiert worden, die die am Projekt beteiligten Entwickler gewählt hatten, und die Abkürzung in eine Sackgasse wäre uns erspart geblieben.

Function Points

Die *Function Points* sind ein Maß für die Komplexität und den Funktionsumfang einzelner Anforderungen oder gesamter Anwendungsprogramme. Damit sind sie zunächst auch nichts anderes als Schätzungen, aber eben welche, die als Ergebnis eine Zahl mit sich bringen.

Allerdings konzentriert sich dieses Verfahren lediglich auf den fachlichen Umfang eines Systems, während die technischen Kriterien außen vor bleiben und die Komplexität aufgrund extrem hoher Qualitätsanforderungen, beispielsweise in der Luft- und Raumfahrtindustrie, ebenfalls nicht adäquat abgebildet wird.

Die Stärke des Verfahrens liegt in seiner Numerik und Systematik. Man kann die Function Points addieren und anderweitig verrechnen. Und, obgleich immer noch Schätzung: Das Verfahren ist bis zu einem gewissen Grad standardisiert.

Bitte beachten Sie den feinen, aber wichtigen Unterschied: Function Points sind keine Aufwandschätzung, sondern die Grundlage derer. Das Verfahren ermöglicht Schätzungen, die weniger auf Gefühl beruhen, sondern mehr auf einer vorher ermittelten Grundlage des zu erwartenden Umfangs – den Function Points eben.

Nähere Informationen finden Sie auf der Website der *International Function Point User Group* (*IFPUG*) unter *www.ifpug.org*, insbesondere erhalten Sie dort detaillierte Hinweise zu den Einteilungen in ihre Gruppen.

Vorteile

- Das Verfahren ist standardisiert.
- Als Grundlage dienen echte Anforderungen und weniger die gefühlte Komplexität.
- Mit Function Points kann gerechnet werden.
- Sie können das Verfahren recht einfach an eigene Bedürfnisse anpassen.
- Die Grundlagen bleiben für spätere Schätzungen oder Vergleiche erhalten.
- Es werden vergleichbare Bewertungen produziert.

Nachteile

- Das Verfahren kann zu einer Illusion von Genauigkeit führen, die in Wirklichkeit nicht vorhanden ist.
- Nicht-funktionale Anforderungen, zum Beispiel Anforderungen an die Sicherheit eines Systems sowie besondere Anforderungen an die Qualität, bleiben außen vor.
- Auch dieses Verfahren erfordert einen gewissen Aufwand.
- Die hier beschriebene Reinform ist durchaus nicht frei von Kritik.
- Eine gute Schätzung verlangt nach guten Referenzdaten, die vorher ermittelt sein müssen.

- Einzelne Anforderungen lassen sich so nicht schätzen, sondern nur ein gesamtes Projekt, oder jedenfalls größere Teile daraus.

Verfahren

Abbildung 11.7 zeigt das Rechenschema im Überblick. Wie der Name *Function Point* bereits sagt: Es geht um Funktionen und Punkte.

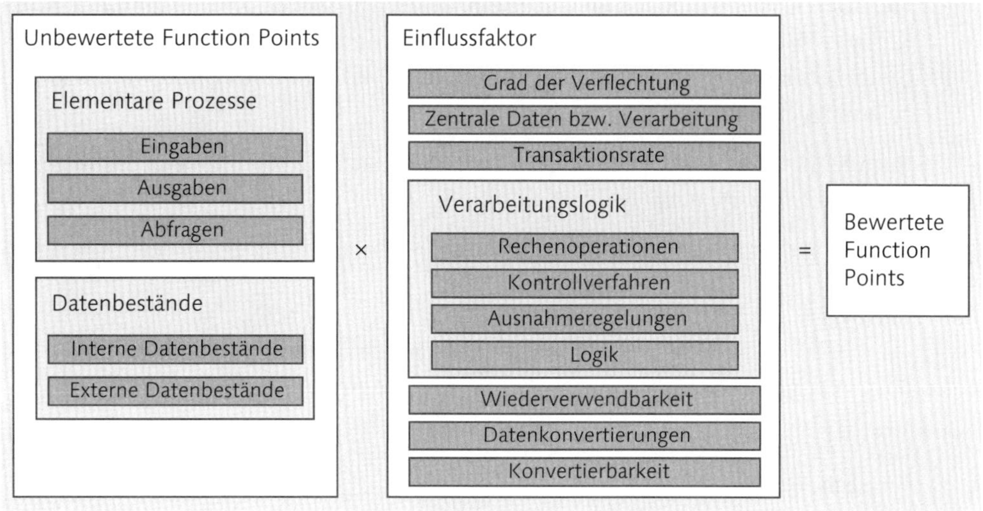

Abbildung 11.7 Die Berechnung der Function Points

Zunächst werden also alle Programmfunktionen genau einer von fünf Kategorien zugeteilt:

- *Eingaben:* Das sind Masken, Dialoge und andere Eingaben in das Programm, die entweder durch den Anwender oder durch andere Programme in die Anwendung gelangen.
- *Ausgaben:* Hierunter werden Reports, Statistiken, Ausgabemasken und andere Ausgaben verstanden, entweder für Anwender oder für andere Programme.
- *Abfragen:* Einfache, grundlegende Funktionen fragen die Daten aus Datenbeständen ab und präsentieren sie dem Anwender, ohne sie aber aufwendig zu verarbeiten.
- *Interne Datenbestände:* Das sind Datendateien, Tabellen und andere Datenspeicher, die für die Verarbeitung benötigt werden.
- *Externe Datenbestände:* Hier werden Schnittstellen zu Fremdsystemen abgelegt.

Damit aber nicht genug, denn eine Funktion kann natürlich unterschiedlich komplex sein. Ein einfacher Dialog zum Speichern einer Datei wird weniger Aufwand verursachen als ein komplexer Dialog zur Eingabe einer Buchung. Daher wird erneut jede Funktion eingeteilt:

- einfache Komplexität
- mittlere Komplexität
- hohe Komplexität

Auch für diese Einteilung gibt es wiederum Eingruppierungshilfen. Beispielsweise könnte die Anzahl der verwendeten Datenfelder und die Anzahl der unterschiedlichen Datentypen ein Maßstab dafür sein. Im Zweifel sollten Sie sich für die mittlere Komplexität entscheiden. Das kommt häufiger vor, als einem lieb ist. Denn welches Lastenheft ist schon aussagekräftig genug, um eine wirklich qualifizierte Einteilung zu ermöglichen?

Nachdem beide Einteilungen erfolgt sind, lassen sich die Ergebnisse in das folgende Rechenschema übertragen:

Gruppe	Anzahl	Komplexität	Gewichtung	Produkt
Eingabe	0	einfach	3	*0*
	4	mittel	4	*16*
	3	hoch	6	*18*
Ausgabe	2	einfach	4	*8*
	4	mittel	5	*20*
	1	hoch	7	*7*
Abfrage	1	einfach	3	*3*
	1	mittel	4	*4*
	3	hoch	6	*18*
Datenbestand intern	1	einfach	4	*4*
	0	mittel	10	*0*
	1	hoch	15	*15*
Datenbestand Extern	1	einfach	5	*5*
	1	mittel	7	*7*
	0	hoch	10	*0*
Summe				125

Tabelle 11.3 Function Points – Rechenschema

Die Beispielwerte sind in kursiver Schrift gesetzt, die Gewichtung ergibt sich wiederum aus der Beschreibung des Verfahrens und stellt, praktisch gesehen, einen Erfahrungswert dar.

Die Summe nennt man auch *unbewertete Function Points*. Es gibt nun diverse Schätzmethoden die auf dieser Zahl aufsetzen und für die das weitere Rechenschema dann ohne Belang ist.

Wenn wir aber bei der Function-Point-Analyse bleiben, dann ist diese Summe nun mit einem Einflussfaktor zu multiplizieren. Dafür werden wiederum sieben Einflussfaktoren gewichtet und miteinander verrechnet. Es gibt auch eine neuere Version mit 14 Einflussfaktoren. Ich beschränke mich hier aber auf die ursprüngliche Version. Die Einflussfaktoren dieser sind:

- *Grad der Verflechtung mit anderen Systeme:* Es leuchtet ein, dass viele Schnittstellen und andere Verbindungen mit weiteren Systemen den Aufwand erhöhen.
- *Dezentrale Daten und dezentrale Verarbeitung:* Je mehr dezentrale Verarbeitung stattfindet und je mehr dezentrale Daten verwendet werden, desto höher wird dieser Faktor bewertet.
- *Transaktionsrate:* Ein Buchungssystem für einen Linienflug ist hier sicherlich viel höher zu bewerten als eine Einzelplatzanwendung.
- *Verarbeitungslogik:* Die Kategorie hat einen besonders großen Einfluss auf den Aufwand und besteht wiederum aus vier Unterfaktoren. Sie bestehen aus dem Aufwand für komplexe Rechenoperationen, für eventuell vorhandene Kontrollverfahren, für Komplexität und Häufigkeit von Ausnahmeregelungen sowie für die vielleicht besonders hohe Komplexität der Verarbeitungslogik. Ein Anwendungssystem, das die Steuerlast für ein Unternehmen berechnet, ist in praktisch allen Punkten recht hoch zu bewerten, während vor allem datengetriebene Anwendungen meist eine niedrigere Bewertung erhalten.
- *Wiederverwendbarkeit:* Soll das zu erstellende System Merkmale der Wiederverwendbarkeit aufweisen, also beispielsweise in wiederverwendbaren Services gekapselt sein, dann ist hier eine entsprechend höhere Bewertung vorzunehmen.
- *Datenkonvertierungen:* Vielleicht gibt es bereits einen Datenbestand, den es zu konvertieren gilt.
- *Anpassbarkeit:* Hier bewerten Sie den Grad der Anpassbarkeit, den eine Anwendung erfüllen soll.

Bilden wir nun den gemeinsamen Einflussfaktor aus diesen sieben einzelnen Einflussfaktoren:

Einflussfaktor	Wertebereich	Wert
Verflechtung mit anderen Systemen	0–5	*0*
Dezentrale Daten und Verarbeitung	0–5	*3*
Transaktionsrate	0–5	*0*
Rechenoperationen	0–10	*8*
Kontrollverfahren	0–5	*0*
Ausnahmeregelungen	0–10	*3*
Logik	0–5	*1*
Wiederverwendbarkeit	0–5	*2*
Konvertierungen	0–5	*0*
Anpassbarkeit	0–5	*5*
Summe		22
Einflussfaktor gesamt = Summe/100 + 0,7		0,92

Tabelle 11.4 Berechnung des Einflussfaktors

Mit diesem neuen, gewichteten Einflussfaktor können wir nun die bewerteten Function Points errechnen, und zwar nach dieser Formel:

bewertete Function Points = unbewertete Function Points × Einflussfaktor gesamt

Oder um im Beispiel zu bleiben: *115 = 125 × 0,92*

Der Einflussfaktor kann die unbewerteten Function Points also um 30 % ab- oder aufwerten. In der Version mit 14 Einflussfaktoren beträgt die Spanne hingegen 35 %.

Was nützt uns nun die Zahl 115? Darüber lässt uns das Verfahren im Unklaren. Um zu einer Zeitschätzung zu gelangen, muss diese Zahl nämlich mit einem weiteren Faktor, der aus der Praxis stammt, multipliziert werden. Dieser Faktor kann entweder linear sein, 100 Function Points könnten dann beispielsweise 12 Personenmonate bedeuten, oder er kann an einem Graphen abgelesen werden wie in Abbildung 11.8.

Sie finden in Literatur und Internet viele verschiedene Tabellen und Grafiken, aber die besten sind natürlich Ihre eigenen. Das wiederum setzt aber voraus, dass Sie über entsprechende Daten verfügen und das Verfahren bereits seit einiger Zeit anwenden.

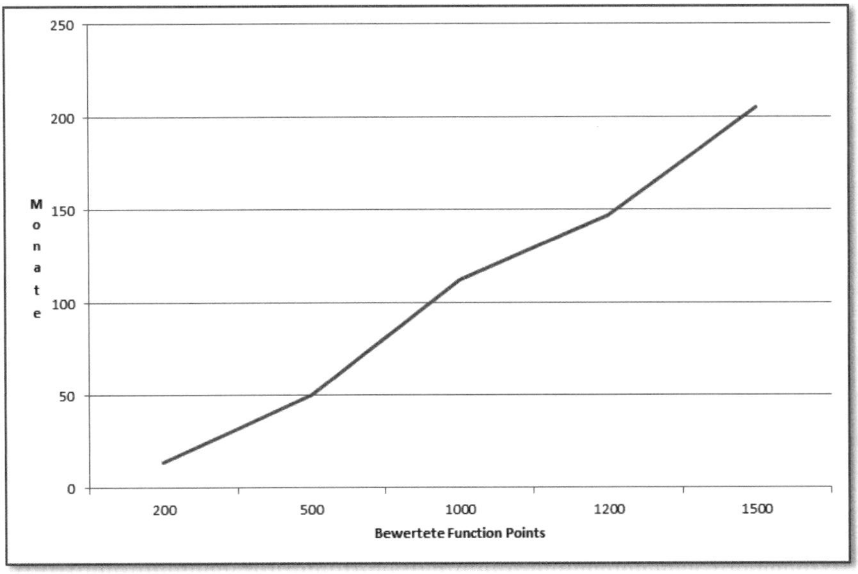

Abbildung 11.8 Bewertete Function Points und zugehörige Personenmonate

Ich möchte nicht unerwähnt lassen, dass es noch weitere Umrechnungen gibt, beispielsweise von Function Points in Anzahl Codezeilen. Einige davon muten allerdings recht esoterisch an und liefern kaum mehr als einen groben Anhaltspunkt.

Was Sie dabei beachten sollten

- Sie sollten die Einteilungskriterien unbedingt kennen, vor allem dann, wenn Sie bewusst davon abweichen möchten.
- Verwenden Sie immer die mittlere Kategorie, wenn sich anhand des Lastenhefts keine bessere Einschätzung vornehmen lässt.
- Verlieren Sie das Ziel nicht aus dem Auge. Ihren Auftraggebern geht es nicht um Punkte, sondern um den Aufwand, den es kostet, eine Software zu erstellen.
- Auch dieses Verfahren kann iterativ verwendet werden, beispielsweise ist ein guter Zeitpunkt für eine erneute Schätzung, wenn das Pflichtenheft erstellt ist.

Einsatzempfehlung

Die Schätzung über Function Points lohnt sich vor allem dann, wenn Sie bereits zu einem recht frühen Zeitpunkt eine Aufwandschätzung vornehmen wollen. Sie ist unabhängig von Kapazitäten und anderen Praxisfaktoren und kann daher auch von Personen durchgeführt werden, die später die Umsetzung nicht mehr begleiten.

Wenn Sie viel schätzen, lohnt sich diese Methode ebenfalls, weil sich mit der Zeit ein Erfahrungsschatz bildet, mit dem aus den Function Points direkt auf den Aufwand geschlossen werden kann. Das Verfahren eignet sich allerdings nicht für die Schätzung von einzelnen Anforderungen und daher nur bedingt für den Release-Zyklus nach Einführung einer Software.

Weitere Verfahren

Es gibt noch zahlreiche weitere Verfahren, was Sie vermutlich nicht überraschen wird. Man kann sie grob einteilen:

- Empirische Verfahren: Erfahrungen sind hier die Basis für die Schätzung, die entweder selbst gewonnen oder aber recherchiert wurden. Beispiele dafür sind die erwähnten Einzel- oder Gruppenschätzungen. Voraussetzung für eine genaue Schätzung ist also die Vergleichbarkeit eines Projekts mit vorangegangenen Projekten.
- Komparative Verfahren: Sie beruhen ebenfalls auf Erfahrungen abgeschlossener Projekte, dort nehmen sie allerdings Bezug auf konkrete Zahlen und andere Fakten. Die Prozentsatzmethode ist ein Beispiel dafür, dass der Zeitbedarf für die einzelnen Projektphasen (in Prozent) miteinander vergleichen wird.
- Algorithmische Verfahren: Hier werden mathematische Verfahren ins Spiel gebracht, um damit die Nachvollziehbarkeit von Schätzungen zu gewährleisten. Die hier beschriebene Function-Point-Methode zählt dazu und ebenfalls COCOMO, das einen völlig anderen Ansatz wählt (und leider den Umfang dieses Kapitels sprengen würde).

Zum Schluss

Damit wären wir am Ende des Kapitels und auch am Ende dieses Buches angelangt. Danke, dass Sie es gelesen haben! Vielleicht werden Sie einigen Empfehlungen folgen, vielleicht haben Sie während des Lesens auch Ihre eigenen Vorstellungen entwickelt. Über beides würde ich mich freuen.

Die Softwareentwicklung ist keine reine Wissenschaft, sondern eine Kombination aus Handwerk, Wissenschaft, Erfahrung und Kunst. Es war vor allem meine Absicht, anhand von Beispielen aus der Praxis Denkanstöße zu geben, Best Practices eben.

Während des Schreibens habe ich zwei Feinde kennengelernt: Die Seitenzahl dieses Buchs und die zur Verfügung stehende Zeit. Sie haben immer gegen mich gearbeitet und ich habe versucht, sie zu überlisten, zu ignorieren oder mich mit ihnen zu arrangieren, sicher mal mit weniger, mal mit mehr Erfolg.

Wenn Sie bei einem Thema anderer Meinung sind als ich, Fragen haben, ein Thema vermissen oder gerne ausführlicher erläutert hätten, so freue ich mich auf Ihr Feedback (*matthias@geirhos.net*).

Index

B

E

S

T

W

X

Z

- Installation, Migration, Datenbankmodellierung
- T-SQL, .NET-Programmierung, XML und Webservices
- Einsatz als Programmierplattform und Datenbankmanagement-Server

Dirk Mertins, Jörg Neumann, Andreas Kühnel

SQL Server 2012

Das Programmierhandbuch

Vom ersten Datenbankentwurf und den SQL-Grundlagen, der Migration von SQL Server 2008 oder SQL Server 2005 bis hin zu den neuen Features und konkreten Programmierbeispielen beschreiben die Autoren alles Notwendige, um den SQL Server 2012 als Programmierplattform und Datenmanagement-Server zu nutzen.

1294 S., 5. Auflage 2012, 59,90 Euro
ISBN 978-3-8362-1944-0
www.galileocomputing.de/3153

»Das Programmierhandbuch vermittelt alle wichtigen Themen, die der SQL- und .NET-Entwickler für die Arbeit mit SQL Server wissen muss. In der Gesamtnote hat das Buch ein Sehr gut verdient.«
dotnetpro, Ausgabe 12/2012